Windows 10

Das große Handbuch

von
Mareile Heiting

Vierfarben

Liebe Leserin, lieber Leser,

wenn ich an Juli 2015 und die ganze Aufregung um das Erscheinen des damals nigelnagelneuen Windows 10 zurückdenke, dann muss ich doch etwas schmunzeln – so wie beim Betrachten alter Fotografien. Für die Windows-XP- und noch mehr für die Windows-7-Anwender bedeutete es den drohenden Abschied von den so heiß geliebten Sturm-und-Drang-Jugendjahren, für die allermeisten Windows-8-Nutzer war es dagegen die lang ersehnte Erneuerung nach der Pubertät, in der man nicht nur Pickel (bzw. Kacheln) zu beklagen hatte, sondern einfach weder Fisch noch Fleisch war. Windows 10 ist nicht nur erwachsen, sondern mit den großen Updates und zahlreichen Verbesserungen in den vergangenen fünf Jahren auch eindeutig reifer geworden – sozusagen im besten Alter.

Ich kann Ihnen natürlich nicht versprechen, dass jedes (neue) Feature Ihren persönlichen Geschmack treffen wird, doch eines kann ich Ihnen garantieren: Mit den detaillierten Praxisanleitungen der Windows-Expertin Mareile Heiting wird Ihnen nichts davon entgehen und sind Sie in jeder Lage auf der sicheren Seite – ob es nun um die Anpassung von Desktop und Startmenü, den Anschluss von Geräten, E-Mails, Fotos, Internet, Filme, Musik oder eine effektive Dateiablage mit dem Explorer geht. Dabei richtet sich dieses Handbuch an alle Anwender – Einsteiger, Umsteiger, aber auch an diejenigen, die das Maximum aus ihrem System herauskitzeln möchten. Denn es ist so verständlich geschrieben und aufgebaut, dass auch unerfahrene Nutzer schließlich anspruchsvollere Aufgaben wie etwa die Einrichtung von Benutzerkonten, die Freigabe von Dateien im Netzwerk oder die Systemwiederherstellung problemlos meistern. Für Power-User hält unsere erfahrene Autorin zahlreiche Hintergrundinfos und Tipps und Tricks bereit, damit sie noch geschickter und schneller ans Ziel kommen. Neben der Einrichtung von virtuellen Systemen gibt es zudem Administratoren-Schnupperkurse u. a. in Sachen PowerShell und Registry-Hacks.

Dieses Buch wurde mit größter Sorgfalt geschrieben und hergestellt. Sollten Sie dennoch einmal einen Fehler finden oder inhaltliche Anregungen haben, freue ich mich, wenn Sie mit mir in Kontakt treten. Für Kritik bin ich dabei ebenso offen wie für lobende Worte. Doch nun möchte ich Sie nicht länger aufhalten, sicher wollen Sie Ihr neues Windows gleich ausprobieren. Dabei wünsche ich Ihnen viel Spaß und Erfolg!

Ihre Isabella Bleissem
Lektorat Vierfarben

isabella.bleissem@rheinwerk-verlag.de

Auf einen Blick

Wir hoffen, dass Sie Freude an diesem Buch haben und sich Ihre Erwartungen erfüllen. Ihre Anregungen und Kommentare sind uns jederzeit willkommen. Bitte bewerten Sie doch das Buch auf unserer Website unter **www.rheinwerk-verlag.de/feedback**.

An diesem Buch haben viele mitgewirkt, insbesondere:

Lektorat Isabella Bleissem
Korrektorat Friederike Daenecke, Zülpich
Herstellung Nadine Preyl
Typografie und Layout Vera Brauner
Einbandgestaltung Eva Schmücker
Satz III-Satz, Husby
Druck C.H.Beck, Nördlingen

Dieses Buch wurde gesetzt aus der ITC Charter (10,25 pt/14 pt) in FrameMaker.
Gedruckt wurde es auf chlorfrei gebleichtem Offsetpapier (80 g/m²).
Hergestellt in Deutschland.

Bibliografische Information der Deutschen Nationalbibliothek:
Die Deutsche Nationalbibliothek verzeichnet diese Publikation in der Deutschen Nationalbibliografie; detaillierte bibliografische Daten sind im Internet über *http://dnb.d-nb.de* abrufbar.

ISBN 978-3-8421-0755-7

3. Auflage 2020
© Rheinwerk Verlag, Bonn 2020

Vierfarben ist eine Marke des Rheinwerk Verlags. Der Name Vierfarben spielt an auf den Vierfarbdruck, eine Technik zur Erstellung farbiger Bücher. Der Name steht für die Kunst, die Dinge einfach zu machen, um aus dem Einfachen das Ganze lebendig zur Anschauung zu bringen.

Informationen zu unserem Verlag und Kontaktmöglichkeiten finden Sie auf unserer Verlagswebsite **www.rheinwerk-verlag.de**. Dort können Sie sich auch umfassend über unser aktuelles Programm informieren und unsere Bücher und E-Books bestellen.

Inhalt

TEIL IV   Netzwerken mit Windows 10

TEIL V   Geräte, Wartung und Sicherheit

TEIL I
Start mit Windows 10

1 Windows 10 installieren und upgraden

Gleich im ersten Kapitel gehen wir in die Vollen: Sie werden lernen, wie einfach es mittlerweile geworden ist, auf einem beliebigen PC Windows 10 selbst zu installieren. Benötigte man dazu zu Beginn der 1990er-Jahre noch einen dicken Stapel Disketten, so geschieht dies heute mit einer einzigen DVD oder einem USB-Stick. Die eigene Installation ist dann unnötig, wenn Sie Ihren PC »von der Stange« gekauft haben. Auf 90 Prozent aller im Handel befindlichen PCs finden Sie ein vorinstalliertes sog. OEM-Windows-Betriebssystem, das allerdings noch in einem ersten Durchlauf konfiguriert werden will. OEM ist die Abkürzung für *Original Equipment Manufacturer*, zu Deutsch »Erstausrüster«. Wenn Sie das große Glück haben, ein (vielleicht von einem guten Freund oder Familienmitglied) komplett eingerichtetes und vorkonfiguriertes System vor sich zu haben, dürfen Sie dieses Kapitel guten Gewissens überspringen und gleich zu Kapitel 2, »Ein erster Rundgang über die Oberfläche von Windows 10«, ab Seite 53 wechseln.

1.1 Die Systemanforderungen prüfen

Welche »inneren Werte« muss Ihr Computer aufweisen, damit Windows 10 flüssig darauf läuft? Microsoft gibt dazu für die Hardware folgende Mindestvoraussetzungen an:

- ein 1-GHz-Prozessor, entweder mit 32-Bit- (x86) oder 64-Bit-Architektur (x64)

- ein 2-GB-Hauptspeicher

- 16 GB verfügbarer Festplattenspeicher bei 32-Bit-Rechnern bzw. 32 GB bei 64-Bit-Rechnern

- eine DirectX-9-fähige Grafikkarte mit 128 MB RAM und WDDM-1.0- oder höherem Treiber

- ein Monitor bzw. Display, das über eine Auflösung von mindestens 800 × 600 Bildpunkten verfügt

Es ist müßig zu sagen, dass der oben beschriebene Computer keinen Preis für Geschwindigkeit und flüssige Bedienbarkeit erringen wird. Aktuelle Systeme, mit denen Sie auch in ca. fünf Jahren noch einigermaßen flott arbeiten können, besitzen zumeist folgende Ausstattung:

- einen 3-GHz-Prozessor mit mindestens 2 Kernen

- 8 GB Hauptspeicher

- eine 1-TB-Magnetfestplatte, idealerweise unterstützt von einer sog. *SSD-Festplatte* mit einer Mindestgröße von 128 MB. Eine SSD besitzt keine beweglichen Teile und kann dadurch sehr schnell arbeiten. Windows 10 wird in einer solchen Konfiguration auf die SSD ausgelagert und startet in weniger als zehn Sekunden aus dem kalten Zustand.

- eine moderne Grafikkarte aus dem Hause NVIDIA oder AMD mit mindestens 2 GB separatem Speicher für grafische Berechnungen

Für einen derartigen Computer müssen Sie heute in der Regel zwischen 500 und 1.000 € ausgeben, wobei mobile Geräte noch einmal etwas teurer sein können. Apropos mobile Geräte: Windows 10 läuft nicht nur auf dem guten alten Desktop-PC, sondern bietet gerade auch auf mobilen Geräten mit berührungsempfindlichem Bildschirm (einem sog. Touchscreen) ein bislang nicht gekanntes Erlebnis in puncto Bedienerfreundlichkeit. Microsoft ist hier sogar dem Rivalen Apple ein gutes Stück voraus, da Windows 10 im Gegensatz zu macOS die Bedienung per Fingergesten auf dem Bildschirm fest verankert hat. Mehr zum Thema Windows auf Geräten mit Touchscreen erfahren Sie in Kapitel 7, »Windows 10 auf dem Tablet«, ab Seite 243.

INFO

Einen Installationsschlüssel günstig erhalten

Für die Installation von Windows 10 benötigen Sie in jedem Fall einen gültigen Windows-10-Schlüssel. Während Box-Versionen, die beispielsweise von Microsoft auf einer DVD oder einem USB-Stick vertrieben werden, ab ca. 100 € erhältlich sind, kann man mit etwas Recherchegeschick auch lediglich einen Installationsschlüssel (das ist eine Buchstaben- bzw. Zahlenkombination) für ca. 20 € erwerben. Das erforderliche Installationsmedium kann man dann leicht selbst erstellen, siehe Abschnitt 1.3, »Ein Installationsmedium mit dem Medienerstellungstool erstellen«, ab Seite 25. Beachten Sie aber, dass Sie sich mit den günstigen Schlüsseln in der Grauzone bewegen: Diese werden meist von sog. OEM-Systemen übernommen und funktionieren oft nur für die Freischaltung von speziellen Systemabbildern.

Ein besonderes Schmankerl steht derzeit (Stand: April 2020) noch denjenigen zur Verfügung, die einen alten Computer mit Windows 7, 8 oder 8.1 besitzen, den sie aber nicht mehr nutzen. Denn sie können dessen Lizenzschlüssel ganz einfach für die kostenlose Aktivierung eines neuen Windows 10 verwenden. Den Lizenzschlüssel finden Sie auf dem offiziellen Aufkleber direkt auf dem Rechnergehäuse. Notieren Sie den Schlüssel, und geben Sie ihn im Verlauf der Neuinstallation von Windows 10 (siehe Abschnitt 1.4, »Von null auf Windows 10«, ab Seite 30) ein.

1.2 Windows-10-Varianten

Die Editionenvielfalt ist bei Windows oft etwas unübersichtlich. Gab es früher noch eine deutliche Trennung zwischen den professionellen, für den beruflichen Kontext gedachten Varianten und denen für die Normalanwender, so sind die Grenzen heute fließend. Tabelle 1.1 gibt einen Überblick, welche Windows-10-Editionen für welche Zielgruppe gedacht sind.

Windows-10-Edition	Zielgruppe	Zielgeräte
Home	Heimanwender	Desktop-PC bzw. Notebook
Pro	Heimanwender und kleine Unternehmen	Desktop-PC bzw. Notebook
Pro für Workstation	anspruchsvolle Anwender	leistungsfähige PC-Systeme mit servernaher Hardware, sog. Workstations
Enterprise	Unternehmen	Desktop-PC bzw. Notebook
Education	Schulen und Universitäten	Desktop-PC bzw. Notebook

Tabelle 1.1 Die wichtigsten Editionen von Windows 10

Welche Variante empfiehlt sich nun für den Standardanwender? In der Regel genügt Windows 10 Home für einfache Aufgaben wie z. B. Büroarbeiten vollauf. Wenn Sie in den Genuss aller Funktionen kommen möchten, die Windows 10 bietet (also z. B. die BitLocker-Laufwerksverschlüsselung, die EFS-Verschlüsselung für Dateien oder auch den Gruppenrichtlinieneditor nutzen wollen), sollten Sie zur Pro-Edition greifen. Auch der Beitritt zu einer Domäne bleibt dieser Edition vorbehalten. Windows 10 Enterprise bietet zusätzlich Funktionen, die beim Einbinden von Windows-Rechnern in Firmennetzwerke hilfreich sind, während man die Edition Education häufig in Bildungseinrichtungen findet. Sie besitzt die gleichen Funktionen wie die Enterprise-Edition, allerdings zu einem deutlich günstigeren Preis. Falls Sie anspruchsvolle grafische Arbeiten planen

(Videobearbeitung, Videoschnitt, Musikstudio), sollten Sie sich die Workstation-Variante näher ansehen. Microsoft gibt auf https://www.microsoft.com/de-de/windows/compare-windows-10-home-vs-pro einen Überblick, welche Vorteile die Pro-Version gegenüber der Home-Version bietet.

INFO

Windows 10 im S-Modus

Nicht allzu leistungsstarke Windows-10-Tablets werden mittlerweile häufig mit einer speziellen Windows-10-Version ausgeliefert, dem *Windows 10 S-Modus*, kurz auch *Windows 10 S* genannt. Rein oberflächlich betrachtet, unterscheidet sich diese Variante nicht von Windows 10 Home oder Pro, funktional gesehen müssen Anwender allerdings mit ein paar Einschränkungen leben. So lassen sich z. B. unter Windows 10 S lediglich von Microsoft geprüfte Apps aus dem Microsoft Store herunterladen. Anwendungen, die man sonst klassischerweise über das Internet bezieht, wie etwa den Browser Firefox oder eine Sicherheitslösung eines Drittanbieters, lassen sich somit unter Windows 10 S nicht nutzen. Microsoft will damit sicherstellen, dass keine Schadprogramme über ungeprüfte Apps auf den Computer gelangen. Ein weiterer Vorteil von Windows 10 S: Es läuft deutlich schneller, was sich bereits beim Start des Geräts bemerkbar macht.

Abbildung 1.1 Der S-Modus von Windows 10 kann beendet werden, allerdings lässt sich dieser Schritt nicht wieder rückgängig machen.

Wenn Sie sich dennoch nicht mit der abgespeckten Version anfreunden können, haben Sie die Möglichkeit, den Windows 10 S-Modus zu beenden. Rufen Sie hierzu **Start ▸ Einstellungen ▸ Update und Sicherheit ▸ Aktivierung** auf. Wenn Sie in der rechten Spalte auf **Store aufrufen** klicken, wird die Store-App direkt mit der relevanten Seite geöffnet. Nach einem Klick auf **Herunterladen** wechseln Sie nun je nach Computer zu Windows 10 Home bzw. Windows 10 Pro. Vorsicht: Wenn Sie sich einmal für das Beenden des Windows 10 S-Modus entschieden und diesen Schritt auch durchgeführt haben, ist dies endgültig. Eine Rückkehr zum S-Modus ist also nicht mehr möglich.

1.3 Ein Installationsmedium mit dem Medienerstellungstool erstellen

Bevor es nun an die eigentliche Installation von Windows 10 geht, müssen einige Voraussetzungen erfüllt werden:

- Stellen Sie sicher, dass der PC, auf dem Sie Windows 10 installieren wollen, über geeignete Hardwarekomponenten verfügt, wie in Abschnitt 1.1, »Die Systemanforderungen prüfen«, ab Seite 21 beschrieben.

- Besorgen Sie sich das Windows-10-Betriebssystem in Form einer Box-Version oder einen gültigen Windows-10-Installationsschlüssel, indem Sie diesen bei einem Händler Ihrer Wahl kaufen. Eine Box-Version enthält das Installationsmedium bereits in Form einer DVD oder eines USB-Sticks, die wiederum in einer Box verpackt sind.

Sollten Sie keine Windows-10-Box erworben haben, so ist es zunächst erforderlich, ein solches Medium selbst zu erstellen. Sie benötigen dazu in jedem Fall einen aktuellen, konfigurierten Windows-PC. Gehen Sie dann folgendermaßen vor:

1 Melden Sie sich zunächst unter Windows auf einem Konto an, das über Administratorrechte verfügt. Wenn Sie an dieser Stelle noch nicht genau wissen, was es damit auf sich hat, so schauen Sie in Kapitel 4, »Benutzerkonten anlegen und verwalten«, ab Seite 103 nach.

Alternativ melden Sie sich mit einem Standardbenutzerkonto an und starten das Tool mit Administratorrechten, was mit einem rechten Mausklick und der entsprechenden Anwahl des Menüpunkts im Kontextmenü geschieht.

2 Laden Sie auf dem Windows-PC das sog. *Media Creation Tool* (Medienerstellungstool) von Microsoft herunter. Dieses finden Sie direkt bei Microsoft auf *https://www.microsoft.com/de-de/software-download/windows10*.

Mit dem Medienerstellungstool können Sie sowohl den PC, auf dem das Tool ausgeführt wird, aktualisieren, als auch von Grund auf einen PC neu aufsetzen.

3 Klicken Sie die Schaltfläche **Tool jetzt herunterladen** ❶ an. Im nächsten Dialog werden Sie aufgefordert, die Datei über die gleichnamige Schaltfläche zu speichern.

Sie finden die Installationsdatei für das Medienerstellungstool nach erfolgtem Herunterladen im Ordner *Downloads*.

4 Starten Sie schließlich das Medienerstellungstool, indem Sie die Datei *MediaCreationTool.exe* im *Downloads*-Ordner doppelt anklicken, oder (falls dies direkt im Browser angeboten wird) mit der Schaltfläche **Ausführen**. Bestätigen Sie die anschließende Nachfrage, ob Windows Änderungen am System vornehmen darf. Das Medienerstellungstool benötigt, wie bereits erwähnt, zur Ausführung Administratorrechte, und an dieser Stelle meldet sich dann in jedem Fall die Benutzerkontensteuerung (UAC, Abkürzung für *User Access Control*).

5 Bestätigen Sie im nächsten Schritt die Lizenzbedingungen über die Schaltfläche **Akzeptieren**. Anschließend werden Sie gefragt, ob Sie den aktuell verwendeten PC aktualisieren oder aber ein Installationsmedium erstellen möchten, mit dem Sie dann auf weiteren PCs Windows 10 installieren können. Wir wählen an dieser Stelle die zweite Möglichkeit ❷.

6 Über die Schaltfläche **Weiter** ❸ gelangen Sie zum nächsten Dialog. Hier wählen Sie die gewünschte Windows-Edition, Architektur und Sprache aus. Im Normalfall werden automatisch die Voreinstellungen angezeigt, die zu dem System passen, auf dem das Medienerstellungstool läuft. Sie können hier aber auch das Häkchen vor **Empfohlene Optionen für diesen PC verwenden** ❹ entfernen und die Windows-Version individuell auswählen. Achten Sie in jedem Fall darauf, dass die ausgewählte Variante zu Ihrem erworbenen Windows-10-Paket, der Hardware und zum Installationsschlüssel passt.

Auf aktuellen PCs empfiehlt sich in jedem Fall die Installation der 64-Bit-Variante. Der Schlüssel schaltet später die erworbene Windows-Edition (beispielsweise Home oder Pro) korrekt frei, es gibt hier also keine unterschiedlichen Installationsdateien für die jeweilige Edition.

7 Nun erscheint eine Nachfrage, welches Medium Sie für die Installation von Windows 10 verwenden möchten. Das kann zum einen eine DVD, zum anderen ein USB-Speicherstick sein. In jedem Fall benötigen Sie mindestens 8 GB freien Speicherplatz auf dem Zielmedium. Nachfolgend gehe ich davon aus, dass Sie einen USB-Stick verwenden und die entsprechende Option ❺ ausgewählt haben.

Sollten Sie hingegen eine DVD verwenden wollen, so müssen Sie an dieser Stelle die Option **ISO-Datei** ❻ auswählen. Das Tool erstellt dann eine entsprechende Datei, die später mit Bordmitteln auf einen DVD-Rohling gebrannt werden kann. Wie das Brennen einer DVD funktioniert, können Sie in Abschnitt 12.2.2, »Fotos mit dem Explorer auf CD/DVD brennen«, ab Seite 451 nachlesen.

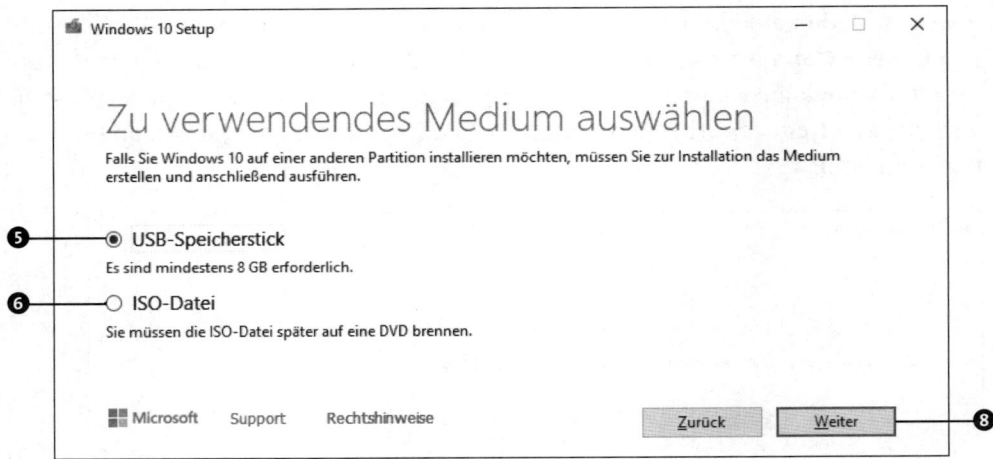

Bitte beachten Sie, dass durch den Einsatz des Tools sämtliche Daten gelöscht werden, die bereits auf dem USB-Stick vorhanden sind.

8 Stecken Sie nun einen USB-Speicherstick an einen freien USB-Anschluss Ihres Computers, und achten Sie darauf, dass der Stick vom System erkannt wird. Das erkennen Sie im nächsten Dialog ❼, nachdem Sie die Schaltfläche **Weiter** ❽ angeklickt haben.

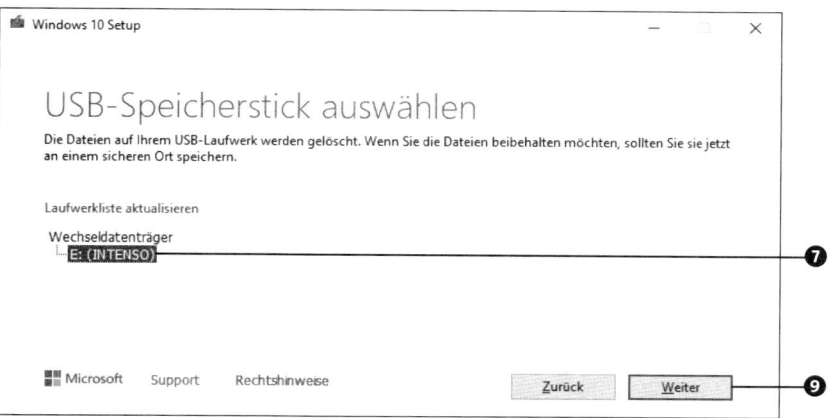

9 Die erneute Betätigung der Schaltfläche **Weiter** ❾ lädt schließlich das Windows-Betriebssystem zur Installation aus dem Internet und installiert dieses auf dem USB-Stick bzw. erstellt eine ISO-Datei.

10 Nach dem erfolgreichen Download schließen Sie den Setup-Assistenten über die Schaltfläche **Fertig stellen** ab. Es empfiehlt sich, nun noch einmal mithilfe des Explorers zu prüfen, ob die entsprechenden Installationsdateien auf dem USB-Stick installiert wurden. Dort sollte eine Reihe von Dateien erscheinen, die der Liste in der folgenden Abbildung ähnelt.

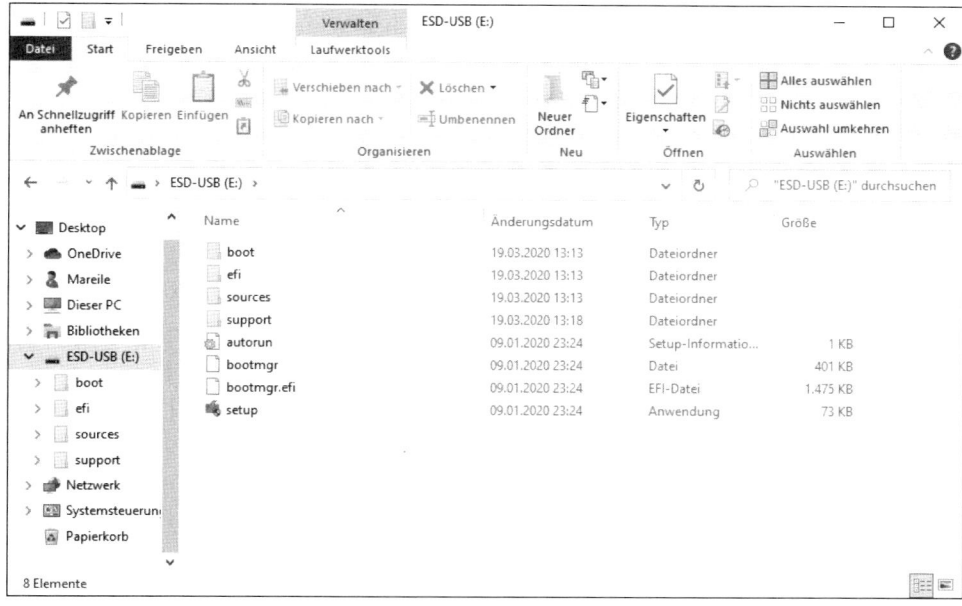

11 Nun muss noch der USB-Stick sicher entfernt werden. Klicken Sie dazu im sog. *Infobereich*, der sich am rechten Rand der Taskleiste befindet, auf das Pfeil-Symbol ❿. Dadurch erscheint ein kleines Symbolmenü, in dem Sie auch den USB-Stick entdecken können. Klicken Sie auf das Symbol des USB-Sticks ⓫, und werfen Sie diesen durch Anklicken des entsprechenden Menüpunkts aus. Genaueres zum Umgang mit USB-Sticks erfahren Sie übrigens in Abschnitt 8.2.3, »Zugriff auf externe Medien«, ab Seite 283.

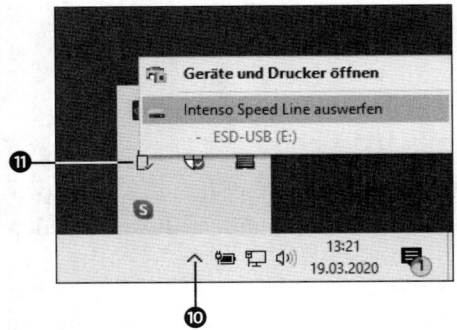

1.4 Von null auf Windows 10

Nachdem Sie nun, wie im vorigen Abschnitt gezeigt, im Besitz eines geeigneten Installationsmediums sind, können Sie loslegen und Windows 10 auf dem Zielcomputer installieren. Dazu muss der Computer jedoch zunächst lernen, von dem entsprechenden Medium zu starten. Die Startsequenz eines Computers wurde früher durch das sog. BIOS (*Basic Input/Output System*), heute hingegen durch das UEFI (*Unified Extensible Firmware Interface*) bestimmt. Diese Systeme sind für die Meldungen zuständig, die Sie unmittelbar nach dem Einschalten Ihres PCs auf dem Bildschirm erhalten. Im UEFI bzw. BIOS lässt sich einstellen, von welchem Medium der Computer prinzipiell startet.

Die meisten Geräte besitzen auch ein spezielles Startmenü (*Bootmenü* genannt), das Sie mit einer Tastenkombination aufrufen können. Darin werden sämtliche Medien aufgelistet, von denen ein Betriebssystem gestartet werden kann. Das können Festplatten sein, aber auch DVD-Laufwerke oder USB-Speichersticks. In der Regel ruft man bei den meisten Computern das Bootmenü durch Betätigen der Taste F8 oder F12 auf. In das BIOS, das vorwiegend auf älteren Computern anzutreffen ist, gelangen Sie hingegen durch Betätigen der Taste Entf bzw. F2. Sie sollten daher zunächst im Handbuch Ihres Computers nachlesen, mit welcher Tastenkombination Sie in das UEFI, BIOS oder das sog. Bootmenü gelangen, um dort die Bootreihenfolge so zu ändern, dass vom USB-Stick bzw. der Installations-DVD gebootet wird. Ein Beispiel hierfür sehen Sie in Abbildung 1.2.

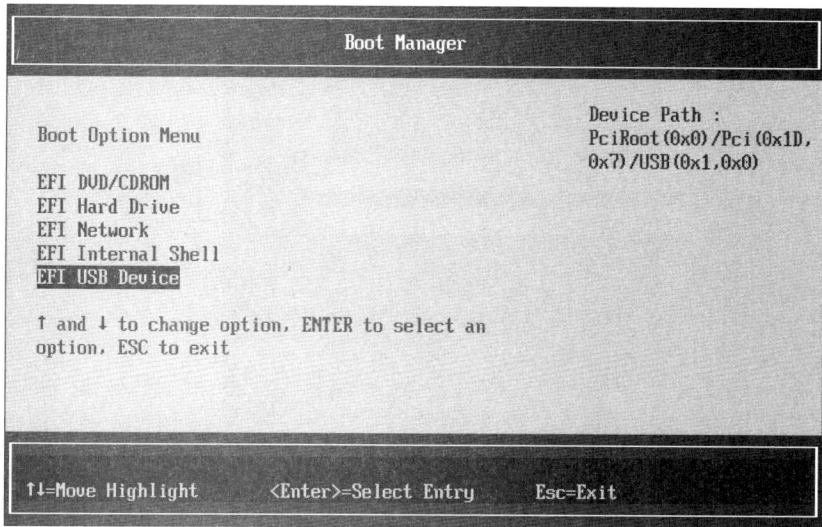

Abbildung 1.2 Ein typischer UEFI-Boot-Manager. Mithilfe der Pfeiltasten wählen Sie das Medium aus, von dem gebootet werden soll. Im vorliegenden Fall ist das der USB-Stick. Nach erfolgter Auswahl betätigen Sie die Eingabetaste.

Sobald Sie die Bootreihenfolge für den Computer, auf dem nun Windows 10 installiert werden soll, geändert haben, können Sie den PC mit dem zuvor erstellten Installationsmedium (USB-Stick oder DVD) hochfahren. Die folgenden Schritte führen Sie durch die Installation des Grundsystems:

1 Wenn Sie das System vom USB-Stick oder ggf. von einer DVD starten, kann es eine gewisse Zeit dauern, bis der erste Dialog erscheint. Typischerweise erfolgt der Start von einem USB-Stick auf aktuellen Computern in weniger als einer Minute, das Booten von einer DVD nimmt mitunter mehrere Minuten in Anspruch. In jedem Fall erscheint zunächst ein Dialog, mit dessen Hilfe Sie die künftige Systemsprache, die Uhrzeit und die Tastatursprache ❶ auswählen können. Das wird in unseren Gefilden meist **Deutsch** sein.

Bereits in diesem frühen Stadium können Sie auch schon die Computermaus verwenden, um Felder auszuwählen bzw. Schaltflächen anzuklicken.

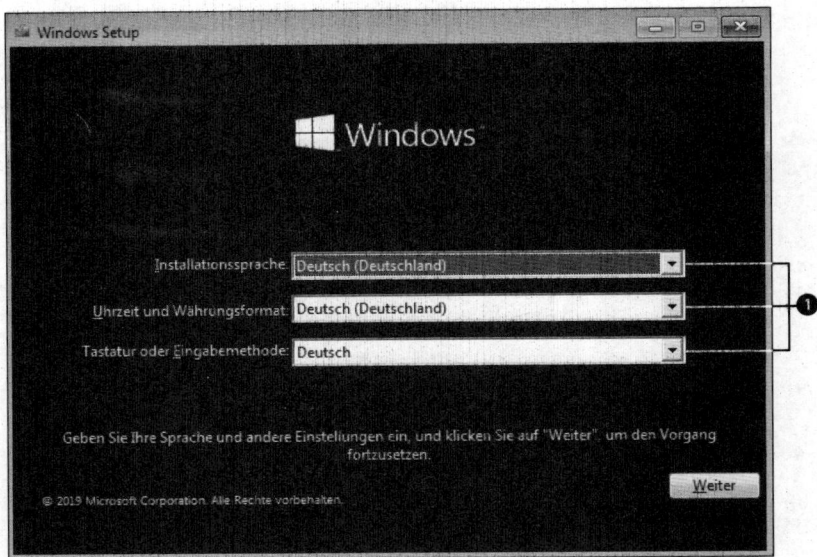

2 Im nächsten Dialog starten Sie die Installation, indem Sie auf **Jetzt installieren** ❷ klicken. Sie gelangen von diesem Bildschirm aus übrigens auch zu den **Computer-reparaturoptionen** ❸, indem Sie den entsprechenden Link anklicken oder die Tastenkombination ⌊Alt⌋ + ⌊C⌋ drücken. Dies ist z. B. dann nützlich, wenn Sie von außen auf ein »verpfuschtes« Windows-System, das sich nicht mehr starten lässt, zugreifen wollen, um es zu reparieren.

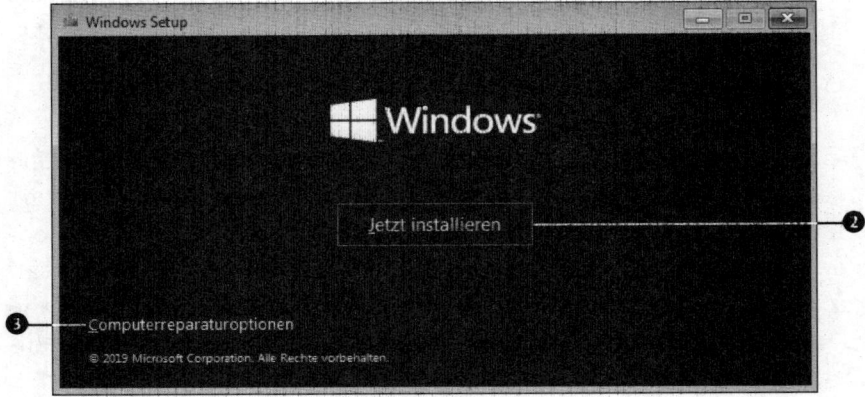

3 Geben Sie im nächsten Schritt Ihren Installationsschlüssel (auch *Windows Product Key* genannt) für Windows 10 ein ❹. Dazu können Sie die geforderten Großbuchstaben auch als Kleinbuchstaben eintippen. Die Striche werden automatisch ergänzt. Zur Eingabe des Schlüssels auf einem Tablet rufen Sie die virtuelle Tastatur auf, indem Sie das Tastatur-Symbol ❺ antippen. Bestätigen Sie die Eingabe mit **Weiter**. Sie können den Aktivierungsschlüssel allerdings auch noch später im installierten System eingeben, wie in Abschnitt 1.5, »Windows 10 nachträglich aktivieren«, ab Seite 46 beschrieben. In diesem Fall klicken Sie einfach den Link **Ich habe keinen Product Key** ❻ an.

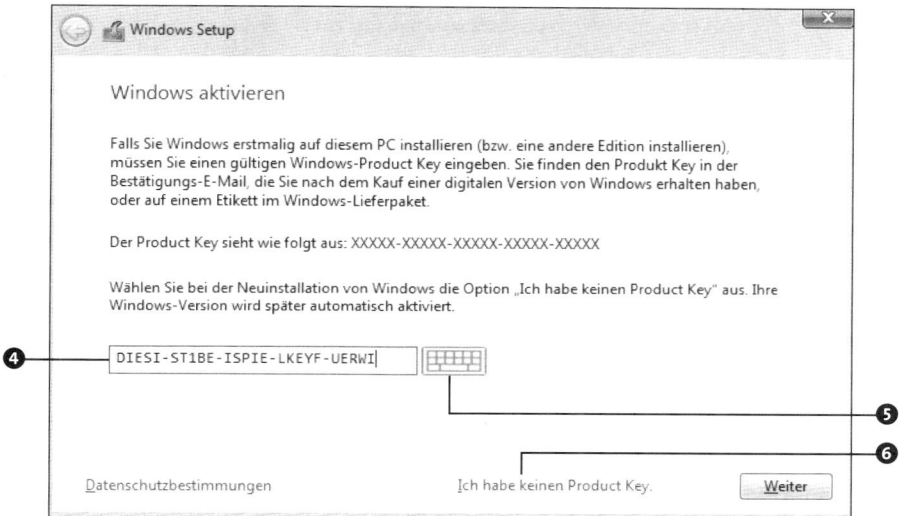

4 Falls Sie im vorangegangenen Menü die Option **Ich habe keinen Product Key** ausgewählt haben, erscheint noch ein Fenster, in dem Sie zwischen verschiedenen Windows-Versionen auswählen können. Beachten Sie, dass die ausgewählte Version später zum erworbenen Schlüssel passen muss. Klicken Sie erneut auf die Schaltfläche **Weiter**. Sollten Sie hingegen im letzten Schritt den Schlüssel bereits eingegeben haben, dann wird die Installation ohne Nachfrage gestartet.

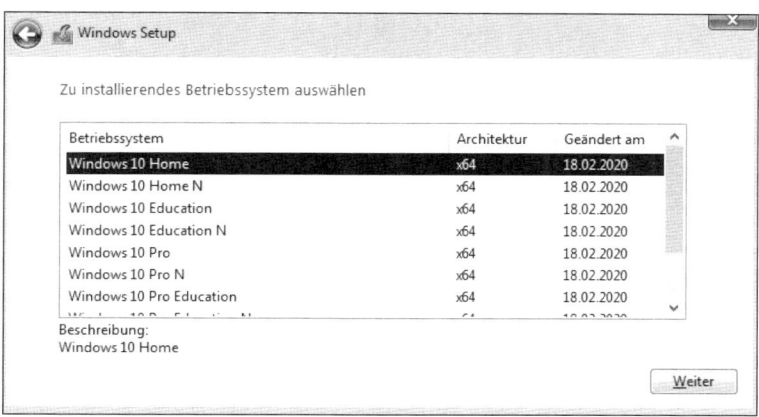

5 Im folgenden Schritt müssen Sie durch Setzen des entsprechenden Häkchens die Lizenzbedingungen bestätigen ❼. Klicken Sie danach auf die Schaltfläche **Weiter**.

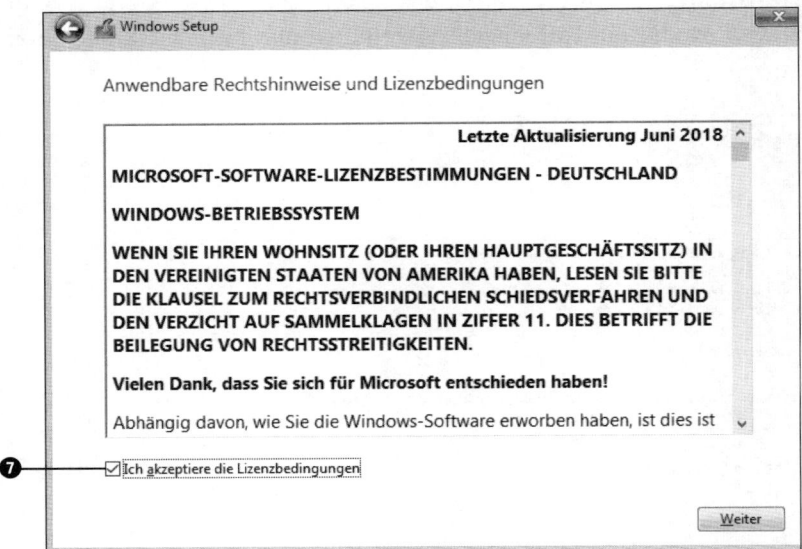

6 Sollte sich auf dem PC bereits ein älteres Windows-Betriebssystem (z. B. Windows 7 oder Windows 8) befinden, wird Ihnen nun angeboten, statt einer Neuinstallation ein *Upgrade* durchzuführen, bei dem Ihre persönlichen Dateien und Einstellungen übernommen werden. Mehr dazu erfahren Sie in Abschnitt 1.6, »Von einer älteren Windows-Version umsteigen«, ab Seite 49. Wir entscheiden uns an dieser Stelle für die sog. *benutzerdefinierte Installation* ❽, bei der Windows 10 von Grund auf neu installiert wird. Dadurch erhalten Sie die maximale Kontrolle über das zu installierende Betriebssystem.

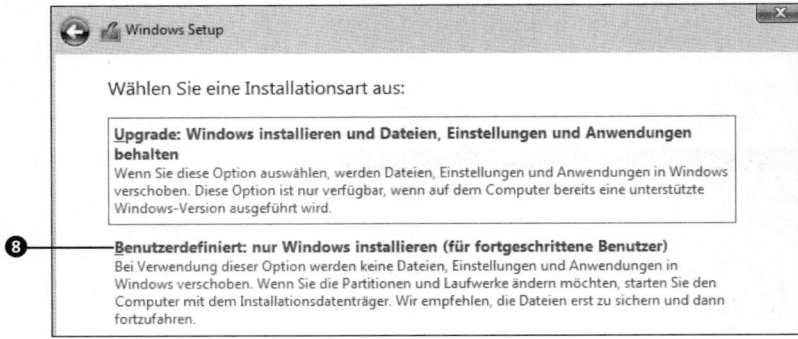

7 Falls Sie sich für die manuelle (benutzerdefinierte) Installation entschieden haben, gelangen Sie nun zum sog. *Partitionseditor*. Hier wählen Sie den Bereich auf der Festplatte aus, auf dem das Windows-Betriebssystem installiert werden soll. Das ist bei ganz neuen Rechnern der nicht zugewiesene Speicherplatz, der in diesem Fall automatisch ausgewählt wird. Sollten Sie hier bereits einige vordefinierte Partitionen vorfinden, können Sie diese auch zunächst auswählen und dann über die Schaltfläche **Löschen ❾** entfernen. Dadurch ist sichergestellt, dass sich keine Altlasten mehr auf dem neuen System befinden. Weiter geht es wie immer durch Anklicken der gleichnamigen Schaltfläche.

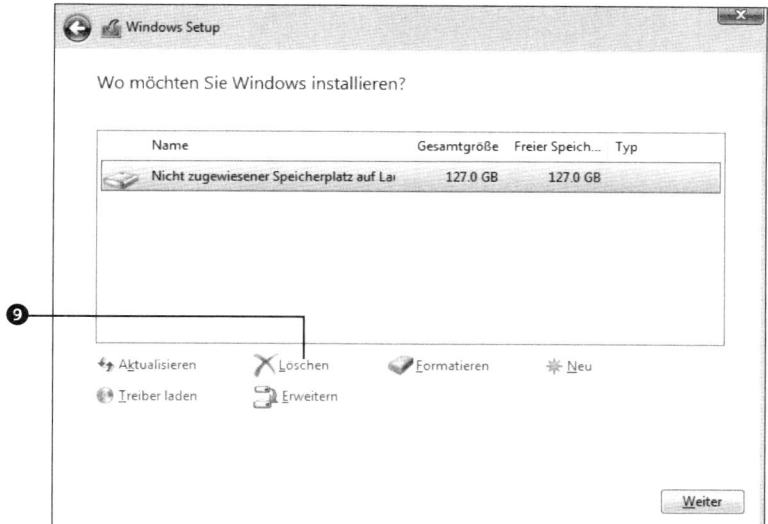

Was ist eine Partition?

Eine Partition ist ein Teilbereich einer Festplatte. Die Partitionen werden bei der Installation eines Betriebssystems festgelegt. Entgegen dem früher üblichen Vorgehen, persönliche Daten (Texte, Bilder, Musik oder Videos) auf einer gesonderten Partition zu speichern, verwendet man heute meist eine einzige Partition für die komplette Festplatte. Sicherungen nimmt man dann auf externen Festplatten vor. Im Dateimanager *Explorer* können Sie die verschiedenen Partitionen (auch *Laufwerke* genannt) anhand der Buchstaben erkennen, z. B. steht *C:* für das Hauptfestplattenlaufwerk Ihres Computers. Den Explorer lernen Sie in Kapitel 8, »Dateien und Ordner verwalten mit dem Explorer«, ab Seite 271 noch genauer kennen.

8 Das wär's dann endlich! Die Installation Ihres Windows-Betriebssystems beginnt. Dabei werden zunächst die notwendigen Dateien auf die Festplatte kopiert und vorbereitet. Schließlich wird noch geprüft, ob Updates für das System vorliegen. Das setzt natürlich voraus, dass Ihr PC in irgendeiner Weise mit einem Router verbunden ist, der die Internetverbindung sicherstellt. Das kann per LAN-Kabel oder auch per WLAN erfolgen. Im zweiten Fall erkennt die Installationsroutine, dass ein solcher Zugang aufgrund der verwendeten speziellen Hardware zu konfigurieren ist. Das ist beispielsweise bei mobilen Endgeräten wie Tablets der Fall.

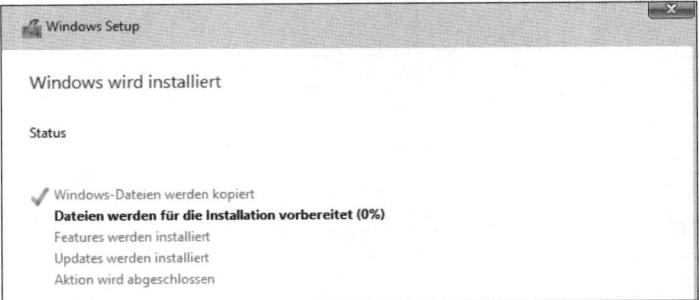

9 Nachdem Windows auf der Festplatte Ihres Computers installiert wurde, wird der Rechner neu gestartet. Danach erscheint ein Konfigurationsassistent für die erste Einrichtung auf dem Bildschirm. Dabei werden Sie sogleich von *Cortana* begrüßt. Die universelle Windows-Sprachassistentin ermöglicht es Ihnen, alle künftigen Dialogfelder auch per Spracheingabe auszuwählen.

10 Zunächst werden Sie nach der Region gefragt, in der Sie sich befinden. Wählen Sie an dieser Stelle **Deutschland** 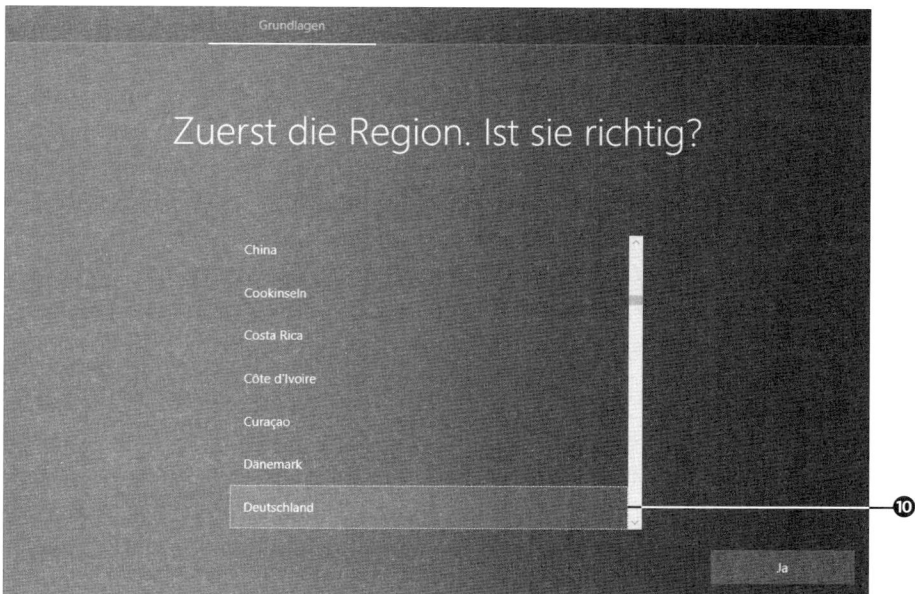 aus. Bestätigen Sie Ihre Auswahl mit der Schaltfläche **Ja**. Anschließend definieren Sie das gewünschte Tastaturlayout, das in der Regel ebenfalls **Deutsch** ist. Die Frage nach einem zweiten Tastaturlayout überspringen Sie.

11 Der folgende Schritt ist von großer Bedeutung. Damit richten Sie nämlich Ihr erstes Benutzerkonto auf Ihrem neuen Windows-10-PC ein. Microsoft möchte, dass Sie Ihren PC mit einem Microsoft-Konto verbinden. Das hat Vor- und Nachteile: Zum einem können Sie so beispielsweise ganz bequem alle Computer, auf denen Sie mit diesem Microsoft-Konto angemeldet sind, synchronisieren und damit einmal vorgenommene Einstellungen in einem Rutsch auf allen Geräten übernehmen. Andererseits benötigen Sie zur Anmeldung an Ihren PC dann in der Regel eine aktive Internetverbindung.

Sie können an dieser Stelle aber auch getrost diesen Schritt durch Anklicken des Links **Offlinekonto** **11** überspringen und ein lokales Konto einrichten. Sollte Ihr Computer noch nicht mit dem Internet verbunden sein, wird Ihnen automatisch ausschließlich das Einrichten des lokalen Kontos angeboten. Wie die Anmeldung für das lokale Konto erfolgt, erfahren Sie in diesem Abschnitt ab Seite 43. Doch zunächst zeige ich Ihnen, wie die Anmeldung mit einem Microsoft-Konto funktioniert.

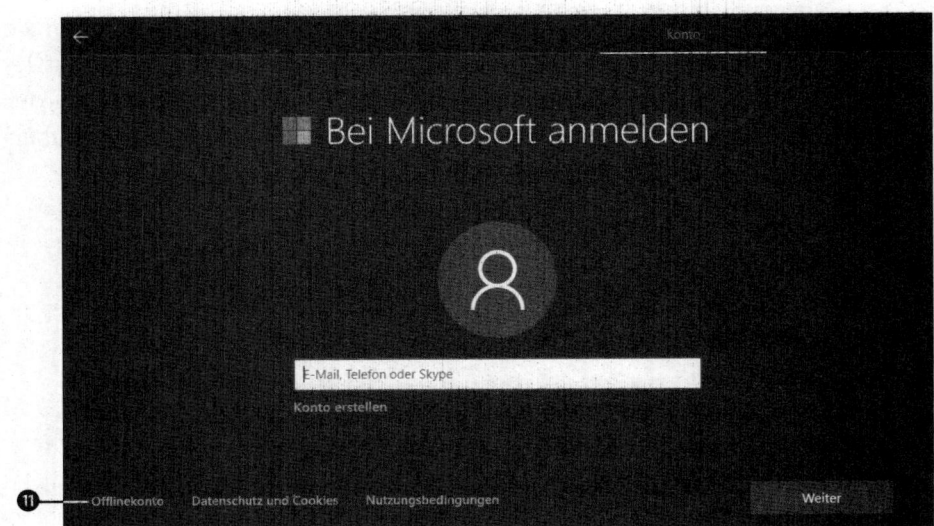

Besitzen Sie noch kein Microsoft-Konto und möchten Sie eines neu einrichten, finden Sie hierfür im Dialog **Bei Microsoft anmelden** den Link **Konto erstellen** ⓬. Folgen Sie anschließend einfach den weiteren Anweisungen (siehe auch Abschnitt 4.2.2, »Ein Microsoft-Konto einrichten«, ab Seite 111). Wenn Sie bereits über Zugangsdaten zu einem Microsoft-Konto verfügen, geben Sie im Dialog **Bei Microsoft anmelden** zunächst die E-Mail-Adresse des Kontos ⓭ und nach einem Klick auf **Weiter** das Kennwort Ihres Microsoft-Kontos ein.

12   Sie werden nach der Anmeldung mit Ihrem Microsoft-Konto aufgefordert, eine PIN
zu erstellen, mit der Sie sich auf dem Gerät statt mit einem Passwort anmelden. Bei
der PIN handelt es sich um eine einfache Zahlenkombination, die einen schnellen
Zugang zu Ihrem Konto gewährleistet. Nach einem Klick auf **PIN erstellen** geben
Sie im Dialog **PIN einrichten** eine Zahlenfolge ein ❹, die Sie im Feld darunter wiederholen und mit **OK** bestätigen.

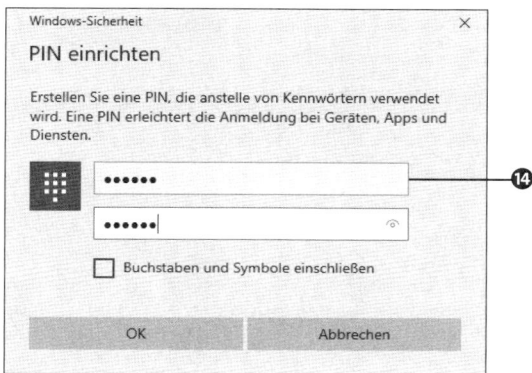

13   Wenn Sie Ihren Computer per Sprache steuern möchten, können Sie im folgenden
Dialog den Eintrag **Online-Spracherkennung verwenden** markieren. Diese Option –
wie auch die in den nächsten Schritten folgenden Einstellungen – können Sie jeweils auch im Nachhinein auswählen, wie Sie im Verlauf des Buches sehen werden.
Klicken Sie hier also ruhig auf **Online-Spracherkennung nicht verwenden** und dann
auf **Annehmen**.

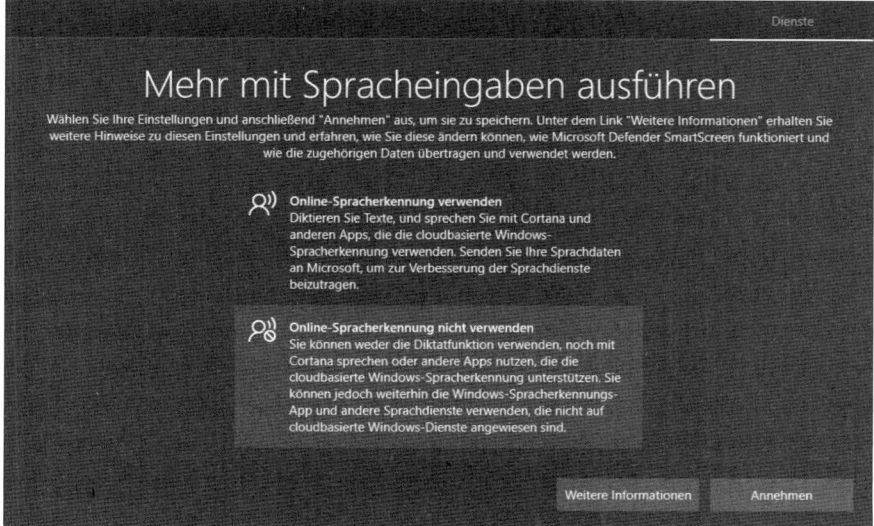

14 Als Nächstes müssen Sie entscheiden, ob Microsoft und Apps Zugriff auf Ihren Standort erhalten dürfen. Wenn Sie dies nicht möchten, markieren Sie die Auswahl **Nein** und bestätigen Ihre Entscheidung mit **Annehmen**.

15 Soll Windows Ihnen bei der Suche eines verloren gegangenen Geräts helfen, werden hierfür ebenfalls die Standortangaben benötigt. Auch diese Einstellung lässt sich später anpassen, sodass Sie an dieser Stelle zunächst **Nein** markieren können, um dann mit **Annehmen** fortzufahren.

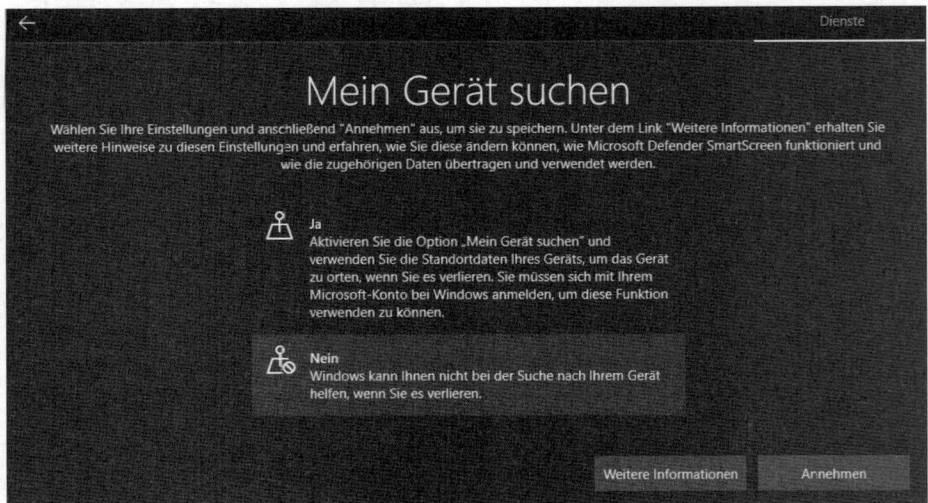

16 Sollen die sog. Diagnosedaten, also Fehlerberichte, Informationen zu vorgenommenen Einstellungen etc., vollständig an Microsoft gesendet werden, oder lediglich die wichtigsten Daten? Lesen Sie sich die Beschreibungen hierzu durch. Wählen Sie die gewünschte Einstellung **Vollständig** oder **Einfach** aus, und bestätigen Sie wieder mit **Annehmen**.

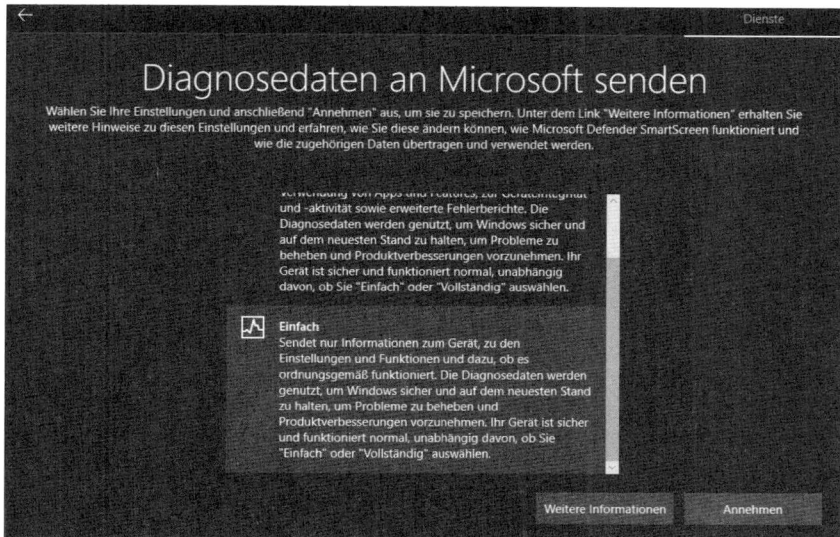

17 Auch die folgenden Dialoge betreffen jeweils das Weiterreichen von Informationen an Microsoft. Mit der Auswahl **Nein** können Sie der Verwendung Ihrer Daten jeweils widersprechen. Klicken Sie dann auf **Annehmen**, um zum nächsten Dialog zu gelangen.

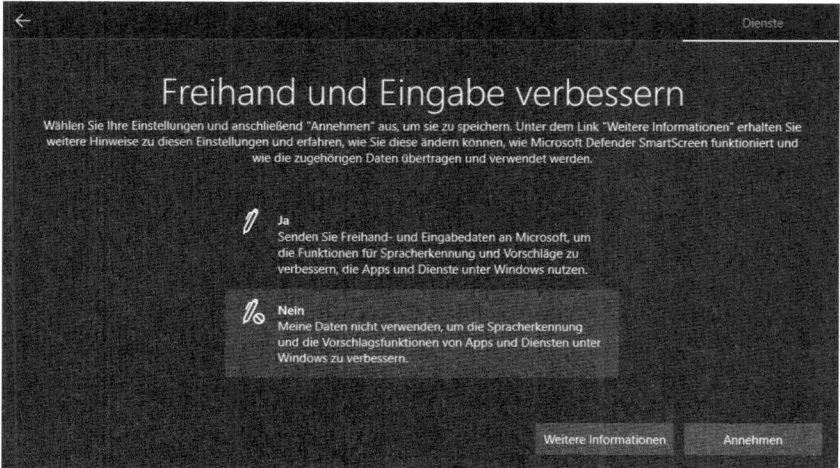

41

18 Welche Datei haben Sie in letzter Zeit geöffnet, welche Webseiten gelesen? All diese Informationen hält Windows 10 im sog. Aktivitätsverlauf fest, den Sie in Abschnitt 6.3, »Die Timeline-Funktion als Gedächtnisstütze«, ab Seite 232 genauer kennenlernen werden.

Wenn Sie mit verschiedenen Windows-Geräten arbeiten und sich auf allen mit dem gleichen Microsoft-Konto anmelden, können Sie von allen Geräten aus auf den Aktivitätsverlauf zugreifen. Benötigen Sie diese Funktion nicht, können Sie bereits jetzt die Aufforderung **Nutzen Sie den geräteübergreifenden Aktivitätsverlauf** mit **Nein** ablehnen.

19 Die Sprachassistentin Cortana ermöglicht es nicht nur, den Computer per Sprache zu steuern. Die digitale Assistentin würde Ihnen auch gerne bei anderen Aufgaben, wie etwa der Terminplanung, behilflich sein. Hierfür muss sie aber Einblick in all Ihre Aktivitäten erhalten, was aus Datenschutzgründen nicht ganz unbedenklich ist. Wenn Sie sich zuerst in Ruhe über Cortana informieren möchten, bevor Sie ihre Hilfe annehmen, klicken Sie im Dialog **Lassen Sie sich von Cortana helfen, um Dinge zu erledigen** auf **Jetzt nicht**. In Abschnitt 21.3, »Cortana – die sprachgesteuerte Assistentin«, erfahren Sie ab Seite 782, wie Sie die Sprachassistentin auch im Nachhinein noch aktivieren können.

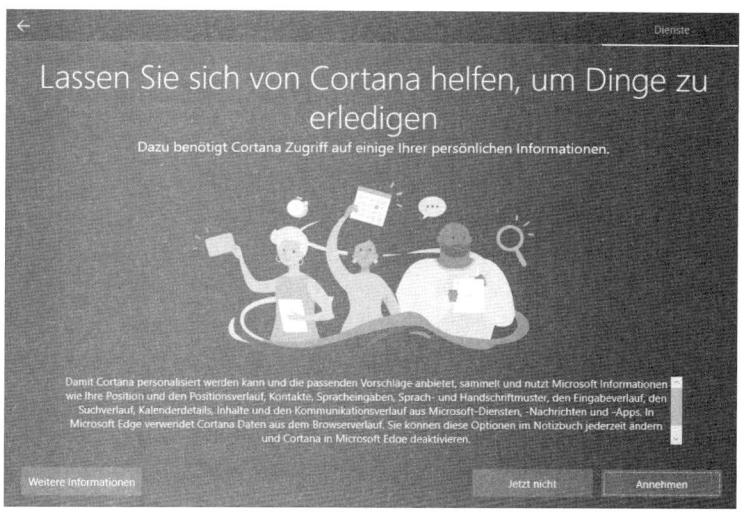

Damit haben Sie die Konfigurationsroutinen vollständig durchlaufen. Das System führt noch einige Aktualisierungen zur Einrichtung Ihres Kontos durch, und danach begrüßt Sie ein frischer Windows-Bildschirm.

Wie in Schritt 11 auf Seite 37 erwähnt, können Sie sich entweder mit einem Microsoft-Konto am Computer anmelden oder mit einem lokalen Konto. Das Einrichten des Microsoft-Kontos haben Sie gerade kennengelernt. Fehlt also noch das lokale Konto. Haben Sie im Dialog **Bei Microsoft anmelden** auf **Offlinekonto** (❶ auf Seite 38) geklickt, werden Sie zunächst nochmals aufgefordert, sich mit einem Microsoft-Konto anzumelden, um sämtliche Apps und Dienste von Microsoft nutzen zu können. Erst nach einem Klick auf **Eingeschränkte Erfahrung** gelangen Sie zum Dialog **Von wem wird dieser PC genutzt?**. Von hier an geht es folgendermaßen weiter:

1 Im Falle eines lokalen Kontos geben Sie zunächst einen Namen für das von Ihnen genutzte Konto ein. Bestätigen Sie mit **Weiter**.

2 Als Nächstes legen Sie ein Passwort bzw. *Kennwort* fest, das Sie nach einem Klick auf **Weiter** auf der nächsten Seite bestätigen. Auch auf dieser Seite fahren Sie mit **Weiter** fort.

3 Als Nächstes müssen Sie drei Sicherheitsfragen erstellen. Diese sind dann hilfreich, wenn Sie doch einmal Ihr Kennwort vergessen haben sollten.

Das weitere Vorgehen entspricht den Schritten 13 bis 19 ab Seite 39. So werden Sie u. a. gefragt, ob Sie die Spracheingabe ausführen und Microsoft die Nutzung Ihrer Standortdaten erlauben wollen. Sie landen schlussendlich wieder auf dem bekannten Windows-Bildschirm. Wenn Sie nun gleich loslegen möchten, springen Sie einfach zu Kapitel 2, »Ein erster Rundgang über die Oberfläche von Windows 10«, ab Seite 53.

INFO

OEM-Software (Original Equipment Manufacturer)

Hersteller von Computersystemen bekommen Software zu Vorzugspreisen. In diesen Genuss können auch Sie kommen, wenn Sie sog. OEM-Software (zu Deutsch »Erstausrüster-Software«) erwerben. OEM-Programme haben jedoch auch Nachteile: Sie erwerben damit in der Regel keinen Anspruch auf Hilfestellung (Support) vom Hersteller.

Wenn Sie einen PC »von der Stange« kaufen, so ist dort in der Regel eine OEM-Version von Windows vorinstalliert. Dem PC liegt dann meist auch kein regulärer Installationsdatenträger wie z. B. eine DVD bei. Sie haben lediglich die Möglichkeit, einen Rettungsdatenträger im Rahmen der Erstkonfiguration des Systems zu erstellen. Einen Windows-Installationsschlüssel, der früher auf dem Gehäuse des PCs aufgeklebt war, werden Sie bei modernen Systemen vergeblich suchen.

Ein OEM-Gerät ist über seine Hardware direkt bei Microsoft registriert und wird bei der ersten Inbetriebnahme automatisch aktiviert. Die Einrichtung von OEM-Systemen (also etwa das Hinzufügen von Benutzerkonten oder auch das Vornehmen wichtiger Einstellungen) gestaltet sich mitunter etwas anders als in diesem Abschnitt beschrieben. Derartige Systeme sind dann schon vorkonfiguriert und leider auch mit einer Menge überflüssiger Software (sog. *Bloatware*) versehen, die der Hardwarehersteller infolge von Lizenzabkommen mit Drittanbietern vorinstalliert hat.

Die Einrichtung eines OEM-Systems ist aber sonst denkbar einfach, da das eigentliche Betriebssystem hier schon vorinstalliert ist. Falls Sie dazu aufgefordert werden, eine Rettungs-DVD mithilfe eines integrierten DVD-Brenners zu erstellen, sollten Sie das unbedingt tun. Diese DVD ist bei OEM-Systemen oft die einzige Chance, ein defektes System wieder zum Laufen zu bringen.

1.5   Windows 10 nachträglich aktivieren

Wenn Sie während der Installationsphase keinen Installationsschlüssel eingegeben haben, ist Ihr Windows-Betriebssystem noch nicht aktiviert (siehe auch Schritt 3 in Abschnitt 1.4, »Von null auf Windows 10«, auf Seite 32). In diesem Fall werden Sie nach einiger Zeit aufgefordert, die Aktivierung nachzuholen. Diese kann nur mit einer bestehenden Internetverbindung erfolgen.

INFO

Was bedeutet Aktivierung?

Eine Windows-10-Lizenz, die Sie im Rahmen eines Computerneukaufs oder auch nachträglich im Onlinehandel für einen älteren PC erworben haben, muss fest mit dem Zielsystem verknüpft werden. Dazu führt das System eine Aktivierung durch, bei der die entsprechenden Hardwaredaten per Onlineverbindung an Microsoft übermittelt werden. Das soll verhindern, dass die gleiche Kopie ein und derselben Windows-10-Lizenz auf mehreren Rechnern gleichzeitig verwendet wird.

Wenn Sie Ihren Rechner häufiger neu aufsetzen, was beispielsweise bei Testrechnern der Fall ist, empfiehlt es sich, die Aktivierung von einem angemeldeten Microsoft-Konto aus vorzunehmen. Dadurch wird die Kopie Ihrer Lizenz fest mit Ihrem Microsoft-Konto verknüpft. Jedes Mal, wenn Sie dann den Rechner mit identischer Hardware neu installieren und mit dem gleichen Microsoft-Konto verknüpfen, wird nachgeschaut, ob dieser Rechner bereits bekannt ist, und der PC wird nach positiver Prüfung automatisch aktiviert.

Gehen Sie folgendermaßen vor, um ein Windows-10-Betriebssystem nachträglich zu aktivieren:

1 Stellen Sie zunächst sicher, dass Sie mit einem Administratorkonto an Ihrem Computer angemeldet sind (siehe dazu auch Kapitel 4, »Benutzerkonten anlegen und verwalten«, ab Seite 103).

2 Geben Sie das Wort »Aktivierung« in das Suchfeld am linken Rand der Taskleiste ein ❶. Dadurch wird nach dem entsprechenden Eintrag in den Systemeinstellungen gesucht. Es genügt hier meist, einige wenige Buchstaben des Schlüsselworts einzugeben, um das gewünschte Element zu finden. Klicken Sie den Treffer **Aktivierungseinstellungen – Systemeinstellungen** ❷ in der Ergebnisliste an.

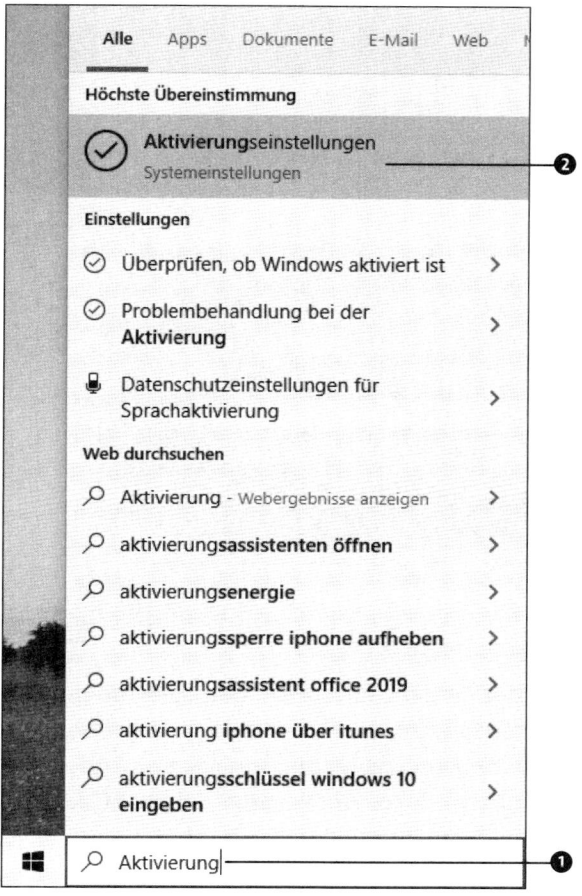

3 Dadurch öffnet sich automatisch der Einstellungen-Dialog mit der Kategorie **Update und Sicherheit**. Links ist bereits **Aktivierung** ❸ ausgewählt. In der rechten Spalte des Dialogs erscheint ggf. eine Fehlermeldung, dass Ihr System nicht aktiviert werden kann. Das liegt daran, dass Sie während der Installation den entsprechenden Produktschlüssel noch nicht eingegeben haben.

4 Klicken Sie den Link **Product Key ändern** ❹ an. Falls Sie nicht mit einem Administratorkonto angemeldet sein sollten, dann bestätigen Sie die Nachfrage der sog. *Benutzerkontensteuerung* durch Anklicken der Schaltfläche **Ja**.

5 Geben Sie im folgenden Fenster den Schlüssel Ihrer Windows-Lizenz ❺ ein.

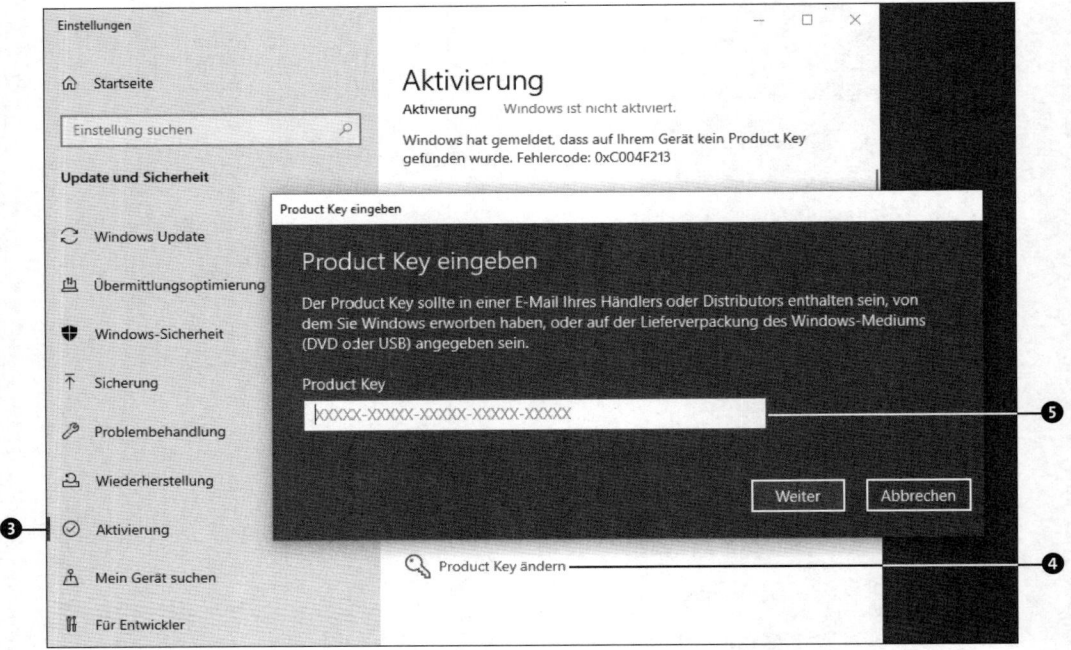

6 Der Schlüssel wird direkt während der Eingabe überprüft, und Sie werden nach der Eingabe des letzten Zeichens automatisch zum nächsten Dialog weitergeleitet. Über die dort sichtbare Schaltfläche **Weiter** wird die Aktivierung von Windows abgeschlossen. Sie können überprüfen, ob die Aktivierung erfolgreich war ❻, indem Sie erneut den Einstellungen-Dialog mit dem Bereich **Aktivierung** aufrufen.

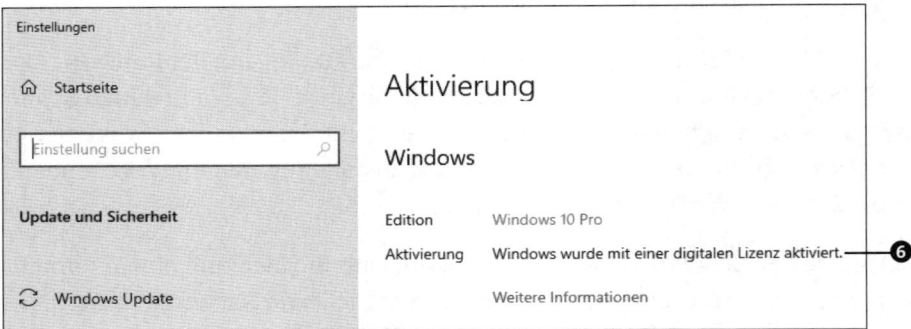

1.6   Von einer älteren Windows-Version umsteigen

Windows 10 hat mittlerweile das Zepter übernommen: Es ist aktuell die am weitesten verbreitete Windows-Version. Abbildung 1.3 zeigt den Marktanteil von Windows 10 in Deutschland im Vergleich mit den Vorgängerversionen Anfang 2020.

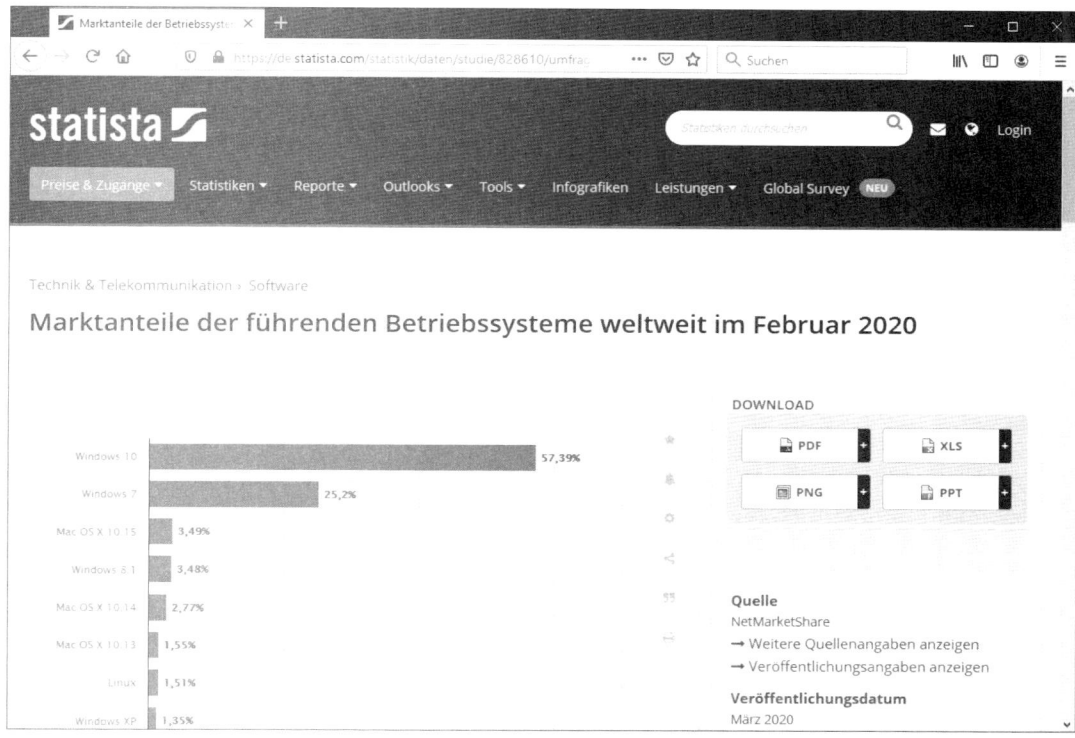

Abbildung 1.3 Verbreitung von Windows 10 (Stand: 02/2020. Quelle: https://de.statista.com)

Daraus geht hervor, dass Windows 7 mit knapp 25 % aller Installationen immer noch stark am Markt vertreten ist, auch wenn der Support seitens Microsoft offiziell eingestellt ist. So manch einer dieser Anwender wird im Laufe der Zeit von einer alten Windows-Version wie Windows 7, 8 oder 8.1 auf Windows 10 aufrüsten wollen. Der Fachmann nennt dies »ein Upgrade durchführen«.

Der Vorteil eines solchen Upgrades besteht darin, dass dabei sämtliche persönlichen Daten und Dateien im System erhalten bleiben, sofern man beim Durchlaufen des Assistenten die entsprechende Option anwählt.

Ein Nachteil dieser Vorgehensweise besteht darin, dass ggf. viele längst nicht mehr aktuelle Treiber und temporäre Dateien im System erhalten bleiben und das System dadurch eventuell träger als nach einer Neuinstallation reagiert.

Daher empfiehlt es sich, die persönlichen Daten auf einer externen Festplatte zu sichern und dann das System kompletten neu zu konfigurieren, wie es in Abschnitt 1.4, »Von null auf Windows 10«, ab Seite 30 beschrieben wurde.

Trotz aller gegenteiligen Ankündigungen ist übrigens weiterhin ein kostenloses Upgrade möglich. Voraussetzung für das Upgrade ist allerdings, dass auf dem PC bereits eine gültige Windows-Version installiert ist. Wie lange Microsoft diese Möglichkeit noch unterstützt, ist nicht bekannt.

Um ein Upgrade einer älteren Windows-Version anstelle einer Neuinstallation durchzuführen, gehen Sie folgendermaßen vor:

1 Fertigen Sie zunächst eine Sicherung aller wichtigen persönlichen Dateien im System an, also derjenigen Objekte, die Sie selbst erstellt haben. Das sind insbesondere Word-Dokumente, Excel-Tabellen, aber auch Audio- und Videodateien oder Fotos. Hierzu bietet sich eine externe Festplatte an, auf die Sie die entsprechenden Dateien kopieren. Bei einem aktuellen Computer, der über Jahre benutzt wurde, können hier schon einmal mehrere 100 GB Datenmaterial zusammenkommen. Einige interessante Informationen rund um das Thema Datensicherung erhalten Sie in Kapitel 17, »Wartung: Das System aktuell halten und sichern«, ab Seite 629.

2 Führen Sie auf dem Windows-PCs, den Sie aktualisieren möchten, vor dem Upgrade noch einmal ein Update über die *Systemsteuerung* (Windows 7) bzw. die *Einstellungen* (Windows 8 bzw. 8.1) durch.

3 Stellen Sie sicher, dass Sie als Administrator am PC angemeldet sind. Laden Sie nun so, wie in Abschnitt 1.3, »Ein Installationsmedium mit dem Medienerstellungstool erstellen«, in den Schritten 1 bis 3 ab Seite 25 gezeigt wurde, das *Media Creation Tool* auf Ihren Computer. Rufen Sie über den Explorer den Ordner **Downloads** auf. Doppelklicken Sie auf die gerade heruntergeladene Datei *MediaCreationTool.exe*. Die Frage der Benutzerkontensteuerung bestätigen Sie mit **Ja**. Erklären Sie sich mit einem Klick auf **Akzeptieren** mit den Lizenzbedingungen einverstanden.

4 Als Nächstes werden Sie gefragt, wie Sie vorgehen möchten. Stellen Sie sicher, dass die Option **Jetzt Upgrade für diesen PC ausführen** aktiviert ist ❶. Bestätigen Sie mit **Weiter**.

5 Nun wird der Download von Windows 10 gestartet und anschließend werden Updates abgerufen. Der Vorgang kann einen Moment dauern.

6 Der Dialog **Bereit für die Installation** zeigt noch einmal, was bei dem Upgrade genau geschieht. Die persönlichen Daten und Programme (ab Windows 8 *Apps* genannt) werden behalten. Über den Link **Ändern der zu behaltenden Elemente ❷** können Sie diese Voreinstellungen nach Ihren Wünschen anpassen. Die eigentliche Installation des Upgrades wird dann durch die Schaltfläche **Installieren ❸** gestartet.

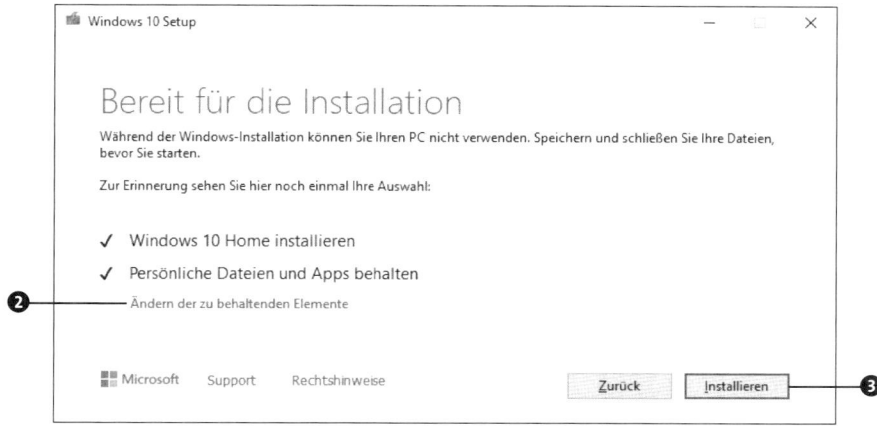

Die nachfolgenden Schritte des Upgrade-Assistenten ähneln stark der Neuinstallation, die in Abschnitt 1.4, »Von null auf Windows 10«, ab Seite 30 beschrieben ist, sodass ich an dieser Stelle nicht mehr explizit auf sie eingehe.

2 Ein erster Rundgang über die Oberfläche von Windows 10

Sie haben das Betriebssystem Windows 10 selbst installiert bzw. einen Computer mit Windows 10 erworben und möchten nun sofort loslegen. In diesem Kapitel lernen Sie, wie Sie die Elemente auf der Oberfläche für Ihre Arbeit produktiv nutzen können. Doch zuvor erfahren Sie noch, wie Sie sich am Computer anmelden.

2.1 Am Computer anmelden

Nach dem Einschalten des Computers sehen Sie zunächst den Sperrbildschirm. Er wird auch eingeblendet, wenn Sie längere Zeit keine Eingabe per Tastatur, Maus oder Touchscreen vornehmen und der PC somit in den Ruhezustand wechselt. Sollten Sie den Computer z. B. über die Tastenkombination ▣ + Ⓛ sperren, damit keine andere Person Zugriff auf den PC hat, sobald Sie den Raum verlassen haben, erscheint der Sperrbildschirm ebenfalls. Damit Sie sich am Computer anmelden können, muss der Sperrbildschirm zuvor ausgeblendet werden.

1 Klicken Sie mit der Maus auf das Bild des Sperrbildschirms, oder drücken Sie eine beliebige Taste auf der Tastatur. Wenn Sie mit einem Touchscreen arbeiten, wischen Sie mit dem Finger vom unteren Bildschirmrand nach oben.

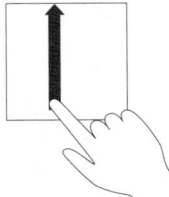

Weitere Informationen zur Bedienung per Fingergesten erhalten Sie in Abschnitt 7.2, »Windows 10 auf dem Touchscreen bedienen«, ab Seite 255.

2 Der Sperrbildschirm verschwindet nun, und stattdessen wird der Anmeldedialog eingeblendet. Wenn auf Ihrem Computer bereits mehrere Benutzerkonten eingerichtet wurden, werden diese unten links aufgeführt ❶. Wählen Sie Ihr Benutzerkonto per Mausklick oder durch Antippen aus. Wie Sie selbst Benutzerkonten anlegen, erfahren Sie in Kapitel 4, »Benutzerkonten anlegen und verwalten«, ab Seite 103.

3 Sobald Ihr Benutzername in der Mitte des Anmeldedialogs angezeigt wird, geben Sie im Feld darunter das Kennwort des Kontos ein ❷. Drücken Sie die Taste ⏎, und Sie werden am Computer angemeldet.

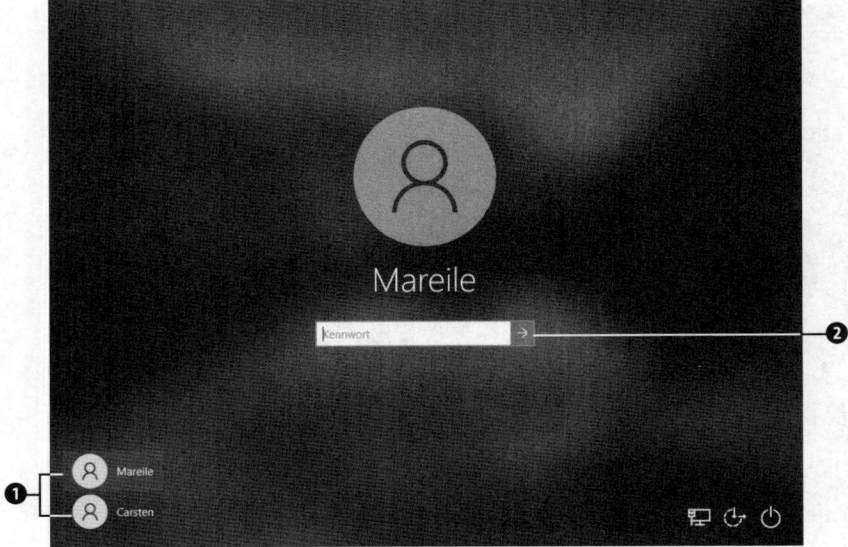

2.2 Die Desktopoberfläche im Überblick

Sobald Sie sich erfolgreich am Computer angemeldet haben, bekommen Sie die eigentliche Oberfläche, den sog. *Desktop*, von Windows 10 zu Gesicht. Dieser Desktop ist der Dreh- und Angelpunkt sämtlicher Arbeiten, die Sie auf Ihrem Computer durchführen.

Der Begriff *Desktop* kommt aus dem Englischen und bedeutet sinngemäß »Schreibtischoberfläche«. Und genau so sollten Sie sich diesen zentralen Bereich auch vorstellen: Ähnlich wie auf einem realen Schreibtisch können Sie hier beliebige Dokumente ablegen. Gestartete Programme erscheinen auf dem Desktop in Fensterform ❶, und wenn Sie es wünschen, können Sie hier auch Icons zum Schnellzugriff auf besonders häufig genutzte Programme platzieren ❷.

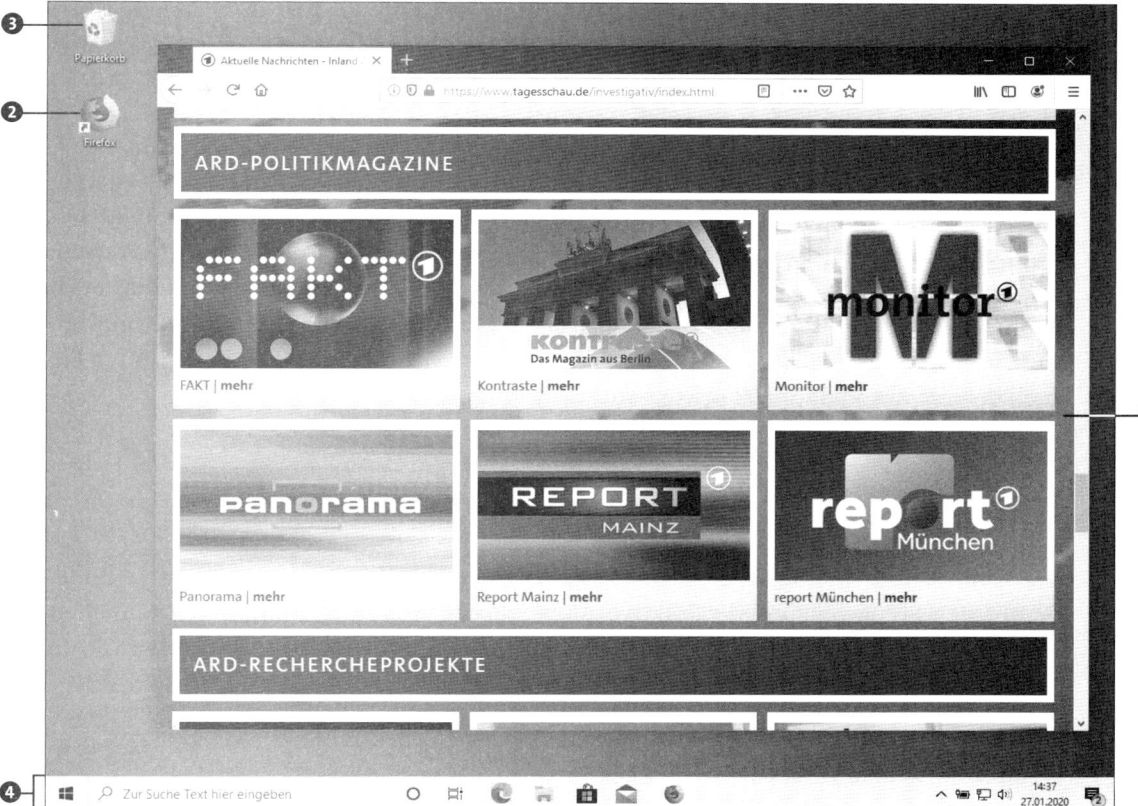

Abbildung 2.1 Übersicht über die Desktopoberfläche

Wer bereits mit einer älteren Windows-Version gearbeitet hat, wird auf dem Desktop ein altbekanntes Element wiederfinden, nämlich das Papierkorb-Symbol ❸. Im Papierkorb legt Windows alle gelöschten Dateien und Ordner ab (siehe auch Abschnitt 8.8, »Gelöschte Daten über den Papierkorb wiederherstellen«, ab Seite 319).

INFO

Die Besonderheiten eines Tablets

Mit Windows 10 bietet Microsoft ein Betriebssystem, das für alle Geräte gleichermaßen geeignet ist. Bereits beim Hochfahren des Computers erkennt Windows 10, ob es sich bei dem Gerät um einen Desktop-PC, ein Notebook oder ein Tablet mit Touchscreen handelt. Nutzen Sie ein solches Tablet, bekommen Sie nach der Anmeldung am Computer nicht die klassische Desktopoberfläche zu sehen. Diese ist nur ganz dezent im Hintergrund wahrzunehmen. Den Vordergrund nimmt dagegen vollständig das Startmenü ein. Dieser Modus der Bildschirmoberfläche wird auch als *Tabletmodus* bezeichnet. In Kapitel 7, »Windows 10 auf dem Tablet«, ab Seite 243 erhalten Sie ausführliche Informationen zum Tabletmodus sowie zur Bedienung eines Tablets mit Touchscreen.

Das Bild, das den Hintergrund des Desktops ziert, können Sie selbstverständlich austauschen. Wie dies funktioniert, erfahren Sie in Abschnitt 5.3.1, »Hintergrundbild des Desktops auswählen«, ab Seite 152. Sobald Sie ein Programm oder eine App starten, wird das Hintergrundbild zumindest teilweise, manchmal sogar vollständig überdeckt. Immer sichtbar bleibt aber die Taskleiste (❹ auf Seite 55) am unteren Bildschirmrand, die wir im nächsten Abschnitt genauer unter die Lupe nehmen. Die Taskleiste finden Sie auch bei einem Tablet mit Touchscreen.

2.3 Die Taskleiste

Die Taskleiste, die am unteren Bildschirmrand zu sehen ist, spielt eine wichtige Rolle. Denn ihre Hauptaufgabe ist es, aktive Anwendungen zu zeigen und einen schnellen Wechsel zwischen ihnen zu ermöglichen. Wie Sie hierzu vorgehen, erfahren Sie in Abschnitt 9.1, »Alles rund um den Umgang mit den Programmfenstern«, ab Seite 337.

INFO

Apps und Programme

Unter Windows 10 begegnen Ihnen zwei verschiedene Anwendungsarten: *Apps* und *Programme*. Hinter Letzteren verbergen sich die klassischen Windows-Anwendungen, etwa der Explorer oder auch Microsoft Office, die bereits in älteren Windows-Versionen verfügbar waren. Apps (Abkürzung für *Applications*, zu Deutsch »Anwendung«) sind mit ihren großen Schaltflächen vor allem für die Bedienung per Finger ausgerichtet. Im Verlauf dieses Buches werden die beiden Begriffe allerdings nicht akribisch unterschieden, außer es wird extra auf die Unterschiede zwischen den beiden Anwendungsarten hingewiesen.

Am äußersten linken Rand der Taskleiste finden Sie das Windows-Logo ❶, über das Sie das Startmenü aufrufen. Das Startmenü liefert Ihnen Zugang zu allen auf Ihrem Computer installierten Apps bzw. Programmen. Außerdem enthält es Schaltflächen, über die Sie sich am Computer abmelden oder den PC auch ganz herunterfahren. Dem Startmenü widmen wir uns ausführlich in Abschnitt 2.4, »Das Startmenü«, ab Seite 61.

Abbildung 2.2 Linker Bereich der Taskleiste mit dem Cortana-Suchfeld

Rechts vom Windows-Logo befindet sich das *Suchfeld* ❷, über das Sie nach Programmen, Dateien oder auch Systemeinstellungen suchen und diese sogleich per Klick auf den entsprechenden Eintrag in der Trefferliste starten können. Das ist insbesondere dann nützlich, wenn Sie z. B. nach einer Systemeinstellung suchen, die Sie nur vage beschreiben können. Möchten Sie beispielsweise ein weiteres Benutzerkonto (etwa für Ihren Partner) hinzufügen, dann reicht im Suchfeld die Eingabe der Begriffe »benutzer hinzufügen« (❸ auf Seite 58) – auf Groß- und Kleinschreibung brauchen Sie hier keine Rücksicht zu nehmen. Als Suchergebnis erscheint sofort ein Eintrag ❹, der Sie unmittelbar zum entsprechenden Bereich in den Systemeinstellungen führt. Neben der lokalen, sprich auf den Computer beschränkten Suche wird Ihre Suchanfrage automatisch auch auf das Internet ausgeweitet. Entsprechende Treffer werden in der Ergebnisliste mit einem Lupen-Symbol ❺ gekennzeichnet. Die Suchfunktion wird in Abschnitt 10.1, »Suchanfragen über das Suchfeld der Taskleiste starten«, ab Seite 375 ausführlich vorgestellt.

Rechts vom Suchfeld befindet sich die *Cortana*-Schaltfläche (❻ auf Seite 59), über die Sie die gleichnamige Sprachassistentin von Windows 10 starten. Cortana erlaubt die Steuerung des Computers per Sprache, erinnert aber z. B. auch an anstehende Termine. Lesen Sie hierzu auch den Kasten »Die nicht von allen geliebte Sprachassistentin Cortana« auf Seite 58. Ausführliche Informationen zu Cortana erhalten Sie in Kapitel 21, »Spracherkennung und Cortana«, ab Seite 767.

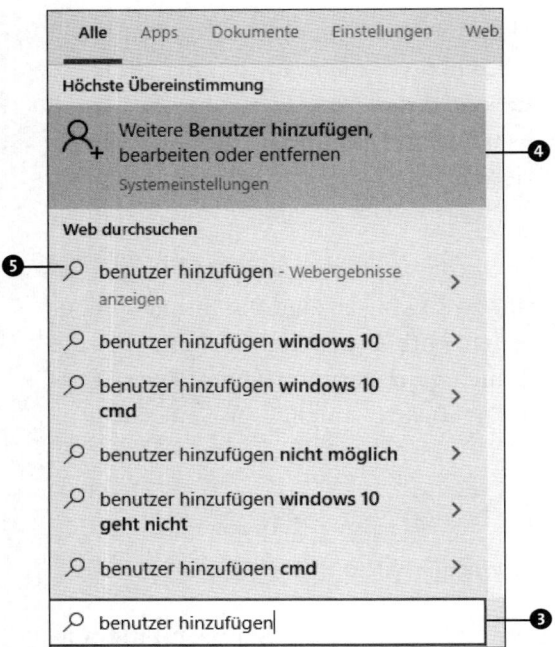

Abbildung 2.3 Über das Suchfeld gelangen Sie schnell zu wichtigen Systemeinstellungen.

Rechts von der Cortana-Schaltfläche sind in der Standardkonfiguration der Taskleiste fünf weitere Symbole angeordnet. Das erste Symbol ❼ ruft die *Taskansicht* auf, mit der Sie sämtliche gerade geöffneten Anwendungsfenster in übersichtlicher Form darstellen können. Zusätzlich sehen Sie in der Taskansicht die mit dem *April 2018 Update* neu hinzugekommene *Timeline-Funktion*. Diese ermöglicht eine Reise in die Vergangenheit zu früher besuchten Anwendungen sowie zu den mit dem Browser *Microsoft Edge* geöffneten Webseiten (siehe auch Abschnitt 6.3, »Die Timeline-Funktion als Gedächtnisstütze«, ab Seite 232). Außerdem erhalten Sie über die Taskansicht Zugriff auf die sog. virtuellen Desktops, die in Abschnitt 6.4, »Mit virtuellen Desktops arbeiten«, ab Seite 234 ausführlich vorgestellt werden. Über das nächste Symbol ❽ starten Sie den soeben erwähnten Browser Microsoft Edge, mit dem Sie im Internet surfen können. Er ist der Nachfolger des Internet Explorers.

INFO

Die nicht von allen geliebte Sprachassistentin Cortana

Die Sprachassistentin Cortana bietet nicht nur einen Suchdienst an und ermöglicht die Steuerung des PCs per Sprache. Sie unterstützt Sie auch mit vielen anderen Funktionen bei Ihrer Arbeit am PC. So erinnert sie Sie beispielsweise an anstehende

Termine, schlägt Restaurants in der Nähe vor und kann vieles mehr. Manche Aufgaben, wie etwa die Anzeige der neuesten Wettermeldung, lassen sich mit einem lokalen Benutzerkonto durchführen. Für viele Dienste benötigen Sie dagegen ein Microsoft-Konto. Cortana zeigt sich bei ihrer Arbeit sehr neugierig. So liest sie beispielsweise Ihre Kalendereinträge und E-Mails und protokolliert all Ihre Besuche im Internet inklusive Ihres aktuellen Standorts. Viele dieser Informationen, die Cortana so über Sie erhält, werden an Microsoft weitergereicht. Wem der Schutz seiner persönlichen Daten wichtig ist, der wird aus genau diesem Grund die Sprachassistentin sehr kritisch bewerten. In Kapitel 21, »Spracherkennung und Cortana«, ab Seite 767 stelle ich Ihnen Cortana ausführlich vor und zeige Ihnen, welche Einstellungen Sie bezüglich des Datenschutzes vornehmen können.

Das Symbol in Form eines gelben Ordners ❾ ermöglicht den direkten Zugriff auf den Dateimanager *Explorer*, in früheren Windows-Versionen auch *Windows-Explorer* genannt. Ein Klick auf das vierte Symbol ❿ neben der Cortana-Schaltfläche öffnet den sog. *Store* (zu Deutsch »Geschäft«). Über den Store können Sie weitere Apps beziehen. Wie dies funktioniert, erfahren Sie in Abschnitt 9.2, »Apps aus dem Microsoft Store installieren«, ab Seite 349. Über das fünfte Symbol öffnen Sie die *Mail*-App, mit der Sie E-Mails empfangen und versenden können ⓫. Das Windows-10-eigene E-Mail-Programm lernen Sie in Abschnitt 15.1, »E-Mails lesen und schreiben mit der Mail-App«, ab Seite 551 kennen. Der mittlere Bereich der Taskleiste ist nach der Erstkonfiguration von Windows leer. Er füllt sich aber, sobald Sie Programme bzw. Apps starten, mit deren Symbolen ⓬ (engl. *Icons*). Wie Sie selbst Programme an die Taskleiste anheften sowie bereits hinzugefügte entfernen, lesen Sie in Abschnitt 6.2, »Programme und Dateien über die Taskleiste öffnen«, ab Seite 226.

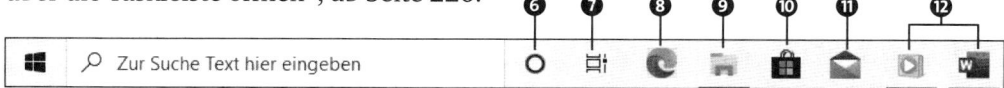

Abbildung 2.4 In der Taskleiste erscheinen die Symbole aller bereits geöffneten Anwendungen.

Am rechten Rand der Taskleiste befindet sich der sog. *Infobereich*. Von rechts nach links betrachtet, finden Sie hier folgende Symbole:

❶ Das Symbol am äußersten rechten Rand der Taskleiste ist das Benachrichtigungssymbol. Wenn Sie auf es klicken, wird am rechten Bildschirmrand das sog. *Info-Center* eingeblendet. Hier informiert Windows 10 Sie über sämtliche Aktionen, die durchgeführt wurden oder auch sonst für Sie von Interesse sein könnten. Das kann beispielsweise ein Hinweis auf installierte Systemupdates oder auch auf eine neu eingetroffene E-Mail sein. Das Info-Center lässt sich mit einem erneuten Klick auf das Benachrichtigungssymbol wieder ausblenden. Wie viele neue Benachrichtigungen Windows 10 für Sie parat hält, erfahren Sie anhand der Zahl auf dem Benachrichtigungssymbol.

❷ Das Zeit- bzw. Datumsfeld zeigt Ihnen die aktuelle Systemzeit und das aktuelle Datum an. Wenn Sie dieses anklicken, öffnet sich ein kleiner Kalender, der per erneutem Klick auf die Uhrzeit wieder ausgeblendet wird.

❸ Der Lautsprecher bietet Zugang zu den Audioeinstellungen. Nach einem Klick auf ihn erscheint ein Schieberegler, über den Sie die Lautstärke erhöhen oder vermindern.

❹ Daneben erscheint das Symbol für die Netzwerkverbindungen. Ist Ihr Computer per Kabel mit dem Router verbunden, hat das Netzwerk-Symbol die Form 🖥, während ein WLAN (also ein Funknetz) durch das Symbol 📶 gekennzeichnet ist. Ein Blick auf das Symbol reicht, um zu erkennen, ob eine Netzwerkstörung vorliegt und somit kein Zugang zum Internet möglich ist. In diesem Fall erscheint das entsprechende Symbol mit einem Kreuz durchgestrichen.

❺ Wenn Sie mit einem mobilen Gerät, also einem Notebook oder Tablet, arbeiten, erscheint in der Taskleiste ein weiteres kleines Symbol in Form einer Batterie. Ein Klick hierauf und Sie erfahren, wie es um den Ladezustand des Akkus bestellt ist.

❻ Der Infobereich der Taskleiste bietet nur bedingt Platz für Symbole. Als letztes Symbol am rechten Rand des Infobereichs finden Sie daher das Symbol **Ausgeblendete Symbole einblenden**, das die Form eines Pfeils hat. Ein Klick darauf zeigt alle im Hintergrund laufenden Dienste und Hilfsprogramme, deren Symbole keinen Platz mehr im rechten Bereich der Taskleiste hatten.

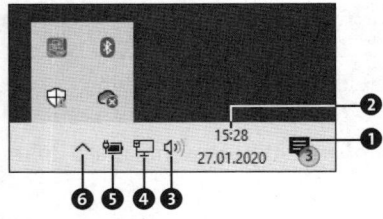

Abbildung 2.5 Der Infobereich der Taskleiste

In Abschnitt 5.5, »Die Taskleiste anpassen«, ab Seite 184 erfahren Sie, wie Sie die Reihenfolge der Symbole im Infobereich anpassen und weitere interessante Symbole hinzufügen.

2.4   Das Startmenü

Das Entsetzen unter den eingefleischten Windows-Fans war groß, als mit Windows 8 das klassische Startmenü abgeschafft wurde und die unbeliebte Startseite an dessen Stelle trat. Große Rechtecke überdeckten den gesamten Bildschirm, und auf den eigentlichen Desktop gelangte man nur mithilfe der gleichnamigen Kachel – eine Tortur für den mausverwöhnten Desktopnutzer.

Mit Windows 10 hielt wieder ein Startmenü Einzug, das man als eine Mischung aus der Windows-8-Startseite und dem guten alten Windows-7-Startmenü ansehen könnte. Sie rufen das Startmenü durch Anklicken des Windows-Logos am linken Rand der Taskleiste auf. Alternativ können Sie auch die ⊞-Taste auf der Tastatur drücken.

In der mittleren Spalte des Startmenüs finden Sie alle auf dem System installierten Apps in übersichtlicher alphabetischer Ordnung vor.

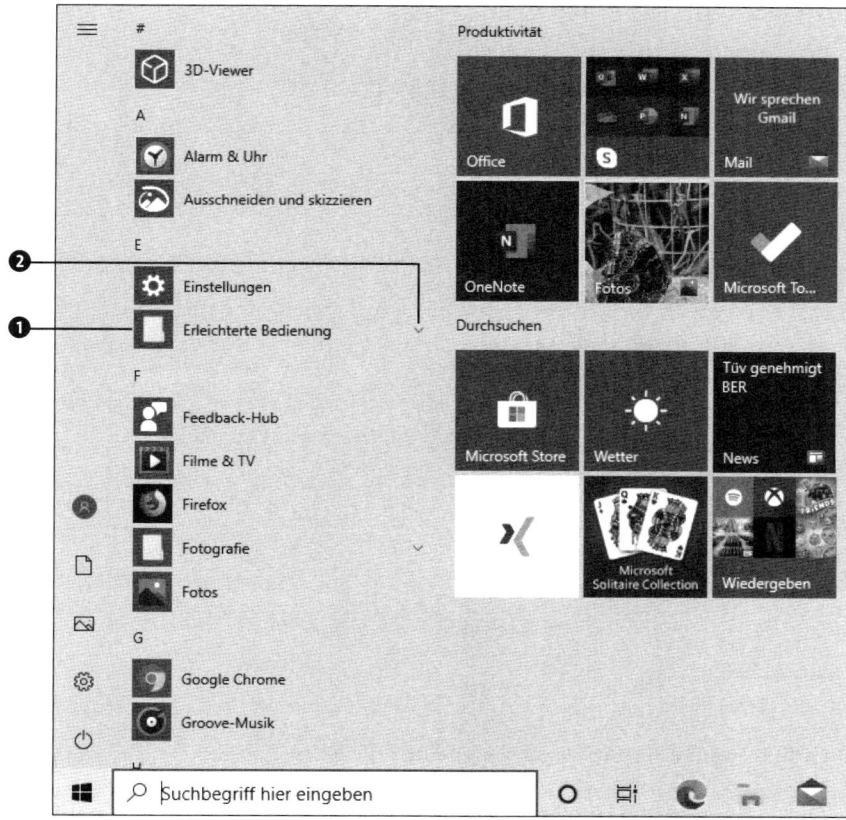

Abbildung 2.6 Übersicht über das Startmenü

61

Um sich durch die lange Liste der Apps zu bewegen, positionieren Sie den Mauszeiger über der Liste der Apps und scrollen anschließend mit dem Mausrad. Dadurch blättern Sie in der Liste und können sich einen Eindruck davon verschaffen, welche Apps bzw. Programme auf Ihrem System installiert sind. Dabei finden Sie auch einige Ordner, die man an dem typischen gelben Symbol erkennt (❶ auf Seite 61).

Neben den Ordnern erscheint eine pfeilförmige Schaltfläche ❷, mit deren Hilfe man den entsprechenden Ordner aufklappen kann. So verbergen sich beispielsweise in dem Ordner *Windows-Zubehör* einige wichtige Werkzeuge bzw. Programme für den täglichen Umgang mit dem Betriebssystem, z. B der **Editor**, das Microsoft-Textprogramm, der alte Browser **Internet Explorer**, das alte Zeichenprogramm **Paint**, das Textverarbeitungsprogramm **WordPad** oder auch der **Windows Media Player**.

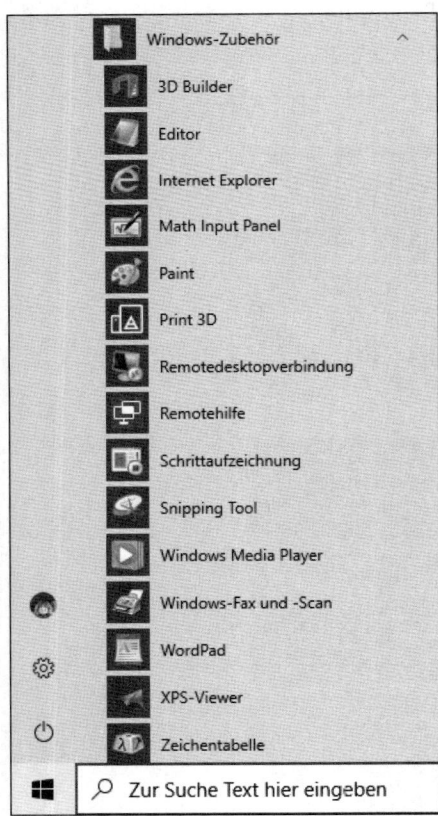

Abbildung 2.7 Über die Ordner-Symbole erreichen Sie weitere nützliche Programme.

Links neben der alphabetischen Liste der Apps finden Sie eine kleine Schnellstartleiste, über deren Symbole sich wichtige Funktionen flott aufrufen lassen. Positionieren Sie den Mauszeiger über der Leiste, wird seit dem *Windows 10 Mai Update 2019* rechts von einem Symbol ein kleiner Hinweis zur Funktion eingeblendet:

- Der Ein-/Ausschalter ❶ öffnet ein kleines Menü, mit dessen Hilfe Sie den PC herunterfahren bzw. in den Energiesparmodus oder in den Ruhezustand versetzen können. Dieses Menü werden Sie in Abschnitt 2.5, »Den Computer herunterfahren«, ab Seite 65 noch detaillierter kennenlernen.

- Das Zahnrad-Symbol ❷ führt Sie direkt in die Einstellungen-App, in der Sie die wichtigsten Konfigurationsoptionen finden. Die Einstellungen ersetzen unter Windows 10 in vielen Bereichen die aus früheren Versionen bekannte Systemsteuerung.

- Die Schaltfläche mit dem Benutzer-Symbol ❸ öffnet ein Menü mit Einstellungen zum Benutzerkonto. Das Symbol zeigt entweder ein Foto, das Sie bei der Einrichtung des PCs erstellen (siehe Abschnitt 5.2, »Ein Profilbild ergänzen und anpassen«, ab Seite 148), oder die Silhouette einer Person. Nach einem Klick auf das Symbol werden alle weiteren auf dem Computer eingerichteten Benutzerkonten aufgeführt. So können Sie an dieser Stelle auch ein anderes Konto anklicken und zu diesem wechseln. Über die Schaltfläche **Kontoeinstellungen ändern** ❹ gelangen Sie schnell in den **Einstellungen**-Dialog mit der Kategorie **Konten**. Diesen Dialog und die weiteren Optionen werden Sie in Kapitel 4, »Benutzerkonten anlegen und verwalten«, ab Seite 103 noch ausführlich kennenlernen.

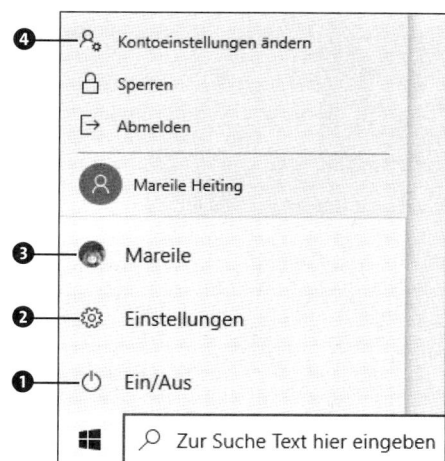

Abbildung 2.8 Über die Schaltfläche Ihres Kontos gelangen Sie zu einem Menü, in dem Sie u. a. Ihre Kontoeinstellungen ändern können.

Den größten Teil des Startmenüs nimmt rechts der Kachelbereich ein. Die einzelnen Kacheln stellen Verknüpfungen zu Apps dar. Ein Klick auf eine Kachel reicht, und die dazugehörige Anwendung wird geöffnet. Einige Kacheln passen ihr Aussehen in Abhängigkeit von aktuellen Inhalten an. So zeigt Ihnen die Wetter-App beispielsweise die Temperatur an, die Fotos-App erfreut Sie wiederum mit einer kleinen Diashow Ihrer eigenen Fotos. Aufgrund der dynamischen Veränderungen bezeichnet man die Kacheln auch als *Live-Kacheln*. In Abschnitt 5.4, »Das Startmenü anpassen«, ab Seite 168 erfahren Sie, wie Sie nicht benötigte Kacheln aus dem Startmenü entfernen und dafür selbst Kacheln für Ihre Lieblingsanwendungen hinzufügen.

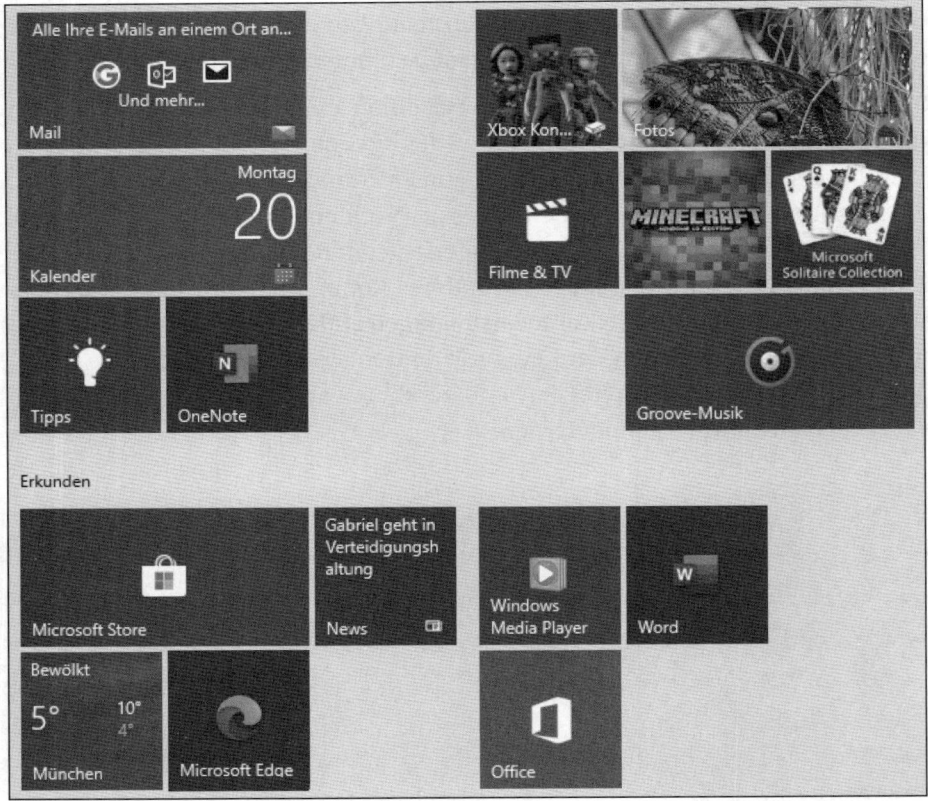

Abbildung 2.9 Jede Kachel stellt eine Verknüpfung zu einer App dar.

Das Schnellzugriffsmenü

Klicken Sie mit der rechten Maustaste auf das Windows-Logo oder drücken Sie die Tastenkombination ⊞ + X, klappt das sog. *Schnellzugriffsmenü* auf. Über seine Menüpunkte erreichen Sie schnell und vor allem direkt wichtige Bereiche im System, wie etwa die **Energieoptionen**, den **Geräte-Manager** oder auch den **Task-Manager**.

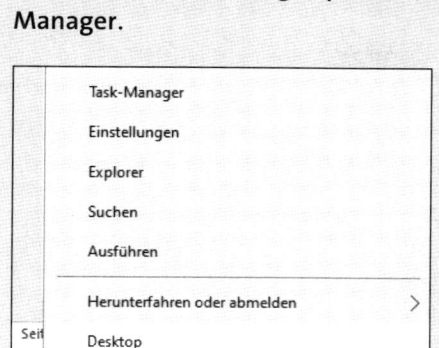

Abbildung 2.10 Dieses praktische Schnellstartmenü bringen Sie zum Vorschein, indem Sie einen rechten Mausklick über dem Windows-Logo durchführen.

2.5 Den Computer herunterfahren

Wenn Sie mit Ihrer Arbeit am Computer fertig sind, sollten Sie den PC ordnungsgemäß herunterfahren:

1 Klicken Sie links unten auf das Windows-Logo und im aufklappenden Startmenü auf das Symbol des Ein-/Ausschalters ❶. Daraufhin werden sämtliche Optionen gezeigt, die zum Beenden von Windows zur Verfügung stehen. Wählen Sie an dieser Stelle den Befehl **Herunterfahren** ❷.

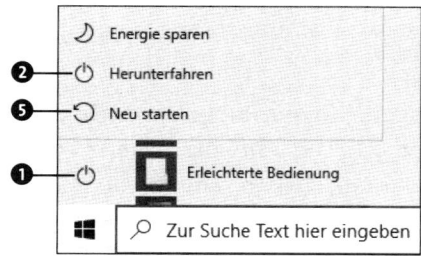

Gegebenenfalls wird vor dem Herunterfahren angezeigt, dass noch einige Updates ausstehen, die während des Ausschaltvorgangs automatisch installiert werden. Ist das der Fall, wählen Sie aus dem Menü den Punkt **Aktualisieren und herunterfahren** ❸. Sowohl das Herunterfahren des Computers als auch der nächste Neustart des

Systems benötigen dann etwas länger, da die Updates installiert sowie konfiguriert werden müssen.

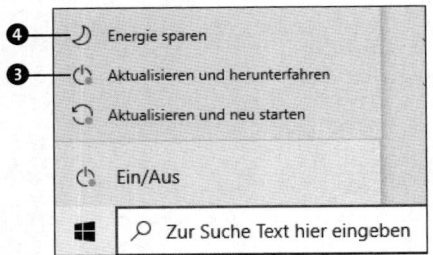

2 Wollen Sie den Computer nicht ganz ausschalten, sondern lediglich eine kurze Arbeitspause einlegen, bietet sich die Option **Energie sparen ❹** an. In diesem Fall wird der Computer in einen Energiesparmodus versetzt. Dabei wird der Monitor ausgeschaltet und die Festplatten werden in einen Ruhezustand gefahren. Auch der Prozessor stellt seine Arbeit ein. Der Vorteil des Energiesparmodus: Wenn Sie Ihre Arbeit fortsetzen möchten, erfolgt das Aufwachen aus diesem Ruhezustand wesentlich schneller als das Hochfahren aus dem komplett ausgeschalteten Zustand. Gerade Notebook- und Tabletbesitzer sollten allerdings daran denken, dass der Computer in diesem Energiesparmodus weiterhin Strom verbraucht. Bei einem Notebook wird der Energiesparmodus übrigens automatisch aktiviert, sobald Sie den Bildschirm auf die Tastatur klappen. Bei einem Desktop-PC beenden Sie den Energiesparmodus durch Betätigen des Einschalters. Im Falle eines Notebooks genügt es, den Bildschirm wieder hochzuklappen.

3 Bereitet ein Programm Probleme oder stehen Updates zur Installation bereit, ist der Befehl **Neu starten** (**❺** auf Seite 65) sehr hilfreich, den Sie ebenfalls über **Start ⊞ ▶ Ein/Aus** erreichen. In diesem Fall wird der Rechner heruntergefahren und anschließend automatisch wieder neu gestartet.

Windows-Veteranen werden sich an dieser Stelle fragen, wo der Ruhezustand in dem Menü zum Herunterfahren des Rechners geblieben ist. Die Antwort: Dieser muss zunächst über die Systemeinstellungen aktiviert werden. Das geschieht folgendermaßen:

1 Rufen Sie mit einem Rechtsklick auf das Windows-Logo das Schnellzugriffsmenü auf, und wählen Sie dort den Punkt **Energieoptionen**.

2 Klicken Sie in der rechten Spalte des Dialogs **Netzbetrieb und Energiesparen** im Bereich **Verwandte Einstellungen** auf **Zusätzliche Energieeinstellungen**.

3 Im Dialog **Energieoptionen**, der nun geöffnet wird, klicken Sie links auf **Auswählen, was beim Zuklappen des Computers geschehen soll.**

4 Nun müssen Sie im folgenden Fenster den Administratormodus aktivieren. Das geschieht durch Anklicken des Links **Einige Einstellungen sind momentan nicht verfügbar ❶**. Erst jetzt können Sie die Option **Ruhezustand im Energiemenü anzeigen** durch Anklicken des Kästchens ❷ aktivieren.

5 Bestätigen Sie die Änderung schließlich über die Schaltfläche **Änderungen speichern ❸**.

6 Wenn Sie nun im Startmenü auf das Symbol **Ein/Aus** klicken, erscheint die weitere Option **Ruhezustand ❹**.

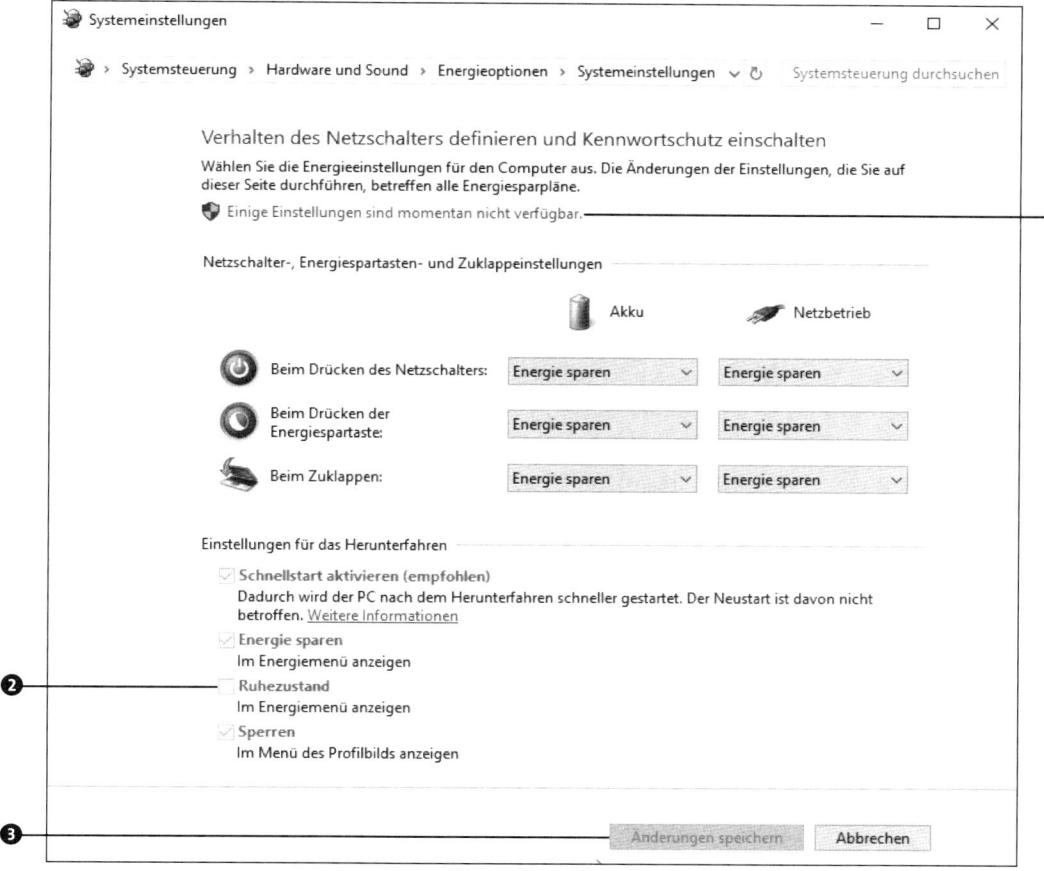

Wenn Sie Ihren PC in den Ruhezustand versetzen, finden Sie ihn beim nächsten Hochfahren in exakt dem Zustand vor, in dem Sie ihn verlassen haben.

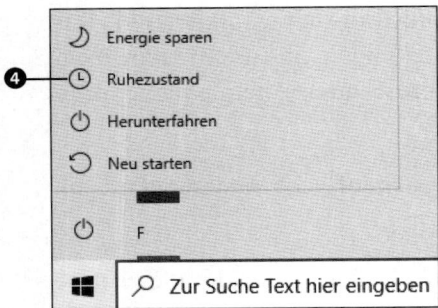

TIPP

Energiesparmodus und Ruhezustand

Was genau unterscheidet die beiden Optionen *Energie sparen* und *Ruhezustand*? Während beim Energiesparen der Computer in einen Schlafmodus versetzt wird, in dem das Betriebssystem noch im Hauptspeicher (RAM) geladen bleibt, wird das Gerät bei Anwendung des Ruhezustands komplett heruntergefahren. Anders als beim normalen Herunterfahren wird hier aber ein vollständiges Abbild des flüchtigen Speichers auf die Festplatte geschrieben. Das führt dann dazu, dass nach dem Hochfahren des PCs aus einem Ruhezustand heraus auch sämtliche gestarteten Apps, die geöffnet waren, an genau der Stelle wieder erscheinen, an der sie sich zuvor befunden haben. Sie können also Ihre komplette Arbeitsumgebung mit allen geöffneten Dokumenten konservieren, was nach dem Einschalten des PCs viel Zeit spart. Im Vergleich zum Energiesparmodus spart der Ruhezustand außerdem mehr Energie, da der PC in ihm komplett ausgeschaltet wird.

2.6 Die Oberfläche per Tastatur steuern

Tabelle 2.1 gibt Ihnen zum Abschluss des Kapitels noch einmal einen kleinen Überblick darüber, welche Tastenkombinationen sehr nützlich sind.

Tastenkombination	Funktion
⊞	Öffnet bzw. schließt das Startmenü.
⊞ + D	Zeigt den Desktop an. Wiederholtes Drücken bringt die zuvor geöffneten Anwendungsfenster wieder zum Vorschein.
⊞ + E	Öffnet ein neues Explorer-Fenster.
⊞ + I	Öffnet die Windows-Einstellungen.
⊞ + L	Sperrt den Computer.
⊞ + M	Minimiert alle Anwendungsfenster.
⊞ + ⇧ + M	Stellt alle minimierten Fenster wieder her.
⊞ + Q	Aktiviert das Suchfeld für die Eingabe eines Suchbegriffs.
⊞ + R	Öffnet den **Ausführen**-Dialog.
⊞ + U	Ruft die Kategorie **Erleichterte Bedienung** in den Windows-Einstellungen auf.
⊞ + X	Öffnet das Schnellstartmenü.
⊞ + →	Dockt ein Anwendungsfenster am rechten Bildschirmrand an, sodass es genau die Hälfte des Bildschirms einnimmt.
⊞ + ←	Dockt ein Anwendungsfenster am linken Bildschirmrand an, ansonsten wie ⊞ + →.
Strg + A	Markiert alle Objekte in einem Fenster bzw. in einem Bereich auf einmal.
Strg + C	Kopiert das markierte Objekt.
Strg + V	Fügt ein kopiertes Objekt an der aktuellen Stelle ein.
Strg + X	Schneidet das markierte Objekt aus.
Strg + Z	Macht eine Aktion rückgängig. Wiederholtes Drücken stellt den Zustand vor dem Rückgängigmachen wieder her.
Alt + ↵	Zeigt die Eigenschaften eines Objekts an.
Alt + F4	Schließt das aktive Anwendungsfenster bzw. die aktive App.
⇧ + Entf	Löscht das ausgewählte Objekt.
Alt + ⇄	Dient dem Wechsel zwischen geöffneten Anwendungsfenstern.

Tabelle 2.1 Grundlegende Tastenkombinationen zur Bedienung

TIPP

Den Mauszeiger und die Menüs per Tastatur steuern

Sollte einmal wider Erwarten die Computermaus den Geist aufgeben, z. B. weil ihre Batterien schlappmachen, können Sie den Mauszeiger auch per Tastatur bewegen. Notwendige Voraussetzung dazu ist allerdings, dass diese Option zuvor per Systemsteuerung aktiviert wurde. Halten Sie hierzu die Taste $\boxed{\text{Alt}}$, die linke Umschalttaste $\boxed{\text{⇧}}$ und die Taste $\boxed{\text{Num}}$ gleichzeitig gedrückt.

Nun öffnet sich ein Fenster, in dem Sie die Tastaturmaus aktivieren können. Sie können diese Option allerdings auch schon für den Notfall vorher aktivieren. Geben Sie hierzu in das Suchfeld den Begriff »Systemsteuerung« ein, und wählen Sie in der Ergebnisliste den entsprechenden Treffer aus. Im Dialog **Systemsteuerung** geben Sie in das Suchfeld oben rechts den Begriff »Tastaturmaus« ein und starten die Suche durch Drücken der Taste $\boxed{\leftarrow}$. In der Ergebnisliste klicken Sie anschließend auf den Link **Zeiger mit den Tasten der Tastaturmaus verschieben**. Nach Aktivierung des Kästchens **Maustasten aktivieren** können Sie den Mauszeiger mithilfe der Pfeiltasten auf dem numerischen Block Ihrer Tastatur verschieben.

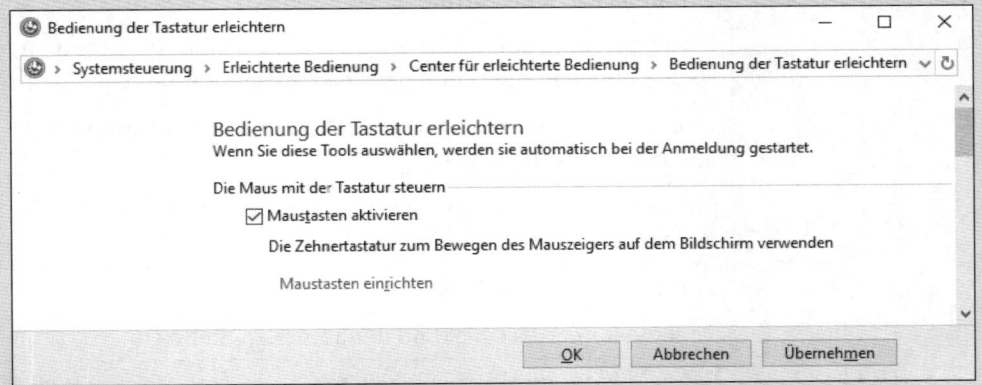

Abbildung 2.11 Im »Center für erleichterte Bedienung« lässt sich die sog. Tastaturmaus einrichten, mit der im Notfall der Mauszeiger per Tastatur gesteuert wird.

3   Erste wichtige Einstellungen vornehmen

Wenn Sie den Computer zum ersten Mal in Betrieb nehmen, stehen zunächst einige wichtige Einstellungen an – vom Einrichten einer Internetverbindung über Energiespareinstellungen bis hin zur Überprüfung der Sicherheitseinstellungen. Unter Windows 10 sollten Sie aber vor allem auch das Thema Datenschutz berücksichtigen. Wie all dies funktioniert, erfahren Sie in diesem Kapitel.

3.1   Einstellungen und Systemsteuerung im Überblick

In älteren Windows-Versionen führte der Weg zur Konfiguration des Computers über die *Systemsteuerung*. Sie ist zwar immer noch Bestandteil von Windows 10, doch viele Einstellungsmöglichkeiten sind nun in den sog. *Windows-Einstellungen* integriert, kurz auch *Einstellungen* genannt.

Die App *Einstellungen* erreichen Sie über den gleichnamigen Eintrag im Startmenü, der zusätzlich mit einem Zahnrad-Symbol ⚙ gekennzeichnet ist. Das Startmenü öffnen Sie per Klick auf das Windows-Logo am linken Rand der Taskleiste. Alternativ starten Sie die App über die Tastenkombination ⊞ + Ⓘ. Die Startseite des Dialogs **Windows-Einstellungen** zeigt eine Übersicht über alle verfügbaren Kategorien.

Hinter den einzelnen Kategorien stehen folgende Funktionen:

- **System**: Hier konfigurieren Sie u. a. die Bildschirmauflösung, können die Speicherbelegung Ihres PCs einsehen und Informationen zum Betriebssystem einholen. Des Weiteren lassen sich Benachrichtigungen sowie die Sound-Einstellungen über diese Kategorie anpassen.

- **Geräte**: In dieser Kategorie erhalten Sie einen Überblick über sämtliche externen Geräte, die an Ihr System angeschlossen sind, und können natürlich auch weitere Geräte wie Drucker oder auch Bluetooth-Geräte hinzufügen.

- **Telefon**: Verknüpfen Sie Ihr Smartphone mit dem PC, können Sie anschließend geräteübergreifend spielen und arbeiten. Auf dem Android-Mobiltelefon bzw. iPhone muss hierzu eine spezielle App installiert werden.

- **Netzwerk und Internet**: Immer dann, wenn Sie Ihren PC an ein Computernetzwerk anschließen möchten, sei es per WLAN oder LAN, ist diese Kategorie Ihre erste Anlaufstelle.

Abbildung 3.1 Die Kategorien der Einstellungen-App im Überblick

- **Personalisierung**: Sie möchten Ihren Desktop mit einem neuen Hintergrund versehen? Oder sogar ein anderes Farbschema verwenden? Dann sind Sie in der Kategorie *Personalisierung* richtig.

- **Apps**: Wenn Sie eine App deinstallieren oder das Standardprogramm für bestimmte Dateitypen festlegen möchten, rufen Sie die Kategorie *Apps* auf.

- **Konten**: In dieser Kategorie erstellen Sie Benutzerkonten und verwalten diese. Aber auch E-Mail-Adressen und das Synchronisierungsverhalten Ihres Windows-10-PCs werden hier konfiguriert.

- **Zeit und Sprache**: Hier können Sie u. a. die Systemzeit und die Benutzersprache einstellen, die in den Dialogen des Systems erscheint. Aber auch die Spracherkennung wird hier konfiguriert.

- **Spielen**: Windows 10 verfügt über einen speziellen Spiele-Modus (auf Englisch *Game Mode*). In der Kategorie *Spielen* aktivieren Sie diesen Modus, legen Tastenkombinationen fest und nehmen Audioeinstellungen vor.

- **Erleichterte Bedienung**: Gehören Sie zur Gruppe der Menschen mit einem sog. Handikap, beispielsweise einer Seh- oder Hörschwäche, finden Sie an dieser Stelle verschiedene Werkzeuge zur erleichterten Bedienung Ihres PCs. Die Hilfsmittel umfassen dabei eine Bildschirmlupe, eine Sprachausgabe sowie einen speziellen Modus für einen verstärkten Kontrast. Die Zeigergröße der Maus lässt sich hier ebenfalls verändern, sodass sehschwache Personen einen entsprechend vergrößerten Mauszeiger nutzen können.

- **Suche**: Welche Ordner sollen von Windows 10 durchsucht werden und welche nicht, sobald Sie im Suchfeld der Taskleiste einen Suchbegriff eingeben? Entsprechende Einstellungen lassen sich in der Kategorie *Suche* vornehmen.

- **Cortana**: Die Sprachassistentin Cortana ermöglicht nicht nur die Steuerung des PCs per Sprache, sie steht Ihnen auch bei vielen Arbeiten am PC tatkräftig als Assistentin zur Seite. In dieser Kategorie legen Sie fest, wie Cortana auf Ihre Befehle reagieren soll und welche Berechtigungen Sie ihr einräumen.

- **Datenschutz**: An dieser Stelle gewöhnen Sie Ihrem PC, grob gesagt, das »Nach-Hause-Telefonieren« – sprich: die Übermittlung kritischer Daten an Microsoft – ab. Über Schieberegler können Sie verschiedene Datenschutzoptionen aktivieren bzw. deaktivieren, sodass keine kritischen Daten ungewollt von Ihnen zu Microsoft gelangen.

- **Update und Sicherheit**: Diese Kategorie ist überaus wichtig. Denn hier legen Sie alle Einstellungen für Systemupdates fest und können zudem die in Windows 10 integrierte Datensicherung konfigurieren und starten.

In den folgenden Kapiteln werden Sie die einzelnen Kategorien noch genauer kennenlernen. An dieser Stelle begnügen wir uns mit dem groben Überblick darüber, in welcher Kategorie welche Konfigurationsoptionen zu finden sind.

Die Systemsteuerung

Auch wenn sie von Microsoft immer mehr in den Hintergrund gerückt wird, ist die Systemsteuerung immer noch Bestandteil von Windows 10, wie Sie im Verlauf des Buches immer wieder sehen werden. Um die Systemsteuerung zu öffnen, geben Sie in das Suchfeld der Taskleiste »Systemsteuerung« ein. Sobald das Ergebnis **Systemsteuerung App** angezeigt wird, klicken Sie darauf.

INFO

3.2 Eine Netzwerkverbindung herstellen

Um ein modernes Betriebssystem umfassend nutzen zu können, muss der Computer mit dem Internet verbunden werden. Am schnellsten erfolgt die Verbindung über ein Netzwerkkabel, mit dem Sie Ihren Computer mit dem Router verbinden. Schon nach wenigen Sekunden steht die Verbindung ins Internet. Ob es wirklich geklappt hat, können Sie schnell mit einem Blick auf den Infobereich der Taskleiste prüfen. Sieht das Netzwerk-Symbol dort wie in Abbildung 3.2 aus ❶, ist alles in Ordnung, und die Internetverbindung steht. Noch deutlicher wird es, wenn Sie auf das Symbol 🖳 klicken und im aufklappenden Fenster unterhalb von **Netzwerk** der Schriftzug **Verbunden** erscheint ❷. Erscheint hingegen als Symbol eine kleine Weltkugel 🌐, gab es beim Aufbau der Verbindung Probleme.

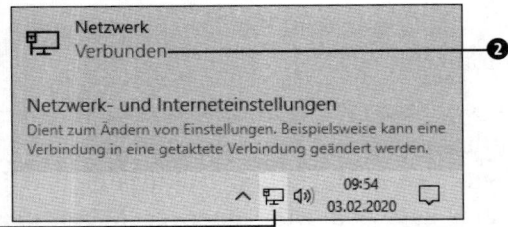

Abbildung 3.2 Diese Verbindung ins Internet war erfolgreich.

Sollte die Verbindung mit dem Internet nicht gelungen sein, erfahren Sie in Abschnitt 14.1.1, »Eine Breitbandverbindung per Netzwerkassistent einrichten«, ab Seite 531, welche Möglichkeiten zur Konfiguration des Netzwerks Ihnen in einem solchen Fall zur Verfügung stehen.

Wenn Sie ein Notebook oder Tablet nutzen, erfolgt die Verbindung ins Internet meist über ein drahtloses Netzwerk, ein sog. *WLAN* (Abkürzung für *Wireless Local Area Network*, also ein »kabelloses lokales Netzwerk«). Um Ihren Windows-10-Computer mit einem solchen Netzwerk zu verbinden, gehen Sie folgendermaßen vor:

1 Klicken Sie auf das Netzwerk-Symbol im Infobereich der Taskleiste ❶.

2 Daraufhin erscheint eine Übersicht über sämtliche in Ihrer Nähe befindlichen drahtlosen Netzwerke. Klicken Sie in dieser Übersicht Ihr eigenes Netzwerk an. Um nicht immer wieder den Netzwerksicherheitsschlüssel eingeben zu müssen, der kurz darauf angefordert wird, sollten Sie das Kästchen **Automatisch verbinden** ❷ aktivieren. Klicken Sie anschließend auf **Verbinden** ❸.

3 Nun werden Sie aufgefordert, den Netzwerksicherheitsschlüssel ❹ einzugeben. Bestätigen Sie mit **Weiter** ❺.

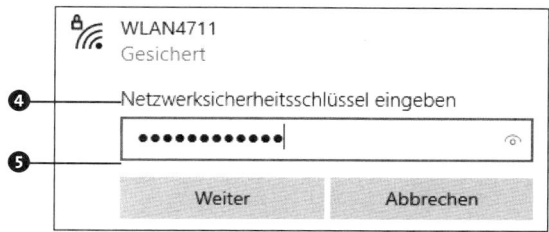

4 Windows 10 stellt nun die Verbindung ins Internet her. Wenn Sie den Mauszeiger auf das WLAN-Symbol im Infobereich der Taskleiste bewegen, erscheint eine Quick-Info mit dem Namen Ihres Funknetzes sowie mit dem Text **Internetzugriff** ❻.

3.3   Die Energieeinstellungen kontrollieren und optimieren

Wenn Sie ein Notebook oder Tablet nutzen, sollten Sie unbedingt einen Blick auf die Energiespareinstellungen werfen. Denn mit den richtigen Einstellungen lässt sich der Akku schonen.

1 Klicken Sie mit der rechten Maustaste auf das Windows-Logo am linken Rand der Taskleiste. Im aufklappenden Schnellstartmenü wählen Sie den Eintrag **Energieop-**

tionen ❶. Alternativ können Sie über das Startmenü auch die Einstellungen-App starten und dort nacheinander **System ▸ Netzbetrieb und Energiesparen ❷** aufrufen.

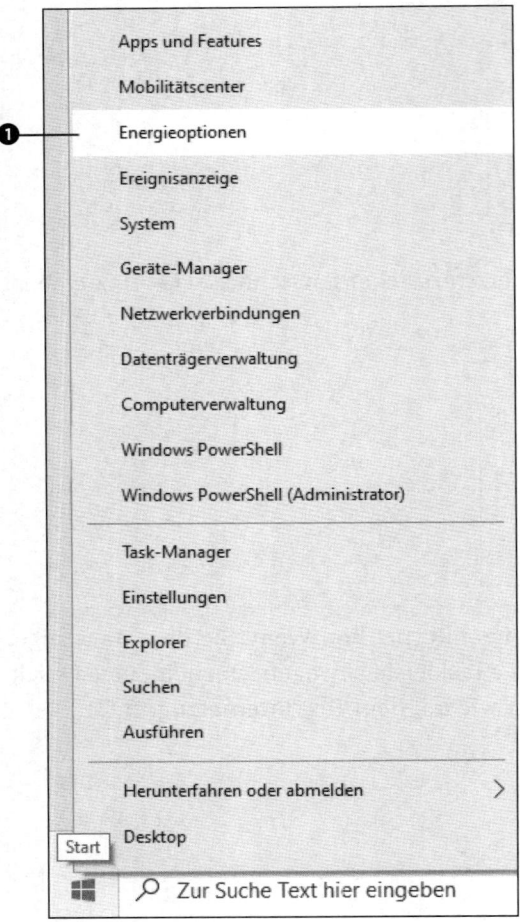

2 Im folgenden Dialog legen Sie in den entsprechenden Feldern jeweils für den Akku- und den Netzbetrieb fest, nach wie vielen Minuten der Bildschirm ausgeschaltet ❸ und der Energiesparmodus eingeschaltet ❹ werden soll.

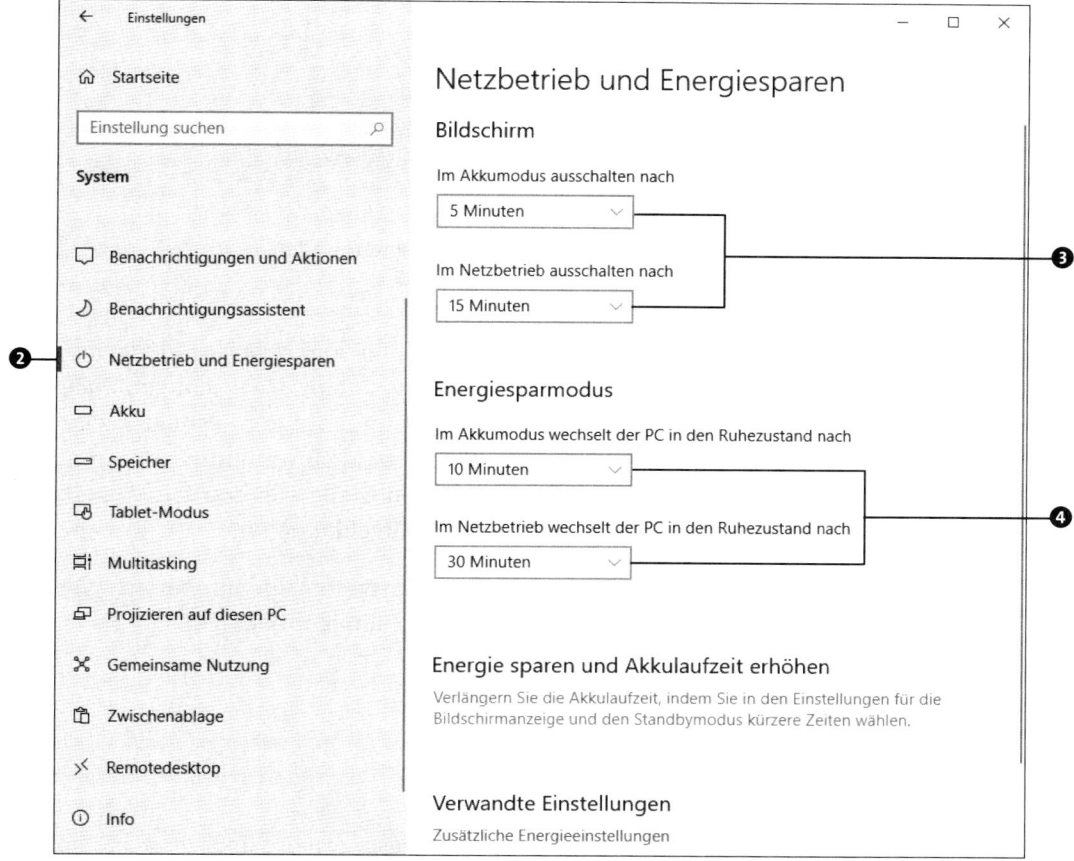

Nicht immer ist es allerdings erwünscht, dass der Computer nach einer vordefinierten Zeit in den Energiesparmodus wechselt. Das ist z. B. dann der Fall, wenn der PC im Rahmen eines Updates noch große Dateien aus dem Internet herunterladen muss. In diesem Fall ist der Energiesparmodus eher hinderlich, da er den laufenden Download unterbindet. Stellen Sie in so einem Fall den Energiesparmodus auf **Nie ❺**. Vergessen Sie aber nicht, die Einstellungen später wieder auf den Standard zurückzusetzen. Updates sollten Sie übrigens nie im Akku-, sondern immer im Netzbetrieb vornehmen.

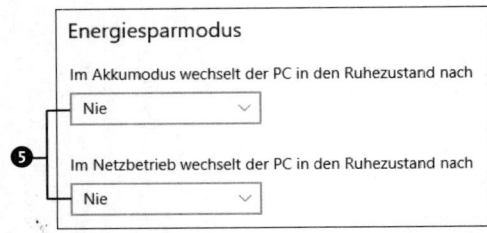

Abbildung 3.3 Werden große Datenmengen aus dem Internet heruntergeladen, sollten Sie auf die Aktivierung des Energiesparmodus verzichten.

Besitzer eines mobilen Computers sollten überprüfen, ob der sog. *Hybride Standbymodus* standardmäßig aktiviert ist. In diesem Modus wird der Inhalt des flüchtigen Speichers (des RAM) zwar auch wie beim regulären Ruhezustand auf der Festplatte gesichert. Darüber hinaus wird aber der flüchtige Speicher trotzdem weiterhin mit Strom versorgt. Dadurch kann man sofort wieder an derselben Stelle weiterarbeiten, z. B. wenn man ein Notebook einmal zu- und danach wieder aufgeklappt hat.

1 Klicken Sie mit der rechten Maustaste auf das Akkusymbol im Infobereich der Taskleiste **❶**. Im Kontextmenü wählen Sie den Befehl **Energieoptionen** **❷**.

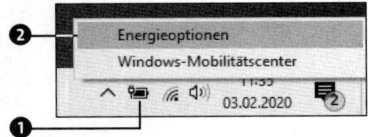

2 Im Dialog **Energieoptionen** klicken Sie links auf **Energiesparmodus ändern** **❸** und im folgenden Dialog **Energiesparplaneinstellungen bearbeiten** auf **Erweiterte Energieeinstellungen ändern** **❹**.

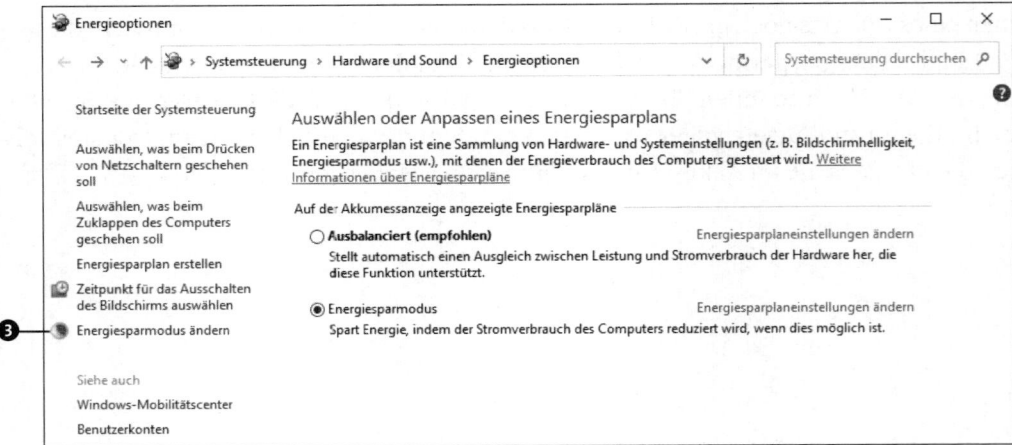

3 Im folgenden, ebenfalls **Energieoptionen** genannten Dialog lassen sich die Energiespareinstellungen feintunen. Blättern Sie im Dialog nach unten bis zum Eintrag
Energie sparen, und klicken Sie auf das Plus-Symbol vor dem Eintrag ❺. Nun wird
der Eintrag **Hybriden Standbymodus zulassen** ❻ eingeblendet, auf den Sie ebenfalls
klicken. Kontrollieren Sie, ob dieser aktiviert ist. Ist das nicht der Fall, klicken Sie
rechts von **Einstellung** auf **Aus** und wählen in der aufklappenden Liste **Ein**. Bei einigen mobilen Geräten werden statt **Einstellung** die beiden Felder **Auf Akku** und **Netzbetrieb** ❼ angezeigt. Bestätigen Sie Ihre Änderungen mit den Schaltflächen **Übernehmen** und **OK**.

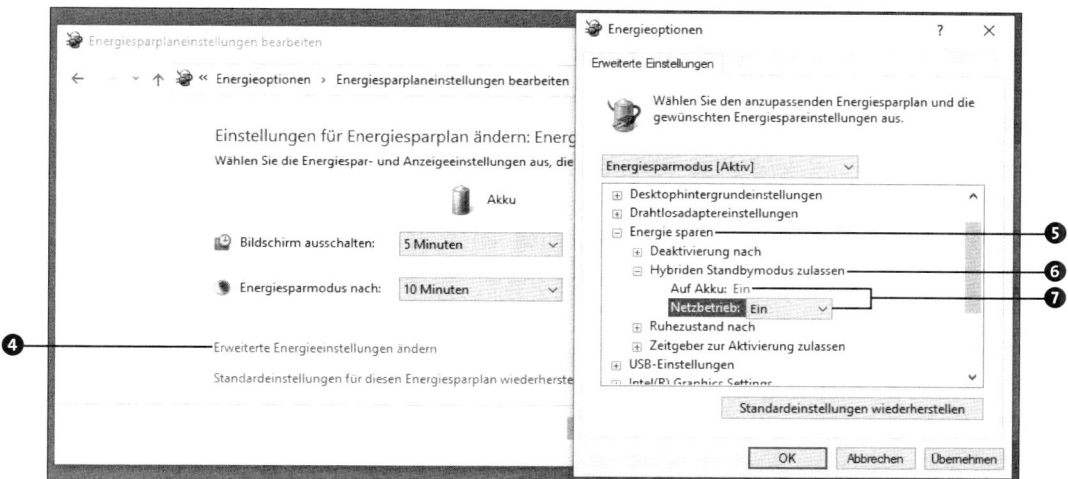

3.4 Sicherheitseinstellungen überprüfen

Bevor Sie im Internet surfen oder E-Mails versenden und empfangen, sollten Sie einen
kritischen Blick auf die Sicherheitseinstellungen Ihres Windows-10-Computers werfen.

3.4.1 Virenschutz im Blick behalten

Im Gegensatz zu früheren Versionen verfügt Windows 10 über ein eigenes Antivirenprogramm, den sog. *Viren- & Bedrohungsschutz* (auch unter dem Begriff *Windows Defender
Antivirus* bekannt). Ein Antivirenprogramm ist allerdings immer nur gut, solange es mit
aktuellen Virensignaturen versorgt wird. Virensignaturen tragen dazu bei, dass brandaktuelle Viren und Trojaner sofort vom Antivirenprogramm erkannt werden. Unter

Windows 10 erfolgt die Aktualisierung automatisch über die Windows Updates. Da diese jedoch nicht so häufig installiert werden, wie neue Virensignaturen vorliegen, ist es durchaus sinnvoll, das Update regelmäßig im Schutzbereich **Viren- & Bedrohungsschutz** manuell zu starten. Hierzu gehen Sie folgendermaßen vor:

1 Halten Sie zunächst am rechten Rand der Taskleiste ❶ Ausschau nach dem Sicherheitssymbol. Wenn es nicht unmittelbar zu sehen ist, blenden Sie mithilfe des Pfeil-Symbols ❷ die ausgeblendeten Symbole ein.

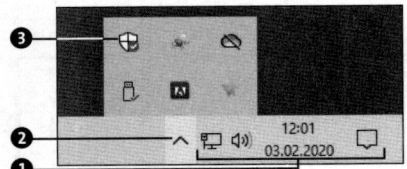

2 Mit einem Klick auf das Sicherheitssymbol ❸ öffnen Sie das Programmfenster **Windows-Sicherheit**. Sie sehen hier sofort, ob Ihr Gerät gut geschützt ist. Ist dies der Fall, erscheint auf der Startseite für jeden Bereich ein Häkchen auf grünem Grund ❹.

3 Auch wenn das Windows-Sicherheits-Center Ihren Computer automatisch überwacht, sollten Sie trotzdem regelmäßig eine manuelle Überprüfung des Systems durchführen. Klicken Sie hierzu auf der Startseite der Windows-Sicherheit auf

Viren- & Bedrohungsschutz ❺. Auf der gleichnamigen Seite, die Ihnen nun angezeigt wird, klicken Sie auf **Schnellüberprüfung** ❻.

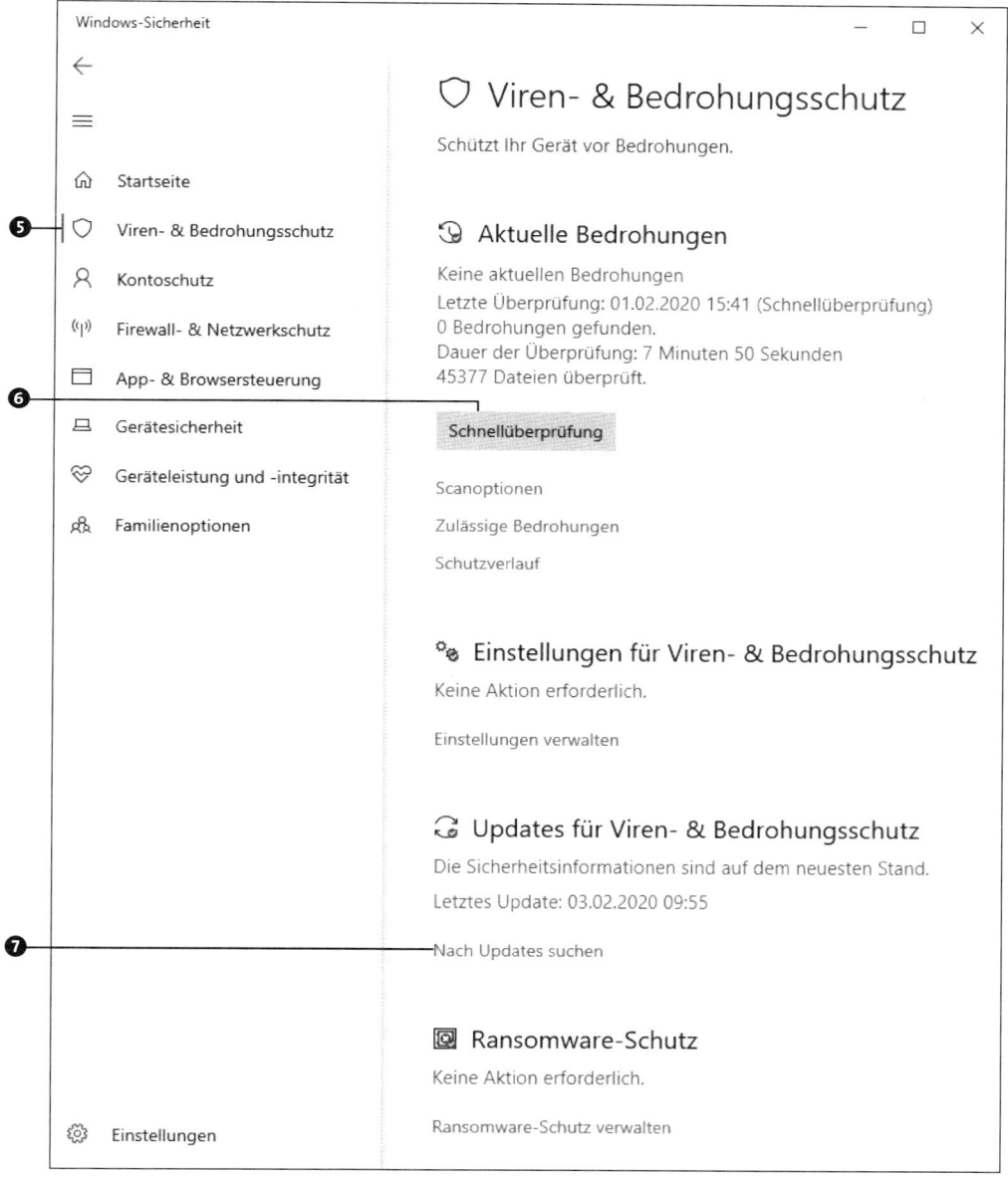

4 Wie bereits erwähnt, werden die Aktualisierungen der Virensignaturen automatisch über das Windows Update auf Ihren Rechner befördert. Da Viren aber jederzeit, auch zwischen den Windows Updates, auftreten und dann bald aktuelle Virensignaturen vorliegen, ist es ratsam, öfter selbst tätig zu werden. Wenn Sie also einmal manuell ein Update herunterladen möchten, klicken Sie unterhalb von **Updates für Viren- & Bedrohungsschutz** auf **Nach Updates suchen** (❼ auf Seite 81). Auf der folgenden Seite **Schutzupdates** starten Sie den Downloadvorgang mit **Nach Updates suchen** ❽.

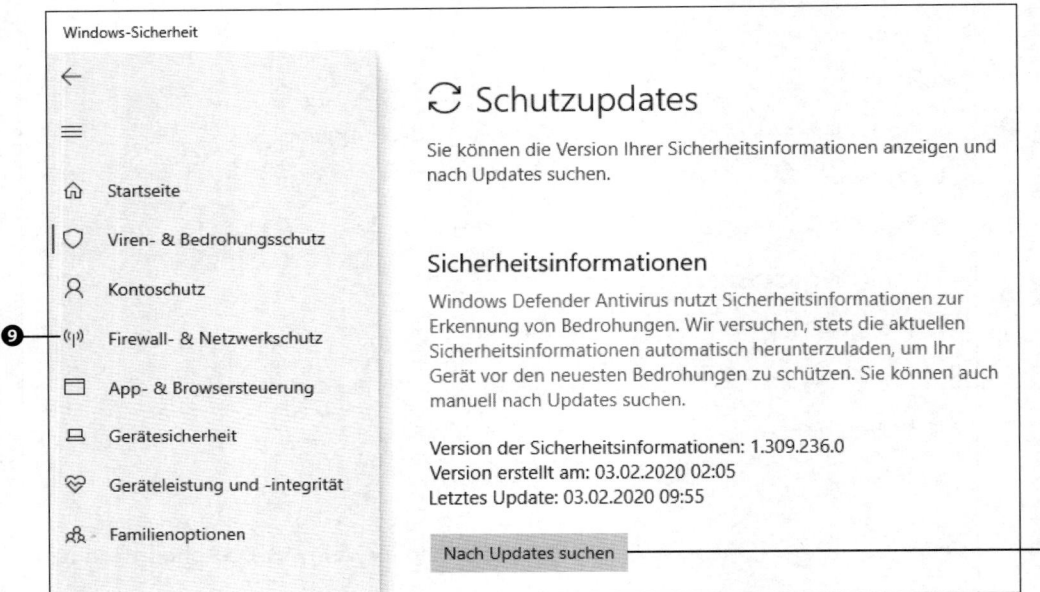

Weitere, ausführliche Informationen rund um den Viren- & Bedrohungsschutz von Windows 10 erhalten Sie in Kapitel 18, »Schutz vor Schadsoftware«, ab Seite 667.

3.4.2 Die Firewall kontrollieren

Ein aktives Antivirenprogramm, das immer auf dem aktuellsten Stand gehalten wird, ist erst die halbe Miete, wenn es darum geht, Ihren Computer abzusichern. Darüber hinaus sollten Sie sicherstellen, dass niemand von außen unbefugt auf Ihren Rechner zugreifen kann. Diese Aufgabe übernimmt eine sog. *Firewall*. Unter Windows 10 kontrollieren Sie folgendermaßen, ob diese aktiviert ist:

1 Öffnen Sie über das Startmenü die Einstellungen-App. Hier rufen Sie die Kategorie **Update und Sicherheit** auf. Markieren Sie in der linken Spalte **Windows-Sicherheit** ❶ und dann rechts **Firewall- & Netzwerkschutz** ❷. Sollte bei Ihnen noch das Windows-Sicherheits-Center geöffnet sein, das Sie im vorherigen Abschnitt kennengelernt haben, können Sie auch dort direkt den **Firewall- & Netzwerkschutz** (❾ in der Abbildung auf Seite 82) aufrufen.

2 Im Dialog **Firewall & Netzwerkschutz** können Sie nun prüfen, ob die Windows-Firewall aktiviert ist ❸.

Ist das nicht der Fall, so können Sie die entsprechende Einstellung korrigieren. Ich setze hier voraus, dass Sie nicht bereits eine Sicherheitssoftware eines anderen Herstellers auf Ihrem Computer installiert haben. Denn im Zusammenhang mit der Firewall gilt nicht der Satz »Doppelt hält besser«, da sich die Sicherheitslösungen eher ins Gehege kommen und somit mehr Schaden als Nutzen anrichten. Ist jedoch keine andere Sicherheitssoftware aktiviert, sollten Sie die Windows-Firewall unbedingt einschalten.

3 Klicken Sie auf das Netzwerk, das gerade aktiv ist. Befinden Sie sich daheim bzw. am Arbeitsplatz und somit in einer vertrauenswürdigen Umgebung, wird dies das **Pri-**

vate Netzwerk sein. (Lesen Sie hierzu auch den Kasten »Private, öffentliche und Domänennetzwerke« auf Seite 680.)

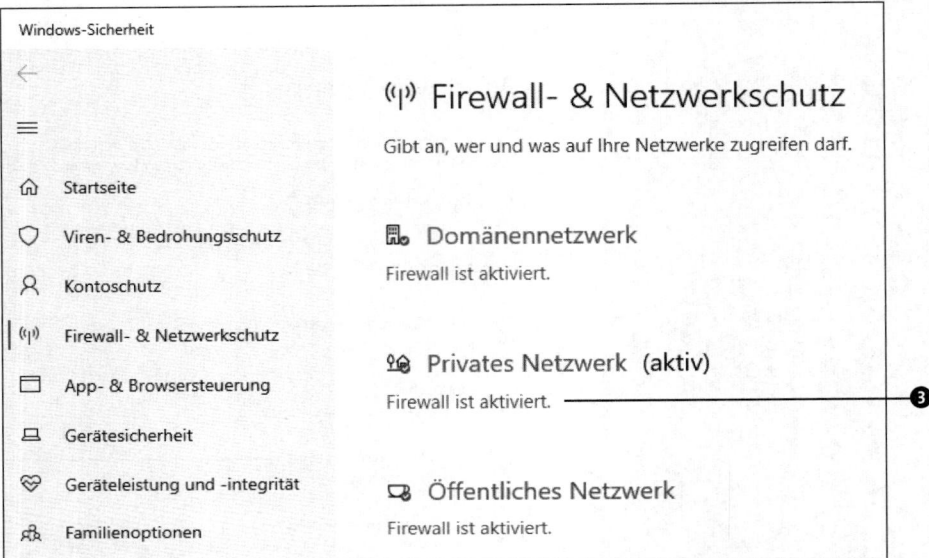

4 Auf der folgenden Seite ziehen Sie den Regler unterhalb von **Windows Defender Firewall** auf **Ein ❹**. Über den Pfeil oben links kehren Sie zur vorherigen Seite zurück.

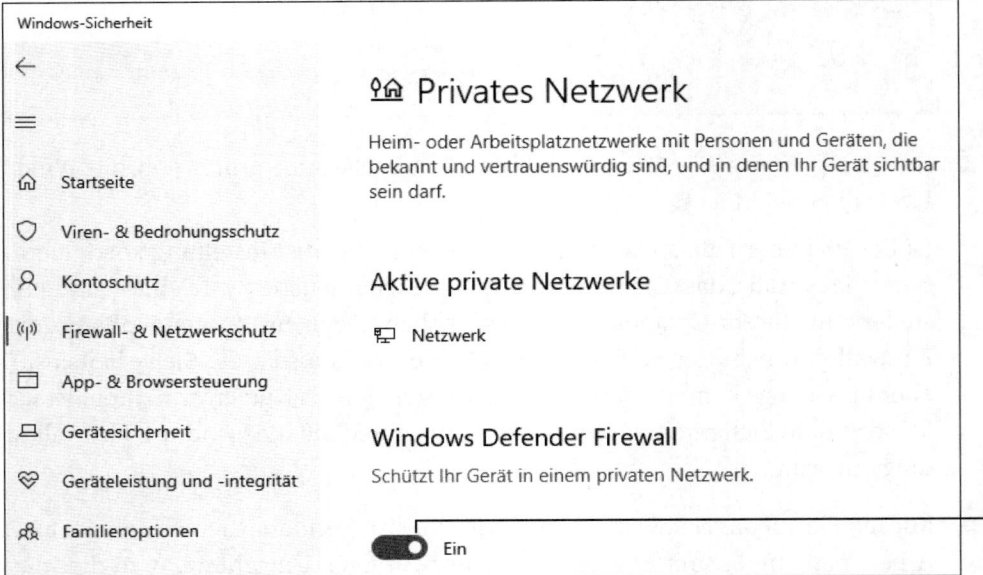

3.4.3 Automatische Updates im Blick behalten

Eine der wichtigsten Schutzfunktionen von Windows 10 ist das Update, denn damit werden kontinuierlich neu entdeckte Sicherheitslücken geschlossen. Während man in früheren Windows-Versionen das Update noch deaktivieren konnte, ist dies unter Windows 10 nur noch schwer möglich. Es ist allerdings auch nicht ratsam, dies zu tun. Stattdessen sollten Sie regelmäßig kontrollieren, ob die neuesten Updates bereits installiert wurden. Gehen Sie dazu folgendermaßen vor:

1 Rufen Sie über das Startmenü die **Einstellungen** auf, und wählen Sie die Kategorie **Update und Sicherheit** aus.

2 Auf der nächsten Seite des Einstellungen-Dialogs ist in der linken Spalte bereits **Windows Update** markiert. Über die Schaltfläche **Nach Updates suchen ❶** können Sie nun manuell nach aktuellen Updates forschen.

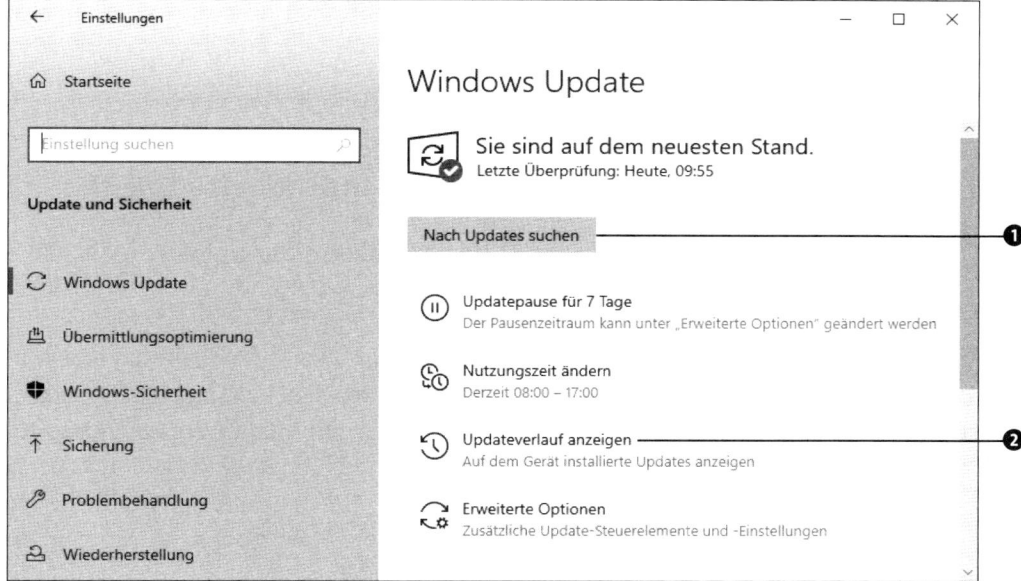

3 Nach einem Klick auf **Updateverlauf anzeigen ❷** erfahren Sie, welche aktuellen Updates bereits auf Ihrem System gelandet sind. Bekannte IT-Webseiten wie *heise.de* oder *golem.de* informieren meist schon vor der Veröffentlichung von kritischen Updates, wann diese erscheinen, sodass Sie hier eine Vergleichsmöglichkeit haben.

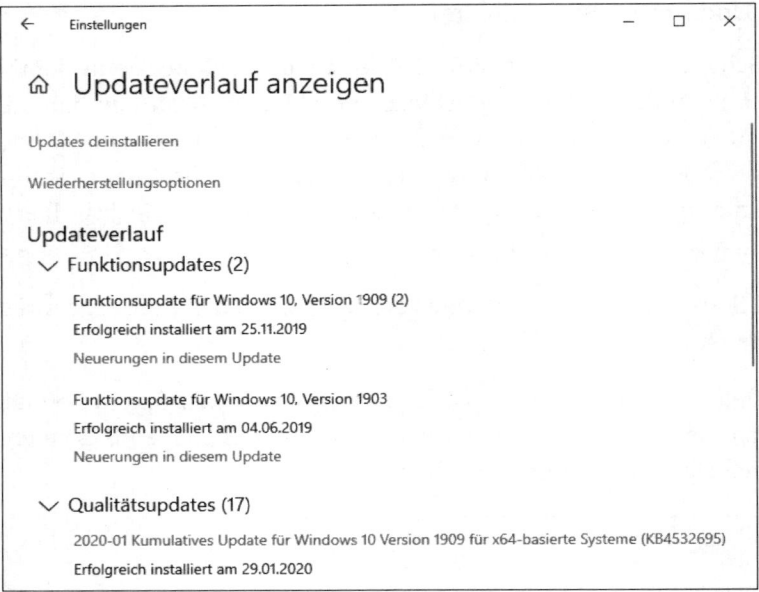

3.5 Die Synchronisierungseinstellungen individuell anpassen

Windows 10 bietet eine Funktion, die relativ umstritten ist: die automatische Synchronisierung. Diese bewirkt, dass jeder Computer, der unter Windows 10 läuft und mit Ihrem Microsoft-Konto verknüpft ist, eine identische Oberfläche hat. Wenn Sie z. B. auf Ihrem Notebook den Bildschirmhintergrund ändern, so werden Sie diesen beim nächsten Start auf Ihrem Heim-PC ebenfalls vorfinden. Auch Favoriten in den Browsern Internet Explorer bzw. Edge werden auf allen Systemen, die mit Ihrem Microsoft-Konto verknüpft sind, synchron gehalten. Manche Anwender schätzen diese Funktion sehr, andere empfinden sie als ausgesprochen lästig. Aus diesem Grund sollten Sie einmal in den Einstellungen einen Blick auf die Synchronisierungsoptionen werfen und selbst bestimmen, was synchronisiert werden soll und was nicht:

1 Rufen Sie über das Startmenü die **Einstellungen** auf, wählen Sie die Kategorie **Konten** und in der linken Spalte den Eintrag **Einstellungen synchronisieren** ❶.

2 Passen Sie mithilfe der Regler rechts diejenigen Elemente an, die auf Ihren unterschiedlichen Systemen synchronisiert werden sollen ❷. Das könnte beispielsweise wie in der folgenden Abbildung aussehen. Die Regler lassen sich nur dann verschieben, wenn Sie mit einem Microsoft-Konto am Computer angemeldet sind.

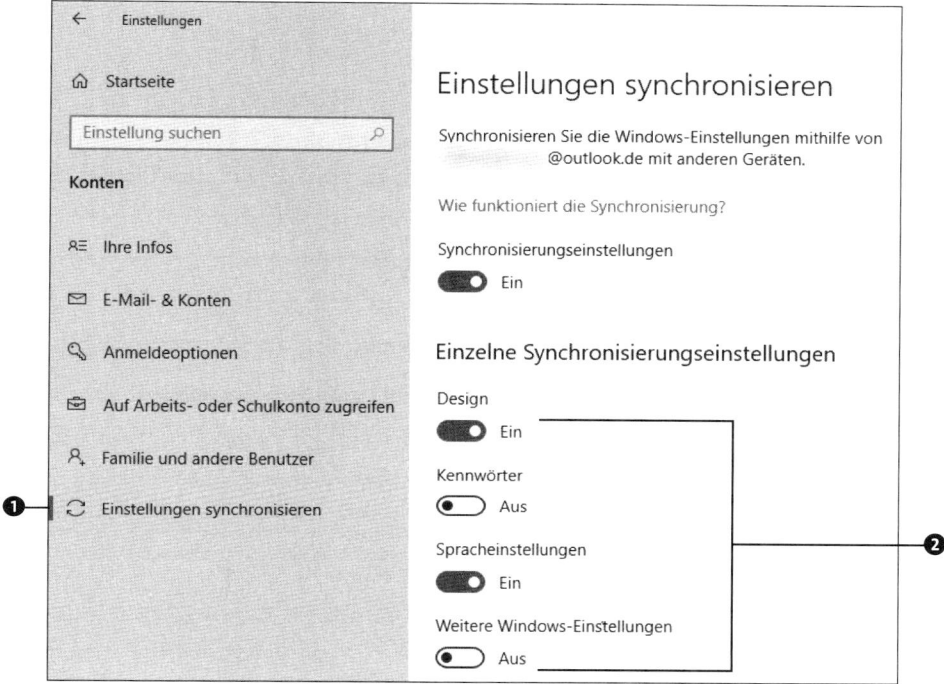

3.6 Anmeldung per PIN oder Bildcode aktivieren

Beim Einrichten Ihres Computers haben Sie für Ihr Benutzerkonto ein Kennwort einge-
richtet. Dieses geben Sie bei der Anmeldung am PC an. Alternativ zum Kennwort bietet
Windows 10 die Möglichkeit, sich mit einer persönlichen Identifikationsnummer,
Windows Hello-PIN genannt, anzumelden oder auch per Wischgeste auf einem Bild.
Beide Varianten stelle ich Ihnen kurz vor.

3.6.1 Anmeldung per Windows Hello-PIN

Kennwörter sollten möglichst kompliziert sein, um einen guten Schutz zu bieten. Eine
Kombination aus Klein- und Großbuchstaben, Ziffern sowie Sonderzeichen ist zwar perfekt, meist aber auch nur schwer zu merken. Wenn Sie mit einem Tablet mit Touchscreen
arbeiten, ist die Eingabe solch eines Kennworts über die virtuelle Tastatur häufig auch
sehr aufwendig. Als Alternative bietet Windows 10 hier die Anmeldung per Identifikationsnummer, der sog. PIN, an. Um diese einzurichten, gehen Sie folgendermaßen vor:

1 Rufen Sie über das Startmenü die **Einstellungen** auf, und öffnen Sie die Kategorie **Konten**.

2 Wählen Sie auf der folgenden Seite links den Eintrag **Anmeldeoptionen ❶**. In der rechten Spalte des Dialogs blättern Sie nach unten bis zum Bereich **Windows Hello-PIN** und klicken hier auf die Schaltfläche **Hinzufügen ❷**. Sie werden anschließend aufgefordert, das aktuell gültige Kennwort einzugeben.

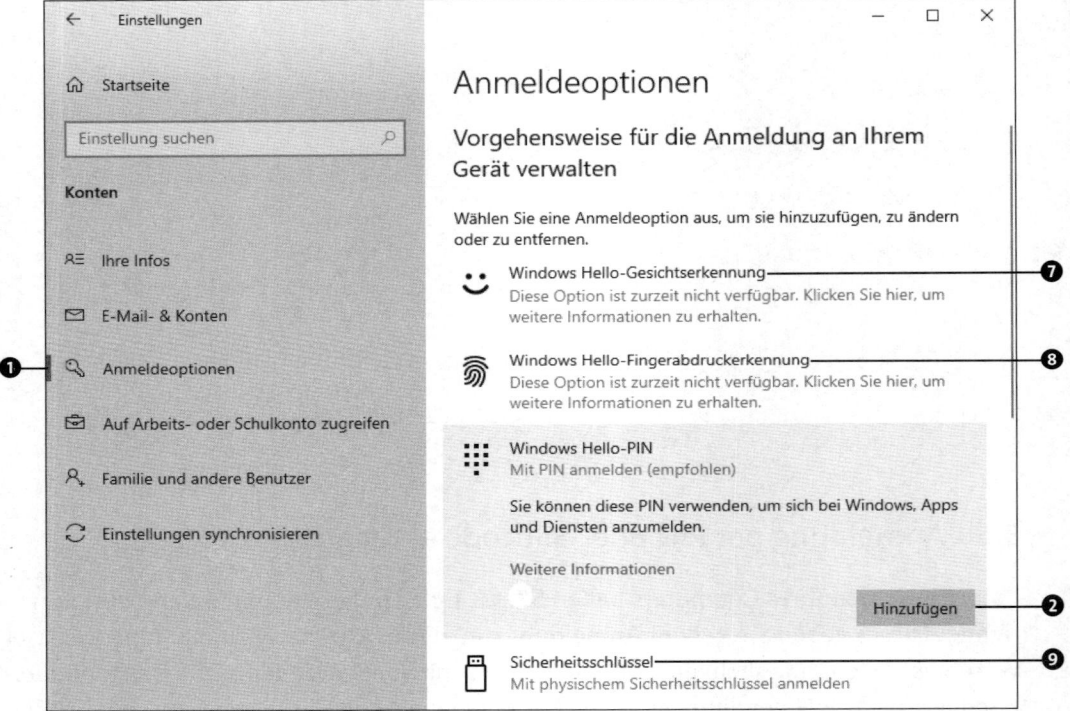

3 Im Dialog **Windows-Sicherheit** geben Sie nun eine Zahlenkombination in das obere Eingabefeld ❸ ein und wiederholen diese im darunter befindlichen Feld ❹. Wenn Sie auch Buchstaben und Symbole verwenden möchten, müssen Sie zuvor das entsprechende Kästchen mit einem Häkchen versehen ❺. Durch Anklicken des Augen-Symbols ❻ können Sie sich die PIN noch einmal anschauen.

4 Bestätigen Sie schließlich Ihre PIN über die Schaltfläche **OK**. Sie können sich nun in Zukunft mit Ihrer PIN an Ihrem Benutzerkonto anmelden. Die PIN gilt übrigens nur für den PC, an dem Sie sie eingerichtet haben, und wird nicht mit anderen Geräten synchronisiert.

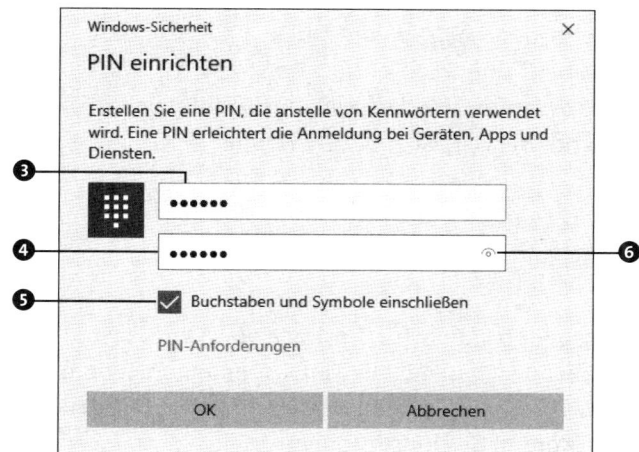

Aus Sicherheitsgründen sollten Sie die PIN regelmäßig ändern. Hierzu gehen Sie so vor, wie oben für die Einrichtung der PIN beschrieben. Statt der Schaltfläche **Hinzufügen** (siehe Schritt 2) finden Sie nun allerdings die Schaltfläche **Ändern** vor, über die Sie eine neue PIN festlegen können. Sollten Sie sich einmal nicht mehr an die PIN erinnern können, haben Sie über **Ich habe die PIN vergessen** die Möglichkeit, eine neue PIN einzurichten. Damit kein Unbefugter dies in Ihrem Namen tut, prüft Microsoft Ihre Identität anhand eines Sicherheitscodes, der Ihnen per SMS zugeschickt wird.

Weitere Anmeldeverfahren für Windows 10

Neben der Anmeldung per Kennwort, PIN oder auch Bildcode bietet Windows 10 weitere Anmeldeoptionen an, wie etwa die **Windows Hello-Gesichtserkennung** (❼ auf Seite 88) sowie die **Windows Hello-Fingerabdruckerkennung** ❽. Um die biometrischen Anmeldeverfahren nutzen zu können, ist allerdings eine spezielle Hardware nötig. Wenn Sie eine Frontkamera z. B. am Notebook besitzen, lässt sich diese zur Anmeldung per Gesichtserkennung nutzen. Aber auch Fingerabdruck- und Iris-Scanner werden von Windows Hello unterstützt. Die sicherste Methode ist hier der Scan der Iris, eines Bestandteils des Auges. Die Iris ist noch unverwechselbarer als der menschliche Fingerabdruck. Mittlerweile hat Microsoft auch die Anmeldung mit einem speziell vorbereiteten Fitnessarmband ergänzt. Beachten Sie, dass die verwendete Hardware von Microsoft zertifiziert sein muss, um in Verbindung mit Windows Hello zu funktionieren. In Deutschland sind bisher kaum entsprechende Geräte verfügbar.

Eine weitere Anmeldeoption stellt der **Sicherheitsschlüssel** ❾ dar. Hierbei wird ein USB-Speicherstick mithilfe einer speziellen Software zu einem Sicherheitsschlüssel

INFO

für Ihren Windows-Computer: Nur wenn der USB-Speicherstick am Computer steckt, ist eine Anmeldung möglich. Sobald der Stick entfernt wird, wird auch Windows 10 gesperrt. Ein kostenloses Programm, mit dem sich ein USB-Speicherstick in einen Sicherheitsschlüssel verwandeln lässt, ist z. B. *USB Raptor*.

3.6.2 Anmeldung per Bildcode

Eine weitere interessante Variante, insbesondere auch für Besitzer von Geräten mit Touchscreen, ist die Anmeldung per Bild, über das man mit der Maus oder auch mit dem Finger drei vordefinierte Gesten zeichnet. Die Konfiguration erfolgt wieder über den Bereich **Anmeldeoptionen** in der Kategorie **Konten** des Einstellungen-Dialogs:

1 Klicken Sie in der rechten Spalte des Dialogs zunächst auf **Bildcode**, dann auf **Hinzufügen**.

2 Geben Sie zur Bestätigung das Kennwort Ihres Kontos ein.

3 Sie erhalten eine kurze Information zum Bildcode, die Sie sich durchlesen sollten. Nach einem Klick auf **Bild auswählen** ❶ wird der Dialog **Öffnen** eingeblendet.

4 Wechseln Sie in den Ordner, in dem sich das gewünschte Foto befindet, markieren Sie das Bild, und bestätigen Sie mit **Öffnen**.

5 Bestätigen Sie schließlich Ihre Auswahl durch Anklicken der Schaltfläche **Dieses Bild verwenden**.

6 Nun legen Sie den eigentlichen Bildcode fest. Zeichnen Sie hierzu drei Gesten ❷ per Maus oder per Finger über das Bild, das Sie zuvor ausgewählt haben. Dabei bietet es sich an, charakteristische Elemente des Bildes als Ausgangspunkt Ihrer Gesten zu verwenden. Die Gesten können Kreise und Linien, aber auch Klicks oder Bildberührungen sein.

7 Sobald Sie die drei Gesten durchgeführt haben, werden Sie aufgefordert, diese zu wiederholen. War der Vorgang erfolgreich – sprich: waren alle drei Gesten identisch mit den zuvor in Schritt 6 festgelegten Gesten –, schließen Sie die Einrichtung des Bildcodes mit **Fertig stellen** ab. Hat sich ein Fehler eingeschlichen, werden Sie aufgefordert, die Gesten zu wiederholen.

Wenn Sie sich das nächste Mal am Computer anmelden, erscheint nach dem Ausblenden des Sperrbildschirms im Anmeldebildschirm das von Ihnen für den Bildcode ausgewählte Foto. Führen Sie nun die drei Gesten auf dem Bild aus. Achten Sie dabei unbedingt darauf, in der richtigen Reihenfolge die korrekten Bildbereiche zu markieren. Denn erst dann werden Sie erfolgreich am Computer angemeldet. Sollten Sie sich einmal nicht mehr an die Gesten erinnern können, ist übrigens weiterhin eine Anmeldung per Kennwort möglich. Hierzu klicken Sie im Anmeldebildschirm einfach links auf **Anmeldeoptionen** und anschließend auf das Schlüssel-Symbol. Nun wird Ihnen wieder das Feld zur Eingabe des Kennworts eingeblendet.

3.7 Eingabehilfen einrichten

Menschen mit Behinderungen sind darauf angewiesen, dass ihnen die Programmierer den Zugang zum Computer so leicht wie möglich gestalten. So können stark sehbehinderte Anwender beispielsweise eine Bildschirmlupe verwenden, um Texte auf dem Bildschirm stark zu vergrößern, oder sich die Texte vom Betriebssystem vorlesen lassen. Windows 10 hat einen riesigen Schritt in Richtung Barrierefreiheit getan, wie Sie auf den folgenden Seiten lesen können.

3.7.1 Bildschirmelemente vorlesen lassen

Wer die Texte auf dem Bildschirm nur schwer lesen kann, ist dankbar, wenn sie vorgelesen werden. Windows 10 ermöglicht dies mithilfe einer speziellen Funktion. Ist diese aktiviert, reicht es z. B., mit der Maus über einen Menüpunkt zu streichen, und schon wird der entsprechende Text vorgelesen. Die Konfiguration dieser Funktion ist einfach:

1 Rufen Sie über das Startmenü die **Einstellungen** auf und dort die Kategorie **Erleichterte Bedienung**. Markieren Sie in der linken Spalte die **Sprachausgabe** ❶. Stellen Sie rechts per Mausklick den Regler **Sprachausgabe aktivieren** auf **Ein** ❷. Windows 10 beginnt sofort, wichtige Bildschirmelemente vorzulesen. Der entsprechende Text wird auf dem Bildschirm blau umrahmt.

2 Ist im Bereich **Startoptionen** das Kästchen **Tastenkombination zum Starten der Sprachausgabe zulassen** aktiviert ❸, lässt sich die Sprachausgabe auch über die Tastenkombination ⊞ + ⎡Strg⎤ + ⎡↵⎤ aktivieren bzw. deaktivieren.

3 Soll die Sprachausgabe automatisch erfolgen, sobald Sie sich am Rechner angemeldet haben, versehen Sie das Kästchen **Sprachausgabe nach Anmeldung für mich starten** mit einem Häkchen ❹.

4 Blättern Sie im Dialogfenster etwas nach unten, finden Sie weitere Einstellungen, um etwa die Stimme des Vorlesers über das entsprechende Optionsfeld ❺ auszuwählen sowie die Sprechgeschwindigkeit, Tonhöhe und Lautstärke über die Regler ❻ zu beeinflussen. Sehen Sie sich in Ruhe die weiteren Einstellungen an, und probieren Sie aus, welche für Sie am komfortabelsten sind.

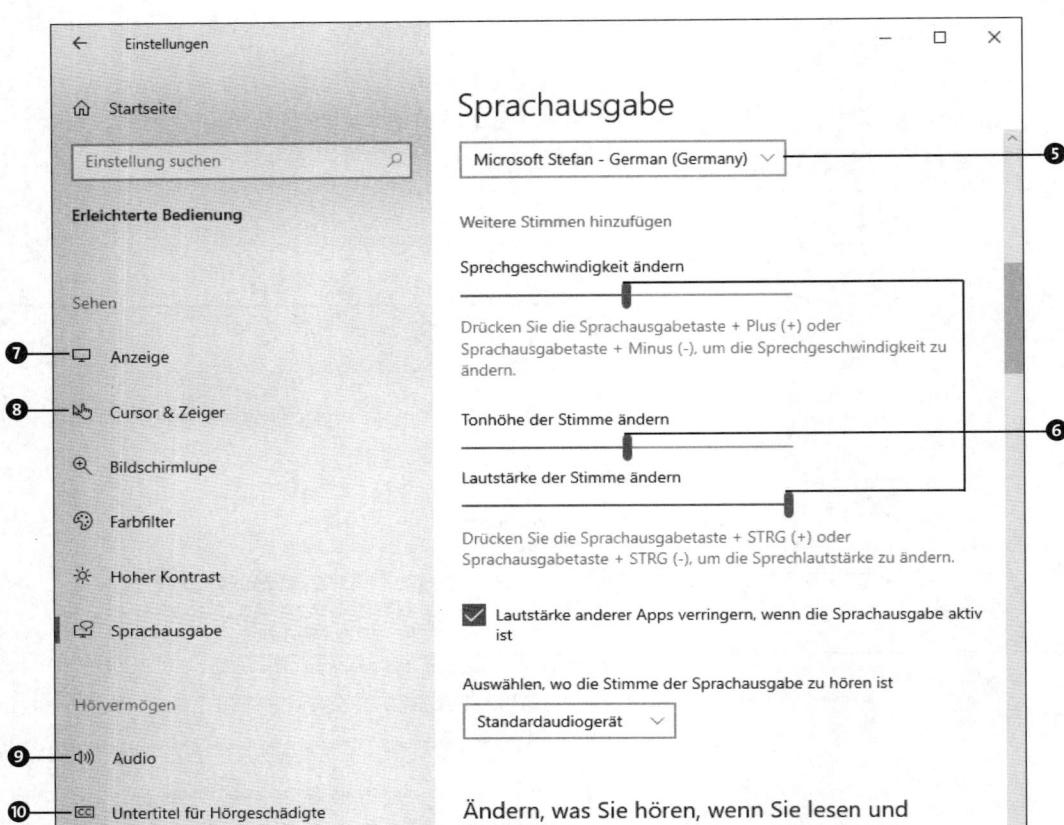

Weitere Einstellungen für eine leichtere Bedienung

Microsoft bemüht sich, die Bedienung von Windows 10 immer komfortabler zu gestalten. Dies macht sich speziell in der Kategorie **Erleichterte Bedienung** bemerkbar, die mit jedem größeren Update des Betriebssystems erweitert wird. Über die Unterkategorien **Anzeige** ❼ und **Cursor & Zeiger** ❽ lassen sich z. B. blitzschnell die Größe von Text, Mauszeiger und mehr anpassen. Falls es Ihnen schwerfällt, die akustischen Erinnerungen wahrzunehmen, wie sie etwa beim Eintreffen neuer Nachrichten zu hören sind, sollten Sie einen Blick in die neuen Unterkategorien **Audio** ❾ und **Untertitel für Hörgeschädigte** ❿ werfen.

3.7.2 Hohen Kontrast für bessere Lesbarkeit einstellen

Sehbehinderte Menschen haben die Möglichkeit, dem Desktop ein kontrastverstärktes Kleid zu verpassen. Der Text erscheint damit in kontrastreicher Farbe auf dunklem Grund. Die entsprechende Einstellung nehmen Sie folgendermaßen vor:

1 Rufen Sie über das Startmenü **Einstellungen** ▸ **Erleichterte Bedienung** ▸ **Hoher Kontrast** ❶ auf. Ziehen Sie in der rechten Spalte den Regler unterhalb von **Hohen Kontrast aktivieren** ❷ nach rechts auf **Ein**.

2 Nach einem kurzen Moment wird bereits die Oberfläche von Windows 10 abgedunkelt. Klicken Sie in das Feld unterhalb von **Design auswählen** ❸. In der aufklappenden Liste wählen Sie eines der angebotenen Designs mit verstärktem Kontrast aus.

3 Bestätigen Sie Ihre Auswahl über die Schaltfläche **Anwenden** ❹. Je nach Größe des Programmfensters müssen Sie etwas nach unten blättern, bis die Schaltfläche sichtbar wird.

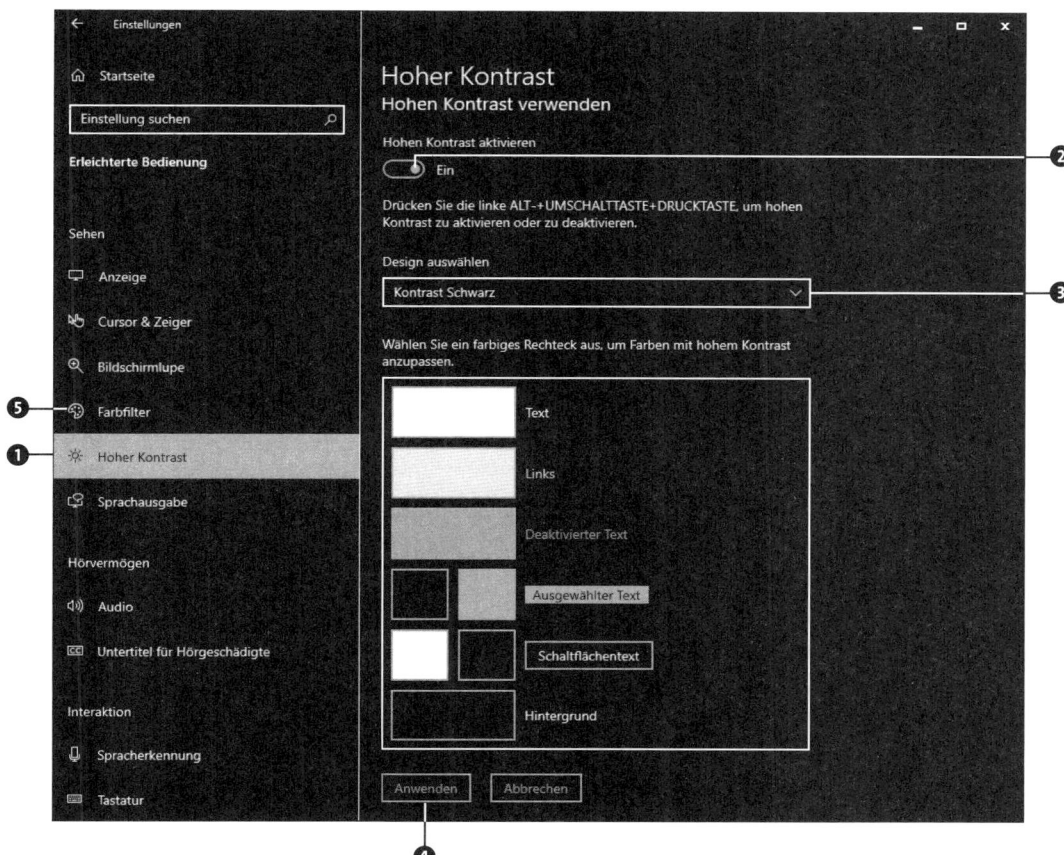

INFO

3.7.3 Die Bildschirmlupe verwenden

Ein letztes wichtiges Utensil, das ich Ihnen vorstelle, ist die Bildschirmlupe. Damit vergrößern Sie bestimmte Bereiche des Bildschirms, wenn Sie mit der Maus über sie fahren.

1 Betätigen Sie zum Aktivieren der Bildschirmlupe die Tastenkombination ⊞ + ＋ .

2 Bewegen Sie die Maus über den Desktop, und genießen Sie die vergrößerte Darstellung. Klicken Sie auf das Lupen-Symbol, wird eine kleine Symbolleiste eingeblendet. Über das Plus- und Minus-Symbol ❶ können Sie die Schriftgröße individuell vergrößern oder auch verkleinern.

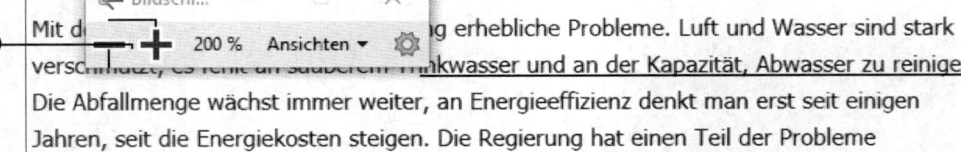

Hongkong ist erstaunlich grün: 70 Prozent des Hongkonger Territoriums sind unbebaut, 40 Prozent der gesamten Fläche werden von der Regierung kontrolliert, d. h. es befinden sich 23 Landschaftsparks und Ähnliches darauf. Auch in der Stadt gibt es größere Parks, wie den Kowloon Park an der Nathan Road oder den Hong Kong Park oberhalb von Wanchai. Hier können Sie entspannen und den Anwohnern bei ihren Freizeitbeschäftigungen, von Gymnastik bis zum Vogelausführen, zusehen.

Mit d... g erhebliche Probleme. Luft und Wasser sind stark versch... kwasser und an der Kapazität, Abwasser zu reinigen. Die Abfallmenge wächst immer weiter, an Energieeffizienz denkt man erst seit einigen Jahren, seit die Energiekosten steigen. Die Regierung hat einen Teil der Probleme

3 Weitere Einstellungen für die Bildschirmlupe können Sie auch über **Start ▸ Einstellungen ▸ Erleichterte Bedienung ▸ Bildschirmlupe** vornehmen. Die Einstellungen lassen sich auch per Klick auf das Zahnrad-Symbol ❷ in der Symbolleiste aufrufen.

4 Eine praktische Einstellung ist vor allem die Ansicht **Lupe**, die Sie im Bereich **Bildschirmlupenansicht ändern** auswählen ❸. In diesem Fall wird nicht mehr der gesamte Bildschirminhalt (das sog. Vollbild) vergrößert angezeigt. Stattdessen erscheint rund um den Mauszeiger ein Rechteck, das als Lupe fungiert ❹. Die Ansicht lässt sich auch bequem über die Tastenkombination [Strg] + [Alt] + [L] aktivieren. Mit [Strg] + [Alt] + [F] kehren Sie wieder zur Vollbildansicht zurück, sollte Ihnen diese besser gefallen.

5 Um die Bildschirmlupe wieder zu deaktivieren, drücken Sie die Tastenkombination [⊞] + [Esc] oder klicken auf das kleine Schließen-Symbol in der rechten oberen Ecke der Symbolleiste ❺.

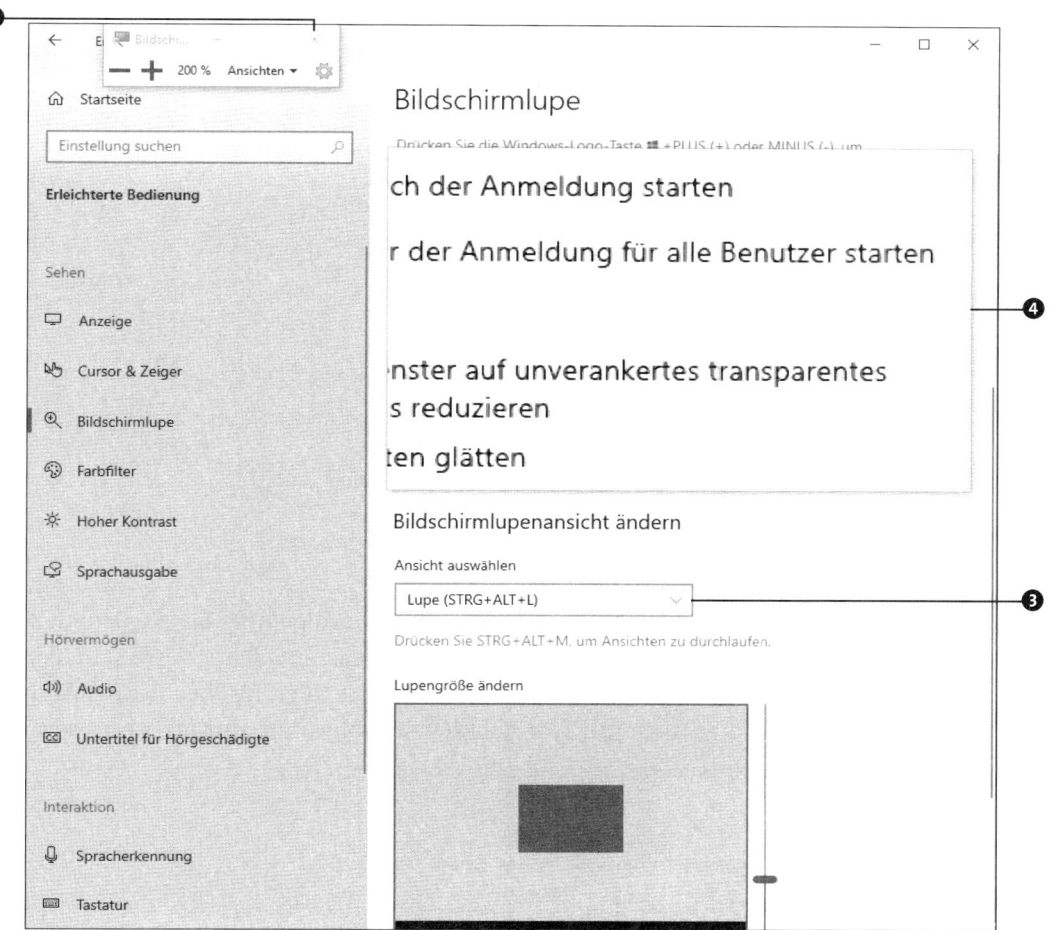

3.8 Datenschutz: Das »Nach-Hause-Telefonieren« unterbinden

Ein großes Ärgernis bei Windows 10 ist die schlechte »Angewohnheit«, Daten über die Internetverbindung an Microsoft zu übermitteln. Dieses »Nach-Hause-Telefonieren« können Sie teilweise unterbinden, indem Sie die Datenschutzeinstellungen anpassen. Hierzu gehen Sie folgendermaßen vor:

1 Rufen Sie über das Startmenü die **Einstellungen** auf, und markieren Sie die Kategorie **Datenschutz ❶**.

2 Auf der folgenden Seite sollte in der linken Spalte **Allgemein ❷** ausgewählt sein. Schalten Sie nun die in der folgenden Abbildung gezeigten Optionen ab, indem Sie die Regler jeweils auf **Aus ❸** ziehen. Dies verhindert u. a., dass Sie von unerwünschter Werbung belästigt und Ihre Texteingaben verfolgt und an Microsoft weitergereicht werden.

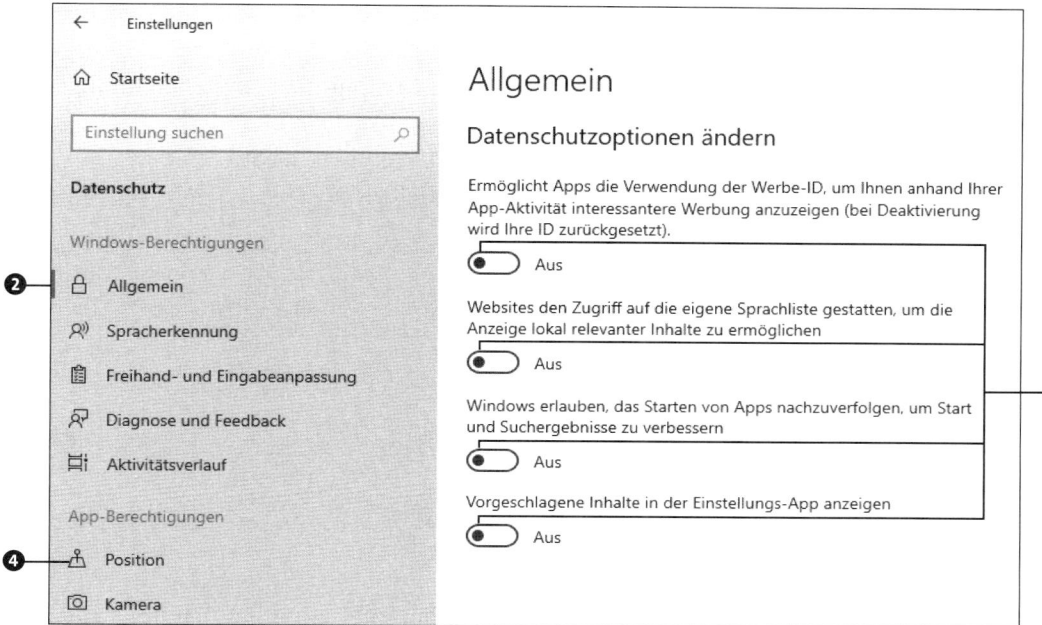

3 Rufen Sie in der linken Spalte die Unterkategorie **Position** auf ❹. Überlegen Sie, ob es für Sie dringend erforderlich ist, dass Windows Ihren aktuellen Standort ermitteln kann. Wenn Sie darauf verzichten können, schalten Sie die Positionserkennung ab, indem Sie unterhalb von **Die Positionserkennung ist für dieses Gerät eingeschaltet** auf **Ändern** ❺ klicken. Im Dialog, der nun eingeblendet wird, ziehen Sie den Regler **Zugriff auf die Position für dieses Gerät** nach links auf **Aus** ❻. Klicken Sie einmal auf eine beliebige Stelle außerhalb des Dialogs, um diesen wieder auszublenden.

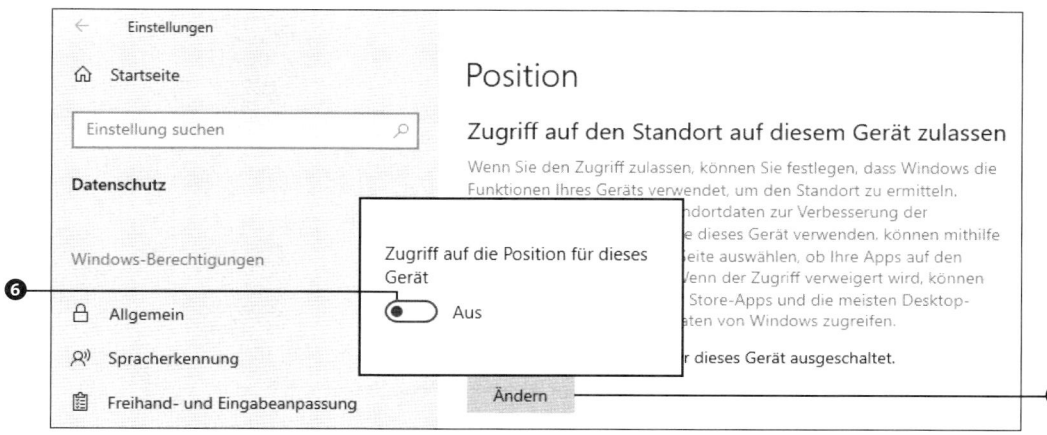

4 Blättern Sie im Dialog **Datenschutz ▶ Position** etwas nach unten bis zum Bereich
Positionsverlauf auf diesem Gerät löschen. Klicken Sie hier auf **Löschen ❼**, um die
bereits gespeicherten Positionsdaten auf Ihrem Computer zu entfernen. Sollten Sie
die Positionserkennung zu einem späteren Zeitpunkt doch benötigen, erfahren Sie
im Kasten »Den Positionsdienst von Windows 10 aktivieren« auf Seite 459, wie Sie
die Standorterkennung für bestimmte Apps gezielt aktivieren.

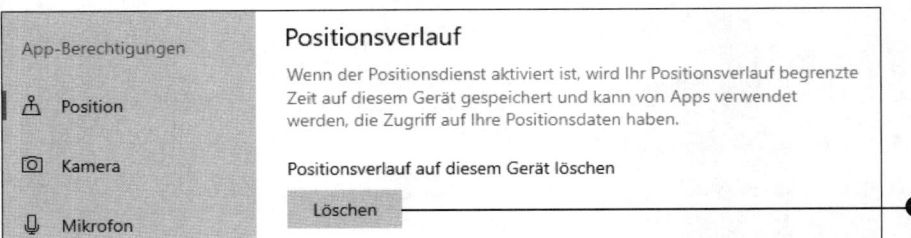

5 Ist Ihr Computer mit einer Webcam ausgestattet, sollten Sie als Nächstes in der linken Spalte die Unterkategorie **Kamera ❽** aufrufen.

6 Blättern Sie in der rechten Spalte etwas nach unten bis zum Bereich **Apps auswählen, die Ihre Kamera verwenden können**. Hier bestimmen Sie, welcher App Sie den
Zugriff auf die Webcam gestatten. Wenn Sie z. B. Skype für Videotelefonate nutzen,
belassen Sie den Regler zu **Skype** auf **Ein ❾**. Bei allen anderen Apps, für die die
Kamera nicht benötigt wird, sollten Sie den Regler dagegen auf **Aus ❿** setzen.

7   Wenn Sie allen aufgelisteten Apps den Zugriff auf die Kamera verweigern möchten, klicken Sie am oberen Rand der rechten Spalte im Bereich **Zugriff auf die Kamera auf diesem Gerät zulassen** auf **Ändern ⑪**. Ziehen Sie im folgenden Dialog den Regler nach links auf **Aus**. Damit werden automatisch alle unten aufgeführten Apps ausgeschaltet.

Auf die beschriebene Weise können Sie nun alle weiteren Unterkategorien wie etwa **Mikrofon**, **Benachrichtigungen**, **Kontakte**, **Kalender** und mehr anpassen. Die vorgenommenen Einstellungen sollten Sie regelmäßig überprüfen. Das gilt vor allem dann, wenn ein umfangreiches Update auf Ihrem Computer installiert wurde, denn mit diesen Aktualisierungen gehen häufig auch größere Änderungen an den Einstellungen einher.

Wenn Sie an weiteren Informationen zum Thema »Windows und der Datenschutz« interessiert sind, klicken Sie am rechten bzw. unteren Rand des Datenschutz-Dialogs unterhalb von **Informieren Sie sich über Ihre Datenschutzoptionen** auf **Weitere Informationen ⑫**. Nun startet automatisch der Browser mit einer Webseite von Microsoft, die Sie über die Datenschutzeinstellungen in Windows 10 informiert.

4 Benutzerkonten anlegen und verwalten

Die Benutzerkonten unter Windows 10 sind Bestandteil eines mächtigen Sicherheitskonzepts. Denn sie stellen sicher, dass kein Unberechtigter entweder direkt am Computer oder auch von außen per Internet Zugriff auf sensible Daten erhält. Dieses Kapitel zeigt, wie Sie weitere Benutzerkonten auf Ihrem Windows-10-Computer anlegen und diese geeignet absichern. Darüber hinaus gebe ich Ihnen einen Einblick in die sog. *Benutzerkontensteuerung*, die verhindert, dass Schadprogramme Macht über Ihren Computer erlangen.

4.1 Sicherheitsaspekte: Administrator versus Standardbenutzer

Auf Ihrem Windows-Computer lassen sich mehrere Benutzerkonten anlegen. Die erste Aufforderung, ein Konto einzurichten, erhalten Sie bereits, wenn Sie Ihren Computer nach der Installation von Windows 10 das erste Mal starten. Wie in Abschnitt 1.4, »Von null auf Windows 10«, ab Seite 30 beschrieben, haben Sie dabei die Wahl zwischen einem lokalen Konto und einem Benutzerkonto, das mit einem Microsoft-Konto verknüpft ist. Das lokale Konto gilt ausschließlich für den Computer, auf dem es eingerichtet wurde. Das Microsoft-Konto dagegen gestattet die Synchronisierung Ihrer Daten auf mehreren Geräten, sofern Sie sich auf diesen mit dem gleichen Microsoft-Konto anmelden. Beide Kontotypen werden so angelegt, dass der Benutzer über Administratorrechte verfügt. Ein Administrator hat nahezu uneingeschränkte Macht über den Computer. Er kann beliebige Programme installieren und löschen und hat Zugang zu sämtlichen Bereichen der Einstellungen-App und der Systemsteuerung.

Windows bietet aber noch einen weiteren Kontotyp an, den sog. *Standardbenutzer*. Dieser Kontotyp gestattet dem »normalen« Windows-10-Anwender, auf seine eigenen Dateien zuzugreifen, diese zu bearbeiten und zu löschen. Es ist ihm aber nicht möglich, Administrationsaufgaben vorzunehmen, wie z. B. neue Benutzer anzulegen oder einen Netzwerkzugang einzurichten. Jedes zusätzlich zum ersten Benutzerkonto eingerichtete Konto ist zunächst üblicherweise mit Standardbenutzerrechten versehen.

Bin ich Administrator oder nicht?

Das erste Benutzerkonto, das auf dem Computer eingerichtet wird, besitzt immer Administratorrechte. Wenn Sie gerne prüfen möchten, ob Sie als Administrator angemeldet sind oder nicht, rufen Sie das Startmenü per Klick auf das Windows-Logo ⊞ auf. Klicken Sie dann in der Schnellstartleiste auf das Symbol Ihres Benutzerprofils und im aufklappenden Menü auf **Kontoeinstellungen ändern**. Im Einstellungen-Dialog, der nun geöffnet wird, können Sie direkt unterhalb Ihres Benutzernamens ablesen, ob Sie Administrator sind oder lediglich ein Standardbenutzer.

Warum die Unterscheidung zwischen diesen beiden Kontotypen aus Sicherheitsaspekten so wichtig ist, zeigt ein kleines Beispiel. Stellen Sie sich vor, Sie möchten ein Programm installieren. Dazu laden Sie die entsprechende Installationsdatei aus dem Internet und stoßen die Installation per Doppelklick auf die Datei an. Sind Sie als Administrator am Computer angemeldet, erscheint nur ein kurzer Dialog, der mit **Ja** (sprich, das Programm darf Änderungen am Computer vornehmen) bzw. **Nein** (Änderungen dürfen nicht vorgenommen werden) quittiert werden muss. Das ist schnell geschehen.

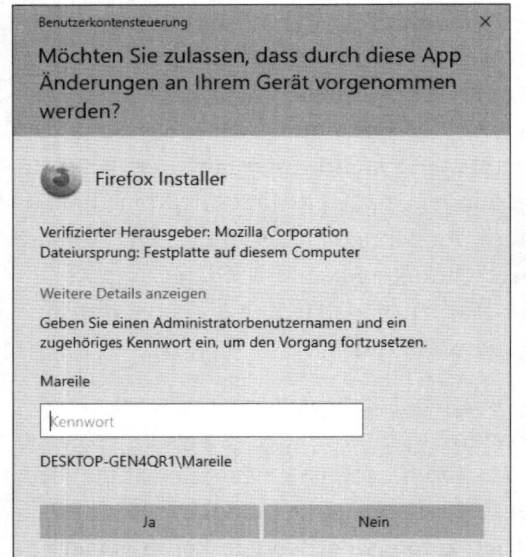
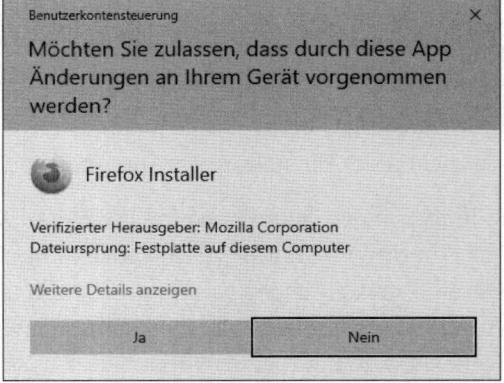

Abbildung 4.1 Installationsversuch von einem Standardbenutzerkonto (links) und einem Administratorkonto (rechts)

Was aber, wenn gar nicht Sie selbst die Installation der Software initiiert haben, sondern wenn es sich bei dem Programm um eine Schadsoftware handelt, die z. B. per E-Mail auf Ihren Computer gelangt ist? Sollten Sie einen Moment unaufmerksam gewesen sein und den Hinweis schnell per **Ja** bestätigt haben, ist der anschließende Schaden groß. Sind Sie dagegen nicht als Administrator, sondern als Standardbenutzer am Computer angemeldet, bietet Ihnen Windows 10 etwas mehr Schutz. In diesem Fall wird zwar bei der Installation einer Software ebenfalls ein Hinweis eingeblendet. Hier reicht allerdings nicht die Bestätigung per **Ja** oder **Nein**. Stattdessen müssen Sie das Administratorkonto auswählen und das Kennwort dieses Kontos angeben. Diese wenigen Schritte mehr reichen häufig aus, damit nicht versehentlich Aktionen am Computer ausgeführt werden, die eigentlich unerwünscht sind.

Daraus ergibt sich die goldene Regel zur Absicherung Ihres Computers: Erstellen Sie zusätzlich zum Konto, das während der Installation angelegt wurde, noch ein weiteres Konto, das nicht über Administratorrechte verfügt. Melden Sie sich dann stets für die alltäglichen Arbeiten am Computer mit dem Standardbenutzerkonto an. Dadurch ist sichergestellt, dass Sie im Eifer des Gefechts die Nachfrage der Benutzerkontensteuerung nicht durch einfaches Anklicken abnicken und sich im Extremfall Schadsoftware einfangen. Wie Sie ein solches Benutzerkonto einrichten, erfahren Sie im nächsten Abschnitt. Sollten mehrere Nutzer mit Ihrem Computer arbeiten, ist es ebenfalls wichtig, dass jeder von Ihnen über ein eigenes Konto verfügt. Schließlich möchten Sie bestimmt nicht, dass Ihr Sohn Zugriff auf die Excel-Dateien der Firma erhält, und dieser ist sicherlich auch nicht begeistert, wenn Sie in seinen höchst privaten Fotos der letzten Klassenfahrt stöbern.

Multiuser versus Multitasking

Zwei Begriffe werden im Zusammenhang mit Benutzerkonten öfter verwechselt: *Multiuser* und *Multitasking*. *Multiuser* bedeutet, dass sich mehrere Benutzer ein und denselben Computer teilen. Windows 10 ist ein typisches Multiuser-System, denn an einem Windows-Computer können mehrere Benutzer arbeiten.

Multitasking heißt hingegen, dass mehrere Aufgaben scheinbar parallel abgearbeitet werden können. Das heißt, Sie können z. B. in einem Fenster eine aufwendige Berechnung mit Excel durchführen und parallel dazu in einem anderen Fenster ein Word-Dokument bearbeiten. Das Ganze läuft natürlich streng genommen nicht parallel ab. Vielmehr ist es so, dass sich die beiden Programme abwechselnd Prozessorzeit teilen, was allerdings mit solch einer Geschwindigkeit geschieht, dass es

INFO

dem Anwender wie eine parallele Bearbeitung erscheint. (Lesen Sie hierzu auch den Kasten »Mit dem Task-Manager laufende Dienste und Programme im Blick behalten« auf Seite 722.)

4.2 Ein neues Benutzerkonto anlegen

In diesem Abschnitt erfahren Sie, wie Sie selbst ein neues Benutzerkonto (engl. *account*) anlegen. Dazu müssen Sie als Administrator angemeldet sein. Dies ist z. B. bei dem Konto der Fall, das Sie während der ersten Konfiguration des Computers eingerichtet haben. Bei der Einrichtung des Benutzerkontos können Sie zwischen zwei Kontovarianten wählen: einem mit einem *Microsoft-Konto* verknüpften Benutzerkonto und dem lokalen Konto. Die Verknüpfung mit einem Microsoft-Konto hat den Vorteil, dass Sie damit direkt Zugang zu diversen Diensten von Microsoft haben, wie etwa dem *Microsoft Store*, über den Sie weitere Apps erwerben können (siehe Abschnitt 9.2, »Apps aus dem Microsoft Store installieren«, ab Seite 349). Auch für die Nutzung des Onlinespeichers *OneDrive* benötigen Sie ein Microsoft-Konto. OneDrive werden Sie noch ausführlicher in Abschnitt 8.6, »Den Onlinespeicher OneDrive nutzen«, ab Seite 307 kennenlernen. Um diese Dienste nutzen zu können, muss der Computer mit dem Internet verbunden sein.

Ein *lokales Konto* existiert nur auf dem Computer, auf dem es eingerichtet wurde. Sie können übrigens jederzeit ein lokales Konto in ein Microsoft-Konto umwandeln und umgekehrt. Wie dies funktioniert, erfahren Sie in Abschnitt 4.2.2, »Ein Microsoft-Konto einrichten«, ab Seite 111.

4.2.1 Ein lokales Konto erstellen

Wenn Sie ein lokales Benutzerkonto einrichten möchten, gehen Sie folgendermaßen vor:

1 Stellen Sie sicher, dass Sie als Administrator am Computer angemeldet sind (siehe auch den Kasten »Bin ich Administrator oder nicht?« auf Seite 104).

2 Rufen Sie über das Startmenü per Klick auf das Zahnrad-Symbol ⚙ den Dialog **Windows-Einstellungen** auf. Alternativ können Sie auch die Tastenkombination ⊞ + Ⓘ drücken. In den **Windows-Einstellungen** wählen Sie die Kategorie **Konten** ❶.

3 Um ein neues Konto zu erstellen, klicken Sie im nächsten Dialog in der linken Spalte auf **Familie und andere Benutzer** ❷.

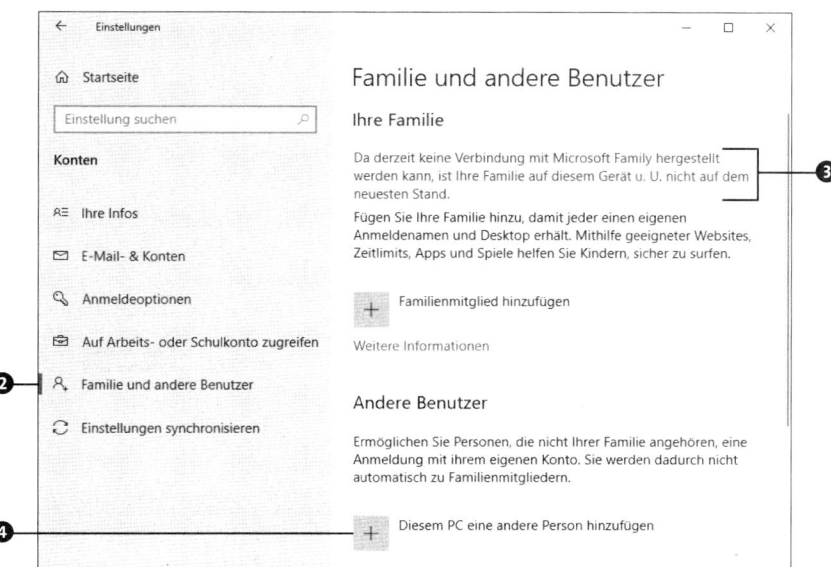

In diesem Dialog haben Sie nun die Möglichkeit, ein Konto für ein Familienmitglied oder eine andere Person hinzuzufügen. Das Konto für ein Familienmitglied eignet

107

sich vor allem dann, wenn Sie ein Benutzerkonto für ein Kind einrichten möchten. Denn hier können Sie z. B. ein Zeitlimit festlegen, sodass das Kind nicht endlos am Computer sitzt. Zusätzlich können Sie vorgeben, welche Programme genutzt werden dürfen und welche nicht. Für die Einrichtung eines solchen Kontos müssen Sie allerdings mit einem Microsoft-Konto am PC angemeldet sein ❸. In Abschnitt 4.5, »Konten für Familienmitglieder verwalten«, ab Seite 121 stelle ich Ihnen diese Art von Benutzerkonto noch ausführlich vor.

Wenn Sie ein Benutzerkonto für einen Erwachsenen einrichten möchten, führt Sie der Weg über den Bereich **Andere Benutzer**:

4 Klicken Sie unterhalb von **Andere Benutzer** auf **Diesem PC eine andere Person hinzufügen** ❹.

Nun werden Sie gefragt, wie sich die Person am neuen Konto anmelden möchte. Zur Wahl stehen das Microsoft-Konto sowie das lokale Konto. Auf die Einrichtung des Microsoft-Kontos gehe ich in Abschnitt 4.2.2, »Ein Microsoft-Konto einrichten«, ab Seite 111 ein. Für das lokale Benutzerkonto geht es folgendermaßen weiter:

5 Um ein lokales Konto zu erstellen, klicken Sie auf **Ich kenne die Anmeldeinformationen für diese Person nicht** ❺.

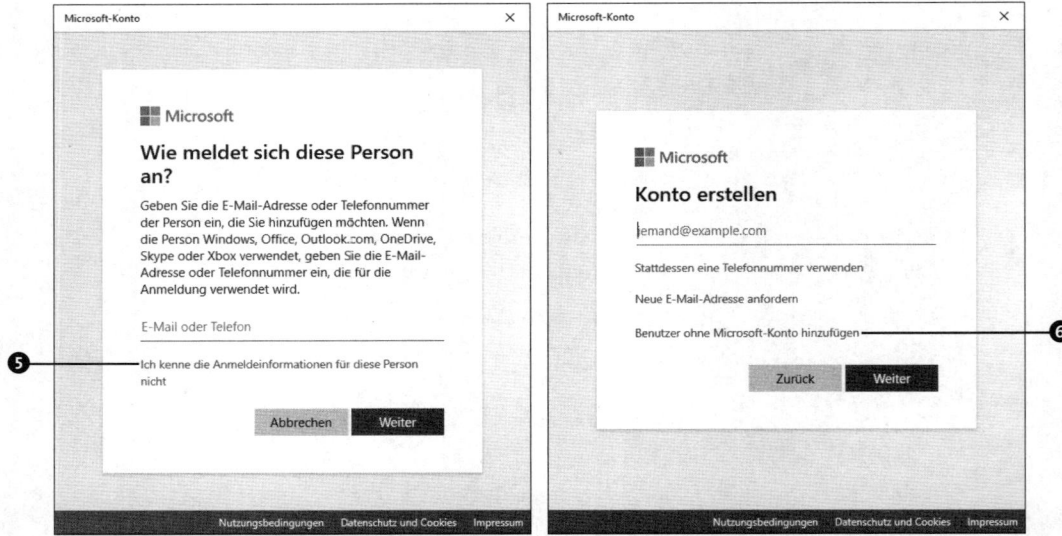

6 Im nächsten Dialog klicken Sie auf **Benutzer ohne Microsoft-Konto hinzufügen** ❻.

7 Im Dialog **Konto für diesen PC erstellen** geben Sie in das Feld **Von wem wird dieser PC genutzt?** einen Benutzernamen ❼ ein. Dies kann der vollständige Name oder auch eine Abkürzung sein. In das Feld direkt unterhalb von **Achten Sie auf Sicherheit** tragen Sie das Kennwort für das Benutzerkonto ein ❽ und wiederholen es im nächsten Feld ❾.

8 Für den Fall, dass Sie einmal Ihr Kennwort vergessen und sich somit nicht mehr am PC anmelden können, sollten Sie die drei Sicherheitsfragen beantworten (siehe auch den Kasten »Das Kennwort mithilfe der Sicherheitsfragen zurücksetzen« auf Seite 110). Nach einem Klick in das erste Feld ❿ wählen Sie hierzu eine der vorgegebenen Fragen aus. Tragen Sie die Antwort in das zweite Feld ein ⓫. Wiederholen Sie dies mit den beiden anderen Sicherheitsfragen. Bestätigen Sie die Eingaben über die Schaltfläche **Weiter**.

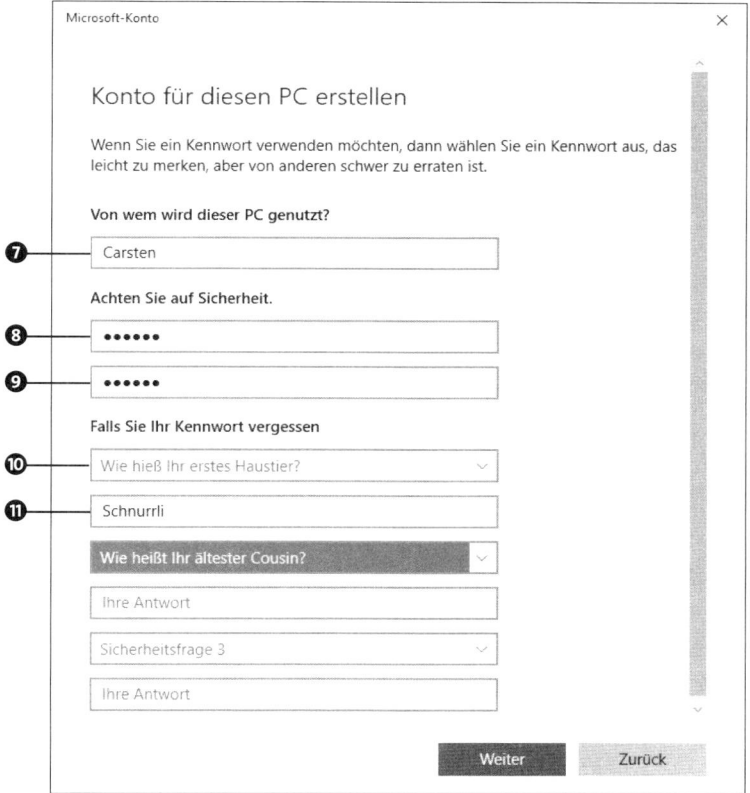

Das neu erstellte Konto erscheint daraufhin in der Übersicht. Bei diesem Benutzerkonto handelt es sich zunächst noch um einen Standardbenutzer. Wenn Sie der Person ebenfalls Administratorrechte einräumen möchten, gehen Sie folgendermaßen vor:

9 Klicken Sie einmal auf das gerade erzeugte Benutzerkonto und anschließend auf die nun sichtbare Schaltfläche **Kontotyp ändern** ⑫.

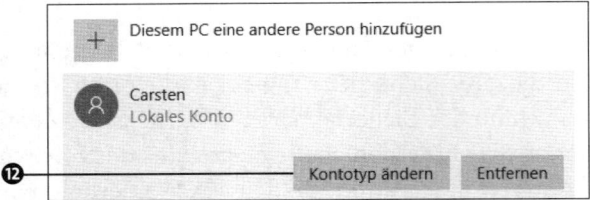

10 In dem Fenster, das sich nun öffnet, können Sie bequem durch Anklicken des kleinen Pfeils ⑬ den Kontotyp von **Standardbenutzer** auf **Administrator** ändern. Die Änderungen werden dann mit **OK** bestätigt.

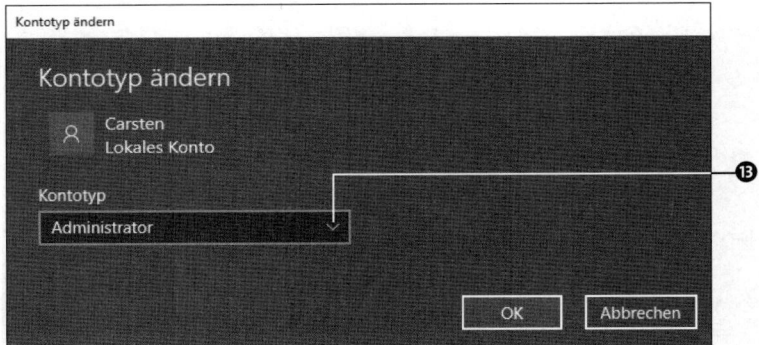

Meldet sich ein Anwender zum ersten Mal an einem Benutzerkonto auf dem Computer an, muss er zunächst ein paar Einstellungen vornehmen. Hierzu zählen etwa Angaben zur Nutzung der Sprachassistentin Cortana, zur Standortermittlung sowie zum Umgang mit Werbung. Diese Einstellungen entsprechen größtenteils denen, die Sie bei der Einrichtung des ersten Benutzerkontos in Abschnitt 1.4, »Von null auf Windows 10«, ab Seite 30 kennengelernt haben.

INFO

Das Kennwort mithilfe der Sicherheitsfragen zurücksetzen

Sie können sich beim besten Willen nicht mehr an das Kennwort Ihres lokalen Benutzerkontos erinnern? Bei der Anmeldung am PC erscheint entsprechend nach Eingabe des falschen Kennworts immer wieder der Hinweis **Das Kennwort ist falsch, wiederholen Sie den Vorgang**. Dank der drei Sicherheitsfragen bietet Ihnen Windows 10 nun die Möglichkeit, das Kennwort zurückzusetzen und ein neues anzulegen. Bestätigen Sie den gerade erwähnten Hinweis mit **OK**, und klicken Sie dann auf **Kennwort zurücksetzen**. Es werden nun die drei Sicherheitsfragen eingeblendet. Beantworten Sie die Fragen jeweils in den Feldern **Sicherheitsantwort**. Sobald Sie nach der letzten Antwort die Taste ⏎ drücken, können Sie im Feld **Neues Kennwort** ein neues Kennwort vergeben. Bestätigen Sie das Kennwort. Nach Drücken der ⏎-Taste werden Sie erfolgreich am Computer angemeldet.

4.2.2 Ein Microsoft-Konto einrichten

Um bestimmte Dienste von Windows 10 nutzen zu können, benötigen Sie, wie bereits erwähnt, zwingend ein Microsoft-Konto. Sollten Sie dieses noch nicht im Rahmen der Ersteinrichtung des Computers erstellt haben, so können Sie das jederzeit nachholen. Dazu müssen Sie lediglich über ein lokales Konto mit Administratorrechten verfügen. Die ersten Schritte zur Einrichtung eines mit einem Microsoft-Konto verknüpften Benutzerkontos sind identisch mit den zuvor für die Einrichtung des lokalen Kontos gezeigten Schritten.

1 Rufen Sie **Start ▸ Einstellungen ▸ Konten ▸ Familie und andere Benutzer** auf.

2 Klicken Sie unterhalb von **Andere Benutzer** auf **Diesem PC eine andere Person hinzufügen** ❶.

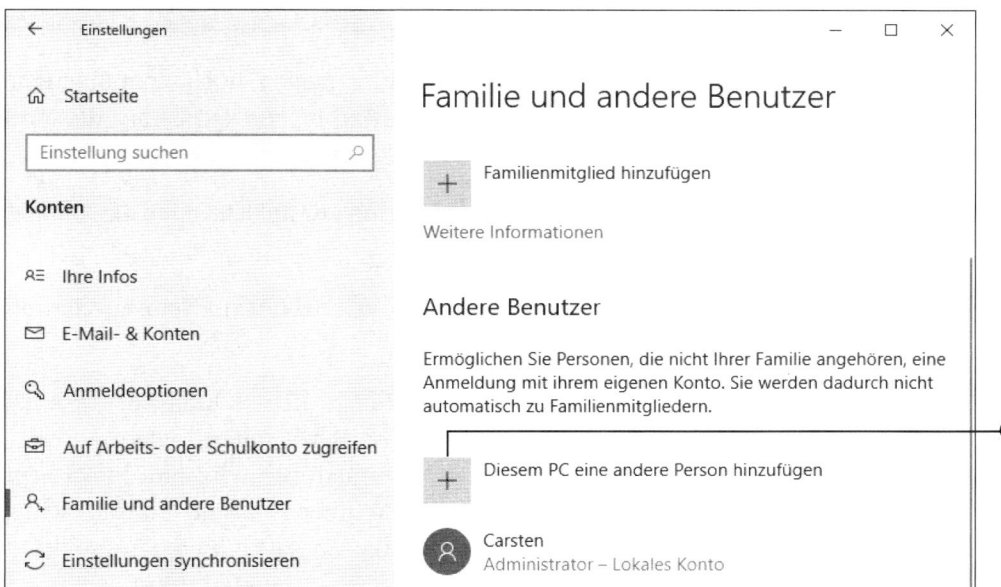

3 Verfügt die Person, für die Sie dieses Benutzerkonto einrichten, bereits über ein Microsoft-Konto, ergänzen Sie im Dialog **Wie meldet sich diese Person an?** im entsprechenden Feld die bereits registrierte E-Mail-Adresse ❷.

4 Bestätigen Sie die Eingabe mit **Weiter** ❸ und anschließend mit **Fertig stellen**, und schon ist dieses neue, mit einem Microsoft-Konto verknüpfte Benutzerkonto eingerichtet. Das neue Konto wird unterhalb von **Andere Benutzer** aufgeführt.

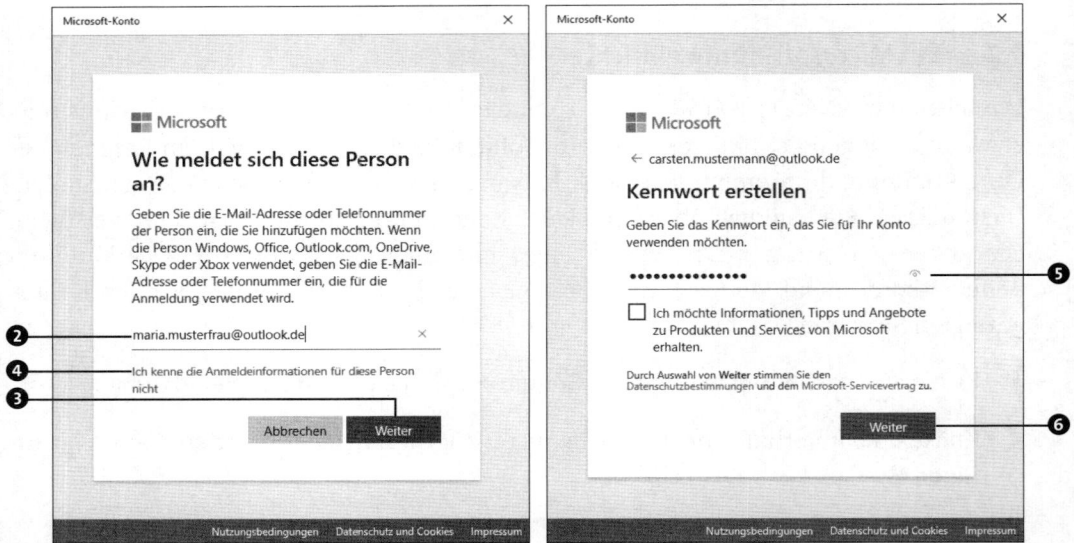

Verfügt die Person, für die Sie das Benutzerkonto anlegen, noch nicht über eine bei Microsoft registrierte E-Mail-Adresse, können Sie die Registrierung der Adresse auch bei der Einrichtung des Benutzerkontos durchführen.

5 Klicken Sie im Dialog **Wie meldet sich diese Person an?** auf **Ich kenne die Anmeldeinformationen für diese Person nicht** ❹.

6 Im nächsten Dialog **Erstellen Sie Ihr Konto** klicken Sie dann auf **Neue E-Mail-Adresse anfordern**.

7 Nun können Sie im Dialog **Erstellen Sie Ihr Konto** eine neue E-Mail-Adresse anlegen. Den ersten Teil der Adresse bestimmen Sie selbst. Den zweiten Teil der Adresse gibt Microsoft bereits mit *outlook.de* vor. Ihre Wunschadresse wird nun sofort geprüft. Sollte die Adresse bereits vergeben sein, werden Ihnen Alternativen vorgeschlagen. Markieren Sie in diesem Fall einen der Vorschläge, oder probieren Sie selbst einen neuen Namen aus. Ist der Name verfügbar, fahren Sie mit **Weiter** fort.

8 Geben Sie anschließend noch ein Kennwort für das Konto ein ❺. Bestätigen Sie die Eingaben mit **Weiter** ❻.

9 Als Nächstes wird nach Ihrem Namen gefragt, den Sie in den beiden Feldern **Vorname** und **Nachname** eintragen. Bestätigen Sie die Angaben mit **Weiter**. Im folgenden Dialog geben Sie Ihr Geburtsdatum ein und klicken wieder auf **Weiter**.

Nun haben Sie auch dieses mit einem neuen Microsoft-Konto verknüpfte Benutzerkonto erfolgreich erstellt. Bei dem neu hinzugefügten Benutzerkonto handelt es sich um einen Standardbenutzer. Soll es stattdessen mit Administratorrechten versehen werden, markieren Sie das Konto, klicken auf **Kontotyp ändern** und wählen im Feld **Kontotyp** den **Administrator** aus. Mit einem Klick auf **OK** bestätigen Sie die Einstellung.

Meldet sich der Anwender das erste Mal mit dem gerade neu erzeugten Microsoft-Konto am Computer an, werden noch ein paar Angaben von ihm benötigt. Für eine schnelle und sichere Anmeldung bietet Windows 10 z. B. die Erstellung einer PIN, der sog. *Windows Hello-PIN*, an. Dabei handelt es sich um eine Ziffernfolge, die der Anwender selbst nach einem Klick auf **Weiter** festlegt und mit **OK** bestätigt (siehe auch Abschnitt 3.6.1, »Anmeldung per Windows Hello-PIN«, ab Seite 87).

Anstatt ein ganz neues mit einem Microsoft-Konto verknüpftes Benutzerkonto einzurichten, können Sie auch ein bestehendes lokales Konto mit einem Microsoft-Konto verknüpfen. Stellen Sie zunächst sicher, dass Sie sich mit dem betreffenden lokalen Konto angemeldet haben. Rufen Sie dann **Start ▸ Einstellungen ▸ Konten** auf. In der linken Spalte des Einstellungen-Dialogs sollte **Ihre Infos** ❶ ausgewählt sein.

Abbildung 4.2 Verknüpfung eines lokalen Kontos mit einem Microsoft-Konto

113

Rechts erscheint nun eine Übersicht über Ihr aktuelles Konto. Klicken Sie dort den Link **Stattdessen mit einem Microsoft-Konto anmelden** (❷ auf Seite 113) an. Im folgenden Dialog können Sie sich dann durch Eingabe der dazugehörigen E-Mail-Adresse ❸ mit einem bereits vorhandenen Microsoft-Konto anmelden und dieses somit mit dem Benutzerkonto verknüpfen. Wer noch kein Microsoft-Konto hat, der richtet es über die Schaltfläche **Dann erstellen Sie jetzt eins!** ❹ wie in diesem Abschnitt beschrieben ein.

Natürlich können Sie auch ein mit einem Microsoft-Konto verknüpftes Benutzerkonto in ein lokales Konto umwandeln. Die Schaltfläche im Einstellungen-Dialog ist entsprechend mit **Stattdessen mit einem lokalen Konto anmelden** beschriftet. Nach einem Klick hierauf geben Sie zunächst zur Bestätigung das Kennwort des Microsoft-Kontos an. Im folgenden Dialog werden Sie aufgefordert, einen Namen für das lokale Benutzerkonto anzugeben sowie ein Kennwort, das wie gewohnt wiederholt werden muss. Auch die Angabe eines Kennworthinweises ist Pflicht. Sobald Sie die Eingaben bestätigt haben, wird die Verknüpfung zum Microsoft-Konto aufgehoben und das Benutzerkonto in ein rein lokales Konto umgewandelt. Das Microsoft-Konto selbst wird hierdurch übrigens nicht gelöscht, sondern, wie gesagt, nur die Verknüpfung des Benutzerkontos mit dem Microsoft-Konto. Wenn Sie beispielsweise über den Microsoft Store neue Apps auf Ihrem Computer installieren möchten, steht Ihnen Ihr Microsoft-Konto weiterhin zur Verfügung. Weitere Informationen hierzu erhalten Sie in Abschnitt 9.2, »Apps aus dem Microsoft Store installieren«, ab Seite 349.

4.2.3 Zwischen Benutzerkonten wechseln

Sie haben auf dem PC mehrere Benutzerkonten eingerichtet? Unter Windows 10 ist es ganz einfach, zwischen verschiedenen Konten hin und her zu wechseln.

1 Klicken Sie auf das Windows-Logo am linken Rand der Taskleiste. In der Schnellstartleiste erscheint das Symbol Ihres aktuellen Kontos ❶, das Sie nun anklicken.

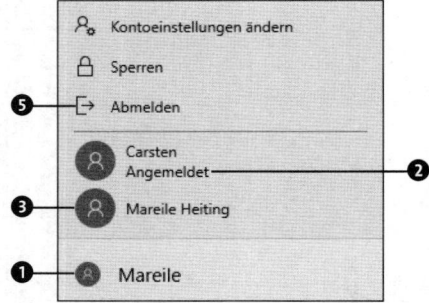

2 Im aufklappenden Menü finden Sie eine Übersicht über sämtliche Benutzerkonten, die auf dem Computer eingerichtet wurden. Sie erkennen am Schlüsselwort **Angemeldet ❷**, ob ein Konto aktiv ist, d. h., ob der zugehörige Benutzer angemeldet ist.

3 Um direkt zu einem der aufgeführten Konten zu wechseln, klicken Sie einfach auf das gewünschte Benutzerkonto ❸. Anschließend wird der Anmeldebildschirm eingeblendet, auf dem Sie wie üblich das Kennwort des ausgewählten Benutzerkontos eingeben müssen ❹.

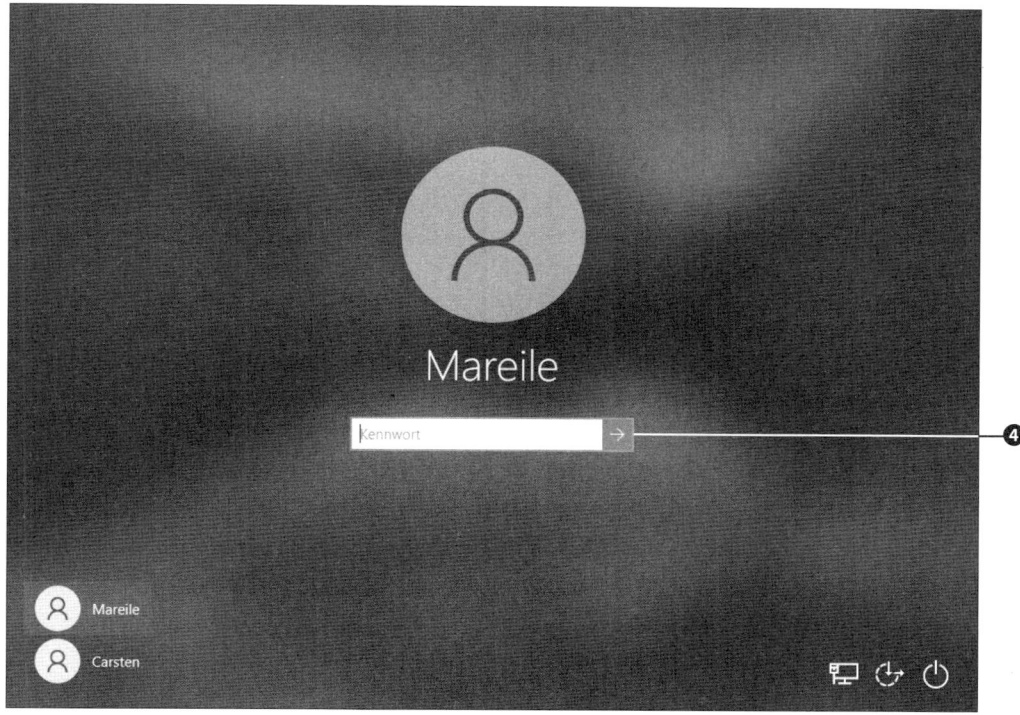

Bei der beschriebenen Vorgehensweise werden Sie nicht vom aktuellen Konto abgemeldet. Wenn nicht Sie selbst, sondern eine andere Person sich am Computer anmelden möchte, sollten Sie sich vor dem Wechsel des Benutzerkontos von Ihrem Konto abmelden.

4 Um sich abzumelden, klicken Sie auf die Schaltfläche **Abmelden ❺**. Nun wird der Anmeldebildschirm eingeblendet, und die Person kann per Mausklick in der Benutzerliste unten links ihr Konto auswählen. Der Benutzername wird nun in der Bildschirmmitte eingeblendet. Nach Eingabe des Kennworts erfolgt die Anmeldung am Computer.

4.3 Kennwörter verwalten

Nachdem Sie bereits einige neue Benutzer dem System hinzugefügt haben, zeige ich Ihnen nachfolgend, wie man deren Konten verwaltet. Wir beginnen mit der Änderung von Passwörtern bzw. Kennwörtern.

4.3.1 Kennwort des eigenen Benutzerkontos ändern

TIPP

Welche Kennwörter sind sicher?

Studien bringen es immer wieder an den Tag: Die am häufigsten verwendeten Passwörter lauten tatsächlich *123456, passwort* und *qwertz*. Diese Zeichenfolgen sind selbst von Laien schnell zu erraten. Wie aber erstellen Sie ein recht sicheres Passwort, das Sie sich gut merken können, das auf der anderen Seite aber nur schwer zu hacken ist? Das Geheimnis ist hier ein sog. Schlüsselsatz, den Sie um Zahlen und Sonderzeichen ergänzen. Beispiel: Der Satz »Hier kommt niemand rein, ohne mich zu fragen!« wird abgekürzt zu *Hk0r,omzf!*. Diese Zeichenfolge besitzt alles, was ein gutes Passwort auszeichnet: Groß- und Kleinbuchstaben, Ziffern sowie Sonderzeichen. Grundsätzlich gilt: Je länger und komplexer ein Passwort ist, desto besser ist es.

Aus Sicherheitsgründen ist es angebracht, regelmäßig das Kennwort des Benutzerkontos zu ändern. Hierfür benötigen Sie keine Administratorrechte.

1 Rufen Sie über das Startmenü die **Einstellungen** auf, und wechseln Sie in die Kategorie **Konten**.

2 Markieren Sie in der linken Spalte die **Anmeldeoptionen** ❶.

3 Blättern Sie in der rechten Spalte des Dialogs etwas nach unten bis zur Option **Kennwort**. Klicken Sie darauf und dann auf **Ändern** ❷.

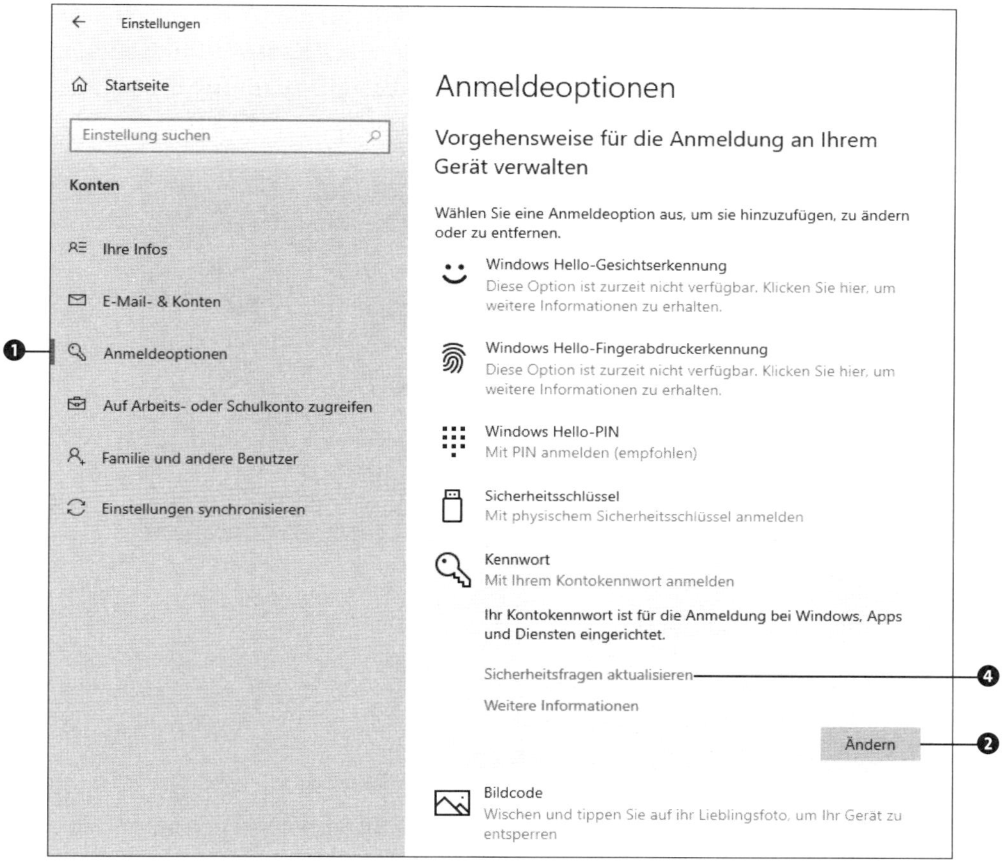

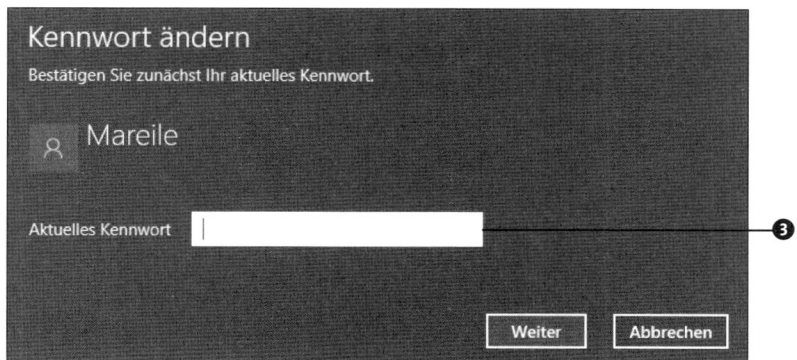

4 Im nächsten Dialog geben Sie in das entsprechende Feld zunächst das alte, noch aktuelle Kennwort ein ❸. Wenn Sie eine PIN eingerichtet haben, wird diese zuweilen ebenfalls abgefragt. Bestätigen Sie mit **Weiter**.

5 Geben Sie in das Feld **Neues Kennwort** das neue Passwort ein. Wiederholen Sie es im Feld **Kennwort bestätigen**, und vergessen Sie nicht, einen **Kennworthinweis** anzugeben. Nach einem Klick auf **Weiter** sowie **Fertig stellen** gilt zukünftig das gerade neu vergebene Kennwort für die Anmeldung am Computer.

TIPP

Sicherheitsfragen aktualisieren

Beim Anlegen eines lokalen Benutzerkontos müssen drei Sicherheitsfragen ausgewählt und beantwortet werden, wie in Abschnitt 4.2.1, »Ein lokales Konto erstellen«, ab Seite 106 gezeigt. Auch diese Fragen können geändert werden. Rufen Sie hierzu **Start ▶ Einstellungen ▶ Konten ▶ Anmeldeoptionen** auf. Klicken Sie in der rechten Spalte zunächst auf **Kennwort** und dann auf **Sicherheitsfragen aktualisieren** (❹ auf Seite 117). Im Dialog **Windows-Sicherheit** müssen Sie zunächst Ihr aktuelles Kennwort eingeben und mit **OK** bestätigen. Anschließend wählen Sie drei neue Sicherheitsfragen aus und beantworten diese. Mit **Fertig stellen** schließen Sie die Aktualisierung ab. Zukünftig werden Ihnen die neuen Sicherheitsfragen angezeigt, sollten Sie sich einmal bei der Anmeldung am PC nicht mehr an das alte Kennwort erinnern können. Nach Beantwortung der drei Fragen haben Sie die Möglichkeit, ein neues Kennwort festzulegen und sich über dieses am Computer anzumelden.

4.3.2 Kennwort und Kontoname eines anderen Benutzers ändern

Wenn Sie als Administrator am Computer angemeldet sind, dürfen Sie auch das Kennwort eines anderen Benutzers auf dem Computer ändern. Dies ist allerdings nur bei einem lokalen Konto mit Standardbenutzerrechten möglich. Der Weg führt Sie hier über die Systemsteuerung.

1 Klicken Sie in der Taskleiste in das Suchfeld, und geben Sie hier »Systemsteuerung« ein. Sobald Sie in der Ergebnisliste den Eintrag **Systemsteuerung App** ausgewählt haben, wird auch schon der Dialog **Systemsteuerung** geöffnet. Klicken Sie hier sowie im nächsten Dialog jeweils auf **Benutzerkonten**.

2 Im Benutzerkonten-Dialog klicken Sie auf **Anderes Konto verwalten ❶**.

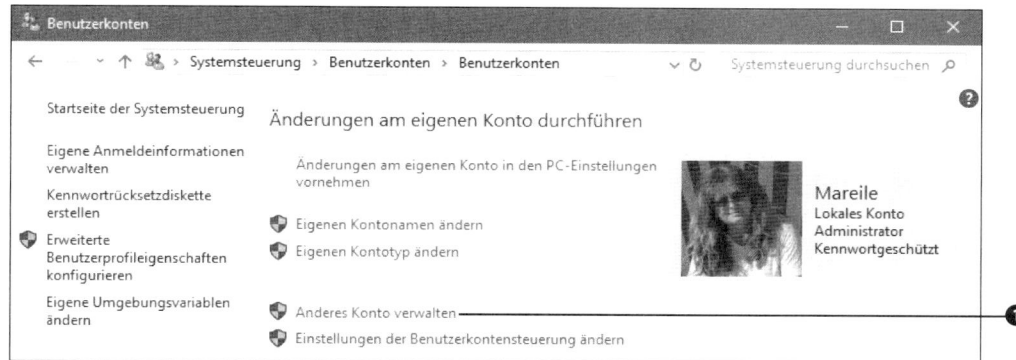

3 Sie gelangen zu einer Übersicht über alle auf dem Computer eingerichteten Benutzerkonten. Wählen Sie das gewünschte Konto durch Anklicken aus.

4 Nach einem Klick auf **Kennwort ändern ❷** vergeben Sie für das ausgewählte Benutzerkonto ein neues Passwort, das Sie wie üblich bestätigen müssen.

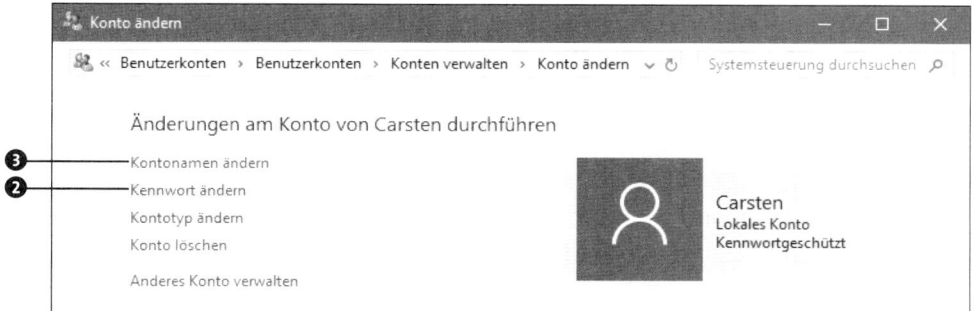

Ihnen gefällt der Benutzername nicht, den Sie während der Einrichtung eines Kontos vergeben haben? Dieser lässt sich an dieser Stelle auch relativ einfach ändern:

5 Klicken Sie auf **Kontonamen ändern** ❸, und vergeben Sie einen neuen Namen Ihrer Wahl.

4.4 Die automatische Anmeldung einrichten

Eigentlich ist Windows 10 so angelegt, dass Sie sich immer per Kennwort oder alternative Anmeldeoptionen am Computer anmelden müssen. Der ein oder andere Anwender, der seinen PC daheim ganz allein nutzt, empfindet diese Anmeldeprozedur allerdings als lästig.

Im Folgenden zeige ich Ihnen, wie Sie Ihren Windows-10-Computer so konfigurieren, dass die Anmeldung entfällt. Wenn Sie sich mit einem mobilen Gerät wie einem Notebook oder Tablet häufig in der Öffentlichkeit bewegen, ist diese Variante aber keineswegs zu empfehlen.

Zur Einrichtung müssen Sie ein Systemwerkzeug aufrufen, um das Passwort des entsprechenden Zugangs zu speichern:

1 Drücken Sie die Tastenkombination ⊞ + Ⓡ, um den Dialog **Ausführen** zu öffnen.

2 Geben Sie in das Feld **Öffnen** `netplwiz` ❶ ein. Bestätigen Sie die Eingabe mit **OK**. Damit starten Sie den sog. *Benutzerkonteneditor*.

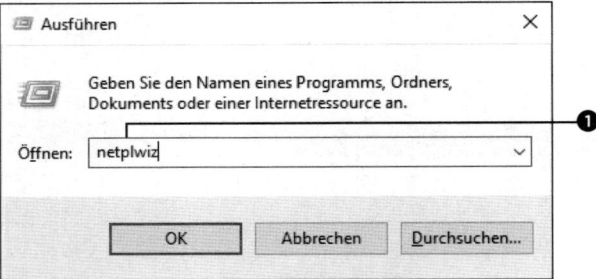

3 Entfernen Sie im Dialog **Benutzerkonten** das Häkchen vor **Benutzer müssen Benutzernamen und Kennwort eingeben** ❷.

4 Markieren Sie anschließend das Benutzerkonto, das automatisch – also ohne Eingabe eines Kennworts – angemeldet werden soll ❸, und klicken Sie anschließend auf **Übernehmen** ❹.

5 Geben Sie schließlich im nun erscheinenden Fenster das Kennwort des ausgewählten Kontos ein ❺, bestätigen Sie dieses, und klicken Sie auf OK.

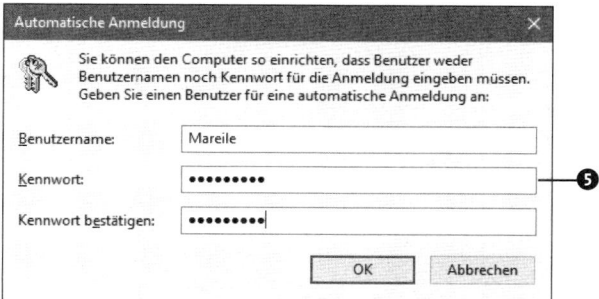

Starten Sie den Computer neu, und prüfen Sie, ob das entsprechende Konto automatisch angemeldet wird.

4.5 Konten für Familienmitglieder verwalten

Sie möchten gerne für ein Kind ein Benutzerkonto am Computer einrichten? Hier eignen sich die sog. Konten für Familienmitglieder hervorragend, denn sie können vom Administrator mit weiteren Beschränkungen im Rahmen des *Family Safety*-Programms versehen werden. So können Sie beispielsweise die Computernutzungszeiten des Kindes einschränken und auch sein Internetsurfverhalten beeinflussen.

4.5.1 Ein Konto für ein Familienmitglied hinzufügen

Um ein Konto für ein Familienmitglied hinzufügen zu können, müssen Sie mit einem Benutzerkonto am Computer angemeldet sein, das mit einem Microsoft-Konto verknüpft ist. Außerdem müssen Sie über Administratorrechte verfügen. Ist beides der Fall, gehen Sie zum Hinzufügen des Kontos für Ihr Familienmitglied folgendermaßen vor:

1 Rufen Sie **Start ▸ Einstellungen ▸ Konten ▸ Familie und andere Benutzer** auf.

2 Klicken Sie im Bereich **Ihre Familie** auf die Schaltfläche **Familienmitglied hinzufügen ❶**.

3 Nun haben Sie die Auswahl: Sie können entweder einem Erwachsenen, z. B. Ihrer Frau oder Ihrem Mann, ein neues Konto zuweisen oder einem Kind. In letzterem Fall können Sie das *Family Safety*-Programm nutzen.

Nachfolgend zeige ich Ihnen die Vorgehensweise für die Anmeldung eines Kindes. Wenn dieses noch keine eigene Mailadresse bzw. kein Microsoft-Konto besitzt, wählen Sie hier den Link **Die Person, die ich hinzufügen möchte, besitzt keine E-Mail-Adresse ❷**. Bestätigen Sie die Auswahl mit **Weiter**.

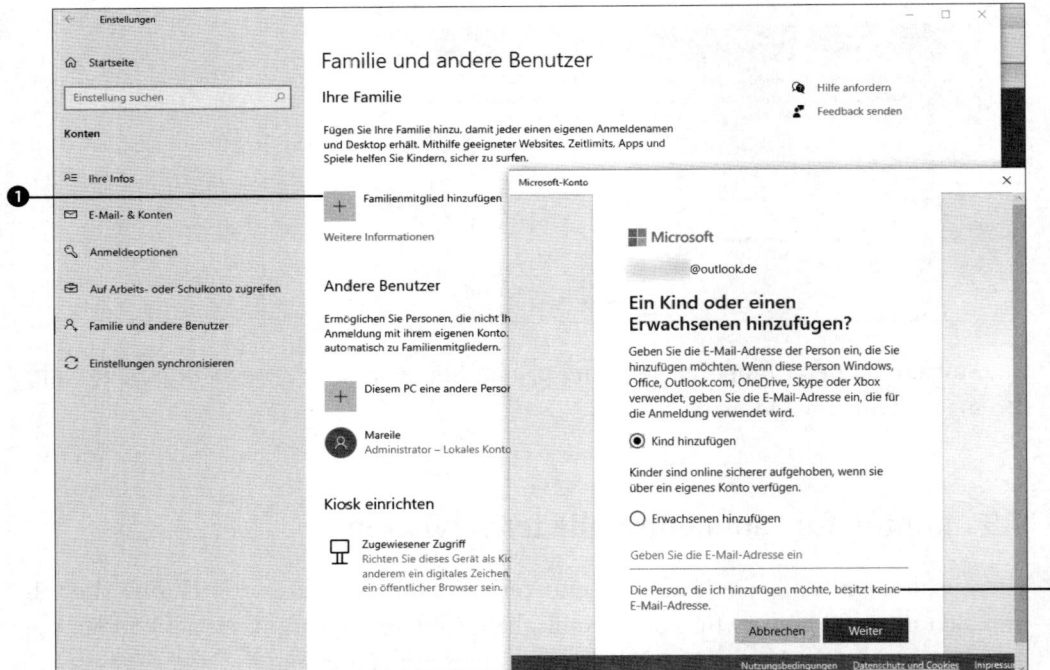

4 Um die Familienfunktionen zu nutzen, müssen Sie der ausgewählten Person im folgenden Dialog ein Microsoft-Konto einrichten. Das wurde bereits in Abschnitt 4.2.2,

»Ein Microsoft-Konto einrichten«, ab Seite 111 beschrieben. Bei der Einrichtung des Kontos für ein Kind wird zusätzlich das Alter abgefragt. Dies ist wichtig, um den Zugriff auf altersgerechte Apps und Websites beschränken zu können.

5 Nach Beendigung des Assistenten erscheint der Hinweis, dass ein neues Mitglied über seine E-Mail-Adresse Ihrer Familie hinzugefügt wurde. Sie selbst werden darüber zusätzlich per E-Mail informiert. Auch das neue Familienmitglied erhält eine E-Mail mit einer Einladung, der Familiengruppe beizutreten. Die Einladung kann entweder über den Link ❸, der sich im E-Mail-Text befindet, angenommen werden, oder über die Familieneinstellungen, wie im nächsten Abschnitt beschrieben. Erst wenn die Einladung akzeptiert wurde, können weitere Einstellungen für das Familienmitglied vorgenommen werden.

4.5.2 Family Safety für Kinder einrichten

Würden Sie gerne die Zeiten einschränken, zu denen Ihr Kind den PC nutzen darf? Oder möchten Sie festlegen, welche Websites Ihre Jüngsten besuchen dürfen? Mit dem *Family Safety*-Programm lässt sich dies schnell einrichten. Hierzu gehen Sie folgendermaßen vor:

1 Stellen Sie zunächst sicher, dass Sie für Ihr Kind ein Familienkonto eingerichtet haben, wie im vorherigen Abschnitt beschrieben.

2 Rufen Sie **Start ▸ Einstellungen ▸ Konten ▸ Familie und andere Benutzer** auf, und klicken Sie dort im Bereich **Ihre Familie** auf den Link **Familieneinstellungen online verwalten** ❶.

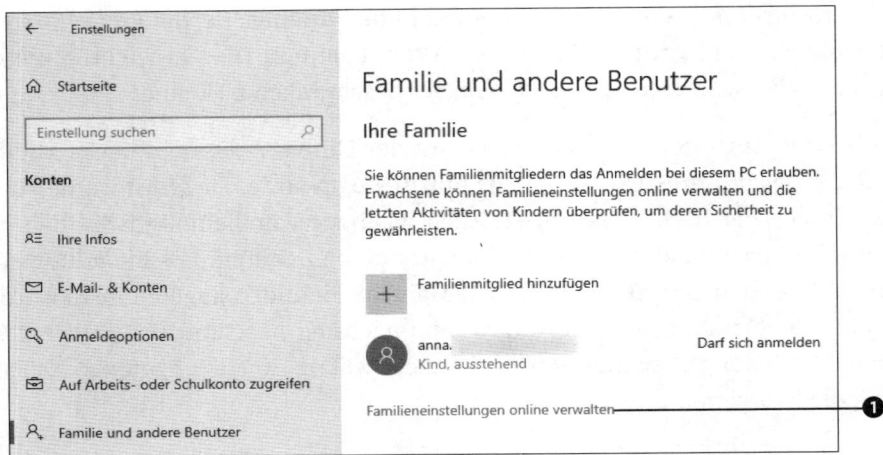

Nun wird automatisch der Browser (z. B. Microsoft Edge) gestartet. Auf der Webseite **Ihre Familie** können Sie nun entsprechende Beschränkungen und Kontrollen für das Konto vornehmen. Hat das Kind (bzw. haben Sie selbst als seine Vertretung), seit Sie das Familienkonto hinzugefügt haben, die Einladung, der Familie beizutreten, noch nicht angenommen, muss dies zuvor erledigt werden.

3 Klicken Sie auf der Webseite **Ihre Familie** im Bereich **Ausstehendes Mitglied** auf **Jetzt akzeptieren** ❷.

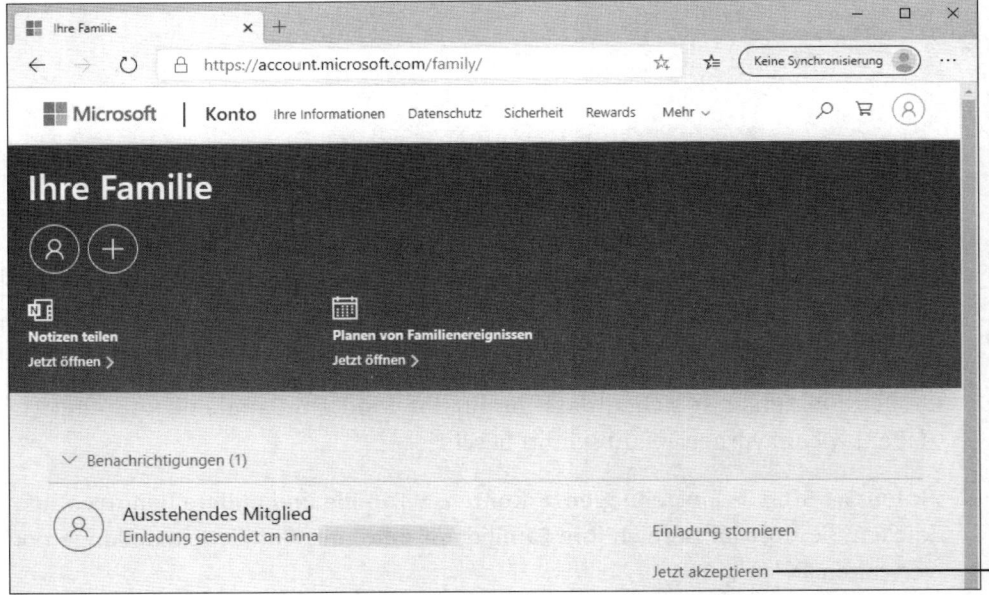

4 Den Dialog **Jetzt die Einladung akzeptieren** bestätigen Sie ebenfalls mit **Jetzt akzeptieren**.

5 Als Nächstes werden Sie aufgefordert, das Kennwort des Microsoft-Kontos Ihres Kindes anzugeben und mit **Anmelden** zu bestätigen.

6 Im folgenden Dialog **Bitte deine Eltern um Hilfe, um fortzufahren** klicken Sie auf **Meine Eltern können sich jetzt anmelden** ❸.

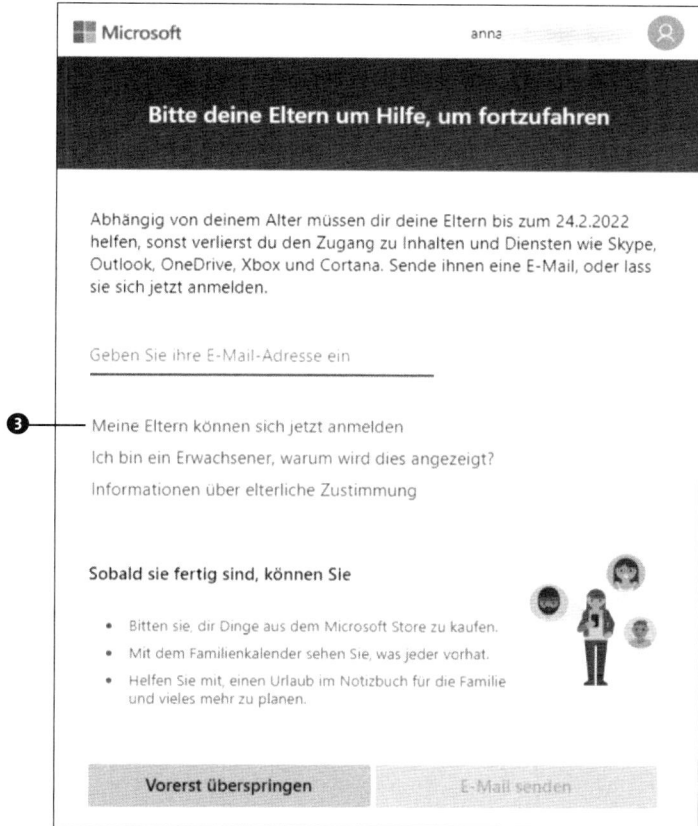

7 Nach einem Klick auf **Anmelden** im Dialog ... **benötigt Ihre Hilfe, um ein Konto zu erhalten**, melden Sie sich mit der E-Mail-Adresse und dem Kennwort Ihres eigenen Microsoft-Kontos an ❹.

8 Im folgenden Dialog erhalten Sie einige rechtliche Hinweise in Bezug auf das Konto eines Kindes. Blättern Sie im Dialog nach unten, und nehmen Sie die Hinweise mit **Ja, ich stimme zu** an.

9 Wenn Ihr Kind auch Apps nutzen darf, die nicht von Microsoft stammen, versehen Sie das Kästchen **Mein Kind darf sich bei Apps von Drittanbietern anmelden** mit einem Häkchen **❺** und bestätigen mit **Weiter** und **Fertig**.

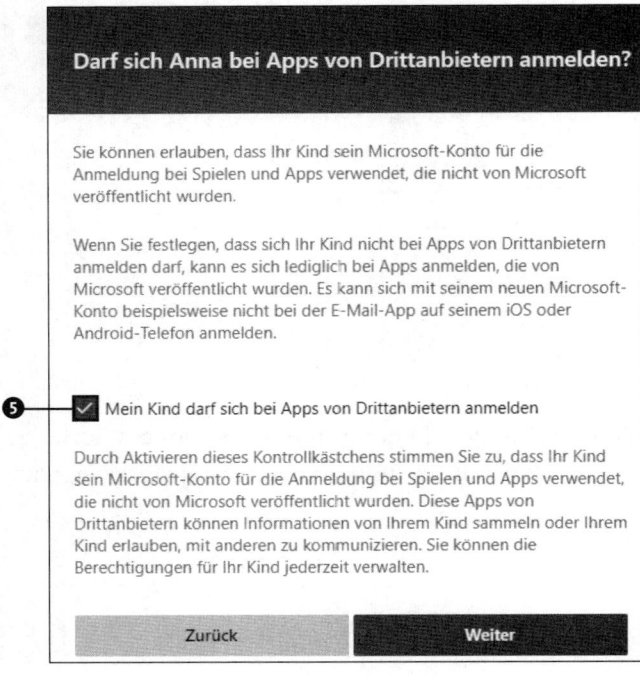

Im Browser wird nun wieder die Webseite **Ihre Familie** angezeigt.

10 Um zukünftig überprüfen zu können, welche Aktionen Ihr Kind am Computer getätigt hat, klicken Sie auf den Link **Aktivität** ❻.

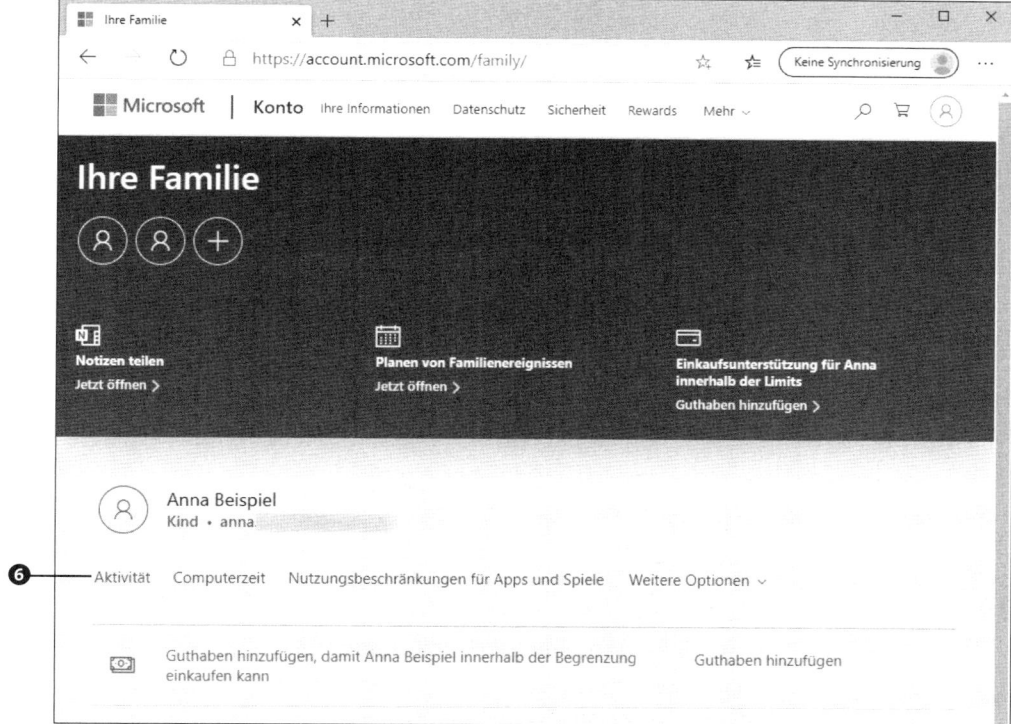

11 Auf der folgenden Seite klicken Sie auf **Verwalten**. Stellen Sie sicher, dass sich der Regler **Aktivitätsberichterstattung** auf **Ein** ❼ befindet. Damit erhalten Sie einmal pro Woche einen Bericht über die Onlineaktivitäten Ihres Kindes per E-Mail zugesendet. Wünschen Sie die Berichterstattung per E-Mail nicht, ziehen Sie den entsprechenden Regler auf **Aus** ❽.

12 Blättern Sie auf der Webseite etwas nach unten, um weitere Einschränkungen festzulegen. Wenn Sie möchten, dass Ihr Kind ausschließlich jugendfreie Websites besuchen darf, klicken Sie rechts von **Webbrowsen** auf **Ändern von Beschränkungen** ❾.

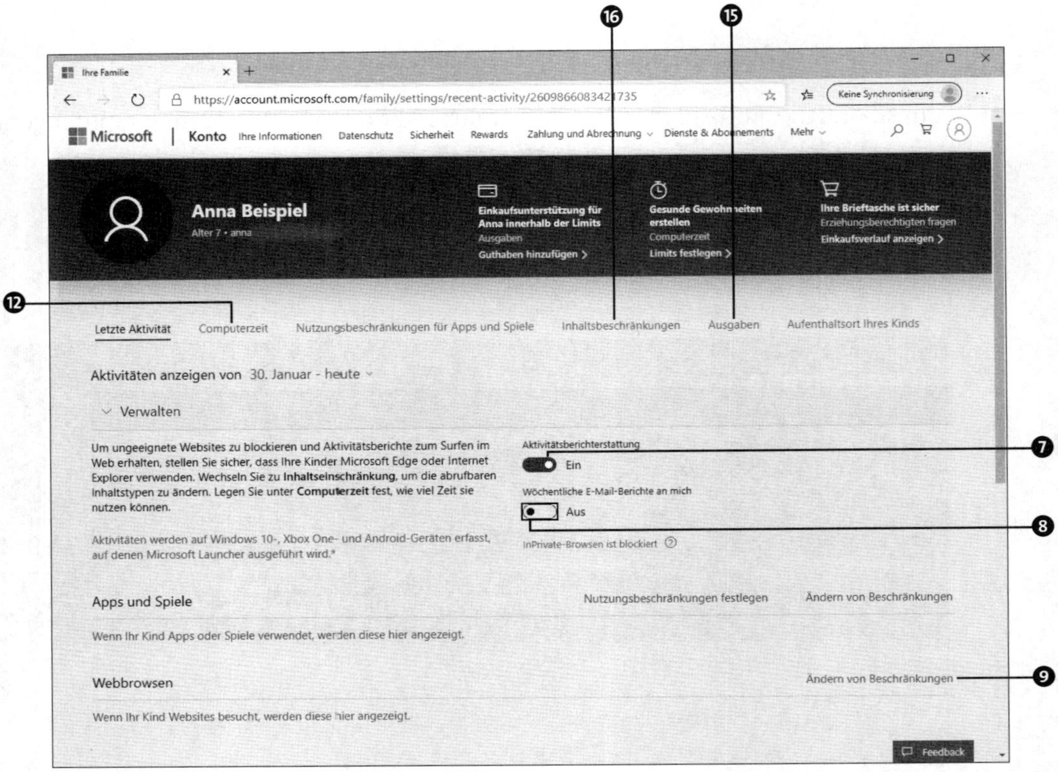

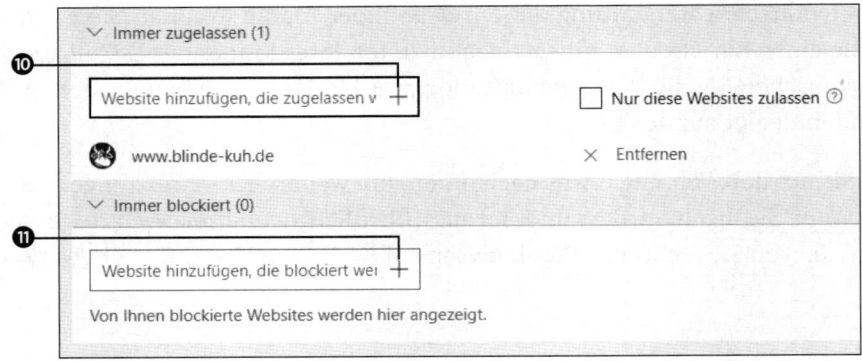

13 In das Feld **Website hinzufügen, die zugelassen werden** können Sie Internetadressen eintragen, die Ihr Kind besuchen darf. Mit einem Klick auf das Plus-Symbol ❿ übernehmen Sie die Internetadresse. Analog legen Sie über das Feld **Website hinzufügen, die blockiert werden** ⓫ die Internetadressen fest, deren Aufruf Sie nicht gestatten.

14 Blättern Sie auf der Webseite ganz nach oben. Markieren Sie hier die **Computerzeit** (⓬ auf Seite 128). Auf der folgenden Webseite setzen Sie den Regler **Windows 10** auf **Ein** ⓭. Anschließend können Sie jeweils nach einem Klick auf eine Zeile des Stundenplans die Zeiten definieren, zu denen Ihr Kind am PC aktiv sein darf. So können Sie bequem sicherstellen, dass Ihr Kind nicht zu viel Zeit vor dem Computer verbringt.

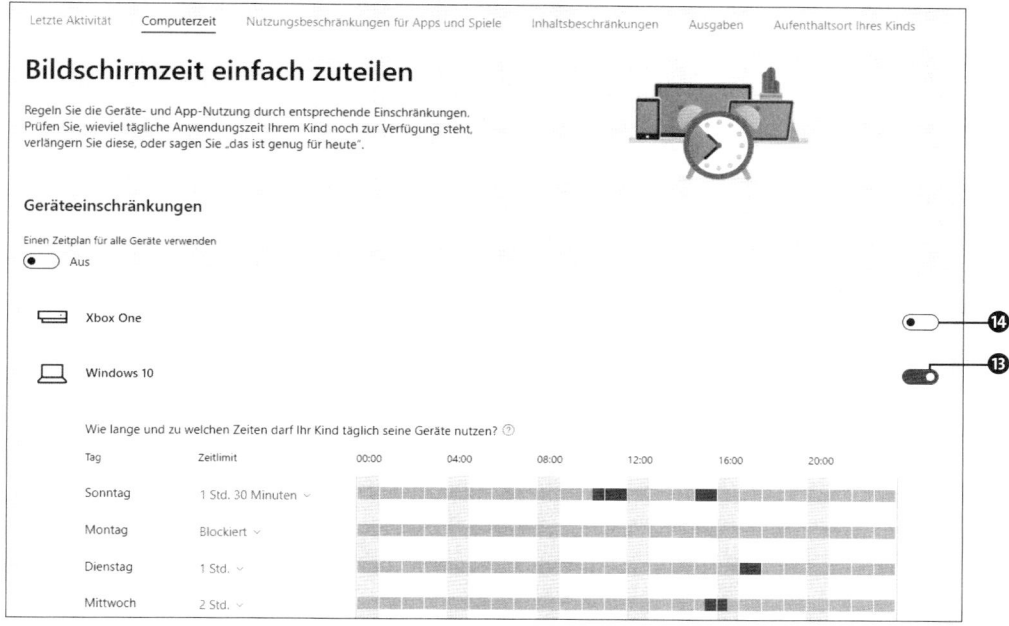

Analog legen Sie die Zeiten fest, zu denen Ihr Kind täglich mit der Xbox spielen darf ⓮.

Sehen Sie sich in Ruhe auch die weiteren Webseiten an. In der Rubrik **Ausgaben** (⓯ auf Seite 128) lässt sich z. B. ein Guthaben für Einkäufe im Web hinzufügen. Welche Apps, Spiele und Medien Ihr Kind auf dem PC nutzen darf, legen Sie in der Rubrik **Inhaltsbeschränkungen** ⓰ fest. Haben Sie alle Einstellungen vorgenommen, sollten Sie nicht vergessen, sich nach einem Klick auf das Symbol Ihres Benutzernamens oben rechts (⓱ auf Seite 130) auf der Website Ihres Microsoft-Kontos abzumelden ⓲. Weitere Informationen zur Website Ihres Microsoft-Kontos erhalten Sie in Abschnitt 4.8, »Das Microsoft-Konto verwalten«, ab Seite 134.

Abbildung 4.3 Sind alle Familieneinstellungen vorgenommen, sollten Sie sich wieder abmelden.

4.6 Benutzerkonten wieder entfernen

Ein einmal am PC eingerichtetes Benutzerkonto lässt sich natürlich auch wieder entfernen. Hierzu gehen Sie folgendermaßen vor:

1 Öffnen Sie über das Startmenü die **Einstellungen**, und wählen Sie hier **Konten ▶ Familie und andere Benutzer** aus. Markieren Sie im Bereich **Andere Benutzer** das Konto, das Sie entfernen möchten ❶.

2 Nachdem Sie auf die nun sichtbare Schaltfläche **Entfernen** ❷ geklickt haben, werden Sie gefragt, ob das Konto und die Daten des ausgewählten Benutzers gelöscht werden sollen. Bestätigen Sie mit **Konto und Daten löschen** ❸.

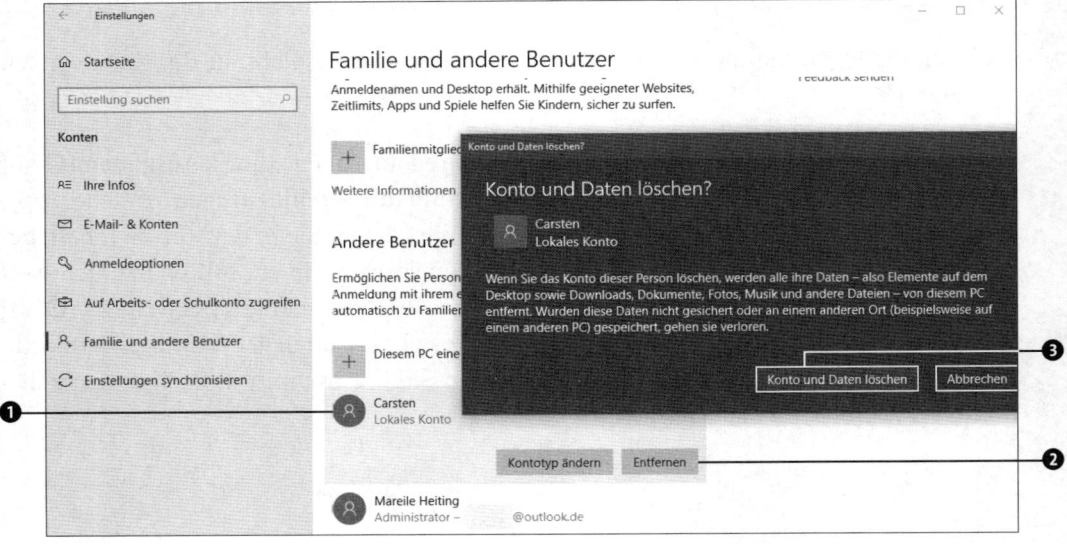

Handelt es sich bei dem Konto um ein mit einem Microsoft-Konto verknüpftes Benutzerkonto, steht Ihnen die Schaltfläche **Entfernen** ebenfalls zur Verfügung. Mit einem Klick hierauf wird allerdings lediglich das Benutzerkonto auf dem Computer gelöscht. Das Microsoft-Konto selbst bleibt bestehen und kann von Ihnen weiterhin für Microsoft-Dienste wie z. B. den Microsoft Store, Skype oder den Onlinespeicher OneDrive genutzt werden.

Wenn Sie dagegen das Konto eines Familienmitglieds entfernen möchten (siehe Abschnitt 4.5, »Konten für Familienmitglieder verwalten«, ab Seite 121), wird Ihnen nach dem Markieren des Kontos statt der Schaltfläche **Entfernen** nur die Möglichkeit angeboten, den Kontoinhaber zu blockieren ❹. Das liegt daran, dass diese verknüpften Microsoft-Konten online verwaltet werden und Sie lokal keinen direkten Zugang zu diesen besitzen.

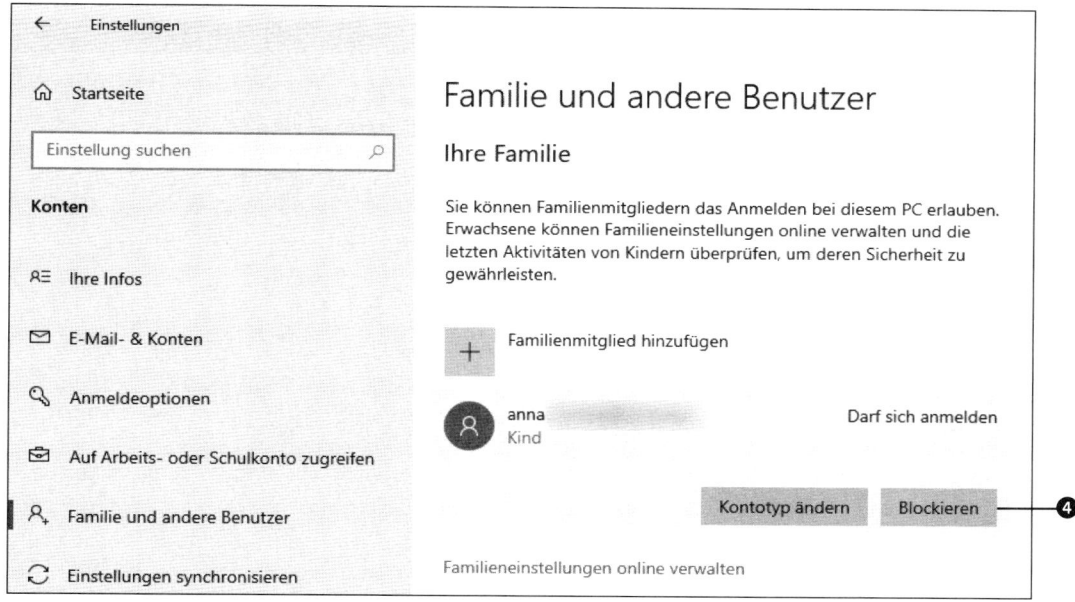

Abbildung 4.4 Ein Familienmitglied kann lediglich blockiert werden.

Wie Sie ein Microsoft-Konto löschen, erfahren Sie in Abschnitt 4.8, »Das Microsoft-Konto verwalten«, ab Seite 134.

In jedem Fall sollten Sie nach dem Löschen eines Kontos noch einmal nachsehen, ob beim Entfernen keine »Datenleichen« auf dem Computer zurückgeblieben sind. Dazu rufen Sie den Explorer auf und kontrollieren, ob der Benutzerordner des soeben gelöschten Benutzers vollständig entfernt wurde.

Die Benutzerordner werden meistens unter *Dieser PC* ▸ *(C:)* ▸ *Benutzer* aufgeführt. Ordner, die vom Benutzer in freigegebenen Verzeichnissen abgelegt wurden, sind vom beschriebenen Löschvorgang nicht betroffen. Werden diese nicht mehr benötigt, müssen Sie sie ebenfalls manuell entfernen.

4.7 Die Benutzerkontensteuerung

Die Benutzerkontensteuerung meldet sich unter Windows immer dann zu Wort, wenn am Computer Aktionen durchgeführt werden sollen, die Administratorrechte erfordern. Dazu zählt etwa die Installation eines Programms oder Treibers nach Anschluss von neuer Hardware. Ein kleines Beispiel hierfür haben Sie bereits in Abschnitt 4.1, »Sicherheitsaspekte: Administrator versus Standardbenutzer«, ab Seite 103 kennengelernt.

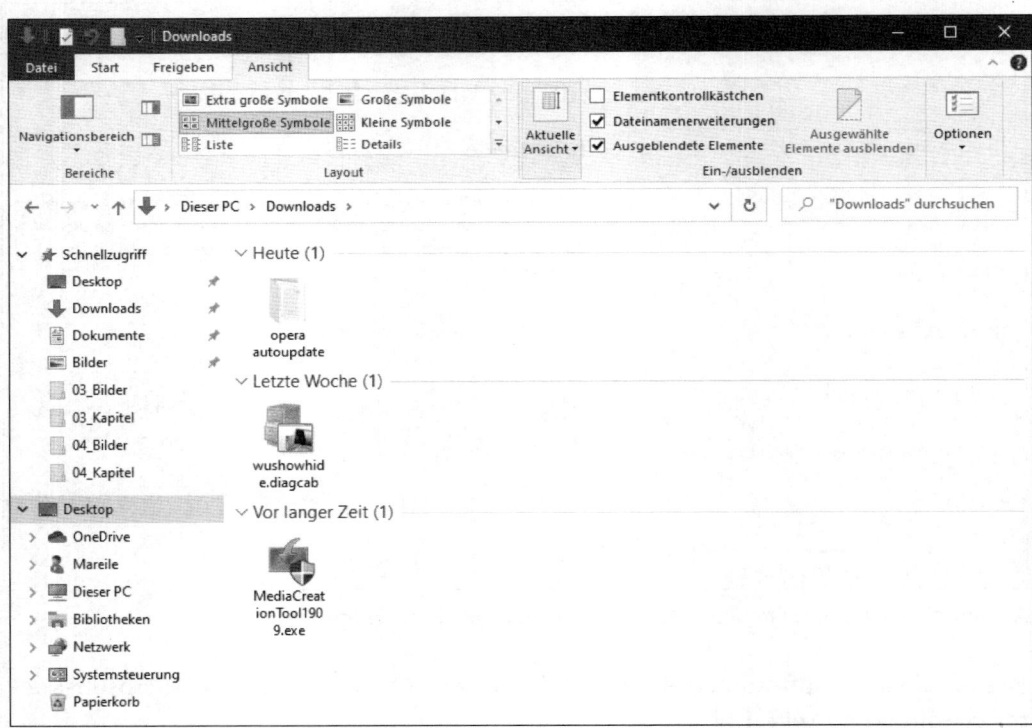

Abbildung 4.5 Die Installationsroutine für das MediaCreationTool erfordert in jedem Fall Administratorrechte, was an einem blau-gelben Schild ersichtlich ist.

Wenn Sie bereits mit einem Administratorkonto angemeldet sind, genügt ein einfacher Klick auf die Schaltfläche **Ja**, um dem entsprechenden Programm derartige Rechte zu verleihen. Programme oder Aktionen, deren Ausführung Administratorrechte erfordern, sind mit einem gelb-blau karierten Schild markiert. Dieses finden Sie beispielsweise im Explorer bei einigen systemverändernden Installationsdateien. Ein Beispiel hierfür ist das *MediaCreationTool*, das bei der Installation von Windows 10 zum Einsatz kommt, wie in Abschnitt 1.3, »Ein Installationsmedium mit dem Medienerstellungstool erstellen«, ab Seite 25 gezeigt wird. Die Benutzerkontensteuerung ist also ein Wächter über Ihr System, der Sie vor unbeabsichtigten Installationen schützt.

TIPP

Die Benutzerkontensteuerung anpassen

Sind Sie als Administrator am Computer angemeldet, können Sie übrigens selbst bestimmen, wie häufig sich die Benutzerkontensteuerung zu Wort melden darf. Um die entsprechende Einstellung vorzunehmen, geben Sie in das Suchfeld in der Taskleiste den Suchbegriff »Benutzerkontensteuerung« ein. In der Trefferliste klicken Sie auf **Einstellungen der Benutzerkontensteuerung ändern Systemsteuerung**. Im folgenden Dialog stellen Sie über den Schieberegler ein, wann die Benutzerkontensteuerung einen Warnhinweis einblenden darf. Sobald Sie eine Stufe ausgewählt haben, erhalten Sie rechts eine kurze Information zu dieser Stufe. Mit **OK** übernehmen Sie Ihre Einstellung. Gegebenenfalls fordert Sie die Benutzerkontensteuerung auf, Ihre Änderungen mit **Ja** zu bestätigen.

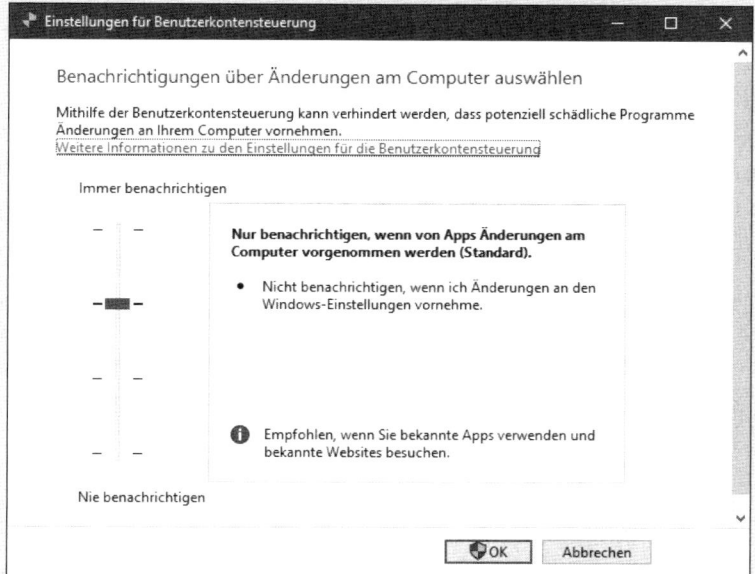

Abbildung 4.6 Bestimmen Sie selbst, wann Sie einen Hinweis von der Benutzerkontensteuerung erhalten möchten.

4.8 Das Microsoft-Konto verwalten

Es kann durchaus vorkommen, dass Sie an einem bestehenden Microsoft-Konto Änderungen vornehmen möchten oder es sogar endgültig schließen wollen. Im Gegensatz zu einem lokalen Konto können Sie solche Aktionen nur online über die entsprechende Webseite Ihres Kontos durchführen. Für den Aufruf der Webseite stehen Ihnen mehrere Möglichkeiten zur Auswahl:

- Wenn Sie bereits mit dem Benutzerkonto am Computer angemeldet sind, das mit dem Microsoft-Konto verknüpft ist, rufen Sie über das Startmenü die **Einstellungen** auf und wählen die Kategorie **Konten** aus. Stellen Sie sicher, dass in der linken Spalte des Einstellungen-Dialogs **Ihre Infos** markiert ist. Klicken Sie dann rechts auf **Mein Microsoft-Konto verwalten**. Es wird automatisch der Browser, etwa Microsoft Edge, gestartet. Melden Sie sich ggf. auf der eingeblendeten Webseite auf Nachfrage noch einmal mit der E-Mail-Adresse und dem Kennwort des Microsoft-Kontos neu an.

- Statt den Weg über den Einstellungen-Dialog zu gehen, können Sie auch direkt einen Browser starten:

  Rufen Sie die Webseite *https://www.microsoft.com/de-de/account* auf, und klicken Sie auf der Seite auf **Anmelden**. Geben Sie nun in den erforderlichen Feldern die E-Mail-Adresse sowie das Kennwort des Microsoft-Kontos ein.

Sobald Sie sich auf der Webseite angemeldet haben, klicken Sie in der Menüleiste oben links auf **Konto ❶**. Um als Nächstes die Sicherheitseinstellungen des Microsoft-Kontos zu verwalten, rufen Sie das Menü **Sicherheit ❷** auf. Auf der folgenden Webseite können Sie nun diverse Aktionen auswählen. Dazu zählen das Ändern des Kennworts, das Aktualisieren von Sicherheitsinformationen oder auch die Überprüfung Ihrer letzten Aktivität. Eine solche Aktivität ist z. B. das Ergänzen eines Sicherheitsmerkmals wie einer Telefonnummer zur Autorisierung oder das Ändern des Passworts.

Im Folgenden zeige ich Ihnen, wie Sie Ihr Microsoft-Konto deaktivieren können. Wenn Sie dafür allerdings keinen triftigen Grund haben (z. B. dass Ihr Konto möglicherweise gehackt wurde oder im Fall von Spam, also unerwünschten E-Mails), sollten Sie auf die Deaktivierung verzichten. Beim Schließen des Microsoft-Kontos werden alle mit dem Konto verbundenen Daten gelöscht.

1 Melden Sie sich wie oben beschrieben per Browser bzw. über den Einstellungen-Dialog an Ihrem Microsoft-Konto an. Begeben Sie sich dort wieder in den Bereich **Sicherheit**, und klicken Sie auf den Link **Erkunden ❸** unterhalb von **Weitere Sicherheitsoptionen**.

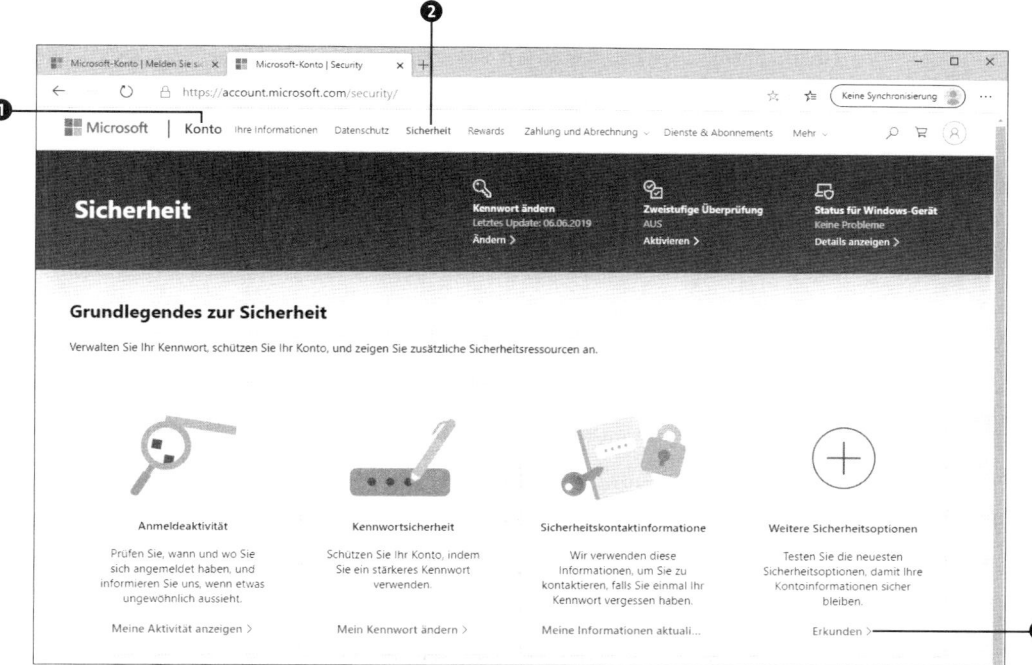

2 Nun muss Ihre Identität überprüft werden. Hierzu wird an die E-Mail-Adresse oder auch die Telefonnummer, die Sie als Sicherheitsinformation hinterlegt haben, ein Code geschickt. Geben Sie hierzu nach Auswahl der Sicherheitsinformation die entsprechenden Daten an, also etwa die E-Mail-Adresse oder auch die letzten vier Ziffern der Telefonnummer. Klicken Sie dann auf die Schaltfläche **Code senden** ❹.

135

3 Ihnen wird nun ein Sicherheitscode an die angegebene Adresse geschickt. Diesen geben Sie im nachfolgenden Dialog ein. Bestätigen Sie danach Ihre Eingabe über die Schaltfläche **Bestätigen**.

4 Auf der folgenden Webseite blättern Sie bis zum unteren Rand. Dort finden Sie den Eintrag **Eigenes Konto schließen** ❺. Klicken Sie darauf.

Schließen Ihres Kontos

Durch das Schließen Ihres Microsoft-Kontos werden alle zugeordneten Daten gelöscht. Sie müssen Ihr Konto verwenden, um es aktiv zu halten. Ihren Aktivitätsstatus finden Sie hier.

❺ Eigenes Konto schließen

5 Folgen Sie nun den Anweisungen des Assistenten. Dabei werden Sie ggf. erneut aufgefordert, einen Code einzugeben, der Ihnen wiederum per Mail oder auch SMS zugeschickt wird.

4.9 Den Computernamen ändern

Jeder Computer besitzt einen eigenen Namen. Dies ist praktisch, wenn Sie mehrere Geräte nutzen, die Sie mit einem Microsoft-Konto synchronisieren, denn so können Sie die Computer voneinander unterscheiden. Die Bezeichnungen der Geräte sind allerdings teilweise sehr kryptisch, sodass die Identifizierung eines Computers nicht ganz einfach ist. Wenn Sie möchten, können Sie jedem Computer einen neuen Namen geben. Die entsprechende Einstellung müssen Sie auf jedem Gerät getrennt vornehmen. Und so gehen Sie hierzu vor:

1 Rufen Sie **Start** ▸ **Einstellungen** ▸ **System** ▸ **Info** auf.

2 Blättern Sie in der rechten Spalte etwas nach unten bis zum Bereich **Info**. Hier erfahren Sie den aktuellen Namen des Computers ❶. Klicken Sie auf **Diesen PC umbenennen** ❷, und geben Sie im nächsten Dialog Ihrem Gerät einen neuen Namen. Bestätigen Sie die Eingabe mit **Weiter**.

3 Damit die Änderungen übernommen werden, starten Sie den Computer neu.

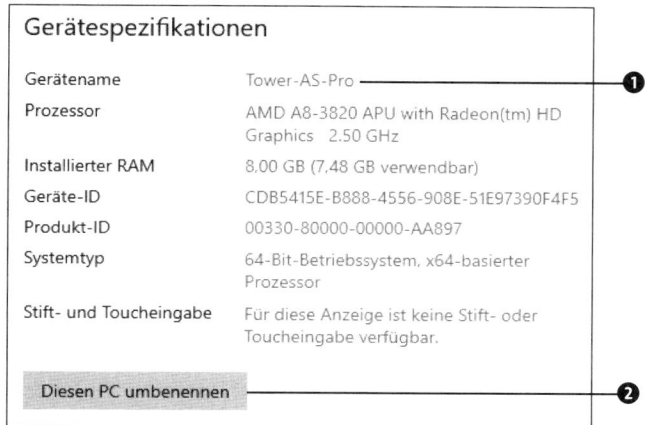

Wenn Sie wissen möchten, welche Geräte mit Ihrem Microsoft-Konto synchronisiert werden, rufen Sie im Browser Ihrer Wahl (z. B. Microsoft Edge) die Webseite *https://www.microsoft.com/de-de/account* auf. Melden Sie sich hier mit Ihren Microsoft-Konto-daten an. Klicken Sie anschließend auf Ihr Kontobild in der rechten oberen Ecke ❸, und wählen Sie im aufklappenden Menü den Eintrag **Microsoft-Konto anzeigen** aus. Nach einem Klick auf **Alle Geräte** erhalten Sie eine Übersicht über alle PCs, Notebooks oder auch Tablets, auf denen Sie das Microsoft-Konto nutzen.

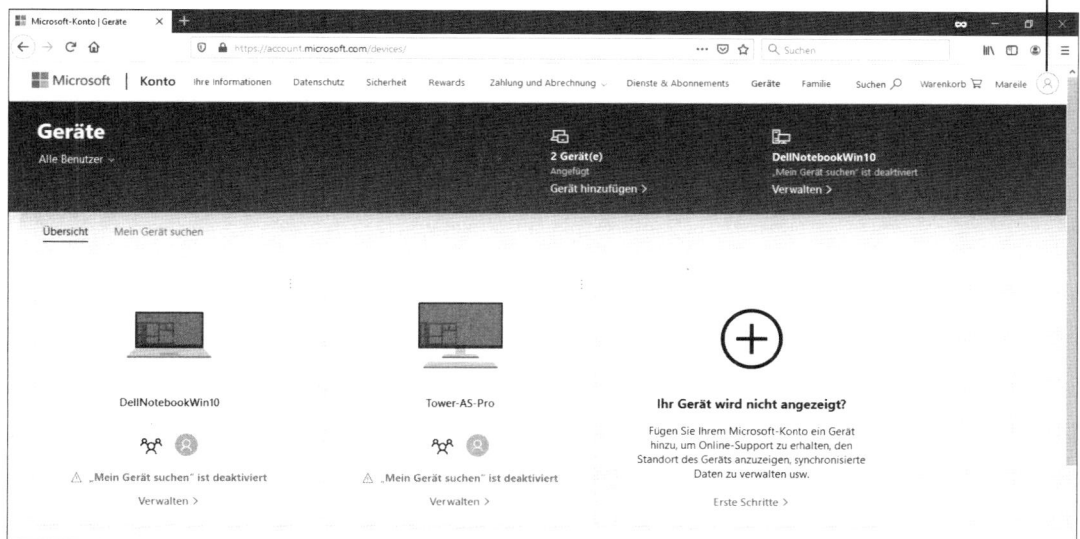

Abbildung 4.7 Auf der Webseite werden alle Geräte aufgelistet, die mit dem Microsoft-Konto verbunden sind.

TEIL II
Die Oberfläche kennenlernen

5   Windows 10 anpassen und personalisieren

Jeder hat seinen eigenen Geschmack und Stil, wenn es um das Einrichten des Computers geht. Das beginnt bei der Bildauswahl für den Sperrbildschirm oder auch Desktop, führt weiter über das Foto des eigenen Benutzerprofils und geht bis hin zur Anzeige von Apps im Startmenü oder auch zum Aussehen der Taskleiste. In diesem Kapitel erfahren Sie, wie Sie das äußere Erscheinungsbild von Windows 10 ganz nach Ihren Wünschen anpassen.

5.1   Den Sperrbildschirm individuell einstellen

Das erste Bild, das Sie nach dem Einschalten des Computers sehen, ist der sog. *Sperrbildschirm*, auch *Lockscreen* genannt. Wenn Sie über einen bestimmten Zeitpunkt hinweg keinerlei Eingaben am Computer vornehmen und das Gerät somit in den Energiesparmodus wechselt, wird er ebenfalls eingeblendet. Sie können den Sperrbildschirm auch selbst aktivieren, indem Sie den Computer sperren. Dies ist beispielsweise dann interessant, wenn Sie den Raum verlassen und während Ihrer Abwesenheit keine andere Person Zugang zu Ihren Daten auf dem Gerät erlangen soll. Zur Aktivierung drücken Sie entweder die Tastenkombination ⊞ + Ⓛ oder klicken im Startmenü links auf das Symbol Ihres Benutzerkontos und im aufklappenden Menü auf **Sperren**.

Während der Computer gesperrt ist, können Sie sich trotzdem auf dem Sperrbildschirm von Windows 10 über wichtige Ereignisse wie etwa neu eingegangene E-Mails informieren lassen. In Abschnitt 5.1.2, »Benachrichtigungen auf dem Sperrbildschirm festlegen«, ab Seite 145 erfahren Sie, wie dies funktioniert. Doch zuvor zeige ich Ihnen, wie Sie das Aussehen des Sperrbildschirms Ihren eigenen Wünschen entsprechend anpassen können.

5.1.1   Aussehen des Sperrbildschirms anpassen

Entspricht das Foto, das den Sperrbildschirm ziert, nicht Ihrem Geschmack, können Sie es schnell durch ein anderes Bild oder auch eine Diashow ersetzen. Hierzu gehen Sie folgendermaßen vor:

1 Öffnen Sie das Startmenü, und klicken Sie links auf **Einstellungen**. Alternativ können Sie auch die Tastenkombination ⊞ + Ⅰ drücken.

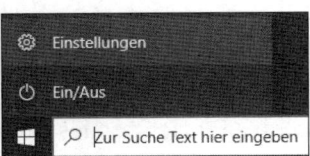

2 Im Dialog **Windows-Einstellungen** wählen Sie die Kategorie **Personalisierung** aus und markieren im folgenden Dialog in der linken Spalte **Sperrbildschirm** ❶.

3 In der rechten Spalte sehen Sie unterhalb von **Vorschau** das aktuelle Bild des Sperrbildschirms. Stellen Sie sicher, dass im Feld **Hintergrund** die Option **Bild** ❷ ausgewählt ist.

4 Unterhalb von **Bild auswählen** schlägt Ihnen Windows 10 einige weitere Fotos vor. Gefällt Ihnen eine der Aufnahmen, reicht ein Mausklick darauf, um sie für den Sperrbildschirm auszuwählen ❸. Möchten Sie ein Bild aus Ihrer eigenen Fotosammlung verwenden, klicken Sie auf **Durchsuchen** ❹.

5 Wechseln Sie im Dialog **Öffnen** in den Ordner, in dem sich das gewünschte Bild befindet. Markieren Sie das Foto, und bestätigen Sie mit **Bild auswählen** ❺.

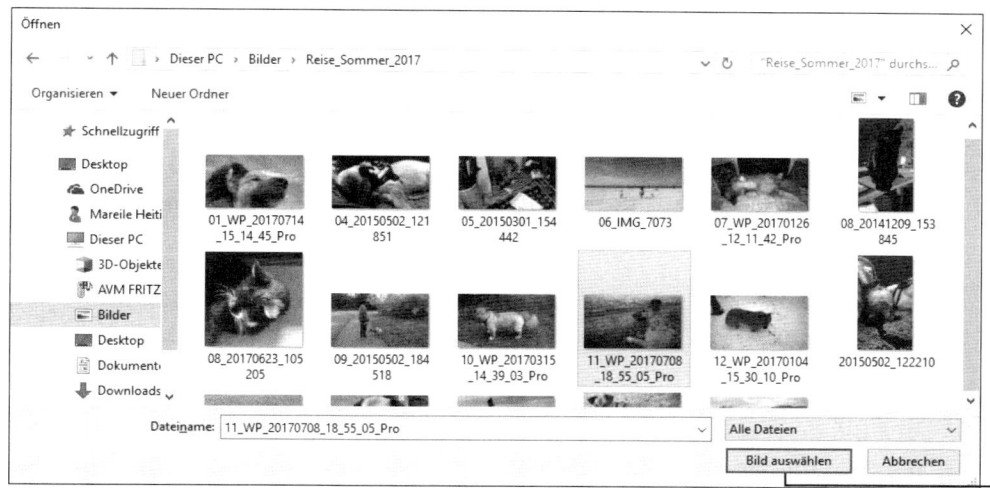

Alternativ zu einem einzelnen Foto können Sie sich auch eine Diashow Ihrer Lieblingsbilder anzeigen lassen.

6 Wählen Sie hierzu in Schritt 3 im Feld **Hintergrund** die Option **Diashow** ❻ aus.

Per Standardeinstellung zeigt Windows 10 alle im Ordner **Bilder** gespeicherten Aufnahmen an. Sie können die Anzeige aber auch auf ein spezielles Verzeichnis beschränken, in dem sich die Bilder für Ihre gewünschte Diashow befinden.

7 Zuvor sollten Sie den von Windows für die Diashow vorgeschlagenen Ordner **Bilder** entfernen, indem Sie auf **Bilder** ❼ klicken und dann auf die nun sichtbare Schaltfläche **Entfernen** ❽.

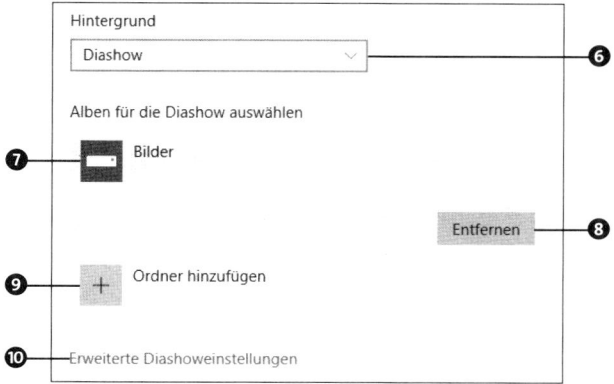

8 Um einen eigenen Ordner auszuwählen, klicken Sie auf **Ordner hinzufügen** (❾ auf Seite 143). Markieren Sie im gleichnamigen Dialog das gewünschte Verzeichnis, und bestätigen Sie mit **Diesen Ordner auswählen**.

Das Verzeichnis wird jetzt unterhalb von **Alben für die Diashow auswählen** angezeigt. Sollten Sie es später wieder löschen wollen, gehen Sie wie in Schritt 7 beschrieben vor.

Die Diashow lässt sich noch detaillierter abstimmen. Hierzu wechseln Sie per Klick auf **Erweiterte Diashoweinstellungen** ❿ in den gleichnamigen Dialog. Nun stehen Ihnen folgende Möglichkeiten zur Auswahl:

9 Per Standardeinstellung zeigt Windows 10 auch Bilder in der Diashow an, die Sie im Ordner **Eigene Aufnahmen** oder in der Cloud **OneDrive** gespeichert haben. Wünschen Sie dies nicht, ziehen Sie den entsprechenden Regler nach links auf **Aus** ⓫.

10 Ihre Bildersammlung enthält Fotos, deren Auflösung für eine optimale Darstellung auf dem Bildschirm nicht ausreicht? Setzen Sie den Regler unterhalb von **Nur Bilder verwenden, die auf meinen Bildschirm passen** auf **Ein** ⓬, selektiert Windows 10 für Sie die passenden Bilder.

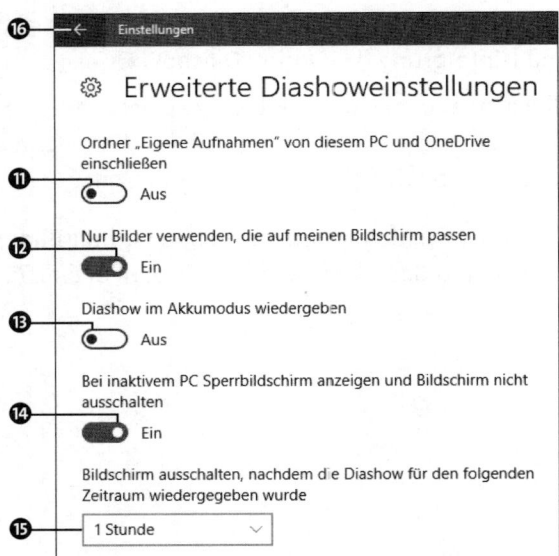

11 Die Anzeige der Diashow kostet viel Energie. Die keineswegs akkuschonende Option **Diashow im Akkumodus wiedergeben** ⓭ sollten Sie daher nur in Ausnahmefällen aktivieren. Bei einem Desktop-PC steht sie nicht zur Verfügung.

12 Damit der Bildschirm während der Anzeige des Sperrbildschirms nicht ausgeschaltet wird, muss die Option **Bei inaktivem PC Sperrbildschirm anzeigen und Bildschirm nicht ausschalten** ❶ eingeschaltet sein.

13 Im Feld **Bildschirm ausschalten, nachdem die Diashow für den folgenden Zeitraum wiedergegeben wurde** ❶ haben Sie die Möglichkeit, einen Zeitrahmen festzulegen, in dem die Diashow abgespielt wird.

Haben Sie alle Diashoweinstellungen vorgenommen, kehren Sie über das Pfeil-Symbol ❶ oben links wieder zum vorherigen Einstellungen-Dialog **Personalisierung** zurück. Als Nächstes erfahren Sie, wie Sie sich wichtige Ereignisse, wie etwa anstehende Termine, auf dem Sperrbildschirm anzeigen lassen können.

TIPP

Windows-Blickpunkte auf dem Sperrbildschirm einblenden

Abgesehen von einem eigenen statischen Bild oder einer dynamischen Diashow können Sie auch Microsoft die Bildauswahl überlassen, indem Sie im Einstellungen-Dialog im Feld **Hintergrund** die Option **Windows-Blickpunkte** auswählen. Neben der ein oder anderen Werbung, die Microsoft Ihnen nun auf dem Sperrbildschirm anzeigt, bekommen Sie auch eine durchaus sehenswerte Fotoauswahl geboten. Wenn Sie möchten, können Sie Microsoft Ihre Meinung zum jeweils aktuell angezeigten Bild mitteilen. Hierzu positionieren Sie einfach den Mauszeiger oben rechts auf **Gefällt Ihnen, was Sie sehen?**. Sagt Ihnen das Foto zu, klicken Sie auf **Mir gefällt es!**. In diesem Fall wählt Microsoft für die weiteren Fotos des Sperrbildschirms ähnliche Motive aus. Trifft das Foto dagegen nicht Ihren Geschmack, klicken Sie auf **Kein Fan**. Microsoft wird nun für eine neue Motivauswahl sorgen.

5.1.2 Benachrichtigungen auf dem Sperrbildschirm festlegen

Auch wenn der Computer gesperrt und nur der Sperrbildschirm zu sehen ist, können Sie sich wichtige Benachrichtigungen, wie etwa neu eingetroffene E-Mails, anzeigen lassen. Um festzulegen, welche Apps entsprechende Hinweise auf dem Sperrbildschirm einblenden dürfen, gehen Sie folgendermaßen vor:

1 Sollte der Einstellungen-Dialog **Personalisierung** nicht mehr geöffnet sein, rufen Sie ihn über **Start ▸ Einstellungen ▸ Personalisierung** auf. Wählen Sie links die Kategorie **Sperrbildschirm** ❶ aus.

2 Blättern Sie in der rechten Spalte ggf. etwas nach unten, bis Sie den Regler **Unterhaltung, Tipps und mehr von Windows und Cortana auf dem Sperrbildschirm anzeigen** sehen. Wenn Sie keinerlei Werbung oder Tipps von Windows auf dem Sperrbildschirm wünschen, sollten Sie den Regler auf **Aus ❷** setzen.

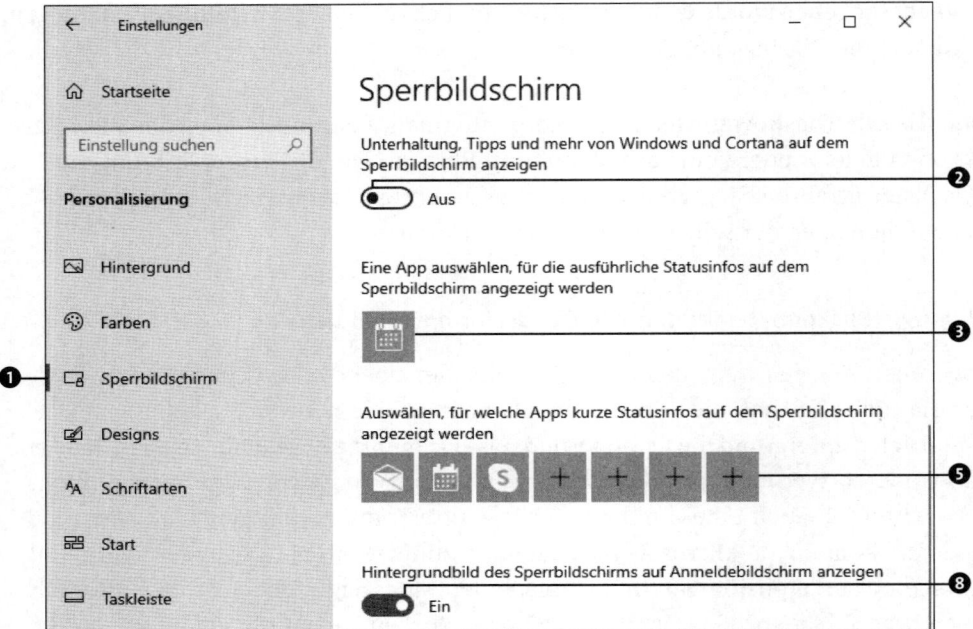

3 Einer einzigen App ist es erlaubt, ausführliche Informationen auf dem Sperrbildschirm anzuzeigen. Windows sieht hierfür per Standardeinstellung meist die *Kalender*-App vor, sodass Sie bei gesperrtem Computer nicht nur den nächsten anstehenden Termin selbst, sondern auch Uhrzeit und Ort angezeigt bekommen. Benötigen Sie stattdessen ausführliche Informationen einer anderen App, klicken Sie auf die kleine Kalender-Kachel unterhalb von **Eine App auswählen, für die ausführliche Statusinfos auf dem Sperrbildschirm angezeigt werden ❸**.

4 Nun klappt eine Liste auf, in der alle Apps aufgeführt werden, die auf dem Sperrbildschirm Benachrichtigungen anzeigen können. Markieren Sie die gewünschte App. Ihr Symbol wird nun statt des Kalenders in der Kachel angezeigt ❹.

5 Analog können Sie als Nächstes bis zu sieben weitere Apps auswählen, die Ihnen zumindest kurze Benachrichtigungen auf dem Sperrbildschirm anzeigen dürfen. Klicken Sie hierzu im Bereich **Auswählen, für welche Apps kurze Statusinfos auf dem**

Sperrbildschirm angezeigt werden auf eine App-Kachel oder ein Plus-Symbol ❺, und markieren Sie in der aufklappenden Liste die gewünschte App ❻.

6 Wenn Sie von einer App keinerlei Benachrichtigungen auf dem Sperrbildschirm wünschen, klicken Sie ebenfalls auf die entsprechende App-Kachel, wählen dann allerdings in der Liste den Eintrag **Keiner** ❼. Statt des App-Symbols erscheint in der kleinen Kachel nun das Plus-Symbol.

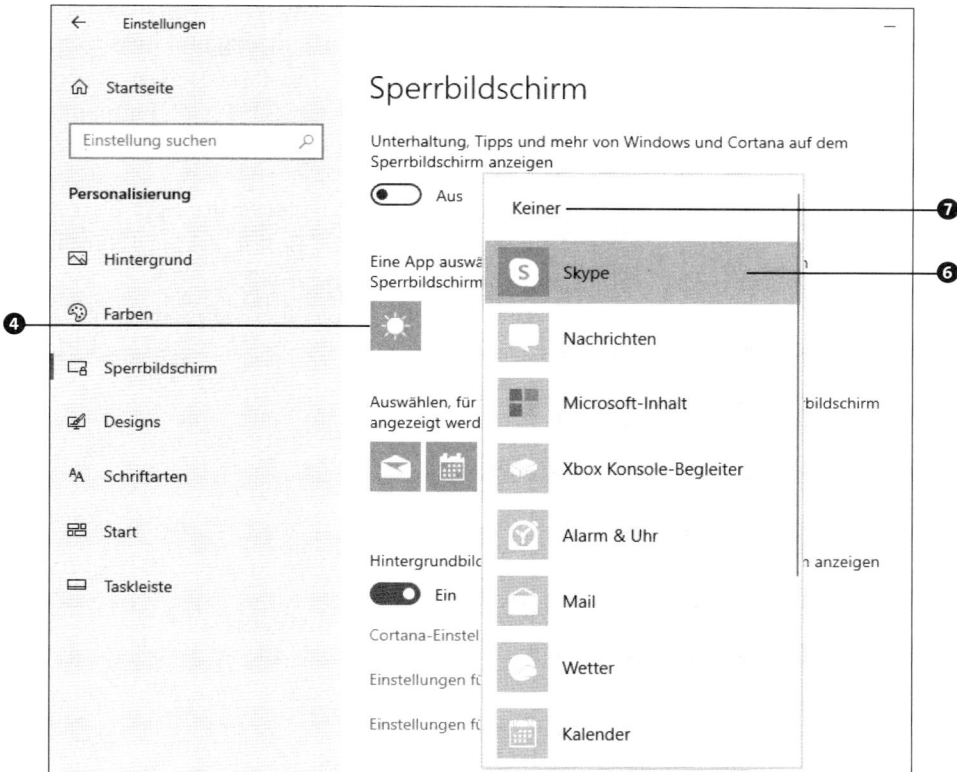

7 Damit der Anmeldebildschirm nicht einfarbig bleibt, ziehen Sie den Regler **Hintergrundbild des Sperrbildschirms auf Anmeldebildschirm anzeigen** auf **Ein** ❽.

Um den Computer bei eingeblendetem Sperrbildschirm zu entsperren, reicht eine kleine Bewegung der Computermaus, das Drücken einer beliebigen Taste auf der Tastatur oder – im Falle eines Touchscreens – auch eine kurze Wischbewegung vom unteren Bildschirmrand nach oben. Anschließend bekommen Sie den Anmeldebildschirm zu Gesicht, in dem alle auf dem Computer angelegten Benutzerkonten aufgeführt werden. Durch Auswahl des Benutzerkontos und Eingabe des Kennworts melden Sie sich wieder am Computer an. Jeder Benutzer kann für sein Benutzerkonto ein eigenes Profilbild ergänzen. Wie Sie hierzu vorgehen, erfahren Sie im nächsten Abschnitt.

5.2 Ein Profilbild ergänzen und anpassen

Für jedes Benutzerkonto lässt sich ein eigenes Profilbild hinzufügen. Dies wird zusätzlich zum Benutzernamen beispielsweise im Anmeldebildschirm, aber auch in der linken Spalte des Startmenüs angezeigt. Solange Sie noch kein Profilbild ergänzt haben, sehen Sie eine recht langweilige graue Silhouette einer Person. Hier lässt sich aber schnell mehr Farbe ins Spiel bringen. Ob Sie für Ihr Profilbild ein Porträt von sich wählen, eine Blume oder das Foto Ihres Haustieres, ist ganz Ihnen überlassen.

1 Öffnen Sie das Startmenü per Klick auf das Windows-Logo oder durch Drücken der ⊞-Taste. Klicken Sie dann in der linken Spalte auf das Benutzerkonto-Symbol ❶ und im aufklappenden Menü auf **Kontoeinstellungen ändern** ❷.

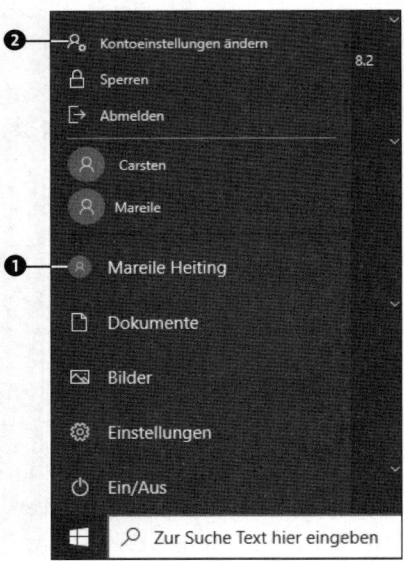

Der Einstellungen-Dialog wird mit der Kategorie **Konten** geöffnet. In der linken Spalte ist bereits **Ihre Infos** ❸ ausgewählt.

2 Um ein bereits erstelltes und auf Ihrem Computer gespeichertes Foto als Profilbild hinzuzufügen, klicken Sie in der rechten Spalte unterhalb von **Ihr Bild erstellen** auf **Suchen** ❹.

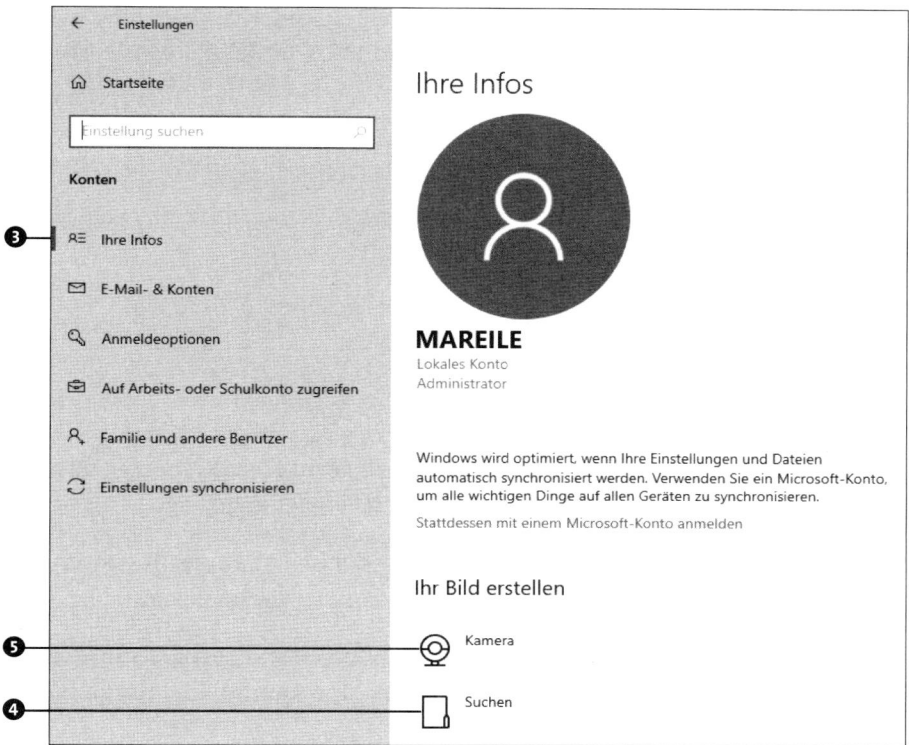

3 Wechseln Sie im Dialog **Öffnen** in den Ordner, in dem sich das gewünschte Foto befindet. Markieren Sie es, und bestätigen Sie Ihre Auswahl mit **Bild auswählen**.

Das Bild wird nun anstelle des vorherigen Profilbildes im Einstellungen-Dialog angezeigt.

Verfügt Ihr Computer über eine integrierte Kamera, können Sie mithilfe der *Kamera*-App auch direkt ein Foto von sich aufnehmen. In diesem Fall finden Sie in der rechten Spalte des Einstellungen-Dialogs unterhalb von **Ihr Bild erstellen** ein Kamera-Symbol.

4 Klicken Sie auf das Symbol ❺, wird automatisch die Kamera-App geöffnet. Ausführliche Informationen zur Nutzung der Kamera-App erhalten Sie übrigens in Abschnitt 12.3, »Die Kamera-App von Windows 10 im Einsatz«, ab Seite 457.

5 Haben Sie die Kamera-App zuvor noch nicht genutzt, müssen Sie ggf. an dieser Stelle die **Datenschutzeinstellungen** anpassen. Nach einem Klick auf die entsprechende Schaltfläche werden Sie automatisch in der Einstellungen-App zur Kategorie **Datenschutz** geführt, wo Sie die Kamera entsprechend aktivieren können (siehe auch Abschnitt 3.8, »Datenschutz: Das ›Nach-Hause-Telefonieren‹ unterbinden«, ab Seite 98). Kehren Sie anschließend wieder zu **Ihre Infos** in der Kategorie **Konten** zurück, und wiederholen Sie Schritt 4.

6 Sobald Sie das Foto per Klick auf den Auslöseknopf in Form einer Kamera (⊙) aufgenommen haben, wird das Ergebnis in einem eigenen Fenster angezeigt.

7 Über die vier Markierungspunkte, die Sie per Maus oder im Falle eines Touchscreens per Finger verschieben können ❻, lässt sich der Bildausschnitt noch verändern.

8 Sind Sie mit der Aufnahme zufrieden, übernehmen Sie sie mit **Fertig** als Profilbild. Gefällt sie Ihnen nicht, klicken Sie auf **Abbrechen** und unternehmen ggf. einen erneuten Versuch.

Sollten Sie das Profilbild später austauschen wollen, gehen Sie einfach so vor, wie gerade eben beschrieben, und suchen entweder ein neues Bild auf dem Computer aus oder fotografieren erneut mithilfe der Kamera-App. Alle einmal hinzugefügten Profilbilder werden im Einstellungen-Dialog etwas verkleinert rechts vom großen Profilbild aufgelistet. Möchten Sie irgendwann doch wieder eines der bereits verwendeten Fotos nutzen, reicht ein Mausklick auf das Bild, um es als Profilbild festzulegen.

Sind Sie mit einem lokalen Benutzerkonto am Computer angemeldet, gilt das Profilbild übrigens nur für das Konto an diesem PC. Bei einem Microsoft-Konto dagegen wird das Profilbild für alle Geräte übernommen, an denen Sie sich mit dem Microsoft-Konto anmelden. Das Löschen eines Profilbildes ist leider nicht ganz so einfach wie das Erstellen, wie Sie im folgenden Kasten »Entfernen von Profilbildern« lesen.

Entfernen von Profilbildern

Sie wollten das Hinzufügen eines Profilbildes nur ausprobieren. Das Ergebnis gefällt Ihnen aber nicht, sodass Sie jetzt das ausgewählte Foto wieder löschen und zur neutralen Personen-Silhouette zurückkehren möchten. Öffnen Sie hierzu, wie in Schritt 1 gezeigt, die Kontoeinstellungen, und klicken Sie auf **Suchen**. Im Dialog **Öffnen** klicken Sie innerhalb der Adresszeile auf einen weißen Bereich rechts vom aktuellen Pfad. Überschreiben Sie den nun blau markierten Dateipfad mit der Pfadangabe »C:\ProgramData\Microsoft\User Account Pictures«. Nach dem Drücken der Taste ⏎ gelangen Sie in den Ordner **Standardmäßige Profilbilder**, in dem Sie ein Bild mit dem Dateinamen **user** markieren und mit **Bild auswählen** bestätigen. Als aktuelles Profilbild wird nun wieder die graue Personen-Silhouette angezeigt.

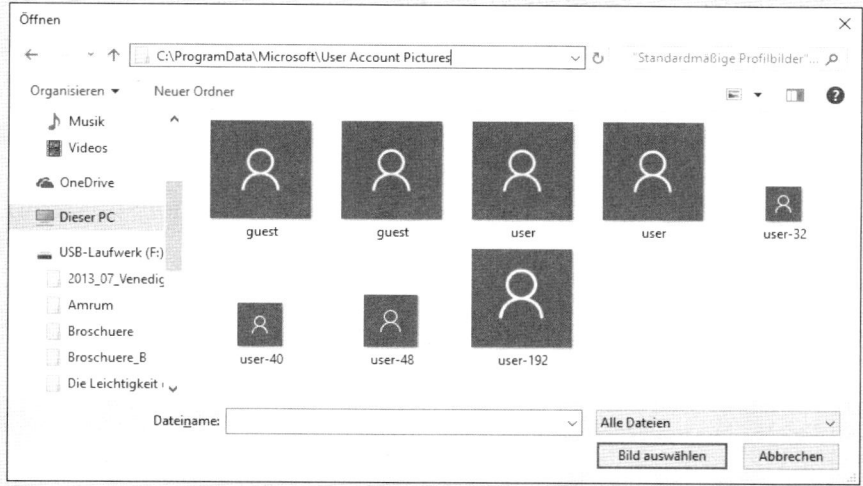

Abbildung 5.1 Die neutrale Personen-Silhouette finden Sie im Ordner »User Account Pictures«.

Um die früher hinzugefügten Profilbilder rechts vom aktuellen Bild zu löschen, rufen Sie den Explorer auf. Auch hier klicken Sie innerhalb der Adressleiste auf einen weißen Bereich rechts vom aktuellen Pfad. Geben Sie dann »%appdata%\Microsoft\Windows\AccountPictures« ein, und drücken Sie die Taste ⏎. Im Ordner **Profilbilder** markieren Sie die zu löschenden Bilder und entfernen sie durch

Drücken der ⌨Entf⌨-Taste. Rufen Sie nun die Kontoeinstellungen erneut auf, werden die alten Profilbilder nicht mehr angezeigt.

5.3 Das Aussehen des Desktops anpassen

Bereits seit vielen Windows-Versionen lässt sich die Desktopoberfläche individuell gestalten. So können Sie beispielsweise das Hintergrundbild austauschen oder auch Titel- und Taskleisten mit einer fröhlichen Farbe versehen. Im Gegensatz zu früher werden viele dieser Einstellungen allerdings nicht mehr in der Systemsteuerung vorgenommen, sondern im Einstellungen-Dialog.

5.3.1 Hintergrundbild des Desktops auswählen

Per Standardeinstellung ziert den Desktop ein Fenster, durch das Lichtstrahlen scheinen. Im Vergleich zu früheren Windows-Versionen ist dieses blaue Bild durchaus nicht hässlich, für viele Anwender kann es aber trotzdem nicht mit einem persönlichen Foto mithalten. Das muss es zum Glück auch nicht, denn selbstverständlich können Sie den Desktophintergrund auch in Windows 10 individuell anpassen.

1 Klicken Sie mit der rechten Maustaste auf einen freien Bereich auf dem Desktop. Im aufklappenden Kontextmenü wählen Sie **Anpassen** ❶.

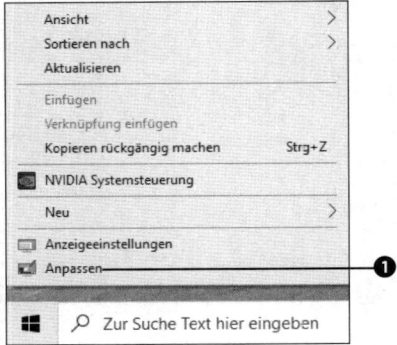

2 Nun wird automatisch der Einstellungen-Dialog mit der Kategorie **Personalisierung** geöffnet. In der linken Spalte ist bereits **Hintergrund** ❷ ausgewählt. Um ein Foto aus Ihrer privaten Bildersammlung auswählen zu können, muss in der rechten Spalte im Feld **Hintergrund** der Eintrag **Bild** ❸ eingestellt sein.

3 Gefällt Ihnen eines der Bilder, die unterhalb von **Bild auswählen** angezeigt werden, markieren Sie es einfach ❹. Sagt Ihnen keines zu, klicken Sie auf **Durchsuchen** ❺.

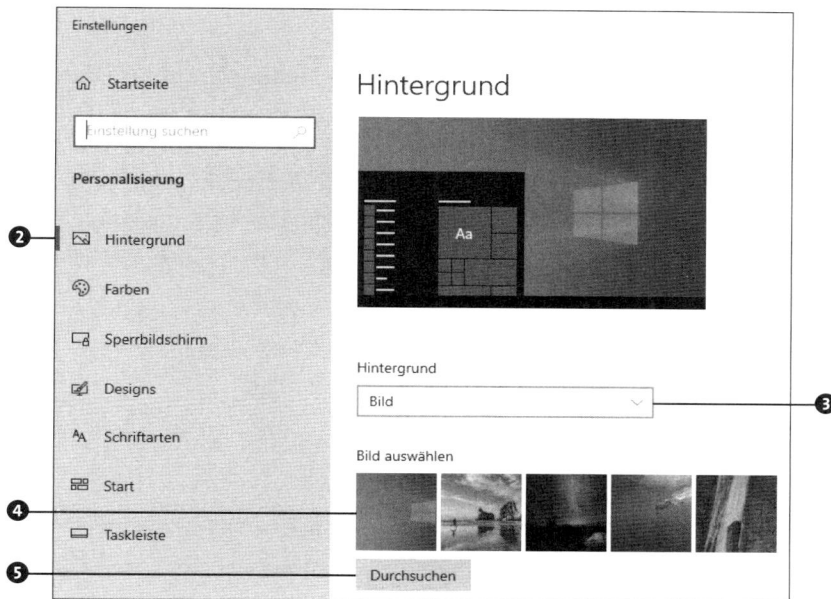

4 Wechseln Sie im Dialog **Öffnen** in den Ordner, in dem sich das gewünschte Foto befindet. Sobald Sie es markiert haben, bestätigen Sie mit **Bild auswählen** ❻.

5   Das Ergebnis können Sie gleich im Bereich **Vorschau** prüfen. Gefällt Ihnen die Bild-
darstellung nicht, haben Sie im Feld **Anpassung auswählen** ❼ noch die Möglichkeit,
sie zu optimieren.

Statt eines einzelnen statischen Bildes können Sie auch Ihre Lieblingsfotos als Diashow
auf dem Desktop anzeigen lassen. Hierzu stellen Sie im Feld **Hintergrund** die Option
Diashow ❽ ein. Windows 10 sieht zunächst den gesamten *Bilder*-Ordner für die Diashow
vor. Wenn Sie nur eine Auswahl an Fotos wünschen, die Sie bereits in einem eigenen
Ordner abgelegt haben, klicken Sie unterhalb von **Alben für die Diashow auswählen** auf
Durchsuchen ❾, markieren im Dialog **Ordner auswählen** das gewünschte Verzeichnis
und bestätigen mit **Diesen Ordner auswählen**.

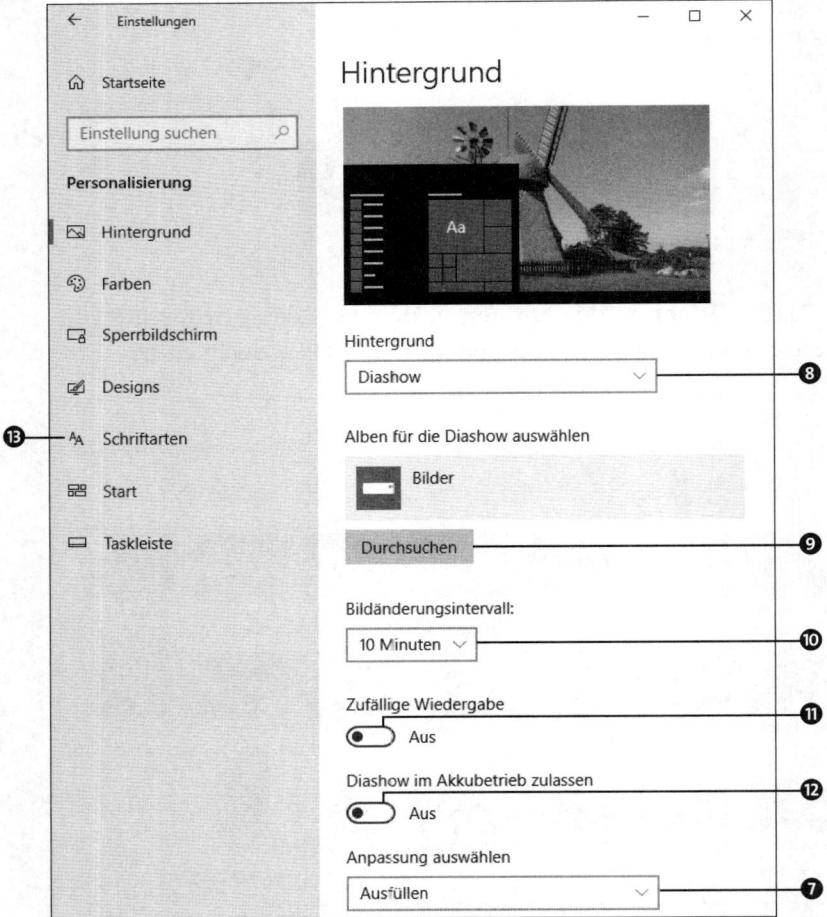

Abbildung 5.2 Die Diashoweinstellungen für den Desktophintergrund im Überblick

Im Feld **Bildänderungsintervall** ❿ stellen Sie ein, in welchen Zeitabständen die Fotos auf dem Desktop ausgetauscht werden sollen. Aktivieren Sie außerdem den Regler **Zufällige Wiedergabe** ⓫, werden die Fotos in zufälliger Reihenfolge angezeigt. Nutzen Sie ein Notebook, können Sie außerdem die Anzeige der Diashow im Akkubetrieb zulassen ⓬. Da die Diashow sehr viel Energie frisst, sollten Sie aber besser auf sie verzichten. Falls Ihnen ein einzelnes Foto oder gar eine ganze Diashow der Lieblingsbilder auf dem Desktop zu bunt ist, können Sie sich auch für einen schlichten einfarbigen Hintergrund entscheiden. Die entsprechende Einstellung im Feld **Hintergrund** lautet hierfür **Vollton-farbe**. In der nun angezeigten Farbpalette markieren Sie einfach den gewünschten Farbton.

Schriftarten installieren oder wieder entfernen

Bereits mit dem *April 2018 Update* von Windows 10 sind die Installation sowie Deinstallation von Fonts nun ebenfalls aus der Systemsteuerung in die Einstellungen-App gewandert. Rufen Sie **Start ▸ Einstellungen ▸ Personalisierung ▸ Schriftarten** (⓭ auf Seite 154) auf, erfahren Sie, welche Fonts bereits auf dem Computer installiert sind. Weitere Fonts können Sie nach einem Klick auf **Weitere Schriftarten aus dem Microsoft Store abrufen** über den Store beziehen. Um eine Schriftart wieder zu entfernen, markieren Sie sie in der Einstellungen-App und klicken auf der folgenden Seite auf **Deinstallieren**.

5.3.2 Farbe von Titel- und Taskleiste, Startmenü und Info-Center festlegen

Nicht nur der Desktophintergrund lässt sich individuell anpassen, sondern auch die Farbe für die Titelleisten von Programm-, App- und Dialogfenstern. Der ausgewählte Farbton kann zugleich für die Taskleiste, das Startmenü sowie das Info-Center übernommen werden, das Sie über das Benachrichtigungssymbol am rechten Rand der Taskleiste aufrufen. Seit dem Update 1903 im Mai 2019 steht Ihnen außerdem ein sog. *Light Mode*, also ein heller Modus, zur Auswahl.

1 Sollten Sie den Einstellungen-Dialog, über den Sie, wie im vorherigen Abschnitt beschrieben, das Aussehen des Desktophintergrunds festgelegt haben, schon wieder geschlossen haben, öffnen Sie ihn über **Start ▸ Einstellungen ▸ Personalisierung**. Klicken Sie in der linken Spalte auf **Farben** ❶.

2 Zu Beginn der rechten Spalte sehen Sie zunächst in einer kleinen Vorschau die aktuelle Farbauswahl ❷. Per Standardeinstellung werden Startmenü, Taskleiste und

Info-Center in einem dunklen Ton angezeigt, während der Hintergrund von Apps hell erscheint. Wenn Sie den dunklen Modus für Apps oder auch umgekehrt den hellen Modus für Startmenü und Co. ausprobieren möchten, klicken Sie in das Feld **Farbe auswählen** ❸ und markieren **Benutzerdefiniert**.

3 Unterhalb des Feldes erscheinen nun die Einstellungen **Standardmäßigen Windows-Modus auswählen** ❹ sowie **Standard-App-Modus auswählen** ❺ jeweils mit den Optionen **Hell** und **Dunkel**. Probieren Sie die Varianten einfach aus, und prüfen Sie, welche Ihnen besser gefällt.

4 Wer es etwas farbenfroher mag, muss sich nicht mit den beiden Modi begnügen. Wenn Sie das Startmenü, die Taskleiste und das Info-Center farbig gestalten möchten, stellen Sie zuvor sicher, dass unter **Standardmäßigen Windows-Modus auswählen** die Option **Dunkel** aktiviert ist.

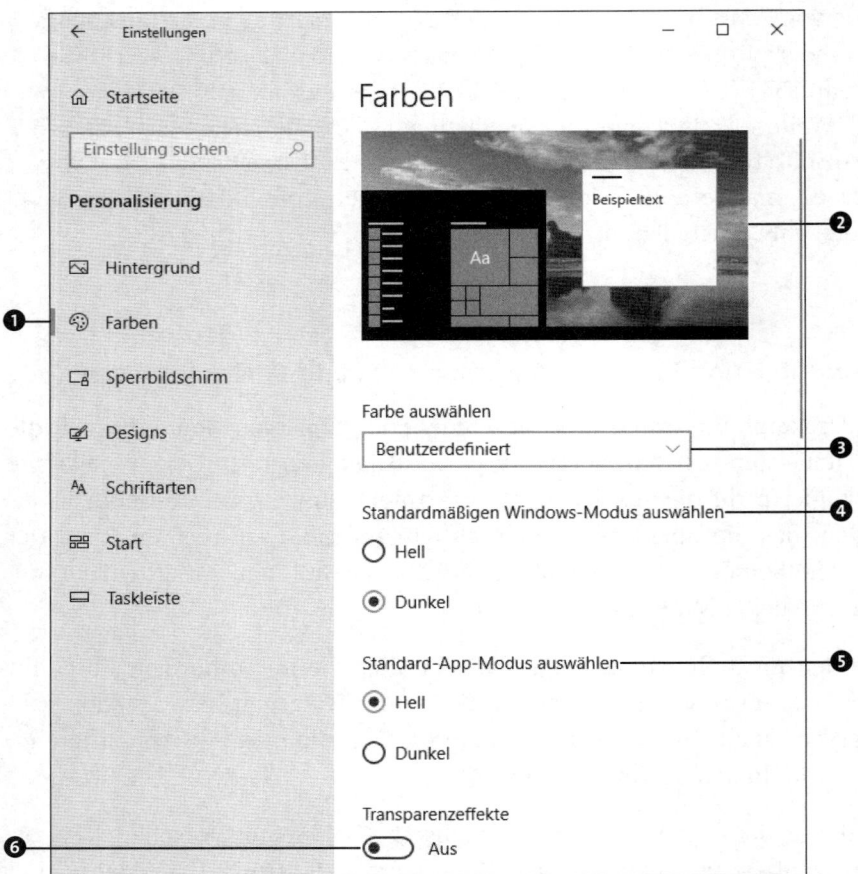

5 Per Standardeinstellung erscheinen sowohl das Startmenü als auch die Taskleiste und das Info-Center transparent, sodass der Hintergrund leicht durchscheint. Wem dies nicht gefällt, der deaktiviert den entsprechenden Regler einfach ❻.

6 Blättern Sie in der rechten Spalte etwas nach unten, haben Sie die Möglichkeit, entweder einen Farbton in der Farbpalette selbst zu markieren oder Windows die Auswahl zu überlassen. Im letzteren Fall aktivieren Sie **Automatisch eine Akzentfarbe aus meinem Hintergrund auswählen** ❼.

Möchten Sie selbst einen Farbton festlegen, klicken Sie auf **Benutzerdefinierte Farbe** ❽. In der nun eingeblendeten Farbpalette markieren Sie den gewünschten Farbton. Sind Sie mit der Farbe, die Sie im Bereich **Farbenvorschau** noch überprüfen können, zufrieden, bestätigen Sie die Auswahl mit **Fertig**.

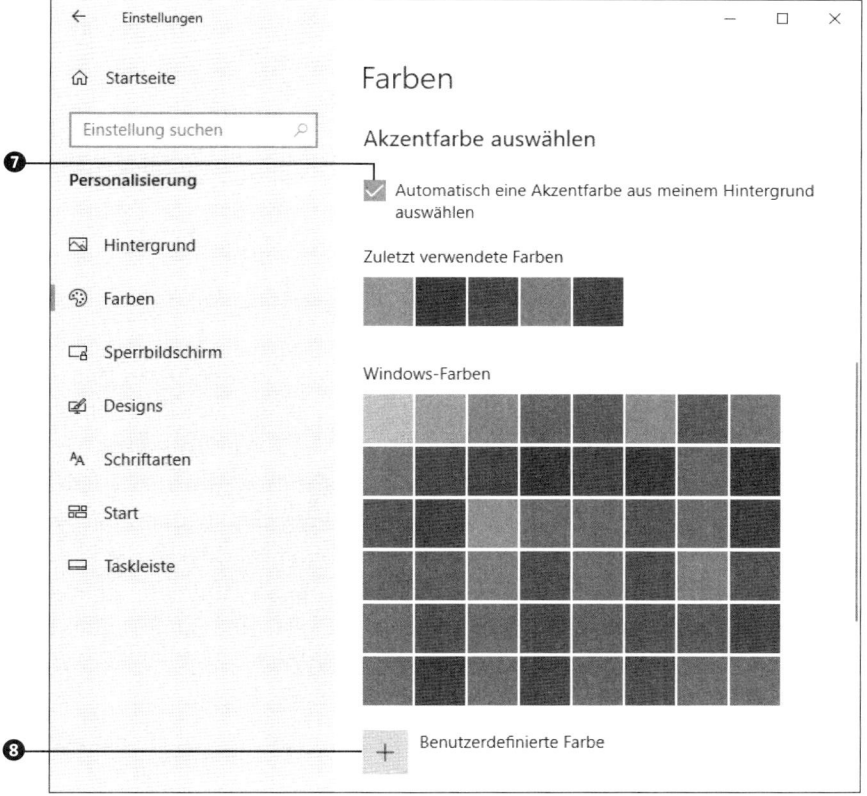

7 Damit der in Schritt 6 ausgewählte Farbton im Startmenü, der Taskleiste und dem Info-Center zu sehen ist, setzen Sie per Mausklick ein Häkchen vor **Start, Taskleiste und Info-Center** ❾.

8 Wer auch die Titelleisten von Fenstern etwas farbenfroher mag, der muss auch ein Häkchen vor **Titelleisten und Fensterrahmen ❿** setzen.

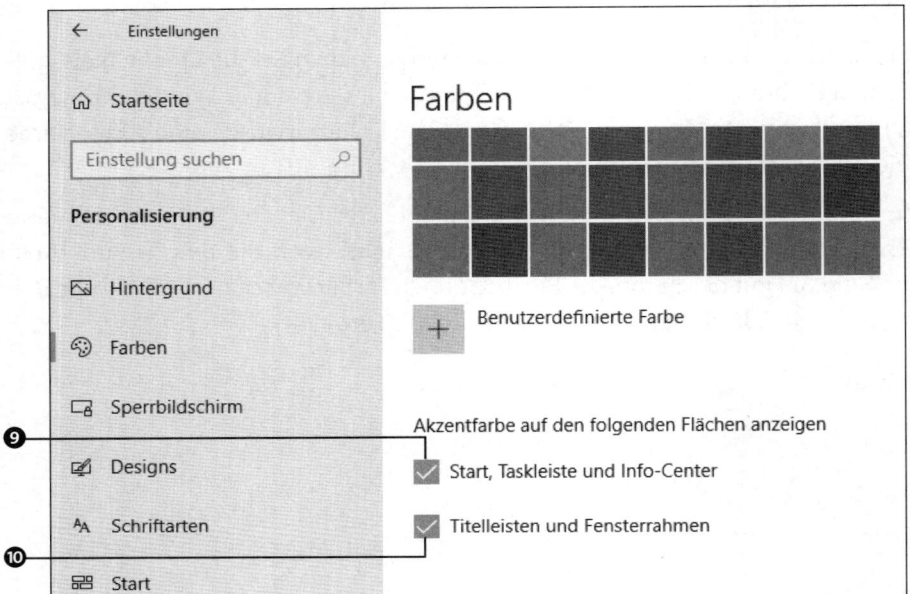

Systemklänge für Ereignisse bestimmen

Sie haben eine neue E-Mail erhalten? Der Ladezustand des Notebook-Akkus ist sehr gering? Bei diesen und ähnlichen Ereignissen ertönt eine bestimmte Klangabfolge. Welche dies im jeweiligen Fall ist, können Sie bereits seit vielen Windows-Versionen selbst festlegen. Um die entsprechenden Einstellungen zu ändern, geben Sie in das Suchfeld in der Taskleiste »Systemsound« ein. In der Ergebnisliste wählen Sie **Systemsounds ändern** aus. Im Register **Sounds** des Dialogs **Sound** markieren Sie in der Liste **Programmereignisse** das Ereignis, dessen Systemklang Sie ändern möchten. Wählen Sie dann im Feld **Sounds** einen neuen Klang aus, und testen Sie ihn. Gefällt Ihnen die Auswahl, bestätigen Sie sie mit **Übernehmen** und **OK**.

5.3.3 Desktopeinstellungen in Designs speichern

In die Gestaltung von Desktophintergrund, Titelleisten, Startmenü und mehr kann man viel Zeit investieren. Wenn Sie Abwechslung mögen und gern immer mal wieder neue

Zusammenstellungen ausprobieren, können Sie Ihre eigenen Kreationen auch als sog. *Design* speichern und später immer wieder darauf zurückgreifen. Wenn Ihnen all dies zu aufwendig ist, finden Sie vielleicht Gefallen an den bereits vorgefertigten Designs, die Windows zur Verfügung stellt. Beide Varianten werde ich Ihnen kurz vorstellen.

1 Rufen Sie zunächst **Start** ▸ **Einstellungen** ▸ **Personalisierung** auf.

2 Über die Kategorien **Hintergrund** und **Farben**, die Sie in der linken Spalte des Einstellungen-Dialogs auswählen, stellen Sie für Ihre eigene Kreation zunächst den Hintergrund des Desktops sowie die Farben für Titelleisten, Startmenü, Taskleiste und Info-Center ein. Wie Sie hierzu im Einzelnen vorgehen, lesen Sie in Abschnitt 5.3.1, »Hintergrundbild des Desktops auswählen«, ab Seite 152 sowie in Abschnitt 5.3.2, »Farbe von Titel- und Taskleiste, Startmenü und Info-Center festlegen«, ab Seite 155.

3 Wechseln Sie anschließend in der linken Spalte in die Kategorie **Designs ❶**.

4 In der rechten Spalte wird Ihre Zusammenstellung aus Hintergrund und Farben angezeigt. Dieses Design ist noch nicht gespeichert. Das bedeutet, sobald Sie Änderungen am Hintergrund oder auch an den Farben vornehmen, wird die aktuelle Kombination durch Ihre neue Zusammenstellung ersetzt. Um das aktuelle Design zu speichern, klicken Sie auf **Design speichern ❷**.

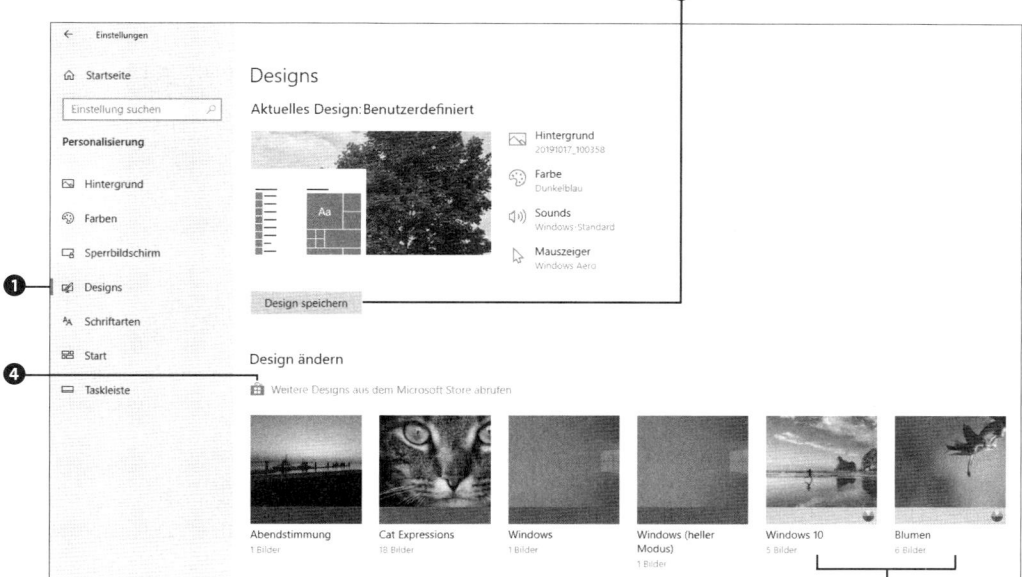

5 Geben Sie im Dialog **Design speichern** einen aussagekräftigen Namen für Ihr Design ein, und speichern Sie es.

Analog können Sie weitere eigene Designs erstellen. Über den Einstellungen-Dialog **Designs** erhalten Sie jederzeit Zugriff auf die gespeicherten Designs und können so mit nur einem Mausklick eine Ihrer eigenen Lieblingszusammenstellungen auswählen. Im Bereich **Design ändern** finden Sie auch die von Windows bereits vorgefertigten Designs wie etwa **Windows 10** und **Blumen** ❸. Doch damit ist es noch nicht genug, denn im Microsoft Store finden Sie zahlreiche weitere Designs.

6 Falls Sie einen Blick darauf werfen möchten, klicken Sie im Einstellungen-Dialog **Designs** auf **Weitere Designs aus dem Microsoft Store abrufen** ❹. Daraufhin wird der Store geöffnet.

7 Sie erhalten nun eine Übersicht über eine Vielzahl von Designs (engl. *themes*). Interessiert Sie ein Design näher, wählen Sie es per Mausklick aus.

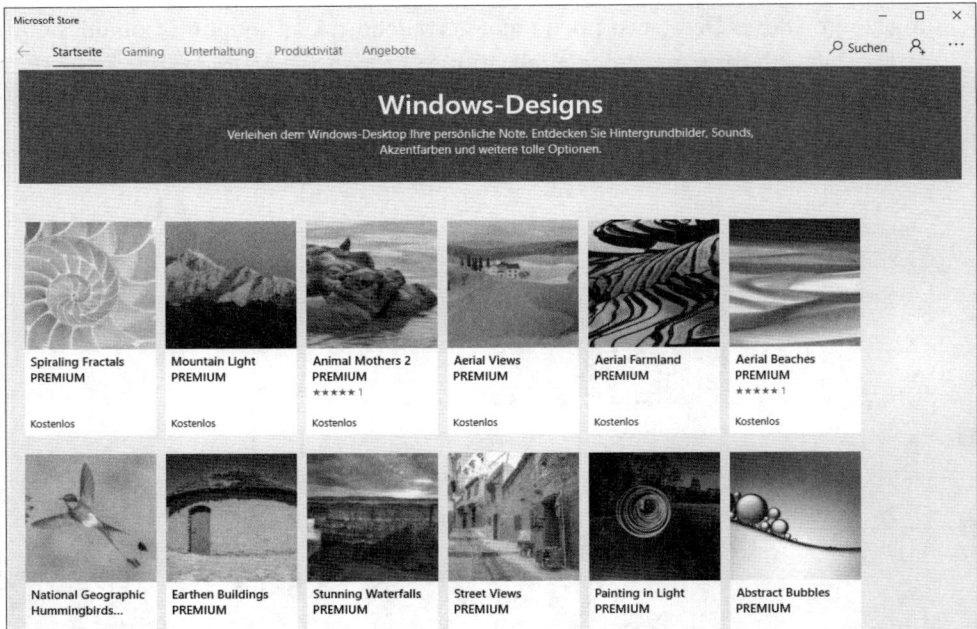

8 Auf der folgenden Seite erfahren Sie, welche Bilder im ausgewählten Design enthalten sind und wie das Design von Benutzern bewertet wurde. Über die Pfeiltaste oben links ❺ gelangen Sie wieder zur Übersicht zurück. Gefällt Ihnen ein Design und möchten Sie es gerne auf Ihrem Computer nutzen, klicken Sie auf die Schaltfläche **Herunterladen** ❻.

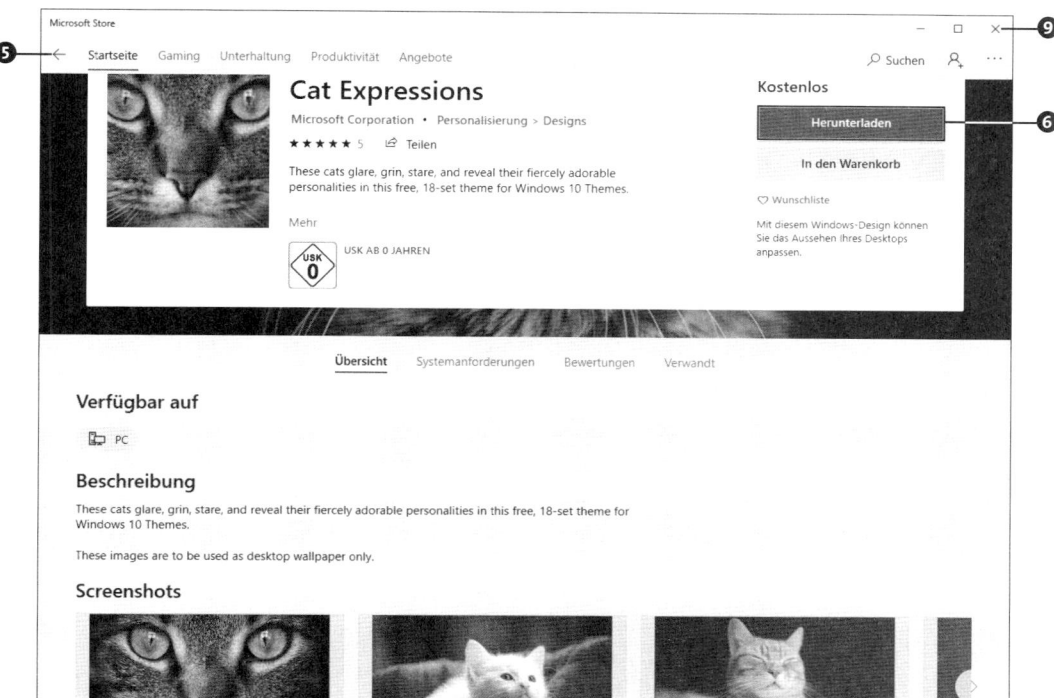

9 Sollten Sie nicht mit einem Microsoft-Konto, sondern mit einem lokalen Konto am Computer angemeldet sein und noch keine der Microsoft-Apps genutzt haben, werden Sie nun aufgefordert, ein Microsoft-Konto anzugeben. Nach Angabe der E-Mail-Adresse sowie des Kennwortes bietet Windows Ihnen an, Ihr lokales Konto in ein Microsoft-Konto umzuwandeln. Mit einem Klick auf **Nur Microsoft-Apps** ❼ beschränken Sie die Anmeldung auf die Microsoft-Apps.

10 Sollten Sie das im vorherigen Schritt beschriebene Vorgehen bereits bei einer anderen Microsoft-App durchlaufen haben, erscheint stattdessen der Dialog **Geräteübergreifend verwenden**. Damit das Konto nicht umgewandelt wird, wählen Sie **Nein, danke ❽**.

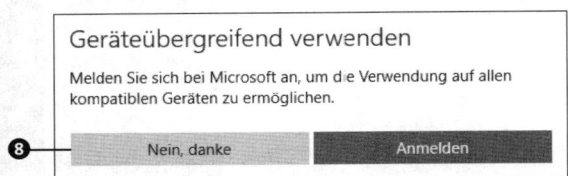

11 Das Design wird auf Ihren Computer übertragen. Nach erfolgreichem Download (statt des Hinweises **Wird heruntergeladen** erscheint die Schaltfläche **Anwenden**) können Sie den Store über das Schließen-Symbol oben rechts (**❾** auf Seite 161) wieder beenden. Das heruntergeladene Design wird nun im Einstellungen-Dialog **Designs** im Bereich **Design ändern ❿** aufgeführt und kann dort ganz einfach per Mausklick ausgewählt werden.

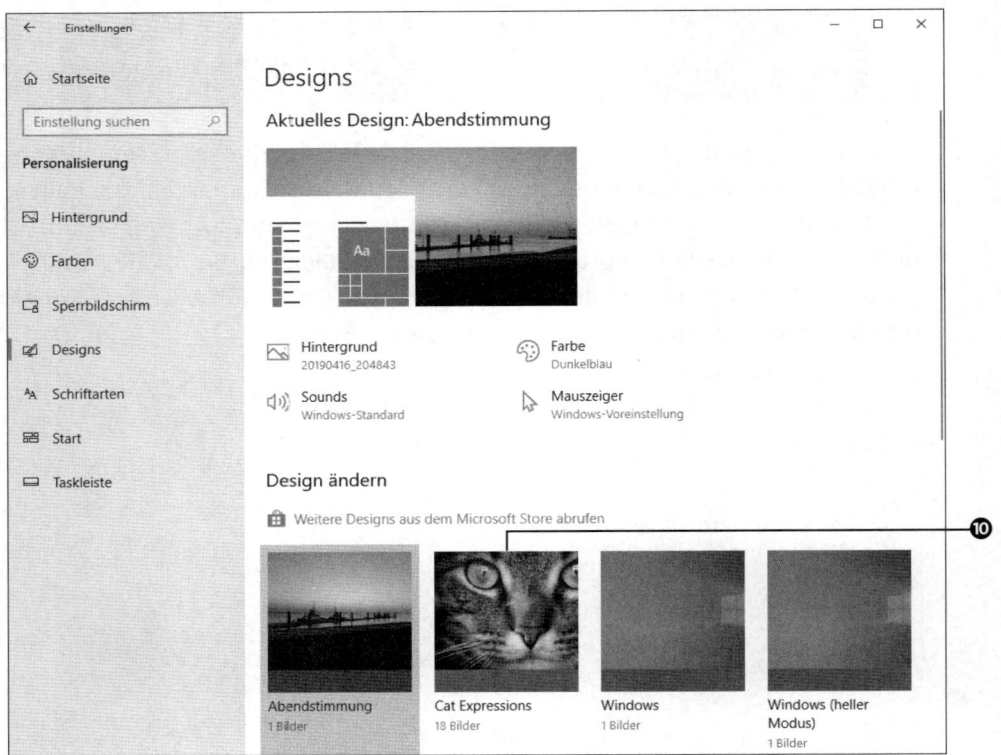

Den Microsoft Store, über den Sie auch viele Apps oder Bücher erwerben können, stelle ich Ihnen in Abschnitt 9.2, »Apps aus dem Microsoft Store installieren«, ab Seite 349 noch genauer vor.

5.3.4 Größe von Text, Apps und anderen Elementen ändern

Je länger man am Computer arbeitet und auf den Bildschirm blickt, desto müder werden die Augen. Nicht nur Menschen mit einer Sehschwäche bekommen hier im Laufe des Tages Probleme, den Text zu entziffern. Bevor Sie nun immer näher an den Bildschirm rücken, um noch etwas lesen zu können, können Sie auch einfach die Größe von Text, Apps und anderen Elementen ändern:

1 Rufen Sie über das Startmenü **Einstellungen ▸ System ▸ Anzeige** auf.

2 Klicken Sie in der rechten Spalte in das Feld **Größe von Text, Apps und anderen Elementen ändern ❶**. In der aufklappenden Liste wählen Sie einen Skalierungsgrad aus, etwa **125%**.

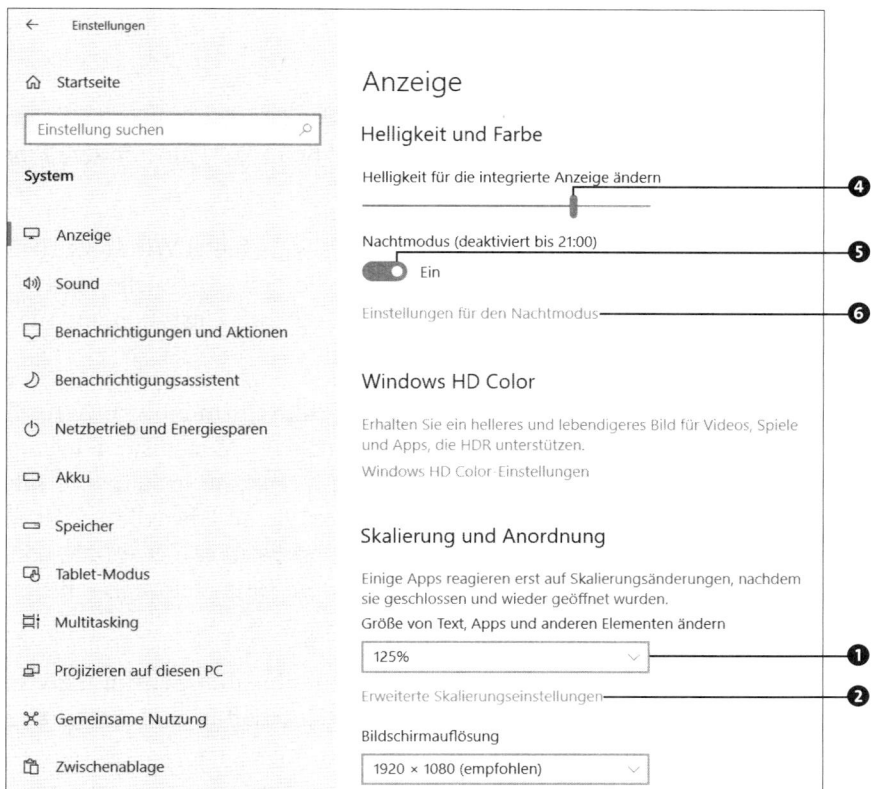

3 Bei manchen älteren Programmen kann es nach der Anpassung der Skalierung zu Darstellungsproblemen kommen. Sollten Sie eine Unschärfe feststellen, klicken Sie auf **Erweiterte Skalierungseinstellungen ❷**.

4 Ziehen Sie den Regler **Windows kann versuchen, Apps mit unscharfer Darstellung zu korrigieren** nach rechts auf **Ein ❸**. Über den Pfeil oben links kehren Sie zur vorherigen Seite zurück.

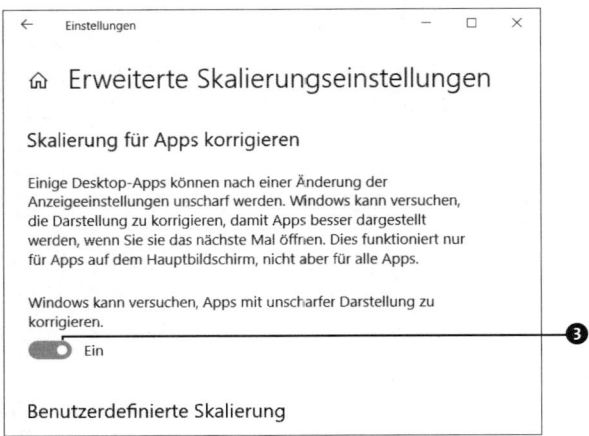

5 Empfinden Sie die Helligkeit des Bildschirms als unangenehm? Probieren Sie in diesem Fall über den Regler **Helligkeit und Farbe** (**❹** auf Seite 163) eine andere Einstellung aus.

6 Für diejenigen, die auch bei Dunkelheit am Rechner sitzen, bietet Windows 10 einen speziellen **Nachtmodus** an. Zur Aktivierung setzen Sie den entsprechenden Regler per Mausklick auf **Ein ❺**. Klicken Sie anschließend auf **Einstellungen für den Nachtmodus ❻**.

7 Über den Schieberegler **Stärke ❼** lässt sich für den Bildschirm ein wärmeres Licht einstellen. Während Sie den Regler mit gedrückter linker Maustaste verschieben, wird die Farbtemperatur verändert. Sobald Sie die Maustaste loslassen, erscheint der Bildschirm wieder in dem vorherigen recht kalten Licht. Über die Schaltfläche **Jetzt aktivieren ❽** können Sie die eingestellte Farbtemperatur sofort aktivieren bzw. nochmals ausprobieren. Mit **Jetzt deaktivieren** kehren Sie zur vorherigen Einstellung zurück.

8 Windows 10 schlägt für die Aktivierung des Nachtmodus den Zeitraum zwischen 21 Uhr und 7 Uhr vor. Sie können in den Feldern **Einschalten** und **Ausschalten ❾** auch einen eigenen Zeitrahmen vorgeben.

9 Haben Sie auf Ihrem Computer den Positionsdienst eingeschaltet, können Sie die Aktivierung des Nachtmodus auch automatisch in Abhängigkeit vom Sonnenuntergang vornehmen lassen. Wählen Sie hierzu die Option **Sonnenuntergang bis Sonnenaufgang** ❿ aus. Die Aktivierung des Positionsdienstes können Sie nach einem Klick auf **Standorteinstellungen** ⓫ vornehmen. Lesen Sie hierzu auch den Kasten »Den Positionsdienst von Windows 10 aktivieren« auf Seite 459.

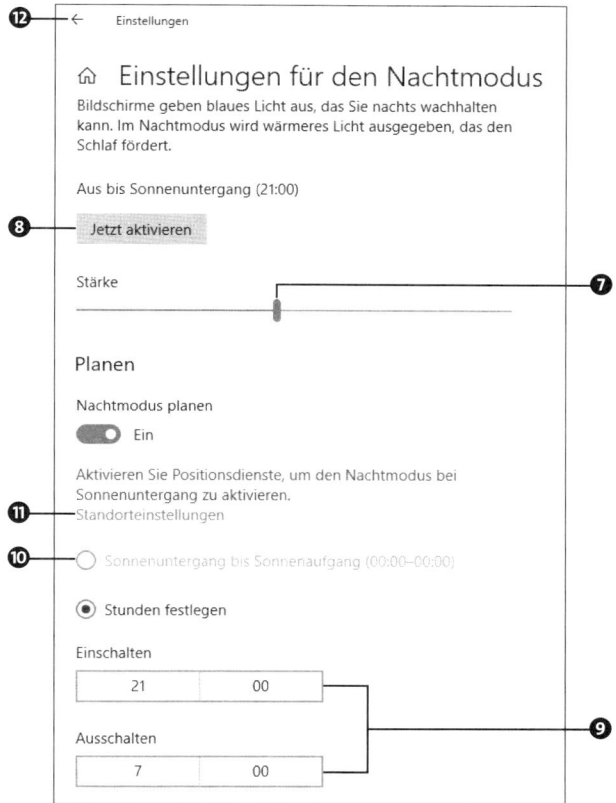

10 Über das Pfeil-Symbol ⓬ oben links kehren Sie wieder zum Einstellungen-Dialog **Anzeige** zurück.

11 Haben Sie die Größe von Text, Apps und anderen Elementen geändert und auch die Einstellungen für den Nachtmodus vorgenommen, müssen Sie sich vom System abmelden, damit alle auf dem Computer installierten Apps die neuen Einstellungen übernehmen. Stellen Sie sicher, dass Sie alle geöffneten Dokumente wie etwa Word-Dateien gesichert haben, bevor Sie auf **Jetzt abmelden** klicken. Melden Sie sich anschließend wie gewohnt am Computer an.

5.3.5 Größe und Aussehen des Mauszeigers anpassen

Nicht nur der Text auf dem Bildschirm kann für manch einen Anwender zu klein sein, sondern auch der Mauszeiger. Aber auch hier können Sie sich das Leben einfacher machen, indem Sie die Größe des Mauszeigers entsprechend anpassen.

1 Rufen Sie **Start** ▸ **Einstellungen** ▸ **Erleichterte Bedienung** ▸ **Mauszeiger** ❶ auf.

2 Ziehen Sie den Schieberegler **Zeigergröße ändern** ❷ mit gedrückter linker Maustaste so weit nach rechts, bis der Mauszeiger die gewünschte Größe hat.

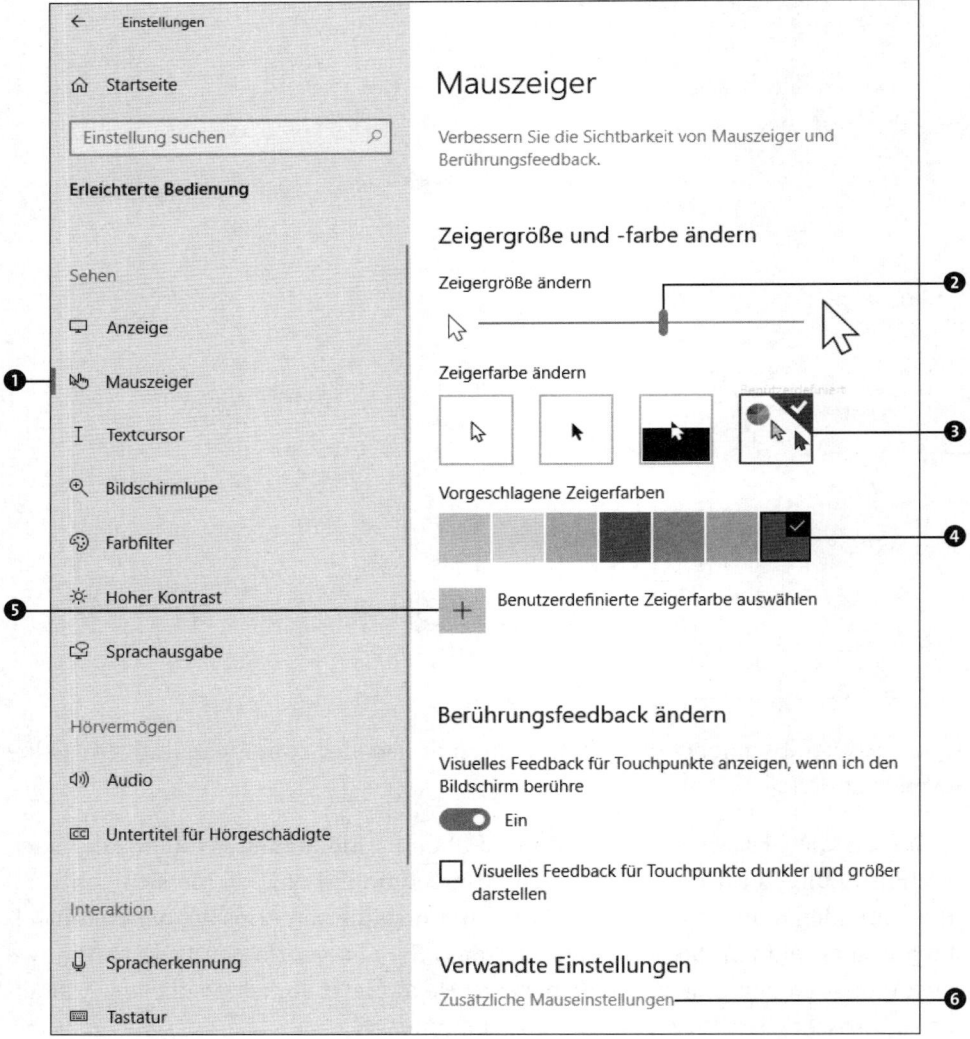

3 Auch die Zeigerfarbe lässt sich ändern. Nach einem Klick auf das Symbol **Benutzerdefiniert** ❸ können Sie entweder einen der eingeblendeten Farbtöne markieren ❹ oder sich für **Benutzerdefinierte Zeigerfarbe auswählen** ❺ entscheiden.

Per Standardeinstellung werden einfache und doppelte Klicks auf Bildschirmelemente mit der linken Maustaste durchgeführt, ein Kontextmenü hingegen wird mit rechten Maustaste eingeblendet. Wenn Sie z. B. Linkshänder sind, können Sie diese Einstellung selbstverständlich ändern.

4 Ist in der Einstellungen-App noch die Unterkategorie **Mauszeiger** geöffnet, klicken Sie hier auf **Zusätzliche Mauseinstellungen** ❻. Wenn Sie die Einstellungen-App bereits geschlossen haben, rufen Sie **Start ▸ Einstellungen ▸ Geräte ▸ Maus** ❼ auf.

5 In der rechten Fensterhälfte finden Sie im Feld **Primäre Taste auswählen** die Standardeinstellung **Links** ❽. Sobald Sie nach einem Klick in das Feld **Rechts** markiert haben, wird auch schon die Belegung der Maustasten umgestellt. Mit der linken Maustaste öffnen Sie nun also Kontextmenüs, während Sie einfache und doppelte Mausklicks über die rechte Maustaste ausführen müssen.

6 Fällt es Ihnen schwer, beim Bewegen der Maus dem Mauszeiger auf dem Bildschirm zu folgen, passen Sie über den Schieberegler **Cursorgeschwindigkeit** ❾ die Geschwindigkeit an.

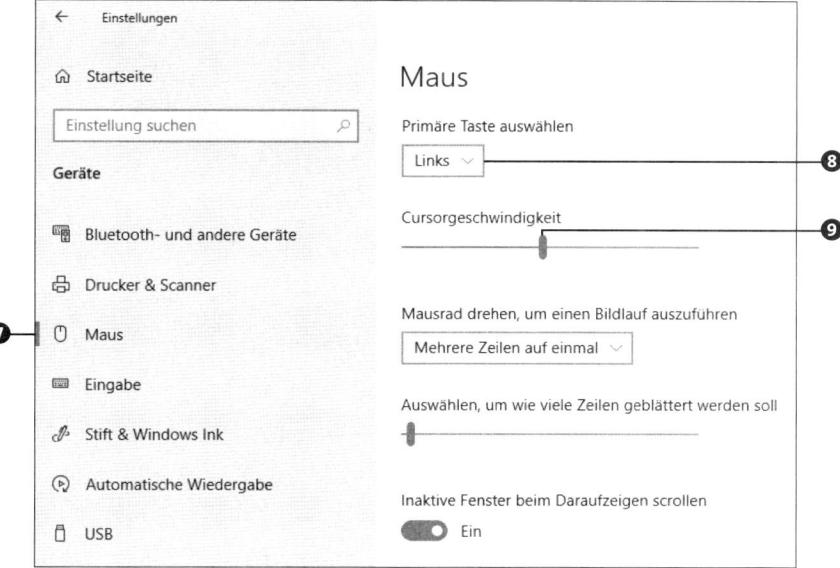

Sichtbarkeit des Textcursors verbessern

Die Einfügemarke, auch *Cursor* oder *Textcursor* genannt, zeigt die Stelle in einem Dokument an, an der der nächste eingegebene Text oder auch eine Grafik eingefügt wird. Wie der Mauszeiger ist auch die Einfügemarke nicht immer gut erkennbar. Über **Start ▶ Einstellungen ▶ Erleichterte Bedienung ▶ Textcursor** lässt sich aber auch ihre Größe und Farbe verändern. Damit dies möglich ist, müssen Sie zuvor den Regler **Textcursor-Indikator aktivieren** auf **Ein** setzen.

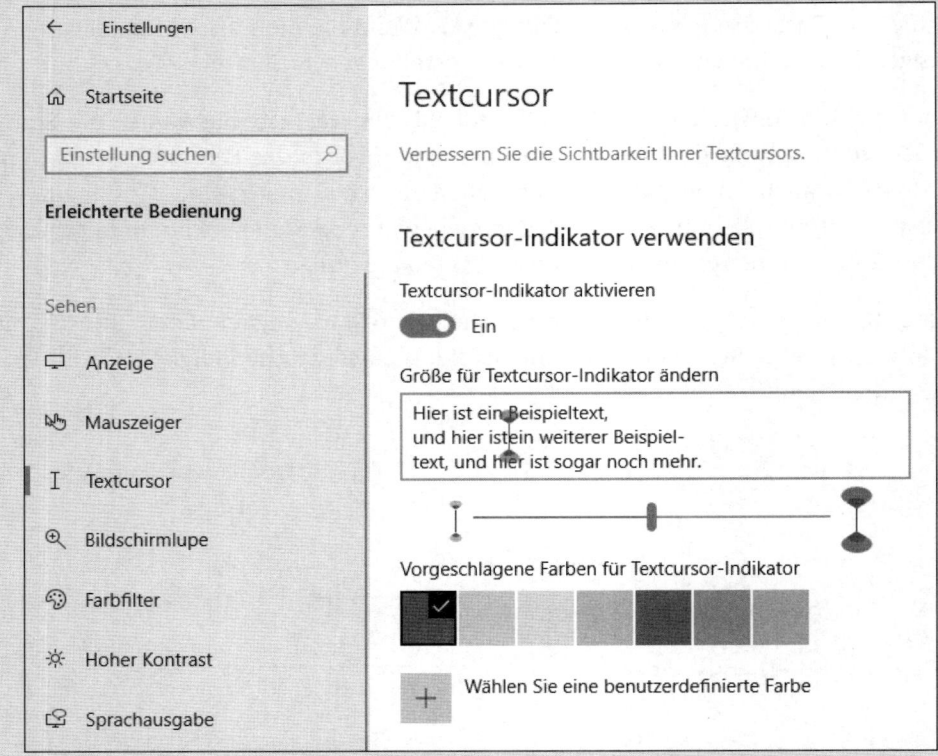

Abbildung 5.3 Auch die Sichtbarkeit des Cursors lässt sich verbessern.

5.4 Das Startmenü anpassen

Um ein Programm oder eine App zu starten, nutzen Sie in den meisten Fällen das Startmenü, das Sie über das Windows-Logo in der linken unteren Bildschirmecke öffnen. Am linken Rand des Startmenüs befindet sich die Schnellstartleiste mit den Schaltflächen zum Herunterfahren des Computers sowie zum Aufrufen der Einstellungen. Über die mittlere Spalte erreichen Sie alle auf dem Computer installierten Anwendungen. Den größten Teil des Startmenüs nimmt der Kachelbereich rechts ein.

Abbildung 5.4 Das Startmenü wird über das Windows-Symbol oder die Windows-Taste aufgerufen.

Jede hier aufgeführte Kachel stellt eine Verknüpfung zu einer App oder zu wichtigen Einstellungen dar. Wie Sie die Farbe des Startmenüs bestimmen, erfahren Sie in Abschnitt 5.3.2, »Farbe von Titel- und Taskleiste, Startmenü und Info-Center festlegen«, ab Seite 155. In diesem Abschnitt zeige ich Ihnen, wie Sie festlegen, welche Elemente in der linken und mittleren Spalte sowie im Kachelbereich des Startmenüs erscheinen sollen. Auch das Aussehen und die Anordnung der Kacheln werden Thema sein.

5.4.1 Elemente des Startmenüs auswählen

Das Startmenü wird per Klick auf das Windows-Logo am linken Rand der Taskleiste oder durch Drücken der Taste ⊞ aufgerufen. Über die kleinen Symbole in der Schnellstartleiste am linken Rand des Startmenüs erreichen Sie blitzschnell wichtige Funktionen, wie etwa den Befehl zum Herunterfahren des PCs oder auch zum Sperren des Computers. Nur die beiden Symbole **Ein/Aus** ⏻ sowie das Symbol Ihres Benutzerkontos ⍟ sind fest in der Schnellstartleiste verankert. Bei allen weiteren Symbolen, wie etwa dem zum Aufruf der Einstellungen ⚙ oder auch des Explorers ▤, können Sie selbst bestimmen, ob es in der Schnellstartleiste erscheint oder nicht. Die entsprechenden Einstellungen nehmen Sie folgendermaßen vor:

1 Rufen Sie **Start** ▸ **Einstellungen** ▸ **Personalisierung** ▸ **Start** auf.

2 Klicken Sie am unteren Rand der rechten Spalte auf **Ordner auswählen, die im Start-menü angezeigt werden ❶**.

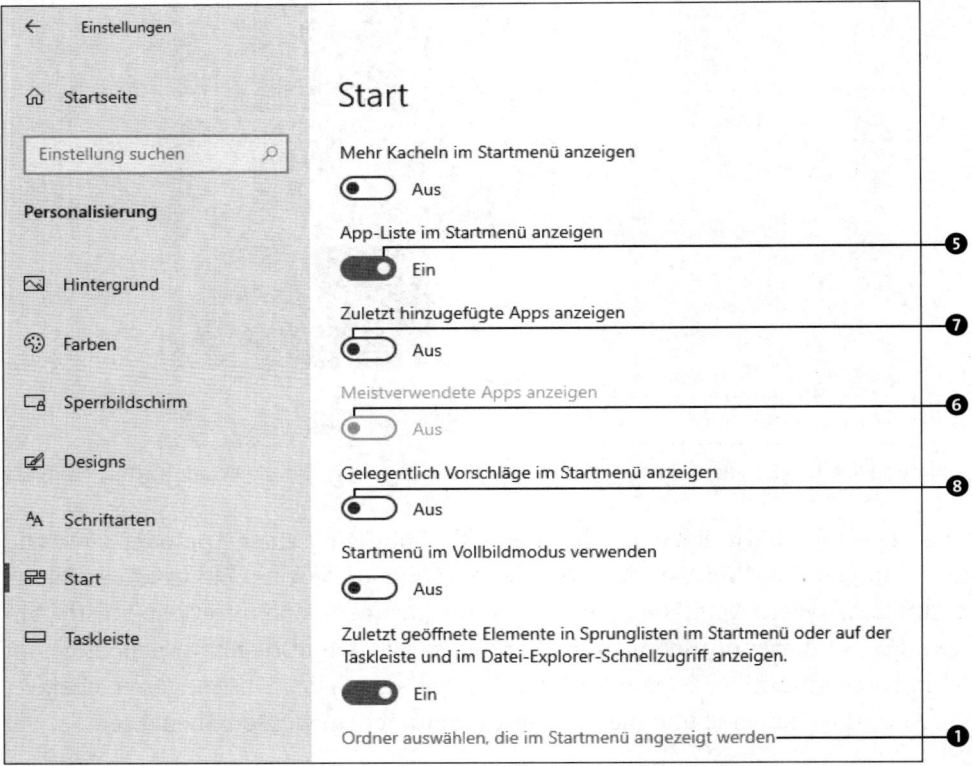

Sie erhalten nun eine Übersicht über alle Ordner, die Sie zur Schnellstartleiste des Startmenüs hinzufügen können. Die Liste beginnt beim **Datei-Explorer ❷**, über den Sie den Explorer mit der Schnellzugriffsübersicht starten, und endet mit **Persönlicher Ordner ❸**, der den Explorer wiederum mit einer Übersicht über all Ihre persönlichen Ordner wie Dokumente, Bilder und mehr öffnet.

3 Über die Schieberegler legen Sie fest, welche Ordner in der Schnellstartleiste ein- bzw. ausgeblendet werden sollen.

4 Kehren Sie anschließend per Klick auf den Pfeil ❹ oben links zur vorherigen Dialogseite zurück.

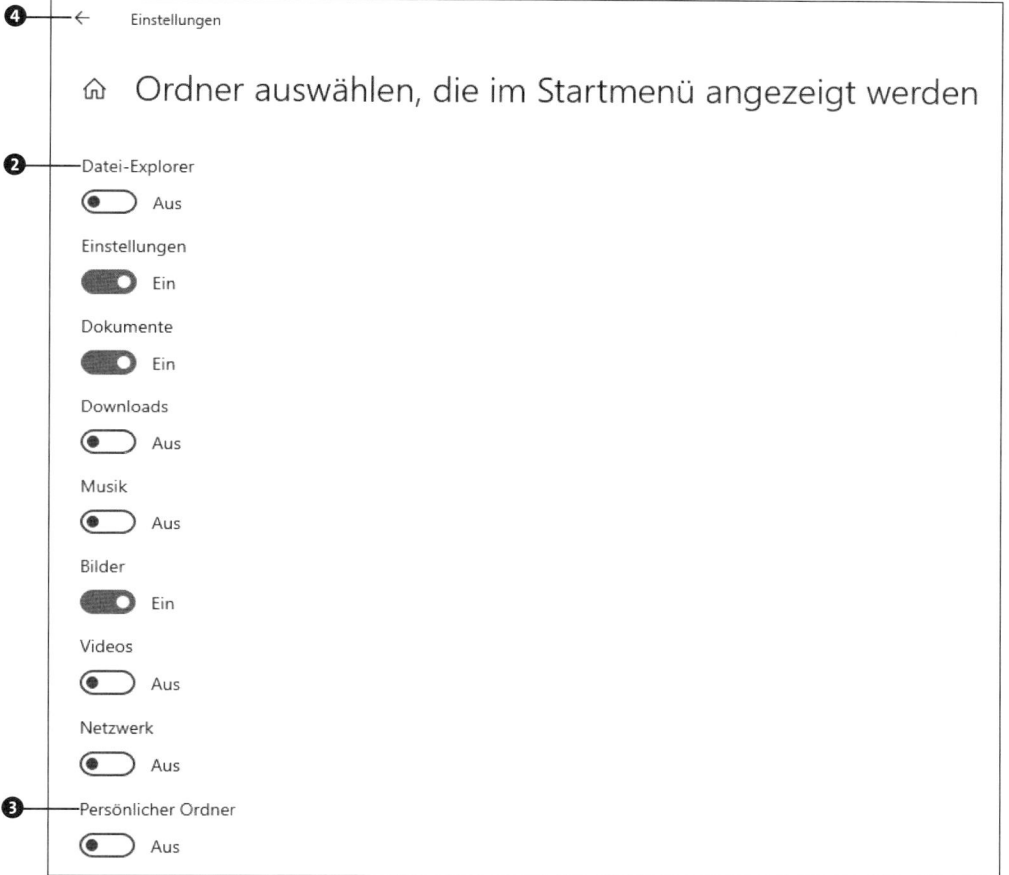

Auf dieser Dialogseite können Sie noch bestimmen, ob überhaupt und, falls ja, welche Elemente in der mittleren Spalte des Startmenüs, sprich der App-Liste, aufgeführt werden sollen. Per Standardeinstellung zeigt Windows hier zunächst die meistverwendeten Apps an, dann die neu hinzugefügten, bevor darunter die alphabetisch sortierte Liste aller auf dem PC installierten Apps folgt.

5 Damit die Liste aller auf dem Computer installierten Apps in der mittleren Spalte des Startmenüs angezeigt wird, muss im Einstellungen-Dialog der Regler **App-Liste im Startmenü anzeigen** (❺ auf Seite 170) eingeschaltet sein. Steht der Regler auf **Aus**, müssen Sie im Startmenü über die beiden Symbole **Alle Apps** 📇 und **Angeheftete Kacheln** 🔳 zwischen der Anzeige der App-Liste sowie der Kachelübersicht wechseln, wie es auch im Tabletmodus üblich ist (siehe Abschnitt 7.1.1, »Aufbau des Startmenüs im Tabletmodus«, ab Seite 244).

6 Haben Sie sich für die Anzeige der App-Liste im Startmenü entschieden, können Sie weitere Einstellungen für diese Liste vornehmen. Wollen Sie z. B. auf die Anzeige der am häufigsten verwendeten Apps verzichten, ziehen Sie den entsprechenden Regler (❻ auf Seite 170) nach links auf **Aus**.

7 Analog lassen sich auch die zuletzt hinzugefügten Apps ausblenden ❼.

8 Im Kachelbereich des Startmenüs zeigt Windows nicht nur Verknüpfungen zu bereits auf dem PC installierten Apps an, sondern auch viel Werbung für Apps, die Sie über den Microsoft Store allerdings erst erwerben müssten. Sind Sie an dieser Werbung nicht interessiert, ziehen Sie den Regler **Gelegentlich Vorschläge im Startmenü anzeigen** nach links auf **Aus** ❽.

Im nächsten Abschnitt erfahren Sie, wie Sie die Größe des Kachelbereichs anpassen, um Platz für mehr Kacheln zu schaffen.

5.4.2 Die Größe des Kachelbereichs verändern

Wenn Sie nicht gerade mit einem Tablet arbeiten (siehe Kapitel 7, »Windows 10 auf dem Tablet«, ab Seite 243), nimmt das Startmenü nach dem Aufruf nur einen Teil des Bildschirms ein. Pinnen Sie zusätzliche Kacheln an das Startmenü (wie dies funktioniert, erfahren Sie in Abschnitt 5.4.4, »Kacheln entfernen, verschieben, hinzufügen, gruppieren und in Ordnern zusammenfassen«, ab Seite 176), wird der Platz hier schnell knapp. Alle Kacheln, die im sichtbaren Bereich des Startmenüs nicht mehr angezeigt werden können, werden unterhalb der bereits vorhandenen Kacheln ergänzt. Am rechten Rand des Startmenüs erscheint entsprechend eine Bildlaufleiste, über die Sie in der Kachelübersicht blättern.

Um Platz für mehr Kacheln zu schaffen, stehen Ihnen mehrere Möglichkeiten zur Verfügung. Um die Höhe des Startmenüs zu verändern, positionieren Sie den Mauszeiger am oberen Rand des Startmenüs. Nimmt er die Form eines Doppelpfeils ❶ an, ziehen Sie ihn mit gedrückter linker Maustaste nach oben. Das Ganze funktioniert in umgekehrter Richtung natürlich auch, falls Sie die Höhe reduzieren möchten. Die Breite des Startmenüs lässt sich analog anpassen. Hierzu positionieren Sie den Mauszeiger einfach am rechten Rand des Startmenüs.

Abbildung 5.5 Sie können Höhe und Breite des Startmenüs individuell anpassen.

Ein weiterer Weg zur Anpassung des Startmenüs führt über den Einstellungen-Dialog. Rufen Sie hierzu **Start ▸ Einstellungen ▸ Personalisierung ▸ Start** auf, finden Sie rechts den Regler **Mehr Kacheln im Startmenü anzeigen**. Ziehen Sie diesen Regler auf **Ein ❷**, wird das Startmenü ebenfalls etwas breiter.

Falls Ihnen diese Möglichkeiten noch nicht ausreichen, können Sie das Startmenü auch über den gesamten Bildschirm hinweg anzeigen lassen. Den hierfür nötigen Regler **Startmenü im Vollbildmodus verwenden ❸** finden Sie ebenfalls unter **Start ▸ Einstellungen ▸ Personalisierung ▸ Start**. Wenn Sie den Regler einschalten und anschließend das Startmenü per Klick auf das Windows-Logo aufrufen, zeigt sich das Startmenü nun allerdings in etwas anderem Gewand. So ist die mittlere Spalte mit der Liste aller installierten Apps nicht mehr zu sehen. Stattdessen nimmt der Kachelbereich nun den größten Teil des Startmenüs ein.

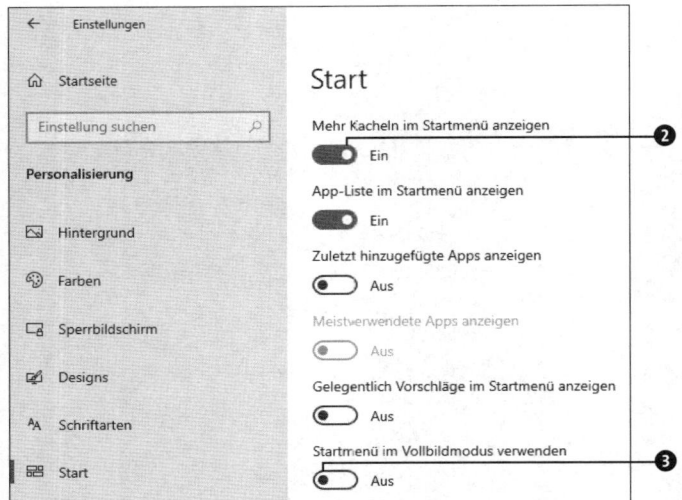

Abbildung 5.6 »Mehr Kacheln im Startmenü anzeigen« führt zu einem etwas breiteren Startmenü.

Um zur Liste aller Apps zu gelangen, ist ein Klick auf das Symbol **Alle Apps** ▤ ❹ oben links nötig. Über das Symbol **Angeheftete Kacheln** ▦ ❺ kehren Sie wieder zur Kachelübersicht zurück. Die Desktopoberfläche wird beim eingeblendeten Startmenü komplett überdeckt. Sie erscheint erst wieder, wenn Sie erneut auf das Windows-Logo ❻ klicken oder auf die Taste ⊞ bzw. alternativ auf die [Esc]-Taste drücken. Sollte Ihnen diese Darstellung des Startmenüs doch zu groß sein, deaktivieren Sie den Vollbildmodus im Einstellungen-Dialog einfach wieder.

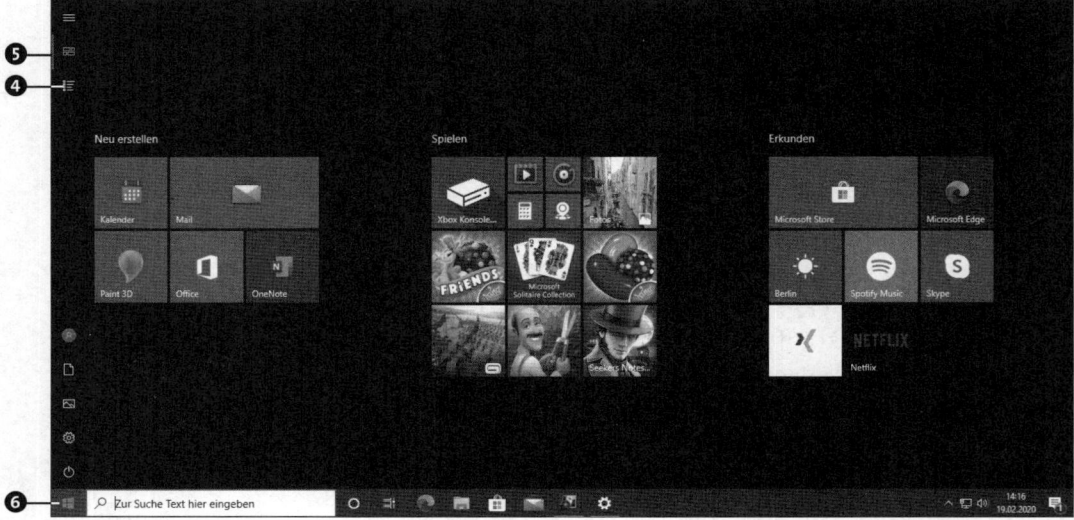

Abbildung 5.7 Das Startmenü im Vollbildmodus

5.4.3 Größe und Inhalt der Kacheln anpassen

Wenn Sie sich die Kacheln im Kachelbereich des Startmenüs ansehen, werden Sie feststellen, dass sie unterschiedliche Größen aufweisen. Manche der Kacheln wechseln sogar das Aussehen. So werden in der *Nachrichten*-App beispielsweise immer wieder aktuelle Schlagzeilen eingeblendet, während die *Fotos*-App eine kleine Diashow Ihrer Bildersammlung zeigt und die *Wetter*-App die aktuellen Temperaturen präsentiert. Kacheln, die derartige Informationen bieten, werden auch *Live-Kacheln* genannt. Sowohl die Größe von Kacheln als auch das Aussehen der Live-Kacheln lassen sich schnell ändern.

1 Klicken Sie dazu mit der rechten Maustaste auf die Kachel, deren Größe Sie ändern möchten.

2 Positionieren Sie den Mauszeiger im aufklappenden Kontextmenü auf **Größe ändern ❶**, erscheint eine Liste mit vier verschiedenen Kachelgrößen. Ein Mausklick auf die gewünschte Größe ❷ reicht, und die Kachel wird entsprechend angepasst. Dabei kann es sein, dass die Kacheln in der Umgebung an eine neue Position verschoben werden. Wie Sie Kacheln selbst verschieben, erfahren Sie gleich im nächsten Abschnitt.

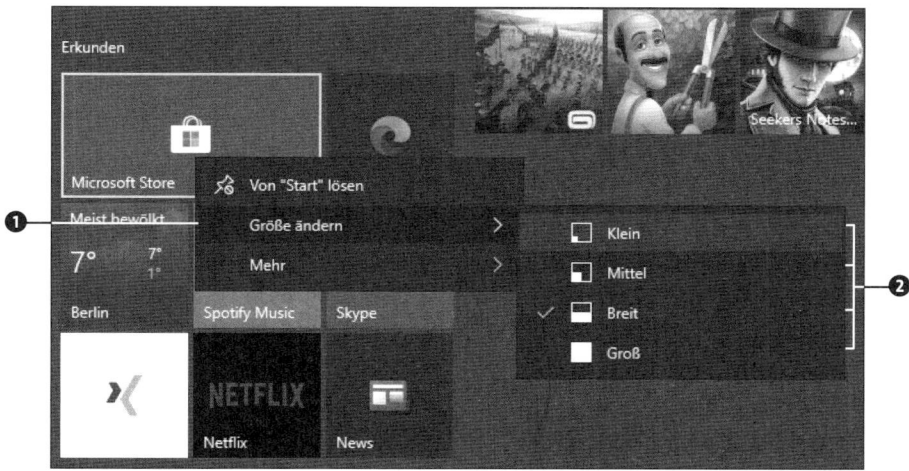

3 Sind Sie nicht an den aktuellen Informationen auf einer Live-Kachel interessiert, lässt sich diese Funktion auch schnell ausschalten. Auch hierzu erfolgt ein rechter Mausklick auf die entsprechende Kachel. Wählen Sie dann nacheinander **Mehr** und **Live-Kachel deaktivieren ❸** aus. Auf der Kachel ist nun nur noch ein statisches Bild zu sehen. Wenn Sie sich später doch wieder die Informationen anzeigen lassen möchten, wählen Sie nach dem rechten Mausklick auf die Kachel erneut **Mehr** und dann **Live-Kachel aktivieren**.

Schneller Weg zu den App-Einstellungen

Eine App funktioniert nicht mehr richtig, und Sie würden sie gerne auf die Standardeinstellungen zurücksetzen? (Lesen Sie dazu auch den Abschnitt 19.1.1, »Apps in den Originalzustand zurücksetzen«, ab Seite 705.) Oder möchten Sie die Berechtigungen anpassen, die einer App eingeräumt werden (etwa den Zugriff auf Ihre Kontakte)? All diese Einstellungen erreichen Sie bequem über das Kontextmenü einer App im Startmenü. Rufen Sie nach dem Aufruf des Menüs per rechtem Mausklick auf die entsprechende Kachel nacheinander **Mehr ▸ App-Einstellungen ❹** auf.

5.4.4 Kacheln entfernen, verschieben, hinzufügen, gruppieren und in Ordnern zusammenfassen

Die Kacheln innerhalb des Kachelbereichs stellen jeweils eine Verknüpfung zu einer App dar. Ein Klick auf eine Kachel reicht, und schon wird die damit verbundene Anwendung gestartet. Es ist somit durchaus sinnvoll, häufig verwendete Apps an den Kachelbereich des Startmenüs zu knüpfen. Umgekehrt sollten Sie nicht benötigte Kacheln aus dem Kachelbereich entfernen. Letzteres ist blitzschnell erledigt: Rufen Sie das Startmenü auf, klicken Sie mit der rechten Maustaste auf die zu löschende Kachel, und wählen Sie im Kontextmenü **Von "Start" lösen**. Das war's bereits. Die App selbst, die mit der Kachel verknüpft war, ist damit nicht deinstalliert, sie kann weiterhin über die Liste aller Apps im Startmenü aufgerufen werden. Wie Sie Apps deinstallieren, erfahren Sie in Abschnitt 9.4, »Apps und Programme deinstallieren«, ab Seite 367.

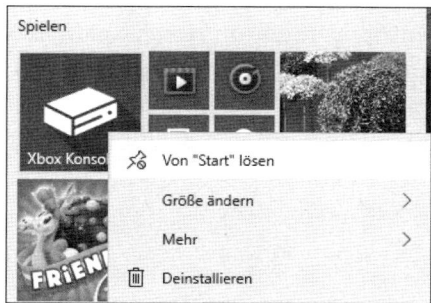

Abbildung 5.8 Kacheln lassen sich blitzschnell aus dem Startmenü entfernen.

Die entfernte Kachel hinterlässt im Kachelbereich eine Lücke. Stört Sie diese Lücke, füllen Sie sie einfach mit einer anderen Kachel. Dazu können Sie entweder eine bereits vorhandene Kachel verschieben oder eine neue hinzufügen. Das Verschieben erledigen Sie ähnlich flott wie das Entfernen:

1 Bewegen Sie den Mauszeiger auf die Kachel, die Sie verschieben wollen, und ziehen Sie sie mit gedrückter linker Maustaste an die gewünschte neue Position.

Während des Ziehens wird zusätzlich zum Mauszeiger eine Vorschau der Kachel eingeblendet. Außerdem können Sie beobachten, wie manchmal andere Kacheln ebenfalls verschoben werden, um Platz für die Kachel unterhalb des Mauszeigers zu schaffen.

2 Wenn Sie die richtige Stelle für die Kachel gefunden haben, lassen Sie die Maustaste los, und schon wird die Kachel platziert.

Standardmäßig sieht Windows nur für eine überschaubare Anzahl von Apps eine Kachel im Startmenü vor. Hierzu zählen beispielsweise die *Kalender*-App, die *Mail*-App, die *Fotos*-App oder auch die *Wetter*-App. Den Großteil der restlichen Programme finden Sie teilweise gut versteckt in der Liste aller installierten Apps in der mittleren Spalte des Startmenüs. Wenn Sie gerne Ihre Lieblingsanwendung mit einer Kachel ans Startmenü heften möchten, klicken Sie in der Liste aller auf dem PC installierten Apps mit der rechten Maustaste auf dieses Programm und wählen im Kontextmenü den Befehl **An "Start" anheften**.

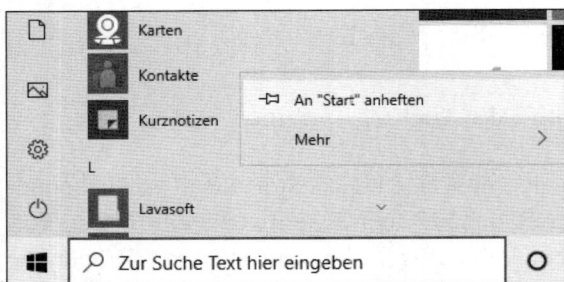

Abbildung 5.9 Jedes der in der Liste aller Apps aufgeführten Programme kann an den Start angeheftet werden.

Windows fügt nun auf einem freien Platz des Kachelbereichs eine Kachel für die Anwendung hinzu (siehe ❹ in Abbildung 5.10 auf Seite 179), die Sie anschließend natürlich noch an die gewünschte Position ziehen können.

Alternativ zum soeben beschriebenen Verfahren können Sie die Anwendung mit gedrückter linker Maustaste auch direkt von der App-Liste nach rechts in den Kachelbereich ziehen.

Windows hat eine gewisse Ordnung für den Kachelbereich vorgesehen. So sind die bereits vorhandenen Kacheln meist in drei Gruppen aufgeteilt, die z. B. die Titel **Neu erstellen** ❶, **Spielen** ❷ sowie **Erkunden** ❸ tragen. Der Abstand zwischen diesen Gruppen ist etwas größer als zwischen den Kacheln innerhalb einer Gruppe. Dieses Ordnungssystem ist nicht nach jedermanns Geschmack. Wenn die Aufteilung Sie stört, können Sie die vorhandenen Gruppen auch umbenennen oder natürlich neue, nach Themen sortierte Gruppen erzeugen, in denen Sie ganz nach Ihren Vorstellungen Kacheln hinzufügen.

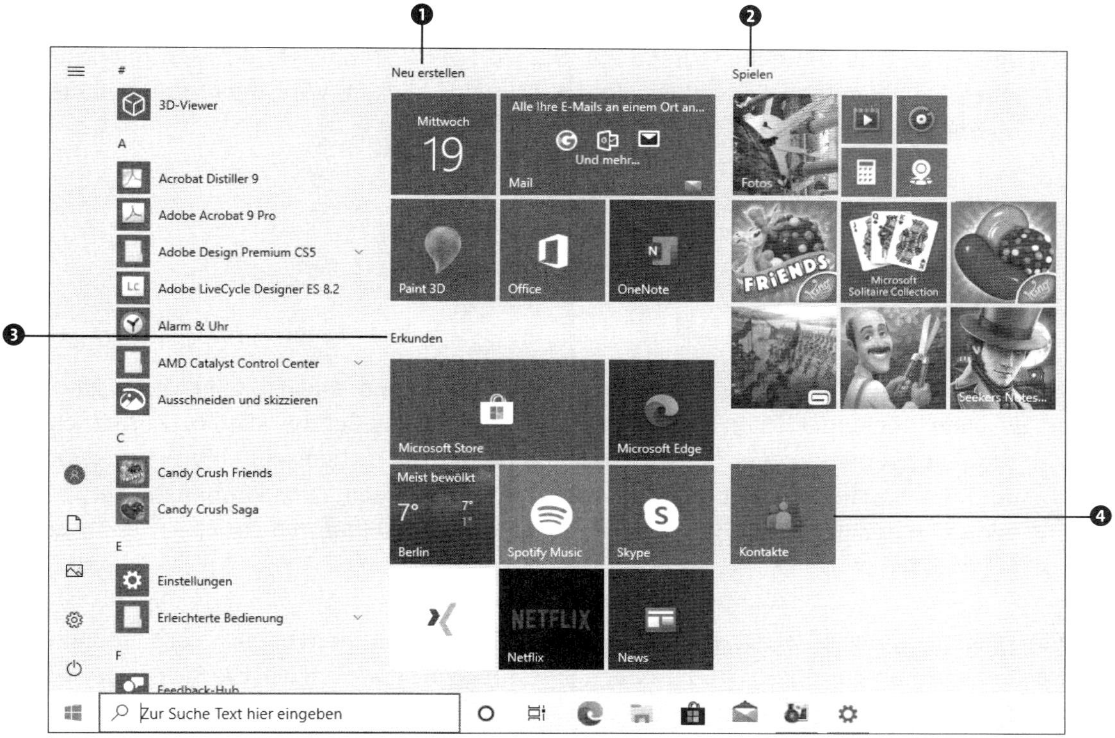

Abbildung 5.10 Alle neu hinzugefügten Kacheln werden zunächst unterhalb der bereits vorhandenen eingefügt.

Eine erste neue Gruppe legt Windows automatisch an, sobald Sie eine Kachel wie zuvor beschrieben **An "Start" anheften**. Diese Kachel wird mit etwas Abstand rechts oder unterhalb der bereits vorhandenen Kacheln hinzugefügt, wie Sie in Abbildung 5.10 am Beispiel der Kachel **Kontakte ❹** sehen können. Wenn Sie möchten, geben Sie dieser neuen Gruppe einen eigenen Namen. Hierzu gehen Sie folgendermaßen vor:

1 Positionieren Sie den Mauszeiger oberhalb der Kachel der neuen Gruppe, im Beispiel also oberhalb der Kachel **Kontakte**. Hier wird nun der Schriftzug **Gruppe benennen** eingeblendet, rechts davon sehen Sie ein kleines Symbol mit zwei Linien.

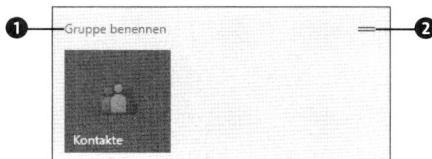

2 Wenn Sie nun entweder auf den Schriftzug **Gruppe benennen ❶** oder auf das Symbol ▤ ❷ klicken, erscheint statt des Textes ein weißes Textfeld. Hier tragen Sie den Namen für die neue Gruppe ein. Sobald Sie die Taste ⏎ drücken oder auf einen beliebigen Bereich außerhalb des Textfelds klicken, wird der Gruppenname übernommen.

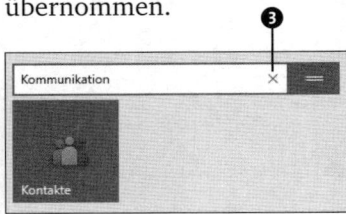

3 Wenn Sie einen bereits vorhandenen Gruppennamen ändern oder auch ganz löschen möchten, klicken Sie ebenfalls auf den Namen oder das Symbol. Zusätzlich zum Gruppennamen erscheint am rechten Rand des Textfelds ein kleines Kreuz ❸. Ein Klick hierauf, und der vorhandene Name wird gelöscht. Nun können Sie entweder einen neuen Namen eingeben oder das leere Textfeld durch Drücken der Taste ⏎ schließen.

Sie können natürlich auch selbst eine neue Gruppe aus den bereits vorhandenen Kacheln zusammenstellen. Hierzu ziehen Sie einfach die erste Kachel, die Sie der neuen Gruppe hinzufügen möchten, mit gedrückter linker Maustaste auf eine freie Stelle außerhalb der bereits vorhandenen Gruppen.

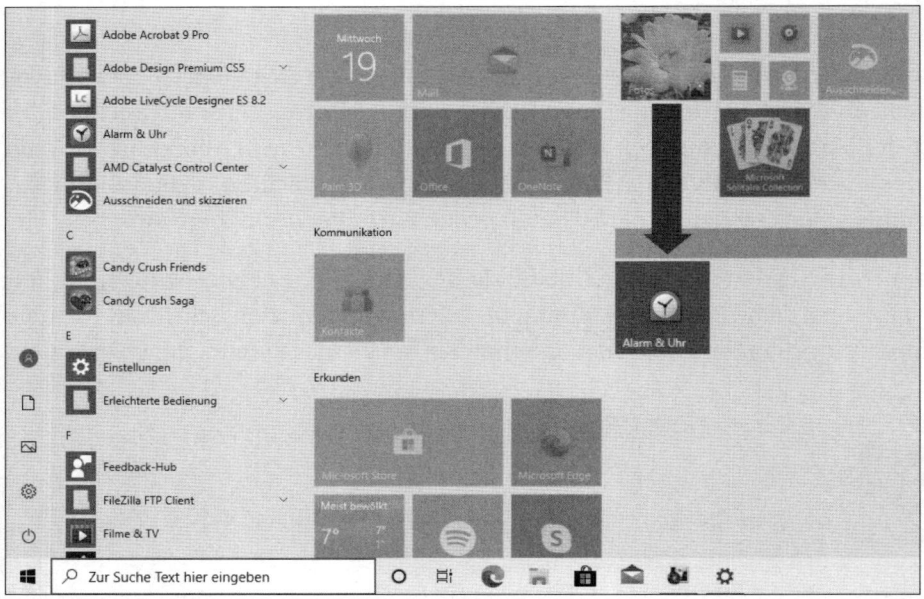

Abbildung 5.11 Sie können die vorhandenen Kacheln zu neuen Gruppen zusammenfassen.

Die Maustaste lassen Sie erst dann los, wenn oberhalb des Mauszeigers sowie der Kachelvorschau, die während des Ziehens mit dem Mauszeiger über den Bildschirm wandert, ein Balken eingeblendet wird. Dieser Gruppe können Sie nun weitere Kacheln hinzufügen und natürlich wie oben beschrieben einen Namen zuweisen.

Anstatt nur einzelne Kacheln neu zu positionieren, lässt sich übrigens auch eine ganze Gruppe verschieben. Hierzu setzen Sie den Mauszeiger auf den Gruppennamen und ziehen ihn mit gedrückter linker Maustaste an die gewünschte neue Stelle im Kachelbereich des Startmenüs. Während des Ziehens wird lediglich der Gruppenname angezeigt. Die Kacheln der Gruppe erscheinen erst wieder, wenn Sie die Maustaste loslassen.

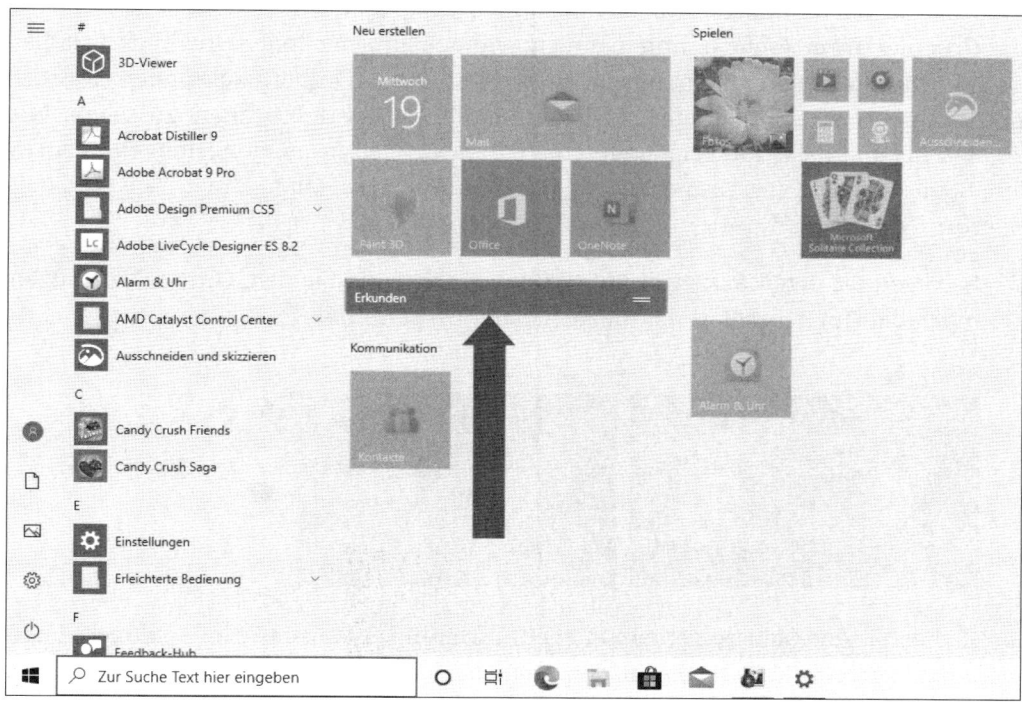

Abbildung 5.12 Eine Gruppe von Kacheln kann in einem Rutsch verschoben werden. Dabei sind die Kacheln nicht sichtbar.

So, wie Sie eine neue Gruppe erstellen können, ist es natürlich auch möglich, eine vorhandene Gruppe aufzulösen. Hierzu müssen Sie alle Kacheln innerhalb dieser zu löschenden Gruppe in eine andere, bereits vorhandene Gruppe verschieben. Sobald Sie auf diese Weise die letzte Kachel innerhalb der zu löschenden Gruppe entfernt haben, wird auch die Gruppe aufgelöst, und der Gruppenname verschwindet.

TIPP

Ordner im Tabletmodus anlegen

Das Anlegen eines Ordners, das Sie auf dieser Seite kennenlernen werden, erfordert im Desktopmodus recht viel Geschick. Bewegt man den Mauszeiger etwas zu schnell, werden die Kacheln lediglich verschoben, es wird aber kein Ordner angelegt. Im Tabletmodus gelingt das Vorgehen manchmal etwas einfacher. Wie Sie in den Modus wechseln, erfahren Sie im Kasten »Den Tabletmodus auf Desktop-PCs und Notebooks ausprobieren« auf Seite 244.

Je mehr Kacheln Sie dem Startmenü hinzufügen, desto unübersichtlicher wird es. Selbst das Gruppieren der Kacheln sorgt hier nicht wirklich für den nötigen Überblick. Gilt dies auch für Ihr Startmenü, bietet es sich an, die Kacheln in Ordnern zusammenzufassen. Im Startmenü ist anschließend zunächst nur die Kachel des Ordners zu sehen. Mit einem Klick auf diese Kachel blenden Sie die im Ordner zusammengefassten Kacheln ein. Beim Anlegen eines Ordners ist allerdings eine ruhige Hand gefragt. Und so gehen Sie vor:

1 Bewegen Sie den Mauszeiger auf die erste Kachel, die Sie dem Ordner hinzufügen möchten. (Im Beispiel ist das die Kachel der *Office*-App ❶.)

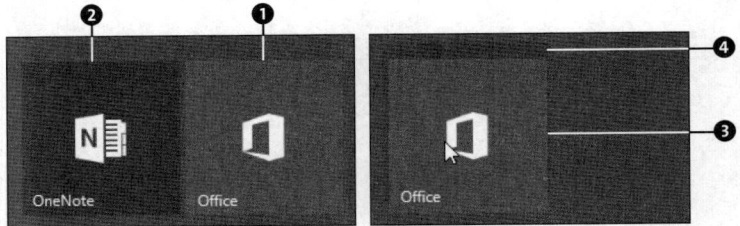

2 Ziehen Sie den Mauszeiger nun mit gedrückter linker Maustaste im Zeitlupentempo auf die zweite Kachel, die in den gemeinsamen Ordner wandern soll (hier die Kachel der *OneNote*-App) ❷. Gehen Sie hierbei zu schnell vor, wird die zweite Kachel verschoben. Führen Sie in diesem Fall die Bewegung noch langsamer durch. Befindet sich die erste Kachel fast vollständig über der zweiten Kachel ❸, können Sie beobachten, wie diese zweite Kachel etwas größer wird ❹. Erst jetzt lassen Sie die Maustaste los.

3 Die beiden übereinandergelegten Kacheln werden nun durch eine Kachel mit einem nach oben weisenden Pfeil ersetzt ❺. Unterhalb dieser Kachel sehen Sie zwischen zwei Linien ❻ den Inhalt des soeben erzeugten Ordners, sprich, die Kacheln der Apps Office sowie OneNote.

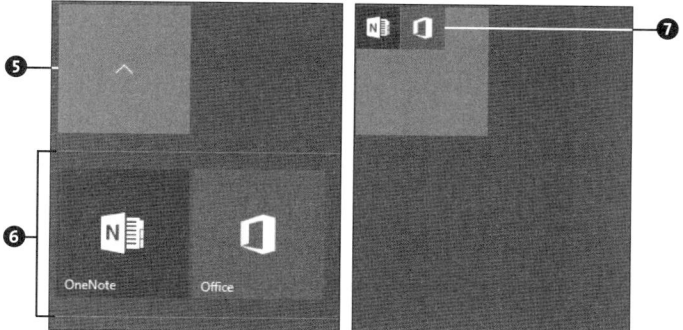

4 Klicken Sie auf die Pfeil-Kachel, wird der Ordner quasi geschlossen. Statt des Pfeils sehen Sie nun die Miniaturansichten der hinzufügten Kacheln ❼.

Wenn Sie möchten, können Sie den Ordner noch um weitere Kacheln ergänzen, indem Sie die entsprechenden Kacheln, wie in Schritt 2 auf Seite 182 gezeigt, langsam auf die Ordner-Kachel ziehen. Die Ordner-Kachel lässt sich genauso im Startmenü verschieben wie jede andere Kachel. Auch die Größe können Sie bequem nach einem rechten Mausklick auf die Kachel anpassen. Um eine im Ordner befindliche App zu öffnen, reicht ein Klick auf die Ordner-Kachel. Anschließend wird der Inhalt des Ordners angezeigt, und Sie können die gewünschte App per Klick öffnen. Selbstverständlich lässt sich eine Kachel auch wieder aus einem Ordner entfernen:

1 Um den Inhalt des Ordners zunächst einzublenden, klicken Sie auf die Ordner-Kachel ❶.

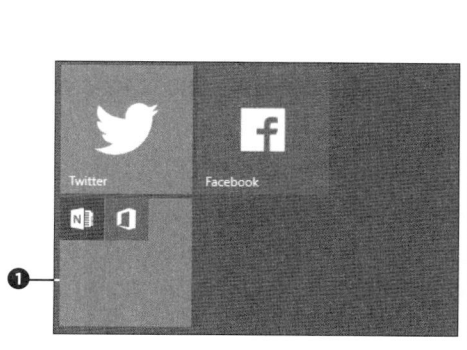

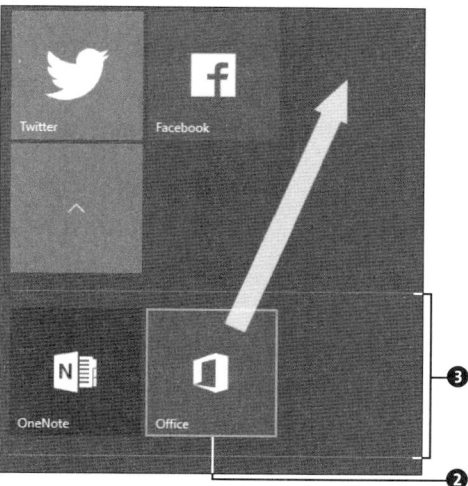

2 Bewegen Sie den Mauszeiger auf die Kachel, die Sie entfernen möchten ❷. Ziehen Sie die Kachel dann mit gedrückter linker Maustaste auf eine beliebige Stelle innerhalb des Startmenüs, aber außerhalb des Ordnerbereichs. Dieser Bereich ist an den beiden Linien zu erkennen ❸. Der Ordner wird übrigens automatisch aufgelöst, sobald Sie die letzte Kachel aus ihm ziehen.

5.5 Die Taskleiste anpassen

Die Taskleiste spielt bereits seit vielen Windows-Versionen eine wichtige Rolle. Mit einem Blick lesen Sie hier u. a. die Uhrzeit ab, öffnen schnell per Mausklick das Startmenü oder starten Suchanfragen. Zusätzlich können Sie Anwendungen an die Taskleiste heften, wie Sie in Abschnitt 6.2, »Programme und Dateien über die Taskleiste öffnen«, ab Seite 226 erfahren werden. Für jede bereits geöffnete Anwendung wird ebenfalls ein Symbol in der Taskleiste eingeblendet, sodass Sie schnell zwischen den Programmen wechseln können. In diesem Abschnitt erfahren Sie, welche Möglichkeiten Ihnen Windows zur individuellen Gestaltung der Taskleiste bietet.

5.5.1 Die Position der Taskleiste anpassen

Per Standardeinstellung befindet sich die Taskleiste am unteren Bildschirmrand und wird hier permanent angezeigt. Sie lässt sich aber auch am seitlichen oder oberen Bildschirmrand positionieren.

1 Um die Position der Taskleiste zu verändern, klicken Sie mit der rechten Maustaste auf einen freien Bereich der Taskleiste. Wählen Sie im Kontextmenü **Taskleisteneinstellungen**.

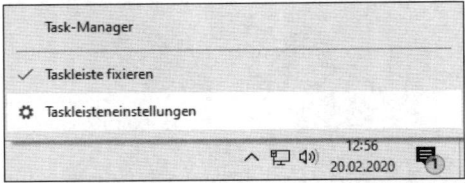

2 Die App **Einstellungen** wird mit der Kategorie **Personalisierung** geöffnet. Links ist bereits **Taskleiste** ❶ markiert. Blättern Sie in der rechten Spalte nach unten bis zum Feld **Position der Taskleiste auf dem Bildschirm** ❷. Hier können Sie nach einem Klick auf den Pfeil **Links**, **Oben**, **Rechts** oder **Unten** auswählen. Sobald Sie die gewünschte Option markiert haben, wird die Taskleiste auch schon entsprechend verschoben.

3 Die Taskleiste wird im Desktopmodus immer angezeigt. Manch einer möchte aber lieber den Desktophintergrund ohne die störende Taskleiste genießen. Ziehen Sie im Einstellungen-Dialog den Regler **Taskleiste im Desktopmodus automatisch ausblenden ❸** auf **Ein**, verschwindet die Taskleiste. Sie wird erst eingeblendet, wenn Sie den Mauszeiger an den entsprechenden Bildschirmrand bewegen, den Sie für die Taskleiste vorgesehen haben (siehe Schritt 2).

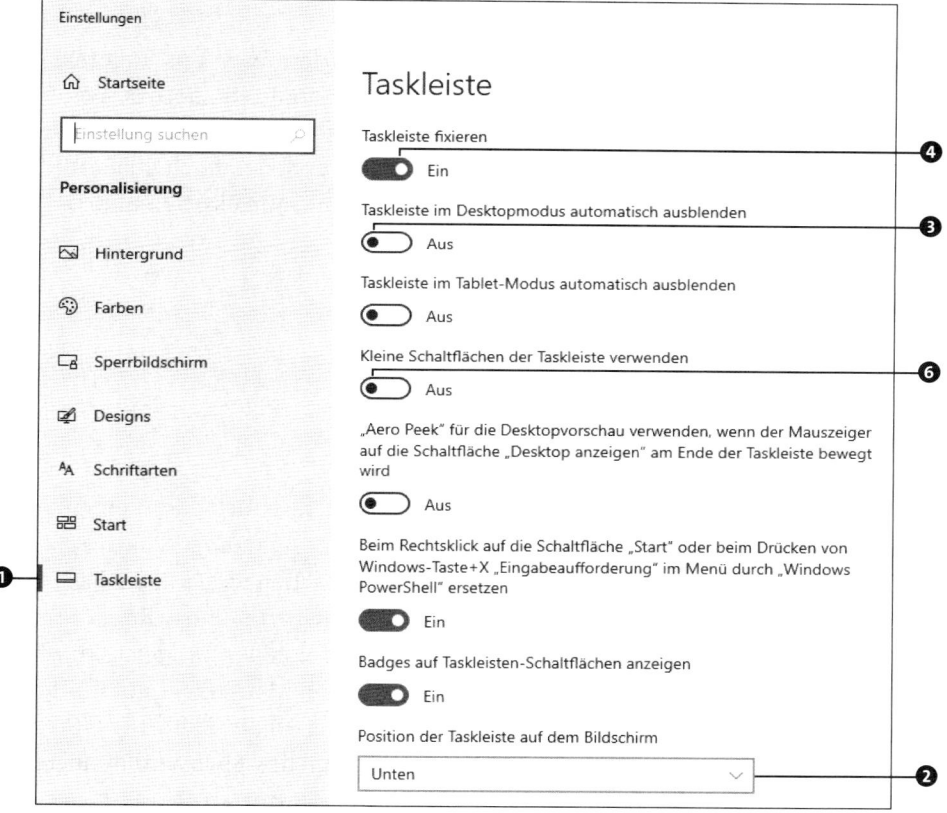

4 Falls Ihnen die Taskleiste zu schmal ist, können Sie sie auch vergrößern. Zuvor müssen Sie den Regler **Taskleiste fixieren** auf **Aus ❹** ziehen. Positionieren Sie den Mauszeiger nun auf dem Rand der Taskleiste, nimmt er die Form eines Doppelpfeils an ❺. Mit gedrückter linker Maustaste lässt sich die Taskleiste jetzt nach oben hin aufziehen bzw. auch wieder verkleinern. Letzteres werden Sie wahrscheinlich durchführen wollen, sobald Sie das Vergrößern ausprobiert haben. Wirklich Sinn macht die Anpassung der Höhe nämlich nicht, da sich die Symbole innerhalb der Taskleiste nur sehr bedingt beliebig positionieren lassen.

5 Wenn Sie tatsächlich mehr Platz in der Taskleiste benötigen, ist es sinnvoller, die Taskleistensymbole zu minimieren. Dies erreichen Sie, indem Sie den Regler **Kleine Schaltflächen der Taskleiste verwenden** (❻ auf Seite 185) auf **Ein** setzen.

Hierdurch ist die Taskleiste nur noch halb so hoch. Außerdem wird das Suchfeld, das sich rechts vom Windows-Logo befindet, auf das Lupensymbol reduziert ❼. Wenn Sie eine Suchanfrage über das Suchfeld starten möchten, klicken Sie auf die Lupe, und das Suchfeld wird wieder eingeblendet. Auf das Thema Suche gehe ich noch ausführlich in Kapitel 10, »In Windows 10 erfolgreich auf die Suche gehen«, ab Seite 375 ein.

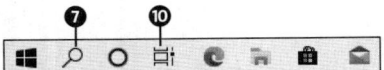

Abbildung 5.13 Der linke Rand der Taskleiste mit kleinen Symbolen

5.5.2 Anzuzeigende Elemente der Taskleiste festlegen

Wie Sie am Ende des vorherigen Abschnitts erfahren haben, lässt sich das Suchfeld auch durch das Lupensymbol 🔍 ersetzen. Hierzu müssen Sie nicht unbedingt, wie in Schritt 5 auf dieser Seite beschrieben, die Einstellung **Kleine Schaltflächen der Taskleiste verwenden** aktivieren. Die gewünschte Darstellung lässt sich auch gezielt auswählen. Klicken Sie einfach mit der rechten Maustaste auf einen freien Bereich der Taskleiste. Im Kontextmenü finden Sie nun den Eintrag **Suchen**. Sobald Sie den Mauszeiger auf ihn bewegen, werden drei Optionen eingeblendet (siehe Abbildung 5.14 auf Seite 187). So können Sie das Suchfeld beispielsweise ganz ausblenden, nur das **Suchsymbol anzeigen** oder, wie per Standardeinstellung vorgesehen, das **Suchfeld anzeigen** ❽.

Rechts vom Suchfeld finden Sie das Cortana-Symbol, über das sich die Sprachassistentin Cortana starten lässt. Zu ihr erhalten Sie in Kapitel 21, »Spracherkennung und Cortana«, ab Seite 767 ausführliche Informationen. Benötigen Sie das Symbol in der Taskleiste nicht, blenden Sie wieder per rechten Mausklick auf eine freie Fläche der Taskleiste das Kontextmenü ein. Mit einem Klick entfernen Sie das Häkchen vor **Cortana-Schaltfläche anzeigen** ❾. Wollen Sie das Cortana-Symbol später doch wieder in der Taskleiste einblenden, setzen Sie das Häkchen einfach wieder.

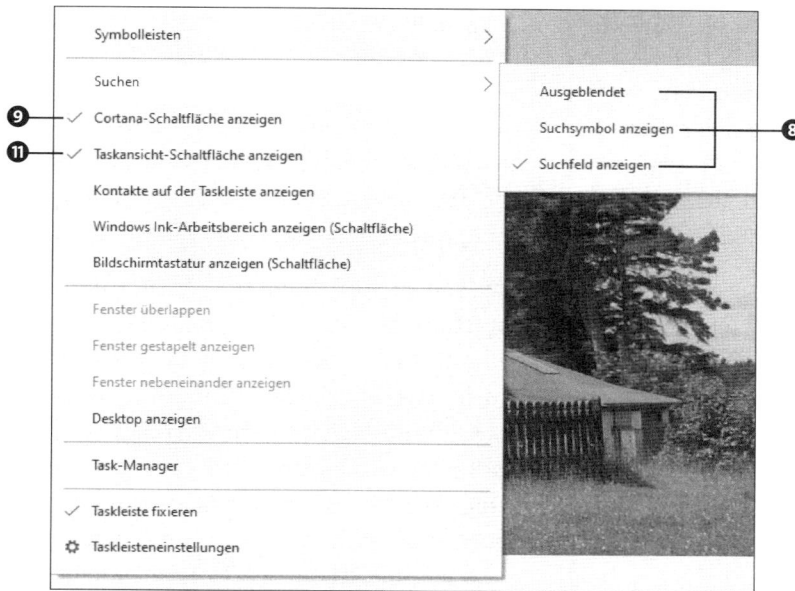

Abbildung 5.14 Es liegt bei Ihnen, ob das Suchfeld, das Cortana-Symbol, das Symbol der Taskansicht oder keines von ihnen angezeigt wird.

Das nächste Symbol in der Taskleiste ist die **Taskansicht** (❿ auf Seite 186). Per Klick hierauf erhalten Sie eine Übersicht über alle geöffneten Programmfenster.

Abbildung 5.15 Die Taskansicht liefert eine Übersicht über alle geöffneten Programme.

187

Die Taskansicht werden Sie noch ausführlich im Zusammenhang mit den virtuellen Desktops in Abschnitt 6.4, »Mit virtuellen Desktops arbeiten«, ab Seite 234 kennenlernen. Wenn Sie die Taskansicht nicht nutzen möchten, können Sie auch das Symbol hierfür ausblenden. Klicken Sie hierzu mit der rechten Maustaste auf einen freien Bereich der Taskleiste, und entfernen Sie im Kontextmenü das Häkchen vor **Taskansicht-Schaltfläche anzeigen** (⓫ auf Seite 187). Sollten Sie die Taskansicht später doch benötigen, setzen Sie das Häkchen einfach wieder vor den entsprechenden Kontextmenüeintrag.

Ebenfalls über das Kontextmenü der Taskleiste lassen sich die Symbole für den **Windows Ink-Arbeitsbereich** ❶ sowie die **Bildschirmtastatur** ❷ ein- bzw. ausblenden. Die Bildschirmtastatur spielt vor allem bei Tablets eine Rolle, die keine normale Tastatur besitzen, sondern per Fingergesten auf dem berührungsempfindlichen Monitor bedient werden. Weitere Informationen hierzu erhalten Sie in Kapitel 7, »Windows 10 auf dem Tablet«, ab Seite 243. Ebenfalls speziell für das Tablet entworfen wurde der gerade erwähnte Windows Ink-Arbeitsbereich. Bis zum Herbst 2019 hielt dieser Arbeitsbereich für den Anwender einen Skizzenblock, eine Kurznotizen-Funktion sowie Bildschirmskizzen parat. Nun lässt sich über das Symbol des Windows Ink-Arbeitsbereichs eine kleine Menüleiste einblenden, über die die *Whiteboard*-App aufgerufen, ein Screenshot des gesamten Bildschirms aufgenommen und Einstellungen für den Stift erreicht werden können. Was sich hierunter im Einzelnen verbirgt, erfahren Sie in Abschnitt 11.4, »Ausschneiden und skizzieren mit Windows 10«, ab Seite 407.

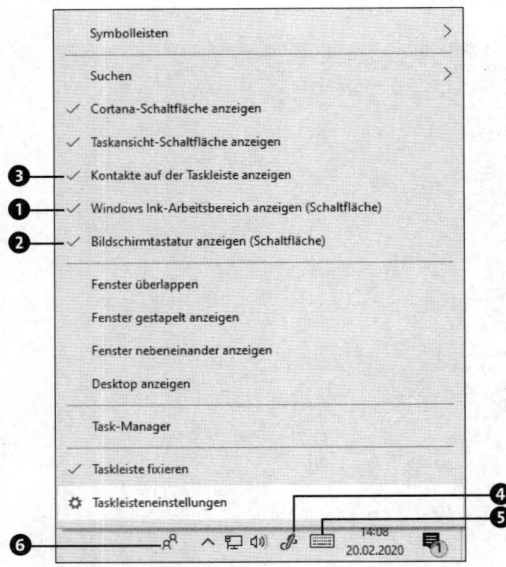

Abbildung 5.16 Für den Windows Ink-Arbeitsbereich, die Bildschirmtastatur sowie Kontakte können Sie eigene Symbole im Infobereich der Taskleiste einblenden.

Des Weiteren haben Sie die Möglichkeit, das Kontakte-Symbol ❸ zu ergänzen (siehe auch Abschnitt 15.2, »Adressen verwalten mit der Kontakte-App«, ab Seite 569).

Sowohl das Windows Ink-Symbol ❹ als auch das Bildschirmtastatur-Symbol ❺ und das Kontakte-Symbol ❻ werden im Infobereich der Taskleiste angezeigt, den wir im nächsten Abschnitt genauer unter die Lupe nehmen werden.

5.5.3   Den Infobereich anpassen

Der rechte Abschnitt der Taskleiste, auch *Infobereich* genannt, ist bereits seit vielen Windows-Versionen den Systemsymbolen vorbehalten. Zu ihnen gehören u. a.:

❶ das Benachrichtigungssymbol, über das Sie das Info-Center aufrufen (siehe auch Abschnitt 5.6, »Das Info-Center anpassen«, ab Seite 192)

❷ die Uhr, die sowohl das aktuelle Datum als auch die Uhrzeit anzeigt

❸ das Lautsprecher-Symbol, über das Sie die Lautstärke der Lautsprecher Ihres PCs regulieren

❹ das Netzwerk-Symbol, bei dem es sich – je nachdem, ob Ihr Computer per Kabel oder WLAN mit dem Internet verbunden ist – um das Symbol 🖳 oder 🖿 handelt

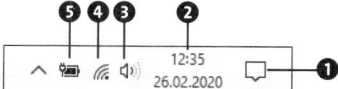

Abbildung 5.17 Der Infobereich der Taskleiste

Bei einem mobilen Gerät, also etwa einem Notebook oder Tablet, zeigt außerdem ein kleines Batterie-Symbol ❺ den aktuellen Ladezustand des Akkus an. Wenn Sie selbst bestimmen möchten, welche Systemsymbole im Infobereich eingeblendet werden, gehen Sie folgendermaßen vor:

1 Rufen Sie **Start ▸ Einstellungen ▸ Personalisierung ▸ Taskleiste** auf. Blättern Sie in der rechten Spalte nach unten bis zum **Infobereich**. Hier klicken Sie auf **Systemsymbole aktivieren oder deaktivieren ❶**.

2 Auf der folgenden Dialogseite werden die gerade erwähnten Systemsymbole aufgelistet. Über die Regler ❷ haben Sie es nun selbst in der Hand, welche der Symbole im Infobereich ein- oder ausgeblendet werden sollen.

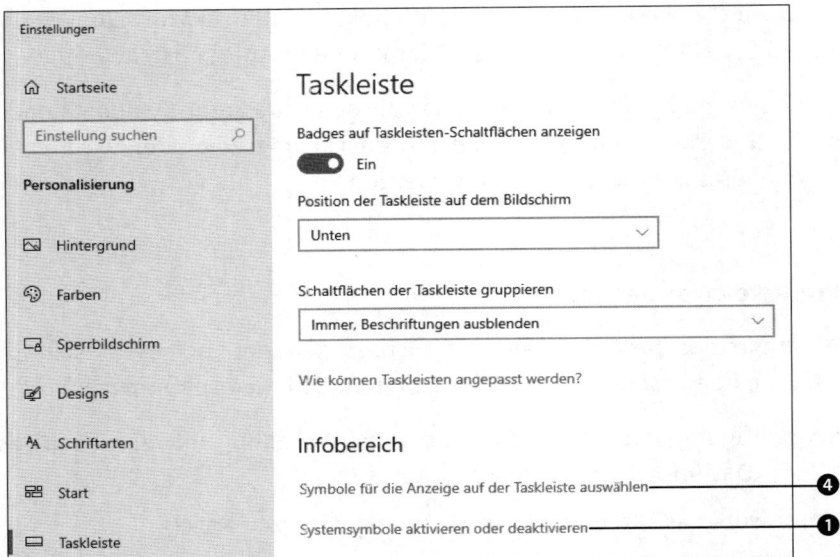

3 Haben Sie Ihre Einstellungen vorgenommen, klicken Sie auf den Pfeil oben links ❸, um zur vorherigen Dialogseite zurückzukehren.

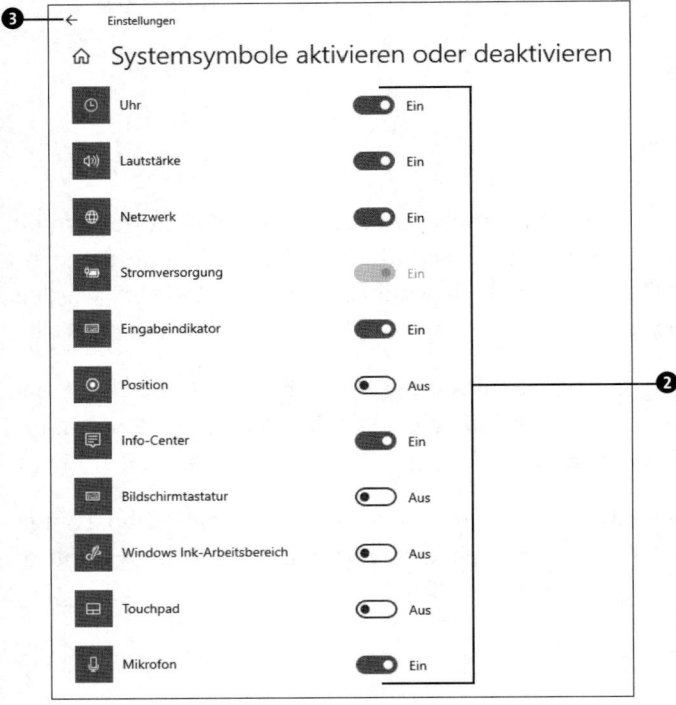

Neben den Systemsymbolen finden Sie zumeist auch einige Anwendungssymbole. Wenn Sie etwa das E-Mail-Programm *Thunderbird* nutzen, erscheint beim Eintreffen einer neuen E-Mail ein entsprechendes Symbol im Infobereich. Auch Sicherheitsprogramme klinken sich gerne in den Infobereich ein. Manche dieser Symbole werden erst nach einem Klick auf den kleinen nach oben weisenden Pfeil angezeigt. Auch hier liegt es wieder bei Ihnen, welche Anwendungssymbole einen Platz im Infobereich bekommen und welche nicht.

4 Klicken Sie in den Einstellungen zur Taskleiste auf **Symbole für die Anzeige auf der Taskleiste auswählen ❹**.

5 Über die Regler bestimmen Sie, welche Anwendungssymbole im Infobereich (der von Windows an dieser Stelle auch *Benachrichtigungsbereich* genannt wird) erscheinen dürfen und welche nicht. Wenn Ihnen alle Anwendungen wichtig sind, ziehen Sie den Regler **Immer alle Symbole im Benachrichtigungsbereich anzeigen ❺** nach rechts auf **Ein**.

6 Auch hier führt Sie ein Klick auf den Pfeil oben links ❻ zur vorherigen Dialogseite zurück.

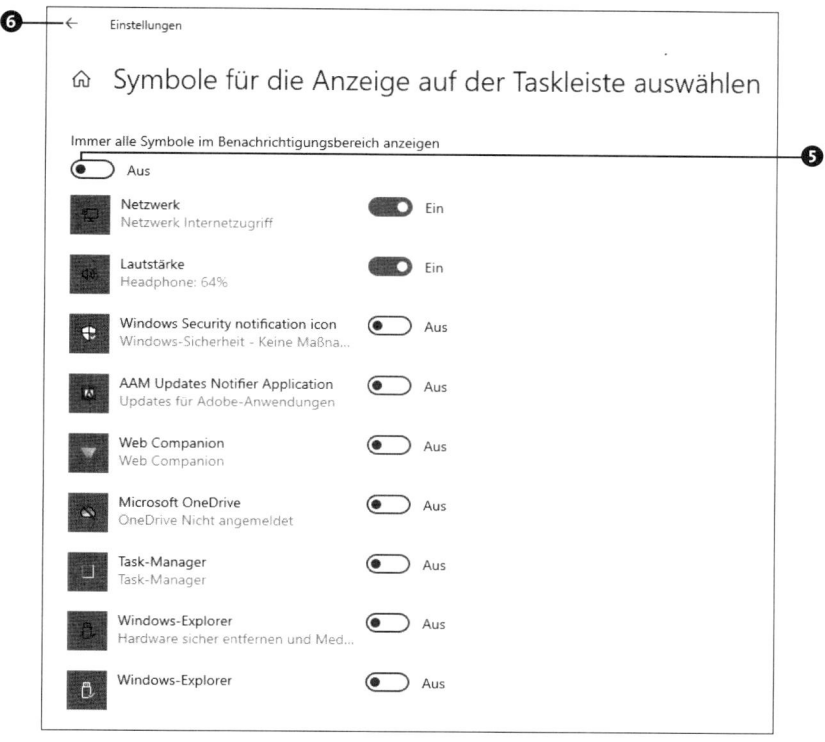

Die Symbole im Infobereich können Sie übrigens ganz nach Belieben anordnen, indem Sie sie mit gedrückter linker Maustaste verschieben. So lassen sich auch die Symbole, die eigentlich erst nach einem Klick auf den kleinen nach oben weisenden Pfeil eingeblendet werden, rechts in den Bereich der permanent sichtbaren Systemsymbole ziehen. Umgekehrt können Sie aus diesem Bereich auch Symbole in das versteckte Aufklappmenü ziehen. Lediglich die Uhr sowie das Benachrichtigungssymbol sind fest verankert und lassen sich nicht verschieben. Über das Benachrichtigungssymbol rufen Sie das Info-Center auf. Dieses schauen wir uns im nächsten Abschnitt genauer an.

TIPP

Aero Peek für die Desktopvorschau aktivieren

Am äußersten rechten Rand der Taskleiste befindet sich ein kleines Symbol in Form eines schmalen Balkens, den man leicht übersehen kann. Ein Klick hierauf, und alle geöffneten Programm- und Dialogfenster werden ausgeblendet, wodurch Sie einen ungehinderten Blick auf die Desktopoberfläche erhalten. Mit einem erneuten Klick auf den Balken blenden Sie die Fenster wieder ein. Wem der Mausklick zu viel ist, der sollte die Funktion *Aero Peek* aktivieren. Dies erledigen Sie im Einstellungen-Dialog der Taskleiste, indem Sie hier in der rechten Spalte den Regler **„Aero Peek"** **für die Desktopvorschau verwenden ...** nach rechts auf **Ein** ziehen. Zukünftig reicht es, den Mauszeiger nur auf den Balken zu bewegen, und schon werden alle Fenster ausgeblendet.

5.6   Das Info-Center anpassen

Windows 10 informiert Sie immer wieder über das neueste Geschehen auf Ihrem Computer. So erfahren Sie beispielsweise sofort, wenn ein neues Update auf dem Computer installiert wurde oder auch eine neue E-Mail eingetroffen ist. Auch wichtige Sicherheitsmeldungen, wie etwa eine ausstehende Datensicherung, kommen dabei nicht zu kurz. Alle diese Benachrichtigungen werden im Info-Center angezeigt. Dieses Info-Center klappt am rechten Bildschirmrand auf, sobald Sie auf das Benachrichtigungssymbol ❶ am rechten Rand der Taskleiste klicken.

Ob neue Informationen für Sie vorliegen, können Sie direkt am Benachrichtigungssymbol erkennen. Die leere Sprechblase 🖵 symbolisiert »keine Informationen vorhanden«, eine Sprechblase mit grafisch angedeutetem Text signalisiert dagegen, dass Sie einen Blick in das Info-Center werfen sollten. Wie viele Benachrichtigungen dort auf Sie warten, lesen Sie an der auf dem Benachrichtigungssymbol eingeblendeten Zahl ab 🗐.

Abbildung 5.18 Über das Benachrichtigungssymbol blenden Sie das Info-Center am rechten Bildschirmrand ein.

Interessiert Sie die Anzahl nicht, reichen ein rechter Mausklick auf das Benachrichtigungssymbol ❷ und die Auswahl des Kontextmenüeintrags **Anzahl neuer Benachrichtigungen nicht anzeigen** ❸. Nun weist nur noch das Symbol 🗩 Sie auf neu eingegangene Nachrichten hin.

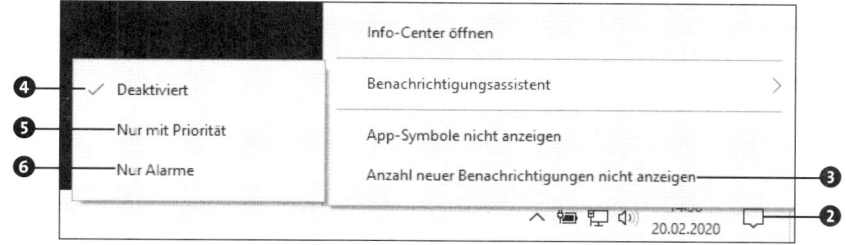

Abbildung 5.19 Die Anzeige der Anzahl neuer Benachrichtigungen lässt sich auch deaktivieren.

Ungestört arbeiten dank des Benachrichtigungsassistenten

Es gibt Zeiten, da möchte man am Computer nicht von lästigen Meldungen gestört werden. Mithilfe des Benachrichtigungsassistenten können Sie regeln, wann Sie welche Benachrichtigungen bzw. Alarme hören oder auch sehen wollen. Per Stan-

TIPP

dardeinstellung ist der Benachrichtigungsassistent deaktiviert (❹ auf Seite 193). Klicken Sie mit der rechten Maustaste auf das Benachrichtigungssymbol ❷, stehen Ihnen die Optionen **Nur mit Priorität** ❺ (also die Apps, die Ihnen wichtig sind) oder auch **Nur Alarme** ❻ zur Auswahl. Um detailliertere Einstellungen für den Benachrichtigungsassistenten festzulegen, rufen Sie **Start** ▸ **Einstellungen** ▸ **System** ▸ **Benachrichtigungsassistent** auf. Im Bereich **Automatische Regeln** ❼ können Sie nun Zeiten und Aktionen (z. B. wenn Sie spielen) festlegen, bei denen Sie nicht gestört werden möchten. In der Prioritätsliste, die Sie per Klick auf **Prioritätsliste anpassen** ❽ im oberen Bereich der rechten Spalte erreichen, bestimmen Sie, welche Art von Benachrichtigungen Sie erhalten möchten (z. B. Anrufe oder Benachrichtigungen von Kontakten).

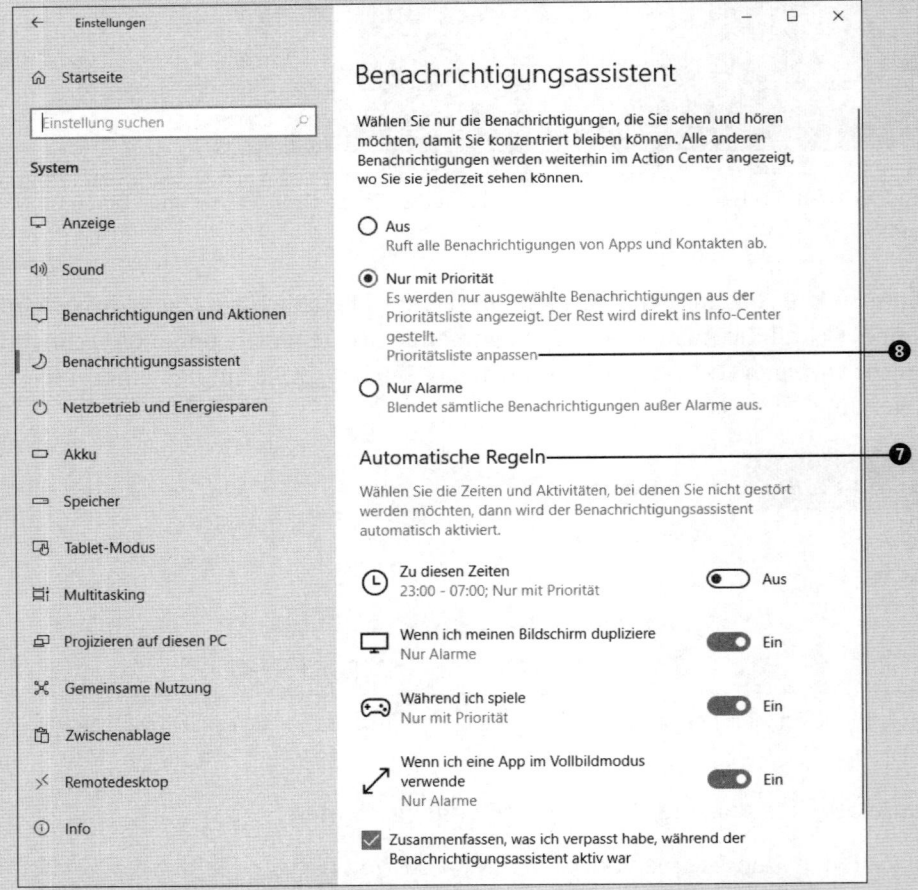

Abbildung 5.20 Der Benachrichtigungsassistent hilft Ihnen dabei, dass Sie konzentriert arbeiten können, ohne von Benachrichtigungen gestört zu werden.

Das Info-Center lässt sich übrigens nicht nur über das Benachrichtigungssymbol aufrufen, sondern auch über die Tastenkombination ⊞ + A. Die gerade erwähnten System- und Anwendungsnachrichten finden Sie im oberen Abschnitt des Info-Centers. Der untere Abschnitt enthält einige Schaltflächen, die einen schnelleren Zugriff auf diverse Systemfunktionen bieten. Sowohl der Nachrichtenabschnitt als auch der Bereich für schnelle Aktionen lässt sich individuell gestalten, wie Sie als Nächstes erfahren.

5.6.1   Benachrichtigungen im Info-Center verwalten

Wenn Sie das Info-Center per Klick auf das Benachrichtigungssymbol öffnen, erfahren Sie, welche Benachrichtigungen Windows 10 für Sie parat hält. Stehen mehrere Informationen für Sie bereit, werden diese nach Prioritäten sortiert angezeigt. Zu Beginn der Liste finden Sie Meldungen, die sicherheitskritische Themen betreffen (etwa den Statusbericht des Viren- und Bedrohungsschutzes). Anschließend folgen die eher unwichtigen Informationen, z. B. über neu installierte Apps aus dem Microsoft Store. Die Priorität, mit der die Benachrichtigungen eingestuft werden, können Sie selbst festlegen. Allerdings müssen Sie diese Einstellungen für jede der Anwendungen, die im Info-Center Benachrichtigungen einblendet, getrennt vornehmen. (Lesen Sie hierzu auch den folgenden Kasten »Alle Benachrichtigungen in einem Rutsch deaktivieren«.)

TIPP

Alle Benachrichtigungen in einem Rutsch deaktivieren

Sie wünschen keinerlei Benachrichtigungen – egal, von welcher App sie kommen? In diesem Fall müssen Sie nicht für jede App getrennt die Benachrichtigungen deaktivieren. Sobald Sie **Start ▸ Einstellungen ▸ System ▸ Benachrichtigungen und Aktionen** aufgerufen haben, blättern Sie in der rechten Spalte nach unten bis zum Bereich **Benachrichtigungen.** Ziehen Sie hier den Regler unterhalb von **Benachrichtigungen von Apps und anderen Absendern abrufen** (siehe Abbildung 5.22 auf Seite 197) nach links auf **Aus,** werden Sie keinerlei Hinweise mehr erhalten. Sind Sie zwar an Benachrichtigungen im Info-Center interessiert, aber nicht an Hinweisen auf dem Sperrbildschirm, belassen Sie **Benachrichtigungen von Apps und anderen Absendern abrufen** eingeschaltet und entfernen das Häkchen vor **Benachrichtigungen auf dem Sperrbildschirm anzeigen.** Analog können Sie verhindern, dass Weckzeiten, Erinnerungen und eingehende VoIP-Anrufe (also Anrufe via Skype-App, die Sie in Abschnitt 15.4, »Mit Skype telefonieren und chatten«, ab Seite 583 kennenlernen) auf dem Sperrbildschirm eingeblendet werden.

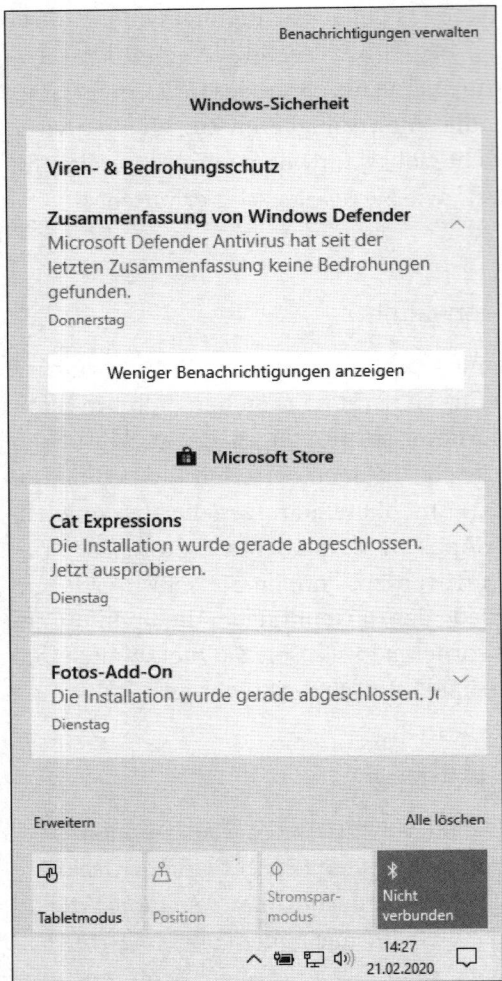

Abbildung 5.21 Die Benachrichtigungen werden nach Prioritäten sortiert angezeigt.

Hierzu rufen Sie **Start ▸ Einstellungen ▸ System ▸ Benachrichtigungen und Aktionen** auf. Wenn Sie im folgenden Dialog in der rechten Spalte etwas nach unten blättern, gelangen Sie zum Bereich **Benachrichtigungen dieser Absender abrufen**. Hier werden nun alle Apps aufgelistet, die Hinweise im Info-Center einblenden. Markieren Sie die erste App, deren Einstellungen Sie anpassen möchten.

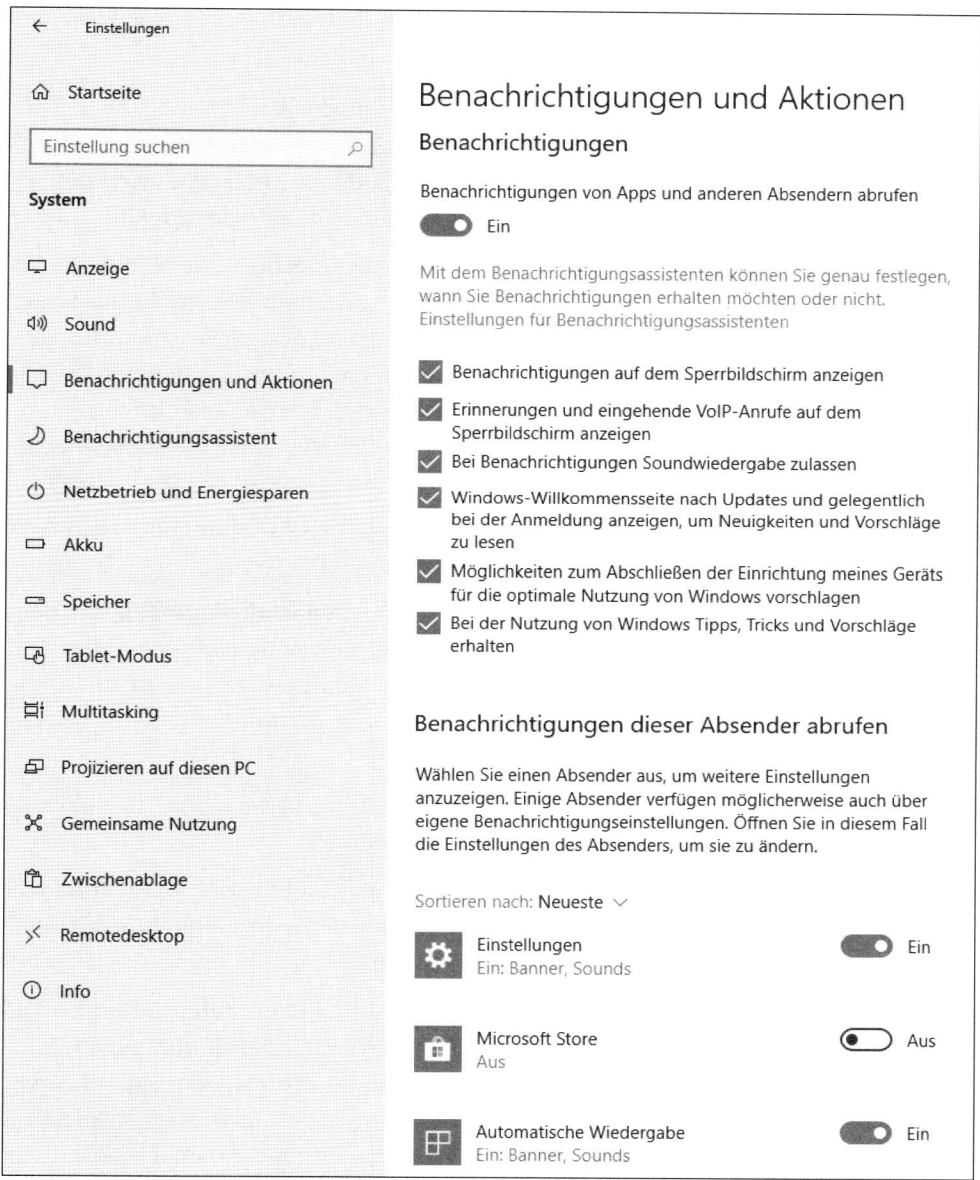

Abbildung 5.22 Bevor Sie die detaillierten Einstellungen vornehmen, wählen Sie per Mausklick die gewünschte App – von Windows 10 hier »Absender« genannt – aus.

Auf der folgenden Seite legen Sie jetzt über die Schieberegler fest, welche Art der Benachrichtigung Sie wünschen:

❶ Möchten Sie generell keinerlei Benachrichtigungen von der App erhalten, ziehen Sie den Regler **Benachrichtigungen** nach links auf **Aus**. Alle weiteren Einstellungsmöglichkeiten werden hierdurch automatisch ebenfalls deaktiviert. Sind Sie doch an dem ein oder anderen Hinweis interessiert, belassen Sie den Regler auf **Ein**.

❷ Sobald eine neue Meldung vorliegt, blendet Windows normalerweise ein kleines Hinweisfenster (ein sog. *Benachrichtigungsbanner*) oberhalb des Infobereichs der Taskleiste ein. Ein Klick hierauf führt Sie direkt zur Anwendung bzw. zu den Einstellungen, die die Meldung ausgelöst hat. Klicken Sie nicht auf das Banner, wird dieses nach einem kurzen Moment automatisch ausgeblendet. Ist das Benachrichtigungsbanner in Ihren Augen überflüssig, entfernen Sie das Häkchen vor **Benachrichtigungsbanner anzeigen**.

❸ Damit die Benachrichtigungen der ausgewählten App im Info-Center angezeigt werden, muss das entsprechende Häkchen gesetzt sein.

❹ Aktivieren Sie den Regler **Inhalt ausblenden, wenn Benachrichtigungen auf dem Sperrbildschirm angezeigt werden**, werden Sie zwar über neue Meldungen der App auf dem Sperrbildschirm informiert, der Inhalt der Meldung wird aber nicht angezeigt. Diese Wahrung der Privatsphäre ist vor allem im Zusammenhang mit Nachrichten aus sozialen Netzwerken interessant.

❺ Damit Ihnen keine Benachrichtigung entgeht, können Sie veranlassen, dass ein kurzer Sound beim Eintreffen einer neuen Meldung ertönt.

❻ Manche Apps übertreiben es etwas mit der Anzahl der Meldungen. Im Feld **Anzahl der im Info-Center sichtbaren Benachrichtigungen** legen Sie fest, wie viele Meldungen die App maximal im Info-Center einblenden darf.

❼ Über die drei Optionen **Oberste**, **Hoch** und **Normal**, die Sie im unteren Bereich des Dialogfensters finden, bestimmen Sie, mit welcher Priorität die Meldungen im Info-Center aufgelistet werden sollen. Voreingestellt ist für die meisten Apps **Normal**. Sind Ihnen die Benachrichtigungen einer Anwendung aber sehr wichtig, wählen Sie die Option **Oberste**. In diesem Fall erscheinen die Meldungen am oberen Rand des Info-Centers.

Haben Sie für die ausgewählte App alle Einstellungen bezüglich der Benachrichtigungen im Info-Center vorgenommen, kehren Sie über das Pfeil-Symbol oben links ❽ zur vorherigen Dialogseite zurück. Hier können Sie nun die nächste App auswählen und auch hier bestimmen, welche Art von Benachrichtigungen Sie wünschen.

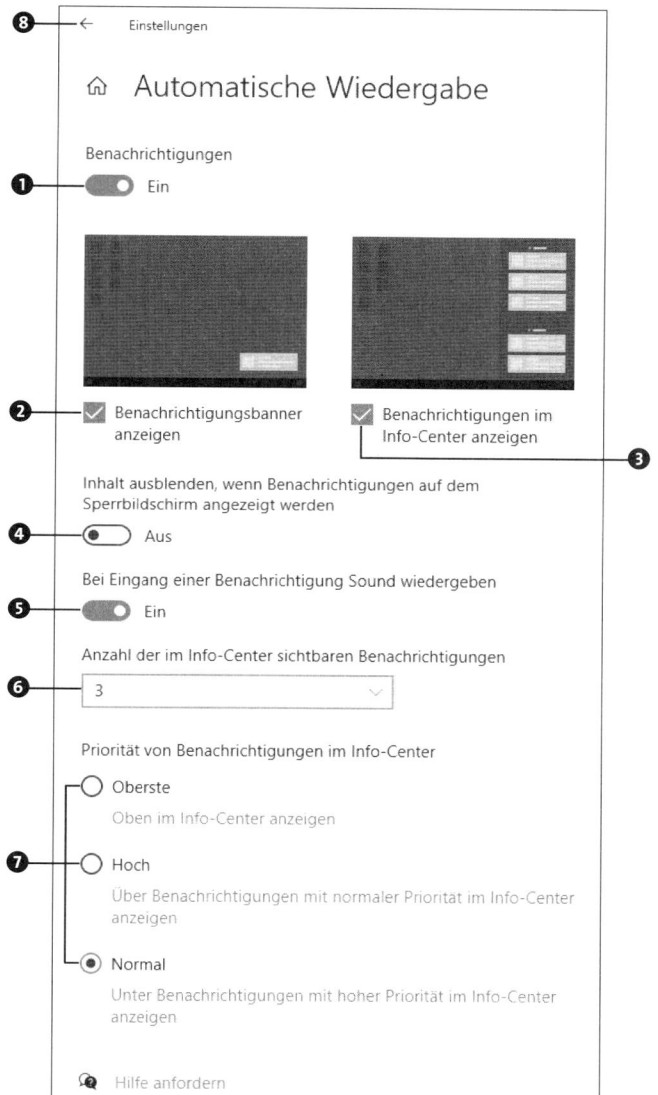

Benachrichtigungseinstellungen aus dem Info-Center heraus

Die Benachrichtigungen einer App stören Sie? Sie würden sie gerne entsprechend abschalten? Anstatt den Weg über die Einstellungen-App zu gehen, können Sie die Benachrichtigungen auch über das Info-Center deaktivieren. Hierfür müssen Sie allerdings abwarten, bis sich die App hier zu Wort meldet. Positionieren Sie dann den Mauszeiger über der Benachrichtigung. Nach einem Klick auf das nun sicht-

TIPP

199

bare Zahnradsymbol ⚙ wählen Sie den Befehl **Alle Benachrichtigungen für … deaktivieren**. Möchten Sie die Benachrichtigungen nicht gänzlich deaktivieren, sondern nur detaillierter festlegen, wählen Sie den Befehl **Zu Benachrichtigungseinstellungen wechseln**. Er führt Sie direkt zu den Benachrichtigungseinstellungen der App in der Einstellungen-App.

> **Deutscher Wetterdienst - Warnservice** ⌄
>
> Zu Benachrichtigungseinstellungen wechseln
>
> Alle Benachrichtigungen für Outlook deaktivieren

Abbildung 5.23 Unerwünschte Benachrichtigungen einer App lassen sich direkt im Info-Center deaktivieren.

5.6.2 Schnelle Aktionsschaltflächen individuell anzeigen

Der größte Teil des Info-Centers ist für die Benachrichtigungen reserviert. Im unteren Bereich des Centers werden die Schaltflächen für sog. *schnelle Aktionen* angezeigt. So können Sie per Klick auf **Alle Einstellungen** beispielsweise schnell den Einstellungen-Dialog öffnen oder bei einem mobilen Gerät über die Schaltfläche **Flugzeugmodus** den gleichnamigen Modus ein- bzw. ausschalten. Bei aktiviertem Flugzeugmodus wird die gesamte Funkkommunikation des Geräts gestoppt.

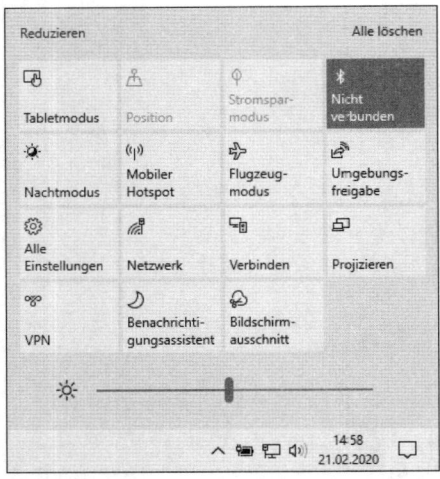

Abbildung 5.24 Die Schaltflächen der schnellen Aktionen werden im unteren Bereich des Info-Centers eingeblendet.

Welche Schaltflächen in welcher Reihenfolge im Info-Center angezeigt werden, legen Sie folgendermaßen selbst fest:

1 Blenden Sie das Info-Center mit einem Klick auf das Benachrichtigungssymbol ❶ in der Taskleiste ein.

2 Klicken Sie mit der rechten Maustaste auf eine der Schaltflächen, z. B. auf **Tabletmodus** ❷. Wählen Sie dann den Befehl **Schnelle Aktionen bearbeiten**.

3 Alle angezeigten Schaltflächen werden nun mit einer Pinnnadel versehen. Um eine Schaltfläche zu entfernen, reicht ein Klick auf die entsprechende Nadel ❸.

4 Wenn Sie versehentlich eine Schaltfläche entfernt haben, die Sie doch benötigen, klicken Sie auf **Hinzufügen** ❹.

5 Markieren Sie in der aufklappenden Liste die Schaltfläche, die zukünftig wieder unter **Schnelle Aktionen** angezeigt werden soll ❺.

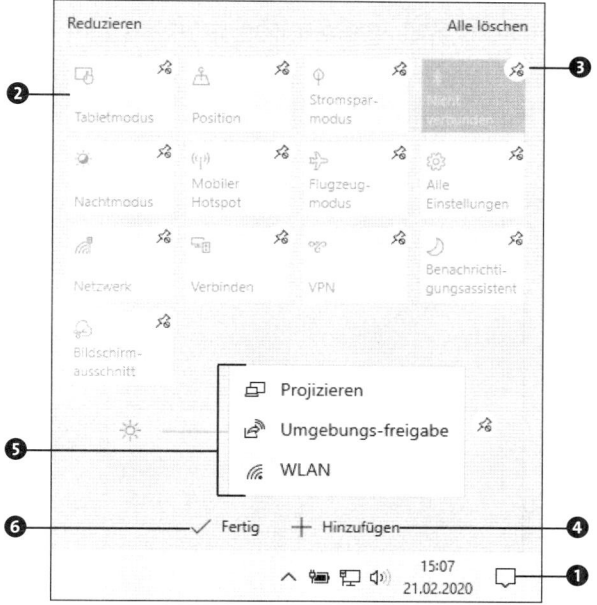

6 Die Anordnung der Schaltflächen können Sie ebenfalls selbst bestimmen. Um eine Schaltfläche zu verschieben, ziehen Sie sie einfach mit gedrückter linker Maustaste an die gewünschte neue Position.

7 Mit einem Klick auf **Fertig** ❻ übernehmen Sie die neue Anordnung.

5.7 Windows 10 und die Uhrzeit

Werfen Sie einen Blick auf den rechten Rand der Taskleiste, erfahren Sie die aktuelle Uhrzeit und das Datum. Die hierfür nötigen Daten holt sich Windows 10 über das Internet, genauer gesagt, über den Microsoft-Server *time.windows.com*. Voraussetzung hierfür ist natürlich, dass Ihr Computer mit dem Internet verbunden ist. Zusätzlich wird die für das Gerät eingestellte Zeitzone zugrunde gelegt.

5.7.1 Die Uhrzeit manuell einstellen

Wenn Sie einen Computer ohne Internetanschluss verwenden, kann es vorkommen, dass die in der Taskleiste angezeigte Uhrzeit sowie das Datum nicht korrekt sind. Um die Daten manuell einzustellen, gehen Sie folgendermaßen vor:

1 Klicken Sie mit der rechten Maustaste auf die Uhrzeit in der Taskleiste, und wählen Sie im Kontextmenü den Befehl **Datum/Uhrzeit ändern ❶**. Nun wird automatisch der Einstellungen-Dialog mit der Kategorie **Zeit und Sprache** geöffnet. Links ist bereits **Datum und Uhrzeit** markiert.

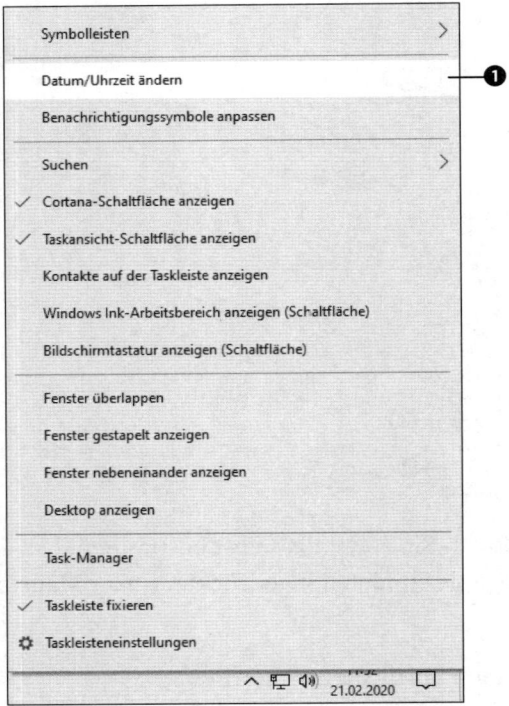

2 Um die Uhrzeit oder das Datum zu korrigieren, stellen Sie in der rechten Spalte den Regler **Uhrzeit automatisch festlegen** auf **Aus ❷**.

3 Die Schaltfläche **Ändern ❸** unterhalb von **Datum und Uhrzeit manuell festlegen** wird hierdurch freigeschaltet. Ein Klick hierauf, und der Dialog **Datum und Uhrzeit ändern** wird eingeblendet. In den Datums- und Uhrzeitfeldern können Sie nun jeweils nach einem Klick auf den Pfeil in den anschließend aufklappenden Listen die korrekten Daten markieren. Sobald das richtige Datum und die korrekte Uhrzeit angezeigt werden, bestätigen Sie den Dialog mit **Ändern ❹**.

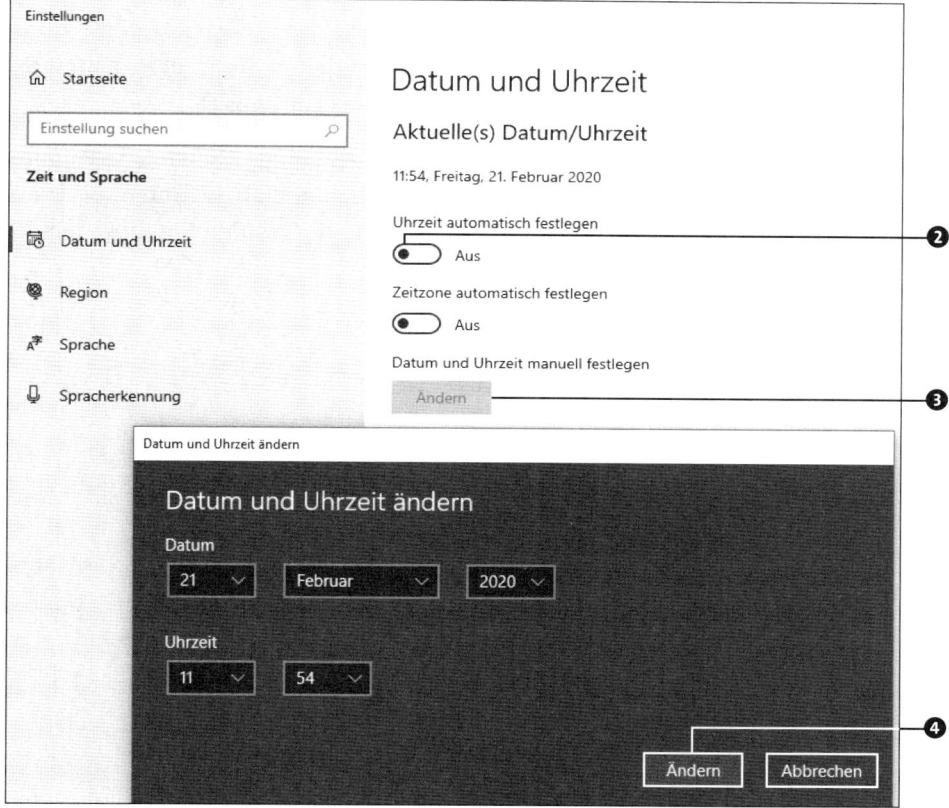

Das manuelle Einstellen der Uhrzeit sollte, wie gesagt, nur nötig sein, wenn der Computer nicht mit dem Internet verbunden ist. Besteht eine Internetverbindung, stellen Sie dagegen sicher, dass sich der Regler **Uhrzeit automatisch festlegen** auf **Ein** befindet. Anschließend dauert es nur einen kurzen Moment, und Windows zeigt die korrekten Daten in der Taskleiste an.

5.7.2 Die Zeitzone auswählen

Nicht nur die Internetverbindung stellt die korrekte Anzeige von Uhrzeit und Datum sicher. Auch die bei der ersten Einrichtung des Computers ausgewählte Zeitzone spielt eine Rolle. Doch was, wenn man mit dem Notebook oder Tablet in einem Land mit einer anderen Zeitzone unterwegs ist? Für einen solchen Fall lässt sich die Zeitzone schnell ändern:

1 Öffnen Sie über das Startmenü die **Einstellungen**, und wählen Sie die Kategorie **Zeit und Sprache** aus. Stellen Sie sicher, dass in der linken Spalte **Datum und Uhrzeit** markiert ist.

2 Um als Nächstes die Zeitzone ändern zu können, ziehen Sie in der rechten Spalte den Regler **Zeitzone automatisch festlegen** nach links auf **Aus** ❶.

3 Das Feld **Zeitzone** ❷ ist hiermit freigeschaltet. Nach einem Klick in das Feld klappt eine Liste mit allen Zeitzonen auf. Blättern Sie nach oben bzw. unten, bis die Zeitzone, in der Sie sich gerade befinden, angezeigt wird. Wählen Sie diese per Mausklick aus.

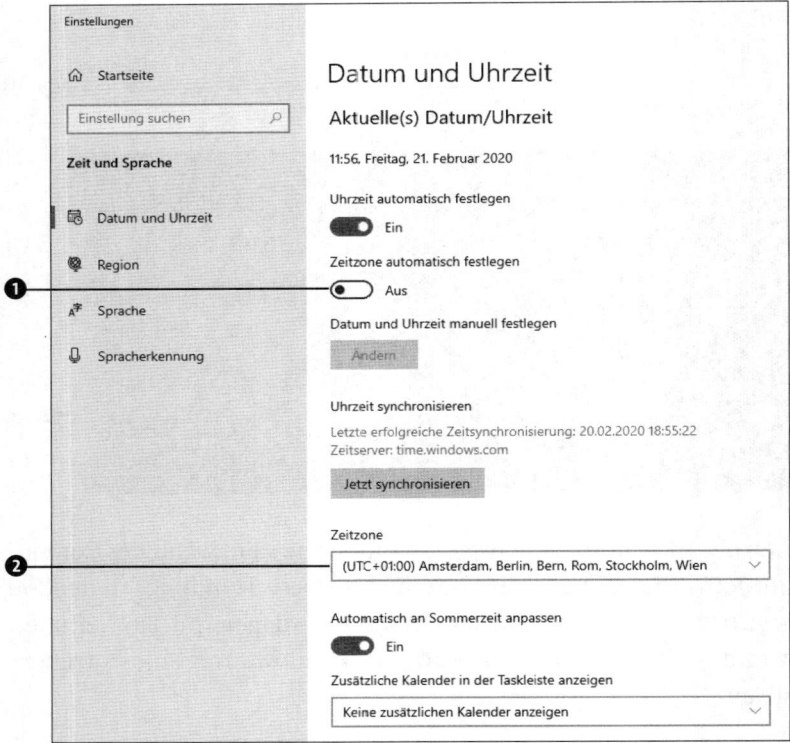

Windows 10 stellt sofort automatisch die zur Zeitzone passende Uhrzeit und das entsprechende Datum ein.

5.7.3 Mehrere Zeitzonen in der Uhr anzeigen

Haben Sie privat oder auch beruflich viel mit Menschen zu tun, die in Ländern mit einer anderen Zeitzone leben? Damit Sie diese nicht einmal versehentlich mitten in der Nacht anrufen, können Sie in der Taskleiste weitere Uhren für unterschiedliche Zeitzonen hinzufügen.

1 Rufen Sie **Start ▸ Einstellungen ▸ Zeit und Sprache ▸ Datum und Uhrzeit** auf. Am unteren oder auch rechten Rand der rechten Spalte (die Position ist abhängig von der Größe des Dialogfensters) klicken Sie auf **Uhren für unterschiedliche Zeitzonen hinzufügen** ❶.

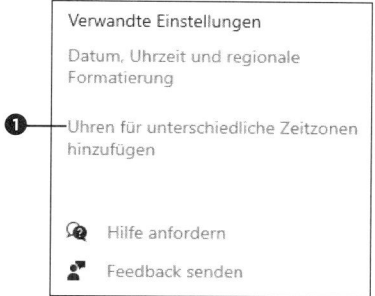

2 Der Dialog **Datum und Uhrzeit** klappt mit der Registerkarte **Zusätzliche Uhren** auf. Versehen Sie das erste Kontrollkästchen **Diese Uhr anzeigen** per Mausklick mit einem Häkchen ❷.

3 Nach einem Klick auf das Feld **Zeitzone auswählen** markieren Sie in der aufklappenden Liste die gewünschte Zeitzone ❸.

4 Im Feld **Anzeigenamen eingeben** können Sie die Bezeichnung **Uhr 1** mit einem eigenen Namen überschreiben ❹.

5 Wenn Sie möchten, können Sie noch eine zweite Uhr hinzufügen, indem Sie die entsprechenden Einstellungen auch im zweiten Einstellungsabschnitt vornehmen ❺.

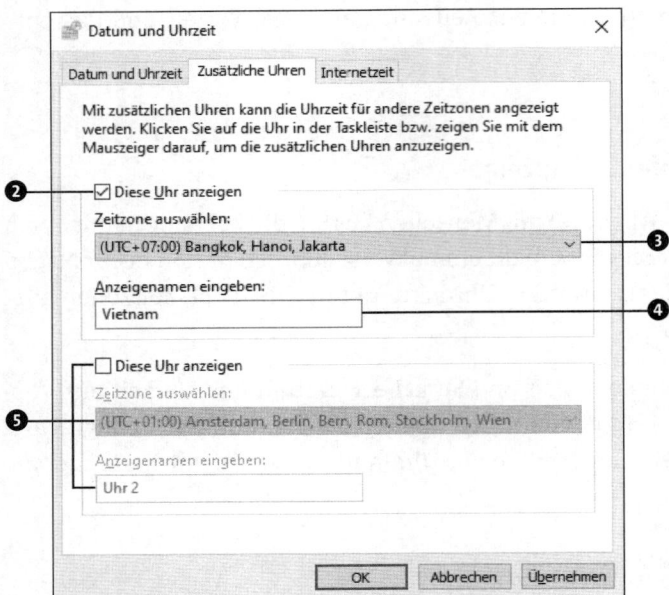

6 Bestätigen Sie Ihre Einstellungen mit **Übernehmen** und **OK**.

Bewegen Sie nun den Mauszeiger auf die Uhrzeit in der Taskleiste, werden die gerade eben hinzugefügten Uhren eingeblendet. Zum gleichen Ergebnis kommen Sie natürlich auch, wenn Sie auf die Uhrzeit klicken.

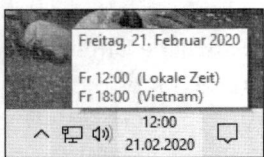

Abbildung 5.25 Beide Uhrzeiten werden eingeblendet.

5.8 Weitere Sprachen installieren

Bereits während der ersten Konfiguration des Computers legen Sie die Systemsprache fest, in der Windows 10 mit Ihnen kommunizieren soll. Diese wird dann für Menüs, Dialoge und mehr verwendet. Auch die Sprache für die Tastatur wird auf diese Weise ganz zu Anfang bestimmt. Windows 10 beherrscht aber eine Vielzahl weiterer Sprachen. Um diese Sprachpakete nutzen zu können, müssen sie allerdings erst auf Ihren Computer geladen und installiert werden. Anschließend können Sie beliebig zwischen den nun verfügbaren Sprachen wechseln.

5.8.1   Zusätzliche Sprachen installieren

Um auf Ihrem Computer eine weitere Sprache hinzuzufügen, gehen Sie folgendermaßen vor:

1 Öffnen Sie über das Startmenü die **Einstellungen**, und rufen Sie die Kategorie **Zeit und Sprache** auf. Markieren Sie im folgenden Dialog links **Sprache ❶**.

2 In der rechten Spalte werden unterhalb von **Bevorzugte Sprachen** alle bereits auf Ihrem Computer installierten Sprachen aufgelistet. Um eine weitere hinzuzufügen, klicken Sie auf **Sprache hinzufügen ❷**.

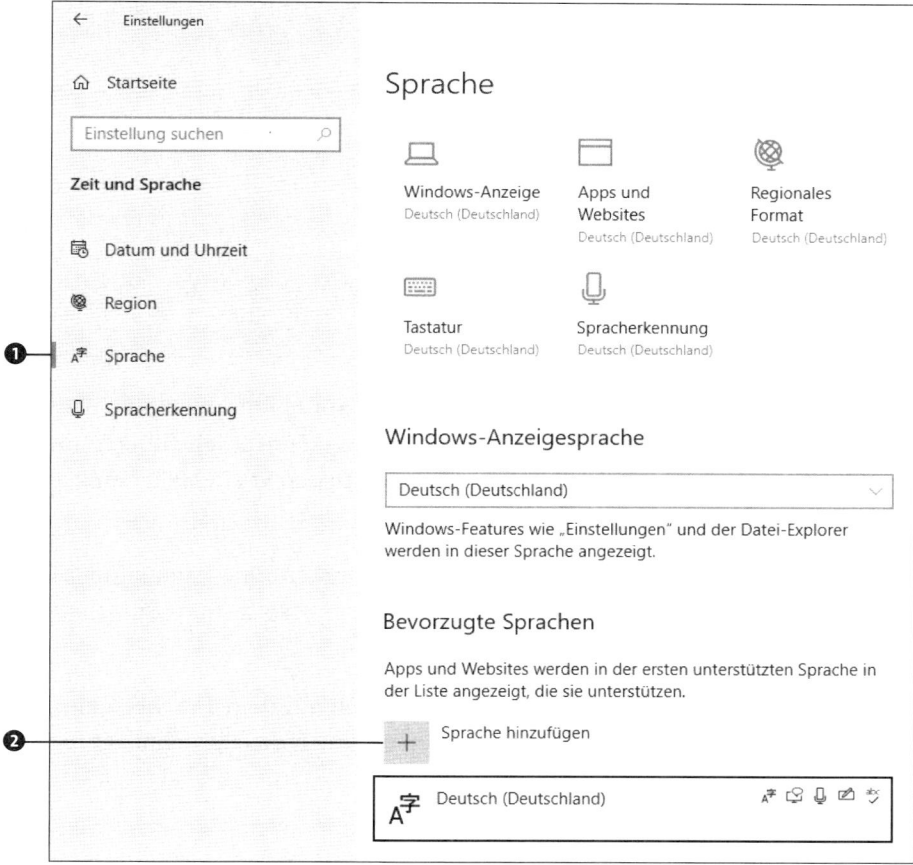

3 Im folgenden Dialog werden alle verfügbaren Sprachen aufgeführt. Blättern Sie in der Liste, und markieren Sie die gewünschte Sprache ❸. Sprachen wie Englisch oder Französisch werden in vielen Ländern gesprochen. Jedes Land hat dabei allerdings seine Besonderheiten. Achten Sie bei Ihrer Auswahl daher auch auf die Region. Bestätigen Sie mit **Weiter** ❹.

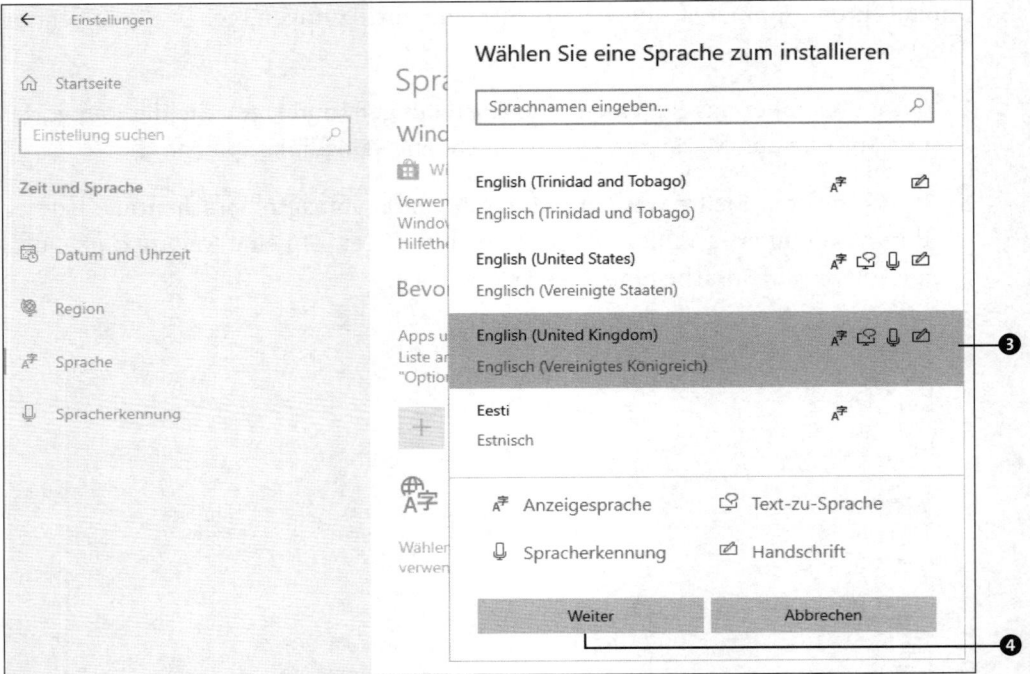

4 Auf der folgenden Seite werden Ihnen verschiedene Sprachoptionen zur Auswahl gestellt. Wenn Sie die ausgewählte Sprache später als Systemsprache nutzen möchten, muss vor **Als meine Windows-Anzeigesprache festlegen** ❺ ein Häkchen gesetzt sein.

5 Wenn Sie die zusätzliche Sprache auch für die Spracherkennung (siehe Kapitel 21, »Spracherkennung und Cortana«, ab Seite 767) benötigen, sollte auch **Spracherkennung** aktiviert sein ❻.

6 Wenn Sie ein Tablet nutzen, das nicht per Fingergesten auf dem Touchscreen, sondern auch per Stift bedient werden kann, sollten Sie auch das Sprachpaket für die

Handschrifterkennung herunterladen **❼**. Ausführliche Informationen darüber, wie Sie Windows 10 auf Tablets einrichten und nutzen, erhalten Sie in Kapitel 7, »Windows 10 auf dem Tablet«, ab Seite 243.

7 Mit einem Klick auf **Installieren** **❽** starten Sie die Installation der Sprachpakete. Dieser Vorgang kann einen Moment dauern.

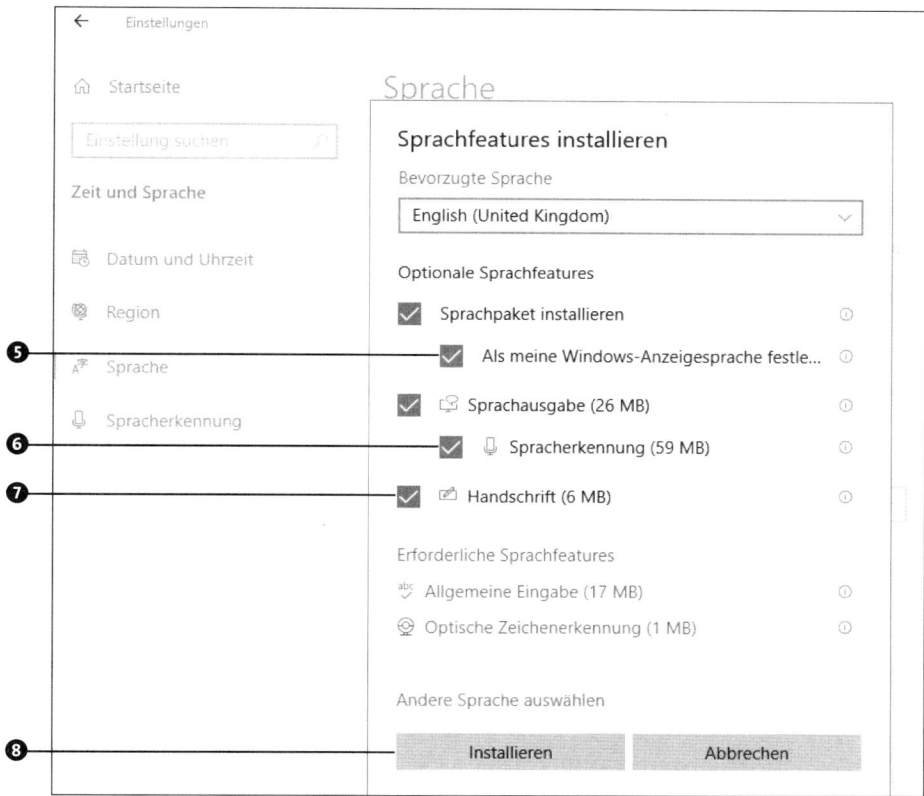

Sobald die zusätzliche Sprache installiert ist, können Sie zwischen den verfügbaren Sprachen wechseln. Abhängig von Ihrer Einstellung in Schritt 4 sieht Windows 10 die neu installierte Sprache sofort als Windows-Anzeigesprache vor. Dies wird aber erst nach der nächsten Neuanmeldung am Computer wirksam. Sollten Sie die bisherige Anzeigesprache, also etwa Deutsch, doch beibehalten wollen, müssen Sie nach einem Klick in das Feld **Windows-Anzeigesprache** **❾** die gewünschte Sprache auswählen.

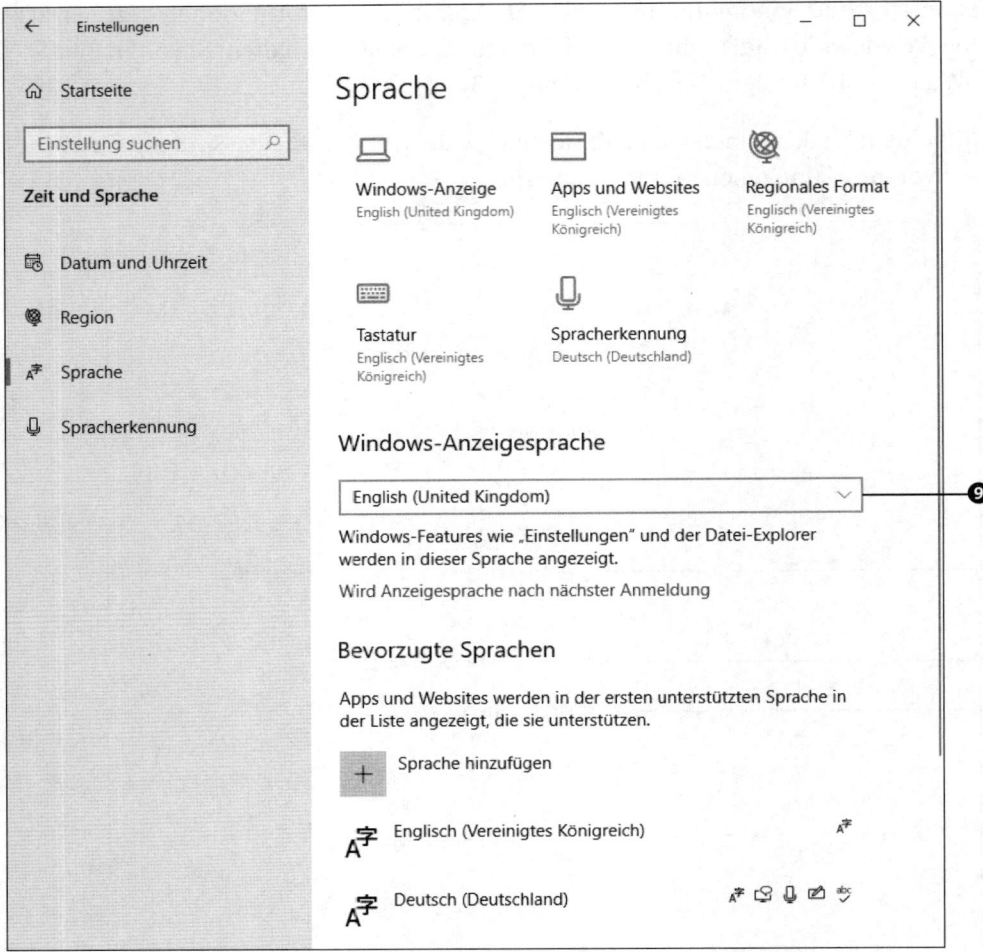

Abbildung 5.26 Im Feld »Windows-Anzeigesprache« legen Sie fest, in welcher Sprache die Benutzeroberfläche von Windows 10 erscheinen soll.

5.8.2 Sprache für Anzeige und Tastaturlayout auswählen

Wenn Sie, wie im vorigen Abschnitt gezeigt, mehrere Sprachen auf dem Computer installiert haben, können Sie diese abwechselnd als Systemsprache sowie für das Tastaturlayout auswählen. Benötigen Sie eine Sprache lediglich auf der Tastatur, während die Anzeige in Dialogen, Menüs u. Ä. gleich bleiben soll, können Sie die Sprache blitzschnell wechseln. Denn nach der Installation der Sprachen finden Sie im Infobereich der Taskleiste ein weiteres Symbol mit dem Kürzel der aktuell eingestellten Tastatursprache, etwa **DEU** für Deutsch. Ein Klick hierauf ❶, und es klappt eine Liste mit den verfügbaren Sprachen auf. Nun markieren Sie noch die gewünschte Sprache für das Tastaturlayout ❷, und schon wird diese für die Tastatur genutzt. Dieser schnelle Wechsel ist vor allem im Zusammenhang mit der Bildschirmtastatur interessant, die bei Tablets zum Einsatz kommt. Weitere Informationen hierzu erhalten Sie in Abschnitt 7.3, »Texteingabe per Bildschirmtastatur«, ab Seite 262.

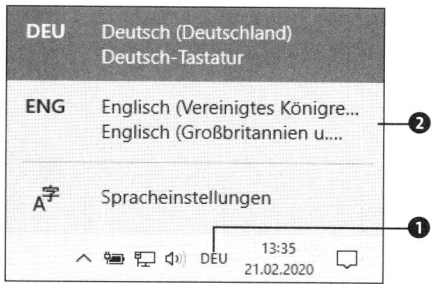

Abbildung 5.27 Die Tastatursprache lässt sich schnell über das Sprachsymbol in der Taskleiste wechseln.

TIPP

Wechsel des Tastaturlayouts per Tastenkombination

Anstatt das Tastaturlayout über das Sprachsymbol in der Taskleiste zu wechseln, können Sie auch eine Tastenkombination nutzen. Drücken Sie hierzu die beiden Tasten ⊞ + Leertaste so häufig, bis das gewünschte Layout ausgewählt ist. Doch Vorsicht: Manchmal drückt man diese Tastenkombination auch aus Versehen. Das Malheur macht sich meist bemerkbar, wenn man einen Brief oder eine Mail schreibt. So manch einer wundert sich dann, warum etwa statt des getippten »z« ein »y« auf dem Bildschirm erscheint. Dies liegt daran, dass bei jedem Tastaturlayout die Tasten anders angeordnet sind. Bevor Sie in einem solchen Moment verzweifeln, werfen Sie einen Blick in die Taskleiste, und prüfen Sie, ob das richtige Tastaturlayout ausgewählt ist, also etwa **DEU** für Deutsch. Das Sprachsymbol wird übrigens auch im Anmeldebildschirm angezeigt. Sollte nach Eingabe des Kennworts Ihres Benutzerkontos der Hinweis **Kennwort falsch** eingeblendet werden, prüfen Sie, ob das richtige Tastaturlayout eingestellt ist.

Wenn die Sprachauswahl nicht nur für das Tastaturlayout, sondern auch als Anzeigesprache gelten soll, sind etwas mehr Schritte für den Sprachwechsel nötig.

1 Rufen Sie **Start ▸ Einstellungen ▸ Zeit und Sprache ▸ Sprache** ❶ auf.

2 Klicken Sie in der rechten Spalte in das Feld **Windows-Anzeigesprache** ❷, und wählen Sie die gewünschte Sprache aus.

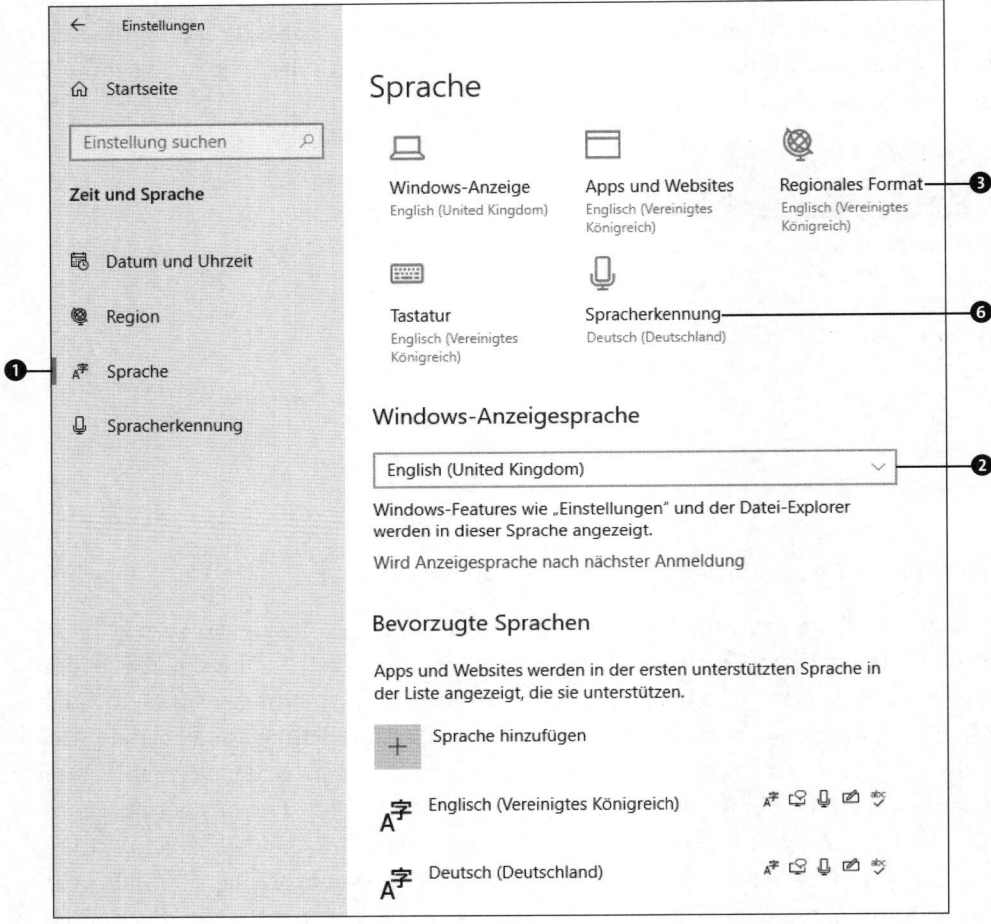

3 Damit der Sprachwechsel wirksam wird, müssen Sie sich nun noch einmal am Computer abmelden und anschließend neu anmelden.

4 Nach der Neuanmeldung am Computer erscheinen Dialoge oder auch Menüs in der neu gewählten Standardsprache. Um wieder zur vorherigen Sprachauswahl zurückzukehren, führen Sie erneut die Schritte 1 bis 3 durch.

5 Jede Region hat ihre Besonderheiten bezüglich der Darstellung von Datum und Uhrzeit. Mit der Auswahl der Windows-Anzeigesprache wird zugleich auch das regionale Format zur Anzeige von Datum und Uhrzeit angepasst. Ziehen Sie stattdessen weiterhin die deutsche Darstellung vor, klicken Sie auf **Regionales Format** ❸.

6 Sie werden nun innerhalb der Einstellungen-App automatisch zur Unterkategorie **Region** geführt, in der Sie im Feld unterhalb von **Regionales Format** die gewünschte Darstellungsform für Datum und Uhrzeit auswählen ❹.

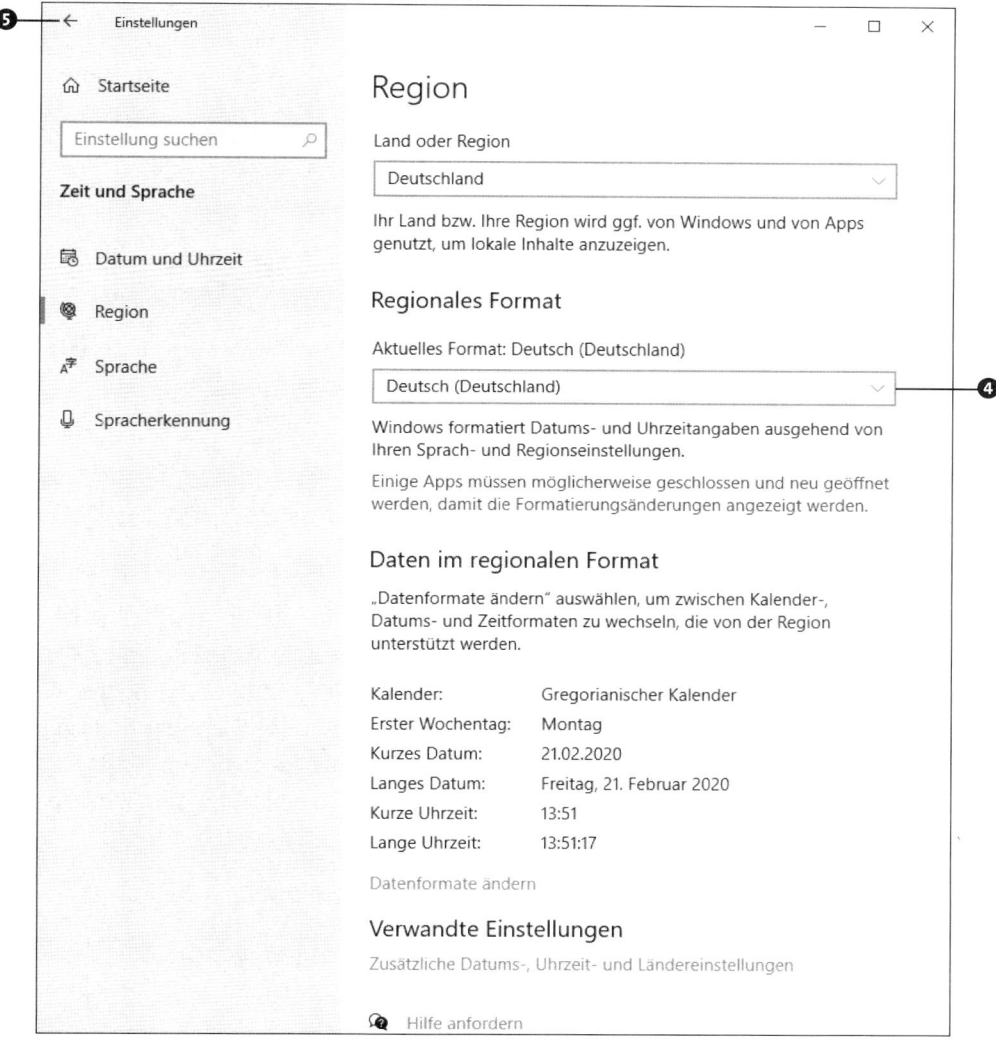

7 Über den Pfeil oben links (**❺** auf Seite 213) kehren Sie zur vorherigen Unterkategorie **Sprache** zurück. Wenn Sie die Sprache ändern möchten, in der Sie mit Ihrem Computer sprechen, klicken Sie auf **Spracherkennung** (**❻** auf Seite 212).

8 In der gleichnamigen Unterkategorie der Einstellungen-App legen Sie nun im Feld unterhalb von **Spracherkennungssprache ❼** die gewünschte Sprache fest.

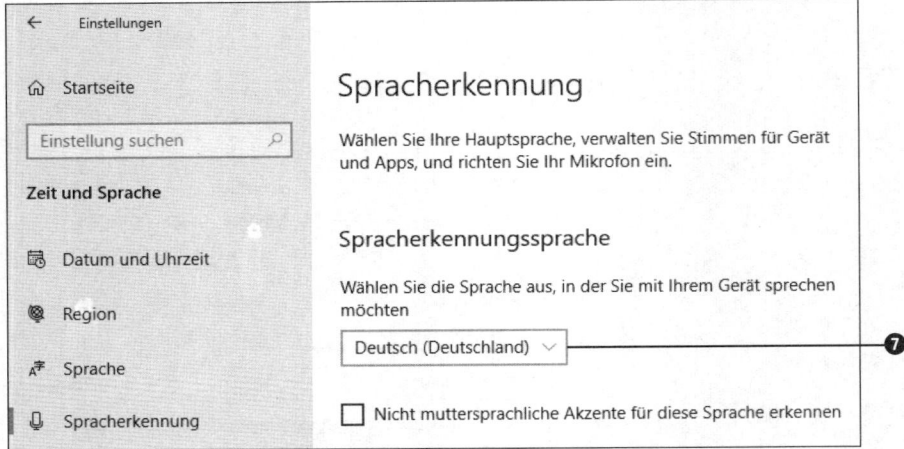

5.8.3 Installierte Sprachen entfernen

Wie im Kasten »Wechsel des Tastaturlayouts per Tastenkombination« auf Seite 211 beschrieben, kann es durchaus einmal passieren, dass Sie unabsichtlich einen Sprachwechsel durchführen. Die Folge: Die Tastatur spielt anschließend vermeintlich verrückt, da auf dem Bildschirm nicht mehr die Zeichen erscheinen, die Sie eigentlich getippt haben. Wenn Sie eine Sprache nicht mehr benötigen, kann es deshalb durchaus interessant sein, diese wieder vom Computer zu entfernen. Hierzu sind folgende Schritte notwendig:

1 Rufen Sie wieder **Start ▶ Einstellungen ▶ Zeit und Sprache ▶ Sprache** auf.

2 Markieren Sie in der rechten Spalte im Bereich **Bevorzugte Sprachen** die Sprache, die Sie entfernen möchten **❶**.

3 Ein Klick auf **Entfernen ❷**, und die Sprache wird aus der Sprachübersicht entfernt.

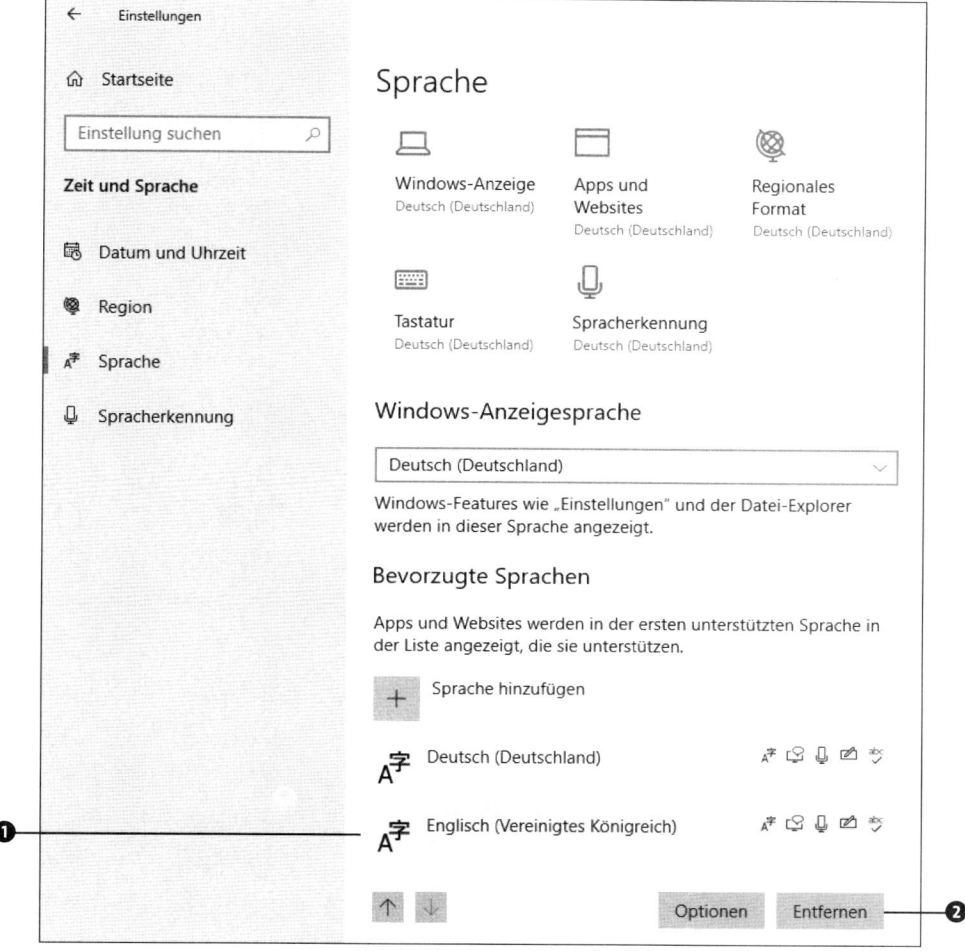

4 Ein versehentlicher Wechsel des Tastaturlayouts über die Tastenkombination ⊞ + Leertaste ist damit nicht mehr zu befürchten. Das Sprachpaket selbst wurde hierdurch allerdings nicht gelöscht. Wenn Sie die Sprache später doch einmal benötigen, können Sie sie jederzeit wieder hinzufügen, wie in Abschnitt 5.8.1, »Zusätzliche Sprachen installieren«, in den Schritten 1 bis 4 auf Seite 207 gezeigt. Eine Neuinstallation des Sprachpakets ist nicht nötig.

6   Nützliche Funktionen des Desktops

Unter Windows 8 und Windows 8.1 führte die Desktopoberfläche ein echtes Schattendasein, denn sie musste erst mühselig per Klick auf die Desktopkachel eingeblendet werden. Damit ist unter Windows 10 zum Glück wieder Schluss. Wie bereits unter Windows 7 und älteren Windows-Versionen strahlt der Desktop ganz präsent im Vordergrund. In diesem Kapitel erfahren Sie, wie Sie auf der Desktopoberfläche sowie der Taskleiste wichtige Verknüpfungen zu Programmen, Ordnern und mehr anlegen. Auch das neu in Windows 10 hinzugekommene Konzept der virtuellen Desktops sowie die seit Frühjahr 2018 verfügbare Timeline-Funktion werden Thema sein.

6.1   Verknüpfungen auf dem Desktop anlegen

Die große Fläche des Desktops eignet sich wunderbar, um hier Verknüpfungen zu Programmen, Ordnern und Dateien sowie Webseiten anzulegen. Ein doppelter Mausklick auf solch eine Verknüpfung reicht, und schon wird das damit verknüpfte Element geöffnet. Die Verknüpfungen auf dem Desktop lassen sich auf vielerlei Wegen erzeugen, wie Sie im Folgenden sehen werden.

6.1.1   Desktopverknüpfungen für Programme, Ordner und Webseiten erstellen

Sie benötigen einen bestimmten Ordner oder eine Datei immer wieder? Anstatt diese umständlich über den *Explorer* aufzurufen, können Sie auch eine Verknüpfung hierzu auf der Desktopoberfläche anlegen. Am schnellsten gelingt dies über das Kontextmenü des Desktops. Auch ein Desktopsymbol zum Aufruf einer häufig besuchten Webseite lässt sich auf diese Weise schnell einrichten.

1   Klicken Sie mit der rechten Maustaste auf eine freie Fläche auf dem Desktop. »Frei« bedeutet hier lediglich, dass sich an dieser Stelle nicht bereits ein Desktopsymbol befinden sollte.

2   Im aufklappenden Kontextmenü bewegen Sie den Mauszeiger auf den Eintrag **Neu** und klicken dann im Untermenü auf **Verknüpfung** ❶.

3 Wenn Sie eine Verknüpfung zu einer häufig besuchten Webseite erstellen möchten, tippen Sie im Dialog **Verknüpfung erstellen** die entsprechende Internetadresse (z. B. *www.tagesschau.de*) in das Feld **Geben Sie den Speicherort des Elements ein ❷** ein. Nach einem Klick auf **Weiter ❸** können Sie direkt mit Schritt 6 fortfahren.

4 Soll eine Verknüpfung für einen Ordner oder eine Datei eingerichtet werden, klicken Sie auf **Durchsuchen ❹**.

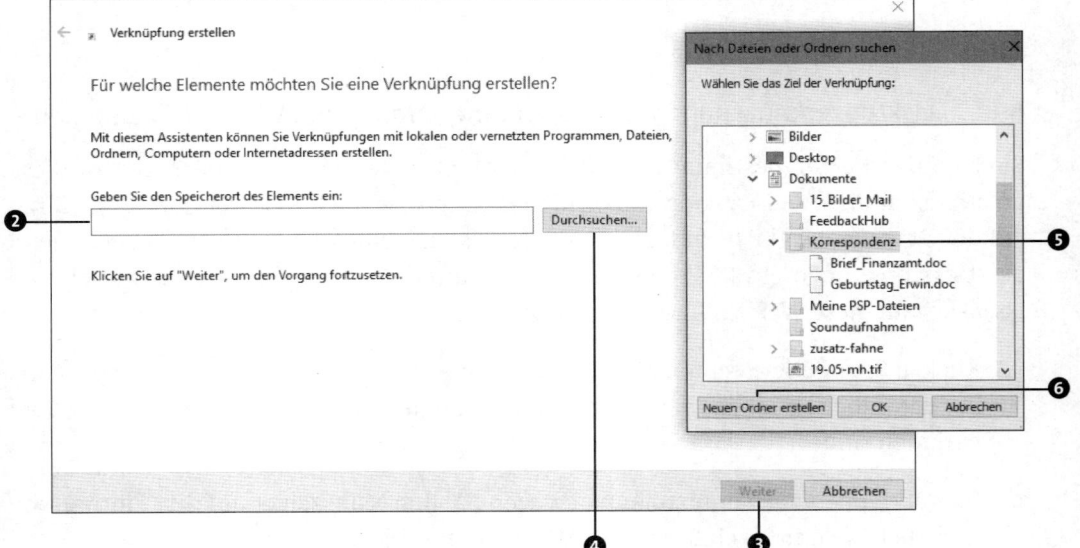

5 Markieren Sie im Dialog **Nach Dateien oder Ordnern suchen** den Ordner bzw. die Datei, für die Sie eine Verknüpfung erstellen wollen ❺. Über die Schaltfläche **Neuen Ordner erstellen** ❻ lässt sich auch ein neues Verzeichnis erzeugen. Sobald Sie mit **OK** bestätigen, wird der Dateipfad im Feld **Geben Sie den Speicherort des Elements ein** angezeigt. Klicken Sie auf **Weiter**.

6 Im nächsten Dialog geben Sie einen Namen für die Verknüpfung ein ❼ und bestätigen mit **Fertig stellen**.

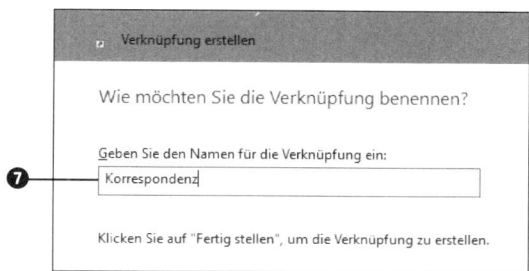

Auf dem Desktop finden Sie nun ein neues Desktopsymbol mit dem gerade vergebenen Namen. Sollten Sie sich bei der Eingabe des Namens vertippt haben, können Sie das Element selbstverständlich umbenennen. Klicken Sie hierzu mit der rechten Maustaste auf das Desktopsymbol. Im Kontextmenü wählen Sie den Befehl **Umbenennen** ❽. Der Name unterhalb des Desktopsymbols wird blau markiert und kann korrigiert oder auch komplett überschrieben werden. Die Eingabe schließen Sie durch Drücken der Taste ⏎ ab.

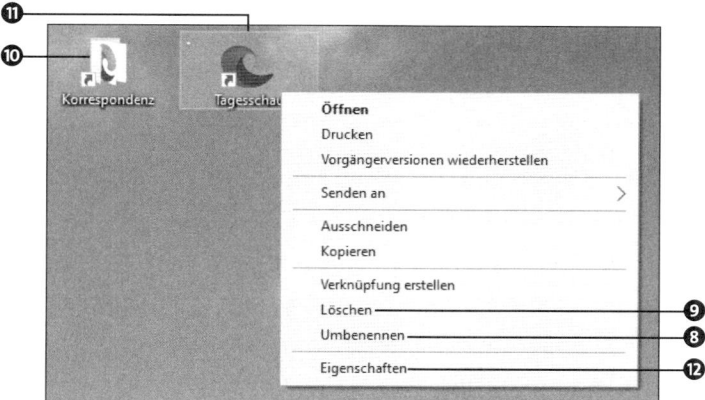

Abbildung 6.1 Desktopsymbole können umbenannt oder auch gelöscht werden.

Benötigen Sie die Verknüpfung irgendwann nicht mehr, klicken Sie mit der rechten Maustaste auf das Desktopsymbol und wählen im Kontextmenü den Befehl **Löschen**

(**❾** auf Seite 219). Wenn Sie ein Desktopsymbol versehentlich gelöscht haben, lässt es sich übrigens schnell wieder auf die Oberfläche zurückholen: Klicken Sie einfach mit der rechten Maustaste auf eine freie Fläche des Desktops. Im Kontextmenü wird Ihnen nun die Möglichkeit angeboten, den zuletzt ausgeführten Befehl, im Beispiel also das Löschen, rückgängig zu machen.

TIPP

Aussehen des Desktopsymbols anpassen

Das Aussehen des Desktopsymbols hängt von der Anwendung ab, mit der das verknüpfte Element nach einem Doppelklick geöffnet wird. Handelt es sich um ein Verzeichnis, wird z. B. ein Ordner-Symbol angezeigt (**❿** auf Seite 219), bei einem Word-Dokument das Logo von *Microsoft Word* und bei einer Internetadresse das Symbol des Browsers *Edge* **⓫**. Gefällt Ihnen das Symbol nicht, können Sie es auch austauschen. Hierzu klicken Sie mit der rechten Maustaste auf das Desktopsymbol und wählen im Kontextmenü den Befehl **Eigenschaften** **⓬**. Im Eigenschaften-Dialog klicken Sie auf die Schaltfläche **Anderes Symbol**. Windows zeigt Ihnen nun eine Liste mit allen verfügbaren Symbolen an, über die Sie mithilfe der Bildlaufleiste am unteren Fensterrand blättern. Markieren Sie das gewünschte neue Symbol, bestätigen Sie den Dialog mit **OK** und den Eigenschaften-Dialog mit **Übernehmen** und **OK**.

Für Ordner, Dateien oder auch Internetadressen ist der Weg über den Kontextmenübefehl des Desktops schnell und vor allem bequem. Wenn Sie für ein Programm eine Verknüpfung auf dem Desktop einrichten möchten, müssen Sie allerdings wissen, in welchem Verzeichnis sich die ausführbare Datei der Anwendung befindet. Diese ist meist in den Tiefen des Dateisystems versteckt und nicht ganz so schnell zu erreichen. Doch auch hier gibt es eine bequeme Lösung, um eine Verknüpfung zu erstellen:

1 Rufen Sie das Startmenü per Klick auf das Windows-Logo **⊞** auf, und blättern Sie in der mittleren Spalte in der Liste aller Apps nach unten, bis das gewünschte Programm angezeigt wird.

2 Klicken Sie mit der rechten Maustaste auf die Anwendung **❶**. Im aufklappenden Kontextmenü wählen Sie **Mehr** und dann **Dateispeicherort öffnen** **❷**.

3 Nun wird automatisch der Explorer mit dem Ordner geöffnet, in dem sich die ausführbare Datei des Programms (im Beispiel des *Windows Media Players*) befindet. Die Datei erkennen Sie sofort an der hellblauen Markierung. Klicken Sie sie mit der rechten Maustaste an **❸**.

4 Im Kontextmenü wählen Sie nacheinander die Befehle **Senden an** und dann **Desktop (Verknüpfung erstellen) ➍**.

221

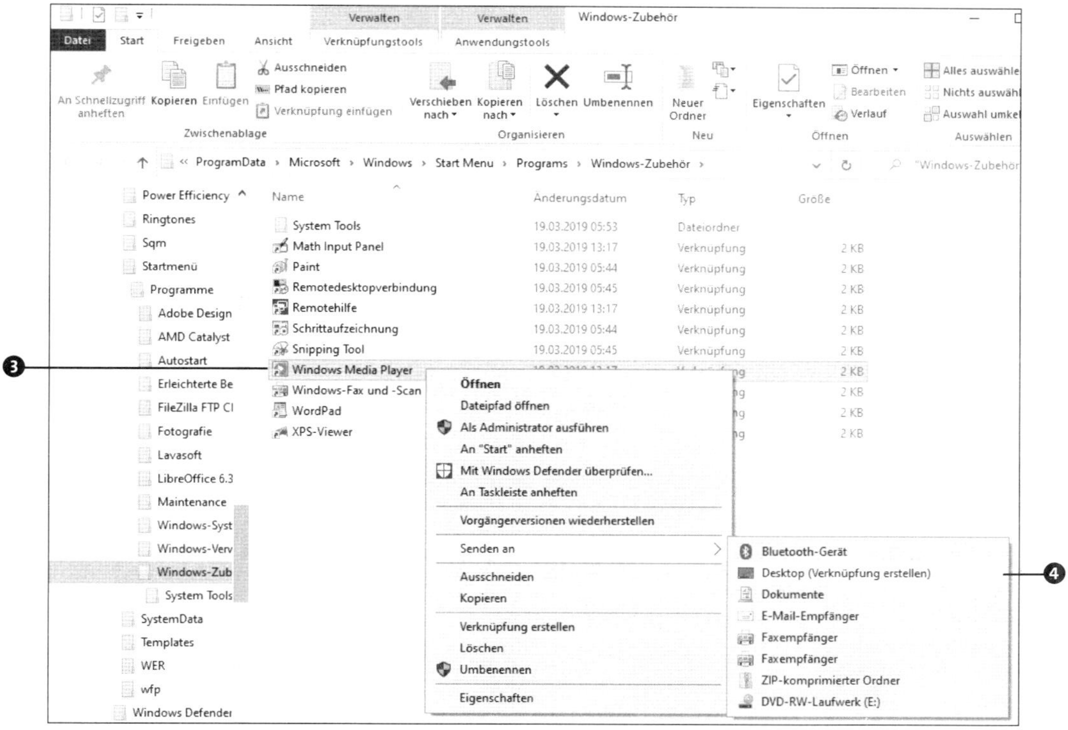

Diese wenigen Schritte reichen bereits, und schon haben Sie für das Programm eine Verknüpfung auf dem Desktop erstellt. Die Befehlskette **Senden an ▶ Desktop (Verknüpfung erstellen)** steht Ihnen übrigens auch für alle anderen Ordner und Dateien zur Verfügung, die im Explorer aufgeführt werden. Dieser Weg stellt also eine Alternative zum Kontextmenü des Desktops dar, den Sie zu Beginn des Abschnitts kennengelernt haben.

Ein Symbol, das von Anfang an auf dem Desktop zu finden ist, ist das des Papierkorbs. Unter Windows XP gab es noch ein weiteres praktisches Symbol: den *Arbeitsplatz*. Nach einem Doppelklick darauf erhielt der Anwender eine Übersicht über alle Dateien, Ordner und Laufwerke seines Computers. Unter Vista wurde der Arbeitsplatz in *Computer* umbenannt, seit Windows 8.1 trägt er den Namen *Dieser PC*. Auch hier lässt sich das dazugehörige Symbol auf den Desktop zurückholen. Der Weg führt wieder über den Explorer. Damit das funktioniert, müssen allerdings im Explorer alle Ordner angezeigt werden.

1 Starten Sie zunächst den Explorer, z. B. mit einem Klick auf das entsprechende Symbol in der Taskleiste ❶.

Im Programmfenster des Explorers müssen Sie nun zunächst dafür sorgen, dass alle Ordner eingeblendet werden.

2 Wechseln Sie in das Register **Ansicht** ❷. Klicken Sie im Menüband ganz links auf **Navigationsbereich** ❸, und versehen Sie in der aufklappenden Liste den Eintrag **Alle Ordner anzeigen** ❹ per Mausklick mit einem Häkchen. Ist der Eintrag bereits mit einem Häkchen versehen, klappen Sie die Liste einfach durch einen erneuten Klick auf **Navigationsbereich** wieder zu. Ausführliche Informationen zum Umgang mit dem Explorer erhalten Sie übrigens in Kapitel 8, »Dateien und Ordner verwalten mit dem Explorer«, ab Seite 271.

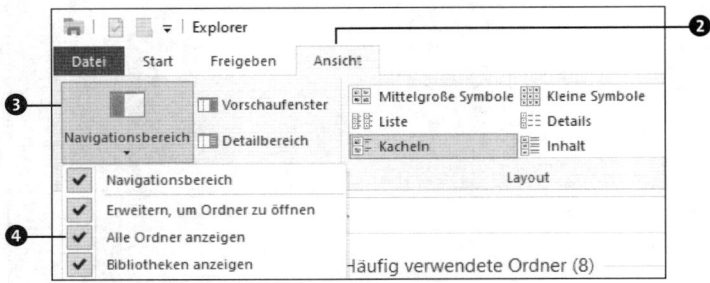

3 Werfen Sie einen Blick in die linke Spalte des Programmfensters des Explorers. Diese Spalte wird auch *Navigationsbereich* genannt. Sie finden hier jetzt zweimal den Eintrag **Desktop** (❺ und ❻). Klicken Sie auf den unteren der beiden Einträge ❻.

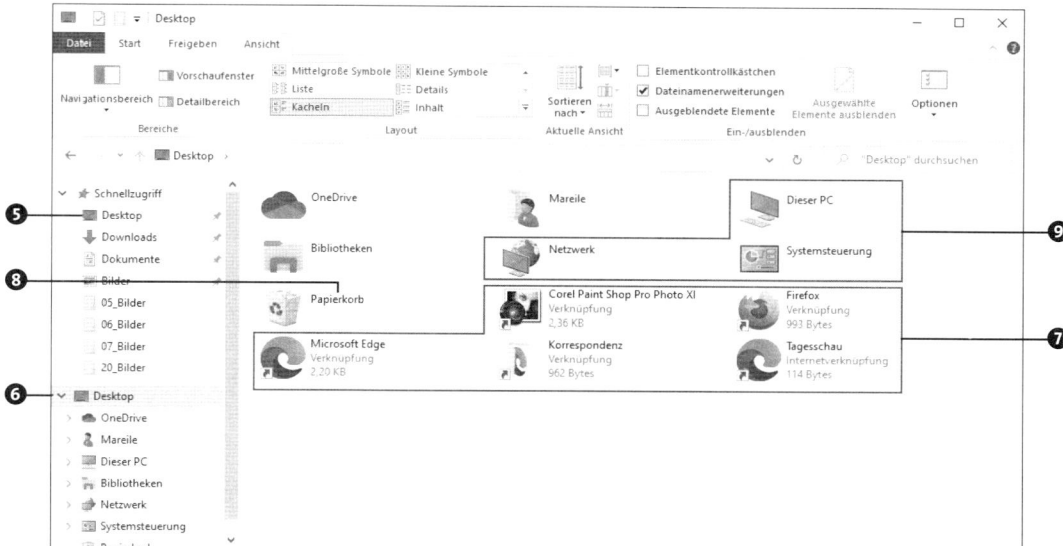

Im Inhaltsbereich des Explorers finden Sie nun alle bereits erzeugten Desktopverknüpfungen, also Verknüpfungen zu Ordnern, Dateien, Internetadressen oder auch Programmen. All diese Elemente sind mit der Bezeichnung **Verknüpfung** ❼ gekennzeichnet. Das Verknüpfungssymbol in der linken unteren Ecke zeigt einen kleinen nach oben weisenden Pfeil. Der **Papierkorb** ❽ taucht im Inhaltsbereich ebenfalls auf. Aber nicht nur dieser: Auch Elemente wie **Dieser PC**, **Netzwerk** oder die **Systemsteuerung** ❾ werden hier aufgeführt, obwohl für diese noch kein Verknüpfungssymbol auf dem Desktop zu sehen ist.

Um nun für eines dieser Elemente, die zwar im Explorer im Ordner **Desktop** erscheinen, nicht aber auf der Desktopoberfläche selbst, ein Symbol auf dem Desktop zu erzeugen, geht es so weiter:

4 Klicken Sie das Element, für das Sie ein Symbol auf der Desktopoberfläche ergänzen möchten, mit der rechten Maustaste an. Als Beispiel dient das Element **Dieser PC**.

5 Im aufklappenden Kontextmenü wählen Sie den Befehl **Verknüpfung erstellen** ❿.

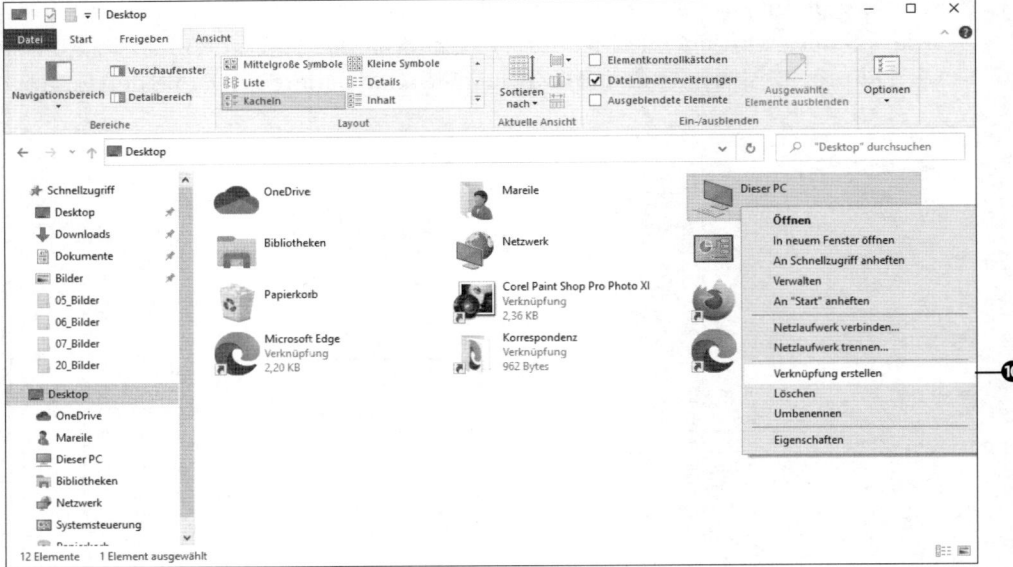

6 Auf dem Desktop erscheint nun das Symbol **Dieser PC**. Der Name des Desktopsymbols lautet **Dieser PC – Verknüpfung**. Stört Sie der Hinweis auf die Verknüpfung, benennen Sie das Symbol einfach um. Wie dies funktioniert, haben Sie bereits in diesem Abschnitt erfahren: ein rechter Mausklick auf das Desktopsymbol, den Befehl **Umbenennen** wählen und schließlich den nun blau markierten Namen korrigieren – fertig.

Analog lassen sich so auch Verknüpfungen zur Systemsteuerung, zu den Bibliotheken oder auch zum Onlinespeicher *OneDrive* auf der Desktopoberfläche einrichten.

6.1.2 Desktopsymbole auf der Oberfläche anordnen

Die Desktopoberfläche bietet zwar recht viel Platz für Verknüpfungen zu Programmen, Dateien, Ordnern oder auch Webseiten. Je mehr Desktopsymbole Sie hier aber hinzufügen, desto unübersichtlicher wird es. Damit Sie schnell die gewünschte Verknüpfung finden, sollten Sie die Desktopsymbole Ihren Wünschen entsprechend anordnen. Jedes der Symbole lässt sich ganz leicht auf dem Desktop verschieben, vorausgesetzt allerdings, Sie haben nicht die automatische Anordnung der Symbole aktiviert. Doch das lässt sich schnell prüfen:

1 Klicken Sie mit der rechten Maustaste auf eine freie Fläche des Desktops.

2 Bewegen Sie im aufklappenden Kontextmenü den Mauszeiger auf **Ansicht ❶**. Um die Desktopsymbole gleich beliebig verschieben zu können, darf im nun sichtbaren Untermenü der Eintrag **Symbole automatisch anordnen ❷** nicht mit einem Häkchen versehen sein. Ist dies doch der Fall, entfernen Sie es per Mausklick auf den Eintrag.

3 Der Eintrag **Symbole am Raster ausrichten ❸**, den Sie ebenfalls über das Untermenü erreichen, sorgt dafür, dass die Symbole auf dem Desktop an einem unsichtbaren Raster ausgerichtet werden und dass somit ein gleichmäßiger Abstand zwischen ihnen besteht.

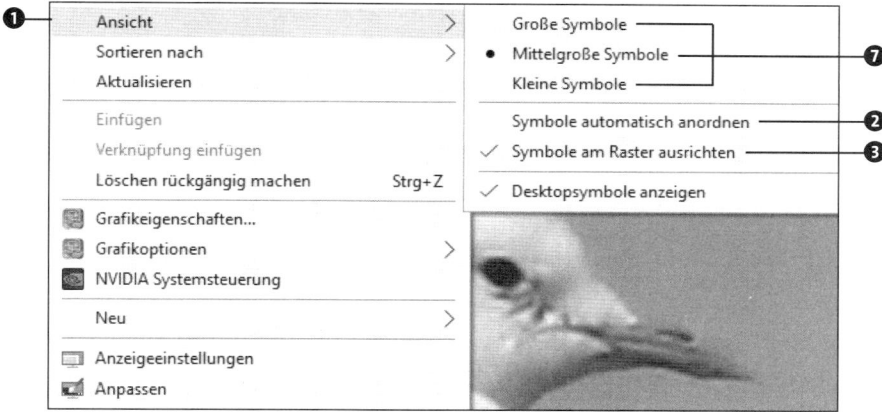

4 Ist die automatische Anordnung deaktiviert, lassen sich die Symbole beliebig auf dem Desktop verschieben. Hierzu bewegen Sie einfach den Mauszeiger auf ein Desktopsymbol und ziehen es mit gedrückter linker Maustaste auf die gewünschte Position.

5 Sie können die Anordnung aber auch Windows überlassen. Den hierfür nötigen Befehl **Sortieren nach ❹** finden Sie wieder im Kontextmenü, das Sie mit der rechten Maustaste auf eine freie Fläche auf der Desktopoberfläche aufrufen. Die Desktopsymbole können nach **Name**, **Größe**, **Elementtyp** oder auch nach **Änderungsdatum ❺** sortiert werden.

6 Sollten die Desktopsymbole einmal fehlerhaft angezeigt werden, hilft manchmal der Befehl **Aktualisieren ❻** weiter, den Sie ebenfalls über das Kontextmenü aufrufen.

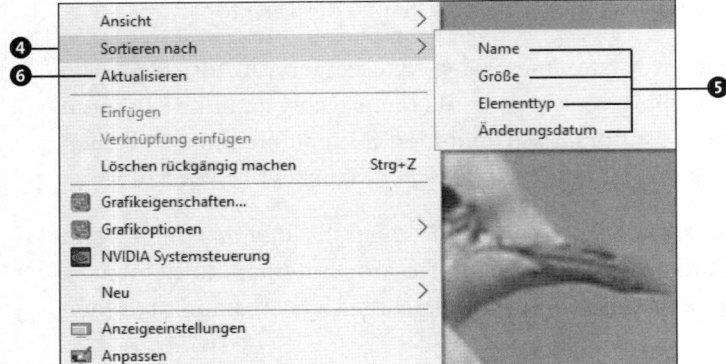

Die Größe der Desktopsymbole lässt sich über den Kontextmenüeintrag **Ansicht** (❶ auf Seite 225) festlegen. Falls Ihnen weder **Große Symbole** noch **Mittelgroße Symbole** noch **Kleine Symbole** ❼ zusagen, können Sie die Symbolgröße auch individuell einstellen. Voraussetzung hierfür ist, dass Sie eine Computermaus mit Scrollrad nutzen. Positionieren Sie den Mauszeiger auf einem der Desktopsymbole oder einer freien Fläche des Desktops. Halten Sie die Taste [Strg] gedrückt, während Sie das Scrollrad drehen. Je nach Drehrichtung werden nun alle Desktopsymbole vergrößert bzw. verkleinert.

6.2 Programme und Dateien über die Taskleiste öffnen

Eine der wichtigsten Anlaufstellen bei der täglichen Arbeit mit dem Computer ist die Taskleiste am unteren Bildschirmrand. So finden Sie hier das Windows-Logo zum Aufruf des Startmenüs, über das Suchfeld starten Sie Suchanfragen, und der Infobereich am rechten Rand der Taskleiste informiert Sie über wichtige Themen. All diese Elemente stelle ich Ihnen kurz in Abschnitt 2.3, »Die Taskleiste«, ab Seite 56 vor. In Abschnitt 5.5, »Die Taskleiste anpassen«, ab Seite 184 erfahren Sie u. a., wie Sie die Position der Taskleiste selbst festlegen und auswählen, welche Symbole im Infobereich der Taskleiste angezeigt werden sollen. Der größte Teil der Taskleiste wird allerdings von Programmsymbolen in Anspruch genommen. Und genau diese werden wir nun genauer unter die Lupe nehmen.

6.2.1 Programmsymbole auf der Taskleiste hinzufügen

Die Taskleiste am unteren Bildschirmrand bietet zwar nicht ganz so viel Platz wie der Desktop, aber auch hier lassen sich Programme anheften, sodass Sie sie schnell mit nur einem Mausklick öffnen können. Für die vier Anwendungen *Edge*, *Explorer*, *Store* sowie *Mail* wurden bereits von Windows Programmsymbole hinzugefügt. Wenn Sie selbst ein häufig genutztes Programm ergänzen möchten, gehen Sie folgendermaßen vor:

1 Rufen Sie per Klick auf das Windows-Logo ⊞ am linken Rand der Taskleiste das Startmenü auf.

2 Blättern Sie in der Liste aller Apps nach unten, bis die gewünschte Anwendung angezeigt wird, im Beispiel der folgenden Abbildung etwa die *Fotos*-App ❶.

3 Klicken Sie mit der rechten Maustaste auf die Anwendung. Im aufklappenden Kontextmenü wählen Sie **Mehr** und dann **An Taskleiste anheften** ❷.

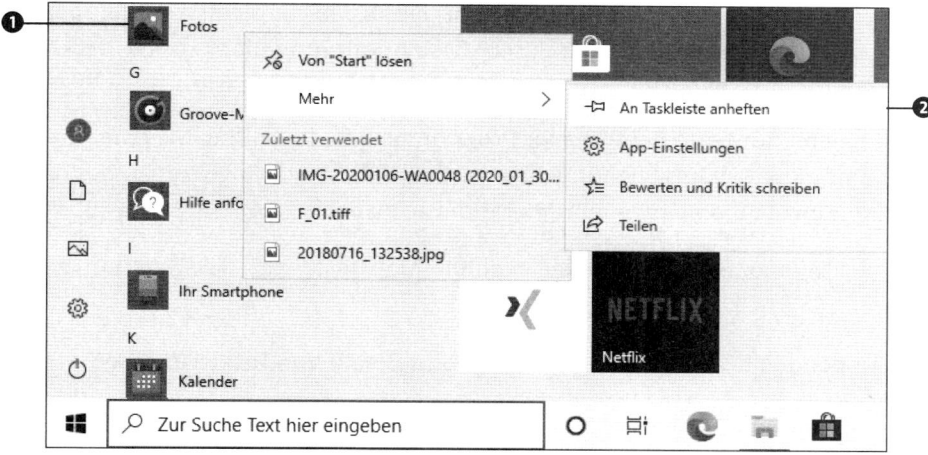

Diese wenigen Schritte reichen bereits, und schon erscheint das Programmsymbol der gewählten Anwendung, hier also der Fotos-App, in der Taskleiste. Mit einem Klick auf das Symbol lässt sich das Programm nun schnell öffnen. Ausführliche Informationen zur Fotos-App erhalten Sie in Kapitel 12, »Gute Unterhaltung – Fotos, Videos, Musik und Spiele«, ab Seite 425.

Wenn Sie in Schritt 3 auf dieser Seite versehentlich statt mit der rechten Maustaste mit der linken Maustaste auf die Anwendung geklickt haben, ist das nicht schlimm. In diesem Fall wird automatisch das Programm gestartet, und in der Taskleiste erscheint entsprechend das Programmsymbol. Die Programmsymbole aller geöffneten Anwendungen werden in der Taskleiste übrigens am unteren Symbolrand mit einem kleinen Balken gekennzeichnet. Klicken Sie nun mit der rechten Maustaste auf das Programmsymbol der geöffneten Anwendung ❸, finden Sie im aufklappenden Kontextmenü ebenfalls den Befehl **An Taskleiste anheften** ❹. Wählen Sie den Befehl aus, bleibt das Programmsymbol auch dann in der Taskleiste, wenn Sie die Anwendung selbst schließen.

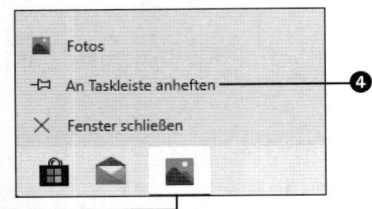

Abbildung 6.2 Bereits geöffnete Anwendungen können ebenfalls an die Taskleiste angeheftet werden.

Ein neu hinzugefügtes Programmsymbol wird in der Taskleiste rechts von den bereits vorhandenen Symbolen ergänzt. Wenn Ihnen diese Anordnung nicht zusagt, verschieben Sie die Programmsymbole einfach mit gedrückter linker Maustaste.

Die Taskleiste bietet nur begrenzt Platz für Programmsymbole. Sollten Sie eine Anwendung nicht mehr ganz so häufig benötigen, ist es daher durchaus angebracht, das dazugehörige Programmsymbol wieder aus der Taskleiste zu entfernen:

1 Klicken Sie hierzu einfach mit der rechten Maustaste auf das Symbol in der Taskleiste.

2 Im aufklappenden Kontextmenü wählen Sie den Befehl **Von Taskleiste lösen**.

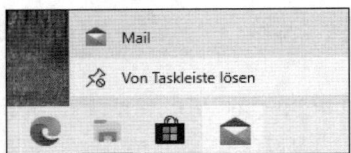

Sollte die Anwendung noch geöffnet sein, bleibt das Programmsymbol zunächst in der Taskleiste stehen. Sobald Sie das Programm aber schließen, verschwindet es hier. Der Befehl **Von Taskleiste lösen** steht Ihnen übrigens auch für die vier bereits von Windows standardmäßig an die Taskleiste gehefteten Anwendungen zur Verfügung. Sollten Sie also z. B. die Verknüpfung zum Store nicht benötigen, lösen Sie sie einfach wie beschrieben von der Taskleiste. Wenn Sie später doch einmal einen Blick in den Store werfen möchten, öffnen Sie ihn weiterhin – wie natürlich alle anderen Anwendungen auch – über die Liste aller Apps im Startmenü. Noch mehr über das Starten von Apps und Programmen erfahren Sie in Abschnitt 9.1, »Alles rund um den Umgang mit den Programmfenstern«, ab Seite 337. Dort erhalten Sie auch Tipps, wie Sie Programmfenster perfekt anordnen.

6.2.2 Sprunglisten in der Taskleiste nutzen und anpassen

Im vorigen Abschnitt haben Sie erfahren, wie Sie häufig genutzte Anwendungen an die Taskleiste heften. Diese Programmsymbole sind nicht nur praktisch, wenn es darum geht, die damit verknüpften Anwendungen schnell zu starten. Sie bieten seit Windows 7 auch noch weitere interessante Funktionen: die sog. *Sprunglisten*, im Englischen *jumplist* genannt.

Bei einer Sprungliste handelt es sich im Grunde genommen um nichts anderes als ein Kontextmenü eines geöffneten oder an die Taskleiste gehefteten Programms. Entsprechend wird sie per Rechtsklick auf ein Programmsymbol in der Taskleiste geöffnet. Sprunglisten stehen allerdings nicht für alle Anwendungen zur Verfügung. Einige Apps, die Sie z. B. aus dem Microsoft Store bezogen haben, unterstützen das Prinzip der Sprunglisten nicht.

Sobald Sie eine Sprungliste per rechtem Mausklick auf das Programmsymbol eingeblendet haben, wird eine Liste mit diversen Elementen sichtbar. Der Inhalt dieser Liste hängt von der ausgewählten Anwendung ab. Beim Explorer sehen Sie z. B. die am häufigsten geöffneten Ordner, beim Windows Media Player die häufig abgespielten Musiktitel und bei *Microsoft Word* die Dateien, die Sie zuletzt mit dem Textverarbeitungsprogramm geöffnet haben. Ein Klick auf einen dieser Einträge der Sprungliste reicht, und schon wird das Programm mit dieser Datei bzw. dem Ordner geöffnet. Einige Programme bieten über die Sprunglisten aber auch wichtige Aufgaben an. So können Sie beim E-Mail-Programm *Microsoft Outlook* z. B. über die Sprungliste direkt eine neue Nachricht verfassen oder einen neuen Termin anlegen.

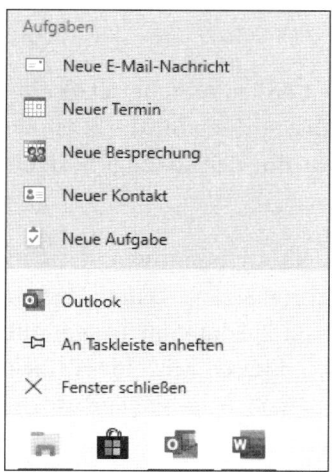

Abbildung 6.3 Die Sprungliste des E-Mail-Programms Outlook

Sprunglisten stellen ein wunderbares Mittel dar, um schnell Ordner, Dateien oder – im Falle eines Browsers – Webseiten zu öffnen. Wie bereits erwähnt, werden in der Sprungliste jeweils die am häufigsten bzw. zuletzt verwendeten Elemente angezeigt. Der Platz innerhalb einer Sprungliste ist allerdings beschränkt; die Anzahl der maximal möglichen Einträge schwankt je nach Anwendung zwischen acht und zwölf Einträgen. Damit z. B. eine Datei oder auch ein Ordner, den Sie häufig benötigen, nicht irgendwann aus der Sprungliste verschwindet, können Sie ihn fest an die Sprungliste anheften:

1 Blenden Sie die Sprungliste des entsprechenden Programms mit einem rechten Mausklick auf das Programmsymbol in der Taskleiste ein.

2 Positionieren Sie den Mauszeiger auf dem Element, das Sie an die Sprungliste heften möchten. Rechts von diesem Element wird eine kleine Pinnnadel 🔲 eingeblendet, auf die Sie klicken ❶.

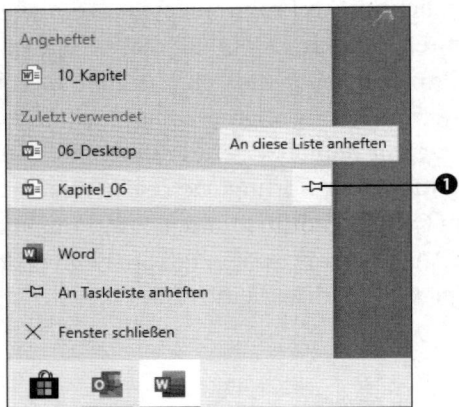

3 Das ausgewählte Element wird in der Sprungliste nun im Bereich **Angeheftet** ❷ eingeblendet. Mit einem Klick auf den Eintrag in der Sprungliste öffnen Sie die entsprechende Datei, den Ordner oder auch die Webseite direkt mit dem dazugehörigen Programm.

4 Sollten Sie das Element irgendwann doch nicht mehr so häufig benötigen, können Sie den entsprechenden Eintrag auch wieder aus der Sprungliste entfernen. Hierzu wiederholen Sie einfach wieder die Schritte 1 und 2. Sobald Sie den Mauszeiger auf das Element setzen, wird das Pinnnadel-Symbol eingeblendet ❸. Mit einem Klick darauf lösen Sie den Eintrag von der Sprungliste.

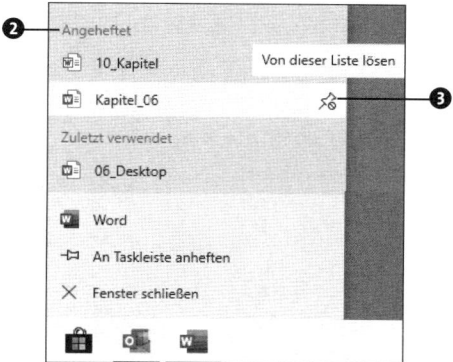

In diesem Abschnitt haben Sie die Sprunglisten im Zusammenhang mit der Taskleiste kennengelernt. Sie stehen Ihnen aber auch in der Liste aller Apps zur Verfügung, die Sie über das Startmenü aufrufen. Auch dort können Sie sie mit einem Rechtsklick auf das Programmsymbol aufrufen. Wie zuvor für die Taskleiste beschrieben, können Sie häufig genutzte Elemente per Klick auf das Pinnnadel-Symbol ❹ fest an die Sprungliste heften sowie bereits angeheftete Einträge wieder lösen.

Abbildung 6.4 Die Sprunglisten können Sie auch über die Liste aller Apps im Startmenü aufrufen.

Elemente aus der Sprungliste entfernen

Sie haben zwar in letzter Zeit immer wieder eine bestimmte Datei verwendet, die entsprechend in der Sprungliste erscheint, aber eigentlich stört es Sie, dass sie dort aufgeführt wird. Klicken Sie in der Sprungliste mit der rechten Maustaste auf dieses Element, werden im aufklappenden Kontextmenü einige Befehle aufgeführt. Ein Klick auf **Aus dieser Liste entfernen** reicht, und schon wird das Element in der

Sprungliste gelöscht. Falls Sie sich überhaupt nicht mit dem Prinzip der Sprunglisten anfreunden mögen, können Sie auch die gesamte Funktion ausschalten. Rufen Sie hierzu **Start** ▸ **Einstellungen** ▸ **Personalisierung** ▸ **Start** auf. Ziehen Sie im Einstellungen-Dialog in der rechten Spalte den Regler **Zuletzt geöffnete Elemente in Sprunglisten im Startmenü oder auf der Taskleiste und im Datei-Explorer-Schnellzugriff anzeigen** nach links auf **Aus**.

6.3 Die Timeline-Funktion als Gedächtnisstütze

Mit dem *April 2018 Update* brachte Windows 10 eine neue Funktion mit, die den Aufruf kürzlich besuchter Webseiten oder auch bearbeiteter Dateien noch einfacher gestalten soll: die *Timeline*, auch *Zeitachse* genannt. Sie ist quasi Ihr virtuelles Gedächtnis, das sich merkt, welche Anwendungen Sie kürzlich genutzt haben. Wenige Mausklicks reichen, und schon können Sie dort fortfahren, wo Sie beim letzten Mal Ihre Arbeit unterbrochen haben.

Zum Aufruf der Timeline klicken Sie auf das Taskansicht-Symbol ❶ in der Taskleiste. Alternativ können Sie auch die Tastenkombination ⊞ + ⇄ drücken. Wenn Sie bereits Anwendungen geöffnet haben, werden diese in der nun angezeigten Übersicht am oberen Bildschirmrand eingeblendet ❷.

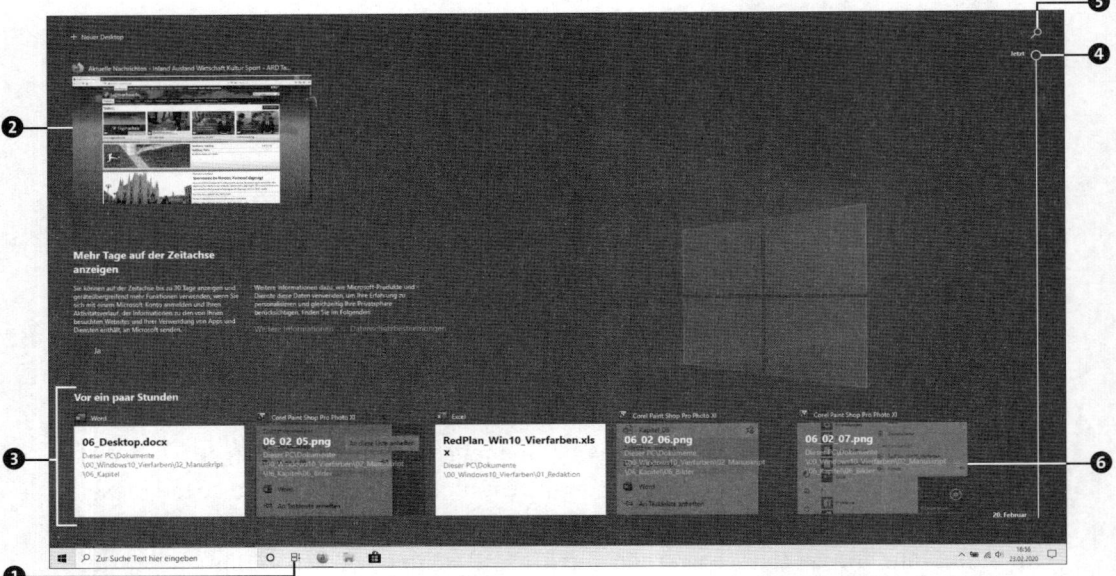

Abbildung 6.5 Die Timeline wird per Klick auf das Taskansicht-Symbol in der Taskleiste eingeblendet.

Darunter sehen Sie eine Übersicht über die in den letzten Tagen besuchten Webseiten sowie über Dateien, die Sie bearbeitet haben ❸. Sind Sie mit einem lokalen Konto am Computer angemeldet, reicht die Anzeige lediglich knapp eine Woche zurück.

Ist Ihr Benutzerkonto dagegen mit einem Microsoft-Konto verknüpft, können Sie sich Ihre Aktivitäten der letzten 30 Tage ansehen. Mithilfe des Schiebereglers ❹, der am rechten Rand in der Zeitleiste zu sehen ist, blättern Sie in der Übersicht über Ihre Aktivitäten. Finden Sie die gewünschte Datei nicht auf Anhieb, klicken Sie einfach auf das Lupen-Symbol ❺ am oberen Rand der Zeitleiste. Geben Sie in das nun sichtbare Feld den Suchbegriff ein, und starten Sie die Suche durch Drücken der ⏎-Taste. Mit einem Klick auf einen Eintrag ❻ öffnen Sie die damit verknüpfte Webseite, Datei oder auch Anwendung.

TIPP

Aktivitätsverlauf deaktivieren

Sind Sie mit einem Microsoft-Konto am PC angemeldet und nutzen Sie dieses auf anderen Geräten, werden in der Timeline auch die dort bearbeiteten Dateien aufgeführt. Wenn Sie dies nicht wünschen, rufen Sie **Start ▸ Einstellungen ▸ Datenschutz ▸ Aktivitätsverlauf** auf. In der rechten Spalte werden unterhalb von **Aktivitäten aus diesen Konten anzeigen** die Microsoft-Konten aufgelistet, die Sie auf dem PC nutzen. Ziehen Sie den entsprechenden Regler nach links auf **Aus**, wenn die Aktivitäten des Kontos nicht in der Zeitachse angezeigt werden sollen. Wünschen Sie generell nicht, dass Windows 10 alle Ihre Aktivitäten sammelt, entfernen Sie am oberen Rand der rechten Spalte das Häkchen vor **Meinen Aktivitätsverlauf auf diesem Gerät speichern**. Ist Ihnen die Synchronisation der erfassten Daten nicht recht, deaktivieren Sie außerdem **Meinen Aktivitätsverlauf an Microsoft senden**. Über die Schaltfläche **Löschen** unterhalb von **Aktivitätsverlauf löschen** lassen sich alle bisher gespeicherten Elemente entfernen.

Wenn Sie am Computer sehr aktiv sind, kann es auch in der Timeline-Ansicht schnell recht unübersichtlich werden. Sind Sie sicher, dass Sie eine Webseite oder auch Datei nicht über die Timeline öffnen werden, können Sie den entsprechenden Eintrag auch löschen:

1 Blenden Sie die Timeline per Klick auf das **Taskansicht**-Symbol ▦ in der Taskleiste ein.

2 Klicken Sie mit der rechten Maustaste auf den Eintrag, der gelöscht werden soll ❶. Im Kontextmenü wählen Sie den Befehl **Entfernen** ❷.

3 Wenn Sie alle unter dem Datum zusammengefassten Einträge löschen möchten, klicken Sie auf **Alle von ... löschen** ❸.

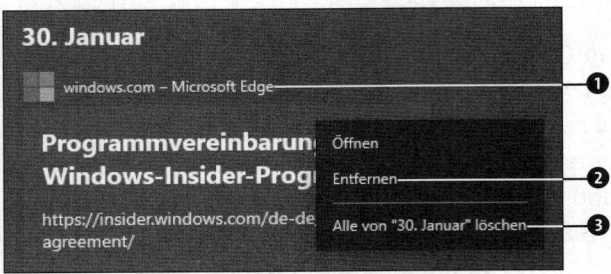

6.4 Mit virtuellen Desktops arbeiten

Zählen Sie auch zu den Anwendern, die mit vielen Programmen gleichzeitig arbeiten? Dabei die Übersicht über alle geöffneten Anwendungsfenster zu wahren, kann manchmal schwierig werden. Für Abhilfe sorgt hier das in Windows 10 neu hinzugekommene Konzept der virtuellen Desktops. Die Idee dahinter ist einfach: Mit wenigen Mausklicks legen Sie zu der bereits vorhandenen Desktopoberfläche weitere Arbeitsoberflächen, also Desktops, an. Auf der bereits vorhandenen Oberfläche sowie auf den neu geschaffenen Arbeitsbereichen können Sie nun alle Programmfenster verteilen, die Sie für Ihre Arbeit benötigen. Virtuelle Desktops lassen sich nur auf Desktop-PCs und Notebooks einrichten, auf Tablets steht diese Funktion nicht zur Verfügung.

6.4.1 Virtuelle Desktops einrichten

E-Mails bearbeiten, im Internet surfen, Fotos betrachten, Briefe schreiben, Musik hören: Wer all diese Arbeiten mehr oder weniger gleichzeitig am Computer ausführt, hat schnell eine Vielzahl von Programmfenstern geöffnet. Um nicht den Überblick zu verlieren, bietet es sich an, die Fenster auf verschiedene virtuelle Desktops zu verteilen. Diese zusätzlichen Arbeitsoberflächen sind schnell erzeugt. Um die folgenden Schritte besser nachvollziehen zu können, sollten Sie zuvor mindestens zwei beliebige Anwendungen öffnen.

1 Klicken Sie in der Taskleiste auf das Symbol **Taskansicht** ❶. Sie erhalten eine Übersicht über alle bereits geöffneten Anwendungsfenster.

2 Um einen neuen Desktop anzulegen, klicken Sie in der linken oberen Bildschirmecke auf die Schaltfläche **Neuer Desktop ❷**.

3 Am oberen Bildschirmrand wird jetzt eine Leiste mit zwei Miniaturansichten eingeblendet. Die linke Vorschau trägt den Namen **Desktop 1**, die rechte **Desktop 2**. Klicken Sie auf die Vorschau **Desktop 1 ❸**, gelangen Sie wieder zur ersten Desktopoberfläche mit den bereits geöffneten Programmen.

4 Blenden Sie mit einem Klick auf das Symbol **Taskansicht** wieder die Übersicht über die geöffneten Anwendungen sowie die Leiste mit der Vorschau auf die bereits angelegten Desktops ein.

5 Klicken Sie jetzt in der Leiste am oberen Bildschirmrand auf **Desktop 2**. Sie gelangen zur neu angelegten Desktopoberfläche. Die Oberfläche selbst sieht so aus wie die bereits angelegte Oberfläche. Das heißt, Sie sehen hier den gleichen Hintergrund und auch die gleichen Desktopsymbole.

6 Öffnen Sie hier nun zwei weitere beliebige Anwendungen (siehe auch den Kasten »Die Besonderheiten von Apps auf virtuellen Desktops« auf Seite 237).

7 Blenden Sie erneut mit einem Klick auf das Symbol ▦ die **Taskansicht** ein. In der Leiste am oberen Bildschirmrand sehen Sie wieder die beiden Miniaturvorschauen **Desktop 1** und **Desktop 2**. Wenn Sie nun den Mauszeiger auf die Vorschau **Desktop 1** bewegen, werden in der Übersicht unterhalb der Miniaturvorschauen alle geöffneten Programmfenster der ersten Desktopoberfläche angezeigt. Positionieren Sie den Mauszeiger anschließend über der Vorschau **Desktop 2**, sind in der Übersicht analog die Anwendungen des zweiten Desktops zu sehen.

8 Um zu einer der beiden Desktopoberflächen zu wechseln, reicht ein Klick auf die entsprechende Vorschau **Desktop 1** oder **Desktop 2**.

9 Sie können auch direkt aus der Taskansicht heraus zu einer bestimmten bereits geöffneten Anwendung wechseln. Hierzu bewegen Sie zunächst den Mauszeiger auf die Desktopoberfläche, auf der sich die Anwendung befindet, also etwa **Desktop 2** ❹. Unterhalb der Vorschauleiste werden nun alle geöffneten Anwendungen der zweiten Desktopoberfläche angezeigt. Mit einem Klick auf das Fenster des gewünschten Programms ❺ gelangen Sie zur entsprechenden Oberfläche, auf der sich das ausgewählte Programm nun im Vordergrund befindet ❻. Alternativ können Sie auch das entsprechende Programmsymbol in der Taskleiste anklicken ❼.

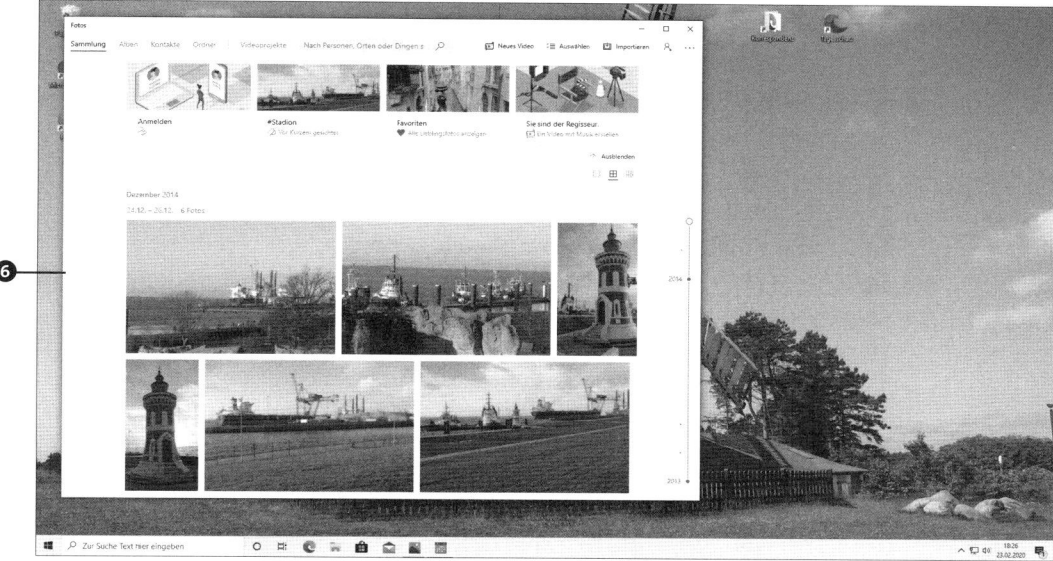

Auf die beschriebene Weise können Sie beliebig viele weitere virtuelle Desktops anlegen und auf ihnen Programme öffnen. Im nächsten Abschnitt erfahren Sie, wie sich geöffnete Programmfenster von einer Desktopoberfläche auf eine andere verschieben lassen.

Die Besonderheiten von Apps auf virtuellen Desktops

Versuchen Sie, auf einem virtuellen Desktop eine App (z. B. die *Mail*-App oder auch die *Fotos*-App) zu öffnen, die bereits auf einem anderen Desktop geöffnet ist, werden Sie eine Besonderheit beobachten können: Statt auf dem aktuellen Desktop ein neues App-Fenster zu öffnen, führt Windows Sie automatisch zu dem Desktop, auf dem Sie die App bereits nutzen.

Für klassische Windows-Anwendungen wie etwa den *Explorer* oder auch den Browser *Mozilla Firefox* gilt dies nicht. Hier können Sie auch auf mehreren virtuellen Desktops jeweils neue Programmfenster öffnen.

Wie Sie eine App auf allen virtuellen Oberflächen verfügbar machen können, erfahren Sie in Abschnitt 6.4.3, »Programme auf allen Desktops verfügbar machen«, ab Seite 239.

INFO

6.4.2 Programme zwischen Desktops verschieben

Am produktivsten lässt sich mit den virtuellen Desktops sicherlich arbeiten, wenn Sie die Programmfenster auf den verschiedenen Oberflächen thematisch verteilen. Richten Sie sich also z. B. einen Desktop für alle Programme ein, die Sie zur Bearbeitung Ihrer Bildersammlung nutzen, während Sie auf einer weiteren Oberfläche alle Anwendungen öffnen, die Sie zur Reiseplanung benötigen. Haben Sie einmal versehentlich ein Programm auf einem Desktop geöffnet, auf dem Sie es gar nicht haben möchten, ist das kein Problem. Denn jedes Programmfenster kann beliebig von einem virtuellen Desktop zum anderen verschoben werden:

1 Klicken Sie in der Taskleiste auf das Symbol ▤, um die Taskansicht einzublenden. Bewegen Sie den Mauszeiger auf die Vorschau des Desktops, auf dem sich das Programmfenster aktuell befindet, also etwa **Desktop 1 ❶**.

2 Als Nächstes positionieren Sie den Mauszeiger auf der Vorschau des Programms, das Sie verschieben wollen ❷, und drücken die rechte Maustaste.

3 Im aufklappenden Kontextmenü wählen Sie den Befehl **Verschieben nach** aus. Nun öffnet sich ein Untermenü. Soll das ausgewählte Programmfenster auf den zweiten, bereits angelegten virtuellen Desktop verschoben werden, klicken Sie im Untermenü auf den entsprechenden Eintrag, im Beispiel also **Desktop 2 ❸**. Das Programm wird sofort auf die entsprechende Oberfläche verschoben.

4 Möchten Sie stattdessen einen weiteren neuen Desktop einrichten, wählen Sie im Untermenü **Neuer Desktop ❹**. In diesem Fall erzeugt Windows einen neuen Desktop, in unserem Beispiel den **Desktop 3**, auf dem Sie nun das gerade verschobene Programmfenster finden.

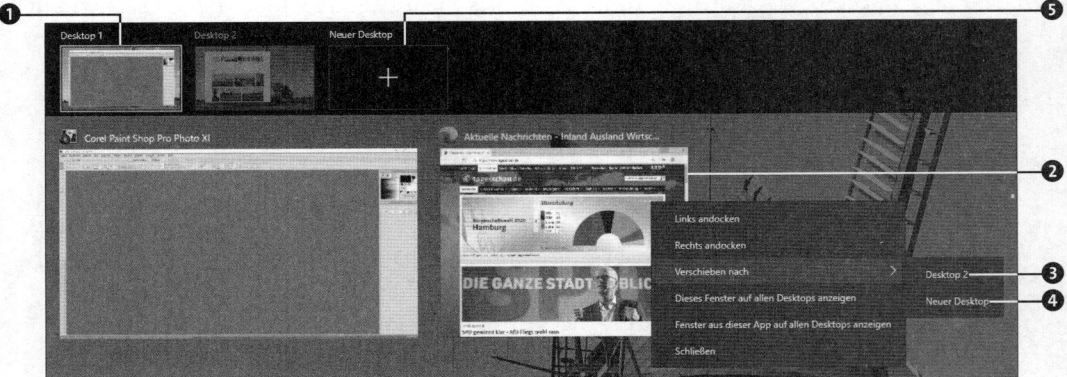

Anstatt ein Programm mithilfe des Kontextmenüs von einem Desktop zum anderen zu verschieben, können Sie auch das klassische *Drag & Drop*-Verfahren anwenden. Hierzu blenden Sie ebenfalls die Taskansicht ein und positionieren den Mauszeiger über der Vorschau des Desktops, auf dem sich das Programm befindet, das Sie verschieben möchten. Wird das gewünschte Programm in der Übersicht angezeigt, setzen Sie den Mauszeiger auf das Programmfenster.

Nun kommt das eigentliche Drag & Drop (auf Deutsch »Ziehen & Ablegen«) zum Einsatz: Ziehen Sie das Programmfenster mit gedrückter linker Maustaste auf die Vorschau des Desktops, auf dem Sie es zukünftig nutzen möchten. Sobald Sie die Maustaste loslassen, wird das Programm auf den ausgewählten Desktop verschoben. Wenn Sie einen neuen virtuellen Desktop einrichten möchten, ziehen Sie das Programmfenster einfach auf die Schaltfläche **Neuer Desktop ❺**.

6.4.3 Programme auf allen Desktops verfügbar machen

TIPP

Taskleistensymbole auf allen Desktops anzeigen

In der Taskleiste werden nur die Symbole der Programme angezeigt, die auf der Oberfläche geöffnet wurden, auf der Sie sich gerade befinden. Dies gilt auch für die Taskleiste: Blenden Sie die Taskansicht per Klick auf das Symbol ⊟ ein, finden Sie in der Taskleiste lediglich die Programmsymbole des virtuellen Desktops, den Sie zuvor in der Desktopvorschauleiste oberhalb der Taskleiste ausgewählt haben. Wenn Sie möchten, können Sie sich in der Taskleiste aber die Symbole aller geöffneten Anwendungsfenster anzeigen lassen, unabhängig davon, auf welchem Desktop Sie sich gerade befinden. Rufen Sie hierzu **Start ▸ Einstellungen ▸ System ▸ Multitasking** auf. Stellen Sie in der rechten Spalte des Einstellungen-Dialogs im Bereich **Virtuelle Desktops** im Feld **In der Taskleiste Fenster anzeigen, die geöffnet sind auf** den Eintrag **Allen Desktops** ein.

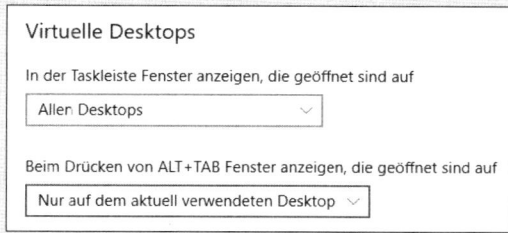

Abbildung 6.6 Sie können sich die Symbole aller geöffneten Programme in der Taskleiste anzeigen lassen.

Drücken Sie die Tastenkombination [Alt] + [⇆], wird eine Übersicht über alle geöffneten Anwendungsfenster desjenigen Desktops angezeigt, auf dem Sie sich gerade befinden. Möchten Sie nach dem Drücken der Tastenkombination auch die Fenster sehen, die sich auf einem anderen virtuellen Desktop befinden, wählen Sie im Einstellungen-Dialog im Feld **Beim Drücken von ALT + TAB Fenster anzeigen, die geöffnet sind auf** den Eintrag **Allen Desktops** aus.

Um zwischen den diversen virtuellen Desktops zu wechseln, reicht ein Klick auf das Symbol 🗗 in der Taskleiste. In der Taskansicht wählen Sie dann per Mausklick die gewünschte Desktopvorschau aus oder öffnen per Klick auf das Anwendungsfenster sogar direkt das gewünschte Programm, mit dem Sie als Nächstes arbeiten möchten. Manchmal gibt es aber eine Anwendung, die man auf allen Desktopoberflächen gleichermaßen benötigt. Möchten Sie ein Programm (etwa das E-Mail-Programm) auf allen virtuellen Desktops zur Verfügung haben, gehen Sie folgendermaßen vor:

1 Blenden Sie die Taskansicht per Klick auf das Symbol 🗗 in der Taskleiste ein, und bewegen Sie den Mauszeiger auf die Vorschau des Desktops ❶, auf dem sich das betreffende Programmfenster befindet (im Beispiel also das E-Mail-Programm).

2 In der Übersicht in der oberen Bildschirmhälfte sollte nun das E-Mail-Programmfenster zu sehen sein. Klicken Sie es mit der rechten Maustaste an ❷.

3 Im aufklappenden Kontextmenü wählen Sie den Befehl **Dieses Fenster auf allen Desktops anzeigen** ❸.

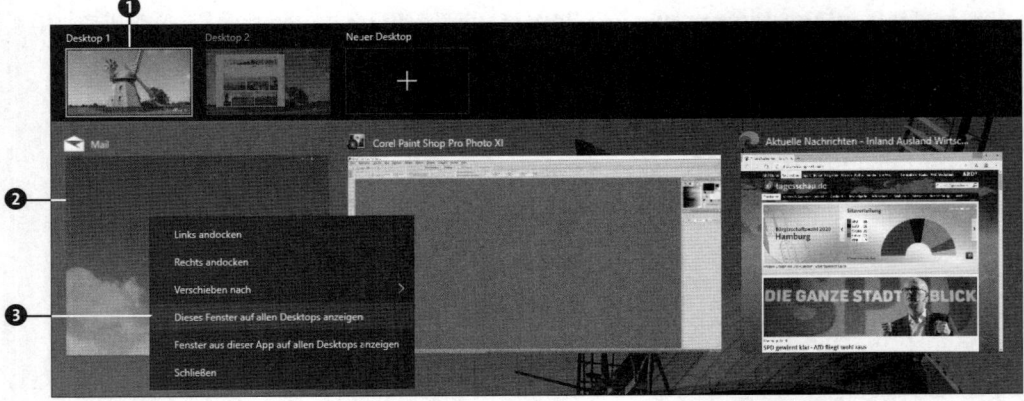

Virtuelle Desktops umbenennen

Per Standardeinstellung erhalten die virtuellen Desktops die Bezeichnung **Desktop 1**, **Desktop 2**, **Desktop 3** etc. Mit dem Windows 10 Mai 2020 Update können Sie für mehr Übersicht sorgen, indem Sie jedem virtuellen Desktop einen eigenen Namen geben. Blenden Sie hierzu die Taskansicht mit einem Klick auf das Symbol 🖵 ein. Klicken Sie dann mit der rechten Maustaste auf die Vorschau des virtuellen Desktops, den Sie umbenennen möchten, etwa **Desktop 1**. Erscheint die Schaltfläche **Umbenennen**, klicken Sie darauf. Der Name **Desktop 1** wird nun blau hinterlegt und kann mit einer neuen Bezeichnung überschrieben werden, die Sie durch Drücken der Taste ⏎ abschließen.

Abbildung 6.7 Virtuellen Desktops können Sie nun eigene Namen geben.

6.4.4 Virtuelle Desktops schließen

Wenn Sie einen virtuellen Desktop nicht mehr benötigen, können Sie ihn selbstverständlich auch wieder schließen. Sollten Sie die Programme, die Sie aktuell auf diesem Desktop geöffnet haben, weiterhin nutzen wollen, müssen Sie sie vor dem Schließen des virtuellen Desktops nicht beenden. Sie werden beim Schließen einfach auf den vorherigen Desktop verschoben.

1 Blenden Sie die Taskansicht per Klick auf das Symbol 🖵 in der Taskleiste ein.

2 Bewegen Sie in der Leiste am oberen Bildschirmrand den Mauszeiger auf die Vorschau des virtuellen Desktops, den Sie entfernen möchten, z. B. **Desktop 2**.

3 In der rechten oberen Ecke der Vorschau wird nun ein kleines Kreuz eingeblendet. Mit einem Klick hierauf schließen Sie den virtuellen Desktop.

Auf dem Bildschirm erscheint der Desktop, der sich in der Taskansicht-Vorschau links von dem geschlossenen befand. In unserem Beispiel ist dies der erste Desktop. Neben den Anwendungen, die Sie auf dieser Oberfläche geöffnet haben, finden Sie hier nun auch die Programmfenster, die zuvor auf dem gerade geschlossenen Desktop zu sehen waren.

Wenn Sie den Computer ausschalten, werden zuvor automatisch alle noch geöffneten Programme beendet. Die virtuellen Desktopoberflächen bleiben dagegen erhalten. Sobald Sie also den PC wieder einschalten, haben Sie über das Symbol ▦ in der Taskleiste Zugriff auf all Ihre virtuellen Desktops.

TIPP

Interessante Tastenkombinationen für virtuelle Desktops

Einige Aktionen lassen sich mithilfe von Tastenkombinationen weitaus schneller ausführen. Wenn Sie z. B. einen neuen Desktop erzeugen möchten, reicht das Drücken der Tasten ▦ + Strg + D, und schon befinden Sie sich auf einer neu erzeugten Desktopoberfläche. Die Taskansicht lässt sich wiederum nicht nur per Klick auf das Symbol in der Taskleiste einblenden, sondern auch durch gleichzeitiges Drücken der Tasten ▦ + ⇆. Auch für den Wechsel zwischen virtuellen Desktops stehen Ihnen Tastenkombinationen zur Verfügung. So gelangen Sie durch die Tastenkombination ▦ + Strg + ← automatisch zum links benachbarten Desktop, also etwa vom **Desktop 2** zum **Desktop 1**. Die Tastenkombination ▦ + Strg + → wiederum führt Sie zum rechts benachbarten Desktop. Mit der Tastenkombination ▦ + Strg + F4 wird der Desktop, auf dem Sie sich gerade befinden, geschlossen.

7   Windows 10 auf dem Tablet

Mit Windows 10 bietet Microsoft ein einheitliches Betriebssystem für Desktop-PCs, Notebooks, Tablets und Smartphones an. Die Bedienung ist bei all diesen Geräteklassen somit fast identisch, allerdings gibt es ein paar feine Unterschiede. So bietet Windows 10 bei der Oberfläche z. B. zwei verschiedene Modi zur Auswahl: Wer mit einem Desktop-PC oder Notebook arbeitet, der bekommt nach dem Start des Computers die klassische Desktopoberfläche zu Gesicht, wie sie bereits aus früheren Windows-Versionen bekannt ist. Der entsprechende Modus wird auch *Desktopmodus* genannt. Nutzen Sie ein Gerät mit einem berührungsempfindlichen Bildschirm (engl. *Touchscreen*), wechselt Windows 10 automatisch in den *Tabletmodus*.

Der Hauptunterschied zwischen diesen beiden Modi ist schnell erklärt: Während Sie beim Desktopmodus das Startmenü per Klick auf das Windows-Logo ⊞ in der Taskleiste erst aufrufen müssen, ist es im Tabletmodus bereits von Anfang an eingeblendet. In diesem Kapitel stelle ich Ihnen den Tabletmodus im Detail vor und zeige Ihnen u. a., wie Sie Ihr Touchscreen-Gerät mit Fingergesten bedienen und die Bildschirmtastatur optimal nutzen.

7.1   Wissenswertes rund um den Tabletmodus

Die kleinen handlichen Tablets werden ebenso wie die praktischen Hybridgeräte immer beliebter. *Hybridgeräte* (auch *Convertibles* oder *2-in-1-Geräte* genannt) sind Notebooks, die mit einem Touchscreen ausgestattet sind. Mit wenigen Handgriffen – je nach Modell entweder durch Abnahme der Tastatur oder durch Umklappen des Bildschirms – wird aus einem Notebook ein Tablet, das sich bequem mit den Fingern bedienen lässt. Genau diese Bedienung per Fingergesten ist der Grund, dass Microsoft für die Oberfläche von Windows 10 zwei verschiedene Modi zur Verfügung stellt. Denn die klassische Desktopoberfläche mit den teilweise sehr kleinen Symbolen und Schaltflächen lässt sich nur schwer mit dem Finger bedienen. Das sieht beim Tabletmodus anders aus.

TIPP

Den Tabletmodus auf Desktop-PCs und Notebooks ausprobieren

Sie verwenden zwar ein Gerät ohne Touchscreen, würden aber trotzdem gerne mal einen Blick auf den Tabletmodus werfen? Nichts leichter als das: Klicken Sie am rechten Rand der Taskleiste auf das Benachrichtigungssymbol 🖵. Im aufklappenden Info-Center finden Sie unten die Schaltfläche **Tabletmodus**. Mit einem Klick auf sie aktivieren Sie den Tabletmodus. Wenn Sie später doch wieder in den Desktopmodus wechseln wollen, rufen Sie erneut das Info-Center auf und klicken wieder auf **Tabletmodus**.

Falls Sie sich fragen, ob der von Ihnen verwendete Bildschirm eventuell sogar die Bedienung per Finger und Stift ermöglicht, rufen Sie über das Startmenü die **Einstellungen** und hier die Kategorie **System** auf. Markieren Sie in der linken Spalte **Info**. In der rechten Fensterhälfte erfahren Sie im Bereich **Gerätespezifikationen**, ob für Ihren Bildschirm die **Stift- und Toucheingabe** möglich ist.

7.1.1   Aufbau des Startmenüs im Tabletmodus

Während der Computer hochfährt, prüft Windows 10, welche Art von Gerät zum Einsatz kommt. Handelt es sich um ein Gerät mit Touchscreen, aktiviert das Betriebssystem automatisch den Tabletmodus. Nach der Anmeldung am Computer bekommen Sie damit nicht die klassische Desktopoberfläche zu Gesicht, die ich Ihnen in den vorangegangenen Kapiteln vorgestellt habe. Stattdessen sehen Sie ein Startmenü, das sich über den gesamten Bildschirm hinweg erstreckt.

TIPP

Einstellungen für den Tabletmodus vornehmen

Normalerweise wählt Windows 10 automatisch den für Ihr Gerät passenden Modus: bei einem Desktop-PC und Notebook den Desktopmodus und bei einem Gerät mit Touchscreen den Tabletmodus. Ist dies bei Ihrem Gerät nicht der Fall, überprüfen Sie die Einstellungen. Rufen Sie hierzu **Start ▸ Einstellungen ▸ System** auf, und markieren Sie in der linken Spalte den **Tablet-Modus**. In der rechten Spalte legen Sie im Feld **Bei der Anmeldung** fest, ob immer der Tabletmodus, der Desktopmodus oder der für Ihr Gerät passende Modus gewählt werden soll. Für 2-in-1-Geräte sollten Sie außerdem im Feld **Wenn dieses Gerät den Tablet-Modus automatisch ein- oder ausschaltet** bestimmen, ob Sie vor dem Wechsel gefragt werden wollen oder nicht.

Den größten Teil des Bildschirms nimmt der Kachelbereich ein. Jede Kachel stellt eine Verknüpfung zu einer App oder einem Programm dar. Tippen Sie eine Kachel an, wird sofort die damit verbundene Anwendung gestartet. Welche Kacheln im Startmenü zu sehen sind, bestimmen Sie selbst. Wie Sie hierzu im Tabletmodus vorgehen, erfahren Sie in Abschnitt 7.1.4, »Kacheln im Startmenü per Fingergeste anpassen«, ab Seite 253.

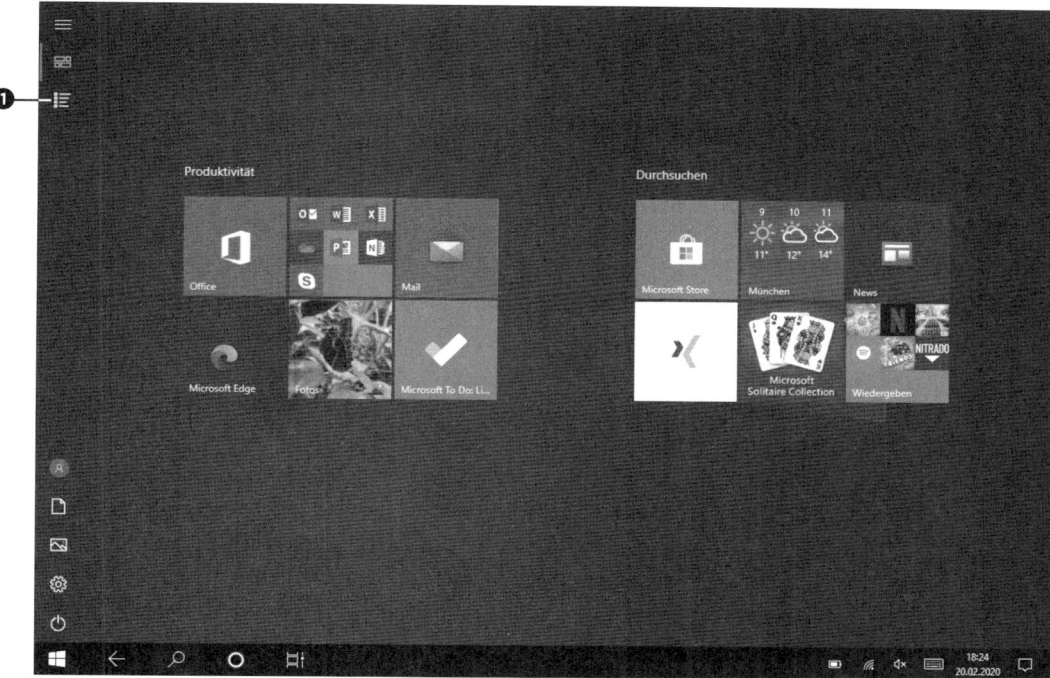

Abbildung 7.1 Das Startmenü im Tabletmodus mit der Kachelübersicht

Nicht für jede Anwendung ist bereits im Kachelbereich des Startmenüs eine Kachel vorhanden. Um eine Anwendung zu öffnen, die nicht im Kachelbereich aufgeführt wird, brauchen Sie die Liste aller auf dem Gerät installierten Apps. Im Gegensatz zum Desktopmodus müssen Sie diese Liste im Tabletmodus allerdings erst einblenden. Tippen Sie hierzu in der linken oberen Bildschirmecke auf das Symbol ▤ ❶. In der rechten Bildschirmhälfte werden nun alle auf dem Computer installierten Anwendungen in alphabetischer Reihenfolge aufgeführt. Um in der Liste weiter nach unten zu blättern, wischen Sie einfach mit dem Finger vom unteren Bildschirmrand nach oben. Mit der umgekehrten Wischbewegung, also von oben nach unten, gelangen Sie wieder in den oberen Bereich der Liste.

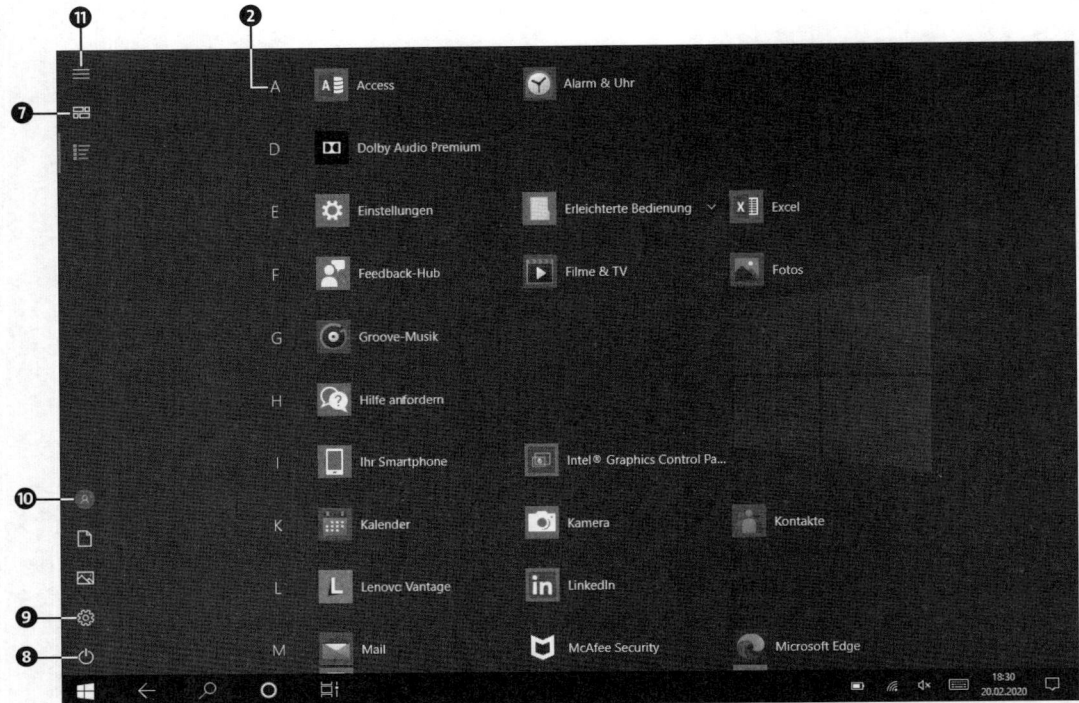

Abbildung 7.2 Das Startmenü im Tabletmodus mit der Übersicht über alle installierten Apps

Falls Ihnen das Wischen zu umständlich ist, können Sie auch schneller zur gewünschten Anwendung gelangen:

1 Tippen Sie in der Listenansicht des Startmenüs auf einen beliebigen Buchstaben, etwa **A ❷**.

2 In der folgenden Übersicht tippen Sie auf den Buchstaben, mit dem die gewünschte App beginnt, also etwa **K ❸**, wenn Sie auf der Suche nach der *Kalender*-App sind. Über das Symbol 🕐 **❹** gelangen Sie zu den am häufigsten verwendeten Anwendungen und über 🔲 **❺** zu den neu hinzugefügten Anwendungen. Das Symbol # **❻** führt Sie wiederum zu den Anwendungen, die mit einer Ziffer beginnen.

In der Übersicht werden übrigens nur die Buchstaben weiß hervorgehoben, für die es auch Anwendungen auf Ihrem Gerät gibt.

Sie bekommen sofort alle Anwendungen zu sehen, die mit dem ausgewählten Buchstaben beginnen. Wenn Sie hier kein Programm auswählen, sondern zur Kachelansicht zurückkehren möchten, tippen Sie oben links auf das Symbol ▦ **❼**.

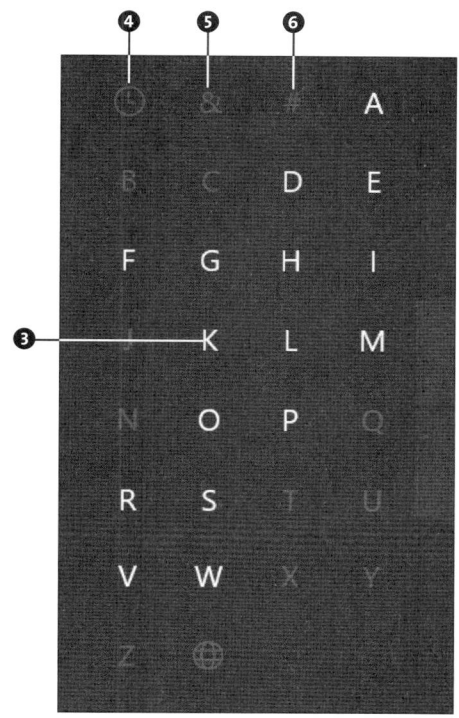

Die Schnellstartleiste, die Sie am linken Rand des Startmenüs finden, unterscheidet sich nicht von der des Startmenüs im Desktopmodus. Auch hier finden Sie das Symbol ⏻ ❽, über das Sie den Computer herunterfahren, neu starten oder in den Energiesparmodus versetzen können. Mit einem Tipp auf das Symbol ⚙ ❾ öffnen Sie die Einstellungen-App, und über das Symbol 🧑 ❿ können Sie den Computer sperren, sich an Ihrem Benutzerkonto abmelden oder auch zu den Kontoeinstellungen wechseln. Tippen Sie oben links auf das Symbol ☰ ⓫, wird jeweils rechts von den Symbolen der Schnellstartleiste die dazugehörige Beschriftung eingeblendet.

Welche weiteren Symbole in der Schnellstartleiste zu sehen sein sollen, legen Sie selbst fest. Nutzen Sie häufig den Explorer, mit dem Sie alle Dateien und Ordner auf Ihrem Computer verwalten, ist es sicherlich sinnvoll, ein entsprechendes Symbol in der Schnellstartleiste anzufügen. Wie Sie hierzu vorgehen, erfahren Sie in Abschnitt 5.4.1, »Elemente des Startmenüs auswählen«, ab Seite 169.

Auch das Aussehen des Startmenüs lässt sich natürlich anpassen. Das Vorgehen ist hier identisch mit dem, das in Abschnitt 5.3.1, »Hintergrundbild des Desktops auswählen«, ab Seite 152 für die Desktopoberfläche beschrieben wird. Wenn Sie ein Foto als Hintergrund wählen, ist es allerdings wichtig, dass Sie bei der Auswahl der Farben für das Startmenü nicht die Transparenz deaktivieren. Geschieht dies doch, wird das Startmenü lediglich einfarbig in der ausgewählten Akzentfarbe angezeigt. Das Hintergrund-bild scheint damit nicht mehr durch. Details hierzu lesen Sie in Abschnitt 5.3.2, »Farbe von Titel- und Taskleiste, Startmenü und Info-Center festlegen«, ab Seite 155.

Abbildung 7.3 Nur wenn die »Transparenzeffekte« im Einstellungen-Dialog aktiviert sind, scheint das für den Desktop ausgewählte Hintergrundbild im Startmenü durch.

7.1.2 Besonderheiten von Anwendungen im Tabletmodus

Mit einem Tipp auf eine Kachel oder auf einen entsprechenden Eintrag in der App-Liste starten Sie eine Anwendung. Das Besondere im Tabletmodus ist nun, dass das Anwen-dungsfenster im Vollbildmodus geöffnet, also über den gesamten Bildschirm hinweg angezeigt wird. Vom Startbildschirm ist nichts mehr zu sehen, nur die Taskleiste am unteren Bildschirmrand bleibt bestehen. Mit einem Tipp auf das Windows-Logo ⊞ ❶ blenden Sie das Startmenü wieder ein, um z. B. weitere Apps zu öffnen. Tablets verfü-gen übrigens über eine eigene Windows-Taste, die sich meist am unteren Bildschirm-rand befindet. Drücken Sie diese Taste, gelangen Sie ebenfalls zum Startmenü.

In der Taskleiste finden Sie rechts vom Windows-Logo ein kleines Pfeil-Symbol ⬅ ❷.
Dieses ist nur im Tabletmodus zu finden. Tippen Sie hierauf, wird jeweils die zuvor
besuchte Anwendung auf dem Bildschirm angezeigt. Haben Sie aktuell den Browser
Edge geöffnet, gelangen Sie mithilfe des Pfeil-Symbols zu zuvor besuchten Webseiten.

Abbildung 7.4 Alle geöffneten Anwendungen (im Bild der Browser Edge) werden im Vollbildmodus
angezeigt.

Um zwischen geöffneten Apps zu wechseln, bietet sich auch die Taskansicht an. Tippen
Sie hierzu auf das Symbol ⊟ ❸ in der Taskleiste, wird eine Übersicht über alle geöffneten Anwendungen eingeblendet. Per Tipp wählen Sie die gewünschte aus.

Wie bereits erwähnt, wird jede im Tabletmodus geöffnete App im Vollbildmodus angezeigt. Ein Verkleinern des Anwendungsfensters ist nicht möglich. Mit einem kleinen
Trick können Sie aber zumindest zwei geöffnete Anwendungsfenster nebeneinander
einblenden:

1 Blenden Sie das Fenster der ersten der beiden gewünschten Apps ein, die nebeneinander angezeigt werden sollen.

2 Berühren Sie mit dem Finger nun die Titelleiste am oberen Rand des Anwendungsfensters, und ziehen Sie sie auf dem Bildschirm zunächst etwas nach unten. Sobald das Anwendungsfenster minimiert wird ❹, ziehen Sie den Finger an den rechten bzw. linken Bildschirmrand, je nachdem, ob die Anwendung in der rechten oder linken Bildschirmhälfte angezeigt werden soll. Sobald Sie den Finger vom Bildschirm nehmen, wird die Anwendung in der ausgewählten Bildschirmhälfte eingeblendet.

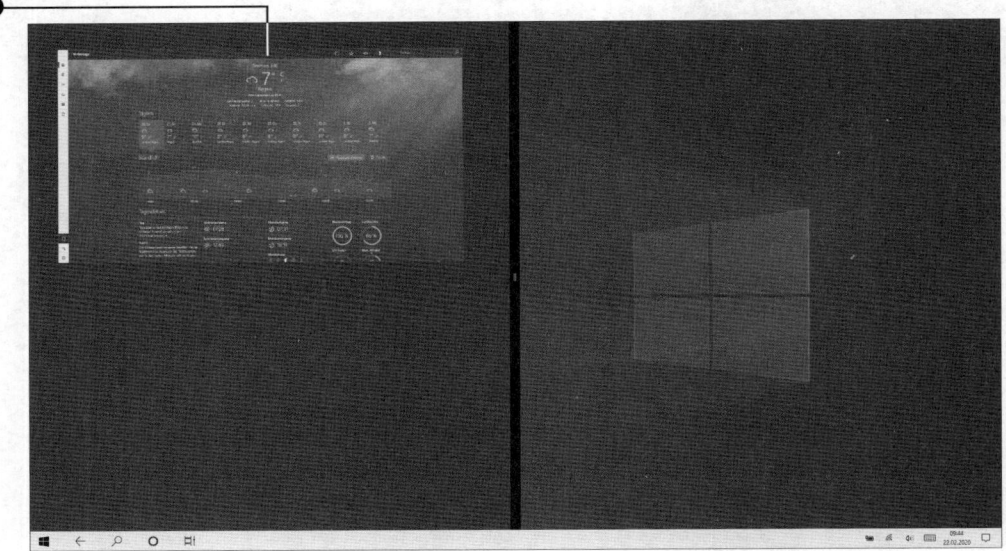

3 In der anderen Bildschirmhälfte sehen Sie nun eine Miniaturvorschau aller weiterer geöffneten Anwendungsfenster. Tippen Sie auf die Anwendung, die in der zweiten Bildschirmhälfte angezeigt werden soll.

4 Zwischen den beiden Anwendungsfenstern sehen Sie eine Trennlinie ❺. Diese können Sie mit dem Finger nach links bzw. rechts ziehen und so die Größe der Anwendungsfenster anpassen.

5 Ziehen Sie die Linie ganz an den rechten Rand, wird das Anwendungsfenster, das sich in der rechten Bildschirmhälfte befand, ausgeblendet. Dafür sehen Sie die Anwendung der linken Bildschirmhälfte nun wieder im Vollbildmodus. Das funktioniert natürlich auch umgekehrt, wenn Sie die Trennlinie ganz an den linken Bildschirmrand ziehen.

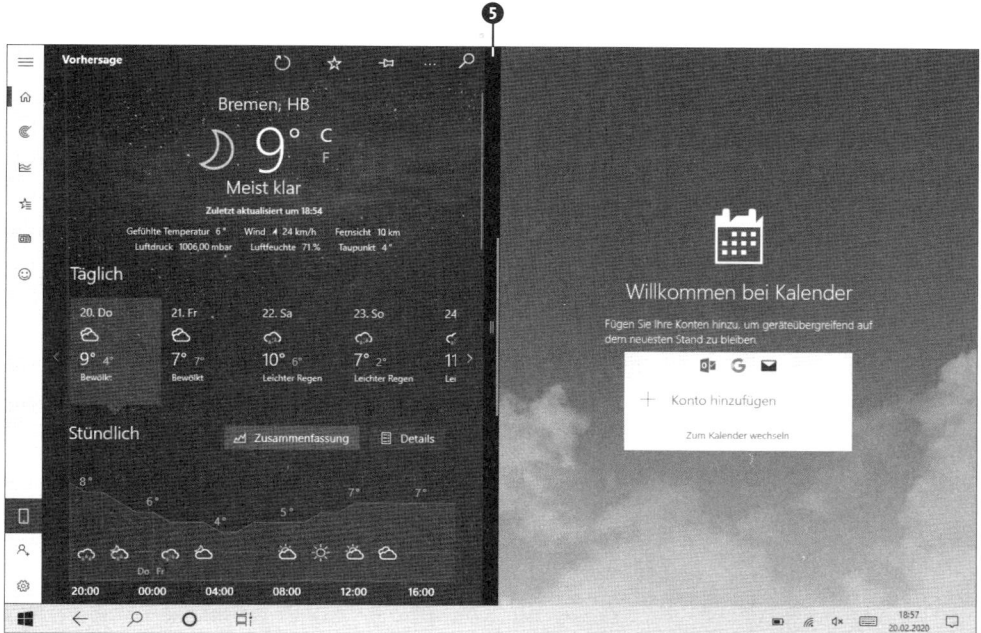

Apps im Tabletmodus beenden

Wenn Sie im Desktopmodus eine Anwendung beenden möchten, klicken Sie einfach in der rechten oberen Fensterecke auf das Schließen-Symbol ⊠. Bei klassischen Windows-Anwendungen, wie etwa dem *Explorer*, finden Sie dieses Symbol auch im Tabletmodus. Es ist allerdings so klein, dass man beim Antippen schon sehr genau aufpassen muss, um es überhaupt zu erwischen. Bei Apps, wie dem Browser *Edge* oder auch der *Fotos*-App, wird das Schließen-Symbol erst eingeblendet, wenn Sie mit dem Finger etwas vom oberen Bildschirmrand nach unten wischen. Um eine App zu beenden, gibt es aber einen weitaus praktischeren Weg: Ziehen Sie den Finger einfach vom äußersten oberen Bildschirmrand ganz nach unten bis zur Taskleiste. Erst dort heben Sie den Finger vom Bildschirm. Die App wird damit geschlossen. Das Verfahren funktioniert nicht nur bei Apps – auch klassische Windows-Anwendungen lassen sich so beenden.

7.1.3 Die Taskleiste für den Tabletmodus anpassen

Die linke Hälfte der Taskleiste sieht im Tabletmodus etwas anders aus als im Desktopmodus. Rechts vom neu hinzugekommenen Pfeil-Symbol, das im vorherigen Abschnitt

TIPP

bereits erwähnt wurde, finden Sie das Suchsymbol 🔍, über das Sie das Suchfeld einblenden. Die Sprachassistentin Cortana starten Sie wiederum über das Symbol ⭕. Als weiteres Symbol ist in der Taskleiste noch das Taskansicht-Symbol ▤ zu sehen. Symbole von geöffneten oder an die Taskleiste gehefteten Apps, wie Sie sie vom Desktopmodus kennen, suchen Sie in der Taskleiste dagegen vergeblich. Zumindest zunächst, denn sie lassen sich schnell einblenden. Diese Möglichkeit sollten Sie durchaus nutzen, denn über die Taskleistensymbole der Anwendungen wechseln Sie doch weitaus schneller zwischen geöffneten Anwendungen als über das Pfeil-Symbol oder die Taskansicht.

Damit die App-Symbole angezeigt werden, tippen Sie mit dem Finger auf eine freie Stelle der Taskleiste. Halten Sie den Finger so lange auf der Taskleiste gedrückt, bis ein kleines Quadrat rund um den Finger eingeblendet wird.

Auf diese Weise öffnen Sie das Kontextmenü in der Taskleiste (im Desktopmodus entspricht dies dem rechten Mausklick auf die Taskleiste). Im Kontextmenü versehen Sie den Eintrag **App-Symbole anzeigen** ❶ durch Antippen mit einem Häkchen. Sofort erscheinen in der Taskleiste die hier angehefteten Symbole des Browsers Edge, des Explorers und des Stores sowie aller geöffneten Anwendungen.

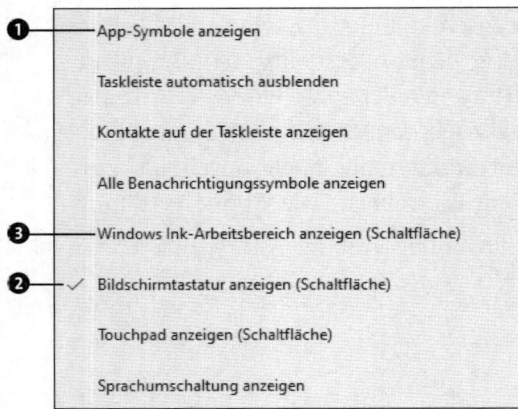

Abbildung 7.5 Über das Kontextmenü der Taskleiste erreichen Sie den Befehl zum Anzeigen der App-Symbole.

Wenn Sie bereits dabei sind, die Symbole für die Taskleiste anzupassen, sollten Sie auch gleich eine weitere Einstellung überprüfen: Werfen Sie einen Blick in den Infobereich am rechten Rand der Taskleiste. Wird hier bereits das Bildschirmtastatur-Symbol ⌨ angezeigt, ist alles gut. (Die Bildschirmtastatur lernen Sie in Abschnitt 7.3, »Texteingabe per Bildschirmtastatur«, ab Seite 262 kennen.) Falls nicht, sollten Sie dies nun nachholen. Rufen Sie hierzu, wie zuvor gezeigt, das Kontextmenü der Taskleiste auf. Hier versehen Sie den Eintrag **Bildschirmtastatur anzeigen (Schaltfläche)** ❷ durch Antippen mit einem Häkchen. Auch der Eintrag **Windows Ink-Arbeitsbereich anzeigen (Schaltfläche)** ❸ sollte mit einem Häkchen versehen sein. Damit erscheint im Infobereich der Taskleiste das Symbol ✎, über das Sie u. a. schnell die Stifteinstellungen aufrufen können. Weitere Informationen zum Windows Ink-Arbeitsbereich-Symbol erhalten Sie in Abschnitt 11.4, »Ausschneiden und skizzieren mit Windows 10«, ab Seite 407.

7.1.4 Kacheln im Startmenü per Fingergeste anpassen

Im Tabletmodus ist das Startmenü die zentrale Anlaufstelle zum Aufrufen von Anwendungen. Damit Sie möglichst schnell Ihre Lieblings-Apps aufrufen können, sollten Sie diese also an das Startmenü anheften. Umgekehrt sollten Sie aber auch all die Kacheln entfernen, die Sie nicht benötigen. Das Vorgehen hierfür ist im Grunde genommen nicht anders als im Desktopmodus. Wie Sie dort vorgehen, erfahren Sie in Abschnitt 5.4, »Das Startmenü anpassen«, ab Seite 168. An dieser Stelle weise ich Sie nur auf die Besonderheiten hin, die es bei der Bedienung mit Fingergesten zu berücksichtigen gilt. Wenn Sie eine Kachel aus dem Startmenü entfernen möchten, sind nur wenige Schritte nötig:

1 Tippen Sie einfach auf die gewünschte Kachel, und belassen Sie den Finger auf dem Bildschirm.

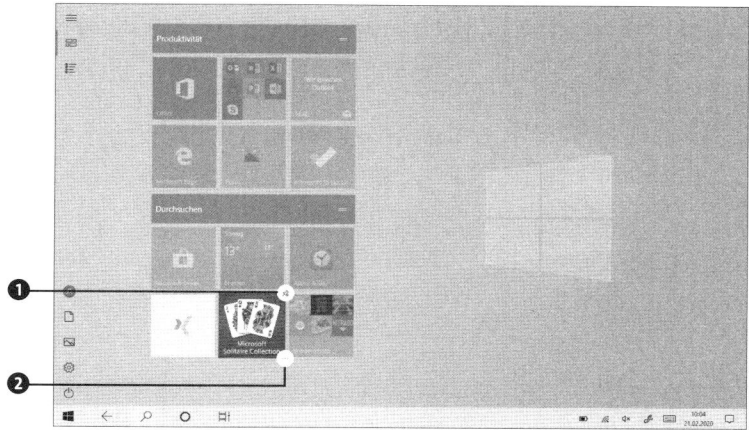

Nach einem kurzen Moment werden alle anderen Kacheln dezent in den Hintergrund gerückt, nur die ausgewählte Kachel ist noch in der Originalfarbe zu sehen. Außerdem werden in dieser Kachel in der rechten oberen und unteren Ecke zwei Symbole sichtbar.

2 Um die Kachel aus dem Startmenü zu entfernen, tippen Sie oben rechts auf das Pinnnadel-Symbol ❶. Die Kachel wird sofort entfernt, und an ihrer Stelle bleibt wie gewohnt eine Lücke.

Kacheln können im Startmenü in unterschiedlichen Größen angezeigt werden. Um die Größe einer Kachel zu ändern, gehen Sie wie in Schritt 1 auf Seite 253 gezeigt vor. Sobald die beiden kleinen Symbole in den rechten Ecken der Kachel sichtbar werden, tippen Sie auf das untere Symbol ❷. Im aufklappenden Menü tippen Sie auf **Größe ändern** ❸. Nun können Sie die gewünschte Kachelgröße per Tipp auswählen ❹. Markieren Sie nach einem Tipp auf das Symbol ⊙ den Befehl **Mehr** ❺, klappt ein Untermenü auf, in dem Sie z. B. die Live-Kacheln deaktivieren bzw. wieder aktivieren können.

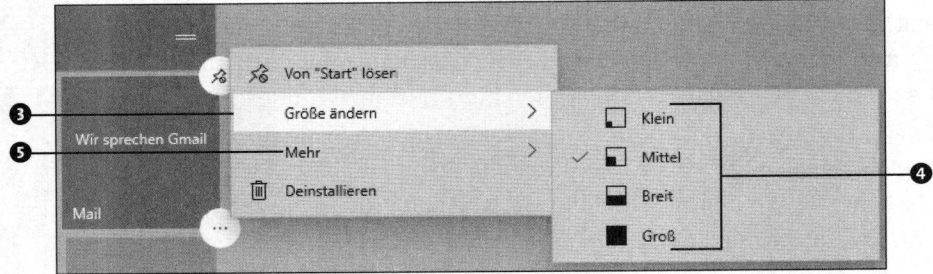

Abbildung 7.6 Die Kachelgröße lässt sich beliebig anpassen.

Natürlich können Sie auch im Tabletmodus Kacheln beliebig im Startmenü verschieben. Wählen Sie die gewünschte Kachel durch Antippen aus, und belassen Sie den Finger wieder so lange auf dem Bildschirm, bis die restlichen Kacheln in den Hintergrund rücken. Nun können Sie die Kachel einfach mit dem Finger auf dem Bildschirm verschieben. Sobald Sie übrigens einmal auf einen freien Bereich im Startmenü tippen, erscheint das Startmenü wieder ganz normal.

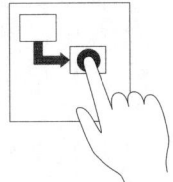

Um eine Anwendung im Startmenü anzuheften, die Sie bisher nur über die App-Liste erreichen konnten, gehen Sie folgendermaßen vor:

1 Tippen Sie im Startmenü oben links auf das Symbol ▤ ❶, um die Liste aller auf dem Gerät installierten Anwendungen angezeigt zu bekommen.

2 Blättern Sie in dieser Liste, bis die gewünschte Anwendung zu sehen ist ❷.

3 Halten Sie den Finger etwa zwei Sekunden lang auf der Anwendung, und heben Sie ihn dann vom Bildschirm. Im nun sichtbaren Kontextmenü tippen Sie auf **An "Start" anheften** ❸.

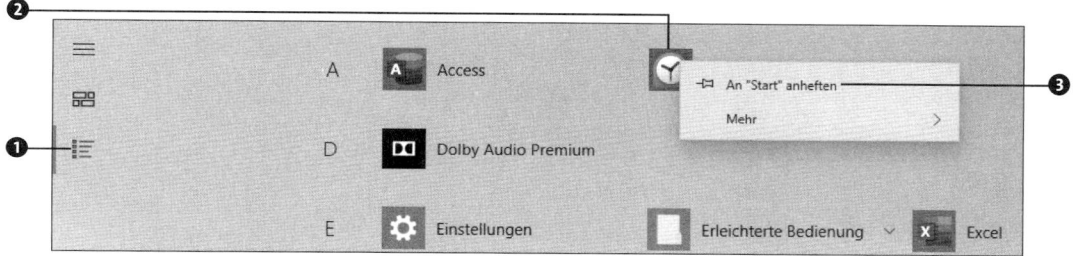

Im folgenden Abschnitt stelle ich Ihnen weitere wichtige Fingergesten vor, die Sie bei der Bedienung eines Touchscreens immer wieder benötigen.

7.2   Windows 10 auf dem Touchscreen bedienen

Ein Desktop-PC oder auch Notebook wird per Tastatur, Computermaus oder auch Touchpad bedient. Alle drei gibt es bei einem Gerät mit Touchscreen nicht. Stattdessen tippen, wischen und drücken Sie mit dem Finger (oder bei manchen Geräten wie etwa Microsofts *Surface Pro 4* auch mit einem speziellen Stift) auf dem berührungsempfindlichen Bildschirm, um bestimmte Aktionen auszuführen. Das beginnt bereits nach dem Start des Computers, wenn Sie sich anmelden möchten. Anstatt den Sperrbildschirm durch Drücken einer beliebigen Taste auf der Tastatur oder einer kurzen Bewegung der Maus auszublenden, wischen Sie bei einem Tablet oder Convertible einfach mit dem Finger vom unteren Bildschirmrand nach oben. Ist der Anmeldebildschirm zu sehen, tippen Sie einmal kurz mit dem Finger in das Kennwortfeld. Es öffnet sich die virtuelle Bildschirmtastatur, über die Sie das Kennwort Ihres Benutzerkontos eingeben. Im Folgenden stelle ich Ihnen weitere wichtige Fingergesten vor. Die Bildschirmtastatur lernen Sie in Abschnitt 7.3, »Texteingabe per Bildschirmtastatur«, ab Seite 262 kennen.

7.2.1 Getippt statt geklickt

Im Verlauf dieses Buches werden Sie immer wieder aufgefordert, auf eine Kachel, ein Symbol oder auf eine Schaltfläche zu klicken. Wenn Sie ein Gerät mit Touchscreen nutzen, tippen Sie stattdessen mit dem Finger auf das geforderte Element. So starten Sie z. B. durch Antippen der entsprechenden Kachel die damit verknüpfte App. Wenn Sie einen Ordner oder auch eine Datei im Explorer öffnen möchten, ist ein Doppelklick nötig. Auch dieser lässt sich ganz einfach per Fingergeste umsetzen, indem Sie zweimal schnell hintereinander auf das gewünschte Element tippen.

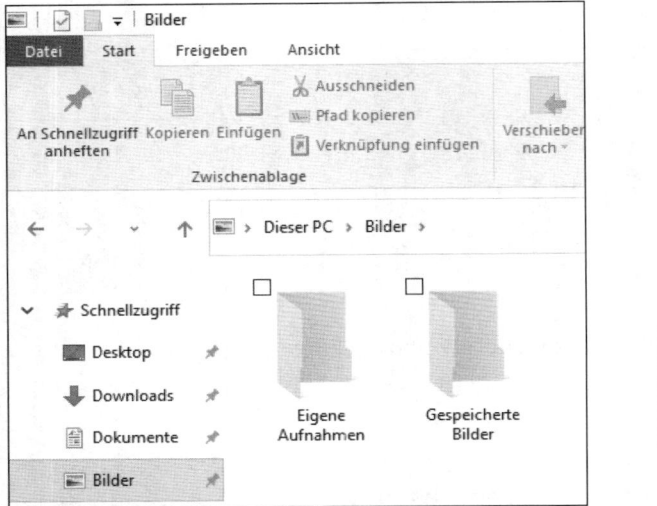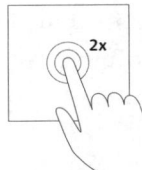

Abbildung 7.7 Um einen Ordner im Explorer zu öffnen, tippen Sie zweimal schnell hintereinander auf das Ordner-Symbol im Inhaltsbereich.

Doch was ist zu tun, wenn Sie ein Kontextmenü mit einem rechten Mausklick auf ein Element öffnen sollen? Auch hierfür gibt es eine praktische Lösung: Berühren Sie das Element mit dem Finger, und bleiben Sie so lange darauf, bis rund um den Finger ein Quadrat eingeblendet wird.

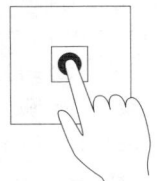

Wenn Sie jetzt den Finger vom Bildschirm nehmen, öffnet sich das gewünschte Kontextmenü. Diese Methode wird auch als *Press & Hold* (dt. »Drücken & Halten«) bezeichnet. Welche Besonderheit es gibt, wenn Sie das Kontextmenü des Startmenüs öffnen, können Sie in Abschnitt 7.1.4, »Kacheln im Startmenü per Fingergeste anpassen«, ab Seite 253 nachlesen.

7.2.2 Scrollen per Fingergeste

Nicht immer reicht der Platz auf dem Bildschirm aus, um den Inhalt einer bestimmten Anwendung oder etwa einer Webseite in einem Browser vollständig zu zeigen. In einem solchen Fall ist Blättern bzw. Scrollen angesagt, um zum nicht sichtbaren Bereich zu gelangen. Auf der Desktopoberfläche wird entsprechend eine vertikale oder auch horizontale Bildlaufleiste im Fenster angezeigt, die sich mit gedrückter linker Maustaste verschieben lässt.

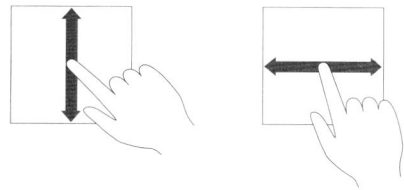

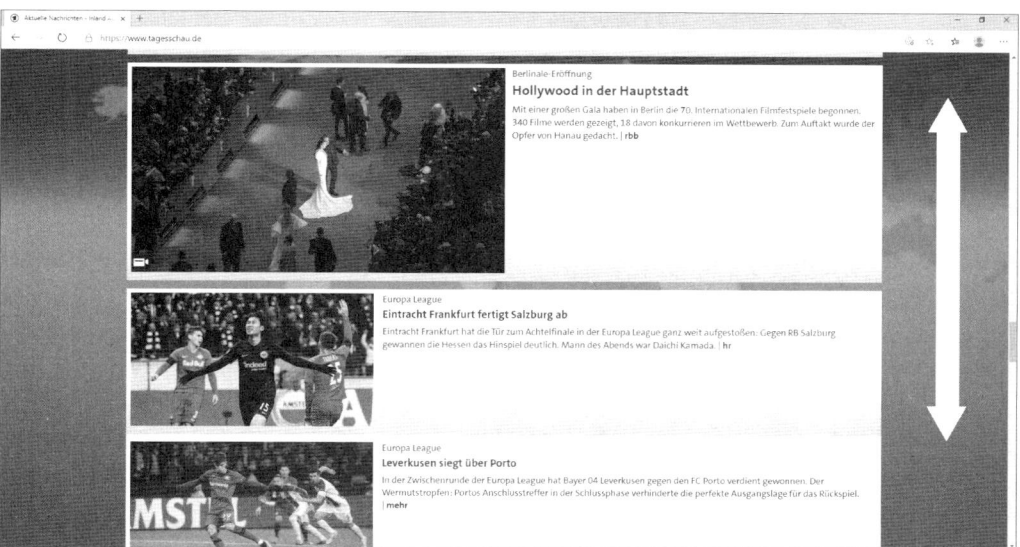

Abbildung 7.8 Mit einer Wischbewegung von unten nach oben und umgekehrt scrollen Sie auf einer Webseite.

Wenn Ihre Computermaus ein Scrollrad besitzt, können Sie auch dieses zum Scrollen nutzen. Bei einem Gerät mit Touchscreen ist es noch einfacher: Hier wischen Sie einfach mit dem Finger in die gewünschte Richtung. Konkret bedeutet dies: Setzen Sie den Finger auf eine Stelle auf dem Bildschirm, der Ihnen ausreichend Platz bietet, und ziehen Sie ihn dann in die gewünschte Richtung. Wenn Sie die Bewegung langsam ausführen, bleibt der Fensterinhalt in dem Moment stehen, in dem Sie den Finger vom Bildschirm nehmen. Führen Sie die Bewegung schneller aus, kann es passieren, dass der Inhalt weitergescrollt wird, auch wenn Sie den Bildschirm nicht mehr berühren. Dieses schnelle Scrollen kann natürlich auch interessant sein, wenn Sie etwa auf einer langen Webseite blättern möchten. Durch ein kurzes Antippen des Bildschirms können Sie den Scrollvorgang in einem solchen Fall jederzeit stoppen.

7.2.3 Die Wischbewegungen vom äußersten linken und rechten Bildschirmrand

Eine besondere Wirkung haben Wischbewegungen vom äußersten seitlichen Bildschirmrand in Richtung Bildmitte. Wischen Sie z. B. vom äußersten linken Bildschirmrand in Richtung Bildmitte, blenden Sie hiermit eine Übersicht über alle geöffneten Apps ein. Jede Miniaturvorschau dieser Apps weist in der rechten oberen Ecke ein kleines Schließen-Symbol ❶ auf. Mit einem Tipp auf dieses Symbol beenden Sie die entsprechende App.

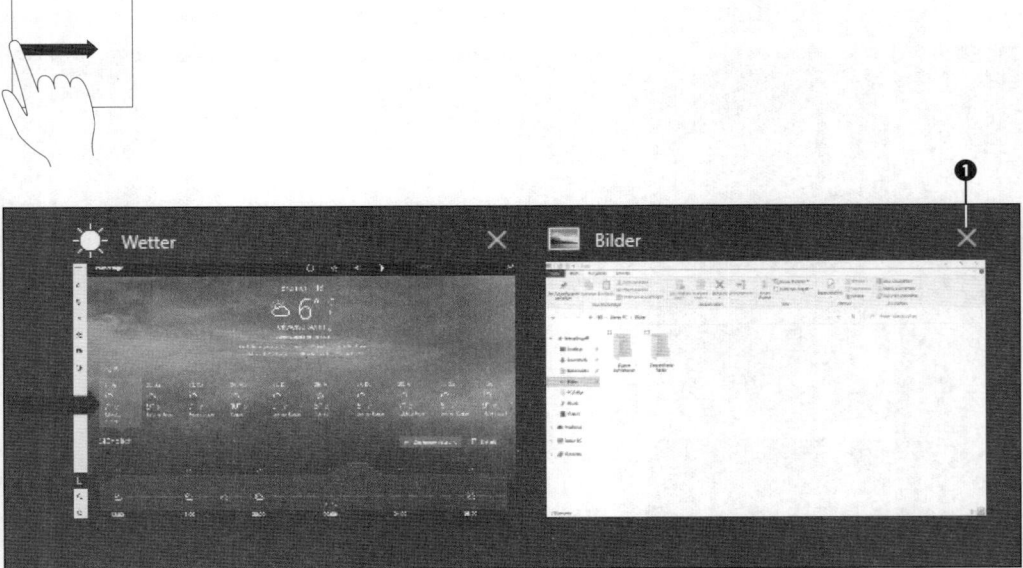

Abbildung 7.9 Mit einer Wischbewegung von links nach rechts blenden Sie die Übersicht über alle geöffneten Anwendungen ein.

Führen Sie die Wischbewegung vom äußersten rechten Bildschirmrand in Richtung Bildmitte aus, wird automatisch das Info-Center eingeblendet. Dieses hält im oberen Bereich wichtige Benachrichtigungen zum aktuellen Status Ihres Geräts bereit. Im unteren Bereich finden Sie einige Schaltflächen, mit denen Sie bestimmte Aktionen schnell ausführen. Weitere Informationen hierzu erhalten Sie in Abschnitt 5.6, »Das Info-Center anpassen«, ab Seite 192.

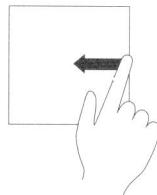

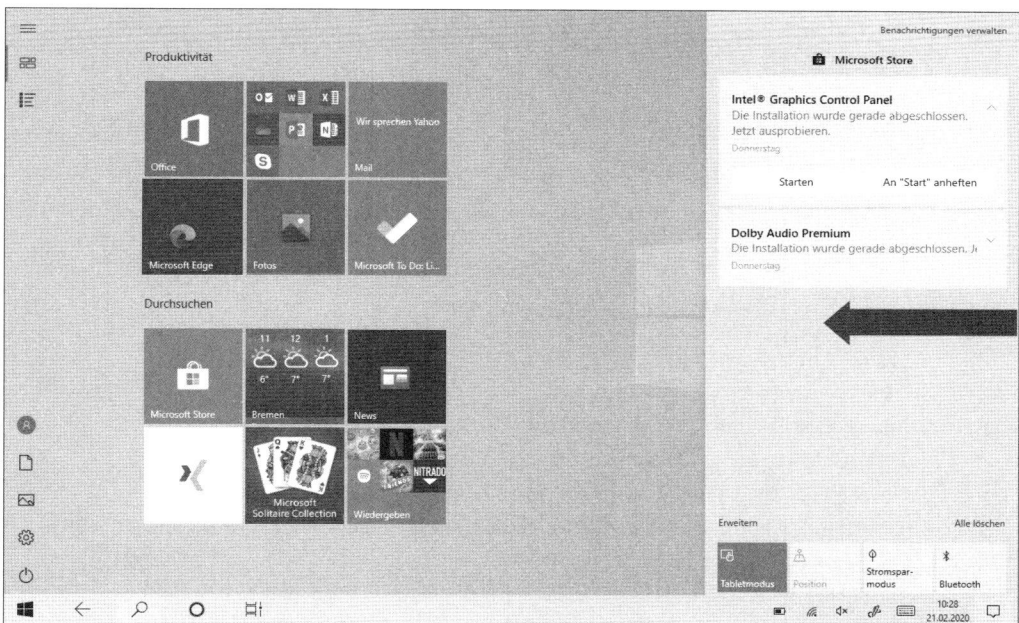

Abbildung 7.10 Das Info-Center lässt sich per Wischbewegung von rechts nach links einblenden.

7.2.4 Bildschirminhalte per Fingergeste vergrößern

Der Text auf einer Webseite ist Ihnen zu klein, Sie können ihn kaum entziffern? Oder möchten Sie einen Kartenausschnitt vergrößern? Auch für solche Situationen steht Ihnen eine pfiffige Fingergeste zur Verfügung. Drücken Sie einfach zwei Finger leicht auf den Bildschirm, und ziehen Sie beide dann gleichzeitig nach außen. Hiermit wird der Bildschirminhalt vergrößert. Ziehen Sie die beiden Finger dagegen zusammen, wird der Inhalt verkleinert.

Abbildung 7.11 Zu kleiner Text lässt sich durch Auseinanderziehen zweier Finger auf dem Bildschirm blitzschnell vergrößern.

7.2.5 Kopieren und Einfügen per Fingergesten

Sie haben einen interessanten Artikel im Internet gefunden und würden gerne Ausschnitte davon per E-Mail an Freunde verschicken? Auf einem Gerät mit Tastatur und Computermaus würden Sie hierzu den Text auf der Webseite einfach mit gedrückter linker Maustaste markieren, über die Tastenkombination ⌈Strg⌉ + ⌈C⌉ in die Zwischenablage kopieren und ihn dann mit der Tastenkombination ⌈Strg⌉ + ⌈V⌉ in Ihre E-Mail einfügen. Auf dem Tablet oder Convertible stehen Ihnen aber weder Tastatur noch Computermaus zur Verfügung. Doch auch per Finger lassen sich die einzelnen Schritte wunderbar durchführen:

1 Tippen Sie auf das erste Wort des Textes, den Sie kopieren möchten – in unserem Beispiel befindet sich der Text auf einer Webseite. Das Wort wird sofort farbig markiert. Unterhalb des ersten ❶ sowie des letzten ❷ Buchstabens finden Sie jeweils ein kleines Kreis-Symbol.

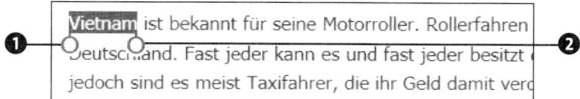

2 Setzen Sie den Finger jetzt auf den Kreis unterhalb des letzten Buchstabens ❷, und ziehen Sie ihn mit dem Finger bis ans Ende des Textabschnitts ❸, den Sie kopieren möchten.

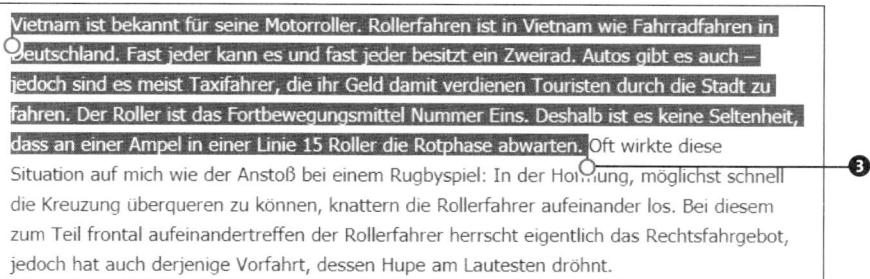

3 Den Befehl zum Kopieren des Textes finden Sie im Kontextmenü. Um dieses aufzurufen, halten Sie den Finger etwas länger auf dem gerade markierten Textabschnitt gedrückt. Wird rund um den Finger ein Quadrat eingeblendet, heben Sie den Finger vom Bildschirm.

4 Tippen Sie im aufklappenden Kontextmenü auf den Befehl **Kopieren** ❹. Der kopierte Text wird damit in der Zwischenablage zwischengespeichert.

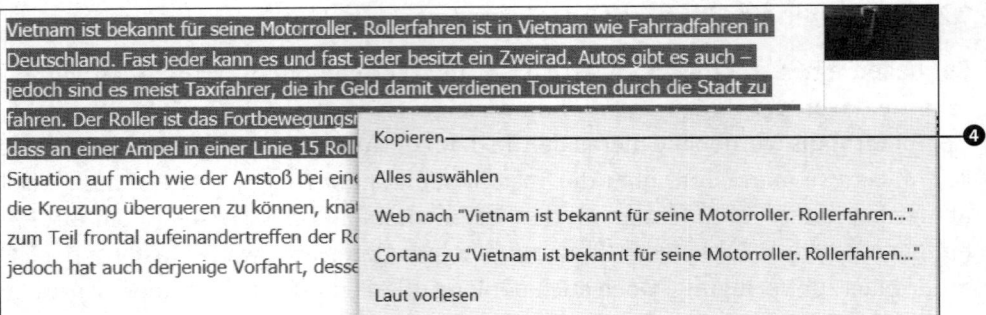

5 Wechseln Sie nun zu der Anwendung, in die Sie den gerade kopierten Text einfügen möchten, im Beispiel also zur *Mail*-App. (Diese lernen Sie in Abschnitt 15.1, »E-Mails lesen und schreiben mit der Mail-App«, ab Seite 551 kennen.)

6 Tippen Sie auf die Stelle im Anwendungsfenster, an der der kopierte Text ergänzt werden soll. Wenn sich die Einfügemarke an der gewünschten Stelle befindet, können Sie den Text einfügen. Hierzu halten Sie wieder den Finger etwas länger auf der Einfügemarke gedrückt, bis das Quadrat sichtbar wird.

7 In der kleinen Symbolleiste, die nun eingeblendet wird, tippen Sie auf das rechte Symbol ❺ und wählen in der aufklappenden Liste den Befehl **Einfügen** aus. Der zuvor kopierte Text wird an der Stelle der Einfügemarke ergänzt.

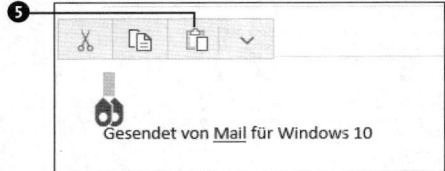

7.3 Texteingabe per Bildschirmtastatur

Geräte mit Touchscreen verfügen nicht über eine klassische Tastatur wie etwa ein Desktop-PC oder ein Notebook. Die Texteingabe erfolgt hier stattdessen über eine Bildschirmtastatur, also eine Tastatur, die, wie ihr Name bereits sagt, auf dem Bildschirm eingeblendet wird.

Diese virtuelle Tastatur erscheint automatisch, sobald Sie in ein Feld tippen, das eine Texteingabe erfordert. Sollte dies bei Ihnen einmal nicht funktionieren, können Sie die Bildschirmtastatur aber auch mit einem Tipp auf das entsprechende Symbol im Infobereich der Taskleiste aufrufen. Wie Sie dieses Symbol im Infobereich anzeigen, können Sie in Abschnitt 7.1.3, »Die Taskleiste für den Tabletmodus anpassen«, ab Seite 251 nachlesen.

Abbildung 7.12 Die Bildschirmtastatur lässt sich auch über das Symbol im Infobereich der Taskleiste einblenden.

7.3.1 Die Tasten der Bildschirmtastatur im Überblick

Sobald die Bildschirmtastatur eingeblendet wird, können Sie auch schon mit der Texteingabe beginnen: Tippen Sie die gewünschten Buchstaben an. Wenn Sie einen Großbuchstaben eingeben möchten, tippen Sie zuvor auf die Umschalt-Taste ❶. Sollte Ihnen ein Tippfehler unterlaufen, können Sie das zuletzt getippte Zeichen über die Rück-Taste ❷ löschen. Die Einfügemarke in einem Text lässt sich über die beiden Pfeiltasten nach links bzw. rechts ❸ verschieben. Wenn Sie einen neuen Absatz erzeugen möchten, tippen Sie auf die Eingabe-Taste ❹. Müssen Sie Zahlen oder Sonderzeichen eingeben, tippen Sie auf die Taste **&123** ❺.

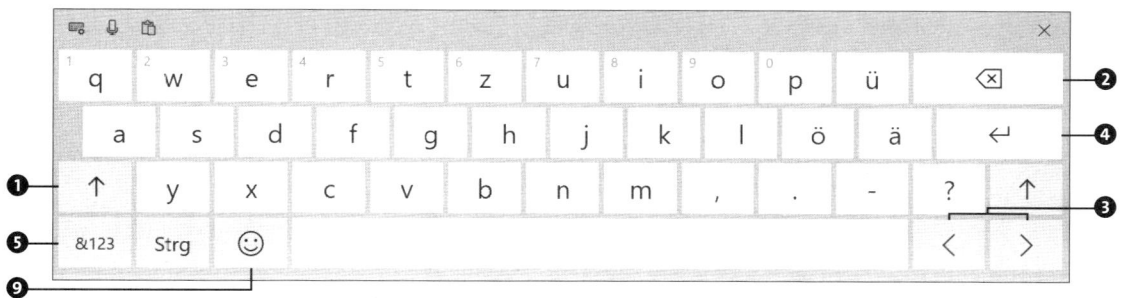

Abbildung 7.13 Bei der virtuellen Tastatur gelangen Sie über eine Spezialtaste wie »&123« zu einer neuen Tastatur-Ansicht mit weiteren Funktionen.

Auf der Bildschirmtastatur werden nun Zahlen und einige Sonderzeichen eingeblendet. Ist das gewünschte Zeichen noch nicht dabei, tippen Sie am linken Rand der Tastatur auf den kleinen nach rechts weisenden Pfeil im Kreis ❻. Über den nach links weisenden Pfeil kehren Sie anschließend zu den vorherigen Sonderzeichen zurück ❼. Über das Omega-Symbol Ω ❽ lassen sich weitere Symbole wie z. B. das Copyright-Symbol © einblenden. Mit einem Tipp auf die Taste **abc** gelangen Sie wieder zu den Buchstaben zurück.

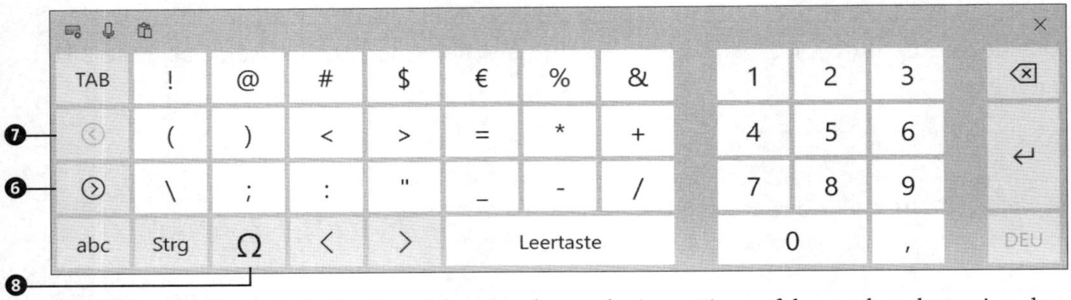

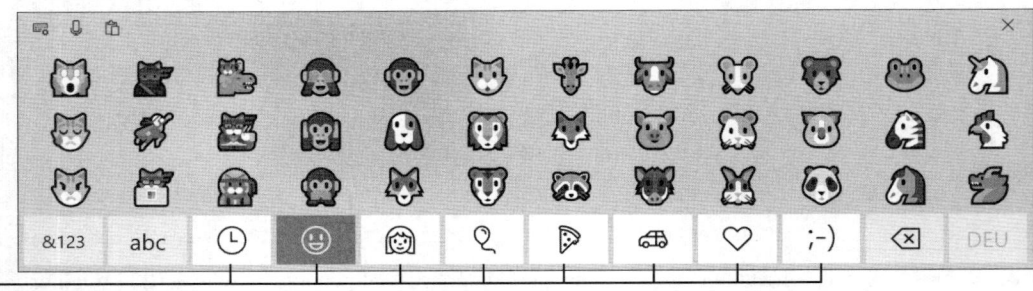

TAB	!	@	#	$	€	%	&	1	2	3	⌫
◀	(	)	<	>	=	*	+	4	5	6	↵
▶	\	;	:	"	_	-	/	7	8	9	
abc	Strg	Ω	<	>	Leertaste			0	,		DEU

Abbildung 7.14 Noch mehr Sonderzeichen werden nach einem Tipp auf den nach rechts weisenden Pfeil ❻ im Kreis eingeblendet.

Nicht entgehen lassen sollten Sie sich auch die Emoticons (auch Emojis genannt), die nach einem Tipp auf das Smiley-Symbol (❾ auf Seite 263) eingeblendet werden. Neben lachenden, wütenden oder auch traurigen Gesichtern finden Sie hier viele weitere lustige Zeichnungen, z. B. Herzen, Tiere oder Gegenstände. Über die Symbole am unteren Tastaturrand wählen Sie die gewünschte Kategorie aus ❿. Bietet die Kategorie mehr Symbole, als auf der Tastatur angezeigt werden können, wischen Sie einfach in der Übersicht von rechts nach links und umgekehrt. Gefällt Ihnen ein Emoticon, fügen Sie es durch Antippen in Ihren Text ein. Über die Taste **abc** gelangen Sie wieder zu den Buchstaben zurück.

Abbildung 7.15 Die kleinen Zeichnungen der Emoticons sind wirklich sehenswert.

Die Bildschirmtastatur wird normalerweise am unteren Bildschirmrand eingeblendet. Tippen Sie innerhalb der virtuellen Tastatur auf das Symbol oben links ⓫ und dann auf das Symbol 🖳 ⓬, lässt sich die Tastatur aber abdocken und anschließend auf dem Bildschirm verschieben. Mit einem erneuten Tipp auf das Symbol oben links und dann auf 🖳 ⓭ docken Sie die Tastatur wieder an den unteren Bildschirmrand an.

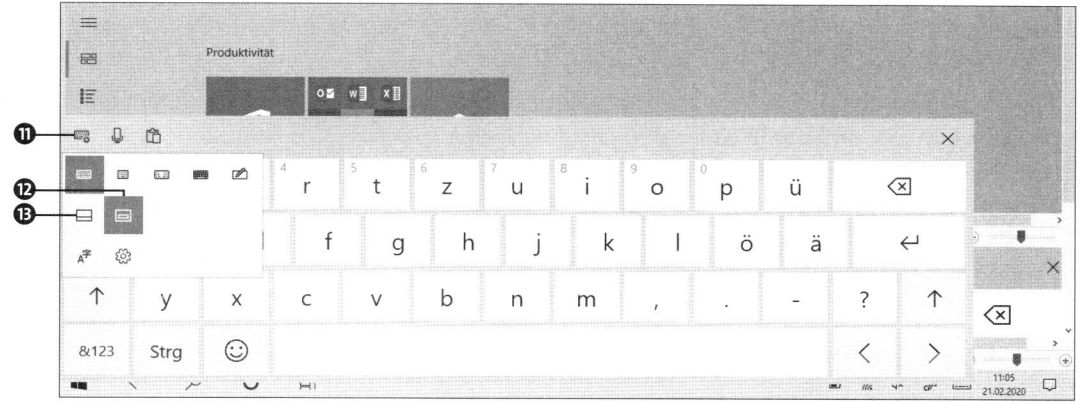

Abbildung 7.16 Die Bildschirmtastatur kann frei auf dem Bildschirm verschoben werden.

TIPP

Bildschirmtastatur ausblenden

Angenommen, Sie müssen in einem Feld persönliche Daten wie Ihren Namen oder auch ein Kennwort eingeben. Sobald Sie den entsprechenden Text vollständig eingetippt haben, können Sie die Eingabe mit einem Tipp auf die Eingabe-Taste auf der Bildschirmtastatur abschließen. Damit wird normalerweise auch automatisch die virtuelle Tastatur ausgeblendet. Geschieht dies bei Ihnen nicht oder möchten Sie die Tastatur aus einem anderen Grund schließen, tippen Sie einfach oben rechts auf das Schließen-Symbol ⓮.

Abbildung 7.17 Über das Schließen-Symbol lässt sich die Bildschirmtastatur ausblenden.

TIPP

Emojis in allen Programmen nutzen

Die kleinen lachenden Gesichter lassen sich natürlich nicht nur auf Tablets und Smartphones nutzen, sondern auch auf Desktop-PCs und Notebooks. Wo immer sich Ihnen eine Eingabemöglichkeit für Texte präsentiert (z. B. in einem der Micro-soft-Office-Programme), können Sie auch ein Emoticon einfügen. Drücken Sie hierzu einfach die Tastenkombination ⊞ + ⊡ . Im aufklappenden Dialogfenster wählen Sie am unteren Rand zunächst eine Kategorie aus. Nun müssen Sie nur noch das gewünschte Smiley-Symbol per Mausklick oder Antippen markieren, und schon wird es an der Position der Einfügemarke eingefügt.

7.3.2 Layout der Bildschirmtastatur auswählen

Die Bildschirmtastatur steht Ihnen in verschiedenen Layouts zur Verfügung. Außer in der klassischen kompakten Ansicht aus dem vorigen Abschnitt lässt sich die Tastatur auch in zwei Blöcke aufgeteilt auf dem Bildschirm anzeigen. Das ist besonders dann praktisch, wenn Sie für die Texteingabe beide Daumen nutzen. Um das Layout der Tastatur zu wechseln, tippen Sie in der virtuellen Tastatur auf das Tastatur-Symbol oben links ❶. Im aufklappenden Menü wählen Sie das gewünschte Layout aus ❷.

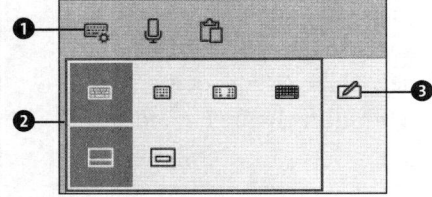

Abbildung 7.18 Für die Bildschirmtastatur stehen Ihnen verschiedene Layouts zur Verfügung.

Wenn sich Ihr Gerät mit einem Stift bedienen lässt, ist ein weiteres Layout für Sie von Interesse: die Zeichenfläche. Auch hierfür finden Sie nach einem Tipp auf das Tastatur-Symbol eine entsprechende Schaltfläche ❸. Anstelle von Buchstaben, Ziffern und Sonderzeichen erscheint am unteren Bildschirmrand eine Zeichenfläche, in die Sie Ihren Text per Stift schreiben können. Je nachdem, wie schön Sie schreiben, erkennt die integrierte Handschrifterkennung von Windows 10 den Text und fügt ihn automatisch in der gerade genutzten Anwendung an der Position der Einfügemarke ein. Der Text lässt sich übrigens auch per Finger oder sogar Maus schreiben, das Ergebnis ist aber häufig sehr unleserlich. Um die zuletzt geschriebenen Zeichen zu löschen, tippen Sie auf das Symbol ⌫ ❹. Das Symbol für das Leerzeichen ⎵ ❺ wird erst nach einem Tipp auf die drei Punkte ❻ eingeblendet. Einen Zeilenumbruch erzeugen Sie über das Symbol ↵ ❼. Wenn Sie das Tastaturlayout wieder ändern möchten, tippen Sie auf 🎛 ❽ und wählen dann das gewünschte Layout aus.

Abbildung 7.19 Wenn Ihr Gerät die Stifteingabe unterstützt, können Sie den Text auch handschriftlich eingeben.

TEIL III
Programme und Dateien

8   Dateien und Ordner verwalten mit dem Explorer

Der *Explorer* ist der Dreh- und Angelpunkt, wenn es darum geht, einen Überblick über Ihre auf dem Computer gespeicherten Dateien und Ordner zu erhalten. Mit seiner Hilfe navigieren Sie bequem durch das gesamte Dateisystem von Windows 10. Blitzschnell verschieben, kopieren, erstellen oder löschen Sie Dateien sowie Ordner. Dabei ist es unerheblich, ob sich die Daten auf der lokalen oder einer externen Festplatte befinden, auf einem USB-Stick oder gar auf einer CD bzw. DVD. In früheren Windows-Versionen wurde der Explorer übrigens noch *Windows-Explorer* genannt.

8.1   Den Explorer öffnen

Der Explorer ist bereits seit vielen Versionen fester Bestandteil von Windows. Für Windows 10 hat Microsoft ihn etwas überarbeitet und ihm z. B. neue Datei- und Ordner-Symbole spendiert. Für den Aufruf des Explorers stehen Ihnen verschiedene Möglichkeiten zur Auswahl:

- Klicken Sie in der Taskleiste auf das Programmsymbol des Explorers ❶.

- Rufen Sie das Startmenü per Klick auf das Windows-Logo in der Taskleiste auf ❷. Alternativ können Sie auch die Taste ⊞ auf Ihrer Tastatur drücken. Im Startmenü klicken Sie anschließend in der Schnellstartleiste am linken Rand auf das Programmsymbol des Explorers ❸. Wie Sie sich das Symbol dort anzeigen lassen, lesen Sie in Abschnitt 5.4.1, »Elemente des Startmenüs auswählen«, ab Seite 169.

- Den Explorer können Sie auch über die Tastenkombination ⊞ + E starten.

- Im Suchfeld ❹ der Taskleiste genügt meist die Eingabe der ersten vier Buchstaben »expl«. Wird in den Suchergebnissen die App *Explorer* aufgeführt, klicken Sie darauf.

Abbildung 8.1 Zum Explorer gelangen Sie entweder über das Startmenü oder über die Taskleiste.

8.1.1   Aufbau des Programmfensters

Sehen wir uns das Programmfenster des Explorers etwas genauer an. An seinem oberen Rand befindet sich die Titelleiste ❶. Sie trägt normalerweise den Namen des Ordners, der im *Navigationsbereich* ❷ am linken Fensterrand markiert ist, allerdings mit einer Ausnahme: Ist in der linken Spalte der sog. *Schnellzugriff* ❸ ausgewählt, lautet der Titel schlicht und ergreifend *Explorer*. Der Schnellzugriff wurde dem Explorer mit Windows 10 neu spendiert. Windows-Veteranen kennen ihn noch unter dem Namen *Favoriten*. Ist der Schnellzugriff im Navigationsbereich markiert, werden in der rechten Hälfte des Programmfensters, im sog. *Inhaltsbereich* ❹, häufig verwendete Ordner sowie zuletzt verwendete Dateien angezeigt.

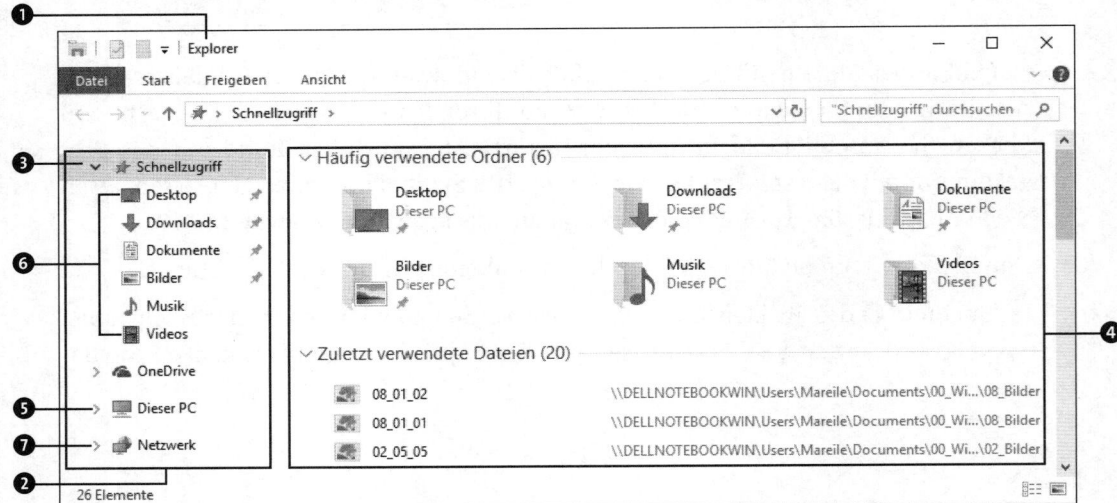

Abbildung 8.2 Das Programmfenster des Explorers nach dem Start

Die Standardordner von Windows 10

Unter Windows 10 sind bereits von Anfang an einige Ordner angelegt. Markieren Sie im Navigationsbereich des Explorers links **Dieser PC** ❺, werden die Ordner rechts im Inhaltsbereich angezeigt. Aber auch im **Schnellzugriff** finden Sie jeweils eine Verknüpfung zu den Ordnern ❻. Die Standardordner werden vor allem von Programmen als Speicherort für Dateien gewählt. Überspielen Sie z. B. Ihre selbst aufgenommenen Fotos vom Smartphone oder einer Digitalkamera auf den Computer, legt das Programm, das Sie für den Import verwenden, die Bilddateien automatisch im Verzeichnis **Bilder** ab. Programme wie Word oder auch Excel nutzen wiederum den Standardordner **Dokumente** zum Speichern von Dateien. Musik- und Videodateien werden entsprechend in den Ordnern **Musik** bzw. **Videos** abgelegt. Alle Dateien, die Sie aus dem Internet herunterladen, finden Sie im Verzeichnis **Downloads**. Der Ordner **Desktop** wiederum enthält alle Verknüpfungen zu Ordnern oder auch Programmen, die Sie auf der Desktopoberfläche angelegt haben (siehe hierzu auch Abschnitt 6.1.1, »Desktopverknüpfungen für Programme, Ordner und Webseiten erstellen«, ab Seite 217).

Wenn Sie eine Übersicht über alle auf Ihrem Computer verfügbaren Laufwerke erhalten möchten, wählen Sie im Navigationsbereich per Mausklick **Dieser PC** ❺ aus. Im Inhaltsbereich werden nun die Festplatten, CD/DVD-Laufwerke oder auch USB-Sticks, die am PC angeschlossen sind, aufgeführt. Wer bereits mit einer älteren Windows-Version gearbeitet hat, kennt den Ordner *Dieser PC* noch unter der Bezeichnung *Computer*. Markieren Sie im Navigationsbereich den Eintrag **Netzwerk** ❼, sehen Sie im Inhaltsbereich alle im Netzwerk verfügbaren Geräte.

»Dieser PC« als Startansicht wählen

Viele Nutzer, die von einer früheren Windows-Version zu Windows 10 gewechselt sind, sind nicht begeistert, dass der Explorer in der Standardkonfiguration mit der Anzeige des **Schnellzugriffs** startet. Wenn Sie möchten, können Sie wie früher üblich mit der Übersicht **Dieser PC** starten. Klicken Sie hierzu im Menüband auf den Reiter **Ansicht** und dort ganz rechts auf den oberen Teil der Schaltfläche **Optionen**. Nun wird der Dialog **Ordneroptionen** mit dem Register **Allgemein** geöffnet. Klicken Sie hier auf den Pfeil rechts vom Feld **Datei-Explorer öffnen für**. In der aufklappenden Liste wählen Sie nun **Dieser PC**. Bestätigen Sie die Einstellungen mit **Übernehmen** und **OK**.

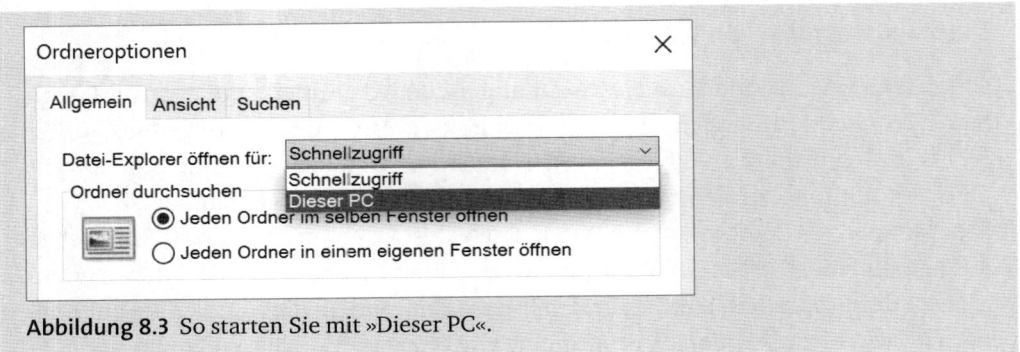

Abbildung 8.3 So starten Sie mit »Dieser PC«.

8.1.2 Das Menüband des Explorers

Der Explorer bietet eine Vielzahl von Funktionen. So können Sie z. B. Dateien verschieben, umbenennen oder auch löschen. Zur besseren Organisation Ihrer Daten lassen sich Ordner anlegen, die Sie wiederum auf externe Laufwerke kopieren oder auf DVD brennen können. All diese Funktionen und noch viel mehr erreichen Sie über das *Menüband*, das sich direkt unterhalb der Titelleiste befindet. Ist bei Ihnen im Navigationsbereich noch der **Schnellzugriff** markiert, sehen Sie am linken Rand des Menübands die vier Registerreiter **Datei**, **Start**, **Freigeben** und **Ansicht**. Wenn Sie im Navigationsbereich bereits **Dieser PC** ausgewählt haben, erscheinen stattdessen die drei Register **Datei**, **Computer** und **Ansicht**.

Diese zwei Beispiele zeigen bereits, dass die Registerreiter kontextsensitiv angezeigt werden, sprich in Abhängigkeit von dem Element, das im Navigations- oder Inhaltsbereich markiert ist. Der Grund hierfür ist ganz einfach: Der Explorer bietet eine solch große Anzahl an Funktionen, dass diese nicht alle gleichzeitig eingeblendet werden können. Sie bekommen also nur diejenigen zu Gesicht, die für das ausgewählte Element von Bedeutung sind.

Um die Funktionen zu sehen, klicken Sie auf einen der Reiter, z. B. **Ansicht**. Nun wird das Menüband nach unten aufgeklappt, und die Registerkarte wird mit all ihren Funktionen angezeigt. Welches Register gerade ausgewählt ist, können Sie sehr gut an der grauen Hintergrundfarbe des Registerreiters erkennen. Eine Ausnahme stellt lediglich das immer blaue Register **Datei** dar. Streng genommen ist es auch kein Register, denn klicken Sie hierauf, öffnet sich ein Menü, in dem Sie z. B. Funktionen zum Öffnen eines neuen Explorer-Fensters finden. Um das Menü wieder auszublenden, reicht ein erneuter Klick auf **Datei**.

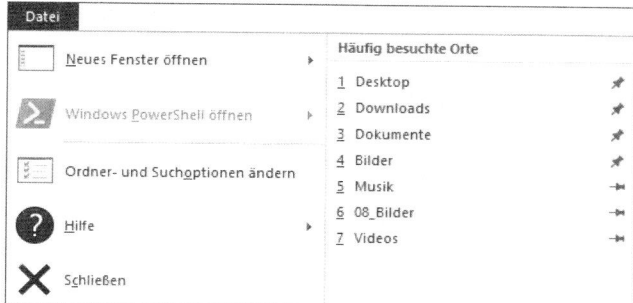

Abbildung 8.4 Das aufgeklappte Menü »Datei«

Probieren Sie einmal folgende Schritte aus:

1 Markieren Sie im Navigationsbereich links den **Schnellzugriff**.

2 Blenden Sie per Mausklick auf den Registerreiter **Start ❶** das Menüband ein. Sie finden im Menüband Funktionen etwa zum Umbenennen, Verschieben oder auch Löschen von Dateien und Ordnern. Das Menüband überdeckt jeweils einen kleinen Teil des Navigations- sowie des Inhaltsbereichs.

3 Klicken Sie einmal auf einen weißen Bereich innerhalb des Inhaltsbereichs **❷**.

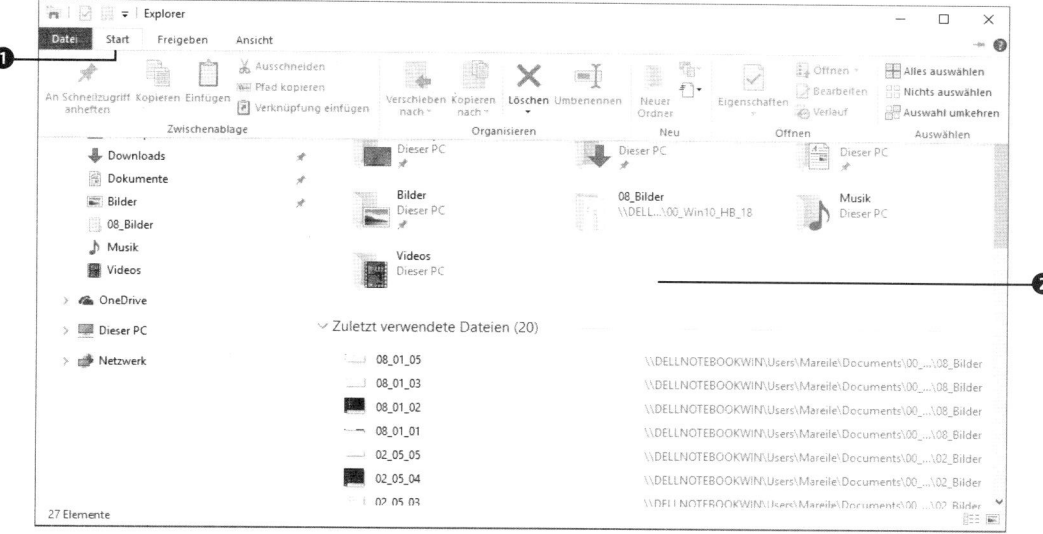

Nach Schritt 3 verschwindet das Menüband wieder, übrig bleiben lediglich die Registerreiter. Das erscheint zwar sehr übersichtlich, ist aber bei Ihren Arbeiten mit dem Explorer eher hinderlich. Mit einem kleinen Trick blenden Sie das Menüband dauerhaft ein:

4 Klicken Sie hierzu einfach auf den kleinen nach unten weisenden Pfeil am rechten Rand des Menübands ❸.

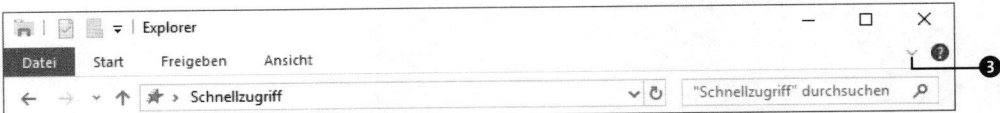

5 Das Menüband wird ausgeklappt, ohne dabei wichtige Bereiche des restlichen Programmfensters zu überdecken, und es bleibt ausgeklappt, auch wenn Sie im Explorer auf eine andere Stelle klicken. Sollten Sie das Menüband später doch wieder ausblenden wollen, klicken Sie einfach auf den nun nach oben weisenden Pfeil ❹.

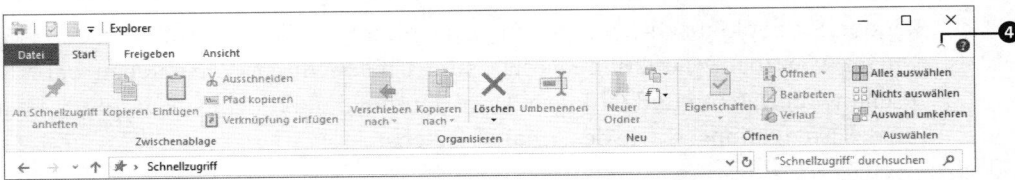

Sehen wir uns nun die Registerkarten am Beispiel des Registers **Start** etwas genauer an. Jede Registerkarte ist in Gruppen aufgeteilt. Im Register **Start** finden Sie z. B. die Gruppen **Zwischenablage**, **Organisieren**, **Neu**, **Öffnen** und **Auswählen**. Jede Gruppe enthält wiederum verschiedene Befehle. In der Gruppe **Organisieren** sind dies **Verschieben nach**, **Kopieren nach**, **Löschen** und **Umbenennen**. Ist das Programmfenster groß genug, werden zu jedem Befehl ein Symbol sowie eine Beschriftung eingeblendet. Bei kleineren Fenstern verzichtet der Explorer auf die Beschriftung und begnügt sich mit dem Symbol. Wurde das Programmfenster stark verkleinert, wird sogar nur noch die Gruppenbezeichnung eingeblendet.

Abbildung 8.5 Die Gruppe »Organisieren« mit Symbolen und Beschriftung (links), nur mit Symbolen (Mitte) und auf das Gruppensymbol reduziert (rechts)

Im nächsten Abschnitt zeige ich Ihnen, welche Möglichkeiten Ihnen der Explorer zum Navigieren in den Verzeichnissen Ihres Computers bietet.

8.2 Navigieren mit dem Explorer

Nach dem Start des Explorers finden Sie links im Navigationsbereich zunächst nur die Einträge **Schnellzugriff**, **OneDrive**, **Dieser PC** und **Netzwerk**. Doch wie gelangen Sie zu den Verzeichnissen, in denen Ihre Bilder, Dokumente, Musik oder auch Videos abgelegt sind?

INFO

Per Doppelklick auf Dateien und Ordner zugreifen

Klicken Sie im Inhaltsbereich des Explorers zweimal schnell hintereinander auf einen Ordnernamen, öffnen Sie hierdurch den Ordner, und es wird nun sein Inhalt im Inhaltsbereich angezeigt.

Ein Doppelklick auf eine Datei im Inhaltsbereich führt dazu, dass automatisch das der Datei zugeordnete Programm geöffnet wird. Handelt es sich bei der Datei um ein Foto, wird z. B. die *Fotos*-App gestartet. Bei einem mit Microsoft Word verfassten Dokument öffnet sich dagegen automatisch das Textverarbeitungsprogramm *Word*.

In Abschnitt 9.5, »Standardprogramme festlegen«, ab Seite 370 erfahren Sie, wie Sie selbst festlegen, mit welchem Programm ein bestimmter Dateityp geöffnet werden soll.

8.2.1 Grundlagen der Navigation

Um die Navigation im Explorer näher kennenzulernen, lassen Sie uns die verschiedenen Möglichkeiten an einem kleinen Beispiel betrachten. Nehmen wir an, Sie möchten zu einem Verzeichnis navigieren, in dem sich Ihre Urlaubsbilder befinden. In Abschnitt 12.1.1, »Fotos importieren mit der Fotos-App«, ab Seite 425 erfahren Sie übrigens, wie Sie Fotos und Videos von der Digitalkamera auf den Computer überspielen. Geben Sie nichts anderes vor, werden Bilder meist automatisch im Ordner **Bilder** abgelegt. Um im Explorer zu genau diesem Verzeichnis zu gelangen, gehen Sie folgendermaßen vor:

1 Klicken Sie im Navigationsbereich auf den Eintrag **Dieser PC** ❶.

2 Im Inhaltsbereich werden am oberen Rand die Standardordner (also die Ordner, die Windows 10 bereits mit an Bord hat) eingeblendet. Doppelklicken Sie hier auf den Ordner **Bilder** ❷.

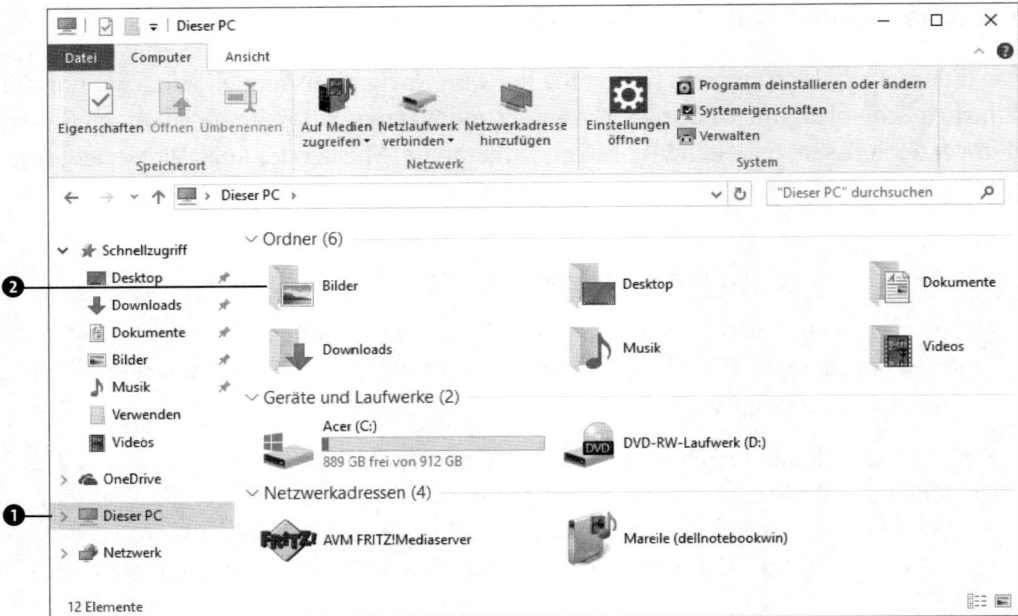

3 Sie sehen im Inhaltsbereich nun die Unterordner des Verzeichnisses **Bilder**. Diese Unterordner legen Sie selbst an. Wie dies funktioniert, erfahren Sie in Abschnitt 8.4.1,
»Einen neuen Ordner anlegen«, ab Seite 291. Auch hier reicht ein Doppelklick auf
einen Ordnernamen, um sich den Inhalt des Ordners anzeigen zu lassen.

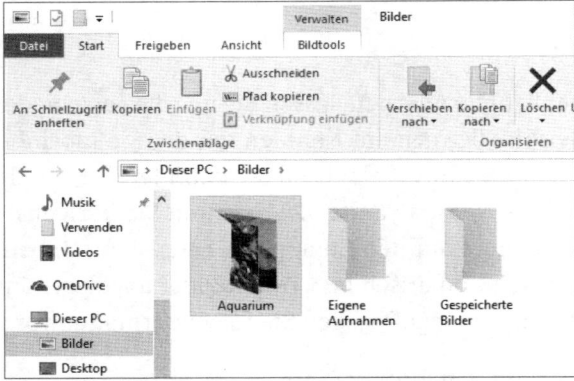

Je nachdem, wie viele Ordner und Unterordner Sie angelegt haben, kann es recht
umständlich werden, sich im Inhaltsbereich per Doppelklick auf einen Ordner von
einem Verzeichnis zum nächsten zu hangeln. In einem solchen Fall ist der Weg über
den Navigationsbereich meist der praktischere.

4 Wenn Sie den Mauszeiger in den Navigationsbereich bewegen, werden jeweils links von den Elementen kleine Dreieck-Symbole eingeblendet.

5 Klicken Sie ein solches Symbol an ❸, werden unterhalb des Elements seine Unterordner aufgelistet. Enthalten auch diese wieder Unterordner, finden Sie links von den Ordnernamen ebenfalls wieder ein kleines Dreieck ❹.

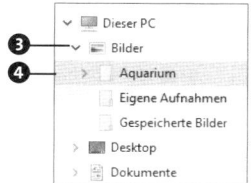

6 Mit einem erneuten Klick auf ein Dreieck-Symbol blenden Sie die eingeblendeten Unterordner wieder aus.

In der Adressleiste des Explorers, die sich unterhalb des Menübands befindet, wird der aktuell ausgewählte Ordner ebenfalls eingeblendet. Auch hier können Sie wieder die Dreieck-Symbole entdecken. Klicken Sie das Dreieck rechts von einem Ordnernamen ❶ an, klappt eine Liste mit dessen Unterordnern auf. Ein Klick auf einen dieser Listeneinträge ❷ reicht, und Sie gelangen direkt zu diesem Verzeichnis. Mit einem Klick auf das Dreieck links vom Ordnernamen ❸ werden die übergeordneten Verzeichnisse eingeblendet. Auch hier reicht dann ein Klick auf eines der aufgeführten Verzeichnisse.

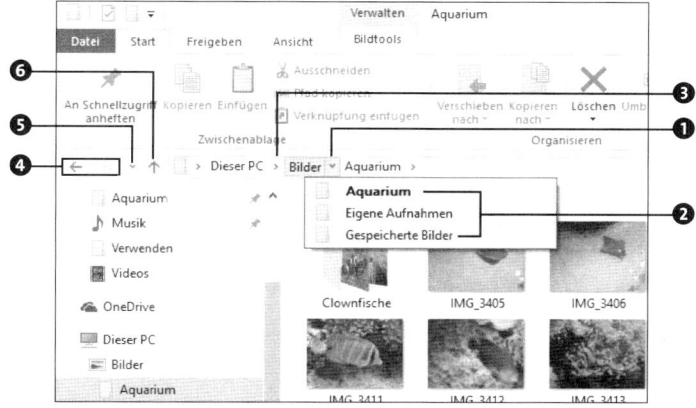

Abbildung 8.6 Über die Adressleiste können Sie ebenfalls im Explorer navigieren.

Links von der Adressleiste finden Sie einige Pfeil-Symbole. Mit den nach rechts sowie nach links zeigenden Pfeiltasten ❹ wechseln Sie schnell zwischen den bereits aufgerufenen Ordnern. Um sich die zuletzt aufgerufenen Ordner anzeigen zu lassen, klicken Sie auf den kleinen nach unten weisenden Pfeil ❺. Der nach oben weisende Pfeil führt Sie wiederum zum übergeordneten Ordner ❻.

INFO

Pfade unter Windows

Wenn Sie auf einen weißen Bereich innerhalb der Adressleiste klicken, wird der aktuelle Dateipfad in der klassischen Schreibweise angezeigt. Ein solcher Dateipfad hat unter Windows stets folgende Struktur: <Laufwerksbuchstabe>:\<Aneinander-reihung_von_Verzeichnissen>. Ein Beispiel hierfür lautet etwa *C:\Users\Mareile\ Pictures*. Diese Form der Pfaddarstellung wird Ihnen z. B. bei der Installation von Programmen begegnen, wenn Sie den Speicherort für die Anwendung auswählen müssen. Aber auch beim Hochladen von Bildern in soziale Netzwerke wie Facebook spielt er eine Rolle. Möchten Sie den aktuellen Dateipfad kopieren, z. B. um beim Hochladen von Bildern gleich im richtigen Verzeichnis zu landen, dann blenden Sie im Explorer zunächst den klassischen Dateipfad wie gerade beschrieben ein, indem Sie auf eine weiße Fläche in der Adressleiste klicken. Der Pfad ist damit bereits blau markiert. Falls nicht, drücken Sie die Tastenkombination `Strg` + `A`. Mit der Tastenkombination `Strg` + `C` kopieren Sie den markierten Pfad. Nun können Sie zu der Anwendung zurückkehren, in der Sie den Dateipfad benötigen. Klicken Sie dort einmal in das Feld, in dem der Dateipfad angegeben werden soll, und drücken Sie die Tastenkombination `Strg` + `V`. Damit wird der zuvor kopierte Pfad eingefügt. Der Pfad erscheint hier in der üblichen Windows-Schreibweise *C:\<Pfad>*.

Abbildung 8.7 Der aktuelle Pfad in Windows-typischer Darstellung im Explorer. Beachten Sie, dass einige Teile des Pfades in englischer Sprache erscheinen.

8.2.2 Häufig benötigte Daten im Schnellzugriff ablegen

Wenn Sie im Navigationsbereich des Explorers auf **Schnellzugriff** klicken, werden im Inhaltsbereich rechts die zuletzt verwendeten Dateien sowie häufig verwendete Ordner angezeigt. Wenn Sie auf bestimmte Dateien oder Ordner immer wieder zugreifen müssen, bietet es sich an, diese fest an den Schnellzugriff zu heften.

1 Navigieren Sie über den Navigationsbereich zu dem Ordner, in dem sich das Element befindet, das Sie zukünftig immer über den Schnellzugriff erreichen möchten. Bei dem Element kann es sich entweder um einen Ordner oder um eine Datei handeln.

2 Markieren Sie das gewünschte Element entweder im Navigationsbereich (hier werden nur Ordner aufgeführt) ❶ oder im Inhaltsbereich (hier finden Sie auch Dateien) ❷.

3 Klicken Sie im Menüband auf den Registerreiter **Start** ❸ und in der nun sichtbaren Gruppe **Zwischenablage** auf die Schaltfläche **An Schnellzugriff anheften** ❹.

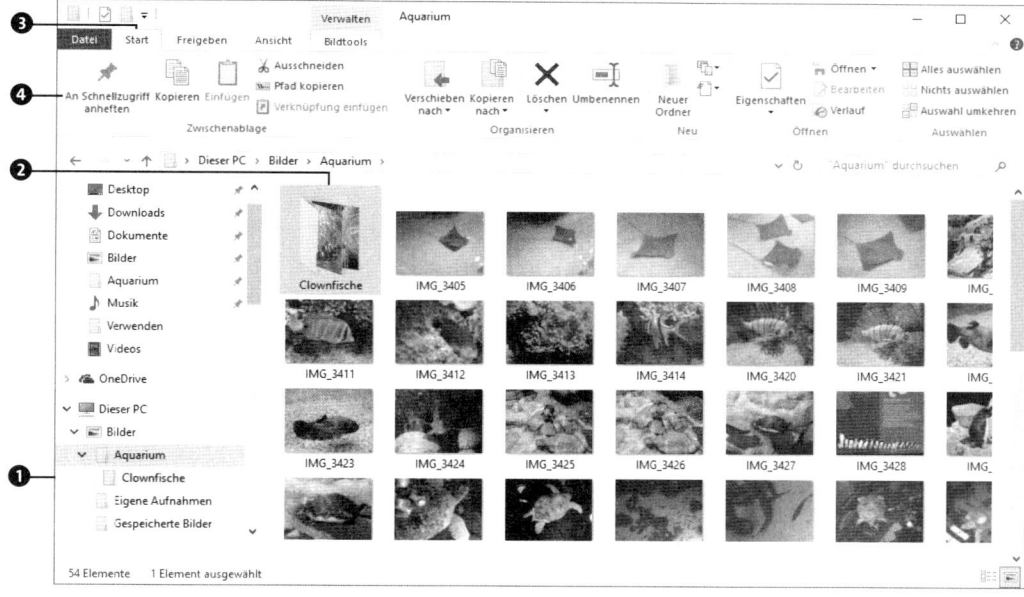

4 Das Element ist damit fest im Schnellzugriff verankert. Um den Ordner oder die Datei zu öffnen, reicht es zukünftig, im Navigationsbereich den **Schnellzugriff** zu markieren, und schon wird das Element rechts im Inhaltsbereich aufgeführt. Per Doppelklick öffnen Sie das Verzeichnis oder die Datei.

5 Wenn Sie den Ordner oder die Datei wieder aus dem Schnellzugriff entfernen möchten, klicken Sie im Navigationsbereich wieder auf **Schnellzugriff**. Klicken Sie nun im Inhaltsbereich mit der rechten Maustaste auf das zu entfernende Element. Im aufklappenden Kontextmenü wählen Sie den Befehl **Von Schnellzugriff lösen** ❺.

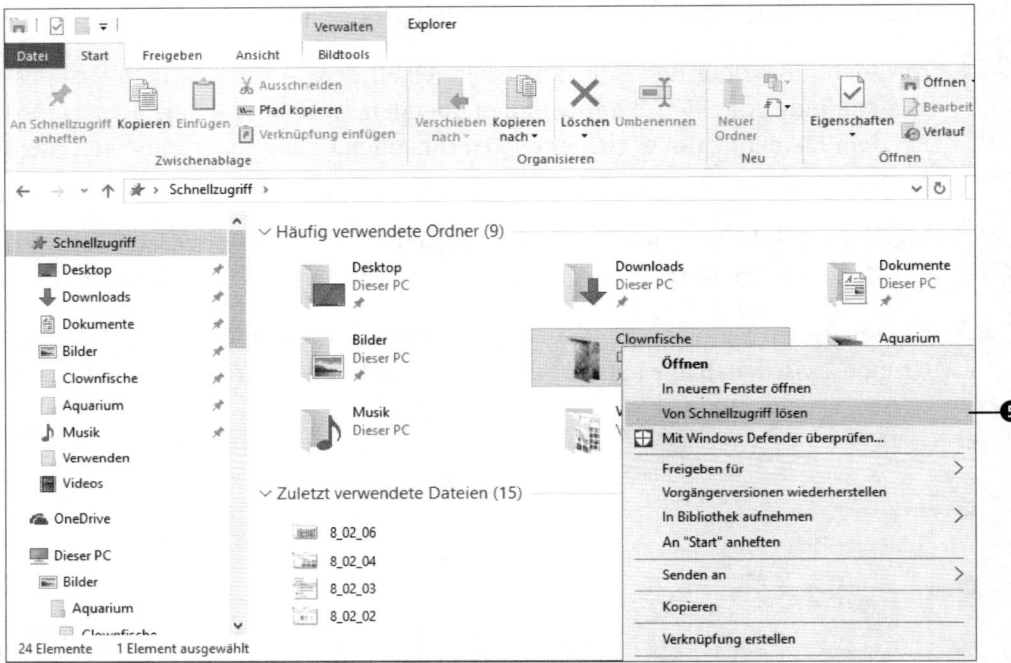

Alle zuletzt besuchten Orte löschen

Nicht jeder Anwender ist davon begeistert, dass der Explorer alle zuletzt besuchten Ordner und Dateien im Schnellzugriff anzeigt. Wenn Sie möchten, dass das Programm diese Daten gar nicht erst speichert, klicken Sie im Register **Ansicht** ganz rechts direkt auf die Schaltfläche **Optionen**. Der Dialog **Ordneroptionen** wird geöffnet; das Register **Allgemein** sollte sich im Vordergrund befinden. Entfernen Sie hier im Bereich **Datenschutz** die beiden Häkchen vor **Zuletzt verwendete Dateien im Schnellzugriff anzeigen** und **Häufig verwendete Ordner im Schnellzugriff anzeigen**. Damit die bisher gespeicherten Dateien und Ordner gelöscht werden, klicken Sie rechts von **Datei-Explorer-Verlauf löschen** auf **Löschen**. Bestätigen Sie Ihre Änderungen mit **Übernehmen** und **OK**.

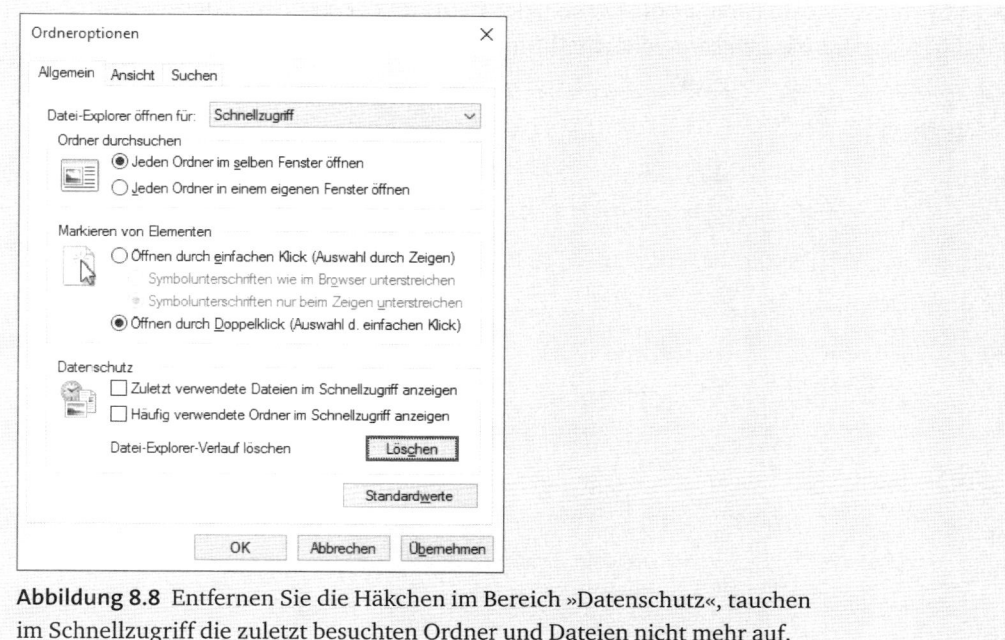

Abbildung 8.8 Entfernen Sie die Häkchen im Bereich »Datenschutz«, tauchen im Schnellzugriff die zuletzt besuchten Ordner und Dateien nicht mehr auf.

8.2.3   Zugriff auf externe Medien

Der Explorer ermöglicht Ihnen nicht nur den Zugriff auf die Daten, die Sie auf der internen Festplatte des Computers gespeichert haben. Sie können mit ihm auch auf USB-Sticks, externe Festplatten sowie CD/DVD-Laufwerke zugreifen.

1 Verbinden Sie das USB-Gerät (also z. B. einen USB-Stick oder auch eine externe Festplatte) mit einem freien USB-Anschluss Ihres Computers.

2 Warten Sie einen kurzen Moment, bis im Infobereich der Taskleiste unten rechts der Hinweis erscheint, dass das Gerät erkannt wurde. Die Aufforderung, eine Aktion für den Wechseldatenträger auszuwählen ❶, können Sie ignorieren.

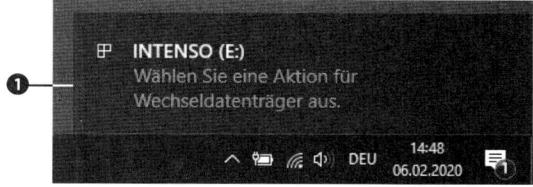

283

3 Markieren Sie im Navigationsbereich des Explorers den Eintrag **Dieser PC** ❷. Daraufhin sollte Ihr externes Speichermedium im Inhaltsbereich rechts erscheinen ❸.

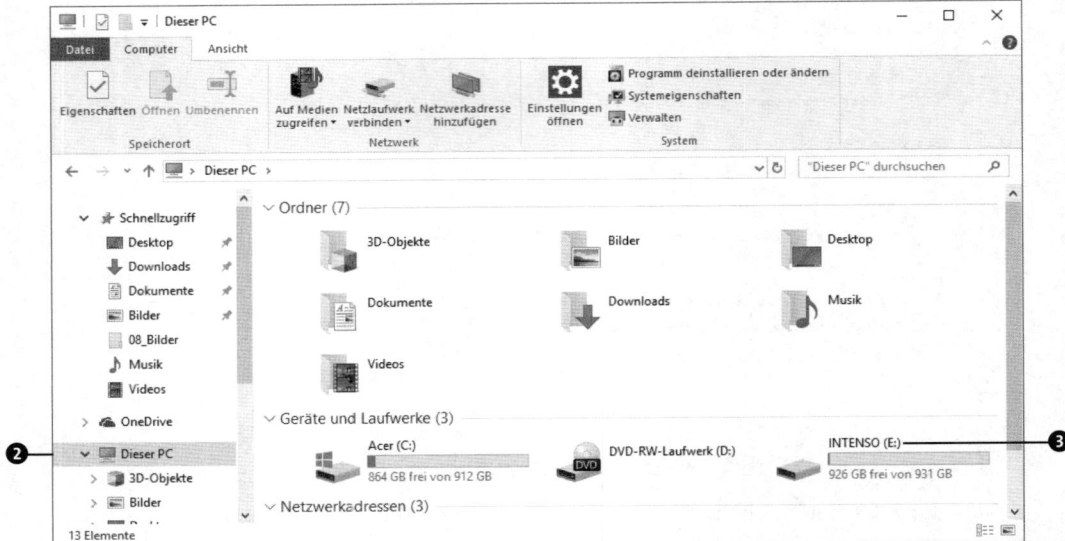

Sie können nun bequem Dateien zwischen dem externen Medium und Ihrem Computer übertragen. Wie Sie hierzu im Detail vorgehen, erfahren Sie in Abschnitt 8.4.2, »Dateien und Ordner kopieren und verschieben«, ab Seite 293.

4 Nach Abschluss der Arbeiten sollten Sie das externe Medium wieder sauber entfernen. Klicken Sie hierzu im Infobereich der Taskleiste auf den kleinen nach oben weisenden Pfeil ❹. Anschließend klicken Sie auf das Symbol des USB-Sticks ❺ und wählen aus dem Menü, das sich nun öffnet, den Befehl **Hardware sicher entfernen und Medium auswerfen**. In der aufklappenden Liste markieren Sie das gewünschte Speichermedium. Sobald der Hinweis **Hardware kann jetzt entfernt werden** erscheint, können Sie das USB-Gerät unbesorgt vom Computer entfernen.

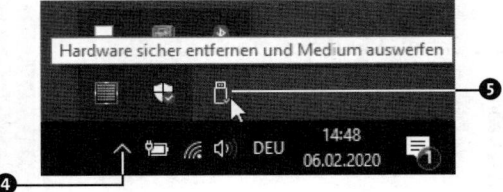

Müssen USB-Datenträger immer sicher entfernt werden?

Manche Anwender sind recht sorglos im Umgang mit externen Datenträgern, indem sie diese Geräte (USB-Speichersticks, externe Festplatten oder auch Smartphones) einfach vom PC abziehen. Das kann gut gehen, muss es aber nicht, denn durch das Entfernen im laufenden Betrieb können Schreibvorgänge unterbrochen werden. Das Ergebnis ist dann im besten Fall eine beschädigte Datei, im schlechtesten Fall ein beschädigtes Dateisystem. Das merken Sie spätestens dann, wenn Windows 10 Sie bei der nächsten Verwendung des Datenträgers darauf hinweist, dass das Dateisystem überprüft werden muss. Diese Meldung erscheint, sofern in der Einstellungen-App in der Kategorie **Geräte ▸ USB** das Kästchen vor **Bei Problemen mit angeschlossenen USB-Geräten benachrichtigen** mit einem Häkchen versehen, also aktiviert, ist. Sollten auch Sie zu den eiligen Zeitgenossen gehören, dann warten Sie bitte zumindest, bis die Aktivitätslampe am Datenträger aufgehört hat zu blinken. Dies ist ein Zeichen dafür, dass die Datenübertragung zwischen Gerät und PC beendet wurde.

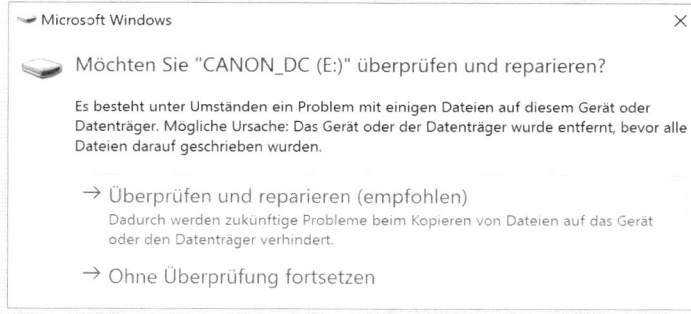

Abbildung 8.9 Der Datenträger wurde bei der letzten Verwendung offenbar nicht korrekt ausgeworfen. Hier empfiehlt sich eine Überprüfung.

8.3   Den Explorer individuell anpassen

Der Explorer beschränkt sich bei seiner Anzeige von Ordnern und Dateien zu Anfang auf das Wesentliche. Das wirkt zwar recht übersichtlich, doch für die Verwaltung der Daten sind häufig mehr Details erforderlich. In diesem Abschnitt stelle ich Ihnen daher einige Tricks vor, wie Sie den Explorer Ihren eigenen Bedürfnissen entsprechend anpassen können.

8.3.1 Den Navigationsbereich erweitern

Im Navigationsbereich des Explorers finden Sie zu Beginn zunächst nur wenige Elemente. Wer von einer früheren Windows-Version auf Windows 10 umsteigt, wird hier z. B. den Papierkorb vermissen oder auch die Bibliotheken sowie die Systemsteuerung. Sie lassen sich aber alle blitzschnell einblenden:

1 Wechseln Sie im Menüband per Klick auf den Registerreiter **Ansicht ❶** in das gleichnamige Register.

2 Klicken Sie ganz links in der Gruppe **Bereiche** auf die Schaltfläche **Navigationsbereich ❷**.

3 In der aufklappenden Liste ist der Eintrag **Navigationsbereich ❸** bereits mit einem Häkchen versehen. Damit ist sichergestellt, dass der Navigationsbereich auch im Programmfenster eingeblendet wird. Versehen Sie per Mausklick den Eintrag **Alle Ordner anzeigen** mit einem Häkchen ❹. Damit holen Sie den Papierkorb und die Systemsteuerung in den Navigationsbereich zurück.

4 Wiederholen Sie Schritt 2, und aktivieren Sie nun per Mausklick auch den Eintrag **Bibliotheken anzeigen ❺**.

Im vorherigen Abschnitt habe ich Ihnen bereits gezeigt, wie Sie im Explorer von einem Ordner zum nächsten navigieren. Sobald ein Ordner im Inhaltsbereich eingeblendet wird, können Sie ihn per Doppelklick öffnen. Im Navigationsbereich bleibt dabei leider weiterhin der übergeordnete Ordner markiert, der gerade ausgewählte Ordner wird dagegen nicht eingeblendet. Den aktuellen Pfad können Sie somit nur in der Adressleiste ablesen. Wenn Sie später Dateien und Ordner zwischen Verzeichnissen verschieben oder kopieren möchten, ist diese Darstellung aber sehr unpraktisch. Damit auch der über den Inhaltsbereich ausgewählte Ordner im Navigationsbereich angezeigt wird, klicken Sie im Register **Ansicht** erneut auf die Schaltfläche **Navigationsbereich**. Versehen Sie auch noch den letzten der vier Listeneinträge, **Erweitern, um Ordner zu öffnen**, mit einem Häkchen ❻.

8.3.2 Die Ansicht anpassen

Jedes Element – ob Ordner oder Datei – wird im Explorer auf eine bestimmte Weise dargestellt. So erkennen Sie einen Ordner sofort anhand des Ordner-Symbols, ein Word-Dokument anhand des Word-Symbols usw. Handelt es sich bei den Dateien um Bilder, zeigt der Explorer hier meist eine praktische Miniaturvorschau des Fotos. Wie der Explorer die Elemente im Inhaltsbereich anzeigt, ist aber nicht in Stein gemeißelt, sondern lässt sich auch verändern. Am besten lassen sich die verschiedenen Ansichten am Beispiel von Bildern demonstrieren.

1 Öffnen Sie im Explorer ein Verzeichnis, das mehrere Bilder enthält.

2 Klicken Sie im Menüband auf den Registerreiter **Ansicht**. In der Gruppe **Layout** stehen Ihnen acht verschiedene Ansichten zur Auswahl. Werden nicht alle angezeigt, klicken Sie auf das Symbol **Mehr ❶**.

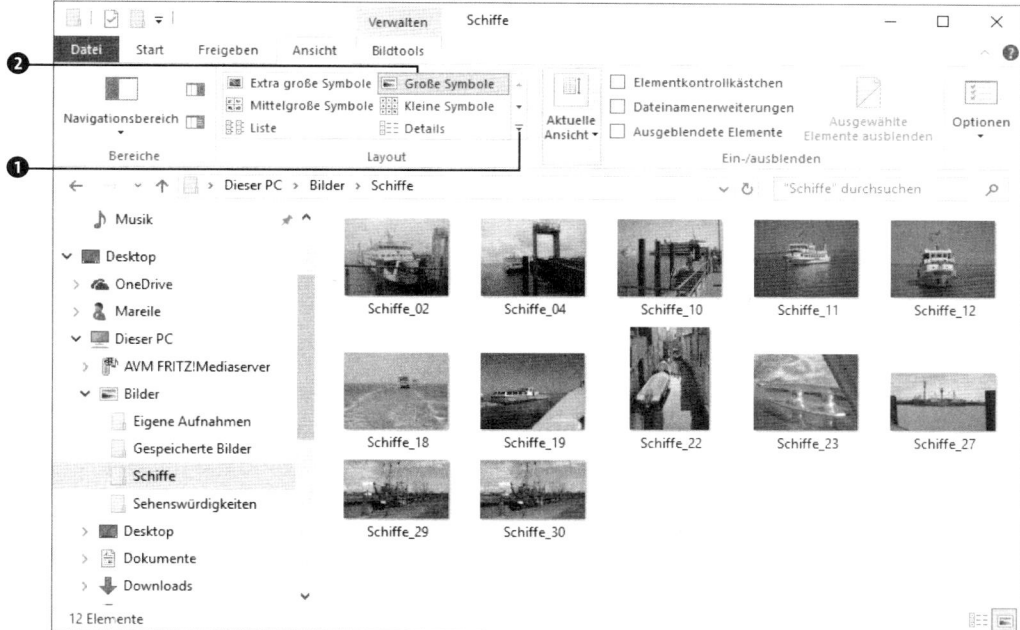

3 Um einen ersten Eindruck von den verschiedenen Ansichten zu erhalten, genügt es, mit der Maus auf eine der Layoutoptionen zu zeigen. Der Explorer passt die Anzeige der Dateien sofort im Inhaltsbereich an. In der vorherigen Abbildung sehen Sie die Bilddateien z. B. als **Große Symbole ❷**, in der folgenden Abbildung wiederum als

Liste ❸. Entspricht die gewählte Layoutansicht Ihren Vorstellungen, dann übernehmen Sie die Auswahl durch Anklicken.

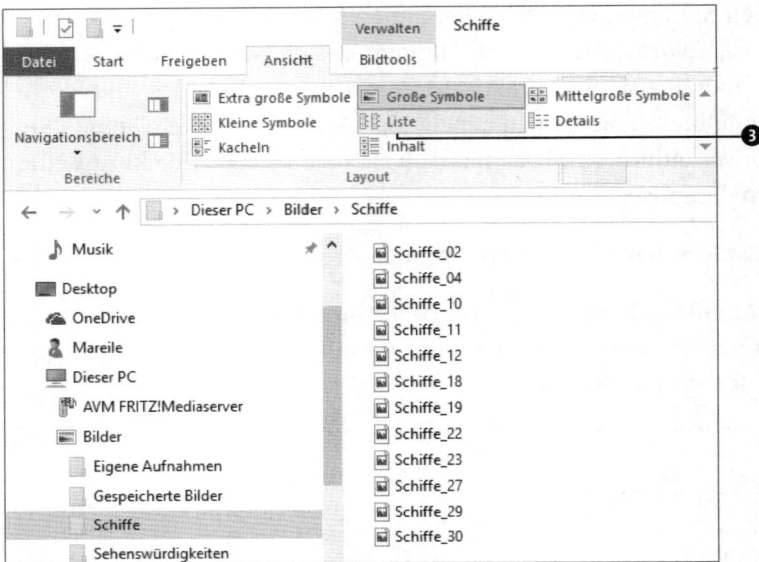

Besonders interessant ist die Ansicht **Details** ❹, denn hier werden neben dem Dateinamen auch wichtige Informationen wie das Änderungsdatum, der Typ oder auch die Größe der Datei angezeigt. Anhand dieser Kriterien lassen sich die Dateien schnell sortieren. Möchten Sie Ihre Fotos z. B. nach dem Aufnahmedatum sortieren, klicken Sie einfach auf die Spaltenüberschrift **Datum** ❺.

Die Spaltenüberschriften der Detailansicht hängen vom Dateityp der Dateien ab. In der Regel findet man die Überschriften **Name**, **Datum** bzw. **Änderungsdatum**, **Typ** und **Größe**. Möchten Sie sich weitere Attribute anzeigen lassen, klicken Sie mit der rechten Maustaste auf eine der bereits vorhandenen Überschriften ❻. Wählen Sie im sich öffnenden Kontextmenü das gewünschte Attribut durch Anklicken aus. Ein Häkchen markiert die Auswahl der Überschriften, die in der Detailansicht bereits zu sehen sind. Reichen Ihnen die angebotenen Attribute noch nicht aus, wählen Sie den Kontextmenüeintrag **Weitere** ❼. Hierdurch öffnet sich der Dialog **Details auswählen**. Versehen Sie in der Detailliste die Attribute mit einem Häkchen, die im Inhaltsbereich des Explorers angezeigt werden sollen. Bedenken Sie bei der Auswahl allerdings, dass das Programmfenster des Explorers nur bedingt Platz bietet. Wählen Sie zu viele Attribute aus, müssen Sie später über die horizontale Bildlaufleiste unterhalb des Inhaltsbereichs ❽ von links nach rechts und umgekehrt blättern. Entfernen Sie das Häkchen vor einem Attribut, wenn Sie dieses nicht benötigen. Mit **OK** übernehmen Sie Ihre Auswahl im Dialog **Details auswählen**.

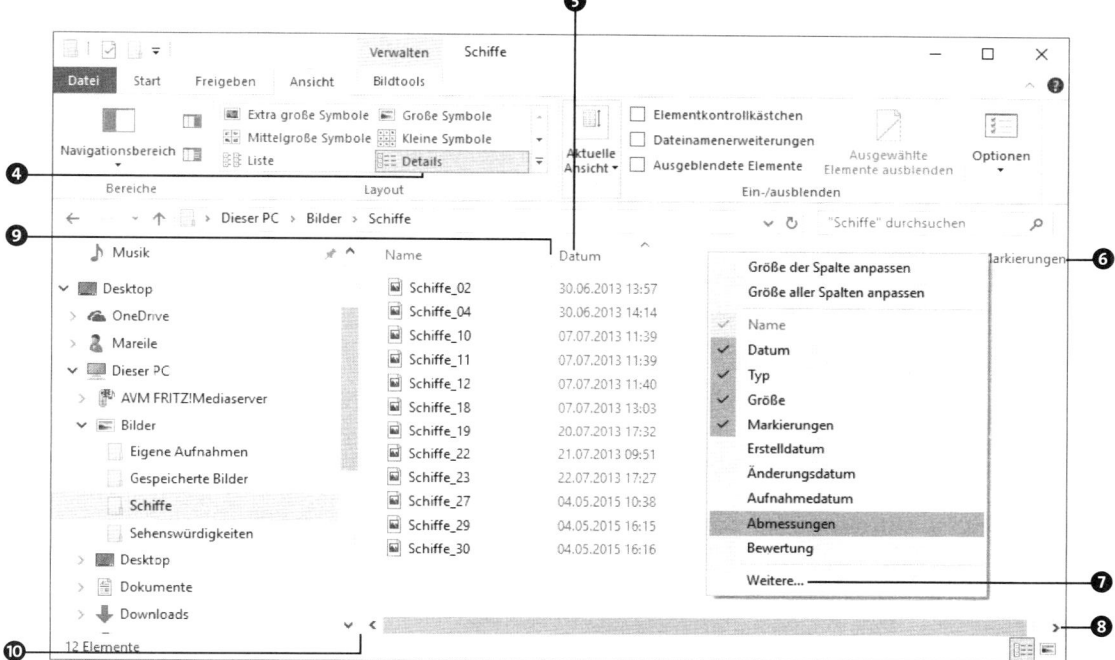

Abbildung 8.10 Mit den Spaltenüberschriften der Detailansicht stehen Ihnen verschiedene Möglichkeiten zur Sortierung Ihrer Dateien zur Verfügung.

Die Spaltenbreite in der Detailansicht anpassen

TIPP

Die Dateinamen, die Sie vergeben haben, sind so lang, dass sie nicht mehr vollständig in der Spalte **Name** angezeigt werden? Das ist kein Problem, denn Sie können die Breite einer jeden Spalte in der Detailansicht selbst bestimmen. Bewegen Sie hierzu einfach den Mauszeiger auf die dünne Linie ❾, die zwischen zwei Überschriften zu sehen ist, also etwa zwischen **Name** und **Datum**. Nimmt der Mauszeiger die Form eines Doppelpfeils an, ziehen Sie ihn in die gewünschte Richtung, um die Spalte breiter oder auch schmaler zu machen. Auf dieselbe Weise können Sie die Größe des Navigations- und Inhaltsbereichs anpassen. Ist Ihnen der Navigationsbereich zu schmal, bewegen Sie den Mauszeiger einfach auf die Trennlinie zwischen dem Navigations- und dem Inhaltsbereich ❿. Sobald auch hier der Doppelpfeil zu sehen ist, verschieben Sie die Trennlinie mit gedrückter linker Maustaste in die gewünschte Richtung, also nach rechts, um dem Navigationsbereich mehr Platz zu spendieren, oder nach links, wenn Sie den Inhaltsbereich vergrößern möchten.

8.3.3 Das Vorschaufenster und den Detailbereich verwenden

Wenn Sie, wie im vorherigen Abschnitt gezeigt, für Fotos eine der Symbolansichten wählen, bekommen Sie im Inhaltsbereich des Explorers sofort eine kleine Miniaturvorschau der Bilder zu sehen. Diese Ansicht, also etwa **Große Symbole**, lässt sich für Dokumente wie Word-Dateien zwar auch einstellen. Hierdurch wird aber lediglich das Programmsymbol vergrößert. Mit einem kleinen Trick können Sie sich aber auch den Inhalt von Dokumenten im Explorer ansehen.

1 Wechseln Sie im Menüband in das Register **Ansicht** ❶.

2 Aktivieren Sie in der Gruppe **Bereiche** anschließend per Mausklick die Funktion **Vorschaufenster** ❷.

3 Wenn Sie nun im Inhaltsbereich des Explorers ein Word-, Excel- oder auch PDF-Dokument markieren ❸, erscheint dessen Inhalt im Vorschaubereich am rechten Rand des Programmfensters ❹.

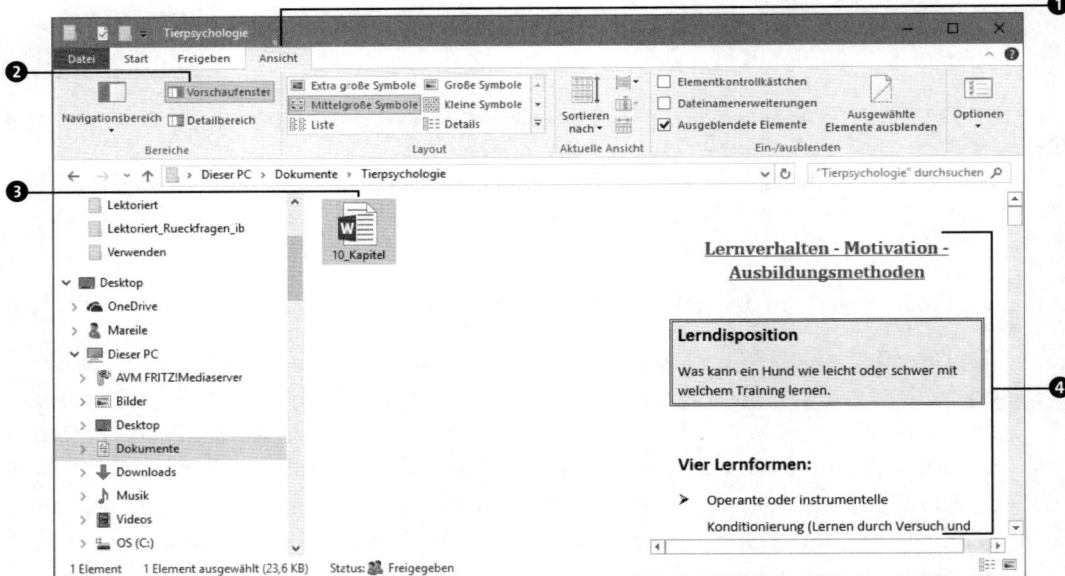

Alternativ zur Vorschau können Sie sich in der rechten Fensterhälfte aber auch weitere Details zu einer Datei anzeigen lassen. Das ist vor allem bei Fotos interessant, da Sie so Informationen zu Kameramodell, Abmessungen und mehr erhalten. Die entsprechende Einstellung nehmen Sie wieder im Register **Ansicht** vor, indem Sie hier nun in der

Gruppe **Bereiche** den **Detailbereich ❺** aktivieren. Wenn Sie das Vorschaufenster bzw. den Detailbereich wieder ausblenden möchten, reicht ein erneuter Klick auf die entsprechende Schaltfläche im Register **Ansicht**.

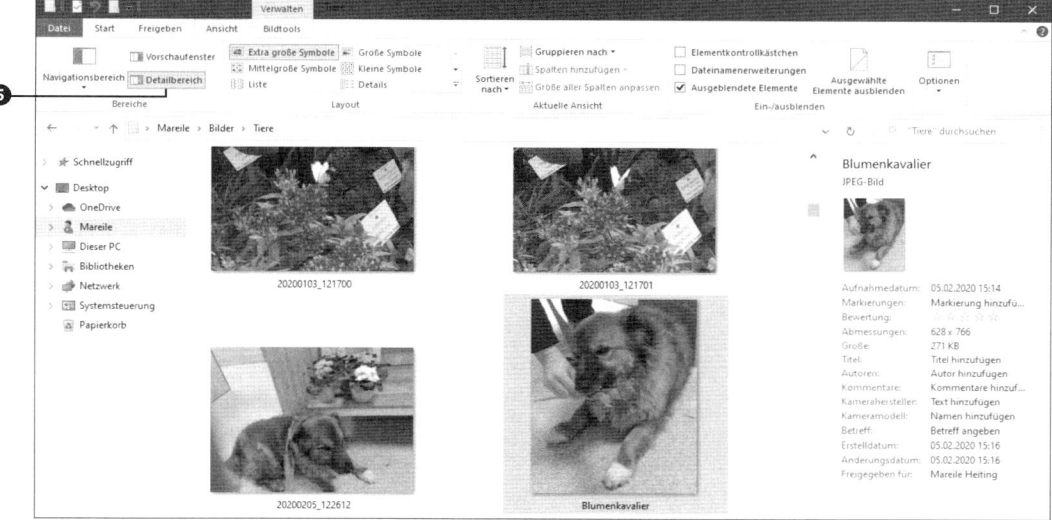

Abbildung 8.11 Der Detailbereich zeigt wertvolle Informationen zur Datei an.

8.4 Arbeiten mit Dateien und Ordnern

Je länger Sie einen Computer nutzen, desto mehr Dateien sammeln sich an. Um hier nicht den Überblick zu verlieren, ist eine gute Organisation gefragt. In diesem Abschnitt erfahren Sie, wie Sie eigene Ordner anlegen, Dateien und Ordner verschieben oder auch auf externe Medien kopieren und wie Sie nicht mehr benötigte Daten löschen.

8.4.1 Einen neuen Ordner anlegen

Windows 10 bringt bereits einige Standardordner wie etwa *Bilder*, *Dokumente*, *Musik* und *Videos* mit. Diese Ordner werden von Programmen wie Microsoft Word als Standardspeicherort vorgeschlagen. Wenn Sie es dabei belassen und nur diese Ordner für Ihre Daten nutzen, wird es bald unübersichtlich. Um den Überblick zu bewahren, sollten Sie Ihre Daten besser in Unterordnern ablegen, denen Sie sinnvolle Namen geben. Ein solcher Ordner ist rasch erstellt:

1 Rufen Sie im Navigationsbereich des Explorers ein Verzeichnis auf, in dem Sie einen neuen Ordner anlegen wollen, z. B. **Dokumente**.

2 Wechseln Sie im Menüband zum Register **Start ❶**, und klicken Sie hier in der Gruppe **Neu** auf die Schaltfläche **Neuer Ordner ❷**.

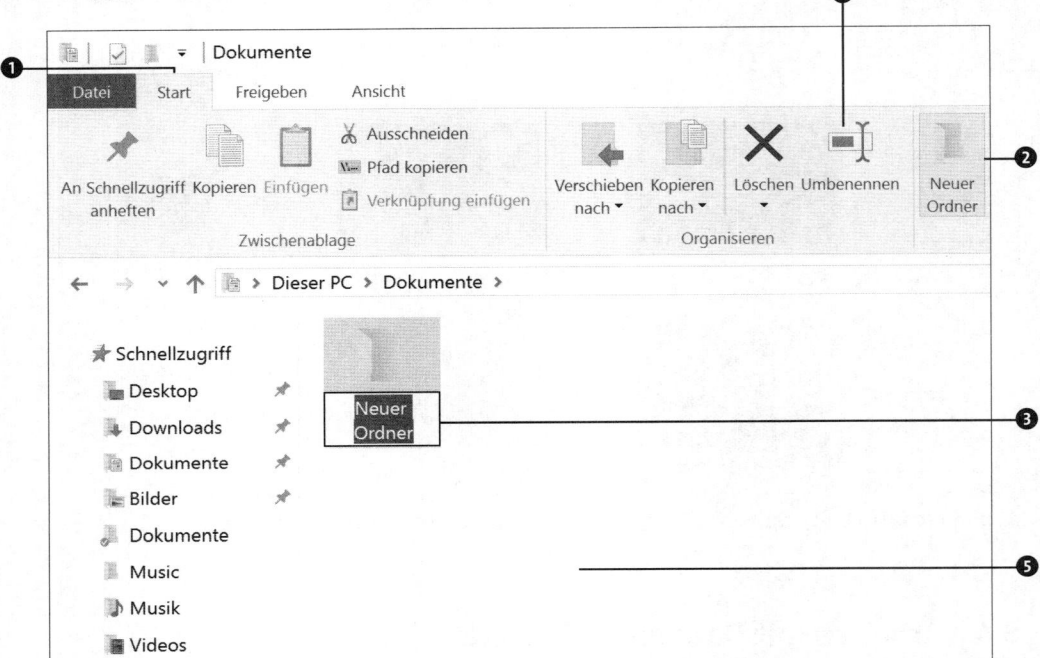

3 Geben Sie dem Ordner schließlich noch einen aussagekräftigen Namen. Gleich nach dem Erstellen des Ordners ist seine Standardbezeichnung **Neuer Ordner** blau markiert ❸, sodass Sie diese unmittelbar mit Ihrer eigenen überschreiben können. Falls die Markierung nicht mehr vorhanden ist, rufen Sie diese über einen rechten Mausklick auf den entsprechenden Ordner und die Auswahl des Befehls **Umbenennen** im Kontextmenü wieder auf. Alternativ können Sie, nachdem Sie den Ordner markiert haben, auch im Menüband auf die Schaltfläche **Umbenennen** klicken ❹. So können Sie Ihre Ordner jederzeit neu benennen. Durch Drücken der Taste ⏎ schließen Sie die Eingabe ab.

4 Anstatt den Weg über das Menüband zu gehen, um einen neuen Ordner zu erstellen, können Sie auch das Kontextmenü nutzen. Hierzu klicken Sie nach Schritt 1 mit der rechten Maustaste auf einen freien Bereich innerhalb des Inhaltsbereichs ❺. Im aufklappenden Kontextmenü wählen Sie nacheinander die Befehle **Neu** und dann **Ordner ❻**. Dem neuen Ordner sollten Sie anschließend noch einen aussagekräftigen

Namen geben, wie in Schritt 3 gezeigt. Wer gern mit der Tastatur arbeitet, kann zum Anlegen eines Ordners innerhalb des zuvor ausgewählten Verzeichnisses auch die Tastenkombination ⌗Strg⌗ + ⌗⇧⌗ + ⌗N⌗ verwenden.

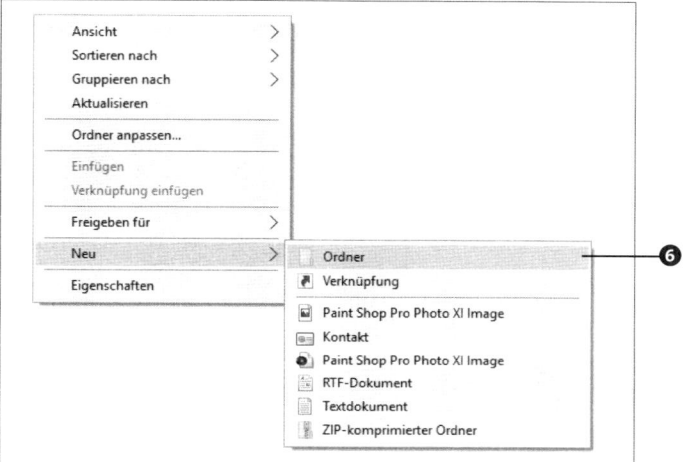

8.4.2 Dateien und Ordner kopieren und verschieben

Zum Kopieren und Verschieben von Dateien und Ordnern stehen Ihnen im Explorer mehrere Möglichkeiten zur Verfügung. Als Erstes stelle ich Ihnen den Weg über das Menüband vor:

1 Rufen Sie über den Navigationsbereich des Explorers das Verzeichnis auf, in dem sich die Dateien oder Ordner befinden, die Sie verschieben bzw. kopieren wollen.

2 Markieren Sie die Daten dann im Inhaltsbereich per Mausklick. Möchten Sie mehrere Dateien oder auch Ordner kennzeichnen, halten Sie die Taste ⌗Strg⌗ gedrückt, während Sie die gewünschten Elemente nacheinander anklicken. Falls Sie ein Element dabei versehentlich markiert haben, heben Sie die Markierung durch erneutes Anklicken einfach wieder auf. Alle markierten Elemente sind gut am hellblauen Hintergrund zu erkennen.

3 Um die Daten in einen anderen Ordner zu verschieben, klicken Sie im Register **Start** in der Gruppe **Organisieren** auf die Schaltfläche **Verschieben nach ❶**.

4 Nun klappt eine Liste auf, in der Sie die Ordner finden, die Sie in letzter Zeit häufiger genutzt haben. Ist der gewünschte Ordner hier bereits dabei, reicht ein Mausklick darauf, und schon werden die zuvor markierten Daten dorthin verschoben.

5 Wird das gewünschte Verzeichnis nicht in der Liste aufgeführt, klicken Sie auf **Speicherort auswählen ❷**.

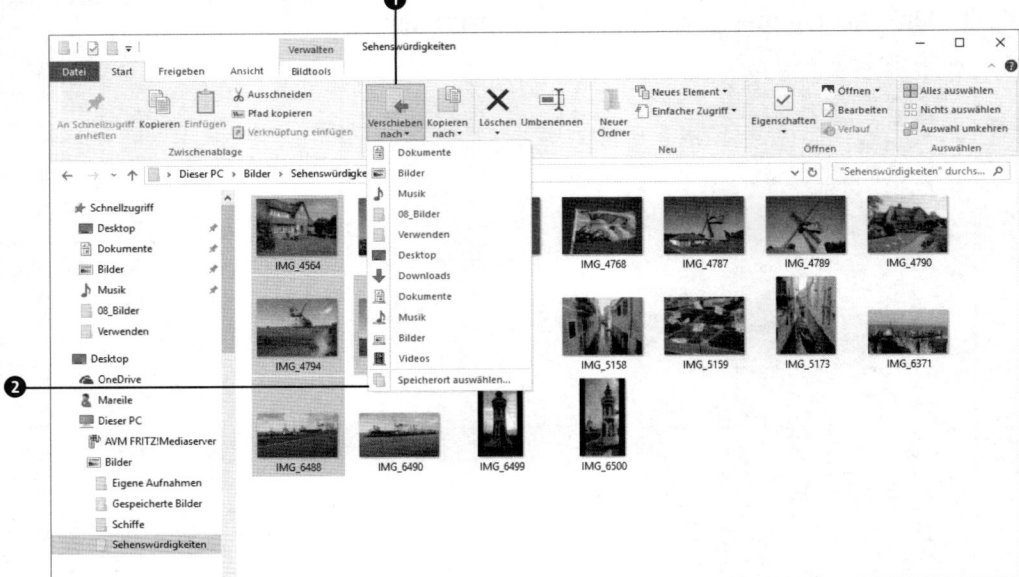

6 Der Dialog **Elemente verschieben**, der nun geöffnet wird, hat Ähnlichkeit mit dem Navigationsbereich des Explorers. Mit einem Klick auf das Dreieck-Symbol ❸ links von einem Ordner blenden Sie dessen Unterordner ein.

7 Markieren Sie den gewünschten Ordner. Über die Schaltfläche **Neuen Ordner erstellen ❹** haben Sie sogar die Möglichkeit, innerhalb des gerade markierten Ordners ein neues Verzeichnis hinzuzufügen. Sobald der Ordner erzeugt wurde, überschreiben Sie den blau markierten Namen mit einer eigenen Bezeichnung.

8 Bestätigen Sie die Ordnerauswahl mit einem Klick auf **Verschieben ❺**. Der Dialog **Elemente verschieben** wird hierdurch automatisch geschlossen. Die ganz zu Beginn markierten Daten werden in den gerade ausgewählten Ordner verschoben.

Wenn Sie Daten kopieren möchten, gehen Sie genauso vor, wie eben für das Verschieben beschrieben. Den nötigen Befehl **Kopieren** finden Sie ebenfalls im Register **Start** in der Gruppe **Organisieren**. Das Kopieren wird häufig bei Datensicherungen eingesetzt, wenn die Originaldateien zwar auf der internen Festplatte des PCs beibehalten, zusätzlich aber auf einem externen Speichermedium gesichert werden sollen.

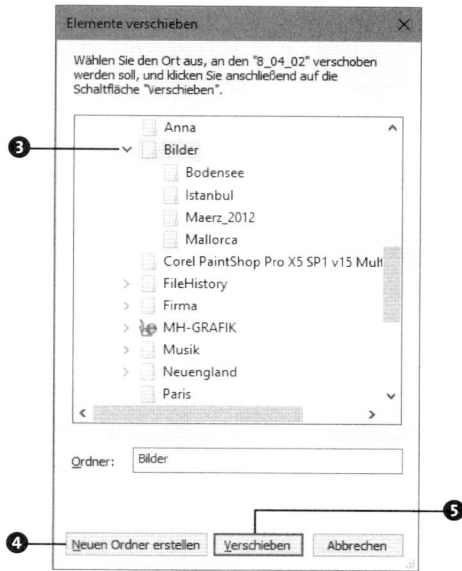

Es gibt einen weiteren Weg, um Daten zu verschieben bzw. zu kopieren. Rufen Sie nach Schritt 2, also nach dem Markieren der Daten, mit einem rechten Mausklick das Kontextmenü auf. Wenn Sie die Daten in ein anderes Verzeichnis kopieren möchten, wählen Sie den Befehl **Kopieren 6**.

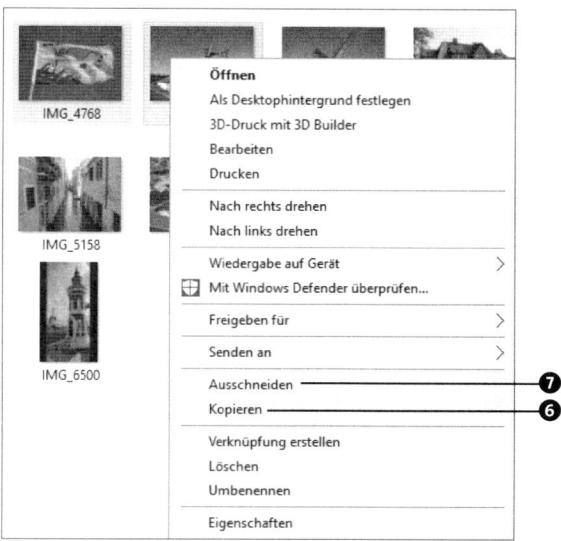

Abbildung 8.12 Die Befehle zum Verschieben bzw. Ausschneiden und zum Kopieren von Daten erreichen Sie auch über das Kontextmenü.

Sollen sie dagegen verschoben werden, klicken Sie auf **Ausschneiden** (❼ auf Seite 295). In letzterem Fall werden die markierten Daten sofort im aktuellen Ordner entfernt. Wechseln Sie nun in das Verzeichnis, in das die Daten kopiert bzw. verschoben werden sollen. Klicken Sie mit der rechten Maustaste auf einen freien Bereich im Inhaltsbereich, und wählen Sie im Kontextmenü den Befehl **Einfügen.**

Wenn Sie nur kleine Datenmengen verschieben bzw. kopieren, bekommen Sie von dem Vorgang kaum etwas mit, so schnell ist er erledigt. Bei größeren Datenmengen dauert das Ganze etwas. Während dieser Zeit blendet Windows 10 ein entsprechendes Hinweisfenster ein. Wenn Sie hier auf **Mehr Details** klicken, können Sie den Fortschritt des Kopierens bzw. Verschiebens beobachten. Über das Symbol **Vorgang anhalten** ⏸ ❶ lässt sich der Vorgang übrigens jederzeit pausieren und zu einem späteren Zeitpunkt mit einem Klick auf **Vorgang fortsetzen** ▶ fortführen. Wenn er Ihnen insgesamt zu lange dauert und Sie den Vorgang abbrechen möchten, klicken Sie stattdessen auf das Schließen-Symbol ✖ ❷.

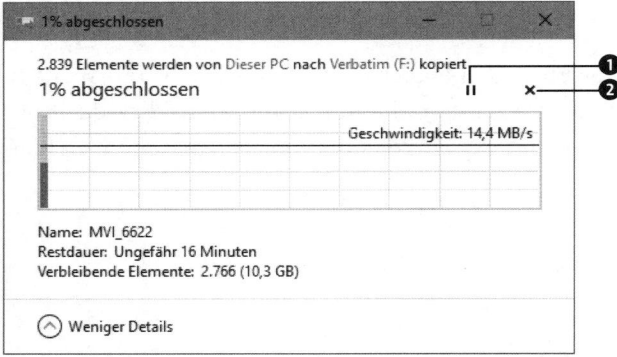

Abbildung 8.13 Dauert der Kopiervorgang zu lange, können Sie ihn pausieren oder auch abbrechen.

TIPP

Kopieren und Verschieben per Drag & Drop

Noch einfacher geht das Kopieren bzw. Verschieben mit dem sog. *Drag & Drop*-Verfahren (auf Deutsch »Ziehen & Ablegen«). Wichtig ist hierbei, dass der Ordner, in den die Daten kopiert bzw. verschoben werden sollen, im Navigationsbereich des Explorers zu sehen ist. Blenden Sie also ggf. ganz zu Beginn über die Dreieck-Symbole die notwendigen Unterordner ein. Wechseln Sie dann in das Verzeichnis, in dem sich die gewünschten Daten befinden, und markieren Sie diese nun im Inhaltsbereich per Mausklick. Möchten Sie mehrere Dateien oder auch Ordner kennzeichnen, halten Sie die Taste Strg gedrückt, während Sie die gewünschten Elemente nacheinander anklicken. Haben Sie ein Element dabei versehentlich markiert, heben Sie die Markierung mit einem erneuten Mausklick wieder auf. Ziehen Sie den Mauszeiger dann mit gedrückter linker Maustaste in den Navigationsbereich über den Ordner, in den die Daten kopiert oder verschoben werden sollen. Sobald der Hinweis **Nach ... verschieben** bzw. **Nach ... kopieren** angezeigt wird, können Sie die Maustaste loslassen.

Bei diesem Verfahren gilt es allerdings eines zu beachten: Der Vorgang ist so voreingestellt, dass die Daten verschoben werden, wenn sie sich auf demselben Datenträger befinden, und dass sie kopiert werden, falls es sich um unterschiedliche Datenträger handelt, also z. B. um die lokale Festplatte und einen USB-Stick. Sie können das beschriebene Verhalten aber jederzeit durch Drücken der ⎡Strg⎦-Taste umkehren. Wenn Sie also z. B. eine Datei mit gedrückter ⎡Strg⎦-Taste und natürlich weiterhin gedrückt gehaltener linker Maustaste auf einen USB-Stick ziehen, dann wird diese Datei verschoben anstatt (wie voreingestellt) kopiert.

8.4.3 Dateien und Ordner umbenennen

Es kommt immer mal wieder vor, dass man sich bei der Vergabe eines Datei- oder Ordnernamens vertippt. Solch ein Missgeschick lässt sich aber schnell korrigieren.

Führen Sie hierzu einfach einen rechten Mausklick über der Datei bzw. dem Ordner durch, und wählen Sie im Kontextmenü den Befehl **Umbenennen**. Den gleichen Befehl finden Sie auch im Menüband im Register **Start**. Sobald Sie den Befehl ausgewählt haben, wird der bisherige Name blau markiert und kann nun mit der neuen Bezeichnung überschrieben werden. Durch Drücken der Taste ⎡↵⎦ übernehmen Sie den neuen Namen.

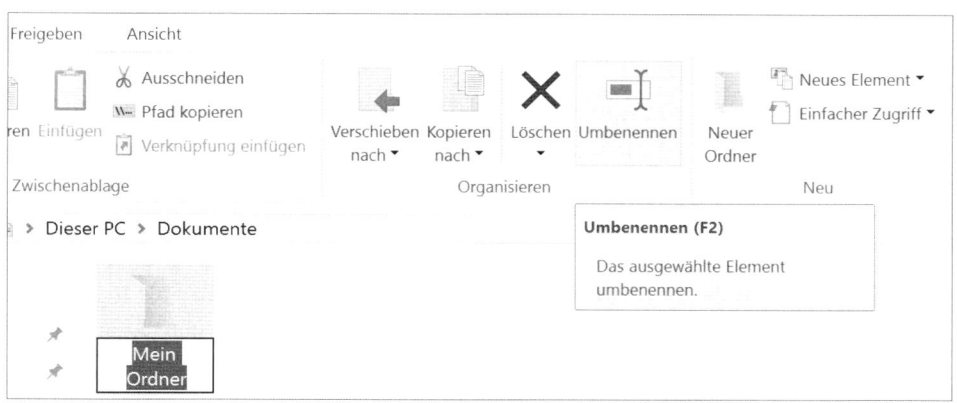

Abbildung 8.14 Eine Datei oder ein Ordner lässt sich auf verschiedenen Wegen umbenennen.

8.4.4 Dateien und Ordner löschen

Misslungene Fotos oder auch Briefe, die Sie bereits vor Monaten an Versicherungen geschickt haben und nie mehr eines Blickes würdigen werden – auf dem Computer tummeln sich im Laufe der Zeit immer mehr Daten, die Sie nicht mehr benötigen und die somit nur unnötig Speicherplatz fressen. Räumen Sie ab und an auf, und löschen Sie solche Dateien und Ordner:

1 Wechseln Sie in den Ordner, in dem sich das zu löschende Element befindet. Markieren Sie die Datei oder den Ordner im Inhaltsbereich per Mausklick. Wenn Sie gleich mehrere Elemente entfernen möchten, halten Sie die Taste `Strg` gedrückt, während Sie die einzelnen Elemente per Mausklick kennzeichnen.

2 Blenden Sie im Menüband nun das Register **Start** ❶ ein, und klicken Sie hier in der Gruppe **Organisieren** auf den Befehl **Löschen** ❷. Alternativ lassen sich zuvor markierte Daten auch mit dem Punkt **Löschen** im Kontextmenü oder durch Betätigung der Taste `Entf` entfernen.

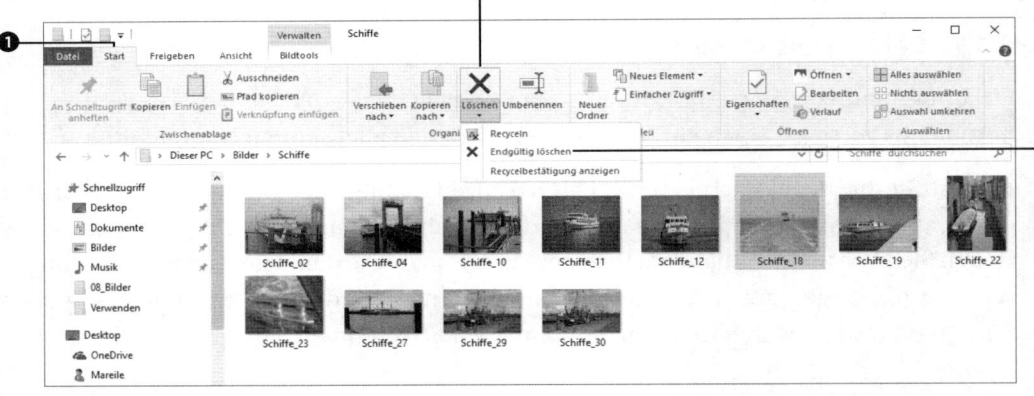

Gehen Sie wie gerade beschrieben vor, landen die gelöschten Daten zunächst im Papierkorb. Wie Sie diesen leeren oder auch versehentlich gelöschte Daten wiederherstellen, erfahren Sie in Abschnitt 8.8, »Gelöschte Daten über den Papierkorb wiederherstellen«, ab Seite 319. Sind Sie sich ganz sicher, dass Sie die Daten nicht mehr benötigen, können Sie sie auch endgültig löschen. Hierzu klicken Sie im Register **Start** in der Gruppe **Organisieren** auf den kleinen Pfeil links bzw. unterhalb der Schaltfläche **Löschen** (die Position des Pfeils hängt von der Größe des Programmfensters ab). Im nun aufklappenden Menü wählen Sie den Befehl **Endgültig löschen** ❸. Die Daten landen nun also nicht mehr im Papierkorb, sondern werden endgültig entfernt.

Die Symbolleiste für den Schnellzugriff anpassen

Von vielen nicht wahrgenommen, versteckt sich in der linken oberen Ecke des Programmfensters die Schnellzugriffsleiste, die einige besonders häufig benötigte Befehle enthält. Klicken Sie auf das Pfeil-Symbol ❶, klappt eine Liste zum Konfigurieren der Schnellzugriffsleiste auf. Alle hier mit einem Häkchen versehenen Einträge werden im Schnellzugriff angezeigt. Die Häkchen setzen bzw. entfernen Sie per Mausklick auf den gewünschten Eintrag. Interessant ist hier vor allem der Befehl **Rückgängig** ❷, denn über ihn können Sie zuletzt vorgenommene Änderungen ungeschehen machen. Das ist z. B. praktisch, wenn Sie zuvor versehentlich eine Datei gelöscht haben. Auch die Position der Schnellzugriffsleiste lässt sich über das beschriebene Menü verändern.

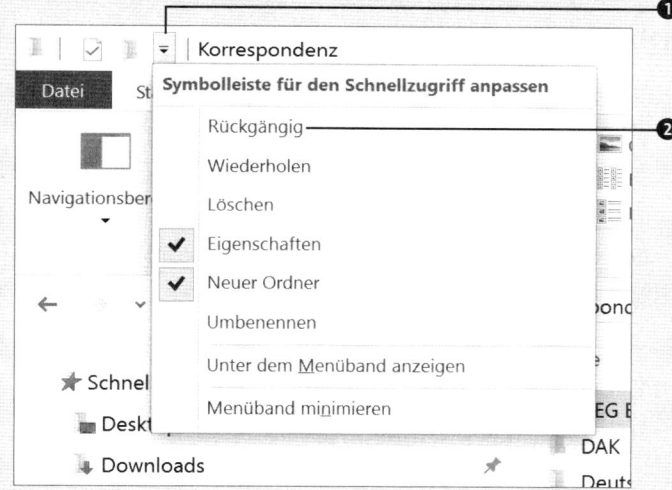

Abbildung 8.15 Die Symbolleiste für den Schnellzugriff lässt sich individuell anpassen.

8.5 Bibliotheken anlegen, verwalten und löschen

Mit Windows 7 hielten die *Bibliotheken* Einzug in das Betriebssystem Windows. Mit ihrer Hilfe können Sie Dateien und Ordner thematisch zusammenfassen. Das Besondere an Bibliotheken ist, dass sich die Daten nicht am gleichen Speicherort befinden müssen. Stattdessen können sie über interne und externe Festplatten, aber auch USB-Sticks verteilt sein oder sich sogar im Onlinespeicher *OneDrive* befinden. Um auf OneDrive zugreifen zu können, müssen Sie mit einem Microsoft-Konto am PC angemeldet sein.

Weitere Informationen zum Onlinespeicher erhalten Sie in Abschnitt 8.6, »Den Online-speicher OneDrive nutzen«, ab Seite 307.

Die Bibliotheken enthalten lediglich eine Verknüpfung zum Originalspeicherort der Daten. Windows 10 hat bereits die Standardbibliotheken *Bilder*, *Dokumente*, *Musik*, *Video*, *Eigene Aufnahmen* und *Gespeicherte Bilder* an Bord. Auf den nächsten Seiten zeige ich Ihnen, wie Sie die Standardbibliotheken erweitern und eigene Bibliotheken erzeugen und verwalten. Die Schritte hierzu nehmen Sie im Explorer vor. Nach dem ersten Start des Explorers werden die Bibliotheken allerdings noch nicht im Navigationsbereich angezeigt. Wie Sie sie hier einblenden, erfahren Sie in Abschnitt 8.3.1, »Den Navigationsbereich erweitern«, auf Seite 286.

8.5.1 Die Standardbibliotheken erweitern

Die Standardbibliotheken können Sie auch als Medienbibliotheken bezeichnen, denn sie ermöglichen es, Medien aus unterschiedlichen Ordnern an einem zentralen Ort zugänglich zu machen. Was dies genau bedeutet, lässt sich gut am Beispiel der *Musik*-Bibliothek erläutern.

1 Klicken Sie im Navigationsbereich des Explorers zunächst auf den Eintrag **Bibliotheken ❶** und dann auf die Bibliothek **Musik ❷**.

2 Das Menüband wird nun um die beiden Register **Bibliothektools** und **Musiktools ❸** erweitert. Wechseln Sie mit einem Klick auf den entsprechenden Registerreiter in das Register **Bibliothektools**, und klicken Sie in der Gruppe **Verwalten** auf **Bibliothek verwalten ❹**.

Der Dialog **Orte für Bibliothek "Musik"** wird geöffnet. Wie zu Beginn des Abschnitts erläutert, ist das Besondere an Bibliotheken, dass Sie in ihnen Ordner zusammenfassen können, die sich nicht am gleichen Speicherort befinden müssen. Die Bibliothek **Musik** enthält zu Anfang nur einen Ordner, und das ist der Standardordner **Musik**. Dieser Ordner befindet sich auf der internen Festplatte. Die genaue Pfadangabe wird im Feld **Orte für Bibliothek** unterhalb des Ordnernamens eingeblendet ❺. Angenommen, Sie haben einen großen Teil Ihrer digitalen Musiksammlung auf einer externen Festplatte gespeichert. Mit wenigen Mausklicks lässt sich dieser Ort der

Musik-Bibliothek hinzufügen. Voraussetzung für die nächsten Schritte ist, dass die externe Festplatte am Computer angeschlossen ist.

3 Klicken Sie auf die Schaltfläche **Hinzufügen ➏**.

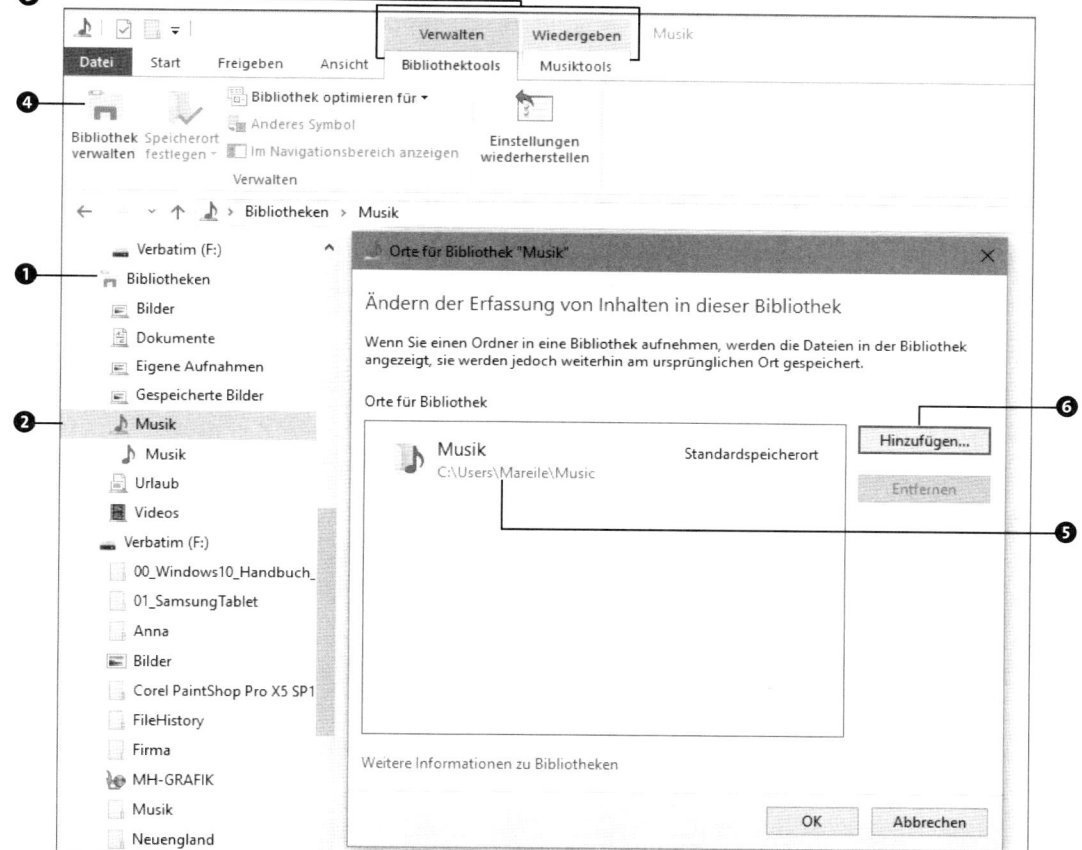

4 Der Dialog **Ordner in Musik aufnehmen** wird geöffnet. Navigieren Sie über den Navigationsbereich des Explorers bis zu dem Verzeichnis, in dem sich der gewünschte Ordner mit der Musiksammlung befindet, also etwa ein Verzeichnis auf einer externen Festplatte. Sobald der Ordner im Inhaltsbereich angezeigt wird, markieren Sie ihn ➐ und schließen den Dialog mit **Ordner aufnehmen ➑**.

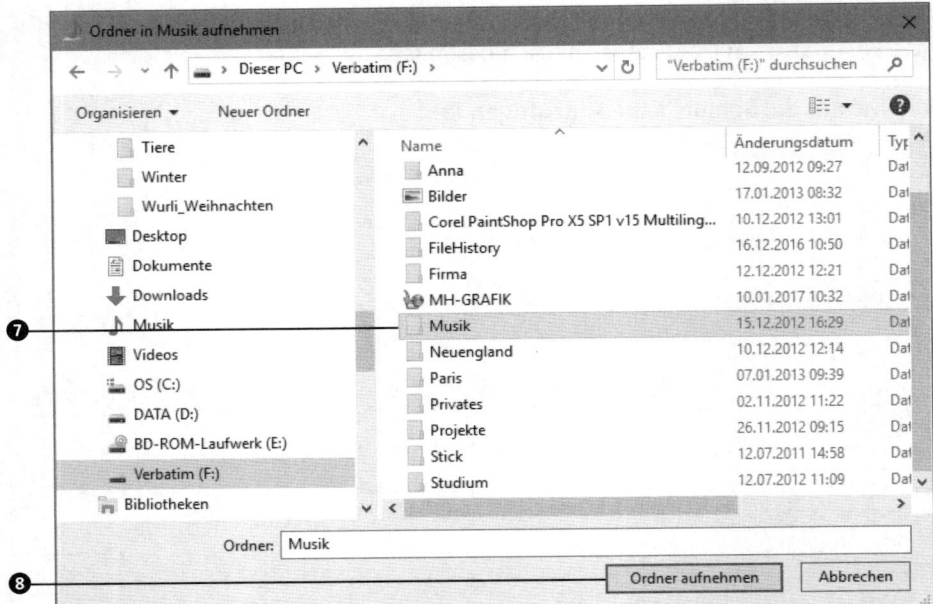

5 Analog können Sie weitere Ordner hinzufügen. Diese können sich natürlich auch auf der internen Festplatte befinden, aber auch auf anderen externen Festplatten, USB-Sticks oder in OneDrive. Mit einem Klick auf **OK** beenden Sie den Dialog **Orte für Bibliothek "Musik"**.

Wenn Sie zukünftig auf Ihre gesamte Musiksammlung zugreifen möchten, markieren Sie im Navigationsbereich einfach die Bibliothek **Musik**. Sowohl unterhalb dieses Bibliotheksnamens als auch im Inhaltsbereich werden nun alle Ordner angezeigt, die Sie der Bibliothek **Musik** hinzugefügt haben.

Unser Tipp: Wenn Sie das Register **Musiktools** einblenden, finden Sie hier die Schaltfläche **Alle Wiedergeben**. Ein Klick auf sie, und es wird automatisch die App *Groove-Musik* gestartet, und alle Musiktitel der *Musik*-Bibliothek werden abgespielt. Die App Groove-Musik stelle ich Ihnen in Abschnitt 12.4, »Musik hören mit der Groove-Musik-App«, ab Seite 463 noch genauer vor.

Für die Bibliotheken **Bilder**, **Eigene Aufnahmen** und **Gespeicherte Bilder** stellt Windows wiederum in einem eigenen Register **Bildtools** spezielle Funktionen (etwa zum Drehen von Bildern und zum Erzeugen einer Diashow) zur Verfügung. Haben Sie die Bibliothek **Videos** ausgewählt, finden Sie im Register **Videotools** Funktionen zum Abspielen Ihrer Videos.

8.5.2 Eigene Bibliotheken erstellen

Das Konzept einer Bibliothek lässt sich auch für eigene Projekte nutzen. Auf diese Weise können Sie Dateien und Ordner (z. B. Urlaubsbilder), die quer über den Computer und externe Speichermedien verstreut sind, in einer gemeinsamen Bibliothek zusammenfassen und zentral auf sie zugreifen. Eine neue Bibliothek legen Sie folgendermaßen an:

1 Markieren Sie im Navigationsbereich zunächst den Eintrag **Bibliotheken** ❶.

2 Wechseln Sie im Menüband in das Register **Start**. In der Gruppe **Neu** klicken Sie auf die Schaltfläche **Neues Element** ❷ und dann auf **Bibliothek**.

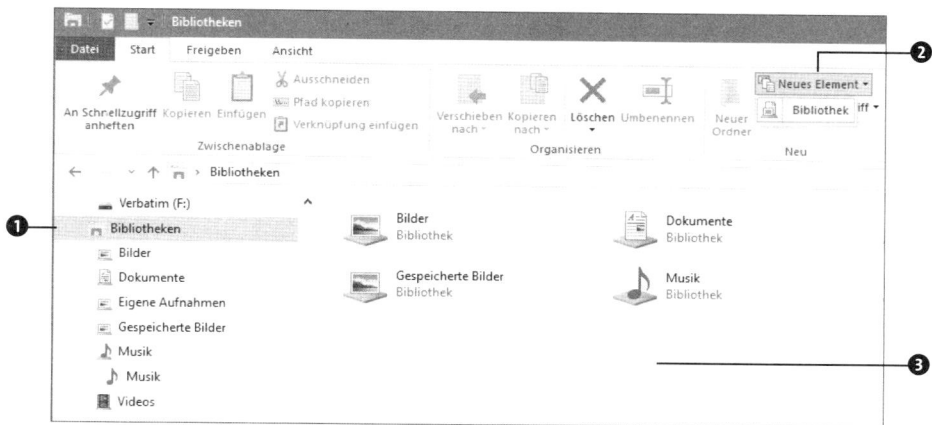

3 Im Inhaltsbereich des Explorers wird nun eine neue Bibliothek angezeigt. Überschreiben Sie den blau markierten Namen mit einer eigenen Bezeichnung.

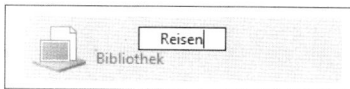

Anstatt den Weg über das Menüband zu gehen, können Sie hier auch wieder das Kontextmenü nutzen. Hierzu klicken Sie nach Schritt 1 einfach mit der rechten Maustaste auf eine freie Fläche innerhalb des Inhaltsbereichs ❸. Im Kontextmenü wählen Sie **Neu ▸ Bibliothek**. Vergeben Sie auch hier einen aussagekräftigen Namen für die neu angelegte Bibliothek. Die Bibliothek ist damit erstellt, nun müssen Sie noch die gewünschten Ordner hinzufügen.

4 Markieren Sie im Inhaltsbereich des Explorers die gerade neu erzeugte Bibliothek ❹. Rufen Sie im Menü das Register **Bibliothektools** ❺ auf, und klicken Sie ganz links auf **Bibliotheken verwalten** ❻.

5 Im Dialog **Orte für Bibliothek ...** klicken Sie auf **Hinzufügen ❼**. Wählen Sie im Dialog **Ordner in ... aufnehmen** den gewünschten Ordner, und bestätigen Sie mit **Ordner aufnehmen**.

6 Wiederholen Sie Schritt 5 für alle weiteren Ordner, die Sie in die Bibliothek aufnehmen möchten. Mit einem Klick auf **OK ❽** schließen Sie den Dialog **Orte für Bibliothek ....**

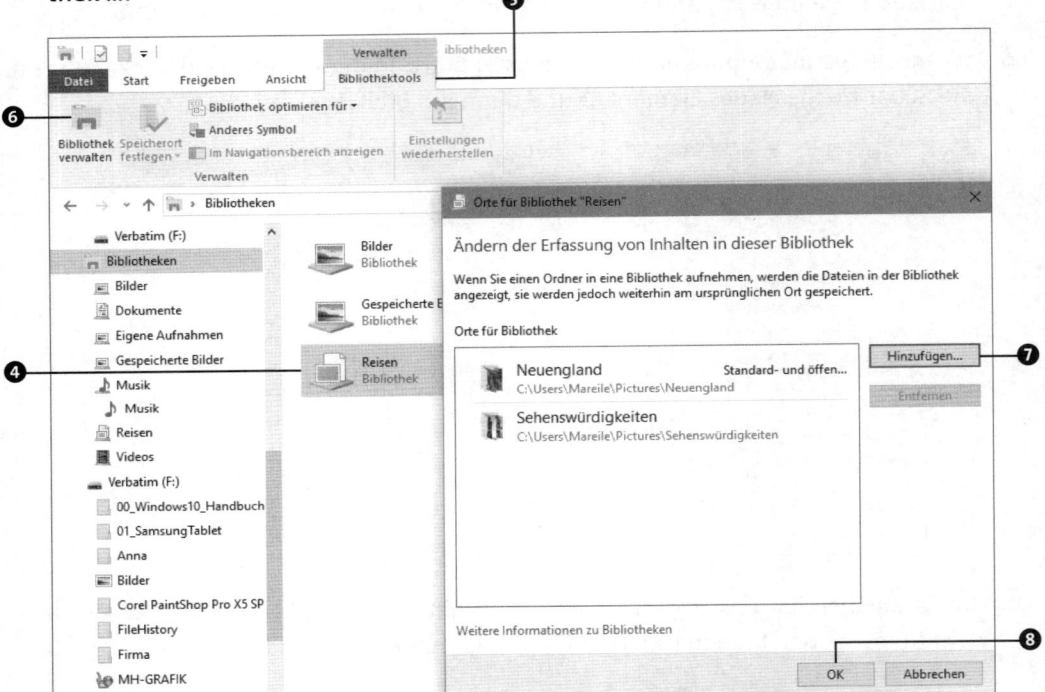

Ordner aus Bibliotheken entfernen

Sie können einer Bibliothek natürlich nicht nur Ordner hinzufügen, sondern darin enthaltene Ordner auch wieder entfernen. Das ist z. B. dann sinnvoll, wenn ein externes Speichermedium (wie ein kleiner USB-Stick), auf dem sich ein Ordner befand, verloren gegangen ist. Um einen Ordner innerhalb einer Bibliothek zu löschen, markieren Sie die Bibliothek und wechseln in das Register **Bibliothektools**. Nach einem Klick auf **Bibliothek verwalten** markieren Sie im folgenden Dialog den zu entfernenden Ordner. Mit einem Klick auf **Entfernen** wird dieser aus der Bibliothek entfernt. Da ein Ordner innerhalb einer Bibliothek nur eine Verknüpfung zum eigentlichen physikalischen Ordner darstellt, wird der Ordner selbst hierdurch nicht gelöscht. Sie können ihn weiterhin z. B. über den Eintrag **Dieser PC** im Navigationsbereich aufrufen. Nachdem Sie den Ordner im Dialog **Orte für Bibliothek …** entfernt haben, können Sie den Dialog mit **OK** beenden.

Wenn Sie im Explorer eine der Standardbibliotheken aufrufen, erscheint im Menüband nicht nur das Register **Bibliothektools**, sondern auch ein spezielles, auf den Medientyp zugeschnittenes Register, in dem Sie auf den Medientyp zugeschnittene Werkzeuge finden. Ein Beispiel hierfür haben Sie in Abschnitt 8.5.1, »Die Standardbibliotheken erweitern«, ab Seite 300 anhand der Bibliothek **Musik** kennengelernt. Was für die Standardbibliotheken möglich ist, funktioniert natürlich auch für die selbst erzeugten Bibliotheken. Enthält Ihre eigene Bibliothek z. B. all Ihre Urlaubsbilder, sollten Sie die Bibliothek für den Medientyp **Bilder** optimieren. Hierzu gehen Sie folgendermaßen vor:

1 Markieren Sie Ihre selbst erstellte Bibliothek entweder im Navigations- oder im Inhaltsbereich des Explorers.

2 Wechseln Sie im Menüband in das Register **Bibliothektools**.

3 Klicken Sie auf die Schaltfläche **Bibliothek optimieren für**, und wählen Sie in der aufklappenden Liste den gewünschten Medientyp aus, in unserem Beispiel also **Bilder**.

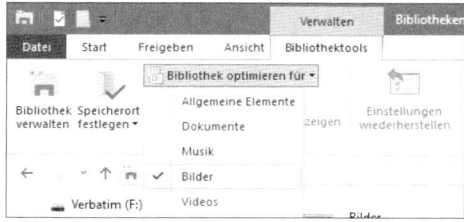

4 Wenn Sie nun in die selbst erstellte Bibliothek wechseln, erscheint das zusätzliche Register **Bildtools**. Über die Befehle, die Sie in diesem Register finden, können Sie ein zuvor in Ihrer Bibliothek markiertes Bild drehen, als Hintergrundbild für den Desktop auswählen oder den gesamten Inhalt der Bibliothek als Diashow anzeigen lassen.

Ein wichtiges Thema im Zusammenhang mit Bibliotheken ist der Speicherort für Daten. Denn wie auch bei physikalischen Ordnern können Sie Dateien in Bibliotheken speichern. Nehmen wir an, Sie möchten einen mit Microsoft Word verfassten Brief in einer Ihrer selbst erstellten Bibliotheken ablegen. Nach Aufruf des Befehls **Speichern unter** wählen Sie in Microsoft Word hierzu einfach die gewünschte Bibliothek als Speicherort aus. Enthält die Bibliothek mehrere Ordner, ist nun allerdings die Frage, in welchem dieser mit ihr verknüpften physikalischen Ordner die Datei tatsächlich gespeichert werden soll. Wenn Sie nichts anderes vorgeben, wählt Windows als Speicherort immer den ersten Ordner, den Sie der Bibliothek hinzugefügt haben. Wenn Sie einen anderen Speicherort bevorzugen, legen Sie den Speicherort folgendermaßen selbst fest:

1 Markieren Sie im Navigations- oder Inhaltsbereich die Bibliothek, deren Standardspeicherort Sie bestimmen möchten.

2 Rufen Sie im Menüband das Register **Bibliothektools** auf.

3 Nach einem Klick auf **Speicherort festlegen** wählen Sie in der aufklappenden Liste den Ordner, der als Standardspeicherort dienen soll.

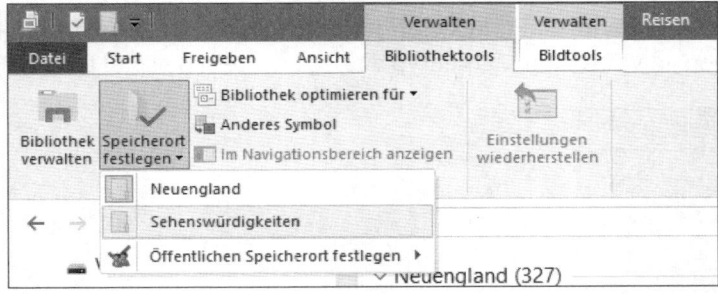

Bibliotheken lassen sich natürlich wie Ordner oder Dateien auch wieder löschen. Hierzu markieren Sie die Bibliothek im Inhaltsbereich des Explorers. Über die Schaltfläche **Löschen** in der Gruppe **Organisieren** des Registers **Start** entfernen Sie die Bibliothek. Sollten Sie einmal versehentlich eine der Standardbibliotheken *Bilder*, *Dokumente*, *Musik* oder auch *Video* entfernt haben, lassen sich diese schnell wieder zurückholen.

Klicken Sie hierzu im Navigationsbereich des Explorers mit der rechten Maustaste auf **Bibliotheken**. Im Kontextmenü finden Sie nun den Befehl **Standardbibliotheken wiederherstellen**. Ein Klick hierauf, und Sie haben wieder Zugriff auf die Standardbibliotheken.

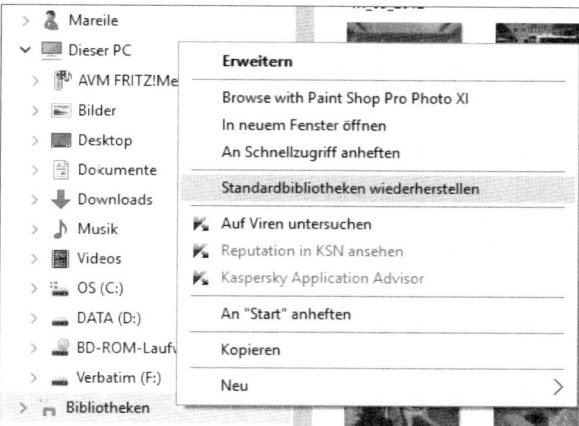

Abbildung 8.16 Versehentlich gelöschte Standardbibliotheken lassen sich schnell wiederherstellen.

8.6 Den Onlinespeicher OneDrive nutzen

Wenn Sie Ihre Dokumente oder Bilder auch unterwegs benötigen, können Sie die Daten in einem Onlinespeicher sichern, z. B. in OneDrive von Microsoft. Der Zugriff auf die sog. Cloud kann von einem mobilen Gerät aus per App, über einen Browser oder auf dem Windows-10-Computer auch per Explorer erfolgen. Wie Letzteres funktioniert, erfahren Sie in diesem Abschnitt. Voraussetzung hierfür ist, dass Sie am Computer mit einem Microsoft-Konto angemeldet sind und dass eine Verbindung zum Internet besteht.

8.6.1 Auf Daten in der Cloud zugreifen

Wie für alle Ordner und Laufwerke üblich, auf die Sie über den Explorer Zugriff haben, finden Sie auch für OneDrive im Navigationsbereich einen entsprechenden Eintrag. Sobald Sie den Eintrag markiert haben, können Sie in OneDrive wie gewohnt neue Ordner anlegen sowie Daten kopieren oder auch verschieben. Auch das Löschen von Daten in OneDrive erfolgt nicht anders. Je nach Geschwindigkeit der Internetverbindung kann das Hochladen der Daten (sprich das Kopieren bzw. Verschieben von Daten in die Cloud) etwas Zeit in Anspruch nehmen.

Auf Dateien und Ordner, die Sie auf OneDrive abgelegt haben, können Sie mit sämtlichen Geräten zugreifen, die mit Ihrem Microsoft-Konto verknüpft sind. Blenden Sie den Inhalt von OneDrive auf einem dieser anderen Geräte ein, werden die Daten im Explorer zunächst als **Verfügbar, wenn online** ☁ angezeigt. Sie wurden also noch nicht auf das Gerät übertragen. Dies geschieht erst dann, wenn Sie die Datei auch auf diesem PC öffnen. Die Datei erhält nun den Status **Auf diesem Gerät verfügbar** ⊘. Wenn Sie möchten, dass eine Datei oder auch ein Ordner immer auf diesem Gerät verfügbar ist, müssen Sie das Element natürlich nicht erst öffnen. Klicken Sie stattdessen im Explorer mit der rechten Maustaste auf das entsprechende Element ❶. Im Kontextmenü wählen Sie nun den Befehl **Immer behalten auf diesem Gerät** ❷. Die Datei bzw. der Ordner wird nun auf den PC heruntergeladen. Sobald Sie Änderungen an der Datei vornehmen, wird diese zukünftig automatisch mit OneDrive synchronisiert. Somit steht Ihnen auch auf den anderen Geräten immer die aktuelle Version der Datei zur Verfügung.

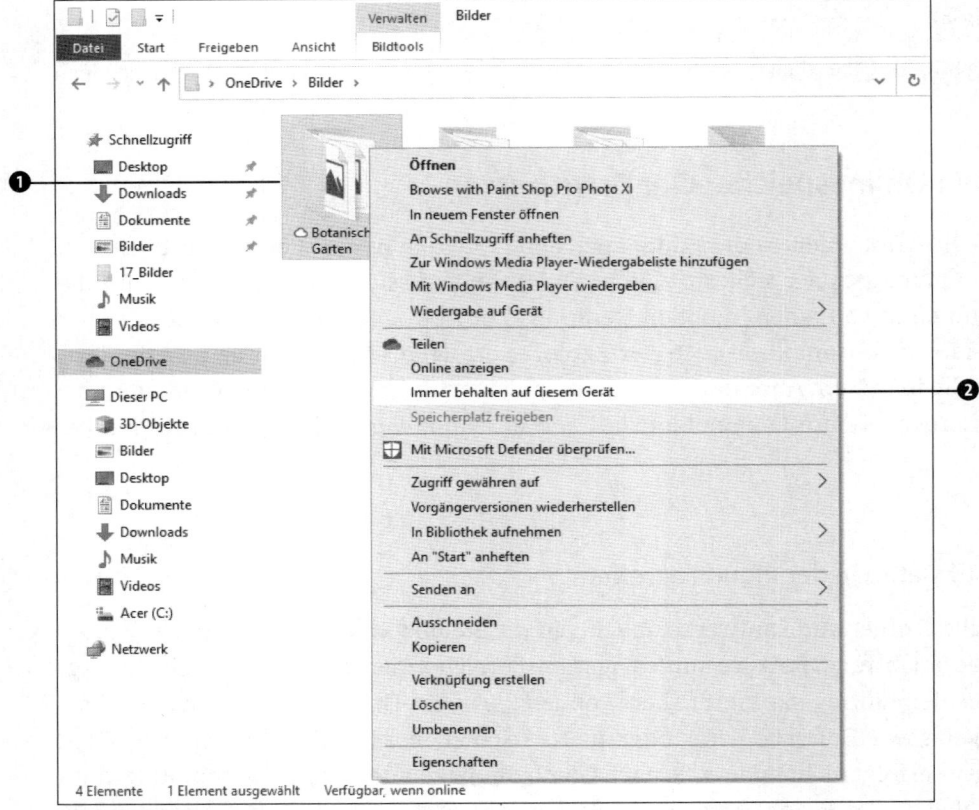

Abbildung 8.17 In OneDrive gespeicherte Daten können mit wenigen Mausklicks auf den PC übertragen werden.

Indem Sie nur die Daten aus der Cloud auf Ihren PC übertragen, die Sie auch benötigen, lässt sich auf dem Computer viel Platz sparen. Wenn Sie allerdings alle online abgelegten Daten auch offline benötigen, ist der zuvor beschriebene Weg recht umständlich. In einem solchen Fall ist es sinnvoller, immer alle Daten aus der Cloud in einem Rutsch zu übertragen. Hierzu müssen Sie lediglich eine kleine Korrektur in den Einstellungen von OneDrive vornehmen:

1   Klicken Sie im Infobereich der Taskleiste mit der rechten Maustaste auf das One-Drive-Symbol ❶. Eventuell müssen Sie auf den nach oben weisenden Pfeil ❷ klicken, um es sichtbar zu machen.

2   Wählen Sie im Kontextmenü den Befehl **Einstellungen** ❸.

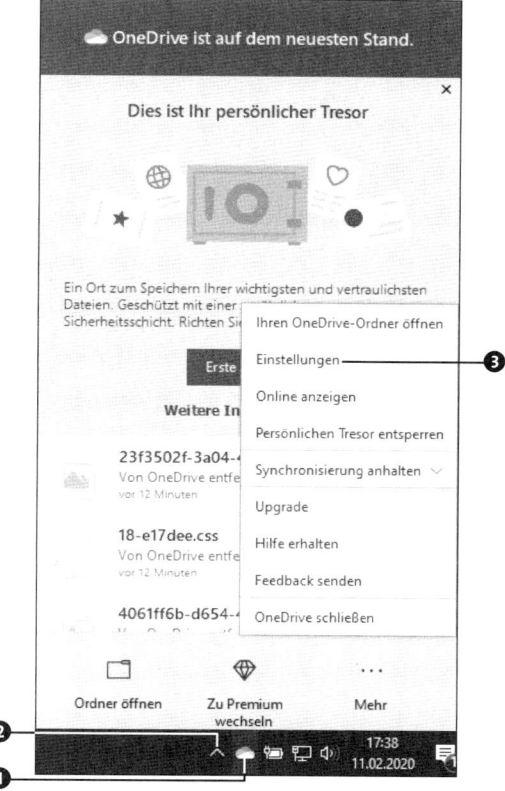

3   Im Dialog **Microsoft OneDrive** wechseln Sie in das Register **Einstellungen** ❹. Entfernen Sie hier das Häkchen vor **Sparen Sie Platz, und laden Sie Dateien herunter, wenn Sie sie verwenden** ❺. Bestätigen Sie den folgenden Dialog **Dateien bei Bedarf deaktivieren** mit OK.

4 Normalerweise werden Fotos oder auch Videos nur auf dem Computer selbst gespeichert. Wenn Sie möchten, können Sie aber auch festlegen, dass die Daten automatisch zusätzlich in der Cloud abgelegt werden, sobald Sie sie von einer Digitalkamera oder einem Smartphone auf den PC übertragen. Wechseln Sie hierzu im Dialog **Microsoft OneDrive** in das Register **Sicherung** ❻.

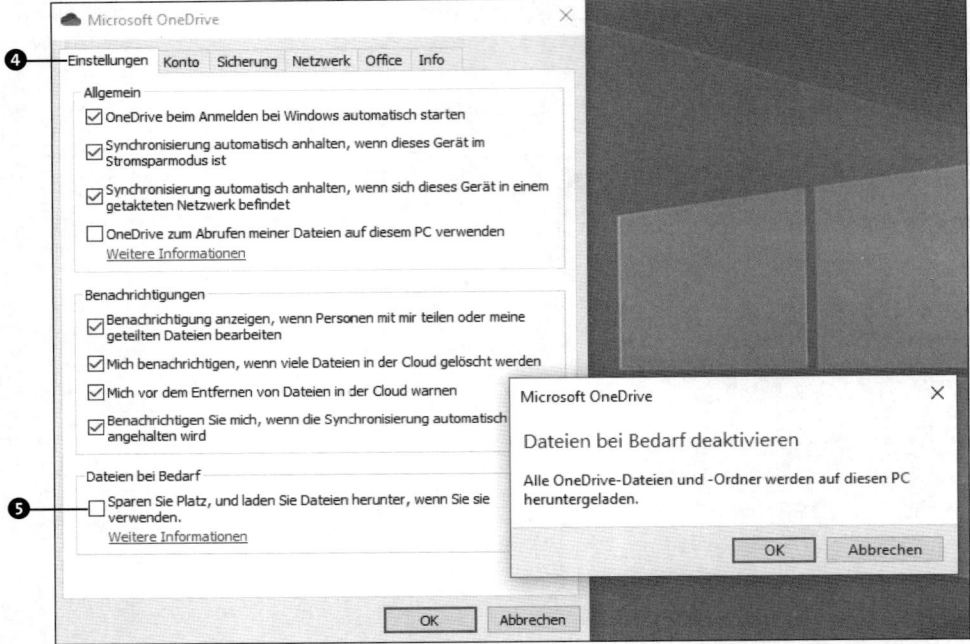

5 Versehen Sie das Kästchen **Fotos und Videos automatisch auf OneDrive speichern ...** ❼ mit einem Häkchen.

6 Haben Sie alle Einstellungen vorgenommen, schließen Sie den Dialog **Microsoft OneDrive** mit **OK**.

Zugriff auf OneDrive per Browser

Auf den Onlinespeicher OneDrive können Sie von jedem beliebigen Computer aus zugreifen, der mit dem Internet verbunden ist. Rufen Sie über einen Browser Ihrer Wahl (etwa *Mozilla Firefox* oder *Microsoft Edge*) hierzu einfach die Internetadresse *https://onedrive.live.com/about/de-de* auf. Melden Sie sich dann mit der E-Mail-Adresse und dem Kennwort Ihres Microsoft-Kontos an, und schon haben Sie auch hier Zugriff auf die Cloud OneDrive.

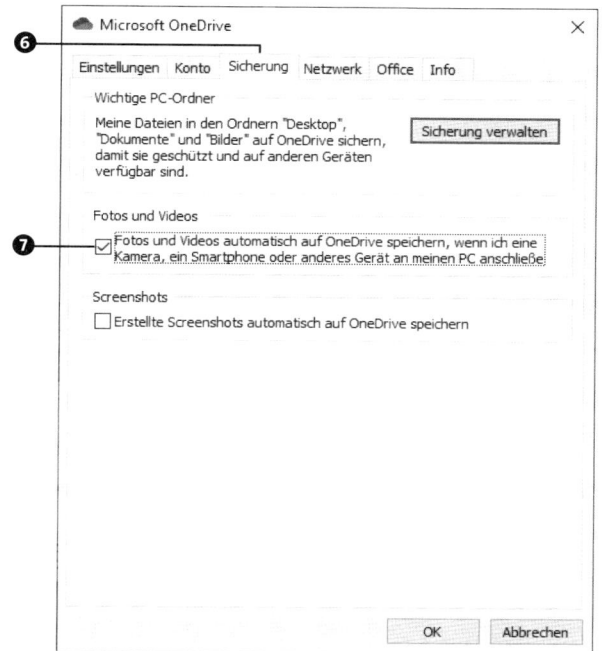

8.6.2   Sensible Daten im persönlichen Tresor ablegen

Seit Ende 2019 verfügt die Cloud OneDrive über einen sog. *persönlichen Tresor*, in dem Sie besonders sensible und wichtige Daten speichern können. Während es beim Zugriff auf einen normalen Ordner in OneDrive ausreicht, im Besitz der Zugangsdaten für das Microsoft-Konto zu sein, kommt beim Tresor eine zusätzliche Authentifizierungsmethode zum Einsatz: Zur Bestätigung der Identität können Sie sich z. B. per SMS oder E-Mail einen Code zuschicken lassen (siehe auch den Kasten »Sicherheitseinstellungen des Microsoft-Kontos anpassen« auf Seite 314). Erst nach Eingabe des Codes wird der Tresor geöffnet. Alternativ kann die Identitätsüberprüfung auch per Authenticator-App erfolgen. Informationen zur *Microsoft Authenticator*-App erhalten Sie in Abschnitt 18.6.2, »Zwei-Faktor-Authentifizierung für Fortgeschrittene«, ab Seite 692. Um den persönlichen Tresor nutzen zu können, müssen Sie ihn zunächst einrichten. Die nächsten Schritte zeigen das Verfahren auf einem Windows-10-Computer.

1 Markieren Sie im Navigationsbereich des Explorers **OneDrive ❶**, und doppelklicken Sie dann im Inhaltsbereich rechts auf **Persönlicher Tresor ❷**.

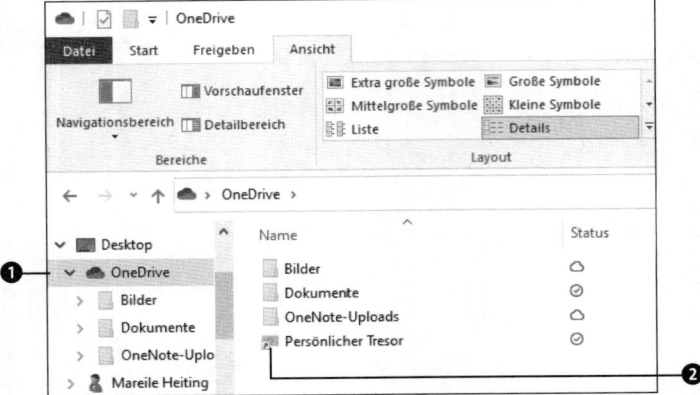

2 Nach einem kurzen Moment öffnet sich der Dialog **Persönlicher Tresor** mit einigen Informationen zum Tresor. Nach einem Klick auf **Weiter** erteilen Sie mit **Zulassen** ❸ die Genehmigung, den persönlichen Tresor einzurichten. Anschließend ist eine Bestätigung der Benutzerkontensteuerung erforderlich.

3 Nun geht es daran, Ihre Identität zu überprüfen. Haben Sie in den Einstellungen Ihres Microsoft-Kontos eine alternative E-Mail-Adresse oder auch eine Mobiltelefonnummer hinterlegt, erscheint im Dialog **Identität überprüfen** ein entsprechender Hinweis (z. B. **Textnachricht an ...**) ❹. Klicken Sie darauf, und ergänzen Sie im folgenden Dialog die geforderten Informationen wie etwa die letzten vier Ziffern Ihrer Mobiltelefonnummer. Bestätigen Sie die Angabe mit **Code senden**.

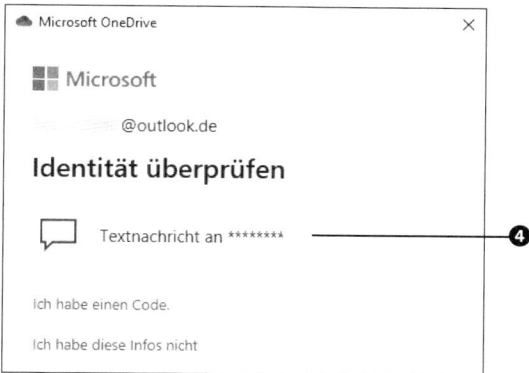

4 Sie erhalten per SMS oder E-Mail einen Code zugesendet. Geben Sie diesen Code im Dialog **Code eingeben** ein, und bestätigen Sie die Eingabe.

5 Ihr persönlicher Tresor wird entsperrt und zugleich im Explorer geöffnet. Sie können nun wie gewohnt Dateien und Ordner in den Tresor verschieben oder auch kopieren sowie aus dem Tresor heraus öffnen und bearbeiten. Der Tresor lässt sich übrigens nicht über den Navigationsbereich, sondern nur über den Inhaltsbereich ansteuern.

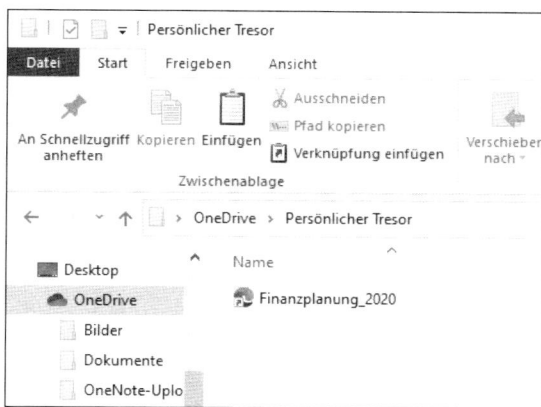

Wenn Sie über ein Home- oder Personal-Abonnement von Office 365 verfügen, lassen sich beliebig viele Daten im Tresor ablegen, sofern das zur Verfügung stehende Limit des Onlinespeichers noch nicht erreicht ist. Nicht-Abonnenten können maximal drei Dateien im Tresor speichern.

Sicherheitseinstellungen des Microsoft-Kontos anpassen

Ob beim Einrichten des persönlichen Tresors, beim Hinzufügen eines Familienmitglieds oder bei der Aktivierung der erweiterten Zwischenablage (siehe dazu auch den Abschnitt 8.11.1, »Die erweiterte Zwischenablage nutzen«, ab Seite 327): Aus Sicherheitsgründen fordert Microsoft Sie immer mal wieder auf, sich zu identifizieren. Diese Sicherheitsinformationen, etwa in Form Ihrer Mobiltelefonnummer oder einer alternativen E-Mail-Adresse, geben Sie in den Kontoeinstellungen des Microsoft-Kontos an. Wenn Sie einen Blick in die Einstellungen werfen und ggf. Daten ändern möchten, rufen Sie die Webseite *https://account.microsoft.com* auf und melden sich mit der E-Mail-Adresse und dem Kennwort Ihres Microsoft-Kontos an. Wechseln Sie in die Kategorie **Sicherheit**, und rufen Sie dort die **Sicherheitseinstellungen** auf. Auf der folgenden Webseite haben Sie die Möglichkeit, die bisherige Sicherheitsinformation (also z. B. die Mobiltelefonnummer oder E-Mail-Adresse) zu entfernen und eine neue hinzuzufügen.

Sollten Sie über einen Zeitraum von 20 Minuten hinweg nicht auf den Tresor zugreifen, wird dieser automatisch gesperrt. Um ihn wieder öffnen zu können, müssen Sie sich erneut so, wie in den Schritten 3 und 4 gezeigt, identifizieren. Um den Tresor selbst zu sperren, gehen Sie folgendermaßen vor:

1 Markieren Sie im Navigationsbereich des Explorers **OneDrive** ❶, und klicken Sie dann im Inhaltsbereich mit der rechten Maustaste auf **Persönlicher Tresor** ❷.

2 Wählen Sie im Kontextmenü den Befehl **"Persönlicher Tresor" sperren** ❸.

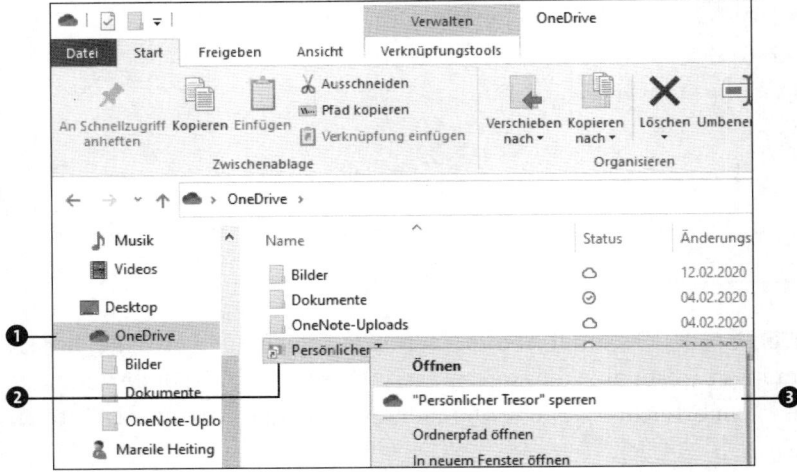

3 Alternativ klicken Sie im Infobereich der Taskleiste auf das OneDrive-Symbol ❹ und im aufklappenden Dialog auf **Persönlichen Tresor sperren** ❺.

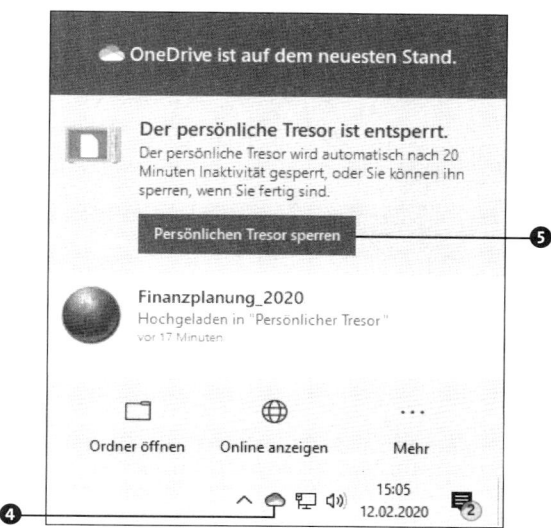

Auch hier ist wieder eine Identifizierung nötig, sobald Sie den persönlichen Tresor das nächste Mal per Doppelklick auf den entsprechenden Eintrag im Explorer öffnen wollen.

Online gespeicherte Daten mit anderen teilen

Ein Vorteil von in einer Cloud abgelegten Daten ist, dass Sie sie mit anderen teilen können. Um anderen Personen den Zugriff auf die Daten in OneDrive zu ermöglichen, klicken Sie im Explorer mit der rechten Maustaste auf die gewünschte Datei bzw. einen Ordner und wählen im Kontextmenü den Befehl **Teilen**. Im folgenden Dialog legen Sie nach einem Klick auf **Jeder mit dem Link kann bearbeiten** fest, bis zu welchem Zeitpunkt die Person die Daten bearbeiten darf und ob für den Zugriff ein Kennwort nötig ist. Übernehmen Sie die Einstellung, geben Sie die E-Mail-Adresse der Person ein, und bestätigen Sie mit **Senden**. Die Person erhält nun eine E-Mail, die einen Link enthält, der zu den freigegebenen Daten führt. Dateien und Ordner, die Sie in Ihrem persönlichen Tresor in OneDrive abgelegt haben, lassen sich nicht mit anderen Personen teilen.

TIPP

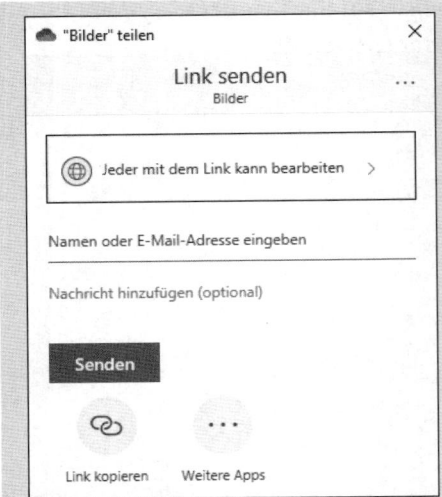

Abbildung 8.18 In OneDrive gespeicherte Daten können mit anderen Personen geteilt werden, sofern sie sich nicht im persönlichen Tresor befinden.

8.7 ZIP-Archive erstellen

Immer dann, wenn Sie viele kleine Dateien per Mail verschicken möchten, ist es sinnvoll, diese zuvor zu einem Archiv zusammenzufassen. Unter Windows 10 lässt sich ein derartiges ZIP-Archiv mit einigen wenigen Mausklicks bequem aus dem Explorer heraus erstellen. Das hat den Vorteil, dass das Datenvolumen dieser zusammengefassten Dateien reduziert und dadurch Bandbreite bei der Übertragung via Internet gespart wird. Wenn Sie selbst Daten aus dem Internet auf Ihren PC herunterladen, werden Sie ebenfalls häufig diesen ZIP-Dateien begegnen. Im Folgenden zeige ich Ihnen, wie Sie selbst ein ZIP-Archiv erzeugen bzw. umgekehrt ein solches Archiv entpacken.

8.7.1 Erstellen eines ZIP-Archivs

Ein ZIP-Archiv lässt sich sehr schnell erstellen:

1 Sollten sich die Dateien, die Sie in einem ZIP-Archiv zusammenfassen möchten, in verschiedenen Ordnern befinden, tun Sie sich leichter, indem Sie zunächst einen neuen Ordner erstellen. In diesen kopieren Sie sämtliche Dateien, die Sie komprimiert verschicken möchten.

2   Klicken Sie nun mit der rechten Maustaste auf den Ordner. Alternativ können Sie auch innerhalb des Ordners zunächst alle gewünschten Dateien markieren. Hierzu halten Sie einfach die Taste ⟨Strg⟩ gedrückt, während Sie nacheinander alle gewünschten Dateien per Mausklick auswählen. Haben Sie alle Dateien gekennzeichnet, drücken Sie auch hier die rechte Maustaste. Im aufklappenden Kontextmenü wählen Sie nun den Befehl **Senden an** und dann **ZIP-komprimierter Ordner**.

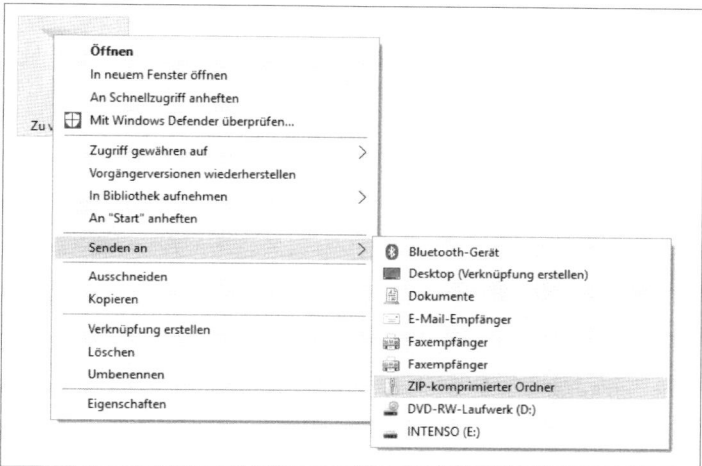

3   Im aktuellen Verzeichnis wird automatisch eine komprimierte Datei erstellt, die den zuvor ausgewählten Ordner bzw. die markierten Dateien enthält. Wenn Sie möchten, können Sie das ZIP-Archiv noch umbenennen. Das Symbol eines ZIP-Archivs ähnelt übrigens einem Ordner, nur dass das Ordner-Symbol um einen Reißverschluss erweitert wurde. Im nächsten Abschnitt erfahren Sie, wie Sie sich den Inhalt eines ZIP-Archivs ansehen und das Archiv entpacken.

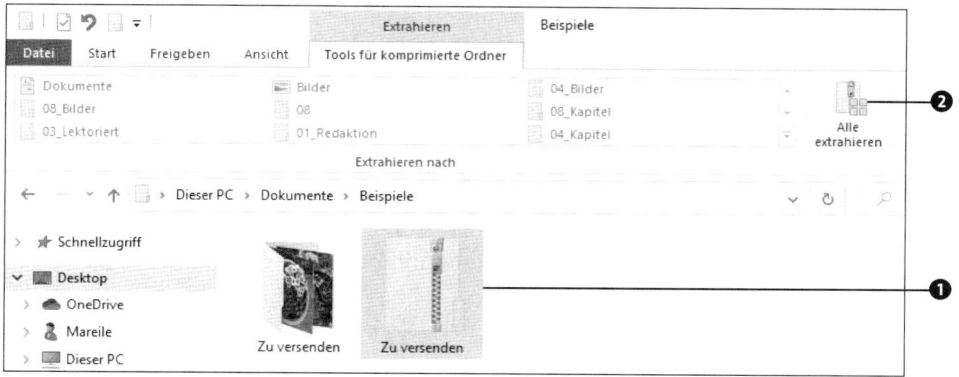

Abbildung 8.19 Ein ZIP-Archiv erkennen Sie am Reißverschluss-Symbol.

317

8.7.2 Entpacken eines ZIP-Archivs

Sie haben per E-Mail oder auch per Download aus dem Internet eine ZIP-Datei erhalten? Zum Entpacken des Archivs gehen Sie folgendermaßen vor:

1 Markieren Sie das ZIP-Archiv im Inhaltsbereich des Explorers (❶ auf Seite 317). Im Menüband wird nun das Register **Tools für komprimierte Ordner** angezeigt, in dem Sie auf **Alle extrahieren** ❷ klicken.

Alternativ können Sie auch per rechtem Mausklick auf das ZIP-Archiv ❸ das Kontextmenü aufrufen und hier den Befehl **Alle extrahieren** ❹ wählen.

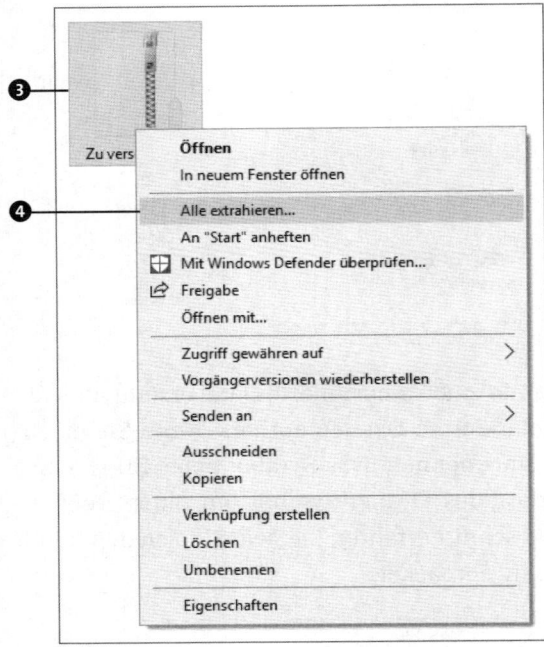

2 Der Dialog **ZIP-komprimierte Ordner extrahieren** wird geöffnet. Hier legen Sie fest, wohin die Dateien extrahiert werden sollen. Windows bietet Ihnen hierfür das Verzeichnis an, in dem sich auch die ZIP-Datei befindet ❺. Sind Sie mit diesem Vorschlag nicht einverstanden, klicken Sie auf **Durchsuchen** ❻ und bestimmen im Dialog **Ziel auswählen** selbst den Ordner, in dem die extrahierten Daten abgelegt werden sollen. Bestätigen Sie die Auswahl mit **Ordner auswählen**.

3 Der eigentliche Vorgang des Entpackens wird schließlich durch Betätigen der Schaltfläche **Extrahieren** ❼ gestartet. Anschließend können Sie über den zuvor festgelegten Ordner auf die entpackten Dateien zugreifen.

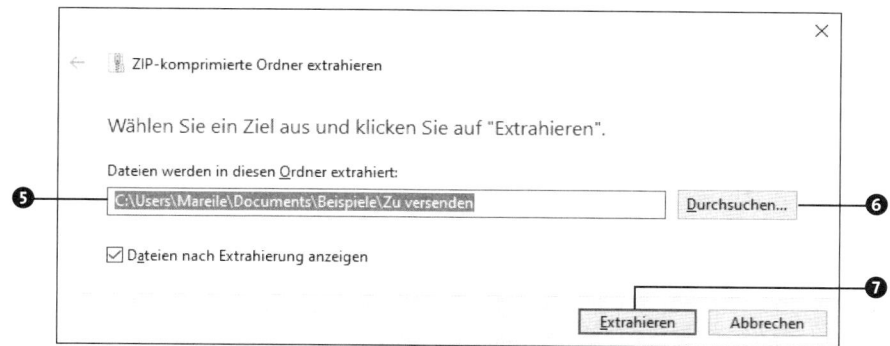

8.8 Gelöschte Daten über den Papierkorb wiederherstellen

In Abschnitt 8.4.4, »Dateien und Ordner löschen«, ab Seite 298 haben Sie verschiedene Wege kennengelernt, wie Sie nicht mehr benötigte Dateien oder auch Ordner löschen. Wenn Sie sich nicht gerade für den Befehl **Endgültig löschen** entschieden haben, den Sie im Register **Start** per Klick auf den kleinen Pfeil rechts bzw. unterhalb der **Löschen**-Schaltfläche erreichen, wandern alle entfernten Dateien zunächst in den Papierkorb. Sollten Sie eine Datei einmal versehentlich gelöscht haben, ist der Papierkorb damit die letzte Chance, die Datei wiederherzustellen. Und hierzu gehen Sie folgendermaßen vor:

1 Öffnen Sie den Papierkorb per Doppelklick auf das entsprechende Symbol auf der Desktopoberfläche ❶. Wenn Sie den Papierkorb bereits im Navigationsbereich des Explorers eingeblendet haben, wie in Abschnitt 8.3.1, »Den Navigationsbereich erweitern«, auf Seite 286 gezeigt, können Sie ihn auch direkt im Explorer markieren ❷.

2 Im Inhaltsbereich werden nun alle gelöschten Dateien und Ordner aufgeführt. Markieren Sie hier das Element, das Sie wiederherstellen möchten, per Mausklick.

3 Klicken Sie im Register **Papierkorbtools** auf die Schaltfläche **Ausgewählte Elemente wiederherstellen** ❸. Wenn Sie den gesamten Inhalt des Papierkorbs wiederherstellen möchten, wählen Sie stattdessen im Register **Papierkorbtools** die Schaltfläche **Alle Elemente wiederherstellen** ❹.

4 Die gelöschten Elemente werden aus dem Papierkorb entfernt und wieder an den Originalspeicherort geschoben.

5 Befinden sich im Papierkorb nur noch Elemente, die Sie definitiv nicht mehr benötigen, sollten Sie den **Papierkorb leeren ➎**. Damit sorgen Sie wieder für freien Speicherplatz auf der Festplatte.

TIPP

Die Eigenschaften des Papierkorbs anpassen

Sie sind sich sicher, dass Sie Dateien immer sofort endgültig löschen wollen, anstatt
den sicheren Weg über den Papierkorb zu gehen? Dieses Verhalten lässt sich mithilfe der Eigenschaften des Papierkorbs einstellen. Rufen Sie den Papierkorb über
den Explorer oder auch über das Desktopsymbol auf. Im Register **Papierkorbtools**
klicken Sie auf **Eigenschaften des Papierkorbs ➏**. Im gleichnamigen Dialog, der nun
geöffnet wird, markieren Sie die Option **Dateien sofort löschen**. Sicherheitshalber
sollten Sie auch das Häkchen bei **Dialog zur Bestätigung des Löschvorgangs anzeigen** setzen. Dadurch ist sichergestellt, dass Sie beim Löschen einer Datei noch einmal genauer darüber nachdenken, ob Sie den Vorgang wirklich durchführen wollen. Bestätigen Sie die Einstellung mit **Übernehmen** und **OK**.

8.9 Dateien mit Markierungen versehen

Möglicherweise kommt Ihnen die folgende Situation bekannt vor: Sie suchen für ein Profilbild das gelungene Porträt aus Ihrem letzten Urlaub. Unglücklicherweise wissen Sie aber nicht, in welchem Ordner sich das gesuchte Bild befindet. Hier schlägt nun die große Stunde der Markierungen, die im Englischen auch *Tags* genannt werden. Immer wenn Sie eine interessante bzw. wichtige Datei vor sich haben, sollten Sie diese mit entsprechenden Stichworten kenntlich machen, um dem Explorer später die Suche nach der betreffenden Datei zu erleichtern. Für das oben genannte Beispiel eines Profilbildes könnte das Stichwort für das Foto z. B. der Name der Person sein, die auf dem Bild zu sehen ist. Interessant ist es auch, den Ort zu ergänzen, an dem ein Foto aufgenommen wurde. Ihrer Fantasie sind hier keine Grenzen gesetzt. Und so nehmen Sie die Markierungen vor:

1 Wechseln Sie im Explorer in den Ordner, in dem sich das oder die Bilder befinden, denen Sie gleich Markierungen zuweisen möchten.

2 Wählen Sie das zu markierende Foto per Mausklick aus. Wenn Sie mehrere Bilder markieren möchten, halten Sie die Taste ⌷Strg⌷ gedrückt, während Sie die einzelnen Dateien anklicken. Um alle Bilder innerhalb des Ordners auszuwählen, drücken Sie die Tastenkombination ⌷Strg⌷ + ⌷A⌷.

3 Wechseln Sie im Menüband in das Register **Ansicht**, und aktivieren Sie in der Gruppe **Bereiche** per Mausklick den **Detailbereich ❶**. In der rechten Fensterhälfte des Explorers wird nun der Detailbereich eingeblendet, der die verschiedenen Eigenschaften einer oder mehrerer Dateien anzeigt.

4 Klicken Sie hier auf den Eintrag rechts vom Feld **Markierungen**. Ein Feld mit der Beschriftung **Markierung hinzufügen** wird eingeblendet.

5 Tragen Sie in dieses Feld ein Stichwort ein, das für alle zuvor gewählten Aufnahmen gilt, also etwa den Namen der Person, die auf diesen Fotos zu sehen ist, oder auch den Ort, an dem die Aufnahmen entstanden sind. Sie können an dieser Stelle auch mehrere Stichworte vergeben, die Sie jeweils durch den Strichpunkt (;) voneinander trennen ❷.

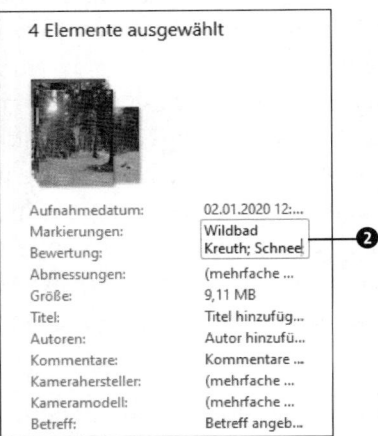

6 Direkt unterhalb des Felds **Markierungen** finden Sie die **Bewertung**. Rechts davon werden fünf Sterne angezeigt. Bewegen Sie den Mauszeiger über die Sterne, färben sie sich gelb. Per Mausklick können Sie die ausgewählten Bilder nun bewerten, indem Sie ihnen gelbe Sterne zuweisen. Je mehr Sterne die Bilder erhalten, desto besser gefallen sie Ihnen ❸.

7 Haben Sie alle Markierungen und Bewertungen für die ausgewählten Bilder ergänzt, klicken Sie am unteren Rand des Detailbereichs auf **Speichern**.

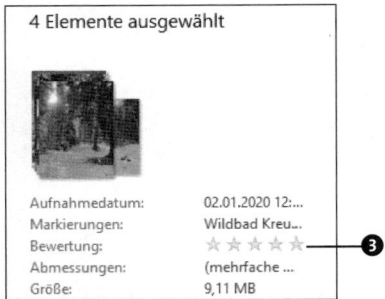

Das hier beschriebene Verfahren funktioniert natürlich nicht nur bei Bildern. Sie können so auch Musikdateien bewerten oder Word-Dateien mit Markierungen versehen. Probieren Sie es einfach aus. In Kapitel 10, »In Windows 10 erfolgreich auf die Suche gehen«, ab Seite 375 zeige ich Ihnen, wie Sie Dateien anhand der Markierungen und Bewertung schneller wiederfinden.

8.10   Zugriffsrechte auf Dateien und Ordner verwalten

Wer seinen Computer gemeinsam mit anderen Personen nutzt, möchte bestimmte Daten möglicherweise auch diesen Personen zugänglich machen. Doch nicht jeder Nutzer darf auch beliebig auf alle Dateien zugreifen. Für die entsprechenden Regeln sorgt das Zugriffssystem, das jedem Nutzer bestimmte Zugriffsrechte gewährt oder verwehrt. Wenn Sie wissen möchten, welche Zugriffsrechte Windows 10 für eine Datei oder auch einen Ordner vorsieht, klicken Sie im Explorer mit der rechten Maustaste auf die Datei bzw. den Ordner. Im Kontextmenü wählen Sie den Befehl **Eigenschaften**. Wechseln Sie im Eigenschaften-Dialog in das Register **Sicherheit** ❶. Markieren Sie im Feld **Gruppen- oder Benutzernamen** einen Benutzer ❷, erfahren Sie in der Liste **Berechtigungen für …**, welche Zugriffsrechte gewährt und welche verweigert werden ❸.

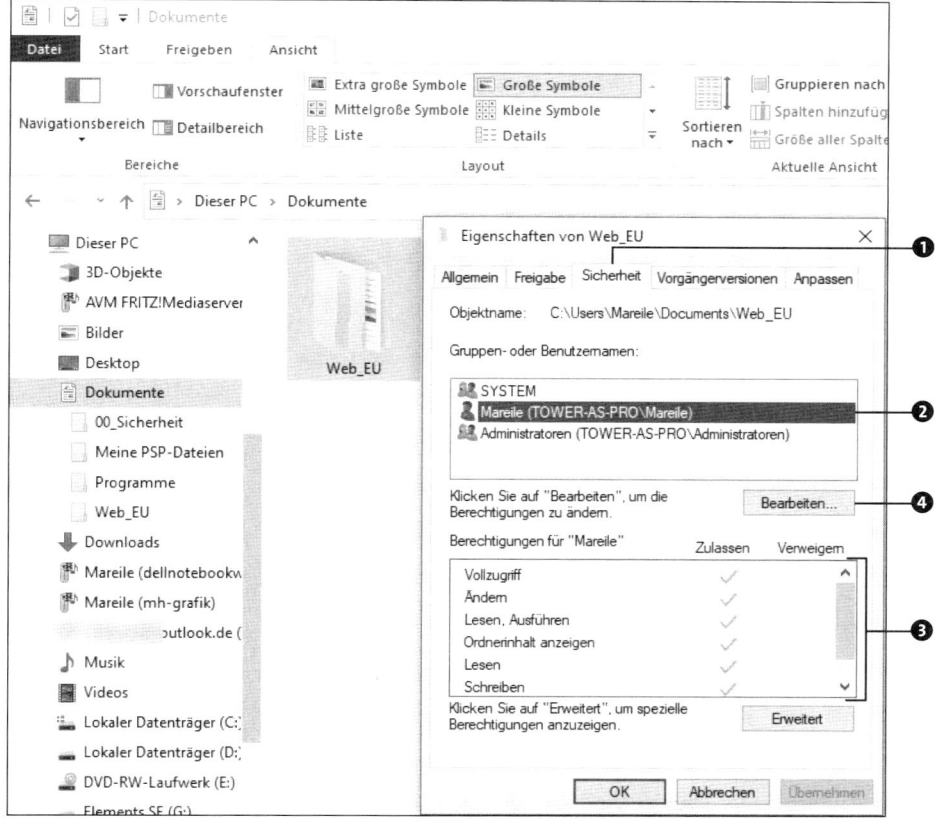

Abbildung 8.20 Die Zugriffsrechte einer Datei oder eines Ordners erreichen Sie über dessen Eigenschaften-Dialog.

Generell unterscheidet man Benutzergruppen und einzelne Benutzer. Ihr Administratorkonto gehört beispielsweise zur Gruppe der Administratoren, während ein Standardbenutzer zur Gruppe der ganz normalen Benutzer (engl. *Users*) zugeordnet wird. Was es mit diesen beiden Kontotypen auf sich hat, erfahren Sie in Abschnitt 4.1, »Sicherheitsaspekte: Administrator versus Standardbenutzer«, ab Seite 103.

Mitglieder der Standardbenutzergruppe dürfen Dateien von anderen Mitgliedern zumeist nur lesen, diese aber nicht verändern oder gar löschen. In der Regel ist es noch nicht einmal möglich, in das Verzeichnis eines anderen Benutzers zu wechseln. Das können Sie leicht überprüfen, indem Sie versuchen, mit einem Standardbenutzerkonto mithilfe des Explorers in das Verzeichnis eines anderen Benutzers zu gelangen. Rufen Sie hierzu im Navigationsbereich nacheinander **Dieser PC ▸ (C:) ▸ Benutzer** auf, und markieren Sie den Namen eines anderen Benutzers. Sofort meldet sich die Benutzerkontensteuerung mit einer entsprechenden Meldung zu Wort.

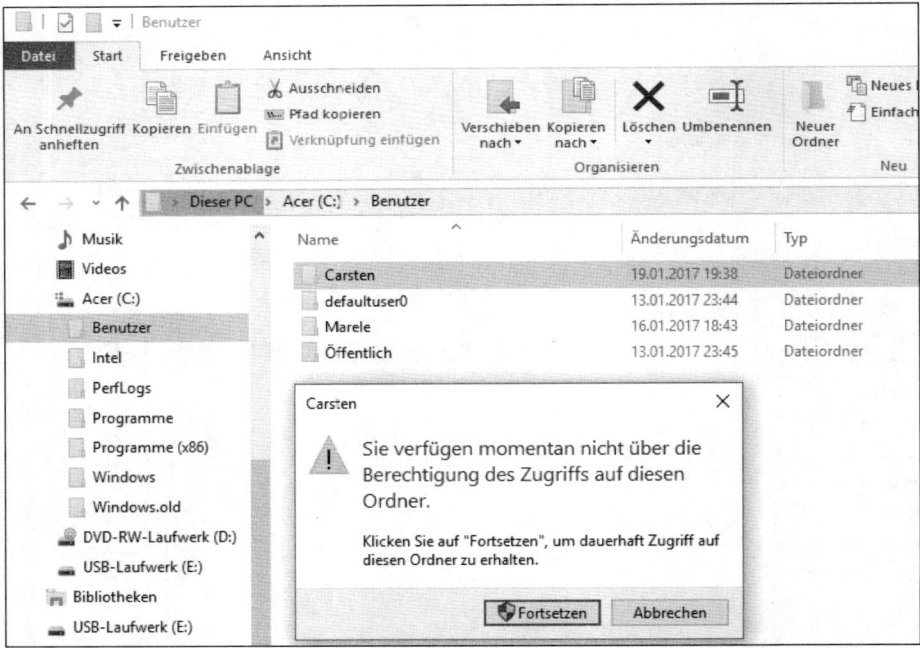

Abbildung 8.21 Die Benutzerkontensteuerung verhindert den Zugriff auf fremde Verzeichnisse.

Man kann unter Windows aber gezielt Zugriffsrechte von Dateien oder Ordnern verändern, wenn man in deren Besitz ist, und kann sie so auch für andere Nutzer freigeben. Das geht folgendermaßen:

1 Melden Sie sich mit dem Konto an, das den Vollzugriff auf eine Datei oder einen Ordner hat, deren Benutzerrechte Sie ändern möchten. Diesen Vollzugriff haben Sie normalerweise dann, wenn Sie selbst die Datei oder den Ordner erstellt haben.

2 Blenden Sie die Datei im Inhaltsbereich des Explorers ein. Klicken Sie mit der rechten Maustaste auf die Datei, und wählen Sie im Kontextmenü den Befehl **Eigenschaften**. Wechseln Sie im Eigenschaften-Dialog in das Register **Sicherheit**. Klicken Sie hier auf die Schaltfläche **Bearbeiten** (❹ auf Seite 323). Der Dialog **Berechtigungen für ...** wird geöffnet.

3 Mithilfe der Schaltfläche **Hinzufügen** ❺ können Sie nun weitere Benutzer ergänzen, die die Datei bearbeiten dürfen. Der Dialog **Benutzer oder Gruppen auswählen** wird geöffnet.

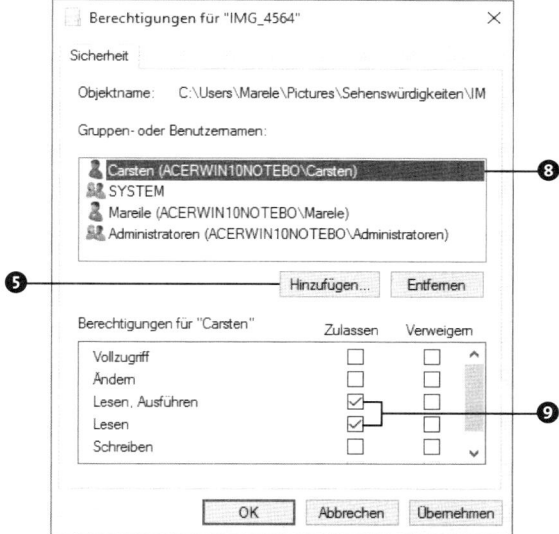

4 Geben Sie den Namen des Benutzers oder der Gruppe in das Feld **Geben Sie die zu verwendenden Objektnamen ein** ❻ ein. Nach einem Klick auf **Namen überprüfen** ❼ wird dieser dann automatisch um einen Systempfad der Form *Rechnername\Benutzername* ergänzt. Bestätigen Sie den Dialog mit **OK**. Damit befinden Sie sich wieder automatisch im Dialog **Berechtigungen für ...**.

5 Markieren Sie im Feld **Gruppen- oder Benutzernamen** den Benutzernamen, für den Sie gleich die Dateiberechtigungen ändern möchten ❽.

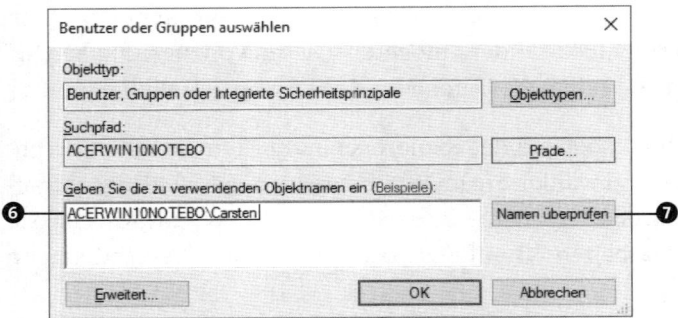

6 Über die entsprechenden Kontrollkästchen legen Sie jetzt gezielt die Berechtigungen fest. Soll beispielsweise ein Benutzer den Inhalt einer Word-Datei lesen, aber nicht verändern können, dann ist in der Spalte **Zulassen** ein Häkchen bei **Lesen** (❾ auf Seite 325), nicht aber bei **Schreiben** zu setzen.

ACHTUNG

Finger weg von den Berechtigungen der Systemdateien!

An dieser Stelle eine ausdrückliche Warnung: Versuchen Sie nicht, mithilfe eines Administratorkontos den Schreibschutz von Systemdateien auszuhebeln. Das unbedachte Löschen einer solchen Datei kann zum kompletten Ausfall des Computers führen.

8.11 Die Zwischenablage von Windows 10 mit neuer Funktionalität

Kopieren Sie eine Textpassage auf einer Webseite, wird sie in der Zwischenablage gespeichert und lässt sich von dort z. B. über die Tastenkombination ⌨Strg + ⌨V in einem anderen Programm einfügen. Eigentlich ist das sehr praktisch, wäre da bislang nicht ein kleiner Wermutstropfen gewesen: Denn bisher war die Zwischenablage auf einen Eintrag begrenzt. Sobald Sie also das nächste Element kopiert haben, etwa einen Tabellenausschnitt in einer Excel-Arbeitsmappe, wurde das zuvor in der Ablage gespeicherte Element (z. B. die kopierte Textpassage) durch das neue Element ersetzt. Schon mit dem Herbst-Update 2018 wurde diese Begrenzung der Zwischenablage aufgehoben. Seither lassen sich in Windows 10 bis zu 25 Elemente in der Ablage speichern. Wenn Sie möchten, können Sie den Inhalt der Zwischenablage sogar über die Cloud OneDrive mit anderen Geräten synchronisieren.

8.11.1 Die erweiterte Zwischenablage nutzen

Um in den Genuss der erweiterten Zwischenablage zu kommen, muss zunächst der sog. *Zwischenablageverlauf* aktiviert werden. In den folgenden Schritten erfahren Sie, wie Sie hierzu vorgehen und welche neuen Möglichkeiten die Zwischenablage Ihnen anschließend bietet.

1 Starten Sie die Einstellungen-App, z. B. über die Tastenkombination ⊞ + I. Rufen Sie die Kategorie **System** auf, und markieren Sie am unteren Rand der linken Spalte die **Zwischenablage ❶**.

2 Setzen Sie in der rechten Fensterhälfte den Regler unterhalb von **Zwischenablage-verlauf** auf **Ein ❷**. Die erweiterte Zwischenablage ist damit aktiviert und kann verwendet werden.

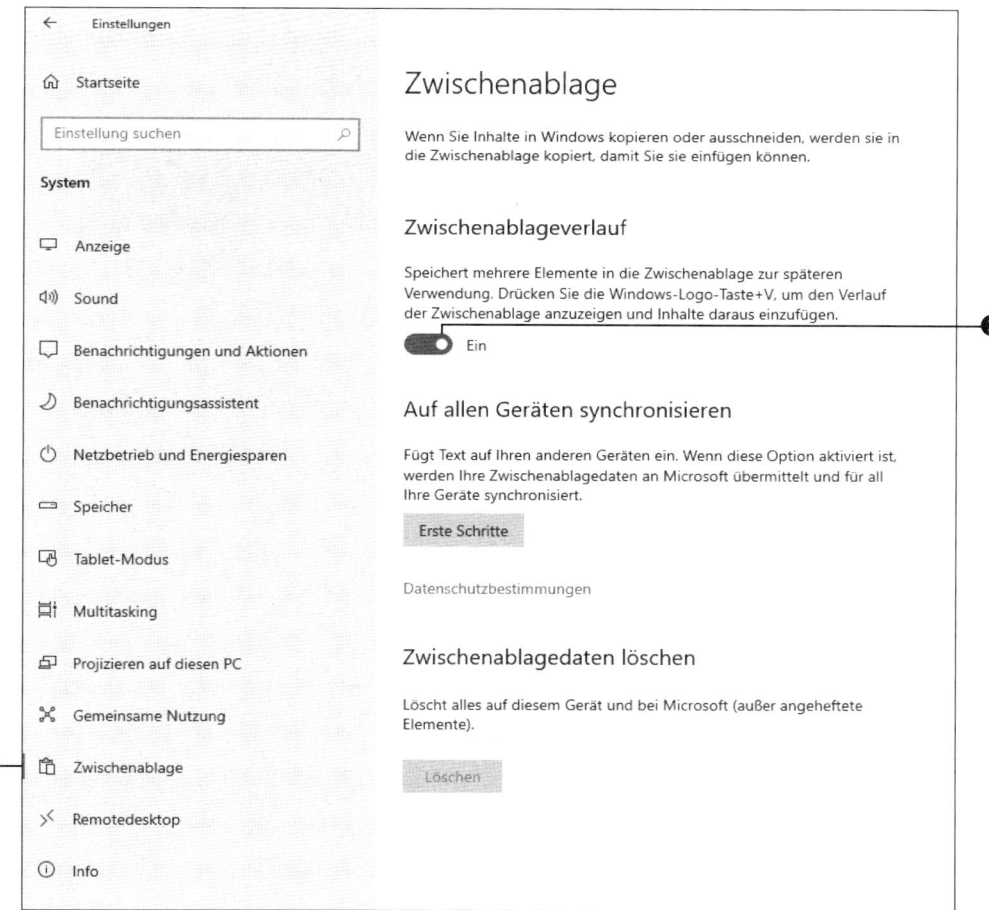

327

TIPP

Zwischenablageverlauf deaktivieren

Sollten Sie den Zwischenablageverlauf später einmal nicht mehr nutzen wollen, wiederholen Sie einfach Schritt 1 von Seite 327. Setzen Sie dann den Regler unterhalb von **Zwischenablageverlauf** auf **Aus**, und schon ist die Funktion deaktiviert.

Um Elemente in der Zwischenablage zu speichern, stehen Ihnen alle Methoden zur Auswahl, die Sie auch bisher genutzt haben. Hier eine Auswahl:

- Sobald Sie ein markiertes Element über die Tastenkombination $\boxed{\text{Strg}}$ + $\boxed{\text{C}}$ kopieren oder über $\boxed{\text{Strg}}$ + $\boxed{\text{X}}$ ausschneiden, befindet es sich in der Zwischenablage.

- Statt mit der Tastenkombination können Sie die entsprechenden Befehle auch über das Kontextmenü eines markierten Elements aufrufen ❸.

- Auch im Menüband eines Programms wie Microsoft Word finden Sie entsprechende Befehle zum **Kopieren** oder **Ausschneiden** eines Elements ❹.

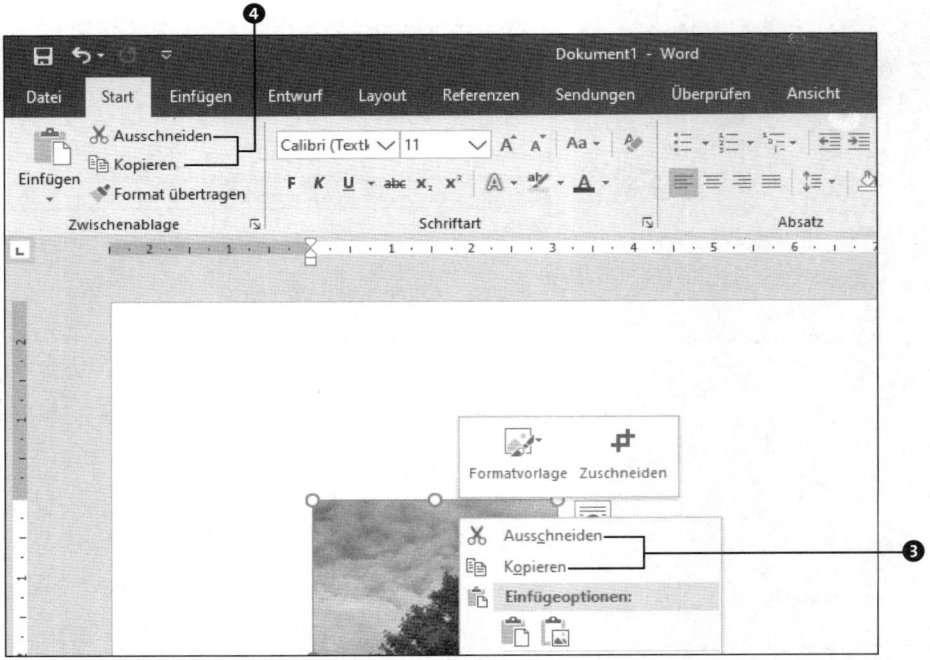

Abbildung 8.22 Ein zuvor markiertes Element kann z. B. über die Befehle im Menüband oder auch im Kontextmenü kopiert und ausgeschnitten werden.

- Drücken Sie die Taste `Druck`, wird ein Screenshot der gesamten Bildschirmoberfläche aufgenommen, der ebenfalls in der Zwischenablage gespeichert wird.

- Mit der Tastenkombination `Alt` + `Druck` lässt sich ein Screenshot des aktiven Elements, also des im Vordergrund befindlichen Programm- oder Dialogfensters aufnehmen. Dieser Screenshot steht anschließend ebenfalls in der Zwischenablage zur weiteren Nutzung bereit.

Auf die beschriebene Weise lassen sich Texte, Bilder und Elemente von Webseiten kopieren. Die Größe eines jeden Elements in der erweiterten Zwischenablage ist allerdings auf 4 MB beschränkt. Um das zuletzt der Zwischenablage hinzugefügte Element an der gewünschten Stelle einzufügen, reicht weiterhin die bereits gewohnte Tastenkombination `Strg` + `V` oder der **Einfügen**-Befehl, den Sie z. B. über das Kontextmenü oder im Menüband eines Programms erreichen.

Die folgenden Schritte zeigen, wie Sie ein älteres Element aus dem Zwischenablageverlauf abrufen. Wenn Sie die Schritte gleich selbst ausprobieren möchten, kopieren Sie z. B. nacheinander mehrere Textabschnitte und Bilder von Webseiten oder nehmen ein paar Screenshots auf. Anschließend geht es folgendermaßen weiter:

1 Öffnen Sie zunächst das Programm, in dem Sie ein Element aus der Zwischenablage einfügen möchten (z. B. das Textverarbeitungsprogramm Microsoft Word). Stellen Sie sicher, dass sich der Mauszeiger an der Stelle befindet, an der das eingefügte Element erscheinen soll ❶.

2 Drücken Sie die Tastenkombination ⊞ + `V`. Hierdurch wird der Dialog **Zwischenablage** geöffnet.

3 Im Dialog sind zunächst die letzten vier hinzugefügten Elemente zu sehen, wobei sich das neueste Element am Beginn der Liste befindet und markiert ist ❷. Sollten Sie mehr als vier Elemente kopiert haben, müssen Sie im Dialog blättern. Wenn Sie eine Computermaus mit Scrollrad nutzen, positionieren Sie hierzu einfach den Mauszeiger über dem Dialog und drehen das Scrollrad. Alternativ setzen Sie den Mauszeiger am rechten Rand des Dialogs auf die Bildlaufleiste und ziehen diese dann mit gedrückter linker Maustaste nach unten ❸. Auf einem Touchscreen reicht eine vertikale Wischbewegung.

4 Haben Sie das gewünschte Element entdeckt, reicht ein Mausklick darauf ❹, und schon wird es an der gewünschten Stelle eingefügt.

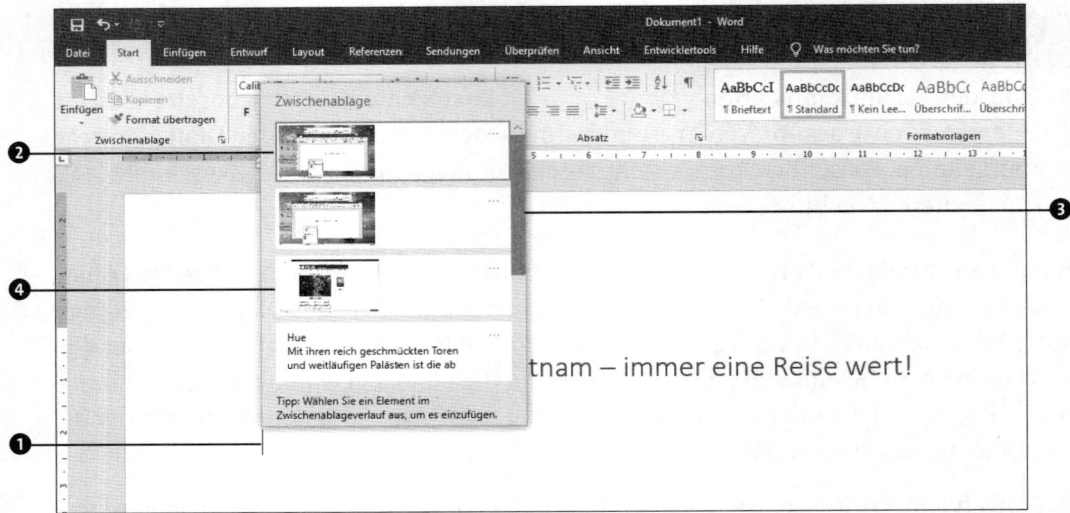

Der Zwischenablageverlauf bietet wie bereits erwähnt Platz für maximal 25 Elemente. Ab dann wird für jedes neu hinzugefügte Element automatisch das älteste in der Zwischenablage gelöscht. Sie können allerdings auch selbst für freien Platz sorgen, indem Sie Elemente aus der Zwischenablage entfernen. Umgekehrt können Sie Elemente auch dauerhaft in der Zwischenablage verankern, um ein automatisches Löschen zu verhindern.

1 Blenden Sie den Dialog **Zwischenablage** über die Tastenkombination ⊞ + Ⓥ ein.

2 Blättern Sie im Dialog bis zu dem Element, das Sie nicht mehr benötigen. Am rechten Rand des Elements finden Sie ein kleines Symbol mit drei Punkten ⋯ (❶ auf Seite 331). Klicken Sie darauf, und wählen Sie im aufklappenden Menü den Befehl **Löschen** ❷. Das Element wird aus der Zwischenablage entfernt.

3 Über den Befehl **Alle löschen** ❸ können Sie den gesamten Inhalt der Zwischenablage in einem Rutsch leeren. Auch wenn Sie den Computer herunterfahren, geschieht dies automatisch.

Gibt es ein Element, das Sie immer wieder benötigen? Dann nutzen Sie die Möglichkeit, den Text oder auch das Bild fest in der Zwischenablage anzuheften.

4 Klicken Sie im Dialog **Zwischenablage** rechts vom gewünschten Element auf das Symbol ⋯. Im aufklappenden Menü wählen Sie den Befehl **Auf Startseite** ❹. Das Element bleibt nun dauerhaft in der Zwischenablage, auch dann, wenn Sie den kompletten Inhalt (wie in Schritt 3 gezeigt) leeren oder den PC herunterfahren.

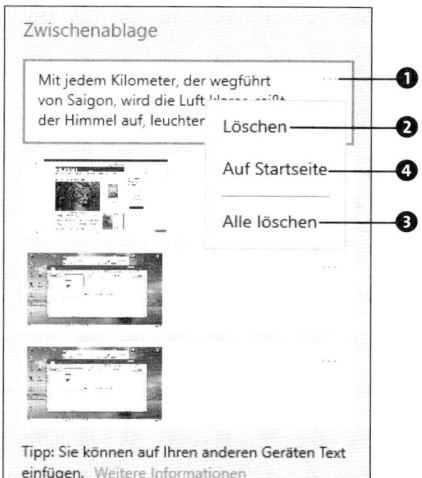

5 Benötigen Sie das angepinnte Element irgendwann doch nicht mehr, rufen Sie den Dialog **Zwischenablage** über die Tastenkombination ⊞ + Ⓥ auf.

6 Nach einem Klick auf das Symbol ⋯ wählen Sie den Befehl **Loslösen**. Das Element wird nun nur noch so lange in der Zwischenablage gespeichert, bis Sie es entweder selbst löschen, den gesamten Inhalt der Zwischenablage leeren, den PC ausschalten oder bis das Element durch ein neu hinzugefügtes Element ersetzt wird.

8.11.2 Den Inhalt der Zwischenablage mit anderen Geräten synchronisieren

Sie arbeiten immer wieder mit unterschiedlichen Geräten wie einem Windows-PC, -Notebook oder auch -Tablet, auf denen Sie sich aber jeweils mit demselben Microsoft-Konto anmelden? In diesem Fall können Sie den Zwischenablageverlauf über die Cloud OneDrive synchronisieren und so den Inhalt der Zwischenablage auf jedem dieser Geräte nutzen. Bevor die Synchronisation erfolgen kann, muss die entsprechende Funktion erst in der Einstellungen-App aktiviert werden. Dies gilt für jedes Gerät, auf dem Sie auf Elemente der Zwischenablage zugreifen möchten.

1 Starten Sie die Einstellungen-App z. B. über die Tastenkombination ⊞ + Ⓘ. Rufen Sie dann **System ▶ Zwischenablage ❶** auf.

2 Wenn Sie die Synchronisation noch nie genutzt haben, müssen Sie zunächst in der rechten Fensterhälfte unterhalb von **Auf allen Geräten synchronisieren** auf **Erste**

Schritte ❷ klicken. Die Schaltfläche steht nur dann zur Verfügung, wenn Sie auch mit einem Microsoft-Konto am Computer angemeldet sind.

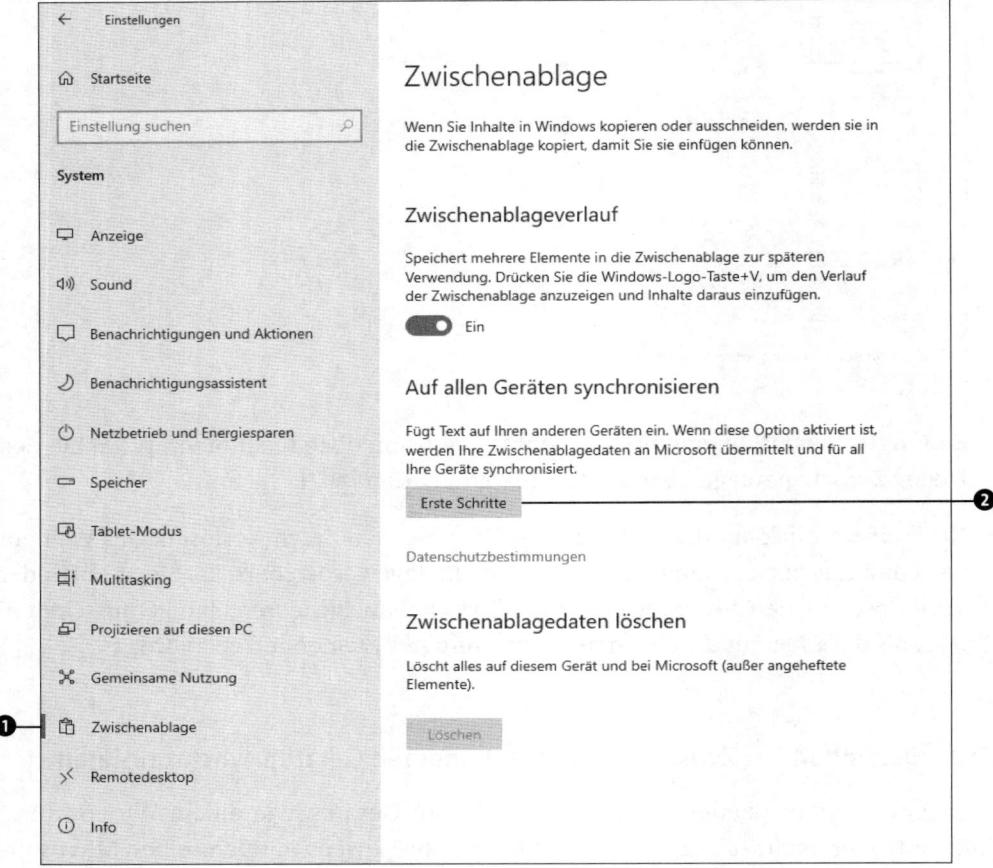

3 Als Nächstes prüft Microsoft eventuell Ihre Identität, indem es einen Code an die von Ihnen hinterlegte Mobiltelefonnummer oder E-Mail-Adresse schickt. Das Vorgehen wurde bereits im Zusammenhang mit der Einrichtung des persönlichen Tresors in der Cloud OneDrive beschrieben (siehe Schritt 3 und 4 ab Seite 312).

4 Wurde die Identität erfolgreich geprüft, wird in der Einstellungen-App in der Unterkategorie **Zwischenablage** unterhalb von **Auf allen Geräten synchronisieren** ein Regler eingeblendet. Mit einem Klick setzen Sie ihn auf **Ein ❸** und aktivieren so die Synchronisation der Zwischenablage.

Per Standardeinstellung ist die Option zur automatischen Synchronisation der Zwischenablage ausgewählt ❹. In diesem Fall wird die Synchronisation ganz ohne Ihr

Zutun mit all Ihren Geräten durchgeführt. Diese Option ist aus Datenschutz- und Sicherheitsgründen sehr kritisch zu sehen. Weitere Informationen hierzu lesen Sie im Kasten »Augen auf bei der automatischen Synchronisation« auf Seite 335.

5 Aus Sicherheitsgründen sollten Sie sich für die Option **Meinen kopierten Text nie automatisch synchronisieren** entscheiden ➎.

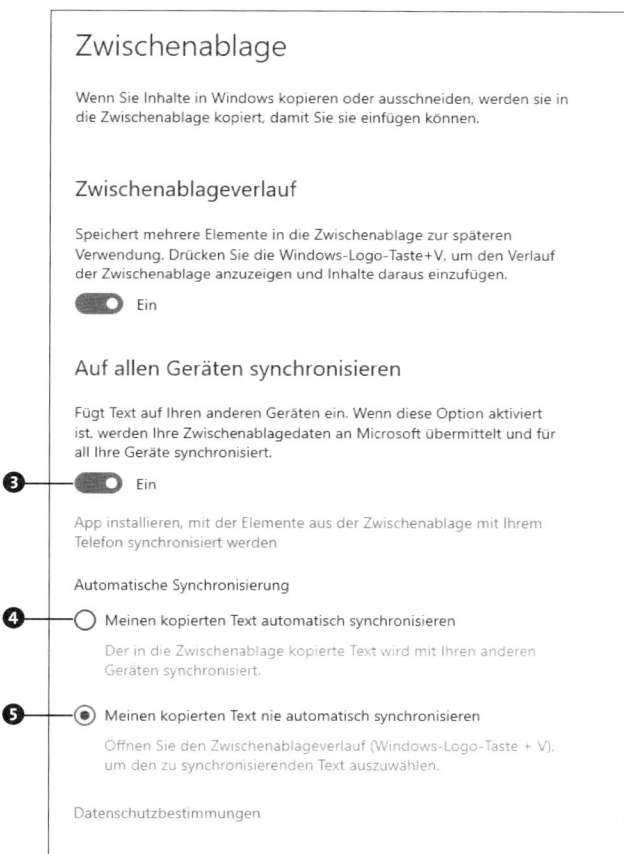

Ist die Option aktiviert, liegt es in Ihrer Hand, welche Einträge in die Cloud One-Drive übertragen und von dort mit anderen Geräten synchronisiert werden. Die Freigabe zur Synchronisation nehmen Sie im Zwischenablageverlauf vor.

6 Rufen Sie den Dialog **Zwischenablage** über die Tastenkombination ⊞ + Ⓥ auf.

7 Blättern Sie im Dialog bis zum gewünschten Element, das synchronisiert werden soll. Klicken Sie am rechten Rand des Elements auf das Symbol ⌷ ➏, und wählen

Sie dann den Befehl **Synchronisierung** ❼. Wird Ihnen der Befehl nicht angeboten, ist das Element höchstwahrscheinlich zu groß für die Synchronisation per Cloud.

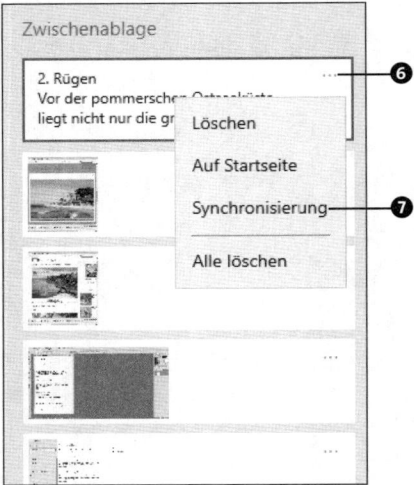

Das Element steht Ihnen nun auf allen Geräten zur Verfügung,

- auf denen Sie sich mit demselben Microsoft-Konto anmelden,
- auf denen Sie den Zwischenablageverlauf aktiviert haben und
- auf denen Sie die Synchronisation der Zwischenablage aktiviert haben.

Sie können die Elemente der Zwischenablage wie im vorherigen Abschnitt gezeigt einfügen, an die Zwischenablage anheften oder auch aus der Zwischenablage des Geräts löschen, mit dem Sie gerade arbeiten. Wenn Sie auch die in der Cloud abgelegten Inhalte der Zwischenablage löschen möchten, gehen Sie folgendermaßen vor:

1 Rufen Sie **Start** ▸ **Einstellungen** ▸ **System** ▸ **Zwischenablage** auf.

2 Blättern Sie in der rechten Fensterhälfte nach unten bis zum Bereich **Zwischenablagedaten löschen**. Mit einem Klick auf **Löschen** ❶ werden alle Elemente der Zwischenablage auf dem aktuellen Gerät sowie in der Cloud entfernt. Lediglich die angehefteten Elemente bleiben erhalten.

Wenn Sie den Zwischenablageverlauf irgendwann nicht mehr nutzen möchten, sollten Sie ihn wieder deaktivieren. Dies gilt auch für die Synchronisation des Zwischenablageinhalts. Hierzu reicht es, in der Einstellungen-App unter **Zwischenablage** die beiden Regler **Zwischenablageverlauf** ❷ sowie **Auf allen Geräten synchronisieren** ❸ auf **Aus** zu setzen.

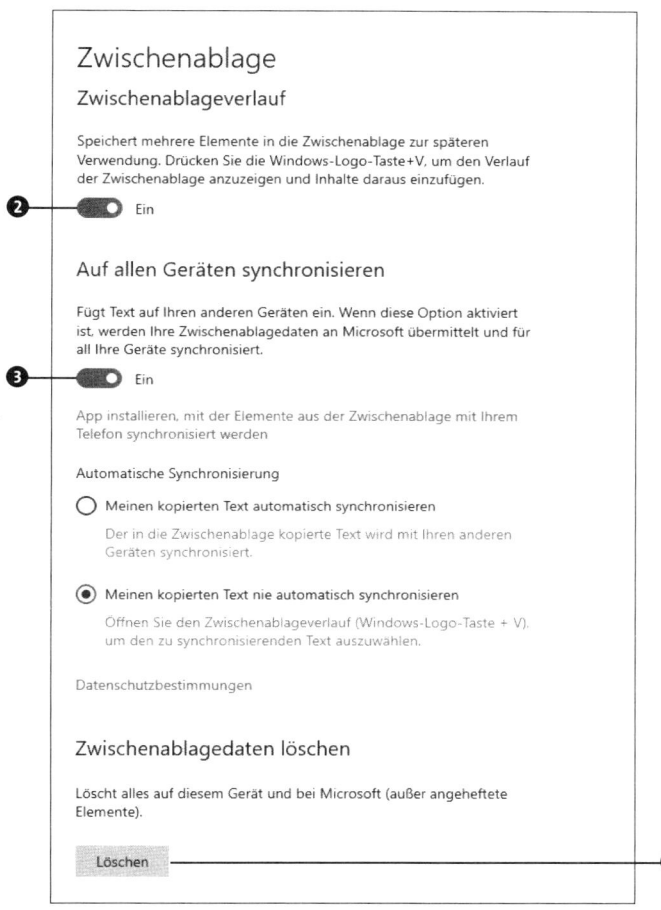

Augen auf bei der automatischen Synchronisation

Was immer Sie während Ihrer Arbeit am PC kopieren, landet in der Zwischenablage. Dabei kann es sich um harmlose Bilder und Texte handeln, aber ebenso um ausgesprochen heikle Daten. Kopieren Sie z. B. aus einem Passwort-Manager heraus ein Passwort, befindet sich dies damit ebenfalls automatisch in der Zwischenablage. Haben Sie nun die automatische Synchronisation der Zwischenablage gewählt, wird auch das Passwort in der Cloud OneDrive abgelegt. Solche sensiblen Daten haben aus Sicherheitsgründen aber nichts in einem Onlinespeicher verloren. Wenn Sie Wert auf Sicherheit legen, sollten Sie sich deshalb immer für die manuelle Synchronisation entscheiden, sofern Sie den Inhalt der Zwischenablage denn wirklich auf mehreren Geräten benötigen.

INFO

335

8.12 Nützliche Tastaturkürzel für den Explorer

Zum Abschluss dieses Kapitels gebe ich Ihnen noch eine Tabelle mit auf den Weg, die die wichtigsten Tastaturbefehle für den Explorer enthält.

Tastenkombination	Wirkung
⊞ + E	Öffnet den Explorer.
Alt + D	Öffnet das Menü **Datei**.
Alt + P	Blendet das Vorschaufenster am rechten Rand des Programmfensters ein bzw. aus.
Alt + ←	Wechselt zu einem zuvor geöffneten Ordner.
Alt + ↑	Führt in der Ordnerhierarchie eine Stufe nach oben.
Strg + E	Aktiviert das Suchfeld rechts oben.
Strg + N	Öffnet ein weiteres Programmfenster des Explorers.
Strg + ⇧ + N	Erzeugt einen neuen Ordner im aktuellen Ordner.
Strg + Mausrad nach oben bzw. unten	Vergrößert bzw. verkleinert Symbole in der aktuellen Ansicht.
Strg + A	Markiert alle Elemente innerhalb eines zuvor ausgewählten Ordners.
Strg + C	Kopiert zuvor markierte Elemente.
Strg + V	Fügt die zuvor kopierten Elemente ein.
Strg + X	Schneidet zuvor markierte Elemente aus.
⊞ + V	Öffnet den Dialog **Zwischenablage**, sofern zuvor der Zwischenablageverlauf über **Start ▶ Einstellungen ▶ System ▶ Zwischenablage** aktiviert wurde.
F2	Benennt ein markiertes Element um.
F4	Zeigt die Adressleiste an.

Tabelle 8.1 Mit Tastaturkürzeln ist die Bedienung des Explorers noch komfortabler.

9 Programme und Apps verwalten

Wo kann man weitere Apps für Windows 10 beziehen? Wie werden klassische Windows-Anwendungen installiert? Und wie wird man nicht mehr benötigte Programme wieder los? All diesen Fragen gehen wir in diesem Kapitel auf den Grund. Zuvor zeige ich Ihnen, wie Sie Programme und Apps starten und nicht den Überblick verlieren, auch wenn Sie mehr als eine Anwendung geöffnet haben.

9.1 Alles rund um den Umgang mit den Programmfenstern

Vielleicht kennen Sie auch solche Szenarien: Während man immer wieder den Browser zu Recherchezwecken im Internet nutzt, neu eintreffende E-Mails mit dem *Mail*-Programm im Blick behält, über den Explorer vielleicht eine Datei öffnet und diese dann mit *Microsoft Word* bearbeitet, lässt man sich noch gemütlich von der *Groove-Musik*-App mit seiner Lieblingsmusik berieseln. Und schon hat man fünf Programme parallel geöffnet. Zum Starten von Windows-Anwendungen und -Apps stehen Ihnen diverse Möglichkeiten zur Verfügung:

- Haben Sie ein entsprechendes Symbol in der Taskleiste hinterlegt (❶ auf Seite 338), reicht ein Mausklick darauf, und schon wird das Programm geöffnet.

- Auch über Desktopicons ❷ lassen sich Programme sowie Ordner blitzschnell per Doppelklick öffnen. Wie Sie entsprechende Verknüpfungen in der Taskleiste und auf dem Desktop anlegen, erfahren Sie in Kapitel 6, »Nützliche Funktionen des Desktops«, ab Seite 217.

Ein weiterer Weg zum Starten von Anwendungen führt über das Startmenü, das Sie per Klick auf das Windows-Logo am linken Rand der Taskleiste einblenden. Existiert für eine Anwendung eine eigene Kachel im Kachelbereich des Startmenüs ❸, klicken Sie diese einfach an. In der App-Liste im Startmenü ❹ finden Sie alle auf dem Computer installierten Apps und Windows-Anwendungen. Ist Ihnen dieser Weg zu umständlich, können Sie zu guter Letzt den Namen der Anwendung auch in das Suchfeld ❺ in der Taskleiste eingeben und die Anwendung dann per Klick auf den entsprechenden Eintrag in der Trefferliste öffnen.

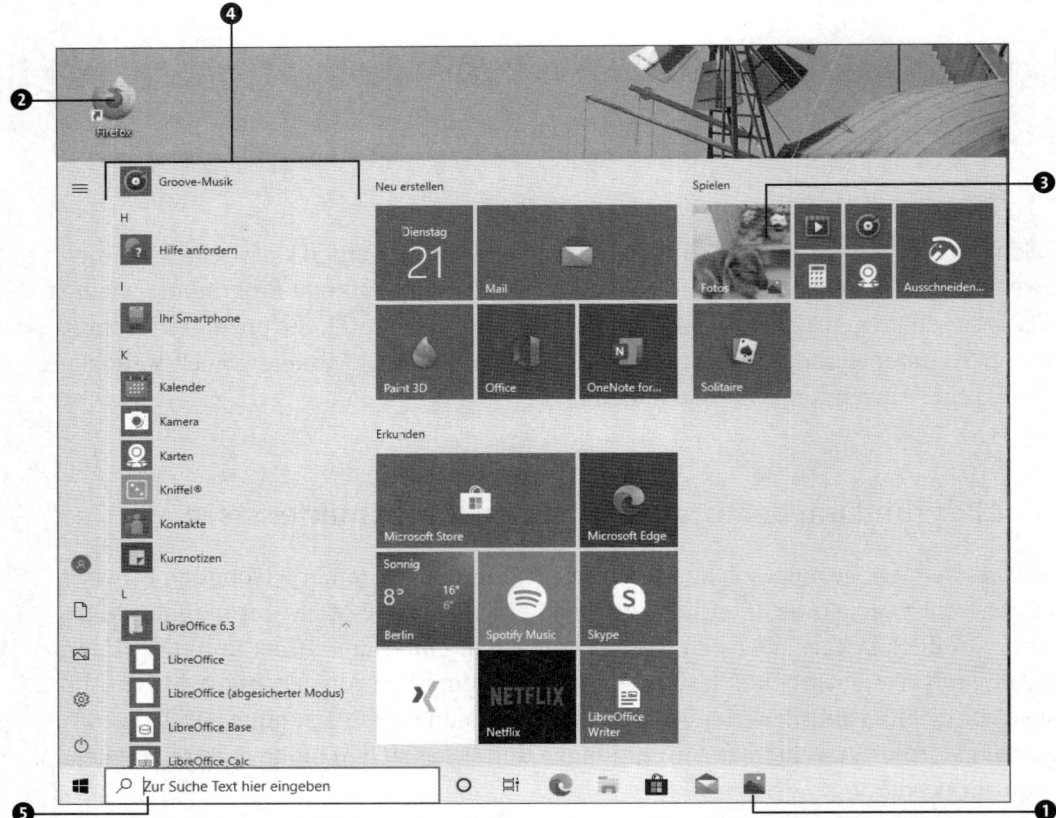

Abbildung 9.1 Apps und Windows-Anwendungen lassen sich auf vielfältige Weise öffnen.

INFO

Mehrere Instanzen eines Programms öffnen

Bei vielen klassischen Windows-Anwendungen, wie dem *Explorer* oder auch den Programmen von Microsoft Office, lassen sich mehrere Programmfenster parallel öffnen. Wenn Sie den Explorer per Klick auf das Programmsymbol in der Taskleiste starten und dann die Tastenkombination ⊞ + E drücken, haben Sie automatisch zwei Programmfenster des Explorers geöffnet. Beim Textverarbeitungsprogramm Word reicht es, z. B. über den Explorer zwei Word-Dokumente zu öffnen, und schon erscheinen ebenfalls zwei Programmfenster. Für Apps, wie etwa *Fotos* oder auch *Groove-Musik*, gilt dies meistens nicht: Sie lassen sich nur einmal starten. Allerdings gibt es auch hier Ausnahmen, wie etwa den Browser *Edge*. Klicken Sie auf einer Webseite, die Sie mit Edge geöffnet haben, mit der rechten Maustaste auf einen Link, können Sie die damit verknüpfte Webseite in einem neuen Programmfenster öffnen, indem Sie im Kontextmenü den Befehl **Link in neuem Fenster öffnen** wählen. Umgekehrt gibt es auch bei den klassischen Windows-Anwendungen Ausnahmen, d. h., auch hier finden Sie Programme, die sich nur einmal starten lassen. Das betrifft z. B. den *Windows Media Player*. Für diesen gibt es allerdings ein anderes Schmankerl in der Vorschau zu bewundern. Denn sobald Sie den Mauszeiger auf das Programmsymbol in der Taskleiste setzen, werden in der Vorschau auch die Schaltflächen eingeblendet, über die Sie die Musikwiedergabe steuern können (siehe die Abbildung nach Schritt 2 in der nächsten Schrittanleitung).

9.1.1 Geöffnete Anwendungen im Blick per Vorschaufenster

Mehrere Programme parallel geöffnet zu haben ist keine Seltenheit. Für jede geöffnete Anwendung wird in der Taskleiste ein eigenes Symbol angezeigt. Die geöffneten Programme erkennen Sie hier anhand der dünnen Linie ❶, mit der die Programmsymbole jeweils unterstrichen sind. Das Programmfenster, das sich auf dem Bildschirm im Vordergrund befindet, ist außerdem leicht grau hervorgehoben ❷. Klicken Sie in der rechten oberen Fensterecke auf das Symbol **Minimieren** ❸, wird das Programmfenster ganz ausgeblendet. Übrig bleibt nur das Programmsymbol in der Taskleiste.

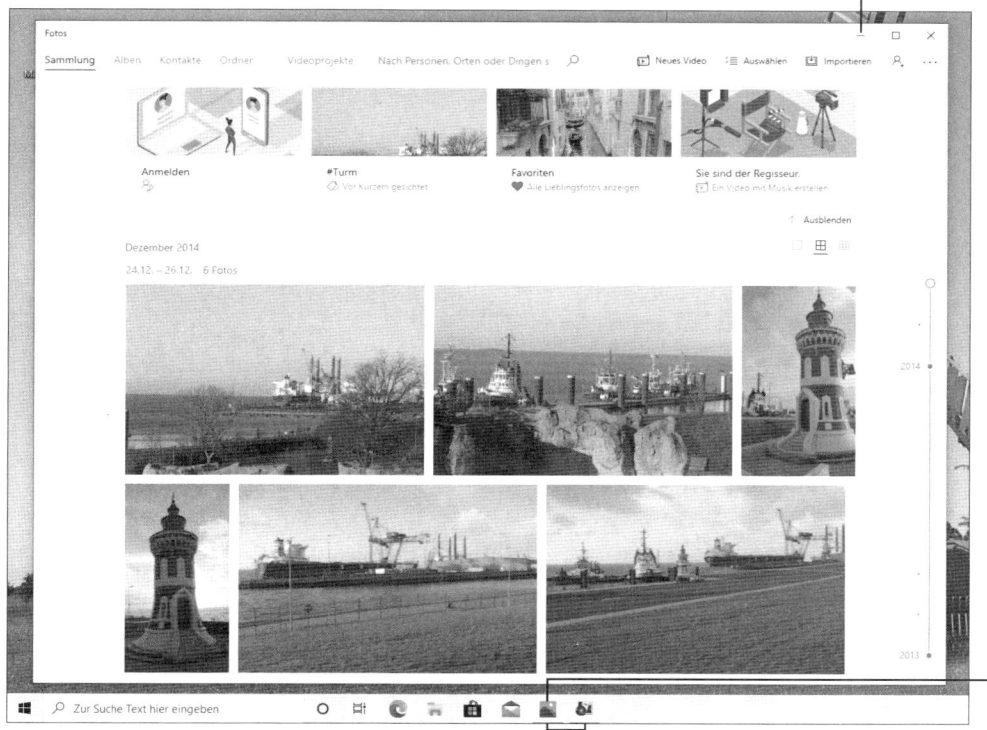

Abbildung 9.2 Für jedes geöffnete Programm wird in der Taskleiste ein Symbol eingeblendet.

Sehen wir uns nun an, wie Sie ganz bequem zwischen geöffneten Programmfenstern wechseln können. Im folgenden Beispiel habe ich die Fotos-App, den Windows Media Player, zwei Instanzen des Browsers Edge (lesen Sie hierzu auch den Kasten »Mehrere Instanzen eines Programms öffnen« auf Seite 338) sowie ein Bildbearbeitungsprogramm geöffnet.

1 Wenn Sie den Mauszeiger in der Taskleiste auf das Symbol einer geöffneten Anwendung ❶ positionieren, wird eine kleine Vorschau des Programmfensters eingeblendet ❷.

2 Ziehen Sie den Mauszeiger nun auf diese Vorschau, erscheint zusätzlich das Programmfenster in der ursprünglichen Größe ❸.

3 Sobald Sie den Mauszeiger von der Vorschau entfernen, verschwindet das Programmfenster auch schon wieder.

4 Bewegen Sie den Mauszeiger in der Taskleiste auf das Symbol eines Programms, von dem Sie mehrere Instanzen geöffnet haben (im Beispiel handelt es sich um zwei Programmfenster des Browsers Edge) ❹, wird für jedes geöffnete Programmfenster eine eigene Vorschau eingeblendet. Positionieren Sie den Mauszeiger nun auf einem der Vorschaufenster, erscheint auch hier das dazugehörige Programmfenster in der ursprünglichen Größe.

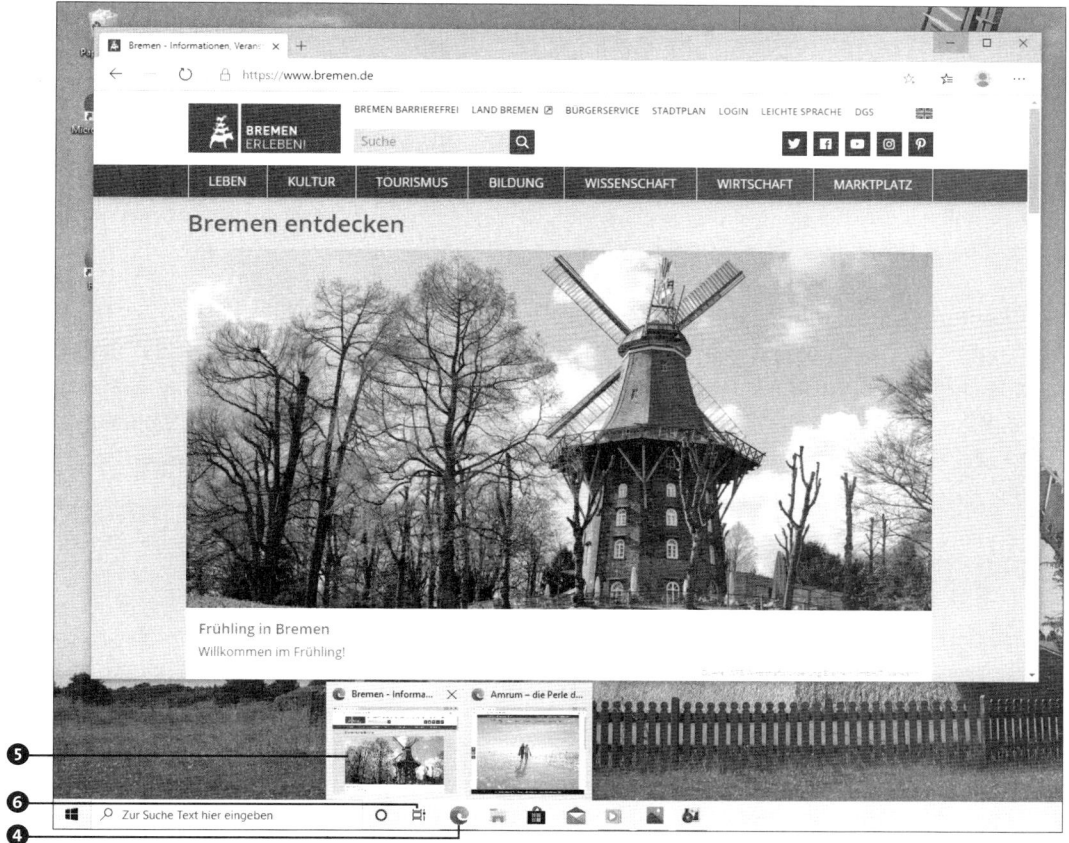

5 Um nun zu einem der geöffneten Programmfenster zu wechseln (sprich: um dieses Fenster auf dem Bildschirm in den Vordergrund zu holen), klicken Sie entweder auf das Programmsymbol in der Taskleiste oder auch auf die entsprechende Vorschau. Sind mehrere Instanzen der Anwendung geöffnet, blendet Windows 10 nach einem Klick auf das Programmsymbol automatisch alle Vorschaufenster ein, aus denen Sie das gewünschte Programmfenster per Mausklick auswählen ❺.

Die kleinen Vorschaufenster sind ausgesprochen praktisch, wenn es darum geht, den Überblick über mehrere geöffnete Programmfenster zu behalten. Es gibt aber auch eine Alternative. Drücken Sie die Tastenkombination [Alt] + [↹], werden alle geöffneten

Programmfenster als kleine Vorschau auf dem Bildschirm angezeigt. Wenn Sie die Taste ⌥Alt⌤ gedrückt halten, während Sie immer wieder die Taste ⌥⇆⌤ betätigen, gelangen Sie von einer Anwendung zur nächsten. Sobald die Anwendung, zu der Sie wechseln möchten, weiß eingerahmt wird, lassen Sie die ⌥Alt⌤-Taste los.

Abbildung 9.3 Drücken Sie die Tastenkombination ⌥Alt⌤ + ⌥⇆⌤, wird eine Übersicht über alle geöffneten Programme eingeblendet.

Wählen Sie statt der Tastenkombination ⌥Alt⌤ + ⌥⇆⌤ die Kombination ⊞ + ⌥⇆⌤, gelangen Sie automatisch zur Taskansicht, die Sie auch per Klick auf das Symbol **Task-ansicht** ▤ (**⑥** auf Seite 341) in der Taskleiste aktivieren können. In der Taskansicht wählen Sie die gewünschte Anwendung einfach per Mausklick aus. Oder Sie drücken so häufig die Pfeiltaste ⌥→⌤ bzw. ⌥←⌤, bis die Anwendung umrahmt ist, und öffnen diese dann durch Drücken der Taste ⌥↵⌤.

TIPP

Gruppierung von Programmsymbolen aufheben

Auch wenn Sie mehrere Instanzen eines Programms geöffnet haben, erscheint das Programmsymbol in der Taskleiste nur ein einziges Mal. Erst durch das Positionieren des Mauszeigers auf dem Programmsymbol wird für jede Instanz jeweils eine Vorschau eingeblendet. Wer diese sog. Gruppierung nicht schätzt, sondern lieber für jedes geöffnete Programmfenster auch ein eigenes Symbol in der Taskleiste haben möchte, muss die entsprechende Taskleisteneinstellung ändern. Klicken Sie hierzu mit der rechten Maustaste auf einen freien Bereich der Taskleiste und im Kontextmenü auf **Taskleisteneinstellungen**. Im Einstellungen-Dialog blättern Sie nach unten bis zum Feld **Schaltflächen der Taskleiste gruppieren**. Nach einem Klick in das Feld wählen Sie nun entweder **Nie** aus, falls die Programmsymbole nie gruppiert werden sollen, oder **Wenn die Taskleiste voll ist**. In diesem Fall beginnt Windows 10 erst dann mit der Gruppierung der Symbole, wenn kein freier Platz mehr in der Taskleiste verfügbar ist.

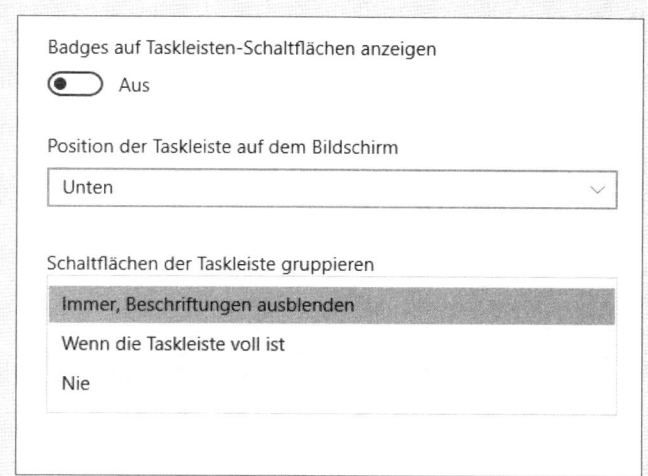

Abbildung 9.4 Die Gruppierung von Programmsymbolen in der Taskleiste kann auch aufgehoben werden.

Im Einstellungen-Dialog der Taskleiste können Sie übrigens auch festlegen, ob auf den Programmsymbolen sog. *Badges* angezeigt werden sollen. (Badges sind kleine Hinweise, die neu eingegangene Nachrichten ankündigen.) Haben Sie z. B. eine neue Mail erhalten, erscheint auf dem Programmsymbol der Mail-App ein entsprechender Hinweis mit der Anzahl neuer E-Mails. Wünschen Sie diese Badges nicht, ziehen Sie den Regler **Badges auf Taskleisten-Schaltflächen anzeigen** in den **Taskleisteneinstellungen** nach links auf **Aus**.

9.1.2 Die Fensterfunktionen Snap und Shake

Arbeiten Sie mit einem Gerät mit Touchscreen, wird ein Programmfenster automatisch im Vollbildmodus geöffnet. Es füllt also den gesamten Bildschirm aus. Auf einem Desktop-PC oder Notebook nimmt das Fenster dagegen nur einen Teil des Bildschirms ein. Wenn Sie hier die Fenstergröße individuell anpassen möchten, bewegen Sie den Mauszeiger auf einen der vier Fensterränder. Nimmt der Zeiger die Form eines Doppelpfeils an, können Sie die Größe mit gedrückter linker Maustaste anpassen. Soll das Programmfenster im Vollbildmodus angezeigt werden, reicht ein Klick auf das Symbol **Maximieren**, das sich in der rechten oberen Fensterecke befindet. Um das Fenster wieder zu verkleinern, klicken Sie auf das Symbol **Verkleinern**.

Anstatt die Größe der Programmfenster über die gerade erwähnten Symbole zu verändern, können Sie auch die *Snap*-Funktion von Windows 10 nutzen. Vereinfacht gesagt, werden die Programmfenster hierbei mit gedrückter linker Maustaste (oder im Falle eines Tablets mit dem Finger) auf dem Bildschirm verschoben. Mit dieser Technik lassen sich sogar blitzschnell die Fenster von geöffneten Anwendungen nebeneinander anordnen. Das ist z. B. praktisch, wenn Sie Informationen aus einer Anwendung (etwa Termine, die Sie in der *Kalender*-App eingetragen haben) in einem anderen Programm (etwa beim Schreiben eines Briefes mit Word) benötigen. Sehen wir uns die Techniken einmal im Detail an.

1 Wenn Sie ein Programmfenster im Vollbildmodus anzeigen möchten, bewegen Sie den Mauszeiger auf die Titelleiste des Fensters. Ziehen Sie den Zeiger dann mit gedrückter linker Maustaste an den oberen Bildschirmrand. Stößt der Mauszeiger quasi am Bildschirmrand an, lassen Sie die Maustaste los. Das Programmfenster wird nun automatisch maximiert.

2 Soll das Fenster wieder verkleinert werden, führen Sie Schritt 1 einfach in umgekehrter Richtung durch. Sie positionieren also wieder den Mauszeiger auf der Titelleiste des Programmfensters und ziehen den Zeiger nun mit gedrückter linker Maustaste in Richtung Bildschirmmitte. Hier reicht bereits ein kleines Stück aus, und schon wird das Fenster wieder in der ursprünglichen Größe angezeigt. Halten Sie die Taste weiterhin gedrückt, können Sie das Fenster noch auf dem Bildschirm an die gewünschte Position verschieben. Lassen Sie dann die Maustaste los.

Als Nächstes sollen zwei Programmfenster nebeneinander auf dem Bildschirm angeordnet werden. Sie sollten also entsprechend zwei Programme öffnen.

3 Bewegen Sie den Mauszeiger auf die Titelleiste des ersten der beiden Programmfenster. Ziehen Sie den Mauszeiger nun mit gedrückter linker Maustaste an den rechten bzw. linken Bildschirmrand ❶, je nachdem, ob das Programmfenster in der rechten bzw. linken Bildschirmhälfte angezeigt werden soll.

4 Sobald Sie mit dem Mauszeiger den Bildschirmrand erreicht haben, wird in der entsprechenden Bildschirmhälfte ein transparenter Rahmen eingeblendet ❷. Dieser markiert bereits den Bereich, den das Programmfenster einnimmt, wenn Sie nun die Maustaste loslassen.

5 Das erste Programmfenster wird jetzt in der einen Bildschirmhälfte angezeigt. In der anderen Hälfte sehen Sie jeweils eine Vorschau der anderen bereits geöffneten Programmfenster ❸. Per Mausklick wählen Sie hier das Programm aus, das in der zweiten Bildschirmhälfte angezeigt werden soll.

6 Auch hier können Sie die Anordnung der Programmfenster ganz schnell aufheben, indem Sie den Mauszeiger auf die Titelleiste eines Programms bewegen und ihn dann mit gedrückter linker Maustaste in Richtung Bildschirmmitte ziehen. Wiederholen Sie den Schritt für das zweite Programm.

Zwei Programmfenster nebeneinander reichen Ihnen nicht; Sie möchten gern vier Fenster auf dem Bildschirm anordnen? Auch das ist mithilfe der Snap-Funktion machbar.

7 Positionieren Sie den Mauszeiger auf der Titelleiste des ersten Programmfensters, und ziehen Sie es mit gedrückter linker Maustaste in eine der vier Bildschirmecken. Erscheint der transparente Rahmen, lassen Sie die Maustaste los. Das Fenster nimmt nun ein Viertel des Programmfensters ein.

8 Wiederholen Sie Schritt 7 für die drei weiteren Programme, indem Sie diesen jeweils eines der drei übrigen Bildschirmviertel zuweisen.

9 Um die Fenster wieder in der ursprünglichen Größe anzuzeigen, ziehen Sie jeweils wieder die Titelleiste mit gedrückter linker Maustaste in Richtung Bildschirmmitte.

Eine weitere pfiffige Funktion, die Windows 10 im Zusammenhang mit Programmfenstern anzubieten hat, ist die *Shake*-Funktion. Wenn Sie mehrere Programmfenster geöffnet haben, sich für einen Moment aber auf eine ganz bestimmte Anwendung konzentrieren möchten, können Sie die anderen Fenster mit einem kleinen Schütteltrick ausblenden.

Hierzu holen Sie zunächst das Programmfenster in den Vordergrund, das Ihnen wichtig ist. Positionieren Sie dann den Mauszeiger auf der Titelleiste. Bewegen Sie den Mauszeiger nun mit gedrückter linker Maustaste ganz schnell hin und her – schütteln (auf Englisch *shake*) Sie ihn quasi –, so werden alle anderen Programmfenster ausgeblendet. Sobald nur noch das Programmfenster der gewünschten Anwendung zu sehen ist, lassen Sie die Maustaste los. Durch erneutes Schütteln holen Sie die anderen Programmfenster ebenso schnell wieder auf den Bildschirm zurück.

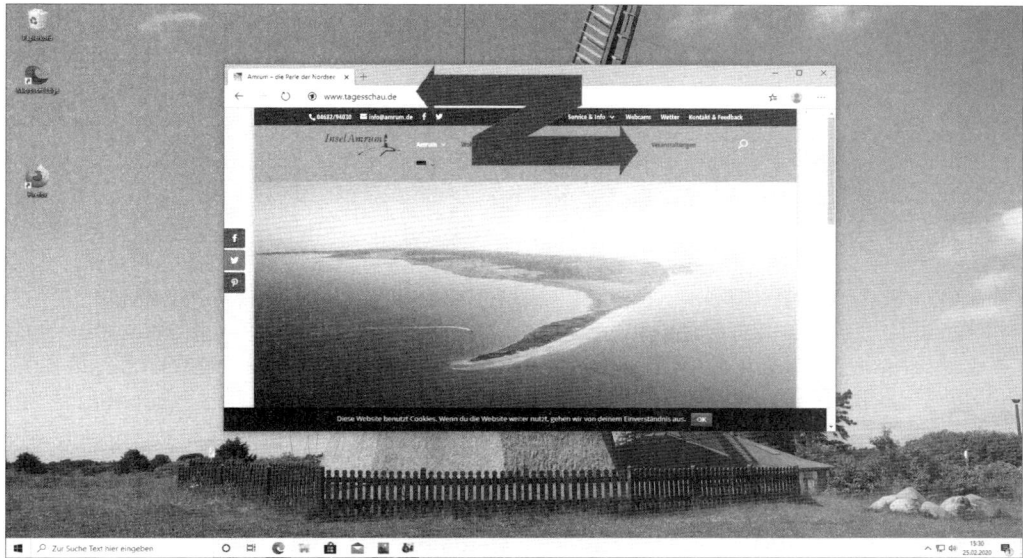

Abbildung 9.5 Schütteln Sie ein Programmfenster kräftig von einer Seite zur anderen, werden alle anderen Fenster aus- bzw. auch wieder eingeblendet.

9.1.3 Programme und Apps beenden

Nachdem Sie auf den vorherigen Seiten erfahren haben, wie Sie Anwendungen öffnen, zwischen den Programmfenstern wechseln und diese geschickt auf dem Bildschirm anordnen, zeige ich Ihnen nun noch kurz, wie Sie Windows-Anwendungen und -Apps wieder beenden. Auch hierzu stehen Ihnen verschiedene Möglichkeiten zur Auswahl:

- Befindet sich das Programmfenster der Anwendung, die Sie beenden möchten, auf dem Bildschirm im Vordergrund, reicht ein Klick auf das Schließen-Symbol in der rechten oberen Fensterecke ❶. Alternativ können Sie auch die Tastenkombination Alt + F4 drücken.

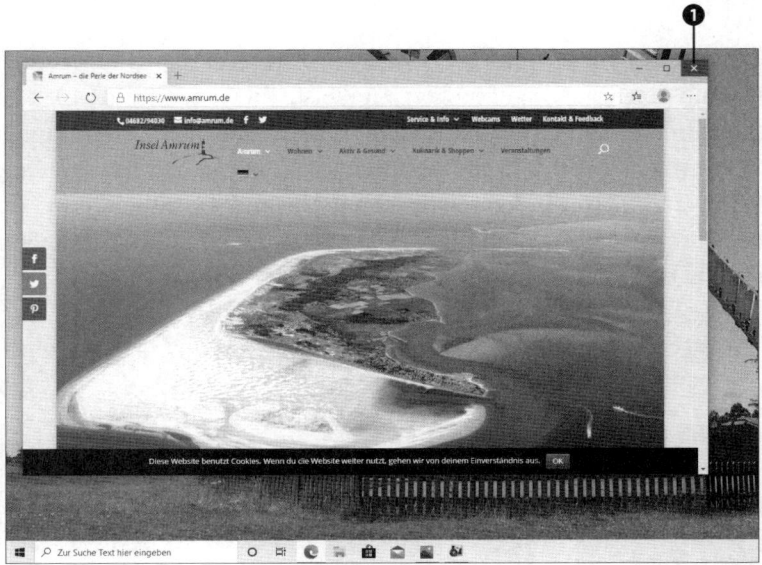

- Der zweite Weg zum Beenden eines Programms führt Sie zur Vorschau in der Taskleiste. Positionieren Sie hierzu den Mauszeiger über dem entsprechenden Programmsymbol, und führen Sie ihn dann auf die Vorschau. In der rechten oberen Ecke des Vorschaufensters erscheint jetzt ebenfalls das kleine Schließen-Symbol in Form eines Kreuzes ❷. Ein Klick auf es, und die Anwendung wird beendet. Voraussetzung hierfür ist allerdings, dass alle im Programm geöffneten Dateien bereits gespeichert wurden. Ist dies nicht der Fall, blinkt das Programmsymbol in der Taskleiste orange auf. Blenden Sie in diesem Fall das Programmfenster ein, und speichern Sie das noch geöffnete Dokument.

- Wenn Sie mit einem Tablet arbeiten, stehen Ihnen im Tabletmodus die beiden zuvor beschriebenen Wege nicht zur Verfügung. Hier tippen Sie einfach auf den oberen Rand eines Programmfensters und ziehen den Finger dann ganz nach unten bis zum unteren Bildschirmrand. Sobald Sie den Finger vom Bildschirm nehmen, wird die Anwendung beendet. Unter Windows 8.1 ließ sich diese Bewegung übrigens auch noch mit der Maus durchführen, unter Windows 10 klappt das nicht mehr. Hier wird das Programmfenster lediglich an den unteren Bildschirmrand verschoben.

TIPP

Apps neu starten

Nicht immer denkt man beim Herunterfahren oder Neustart des Computers daran, zuvor alle Apps zu schließen. Sobald man sich dann wieder am PC angemeldet hat, öffnet Windows 10 diese nicht beendeten Apps automatisch. Mit der Version 2004 von Windows 10 können Sie dies nun verhindern. Rufen Sie hierzu **Start ▸ Einstellungen ▸ Konten ▸ Anmeldeoptionen** auf. Blättern Sie in der rechten Spalte bis zum Bereich **Apps neu starten**. Setzen Sie den Regler **Meine Apps, die neu gestartet werden können, beim Abmelden automatisch speichern und nach der Anmeldung neu starten** mit einem Mausklick auf **Aus**.

9.2 Apps aus dem Microsoft Store installieren

In Windows 10 sind bereits einige Apps integriert, die die wichtigsten Alltagsaufgaben wie etwa das Surfen im Internet, das Versenden von E-Mails oder auch das Bearbeiten von Fotos ermöglichen. Im Microsoft Store, kurz auch *Store* genannt (dt. »Geschäft«), finden Sie eine Vielzahl weiterer Apps, aber auch Filme und TV-Sendungen. Ein Teil dieses Angebots steht Ihnen sogar kostenlos zur Verfügung.

Um den Store aufzurufen, klicken Sie auf das entsprechende Symbol ❶ in der Taskleiste. Haben Sie dieses bereits entfernt, lässt sich der Microsoft Store auch über die gleichnamige Kachel ❷ im Startmenü oder über den Eintrag **Microsoft Store** ❸ in der App-Liste des Startmenüs öffnen.

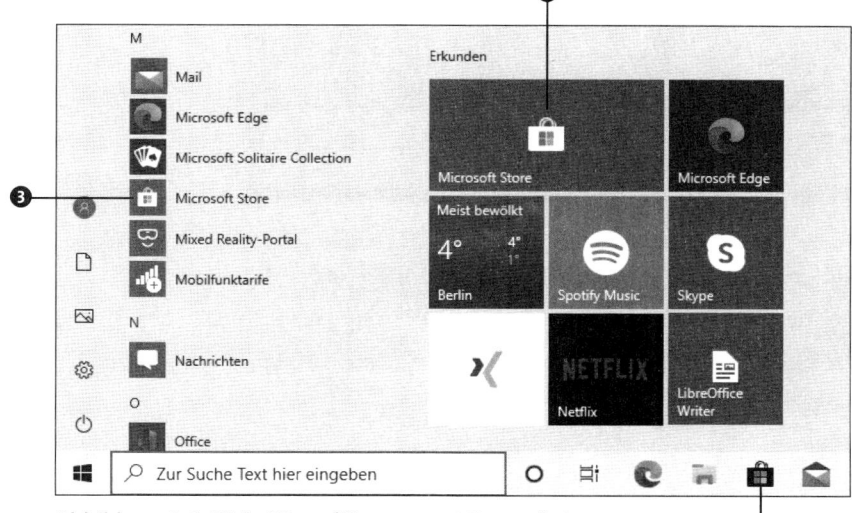

Abbildung 9.6 Viele Wege führen zum Microsoft Store.

INFO

Nur Apps, aber keine Windows-Anwendungen, sind im Store zu finden

Über den Microsoft Store können Sie lediglich Apps beziehen, die für Geräte mit Touchscreen optimiert wurden. Klassische Windows-Anwendungen werden im Store dagegen nicht angeboten. Wie Sie solche auch *Desktopprogramme* genannten Anwendungen installieren, erfahren Sie in Abschnitt 9.3, »Beliebige Programme installieren«, ab Seite 360.

9.2.1   Apps im Microsoft Store aufspüren

Der Microsoft Store wird automatisch mit der sog. *Startseite* geöffnet. Zu Beginn dieser Seite erhalten Sie zunächst einige Empfehlungen von Microsoft. Dabei handelt es sich um Apps, Spiele und Filme. Blättern Sie mithilfe der Bildlaufleiste oder durch Drehen des Scrollrades der Computermaus nach unten, gelangen Sie zu Kategorien wie **Spiele**, **Kostenlose Top-Apps** oder auch **Sammlungen**. Klicken Sie auf die Schaltfläche **Alle anzeigen** ❶, die rechts neben einer Kategorie eingeblendet wird, werden alle Unterkategorien eingeblendet. Wenn Sie wieder zur Startseite zurückkehren möchten, reicht ein Klick auf das Menü **Startseite** ❷ oben links.

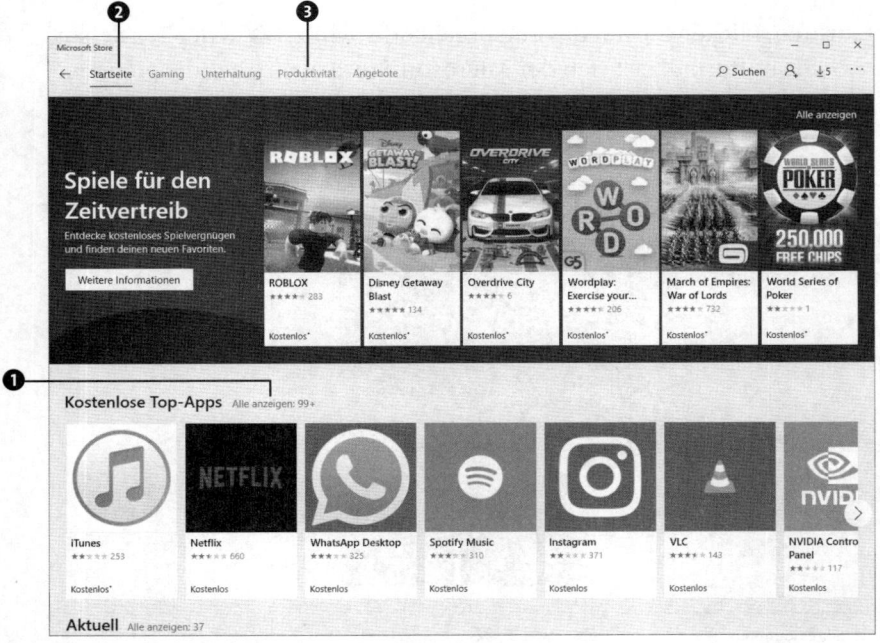

Abbildung 9.7 Die Startseite des Microsoft Stores

Um den Store kennenzulernen, bietet es sich an, zunächst einfach nur zu stöbern. Wenn Sie z. B. einen Blick in das App-Angebot werfen möchten, klicken Sie oben links auf das Menü **Produktivität ❸**. Auf der folgenden Seite werden diverse Kategorien aufgelistet, etwa **Specials für Apps** oder auch **App-Bestseller**. Mit einem Klick auf **Alle anzeigen** gelangen Sie zur Übersicht der ausgewählten Kategorie. Es werden nun sowohl alle kostenpflichtigen als auch kostenlosen Apps der Kategorie aufgeführt. Sind Sie an den Apps interessiert, die von anderen Nutzern gut bewertet wurden, klicken Sie in das Feld ganz links und wählen in der aufklappenden Liste **Beste Kritiken ❹** aus.

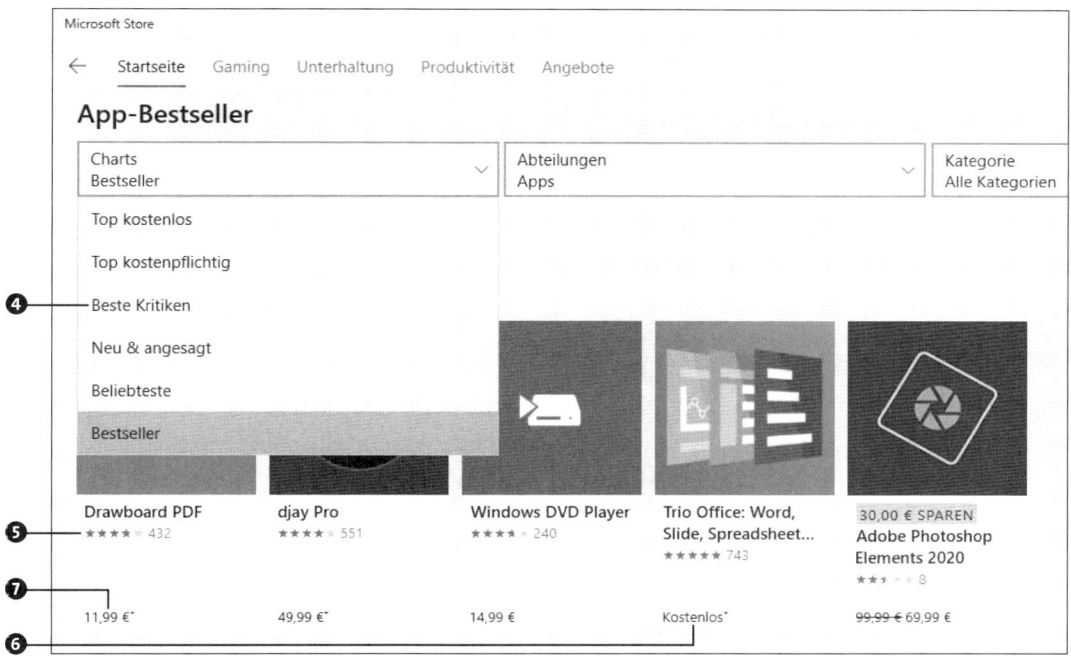

Abbildung 9.8 Jede Kategorie lässt sich noch weiter eingrenzen.

Der Anzahl an Sternen ❺, die jeweils unterhalb des Namens einer App angezeigt wird, können Sie entnehmen, wie die App von anderen Personen bewertet wurde. Hier erfahren Sie auch, ob eine App kostenlos ist ❻. Handelt es sich um eine kostenpflichtige App, wird entsprechend der Preis angezeigt ❼. Um die Übersicht noch weiter einzuschränken, können Sie über das Feld **Kategorie ❽** auch ein spezielles Thema auswählen. Mit einem Klick auf die Schaltfläche **Filter zurücksetzen ❾** heben Sie den gesetzten Filter wieder auf. Suchen Sie etwas zur Unterhaltung, wählen Sie im Feld **Abteilungen ❿** die **Spiele** aus. Über das Pfeil-Symbol oben links ⓫ gelangen Sie immer wieder zur zuvor besuchten Seite zurück.

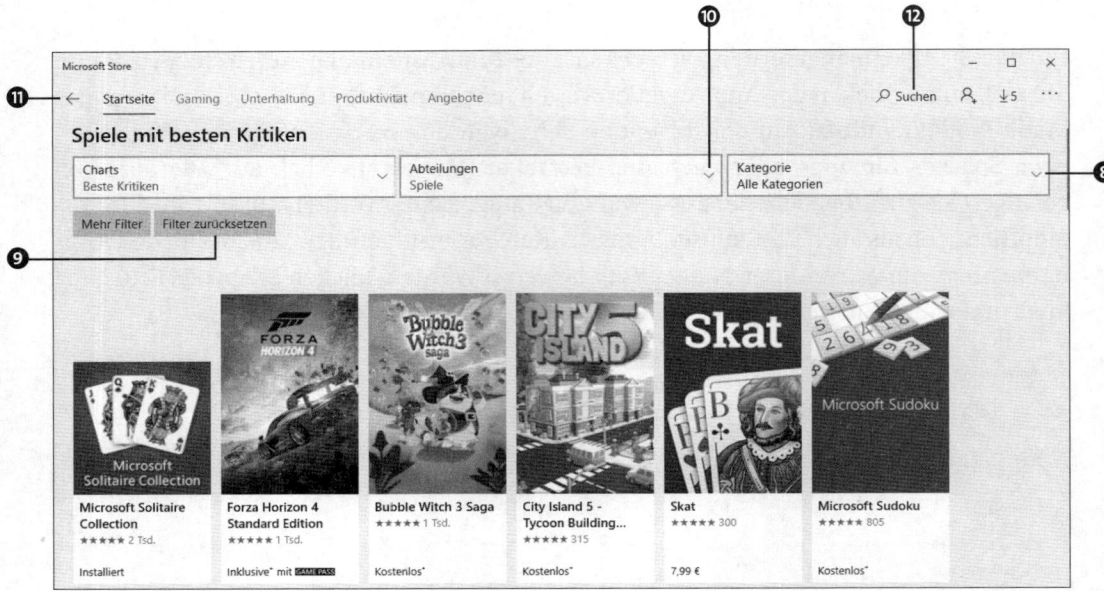

Abbildung 9.9 Der Store bietet ein großes Angebot an Spielen an.

Interessiert Sie eine App näher, klicken Sie auf die entsprechende Miniaturvorschau. Sie erhalten nun viele Detailinformationen über die App inklusive einiger Bildschirmfotos, die die Oberfläche der App zeigen. Blättern Sie auf der Seite nach unten, gelangen Sie zu den ausführlichen Bewertungen, die Sie sich ganz in Ruhe durchlesen sollten. Auch die Downloadgröße sowie die Altersfreigabe werden hier aufgeführt.

Wissen Sie bereits genau, welche App Sie gerne hätten, müssen Sie natürlich nicht mühselig den Store durchsuchen. Geben Sie stattdessen einfach den Namen der App oben rechts in das Suchfeld ⑫ ein, z. B. »DWD Warnwetter« für die beliebte App des Deutschen Wetterdienstes. Durch Drücken der Taste ⏎ wird die Suche gestartet. Sollte es zum Suchbegriff mehr Treffer geben, wählen Sie die gewünschte App in der Ergebnisliste einfach per Mausklick aus.

Wenn Sie sich genau über eine App informiert haben und diese gerne auf Ihrem Computer installieren möchten, hängt das weitere Vorgehen davon ab, ob es sich um eine kostenlose oder eine kostenpflichtige App handelt. Beide Varianten zeige ich Ihnen in den nächsten beiden Abschnitten.

TIPP

Den Speicherort für Apps ändern

Alle neu installierten Apps werden automatisch auf dem Systemlaufwerk gespeichert, auf dem auch Windows 10 selbst installiert ist. Wenn Sie ein anderes Laufwerk vorziehen, können Sie den Standardspeicherort auch ändern. Rufen Sie hierzu über das Startmenü die **Einstellungen** auf, und wählen Sie die Kategorie **System**. Markieren Sie links den **Speicher**, und klicken Sie dann rechts auf **Speicherort für neuen Inhalt ändern**. Nach einem Klick in das Feld unterhalb von **Neue Apps werden gespeichert in** wählen Sie in der aufklappenden Liste den gewünschten neuen Speicherort aus. Analog können Sie auf dieser Seite auch den Standardspeicherort von Dokumenten, Musik oder Fotos und Videos ändern. Wenn Sie für bereits installierte Apps ebenfalls den Speicherort ändern möchten, klicken Sie im Einstellungen-Dialog so häufig oben links auf das Pfeil-Symbol, bis Sie wieder bei der Kategorienübersicht angelangt sind. Wählen Sie hier nun **Apps** aus. In der linken Spalte ist bereits **Apps & Features** markiert. Den neuen Speicherort müssen Sie nun leider für jede App einzeln festlegen.

Markieren Sie hierzu rechts die erste App, die Sie selbst installiert haben (der Speicherort der Basis-Apps von Windows 10 lässt sich nicht ändern). Klicken Sie dann auf die nun sichtbare Schaltfläche **Verschieben**. In dem kleinen Dialog, der nun eingeblendet wird, klicken Sie in das Feld und wählen den neuen Speicherort für die App aus. Mit einem Klick auf **Verschieben** wird die App entsprechend verschoben. Im Dialog **Apps ▶ Apps & Features** können Sie übrigens auch festlegen, aus welchen Quellen Apps auf dem PC installiert werden dürfen. Per Standardeinstellung lässt Windows 10 alle Quellen zu. Nach einem Klick auf das Feld unterhalb von **Installationsquellen** können Sie aber auch einstellen, dass nur Apps aus dem Store zugelassen werden.

9.2.2 Kostenlose Apps installieren

Sie möchten gerne eine der kostenlosen Apps oder ein kostenloses Spiel auf Ihrem Computer installieren? In diesem Fall gehen Sie folgendermaßen vor:

1 Nach Auswahl der Anwendung finden Sie unterhalb des Hinweises **Kostenlos** die Schaltfläche **Herunterladen**, auf die Sie klicken.

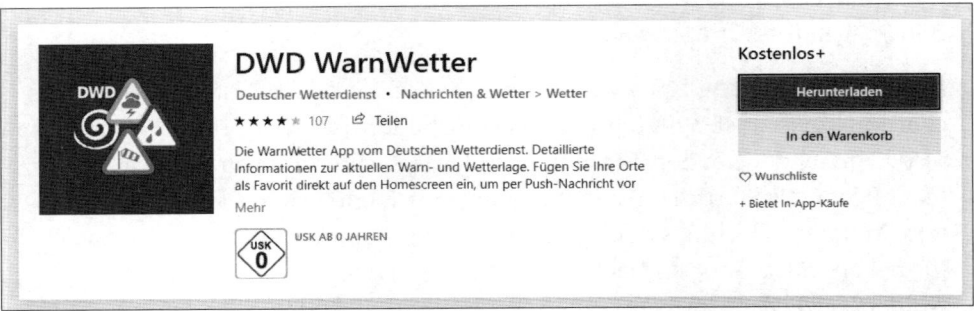

2 Sollten Sie mit einem lokalen Benutzerkonto am Computer angemeldet sein, bietet Ihnen Microsoft an, die App geräteübergreifend zu verwenden. In diesem Fall müssten Sie sich über **Anmelden** mit dem Microsoft-Konto am PC anmelden, das Sie auch auf anderen Geräten (z. B. einem Tablet) nutzen. Wünschen Sie dies nicht, klicken Sie stattdessen auf **Nein, danke**.

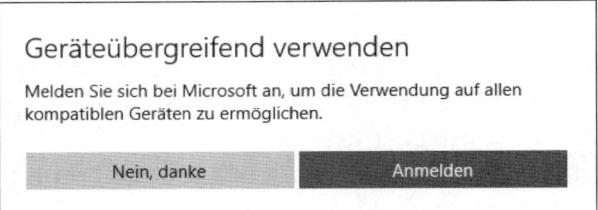

3 Die ausgewählte Anwendung wird nun heruntergeladen und sofort installiert. Je nach Dateigröße kann dieser Vorgang etwas dauern. Nach erfolgreicher Installation erscheint die Schaltfläche **Starten** bzw. **Spielen**, je nachdem, ob Sie eine App oder ein Spiel ausgewählt haben. Ein Klick auf die Schaltfläche, und die Anwendung wird direkt geöffnet.

4 Natürlich können Sie die Anwendung auch erst später ausprobieren. Der Aufruf erfolgt dann wie gewohnt über die App-Liste im Startmenü. Kürzlich installierte Anwendungen werden hier mit **Neu** gekennzeichnet.

9.2.3 Kostenpflichtige Apps erwerben

Möchten Sie über den Microsoft Store eine kostenpflichtige App erwerben, ist die Anmeldung mit einem Microsoft-Konto Pflicht. Sind Sie bereits mit einem Benutzerkonto am Computer angemeldet, das mit einem Microsoft-Konto verknüpft ist, entfallen die Schritte 2 und 3 der folgenden Anleitung für Sie. Nutzen Sie dagegen ein lokales Benutzerkonto, ist die Anmeldung wie beschrieben vorzunehmen.

1 Klicken Sie auf der Übersichtsseite der Anwendung unterhalb des Preises auf die Schaltfläche **Kaufen** ❶.

2 Sollten Sie noch nicht mit einem Microsoft-Konto angemeldet sein, erscheint der Dialog **Anmelden**. Tragen Sie die E-Mail-Adresse sowie nach einem Klick auf **Weiter** das Kennwort Ihres Microsoft-Kontos in die entsprechenden Felder ein, und bestätigen Sie mit **Anmelden**.

3 Der nächste Dialog **Dieses Konto überall auf Ihrem Gerät verwenden** ist sehr wichtig. Damit Ihr lokales Benutzerkonto nicht in ein Microsoft-Konto umgewandelt wird, klicken Sie am unteren Rand des Dialogs auf **Nur Microsoft-Apps** ❷.

4 Als Nächstes müssen Sie die Zahlungsmethode auswählen. Klicken Sie hierzu auf die gleichnamige Schaltfläche.

5 Wählen Sie nun eine Zahlungsmethode aus. Zur Auswahl stehen zunächst die Bezahlung per Direktüberweisungsverfahren *Sofort* (Informationen hierzu finden Sie unter *www.sofort.com*), *GiroPay* (siehe *www.giropay.de*) sowie per Geschenkgutschein. (Lesen Sie hierzu auch den Kasten »Mit Geschenkgutschein im Microsoft Store einkaufen« auf Seite 357.) Nach einem Klick auf **Neue Zahlungsmethode hinzufügen** ❸ können Sie zusätzlich zwischen den Methoden **Kreditkarte oder Debitkarte**, **PayPal** oder auch **Mobiltelefon**, also Handyrechnung, wählen. Letzteres ist derzeit nur bei den Anbietern O_2, Telekom Deutschland sowie Vodafone möglich. Haben Sie die Zahlungsmethode markiert, geben Sie die entsprechenden Daten ein.

6 Sobald Sie mit **Absenden** bzw. **Kaufen** bestätigen, beginnt die Installation der App. Auch hier wird nach der erfolgreichen Installation ein entsprechender Hinweis eingeblendet.

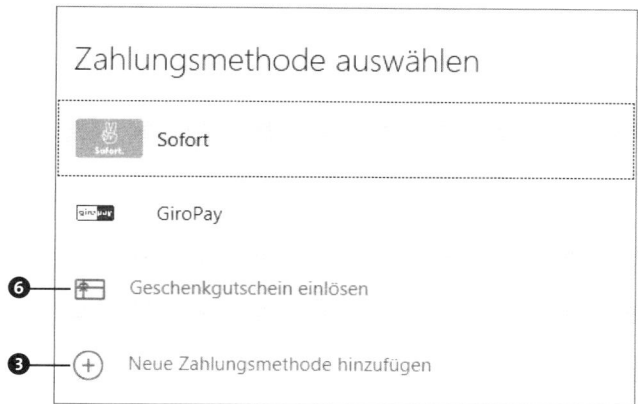

7 Wenn Sie im Microsoft Store nicht weiter einkaufen möchten, sollten Sie nicht vergessen, sich abzumelden. Klicken Sie hierzu in der Symbolleiste am oberen Fensterrand auf das Logo Ihres Benutzerkontos ❹. Markieren Sie im folgenden Dialog Ihr Microsoft-Konto, und klicken Sie dann auf **Abmelden** ❺.

TIPP

Mit Geschenkgutschein im Microsoft Store einkaufen

Nicht jeder gibt gerne seine Kreditkarten-Daten über das Internet preis. Auch der Besitz eines GiroPay-Kontos ist keine Selbstverständlichkeit. Es gibt aber noch eine Möglichkeit, wie Sie Ihre Einkäufe im Microsoft Store bezahlen können: mit Geld- und Geschenkgutscheinen. Diese Gutscheine können Sie mit unterschiedlichen Kartenwerten (z. B. 15 € oder 50 €) u. a. in Drogerie-, Super- und Technikfachmärkten oder an Tankstellen erwerben. Um einen Gutschein einzulösen, klicken oder tippen Sie im Dialog **Zahlungsmethode auswählen** auf **Geschenkgutschein einlösen** ❻. Geben Sie anschließend den Code Ihres Gutscheins ein. Sie finden ihn auf der Kartenrückseite, müssen ihn dort allerdings erst freikratzen, damit er sichtbar wird. Sobald Sie den 25-stelligen Code korrekt eingegeben und auf **Einlösen** geklickt haben, können Sie auch schon in Höhe des Gutscheinwertes im Store einkaufen.

9.2.4 Apps auf dem neuesten Stand halten

Apps werden immer wieder um neue Funktionen ergänzt, und Fehler werden ausgebessert. Ähnlich wie beim Betriebssystem Windows 10 werden diese App-Updates automatisch auf Ihren Computer übertragen, vorausgesetzt, Sie sind im Microsoft Store angemeldet. Sie können aber auch selbst prüfen, ob neue Updates verfügbar sind.

1 Rufen Sie den Microsoft Store auf, z. B. per Klick auf das Programmsymbol in der Taskleiste.

2 Sollten Sie noch nicht am Store angemeldet sein, klicken Sie in der Symbolleiste des Stores oben rechts auf das Logo Ihres Benutzerkontos ❶ und dann auf **Anmelden**.

3 Wählen Sie Ihr Microsoft-Konto aus, und bestätigen Sie mit **Weiter**. Nachdem Sie Ihr Kennwort eingegeben haben, klicken Sie auf **Anmelden**.

4 Nach erfolgreicher Anmeldung klicken Sie auf das Symbol **Weitere Infos** ❷, das sich rechts vom Logo des Benutzerkontos befindet. In der Liste, die nun aufklappt, wählen Sie **Downloads und Updates** ❸.

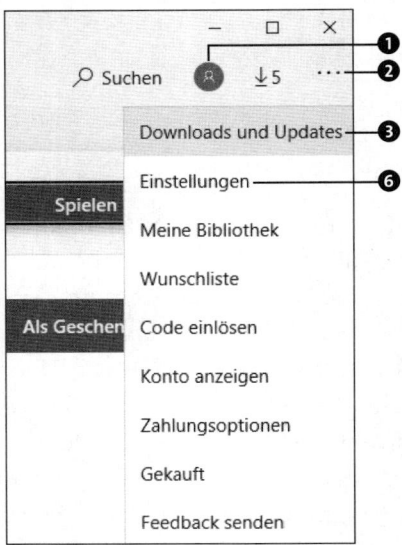

5 Sie erhalten jetzt eine Übersicht über alle auf Ihrem Computer installierten Apps. In der rechten Spalte erfahren Sie, wann eine App das letzte Mal aktualisiert wurde. Wenn Sie selbst prüfen möchten, ob für Ihre Apps neue Updates verfügbar sind, klicken Sie oben rechts auf **Updates abrufen** ❹. Über die Schaltfläche **Alle aktualisieren** ❺ können Sie alle verfügbaren Updates in einem Rutsch installieren.

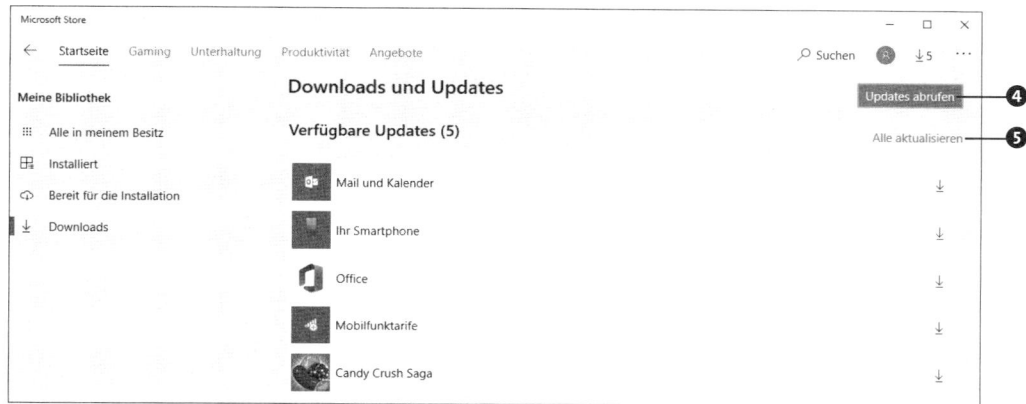

6 Wie zu Anfang erwähnt, werden die Aktualisierungen der Apps automatisch vorgenommen. Wem dies nicht recht ist, der kann den Automatismus auch deaktivieren. Rufen Sie hierzu nach einem Klick auf das Symbol **Weitere Infos** den Befehl **Einstellungen** (❻ auf Seite 358) auf.

7 Um die automatische Aktualisierung zu deaktivieren, ziehen Sie den Regler unterhalb von **Apps automatisch aktualisieren** ❼ nach links auf **Aus**. In diesem Fall sollten Sie allerdings regelmäßig selbst prüfen, ob Updates vorhanden sind!

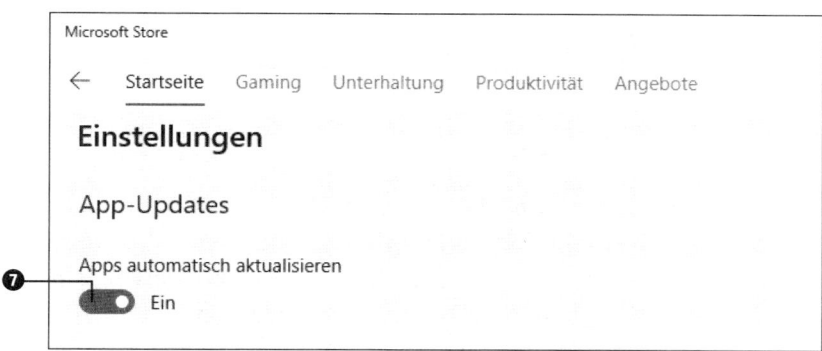

8 Da Sie sich bereits in den Einstellungen des Microsoft Stores befinden, sollten Sie noch einen weiteren Punkt prüfen. Blättern Sie im Dialog etwas nach unten bis zum

Bereich **Anmeldung für den Einkauf**. Microsoft bietet Ihnen an, den Einkauf im Store zu beschleunigen, indem Sie nicht mehr nach dem Kennwort Ihres Microsoft-Kontos gefragt werden. Falls andere Personen Zugang zu Ihrem Computer haben, sollte diese Funktion unbedingt deaktiviert sein, der Regler also auf **Aus** stehen.

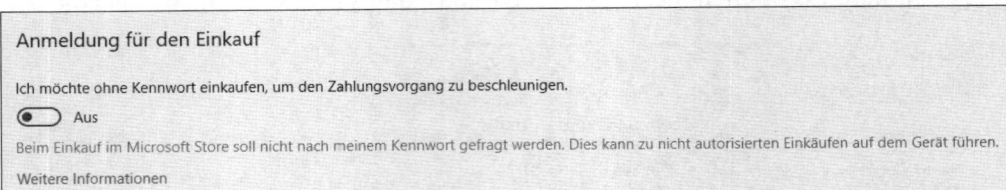

9.3   Beliebige Programme installieren

In Abschnitt 9.2, »Apps aus dem Microsoft Store installieren«, ab Seite 349 haben Sie erfahren, wie Sie Apps, Spiele oder auch Filme über den Microsoft Store beziehen können. Die im Store angebotenen Apps sind für Geräte mit Touchscreen optimiert. Klassische Windows-Anwendungen, die für die Nutzung auf der Desktopoberfläche entwickelt wurden, suchen Sie im Store bisher vergeblich. Solche Desktopprogramme können Sie meist auf den Webseiten der Hersteller selbst erwerben, aber natürlich auch in Onlineshops wie Amazon oder ganz klassisch im Fachhandel.

Wählen Sie den Weg über Onlineshops oder den Fachhandel, erhalten Sie meist eine Box. Während diese früher eine CD oder DVD enthielt, über die sich die Software installieren ließ, findet man heutzutage in der Box häufig nur noch einen Zettel, auf dem eine Internetadresse notiert ist. Über die entsprechende Webseite können Sie dann das Programm auf Ihren PC herunterladen und anschließend installieren.

9.3.1   Programme von CD/DVD installieren

Wenn Sie ein Programm erworben haben, das auf einer CD oder DVD ausgeliefert wurde, ist die Installation schnell erledigt. Sobald Sie den Datenträger in das Laufwerk Ihres Computers gelegt haben, startet meist sofort die automatische Wiedergabe. In der rechten unteren Fensterecke erscheint eine Aufforderung, eine Aktion für den erkannten Datenträger auszuwählen. Klicken Sie hierauf und im nächsten Dialog auf die ausführbare Datei unterhalb von **Programm von Medium installieren oder ausführen**. Ein Assistent führt Sie nun Schritt für Schritt durch die Installation des Programms. Ab und an meldet sich dabei eventuell die Benutzerkontensteuerung zu Wort. Ihre Fragen beantworten Sie jeweils mit **Ja**.

Abbildung 9.10 Windows 10 bietet Ihnen als Aktion an, das Programm zu installieren.

Sollte die automatische Wiedergabe der CD bzw. DVD nicht funktionieren, rufen Sie den Explorer z. B. per Klick auf das Programmsymbol in der Taskleiste auf. Markieren Sie dann im Navigationsbereich des Explorers das CD/DVD-Laufwerk. Im Inhaltsbereich des Explorers, also in der rechten Spalte des Programmfensters, werden nun alle Dateien und Ordner aufgelistet, die sich auf dem Datenträger befinden. Suchen Sie hier nach der Installationsdatei (auch *Setup-Datei* genannt). Sie trägt meist den Namen *Setup.exe*, *Start.exe* oder auch *Install.exe*. Mit einem Doppelklick auf diese Datei starten Sie die Programminstallation. Auch hier folgen Sie wieder den weiteren Anweisungen.

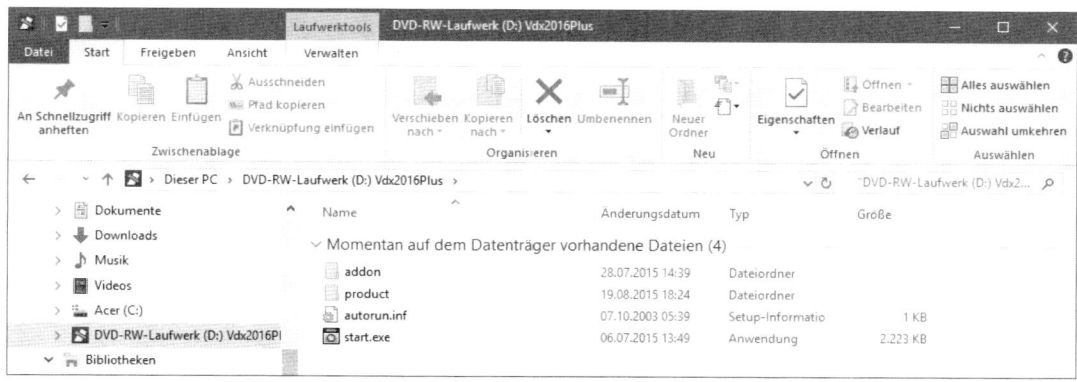

Abbildung 9.11 Die Installationsdatei lässt sich auch über den Explorer starten.

9.3.2 Programme aus dem Internet installieren

Vielen Herstellern von Software ist die Produktion von CDs oder auch DVDs mittlerweile zu teuer. Weitaus günstiger kommt es, wenn sie ihre Produkte zum Download im Internet anbieten. Wenn Sie die Software im Fachhandel oder einem Onlineshop gekauft haben, finden Sie in der Produktbox entsprechend nur noch einen Zettel, auf dem die Webseite des Herstellers notiert ist, von der Sie das Programm herunterladen können. Ebenfalls in der Box enthalten ist der Product Key, mit dem das Programm aktiviert wird.

Alternativ können Sie eine Windows-Anwendung natürlich auch direkt über die Webseite des Herstellers erwerben. Da jeder Anbieter eine andere Vorgehensweise hat, kann ich Ihnen in den folgenden Schritten nur exemplarisch zeigen, wie der Download und die anschließende Installation einer Software erfolgt. Als Beispiel wähle ich den Browser *Mozilla Firefox*, den Sie kostenlos von der Webseite *www.mozilla.org/de* herunterladen können.

1 Starten Sie den Browser Edge, und öffnen Sie die Webseite *www.mozilla.org/de* ❶.

2 Klicken Sie oben rechts auf die Schaltfläche **Firefox herunterladen** ❷.

3 Der Download der Installationsdatei wird sofort durchgeführt. Anschließend erscheint am unteren Bildschirmrand eine Symbolleiste, in der Sie auf **Alle anzeigen** ❸ klicken.

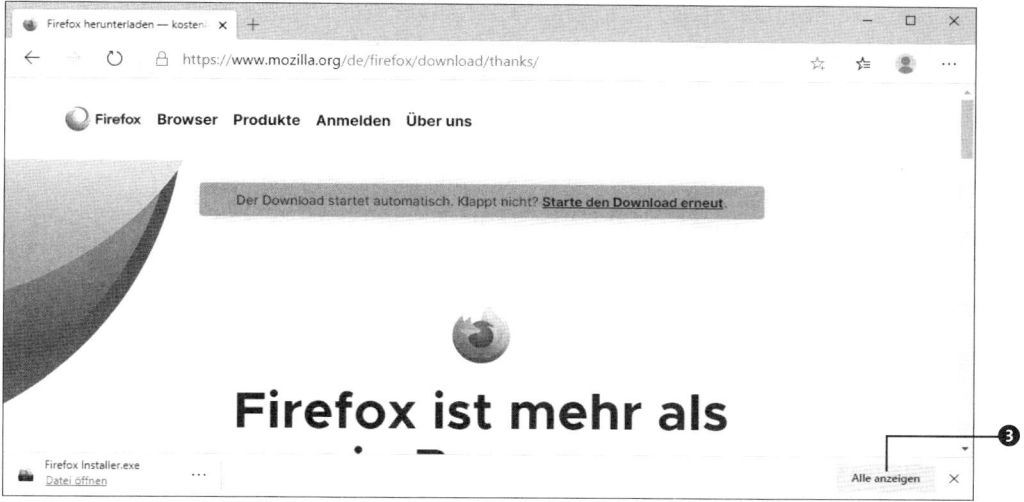

4 In einer neuen Registerkarte mit dem Namen **Downloads ❹** werden nun alle bisher aus dem Internet heruntergeladenen Dateien aufgelistet. Das Register können Sie auch jederzeit später öffnen, indem Sie im Browser Edge oben rechts auf das Symbol ⌐···¬ **❺** klicken und dann **Downloads ❻** wählen.

5 Klicken Sie unterhalb einer Datei auf **In Ordner anzeigen ❼**, wird der Explorer mit dem Verzeichnis *Downloads* gestartet. Dort stoßen Sie die Installation des Programms per Doppelklick auf die jeweilige Installationsdatei an. (In unserem Beispiel heißt die Installationsdatei des Browsers **Firefox Installer.exe**.) Wenn Sie die Installation direkt aus dem Browser Edge heraus starten möchten, klicken Sie stattdessen auf die Installationsdatei selbst **❽**.

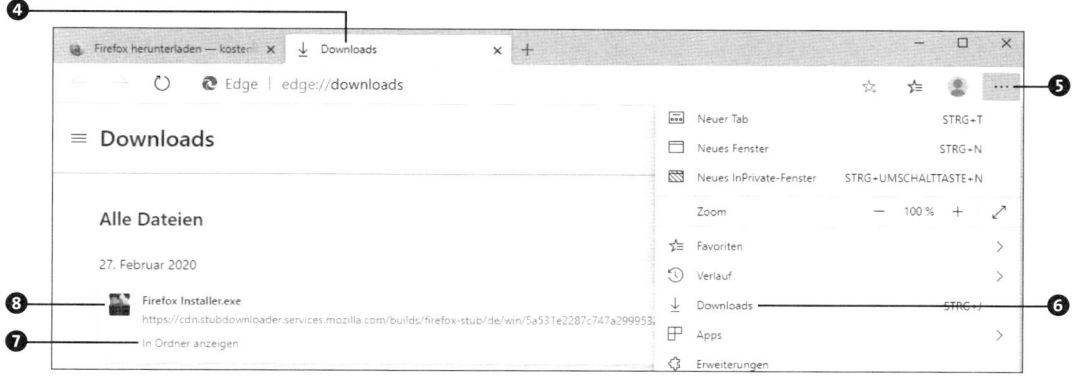

6 Die anschließenden Installationsschritte sind in beiden Fällen identisch und im Falle des Browsers Mozilla Firefox blitzschnell erledigt: Bestätigen Sie die Frage der

Benutzerkontensteuerung mit **Ja**. Falls die Installation nun nicht automatisch startet, klicken Sie im anschließend eingeblendeten Dialog **Firefox-Installation** auf die Schaltfläche **Installieren**. Der Browser wird nun installiert und anschließend auch gleich gestartet.

Bei anderen Programmen sind während der Installation teilweise noch weitere Einstellungen vorzunehmen. So müssen Sie bei einigen z. B. auswählen, in welchem Verzeichnis die Programmdateien gespeichert werden sollen. Haben Sie die Software gekauft und einen Product Key erhalten, wird dieser meist nach dem ersten Start des Programms abgefragt. Erst durch die Eingabe dieses Schlüssels schalten Sie das Programm frei und haben anschließend Zugriff auf alle Funktionen der Software.

TIPP

Den Standardspeicherort für Downloads ändern

Per Standardeinstellung speichert der Browser Edge alle Dateien, die Sie im Internet herunterladen, im Ordner *Downloads*. Falls Sie einen anderen Ordner festlegen möchten, klicken Sie im Browser Edge in der Symbolleiste oben rechts auf `...` und dann auf **Einstellungen**. In der neu geöffneten Registerkarte **Einstellungen** klicken Sie links von **Einstellungen** auf das Symbol `≡`. Im aufklappenden Menü wählen Sie **Downloads**. Jetzt wird der aktuelle Speicherort für heruntergeladene Dateien angezeigt. Nach einem Klick auf **Ändern** wählen Sie einen anderen Ordner aus. Wenn Sie den Regler neben **Vor dem Download fragen, wo die einzelnen Dateien gespeichert werden sollen** nach rechts schieben, erhalten Sie zukünftig vor der Durchführung eines Downloads die Möglichkeit, den Speicherort für die herunterzuladende Datei individuell festzulegen.

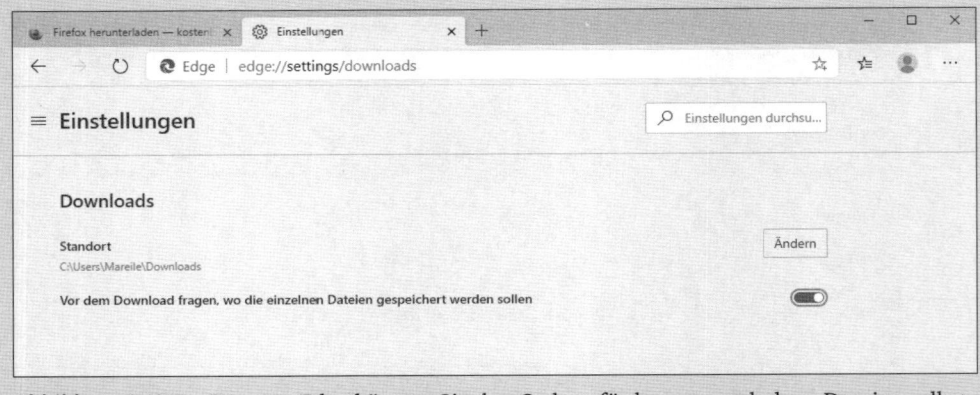

Abbildung 9.12 Im Browser Edge können Sie den Ordner für heruntergeladene Dateien selbst festlegen.

9.3.3 Programme auf dem neuesten Stand halten

Ebenso wie die Entwickler von Apps aktualisieren auch die Hersteller von Windows-Anwendungen immer wieder ihre Programme. Bei einigen erfolgt die Installation der Updates ganz automatisch, sodass Sie sich um nichts weiter kümmern müssen. Bei anderen müssen Sie selbst prüfen, ob Aktualisierungen bereitstehen, und die Installation ebenfalls selbst anstoßen. Einen entsprechenden Befehl hierfür finden Sie in aller Regel im Menü **Hilfe**. Suchen Sie hier nach Einträgen wie z. B. »Update«, »aktualisieren« oder Ähnlichem.

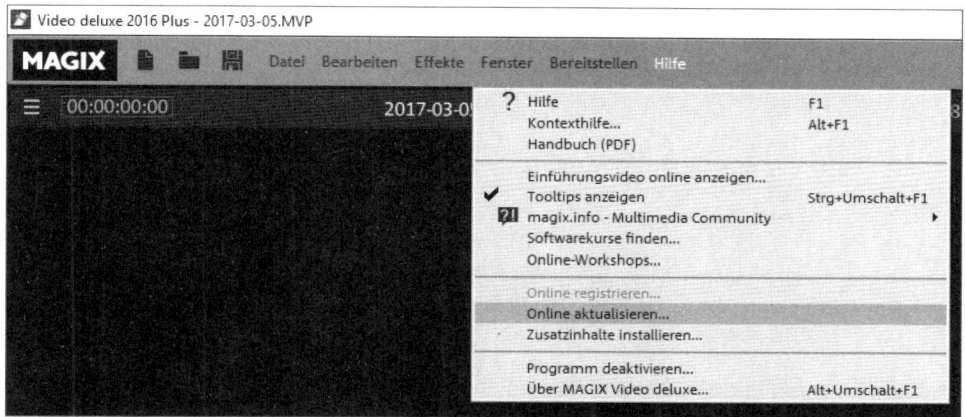

Abbildung 9.13 Die Funktion zum Aktualisieren der Software finden Sie häufig im Menü »Hilfe«.

Speziell bei Programmen wie Browsern oder auch E-Mail-Programmen werden immer wieder Sicherheitslücken entdeckt, durch die Schadsoftware auf Ihren Computer gelangen kann. Diese Lücken werden meist sehr schnell geschlossen und entsprechende Programmaktualisierungen zur Verfügung gestellt. Per Standardeinstellung werden die Updates automatisch installiert; zur Sicherheit sollten Sie aber überprüfen, ob die entsprechende Option auch wirklich aktiviert ist. Nutzen Sie z. B. den Browser Mozilla Firefox, klicken Sie hierzu im Programmfenster oben rechts auf das Symbol **Menü öffnen** ❶ und in der aufklappenden Liste auf **Einstellungen**. Auf der folgenden Seite sollte in der linken Spalte bereits die Kategorie **Allgemein** ❷ markiert sein. Blättern Sie auf der Seite nach unten bis zum Bereich **Firefox-Updates** ❸. Stellen Sie nun sicher, dass die Option **Updates automatisch zu installieren** ❹ aktiviert ist. Sollten Sie einen Hinweis auf eine kritische Sicherheitslücke im Browser erhalten haben (lesen Sie hierzu auch den Kasten »Immer sicher informiert mit dem Bürger-CERT« auf Seite 366), können Sie auch sofort dafür sorgen, dass die neueste Version von Mozilla Firefox installiert wird. Klicken Sie hierzu wieder auf das Symbol **Menü öffnen** ❶. In der aufklappenden Liste klicken Sie dieses Mal aber ganz unten auf **Hilfe** und im aufklappenden Menü auf **Über Firefox**. Es wird nun automatisch eine Programmaktualisierung vorgenommen, vorausgesetzt natürlich, es liegen entsprechende Aktualisierungen vor ❺. Nach der Installation des Updates werden Sie eventuell aufgefordert, den Browser über die entsprechende Schaltfläche neu zu starten. Falls nicht, können Sie den Dialog **Über Mozilla Firefox** anschließend über das Schließen-Symbol oben rechts beenden ❻. Analog bringen Sie übrigens auch das beliebte E-Mail-Programm *Mozilla Thunderbird* auf den neuesten Stand.

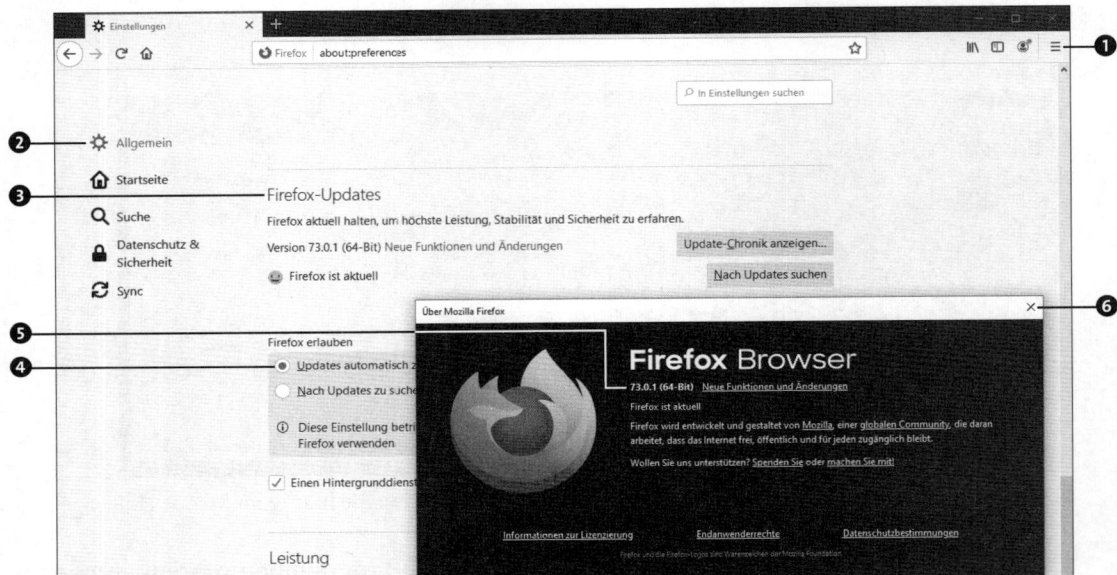

Abbildung 9.14 Rufen Sie den Dialog »Über Mozilla Firefox« auf, wird automatisch geprüft, ob ein Update für den Browser vorliegt.

TIPP

Immer sicher informiert mit dem Bürger-CERT

Täglich tauchen neue Viren und Würmer auf und werden neue Sicherheitslücken in Programmen entdeckt. Das Bundesamt für Sicherheit in der Informationstechnik (kurz BSI genannt) analysiert die Sicherheitslage im Internet und informiert regelmäßig in Form von E-Mails über diese Gefahren. Wenn Sie möchten, können Sie die Newsletter über die Website des Bürger-CERT (*Computer Emergency Response Team*) unter *www.buerger-cert.de* kostenlos abonnieren.

Nutzen Sie neben Windows 10 noch weitere Programme von Microsoft, z. B. Microsoft Office, können Sie die Aktualisierung automatisch über das *Windows Update* vornehmen lassen. Hierzu müssen Sie lediglich die entsprechende Funktion aktivieren:

1 Rufen Sie über das Startmenü die **Einstellungen** auf, und wählen Sie die Kategorie **Update und Sicherheit** aus.

2 In der linken Spalte ist bereits **Windows Update** markiert. Klicken Sie rechts auf **Erweiterte Optionen**.

3 Prüfen Sie, ob im Dialog **Erweiterte Optionen** der Regler **Erhalten Sie Updates für andere Microsoft-Produkte, wenn Sie Windows aktualisieren** aktiviert ist. Falls nicht, ziehen Sie ihn nach rechts auf **Ein**.

Wann immer nun Updates installiert werden, werden automatisch auch alle anderen Microsoft-Produkte, die auf Ihrem PC installiert sind, auf den neuesten Stand gebracht.

9.4 Apps und Programme deinstallieren

Benötigen Sie eine App oder ein Programm nicht mehr, sollten Sie sie bzw. es von Ihrem Computer entfernen. Windows 10 unterstützt Sie hierbei.

1 Rufen Sie über das Startmenü die **Einstellungen** auf, und wechseln Sie in die Kategorie **Apps**.

2 Stellen Sie sicher, dass in der linken Spalte **Apps & Features ❶** markiert ist. In der rechten Fensterhälfte werden nun alle Apps und Programme aufgelistet, die auf

Ihrem Computer installiert sind. Blättern Sie bis zu der Anwendung, die Sie entfernen möchten.

3 Markieren Sie die zu löschende Anwendung. Nun wird die Schaltfläche **Deinstallieren** ❷ eingeblendet, auf die Sie klicken. Auch den folgenden Dialog bestätigen Sie mit **Deinstallieren**.

Windows 10 beginnt nun, die Anwendung zu entfernen. Eventuell müssen Sie hierbei die Anfrage der Benutzerkontensteuerung bestätigen sowie weitere Hinweise des Programms selbst.

Die Basis-Apps von Windows 10, wie etwa die *Kontakte*-App oder die *Fotos*-App, lassen sich übrigens nicht deinstallieren. Apps, die Sie selbst über den Microsoft Store installiert haben, können wiederum auch direkt über das Startmenü entfernt werden. Rufen Sie hierzu das Startmenü per Klick auf das Windows-Logo auf, und blättern Sie in der App-Liste bis zur gewünschten App. Klicken Sie den Eintrag dann mit der rechten Maustaste an, wählen Sie den Befehl **Deinstallieren** ❸, und bestätigen Sie den nächsten Hinweis mit **Deinstallieren**. Existiert für die App eine Kachel im Startmenü, können Sie den Befehl **Deinstallieren** auch nach einem rechten Mausklick auf die Kachel aufrufen.

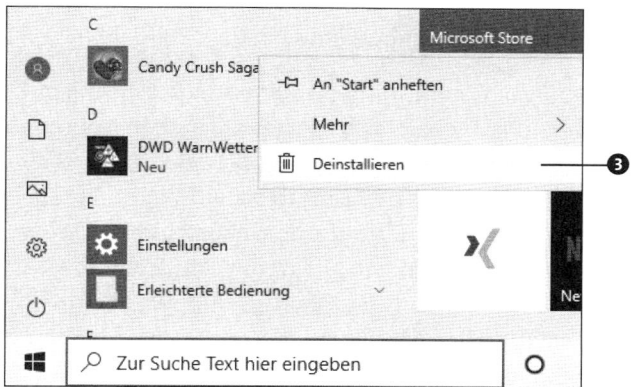

Abbildung 9.15 Der Befehl zum Deinstallieren einer App lässt sich auch über das Startmenü aufrufen.

TIPP

Käuflich erworbene Apps erneut installieren

Sie haben versehentlich eine App deinstalliert, die Sie gekauft haben? Keine Sorge, Sie müssen diese App nicht erneut kaufen, wenn Sie sie später einmal doch wieder installieren möchten. Klicken Sie auf das Logo Ihres Benutzerkontos, und melden Sie sich dann beim Microsoft Store an. Geben Sie anschließend in das Suchfeld des Microsoft Stores den Namen der gewünschten App ein. Sollten mehrere Suchergebnisse angezeigt werden, markieren Sie die gesuchte App per Mausklick. Statt des Kaufpreises wird auf der Detailseite der App nun der Hinweis **Dieses Produkt gehört Ihnen** eingeblendet. Mit einem Klick auf **Installieren** können Sie die App wieder installieren. Auf diese Weise lässt sich übrigens eine einmal erworbene App auf mehreren Windows-10-Geräten installieren, vorausgesetzt, Sie sind auf allen Geräten mit dem gleichen Microsoft-Konto angemeldet.

Klicken Sie mit der rechten Maustaste in der App-Liste auf eine Windows-Anwendung, wird zwar ebenfalls der Befehl **Deinstallieren** angeboten. Nach einem Klick hierauf wird anschließend aber der Systemsteuerungsdialog mit der Kategorie **Programme und Features** geöffnet. Hier müssen Sie erneut das zu entfernende Programm markieren und dann auf **Deinstallieren** klicken. Wie lange dieser Weg über die Systemsteuerung unter Windows 10 noch verfügbar ist, ist fraglich, da Microsoft die Systemsteuerung mit jedem Update stärker in den Hintergrund drängt.

TIPP

Überflüssige Windows-Features aktivieren und deaktivieren

Windows 10 bringt eine Vielzahl von Funktionen mit, von denen man aber nicht alle benötigt. Da aktivierte Features kostbaren Speicherplatz beanspruchen, sollten Sie prüfen, ob Sie ggf. nicht einige Komponenten deaktivieren können. Rufen Sie nacheinander **Start ▸ Einstellungen ▸ Apps ▸ Apps und Features** auf. In der rechten Fensterhälfte klicken Sie entweder am rechten oder unteren Seitenrand auf **Programme und Features** und im folgenden gleichnamigen Dialog links auf **Windows-Features aktivieren oder deaktivieren**. Es wird nun der Dialog **Windows-Features** geöffnet, in dem alle verfügbaren Funktionen aufgelistet werden. Die mit einem Häkchen versehenen Einträge sind aktiviert. Sehen Sie sich die Liste in Ruhe an, und entfernen Sie das Häkchen vor den Funktionen, von denen Sie sicher sind, dass Sie sie nicht benötigen. Ein Kandidat ist z. B. der **Internet Explorer 11**, falls Sie zum Surfen im Internet einen Browser wie Edge oder auch Mozilla Firefox nutzen. Von Einträgen wie **.NET Framework** oder auch **Windows PowerShell** sollten Sie die Finger lassen, denn diese werden nicht nur von Windows 10 selbst, sondern auch von vielen Programmen benötigt. Umgekehrt können Sie hier natürlich auch Funktionen aktivieren, die Sie gerne nutzen möchten. Interessant ist z. B. **Hyper-V**, falls Sie ein virtuelles System auf Ihrem Computer einrichten möchten, wie ich es Ihnen in Kapitel 22, »Hyper-V und Virtualisierung«, ab Seite 793 zeigen werde.

9.5 Standardprogramme festlegen

Windows 10 hat jedem Dateityp ein bestimmtes Programm zugewiesen, das automatisch zum Öffnen verwendet wird. Diese Programme werden deshalb auch als *Standardprogramme* oder *Standard-Apps* bezeichnet. Doppelklicken Sie im Explorer z. B. auf ein Foto im JPG-Format, startet die Fotos-App. Mit einem Doppelklick auf eine DOCX-Datei öffnet sich automatisch das Textverarbeitungsprogramm Microsoft Word. Ein Klick auf einen Link in einer E-Mail wiederum reicht, und schon wird der mit dem HTML-Format verknüpfte Browser Edge gestartet. Nicht immer zählen die von Windows festgelegten Standardprogramme aber zu den eigenen Lieblingsprogrammen. Ich zeige Ihnen verschiedene Varianten, wie Sie selbst das gewünschte Programm bestimmen.

9.5.1 Standardprogramm für alle unterstützten Dateitypen festlegen

Eigentlich ziehen Sie den Browser Mozilla Firefox vor. Trotzdem meldet sich immer wieder der Browser Edge zu Wort, sobald Sie einen Link z. B. in einer E-Mail anklicken. Mit wenigen Mausklicks lässt sich zum Glück einstellen, welches Standardprogramm Windows 10 zum Öffnen verwenden soll. Die Einstellung gilt anschließend für alle dem Programm bzw. der App zugeordneten Dateitypen.

1 Öffnen Sie das Startmenü mit einem Klick auf das Windows-Logo links unten. Öffnen Sie nun per Klick auf das Symbol **Einstellungen** in der Schnellstartleiste links den Dialog **Windows-Einstellungen**.

2 Wählen Sie die Kategorie **Apps** aus, und markieren Sie im folgenden Dialog in der linken Spalte die **Standard-Apps ❶**.

In der rechten Spalte finden Sie nun die Bereiche **E-Mail**, **Karten**, **Musikplayer**, **Bildanzeige**, **Videoplayer** sowie **Webbrowser**. Jeweils darunter wird das Programm angezeigt, das aktuell als Standardprogramm festgelegt ist.

3 Wenn Sie z. B. Ihre Lieblingsmusik lieber mit dem altbewährten Windows Media Player statt mit der Groove-Musik-App hören möchten, klicken Sie unterhalb von **Musikplayer** auf **Groove-Musik ❷**.

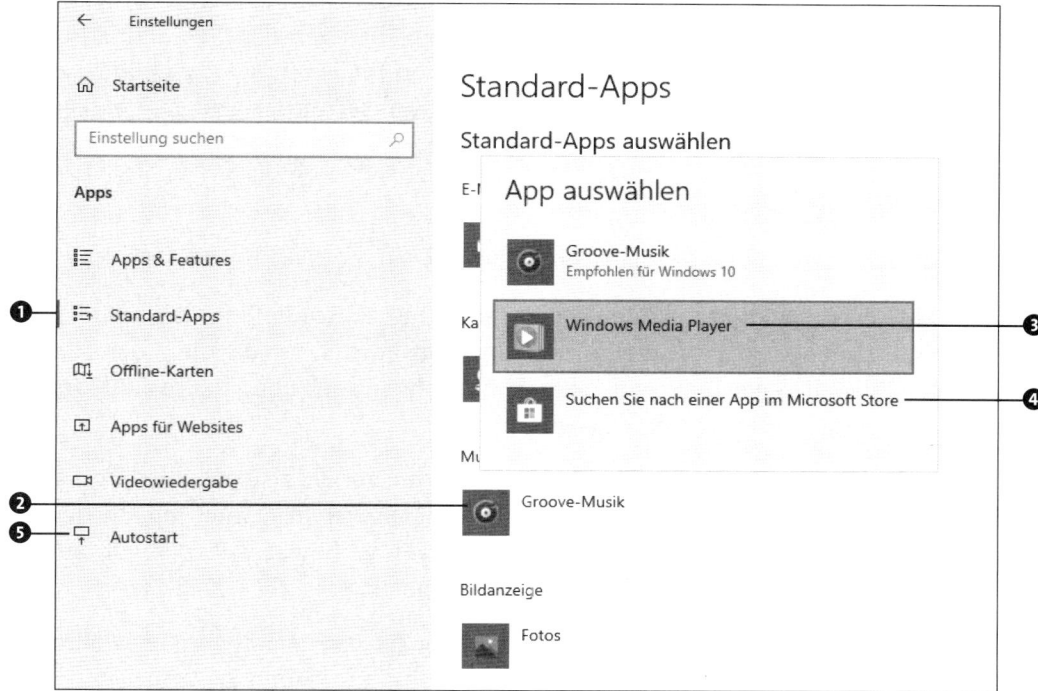

4 In der aufklappenden Liste blendet Windows 10 nun alle auf Ihrem PC vorhandenen Programme ein, die sich zum Abspielen von Musik verwenden lassen. Markieren Sie per Mausklick die App, die Sie nutzen möchten, im Beispiel also den **Windows Media Player** ❸.

Gefällt Ihnen keine der angebotenen Anwendungen, können Sie mit einem Klick auf **Suchen Sie nach einer App im Microsoft Store** ❹ auch einen Blick in den Microsoft Store werfen und prüfen, welche Apps hier angeboten werden. Wie Sie Apps über den Store erwerben, erfahren Sie in Abschnitt 9.2, »Apps aus dem Microsoft Store installieren«, ab Seite 349.

Doppelklicken Sie zukünftig z. B. im Explorer im Ordner **Musik** auf eine MP3-Datei, wird nicht mehr die Groove-Musik-App gestartet, sondern der Windows Media Player. Analog können Sie alle weiteren Standardprogramme für die aufgelisteten Bereiche festlegen.

INFO

Automatisch startende Programme festlegen

Mit dem *April 2018 Update* von Windows 10 wurde die Kategorie **Apps** in der Einstellungen-App um eine weitere Unterkategorie **Autostart** (❺ auf Seite 371) erweitert. Rufen Sie diese auf, werden alle Anwendungen aufgelistet, die automatisch beim Hochfahren des Computers gestartet werden. Möchten Sie für eine dieser Anwendungen den automatischen Start verhindern, setzen Sie einfach den entsprechenden Regler auf **Aus**.

TIPP

Standardprogramm über den Explorer festlegen

Nach einem Doppelklick auf eine Datei im Explorer stellen Sie fest, dass sie nicht mit Ihrem Lieblingsprogramm geöffnet wird. Anstatt nun umständlich den Weg über den Einstellungen-Dialog zu nehmen, können Sie auch über den Explorer das gewünschte Standardprogramm auswählen.

Hierzu klicken Sie einfach mit der rechten Maustaste auf die zu öffnende Datei. Im Kontextmenü bewegen Sie den Mauszeiger auf den Befehl **Öffnen mit**. In dem Untermenü, das sich jetzt öffnet, sind alle auf dem PC verfügbaren Programme aufgelistet, mit denen sich die ausgewählte Datei öffnen lässt.

Wenn Sie nur einmalig eine andere Anwendung für diesen Dateityp auswählen möchten, reicht ein Klick auf das gewünschte Programm. Wenn Sie dem Dateityp dagegen dauerhaft ein anderes Standardprogramm zuordnen möchten, wählen Sie den Befehl **Andere App auswählen**. Versehen Sie im folgenden Dialog das Kästchen **Immer diese App zum Öffnen von ... Dateien verwenden** per Mausklick mit einem

Häkchen, bevor Sie die gewünschte App markieren. Bestätigen Sie den Dialog dann mit **OK**. Die Datei wird nun mit dem gewünschten Programm geöffnet. Zukünftig reicht ein Doppelklick, und schon wird Ihre Lieblingsanwendung gestartet.

9.5.2 Das Standardprogramm in Abhängigkeit vom Dateityp festlegen

Generell sind Sie mit dem Standardprogramm zufrieden, nur für einen ganz bestimmten Dateityp würden Sie gerne ein anderes Programm nutzen? Auch solche Details lassen sich selbstverständlich in Windows 10 einstellen:

1 Rufen Sie über das Startmenü die **Einstellungen** auf, und wechseln Sie in die Kategorie **Apps**. Markieren Sie im folgenden Dialog links die **Standard-Apps ❶**.

2 Blättern Sie in der rechten Spalte ganz nach unten, und klicken Sie auf **Standard-Apps nach Dateityp auswählen ❷**.

3 Bis auf der folgenden Seite alle Dateitypen vollständig aufgelistet werden, kann es einen Moment dauern. In der Spalte **Name** wird nun jeweils der Dateityp angezeigt und rechts davon in der Spalte **Standard-App** die dem Dateityp zugeordnete Anwendung. Blättern Sie in der Liste bis zu dem Dateityp, dem Sie ein anderes Standardprogramm zuweisen möchten.

4 Klicken Sie auf die aktuell zugeordnete Standard-App ❸. Im aufklappenden Dialog markieren Sie Ihre Wunschanwendung für den Dateityp ❹.

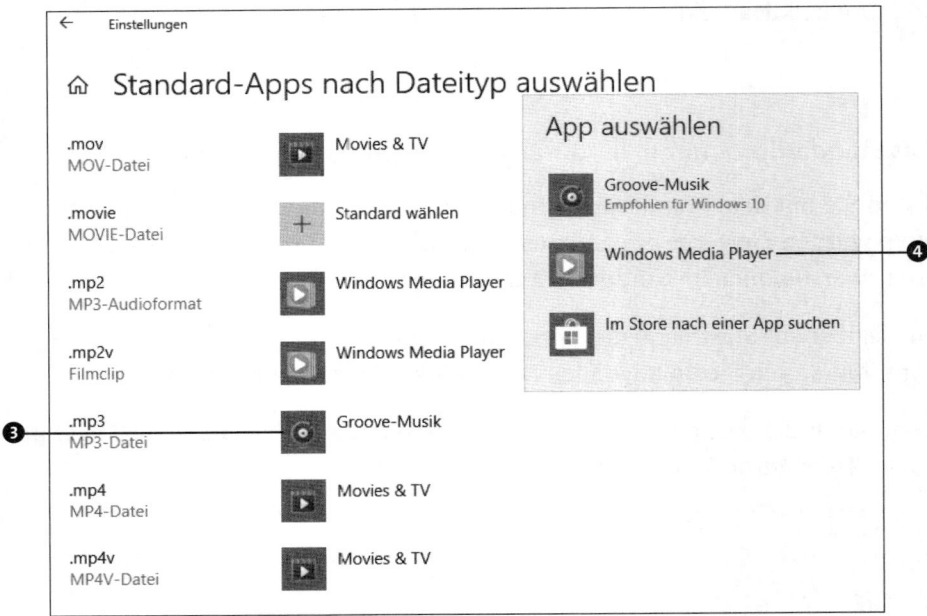

Doppelklicken Sie im Explorer zukünftig auf eine Datei im gerade ausgewählten Dateiformat, wird automatisch die zugeordnete Standard-App geöffnet.

TIPP

Programmzuordnungen nach App festlegen

Wenn Sie lediglich für einen einzelnen Dateityp eine andere Standard-App auswählen möchten, ist der soeben beschriebene Weg sehr praktisch. Wollen Sie die ausgewählte App allerdings für mehrere Dateitypen als Standard festlegen, ist das Vorgehen recht mühsam. In diesem Fall sollten Sie nach Schritt 1 auf den Link **Standardeinstellungen nach App festlegen** (❺ auf Seite 373) klicken. In der folgenden Anwendungsliste markieren Sie Ihr Wunschprogramm, dem Sie gleich bestimmte Dateitypen zuordnen werden, und klicken auf **Verwalten**. Auf der Seite **Dateityp- und Protokollzuordnungen festlegen** werden nun alle Dateitypen aufgelistet, die sich mit dem ausgewählten Programm öffnen lassen. Jeweils rechts von einem Dateityp erfahren Sie, welche Anwendung dem Dateiformat zugeordnet ist. Damit ein Dateityp nun zukünftig mit Ihrem Wunschprogramm geöffnet wird, klicken Sie auf die aktuell zugeordnete Anwendung und wählen in der aufklappenden Liste das gewünschte Programm aus.

10   In Windows 10 erfolgreich auf die Suche gehen

Windows 10 bringt eine Vielzahl von Programmen, Apps, Funktionen, aber auch Konfigurationsmöglichkeiten mit. Hinzu kommen noch all die Dokumente, Bilder, Musik- und Videodateien, die Sie selbst auf dem Computer abspeichern. Kein Wunder, wenn man hier nicht immer gleich die gewünschte Anwendung oder auch eine dringend benötigte Datei findet. Dank der vielseitigen Suchmöglichkeiten, die Windows 10 unterstützt, brauchen Sie aber nicht unruhig zu werden, wenn Sie nicht sofort fündig werden. In diesem Kapitel stelle ich Ihnen verschiedene Strategien vor, wie Sie dem Gesuchten schnell auf die Spur kommen.

10.1   Suchanfragen über das Suchfeld der Taskleiste starten

Der schnellste Weg, eine Suchanfrage zu starten, führt über das Suchfeld (❶ auf Seite 377) in der Taskleiste. Das Vorgehen hierbei ist denkbar einfach: Ein Mausklick in das Feld (bzw. bei einem Tablet auf das Symbol 🔍 in der Taskleiste) reicht, und schon kann die Suche beginnen. Alternativ können Sie auch die Tastenkombination ⊞ + Q oder ⊞ + S drücken. In allen Fällen klappt der Suchdialog auf. Tippen Sie im Suchfeld nun einfach den Suchbegriff ein. Bereits während der Eingabe zeigt Windows 10 Ihnen die ersten Ergebnisse Ihrer Suchanfrage an. Sobald der gewünschte Treffer dabei ist, können Sie die Eingabe beenden und das Ergebnis per Mausklick auswählen ❷. Wird das gesuchte Element nicht aufgeführt, setzen Sie die Eingabe selbst fort und starten die Suche dann durch Drücken der Taste ↵.

Die Schnellsuche von Windows 10

Rufen Sie die Windows-Suche z. B. mit einem Klick in das Suchfeld der Taskleiste oder über die Tastenkombination ⊞ + S auf, werden Ihnen im Suchdialog zunächst die zuletzt genutzten Dateien angezeigt. Klicken Sie auf **In Zeitskala verwalten**, gelangen Sie zur Timeline-Übersicht. Diese lässt sich alternativ natürlich auch über das Symbol 🗐 in der Taskleiste ein- bzw. wieder ausblenden (siehe hierzu auch Abschnitt 6.3, »Die Timeline-Funktion als Gedächtnisstütze«, ab Seite 232). Falls Sie sich über das **Wetter**, die **Top Nachrichten**, die **Besten Filme** informieren oder sich mit einem **Bing Quiz** amüsieren möchten, nutzen Sie hierfür die entspre-

TIPP

chenden Schaltflächen der Schnellsuche, die am unteren Rand des Suchdialogs angezeigt werden. Klicken Sie auf eines der nun im Suchdialog angezeigten Ergebnisse, wird der Browser Edge gestartet. Als Suchmaschine kommt jeweils Microsofts Bing zum Einsatz.

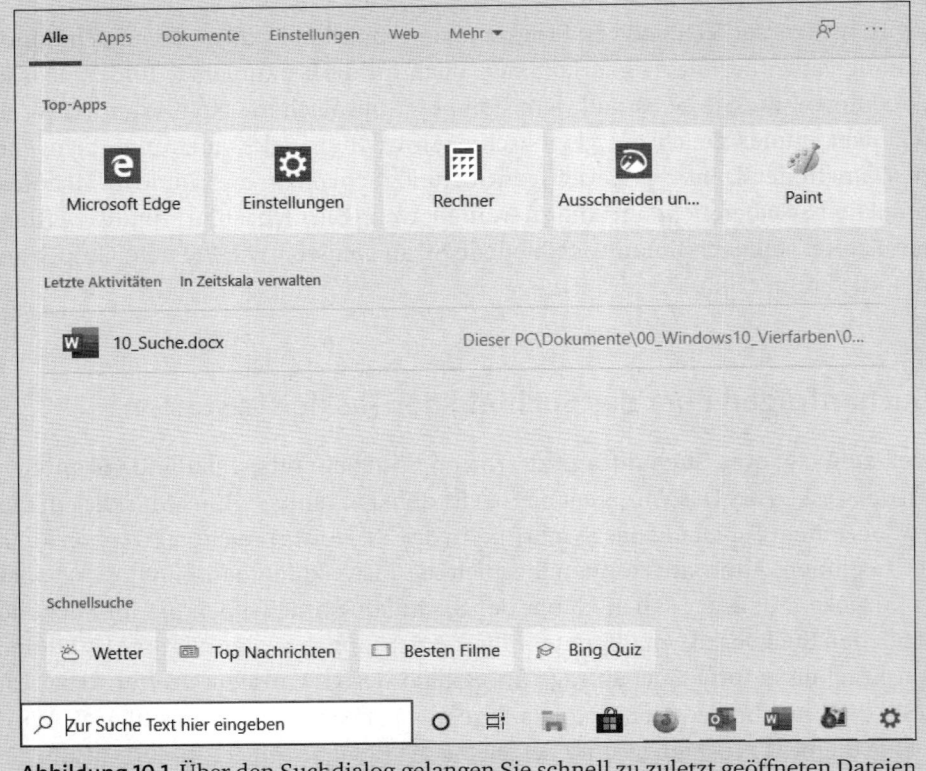

Abbildung 10.1 Über den Suchdialog gelangen Sie schnell zu zuletzt geöffneten Dateien.

Über das Suchfeld können Sie nach Apps und Windows-Anwendungen suchen, aber auch nach Windows-Funktionen und Einstellungen, nach Dateien und Ordnern sowie nach vielem mehr. Die Suche wird dabei nicht nur lokal auf Ihrem Computer durchgeführt, sondern automatisch auch im Web (vorausgesetzt, Ihr PC ist mit dem Internet verbunden). Anders als in den ersten Jahren von Windows 10 lässt sich diese Onlinerecherche mittlerweile nicht mehr über die Einstellungen der Sprachassistentin Cortana abschalten. Die Ergebnisse der Websuche erkennen Sie gut anhand des vorangestellten Lupen-Symbols ❸ (nicht zu verwechseln mit der Lupe, die am linken Rand des Suchfelds angezeigt wird ❹). Klicken Sie einen solchen Treffer unterhalb von **Web durchsuchen** an, wird automatisch der Browser Edge mit einer Übersicht über die Webergebnisse gestartet. Bei der Suchmaschine, die hier zum Einsatz kommt, handelt es sich um *Bing*, den Suchdienst von Microsoft. Im Kasten »Berechtigungen und Verlauf der Web-Suche anpassen« auf Seite 380 erfahren Sie, wie Sie z. B. die Jugendschutzeinstellungen anpassen und das Durchsuchen von Cloud-Inhalten verhindern.

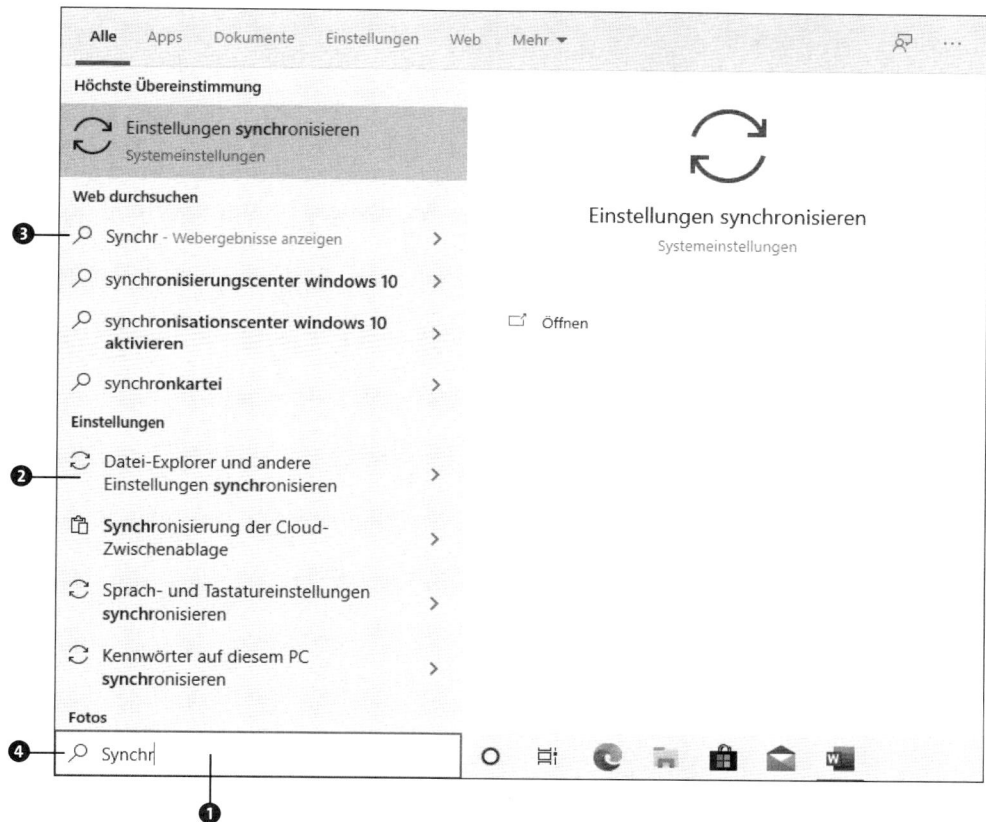

Abbildung 10.2 Bereits die Eingabe weniger Buchstaben reicht, und schon werden die ersten Ergebnisse Ihrer Suchanfrage angezeigt.

Doch zurück zu den Suchergebnissen, die Ihre Suchanfrage über das Suchfeld ergeben hat. Statt nur einen Suchbegriff dürfen Sie gerne auch mehrere Begriffe eingeben. Die Groß- und Kleinschreibung müssen Sie dabei nicht berücksichtigen. Je nachdem, wie differenziert Ihre Anfrage bereits war, erhalten Sie mehr oder auch weniger Treffer. Ist die Liste zu unübersichtlich und finden Sie das Gesuchte nicht, lassen sich die Ergebnisse weiter eingrenzen. Am oberen Rand des Dialogs werden Ihnen hierzu bereits einige Filter eingeblendet. Nach einem Klick auf den Pfeil rechts von **Mehr ❺** klappt eine Liste mit weiteren Einschränkungsmöglichkeiten auf.

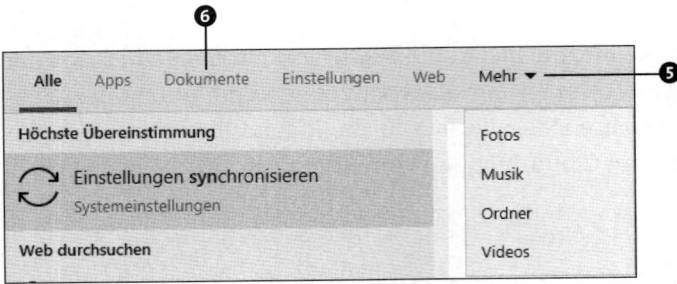

Abbildung 10.3 Zur Eingrenzung der Ergebnisse können Sie die Filter nutzen.

So können Sie Ihre Suche z. B. auf **Dokumente** ❻ beschränken, die Sie entweder auf dem Computer selbst oder in der Cloud *OneDrive* abgelegt haben. Letzteres sieht allerdings eine Anmeldung am PC per Microsoft-Konto vor.

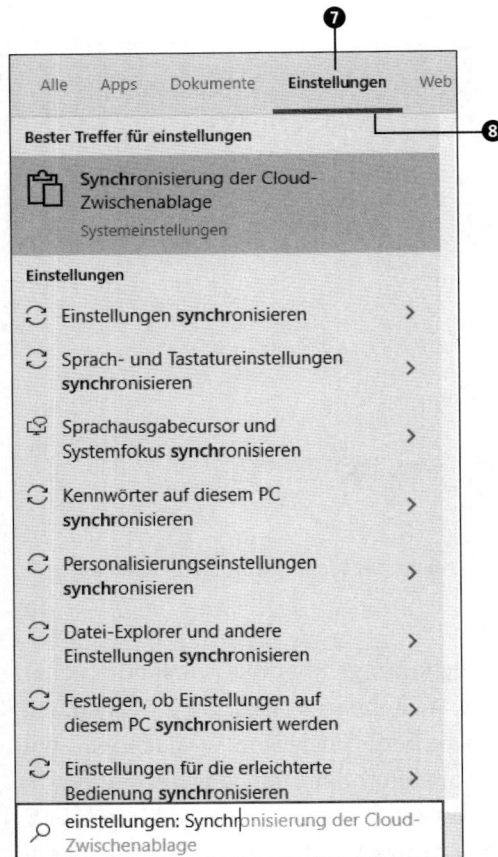

Abbildung 10.4 Liefert die Suchanfrage zu viele Ergebnisse, setzen Sie Filter ein.

Möchten Sie eine bestimmte Konfiguration an Windows 10 vornehmen und finden Sie die gewünschte Funktion hierfür nicht, empfiehlt sich der Filter **Einstellungen ❼**. In diesem Fall wird Ihre Suche sowohl im Einstellungen-Dialog als auch in der Systemsteuerung durchgeführt.

Sobald Sie einen Filter per Mausklick ausgewählt haben, werden die Suchergebnisse entsprechend eingegrenzt. Der ausgewählte Filter wird am oberen Rand des Dialogs farbig unterstrichen ❽. Mit einem Klick auf **Alle** heben Sie den Filter wieder auf. Nun erscheinen wieder alle Suchergebnisse.

Bei der Auswahl eines Treffers sollten Sie nicht nur die Bezeichnung selbst berücksichtigen, sondern auch den Hinweis darunter. **App** ist z. B. die Kennzeichnung für eine bereits auf Ihrem PC installierte App. Alle gängigen Funktionen, die Sie über die Einstellungen-App oder die Systemsteuerung vornehmen, werden in den Suchergebnissen mit **Systemeinstellungen** gekennzeichnet.

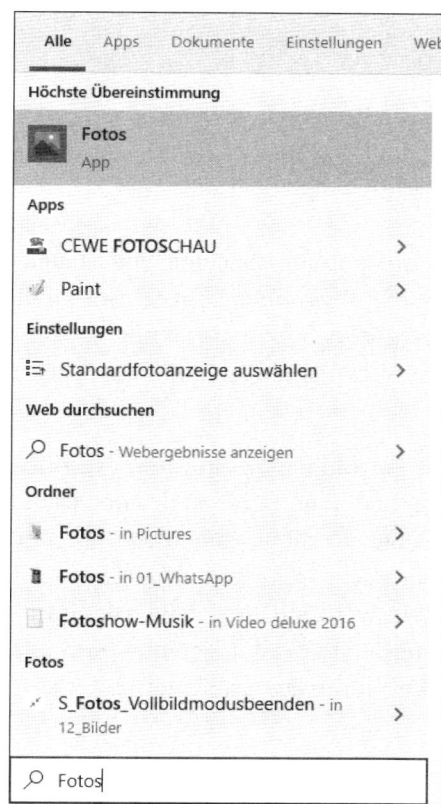

Abbildung 10.5 Die Ergänzungen unterhalb eines Treffers geben wertvolle Hinweise auf Anwendungen, Einstellungen und mehr.

Sobald Sie einen Treffer anklicken, werden Sie entweder direkt zu den entsprechenden Einstellungsdialogen in Windows 10 geführt oder es wird der Ordner oder auch die Datei geöffnet bzw. die entsprechende Anwendung gestartet.

> **Berechtigungen und Verlauf der Web-Suche anpassen**
>
> Starten Sie über das Suchfeld der Taskleiste eine Suchanfrage, wird automatisch auch das Web durchsucht. Per Standardeinstellung werden hierbei nicht jugendfreie Bilder und Videos herausgefiltert, sprich nicht angezeigt. Um die entsprechende Einstellung zu überprüfen oder auch anzupassen, rufen Sie **Start ▸ Einstellungen ▸ Suche ▸ Berechtigungen und Verlauf** auf. Markieren Sie in der rechten Fensterhälfte die gewünschte Option **Streng**, **Mittel** oder auch **Aus**. Soll die Windows-Suche auch die in der Cloud OneDrive gespeicherten Dateien durchsuchen sowie Apps, bei denen Sie sich mit Ihrem Microsoft-Konto angemeldet haben, müssen die Regler unterhalb von **Microsoft-Konto** sowie **Geschäfts-, Schul- oder Unikonto** jeweils auf **Ein** gesetzt sein.

10.2 In Programmen und Apps suchen

Nicht nur Windows 10 selbst, sondern auch viele Anwendungen bieten eine eigene Suchfunktion an. Ein entsprechend beschriftetes Suchfeld wird meist am oberen Rand des jeweiligen Programmfensters angezeigt. Statt eines Felds finden Sie ab und an auch ein Lupen-Symbol. Nach einem Klick hierauf wird das Suchfeld eingeblendet, in das Sie den Suchbegriff eingeben können.

Über die Suchfunktion der *Mail*-App können Sie z. B. sowohl nach dem Absender einer E-Mail als auch nach dem Betreff einer Nachricht suchen. Finden Sie in der doch sehr umfangreichen Einstellungen-App eine wichtige Funktion nicht, geben Sie auf der Startseite der *Windows-Einstellungen* (diese wird z. B. nach Drücken der Tastenkombination ⊞ + I angezeigt) den Suchbegriff ein. Bereits während Sie den Begriff eintippen, werden Ihnen mögliche Treffer eingeblendet, aus denen Sie den gewünschten nur noch per Mausklick auswählen müssen. Das gleiche Verfahren lässt sich auch in der Systemsteuerung anwenden.

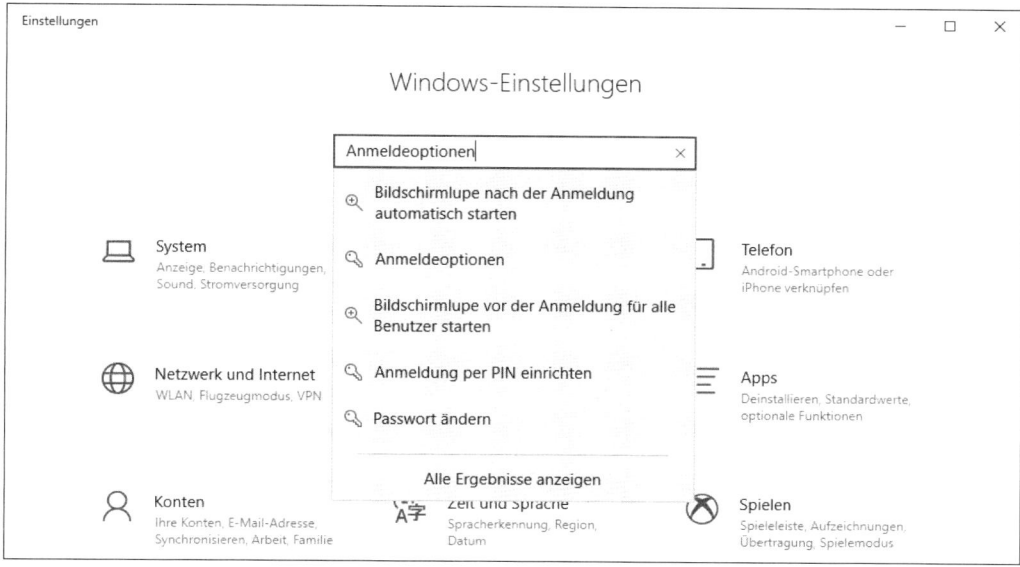

Abbildung 10.6 Die Einstellungen-App verfügt über eine eigene Suchfunktion.

Sind Sie auf der Suche nach bestimmten Fotos oder auch Musiksongs, können Sie die Suchanfrage entweder in dem Programm durchführen, das Sie zur weiteren Bearbeitung der Datei nutzen möchten, also etwa der *Fotos*-App oder auch der *Groove-Musik*-App. Für die Suche nach Dateien und Ordnern eignet sich aber auch der *Explorer* hervorragend, wie Sie im nächsten Abschnitt erfahren werden.

TIPP

Die Hilfefunktion von Anwendungen aufrufen

Sie haben ein neues Programm installiert, doch so wirklich gut kommen Sie noch nicht damit klar? Viele Anwendungen verfügen über eine Hilfefunktion, die normalerweise über die Taste ⟨F1⟩ geöffnet wird. Wenn Sie z. B. Microsoft Word installiert haben, können Sie es gleich ausprobieren, indem Sie nach dem Start des Programms die besagte Taste drücken. Am rechten Fensterrand wird nun der Bereich **Hilfe** eingeblendet, in dem bereits einige von Word-Nutzern häufig nachgefragte Themen aufgeführt werden. Wenn Sie gezielt nach einem Thema suchen möchten, geben Sie den entsprechenden Suchbegriff in das Suchfeld am oberen Rand des Hilfebereichs ein. Anstatt innerhalb des Programms einen eigenen Hilfebereich einzublenden, führt das Drücken der ⟨F1⟩-Taste bei einigen Anwendungen auch dazu, dass der Browser geöffnet wird und Sie hier gezielt zu weiteren Informationen geführt werden, die im Internet veröffentlicht wurden.

381

10.3   Mithilfe des Explorers nach Dateien und Ordnern suchen

Wenn Sie eine bestimmte Datei oder auch einen Ordner auf dem PC nicht wiederfinden können, sollten Sie die Suchfunktion des Explorers zurate ziehen. Sie lässt nicht nur einfache Suchanfragen zu, sondern bietet viele weitere Filtermöglichkeiten, die wir auf den folgenden Seiten etwas detaillierter betrachten werden.

10.3.1   Einfache Suchanfragen starten

Das Suchfeld, in das Sie Ihren Suchbegriff eingeben, befindet sich direkt unterhalb des Menübands rechts vom Adressfeld ❶. Eine einfache Suchanfrage ist schnell durchgeführt:

1   Da der Explorer jeweils das gerade ausgewählte Verzeichnis durchsucht, sollten Sie vor Eingabe des Suchbegriffs im Navigationsbereich links den Ordner oder die Bibliothek markieren, in der Sie die gesuchte Datei vermuten ❷.

2   Wenn Sie sich nicht sicher sind, in welchem Ordner sich die gesuchte Datei befinden könnte, wählen Sie **Dieser PC** ❸. In diesem Fall wird der gesamte Computer durchsucht.

3   Geben Sie nun in das Suchfeld rechts oben den gewünschten Suchbegriff ein ❶. Windows 10 beginnt bereits während der Eingabe der ersten Buchstaben mit der Suche. Dabei werden nicht nur Datei- oder Ordnernamen berücksichtigt, sondern z. B. auch Dateiinhalte und E-Mails. Ist unter den angezeigten Ergebnissen bereits die gesuchte Datei aufgelistet, reicht ein Klick auf sie, um sie zu öffnen ❹.

4   Möchten Sie die Datei nicht öffnen, sondern nur zum Ordner gelangen, in dem sie abgelegt ist, klicken Sie mit der rechten Maustaste auf das Suchergebnis. Im Kontextmenü wählen Sie nun den Befehl **Speicherort öffnen** ❺. Dadurch wird ein neues Explorer-Fenster geöffnet, in dem der Ordner ausgewählt ist, in dem sich die gewünschte Datei befindet.

5   Ebenfalls interessant ist der im Kontextmenü angebotene Befehl **Vollständigen Pfad kopieren** ❻. Wählen Sie ihn aus, wird der gesamte Dateipfad in die Zwischenablage kopiert und kann von dort z. B. über die Tastenkombination [Strg] + [V] in eine E-Mail oder ein Word-Dokument eingefügt werden.

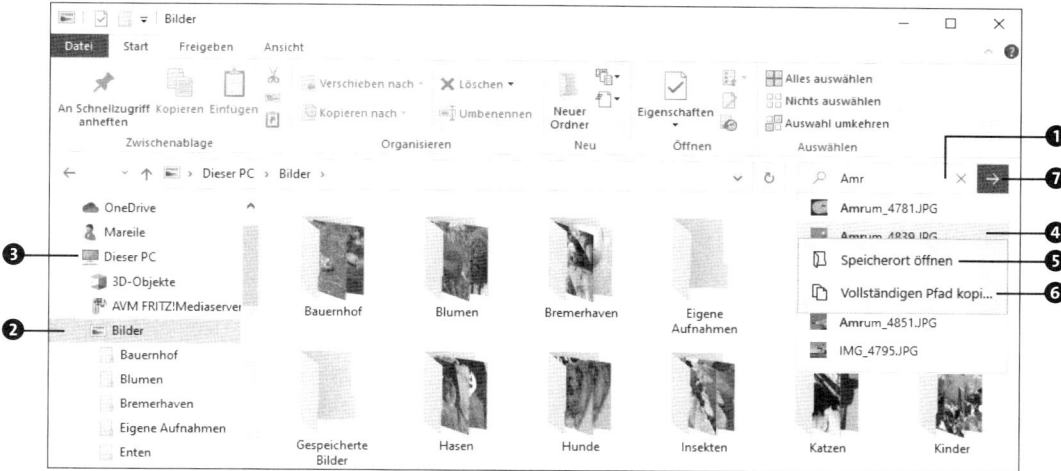

6 Wird die gewünschte Datei nicht aufgeführt, geben Sie den Suchbegriff vollständig ein und drücken dann die Taste ⏎ oder klicken auf das Pfeilsymbol **❼**. Die Suchergebnisse werden im Inhaltsbereich des Explorers aufgeführt. Taucht der Suchbegriff direkt im Datei- oder Ordnernamen auf, wird er gelb hervorgehoben **❽**.

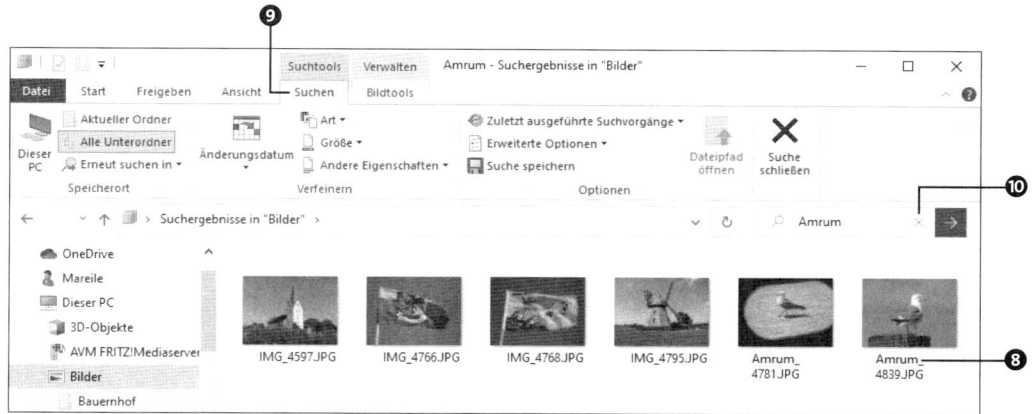

Sollte die Suche zu viele Ergebnisse geliefert haben, sollten Sie sie weiter einschränken. Hierbei helfen die Suchtools, die im nun sichtbaren Register **Suchen ❾** angeboten werden. Einige der wichtigsten Suchfilter stelle ich Ihnen auf den nächsten Seiten vor. Möchten Sie den Suchbegriff im Suchfeld löschen, etwa um einen neuen Suchbegriff einzugeben, reicht ein Klick auf das Kreuz-Symbol am rechten Rand des Suchfelds **❿**.

TIPP

Mit Platzhaltern arbeiten

So ungefähr können Sie sich noch an den Dateinamen erinnern, den Sie vor längerer Zeit vergeben haben, nur bei der Schreibweise sind Sie sich nicht mehr ganz sicher? In diesem Fall können Sie sich mit Platzhaltern behelfen. Das Fragezeichen (?) steht beispielsweise für einen einzelnen Buchstaben. Geben Sie in das Suchfeld des Explorers also »Me?er« ein, wird sowohl »Meier« als auch »Meyer« gefunden. Wenn Sie beliebig viele Buchstaben ersetzen möchten, wählen Sie als Platzhalter das Sternchen (*). »Sedlma*r« bringt als Ergebnis z. B. sowohl »Sedlmair« als auch »Sedlmaier« oder »Sedlmayer«. Platzhalter lassen sich allerdings nicht mit den Suchfiltern kombinieren, die Sie im folgenden Abschnitt 10.3.2, »Suchfilter zum Eingrenzen einer Suche einsetzen«, kennenlernen.

10.3.2   Suchfilter zum Eingrenzen einer Suche einsetzen

Je detaillierter Sie Ihre Suchanfrage formulieren, desto bessere Suchergebnisse können Ihnen geliefert werden. Dabei können Sie sich die Eigenschaften einer Datei oder auch eines Ordners zunutze machen (lesen Sie hierzu auch den Kasten »Einen Blick auf die Eigenschaften einer Datei werfen« auf Seite 385). Der Explorer stellt Ihnen hierfür im Register **Suchen** bereits diverse Filter zur Auswahl. Im Gegensatz zu früheren Windows-Versionen wird das Register seit Windows 10 Version 1909 erst nach Durchführung einer Suchanfrage angezeigt. Fällt Ihnen kein sinnvoller Suchbegriff ein, lässt sich das Register mit einem kleinen Trick trotzdem einblenden: Tragen Sie im Suchfeld einfach ein beliebiges Zeichen ein, etwa »*« ❶. Klicken Sie dann auf das Pfeilsymbol ❷, wird im Inhaltsbereich des Explorers zunächst der gesamte Inhalt des links markierten Ordners angezeigt. Zusätzlich erscheint das Register **Suchen** ❸. Mit einem Klick auf das Kreuz-Symbol im Suchfeld ❹ entfernen Sie das zuvor eingetragene Zeichen, ohne aber das Suchregister zu schließen. Haben Sie schon einen Suchbegriff eingegeben, der lediglich zu viele Ergebnisse gebracht hat, ist das Register **Suchen** bereits zu sehen. In beiden Fällen können Sie nun die Suchfilter einsetzen.

Wenn Sie z. B. wissen, wann Sie an der gesuchten Datei die letzten Änderungen vorgenommen haben, sollten Sie diese Zeitangabe unbedingt ergänzen. Klicken Sie hierzu in der Gruppe **Verfeinern** auf **Änderungsdatum** ❺. In der aufklappenden Liste werden nun die häufigsten Zeitangaben aufgeführt, wie etwa **Gestern**, **Diese Woche** oder auch **Letztes Jahr**. Werfen Sie, nachdem Sie einen der Einträge per Mausklick ausgewählt haben, einen Blick in das Suchfeld, dann finden Sie hier die entsprechende Eigenschaft »änderungsdatum«, ergänzt um den gewählten Zeitraum, also etwa »letzten Monat«. Eigenschaft und Wert, d. h. in diesem Fall der angegebene Zeitraum, werden durch einen Doppelpunkt (:) voneinander getrennt (also »änderungsdatum:letzten Monat«) ❻.

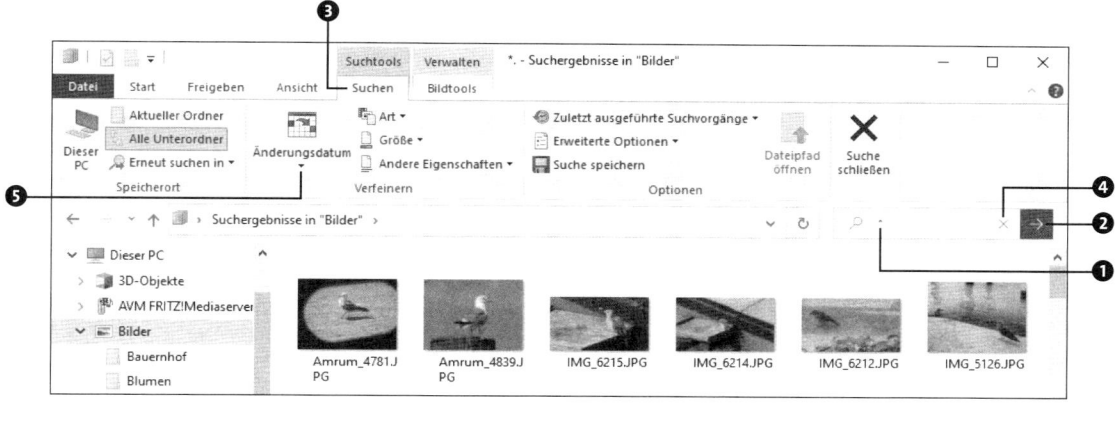

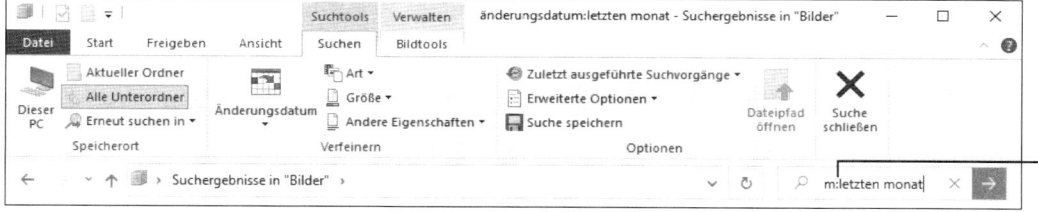

Abbildung 10.7 Der ausgewählte Suchfilter wird automatisch im Suchfeld ergänzt.

Einen Blick auf die Eigenschaften einer Datei werfen

Windows berücksichtigt neben dem Dateinamen und dem zuvor ausgewählten Speicherort bei einer Suche auch alle Eigenschaften, die für eine Datei festgelegt wurden. Wenn Sie sich die Eigenschaften einer Datei einmal ansehen möchten, klicken Sie im Explorer mit der rechten Maustaste auf eine Datei und wählen im Kontextmenü den Befehl **Eigenschaften**. Im folgenden Dialog wechseln Sie in das Register **Details**. Sie erhalten nun eine tabellarische Übersicht über die Eigenschaften der Datei mit den jeweils vergebenen Werten. Alle hier aufgeführten Eigenschaften können Sie in Kombination mit den Werten für Ihre Suchanfragen im Explorer nutzen. Mit einem Klick auf **Abbrechen** schließen Sie den Eigenschaften-Dialog der Datei wieder.

TIPP

Sind Sie z. B. ausschließlich auf der Suche nach Bildern, lässt sich auch der Dateityp über ein entsprechendes Kriterium festlegen. Hierzu klicken Sie im **Suchen**-Register in der Gruppe **Verfeinern** auf **Art ❼** und markieren dann in der aufklappenden Liste den Eintrag **Bild ❽**. Im Suchfeld wird entsprechend die Eigenschaft »art« mit dem Wert »picture« für Bild ergänzt (also »art:picture«) **❾**. Wählen Sie in der Gruppe **Verfeinern** die Schaltfläche **Größe**, können Sie die Dateigröße festlegen, sofern Ihnen die ungefähre Größe der gesuchten Datei bekannt ist.

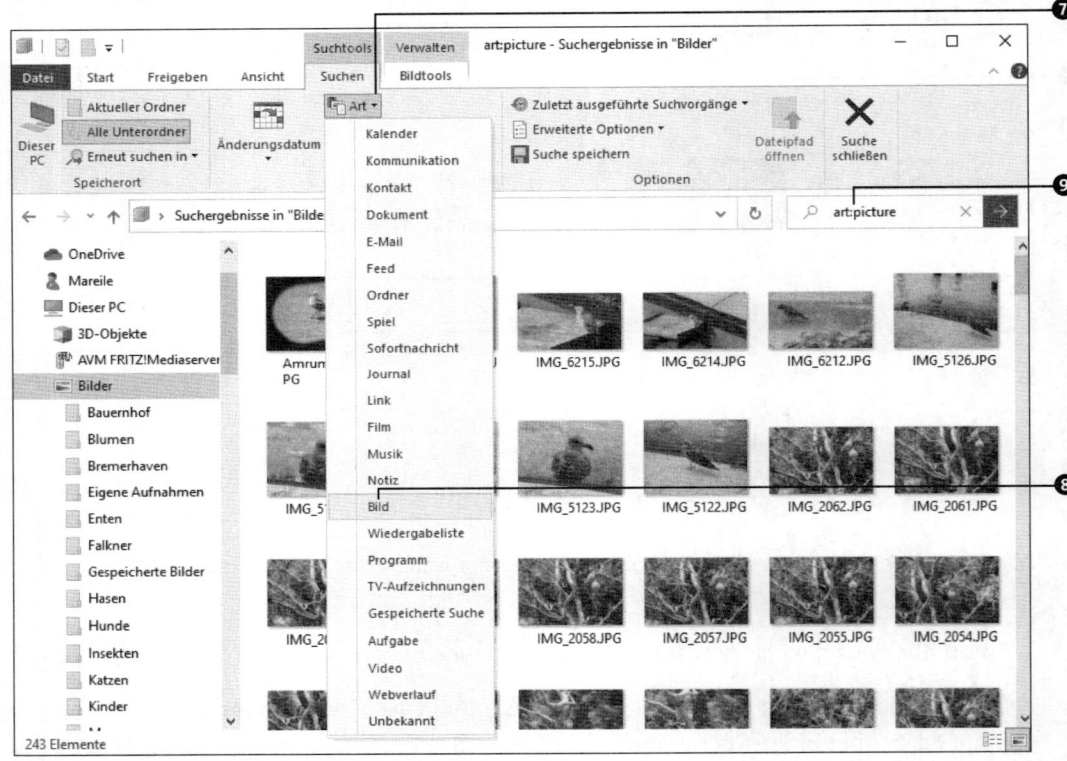

Abbildung 10.8 Im Feld »Art« wählen Sie den Dateityp aus.

Ein besonderes Augenmerk sollten Sie auf die Suchkriterien werfen, die Ihnen nach einem Klick auf **Andere Eigenschaften** in der Gruppe **Verfeinern** angeboten werden. Die Auswahl hängt jeweils vom zuvor im Navigationsbereich markierten Ordner bzw. von der Bibliothek ab. Für Suchanfragen in umfangreichen Bilderverzeichnissen sind hier vor allem die Kriterien **Markierungen** sowie **Bewertung** interessant. Angenommen, Sie haben die schönsten Urlaubsaufnahmen jeweils mit fünf Sternen bewertet, um sie später für ein Fotobuch zu verwenden, dann können Sie diese Bewertung nun für Ihre Suche nutzen. Wie Sie eine solche Bewertung vornehmen, erfahren Sie in Abschnitt 8.9,

»Dateien mit Markierungen versehen«, ab Seite 321. Dort wird auch beschrieben, wie Sie für Dateien bestimmte Markierungen festlegen können. Bei diesen Markierungen (auch *Tags* genannt) handelt es sich um Stichwörter, die z. B. ein Foto beschreiben. Dabei kann es sich um den Namen einer Person handeln, die auf der Aufnahme zu sehen ist, oder auch um den Ort, an dem das Foto entstanden ist. Um diese Kriterien in die Suche zu integrieren, gehen Sie folgendermaßen vor:

1 Stellen Sie zunächst sicher, dass im Navigationsbereich der entsprechende Bilder-Ordner oder auch die Bibliothek **Bilder** markiert ist. Blenden Sie nun das Suchregister z. B. über das Zeichen »*« wie auf Seite 384 beschrieben ein. Das Suchfeld können Sie anschließend wieder mit einem Klick auf das Kreuz-Symbol leeren.

2 Klicken Sie dann im Register **Suchen** in der Gruppe **Verfeinern** auf **Andere Eigenschaften**.

3 Wenn Sie auf der Suche nach den mit fünf Sternen bewerteten Dateien sind, wählen Sie in der aufklappenden Liste den Eintrag **Bewertung ❶** aus.

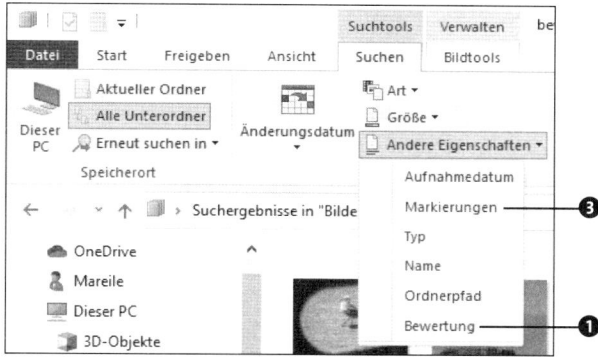

4 Im Gegensatz zu früher müssen Sie seit Windows 10 Version 1909 nun leider selbst den Bewertungsschlüssel eingeben. Klicken Sie hierzu in das Suchfeld, in dem bereits die Eigenschaft »bewertung«, gefolgt von einem Doppelpunkt, steht. Nehmen Sie hinter dem Doppelpunkt die gewünschte Ergänzung vor, also etwa **Nicht bewertet**, **1 Stern** oder bis hin zu **5 Sterne** für die am besten bewerteten Bilder ❷.

Suchen Sie Fotos, auf denen eine bestimmte Person zu sehen ist, deren Namen Sie auch als Markierung angegeben haben? Klicken Sie ebenfalls auf **Andere Eigenschaften** und in der aufklappenden Liste auf **Markierungen** (❸ auf Seite 387). Auch in diesem Fall wurden im Suchfeld bereits die Eigenschaft »markierungen« sowie der Doppelpunkt dahinter eingefügt. Tippen Sie nun einfach die gesuchte Markierung, also etwa den Namen der Person, ein ❹.

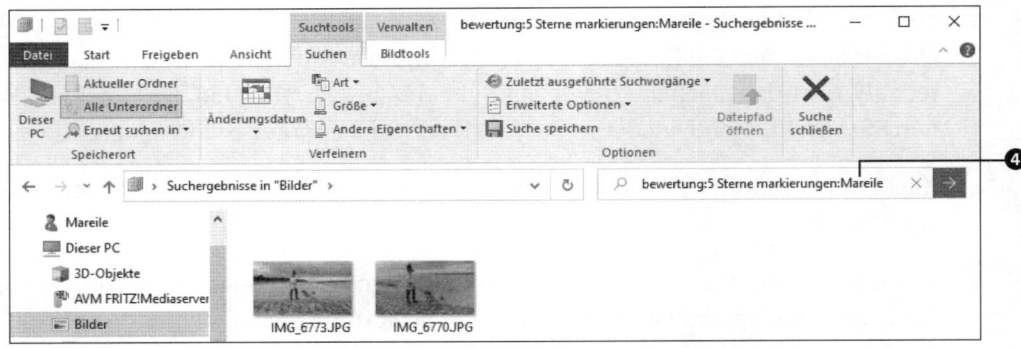

Abbildung 10.9 Suchkriterien lassen sich miteinander kombinieren.

Bei all den bisher vorgestellten Suchkriterien wird Ihre Suchanfrage sofort verfeinert, sobald Sie den entsprechenden Filter gesetzt haben. Haben Sie also z. B. als Änderungsdatum den Eintrag **Diesen Monat** markiert, werden im Inhaltsbereich des Explorers auch nur noch die Dateien angezeigt, die Sie diesen Monat geändert haben. Alle Suchkriterien können außerdem miteinander kombiniert werden. So können Sie also zuerst den gesuchten Dateityp über die Schaltfläche **Art** festlegen, anschließend über **Andere Eigenschaften** die **Markierungen** auswählen und dann die Bezeichnung einer Markierung ergänzen. Alle von Ihnen gesetzten Suchfilter werden in das Suchfeld hintereinander eingefügt und dabei jeweils durch ein Leerzeichen voneinander getrennt. Lesen Sie hierzu auch den folgenden Kasten »Suchkriterien geschickt miteinander kombinieren«.

TIPP

Suchkriterien geschickt miteinander kombinieren

Je mehr Suchbegriffe Sie eingeben, desto genauer werden die Suchergebnisse. Noch besser ist es aber, wenn Sie die Begriffe geschickt miteinander kombinieren. Wenn Sie mehrere Suchkriterien ohne weitere Angaben im Suchfeld hintereinander ergänzen, geht der Explorer davon aus, dass Sie nur an Ergebnissen interessiert sind, die alle Kriterien erfüllen. Manchmal ist es aber auch schon ausreichend, wenn eines von zwei aufgeführten Suchkriterien greift. Mit dem Operator *OR* (hier ist übrigens die Großschreibung sehr wichtig), den Sie zwischen zwei Suchkriterien ergänzen, erzielen Sie genau dies. So werden mit der Suchanfrage »aufnahmedatum:01.08.2015 OR aufnahmedatum:01.08.2016« sowohl die am 01. August 2015 als auch die am 01. August 2016 aufgenommenen Bilder als Ergebnis angezeigt. Ebenso können Sie dafür sorgen, dass bestimmte Begriffe von der Suche ausgeschlossen werden. Hierfür ist der Operator *NOT* zuständig. Die Suchanfrage »aufnahmedatum:01.08.2015 NOT bewertung:1 stern« zeigt als Ergebnis z. B. die Bilddateien an, die am 01. August 2015 aufgenommen wurden, nicht aber die, die mit nur einem Stern bewertet wurden. Alle Bilder, die keine Bewertung oder zwei bis fünf Sterne erhalten haben, sind dagegen in der Ergebnisliste dabei – vorausgesetzt, wie gesagt, das Aufnahmedatum entspricht dem 01. August 2015.

Wie die Beispiele der Bewertung und Markierung zeigen, können Sie die Filter auch direkt in das Suchfeld eingeben. Anstatt also einen Filter über einen der Einträge der Gruppe **Verfeinern** zu setzen, tragen Sie das Kriterium mit dem gewünschten Wert direkt in das Suchfeld ein. Die Schreibweise folgt dabei immer dem gleichen Schema: »Eigenschaft:Wert«, also z. B. »änderungsdatum:gestern«. Diese direkte Eingabe hat einen großen Vorteil: Ihnen stehen weitaus mehr Filter zur Verfügung, als Sie über das **Suchen**-Register setzen können. In der folgenden Tabelle habe ich einige Suchkriterien mit entsprechenden Beispielen für Sie zusammengestellt, die nochmals die vielfältigen Möglichkeiten deutlich machen, die Ihnen bei Suchanfragen über den Explorer zur Verfügung stehen.

Sollten Sie übrigens zu viele Suchfilter gesetzt haben, sodass die Suche zu keinem Ergebnis führt, können Sie Filter natürlich auch wieder entfernen. Setzen Sie hierzu den Mauszeiger in das Suchfeld, und löschen Sie über die Taste `Entf` oder ⌫ einzelne nicht mehr benötigte Suchkriterien. Wenn Sie das gesamte Suchfeld leeren möchten, reicht auch ein Klick auf das Kreuz-Symbol, das am rechten Rand des Suchfelds eingeblendet wird, sobald Sie in das Feld klicken.

Eigenschaft	Beispiel	Beschreibung
aufnahmedatum	aufnahmedatum:01.08.2016	alle Bilder, die am 1. August 2016 aufgenommen wurden

Tabelle 10.1 Einige weitere Beispiele für Suchkriterien

Eigenschaft	Beispiel	Beschreibung
aufnahmedatum	aufnahmedatum:01.08.2016 .. 15.08.2016	alle Bilder, die zwischen dem 1. August 2016 und dem 15. August 2016 aufgenommen wurden
datum	datum:letzte Woche	alle Dateien, die während der letzten Woche erstellt oder verändert wurden
vor	vor:31.08.2014	alle Dateien, die vor dem 31. August 2014 erstellt oder verändert wurden
nach	nach:24.12.2015	alle Dateien, die nach dem 24. Dezember 2015 erstellt oder verändert wurden
typ	typ:word	alle Word-Dateien
typ	typ:bild	alle Bilder, egal in welchem Format
typ	typ:jpg	alle Bilder im JPG-Format
name	name:urlaub	alle Ordner oder auch Dateien, deren Name »urlaub« enthält
album	album:Footsteps	alle Musiktitel des Albums »Footsteps«
genre	genre:Pop	alle Musiktitel aus dem Genre »Pop«

Tabelle 10.1 Einige weitere Beispiele für Suchkriterien (Forts.)

10.4 Den Suchindex für Suchanfragen nutzen

Windows 10 zeigt die ersten Ergebnisse Ihrer Suchanfrage meist blitzschnell an. Der Grund hierfür ist ein spezieller Suchindex, der all Ihre persönlichen Ordner, Offlinedateien sowie die Einträge des Startmenüs überwacht. Führen Sie in diesen indizierten Ordnern eine Suche durch, wird sogar der Inhalt, nicht nur der Name einer Datei berücksichtigt. Das gilt bei Suchanfragen in nicht indizierten Ordnern nicht. Ich zeige Ihnen zunächst, wie Sie selbst festlegen, welche Orte vom Suchindex berücksichtigt werden sollen. In Abschnitt 10.4.2, »Optionen für nicht indizierte Orte anpassen«, ab Seite 397 erfahren Sie, welche Möglichkeiten Sie haben, Suchanfragen an nicht indizierten Orten zu optimieren.

10.4.1 Zu überwachende Orte und Dateitypen für den Suchindex festlegen

Der Suchindex von Windows 10 überwacht automatisch all Ihre persönlichen Ordner. Entsprechend schnell erfolgt auch eine Suchanfrage. Führen Sie dagegen eine Suche an einem nicht indizierten Ort durch (z. B. auf einer externen Festplatte), kann die ganze Aktion durchaus zur Geduldsprobe werden. Sie haben die Möglichkeit, Ordner, die bisher noch nicht berücksichtigt werden, in den Suchindex aufzunehmen. Allerdings sollten Sie hier mit Augenmaß vorgehen, denn fügen Sie dem Suchindex zu viele Ordner hinzu, führt dies irgendwann dazu, dass auch hier eine Suchanfrage immer mehr Zeit in Anspruch nimmt. Um die zu überwachenden Orte selbst auszuwählen, gehen Sie folgendermaßen vor:

1 Rufen Sie über das Startmenü die Einstellungen-App auf und hier die Kategorie **Suche**. Markieren Sie in der linken Spalte **Windows durchsuchen** ❶.

2 In der rechten Fensterhälfte können Sie den aktuellen Indizierungsstatus ablesen. Per Standardeinstellung berücksichtigt Windows 10 lediglich die Bibliotheken und den Desktop bei der Indizierung. Als Option ist entsprechend **Klassisch** ❷ ausgewählt. Soll stattdessen der gesamte PC aufgenommen werden, aktivieren Sie die Option **Erweitert** ❸. Diese Einstellung geht allerdings auf Kosten der Akku- und Rechenleistung.

3 Wenn Sie die klassische Sucheinstellung beibehalten möchten, aber weitere Ordner dem Suchindex hinzufügen oder umgekehrt bestimmte Ordner ausschließen möchten, klicken Sie auf **Suchorte hier anpassen** ❹.

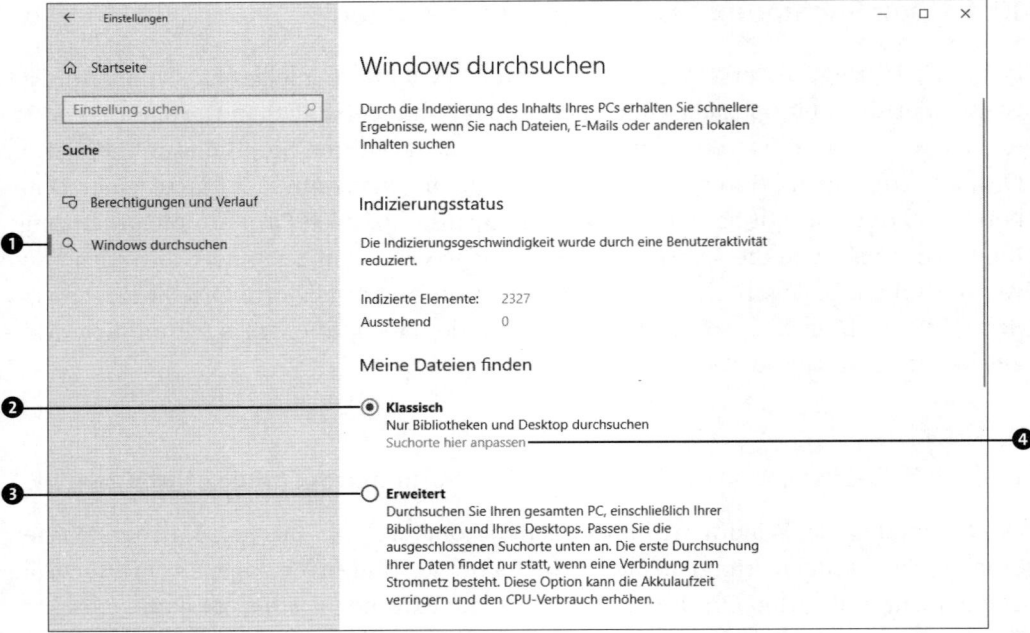

4 Im nun eingeblendeten Dialog **Indizierungsoptionen** klicken Sie auf **Ändern** ❺, um den Dialog **Indizierte Orte** zu öffnen.

5 Alle Einträge, die in der Liste **Ausgewählte Orte ändern** mit einem Häkchen versehen sind ❻, werden bereits im Suchindex berücksichtigt. Prüfen Sie, welche dieser Orte für Sie im Falle einer Suche relevant sind und welche nicht. Um zu den Unterordnern zu gelangen, klicken Sie wie gewohnt auf den kleinen nach rechts weisenden Pfeil ❼ vor einem Eintrag.

6 Entfernen Sie per Mausklick die Häkchen vor den Ordnern, die nicht vom Suchindex erfasst werden sollen. Möchten Sie z. B. die öffentlichen Ordner nicht nutzen, auf die alle Benutzer des Computers Zugriff haben, können Sie den Ordner **Öffentlich** deaktivieren ❽.

7 Aktivieren Sie umgekehrt die Ordner, die zusätzlich vom Suchindex überwacht werden sollen. Wenn Sie Ihre persönlichen Daten z. B. vorwiegend auf einer externen Festplatte speichern, setzen Sie das Häkchen entweder direkt vor dem Eintrag des Wechseldatenträgers oder wählen gezielt die zu überwachenden Ordner auf der Festplatte aus. Die externe Festplatte wird im Dialog **Indizierte Orte** nur dann angezeigt, wenn Sie sie vor dem Aufruf des Dialogs bereits am Computer angeschlossen hatten.

8 Haben Sie alle gewünschten Orte aktiviert bzw. deaktiviert, schließen Sie den Dialog **Indizierte Orte** mit **OK ❾**.

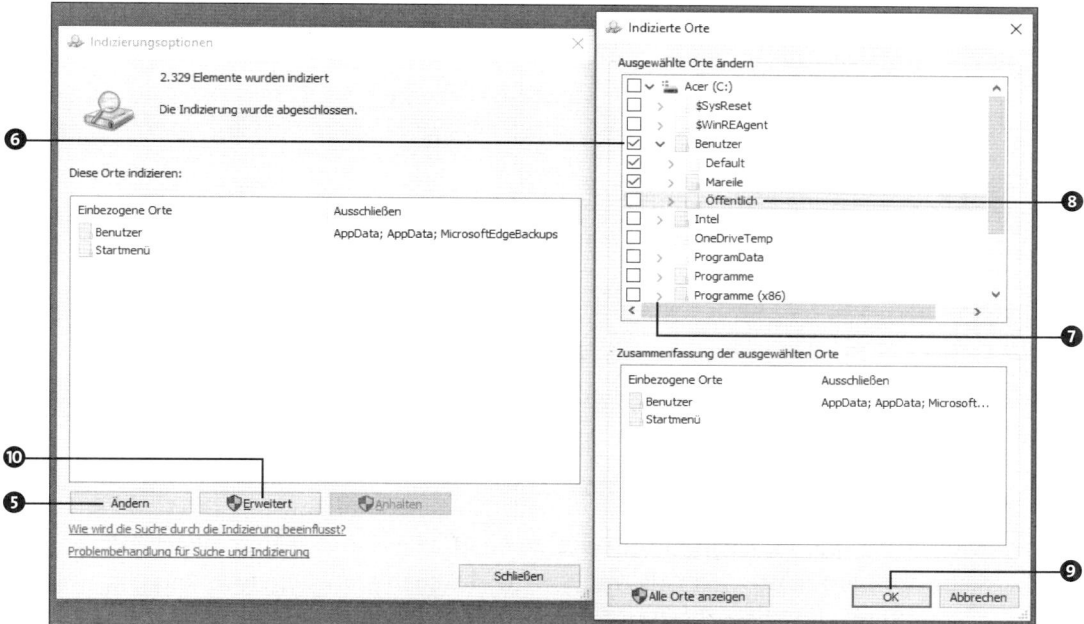

Der Dialog **Indizierungsoptionen** ist weiterhin geöffnet. Bevor Sie ihn schließen, sollten Sie noch einen Blick in die Liste der Dateitypen werfen, die bei der Indizierung berücksichtigt werden. Denn auch hier können Sie wieder einige Einstellungen vornehmen, die Ihre Suchanfragen beschleunigen.

9 Klicken Sie im Dialog **Indizierungsoptionen** auf **Erweitert ❿**, um zum Dialog **Erweiterte Optionen** zu gelangen.

10   Sollten Sie mit verschlüsselten Dateien arbeiten, die ebenfalls vom Suchindex erfasst werden sollen, versehen Sie im Register **Indexeinstellungen** das Kästchen **Verschlüsselte Dateien indizieren** ⓫ mit einem Häkchen.

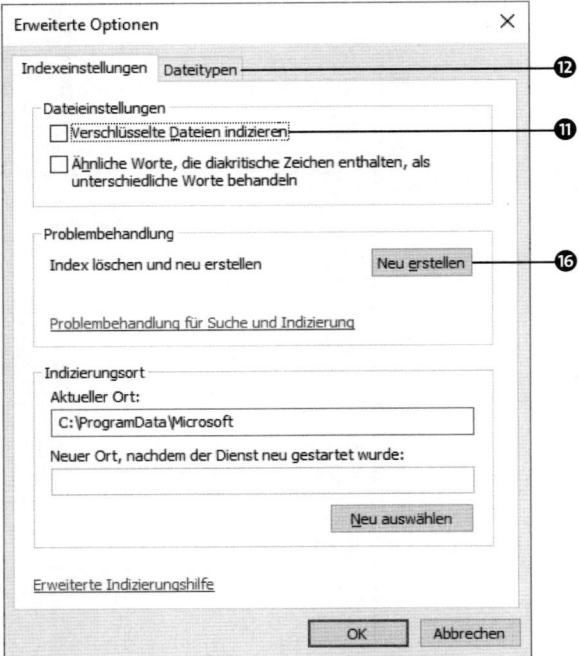

11   Wechseln Sie in das Register **Dateitypen** ⓬. Hier werden nun alle regulären Dateitypen aufgelistet. Nur die mit einem Häkchen versehenen Dateitypen werden vom Suchindex berücksichtigt. Durch Aktivieren bzw. Deaktivieren der entsprechenden Kästchen können Sie wieder festlegen, welche Dateitypen indiziert werden sollen und welche nicht.

12   Sobald Sie einen Dateityp in der Liste **Erweiterung** ⓭ per Mausklick markieren, erfahren Sie unterhalb der Liste, ob lediglich die Eigenschaften einer Datei dieses Typs indiziert ⓮ werden oder auch der Inhalt ⓯. Sind Sie sich z. B. sicher, dass der Inhalt Ihrer Excel-2016-Dateien für Ihre Suchanfragen nie relevant sein wird, wählen Sie bei den Dateitypen **.xls** sowie **.xlsx** jeweils die Option **Nur Eigenschaften indizieren**.

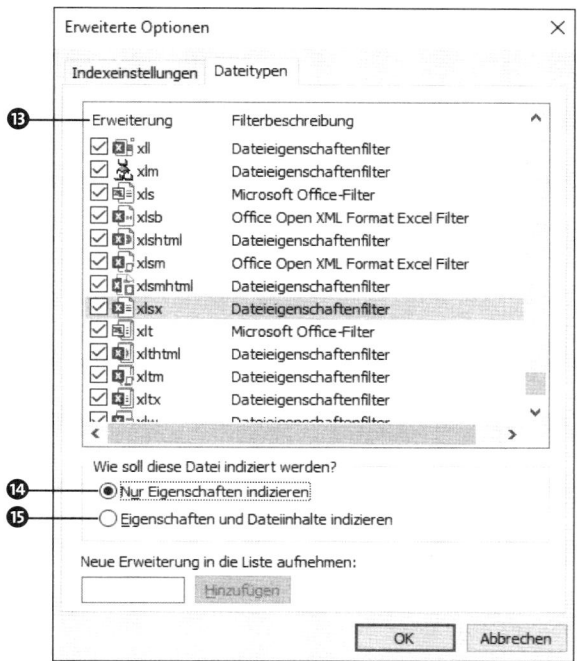

13 Haben Sie alle Einstellungen vorgenommen, beenden Sie den Dialog **Erweiterte Optionen** mit **OK** und den Dialog **Indizierungsoptionen** mit **Schließen**.

Den Suchindex manuell aktualisieren

Der Suchindex wird von Windows 10 normalerweise regelmäßig automatisch auf den neuesten Stand gebracht. Wenn Sie allerdings größere Änderungen an den Indizierungseinstellungen vorgenommen oder eine große Zahl neuer Dateien auf den PC übertragen haben, die sofort vom Suchindex berücksichtigt werden sollen, können Sie die Aktualisierung auch selbst veranlassen. Klicken Sie hierzu im Dialog **Erweiterte Optionen** (um ihn zu öffnen, führen Sie Schritte 1, 3 und 9 ab Seite 391 durch) im Bereich **Problembehandlung** des Registers **Indexeinstellungen** auf **Neu erstellen** (**16** auf Seite 394). Der aktuelle Suchindex wird nun gelöscht und anschließend neu aufgebaut. Je nach Anzahl der zu indizierenden Ordner kann dies einige Zeit andauern. Während dieser Zeit können Sie zwar wie gewohnt am Computer weiterarbeiten, mit einer Suchanfrage sollten Sie allerdings warten, bis der Hinweis **Die Indizierung wurde abgeschlossen** erscheint.

Wenn Sie sich bei den Sucheinstellungen für die Option **Erweitert** entschieden haben, wird, wie zuvor erwähnt, der gesamte PC in den Suchindex aufgenommen. Gibt es einige Ordner, die bei einer Suche nicht berücksichtigt werden müssen, sollten Sie diese entsprechend ausschließen.

1 Blättern Sie in der Einstellungen-App in der Unterkategorie **Windows durchsuchen** etwas nach unten, gelangen Sie zum Bereich **Ausgeschlossene Ordner**. Hier werden all die Verzeichnisse aufgelistet, die von Windows aus nicht bei einer Suchanfrage berücksichtigt werden. Um in der Liste eigene Ordner zu ergänzen, klicken Sie auf **Auszuschließende Ordner hinzufügen** ❶.

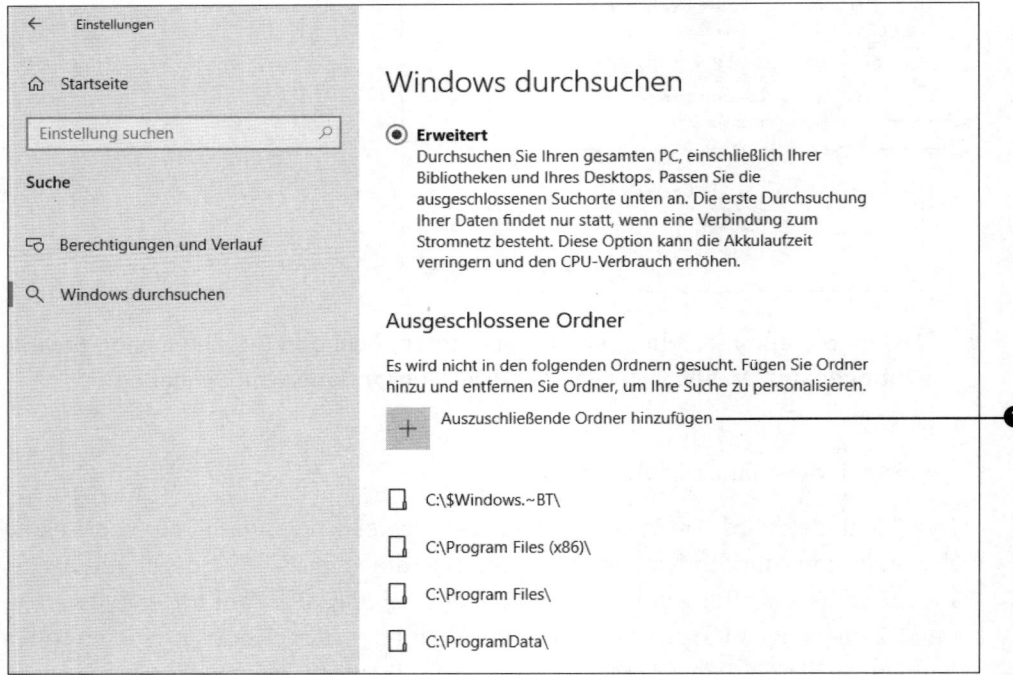

2 Markieren Sie im Dialog **Ordner auswählen** das Verzeichnis, das bei der Indizierung nicht berücksichtigt werden soll, und bestätigen Sie mit **Ordner auswählen**.

3 Der Ordner erscheint nun in der Liste der ausgeschlossenen Ordner. Soll einer der hier aufgeführten Ordner doch bei der Indizierung berücksichtigt werden, markieren Sie ihn per Mausklick. Klicken Sie dann auf **Ausgeschlossenen Ordner entfernen** ❷.

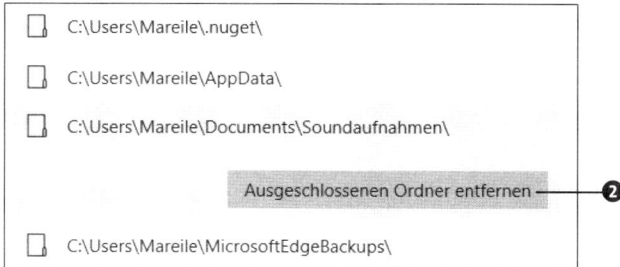

10.4.2 Optionen für nicht indizierte Orte anpassen

Der größte Vorteil von Suchanfragen in indizierten Orten ist, dass nicht nur die Eigenschaften einer Datei berücksichtigt werden, sondern auch ihr Inhalt. Müssen Sie Ordner durchsuchen, die nicht vom Suchindex erfasst sind, können Sie mit wenigen Mausklicks veranlassen, dass auch hier der Dateiinhalt in die Suche aufgenommen wird.

1 Markieren Sie im Navigationsbereich des Explorers den Ordner, den Sie durchsuchen möchten.

2 Blenden Sie das Register **Ansicht** ein, und klicken Sie auf die Schaltfläche **Optionen** ❶.

3 Wechseln Sie im Dialog **Ordneroptionen** in das Register **Suchen** ❷. Versehen Sie unterhalb von **Beim Durchsuchen nicht indizierter Orte** den Eintrag **Immer Dateinamen und -inhalte suchen** ❸ per Mausklick mit einem Häkchen. Damit werden nun auch die Inhalte von Dateien, die sich an nicht indizierten Orten befinden, bei der Suchanfrage berücksichtigt.

4 Soll bei der Suche auch der Inhalt von ZIP-Archiven berücksichtigt werden, versehen Sie den Eintrag **Komprimierte Dateien** ❹ mit einem Häkchen. Schließen Sie den Dialog **Ordneroptionen** mit **OK**.

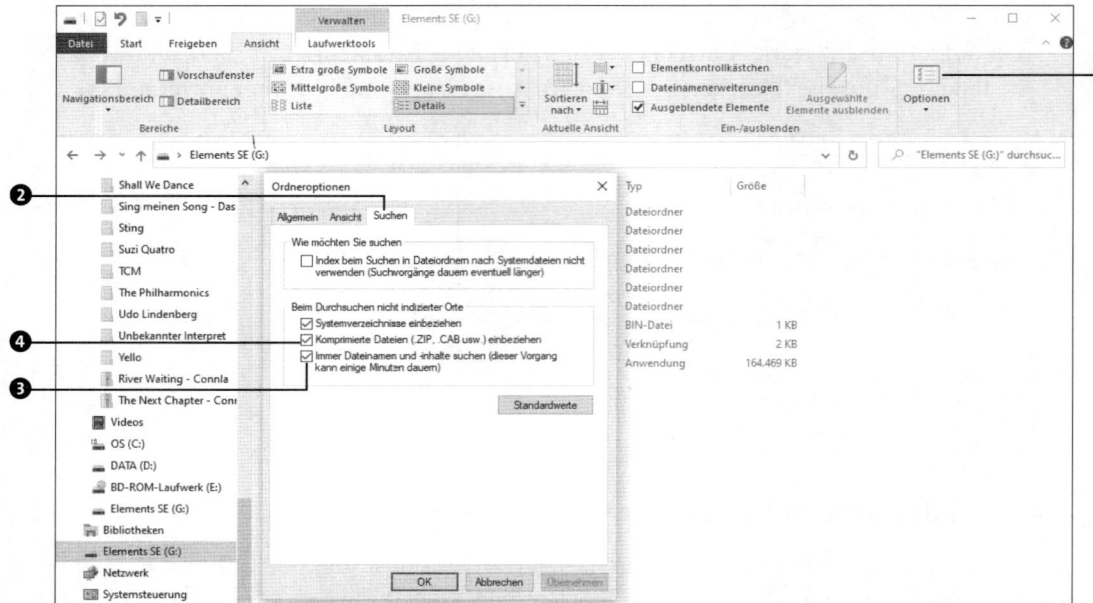

Sollten Sie irgendwann feststellen, dass die Suche mit den vorgenommenen Einstellungen zu lange dauert und im Grunde genommen weder die Dateiinhalte noch die Inhalte von ZIP-Archiven durchsucht werden müssten, sollten Sie die entsprechenden Einstellungen wieder rückgängig machen. Hierzu entfernen Sie einfach wieder die gesetzten Häkchen.

TIPP

Den Suchindex deaktivieren

Der Suchindex ist ausgesprochen praktisch, wenn große Datenmengen durchsucht werden müssen. Die Indizierung der Dateien und Ordner kostet aber auch Systemressourcen. Wenn Sie Ihr Dateisystem ordentlich aufgebaut haben und somit die Suchfunktion des Explorers nur selten in Anspruch nehmen müssen, können Sie den Suchdienst auch ausschalten. Geben Sie hierzu in das Suchfeld in der Taskleiste den Begriff »Dienste« ein, und wählen Sie in der Trefferliste den Eintrag **Dienste Desktop-App** aus. Nach einem kurzen Moment wird der Dialog **Dienste** geöffnet. Blättern Sie in der rechten Spalte des Dialogs nach unten bis zum Eintrag **Windows Search** ❶. Doppelklicken Sie auf diesen Eintrag, um den Eigenschaften-Dialog von Windows Search zu öffnen. Klicken Sie hier im Register **Allgemein** in das Feld **Starttyp** ❷, und markieren Sie in der aufklappenden Liste **Deaktiviert** ❸. Soll der Dienst sofort gestoppt werden, klicken Sie außerdem auf **Beenden** ❹. Mit **Über-**

nehmen und **OK** ❺ sichern Sie die vorgenommenen Änderungen. Sie können nun zwar weiterhin im Explorer nach Dateien und Ordnern suchen, eine Suchanfrage in Bibliotheken funktioniert allerdings nicht mehr. Wenn Sie Windows Search irgendwann doch wieder benötigen, rufen Sie wie zuvor beschrieben den Eigenschaften-Dialog von Windows Search auf und stellen im Feld **Starttyp** wieder **Automatisch (Verzögerter Start)** ❻ ein.

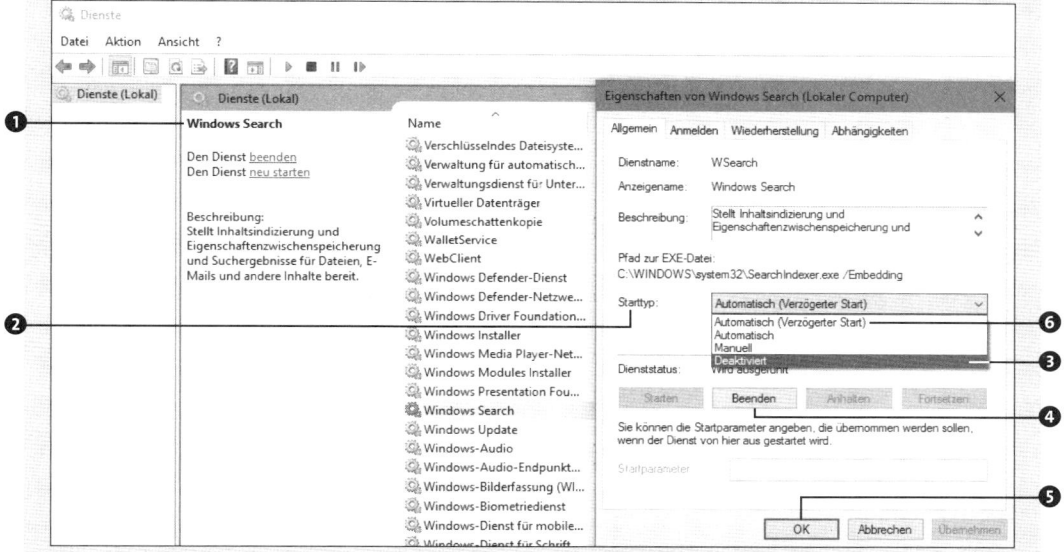

Abbildung 10.10 Nehmen Sie den Suchdienst nur selten in Anspruch, können Sie Windows Search auch deaktivieren.

11   Nützliche Apps und Programme unter Windows 10

Windows 10 hat bereits viele interessante Anwendungen mit an Bord, von denen ich Ihnen ein paar in diesem Kapitel vorstellen werde. So können Sie sich mit der *Karten*-App z. B. den schnellsten Weg zum gewünschten Ziel anzeigen lassen. Mit dem *Sprachrekorder* nehmen Sie kurze Texte auf, und die *Rechner*-App unterstützt Sie sowohl bei einfachen als auch bei komplizierten Rechenaufgaben. Speziell an Nutzer von Geräten mit Touchscreen richtet sich die *Paint 3D*-App. Auch die App *Ausschneiden und Skizzieren* lässt sich wunderbar mit Touchgesten bedienen. Als Erstes stelle ich Ihnen aber die *Alarm & Uhr*-App vor, mit der Sie sich zukünftig rechtzeitig wecken lassen können.

11.1   Ihr persönlicher Wecker: die App Alarm & Uhr

Zählen Sie zu den Menschen, die morgens nur schwer aus den Federn kommen? Mit der App *Alarm & Uhr* können Sie sich wecken lassen – vorausgesetzt natürlich, der Computer ist zu dieser Tageszeit eingeschaltet und befindet sich nicht allzu weit weg, sodass Sie den Alarm auch hören können. Oder Sie lassen sich während Ihrer Arbeit z. B. mit einem Alarm daran erinnern, dass der Hund in zwei Stunden mal raus muss. Neben der Weckfunktion enthält die App eine Weltuhr, einen Zeitgeber sowie eine Stoppuhr. Aufgerufen wird die App Alarm & Uhr über die App-Liste im Startmenü. Nach dem Start der App ist die Funktion **Alarm ❶** bereits ausgewählt. Im Anwendungsfenster werden Sie mit einem **Guten Morgen ❷** begrüßt. Per Standardeinstellung würde die App Alarm & Uhr Sie täglich um 7 Uhr wecken, vorausgesetzt, Sie ziehen den Regler rechts von diesem Eintrag auf **Ein ❸**. Wenn Sie eine andere Weckzeit einstellen möchten, gehen Sie folgendermaßen vor:

1   Klicken Sie auf den Schriftzug **Guten Morgen ❷**.

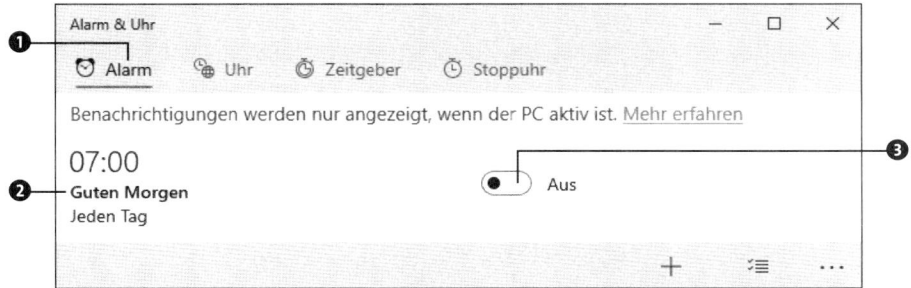

2 Als Erstes legen Sie die Uhrzeit fest, zu der Sie geweckt werden möchten. Hierzu stellen Sie in der linken Spalte die gewünschte Stunde und in der rechten Spalte die Minutenzahl ein. Zum Blättern klicken Sie auf die Pfeiltasten ❹, die sich jeweils am oberen und unteren Rand der Spalten befinden. Sie werden allerdings erst dann eingeblendet, wenn sich der Mauszeiger über der entsprechenden Spalte befindet. Arbeiten Sie mit einem Touchscreen, führen Sie einfach eine vertikale Wischbewegung in der jeweiligen Spalte aus.

3 Nach einem Klick in das Feld **Alarmname** ❺ können Sie eine eigene Bezeichnung für den Weckruf eingeben.

4 Per Standardeinstellung wiederholt die App den Weckruf jeden Tag zur eingestellten Uhrzeit. Benötigen Sie den Wecker nur an ausgewählten Tagen, klicken Sie in das Feld **Wiederholungen** ❻. In der aufklappenden Liste entfernen Sie jeweils das Häkchen vor den Wochentagen, an denen der Alarm nicht ausgelöst werden soll. Stellen Sie sicher, dass die Tage aktiviert sind, an denen Sie geweckt werden möchten. Mit einem Klick außerhalb der Liste übernehmen Sie die Einstellungen.

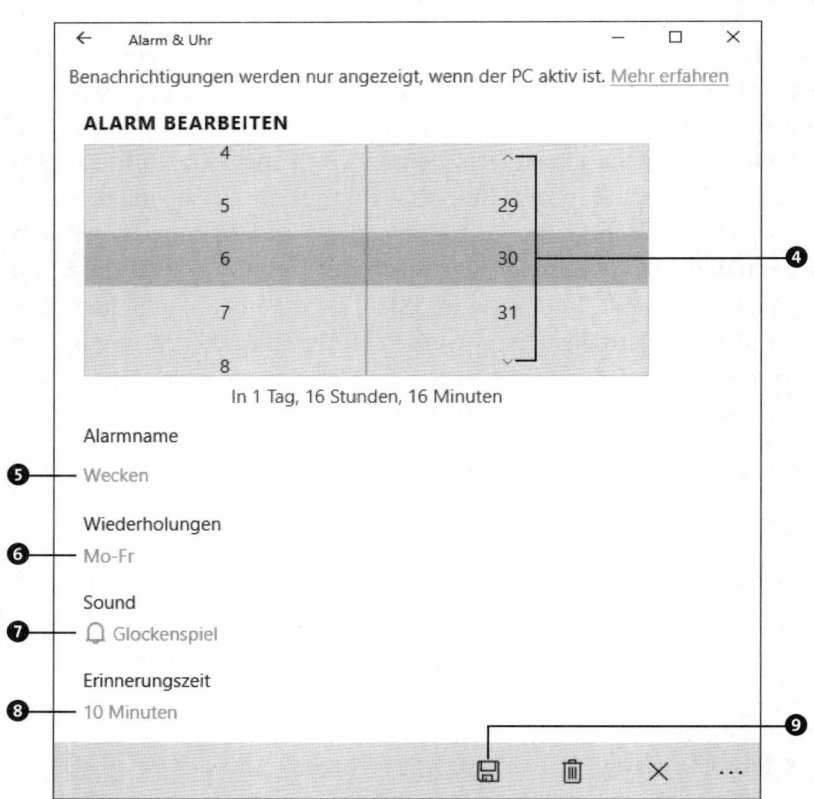

5 Als Nächstes wählen Sie den Klingelton aus. Hierzu klicken Sie in das Feld **Sound** ❼. Um sich die diversen Klingeltöne anzuhören, klicken Sie jeweils auf das kleine Wiedergabe-Symbol ▷ vor einem Sound. Der Klingelton wird anschließend zweimal abgespielt. Markieren Sie den Klingelton, mit dem Sie geweckt werden möchten. Ist Ihnen das Klingeln zu leise oder zu laut, stellen Sie die Lautstärke über das Lautsprecher-Symbol 🔊 im Infobereich der Taskleiste ein.

6 Im Feld **Erinnerungszeit** ❽ können Sie einstellen, nach wie vielen Minuten der Wecker einen erneuten Weckruf starten soll, sofern Sie den Alarm nicht bereits nach dem ersten Klingelton ausschalten.

7 Ist die gewünschte Weckzeit eingestellt, klicken Sie in der Symbolleiste am unteren Fensterrand auf das Symbol **Speichern** ❾.

Ihr Computer wird Sie nun zum gewünschten Zeitpunkt wecken. Ertönt der Weckruf, erscheint in der oberen rechten Bildschirmecke ein kleiner Hinweis. Mit einem Klick können Sie sich **Erneut erinnern** lassen oder den Weckruf **Ignorieren**. Um den Wecker ganz auszuschalten, rufen Sie die App Alarm & Uhr wie zuvor beschrieben auf. Im Anwendungsfenster schieben Sie den Regler rechts vom Weckruf nach links auf **Aus**.

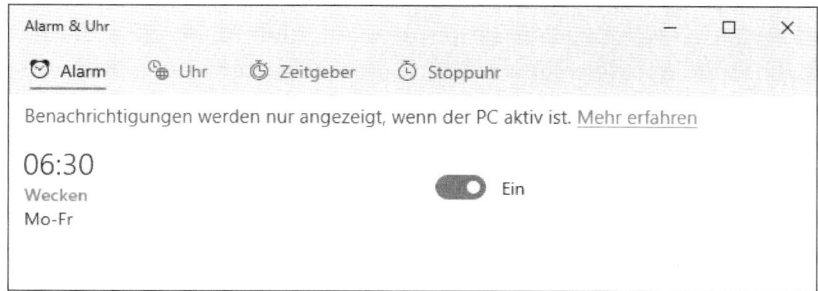

Abbildung 11.1 Über diesen Regler schalten Sie den Wecker wieder aus.

11.2 Von Ort zu Ort mit der Karten-App

Wenn Sie auf der Suche nach einer bestimmten Straße in einem Ort sind oder erfahren möchten, wo sich das nächste Restaurant in der Nähe befindet, sollten Sie die *Karten*-App zurate ziehen. Geöffnet wird diese App über den entsprechenden Eintrag in der App-Liste des Startmenüs.

TIPP

Aktuellen Standort in der Karten-App anzeigen

Anstatt selbst die Adresse Ihres aktuellen Standorts einzugeben, können Sie dies auch der Karten-App überlassen. Das ist vor allem dann interessant, wenn Sie mit Ihrem Tablet unterwegs sind. Damit die Karten-App allerdings ermitteln kann, wo Sie sich gerade befinden, muss der Positionsdienst in Windows 10 aktiviert sein. Die entsprechenden Einstellungen nehmen Sie über **Start ▶ Einstellungen ▶ Datenschutz ▶ Position** vor. Ist der Dienst ausgeschaltet, klicken Sie auf **Ändern** und setzen im Dialog **Position dieses Geräts** den Regler auf **Ein**. Stellen Sie sicher, dass auch im Einstellungen-Dialog der Regler unterhalb von **Zulassen, dass Apps auf Ihren Standort zugreifen** eingeschaltet ist. Blättern Sie nun im Einstellungen-Dialog etwas nach unten bis zum Bereich **Auswählen, welche Apps auf Ihren exakten Standort zugreifen können**, und schalten Sie den Dienst für die Karten-App ein. In der Karten-App selbst reicht nun ein Klick auf das Symbol **Meinen Standort anzeigen** ⊙, und schon wird Ihre aktuelle Position in der Karte angezeigt.

Haben Sie schon mit dem Kartendienst *Google Maps* gearbeitet? Dann werden Sie sich auch in der Karten-App von Microsoft schnell zurechtfinden. Im Anwendungsfenster sehen Sie zunächst eine Weltkarte. Oben links ist die Funktion **Suchen** ❶ aktiviert. Nach einem Klick in das Feld **Suchen** ❷ geben Sie die gesuchte Adresse ein. Bereits während der Eingabe schlägt Ihnen die App diverse Adressen vor. Ist die gewünschte dabei, wählen Sie sie per Mausklick aus. Falls nicht, müssen Sie die Adresse selbst vollständig eingeben. Durch Drücken der Taste ⏎ starten Sie die Suche.

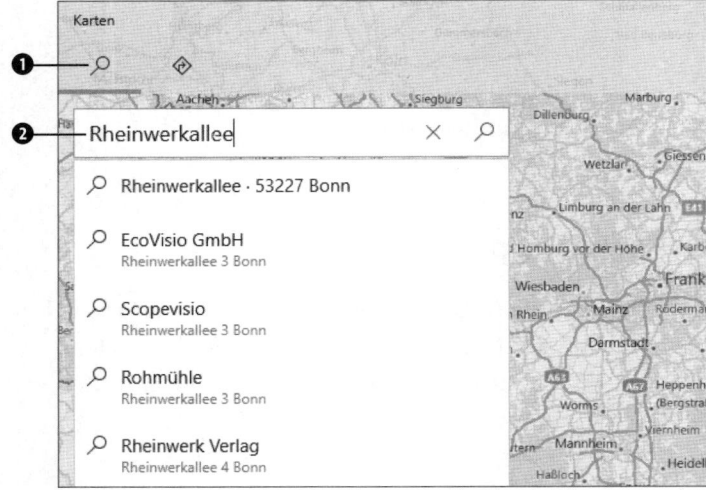

Abbildung 11.2 Die Karten-App schlägt Ihnen bereits während der Eingabe Adressen vor.

Über das Plus- und Minus-Symbol ❸ am rechten Fensterrand lässt sich der Kartenausschnitt vergrößern oder auch verkleinern. Um den Ausschnitt zu verschieben, positionieren Sie den Mauszeiger auf der Karte und ziehen ihn mit gedrückter linker Maustaste in die gewünschte Richtung. Wenn Sie auf der Suche nach Restaurants in der Nähe der angezeigten Adresse sind, klicken Sie im kleinen Dialogfenster links unterhalb von **Was befindet sich in der Nähe?** auf das Symbol 🍴 ❹. In dem kleinen Dialogfenster werden Ihnen nun Restaurants vorgeschlagen. Bewegen Sie den Mauszeiger auf einen der blauen Punkte in der Karte, erfahren Sie den Namen des Restaurants, das sich an diesem Ort befindet. Mit einem Klick auf den Punkt werden im Dialogfenster links Details zum Restaurant (z. B. Anschrift, Telefonnummer und Öffnungszeiten) eingeblendet. Über die weiteren Symbole am unteren Rand des Dialogs können Sie sich in der Karte aber auch Sehenswürdigkeiten, Einkaufszentren, Hotels, Banken, Krankenhäuser sowie Parkplätze anzeigen lassen ❺. Mit einem Klick auf einen Registerreiter ❻ kehren Sie zu vorherigen Suchanfragen zurück. Über das Kreuz-Symbol löschen Sie nicht mehr benötigte Suchergebnisse ❼.

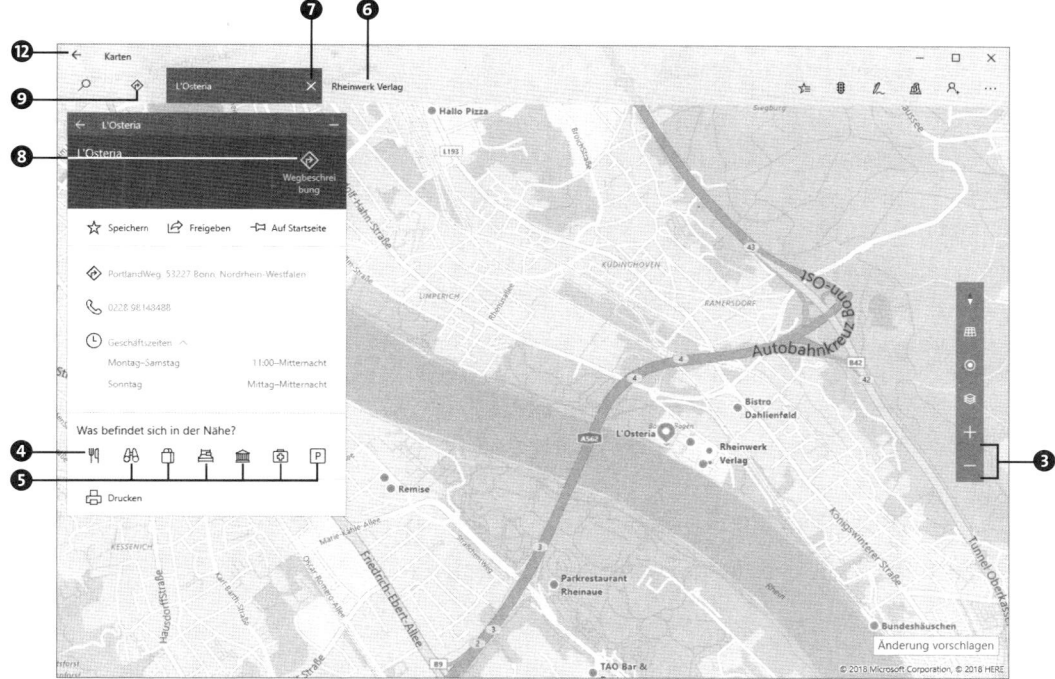

Abbildung 11.3 Die Größe des Kartenausschnitts kann über das Plus- und Minus-Symbol angepasst werden.

Wenn Sie möchten, können Sie sich zur gesuchten Adresse gleich die passende Wegbeschreibung einblenden lassen. Hierzu klicken Sie im Dialog auf **Wegbeschreibung** ❽. Der

Routenplaner lässt sich aber auch über das Symbol ⊗ (❾ auf Seite 405) oben links aufrufen. Geben Sie in den entsprechenden Feldern die Start- sowie die Zieladresse an. Mit
einem Klick auf **Wegbeschreibung anzeigen** berechnet die Karten-App mögliche Routen.
Diese werden Ihnen anschließend in der Karte angezeigt. Links erfahren Sie nicht nur
die Fahrtdauer einer Strecke, sondern auch die Entfernung ❿. Mit einem Klick auf **Los** ⓫
starten Sie die Navigation, und über das Pfeil-Symbol oben links (⓬ auf Seite 405) kehren Sie wieder zur Startseite der Karten-App zurück. Per Standardeinstellung geht die
App davon aus, dass Sie die Reise mit einem Auto antreten werden. Möchten Sie stattdessen die öffentlichen Verkehrsmittel nutzen oder zu Fuß gehen, klicken Sie auf die
entsprechenden Symbole ⓭.

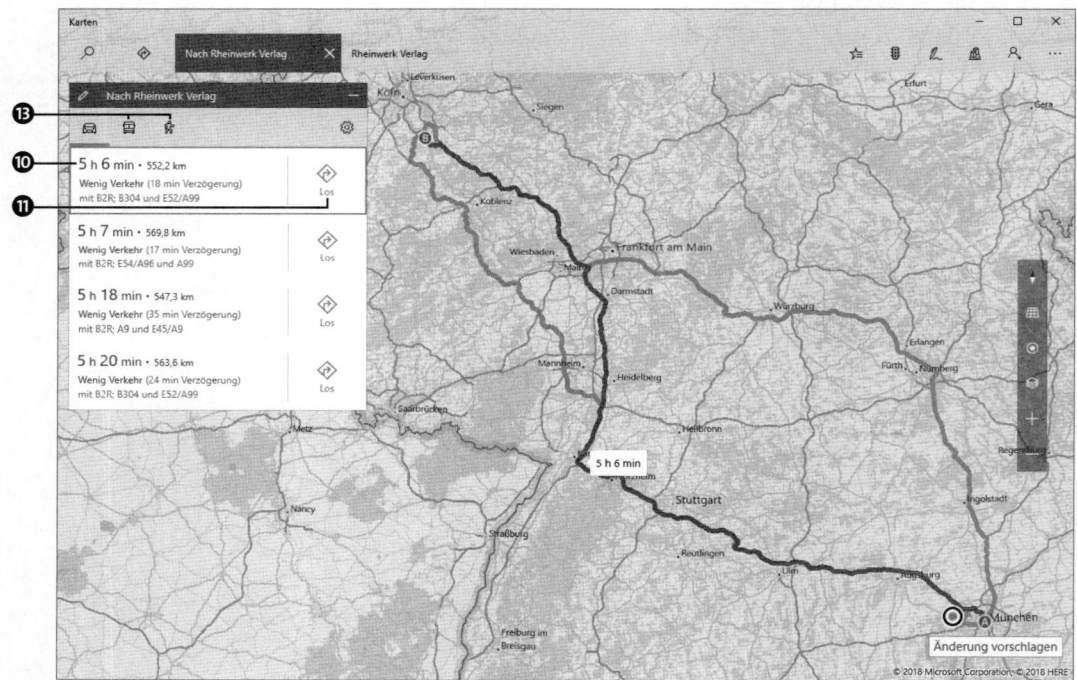

Abbildung 11.4 Alle gefundenen Routen werden auch in der Karte eingeblendet.

11.3 Der Taschenrechner von Windows 10: die Rechner-App

Kopfrechnen ist nicht jedermanns Sache. Bevor einem ein peinlicher Rechenfehler
unterläuft, sollte man lieber einen Taschenrechner zurate ziehen. Windows 10 bringt
hierfür bereits die App *Rechner* mit, die über die App-Liste im Startmenü geöffnet wird.
Nach dem Start erscheint der Rechner in der Standardansicht und zeigt hier lediglich

die Standardrechenfunktionen. Klicken Sie oben links auf das Symbol ≡ ❶, klappt ein Menü mit weiteren Kategorien auf. Wählen Sie z. B. die Ansicht **Wissenschaftlich**, werden zahlreiche Spezialfunktionen eingeblendet. Auch für das Umrechnen von Einheiten (wie Kalorien in Joule, Zoll in Zentimeter oder auch Meilen pro Stunde in Kilometer pro Stunde) finden Sie in der Rechner-App tatkräftige Unterstützung. Diese Rechenfunktionen erreichen Sie ebenfalls über die Menü-Schaltfläche ≡. Werden nicht alle Funktionen sofort eingeblendet, blättern Sie mithilfe der Bildlaufleiste in der Liste. Besonders praktisch: Mit einem Klick auf das Symbol ⊡ ❷ bleibt das Fenster der Rechner-App immer im Vordergrund und wird nicht mehr von anderen Fenstern verdeckt, auch wenn Sie gerade mit einem anderen Programm (z. B. Microsoft Word) arbeiten. Ein erneuter Klick auf das Symbol hebt den Vordergrund-Modus wieder auf.

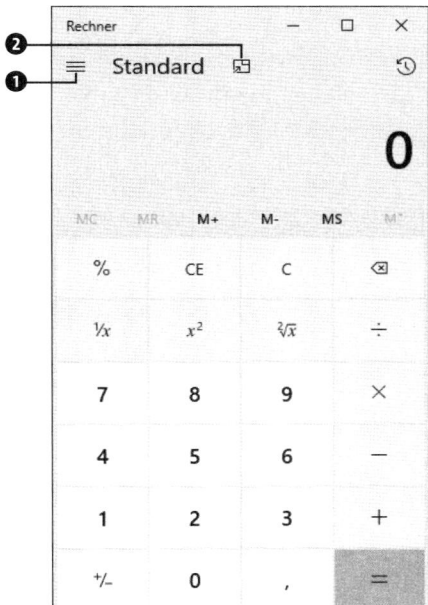
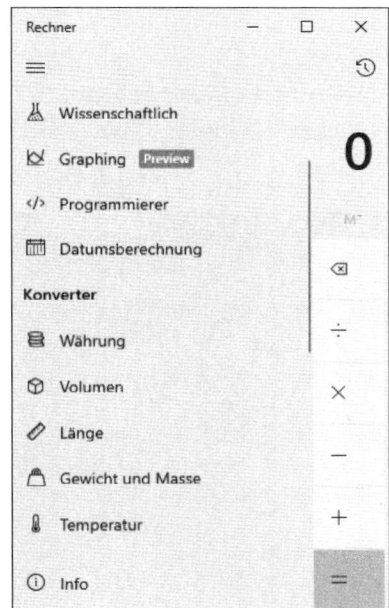

Abbildung 11.5 Die Rechner-App bietet neben den Standardrechenoperationen viele außergewöhnliche Funktionen an.

11.4 Ausschneiden und skizzieren mit Windows 10

Eine App ärgert Sie immer wieder mit einer Fehlermeldung? Sie würden diese gerne an einen Experten schicken und ihn um Rat fragen? Oder möchten Sie nur einen kleinen Ausschnitt einer Webseite an einen Freund schicken? Mit der App *Ausschneiden und skizzieren* erzeugen Sie blitzschnell ein Foto des Bildschirms. Die App löst damit das beliebte

Snipping-Tool ab, das viele Anwender bisher zum Aufnehmen von Screenshots genutzt haben. Das Bildschirmfoto können Sie anschließend beschriften und dann entweder abspeichern oder auch per E-Mail versenden.

Die App *Ausschneiden und skizzieren* lässt sich z. B. in der App-Übersicht des Startmenüs über den Eintrag **Ausschneiden und skizzieren** aufrufen. Anschließend drücken Sie die Tastenkombination ⊞ + ⇧ + Ⓢ, um die Ausschneiden-Funktion zu aktivieren. Drücken Sie die Tastenkombination direkt, ohne die App zuvor zu starten, geht es gleich bei Schritt 1 los, um den Screenshot aufzunehmen:

1 Sobald Sie die Ausschneiden-Funktion über die Tastenkombination ⊞ + ⇧ + Ⓢ aktiviert haben, verdunkelt sich der Bildschirm. Am oberen Bildschirmrand erscheint eine kleine Symbolleiste, in der Sie das gewünschte Schneide-Werkzeug per Mausklick auswählen.

2 Voreingestellt ist das **Rechteck**-Werkzeug ❶. Mit ihm lässt sich mit gedrückter linker Maustaste ein rechteckiger Rahmen um den Bildschirmbereich aufziehen, den Sie abfotografieren möchten.

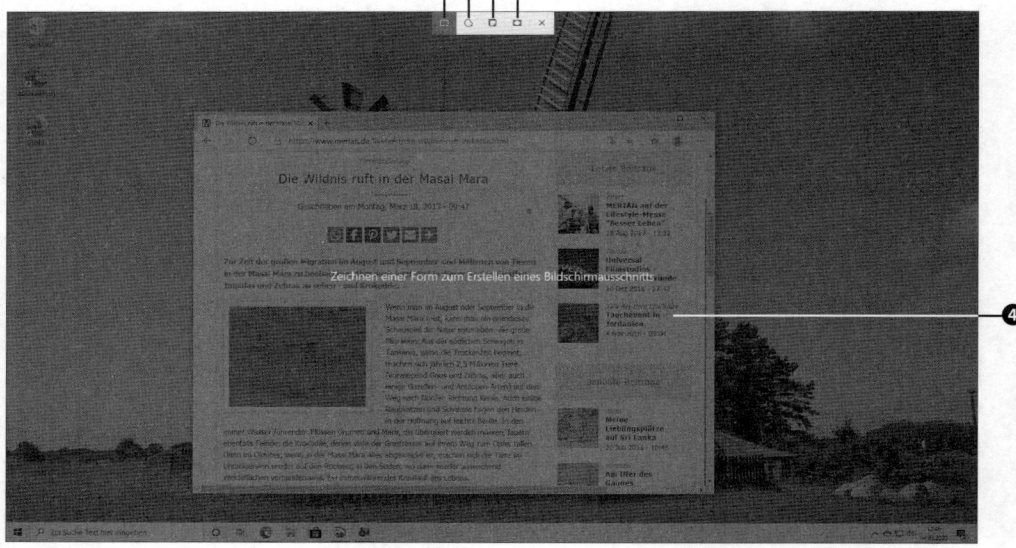

3 Mit dem Werkzeug **Freies Ausschneiden** ❷ umfahren Sie einen beliebigen Bildschirmbereich einfach mit gedrückter linker Maustaste.

4 Besonders praktisch ist das Werkzeug **Fenster ausschneiden** ❸. Sobald Sie es aktiviert haben, reicht ein Mausklick auf das Dialogfenster ❹, das Sie abfotografieren möchten.

5 Wenn Sie den gesamten Bildschirm aufnehmen möchten, klicken Sie auf das Symbol **Vollbild ausschneiden** ❺.

TIPP

Screenshots mit der Druck-Taste aufnehmen

Drücken Sie auf der Tastatur die Taste ⌷Druck⌷, wird der gesamte Bildschirm aufgenommen und in der Zwischenablage gespeichert. Anschließend können Sie ihn z. B. mit der Tastenkombination ⌷Strg⌷ + ⌷V⌷ in einem anderen Programm einfügen. Wenn Sie möchten, können Sie die ⌷Druck⌷-Taste aber auch so belegen, dass über sie die App *Ausschneiden und skizzieren* geöffnet wird. Dies ist vor allem praktisch, wenn Sie Screenshots nach dem Aufnehmen noch bearbeiten möchten. Um die Tastenbelegung zu ändern, rufen Sie **Start ▸ Einstellungen ▸ Erleichterte Bedienung** auf. Markieren Sie in der linken Spalte **Tastatur**, und blättern Sie in der rechten Spalte nach unten bis zum Bereich **Funktionsweise der Druck-Taste**. Setzen Sie den Regler **Verwenden der Druck-Taste zum Öffnen der Funktion für Bildschirmausschnitte** per Mausklick auf **Ein**. Wenn Sie nun die ⌷Druck⌷-Taste drücken, wird (wie auf Seite 408 gezeigt) der Bildschirm abgedunkelt und die Symbolleiste mit den Schneide-Werkzeugen eingeblendet. Möchten Sie die Belegung irgendwann wieder rückgängig machen, setzen Sie den Regler einfach wieder auf **Aus**.

Unabhängig davon, für welches Werkzeug Sie sich entscheiden: Sobald Sie den gewünschten Bildschirmausschnitt markiert haben, wird der Screenshot aufgenommen und in der Zwischenablage gespeichert. Wenn Sie das Ausschneiden-Werkzeug aus der App heraus gestartet haben, wird die Bildschirmaufnahme nun auch direkt in der App Ausschneiden und Skizzieren angezeigt. Bei einem Start über die Tastenkombination (⊞ + ⇧ + ⌷S⌷) erscheint stattdessen oberhalb des Infobereichs der Taskleiste ein kleines Hinweisfenster. Klicken Sie hierauf, gelangen Sie ebenfalls zur App *Ausschneiden und skizzieren*. Bevor Sie den Screenshot nun speichern oder z. B. per E-Mail verschicken, haben Sie die Möglichkeit, ihn zu beschriften oder auch weiter zu beschneiden:

1 Möchten Sie einen bestimmten Bereich des Screenshots farbig markieren? Dies lässt sich bequem mit dem **Kugelschreiber** ❶, dem **Stift** ❷ oder auch dem **Textmarker** ❸ bewerkstelligen. Die Funktionsweise ist bei allen drei gleich: Wählen Sie zunächst das gewünschte Werkzeug, indem Sie auf das entsprechende Symbol in der Symbolleiste am oberen Bildschirmrand klicken. Unterhalb des Symbols wird nun ein kleines Dreieck eingeblendet. Mit einem Klick hierauf klappt eine Farbpalette aus, in der Sie einen Farbton auswählen ❹. Über den Schieberegler stellen Sie die Stiftgröße ein ❺.

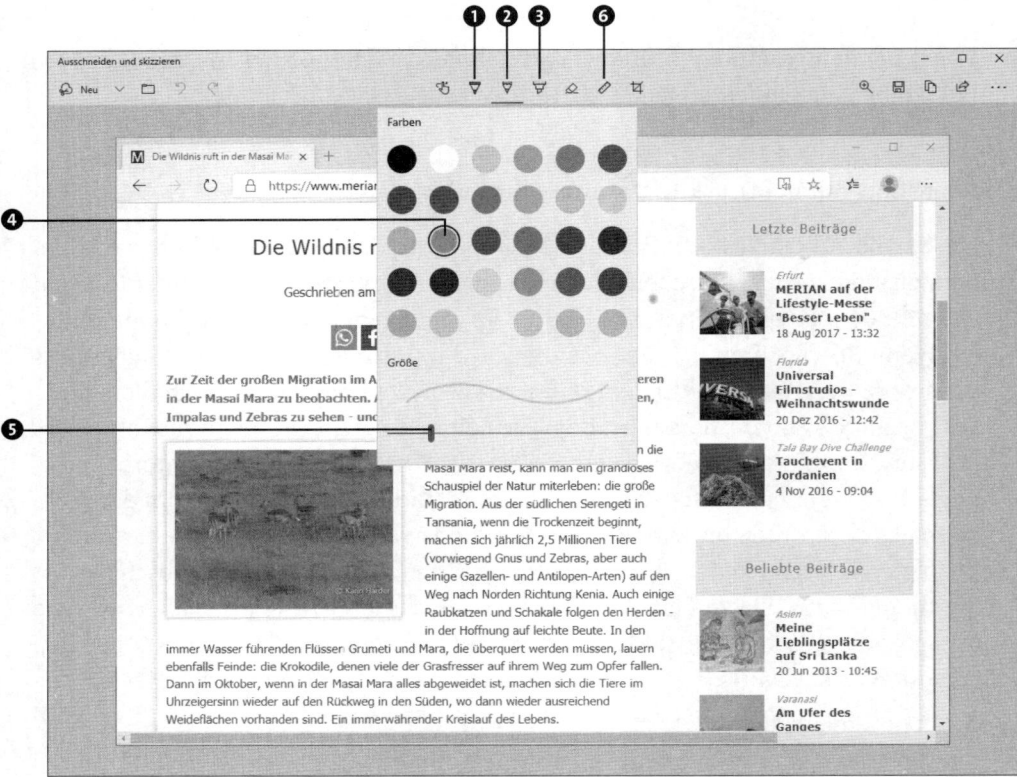

2 Halten Sie nun die linke Maustaste gedrückt, während Sie mit dem Mauszeiger wie mit einem echten Stift bzw. Marker den gewünschten Part im Screenshot hervorheben.

3 Wenn Sie eine gerade Linie auf dem Screenshot einzeichnen möchten, leistet das Lineal eine gute Hilfe, das Sie per Klick auf das Linealsymbol ❻ einblenden. Ziehen Sie das Lineal anschließend mit gedrückter linker Maustaste an die gewünschte Stelle. Um das Lineal zu drehen, positionieren Sie den Mauszeiger auf dem Lineal ❼. Drehen Sie jetzt das Scrollrad der Maus, wird hierdurch auch das Lineal gedreht. Die Winkelangabe ❽ hilft dabei, das Lineal exakt auszurichten. Wenn Sie anschließend z. B. den Stift aktivieren und nun mit gedrückter linker Maustaste am Lineal entlang fahren, gelingt das Zeichnen einer tatsächlich geraden Linie. Benötigen Sie das Lineal nicht mehr, reicht ein Klick auf das Linealsymbol und dann auf **Lineal** ❾, um es wieder auszublenden.

4 Sie benötigen keine gerade Linie, sondern einen Kreis oder Bogen? Auch das lässt sich leicht bewerkstelligen. Aktivieren Sie auch hierzu das Linealsymbol. Nach einem Klick auf den Pfeil unterhalb des Symbols wählen Sie nun den **Winkelmesser ❿** aus. Die Größe des Winkelmessers lässt sich ebenfalls über das Scrollrad der Maus anpassen. Wählen Sie anschließend ein Stiftwerkzeug aus, umfahren Sie den Winkelmesser mit gedrückter Maustaste, und schon ist ein perfekter Kreis oder Bogen erzeugt.

5 Ist eine Markierung doch einmal misslungen, lässt sich mit dem Radierer solch ein Malheur schnell korrigieren. Um eine zuvor erstellte Markierung wieder zu entfernen, klicken Sie in der Symbolleiste auf das Symbol des Radiergummis ⓫. Bewegen Sie nun den Mauszeiger über die Markierung, die Sie entfernen möchten. Eine kurze Bewegung über einen kleinen Bereich der Markierung reicht hierbei bereits, und schon wird die Markierung entfernt. Möchten Sie alle vorgenommenen Markierungen löschen, klicken Sie auf das kleine Dreieck unterhalb des Radiergummi-Symbols, nachdem Sie dieses aktiviert haben. Mit einem Klick auf **Freihand vollständig löschen** werden alle Markierungen entfernt.

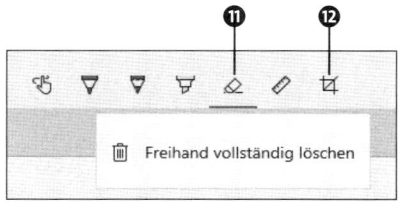

6 Möchten Sie den Screenshot noch weiter zuschneiden, aktivieren Sie in der Symbolleiste per Mausklick das Werkzeug **Zuschneiden** ⓬. Auf dem Bildschirm wird nun ein Rechteck mit vier Markierungspunkten eingeblendet. Markieren Sie den Bereich, den Sie beibehalten möchten, indem Sie diese Punkte mit gedrückter linker Maustaste verschieben. Sobald Sie auf das Häkchen oben rechts klicken, wird der Screenshot nach Ihren Vorgaben zugeschnitten.

7 Entspricht der Screenshot Ihren Wünschen und möchten Sie ihn auf Ihrem Computer speichern, klicken Sie in der Symbolleiste auf das Speichern-Symbol ⓭. Im Dialog **Speichern unter** wechseln Sie in den Ordner, in dem der Screenshot gespeichert werden soll, geben einen Dateinamen an und bestätigen mit **Speichern**.

8 Sie möchten den Screenshot gern per Mail an einen Freund versenden? Klicken Sie hierzu in der Symbolleiste auf das Symbol **Teilen** ⓮. Im Dialog **Freigeben**, der nun eingeblendet wird, markieren Sie das gewünschte E-Mail-Programm, etwa **Mail**. Nun öffnet sich automatisch das Dialogfenster zum Verschicken einer E-Mail. Der Screenshot wird bereits als Dateianhang angezeigt. Sie müssen lediglich die Adresse des Empfängers sowie einen Nachrichtentext eingeben und die E-Mail versenden. Weitere Informationen zur Mail-App erhalten Sie in Abschnitt 15.1, »E-Mails lesen und schreiben mit der Mail-App«, ab Seite 551.

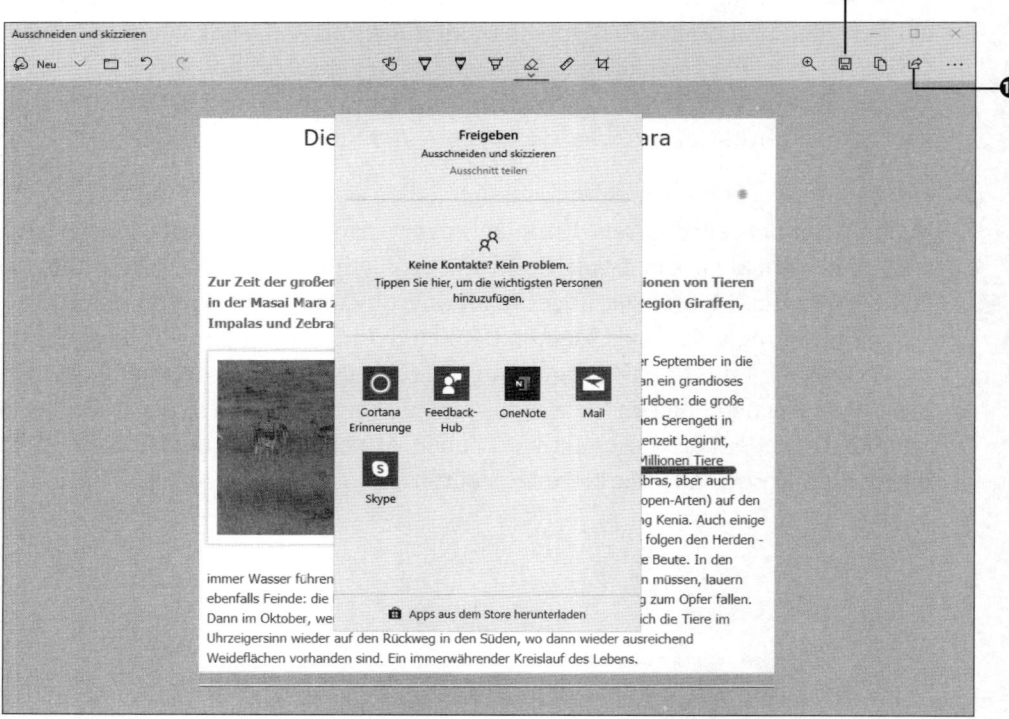

TIPP

Screenshot über das Windows Ink-Arbeitsbereich-Symbol erstellen

Wenn Sie ein Windows-Gerät mit Touchscreen nutzen, können Sie einen Screenshot des gesamten Bildschirms auch über das Symbol für den *Windows Ink-Arbeitsbereich* erstellen. Wie Sie das Symbol im Infobereich der Taskleiste einblenden, erfahren Sie in Abschnitt 7.1.3, »Die Taskleiste für den Tabletmodus anpassen«, ab Seite 251. Ein Tipp auf das Symbol und dann auf **Vollbildausschnitt** reicht, und schon ist der Screenshot erstellt. Das Ganze funktioniert natürlich auch per Maus. Über die Schaltfläche **Whiteboard** lässt sich eine Skizzen-App starten, in der Sie wie auf einem realen Whiteboard zeichnen. Um die App nutzen zu können, müssen Sie sich mit einem Microsoft-Konto anmelden. Ihre Skizzen werden in der Cloud *One-Drive* gespeichert, wo Sie sie mit anderen Nutzern teilen und so gemeinsam an Projekten arbeiten können. Rufen Sie die App *Whiteboard* zum ersten Mal über das Symbol für den Windows Ink-Arbeitsbereich auf, wird die App zunächst installiert.

Abbildung 11.6 Auf einem Tablet lässt sich ein Screenshot bequem über den Windows Ink-Arbeitsbereich erstellen.

TIPP

Kleine Erinnerungsstützen mit der Kurznotizen-App erstellen

Müssen Sie noch ein wichtiges Telefonat erledigen, oder dürfen Sie nicht vergessen, für eine Geburtstagsfeier ein Geschenk zu besorgen? Dann legen Sie sich am besten eine kleine Erinnerungsstütze in Form eines Post-its auf der Desktopoberfläche an. Windows 10 hält hierfür die *Kurznotizen*-App bereit, die Sie über die App-Liste im Startmenü aufrufen. Nach dem Start der App wird ein Post-it auf der Desktopoberfläche angezeigt, in das Sie einen Erinnerungstext eingeben. Um das Post-it zu verschieben, bewegen Sie den Mauszeiger auf die Titelleiste des Notizzettels und ziehen es mit gedrückter linker Maustaste an die gewünschte Position. Wenn Sie noch weitere Post-its anlegen möchten, klicken Sie in der Symbolleiste des Notizzettels auf das Plus-Symbol. Das neue Post-it können Sie nun ebenfalls beschriften und verschieben. Sollte die Symbolleiste nicht sichtbar sein, klicken Sie einmal auf die Kurznotiz. Gefällt Ihnen die gelbe Farbe des Post-its nicht, klicken Sie in der Symbolleiste auf die drei kleinen Punkte. In der nun sichtbaren Farbpalette markieren Sie den gewünschten neuen Farbton. Sobald Sie in den Notizbereich des Post-its klicken, werden die Farben wieder ausgeblendet. Benötigen Sie die Erinnerungsstütze nicht mehr, wählen Sie nach einem Klick auf die drei Punkte den Befehl **Notiz löschen** und bestätigen die folgende Nachfrage mit **Löschen**. Über den Befehl **Notizenliste** blenden Sie eine Übersicht über alle angelegten Kurznotizen ein. Klicken Sie in der Übersicht auf eine Notiz, wird das entsprechende Post-it eingeblendet. Über das Plussymbol in der Listenübersicht können Sie neue Kurznotizen anlegen. Wenn Sie mit einem Microsoft-Konto am Gerät angemeldet sind, lassen sich die Kurznotizen über die Cloud *OneDrive* synchronisieren, sodass Sie von jedem Ihrer Geräte aus auf sie zugreifen können. Bei OneDrive anmelden können Sie sich z. B. in der Listenübersicht nach einem Klick auf das Zahnrandsymbol und dann auf **Einstellungen**. Sowohl die Notizenliste als auch die einzelnen Post-its lassen sich per Klick auf das jeweilige Schließen-Symbol in der rechten oberen Fensterecke ausblenden. Möchten Sie die Kurznotizen wieder auf den Bildschirm zurückholen, öffnen Sie die App einfach wieder über das Startmenü.

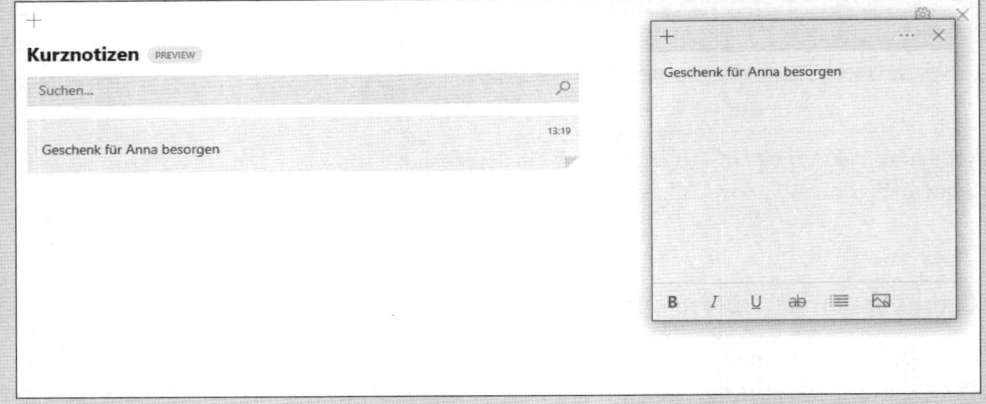

Abbildung 11.7 Mithilfe eines Post-its vergessen Sie wichtige Angelegenheiten nicht mehr.

11.5 Das Zeichenprogramm Paint 3D nutzen

Mit dem Creators Update hielt im Frühjahr 2017 das Zeichenprogramm *Paint 3D* in Windows 10 Einzug. Dahinter verbirgt sich eine komplett überarbeitete Version des Klassikers *Paint*, der bereits seit vielen Versionen fester Bestandteil von Windows ist. Während **Paint ❶** in der App-Liste des Startmenüs etwas versteckt über den Eintrag **Windows-Zubehör ❷** aufgerufen wird, finden Sie für **Paint 3D ❸** direkt einen Eintrag in der App-Liste.

Abbildung 11.8 Paint 3D können Sie direkt in der App-Liste aufrufen. Für Paint müssen Sie zunächst das Untermenü von »Windows-Zubehör« einblenden.

Wie der Zusatz »3D« bereits vermuten lässt, lassen sich mit Paint 3D dreidimensionale Zeichnungen erstellen. Über den Willkommensbildschirm, der nach dem Start der App angezeigt wird, können Sie diverse Videos öffnen ❹, die Ihnen die Funktionalität von Paint 3D erklären.

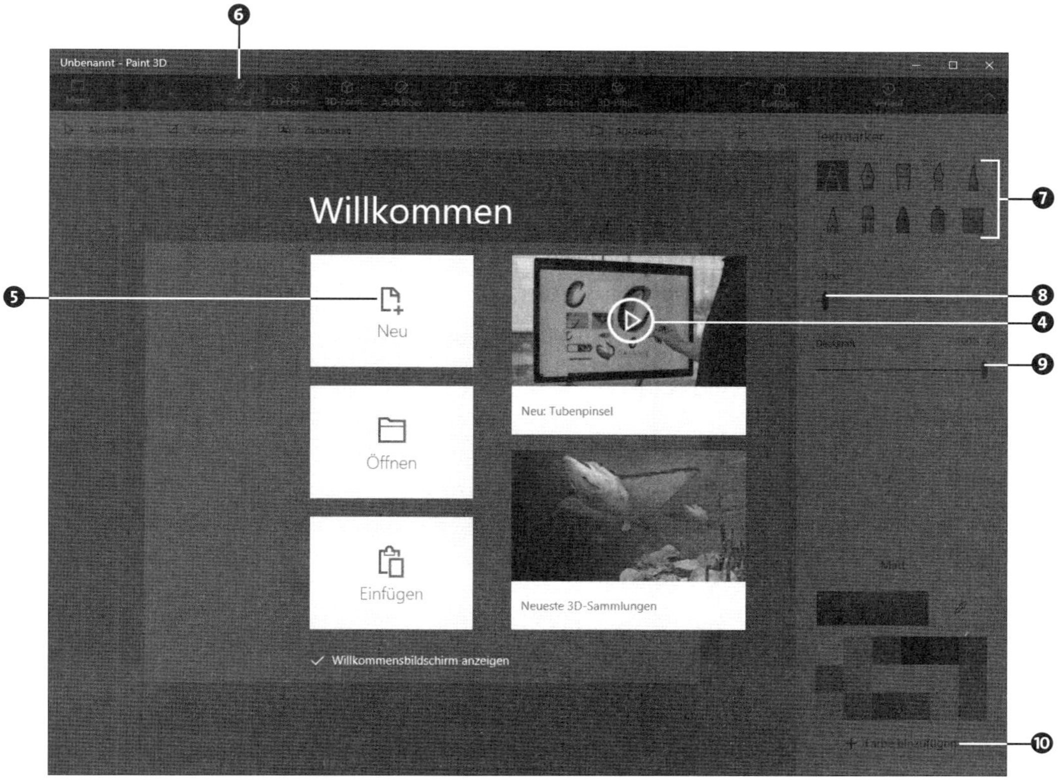

Abbildung 11.9 Über den Willkommensbildschirm starten Sie einige Videos, in denen Ihnen Paint 3D näher vorgestellt wird.

415

Um selbst eine Zeichnung zu erstellen, klicken Sie auf **Neu** ❺. In der Symbolleiste am oberen Rand des Anwendungsfensters ist zu Beginn das **Pinsel**-Werkzeug aktiviert ❻. In der rechten Spalte können Sie nun die Stift-Art ❼ auswählen und über den jeweiligen Regler die **Stärke** ❽ sowie die **Deckkraft** ❾ des Stifts bestimmen. Die Farbauswahl erfolgt über die Farbpalette am unteren Spaltenrand. Ist hier der gewünschte Farbton nicht dabei, klicken Sie auf **Farbe hinzufügen** ❿ und wählen im nun aufklappenden Dialog einen neuen Farbton aus, den Sie mit **OK** bestätigen.

Um ein 3D-Modell zu zeichnen, aktivieren Sie am oberen Seitenrand das Werkzeug **3D-Formen** ⓫. In der Spalte rechts wählen Sie per Mausklick die gewünschte Form ⓬ aus. Ziehen Sie nun im Zeichenfeld links mit gedrückter linker Maustaste ein Rechteck auf, erscheint auch schon die ausgewählte Form ⓭.

Abbildung 11.10 Hund, Katze, Maus oder doch ein klassisches 3D-Objekt? Sie haben in Paint 3D die freie Auswahl.

Das Zeichenprogramm Paint 3D ist mit so vielen Funktionen ausgestattet, dass deren Beschreibung den Rahmen dieses Buches sprengen würde. Probieren Sie die verschiedenen Werkzeuge einfach aus. Über das Symbol **Rückgängig** ⓮ in der Symbolleiste am oberen Seitenrand können Sie jeden Schritt wieder ungeschehen machen. Wenn Sie eine fertige Zeichnung speichern möchten, klicken Sie oben links auf **Menü** ⓯. Falls Sie die Zeichnung später noch weiterbearbeiten möchten, wählen Sie in der aufklappenden Liste den Befehl **Speichern unter** und dann **Paint 3D-Projekt** ⓰. Benennen Sie das Projekt anschließend, und bestätigen Sie mit **In Paint 3D speichern**. Sie können das Projekt später in Paint 3D über den Befehl **Öffnen** ⓱ aufrufen und mit Ihrer Arbeit fortfahren.

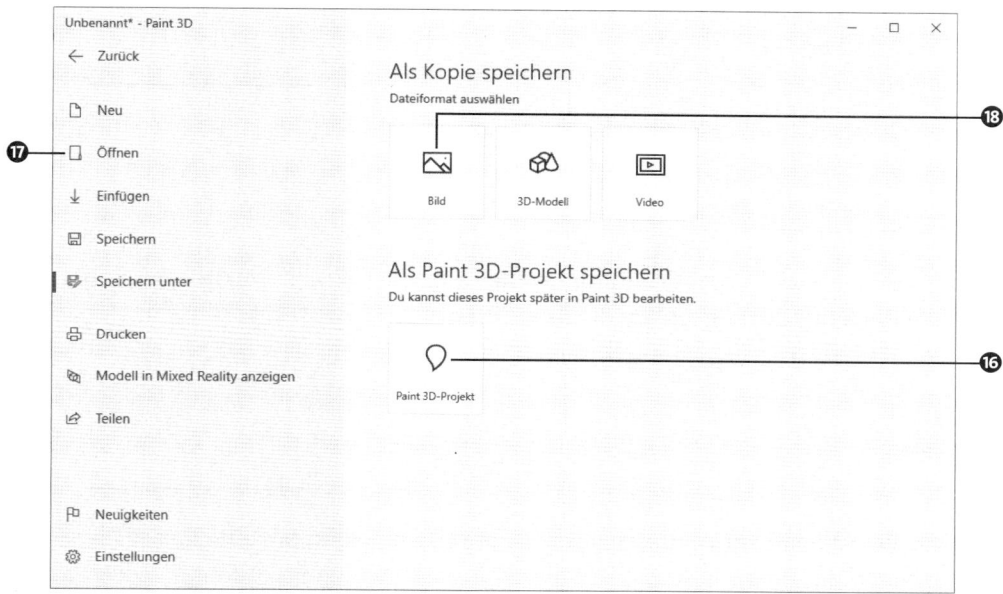

Abbildung 11.11 Ist Ihre Zeichnung noch nicht beendet, speichern Sie sie als Projekt.

Ist die Zeichnung dagegen bereits fertig, wählen Sie nach einem Klick auf **Speichern unter** unterhalb von **Als Kopie speichern** z. B. das Dateiformat **Bild** aus ⓲. Nachdem Sie einen Dateityp ausgewählt haben, klicken Sie auf **Speichern** und geben im folgenden Dialog **Speichern unter** einen Dateinamen an. Bestätigen Sie mit **Speichern**.

11.6 Der Sprachrekorder von Windows 10

Ein weiteres interessantes Programm, das Windows 10 mit im Gepäck hat, ist der *Sprachrekorder*, mit dem sich Sprachnachrichten aufnehmen lassen. Damit dies funktioniert, muss Ihr Computer mit einem Mikrofon ausgestattet sein. Bei einem Tablet oder Notebook ist dies normalerweise bereits der Fall, für einen Desktop-PC lässt sich ein solches Mikrofon schnell nachrüsten. Weitere Informationen hierzu erhalten Sie auch in Abschnitt 21.1.1, »Welches Headset sollte man verwenden?«, ab Seite 767. Zusätzlich muss dem Sprachrekorder der Zugriff auf das Mikrofon erlaubt werden. Erscheint ein entsprechender Hinweis, bestätigen Sie ihn mit **Ja**.

1 Den **Sprachrekorder** rufen Sie über die App-Liste im Startmenü auf.

2 Nach dem Start sehen Sie im Programmfenster zunächst nur ein Mikrofon-Symbol. Mit einem Klick hierauf starten Sie die Aufnahme.

3 Sprechen Sie nun ganz normal den gewünschten Text. Wenn Sie eine kleine Pause einlegen möchten, klicken Sie auf das Symbol ❚❚ ➊. Mit einem erneuten Klick darauf setzen Sie die Aufnahme fort.

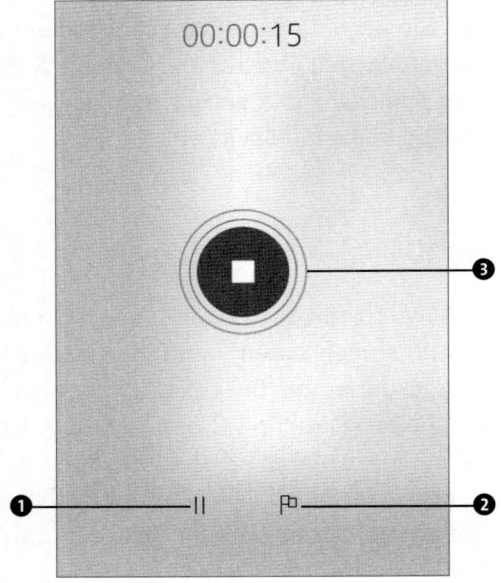

4 Wenn Sie eine bestimmte Stelle bereits während der Aufnahme markieren möchten, klicken Sie auf das Fahnen-Symbol ❷.

5 Mit einem Klick auf das Stopp-Symbol ❸ in der Mitte des Programmfensters beenden Sie die Aufnahme.

In der rechten Fensterhälfte des Sprachrekorders haben Sie die Möglichkeit, sich die Aufnahme per Klick auf das Wiedergabe-Symbol ❹ anzuhören. Sagt sie Ihnen gar nicht zu, können Sie sie direkt mit einem Klick auf das Papierkorb-Symbol ❺ in der Symbolleiste am unteren Bildschirmrand löschen. Wenn Sie die Aufnahme lediglich zu Beginn oder am Ende etwas kürzen möchten, klicken Sie auf das Symbol **Kürzen** ❻. Über die beiden schwarzen Knöpfe, die nun am Anfang und am Ende der Zeitleiste angezeigt werden, bestimmen Sie den Abschnitt, den Sie übernehmen möchten. Mit einem Klick auf das Speichern-Symbol bestätigen Sie die Einstellung. Anschließend müssen Sie sich noch entscheiden, ob nur die gekürzte Fassung beibehalten (**Originaldatei aktualisieren**) oder ob die bearbeitete Version als Kopie gespeichert werden soll.

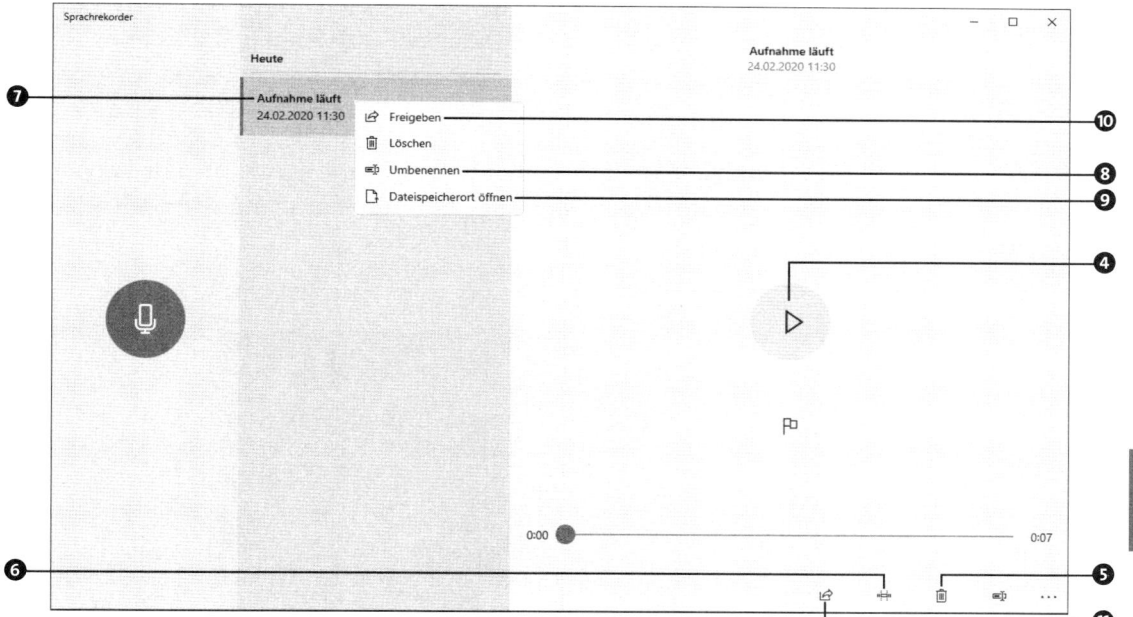

Abbildung 11.12 Über das Kontextmenü können Sie die Sprachaufnahme freigeben, löschen, umbenennen oder auch den Speicherort der Datei öffnen.

Der Sprachrekorder speichert die Aufnahme automatisch im Standardordner **Dokumente**, in dem hierfür – ebenfalls automatisch – der Ordner **Soundaufnahmen** angelegt wird. Im Programmfenster des Sprachrekorders wird die Datei in der mittleren Spalte aufgelistet. Alle Sprachaufnahmen erhalten zunächst den Namen **Aufnahme läuft** (❼ auf Seite 419). Um einen neuen Dateinamen zu vergeben, klicken Sie die Aufnahme mit der rechten Maustaste an und wählen im aufklappenden Kontextmenü den Befehl **Umbe-nennen** ❽. Über den Befehl **Dateispeicherort öffnen** ❾ wird der Explorer mit dem Ord-ner **Soundaufnahmen** geöffnet. Mit einem Klick auf den Befehl **Freigeben** ❿ blenden Sie den Dialog **Freigeben** ein. Alternativ hierzu können Sie in der Symbolleiste unten auch auf das Symbol **Teilen** ⓫ klicken. Wählen Sie dann im Dialog **Freigeben** Ihr E-Mail-Pro-gramm aus.

11.7 Die Wetteraussichten mit Windows 10

Sie wollen wissen, ob es nächstes Wochenende mit dem Ausflug klappt oder ob er im wahrsten Sinne des Wortes ins Wasser fallen wird? Ein Blick auf die Wetter-App, und Sie wissen Bescheid! Die App, die bereits von Anfang an auf Ihrem Computer installiert ist, zählt zu den sog. *Live-Kacheln*: Die auf der Kachel angezeigten Wetterinformationen werden also regelmäßig aktualisiert. Wie Sie Live-Kacheln aktivieren und wieder deak-tivieren, erfahren Sie in Abschnitt 5.4.3, »Größe und Inhalt der Kacheln anpassen«, ab Seite 175.

1 Starten Sie die Wetter-App per Mausklick oder indem Sie die entsprechende Kachel im Startmenü antippen. Sollte die App nicht als Kachel im Startmenü zu finden sein, rufen Sie sie über die Liste aller Apps auf.

2 Nach dem ersten Aufruf der App müssen Sie zunächst ein paar Einstellungen vornehmen. Per Standardeinstellung zeigt die Wetter-App die Temperaturen in Celsius an. Sollten Sie die Einstellung **Fahrenheit** vorziehen, aktivieren Sie die Option ❶.

Im Feld **Standort erkennen** geben Sie den Ort an, dessen Wetterinformationen direkt in der Kachel im Startmenü angezeigt werden sollen ❷. Wird der gewünschte Ort vorgeschlagen, wählen Sie ihn per Klick aus.

Bestätigen Sie Ihre Angaben dann mit **Starten** ❸.

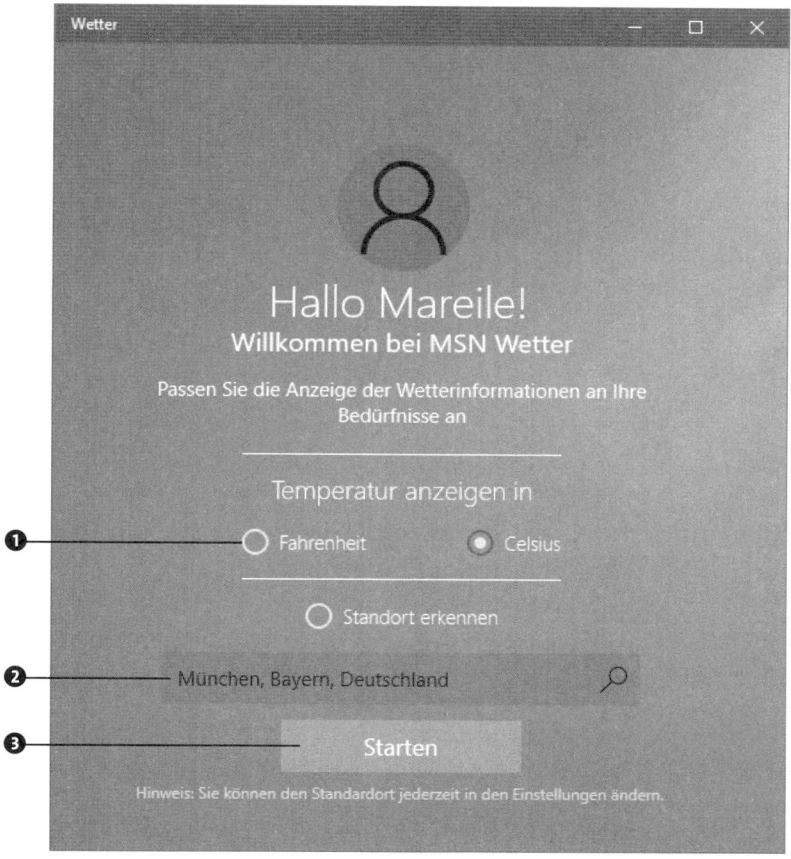

3 Sie erhalten nun ausführliche Informationen inklusive stündlicher Vorhersagen zum angegebenen Ort.

421

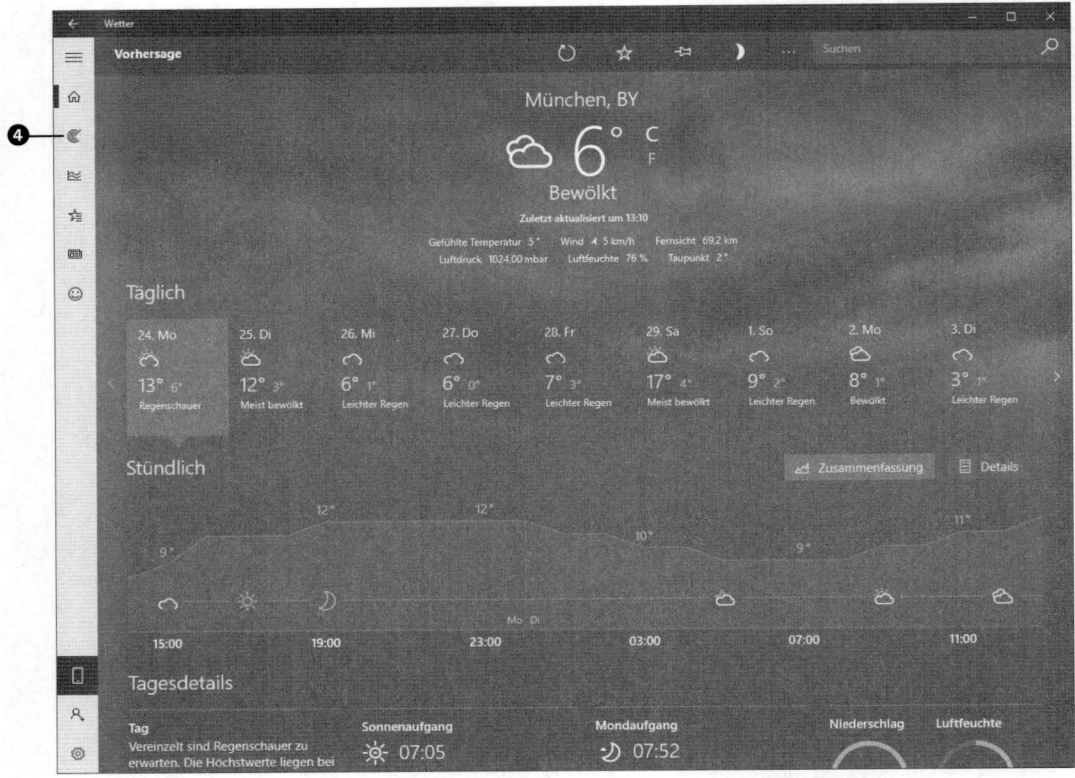

Bei kleineren Ortschaften kann es sein, dass die Ortssuche nicht das gewünschte Ergebnis bringt. Wird der gewünschte Ort nicht in der Liste vorgeschlagen, gehen Sie den Weg über die Karten, die Sie per Klick auf das Symbol **Karten** ❹ in der Menüleiste anzeigen. Sie bekommen nun eine Wetterkarte angezeigt, wie Sie sie von Nachrichtensendungen kennen.

Der Kartenausschnitt lässt sich mit gedrückter linker Maustaste oder entsprechender Wischbewegung verschieben. Über das Plus- und Minus-Symbol oben rechts ❺ können Sie den Kartenausschnitt vergrößern oder auch verkleinern.

Klicken oder tippen Sie am unteren Seitenrand auf das Wiedergabe-Symbol ❻, zeigt die Wetter-App, wie sich die Temperaturen in den nächsten 24 Stunden entwickeln werden. Am oberen Seitenrand können Sie alternativ zur Temperatur auch die Einstellung **Niederschlag** ❼ markieren. Nun erfahren Sie, ob Sie mit Regen rechnen müssen oder nicht.

Abbildung 11.13 Anhand der Kartenansicht können Sie die Temperaturentwicklung in den nächsten 24 Stunden prüfen.

Wenn Sie weitere Orte in der Wetter-App ergänzen möchten, klicken oder tippen Sie in der Menüleiste links auf das Symbol **Favoriten** ❽. Nach einem Klick auf das Plus-Symbol unterhalb von **Favoriten** wird ein Feld eingeblendet, in dem Sie einen Ortsnamen ergänzen können. Sobald der gewünschte Ort vorgeschlagen wird, wählen Sie ihn per Mausklick oder Tipp aus.

Wenn Sie später wissen möchten, ob es am eingetragenen Ort regnet oder die Sonne scheint, rufen Sie einfach den Menüpunkt **Favoriten** auf. Nun noch ein Klick auf den gewünschten Ort, und es werden die entsprechenden aktuellen Wetterinformationen angezeigt.

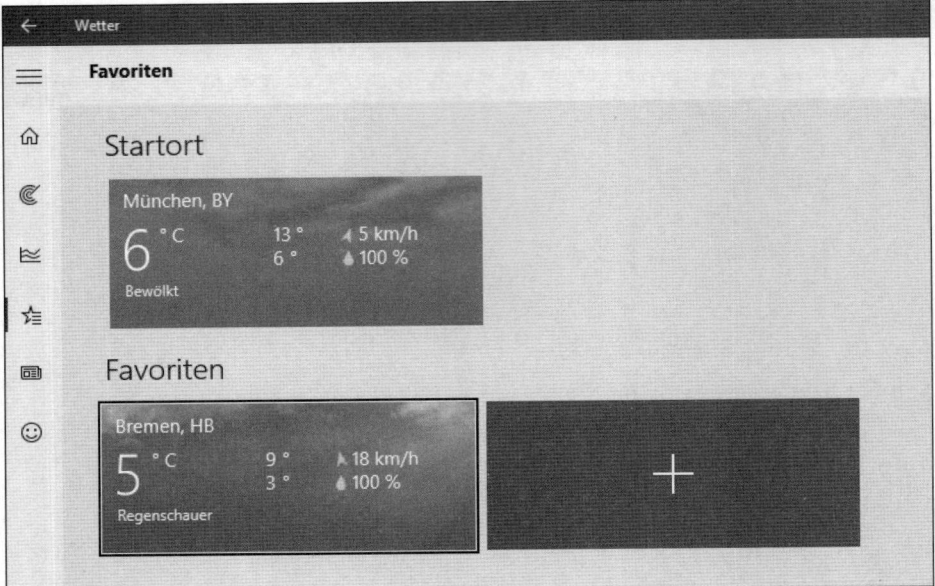

Abbildung 11.14 Erfassen Sie all Ihre Lieblingsorte als »Favoriten«, um mit nur einem Klick die Wettervorhersage zu prüfen.

12 Gute Unterhaltung – Fotos, Videos, Musik und Spiele

Während Sie die Fotos und Videos der letzten Urlaubsreise am Computer aufbereiten, können Sie gemütlich Musik hören oder sich auch zwischendurch mit einem Computerspiel ablenken. Für all diese Dinge, die Ihrer Unterhaltung dienen, hat Windows 10 bereits einige Apps im Gepäck.

12.1 Fotos verwalten und bearbeiten mit der Fotos-App

Sie haben mit der Digitalkamera oder mit dem Smartphone fotografiert und möchten die Aufnahmen nun auf den Computer übertragen? Mit der in Windows 10 integrierten App *Fotos* lassen sich sowohl Bilder als auch Videos bequem importieren. Windows 10 sieht die Fotos-App auch als Standardprogramm zum Betrachten Ihrer Fotosammlung vor. Wer hierbei den einen oder anderen kleinen Schönheitsfehler in einem Bild entdeckt, kann diesem mit den Korrekturfunktionen der App sofort zu Leibe rücken. Wie all dies funktioniert, zeige ich Ihnen auf den folgenden Seiten.

12.1.1 Fotos importieren mit der Fotos-App

Mit der Digitalkamera oder dem Smartphone lassen sich schnell Fotos und Videos aufnehmen und auch betrachten. Doch spätestens dann, wenn die Speicherkarten dieser Geräte voll sind, ist der Moment gekommen, in dem die Aufnahmen, die Sie behalten möchten, auf den Computer überspielt werden sollten. Ist dies geschehen, können die Dateien auf den Speicherkarten beruhigt gelöscht werden, und schon steht wieder Platz für neue Aufnahmen zur Verfügung.

Bevor die Bilder und Videos übertragen werden können, müssen die Geräte, also Kamera oder Smartphone, mit dem Computer verbunden werden. Meist geschieht dies per USB-Kabel. Bei Digitalkameras ist es häufig noch nötig, nach dem Einschalten des Geräts den Wiedergabemodus zu aktivieren. Im Falle eines Smartphones werden Sie auf dem mobilen Gerät ggf. aufgefordert, die Datenübertragung auf den Computer zu gestatten.

Als Alternative zur Verbindung per USB-Kabel bietet sich auch der Einsatz eines Kartenlesegeräts an, in das Sie die Speicherkarte der Kamera stecken. Viele Computer verfügen zwar bereits über entsprechende Lesegeräte. Gilt dies für Ihren PC jedoch nicht, können Sie für unter 10 € ein externes Kartenlesegerät erwerben, das wiederum per USB-Kabel an den Computer angeschlossen wird.

Schließen Sie das Gerät (Kamera, Smartphone oder auch das Kartenlesegerät) zum ersten Mal an Ihren Computer an, beginnt Windows 10 sofort, die nötigen Treiber zu installieren. Sobald dies erledigt ist, kann der eigentliche Import der Aufnahmen beginnen.

1 Wurden die Treiber erfolgreich installiert, erscheint in der rechten unteren Bildschirmecke ein kleiner Hinweis mit dem Namen des angeschlossenen Geräts. Klicken Sie auf **Wählen Sie eine Aktion für dieses Gerät aus ❶**.

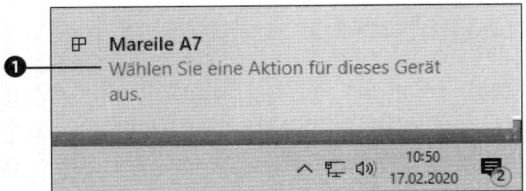

2 Im nächsten Dialog stellt Ihnen Windows 10 verschiedene Aktionen für das Gerät zur Auswahl. Markieren Sie **Fotos und Videos importieren ❷**.

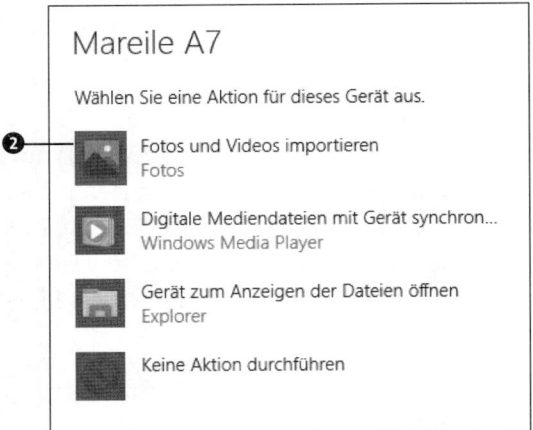

Es wird nun automatisch die Fotos-App geöffnet. Die App beginnt sofort, das Gerät nach Bildern und Videos zu durchsuchen. Diese werden anschließend im Dialog **Gewünschte Elemente für den Import auswählen** nach dem Aufnahmemonat sortiert aufgelistet.

3 In der Miniaturvorschau eines jeden Fotos oder Videos sehen Sie oben rechts ein Kästchen. Markieren Sie nun die Aufnahmen, die Sie auf den Computer übertragen möchten, indem Sie jeweils in dieses Kästchen klicken ❸. Die Miniaturvorschau ist nun mit einem Häkchen versehen. Wenn Sie alle neu aufgenommenen Bilder übertragen möchten, reicht auch ein Klick auf **Neu auswählen** ❹. Mit **Alle auswählen** ❺ werden alle Elemente für die Übertragung markiert. Blättern Sie mithilfe der Bildlaufleiste ❻ im Dialog, und prüfen Sie, ob tatsächlich alle zu importierenden Aufnahmen entsprechend markiert sind. Soll ein einzelnes Element nicht übertragen werden, entfernen Sie das Häkchen per Mausklick.

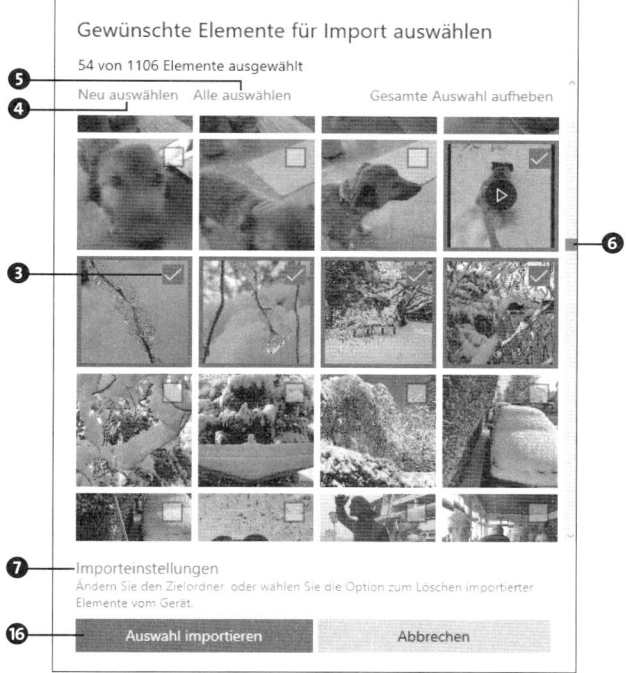

4 Die Fotos-App legt die importierten Elemente standardmäßig automatisch im Ordner *Bilder* (auf Englisch *Pictures*) ab. Falls Sie einen anderen Ordner auswählen oder im Bilderordner einen weiteren Unterordner anlegen möchten, klicken Sie auf **Importeinstellungen** ❼.

5 Im Dialog **Importeinstellungen** klicken Sie auf **Importziel ändern** (❽ auf Seite 429).

6 Markieren Sie im Dialog **Ordner auswählen** links im Navigationsbereich den Ordner oder auch die Bibliothek, in der die Daten gespeichert werden sollen ❾. Wenn Sie für die übertragenen Fotos und Videos ein neues Verzeichnis anlegen möchten, klicken Sie auf **Neuer Ordner** ❿. Vergeben Sie für diesen anschließend einen aussage-kräftigen Namen ⓫, und bestätigen Sie die Eingabe durch Drücken der Taste ⏎. Markieren Sie den neu angelegten Ordner, und bestätigen Sie mit **Diesen Ordner zu „…" hinzufügen** ⓬.

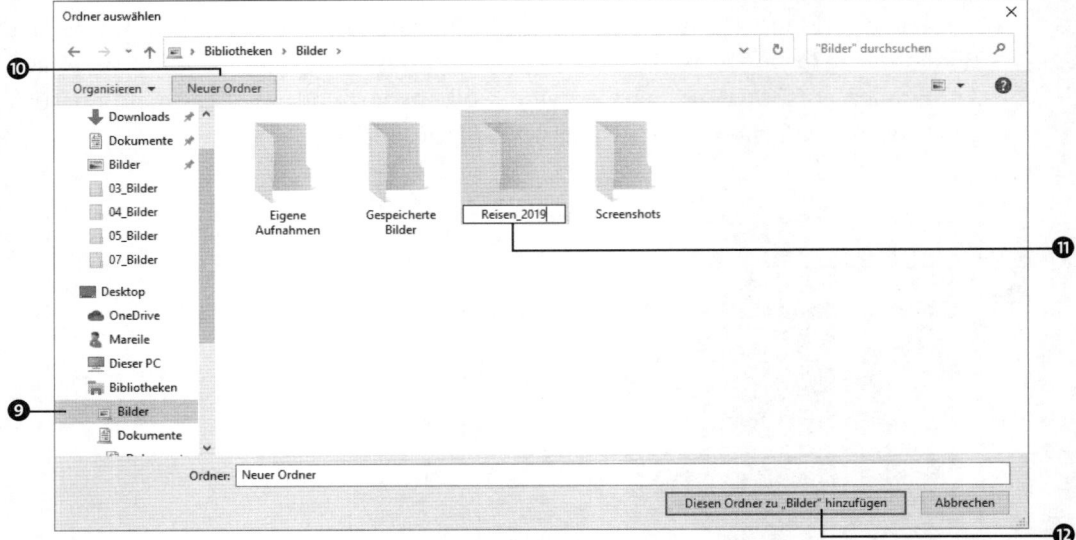

7 Sie gelangen damit wieder in den Dialog **Importeinstellungen.** Wenn Sie die Fotos und Videos in unterschiedlichen Monaten aufgenommen haben, legt die Fotos-App während des Imports im zuvor ausgewählten Speicherort automatisch weitere Unterordner mit der Bezeichnung des Monatsnamens an. Dies lässt sich leider nicht verhindern. Sie können die Aufnahmen alternativ nur **Nach Datum** oder **Nach Jahr** ⓭ gruppieren. Die Auswahl eines Datums führt allerdings entsprechend zu noch mehr Unterordnern, während eine Jahresgruppierung bei einer Vielzahl an Elementen schnell unübersichtlich wird.

8 Die Fotos-App bietet Ihnen an, alle Aufnahmen nach dem Import automatisch von der Speicherkarte der Digitalkamera oder auch des Smartphones zu löschen. Wün-schen Sie dies, versehen Sie das entsprechende Kästchen mit einem Häkchen ⓮. Ich empfehle Ihnen allerdings, dies erst nach erfolgreichem Import selbst z. B. über den Explorer vorzunehmen. Wie Sie mithilfe des Explorers Dateien löschen, erfahren Sie in Abschnitt 8.4.4, »Dateien und Ordner löschen«, ab Seite 298.

9 Klicken Sie hier auf **Fertig** ⓯ und im Dialog **Gewünschte Elemente für Import aus-wählen** auf **Auswahl importieren** (⓰ auf Seite 427). Jetzt werden die Fotos und Videos von der Digitalkamera oder dem Smartphone auf den Computer übertragen.

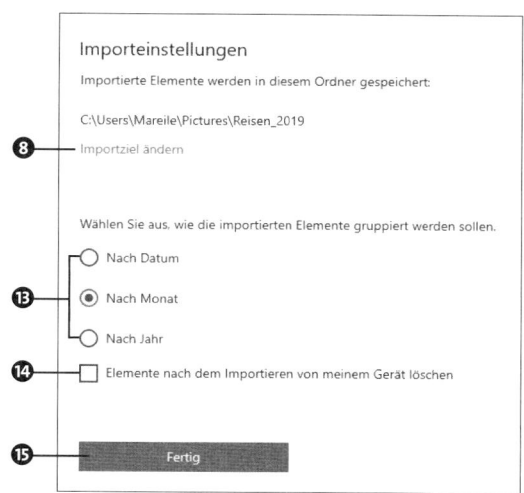

Je nach Anzahl und Größe der Daten kann der Import einen Moment dauern. Die erfolgreiche Übertragung zeigt Windows 10 Ihnen mit einem kleinen Hinweis im Info-Center an, das Sie per Klick auf das Benachrichtigungssymbol im Infobereich der Taskleiste öffnen. Falls Sie die Fotos-App in der Zwischenzeit geschlossen haben, reicht ein Klick auf die Nachricht ⓱, und die App wird wieder geöffnet. Um die Benachrichtigung zu löschen, bewegen Sie den Mauszeiger auf die Nachricht und klicken auf das kleine nun sichtbare Kreuz-Symbol ⓲. In Abschnitt 5.6.1, »Benachrichtigungen im Info-Center verwalten«, ab Seite 195 erfahren Sie übrigens, wie Sie selbst festlegen, welche App Ihnen im Info-Center Benachrichtigungen zukommen lassen darf und welche nicht.

Abbildung 12.1 Die Benachrichtigung im Info-Center löschen Sie mit einem Klick auf das Kreuz-Symbol.

12.1.2   Bilder betrachten mit der Fotos-App

Windows 10 sieht die Fotos-App als Standardprogramm zum Betrachten und Bearbeiten von Bildern vor. Wenn Sie also z. B. im Explorer auf eine Bilddatei doppelklicken, wird damit automatisch die Fotos-App geöffnet. In Abschnitt 9.5, »Standardprogramme festlegen«, ab Seite 370 erfahren Sie, wie Sie selbst das Standardprogramm für einen bestimmten Dateityp auswählen.

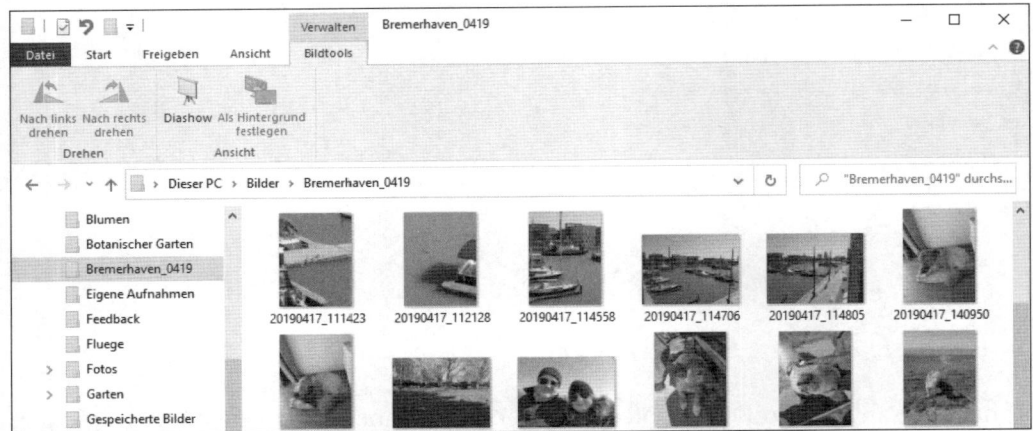

Abbildung 12.2 Doppelklicken Sie im Explorer auf eine Bilddatei, wird automatisch die Fotos-App gestartet.

Die Fotos-App lässt sich natürlich auch über die entsprechende Kachel im Startmenü aufrufen. Diese Kachel zählt zu den *Live-Kacheln*, deren Aussehen sich regelmäßig ändert. Sobald Sie die ersten Bilder auf Ihren Computer übertragen haben, zeigt die Kachel in einer Miniaturvorschau die Fotos Ihrer **Bilder**-Bibliothek. Möchten Sie dies nicht, klicken Sie mit der rechten Maustaste auf die Kachel der Fotos-App und wählen im Kontextmenü **Mehr** den Eintrag **Live-Kachel deaktivieren** ❶. Die Funktion kann später jederzeit wieder über das Kontextmenü aktiviert werden.

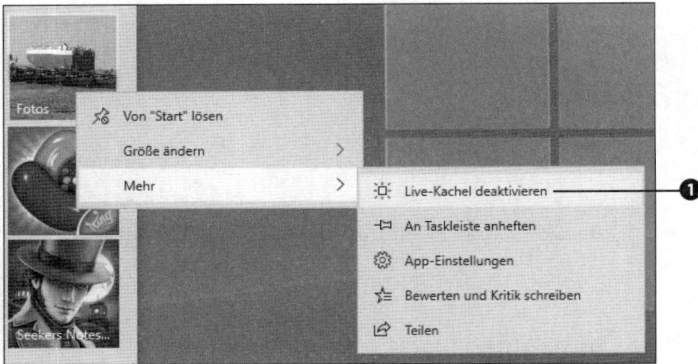

Abbildung 12.3 Die Live-Kachel wird im Startmenü über das Kontextmenü der Fotos-App-Kachel deaktiviert.

Nach dem Start der Fotos-App sehen Sie eine Übersicht über Ihre Fotosammlung. Am oberen Rand des Anwendungsfensters ist entsprechend **Sammlung ❷** markiert. Die Bilder werden nach dem Aufnahmedatum sortiert angezeigt. Durch Drehen des Scrollrades der Computermaus blättern Sie in der Sammlung. Alternativ ziehen Sie die Zeitleiste rechts mit gedrückter linker Maustaste nach unten.

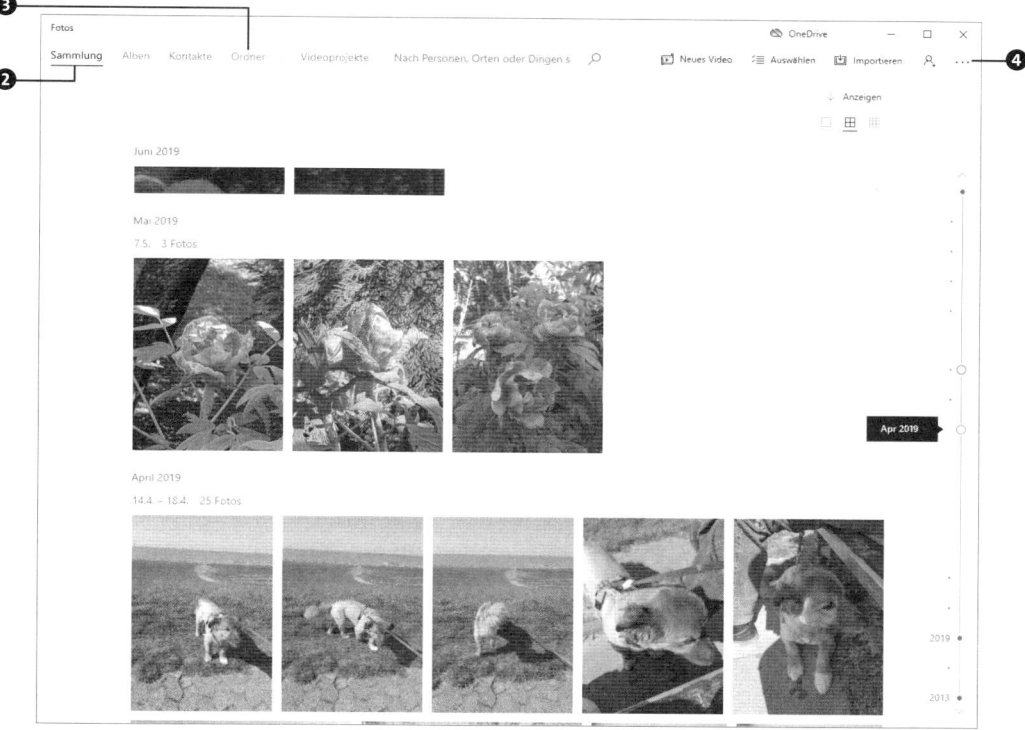

Abbildung 12.4 Die »Sammlung« zeigt Ihre Fotos und Videos nach Aufnahmedatum sortiert an.

Darstellung als Ordner

Nach dem Start der Fotos-App werden automatisch alle im Standardordner **Bilder** abgelegten Fotos und Videos als sog. **Sammlung** angezeigt, wie in Abbildung 12.4 zu sehen ist. Die hier von Windows 10 automatisch vorgenommene Gruppierung nach Aufnahmedatum hat nichts mit der eigentlichen Speicherung der Dateien in den Unterordnern des **Bilder**-Ordners im Explorer zu tun. Wenn Sie die Ansicht in der vom Explorer gewohnten Ordnerstruktur vorziehen, klicken Sie am oberen Fensterrand auf **Ordner ❸**. Hier wird zunächst nur der Ordner **Bilder** angezeigt, per Mausklick auf den Ordner gelangen Sie zu den Unterordnern, die Sie ebenfalls wieder per Mausklick öffnen.

INFO

Wenn Sie Ihre Fotos und Videos nicht nur im **Bilder**-Ordner gespeichert haben, sondern auch in anderen Verzeichnissen, sollten Sie der Fotos-App mitteilen, welche weiteren Ordner in der App angezeigt werden sollen.

1 Hierzu klicken Sie oben rechts auf das Symbol mit den drei kleinen Punkten (❹ auf Seite 431) und wählen in der Liste den Befehl **Einstellungen**.

2 Im Bereich **Quellen** werden nun alle Ordner aufgeführt, die die Fotos-App bisher anzeigt. Um eine weitere Quelle hinzuzufügen, klicken Sie auf **Ordner hinzufügen** ❺.

3 Im Dialog **Ordner auswählen** markieren Sie das Verzeichnis, das weitere Fotos oder Videos enthält. Dabei kann es sich auch um eine externe Festplatte oder einen USB-Stick handeln. Bestätigen Sie die Auswahl mit **Diesen Ordner zu "Bilder" hinzufügen**.

4 Der Ordner wird nun ebenfalls im Bereich **Quellen** aufgeführt. Per Klick auf das Kreuz-Symbol ❻ rechts von einer Quellenangabe können Sie einen Ordner jederzeit wieder entfernen.

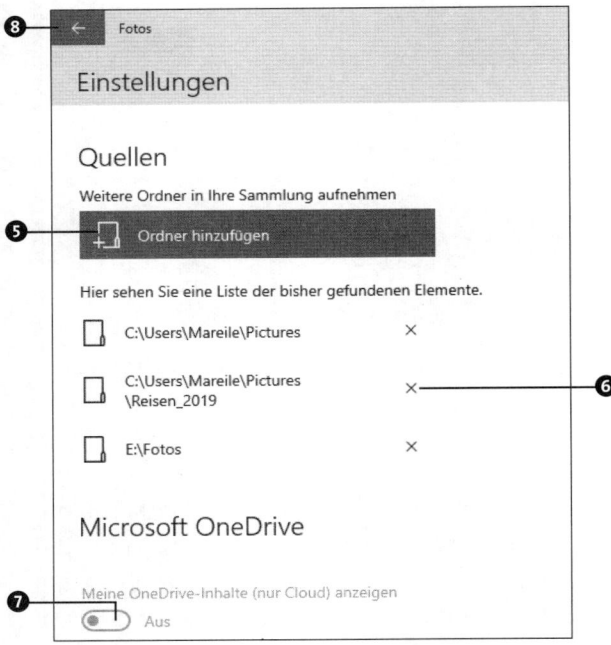

5 Wenn Sie einige Fotos auch in der Cloud *OneDrive* gespeichert haben und diese ebenfalls in der Fotos-App betrachten möchten, muss der Regler **Meine OneDrive-Inhalte (nur Cloud) anzeigen** ❼ eingeschaltet sein. Für den Zugriff auf OneDrive benötigen Sie allerdings ein Microsoft-Konto. Nähere Informationen hierzu erhalten

Sie in Abschnitt 12.2.1, »Fotos im Onlinespeicher OneDrive veröffentlichen«, ab Seite 446.

6 Mit einem Klick auf den Pfeil oben links ❽ gelangen Sie wieder zur Übersicht über Ihre Fotosammlung zurück.

In der Übersicht lässt sich ein Bild nur schwer beurteilen. Um ein Foto in voller Schönheit bewundern zu können, klicken Sie einfach auf die entsprechende Miniaturvorschau. Verwenden Sie ein Gerät mit Touchscreen, wird das Bild nun bereits über den gesamten Bildschirm hinweg im sog. *Vollbildmodus* angezeigt. Je nach Größe des Programmfensters ist dies bei einem Desktop-PC oder Notebook noch nicht der Fall, lässt sich per Klick auf das Symbol ❶ unten rechts aber auch hier schnell erreichen. Über die beiden Pfeiltasten ❷ am rechten bzw. linken Bildschirmrand blättern Sie in Ihrer Sammlung von Aufnahme zu Aufnahme. Die Pfeile werden erst eingeblendet, wenn Sie den Mauszeiger an den jeweiligen Bildschirmrand bewegen. Ein Klick auf das Symbol ⤢ unten rechts beendet den Vollbildmodus wieder.

Abbildung 12.5 In der Einzelbildansicht zeigt sich ein Foto in voller Schönheit.

Enthält Ihre Sammlung nicht nur Fotos, sondern auch Videos, können Sie diese per Klick auf das Wiedergabe-Symbol ❸ abspielen, das sich in der Symbolleiste unterhalb des Videos befindet. Über das Pause-Symbol, das anschließend anstelle des Wiedergabe-Symbols angezeigt wird, stoppen Sie die Wiedergabe. Zum Vor- und Zurückspulen ziehen Sie das kleine Kreis-Symbol ❹ auf der Suchleiste unterhalb des Videos mit gedrückter linker Maustaste in die gewünschte Richtung.

Abbildung 12.6 Mit der Fotos-App können Sie auch selbst aufgenommene Videos betrachten.

Entdecken Sie beim Durchstöbern der Sammlung eine Aufnahme, die Ihnen gar nicht gefällt, können Sie sie mit einem Klick auf das Löschen-Symbol ❺ und nach Bestätigung der folgenden Frage **Diese Datei löschen?** gleich in den Papierkorb befördern. Wie sich versehentlich gelöschte Elemente wiederherstellen lassen, lesen Sie in Abschnitt 8.8, »Gelöschte Daten über den Papierkorb wiederherstellen«, ab Seite 319. Wiederhergestellte Bilder werden allerdings erst beim nächsten Start der Fotos-App wieder angezeigt. Mit einem Klick auf den Pfeil ❻ in der linken oberen Ecke des Anwendungsfensters gelangen Sie wieder zur Übersicht über Ihre Sammlung zurück.

Anstatt sich selbst von Bild zu Bild in der Sammlung zu hangeln, können Sie sich auch gemütlich zurücklehnen und eine Diashow ansehen. Um sie zu starten, klicken Sie in der rechten oberen Ecke des Programmfensters auf das Symbol mit den drei kleinen Punkten ❼ und dann auf **Diashow**. Anschließend werden die Fotos der Reihe nach eingeblendet. Durch Drücken der ⌨Esc⌨-Taste oder einen Mausklick lässt sich die Diashow jederzeit abbrechen.

TIPP

Videos bearbeiten mit der Fotos-App

Die Fotos-App bietet die Möglichkeit, ein Video zu schneiden. Hierzu tippen Sie in der Symbolleiste oben rechts auf **Bearbeiten und erstellen** und in der aufklappenden Liste auf **Zuschneiden** ❽. Unterhalb des Videos werden nun rechts und links zwei weiße Punkte eingeblendet. Durch Verschieben dieser Punkte können Sie den Anfang und das Ende des Videos festlegen. Klicken Sie dann oben rechts auf **Kopie speichern** ❾, wird nur der Bereich zwischen diesen beiden Punkten in einer neuen Videodatei gespeichert. Die Kopie wird im gleichen Verzeichnis wie die Originaldatei abgelegt. Ebenso interessant kann es sein, eine Szene des Films in Zeitlupe abzuspielen. Der Befehl **Zeitlupe hinzufügen** ❿ wird Ihnen ebenfalls nach einem Klick auf **Bearbeiten und erstellen** angeboten.

Abbildung 12.7 In Zeitlupe lässt sich jeder einzelne spritzende Wassertropfen bewundern.

Über den Regler (⓫ auf Seite 435) am oberen Rand des Videos bestimmen Sie die Abspielgeschwindigkeit; den Zeitpunkt der Zeitlupe legen Sie über den blauen Marker ⓬ in der Zeitleiste unterhalb des Videos fest. Die beiden weißen Punkte ⓭ dienen auch hier zur Eingrenzung des Abspielbereichs. Gefällt Ihnen das Ergebnis, speichern Sie die Kopie. Wer seine Videos noch etwas aufpeppen möchte, versieht sie mit 3D-Effekten, z. B. mit Regen (⓮ auf Seite 434) oder mit animierten Texten ⓯. Beide Funktionen erreichen Sie ebenfalls über die Schaltfläche **Bearbeiten und erstellen**.

12.1.3 Kleine Schönheitsfehler ausbessern

Auch dem besten Fotografen misslingt einmal eine Aufnahme. Manchmal passt der Bildausschnitt nicht, ein anderes Mal sorgt ein Wolkenhimmel für blasse Farben. Die Werkzeuge, die die Fotos-App zur Bearbeitung Ihrer Bilder mit an Bord hat, sind zwar nicht sehr spektakulär, für die Korrektur kleinerer Schönheitsfehler reichen sie aber allemal.

1 Um ein Foto zu bearbeiten, wählen Sie es in der Übersicht Ihrer **Sammlung** zunächst per Mausklick aus.

2 Klicken Sie in der Symbolleiste auf **Bearbeiten und erstellen** ❶. In der aufklappenden Liste wählen Sie **Bearbeiten** ❷. Rechts vom Foto werden jetzt einige Funktionen zum Verbessern und Anpassen des Bildes eingeblendet.

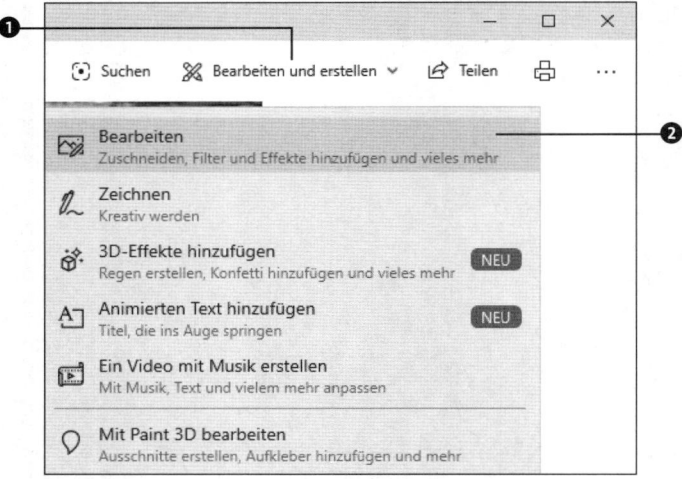

3 Sagt Ihnen der Bildausschnitt nicht zu, klicken Sie oben rechts auf **Zuschneiden und drehen**.

4 Vor dem eigentlichen Zuschneiden oder auch Drehen des Bildes klicken Sie auf **Seitenverhältnis ❸**. In der aufklappenden Liste markieren Sie das gewünschte Seitenverhältnis des zugeschnittenen Bildes. Soll das Seitenverhältnis des Originalbildes beibehalten werden, wählen Sie z. B. **Original**.

5 Über die vier Markierungseckpunkte ❹, die Sie rund um das Foto sehen, legen Sie den Bildausschnitt fest, der übernommen werden soll. Hierzu ziehen Sie die Punkte einfach mit gedrückter linker Maustaste in die gewünschte Richtung. Dadurch wird der Rahmen rund um das Bild verändert. Positionieren Sie den Mauszeiger auf dem Foto selbst ❺, können Sie den gesamten Bildausschnitt mit gedrückter linker Maustaste verschieben.

6 Gerade bei Landschaftsaufnahmen verrutscht schnell einmal der Horizont. Um ihn geradezurücken, positionieren Sie den Mauszeiger auf dem Schieberegler **Ausrichten ❻**. Ziehen Sie den Punkt mit gedrückter linker Maustaste in die gewünschte Richtung, wird der Bildausschnitt hierdurch gedreht. Während des Drehens wird ein Raster über dem Foto eingeblendet, das bei der perfekten Ausrichtung hilft.

7 Möchten Sie das Foto um exakt 90 Grad drehen, klicken Sie am rechten Fensterrand der Fotos-App auf **Drehen ❼**. Mithilfe der Schaltfläche **Spiegeln ❽** spiegeln Sie das Bild um die vertikale Achse.

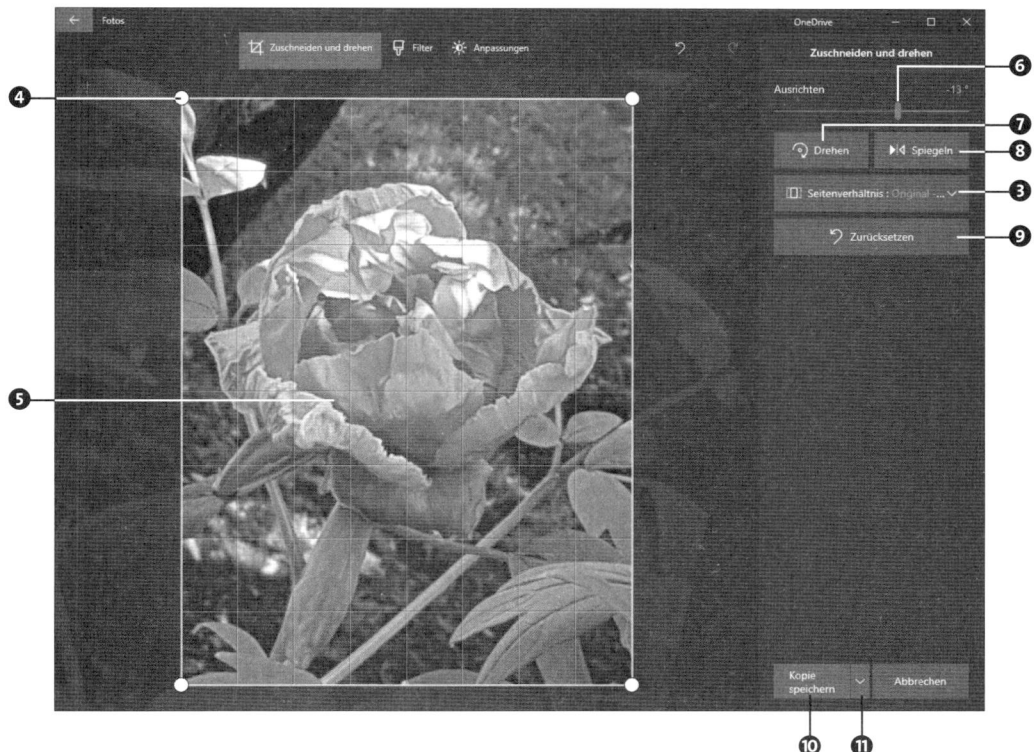

8 Wenn Sie mit den vorgenommenen Korrekturen doch nicht zufrieden sind, können Sie sie mit einem Klick auf **Zurücksetzen ❾** rückgängig machen. Mit **Kopie speichern ❿** werden die Korrekturen in einer neuen Datei gespeichert. Dabei wird der alte Dateiname beibehalten, allerdings um eine Versionsnummer ergänzt. Wenn Sie das Originalbild nicht mehr benötigen, klicken Sie auf den Pfeil rechts von **Kopie speichern ⓫** und wählen **Speichern**.

Neben der Möglichkeit, ein Foto zuzuschneiden oder zu drehen, bietet die Fotos-App noch weitere Korrekturwerkzeuge an. Ist oberhalb des Fotos **Filter ❶** ausgewählt, werden rechts vom Foto einige Farbeffektfilter eingeblendet, die Sie per Mausklick auf Ihr Foto anwenden können. Gefällt Ihnen keiner der Effekte, kehren Sie mit einem Klick auf **Original ❷** zum ursprünglichen Aussehen des Fotos zurück.

Abbildung 12.8 Das Foto kann jederzeit in den Originalzustand zurückversetzt werden.

Wenn Sie selbst Hand an das Foto legen und die Farben anpassen wollen, markieren Sie oberhalb des Fotos **Anpassungen ❸**. Rechts vom Bild werden nun die Werkzeuge **Licht**, **Farbe**, **Schärfe** und **Vignette** angezeigt. Jedes der Werkzeuge verfügt über einen Schieberegler ❹, den Sie mit gedrückter linker Maustaste nach links bzw. rechts ziehen können. Links von den Filtern **Licht** und **Farbe** finden Sie außerdem jeweils einen kleinen Pfeil ❺. Die Filter, die nach einem Klick auf einen der Pfeile eingeblendet werden, ermöglichen eine noch feinere Anpassung des Bildes. Alle vorgenommenen Korrekturen lassen sich auch hier wieder sofort im Foto links bewundern.

Abbildung 12.9 Das Foto lässt sich auch manuell anpassen.

Am unteren Rand der rechten Spalte finden Sie zwei weitere Werkzeuge: **Fleckenkorrektur** und **Rote Augen**. Wie die Namen bereits vermuten lassen, helfen sie bei der Entfernung von Flecken und roten Augen. Während Flecken häufig durch Staubkörnchen auf dem Objektiv verursacht werden, entstehen rote Augen vor allem bei Blitzlichtaufnahmen. Das Vorgehen ist bei beiden Werkzeugen identisch:

1 Falls nötig, vergrößern Sie den Bildausschnitt über das Plus-Symbol ❶ unterhalb des Fotos. Mit gedrückter linker Maustaste lässt sich der Bildausschnitt verschieben.

2 Wählen Sie das gewünschte Werkzeug per Mausklick auf die entsprechende Schaltfläche aus, also **Fleckenkorrektur** ❷ oder **Rote Augen** ❸.

3 Bewegen Sie den Mauszeiger auf das Foto. Rund um den Mauszeiger ist ein farbiger Punkt zu sehen ❹. Diesen positionieren Sie auf der Stelle im Bild, die korrigiert werden soll, also etwa auf einem Fleck oder einem roten Auge.

4 Nun reicht ein Mausklick, und schon korrigiert die Fotos-App die betreffende Stelle. Sind Sie mit dem Ergebnis nicht zufrieden, können Sie über das entsprechende Symbol ❺ den letzten Schritt rückgängig machen. Haben Sie z. B. bereits mehrere Flecken ausgebessert, heben Sie über die Schaltfläche **Zurücksetzen** ❻ alle Korrekturen auf.

5 Haben Sie den Bildausschnitt zu Beginn vergrößert, verkleinern Sie ihn nun wieder per Klick auf das Minus-Symbol ❼.

Ist das Foto perfekt zugeschnitten, gefallen Ihnen die Farben, und sind auch alle Flecken und die roten Augen entfernt? Wenn Sie mit den Korrekturen doch nicht zufrieden sind, können Sie das Bild mit einem Klick auf das Symbol **Alles rückgängig** ❽ wieder in den Originalzustand zurückversetzen. Sollten Ihnen die Korrekturen dagegen zusagen, müssen Sie sie abschließend sichern. Wenn Sie die Originalaufnahme beibehalten möchten, wählen Sie die Schaltfläche **Kopie speichern ❾**. Benötigen Sie die Originaldatei dagegen nicht mehr, wählen Sie nach einem Klick auf den Pfeil rechts von **Kopie speichern ❿** die Schaltfläche **Speichern**. In diesem Fall wird das Original durch die überarbeitete Version ersetzt.

Es wird nun eine Kopie der Datei mit dem gleichen Namen, allerdings ergänzt um eine Versionsnummer ⓫, gespeichert, wie Sie im Explorer überprüfen können. Wenn Sie in der Fotos-App noch weitere Bilder bearbeiten möchten, können Sie die Pfeiltasten am rechten bzw. linken Rand eines Bildes zum Blättern nutzen. Mit einem Klick auf den Pfeil oben links kehren Sie zur Übersicht über Ihre Sammlung zurück (⓬ auf Seite 440).

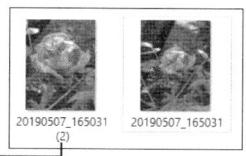

Abbildung 12.10 Als Kopie gespeicherte Dateien werden mit einer Versionsnummer versehen.

TIPP

Ein Foto kreativ bearbeiten

Mit der Fotos-App lassen sich nicht nur Schönheitskorrekturen durchführen, sondern Fotos auch aufpeppen. So können Sie ein Bild z. B. mit einer eigenen kleinen Zeichnung ❶ versehen. Wer es etwas spektakulärer mag, sollte einmal die 3D-Effekte ❷ oder auch den animierten Text ❸ ausprobieren. Sie erreichen die einzelnen Funktionen in der Einzelbildansicht über den Befehl **Bearbeiten und erstellen ❹**. Hier lohnt sich übrigens immer wieder ein Blick, denn mit fast jedem Funktionsupdate erhält auch die Fotos-App neue Funktionen.

Abbildung 12.11 Unter »Bearbeiten und erstellen« finden Sie immer wieder neue Funktionen.

Entscheiden Sie sich für die 3D-Effekte oder auch für den animierten Text, können Sie z. B. Rosenblätter fliegen lassen oder auch Geburtstagsgrüße einblenden. Sobald Sie das Ergebnis über **Kopie speichern** sichern, wird eine Videodatei erzeugt. So wird aus einem statischen Bild ein kleiner netter Film.

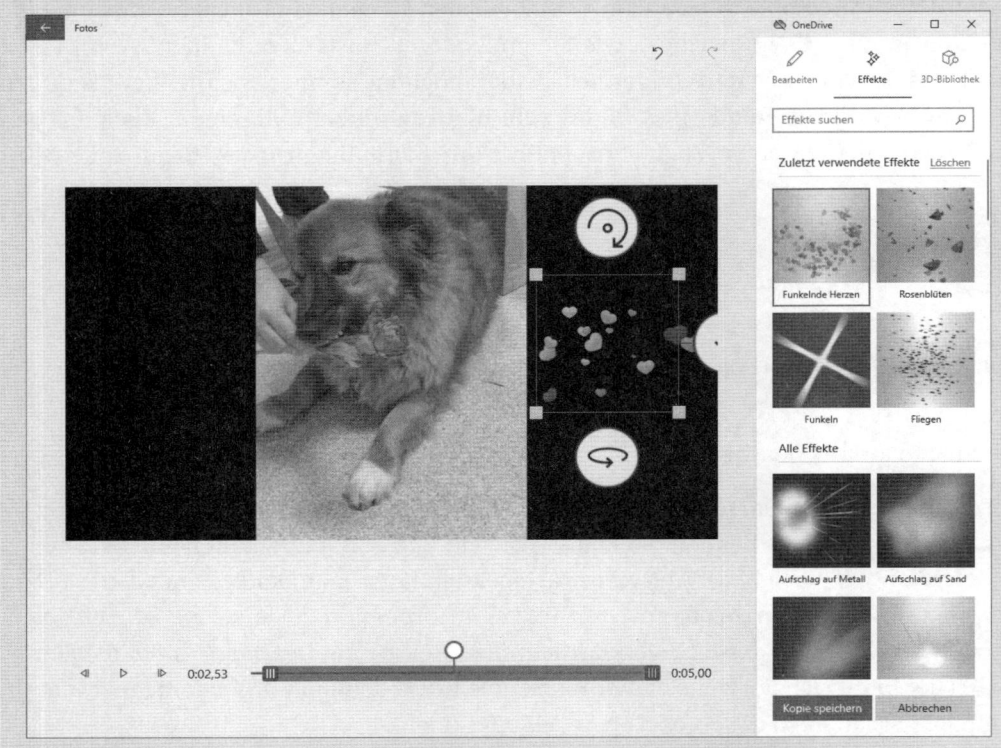

Abbildung 12.12 Mit den diversen Effekten lassen sich Fotos kreativ aufpeppen.

12.1.4 Eigene Alben mit Lieblingsbildern zusammenstellen

Standardmäßig zeigt die Fotos-App Ihre Bilder als Sammlung an. Hierbei werden die Fotos chronologisch sortiert aufgelistet. Wenn Sie möchten, können Sie Ihre Lieblingsbilder aber auch selbst in sog. Alben zusammenfassen. Hierzu gehen Sie folgendermaßen vor:

1 Stellen Sie sicher, dass am oberen Bildschirmrand **Alben ❶** ausgewählt ist.

2 Klicken Sie dann auf **Neues Album ❷**.

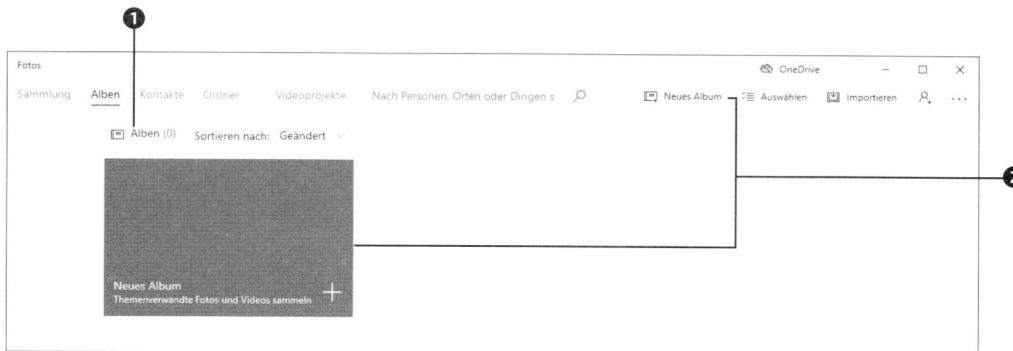

3 In der folgenden Übersicht finden Sie in jeder Miniaturvorschau eines Fotos sowie Videos in der rechten oberen Ecke ein kleines Kästchen. Wenn Sie eine Aufnahme im neuen Album aufnehmen möchten, versehen Sie dieses Kästchen per Mausklick mit einem Häkchen ❸.

4 Wenn Sie alle Aufnahmen markiert haben, klicken Sie schließlich oben rechts auf **Erstellen** ❹.

5 Auf der folgenden Seite klicken Sie auf den kleinen Stift ❺ rechts von **Album**.

6 Der Text **Album** ist nun blau markiert. Überschreiben Sie ihn mit einem eigenen aussagekräftigen Titel für Ihr Album ❻.

7 Unterhalb des Titels wird eine kleine Vorschau des Albums abgespielt. Bestätigen Sie die Eingabe durch Drücken der Taste ⏎ oder per Klick auf **Fertig** ❼.

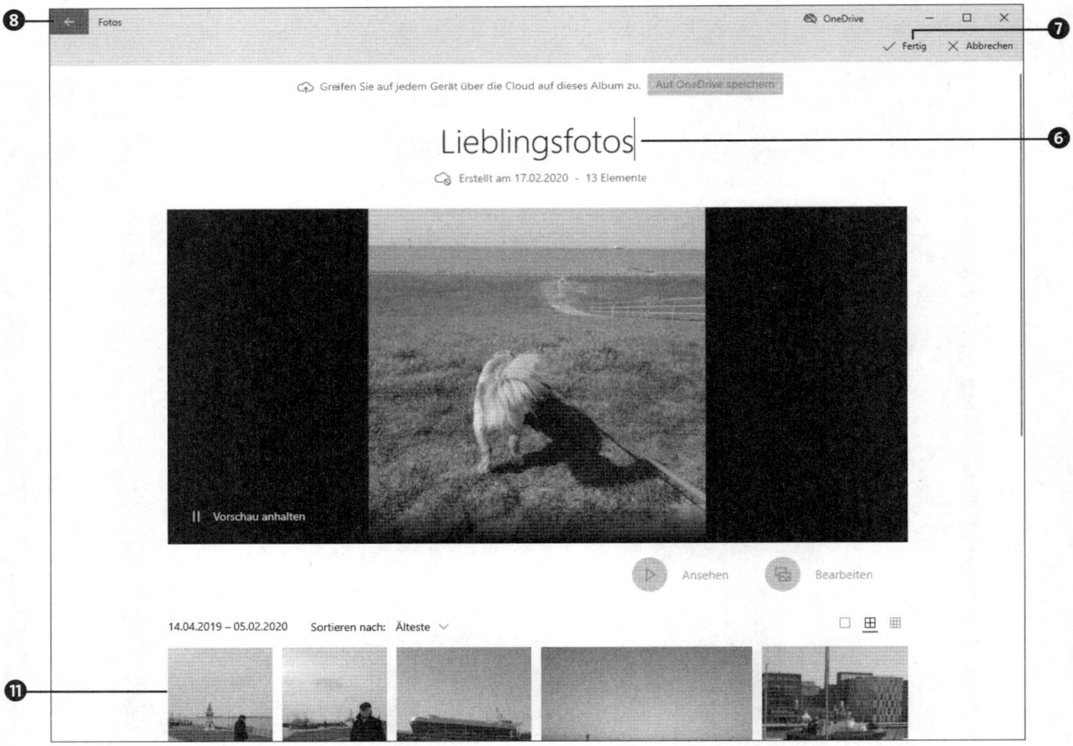

8 Um wieder zur Übersicht über alle Alben zu gelangen, klicken Sie auf den Pfeil oben links ❽.

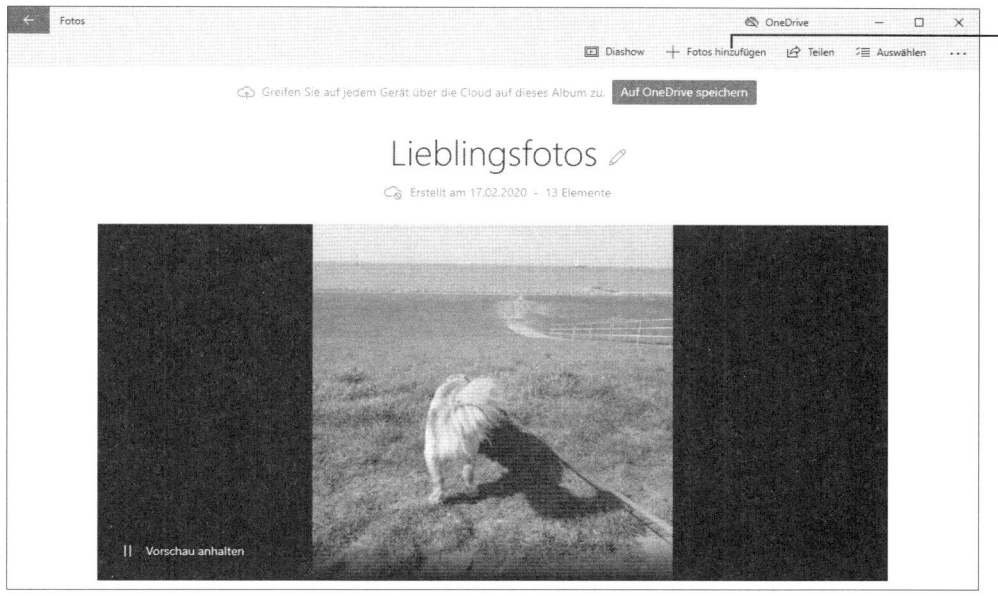

9   Sollten Sie später einmal weitere Fotos hinzufügen oder vorhandene löschen wollen, wählen Sie das Album in der Übersicht per Mausklick aus **9**. Wie zuvor ab Schritt 5 gezeigt, können Sie nach einem Klick auf das Stift-Symbol den Albumtitel ändern. Über die Schaltfläche **Fotos hinzufügen 10** lassen sich weitere Bilder im Album ablegen. Wenn Sie ein Bild entfernen möchten, markieren Sie es in der Übersicht (**11** auf Seite 444) und wählen dann **Aus Album entfernen**.

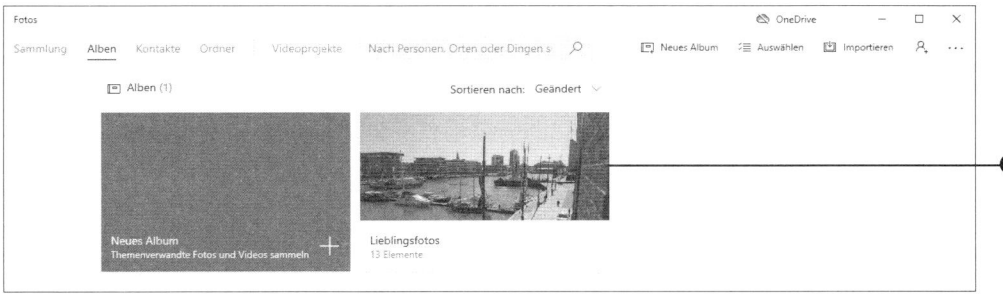

So schön es ist, die eigenen Fotos zu betrachten, noch mehr Spaß macht es, wenn man sie Freunden und der Familie zeigen kann. In Abschnitt 12.2.1, »Fotos im Onlinespeicher OneDrive veröffentlichen«, ab Seite 446 zeige ich Ihnen, wie Sie Ihre Bilder anderen Personen zugänglich machen.

12.2 Fotos präsentieren und mit anderen teilen

Gut gelungene oder auch lustige Fotos möchte man nicht nur alleine genießen, sondern auch gerne anderen zeigen. Besonders beliebt ist es heutzutage, die Bilder in einen Onlinespeicher wie etwa *OneDrive* von Microsoft hochzuladen und anderen Personen hierdurch die Betrachtung zu ermöglichen. Manch einer möchte seine Fotosammlung aber auch weiterhin auf CD bzw. DVD brennen – sei es zur Datensicherung oder um die Fotos an andere weiterzureichen. Auch das ganz klassische Ausdrucken von Fotos auf Papier ist immer noch nicht aus der Mode gekommen. Wie all dies unter Windows 10 funktioniert, zeige ich Ihnen in diesem Abschnitt.

12.2.1 Fotos im Onlinespeicher OneDrive veröffentlichen

Microsoft bietet mit OneDrive einen kostenlosen Onlinespeicher (auch *Cloud* genannt) an. Um z. B. Ihre Bilder vom letzten Urlaub in OneDrive hochladen zu können, benötigen Sie neben einer Internetverbindung ein Microsoft-Konto. Wie Sie ein solches Konto einrichten, erfahren Sie in Abschnitt 4.2.2, »Ein Microsoft-Konto einrichten«, ab Seite 111. Sind die Bilder einmal in der Cloud gespeichert, können Sie Freunden und Familienmitgliedern per E-Mail den Link zum Album schicken. Diese müssen nur noch die entsprechende Webseite öffnen, und schon können sie Ihre Fotos betrachten und sogar auf ihren Computer herunterladen. In Abschnitt 8.6, »Den Onlinespeicher OneDrive nutzen«, ab Seite 307 lesen Sie, wie Sie aus dem Explorer heraus Dateien in OneDrive hochladen. In diesem Abschnitt zeige ich Ihnen am Beispiel eines in der Fotos-App angelegten Albums, wie einfach der *Upload*, also das Hochladen der Bilder in die Cloud, mit der Fotos-App gelingt.

1 Starten Sie die Fotos-App entweder per Klick auf die entsprechende Kachel im Startmenü oder per Klick auf den Eintrag **Fotos** in der Liste aller Apps, die Sie ebenfalls über das Startmenü erreichen.

2 Wechseln Sie in die Kategorie **Alben ❶**, und öffnen Sie das Album, das in der Cloud OneDrive veröffentlicht werden soll **❷**. Wie Sie selbst ein Album erzeugen, können Sie in Abschnitt 12.1.4, »Eigene Alben mit Lieblingsbildern zusammenstellen«, ab Seite 442 nachlesen.

3 Klicken Sie am oberen Rand des Programmfensters auf **Teilen ❸** und im aufklappenden Menü auf **Inhalt hochladen und freigeben ❹**. Sind Sie bereits mit einem Benutzerkonto am Computer angemeldet, das mit einem Microsoft-Konto verknüpft ist, beginnt die Fotos-App sofort mit dem Hochladen der Bilder. Für diejenigen, die mit einem lokalen Benutzerkonto angemeldet sind, stehen zuvor noch drei weitere Schritte an.

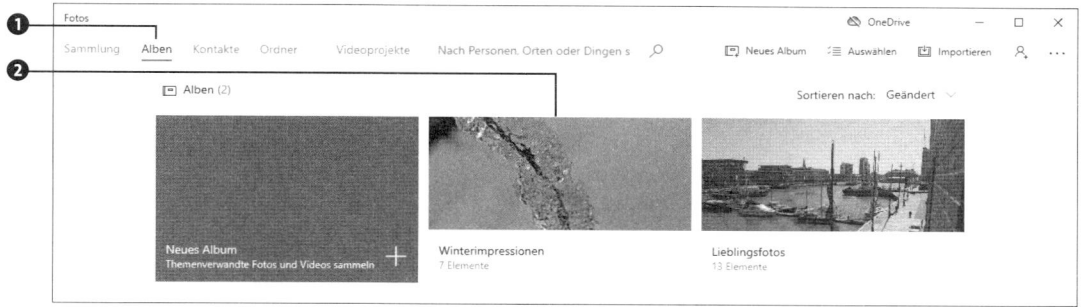

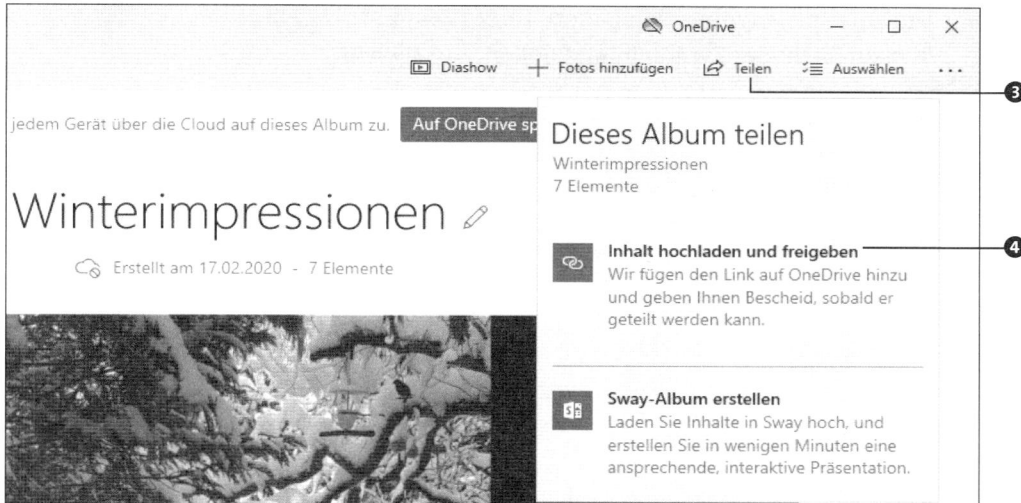

4 Sind Sie mit einem lokalen Benutzerkonto am Computer angemeldet, werden Sie nun aufgefordert, sich mit einem Microsoft-Konto anzumelden. Klicken Sie hierzu auf **Anmelden**.

5 Im folgenden Dialog geben Sie die E-Mail-Adresse sowie das Kennwort des Microsoft-Kontos an und bestätigen Ihre Angaben mit **Anmelden**.

6 Sollte Windows 10 Ihnen nun die Option **Dieses Konto überall auf Ihrem Gerät verwenden** anbieten, klicken Sie auf **Nur Microsoft-Apps ❺**. Die Fotos-App beginnt nun, das ausgewählte Album in die Cloud OneDrive hochzuladen. Den Fortschritt können Sie am oberen Fensterrand verfolgen. Je nach Anzahl und Größe der Dateien kann dieser Upload einige Zeit dauern.

7 Um anderen Personen den Link zu Ihrem gerade hochgeladenen Album zu schicken, klicken Sie in der Symbolleiste wieder auf **Teilen** ❻.

8 Im aufklappenden Menü wählen Sie den Befehl **Link kopieren** ❼. Die Internetadresse, über die der Zugriff auf das Album in OneDrive erfolgt, wird damit in der Zwischenablage gespeichert.

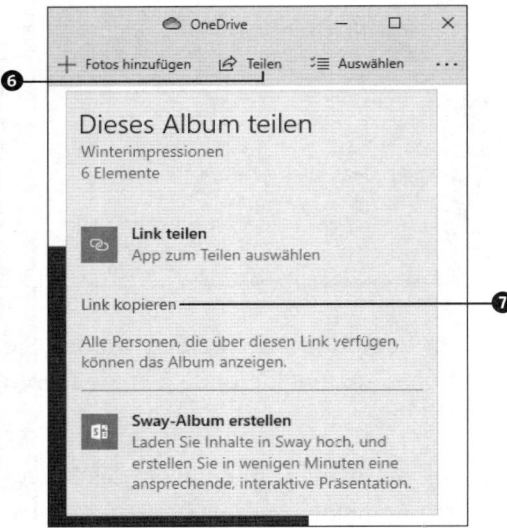

9 Wechseln Sie nun zu Ihrem E-Mail-Programm, etwa zur *Mail*-App. Diese stelle ich Ihnen ausführlich in Kapitel 15, »Mail, Kontakte, Kalender und Skype nutzen«, ab Seite 551 vor. Schreiben Sie wie gewohnt Ihre E-Mail. Mit der Tastenkombination [Strg] + [V] fügen Sie den zuvor kopierten Link in den Nachrichtentext der E-Mail ein. Verschicken Sie die E-Mail dann an die gewünschten Personen.

Die Empfänger Ihrer E-Mail müssen nur auf den Link in der Nachricht klicken, und schon wird bei ihnen der Browser mit der dazugehörigen Webseite geöffnet. Wenn Sie selbst prüfen möchten, was Ihre Freunde und Familienmitglieder zu sehen bekommen, öffnen Sie ebenfalls einen Browser, z. B. *Microsoft Edge*. Klicken Sie dann einmal in das Adressfeld des Browsers, fügen Sie den Link mit der Tastenkombination $\boxed{\text{Strg}}$ + $\boxed{\text{V}}$ ein, und laden Sie die Webseite durch Drücken der Taste $\boxed{\hookleftarrow}$. Über die Schaltfläche **Herunterladen** ❶ können die Bilder aus dem Onlinespeicher OneDrive auf den Computer geladen werden. Alle Bilddateien werden hierbei in ein ZIP-Archiv mit der Bezeichnung des Albums gepackt ❷ und nach einem Klick auf **Speichern** ❸ standardmäßig im Ordner *Downloads* abgelegt – außer natürlich, der Anwender legt nach einem Klick auf den Pfeil ❹ und anschließend auf **Speichern unter** einen anderen Speicherort fest.

Abbildung 12.13 Die Bilder des Albums können von OneDrive auf den eigenen Computer geladen werden.

Wie ein solches ZIP-Archiv entpackt werden kann, erfahren Sie in Abschnitt 8.7.2, »Entpacken eines ZIP-Archivs«, ab Seite 318. Nach dem Betrachten und Herunterladen der Bilder kann der Browser wieder über das Schließen-Symbol oben rechts beendet werden.

Zurück zur Fotos-App: Sobald alle gewünschten Alben auf OneDrive hochgeladen wurden, sollten die Anwender, die mit einem lokalen Konto am Computer angemeldet sind, sich wieder vom Microsoft-Konto abmelden. Hierzu kehren Sie über das Pfeil-Symbol oben links zur Startseite der Fotos-App zurück. Klicken Sie hier oben rechts auf das Symbol Ihres Benutzerkontos ❺. Im Dialog **Konto** wählen Sie das Microsoft-Konto per Mausklick aus und klicken dann auf **Abmelden** ❻. Den folgenden Hinweis bestätigen Sie ebenfalls mit **Abmelden**.

Abbildung 12.14 Sind alle Bilder erfolgreich in OneDrive hochgeladen, sollten Sie sich wieder abmelden.

INFO

Per Browser auf den Onlinespeicher OneDrive zugreifen

Selbstverständlich können Sie auch direkt über einen Browser auf den Onlinespeicher OneDrive zugreifen. Die Internetadresse, die Sie im Adressfeld des Browsers eingeben, lautet *https://onedrive.live.com/about/de-de*. Sobald Sie sich auf der Webseite mit der E-Mail-Adresse und dem Kennwort Ihres Microsoft-Kontos angemeldet haben, haben Sie Zugriff auf all Ihre in der Cloud befindlichen Dateien, wie etwa die Fotoalben.

Und nicht nur das: Sie haben sogar die Möglichkeit, in OneDrive ein Word-Dokument, eine Excel-Arbeitsmappe oder auch eine PowerPoint-Präsentation zu erzeugen. Markieren Sie hierzu einfach links die Kategorie **Dateien**, und klicken Sie dann oben auf **Neu**. In der aufklappenden Liste können Sie nun den gewünschten Dateityp auswählen. Im Browser wird anschließend eine neue Registerkarte mit dem zuvor gewählten Dateityp, also z. B. ein Word-Dokument, geöffnet. Wer bereits Erfahrung mit den Programmen von *Microsoft Office* hat, wird sich auf der Webseite schnell zurechtfinden, denn die Oberfläche ist in großen Bereichen identisch mit den Offlineversionen der Anwendungen. Lediglich der Funktionsumfang ist in der Onlineversion etwas reduziert. Den Befehl zum Speichern eines Onlinedokuments rufen Sie über **Datei ▸ Speichern unter** auf. Alle z. B. über den Explorer in OneDrive hochgeladenen Office-Dateien (siehe Abschnitt 8.6, »Den Onlinespeicher OneDrive nutzen«, ab Seite 307) können außerdem online geöffnet und bearbeitet werden. Microsoft Office Online steht Ihnen übrigens kostenlos zur Verfügung.

Wenn Sie Dateien oder auch Fotoalben in der Cloud löschen möchten, bewegen Sie den Mauszeiger auf das entsprechende Element und setzen dann per Mausklick ein Häkchen in den nun rechts oben eingeblendeten Kreis. Anschließend wird in der Symbolleiste am oberen Rand der Webseite die Schaltfläche **Löschen** sichtbar, über die Sie das zuvor markierte Element aus OneDrive entfernen. Wenn Sie alle Arbeiten in OneDrive abgeschlossen haben, vergessen Sie bitte nicht, sich auch wieder abzumelden. Der entsprechende Befehl wird Ihnen nach einem Klick auf Ihren Benutzernamen oben rechts eingeblendet.

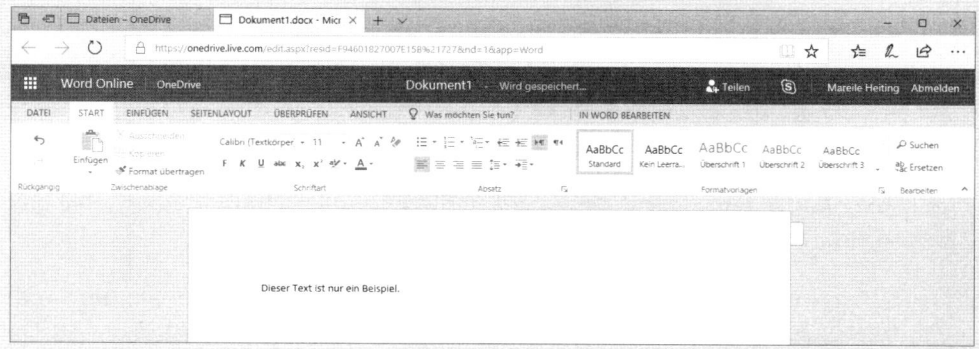

Abbildung 12.15 In OneDrive können Sie kostenlos Office-Dokumente erzeugen und bearbeiten.

12.2.2 Fotos mit dem Explorer auf CD/DVD brennen

Wer Fotos nicht über einen Onlinespeicher mit anderen teilen möchte, der kann die Bilddateien natürlich auch ganz klassisch auf CD, DVD oder auch Blu-ray brennen und diese dann an Freunde und Familie weiterreichen. Auch zur Datensicherung wird dieses

Verfahren weiterhin von vielen angewendet. Für die Zusammenstellung aller Daten, die auf einen entsprechenden Rohling gebrannt werden sollen, nutzen Sie am besten den Explorer. Die folgende Anleitung lässt sich nicht nur auf Bilder anwenden, die Sie auf einen Datenträger brennen möchten, sondern funktioniert natürlich für alle beliebigen Dateitypen.

1 Starten Sie den Explorer z. B. über das entsprechende Symbol 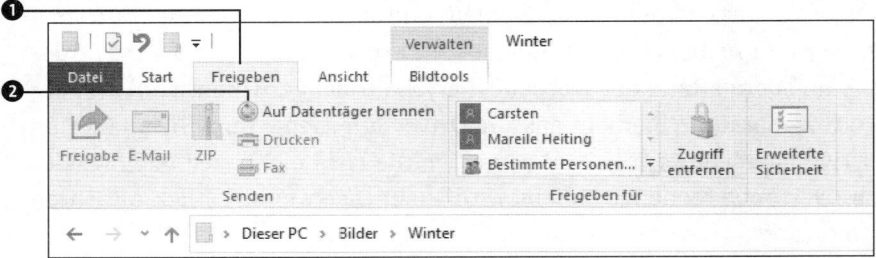 in der Taskleiste. Öffnen Sie dann den Ordner, in dem sich die Dateien oder auch Verzeichnisse befinden, die Sie auf CD, DVD oder Blu-ray brennen möchten. Markieren Sie die gewünschten Daten.

2 Wechseln Sie im Menü in das Register **Freigeben ❶**, und klicken Sie in der Gruppe **Senden** auf die Schaltfläche **Auf Datenträger brennen ❷**.

3 Legen Sie in die Schublade des Brenners, die normalerweise automatisch geöffnet wird, einen CD- oder DVD-Rohling, und schließen Sie die Schublade wieder. Der Dialog **Datenträger einlegen**, der in der Zwischenzeit geöffnet wurde, wird hierdurch wieder ausgeblendet.

4 Im Dialog **Auf Datenträger brennen** geben Sie in das Feld **Datenträgertitel ❸** einen Namen für die CD oder DVD ein.

5 Als Nächstes müssen Sie sich entscheiden, wie der Datenträger verwendet werden soll. Windows 10 stellt Ihnen zwei Möglichkeiten zur Auswahl: **Wie ein USB-Speicherstick** oder **Mit einem CD/DVD-Player**. Wenn Sie Fotos auf den Datenträger brennen und die CD bzw. DVD anschließend über einen handelsüblichen DVD-Player abspielen möchten, der z. B. an ein Fernsehgerät angeschlossen ist, sollten Sie sich für die zweite Option entscheiden (**Mit einem CD/DVD-Player ❹**).

Die Anzeige der Dateien auf einem Computer ist bei dieser Option selbstverständlich auch möglich. Dient die CD/DVD dagegen nur der Datensicherung, wählen Sie die erste Option **Wie ein USB-Speicherstick ❺**. Nur bei dieser Option können Sie die auf dem Datenträger befindlichen Dateien auch wieder löschen oder nachträglich noch weitere Dateien hinzufügen. Bestätigen Sie Ihre Auswahl mit **Weiter ❻**.

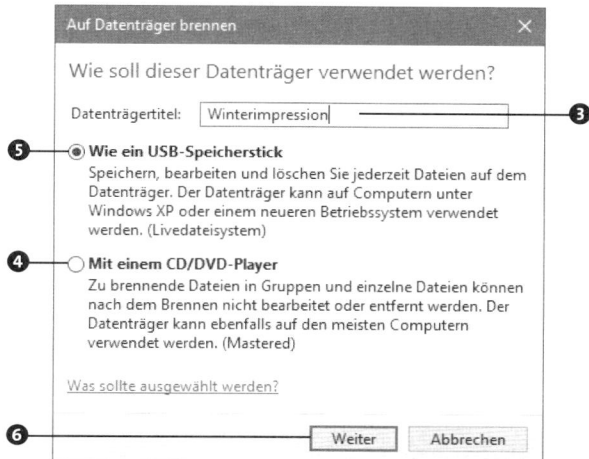

6 Der Datenträger wird jetzt entsprechend Ihrer Auswahl formatiert und für den Brennvorgang vorbereitet. Den Hinweis **Auf CD/DVD zu brennende Dateien sind vorhanden**, der anschließend oberhalb des Infobereichs der Taskleiste eingeblendet wird, können Sie ignorieren. Wichtig ist dagegen das zweite Explorer-Fenster, das nun geöffnet wird. Im Navigationsbereich dieses Fensters ist das Brennerlaufwerk markiert, im Inhaltsbereich sehen Sie die Dateien, die Sie für den Brennvorgang ausgewählt haben.

7 Wenn Sie möchten, können Sie noch weitere Daten hinzufügen, die ebenfalls auf den Datenträger gebrannt werden sollen. Wechseln Sie hierzu in den Ordner, in dem sich die gewünschten Dateien befinden. Markieren Sie diese dann im Inhaltsbereich.

8 Wechseln Sie in das Register **Start ❼**, und klicken Sie dort auf die Schaltfläche **Kopieren nach ❽**. In der aufklappenden Liste wählen Sie **Speicherort auswählen**.

9 Markieren Sie im Dialog **Elemente kopieren** das Brennerlaufwerk ❾, und bestätigen Sie mit **Kopieren ❿**.

10 Wiederholen Sie die Schritte 7 bis 9 ggf. für weitere Dateien, die auf CD oder DVD gebrannt werden sollen.

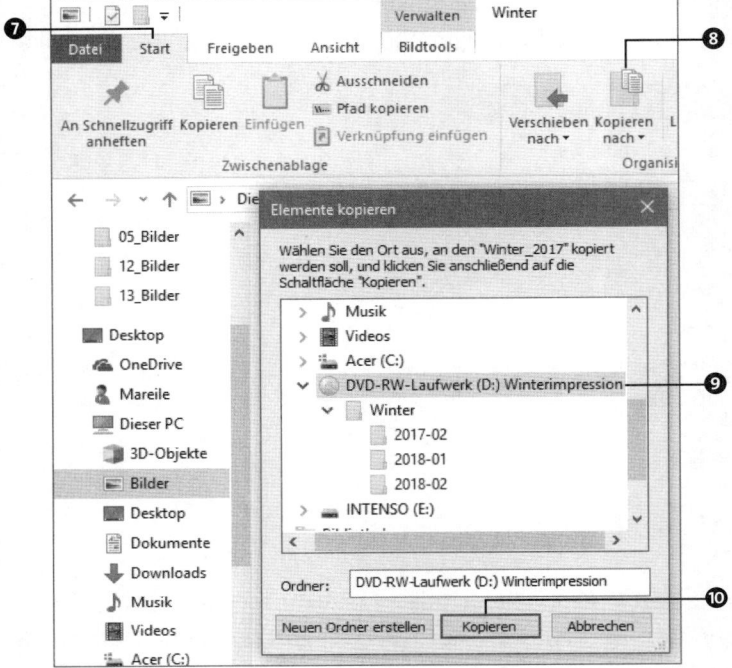

11 Wenn Sie alle Daten zusammengestellt haben, die auf den Datenträger gebrannt werden sollen, markieren Sie im Navigationsbereich das CD/DVD-Laufwerk. Wechseln Sie im Menüband in das Register **Laufwerktools ▶ Verwalten**, und klicken Sie hier auf **Brennvorgang abschließen ⓫**.

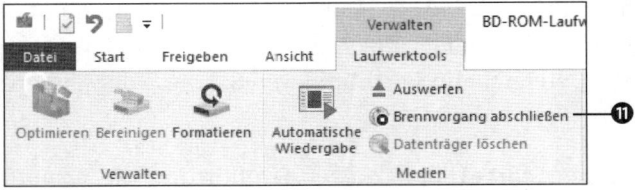

12 Im Dialog **Auf Datenträger brennen**, der nun eingeblendet wird, können Sie im Feld **Aufnahmegeschwindigkeit** noch die gewünschte Brenngeschwindigkeit auswählen. Bestätigen Sie den Dialog mit **Weiter**.

13 Sollten Sie mehr Daten ausgewählt haben, als auf dem Datenträger Platz haben, erhalten Sie nun einen entsprechenden Hinweis. Mit einem Klick auf **Abbrechen** brechen Sie den Brennvorgang ab. Markieren Sie im Inhaltsbereich des Explorers die Dateien, die nicht unbedingt auf diese CD/DVD gebrannt werden müssen bzw.

die Sie anschließend auf einen weiteren Datenträger brennen möchten. Durch Drücken der Taste ⌈Entf⌉ auf der Tastatur löschen Sie die Dateien für den Brennvorgang. Wiederholen Sie dann die Schritte 11 und 12.

Der Brennvorgang, der nun beginnt, kann je nach Datenumfang etwas dauern. Anschließend wird automatisch die Schublade des Brenners geöffnet, und Sie können den Datenträger entnehmen. Sollte der Dialog **Auf Datenträger brennen** noch geöffnet sein, schließen Sie ihn mit **Fertig stellen**.

12.2.3 Fotos ausdrucken

Die Möglichkeiten, anderen seine Fotos zu präsentieren, erscheinen heutzutage fast grenzenlos. Immer noch nicht aus der Mode gekommen ist dabei das ganz klassische Ausdrucken der Fotos. Wer einen guten Farbdrucker besitzt, kann dies ganz bequem daheim erledigen. Wenn Sie die Bilder auf speziellem Fotopapier ausdrucken möchten, sollten Sie darauf achten, dass es auch für Ihren Druckertyp (Tinten- oder Laserdrucker) geeignet ist. Das Ausdrucken der Fotos können Sie ganz bequem mithilfe des Explorers erledigen.

1 Starten Sie den Explorer z. B. per Klick auf das Programmsymbol in der Taskleiste.

2 Öffnen Sie den Ordner, in dem sich die auszudruckenden Bilder befinden. Markieren Sie das erste Bild per Mausklick. Halten Sie dann die Taste ⌈Strg⌉ gedrückt, während Sie nacheinander alle weiteren Fotos markieren. Nun können Sie die Taste ⌈Strg⌉ loslassen.

3 Wechseln Sie in das Register **Freigeben**, und klicken Sie hier in der Gruppe **Senden** auf **Drucken** ❶.

4 Im Dialog **Bilder drucken**, der nun geöffnet wird, wählen Sie in den entsprechenden Feldern den **Drucker**, die **Papiergröße**, die **Qualität** und den **Papiertyp ❷** aus.

5 In der Vorschau sehen Sie das erste der zuvor markierten Bilder. Wenn Sie sich auch die anderen Fotos nochmals ansehen möchten, nutzen Sie die beiden Pfeiltasten unterhalb der Vorschau **❸**.

6 In der rechten Spalte des Dialogs schlägt Ihnen der Explorer diverse Layouts vor. Blättern Sie mithilfe der Bildlaufleiste in der Liste, und markieren Sie dann das gewünschte Layout **❹**. Die Vorschau wird sofort entsprechend angepasst.

7 Ist das Kontrollkästchen **Bild an Rahmen anpassen ❺** aktiviert, kann es sein, dass ein kleiner Bereich des Bildrands abgeschnitten wird. Deaktivieren Sie daher probeweise das Kästchen. Wählen Sie dann die Variante aus, die Ihnen besser gefällt.

8 Über die Pfeiltasten rechts vom Feld **Kopien pro Bild ❻** stellen Sie ein, wie häufig die Fotos ausgedruckt werden sollen.

9 Abschließend sollten Sie noch prüfen, ob im Drucker das richtige Papier in ausreichender Menge im Papierfach eingelegt ist. Mit einem Klick auf **Drucken ❼** starten Sie den Druckvorgang.

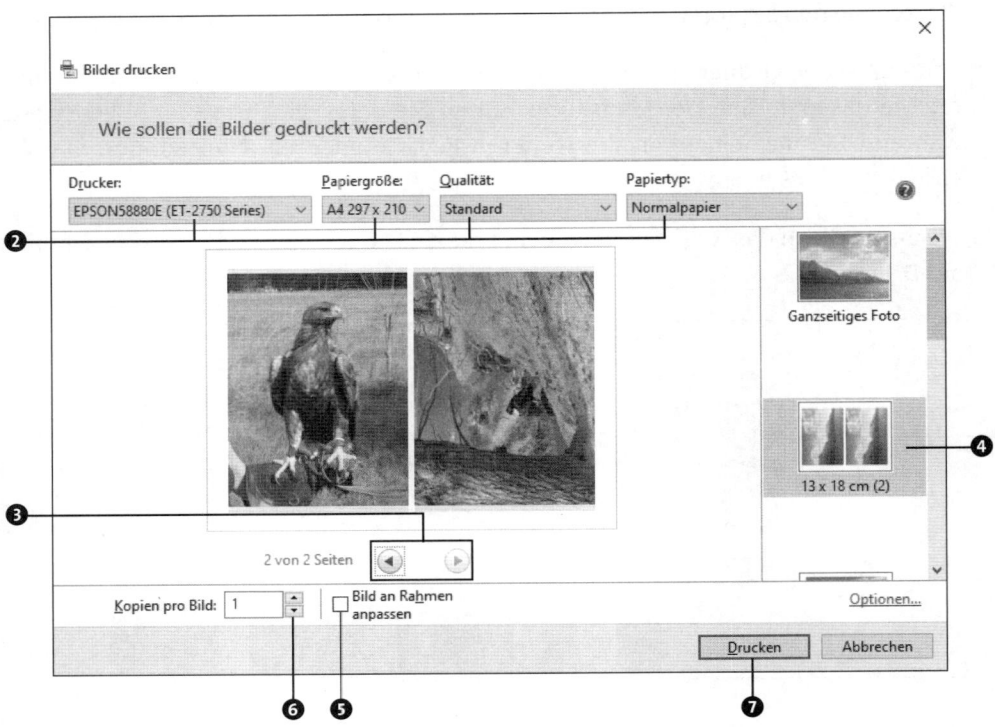

12.3 Die Kamera-App von Windows 10 im Einsatz

Ist Ihr Computer mit einer Webcam ausgestattet, können Sie die *Kamera*-App zum Fotografieren und Filmen nutzen. Die App ist unter Windows 10 bereits fester Bestandteil und wird über die Liste aller Apps im Startmenü aufgerufen.

Abbildung 12.16 Die Kamera-App öffnen Sie über das Startmenü.

Nach dem ersten Aufruf erscheint meist die Frage, ob Sie der Kamera-App den Zugriff auf Ihre aktuelle Position erlauben möchten. Ihre Aufnahmen können damit mit Informationen zu Ihrem aktuellen Standort versehen werden. Es ist Ihnen freigestellt, ob Sie der Frage zustimmen oder sie mit **Nein** ablehnen. Sie können die Einstellung später jederzeit wieder korrigieren, wie Sie im Kasten »Den Positionsdienst von Windows 10 aktivieren« auf Seite 459 lesen.

Bevor Sie mit der Kamera-App fotografieren und filmen, sollten Sie ein paar Einstellungen der App überprüfen:

1 Klicken Sie in der Kamera-App oben links auf das kleine Zahnrad-Symbol. (Falls Sie ein Tablet nutzen, tippen Sie natürlich.) Damit klappt am linken Fensterrand die Spalte **Einstellungen** auf.

2 Im Feld **Kamerataste gedrückt halten** ❶ legen Sie fest, ob bei längerem Drücken der Kamerataste ein Video oder eine Fotoserie aufgenommen werden soll. Belassen Sie die Voreinstellung **Deaktiviert**, passiert gar nichts, wenn Sie die Taste längere Zeit gedrückt halten.

3 Per Standardeinstellung nimmt die Kamera-App Fotos und Videos im Seitenverhältnis 16:9 auf. Alternativ hierzu können Sie im Feld **Seitenverhältnis** ❷ auch 4:3 oder 3:2 auswählen.

4 Das Fotografieren und Filmen mit einem Tablet ist zu Beginn doch recht ungewohnt. Klicken oder tippen Sie in das Feld **Bildschirmraster ❸**, klappt eine Liste mit diversen Hilfsmitteln aus. Wählen Sie hier z. B. **Drittel** aus, werden zwei horizontale und zwei vertikale Linien auf dem Bildschirm eingeblendet, die Ihnen die perfekte Ausrichtung des Tablets auf das Motiv erleichtern. Denn häufig wirkt ein Foto ausgesprochen langweilig, wenn das Motiv zu gleichmäßig aufgebaut wurde, eine Person also z. B. exakt in der Bildmitte steht. Der traumhaft schöne Sonnenuntergang wirkt gleich viel spannender, wenn Sie den Horizont etwas in das obere oder untere Bilddrittel rücken. Das ausgewählte Bildschirmraster wird übrigens erst dann sichtbar, wenn Sie wieder zur reinen Kameradarstellung zurückkehren (siehe Schritt 7). Doch zuvor werfen wir noch einen Blick auf die weiteren Einstellungsmöglichkeiten.

TIPP

Den Positionsdienst von Windows 10 aktivieren

Wo genau wurde das Foto aufgenommen? Welche Restaurants oder auch Sehenswürdigkeiten gibt es in der Nähe Ihres aktuellen Standorts? Antworten auf diese Fragen gibt der in Windows 10 integrierte Positionsdienst. Ist die Positionserkennung aktiviert, können Apps wie etwa die Kamera-App oder auch die *Karten*-App auf Ihre aktuellen Positionsdaten zugreifen und diese für weitere Aktionen nutzen. Aus Datenschutzgründen ist die Positionserkennung durchaus umstritten, für Anwender in manchen Situationen ist sie aber gleichwohl interessant. So liegt es auch in Ihrer Hand, ob Sie den Positionsdienst aktivieren oder nicht. Die entsprechende Einstellung nehmen Sie über **Start ▸ Einstellungen ▸ Datenschutz ▸ Position** vor. Möchten Sie eine deaktivierte Positionserkennung einschalten, klicken Sie rechts auf **Ändern**. In dem Fenster, das nun aufklappt, setzen Sie den Regler **Zugriff auf die Position für dieses Gerät** per Mausklick oder Antippen auf **Ein**. Damit wird automatisch auch der Regler **Zulassen, dass Apps auf Ihren Standort zugreifen** im Einstellungen-Dialog eingeschaltet. Blättern Sie dann in der rechten Spalte nach unten bis zum Bereich **Auswählen, welche Apps auf Ihren exakten Standort zugreifen können**. Über die jeweiligen Regler legen Sie fest, welcher App Sie den Zugriff auf die Positionsdaten erlauben und welcher nicht. Möchten Sie einen aktivierten Positionsdienst ausschalten, setzen Sie in der rechten Spalte des Einstellungen-Dialogs den Regler **Zugriff auf die Position für dieses Gerät** nach einem Klick auf **Ändern** auf **Aus**.

5 Wenn Sie den **Zeitraffer** über den Schieberegler einschalten ❹ und später in der Kameradarstellung den Selbstauslöser aktivieren, nimmt die Kamera-App so lange Fotos auf, bis Sie die Kamerataste erneut drücken.

6 Für Videos wählt die Kamera-App die für Ihr Gerät höchstmögliche Auflösung, etwa **1920x1080p/30fps**. Ist Ihnen diese Auflösung zu hoch, wählen Sie im Feld **Videoaufzeichnung** ❺ einen geringeren Wert aus. Im Feld **Flimmerreduzierung** ❻ lässt sich der passende Wert für die vorherrschenden Lichtverhältnisse einstellen.

7 Für manche Kameratypen bietet die Kamera-App noch mehr Einstellungsmöglichkeiten an, z. B. eine digitale Videostabilisierung. Haben Sie alle Einstellungen der Kamera-App überprüft, tippen Sie auf einen beliebigen Bereich in der rechten Fensterhälfte (also außerhalb der Spalte **Einstellungen**). Sie gelangen damit zur eigentlichen Kameradarstellung zurück; der Einstellungsbereich wird entsprechend ausgeblendet.

8   Viele Tablets sind mittlerweile mit zwei Kameras ausgestattet: Eine zeigt in Ihre Richtung, sodass Sie sich selbst aufnehmen können; die andere befindet sich auf der Rückseite des Tablets. Besitzt auch Ihr Gerät zwei Kameras, müssen Sie zunächst entscheiden, mit welcher Kamera Sie fotografieren bzw. filmen möchten. Die Schaltfläche zum Wechsel zwischen den beiden Kameras finden Sie in der linken oberen Ecke des Anwendungsfensters ❼.

9   In der Mitte des oberen Bildschirmrands bzw. bei manchen Geräten auch am linken Bildschirmrand wird das Symbol für den Selbstauslöser ⏱ eingeblendet ❽. Durch Anklicken bzw. -tippen können Sie die Dauer des Selbstauslösers (2, 5 oder 10 Sekunden) einstellen. Der Selbstauslöser wird hierdurch sofort aktiviert, wie entsprechend am unteren Bildschirmrand angezeigt wird.

10 Klicken Sie am oberen Bildschirmrand auf den kleinen nach rechts weisenden Pfeil ❾, wird das Symbol **+/–** ❿ für die Einstellung der Belichtung eingeblendet.

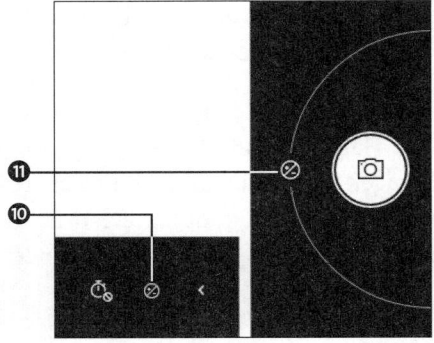

11   Klicken Sie hierauf, wird rechts rund um das Kamera-Symbol (in Windows 10 auch *Kamerataste* genannt) ein Halbkreis eingeblendet, auf dem ebenfalls das Symbol **+/−** zu sehen ist. Dieses Symbol ⓫ können Sie nun mit gedrückter linker Maustaste oder im Falle eines Touchscreens mit dem Finger verschieben und so die Belichtung anpassen. Mit einem Klick oder Tipp auf den Bereich außerhalb des Halbkreises blenden Sie diesen wieder aus.

Nach dem Prinzip 🔅, das in Schritt 10 gezeigt wurde, können Sie bei einigen Geräten auch den Weißabgleich, den ISO-Wert sowie die Verschlusszeit einstellen. Damit sind alle Vorbereitungen für das Fotografieren und Filmen abgeschlossen. Um nun ein Foto aufzunehmen, reicht ein Klick oder Tipp auf das Kamera-Symbol ▣ am rechten Bildschirmrand. Möchten Sie stattdessen ein Video aufzeichnen, klicken Sie auf das kleine Videokamera-Symbol oberhalb der Kamerataste. Mit einem erneuten Tipp auf das jetzt größer angezeigte Videokamera-Symbol ▭ starten Sie die Aufnahme, und über das rote Quadrat im Symbol ◉ beenden Sie sie.

12   Alle aufgenommenen Fotos und Videos werden automatisch im Ordner **Eigene Aufnahmen** im Standardordner **Bilder** abgelegt. Wenn Sie gleich einen prüfenden Blick auf die Aufnahmen werfen möchten, reicht ein Klick oder Tipp auf das kleine Symbol unten rechts ⓬. Damit wird das gerade aufgenommene Foto angezeigt. Falls gewünscht, können Sie über **Alle Fotos anzeigen** nun direkt aus der Kamera-App heraus die Fotos-App aufrufen, die ich Ihnen in Abschnitt 12.1, »Fotos verwalten und bearbeiten mit der Fotos-App«, ab Seite 425 vorstelle. Wenn Sie anschließend wieder zur Kamera-App zurückkehren möchten, klicken Sie in der Taskleiste auf das Symbol **Taskansicht** ▤ und markieren anschließend in der Übersicht über alle geöffneten Apps die Kamera-App.

Filme betrachten mit der App Filme & TV

Ihre selbst aufgenommenen Videos können Sie nicht nur mit der Fotos-App, sondern auch mit der *Filme & TV*-App ansehen. Sie wird meist automatisch gestartet, wenn Sie im Explorer eine Videodatei per Doppelklick öffnen.

Alternativ starten Sie die App im Startmenü über die entsprechende Kachel oder den Eintrag in der App-Liste. Nach dem ersten Start müssen Sie der App ggf. den Zugriff auf Ihre Videobibliothek gestatten. Filme & TV lädt Sie nun ein, das Angebot im Microsoft Store zu erkunden. Die entsprechende Kategorie ist bereits oben links ausgewählt ❶. Rufen Sie hier die Rubrik **Filme** ❷ auf, werden Ihnen einige Filme

INFO

vorgeschlagen, die Sie im Store käuflich erwerben können. Über den Pfeil oben links ❸ kehren Sie wieder zur vorherigen Übersicht zurück. Ebenfalls über den Store erhältlich sind die **TV-Sendungen** ❹, die Ihnen in der gleichnamigen Rubrik angezeigt werden. Den Store stelle ich Ihnen in Abschnitt 9.2, »Apps aus dem Microsoft Store installieren«, ab Seite 349 vor. Alle bereits gekauften Videos erreichen Sie über die Kategorie **Gekauft** ❺. Wechseln Sie in die Kategorie **Eigene** ❻, sehen Sie alle Ihre Filme, die Sie im Standardordner **Videos** abgelegt haben. Sollten Sie hier noch weitere Unterordner angelegt haben, öffnen Sie diese mit einem Klick oder Tipp. Um ein Video abzuspielen, reicht ein Klick auf die entsprechende Videokachel. Die weitere Bedienung der App *Filme & TV* entspricht in etwa der bei der Fotos-App.

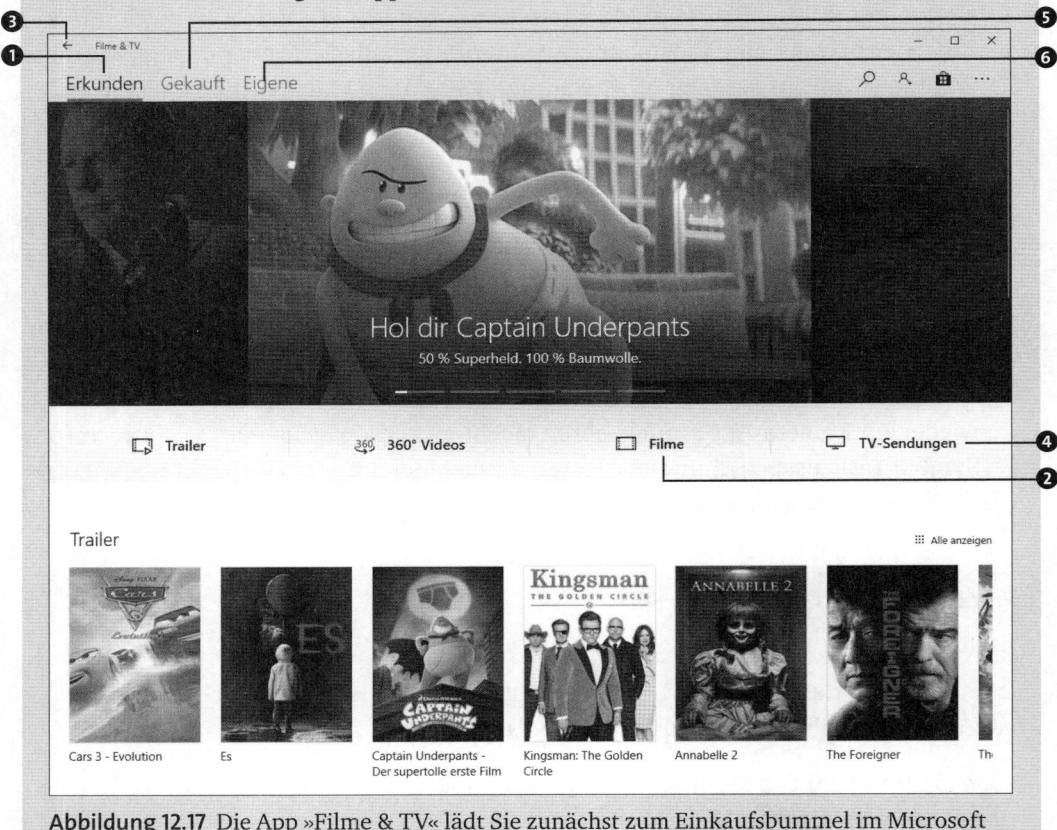

Abbildung 12.17 Die App »Filme & TV« lädt Sie zunächst zum Einkaufsbummel im Microsoft Store ein.

12.4 Musik hören mit der Groove-Musik-App

Mit etwas Musikuntermalung macht die Arbeit am Computer doch gleich doppelt so viel Spaß. Für den richtigen Musikgenuss sorgt z. B. die *Groove-Musik*-App, die Sie über die gleichnamige Kachel oder den entsprechenden Eintrag in der App-Liste des Startmenüs öffnen.

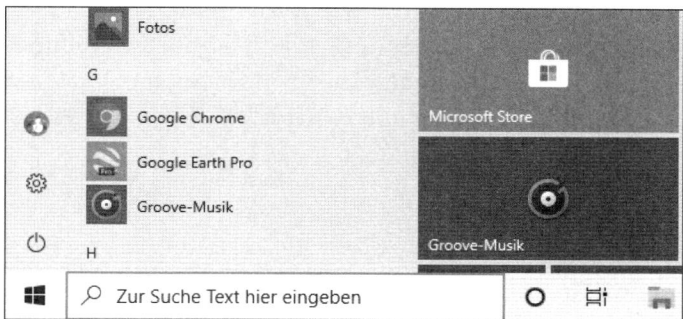

Abbildung 12.18 Für die App »Groove-Musik« finden Sie im Startmenü eine eigene Kachel sowie einen Listeneintrag.

Streamingdienste im Internet

Bis zum 1. Januar 2018 hat Microsoft einen eigenen Streamingdienst namens *Groove Music Pass* angeboten, mit dem Musik über das Internet gestreamt, also auf den PC übertragen und dort sofort über die *Groove-Musik*-App wiedergegeben werden konnte. Nun müssen Sie die Streamingdienste anderer Anbieter nutzen. Für rund 70 € im Jahr bietet Amazon (*www.amazon.de*) sein *Amazon Prime*-Abonnement an, das neben der Musikauswahl auch *Amazon Prime Video*, E-Books sowie den Prime-Versand beinhaltet. Die ersten 30 Tage können Sie das Angebot gratis testen. Apple verlangt für seinen Streamingdienst *Apple Music* (*http://www.apple.com/de/apple-music*) rund 10 € im Monat. Wer mit Werbeeinblendungen leben kann, für den ist der Marktführer *Spotify* (*www.spotify.com/de*) interessant, denn in diesem Fall ist das Angebot sechs Monate lang kostenlos. Die kostenpflichtige, aber dafür werbefreie Version *Spotify Premium* ist für rund 10 € im Monat erhältlich, ein Familienabonnement für bis zu sechs Personen kostet rund 15 €.

Keine Musik, dafür Filme und Serien bietet übrigens der Streamingdienst *Netflix* (*www.netflix.de*). Nach einem kostenlosen Probemonat verlangt Netflix für das Basisabonnement monatlich ca. 8 €.

TIPP

Einstellungen anpassen zur optimalen Videowiedergabe

Je nach Internetverbindung kann es beim Streamen eines Videos durchaus zu Rucklern kommen. Mit ein paar kleinen Anpassungen in der *Einstellungen*-App lässt sich aber schnell für einen störungsfreien Videogenuss sorgen. Rufen Sie hierzu **Start ▸ Einstellungen ▸ Apps ▸ Videowiedergabe** auf. Aktivieren Sie in der rechten Spalte **Ich bevorzuge es, dass Videos auf einer niedrigeren Auflösung abgespielt werden.** Sind Sie mit dem Tablet oder Notebook unterwegs, während Sie sich Filme ansehen, sollten Sie außerdem im Feld **Beim Wiedergeben von Filmen und Videos im Akkubetrieb** den Eintrag **Für Akkulaufzeit optimieren** wählen. Über das Vorschauvideo können Sie die aktuellen Videoeinstellungen testen.

12.4.1 Die Musik-Bibliothek genießen mit der Groove-Musik-App

Ebenso wie die bereits in diesem Kapitel vorgestellten Apps wurde die Groove-Musik-App von Microsoft vor allem für den Einsatz auf Geräten mit Touchscreen entwickelt. Somit zeichnet sich auch diese Anwendung durch ihre großen Symbole aus, die sich leicht per Fingergesten, aber selbstverständlich auch mit der Computermaus bedienen lassen. Mit der Groove-Musik-App können Sie alle Musiktitel anhören, die sich bereits in der Bibliothek **Musik** befinden. Sind Sie mit einem Microsoft-Konto am Computer oder zumindest bei der Groove-Musik-App selbst angemeldet, steht Ihnen auch die in One-Drive abgelegte Musiksammlung zur Auswahl. Die Anmeldung aus der App heraus können Sie über die Schaltfläche **Anmelden ❶** vornehmen.

Der Zugriff auf Ihre Musiksammlung erfolgt über die Kategorien **Alben**, **Künstler** oder auch **Songs** – je nachdem, welche Sortierung der Musiktitel Sie vorziehen. Wenn Sie noch keine Audio-CDs auf Ihren Computer überspielt oder Alben über das Internet erworben haben, erscheint nach Auswahl einer der drei Kategorien in der rechten Spalte nur der Hinweis **Zeigen Sie uns, wo wir nach Musik suchen sollen ❷**. Haben Sie Ihre Musik z. B. auf einer externen Festplatte gesichert und diese am PC angeschlossen, können Sie diese Ordner der Groove-Musik-App hinzufügen.

1 Klicken Sie auf **Zeigen Sie uns, wo wir nach Musik suchen sollen ❷**.

2 Im folgenden Dialog **Erstellen Sie eine Sammlung …** wird der Ordner **Musik** bereits aufgeführt. Per Klick auf das Plus-Symbol ❸ rufen Sie den Dialog **Ordner auswählen** auf.

3   Markieren Sie in der linken Spalte die externe Festplatte und ggf. rechts den Ordner, in dem sich die Musiksammlung befindet. Bestätigen Sie mit **Diesen Ordner zu "Musik" hinzufügen**.

4   Schließen Sie den Dialog **Erstellen Sie eine Sammlung ...** mit **Fertig** ❹.

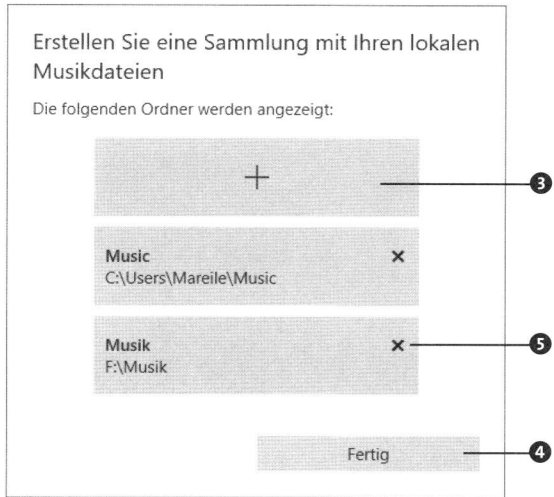

Die auf der externen Festplatte gespeicherte Musik kann nun ebenfalls über die Groove-Musik-App abgespielt werden. Sollten Sie die Festplatte wieder aus der Sammlung entfernen wollen, wiederholen Sie Schritt 1 auf Seite 464 und klicken im Dialog **Erstellen Sie eine Sammlung ...** auf das Kreuz-Symbol rechts neben der externen Festplatte (❺ auf Seite 465).

Eine Funktion zum Import von Audio-CDs sucht man bei der Groove-Musik-App leider vergeblich. Hierfür benötigen Sie ein Programm wie den *Windows Media Player*, den ich Ihnen in Abschnitt 12.5, »Musik genießen mit dem Windows Media Player«, ab Seite 470 vorstelle. Für die folgenden Schritte gehe ich davon aus, dass Ihre **Musik-**Bibliothek bereits Musiktitel enthält.

1 Wenn Sie sich für eine der Kategorien **Künstler** oder **Alben** ❶ entschieden haben, werden in der rechten Fensterhälfte die entsprechenden Einträge aufgelistet. Bewegen Sie den Mauszeiger auf einen Künstler- oder einen Albumnamen, erscheint ein kleines Wiedergabe-Symbol. Ein Klick hierauf ❷, und die Musikwiedergabe startet sofort. Klicken Sie stattdessen auf eine symbolfreie Fläche ❸, wird eine Liste aller Musiktitel des Albums oder des Künstlers angezeigt.

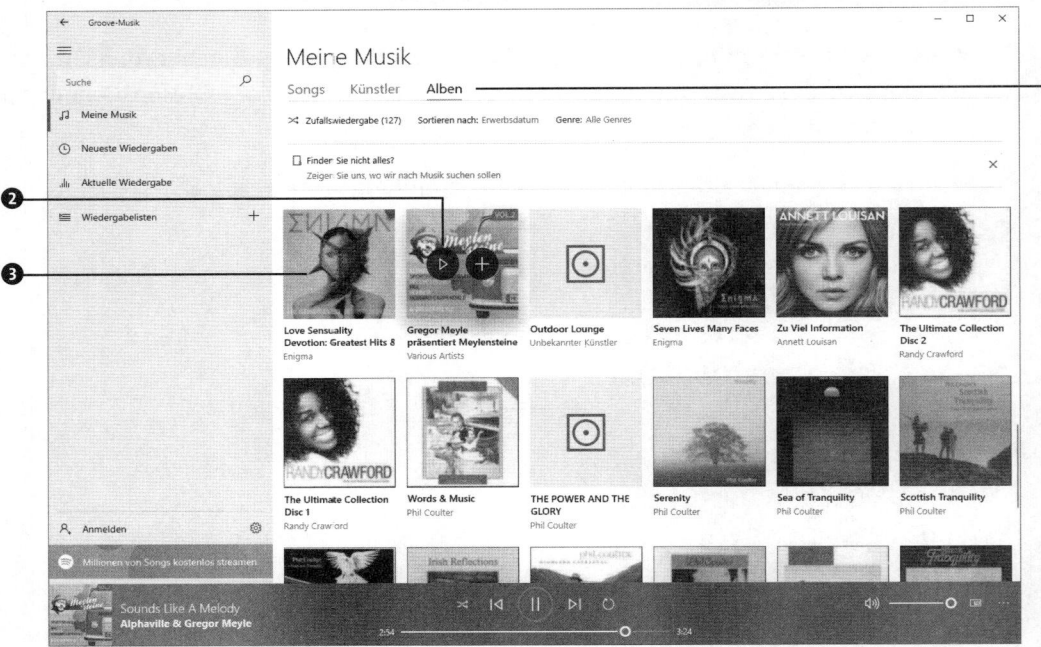

2 Können nicht alle Titel im Anwendungsfenster angezeigt werden, blättern Sie wie gewohnt mithilfe der Bildlaufleiste oder durch Drehen des Scrollrads der Computermaus in der Liste. Wer mit einem Gerät mit Touchscreen arbeitet, wischt zum Blättern einfach mit dem Finger von unten nach oben und umgekehrt.

3   Mit einem Klick auf die Schaltfläche **Alle wiedergeben** ❹ am oberen Seitenrand spielen Sie alle in der Liste angezeigten Musiktitel ab. Möchten Sie nur einen einzelnen Titel anhören, markieren Sie ihn in der Liste und klicken dann auf das rechts vom Titel eingeblendete Symbol ▷.

4   Wenn Sie die Wiedergabe stoppen möchten, klicken Sie auf das Symbol **Pause** ❺ am unteren Bildschirmrand.

5   Über die beiden Pfeil-Symbole ❻ links und rechts vom Pause-Symbol gelangen Sie zum vorherigen bzw. nächsten Musiktitel.

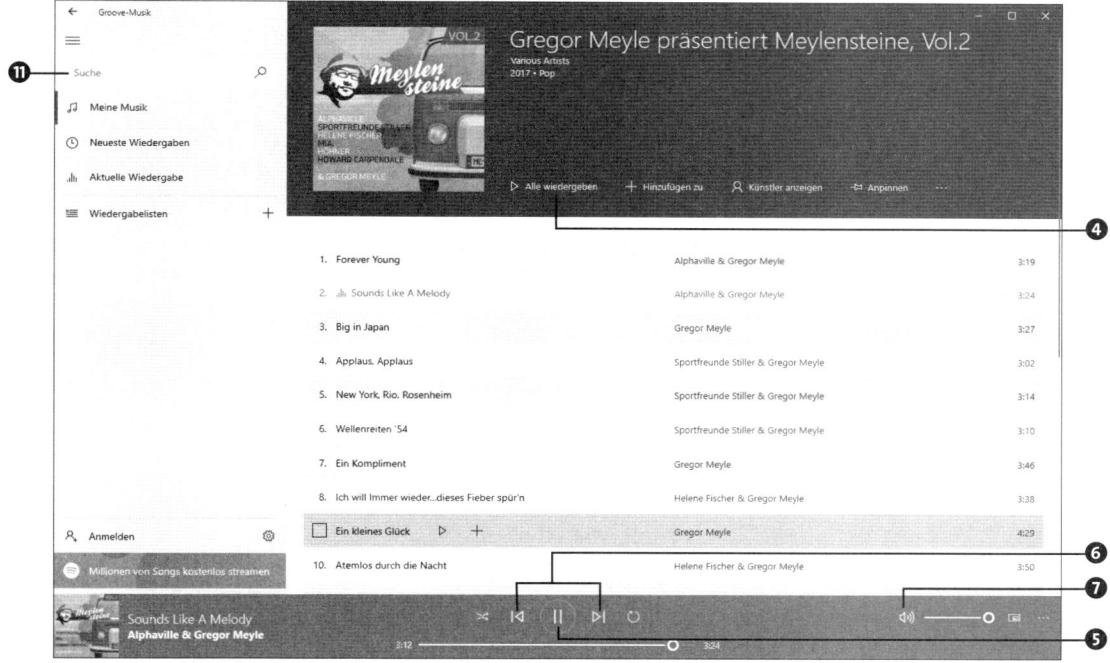

6   Klicken Sie auf das Lautsprecher-Symbol ❼, wird ein Schieberegler eingeblendet, über den Sie die gewünschte Lautstärke einstellen.

Während die Musik wiedergegeben wird, können Sie ganz normal am Computer weiterarbeiten. Wenn Sie Ihre Arbeit eine Zeit lang unterbrechen und der Sperrbildschirm eingeblendet wird, wird weiterhin Ihre Lieblingsmusik wiedergegeben. Der aktuell abgespielte Song wird unten rechts auf dem Sperrbildschirm angezeigt.

Über die drei Schaltflächen unterhalb des Titels springen Sie zum vorherigen Song ❽, pausieren die Wiedergabe ❾ oder springen zum nächsten Song ❿. Um die Wiedergabe zu beenden, rufen Sie die Musik-App wieder auf und klicken oder tippen in der App-Leiste auf **Pause**.

Abbildung 12.19 Die Groove-Musik-App lässt sich auch über den Sperrbildschirm steuern.

TIPP

Gezielt nach Musiktiteln suchen

Sind Sie auf der Suche nach einem bestimmten Musiktitel und können ihn nicht finden, nutzen Sie einfach die Suchfunktion der Groove-Musik-App. Hierzu geben Sie in das Suchfeld links (⓫ auf Seite 467) den Musiktitel oder auch den Namen des Künstlers ein. Sobald Sie die Taste ⏎ drücken, zeigt die App rechts die Suchergebnisse an. Wenn Sie sich über die entsprechenden Kategorien alle **Alben** oder auch **Künstler** anzeigen lassen, stehen Ihnen am oberen Fensterrand außerdem diverse Sortierkriterien zur Auswahl. Befinden Sie sich in der Albenübersicht, können Sie die Titelanzeige auch auf bestimmte Genres einschränken. Möchten Sie z. B. klassische Musik genießen, wählen Sie nach einem Klick auf **Genre** in der aufklappenden Liste **Classical** aus. Der Eintrag erscheint natürlich nur, wenn Ihre Musik-Bibliothek auch klassische Musik enthält.

12.4.2 Wiedergabelisten mit Lieblingsmusik anlegen

Jedes Musikalbum enthält meist auch Titel, die einem nicht ganz so gut gefallen. Andere wiederum möchte man am liebsten den ganzen Tag hören. Mit der Groove-Musik-App können Sie sich ganz bequem Wiedergabelisten mit Ihren Lieblingssongs zusammenstellen:

1 Öffnen Sie das Album, in dem sich der erste Musiktitel befindet, den Sie zur Wiedergabeliste hinzufügen möchten, und markieren Sie diesen Song. Rechts vom Titel wird nun ein Plus-Symbol ❶ eingeblendet, auf das Sie klicken.

2 In der aufklappenden Liste wählen Sie **Neue Wiedergabeliste** ❷.

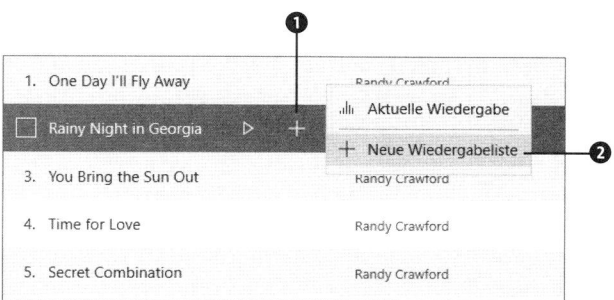

3 Sie werden nun aufgefordert, einen Namen für die Wiedergabeliste einzugeben ❸, den Sie mit **Wiedergabeliste erstellen** ❹ bestätigen.

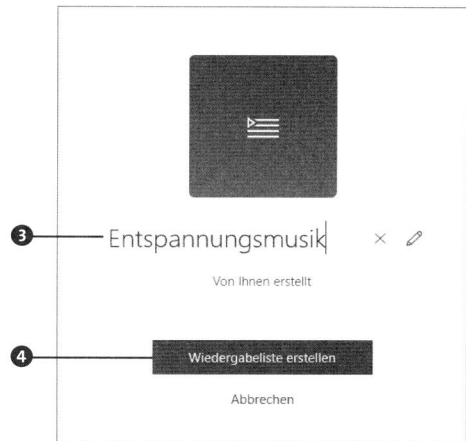

4 Wiederholen Sie Schritt 1 für den nächsten Titel. In der aufklappenden Liste markieren Sie den Namen der zuvor angelegten Wiedergabeliste.

Sie können einer Wiedergabeliste beliebig viele Musiktitel hinzufügen oder natürlich auch eine neue Liste anlegen. Über das Pfeil-Symbol oben links ❺ gelangen Sie immer wieder zur vorherigen Übersicht zurück, sodass Sie ein neues Album oder einen neuen Künstler auswählen können.

5 Die Songs werden in der Wiedergabeliste zunächst in der Reihenfolge angezeigt, in der sie hinzugefügt wurden. Wenn Sie einen Musiktitel an eine andere Position verschieben möchten, positionieren Sie den Mauszeiger auf dem Musiktitel und ziehen ihn mit gedrückter linker Maustaste an die gewünschte neue Position.

6 Alle selbst angelegten Wiedergabelisten werden in der linken Spalte aufgeführt. Um Ihre Lieblingssongs anzuhören, wählen Sie die gewünschte Liste per Mausklick aus ❻.

Das sog. *Hamburger-Menü* in der linken Spalte lässt sich übrigens über die Schaltfläche oben links ❼ einklappen, sodass nur noch die Symbole sichtbar sind, oder auch wieder ausklappen.

7 Mit einem Klick auf **Alle wiedergeben** ❽ spielen Sie Ihre Lieblingssongs ab.

8 Gefällt Ihnen ein Titel doch nicht mehr so gut und möchten Sie ihn wieder aus der Wiedergabeliste entfernen, markieren Sie den Song und klicken rechts vom Titel auf das Minus-Symbol ❾. Schon wird der Song aus der Liste gelöscht.

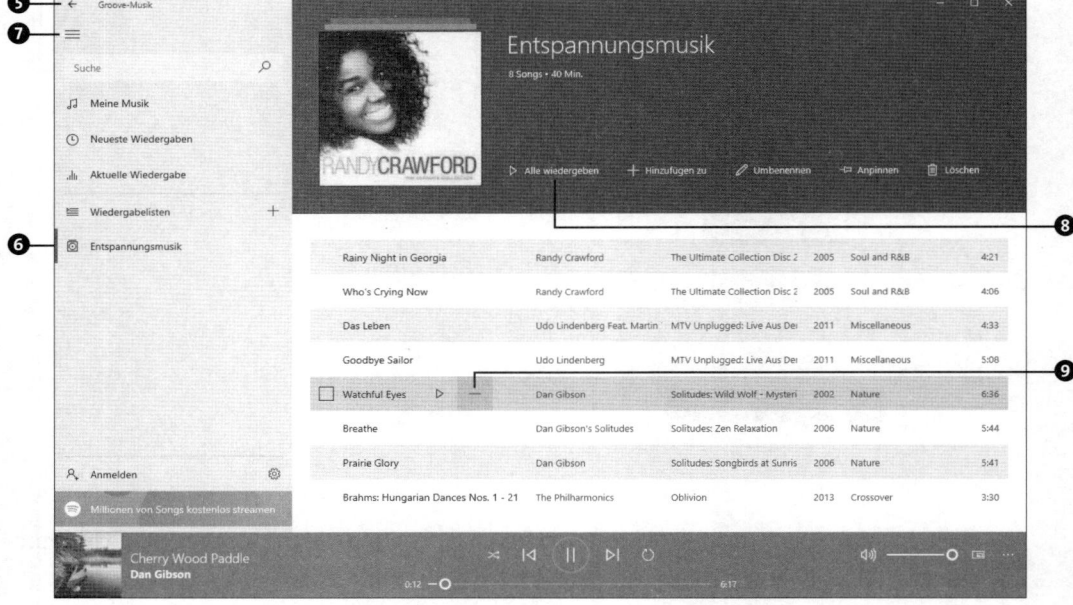

12.5   Musik genießen mit dem Windows Media Player

Den *Windows Media Player* könnte man fast schon als Fossil bezeichnen, so lange ist er bereits fester Bestandteil von Windows. Auch wenn das seit mehreren Windows-Versionen unveränderte Programm durch die Groove-Musik-App einen kleinen Konkurrenten erhalten hat – ganz kann man auf das beliebte Programm aber immer noch nicht verzichten. So kommt es z. B. dann zum Einsatz, wenn Sie Ihre eigenen Musik-CDs auf den Computer überspielen möchten. Auch für das Überspielen der Musiksammlung vom PC auf ein mobiles Gerät, wie etwa einen MP3-Player oder ein Smartphone, ist der Windows Media Player hervorragend geeignet.

12.5.1 Erste Schritte mit dem Windows Media Player

Um den Windows Media Player aufzurufen, öffnen Sie das Startmenü und klicken in der Liste aller Apps auf **Windows Media Player**. Auf manchen Geräten finden Sie das Programm im Ordner **Windows-Zubehör**.

Abbildung 12.20 Den »Windows Media Player« öffnen Sie über die App-Liste im Startmenü.

Nach dem ersten Programmstart müssen Sie zunächst ein paar Einstellungen vornehmen. Wer die schnelle Variante vorzieht, aktiviert hier **Empfohlene Einstellungen** und bestätigt den Dialog mit **Fertig**. Anschließend sollten Sie allerdings die Datenschutzeinstellungen überprüfen und ggf. anpassen. Hierzu rufen Sie im Menü **Organisieren** ❶ den Befehl **Optionen** auf. Wechseln Sie dann im Dialog **Optionen** in das Register **Datenschutz** ❷. Wenn Sie nicht möchten, dass die Nutzungsdaten an Microsoft weitergereicht werden, entfernen Sie im Bereich **Programm zur Verbesserung der Benutzerfreundlichkeit** das gesetzte Häkchen ❸. Bestätigen Sie den Dialog mit **OK**.

Mit dem Windows Media Player können Sie Musik hören sowie eigene Videos und Bilder ansehen. Die Wiedergabe von Video-DVDs ist mittlerweile nicht mehr möglich. (Lesen Sie hierzu auch den Kasten »Video-DVDs abspielen mit dem VLC Media Player« auf Seite 473.)

Sollte sich das Programmfenster nach dem Start nicht so wie in Abbildung 12.21 zeigen, sondern nur in einer minimierten Fassung, klicken Sie auf das Symbol ▥. Das Symbol wird eingeblendet, sobald Sie den Mauszeiger auf dem Programmfenster positionieren. Der Windows Media Player erscheint nun in der sog. *Bibliotheksansicht*, in der Sie über den Navigationsbereich links Zugriff auf die Bibliotheken **Musik**, **Videos** und **Bilder** haben.

Wenn Sie mit dem Windows Media Player Musik hören möchten, markieren Sie im Navigationsbereich links die Kategorie **Musik** (❹ auf Seite 473). Rechts werden nun alle

Alben angezeigt, die sich bereits auf Ihrem Computer in der Bibliothek **Musik** befinden. Mithilfe der Bildlaufleiste blättern Sie in der Liste. Statt nach **Alben** können Sie die Liste auch nach **Interpret** oder **Genre** sortieren lassen. Hierzu wählen Sie links einfach das gewünschte Kriterium ❺ aus. Klicken Sie rechts auf ein Albumcover, wird nur noch der Inhalt dieses Albums angezeigt.

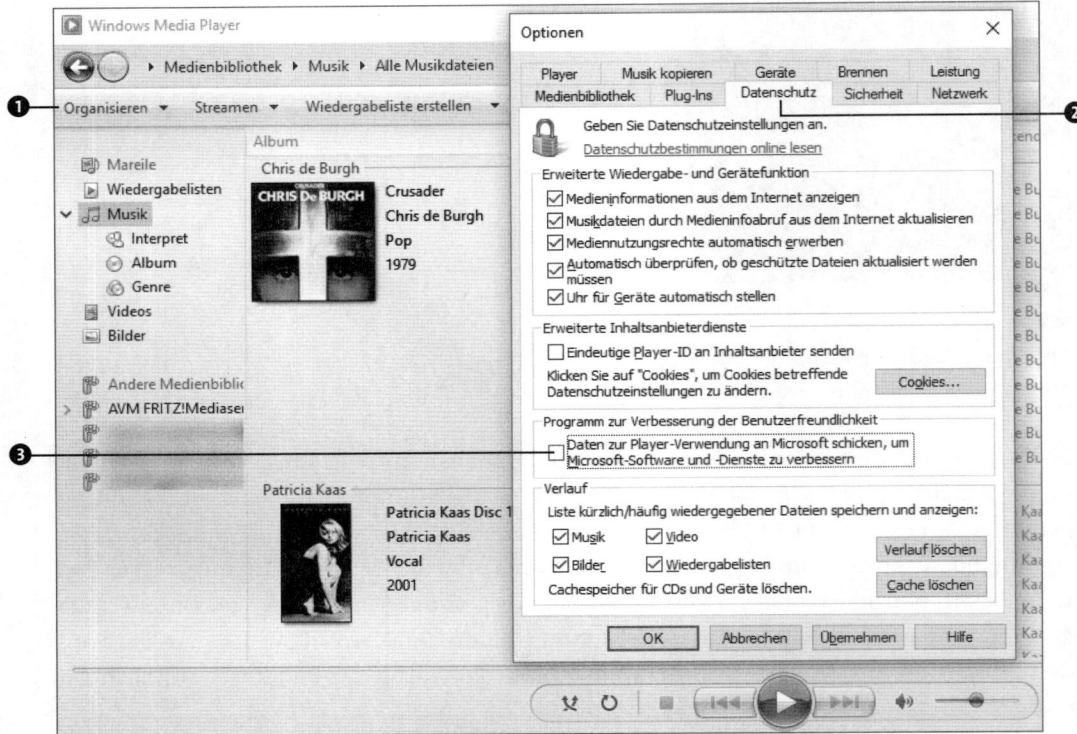

Abbildung 12.21 Prüfen Sie nach dem ersten Programmstart die Datenschutzeinstellungen.

Am unteren Rand des Programmfensters finden Sie die Schaltflächen zur Wiedergabesteuerung. Haben Sie zuvor ein Album oder einen einzelnen Musiktitel in der Übersicht markiert, können Sie ihn per Klick oder Tipp auf das Wiedergabe-Symbol abspielen. An gleicher Stelle erscheint nun das Anhalten- bzw. Pause-Symbol ❻, mit dem Sie eine Wiedergabe unterbrechen können. Sollen die Titel eines Albums in zufälliger Reihenfolge abgespielt werden, klicken Sie auf **Zufällige Wiedergabe einschalten** ❼. Mit einem Klick auf **Wiederholung aktivieren** ❽ werden die ausgewählten Musiktitel immer wieder abgespielt. Über die beiden Schaltflächen **Zurück** ❾ und **Weiter** ❿ gelangen Sie jeweils zum vorherigen bzw. zum nächsten Musiktitel innerhalb eines Albums. Über den Schieberegler ⓫ rechts neben dem Lautsprecher-Symbol regulieren Sie die Lautstärke; wenn

Sie direkt auf den Lautsprecher ⑫ klicken, wird die Wiedergabe stummgeschaltet. Erst nach einem erneuten Klick oder Tipp auf das Symbol können Sie der Musik wieder lauschen. Über die Schaltfläche **Stopp** ⑬ beenden Sie die Wiedergabe ganz.

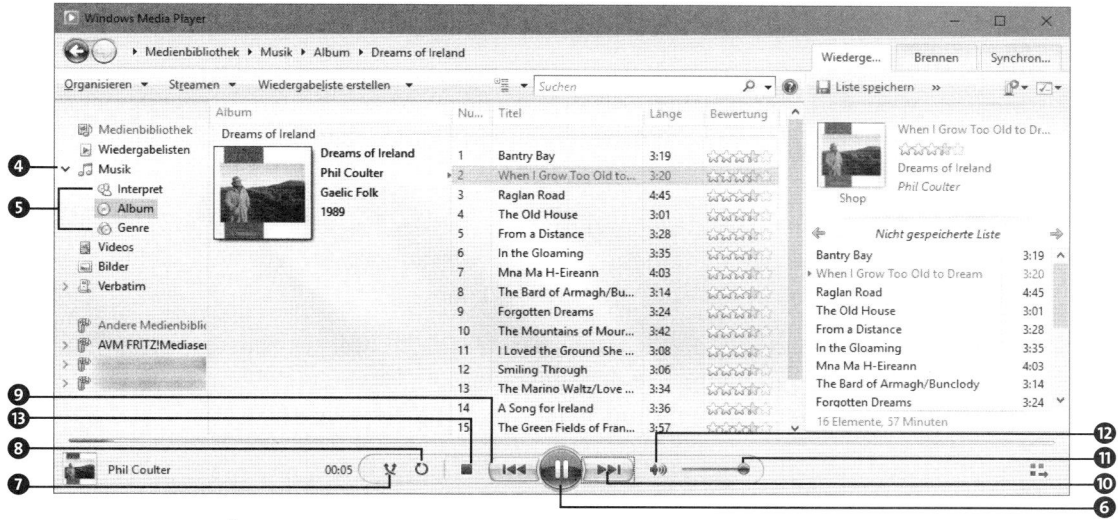

Abbildung 12.22 Über die Schaltflächen steuern Sie die Wiedergabe Ihrer Musiktitel.

Im Gegensatz zur Groove-Musik-App können Sie mit dem Windows Media Player auch Musik-CDs abspielen. Sobald Sie eine entsprechende Audio-CD in das CD/DVD-Laufwerk Ihres Computers einlegen, wird der Inhalt der CD automatisch im Media Player angezeigt. Sollte der Windows Media Player noch nicht geöffnet sein, blendet Windows 10 in der rechten unteren Bildschirmecke einen kleinen Hinweis ein. Klicken oder tippen Sie darauf, und wählen Sie dann im nächsten Dialog **Audio-CD wiedergeben**. Hierdurch wird automatisch der Windows Media Player geöffnet und die Musik-CD sofort abgespielt. Das Programmfenster wird dabei minimiert angezeigt. Mit einem Klick oder Tipp auf das Symbol 📇 wechseln Sie zur Bibliotheksansicht.

Video-DVDs abspielen mit dem VLC Media Player

Seit Windows 8 ist es nicht mehr möglich, mit dem Windows Media Player Video-DVDs abzuspielen. Die Lizenzkosten für die hierfür nötigen Codecs waren Microsoft zu hoch. Da unter Windows 10 auch das Windows Media Center nicht mehr mit an Bord ist, müssen Sie ein entsprechendes Programm nachrüsten, wenn Sie auch weiterhin DVDs am PC betrachten möchten. Eine gute Alternative ist etwa der kostenlose VLC Media Player (*www.videolan.org/vlc*).

TIPP

12.5.2 Audio-CDs auf den Computer überspielen

Audio-CDs lassen sich mit dem Windows Media Player nicht nur abspielen, Sie können den Inhalt der CD auch auf den Computer kopieren. Sobald Sie die Audio-CD in das CD/DVD-Laufwerk eingelegt und den Windows Media Player gestartet haben, kann es auch schon losgehen:

1 Stellen Sie sicher, dass im Navigationsbereich das CD/DVD-Laufwerk markiert ist ❶ und dass der Inhalt der Audio-CD rechts vom Navigationsbereich angezeigt wird.

2 Links von jedem Musiktitel befindet sich ein kleines Kontrollkästchen. Der Windows Media Player sieht zunächst alle Titel für das Überspielen auf den PC vor. Entsprechend ist jedes Kästchen mit einem Häkchen versehen ❷. Soll ein Titel nicht übertragen werden, entfernen Sie das jeweilige Häkchen per Mausklick.

3 Als Nächstes legen Sie das Format fest, in dem die Musiktitel auf dem PC gespeichert werden sollen. Klicken Sie hierzu nacheinander auf **Kopiereinstellungen** und dann auf **Format**. Im aufklappenden Untermenü wählen Sie das gewünschte Format aus, z. B. **MP3** ❸.

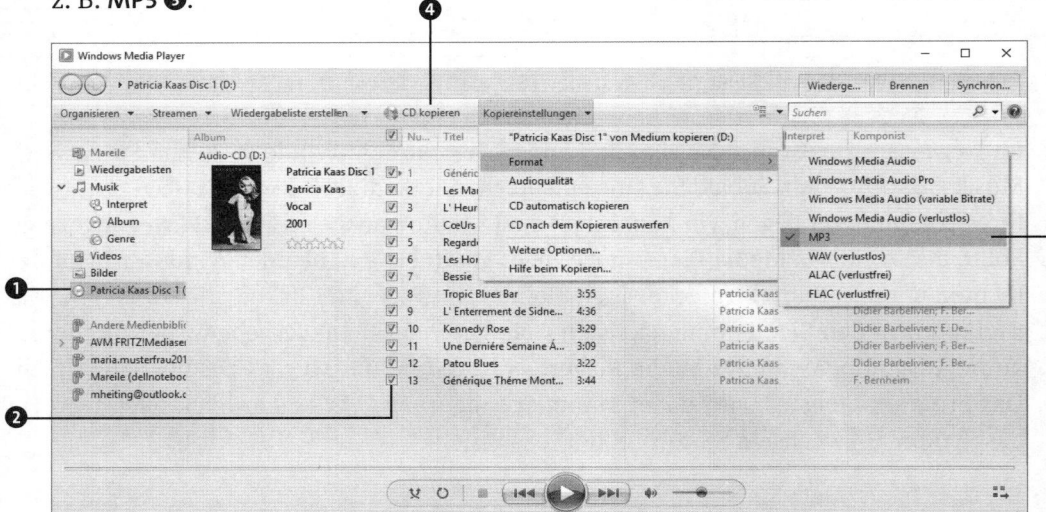

4 Mit einem Klick auf **CD kopieren** ❹ beginnt der Kopiervorgang der Musiktitel. (Die Beschriftung der Schaltfläche hat sich nun in **Kopieren beenden** verwandelt.) Den Fortschritt können Sie anhand eines grünen Balkens in der Spalte **Kopierstatus** beobachten.

Das kopierte Album wird automatisch in der Bibliothek **Musik** abgespeichert. Damit können Sie es nicht nur mit dem Windows Media Player abspielen, sondern auch mit der Groove-Musik-App.

12.5.3 Lieblingsmusik auf das Mobilgerät übertragen

Wer im Besitz eines MP3-Players oder eines Smartphones ist, möchte meist auch unterwegs nicht auf den Musikgenuss verzichten. Mithilfe des Windows Media Players können Sie Ihre Lieblingstitel schnell auf das mobile Gerät übertragen. Damit die Synchronisation klappt, starten Sie zunächst den Windows Media Player und verbinden dann das Gerät per USB-Kabel mit dem PC.

1 Sobald das Gerät von Windows 10 erkannt wird, wird im Windows Media Player am rechten Fensterrand die Spalte **Synchron...** ❶ eingeblendet.

2 Wählen Sie nun links den ersten Musiktitel oder ein Album aus, das Sie auf das mobile Gerät überspielen möchten. Ziehen Sie es mit gedrückter linker Maustaste nach rechts in die Synchronisierungsliste ❷.

3 Wiederholen Sie Schritt 2 für alle weiteren Titel oder Alben. Oberhalb der Synchronisierungsliste erfahren Sie, wie viel freier Speicherplatz noch auf dem Gerät zur Verfügung steht ❸.

4 Wenn Sie alle Musiktitel der Liste hinzugefügt haben, klicken Sie auf **Synchronisierung starten** ❹. Die Dateien werden damit auf das Gerät übertragen.

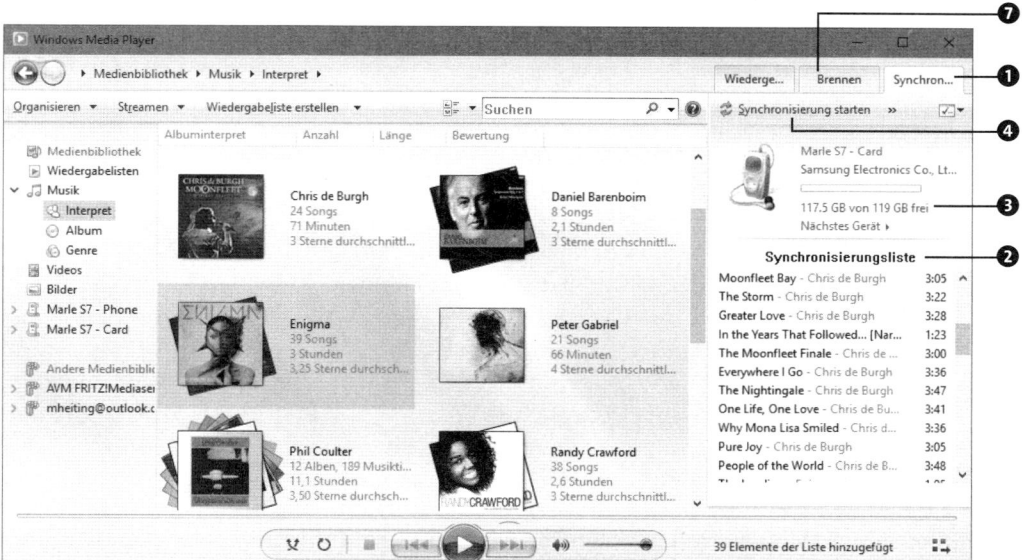

5 Sobald die Synchronisierung erfolgreich abgeschlossen ist, können Sie das Gerät vom Computer trennen. Bevor Sie es aus der USB-Schnittstelle ziehen, sollten Sie einen Blick in den Infobereich der Taskleiste werfen. Klicken Sie auf das Symbol **Ausgeblendete Symbole einblenden ❺**. Wird in der aufklappenden Liste das Symbol eines stilisierten USB-Steckers eingeblendet, klicken Sie darauf ❻.

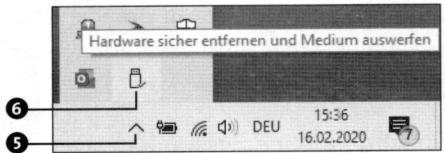

6 Markieren Sie im aufklappenden Dialog das Gerät, das entfernt werden soll.

7 Erscheint der Hinweis **Hardware kann jetzt entfernt werden**, können Sie das Gerät vom Computer trennen.

Bei manchen Smartphones sind die letzten Schritte nicht nötig. Wird bei Ihnen also das Symbol des USB-Steckers nicht angezeigt, können Sie das Gerät direkt vom Computer trennen.

TIPP

Eigene Audio-CDs brennen

Möchten Sie gerne eine CD mit Ihrer Lieblingsmusik brennen? Mit dem Windows Media Player ist dies schnell erledigt. Klicken Sie hierzu am oberen rechten Fensterrand auf den Registerreiter **Brennen** (❼ auf Seite 475). Legen Sie außerdem einen CD-Rohling in das Brennerlaufwerk Ihres Computers. Ziehen Sie nun, wie in diesem Abschnitt in den Schritten 2 und 3 beschrieben, alle Musiktitel, die auf CD gebrannt werden sollen, in die rechte Spalte. Über die Füllanzeige am oberen Rand der Spalte können Sie verfolgen, wie viel freier Platz noch auf der CD vorhanden ist. Werden alle gewünschten Musiktitel aufgelistet oder ist der Platz auf der CD erschöpft, starten Sie per Klick auf das Symbol **Brenner starten** den Brennvorgang.

12.6   Spiele unter Windows 10

Manch einer spielt nur gelegentlich ein Kartenspiel auf seinem Tablet, um sich z. B. eine lange Zugfahrt zu verkürzen, andere verbringen ganze Nächte im Spielrausch vor dem Computer. Windows 10 bietet für jeden das passende Spiel. Bereits mit an Bord ist die *Microsoft Solitaire Collection*. Der Klassiker unter den Kartenspielen bietet Ihnen fünf verschiedene Varianten des beliebten Solitaire-Spiels. Auch wenn Windows 10 Sie nach dem ersten Start, der über den Eintrag **Microsoft Solitaire Collection** im Startmenü erfolgt, dazu auffordern sollte – zum Spielen benötigen Sie kein Microsoft-Konto.

Abbildung 12.23 Die Microsoft Solitaire Collection ist bereits in Windows 10 an Bord.

Beim Aufruf des Startmenüs werden Sie im Kachelbereich immer wieder Vorschläge für weitere Spiele finden. Diese müssen Sie allerdings zunächst auf Ihrem Computer installieren. Dies erfolgt über den Store, der nach Anklicken einer solchen Spiele-Kachel automatisch geöffnet wird. Weitere Informationen zum Store erhalten Sie in Abschnitt 9.2, »Apps aus dem Microsoft Store installieren«, ab Seite 349.

Abbildung 12.24 Ein Klick auf diese Spiele-Kacheln führt Sie zum Store.

Im Store finden Sie ein großes Angebot an Spielen, das von Wimmelbild-Spielen für Kleinkinder über Denksportaufgaben für die Großen bis hin zu Actionspielen für die

Spielprofis reicht. Viele Spiele können Sie sich, sobald Sie sich beim Store mit Ihrem Microsoft-Konto angemeldet haben, kostenlos herunterladen, ein großer Teil ist aber auch kostenpflichtig. Hier sollten Sie sich genau die Bewertungen anderer Nutzer durchlesen, bevor Sie Geld für etwas ausgeben, das womöglich nicht Ihren Ansprüchen genügt.

INFO

Windows 10 und der Spiele-Modus

Windows 10 verfügt über einen speziellen Spiele-Modus. Ist der Modus aktiviert, kommt die Rechenleistung des Computers in erster Linie dem Spiel zugute. Anwendungsprozessen, die im Hintergrund laufen, werden dagegen weniger Ressourcen zur Verfügung gestellt. Die Aktivierung des Spiele-Modus erfolgt über die Tastenkombination ⊞ + G . Spezielle Einstellungen, wie etwa das Festlegen eigener Tastenkombinationen sowie vielerlei Aufzeichnungsmöglichkeiten für Spiele, können Sie über **Start ▸ Einstellungen ▸ Spielen** vornehmen.

13   Mit dem Browser Microsoft Edge im Internet surfen

Über viele Jahre hinweg brachte Windows den *Internet Explorer* als Standardprogramm zur Darstellung von Webseiten mit. Unter Windows 10 wurde er durch den Browser *Microsoft Edge* abgelöst. Doch auch die erste Version von Edge konnte die Anwender nicht überzeugen. Nun hat Microsoft eine neue Version des Browsers an den Start gebracht, die auf dem Open Source Projekt *Chromium* von Google basiert. Der offizielle Name des Browsers lautet daher auch *Microsoft Edge Chromium*, weiterhin aber kurz *Microsoft Edge* genannt. Die neue Version des Browsers wird per Windows Update auf die Windows-10-Geräte überspielt. Lesen Sie hierzu auch den unten stehenden Kasten »Den Browser Microsoft Edge Chromium selbst installieren«. Mit jedem weiteren Update erhält Edge neue pfiffige Funktionen, die entweder dem komfortablen Surfen im Internet dienen oder der Sicherheit. Auf den folgenden Seiten stelle ich Ihnen Microsoft Edge im Detail vor. Um den Aufruf der App besonders leicht zu machen, wurde Edge bereits mit einem Programmsymbol fest in der Taskleiste verankert. Sollten Sie es noch nicht entfernt haben, reicht ein Klick auf das Symbol ❶, und schon wird Edge gestartet. Alternativ öffnen Sie den Browser per Klick auf die Kachel **Microsoft Edge** im Startmenü oder über den gleichnamigen Eintrag in der App-Liste, die Sie ebenfalls über das Startmenü erreichen.

Abbildung 13.1 Der Browser Edge kann blitzschnell über das Programmsymbol in der Taskleiste geöffnet werden.

TIPP

Den Browser Microsoft Edge Chromium selbst installieren

Der neue Browser Microsoft Edge Chromium gelangt per Update auf die Windows-10-PCs. In der Taskleiste erscheint anschließend das neue Edge-Symbol. Sollte der Browser auf Ihrem Computer noch nicht automatisch installiert worden sein, können Sie dies auch manuell erledigen, sofern Sie den Browser bereits testen möchten. Rufen Sie hierzu die Webseite *https://support.microsoft.com/de-de/help/4501095/download-the-new-microsoft-edge-based-on-chromium* auf. Klicken Sie dort auf den

Link **Laden Sie die neue Version von Microsoft Edge jetzt.** Microsoft Edge ist für die Windows-Versionen 10, 8.1, 8 und 7 verfügbar sowie für macOS-, iOS- und Android-Geräte. Auf der folgenden Seite sollte bereits **Herunterladen für Windows 10** angezeigt werden. Klicken Sie die Schaltfläche an, und bestätigen Sie die Lizenzbedingungen mit **Akzeptieren und herunterladen.** Speichern Sie die Datei auf Ihrem PC, und rufen Sie dann im Explorer den Ordner **Downloads** auf. Mit einem Doppelklick auf die Datei *MicrosoftEdgeSetup.exe* starten Sie die Installation des Browsers. Ist diese erfolgreich beendet, wird das Programmfenster von Edge direkt geöffnet.

Abbildung 13.2 Microsoft Edge kann auch manuell installiert werden.

13.1 Ein erster Überblick über Microsoft Edge

Gibt es ihn noch, den Internet Explorer?

Der mittlerweile doch stark in die Jahre gekommene Internet Explorer ist zwar immer noch Bestandteil von Windows, allerdings wurde er gut versteckt. Um ihn zu starten, müssen Sie zunächst das Startmenü öffnen und dann in der App-Liste bis zum **Windows-Zubehör** blättern. Nach einem Klick auf den Eintrag finden Sie in der aufklappenden Liste den **Internet Explorer.**

Starten Sie Microsoft Edge das erste Mal, heißt Sie der Browser in einem kleinen Dialogfenster zunächst mit einigen Informationen zu neuen Funktionen willkommen, die Sie sich nach einem Klick auf **Erste Schritte** ❶ und dann **Weiter** ansehen können. Bei allen zukünftigen Starts erscheint dann die die sog. Startseite im Vordergrund. Per Standardeinstellung handelt es sich dabei um eine Internetseite von MSN, dem Webportal von Microsoft, die eine Übersicht über verschiedene Nachrichten aus der ganzen Welt bietet. Der Titel dieser Seite lautet **Neuer Tab** ❷. Wie Sie selbst Ihre Lieblingswebseite als Startseite festlegen, erfahren Sie in Abschnitt 13.3.4, »Eigene Startseite festlegen«, ab Seite 497.

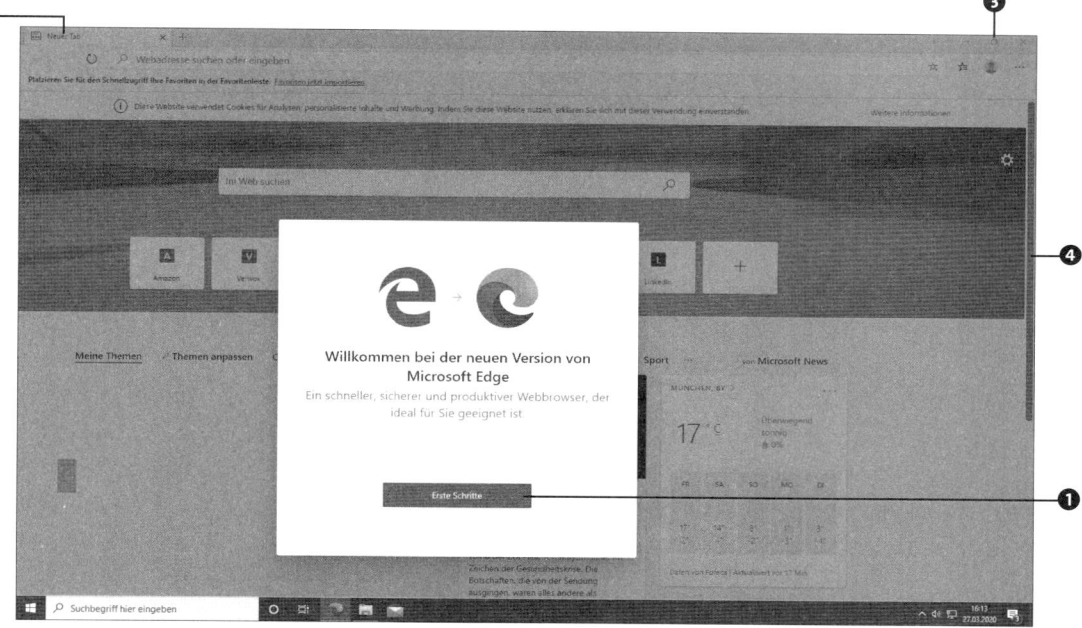

Abbildung 13.3 Nach dem ersten Start von Edge werden Sie meist über neue Funktionen informiert.

Haben Sie den Browser auf einem Gerät mit Touchscreen geöffnet, wird das Anwendungsfenster automatisch über den gesamten Bildschirm hinweg geöffnet. Bei einem Desktop-PC oder Notebook lässt sich die Fenstergröße dagegen individuell einstellen. Um auch hier den gesamten Bildschirm zu nutzen, klicken Sie oben rechts auf das Symbol **Maximieren** ❸. Wenn Sie das Fenster wieder verkleinern möchten, reicht ein Klick auf das Symbol **Verkleinern**.

Microsoft Edge im Vollbildmodus genießen

Drücken Sie die Taste [F11], wird das Browserfenster über den kompletten Bildschirm hinweg angezeigt. Selbst die Taskleiste am unteren sowie die Adress- und

TIPP

Symbolleiste am oberen Bildschirmrand werden ausgeblendet. Benötigen Sie eine der beiden Leisten, bewegen Sie den Mauszeiger einfach an den entsprechenden Bildschirmrand, und schon erscheint die Leiste wieder. Mit einem erneuten Klick auf die Taste `F11` beenden Sie den Vollbildmodus. Das Browserfenster wird anschließend wieder in der zuvor von Ihnen genutzten Größe angezeigt.

Viele Webseiten enthalten mehr Inhalt, als auf dem Bildschirm angezeigt werden kann. Mithilfe der Bildlaufleiste am rechten Rand des Anwendungsfensters blättern Sie auf einer Seite (❹ auf Seite 483). Wenn Sie eine Computermaus mit Scrollrad verwenden, drehen Sie zum Blättern einfach das Rädchen. Auf einem Tablet wiederum wischen Sie mit dem Finger direkt auf der Seite von unten nach oben und umgekehrt.

Falls Sie den Text auf einer Webseite aufgrund der Schriftgröße kaum lesen können, vergrößern Sie ihn am besten. Hierzu drücken Sie die Tastenkombination `Strg` + `+`. Mit der Tastenkombination `Strg` + `-` verkleinern Sie ihn wieder. Wenn Sie gerne mit der Computermaus arbeiten und diese ein Scrollrad besitzt, halten Sie die Taste `Strg` gedrückt, während Sie das Rädchen zum Vergrößern nach oben drehen bzw. zum Verkleinern nach unten. Auf einem Touchscreen reicht es, zum Vergrößern des Textes zwei Finger auf dem Bildschirm auseinanderzuziehen. Zum Verkleinern ziehen Sie die Finger wieder zusammen. Klicken Sie in der rechten oberen Ecke des Programmfensters auf das Lupen-Symbol 🔍 ❶, wird eine kleine Symbolleiste eingeblendet. Über das Plus- und Minussymbol lässt sich der Text einer Webseite ebenfalls vergrößern bzw. verkleinern.

Auf Webseiten finden sich häufig Verknüpfungen zu anderen Webseiten, sog. *Links*. Arbeiten Sie mit der Computermaus und bewegen den Mauszeiger über eine Webseite, erkennen Sie schnell, welcher Text oder auch welches Bild eine Verknüpfung zu einer anderen Seite enthält, denn in diesem Fall nimmt der Mauszeiger die Form einer Hand an (normalerweise besitzt er die Form eines Pfeils). Mit einem Klick auf einen Link gelangen Sie automatisch zur damit verbundenen Webseite. In manchen Fällen wird die Webseite auf einer neuen Registerkarte (auch *Tab* genannt) geöffnet. In Abschnitt 13.3.1, »Mehrere Webseiten im Blick mit Registerkarten«, ab Seite 491 erhalten Sie weitere Informationen rund um die Registerkarten in Edge.

Die Adresse der Internetseite, auf der Sie sich gerade befinden, wird normalerweise im Adressfeld am oberen Fensterrand unterhalb der Titelleiste eingeblendet. Für die Informationsseite von MSN – also die standardmäßige Startseite von Microsoft Edge – gilt dies allerdings nicht. Denn hier erscheint statt einer Adresse der Schriftzug **Webadresse suchen oder eingeben** ❷. Das Feld fungiert zugleich als Adressfeld sowie als Eingabefeld für Suchanfragen.

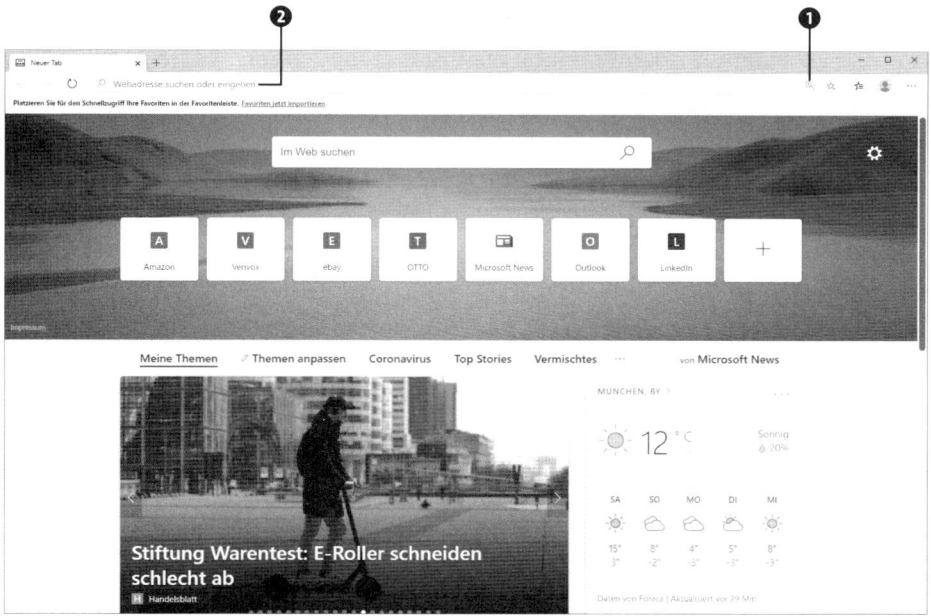

Abbildung 13.4 Auf der Startseite des Browsers erscheint im Adressfeld der Text »Webadresse suchen oder eingeben«.

Wenn Sie gezielt eine Webseite aufrufen möchten, klicken Sie in das Adressfeld ❷. Falls es sich bei der Seite nicht um die MSN-Seite handelt, wird die dort bereits aufgeführte Webadresse farbig markiert. Wenn Sie einen Touchscreen nutzen, klappt zugleich die Bildschirmtastatur auf. Tippen Sie nun die gewünschte Webadresse ein, etwa »www.tagesschau.de«. Bereits während der Eingabe schlägt Ihnen Windows 10 einige Webadressen vor, die mit der gleichen Buchstabenfolge beginnen ❸. Ist die gewünschte Adresse dabei, müssen Sie die Eingabe nicht fortsetzen, sondern klicken einfach auf den Link ❹. Sind dagegen keine passenden Vorschläge dabei, müssen Sie die gesamte Webadresse eintippen und durch Drücken der Taste ⏎ bestätigen.

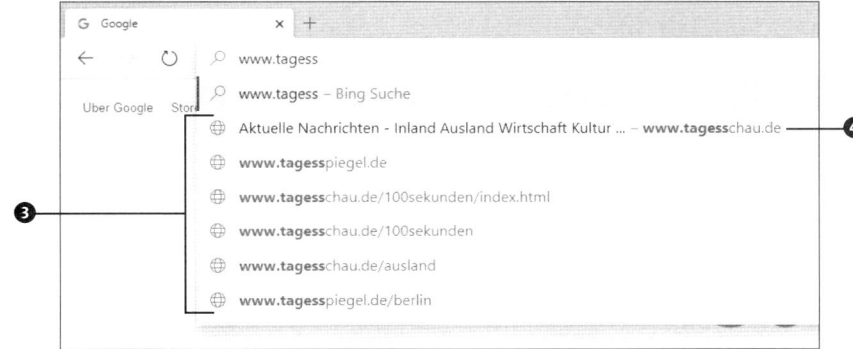

Abbildung 13.5 Bereits während der Adresseingabe erhalten Sie Vorschläge.

Normalerweise geschieht das Laden einer Webseite recht schnell. Sollte es doch einmal Schwierigkeiten geben oder dauert es z. B. aufgrund eines schwachen Funksignals zu lange, können Sie den Ladevorgang über das Kreuz-Symbol ❺ links vom Adressfeld abbrechen. In diesem Fall wird wieder die zuvor angezeigte Webseite eingeblendet.

Abbildung 13.6 Dauert der Ladevorgang einer Seite zu lange, brechen Sie ihn über das Kreuz-Symbol ab.

War der Ladevorgang dagegen erfolgreich, lässt sich eine Webseite über das Symbol **Aktualisieren** ⟳, das nun links vom Adressfeld erscheint, neu laden. Das ist vor allem auf Nachrichtenseiten interessant, auf denen regelmäßig neue Informationen bereitgestellt werden.

Über die beiden Pfeil-Symbole **Zurück** und **Vorwärts** ❻, die Sie links vom Aktualisieren-Symbol finden, können Sie zu bereits besuchten Webseiten zurückkehren. Auf Tablets gelingt das Blättern zwischen bereits besuchten Webseiten übrigens noch schneller: Wischen Sie einfach auf der Seite selbst von rechts nach links oder umgekehrt.

13.2   Mit Microsoft Edge im Internet suchen

Microsoft verfügt über eine eigene Suchmaschine namens *Bing*. Sie kommt z. B. dann ins Spiel, wenn Sie in das Suchfeld in der Taskleiste einen Suchbegriff eingeben, denn diese Suchanfrage wird von Windows 10 nicht nur lokal, sprich auf Ihrem Computer durchgeführt, sondern auch im Internet. Weitere Informationen hierzu erhalten Sie in Abschnitt 10.1, »Suchanfragen über das Suchfeld der Taskleiste starten«, ab Seite 375. Auf den nächsten Seiten erfahren Sie, wie Sie Ihre Suchanfragen direkt aus dem Browser Edge heraus starten. Per Standardeinstellung kommt hier ebenfalls Microsofts Suchmaschine Bing zum Einsatz. Sollten Sie lieber mit einer anderen Suchmaschine arbeiten, können Sie dies in den Einstellungen von Edge hinterlegen, wie ich Ihnen in Abschnitt 13.2.2, »Die Standardsuchmaschine in Microsoft Edge ändern«, ab Seite 488 zeige.

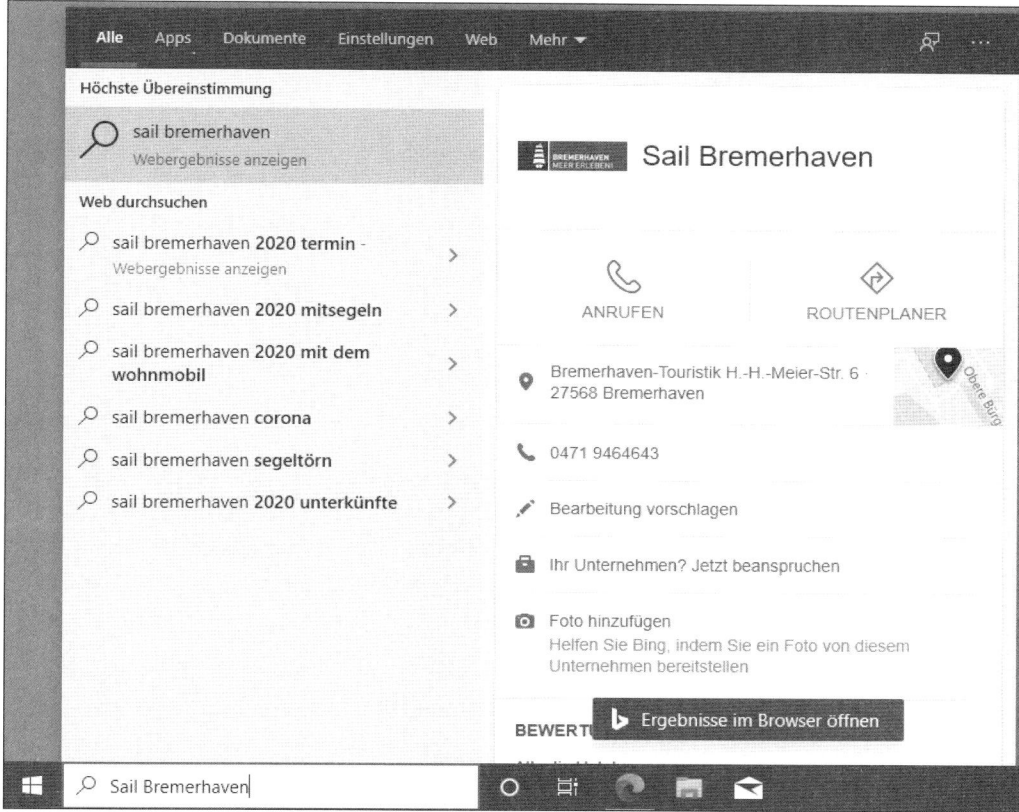

Abbildung 13.7 Über das Suchfeld vorgenommene Suchanfragen werden automatisch auch im Internet durchgeführt.

13.2.1 Die Suchmaschine Bing für Suchanfragen im Internet nutzen

Das Internet bietet eine riesige Fülle an Informationen. Die wohl bekannteste Suchmaschine, die für die Recherche im Internet genutzt wird, ist *Google* (*www.google.de*). Aber auch Microsoft bietet einen eigenen Suchdienst an: Bing. Wenn Sie die Edge-App bereits geöffnet haben, müssen Sie nicht einmal die Webseite des Suchdienstes aufrufen, um eine Suchanfrage zu stellen. Klicken Sie stattdessen in das Adressfeld. Die dort aktuell aufgeführte Webadresse wird hierdurch markiert. Statt nun allerdings eine neue Adresse einzutippen, geben Sie direkt den oder auch die Suchbegriffe ein.

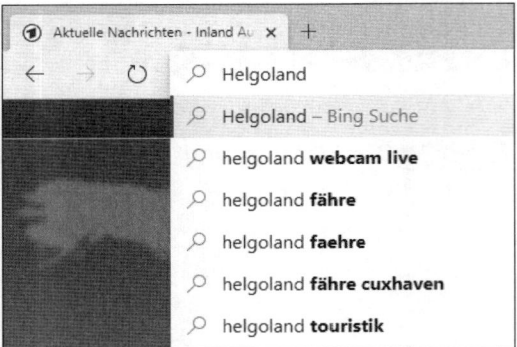

Abbildung 13.8 Den Suchbegriff können Sie in Microsoft Edge direkt in das Adressfeld eingeben.

Ähnlich wie bei der Eingabe einer Internetadresse erhalten Sie auch bei der Suche mithilfe von Begriffen bereits während der Eingabe einige Vorschläge angezeigt. Ist der gewünschte Suchbegriff dabei, klicken Sie ihn in der Liste an. Ist das nicht der Fall, setzen Sie die Eingabe selbst fort. Drücken Sie abschließend die Taste ⏎, um die Suche zu starten.

Es wird nun automatisch die Webseite des Bing-Suchdienstes geöffnet, und alle gefundenen Treffer zu Ihrem Suchbegriff werden angezeigt. Bevor Sie einen Treffer per Mausklick auswählen, sollten Sie sich den Eintrag genau ansehen. Denn wie Google finanziert sich auch Bing durch Werbung. Diese wird noch vor den eigentlichen Suchergebnissen aufgelistet und ist jeweils mit dem Hinweis **Anzeige** gekennzeichnet.

13.2.2   Die Standardsuchmaschine in Microsoft Edge ändern

Die Suchmaschinen Bing und Google haben sehr viel Ähnlichkeit. Wer die eine bedienen kann, hat auch mit der anderen keine Schwierigkeiten. So manch einer mag sich aufgrund ihrer großen Datensammelwut trotzdem nicht mit Bing oder gar Google anfreunden und zieht eine andere Suchmaschine vor. Auch wenn Microsoft es nicht gerne sieht, können Sie natürlich selbst festlegen, welche Suchmaschine der Browser Edge für Suchanfragen nutzen soll. Voraussetzung hierfür ist lediglich, dass die Suchmaschine die *OpenSearch-Technologie* unterstützt. Dies ist z. B. bei den beiden guten Alternativen DuckDuckGo (*http://duckduckgo.com*) sowie Startpage (*www.startpage.com*) der Fall.

Beide Suchmaschinen zeichnen sich dadurch aus, dass sie Ihre Privatsphäre respektieren. Weitere Informationen hierzu erhalten Sie jeweils auf den Webseiten der Suchmaschinen.

Zum Ändern der Standardsuchmaschine in Microsoft Edge gehen Sie folgendermaßen vor:

1 Rufen Sie zunächst die Webseite der gewünschten Suchmaschine auf.

2 Klicken Sie im Anwendungsfenster von Microsoft Edge in der Symbolleiste oben rechts auf das Symbol **Einstellungen und mehr** ❶ (im Folgenden nur noch kurz **Mehr** genannt) und in der aufklappenden Liste auf **Einstellungen** ❷.

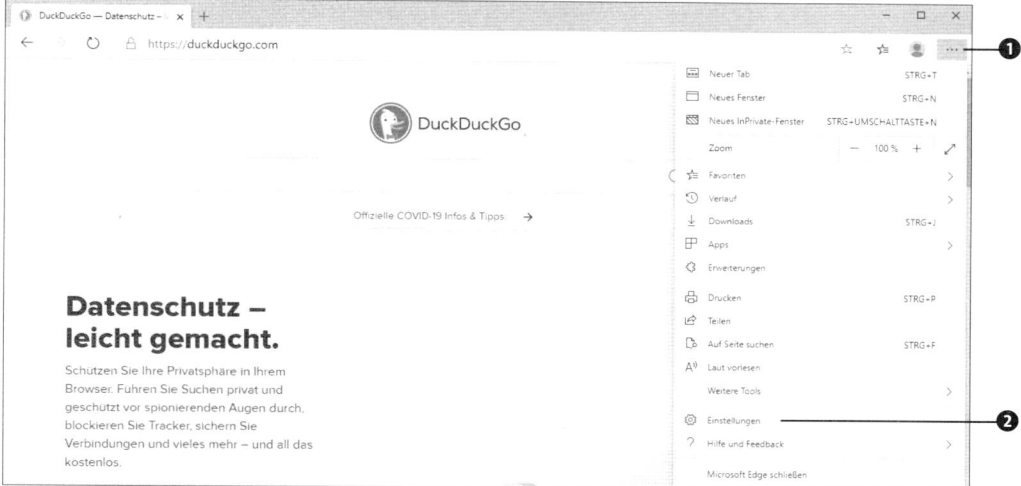

3 Es wird im Browser ein neues Register geöffnet mit der Bezeichnung **Einstellungen** ❸. Markieren Sie in der linken Fensterhälfte **Datenschutz und Dienste** ❹. Blättern Sie in der rechten Fensterhälfte ganz nach unten bis zum Bereich **Dienste**. Hier klicken Sie auf **Adressleiste** ❺.

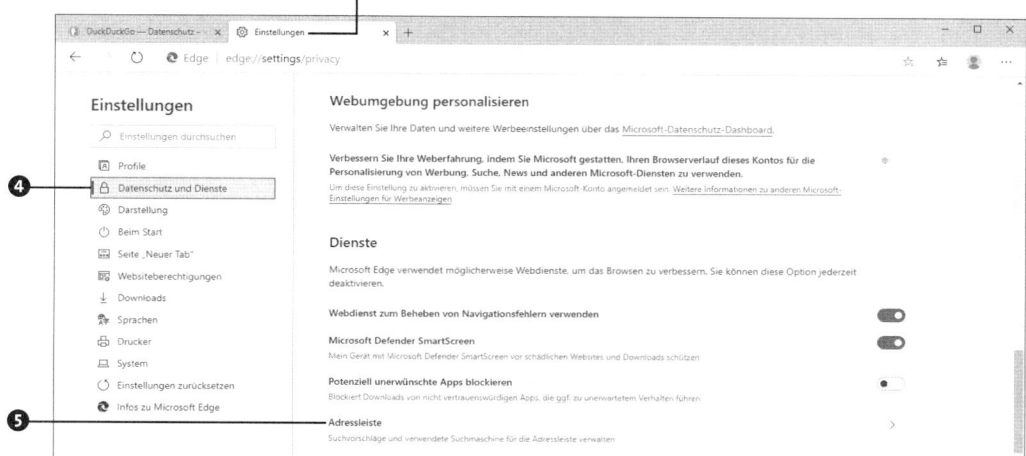

4 Auf der folgenden Seite wird im Feld rechts von **In Adressleiste verwendete Suchma-schine** als Suchmaschine noch **Bing** angezeigt. Klicken Sie in das Feld ❻.

5 In der Liste, die nun aufklappt, werden neben Bing alle Suchmaschinen aufgeführt, deren Webseiten Sie bisher in Edge geöffnet haben. Um Ihre Lieblingssuchmaschine für Ihre Suchanfragen festzulegen, markieren Sie den entsprechenden Eintrag in der Liste ❼. Wenn Sie keine weiteren Einstellungen im Browser vornehmen möchten, schließen Sie das Register mit einem Klick auf das Kreuz-Symbol im Registerreiter ❽. Wann immer Sie nun eine Suchanfrage über das Adressfeld des Browsers durchführen, kommt die von Ihnen gewählte Suchmaschine zum Einsatz.

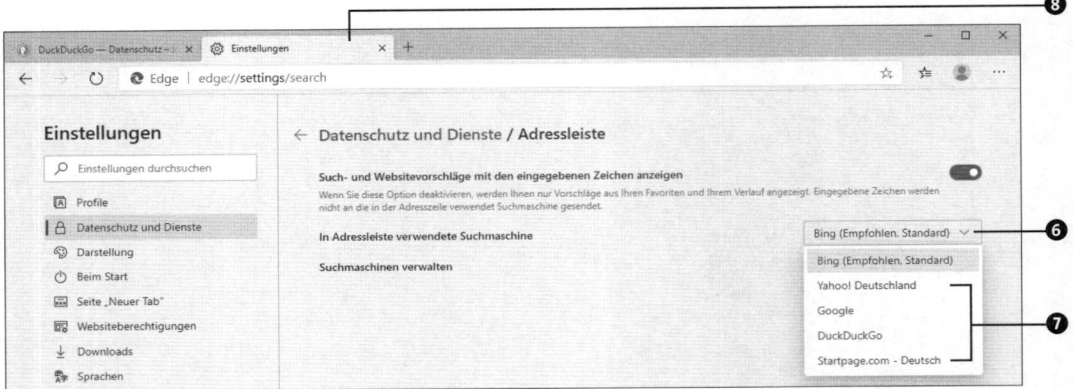

13.2.3 Auf einer Webseite suchen

Manchmal ist es schon verzwickt: Eine Webseite wurde als Treffer für Ihren Suchbegriff aufgeführt, doch nach Aufruf der Seite können Sie den Begriff nirgends entdecken. Für solch eine Situation bietet Microsoft Edge die Möglichkeit, auf einer Webseite selbst eine Suchanfrage durchzuführen. Klicken Sie hierzu in der Symbolleiste am rechten oberen Rand des Programmfensters auf das Symbol **Mehr** ⌐⋯⌐ und in der aufklappenden Liste auf **Auf Seite suchen**. Alternativ können Sie auch die Tastenkombination ⌐Strg⌐ + ⌐F⌐ drücken. Unterhalb der Symbolleiste wird rechts nun ein Suchfeld eingeblendet, in das Sie den gewünschten Suchbegriff eingeben ❶. Bestätigen Sie die Eingabe durch Drücken der Taste ⌐↵⌐. Die aktuelle Webseite wird nach dem Suchbegriff durchforstet. Die Ergebnisse werden auf der Seite farbig hervorgehoben. Die Anzahl der Treffer entnehmen Sie der Angabe rechts vom Suchfeld ❷. Über die beiden Pfeiltasten ❸ gelangen Sie von einem Treffer zum nächsten. Um die Suchleiste wieder auszublenden, klicken Sie auf das Kreuz-Symbol an ihrem rechten Rand ❹.

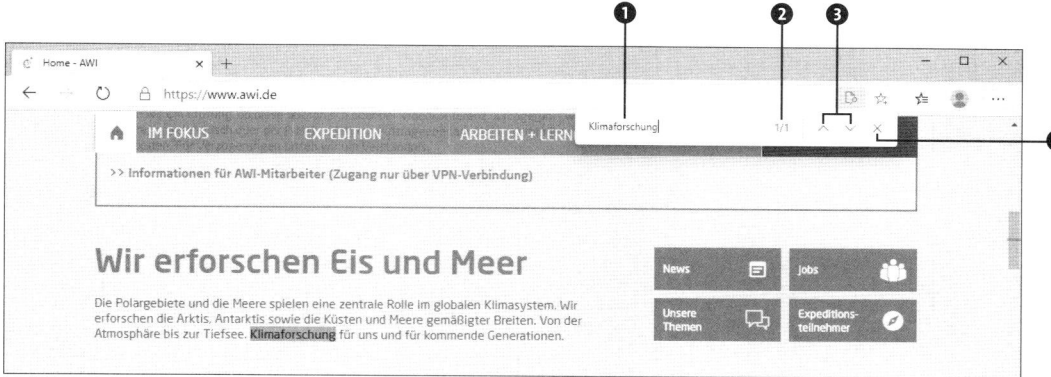

Abbildung 13.9 Sie können auch eine Webseite selbst nach Suchbegriffen durchforsten.

13.3 Webseiten noch schneller erreichen

Es gibt Webseiten, die man einmal und nie wieder besucht. Andere dagegen bieten so viele spannende Informationen, dass man immer wieder darauf zugreifen möchte. Microsoft Edge bietet einige Möglichkeiten, wie man die Adressen interessanter Webseiten speichern und diese Seiten somit auch später schnell öffnen kann. Ein sicherlich vielen bekanntes Mittel hierfür sind die sog. *Favoriten*, auf die ich in Abschnitt 13.3.3, »Webseiten zu Favoriten hinzufügen«, ab Seite 493 eingehen werde. Doch zuvor werfen wir einen Blick auf die Registerkarten.

13.3.1 Mehrere Webseiten im Blick mit Registerkarten

Klicken Sie auf einer Webseite auf einen Link, wird die damit verknüpfte Webseite normalerweise auf der gleichen Registerkarte (auch *Tab* genannt) wie die vorherige angezeigt. Manchmal passiert es aber auch, dass eine Seite auf einer neuen Registerkarte geöffnet wird. Der Titel dieser Seite wird im Registerreiter rechts von der ersten Registerkarte angezeigt (❶ auf Seite 492). Mit einem Klick auf den Registerreiter wechseln Sie zwischen den Webseiten. Natürlich können Sie auch selbst eine neue Registerkarte öffnen. Klicken Sie hierzu z. B. mit der rechten Maustaste auf einen Link, und wählen Sie dann im Kontextmenü den Befehl **Link in neuem Tab öffnen** ❷. Alternativ können Sie auch zuerst eine (fast) leere Registerkarte öffnen und dann die Adresse der gewünschten Webseite eingeben. Hierzu klicken Sie auf das kleine Plus-Symbol rechts neben dem letzten geöffneten Register ❸. Falls Sie lieber mit der Tastatur arbeiten, können Sie auch die Tastenkombination [Strg] + [T] drücken.

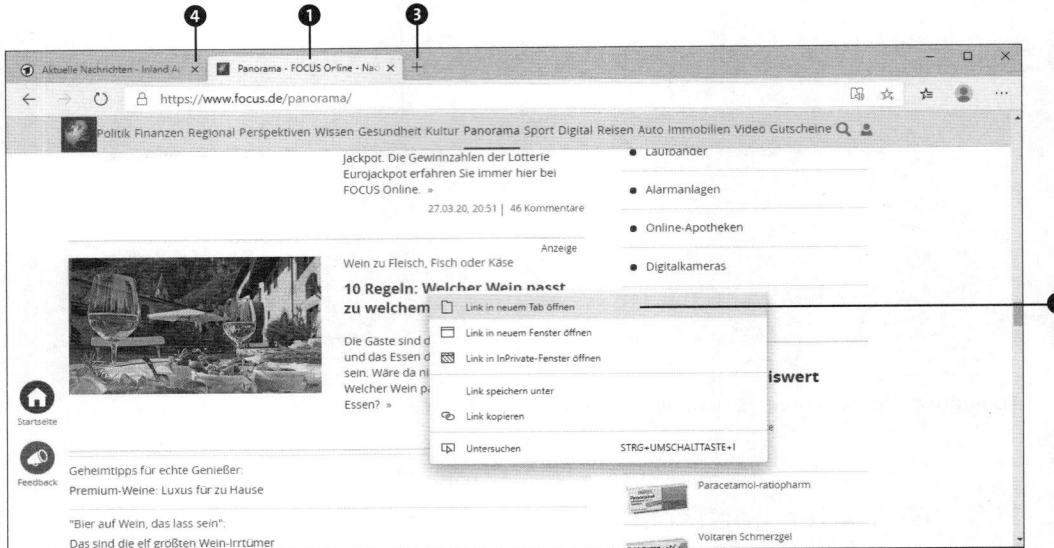

Abbildung 13.10 Über das Kontextmenü eines Links können Sie veranlassen, dass die Webseite auf einer neuen Registerkarte geöffnet wird.

Der Browser Edge präsentiert Ihnen auf der neuen Registerkarte einige Vorschläge für bereits besuchte Websites (daher, wie im letzten Abschnitt gesagt, »fast leer«), die Sie direkt per Mausklick öffnen können. Um eine neue Webseite zu öffnen, geben Sie die Adresse wie gewohnt in das Adressfeld ein.

Benötigen Sie eine Webseite nicht mehr, schließen Sie die Registerkarte, indem Sie den Mauszeiger auf den entsprechenden Registerreiter bewegen und dann auf das kleine Kreuz-Symbol an seinem rechten Rand klicken ❹. Befindet sich die Registerkarte der zu schließenden Webseite im Vordergrund, können Sie auch die Tastenkombination Strg + W zum Beenden nutzen. Wenn nur noch eine Registerkarte, sprich eine Webseite, geöffnet ist, wird durch das Klicken auf das Kreuz-Symbol das gesamte Programmfenster des Browsers Edge geschlossen.

13.3.2 Registerkarten für Schnellzugriff anheften

Wenn Sie möchten, können Sie eine besonders beliebte Webseite auch fest im Programmfenster von Edge verankern. Rufen Sie die Seite hierzu einmal auf, und klicken Sie dann mit der rechten Maustaste auf die entsprechende Registerkarte. Im Kontextmenü wählen Sie nun den Befehl **Tab anpinnen** ❶. Die Registerkarte wird damit am linken Rand des Programmfensters eingeblendet. Wann immer Sie zukünftig Edge aufrufen, finden Sie die angeheftete Registerkarte an dieser Position ❷. Ein Klick darauf, und die dazugehörige Webseite wird geöffnet. Natürlich können Sie die Registerkarte auch jederzeit wieder entfernen. Hierzu reicht ein erneuter rechter Mausklick auf die Registerkarte und dann die Auswahl des Befehls **Tab lösen** ❸.

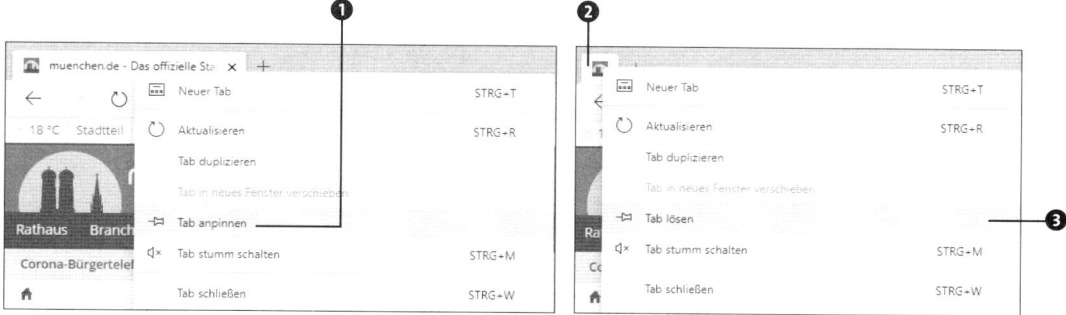

Abbildung 13.11 Beliebte Webseiten können Sie fest im Programmfenster anheften, aber natürlich auch wieder loslösen.

Die Lieblingswebseite an die Taskleiste anheften

Für besonders beliebte Webseiten können Sie im Startmenü eine eigene Kachel einrichten. Rufen Sie die Seite hierzu zunächst im Browser Edge auf. Klicken Sie dann am rechten Rand der Symbolleiste auf das Symbol **Mehr** ⋯ und in der aufklappenden Liste auf **Weitere Tools ▶ An Taskleiste anheften**. Zukünftig reicht ein Klick auf das Symbol in der Taskleiste, und schon wird die damit verknüpfte Webseite in der Edge-App aufgerufen. Um das Symbol wieder zu entfernen, klicken Sie mit der rechten Maustaste auf das Symbol und wählen im Kontextmenü **Von Taskleiste lösen**.

13.3.3 Webseiten zu Favoriten hinzufügen

Wenn Sie eine Webseite häufiger besuchen und sich die Eingabe der Webadresse sparen möchten, sollten Sie sie in der Liste der Favoriten speichern. Wer bereits mit einem anderen Browser, wie z. B. *Internet Explorer*, *Mozilla Firefox*, *Google Chrome* oder auch dem Vorgänger des aktuellen *Microsoft Edge* gearbeitet hat, der kennt das Prinzip. Auch beim neuen Browser Edge ist das Vorgehen denkbar einfach:

1 Rufen Sie im Browser Edge wie gewohnt die Webadresse auf. Klicken Sie dann auf das Symbol **Diese Seite zu Favoriten hinzufügen** ❶ in der Symbolleiste. Alternativ können Sie auch die Tastenkombination Strg + D drücken.

2 Es klappt ein kleines Dialogfenster auf. Wenn Sie möchten, ersetzen Sie im Feld **Name** den vorgeschlagenen Titel der Webseite durch eine eigene Bezeichnung ❷.

Je mehr Webadressen Sie in der Favoritenliste ablegen, desto schwieriger wird es mit der Zeit, die gewünschte Adresse schnell zu finden. Abhilfe verschaffen hier thematisch sortierte Ordner, wie etwa Gesundheit, Information oder auch Urlaub.

3 Um einen neuen Ordner zu erstellen, klicken Sie zunächst in das Feld rechts von **Ordner** und in der aufklappenden Liste auf **Anderen Ordner auswählen** ❸. Klicken Sie anschließend im Dialog **Favorit bearbeiten** auf **Neuer Ordner**, und tragen Sie im neu angezeigten Feld den gewünschten Ordnernamen ein, etwa »Gesundheit« ❹.

4 Bestätigen Sie Ihre Eingaben mit **Speichern** ❺, wird die Webadresse in die Liste der Favoriten aufgenommen.

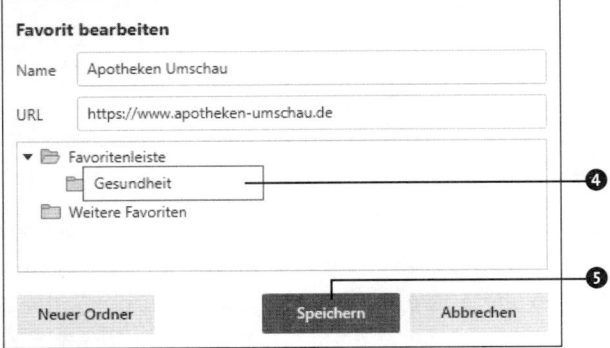

5 Wann immer Sie nun eine Ihrer favorisierten Webseiten aufrufen möchten, klicken Sie in der Symbolleiste auf das Symbol **Favoriten** ❻. Wählen Sie dann die passende Rubrik aus, also etwa **Gesundheit** ❼, und klicken Sie auf die benötigte Adresse.

6 Wenn Sie alle Webseiten eines selbst angelegten Favoritenordners in einem Rutsch öffnen möchten, klicken Sie mit der rechten Maustaste auf den Ordnernamen. Klicken Sie nun auf den Befehl **Alle öffnen**.

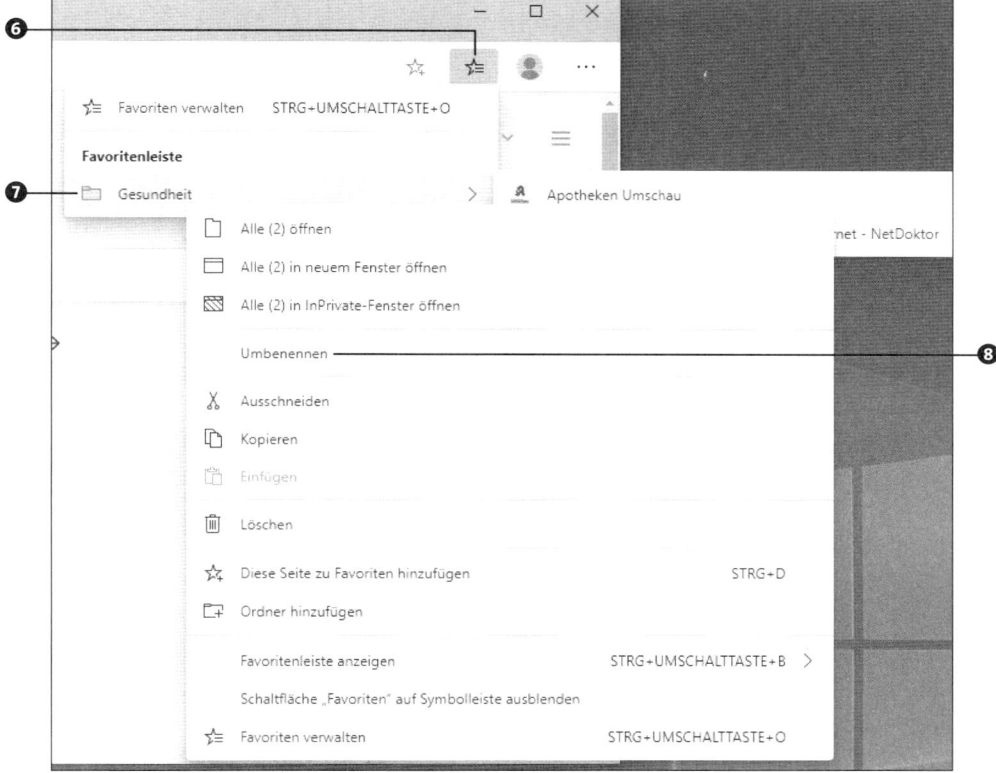

7 Möchten Sie die Ordnerbezeichnung ändern, klicken Sie mit der rechten Maustaste auf den Eintrag und wählen den Befehl **Umbenennen ❽**. Der Name wird nun blau markiert und kann überschrieben werden.

8 Sollte sich die Internetadresse einer Webseite geändert haben, die Sie als Favorit gespeichert haben, klicken Sie mit der rechten Maustaste auf den Eintrag. Wählen Sie im Kontextmenü nun den Befehl **Bearbeiten ❾**. Im anschließend sichtbaren Dialog **Favorit bearbeiten** markieren Sie im Feld **URL** die alte Internetadresse und überschreiben dann den blau markierten Text mit der neuen Adresse. Im gleichen Dialog können Sie auch noch den Namen des Favoriten ändern. Übernehmen Sie die Änderungen mit einem Klick auf **Speichern**.

9 So schnell sich eine Adresse den Favoriten hinzufügen lässt, so schnell ist sie auch wieder entfernt. Um einen Eintrag aus der Favoritenliste zu löschen, wählen Sie nach einem rechten Mausklick auf den Eintrag im Kontextmenü den Befehl **Löschen** ❿.

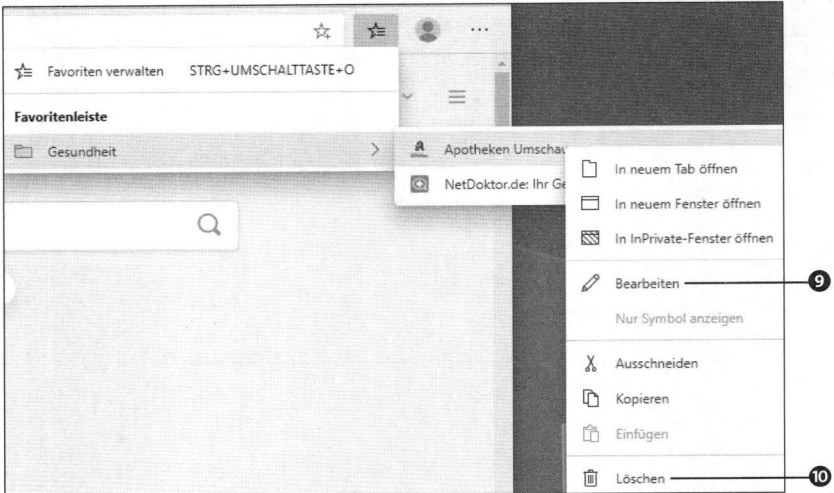

Ihre Favoriten erreichen Sie nicht nur über das Symbol ⭐≡, sondern auch über den Eintrag **Favoriten**, der nach einem Klick auf das Symbol **Mehr** ⋯ eingeblendet wird. Über den darunter befindlichen Eintrag *Verlauf* können Sie sich eine Liste der bereits besuchten Seiten anzeigen lassen. Klicken Sie wiederum auf den Eintrag **Downloads**, wird eine neue Registerkarte mit einer Übersicht über alle aus dem Internet heruntergeladenen Dateien geöffnet.

TIPP

Favoriten aus anderen Browsern importieren

Das Prinzip der Favoriten gibt es nicht nur im Browser Edge, sondern auch beim Internet Explorer, bei Mozilla Firefox, Google Chrome und anderen. Wenn Sie einen dieser Browser bereits genutzt haben und Ihre dort angelegten Favoriten in Edge übertragen möchten, gibt es eine praktische Funktion zum Importieren: Klicken Sie in der Symbolleiste von Edge auf das Symbol **Mehr** und dann auf **Favoriten ▸ Importieren**. Im Dialog **Benutzerdaten importieren** können Sie im Feld **Importieren aus** alle zusätzlich zu Edge auf Ihrem Computer installierten Browser auswählen. Legen Sie dann durch Setzen der entsprechenden Häkchen fest, welche Elemente (z. B. Lesezeichen, Kennwörter oder auch Browserverlauf) importiert werden sollen. Nach einem Klick auf **Importieren** übernimmt Windows 10 diese Elemente in den Browser Edge.

Favoriten synchronisieren

Wenn Sie mehrere Windows-10-Geräte nutzen und auf allen mit dem gleichen Microsoft-Konto angemeldet sind, können Sie die in Edge gespeicherten Favoriten synchronisieren und somit von allen Geräten aus darauf zugreifen. Um die Synchronisierung in Microsoft Edge zu aktivieren, klicken Sie in der Symbolleiste auf das Profilbild und dann auf **Synchronisierung einrichten**. Im folgenden Dialog reicht ein Klick auf **Synchronisieren**. Um festzulegen, welche Daten synchronisiert werden sollen, wählen Sie nach einem Klick auf das Profilbild den Link **Profileinstellungen verwalten**. Im Register **Einstellungen** klicken Sie auf **Synchronisieren**. Rechts von **Favoriten**, **Einstellungen**, **Adressen und mehr** oder auch **Kennwörter** finden Sie jeweils einen Regler, den Sie per Mausklick ein- oder auch ausschalten können. Diese Einstellungen müssen Sie auf jedem Gerät vornehmen, auf dem Sie mit Ihrem Microsoft-Konto angemeldet sind. Über die Schaltfläche **Synchronisierung deaktivieren** im Register **Einstellungen** können Sie die Synchronisierung wieder beenden.

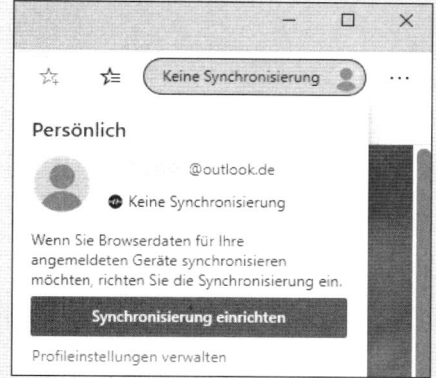

Abbildung 13.12 Die Synchronisierung muss im Browser Edge erst eingerichtet werden.

13.3.4 Eigene Startseite festlegen

Per Standardeinstellung zeigt der Browser Edge nach dem Start automatisch die Informationsseite von MSN an. Wer eine andere Startseite vorzieht, der kann diese folgendermaßen einrichten:

1 Klicken Sie in der Symbolleiste von Microsoft Edge auf das Symbol **Mehr ❶** und anschließend auf **Einstellungen**.

2 Im Register **Einstellungen** markieren Sie in der linken Spalte **Beim Start** ❷. Wählen Sie dann rechts die Option **Bestimmte Seite oder Seiten öffnen** ❸ aus. Klicken Sie auf die nun sichtbare Schaltfläche **Neue Seite hinzufügen** ❹.

3 Nach einem Klick in das Feld **URL eingeben** ❺ tragen Sie hier die Adresse der von Ihnen gewünschten Startseite ein. Soll gar keine Seite angezeigt werden, tragen Sie den Text »about:blank« ein. Damit erscheint zukünftig nach dem Start von Microsoft Edge eine Leerseite.

4 Bestätigen Sie die Eingabe mit **Hinzufügen** ❻. Alternativ können Sie auch die Taste ⏎ drücken.

5 Wem eine Startseite nicht ausreicht, der kann auch weitere einrichten. In diesem Fall öffnet Microsoft Edge nach dem Start mehrere Registerkarten mit den jeweils eingerichteten Startseiten. Zum Hinzufügen klicken Sie auf die Schaltfläche **Neue Seite hinzufügen**. Geben Sie wieder im Feld **URL eingeben** die Adresse der zweiten gewünschten Startseite ein, und speichern Sie die Adresse z. B. durch Drücken der Taste ⏎.

6 Sollten Sie eine der eingerichteten Startseiten nicht mehr benötigen, klicken Sie auf das Drei-Punkte-Symbol rechts von der zu löschenden Adresse ❼ und dann auf **Löschen**.

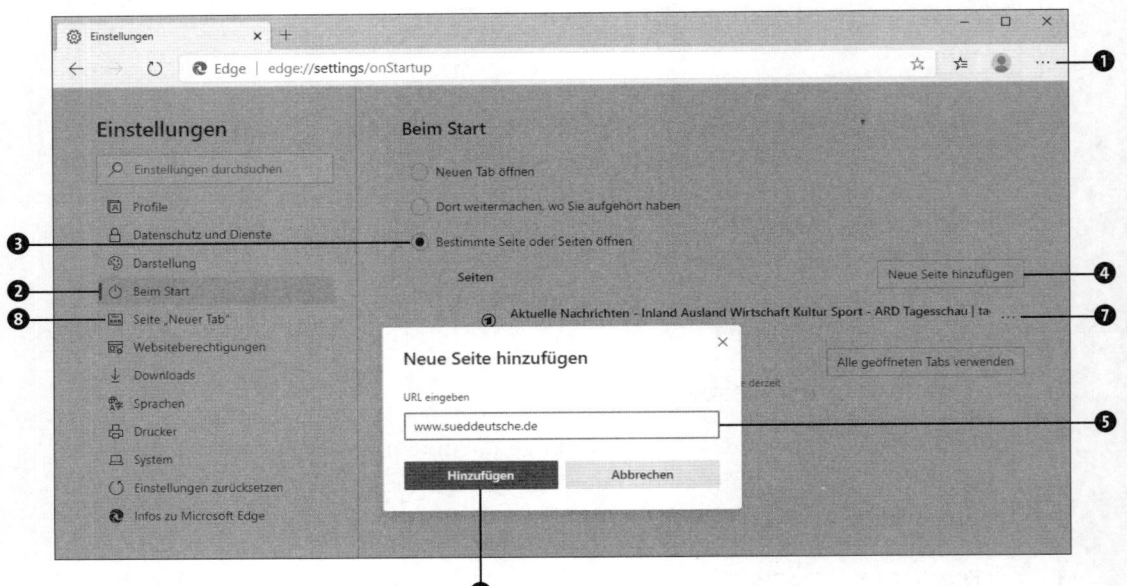

Öffnen Sie im Browser per Klick auf das Plus-Symbol in der Titelleiste eine neue Registerkarte, schlägt Ihnen Microsoft Edge einige Websites und Apps vor. Wenn Sie möchten, können Sie eine neue Registerkarte aber auch mit einer leeren Seite starten.

1 Klicken Sie hierzu im Register **Einstellungen** in der linken Spalte auf **Seite „Neuer Tab"** (❽ auf Seite 498) und dann rechts auf **Anpassen**.

2 Sollte das Register nicht mehr geöffnet sein, können Sie auch über das Plus-Symbol ❶ in der Titelleiste eine neue Registerkarte öffnen. Klicken Sie dann dort auf das Zahnrad-Symbol ❷. In beiden Fällen klappt der Dialog **Seitenlayout** auf.

3 Um das Layout einer neuen Registerkarte selbst festzulegen, markieren Sie **Benutzerdefiniert** ❸.

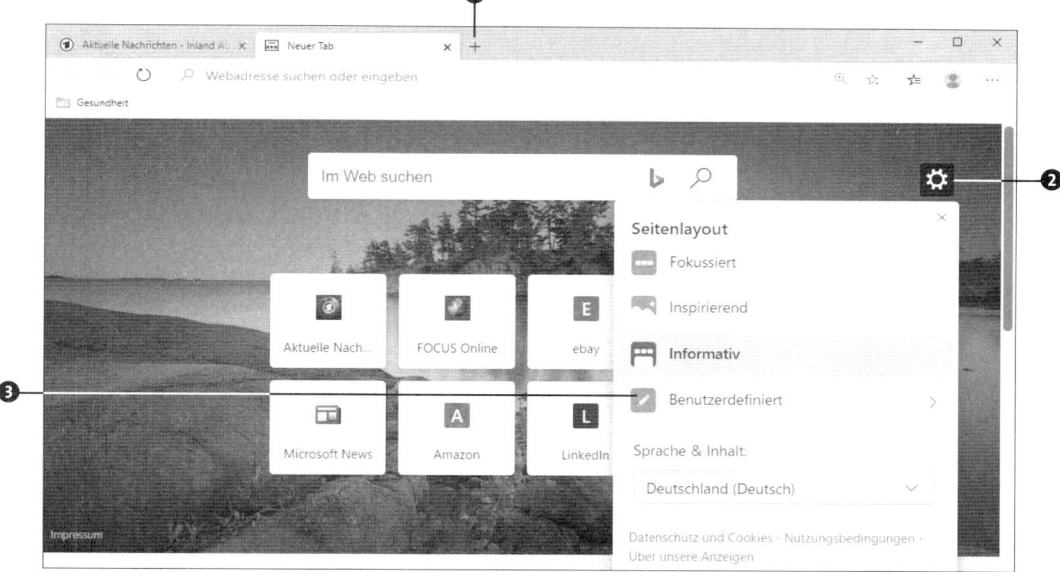

4 Sollen auf einer neuen Registerkarte keinerlei Links zu zuletzt besuchten Webseiten erscheinen, setzen Sie den Regler rechts von **Direktlinks anzeigen** auf **Aus** ❹.

5 Gefällt Ihnen das Hintergrundbild, belassen Sie den Regler **Bild des Tages** auf **Ein** ❺. Wenn Sie ihn ausschalten, bleibt der Hintergrund der Registerkarte weiß.

6 Der von MSN auf einer neuen Registerkarte eingeblendete Inhalt stört Sie? Dann markieren Sie nach einem Klick in das Feld **Inhalt** den Eintrag **Inhalt aus** ❻, und schon verschwindet er.

7 Mit einem Klick auf das Zahnrad-Symbol ❼ blenden Sie den Dialog wieder aus.

TIPP

Symbol zum Aufruf der Startseite einblenden

Wenn Sie bereits mit einem Browser wie dem Internet Explorer oder Mozilla Firefox gearbeitet haben, kennen Sie sicherlich die Schaltfläche, über die Sie mit nur einem Klick die Startseite auch im bereits geöffneten Browserfenster aufrufen können. In Microsoft Edge gibt es diese Schaltfläche zwar auch, sie muss aber erst eingeblendet werden. Klicken Sie hierzu in der Symbolleiste von Edge auf **Mehr**, dann auf **Einstellungen** und dann links auf **Darstellung**. Schieben Sie den Regler **Schaltfläche »Startseite« anzeigen** nach rechts auf **Ein**. In der Symbolleiste des Browsers wird sofort rechts von der **Aktualisieren**-Schaltfläche das Symbol ⌂ angezeigt. Per Standardeinstellung lädt Edge per Klick auf dieses Symbol die Informationsseite von MSN. Um eine andere Webseite festzulegen, markieren Sie unterhalb von **Schaltfläche »Startseite« anzeigen** die Option **URL eingeben**. Geben Sie in das gleichnamige Feld die gewünschte Adresse der Startseite ein. Zukünftig wird nach einem Klick auf das Symbol die gerade festgelegte Startseite geladen.

Webseiten gemütlich vorlesen lassen

Das Lesen am Bildschirm kann für die Augen manchmal sehr ermüdend sein. Wer sich eine kleine Pause gönnen möchte, der kann sich den Text auf einer Webseite auch von Edge vorlesen lassen. Klicken Sie hierzu in der Symbolleiste des Browsers auf **Mehr** und im aufklappenden Menü auf **Laut vorlesen**. Edge beginnt sofort mit dem Vorlesen. Anhand der gelben Textmarkierung können Sie die Wiedergabe verfolgen. Gefällt Ihnen die Stimme nicht, klicken Sie in der Symbolleiste, die zusätzlich am oberen Seitenrand eingeblendet wird, auf **Optionen für „Laut vorlesen"** ❶. Nach einem Klick in das Feld **Stimme auswählen** ❷ stehen Ihnen nicht nur drei deutsche Stimmen zur Auswahl, sondern auch eine Vielzahl an fremdsprachigen Stimmen. Markieren Sie eine dieser Stimmen, etwa **Microsoft Jessa Online (Natural) – English (United States)**, wird der Text der Webseite direkt in die gewählte Fremdsprache, im Beispiel also ins Englische, übersetzt. Über den Regler **Geschwindigkeit** ❸ lässt sich das Lesetempo anpassen. Ein Ausprobieren lohnt sich, denn ziehen Sie den Regler etwas nach rechts, klingt die Stimme nicht ganz so wie ein Roboter. Über die beiden Pfeiltasten in der Symbolleiste springen Sie zum vorherigen ❹ bzw. nächsten Absatz ❺. Mit einem Klick auf das **Anhalten**-Symbol ❻ unterbrechen Sie das Vorlesen. Um wieder fortzufahren, reicht ein Klick auf das nun sichtbare **Wiedergeben**-Symbol. Möchten Sie das Vorlesen ganz beenden, klicken Sie rechts auf das **Schließen**-Symbol ❼.

Abbildung 13.13 Sie können sich Webseiten nicht nur laut vorlesen, sondern zugleich auch übersetzen lassen.

13.4 Microsoft Edge mit Add-Ons erweitern

Eine große Schwachstelle im Vergleich zu Browsern wie Mozilla Firefox oder Google Chrome war bei der ersten Version von Microsoft Edge die überschaubare Anzahl Add-

Ons, mit denen der Browser um zusätzliche Funktionen erweitert werden kann. Mit der neuen Version von Edge auf Chromium-Basis ist dieses Manko nicht mehr ganz so groß, denn der Nutzer kann nun nicht nur auf Add-Ons aus dem Microsoft Store zugreifen, sondern auch dem Google Chrome Store. Um eine Übersicht über die Erweiterungen zu erhalten, gehen Sie folgendermaßen vor:

1 Klicken Sie in der Symbolleiste von Edge auf das Symbol **Mehr** und in der aufklappenden Liste auf **Erweiterungen**. Im nun geöffneten Register **Erweiterungen** klicken Sie rechts auf **Microsoft Store**. Dieser wird dann auf einer weiteren Registerkarte geöffnet.

2 Markieren Sie links eine Kategorie ❶, werden rechts die entsprechenden Erweiterungen (engl. *Extensions*) eingeblendet. Nach einem Mausklick auf eine der Vorschauen ❷ können Sie sich nicht nur in Ruhe die Beschreibung des Add-Ons ansehen, sondern erfahren auch, wie andere Nutzer die Erweiterung bewertet haben.

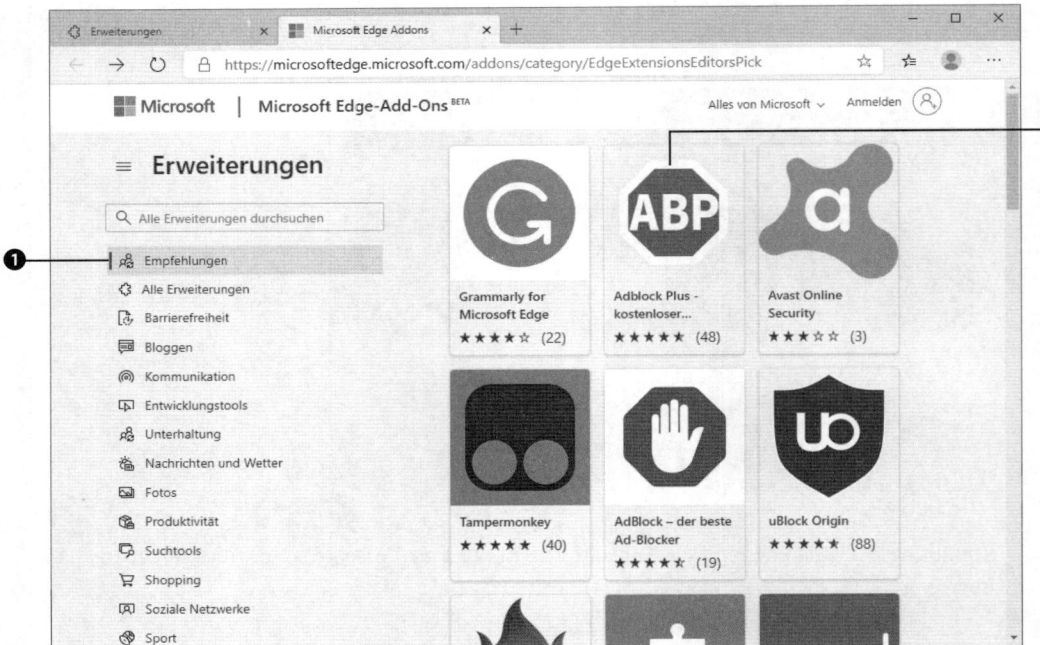

3 Möchten Sie auf die Übersichtsseite zurückkehren, nutzen Sie die Zurück-Schaltfläche am linken Rand der Symbolleiste des Browsers ❸.

4 Gefällt Ihnen eine der Erweiterungen, klicken Sie in der Detailansicht auf **Abrufen** ❹ und dann auf **Erweiterung hinzufügen**.

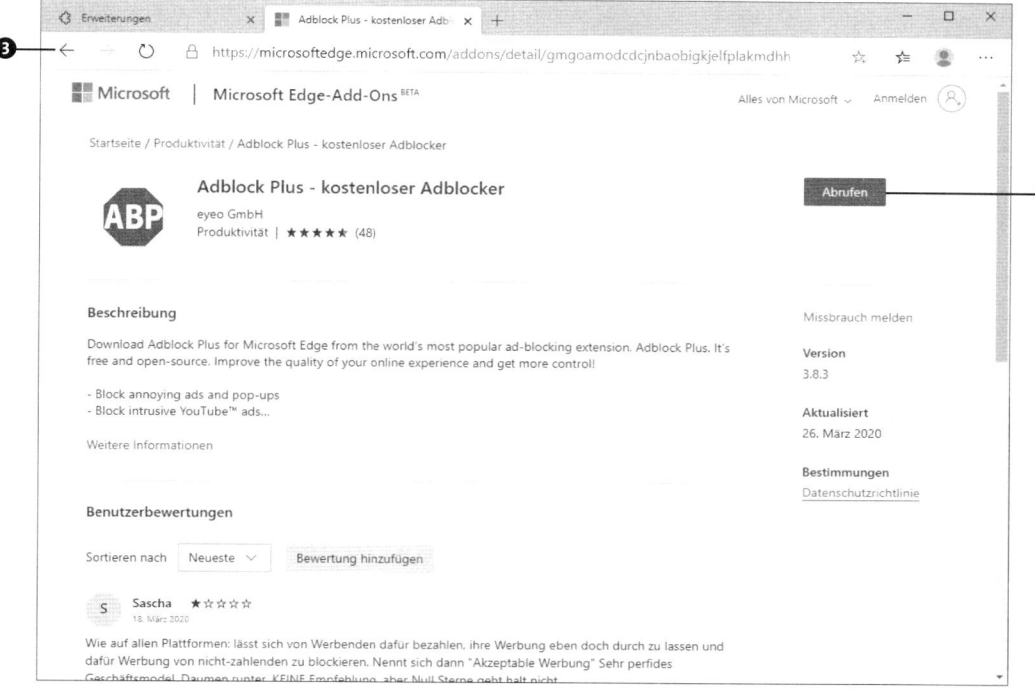

5 Nach erfolgreichem Download erhalten Sie in einer neuen Registerkarte einen entsprechenden Hinweis ❺. In der Symbolleiste des Browsers erscheint zudem das Icon des gerade installierten Add-Ons ❻. Klicken Sie auf das Symbol und dann auf das Zahnrad-Symbol ❼, um ggf. auf der anschließend angezeigten Webseite weitere Einstellungen für das Add-On vorzunehmen.

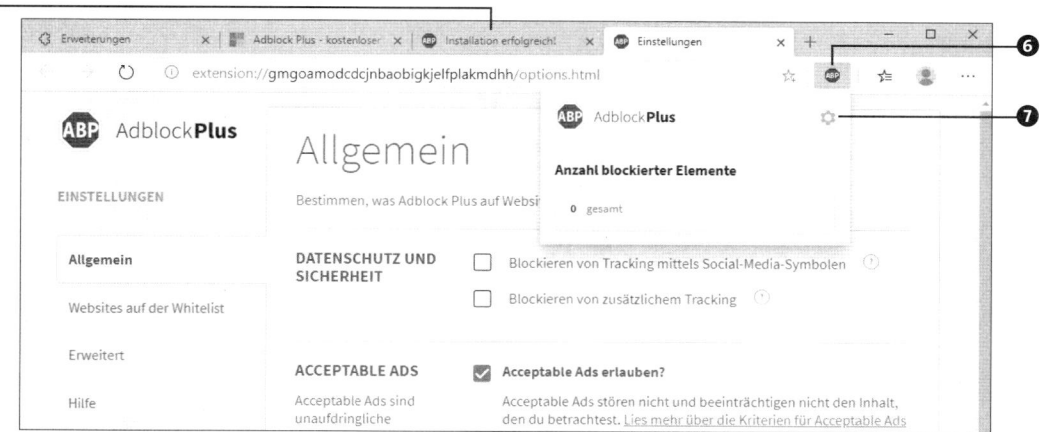

6 Sind Sie mit einer Erweiterung nicht zufrieden und möchten sie wieder entfernen, klicken Sie in Edge wieder auf **Mehr** ❽ und dann auf **Erweiterungen**. Sie
können nun in der rechten Fensterhälfte das Add-On entweder über den Schieberegler ausschalten ❾ oder über die gleichnamige Schaltfläche vollständig entfernen ❿.

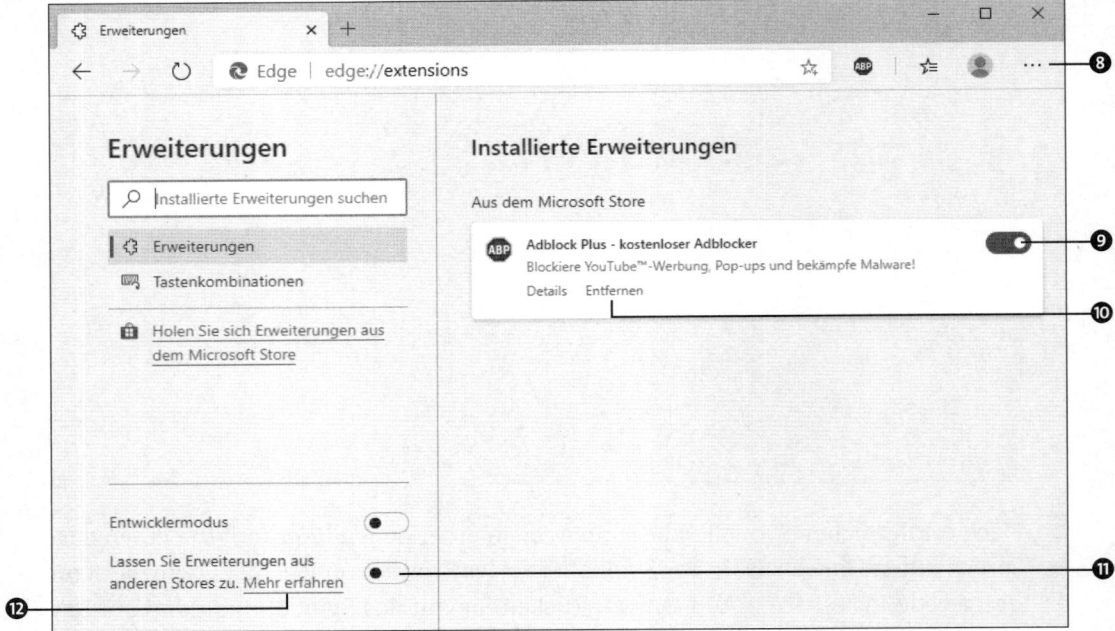

Add-Ons aus weiteren Stores installieren

Per Standardeinstellung ist es in Microsoft Edge zunächst nur möglich, Add-Ons
aus dem Microsoft Store zu beziehen. Wenn Sie einen Blick in andere Stores, wie
etwa Googles *Chrome Web Store*, werfen möchten, müssen Sie diese Funktion erst
freischalten. Klicken Sie hierzu in Edge auf **Mehr ▶ Erweiterungen**. Im Register
Erweiterungen setzen Sie in der unteren linken Fensterecke den Regler **Lassen Sie
Erweiterungen aus anderen Stores zu** ⓫ per Mausklick auf **Ein**. Bestätigen Sie den
folgenden Hinweis mit **Zulassen**. Informationen zum weiteren Vorgehen bei der Installation von Add-Ons aus dem Chrome Web Store erhalten Sie nach einem Klick
auf den Link **Mehr erfahren** ⓬.

13.5 Webseiten drucken

Haben Sie einen interessanten Artikel entdeckt, den Sie gerne ausdrucken möchten? Das ist schnell erledigt, vorausgesetzt natürlich, Sie haben bereits einen Drucker an den Computer angeschlossen (siehe Abschnitt 16.1, »Einen Drucker oder Scanner anschließen«, ab Seite 591) und auch eingeschaltet.

1 Klicken Sie in der Symbolleiste des Browsers Edge ganz rechts auf das Symbol **Mehr** und in der aufklappenden Liste auf **Drucken**.

2 Sollten Sie mehrere Drucker an Ihren Computer angeschlossen haben, klicken Sie im **Drucken**-Dialog auf den Pfeil rechts vom Feld **Drucker** ❶ und markieren in der Liste das gewünschte Gerät.

3 Im Bereich **Layout** bestimmen Sie, ob die Webseite im Hochformat oder im Querformat zu Papier gebracht werden soll ❷.

4 Ist der Inhalt der Webseite länger und kann nicht auf einer Seite dargestellt werden, können Sie unter **Seiten** angeben, ob **Alles** ❸ oder nur ein Seitenbereich ausgedruckt werden soll. Für Letzteres aktivieren Sie die entsprechende Option ❹ und tragen dann im Feld rechts die gewünschte Seitenzahl ein.

5 Blättern Sie in der linken Spalte etwas weiter nach unten, und klicken Sie hier auf **Weitere Einstellungen** ❺. In den nun sichtbaren Einstelllungen ist das Kästchen **Kopf- und Fußzeilen** interessant. Ist es mit einem Häkchen versehen, erscheint am oberen Rand des Ausdrucks die Webadresse. Die Standardeinstellungen in den Feldern **Skalierung** sowie **Ränder** können Sie meist so übernehmen.

6 Mit einem Klick auf **Drucken** ❻ starten Sie den Druckvorgang.

Webseite als PDF-Dokument speichern

Microsoft Edge bietet die Möglichkeit, eine Webseite als PDF-Dokument zu speichern. Hierzu rufen Sie über das Symbol **Mehr** den Befehl **Drucken** auf. Wählen Sie im **Drucken**-Dialog im Feld **Drucker** den Eintrag **Als PDF speichern**. Nach einem Klick auf **Speichern** wählen Sie im Dialog **Speichern unter** nun noch den Ordner aus, in dem das PDF-Dokument gespeichert werden soll. Geben Sie außerdem einen Dateinamen an, bevor Sie den Dialog mit **Speichern** beenden. Ein PDF-Dokument lässt sich z. B. wunderbar per E-Mail verschicken. Wer mit Windows 10 arbeitet, benötigt zum Öffnen einer PDF-Datei nicht einmal ein spezielles Programm, der Browser Microsoft Edge reicht hierzu vollkommen aus.

TIPP

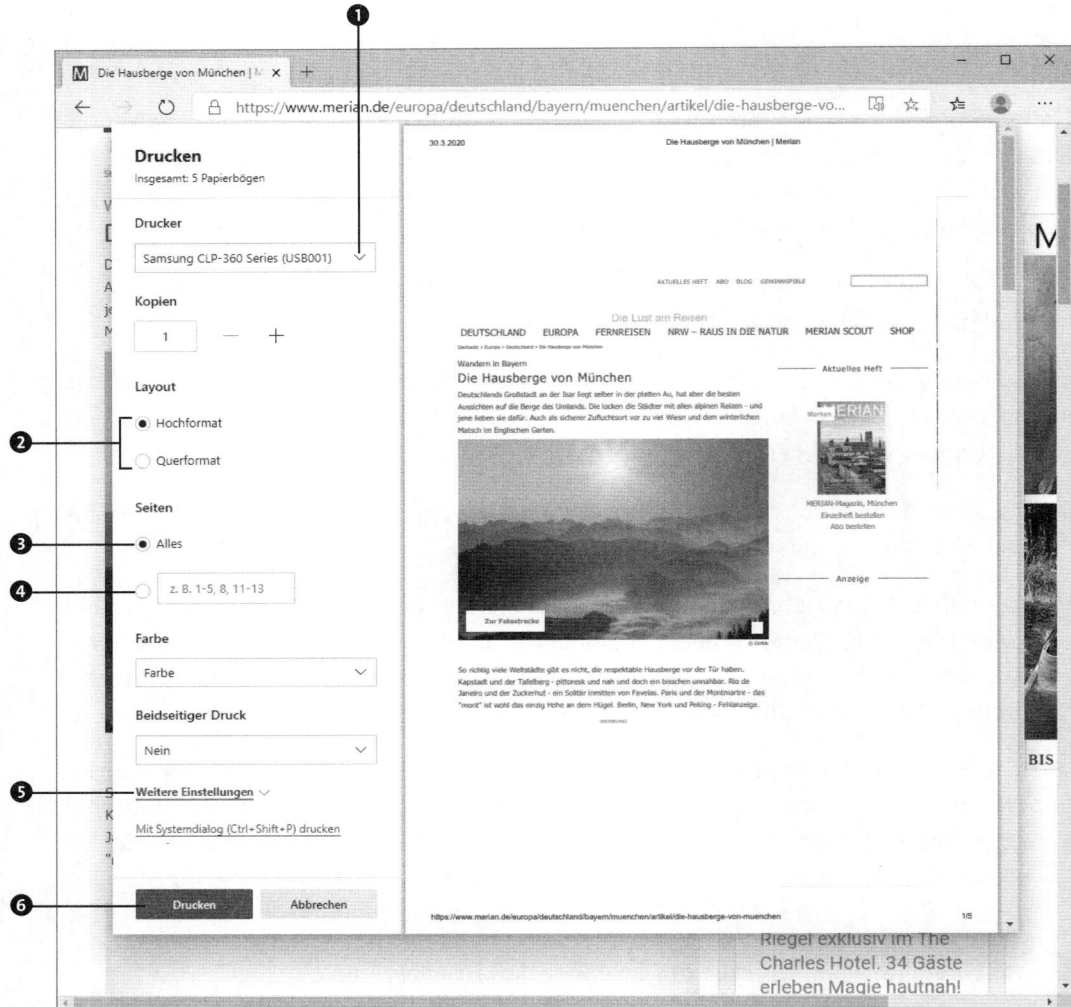

13.6   Microsoft Edge und die Sicherheit

Wer das Internet nutzt, muss sich leider auch Gedanken über die Themen Sicherheit und Datenschutz machen. In Kapitel 18, »Schutz vor Schadsoftware«, erhalten Sie dazu ab Seite 667 ausführliche Informationen und erfahren, wie Sie Ihren Computer generell schützen können. Doch auch in Microsoft Edge sind einige wichtige Sicherheitsmechanismen integriert, die Sie kennen sollten. Alle in diesem Abschnitt vorgestellten Funktionen passen Sie über die Einstellungen von Edge an, die Sie nach einem Klick auf das Symbol **Mehr ❶** im aufklappenden Menü über den Eintrag **Einstellungen ❷** erreichen.

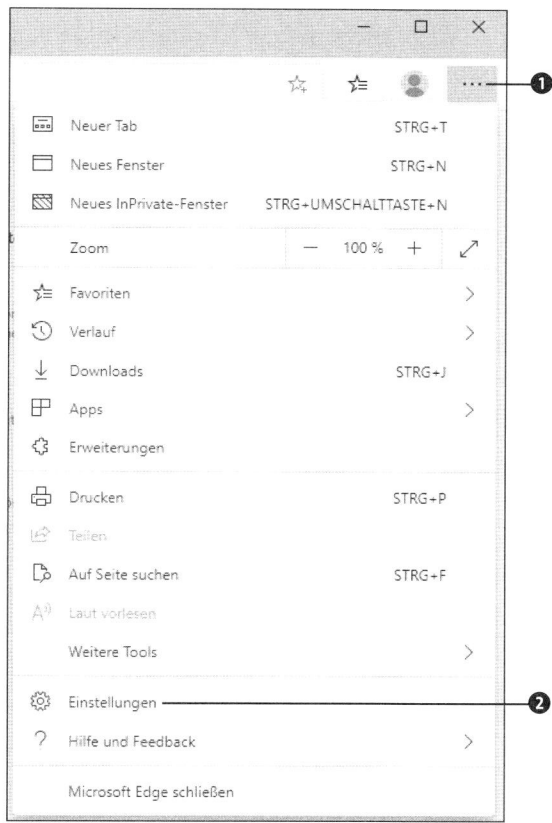

Abbildung 13.14 Nach einem Klick auf »Mehr« wählen Sie die »Einstellungen« aus.

Den ersten Punkt, den Sie in den Einstellungen überprüfen sollten, betrifft den Umgang mit sensiblen Daten wie Passwörtern. Wann immer Sie sich etwa bei einem Online-Shop oder einem sozialen Netzwerk mit Ihrem Benutzernamen und dem Passwort anmelden, bietet Ihnen der Browser an, diese Daten für Sie zu speichern. Stimmen Sie dem zu, müssen Sie bei der nächsten Anmeldung auf der Webseite nur noch den Benutzernamen auswählen, und schon ergänzt Edge automatisch das dazugehörige Kennwort. Dieses Vorgehen ist sicherlich praktisch, Sie sollten dabei aber eines nicht vergessen: Der Service steht nicht nur Ihnen zur Verfügung, sondern auch jedem anderen, der Zugang zu

Ihrem Computer hat. Dabei kann es sich um die Personen handeln, die den PC gemeinsam mit Ihnen nutzen, aber ebenso auch Schadprogramme, die die sensiblen Daten auslesen. Sollte also jemals die falsche Person diese Daten in die Hände bekommen, kann sie sich bequem in Ihrem Namen auf den entsprechenden Webseiten anmelden und Ihnen so womöglich großen Schaden zufügen.

Besonders kritisch ist dies zu sehen, wenn Sie mit einem Microsoft-Konto am Computer angemeldet sind und die Synchronisierung von Kennwörtern aktiviert ist (siehe auch den Kasten »Favoriten synchronisieren« auf Seite 497). Denn in diesem Fall werden die sensiblen Daten nicht nur auf Ihrem Computer gespeichert, sondern auch an den Microsoft-Server weitergeleitet, von dem aus sie dann auf Ihre anderen Windows-10-Geräte übertragen werden können. Aus Sicherheitsgründen sollten Sie Kennwörter, Zahlungsinformationen oder auch Adressen deshalb nicht direkt im Browser speichern. Welche Alternativen es gibt, erfahren Sie im Kasten »Passwort-Manager als Gedächtnisstütze nutzen« auf Seite 509. Damit Sie zukünftig nicht mehr mit Fragen zum Speichern von sensiblen Daten in Edge belästigt werden, sind folgende Schritte nötig:

1 Blenden Sie wie zuvor beschrieben die Registerkarte **Einstellungen** ein. Stellen Sie sicher, dass hier in der linken Spalte **Profile** ❶ ausgewählt ist.

2 Markieren Sie in der rechten Spalte **Kennwörter** ❷.

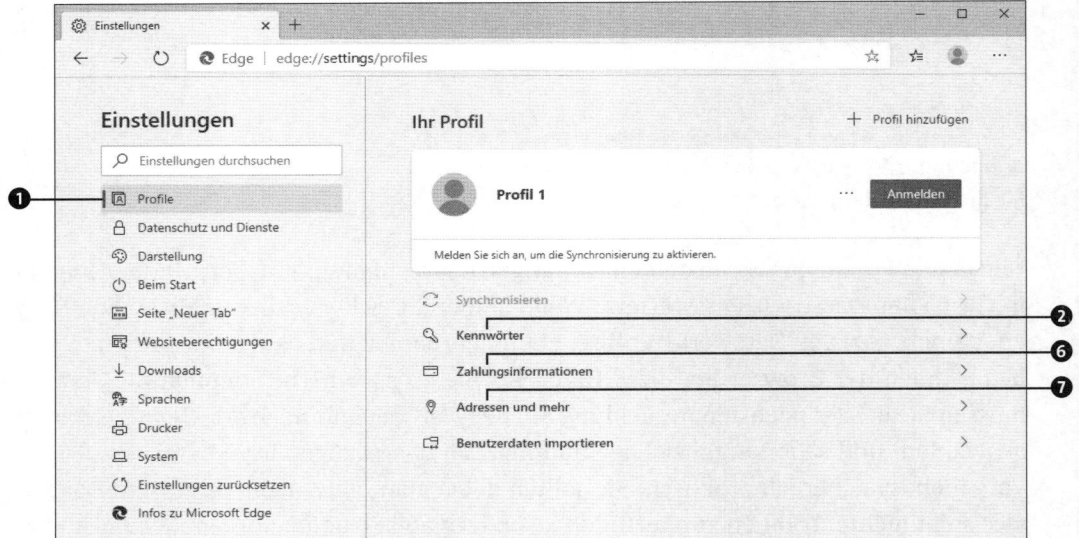

3 Auf der Seite **Profile / Kennwörter** finden Sie nun die beiden Regler **Aufforderung zum Speichern von Kennwörtern** ❸ sowie **Automatisch anmelden** ❹. Schalten Sie beide jeweils mit einem Klick auf den Regler aus.

4 Klicken Sie auf den nach links weisenden Pfeil ❺, um zur vorherigen Seite zurückzukehren.

5 Passen Sie analog das Speichern von **Zahlungsinformationen** ❻ sowie von **Adressen und mehr** ❼ an.

Passwort-Manager als Gedächtnisstütze nutzen

Online-Shops, Reiseportale, soziale Netzwerke und Online-Banking: Für jeden dieser Dienste sollten Sie unbedingt ein eigenes Kennwort festlegen. Dass dieses möglichst kompliziert und lang sein sollte, versteht sich von selbst. Doch gerade in dieser Komplexität liegt die Krux, denn kaum jemand kann sich eine Vielzahl derart schwieriger Kennwörter merken. Ein Passwort-Manager ist hier eine gute Gedächtnisstütze. Das Prinzip ist eines solchen Programms ist einfach: In der Datenbank eines Passwort-Managers werden sensible Daten wie Benutzernamen, Kennwörter oder auch Zahlungsinformationen verschlüsselt gespeichert. Das Programm selbst wird wiederum mit einem sog. *Master-Kennwort* geschützt. Dieses Kennwort ist das einzige, das Sie sich merken müssen. Vergessen Sie es, haben Sie keinen Zugriff mehr auf die im Passwort-Manager gespeicherten sensiblen Daten. Ein empfehlenswerter Passwort-Manager ist z. B. *LastPass* (*www.lastpass.com/de*), aber auch *1Password* (*www.1password.com/de*) schneidet bei Tests immer wieder gut ab.

INFO

Als Nächstes sollten Sie sich Gedanken darüber machen, wie Microsoft Edge mit sog. *Cookies* umgehen soll. Diese kleinen Dateien enthalten zwar keine Viren, anhand der Daten kann aber immerhin Ihr Surfverhalten ausspioniert werden. Für bestimmte Aktionen, etwa das bereits erwähnte Einkaufen, sind Cookies wiederum zwingend nötig, da mit ihrer Hilfe der Inhalt des Warenkorbs festgehalten wird. Bei der Einstellung sollten Sie also versuchen, einen guten Mittelweg zu finden.

1   Klicken Sie im Register **Einstellungen** ❶ links auf **Websiteberechtigungen** ❷, und dann rechts auf **Cookies und Websitedaten** ❸.

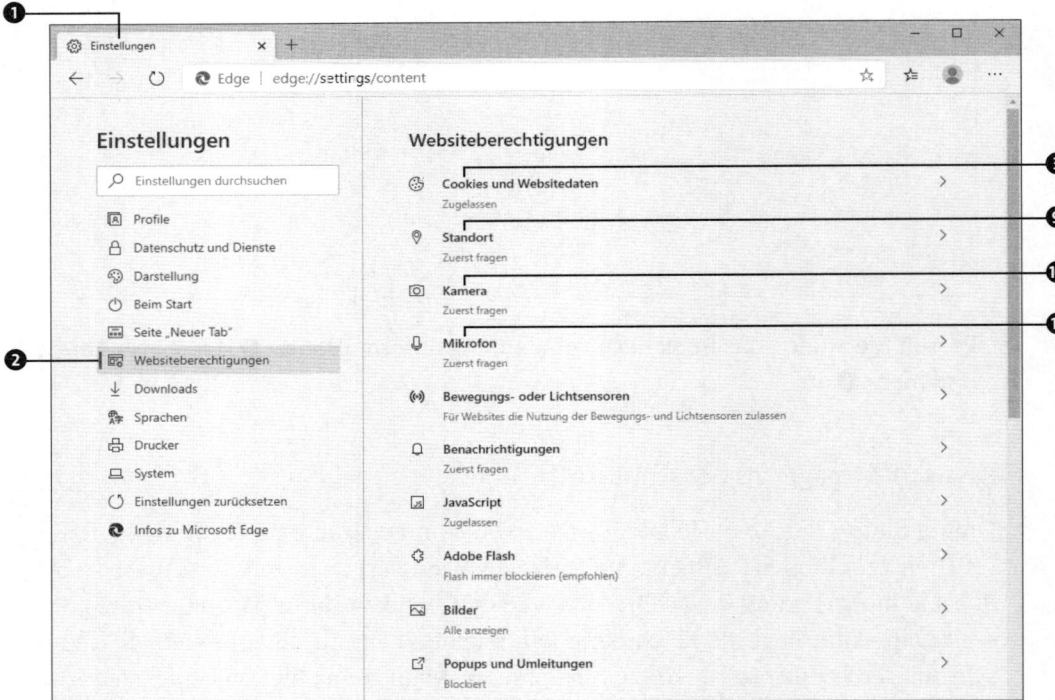

2   Auf der Seite **Websiteberechtigungen / Cookies und Websitedaten** ist der Regler **Zulassen, dass Websites Cookiedaten speichern und lesen (empfohlen)** per Standardeinstellung eingeschaltet ❹. Per Standardeinstellung deaktiviert ist hingegen **Cookies von Drittanbietern blockieren**. Diesen Regler sollten Sie unbedingt per Klick einschalten ❺. Mit diesen Einstellungen werden Cookies von Erstanbietern, also den Seiten, auf denen Sie sich gerade befinden, akzeptiert, die von Drittanbietern (Werbefenster u. Ä.) dagegen gesperrt.

3 Wenn es Sie interessiert, auf welchen Websites, die Sie in letzter Zeit besucht haben, Cookies gespeichert wurden, klicken Sie auf **Alle Cookies und Websitedaten anzeigen ➏**.

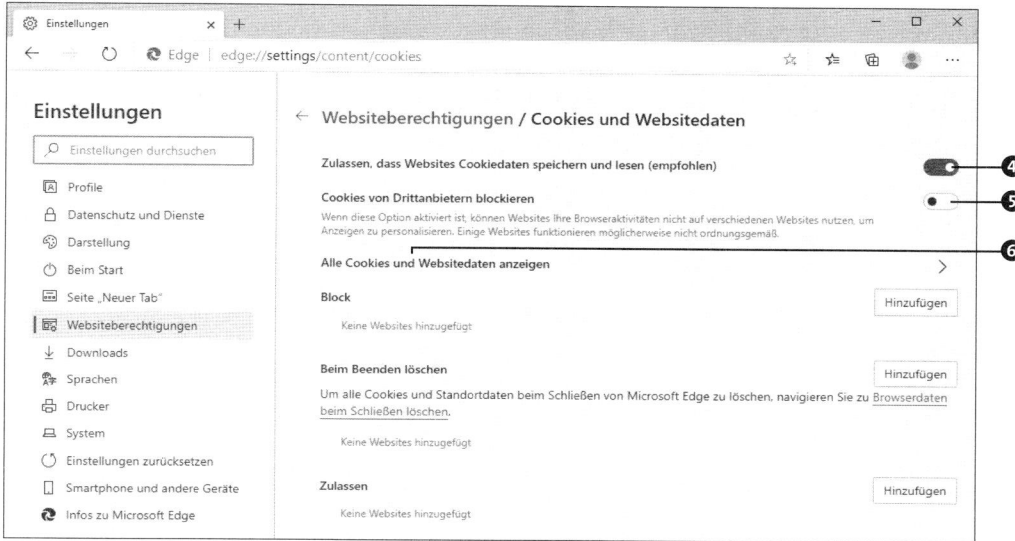

4 Wenn Sie auf der folgenden Übersichtsseite alle gespeicherten Daten in einem Rutsch löschen möchten, reicht ein Klick auf **Alle entfernen ➐**.

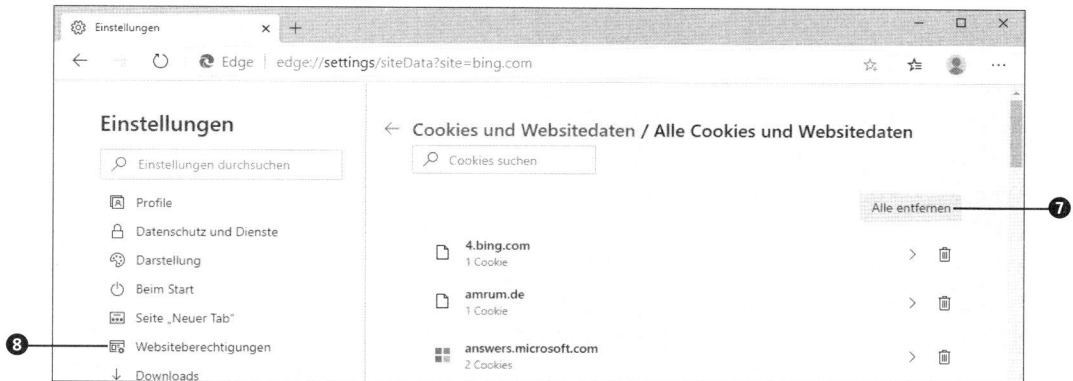

5 Klicken Sie dann links auf **Websiteberechtigungen**, um zur gleichnamigen Übersicht zurückzukehren ➑.

Manch eine Website würde gerne Ihren Standort erfahren oder auch auf die Kamera oder das Mikrofon Ihres PCs zugreifen. Per Standardeinstellung genehmigt Microsoft Edge dies zwar nicht, es wird aber zumindest eine entsprechende Frage eingeblendet. Wenn Sie es wünschen, können Sie auch diese Nachfragen unterbinden. Hierzu rufen Sie auf der Seite **Websiteberechtigungen** per Mausklick die Einstellung **Standort** (❾ auf Seite 510), **Kamera** ❿ bzw. **Mikrofon** ⓫ auf und deaktivieren auf der folgenden Seite jeweils den Regler **Vor dem Zugriff fragen (empfohlen)** ⓬. Über den nach links weisenden Pfeil ⓭ kehren Sie wieder zur Übersicht über die Websiteberechtigungen zurück.

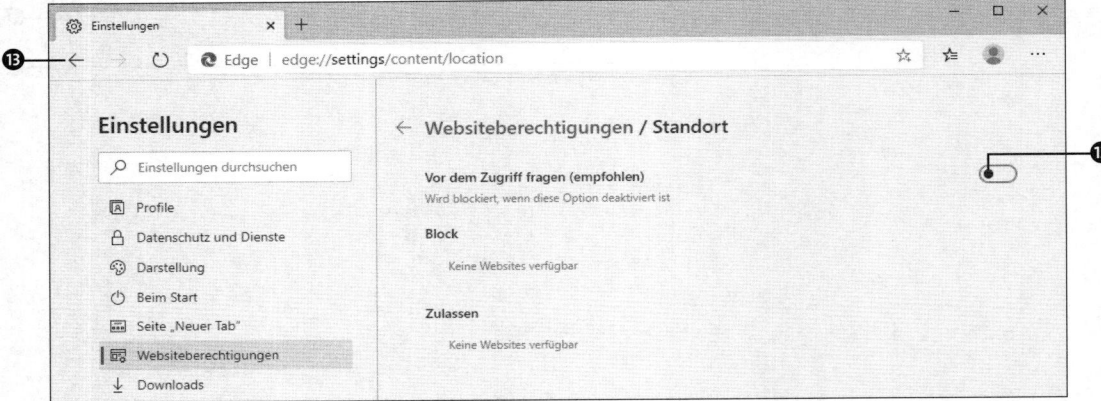

Abbildung 13.15 Ist der Regler deaktiviert, wird der Zugriff auf den Standort vollständig, also auch ohne Nachfrage, blockiert.

In der Übersicht über die Websiteberechtigungen sollten Sie als Nächstes die Einstellung für Adobe-Flash-Inhalte prüfen. Um früher multimediale Inhalte, wie z. B. Videos, in Webseiten einbinden zu können, benötigte man noch den *Adobe Flash Player*. Dieser weist allerdings immer wieder immense Sicherheitslücken auf. Auf den meisten neuen Webseiten kommt mittlerweile für die Darstellung von Filmen eine andere Technik zum Einsatz, nämlich HTML5. Somit wird der Adobe Flash Player nur noch auf wenigen Webseiten benötigt. Per Standardeinstellung sollte Microsoft Edge Flash-Inhalte automatisch blockieren. In der Übersicht **Websiteberechtigungen** sollte entsprechend unterhalb von **Adobe Flash** der Text **Flash immer blockieren (empfohlen)** ❶ angezeigt werden. Ist dies nicht der Fall, klicken Sie auf **Adobe Flash** und deaktivieren auf der folgenden Seite den Regler.

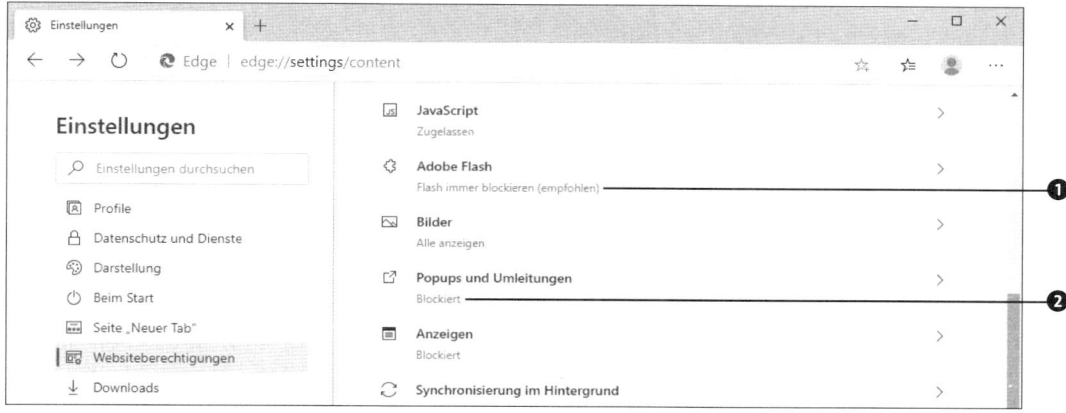

Abbildung 13.16 Adobe Flash sollte blockiert werden.

Die nächste Einstellung, die Sie sich genauer ansehen sollten, betrifft ein eher lästiges Thema, nämlich Werbung. Microsoft Edge bringt bereits einen sog. *Pop-up-Blocker* mit, der per Standardeinstellung auch eingeschaltet ist. In der Übersicht über die Websiteberechtigungen wird unterhalb von **Popups und Umleitungen** entsprechend **Blockiert** ❷ eingeblendet. Bei Pop-ups handelt es sich um zusätzliche Fenster, meist Werbung, die beim Aufruf einer Webseite angezeigt werden. Klicken Sie auf ein solches Fenster, werden Sie automatisch zu einer anderen Webseite umgeleitet. Eine solche Seite kann Schadcode enthalten. Sollten **Popus und Umleitungen** bei Ihnen nicht blockiert werden, klicken Sie den Eintrag in der Übersicht an. Aktivieren Sie dann auf der Folgeseite den Regler **Blockieren (empfohlen)** ❸. Über das Pfeil-Symbol ❹ kehren Sie wieder zur Übersicht zurück. Sehen Sie sich in Ruhe auch die weiteren Einstellungen auf der Seite Websiteberechtigungen an und prüfen Sie, welche Berechtigungen einer Website erteilt werden dürfen und welche Sie lieber blockieren möchten.

Abbildung 13.17 Den Pop-up-Blocker sollten Sie eingeschaltet lassen.

TIPP

Warnung vor unsicheren Websites

Leider gibt es heutzutage zahlreiche Webseiten, die versuchen, sicherheitskritische Daten wie etwa Kreditkartendaten oder auch Passwörter auszuspionieren. Dem voran gehen häufig E-Mails, angeblich von Onlineshops oder Banken versendet, in denen der Nutzer aufgefordert wird, zur Sicherheit eine bestimmte Webseite aufzurufen und dort die geforderten Daten einzugeben. Derartige Mails werden auch *Phishing-Mails* genannt. Wenn Sie tatsächlich auf den angegebenen Link klicken, wird statt der Webseite der Bank eine ähnlich aussehende Seite eines Betrügers geöffnet. Microsoft Edge verfügt über einen Sicherheitsmechanismus, den sog. *Microsoft Defender SmartScreen-Filter*, der Sie warnt, falls Sie auf eine derartige Webseite gelangen. Um zu überprüfen, ob der Filter aktiviert ist, markieren Sie im Einstellungen-Register in der linken Spalte **Datenschutz und Dienste**. Blättern Sie dann rechts ganz nach unten bis zum Bereich **Dienste**. Der Regler **Microsoft Defender SmartScreen** sollte hier unbedingt eingeschaltet sein.

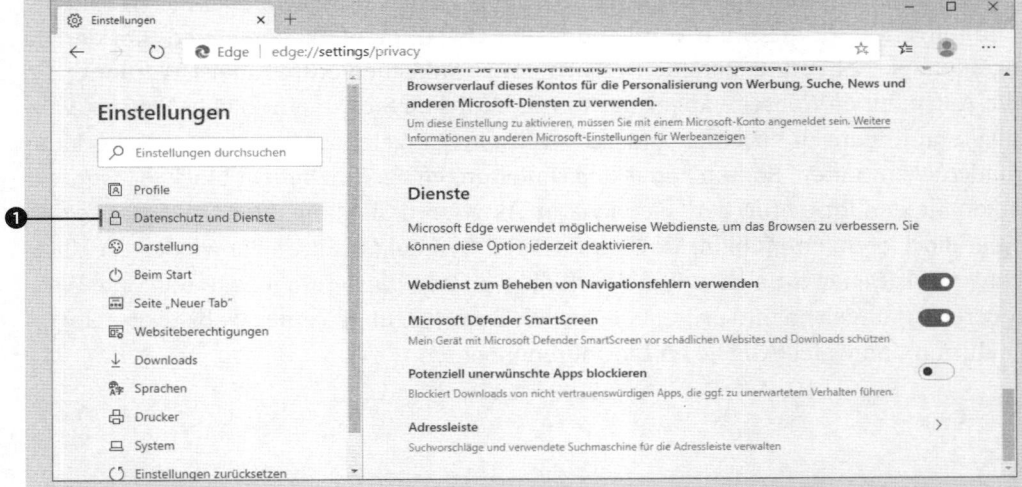

Abbildung 13.18 Ist der SmartScreen-Filter aktiviert, erhalten Sie eine Warnung, falls Sie versuchen, eine unsichere Website zu öffnen.

Für viele Websitebetreiber ist es hochinteressant, welche Webseiten Sie im Internet besuchen. Anhand Ihres Surfverhaltens versuchen sie, so viel wie möglich über Ihre Interessen herauszufinden und anschließend die perfekte Werbung für Sie auf den Webseiten einzublenden. Der Browser Microsoft Edge bietet einen Tracking-Schutz. Ob er aktiviert ist sowie weitere Einstellungen überprüfen Sie folgendermaßen:

1 Markieren Sie im Register **Einstellungen** in der linken Spalte **Datenschutz und Dienste ❶**. Per Standardeinstellung ist der Tracking-Schutz bereits eingeschaltet. Der Regler **Tracking-Verhinderung ❷** ist in der rechten Fensterhälfte entsprechend aktiviert.

2 Unterhalb des Reglers finden Sie die drei Stufen **Einfach**, **Ausgewogen** und **Streng**. Mit der Stufe **Einfach ❸** werden lediglich bereits bekannte und als schädlich eingestufte Tracker blockiert, alle anderen lässt Edge auf einer Webseite zu. Ist die Stufe **Streng ❹** ausgewählt, werden fast alle Tracker einer Webseite gesperrt, was in manchen Fällen zu Anzeigeproblemen auf der Seite führen kann. Einen guten Mittelweg stellt die Stufe **Ausgewogen ❺** dar. Diese ist zumeist auch voreingestellt.

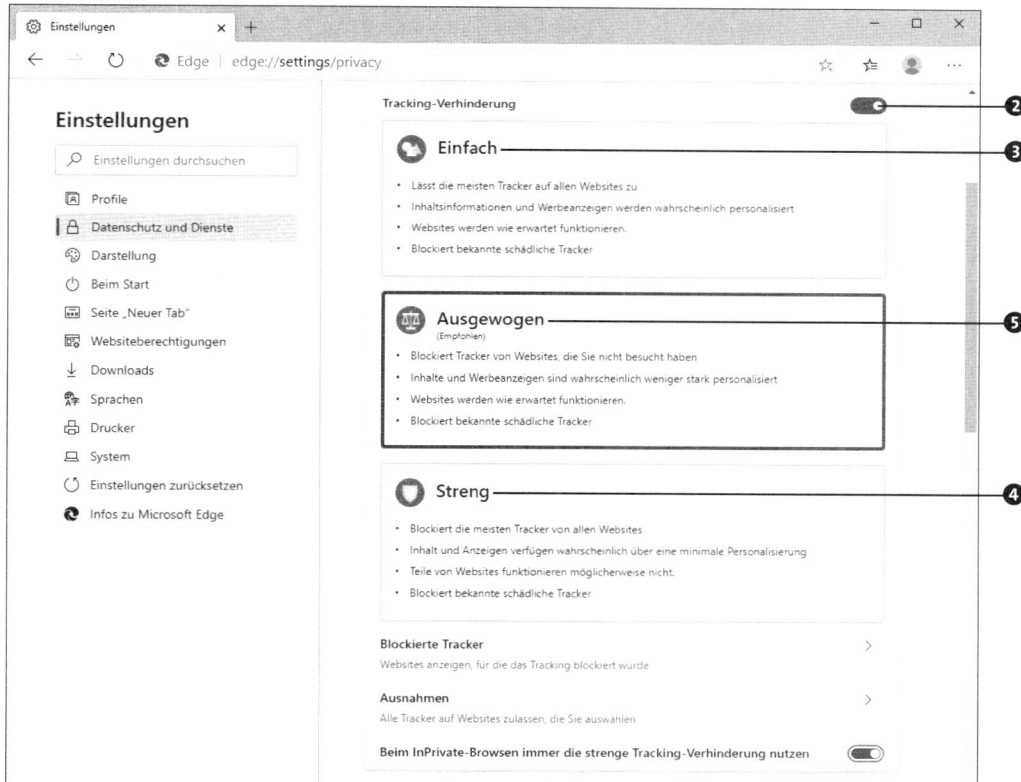

3 Zusätzlich zum Tracking-Schutz bietet Ihnen der Microsoft Edge Browser noch einen sog. *Do Not Track-Schutz*. Ist dieser eingeschaltet, signalisieren Sie den Websitebetreibern, dass Sie nicht möchten, dass diese Ihr Surfverhalten mithilfe von Cookies o. Ä. nachverfolgen. Per Standardeinstellung ist der Do-Not-Track-Schutz ausgeschaltet. Um ihn zu aktivieren, blättern Sie auf der Seite **Datenschutz und**

Dienste etwas weiter nach unten bis zum Bereich **Datenschutz**. Aktivieren Sie den Regler **„Nicht verfolgen"-Anforderungen (Do not track) senden** per Mausklick ❻. Den folgenden Hinweis bestätigen Sie mit **Anforderung senden**. Eine Garantie, dass Websites diese Einstellung berücksichtigen, gibt es allerdings nicht. Denn nach wie vor gibt es leider Unternehmen, die es mit dem Datenschutz nicht so genau nehmen.

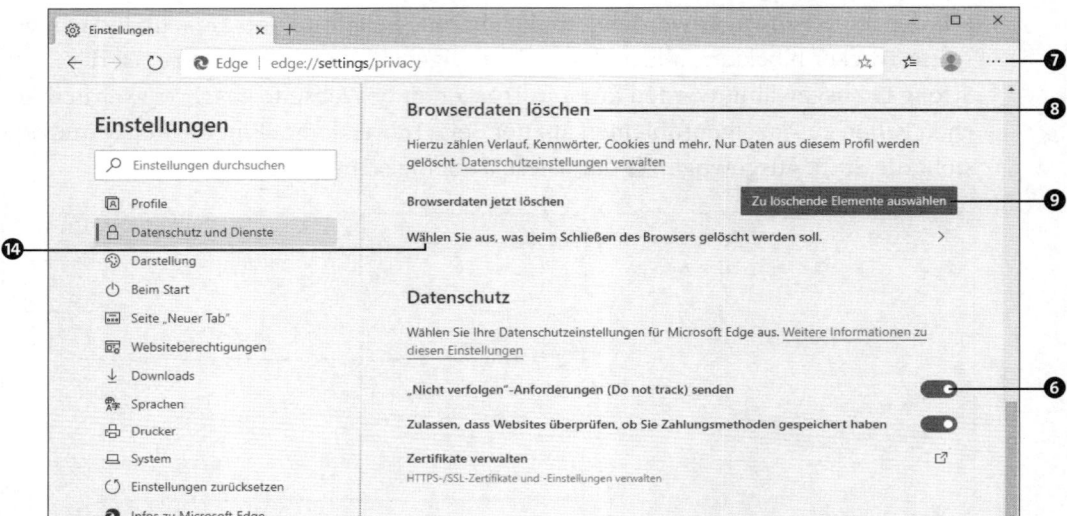

Auf den letzten Seiten haben Sie bereits erfahren, dass Microsoft Edge einige Informationen speichert, während Sie im Internet surfen. Neben den erwähnten Kennwörtern, Formulardaten sowie Cookies protokolliert der Browser auch automatisch, welche Webseiten Sie bereits besucht haben. Geben Sie die Adresse erneut ein, müssen Sie die Eingabe meist gar nicht erst abschließen, da der Browser Ihnen die gewünschte Webadresse bereits vorschlägt. Diesen Verlauf können Sie auch selbst einsehen, wenn Sie in der Symbolleiste von Edge auf das Symbol **Mehr** ❼ klicken und im aufklappenden Menü nacheinander **Verlauf** ▸ **Verlauf verwalten** auswählen. Nicht nur Sie selbst können diesen Verlauf einsehen, sondern auch Unbefugte, die Zugriff auf Ihren Computer erlangen. Um Datenmissbrauch vorzubeugen, sollten Sie den Browserverlauf regelmäßig löschen.

1 Sollten Sie das Register Einstellungen in der Zwischenzeit geschlossen haben, klicken Sie in der Symbolleiste von Microsoft Edge auf **Mehr**, und wählen Sie im aufklappenden Menü den Eintrag **Einstellungen**.

2 Markieren Sie in der linken Spalte **Datenschutz und Dienste**, und blättern Sie rechts nach unten bis zum Eintrag **Browserdaten löschen** ❽. Klicken Sie hier auf **Zu löschende Elemente auswählen** ❾.

3 Im Dialog **Browserdaten löschen** klicken Sie in das Feld **Zeitbereich** und wählen **Gesamte Zeit ⑩**. In der Liste darunter sind die ersten vier Kontrollkästchen meist standardmäßig aktiviert und sollten es auch bleiben **⑪**. Blättern Sie in der Liste weiter nach unten.

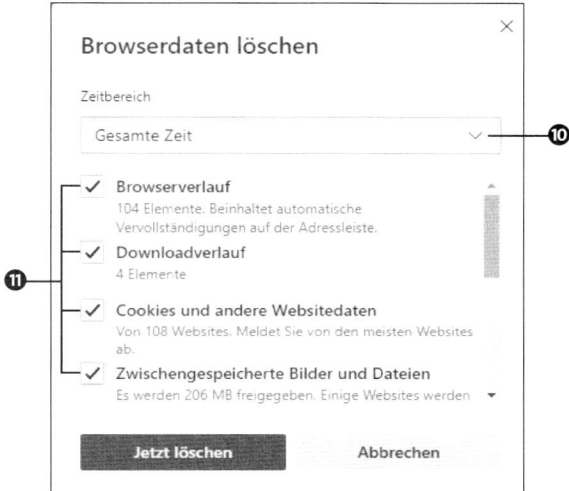

4 Wenn auch die gespeicherten **Kennwörter** und **AutoAusfüllen-Formulardaten ⑫** gelöscht werden sollen, versehen Sie die beiden Kästchen ebenfalls mit einem Häkchen.

5 Klicken Sie nun auf **Jetzt löschen ⑬**, wird der Browserverlauf geleert. Dies kann einen Moment dauern.

517

6 Damit zukünftig nach jedem Aufruf von Edge die Browserdaten gelöscht werden, klicken Sie auf der Seite **Datenschutz und Dienste** im Bereich **Browserdaten löschen** auf **Wählen Sie aus, was beim Schließen des Browsers gelöscht werden soll** (⓮ auf Seite 516).

7 Aktivieren Sie auf der folgenden Seite die Regler rechts von den zu löschenden Daten ⓯.

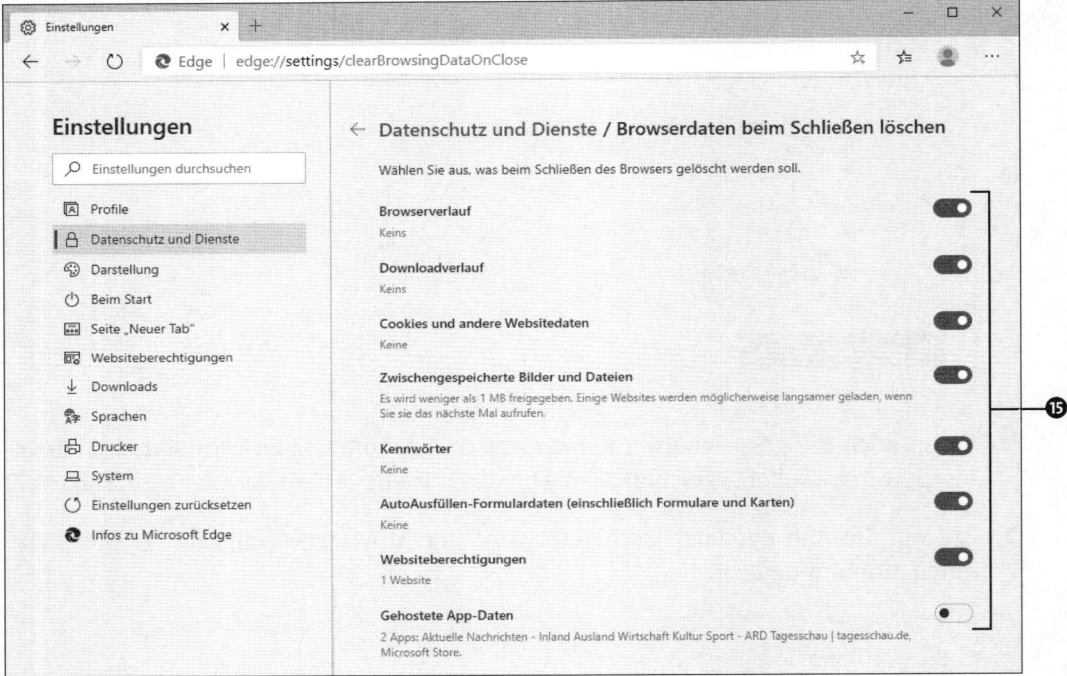

TIPP

Mit dem InPrivate-Modus anonym surfen

Eigentlich wäre es Ihnen am liebsten, wenn gar nicht erst Daten während des Surfens im Internet gespeichert werden? Mit dem *InPrivate-Modus* von Microsoft Edge ist dies möglich. Allerdings muss dieser Modus vor jedem Aufruf einer Webseite aktiviert werden. Klicken Sie hierzu in der Symbolleiste auf **Mehr** und anschließend auf **Neues InPrivate-Fenster**. Es wird nun automatisch ein zweites Programmfenster von Microsoft Edge geöffnet. Rechts neben dem Adressfeld erscheint die Schaltfläche **InPrivate**. Geben Sie nun wie gewohnt die Webadresse in das Adressfeld ein, und surfen Sie im Internet, wie es Ihnen beliebt. Um den Modus wieder zu beenden, schließen Sie einfach das Programmfenster per Klick auf die Schließen-Schaltfläche.

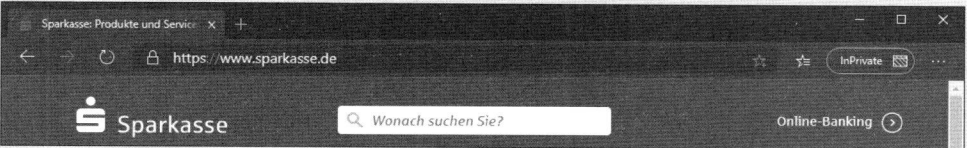

Abbildung 13.19 Ist der InPrivate-Modus aktiviert, erscheint in der rechten oberen Fensterecke ein entsprechender Hinweis.

Das InPrivate-Browsen ist vor allem immer dann sinnvoll, wenn Sie auf Webseiten sensible Daten wie etwa Kreditkarteninformationen oder Kennwörter eingeben müssen. Zusätzlich sollten Sie bei der Eingabe solcher Daten aber auch sicherstellen, dass die Datenübertragung über eine sichere Verbindung stattfindet. Dabei werden die Daten verschlüsselt übertragen. Bei einer sicheren Verbindung beginnt die Webadresse im Adressfeld mit *https://* und nicht wie sonst nur mit *http://*.

Damit sind die wichtigsten Sicherheitseinstellungen vorgenommen. Microsoft Edge wird fortlaufend aktualisiert. Mit jedem Update kommen nicht nur neue Funktionen hinzu, sondern werden auch wichtige Sicherheitslücken im Browser geschlossen. Achten Sie daher darauf, dass immer die aktuellste Version des Browsers installiert ist. Im Normalfall erfolgt das Update über das Windows-Update. Wenn Sie überprüfen möchten, ob Microsoft Edge auf dem neusten Stand ist, klicken Sie in der Symbolleiste des Browsers auf **Mehr** und im aufklappenden Menü nacheinander auf **Hilfe und Feedback ▶ Infos zu Microsoft Edge**. Es wird das Register **Einstellungen** geöffnet, in dem links **Infos zu Microsoft Edge** markiert ist. Sollten Updates für den Browser verfügbar sein, werden diese sofort heruntergeladen. Anschließend erscheint in der rechten Fensterhälfte der Hinweis **Microsoft Edge ist auf dem neuesten Stand**.

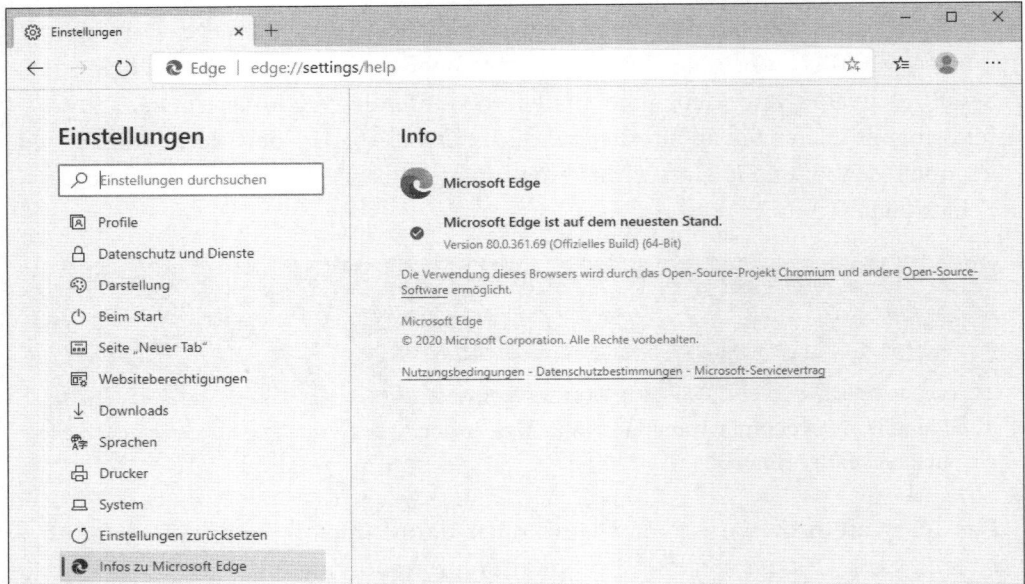

Abbildung 13.20 Microsoft Edge ist auf dem neuesten Stand.

13.7 PDFs und E-Books lesen mit Microsoft Edge

Immer mehr Behörden und auch Unternehmen verschicken ihre Formulare auf elektronischem Wege im PDF-Format. Diese Dateien können dann bequem am PC ausgefüllt und ausgedruckt werden. Im Gegensatz zu früheren Windows-Versionen müssen Sie hierfür keine spezielle Software mehr installieren, der Browser Edge reicht vollkommen. Sobald Sie z. B. im Explorer eine Datei im PDF- Format per Doppelklick auswählen, wird automatisch der Browser Edge gestartet und das Dokument in einer eigenen Registerkarte geöffnet.

Nach dem Öffnen wird unterhalb der Adressleiste des Browsers eine zusätzliche Symbolleiste eingeblendet. Sehen wir uns an, welche Funktionen Ihnen hier zur Verfügung stehen:

- Handelt es sich um ein mehrseitiges Dokument, wird am linken Rand die Seitenanzahl angezeigt ❶. Klicken Sie in das weiße Feld ❷, können Sie die nun blau markierte aktuelle Seitenzahl mit der Seitenzahl überschreiben, zu der Sie innerhalb des Dokuments springen möchten. Die Eingabe bestätigen Sie einfach durch Drücken der Taste ⏎. Um von einer Seite zur nächsten zu gelangen, nutzen Sie das

Scrollrad Ihrer Computermaus oder die Bildlaufleiste am rechten Rand des Browserfensters ❸.

- Über das Minus- und das Plus-Symbol ❹ passen Sie die Anzeigegröße des Dokuments an. Durch Drücken der Taste ⌷F11⌷ wird das Browserfenster im Vollbildmodus, also über den gesamten Bildschirm hinweg, angezeigt. Um ihn wieder zu deaktivieren, drücken Sie erneut die Taste ⌷F11⌷. Soll das Dokument über die gesamte Breite des Browserfensters angezeigt werden, reicht ein Klick auf das Symbol ⌷↔⌷ ❺. Mit einem erneuten Klick darauf heben Sie die Anpassung wieder auf.

- Wurde ein Dokument versehentlich verkehrt herum eingescannt, lässt sich die Ausrichtung über das Symbol **Drehen** ❻ korrigieren.

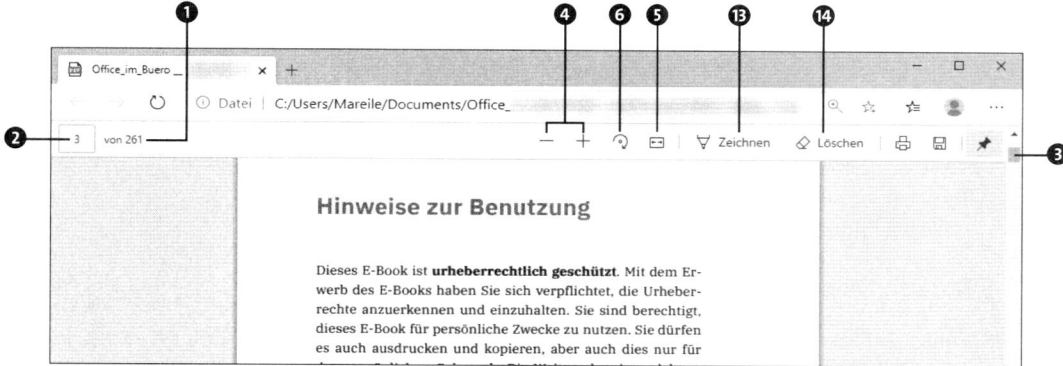

Abbildung 13.21 Die Anzeigengröße des PDF-Dokuments lässt sich individuell anpassen.

- Ist Ihnen das Ausdrucken des PDF-Dokuments gestattet (was nicht bei allen PDF-Dateien der Fall ist), rufen Sie per Klick auf das Symbol **Drucken** ⌷🖶⌷ ❼ den Dialog **Drucken** auf. Wählen Sie den Drucker aus, und geben Sie die Seiten an, die zu Papier gebracht werden sollen. Möchten Sie Papier sparen und deshalb z. B. zwei Seiten pro Blatt ausdrucken, stellen Sie die entsprechende Anzahl im Feld **Seiten pro Blatt** **ein**. Mit einem Klick auf **Drucken** starten Sie den Druckvorgang.

- Suchen Sie nach einer ganz bestimmten Textpassage? Hierfür nutzen Sie ganz einfach den Befehl **Auf Seite suchen** ❽, den Sie über das Symbol **Mehr** in der Symbolleiste des Browsers erreichen. Geben Sie dann in das Suchfeld ❾, das nun unterhalb der Adressleiste des Browsers eingeblendet wird, den Suchbegriff ein. Edge beginnt sofort, das Dokument nach dem Begriff zu durchforsten, und zeigt das erste Ergebnis gleich an. Über die Pfeiltasten ❿ navigieren Sie zum vorherigen bzw. nächsten Ergebnis. Alternativ klicken Sie auf die gelben Balken in der Bildlaufleiste, die ebenfalls Fundstellen kennzeichnen. Benötigen Sie das Suchfeld nicht mehr, klicken Sie rechts auf das Symbol **Schließen** ⓫.

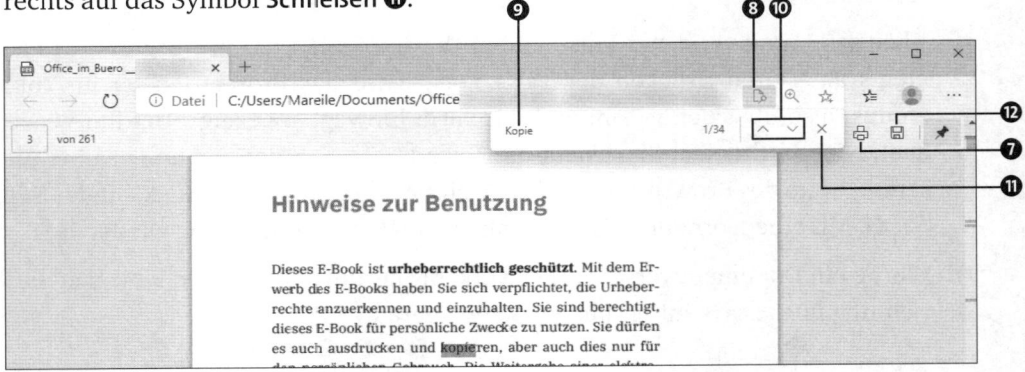

Abbildung 13.22 In PDF-Dateien kann gezielt nach Begriffen gesucht werden.

- Nach einem Klick auf das Symbol **Speichern** ⓬ können Sie einen neuen Dateinamen sowie ein neues Verzeichnis festlegen, unter dem das PDF-Dokument abgelegt werden soll.

TIPP

E-Book mit Notizen versehen

Sie haben eine interessante Textpassage im E-Book entdeckt, die Sie gerne markieren möchten? Nach einem Klick auf das **Zeichnen**-Symbol (⓭ auf Seite 521) können Sie mit gedrückter Maustaste z. B. Begriffe unterstreichen oder auch durchstreichen. Wenn Sie eine Markierung wieder löschen möchten, aktivieren Sie per Mausklick das Symbol **Löschen** ⓮. Fahren Sie dann einfach mit gedrückter linker Maustaste über das gezeichnete Element, das wieder entfernt werden soll. Benötigen Sie das Zeichnen- oder Löschen-Werkzeug nicht mehr, deaktivieren Sie es einfach per erneutem Mausklick auf das entsprechende Symbol.

Handelt es sich bei dem PDF-Dokument, das Sie im Browser Edge geöffnet haben, um ein Formular mit interaktiven Feldern, können Sie diese direkt im Browser ausfüllen. Edge erkennt derartige Eingabefelder automatisch und markiert sie farbig. Um eine Eingabe in einem Feld vorzunehmen, klicken Sie einfach in das Feld und geben dann wie gewohnt den Text über die Tastatur ein. Durch Drücken der Taste ⇥ gelangen Sie von einem Feld zum nächsten. Das fertig ausgefüllte Formular können Sie über die entsprechenden Symbole in der Symbolleiste entweder ausdrucken oder speichern.

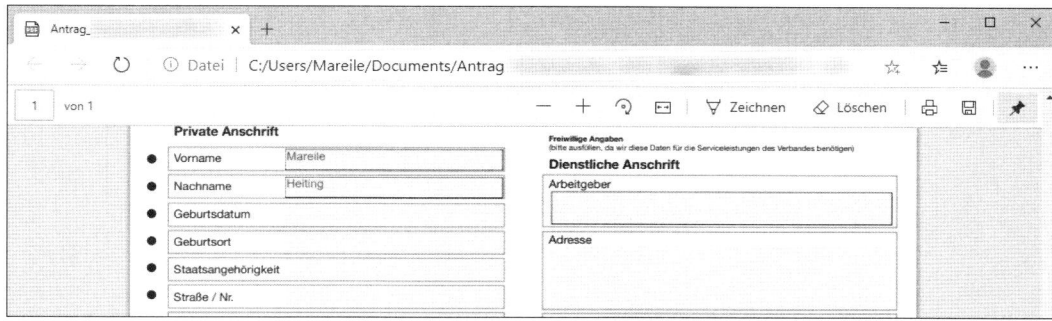

Abbildung 13.23 Edge hebt Eingabefelder in PDF-Dateien farbig hervor.

Websites in speziellen Apps oder in Edge öffnen?

Zum Öffnen mancher Websites sieht Microsoft nicht den Browser Edge vor, sondern eine eigene App. Erhalten Sie z. B. eine Mail mit dem Link *http://maps.windows.com*, öffnet sich nach einem Klick auf den Link automatisch die damit verknüpfte Karten-App. Ziehen Sie den Browser Edge vor, rufen Sie die Einstellungen-App z. B. über die Tastenkombination ⊞ + Ⓘ auf. Wechseln Sie in die Kategorie **Apps**, und markieren Sie in der linken Spalte **Apps für Websites**. Über die Regler in der rechten Fensterhälfte können Sie nun individuell für jede App festlegen, ob eine Website per App oder in Edge geöffnet werden soll.

13.8 Mobilgerät und PC im Team

Viele von uns nutzen mittlerweile ihr Smartphone oder Tablet, um unterwegs gemütlich im Internet zu surfen. Nicht immer reicht aber die Zeit, einen Artikel auch in Ruhe zu Ende zu lesen. Windows 10 bietet eine pfiffige Möglichkeit, das Mobilgerät mit dem PC daheim zu verknüpfen und so einen unterwegs begonnenen Beitrag daheim weiterzulesen. Voraussetzung hierfür ist, dass das Smartphone bzw. das Tablet mit einer SIM-Karte ausgestattet ist. Zusätzlich benötigen Sie ein Microsoft-Konto, mit dem Sie auch am PC angemeldet sein müssen. Auf dem Mobilgerät selbst wird eine spezielle App installiert. Diese App wird für Android-Geräte sowie iPhones im jeweiligen Store kostenlos zur Verfügung gestellt.

1 Um das Mobilgerät mit dem PC zu verknüpfen, rufen Sie **Start ▸ Einstellungen ▸ Telefon** auf. Nach einem Klick auf **Mobiltelefon hinzufügen** ❶ markieren Sie im Dialog **Ihr Smartphone** den Typ Ihres Smartphones, also **Android** oder **iPhone** ❷. Bestätigen Sie die Auswahl mit **Weiter**.

2 Auf der folgenden Seite geben Sie die Telefonnummer Ihres Mobilgeräts an und bestätigen mit **Senden**.

3 Windows 10 schickt eine SMS an das Mobilgerät. Benutzer eines iPhones können diese Textnachricht nun öffnen und auf den darin enthaltenen Link tippen. Er führt Sie direkt zum Store, über den Sie die *Continue on PC*-App (dt. *Weiter auf dem PC*) installieren. Besitzer eines Android-Mobilgeräts finden in der SMS hingegen einen Link für die App namens *Begleiter für Ihr Smartphone* (engl. *Your Phone Companion*). Installieren Sie diese App auf Ihrem Android-Gerät.

4 Öffnen Sie die installierte App anschließend auf Ihrem Smartphone, und scannen Sie den auf dem PC-Bildschirm angezeigten QR-Code. Damit melden Sie sich automatisch mit dem Microsoft-Konto an, das Sie auch auf dem PC nutzen. Auf dem Mobilgerät müssen Sie anschließend noch einige Berechtigungen erteilen. Folgen Sie hier den Anweisungen des Assistenten. Wichtig ist, dass Sie die Frage, ob das Gerät eine Verbindung mit der App *»Ihr Smartphone«* auf Ihrem PC herstellen darf, mit einem Klick auf **Zulassen** beantworten.

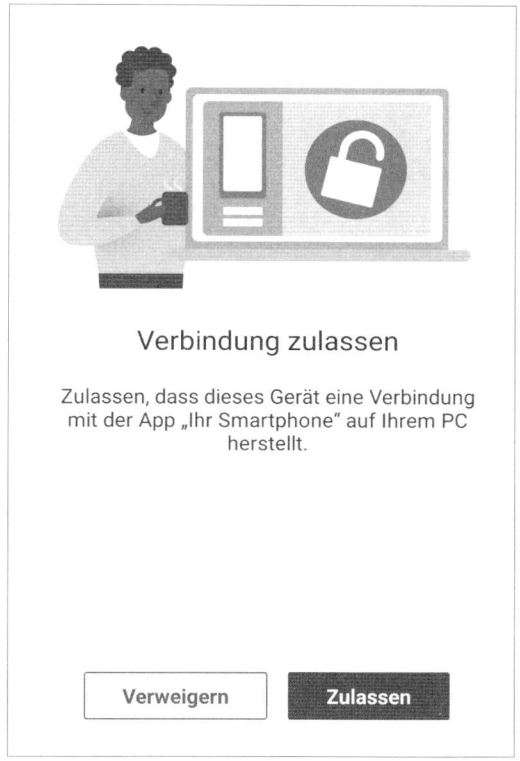

Nach der erfolgreichen Installation sind alle Vorbereitungen abgeschlossen, und Sie können eine Webseite, die Sie unterwegs zu lesen begonnen haben, daheim am PC weiterlesen. Hierzu gehen Sie folgendermaßen vor:

1 Rufen Sie im Browser, den Sie auf dem Mobilgerät nutzen, die **Teilen**- bzw. **Senden**-Funktion ❶ auf (die Bezeichnung hängt vom verwendeten Gerät sowie Browser ab).

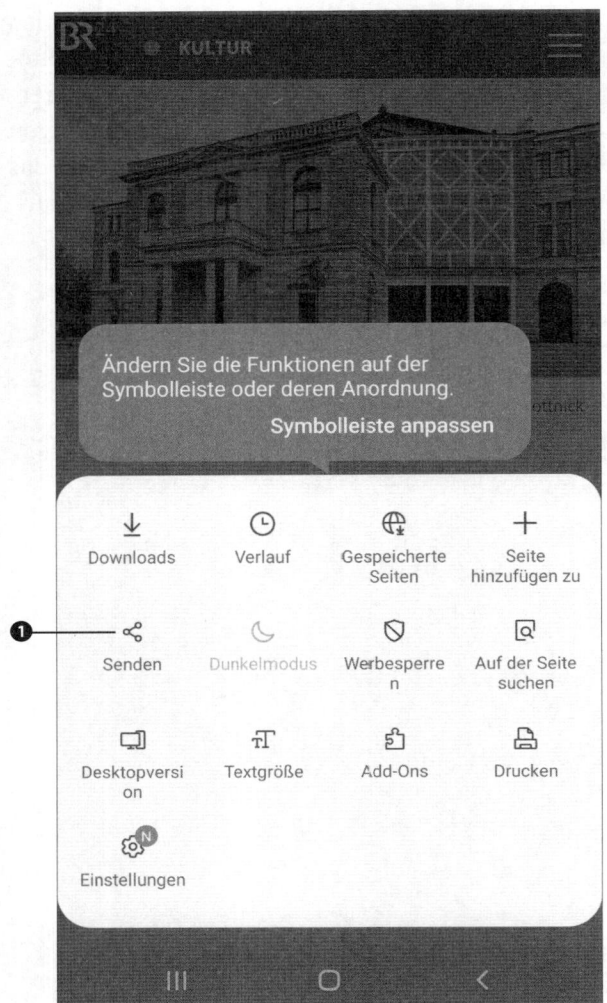

2 Im folgenden Dialog markieren Sie **Weiter auf dem PC**.

3 Es werden Ihnen nun alle Computer aufgelistet, die Sie mit dem Telefon verknüpft haben ❷. Sollte der PC bereits eingeschaltet und Sie mit Ihrem Microsoft-Konto angemeldet sein, wird das Gerät in der Liste blau hervorgehoben. In diesem Fall können Sie es direkt anklicken. Auf dem PC wird sofort der Browser mit der Webseite gestartet, die Sie auch auf dem Mobilgerät geöffnet haben.

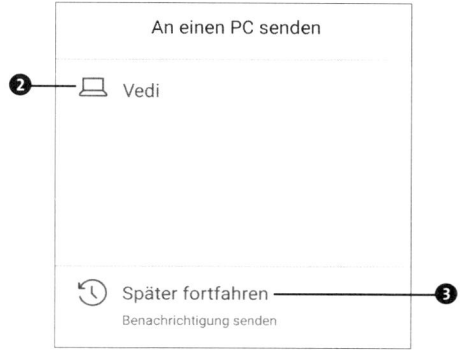

4 Ist der PC nicht eingeschaltet, wählen Sie auf dem Smartphone **Später fortfahren** ❸. Fahren Sie den Computer später hoch, erhalten Sie über das Info-Center eine Benachrichtigung **Weiter auf dem Handy** ❹. Mit einem Klick hierauf öffnen Sie die unterwegs gelesene Webseite.

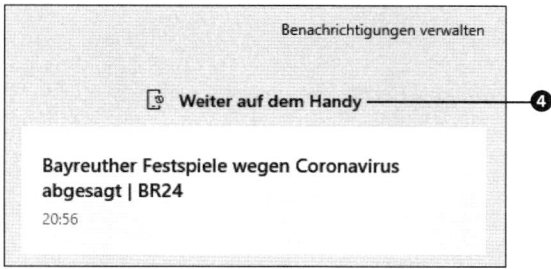

5 Um z. B. auf Fotos auf dem Smartphone zuzugreifen, öffnen Sie auf dem Windows-10-PC über das Startmenü die App *Ihr Smartphone*. Markieren Sie in der linken Spalte der App **Fotos** ❺, werden rechts alle auf dem Mobiltelefon gespeicherten Bilder aufgelistet.

6 Sollen auf dem PC die auf dem Mobiltelefon eingegangenen SMS angezeigt werden? In der *Ihr Smartphone*-App können Sie die entsprechenden Genehmigungen nach einem Klick auf **Einstellungen** ❻ vornehmen.

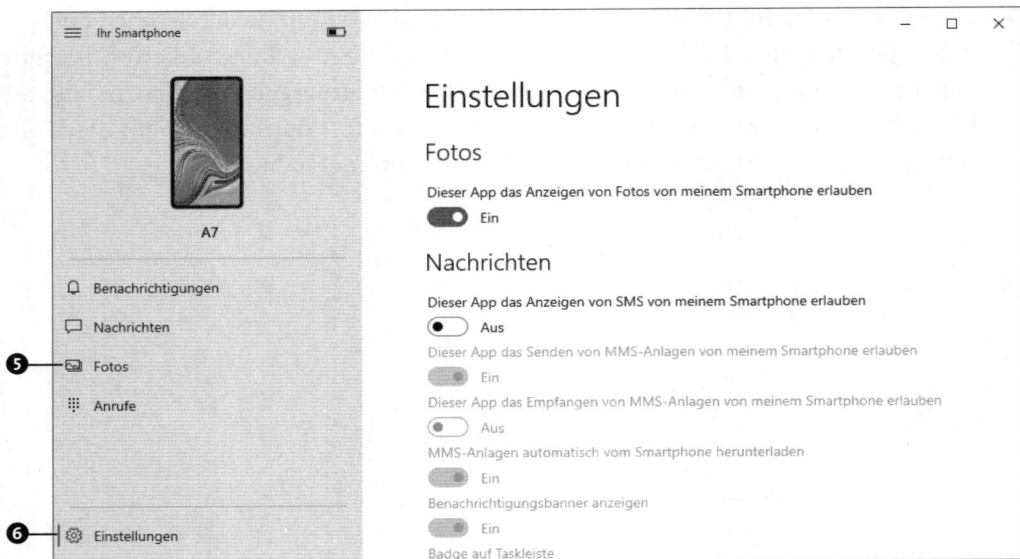

7 Wenn Sie die Verknüpfung zwischen dem PC und dem Smartphone irgendwann nicht mehr wünschen, rufen Sie auf dem PC **Start ▸ Einstellungen ▸ Telefon** auf. Klicken Sie dann rechts auf **Verwalten Sie alle mit Ihrem Microsoft-Konto verknüpften Geräte ❼**.

8 Es wird der Browser geöffnet. Melden Sie sich im Dialog **Anmelden** mit der E-Mail-Adresse und dem Kennwort bei Ihrem Microsoft-Konto an. Im Browser werden Ihnen anschließend alle mit diesem Konto genutzten Geräte angezeigt.

9 Um die Verknüpfung zwischen dem Microsoft-Konto und dem Smartphone aufzuheben, klicken Sie in der Übersicht auf das Gerät. In der Detailansicht wählen Sie nach einem Klick auf **Verwalten** ❽ den Befehl **Verknüpfung mit Telefon aufheben**.

10 Versehen Sie im Dialog **Telefon trennen** das Kästchen **Dieses Handy trennen** mit einem Häkchen, und bestätigen Sie mit **Entfernen** und dann **OK**.

13.9 Nützliche Tastenkürzel zur Bedienung von Microsoft Edge

Wer gerne mit Tastenkombinationen arbeitet, kann mithilfe der folgenden Tabelle gängige Aktionen im Browser Microsoft Edge noch komfortabler durchführen. Viele der hier aufgeführten Tastaturkürzel funktionieren übrigens auch in anderen Browsern, wie etwa *Mozilla Firefox*.

Tastenkombination	Funktion
F11	den Vollbildmodus aktivieren bzw. deaktivieren
Strg + +	Darstellung vergrößern
Strg + -	Darstellung verkleinern
Strg + 0	zur Standarddarstellung zurückkehren

Tabelle 13.1 Grundlegende Tastenkombinationen zur Bedienung von Edge

Tastenkombination	Funktion
Strg + 1 , 2 , 3 etc.	zur Registerkarte Nummer 1, 2, 3 etc. wechseln
Strg + D	aktuelle Webseite zu den Favoriten hinzufügen
Strg + F	auf der Seite suchen
Strg + H	den Verlauf einblenden
Strg + ⇧ + O	die Favoriten anzeigen
Strg + J	aktuelle und frühere Downloads anzeigen
Strg + L	in Adressleiste wechseln und aktuelle Adresse markieren
Strg + N	neues Browserfenster öffnen
Strg + P	aktuelle Webseite drucken
Strg + R	Webseite aktualisieren
Strg + T	neue Registerkarte öffnen
Strg + W	aktuelle Registerkarte schließen
Strg + ⇧ + N	neues Fenster im InPrivate-Modus öffnen
Strg + ⇥	zur nächsten Registerkarte wechseln
Strg + ⇧ + ⇥	zur vorherigen Registerkarte wechseln
Alt + ←	zur vorherigen Webseite zurückkehren
Alt + →	zur nächsten Webseite blättern

Tabelle 13.1 Grundlegende Tastenkombinationen zur Bedienung von Edge (Forts.)

14 Internetverbindung herstellen und PCs vernetzen

Fast jeder Computer verfügt heutzutage über die notwendige Hardware, um per Kabel oder auch drahtlos an ein Netzwerk angeschlossen zu werden. Auf den folgenden Seiten erfahren Sie, wie Sie mithilfe des Netzwerkassistenten eine Internetverbindung herstellen. Der Schwerpunkt dieses Kapitels liegt auf dem Austausch von Daten zwischen verschiedenen Computern, die Teil Ihres privaten Netzwerks sind.

14.1 Eine Netzwerkverbindung einrichten

Der Vertrag mit dem Internetdienstanbieter ist abgeschlossen, die notwendige Hardware z. B. in Form eines Routers haben Sie bereits erhalten und aufgebaut. Nun sollen die Computer angeschlossen und somit eine Verbindung ins Internet hergestellt werden. Nicht immer funktioniert allerdings alles so einfach, wie in Teil I, »Start mit Windows 10«, ab Seite 21 beschrieben. Auf den folgenden Seiten habe ich einige Tipps für Sie zusammengestellt, falls es mit der Verbindung ins Netzwerk nicht so geklappt hat wie erhofft.

14.1.1 Eine Breitbandverbindung per Netzwerkassistent einrichten

Wie leicht eine Netzwerkverbindung via Kabel zwischen Router und PC hergestellt werden kann, erfahren Sie in Abschnitt 3.2, »Eine Netzwerkverbindung herstellen«, ab Seite 74. Denn meist reicht es, das Ethernetkabel an die beiden entsprechenden Buchsen am PC sowie am Router anzuschließen, und schon steht nach wenigen Sekunden die Internetverbindung. Der Grund, dass die Verbindung so unkompliziert hergestellt werden kann, ist die DHCP-Funktion, über die jeder aktuelle Router verfügt und die standardmäßig auch aktiviert ist. Dieses *Dynamic Host Configuration Protocol* sorgt dafür, dass dem PC automatisch eine eindeutige IP-Adresse zugeordnet wird, über die er im Netzwerk erkannt werden kann.

Automatisch vergebene IP-Adresse in Erfahrung bringen

Wenn es Sie interessiert, welche IP-Adresse vergeben wurde, rufen Sie **Start ▶ Einstellungen ▶ Netzwerk und Internet** auf. In der Unterkategorie **Status**, die bereits aktiviert ist, klicken Sie rechts auf **Netzwerkeigenschaften anzeigen ❶**. Nun werden Ihnen alle Details der Netzwerkverbindung angezeigt.

Sollte diese automatische Verbindung nicht funktioniert haben, können Sie auch den *Netzwerkassistenten* nutzen, der Sie Schritt für Schritt durch die Konfiguration führt. Dabei werden einige Daten abgefragt, die Sie von Ihrem Internetdienstanbieter erhalten. Dazu zählen z. B. der Benutzername und das Passwort. Um den Netzwerkassistenten zu starten, gehen Sie folgendermaßen vor:

1 Rufen Sie über das Startmenü die **Einstellungen** auf und dort die Kategorie **Netzwerk und Internet**. In der Unterkategorie **Status** klicken Sie rechts auf **Netzwerk- und Freigabecenter ❷**.

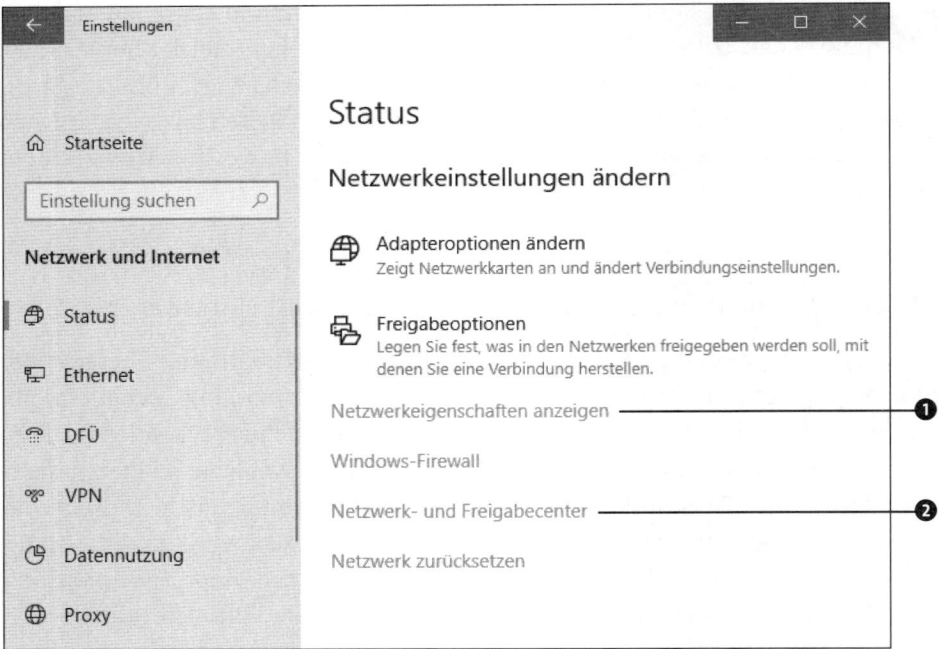

2 Im Dialog **Netzwerk- und Freigabecenter** klicken Sie auf **Neue Verbindung oder neues Netzwerk einrichten ❸**.

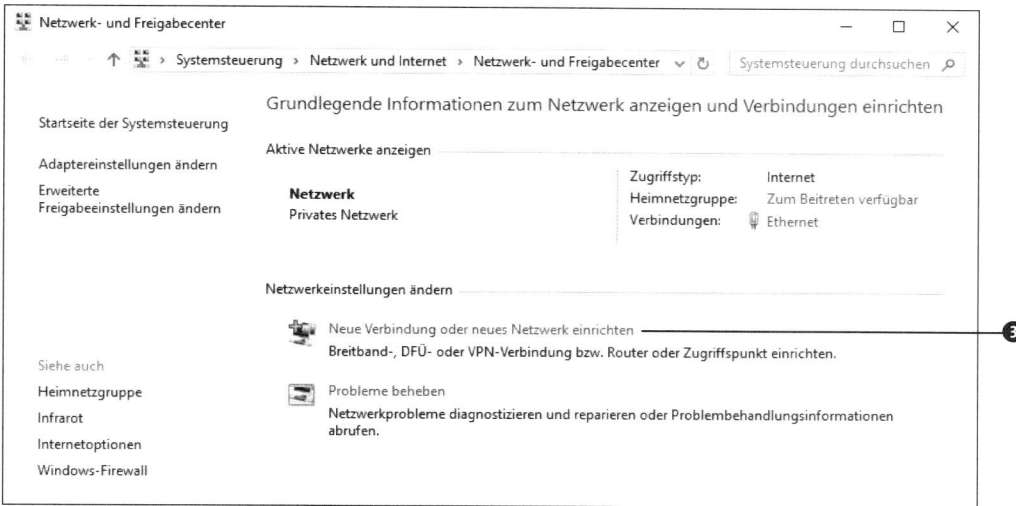

3 Wählen Sie die Verbindungsoption **Verbindung mit dem Internet herstellen** aus, und bestätigen Sie mit **Weiter**.

4 Sie werden nun gefragt, wie Sie die Verbindung herstellen möchten. Markieren Sie hier **Breitband (PPPoE)**.

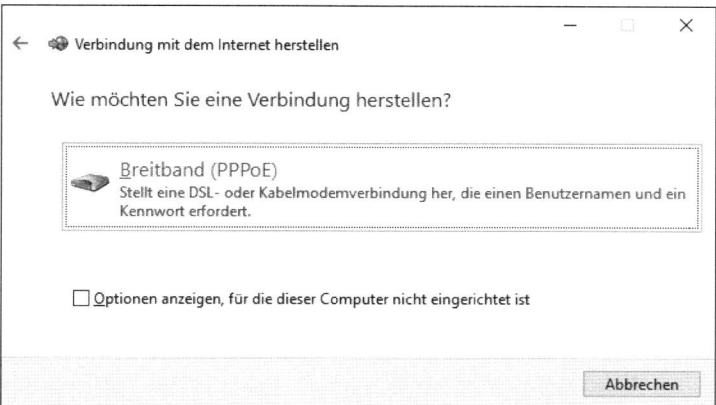

5 Als Nächstes benötigen Sie den Benutzernamen ❹ sowie das Kennwort ❺, das Sie von Ihrem Internetdienstanbieter (ISP, *Internet Service Provider*) erhalten haben. Tragen Sie beides in die entsprechend dafür vorgesehenen Felder ein. Damit Sie das Kennwort nicht immer wieder eingeben müssen, versehen Sie das Kontrollkästchen **Dieses Kennwort speichern** mit einem Häkchen ❻.

6 In das Feld **Verbindungsname** ❼ tragen Sie eine frei wählbare Bezeichnung für das Netzwerk ein.

7 Wenn Ihr Computer auch von anderen Personen genutzt wird, sollten Sie das Kontrollkästchen **Anderen Benutzern erlauben, diese Verbindung zu verwenden** ❽ aktivieren. Sind Sie derzeit nicht als Administrator, sondern als Standardbenutzer angemeldet, werden Sie aufgefordert, Ihr Administratorkennwort einzugeben. Es erscheint wieder der Dialog **Verbindung mit dem Internet herstellen**, in dem Sie auf **Verbinden** ❾ klicken. Windows 10 stellt nun die Verbindung zum Internet her.

TIPP

IP-Adresse manuell vergeben

Sollten Sie die IP-Adresse manuell vergeben wollen, rufen Sie **Start ▸ Einstellungen ▸ Netzwerk und Internet** auf. Klicken Sie hier rechts auf **Adapteroptionen ändern**. Im Dialog **Netzwerkverbindungen** werden alle verfügbaren Netzwerkverbindungen angezeigt. Rufen Sie mit einem rechten Mausklick auf **Ethernet** das Kontextmenü auf, und wählen Sie **Eigenschaften**. Markieren Sie in der Liste **Diese Verbindung verwendet folgende Elemente** das **Internetprotokoll Version 4 (TCP/IPv4)**. Klicken Sie dann unterhalb der Liste auf **Eigenschaften**. Wird die IP-Adresse automatisch bezogen, sind im folgenden Eigenschaften-Dialog sowohl die Option **IP-Adresse automatisch beziehen** als auch **DNS-Serveradresse automatisch beziehen** aktiviert. Um die Daten manuell einzugeben, aktivieren Sie **Folgende IP-Adresse verwenden** ❶ sowie **Folgende DNS-Serveradressen verwenden** ❷. Für ein privates Netzwerk stehen Ihnen die IP-Adressen *192.168.0.1* bis *192.168.254.254* zur Verfügung. Wenn Sie mehrere Computer an das Netzwerk anschließen, müssen Sie darauf achten, dass die ersten drei Zahlen bei allen identisch sind. Lediglich bei der letzten Zahl müssen sich die Computer voneinander unterscheiden. Sie können für den ersten PC also etwa »192.168.74.22« in das Feld **IP-Adresse ❸** eingeben; wenn Sie den zweiten Computer konfigurieren, wählen Sie »192.168.74.23« usw. In das Feld **Subnetzmaske** tragen Sie immer »255.255.255.0« ein **❹**. Unter **Standardgateway** geben Sie die IP-Adresse des Routers ein **❺** und in das Feld **Bevorzugter DNS-Server ❻** die Adresse eines DNS-Servers Ihres Internetproviders. Schließen Sie alle geöffneten Dialoge mit **OK**.

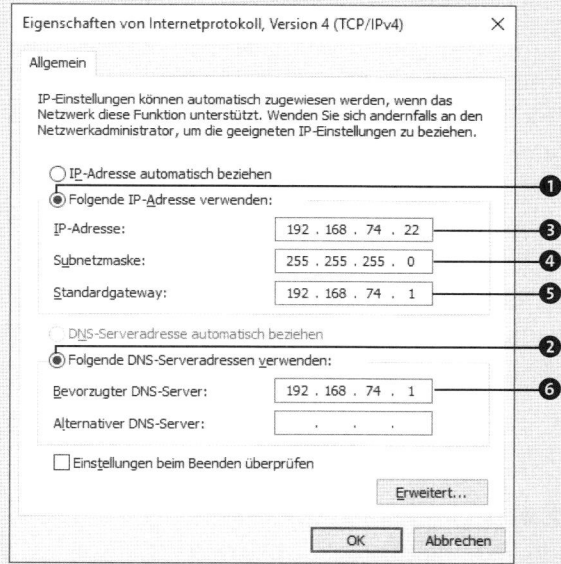

Abbildung 14.1 Die IP-Adresse kann auch manuell vergeben werden.

Die Internetprotokolle IPv4 und IPv6

Bei der Vergabe von IP-Adressen unterstützt Windows 10 zwei verschiedene Protokolle: IPv4 (Internetprotokoll Version 4) und IPv6 (Internetprotokoll Version 6). Die IP-Adressen nach dem im Jahr 1981 definierten Standard IPv4 bestehen aus 32 Ziffern und ermöglichen somit die Generierung von 4,3 Milliarden IP-Adressen. Diese Zahl klingt zunächst immens. Im Gegensatz zu früher steigt aber auch die Zahl der internetfähigen Geräte: So lassen sich mittlerweile nicht nur Computer oder Smartphones mit dem Internet verbinden, sondern auch Fernseher, Kühl-

INFO

schränke, Autos und vieles mehr. Der neue Standard IPv6 soll das Problem der Adressknappheit zukünftig lösen. Hier besteht jede Adresse aus 128 Stellen, woraus sich ca. 340 Sextillionen (das ist eine 340 mit 36 Nullen) Adressen ergeben. Während IPv4-Adressen dezimal dargestellt werden, wird für IPv6-Adressen die hexadezimale Darstellung (z. B. 2001:0cb7:81a3:08a3:1319:7a1b:0351:6132) gewählt. Aktuell kommt meist noch das Protokoll IPv4 zum Einsatz. Um IPv6 nutzen zu können, benötigen Sie IPv6-kompatible Soft- und Hardware. Außerdem müssen die Internetprovider ihre Netze über IPv6 zugänglich machen.

14.1.2 Manuelle Verbindung zum Drahtlosnetzwerk herstellen

Wenn Ihr Computer über einen WLAN-Adapter verfügt, erkennt Windows automatisch, welche Drahtlosnetzwerke sich in der Nähe befinden. Wie Sie eine Verbindung zu solch einem WLAN-Netzwerk herstellen, erfahren Sie in Abschnitt 3.2, »Eine Netzwerkverbindung herstellen«, ab Seite 74. Voraussetzung für das dort beschriebene Vorgehen ist allerdings, dass das Drahtlosnetzwerk seine SSID (Abkürzung für *Service Set Identifier*), also seinen Namen, bekannt gibt. Manche Betreiber von WLANs verbergen diese SSID aber. Um sich mit einem solchen versteckten WLAN verbinden zu können, ist es notwendig, dass Ihnen die SSID mitgeteilt wird. Wenn dies geschehen ist, können Sie eine manuelle Verbindung zum WLAN herstellen.

1 Klicken Sie mit der rechten Maustaste auf das Netzwerk-Symbol ❶ im Infobereich der Taskleiste und dann auf **Netzwerk- und Interneteinstellungen öffnen** ❷.

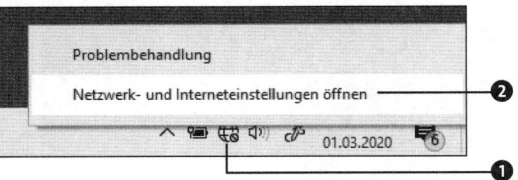

2 Rufen Sie in der rechten Spalte das **Netzwerk- und Freigabecenter** auf.

3 Klicken Sie auf **Neue Verbindung oder neues Netzwerk einrichten**.

4 Als Verbindungsoption wählen Sie nun **Manuell mit einem Drahtlosnetzwerk verbinden** ❸ aus.

5 Geben Sie jetzt die Informationen für das Drahtlosnetzwerk ein. Hierzu zählen der **Netzwerkname** (sprich die SSID) ❹, der **Sicherheitstyp** des Netzwerks ❺ sowie der

Sicherheitsschlüssel ❻. Entfernen Sie das Häkchen ❼ vor **Zeichen ausblenden**, wird der Schlüssel im Klartext angezeigt, und Sie können die korrekte Schreibweise überprüfen.

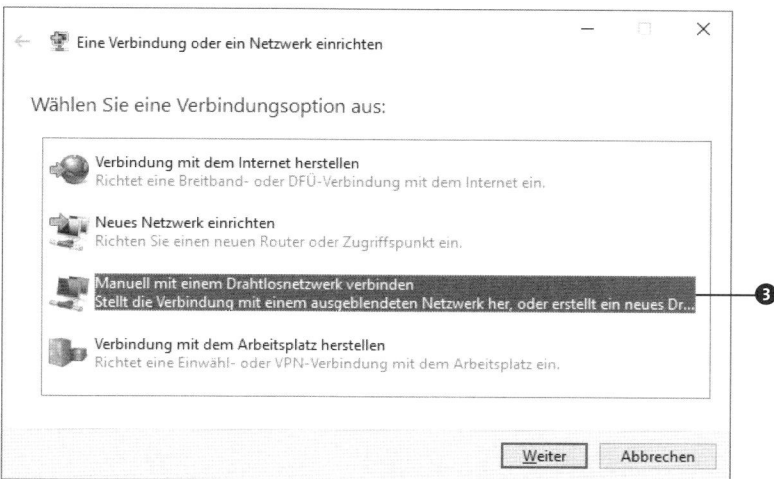

6 Soll die Verbindung zum WLAN automatisch gestartet werden, sobald es sich in Reichweite befindet, aktivieren Sie **Diese Verbindung automatisch starten ❽**.

7 Handelt es sich bei dem WLAN um ein verstecktes Drahtlosnetzwerk, dessen SSID nicht bekannt gegeben wird, versehen Sie außerdem **Verbinden, selbst wenn das Netzwerk keine Kennung aussendet ❾** mit einem Häkchen.

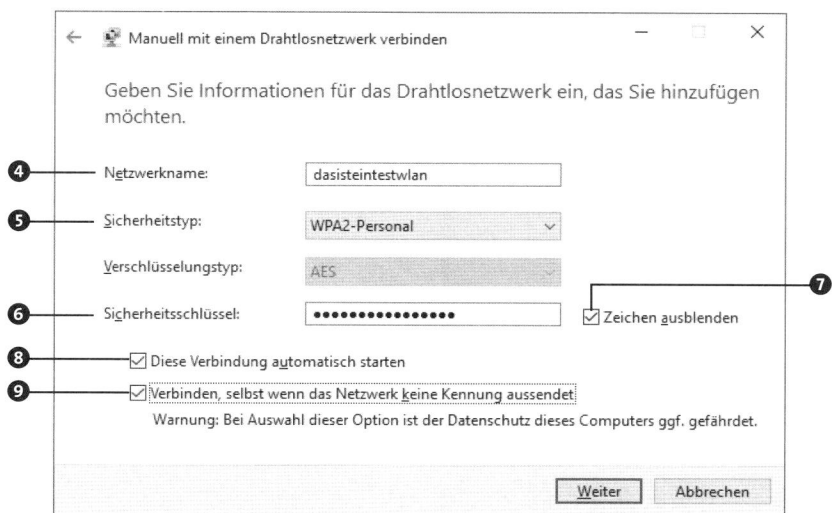

8 Bestätigen Sie die Einstellungen mit **Weiter**. Beenden Sie dann die manuelle Verbindung mit dem Drahtlosnetzwerk mit **Schließen**.

TIPP

Das WLAN sinnvoll schützen

Manch ein Betreiber eines WLANs hofft, die Sicherheit seines Drahtlosnetzwerks durch Verbergen der SSID zu erhöhen. Hacker werden hierdurch allerdings nicht von einem Angriff abgehalten. Die Preisgabe der SSID hat dagegen einen Vorteil, da die Funkkanäle der WLANs in der Nähe hierdurch besser aufeinander abgestimmt werden können, was wiederum für eine bessere Datenübertragung sorgt. Den vom Router-Hersteller vorgegebenen Namen des Funknetzes sollten Sie durch einen eigenen Namen ersetzen. Um das WLAN zu schützen, sollten Sie es außerdem unbedingt per WPA2 verschlüsseln und ein komplexes Passwort wählen. Dieses sollte mindestens 16 Zeichen umfassen und aus Ziffern und Buchstaben bestehen.

14.1.3   Nicht mehr genutzte WLAN-Verbindungen entfernen

Windows merkt sich alle WLANs, mit denen der PC verbunden wurde. Wenn Sie sicher sind, dass Sie eine dieser Verbindungen nicht mehr nutzen werden, können Sie das entsprechende WLAN auch aus der Liste der bekannten Netzwerke löschen. Dieses Verfahren ist außerdem ratsam, wenn Sie z. B. den Namen des eigenen WLANs oder auch den Sicherheitsschlüssel geändert haben. Anstatt diese Daten zu ändern, entfernen Sie einfach die WLAN-Verbindung mit den alten Daten und verbinden den PC mit dem geänderten WLAN. Um ein WLAN zu entfernen, gehen Sie folgendermaßen vor:

1 Klicken Sie im Infobereich der Taskleiste auf das Netzwerk-Symbol ❶ und im aufklappenden Dialog auf **Netzwerk- und Interneteinstellungen** ❷.

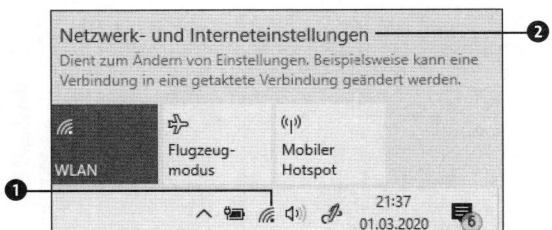

2 Im Einstellungen-Dialog klicken Sie links auf **WLAN** ❸ und dann rechts auf den Link **Bekannte Netzwerke verwalten** ❹.

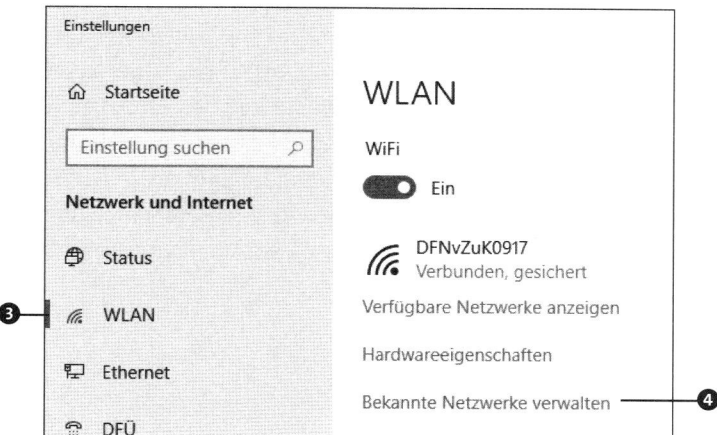

3 Nun wird eine Liste mit allen WLANs angezeigt, mit denen Ihr PC verbunden wurde und deren Daten Sie gespeichert haben. Markieren Sie das Drahtlosnetzwerk, das Sie aus der Liste entfernen möchten ❺.

4 Klicken Sie auf die nun sichtbare Schaltfläche **Nicht speichern** ❻. Das Drahtlosnetzwerk wird aus der Liste entfernt. Sollten Sie sich doch einmal wieder bei diesem WLAN anmelden wollen, müssen Sie den Sicherheitsschlüssel für die Verbindung erneut eingeben.

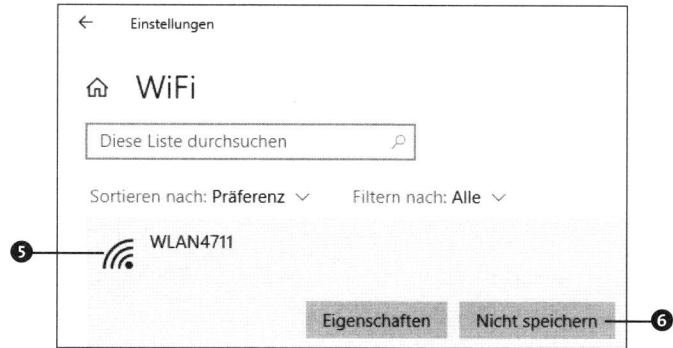

Datennutzung im Blick

Wie viele Daten wurden von welcher App in letzter Zeit über das Internet übertragen? Mit dem Windows 10 Mai Update 2020 können Sie dies nun bequem in Erfahrung bringen. Rufen Sie hierzu **Start ▶ Einstellungen ▶ Netzwerk und Internet ▶ Status**

TIPP

auf. Klicken Sie dann in der rechten Fensterhälfte unterhalb von **Netzwerkstatus** auf **Datennutzung**. Auf der folgenden Seite wird nun detailliert aufgelistet, welche App wie viel Datenvolumen verbraucht hat. Die Datenhungrigsten finden Sie gleich zu Beginn der Liste. Wer einen Internetvertrag mit beschränktem Datenvolumen hat, wird sich über die Möglichkeit freuen, einen Grenzwert anzugeben. Wird dieser von Ihnen nach einem Klick auf **Grenzwert eingeben** festgelegte Wert überschritten, erhalten Sie von Windows 10 eine Warnung, sobald das Datenlimit erreicht ist.

14.1.4   Den Netzwerkstandort ändern

Sobald Sie unter Windows 10 erfolgreich eine Verbindung mit einem kabelgebundenen oder drahtlosen Netzwerk hergestellt haben, werden Sie normalerweise gefragt, ob Sie zulassen möchten, dass Ihr PC von anderen PCs und Geräten in diesem Netzwerk gefunden werden kann. Befinden Sie sich daheim in den eigenen vier Wänden, können Sie diese Frage recht sorglos mit **Ja** beantworten. Wenn Sie Dateien und Ordner zwischen verschiedenen Geräten im Netzwerk freigeben möchten, ist es sogar zwingend notwendig, dass Sie diese Freigabe erteilen. Handelt es sich dagegen nicht um Ihr privates, sondern ein öffentliches Netzwerk wie einen offenen Hotspot, sollten Sie die Frage unbedingt mit **Nein** beantworten.

Sollten Sie für das daheim eingerichtete drahtlose Netzwerk versehentlich das Teilen abgelehnt haben, weist Windows das Netzwerk als öffentlich aus. Um das öffentliche Netzwerk in ein privates umzuwandeln, gehen Sie folgendermaßen vor:

1   Rufen Sie die Einstellungen-App über das Zahnrad-Symbol im Startmenü auf oder durch Drücken der Tastenkombination ⊞ + Ⅰ.

2   Wählen Sie die Kategorie **Netzwerk und Internet** aus, und markieren Sie im nächsten Dialog links **WLAN ❶**.

3   In der rechten Spalte klicken Sie nun auf den Namen des Drahtlosnetzwerks, mit dem Ihr PC aktuell verbunden ist ❷. Daraufhin wird der Einstellungen-Dialog für dieses Netzwerk geöffnet.

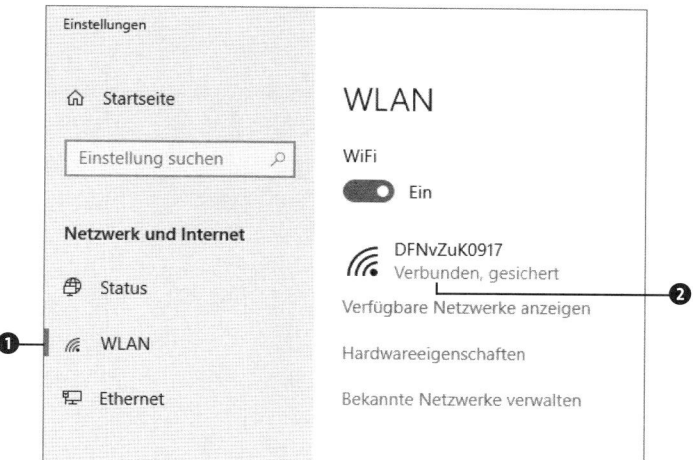

4 Aktivieren Sie im Bereich **Netzwerkprofil** die Option **Privat** ❸.

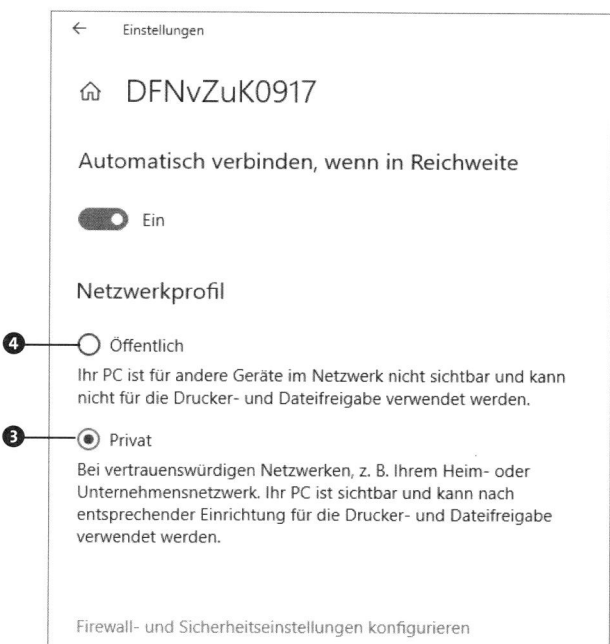

Das Verfahren gilt natürlich auch in umgekehrter Richtung, falls Sie sich an einem öffentlichen Ort befinden und das Netzwerk versehentlich für andere PCs zugänglich gemacht haben sollten. In einem solchen Fall aktivieren Sie einfach die Option **Öffentlich** ❹.

TIPP

Das WLAN vorübergehend deaktivieren

Wenn Sie mit dem Flugzeug reisen, müssen Sie während des Starts und der Landung auf alle Funkverbindungen Ihrer Mobilgeräte verzichten. Um auf einem Windows-10-Tablet oder -Notebook den sog. *Flugzeugmodus* zu aktivieren, klicken Sie im Infobereich der Taskleiste auf das Netzwerksymbol und dann auf **Flugzeug-modus**. Damit werden jegliche drahtlose Funknetzwerke wie WLAN, Mobilfunk oder auch Bluetooth auf dem Gerät deaktiviert. Um die Kommunikation wiederher-zustellen, reicht ein Klick auf das Flugzeugsymbol im Infobereich der Taskleiste und dann auf **Flugzeugmodus**. Wenn Sie lediglich das WLAN für eine gewisse Zeit ausschalten möchten, klicken Sie auf das Netzwerksymbol und dann auf **WLAN**. Wenn Sie später das WLAN nicht selbst manuell aktivieren möchten, legen Sie einfach im nun sichtbaren Feld **WLAN erneut aktivieren** den Zeitrahmen fest, nach dem das WLAN wieder eingeschaltet werden soll.

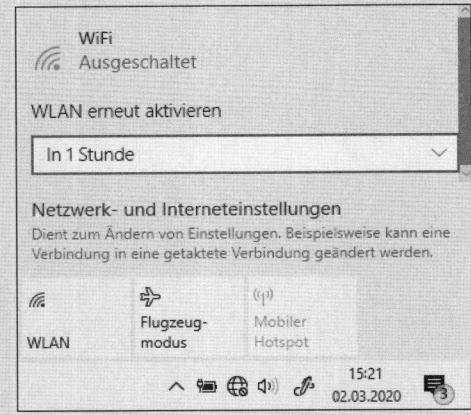

Abbildung 14.2 Das WLAN kann nach einem vorgegebenen Zeitrahmen automatisch aktiviert werden.

14.2 Dateien, Ordner und Geräte im Netzwerk freigeben

In vielen Haushalten gibt es mittlerweile nicht nur einen PC, sondern gleich mehrere. Diese Geräte werden zumeist auch von mehreren Anwendern genutzt. Es bedarf nicht vieler Schritte, um anderen Nutzern z. B. Zugang zu Ihren Daten zu gewähren – natürlich nur, falls Sie das wünschen. Außerdem können Sie dafür sorgen, dass alle Computer sowie Anwender innerhalb eines Netzwerks gemeinsam Geräte, wie etwa einen Drucker, verwenden können.

14.2.1   Die Netzwerkerkennung sowie die Datei- und Druckerfreigabe überprüfen

Bevor Sie Dateien und Ordner sowie andere Geräte freigeben, sollten Sie die Freigabe-einstellungen überprüfen. Die Einstellungen lassen sich für jedes Netzwerkprofil (also für den privaten oder öffentlichen Netzwerkstandort) getrennt vornehmen. Rufen Sie hierfür zunächst **Start ▶ Einstellungen ▶ Netzwerk und Internet** auf. Markieren Sie in der linken Spalte der Einstellungen-App die Unterkategorie **WLAN** bzw. **Ethernet**, je nachdem, ob Sie mit einem kabellosen oder kabelgebundenen Netzwerk verbunden sind. In der rechten Spalte klicken Sie anschließend auf **Erweiterte Freigabeoptionen ändern**.

Im Dialog **Erweiterte Freigabeeinstellungen** sehen Sie nun die Einstellungen, die für die Netzwerkprofile **Privat** sowie **Gast oder Öffentlich** aktuell gelten. Prüfen Sie zunächst die Einstellungen für das private Netzwerkprofil ❶:

1   Stellen Sie sicher, dass im Bereich **Netzwerkerkennung** die Option **Netzwerkerkennung einschalten** ❷ aktiviert und **Automatisches Setup von Geräten aktivieren ...** ❸ mit einem Häkchen versehen ist. Ist dies nicht der Fall, korrigieren Sie die Einstellungen bitte entsprechend.

2   Damit andere Benutzer innerhalb des Netzwerks auf Dateien und Drucker zugreifen können, die Sie auf Ihrem PC freigeben, muss die Option **Datei- und Druckerfreigabe aktivieren** ❹ ausgewählt sein.

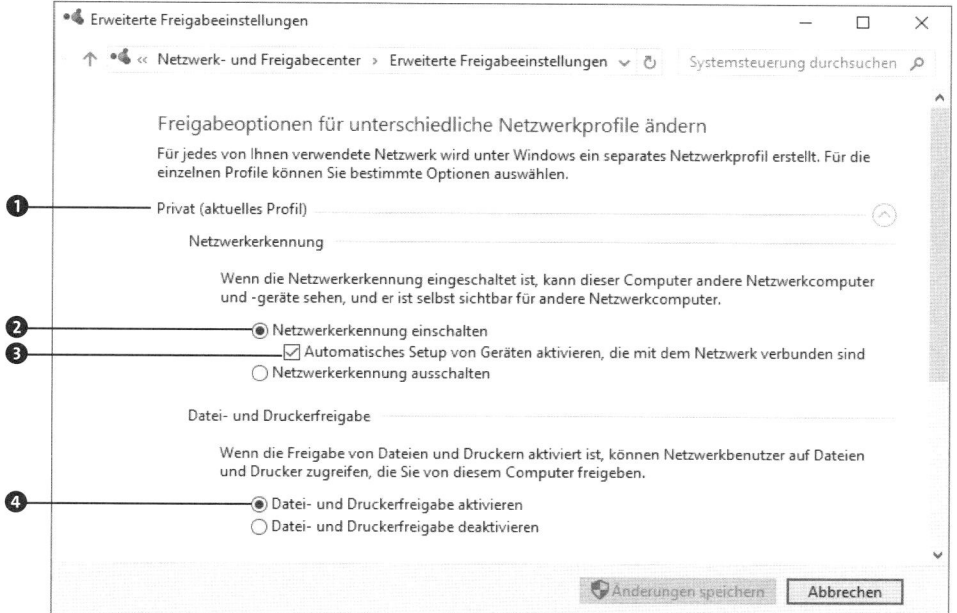

3 Da der Dialog **Erweiterte Freigabeeinstellungen** geöffnet ist, sollten Sie auch noch einen Blick auf die Einstellungen für das öffentliche Netzwerkprofil werfen. Blättern Sie hierzu im Dialog etwas nach unten, und klicken Sie auf **Gast oder Öffentlich ❺**. Aus Sicherheitsgründen sollten hier die Optionen **Netzwerkerkennung ausschalten ❻** sowie **Datei- und Druckerfreigabe deaktivieren ❼** ausgewählt sein.

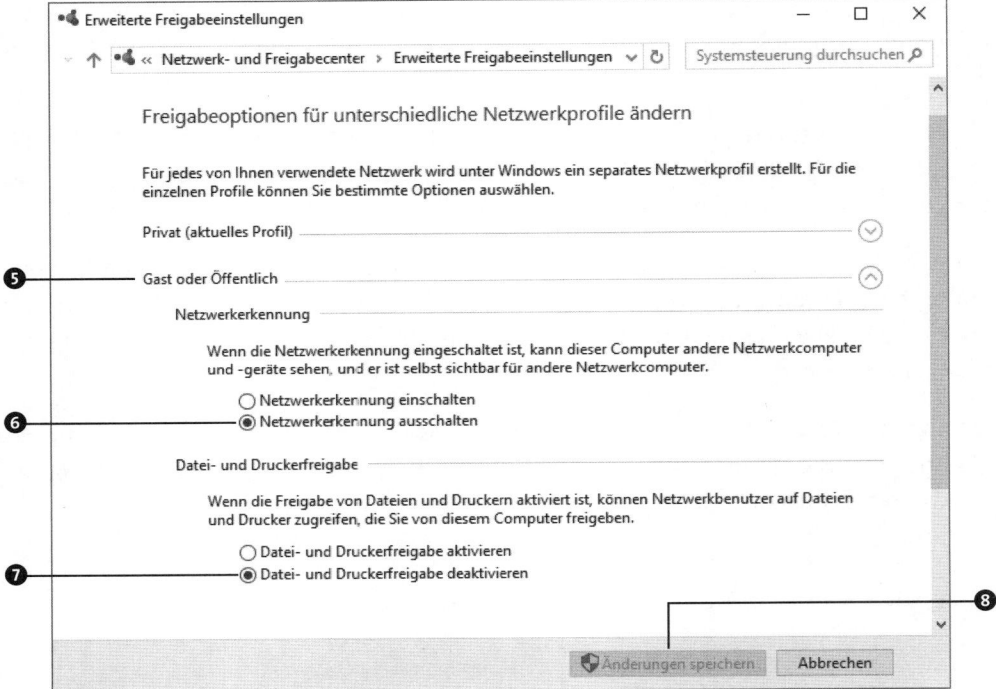

4 Sollten Sie Änderungen an den Einstellungen vorgenommen haben, sichern Sie diese mit **Änderungen speichern ❽**.

Ist die Netzwerkerkennung für das private Netzwerkprofil aktiviert, steht dem Austausch von Daten zwischen den Computern innerhalb des Netzwerks nichts mehr im Wege. Klicken Sie im Navigationsbereich des Explorers auf **Netzwerk**, werden im Inhaltsbereich alle eingeschalteten Computer aufgeführt, deren Netzwerkerkennung ebenfalls aktiviert ist. Per Doppelklick greifen Sie auf die Geräte zu (lesen Sie hierzu auch den Kasten »Freigabe auf ausgewählte Benutzer eingrenzen« auf Seite 546). In den beiden folgenden Teilabschnitten erfahren Sie, wie Sie Dateien und Ordner für andere Benutzer im privaten Netzwerk freigeben.

14.2.2 Datenfreigabe über öffentliche Ordner vornehmen

Der schnellste Weg der Datenfreigabe innerhalb eines Netzwerks erfolgt über die öffentlichen Ordner. Diese Freigabe müssen Sie allerdings zunächst aktivieren:

1 Rufen Sie wie im vorherigen Abschnitt beschrieben den Dialog **Erweiterte Freigabeeinstellungen** auf. Alternativ zum dort beschriebenen Weg können Sie auch auf das Netzwerk-Symbol in der Taskleiste klicken und dann auf **Netzwerk- und Interneteinstellungen**. Markieren Sie in der rechten Spalte das **Netzwerk- und Freigabecenter**, und klicken Sie im folgenden Dialog links auf **Erweiterte Freigabeeinstellungen ändern**.

2 Blättern Sie im Dialog **Erweiterte Freigabeeinstellungen** etwas nach unten, und klicken Sie hier auf **Alle Netzwerke ❶**.

3 Wählen Sie unterhalb von **Freigabe des öffentlichen Ordners** die Option **Freigabe einschalten, sodass jeder Benutzer mit Netzwerkzugriff in Dateien in den Ordnern "Öffentlich" lesen und schreiben kann ❷** aus.

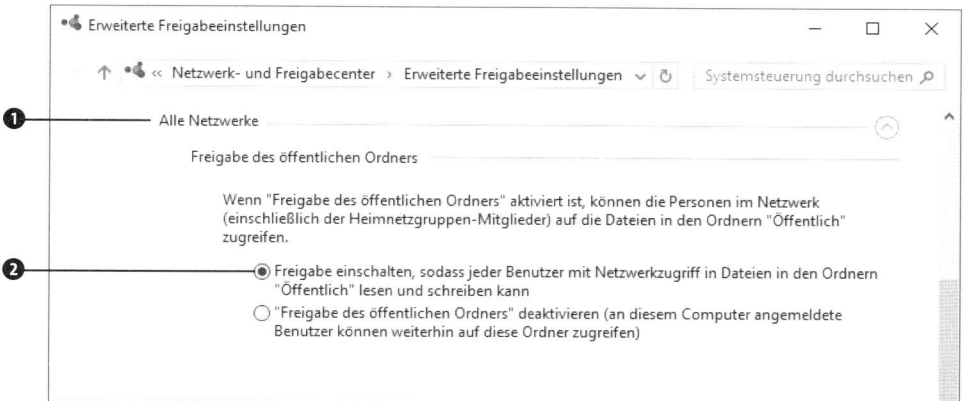

4 Bestätigen Sie Ihre Einstellungen mit **Änderungen speichern**.

Der Zugriff auf die öffentlichen Ordner ist somit freigegeben. Nun müssen Sie nur noch die Dateien, die Sie anderen Nutzern zugänglich machen möchten, in diesen Ordnern ablegen. Dies erledigen Sie am besten über den Explorer. Die öffentlichen Ordner erreichen Sie hier über *C:\Benutzer\Öffentlich*. Wie auch schon in früheren Windows-Versionen stehen Ihnen verschiedene öffentliche Ordner zur Auswahl. Für Bilder bietet sich z. B. der Ordner *Öffentliche Bilder* an, für Musik wiederum das Verzeichnis *Öffentliche*

Musik. Wie Sie Dateien und Ordner kopieren und verschieben, erfahren Sie in Abschnitt 8.4.2, »Dateien und Ordner kopieren und verschieben«, ab Seite 293.

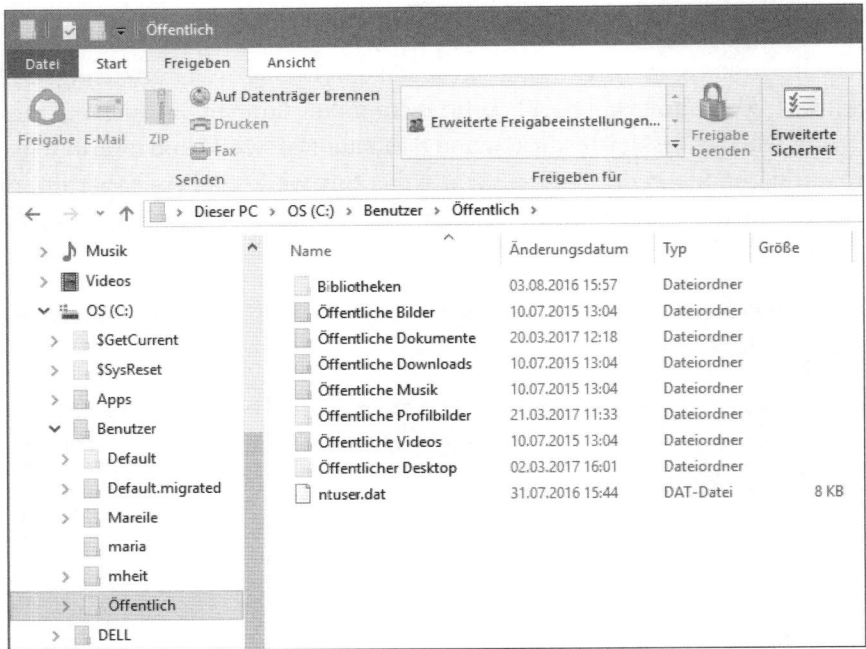

Abbildung 14.3 Die öffentlichen Ordner erreichen Sie unter Windows 10 über den Pfad »C:\Benutzer\Öffentlich«.

INFO

Freigabe auf ausgewählte Benutzer eingrenzen

Per Standardeinstellung ist unter Windows 10 die kennwortgeschützte Freigabe aktiviert. Damit ist automatisch sichergestellt, dass nur die Benutzer auf freigegebene Daten zugreifen können, die auch über ein Benutzerkonto auf dem entsprechenden Gerät verfügen. Denn bevor der Zugriff gestattet wird, muss sich der Anwender zunächst legitimieren, indem er den Namen seines Benutzerkontos sowie das dazugehörige Kennwort angibt. Möchten Sie auch denjenigen Anwendern den Zugriff auf Ihren Computer gestatten, für die kein eigenes Benutzerkonto auf dem Gerät eingerichtet wurde, müssen Sie die kennwortgeschützte Freigabe deaktivieren. Wählen Sie hierzu im Dialog **Erweiterte Freigabeeinstellungen** im Bereich **Alle Netzwerke** die Option **Kennwortgeschütztes Freigeben ausschalten** aus. Sobald Sie auf **Änderungen speichern** geklickt haben, ist der Zugriff auf alle von Ihnen freigegebenen Daten ohne explizite Legitimierung möglich.

14.2.3 Einzelne Dateien und Ordner für bestimmte Personen freigeben

Die Datenfreigabe über die öffentlichen Ordner ist zwar praktisch, allerdings bringt sie auch einen Nachteil mit: Sie können entweder allen Benutzern den Zugriff auf die Daten erlauben oder ihn allen verwehren. Eine Eingrenzung des Personenkreises ist nicht möglich. Wenn Sie genau festlegen möchten, welcher Anwender welche Dateien und Ordner öffnen darf und welcher nicht, müssen Sie einen anderen Weg verfolgen. Um eine Datei oder einen Ordner gezielt freizugeben, gehen Sie folgendermaßen vor:

1 Starten Sie den Explorer, und markieren Sie den Ordner bzw. die Datei ❶, die Sie für andere Benutzer freigeben möchten.

2 Wechseln Sie in das Register **Freigeben** ❷. In der Gruppe **Freigeben für** klicken Sie auf die Schaltfläche **Mehr** ❸.

In der aufklappenden Liste werden nun alle Benutzerkonten aufgeführt, die auf dem Computer eingerichtet sind.

3 Möchten Sie einem der aufgeführten Benutzer nur das Lesen einer Datei gestatten, können Sie den Namen bereits hier in der Liste markieren. Darf die Person auch Änderungen an der Datei bzw. den Dateien innerhalb des markierten Ordners vornehmen, wählen Sie den Eintrag **Bestimmte Personen**. In diesem Fall wird der Dialog **Netzwerkzugriff** geöffnet.

4 Klicken Sie auf den kleinen Pfeil im Feld links von der Schaltfläche **Hinzufügen** ❹. Auch hier klappt wieder eine Liste mit allen auf dem PC eingerichteten Benutzerkonten auf. Markieren Sie den gewünschten Benutzernamen. Wenn Sie für alle Personen die Freigabe erteilen möchten, wählen Sie den Eintrag **Jeder** ❺. Bestätigen Sie die Auswahl mit einem Klick auf **Hinzufügen**.

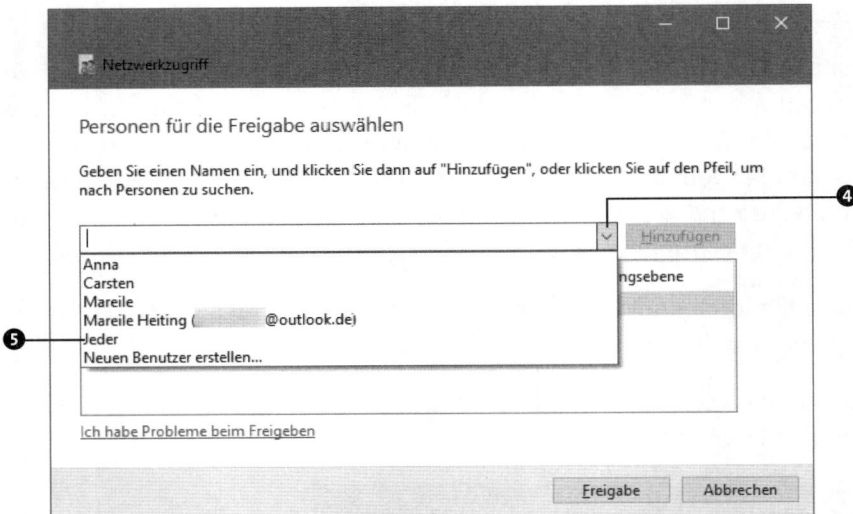

5 Der oder die Namen werden nun in der Namensliste oberhalb Ihres eigenen Namens ergänzt. Damit die entsprechenden Benutzer auch Änderungen an der Datei oder dem Ordner vornehmen können, klicken Sie in der rechten Spalte **Berechtigungsebene** auf **Lesen**. In der aufklappenden Liste wählen Sie **Lesen/Schreiben** ➏. Sollten Sie einer Person die Zugriffsrechte wieder entziehen wollen, wählen Sie stattdessen **Entfernen**. Der Benutzername wird hierdurch in der Namensliste gelöscht.

6 Mit einem Klick auf **Freigabe** ➐ schließen Sie den Dialog **Netzwerkzugriff**. Bestätigen Sie den Dialog dann mit **Einstellungen ändern** und **Fertig**.

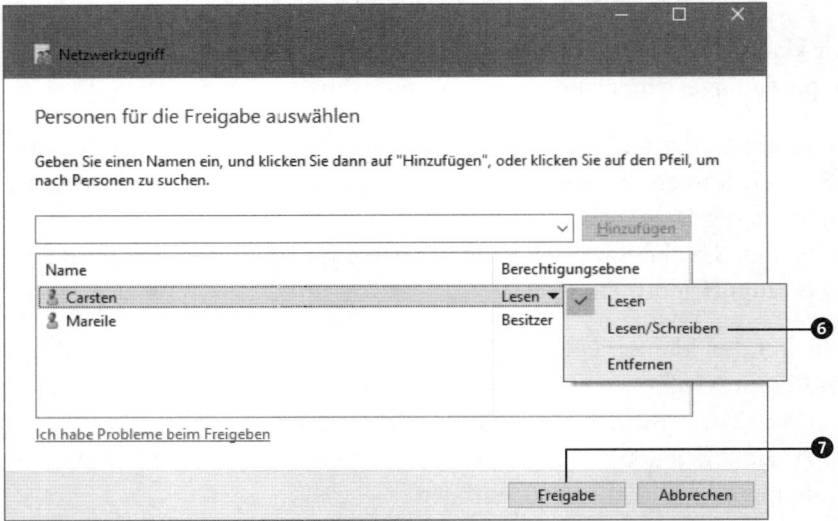

TIPP

Zugriffsrechte für Gäste erteilen

Die in diesem Abschnitt beschriebene Freigabe setzt voraus, dass die Person, der Sie den Zugriff auf die ausgewählten Daten gestatten möchten, über ein eigenes Benutzerkonto auf dem Computer verfügt. Wenn Sie möchten, dass auch alle anderen Netzwerkteilnehmer auf die Dateien oder Ordner zugreifen können, müssen Sie zunächst die kennwortgeschützte Freigabe deaktivieren, wie im Kasten »Freigabe auf ausgewählte Benutzer eingrenzen« auf Seite 546 beschrieben. Im Dialog **Netzwerkzugriff** erscheint nach einem Klick auf den Pfeil nun der Eintrag **Gast**, den Sie auswählen. Diesen Weg sollten Sie allerdings nur in Ausnahmefällen gehen, denn damit kann absolut jeder, der Zugang zu Ihrem Netzwerk hat, auch auf die freigegebenen Daten zugreifen. Vergessen Sie deshalb auf gar keinen Fall, die kennwortgeschützte Freigabe wieder einzuschalten, sobald es nicht mehr nötig ist, dass andere Personen auf Ihre Daten zugreifen können.

INFO

Die Heimnetzgruppe gehört der Vergangenheit an

Bereits mit dem *April 2018 Update* von Windows 10 hat Microsoft die *Heimnetzgruppe* abgeschafft, über die man bequem Computer miteinander verbinden, Dateien austauschen und Geräte wie etwa Drucker gemeinsam nutzen konnte. Für den Austausch von Daten sieht das Unternehmen in erster Linie den Onlinespeicher *OneDrive* vor. Wie Sie z. B. Fotos in OneDrive speichern und dann mit anderen teilen, erfahren Sie in Abschnitt 12.2, »Fotos präsentieren und mit anderen teilen«, ab Seite 446. Aber auch die *Teilen*-Funktion, die in vielen Apps zur Verfügung steht, kann für den Datenaustausch genutzt werden. So lassen sich z. B. Dokumente schnell per E-Mail versenden.

15   Mail, Kontakte, Kalender und Skype nutzen

Kommunikation per E-Mail ist heutzutage nicht mehr wegzudenken. Die Gründe hierfür sind denkbar einfach: Eine E-Mail ist nicht nur innerhalb weniger Sekunden beim Empfänger, auch die Kosten halten sich in Grenzen. In diesem Kapitel stelle ich Ihnen die *Mail*-App vor, mit der Sie Ihre E-Mails lesen, aber natürlich auch eigene Nachrichten verfassen können. Die Mail-App arbeitet eng mit der *Kontakte*-App, dem elektronischen Adressbuch von Windows 10, sowie mit der *Kalender*-App zusammen, die Sie ebenfalls gleich kennenlernen werden. Für die Anmeldung bei all diesen Apps können Sie Ihr Microsoft-Konto nutzen oder auch die Konten von Google, iCloud oder anderen Providern. Falls Sie die ebenfalls in Windows 10 vorinstallierte *Skype*-App z. B. für Videotelefonate oder den Austausch von Kurznachrichten mit Freunden nutzen möchten, müssen Sie sich ebenfalls zunächst anmelden. Weitere Informationen hierzu erhalten Sie ebenfalls in diesem Kapitel.

15.1   E-Mails lesen und schreiben mit der Mail-App

Windows 10 hat ein eigenes E-Mail-Programm an Bord, mit dem Sie E-Mails schreiben, aber natürlich auch empfangen können. Einem Vergleich mit professionellen Programmen wie *Microsoft Outlook* oder *Mozilla Thunderbird* kann die Mail-App sicherlich nicht standhalten, aber falls Sie nicht täglich eine Vielzahl von E-Mails schreiben müssen, dann reicht sie vollkommen aus. Der Aufruf der App *Mail* erfolgt per Klick auf das Programmsymbol 📧 in der Taskleiste oder auf die Kachel **Mail** im Startmenü. Alternativ lässt sich die App auch über den Eintrag **Mail** in der App-Liste des Startmenüs öffnen.

15.1.1   E-Mail-Konten hinzufügen

Starten Sie die Mail-App zum ersten Mal, werden Sie gleich auf das Wichtigste hingewiesen: Sie müssen als Erstes ein E-Mail-Konto hinzufügen. Sollten Sie mit einem Benutzerkonto am Computer angemeldet sein, das mit einem Microsoft-Konto verknüpft ist (siehe Abschnitt 4.2.2, »Ein Microsoft-Konto einrichten«, ab Seite 111), so wird dieses im Dialog **Konten** bereits aufgeführt. Die Daten Ihres Microsoft-Kontos, sprich die E-Mail-Adresse sowie das Kennwort, sind in diesem Fall bereits in der Mail-

App hinterlegt. Wenn Sie dieses Konto auch für Ihren E-Mail-Verkehr nutzen und keine weiteren Konten hinzufügen möchten, können Sie nach einem Klick auf **Zum Posteingang wechseln** ❶ direkt zu Abschnitt 15.1.2, »Übersicht über das Programmfenster der Mail-App«, ab Seite 556 blättern.

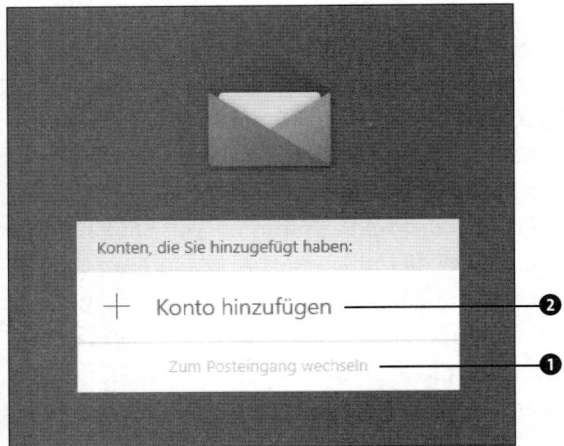

Abbildung 15.1 Bevor Sie mit der Mail-App E-Mails lesen und schreiben können, müssen Sie Ihr E-Mail-Konto hinzufügen.

Wenn Sie mit einem lokalen Benutzerkonto angemeldet sind oder zusätzlich zum Microsoft-Konto noch weitere E-Mail-Konten hinzufügen möchten, müssen Sie die Daten des E-Mail-Kontos selbst angeben. Bei diesem Konto muss es sich nicht unbedingt um ein Microsoft-Konto handeln: Verfügen Sie bei einem anderen Dienstanbieter (Provider) über eine E-Mail-Adresse, lässt sich auch diese mit der Mail-App nutzen. Um ein E-Mail-Konto hinzuzufügen, gehen Sie wie folgt vor:

1 Klicken Sie auf **Konto hinzufügen** ❷.

2 Markieren Sie in der Provider-Liste Ihren Anbieter (z. B. *Google*, wenn Sie über ein E-Mail-Konto bei Google verfügen). Wird Ihr Anbieter nicht aufgeführt, klicken Sie auf **Anderes Konto** ❸. Wird dieser Eintrag bei Ihnen nicht angezeigt, müssen Sie ggf. im Dialog etwas nach unten blättern.

Die weiteren Schritte hängen im Detail zwar vom gewählten Anbieter ab, sie ähneln sich aber stark.

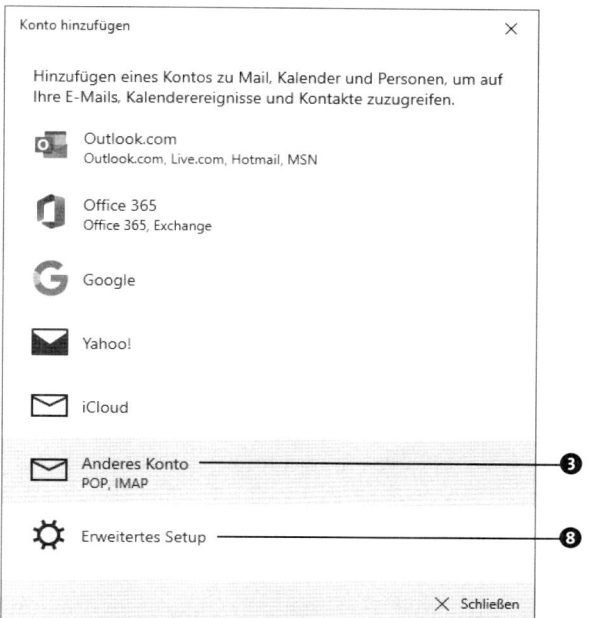

3 Ergänzen Sie in den entsprechenden Feldern Ihre E-Mail-Adresse ❹ sowie das Kennwort Ihres E-Mail-Kontos ❺.

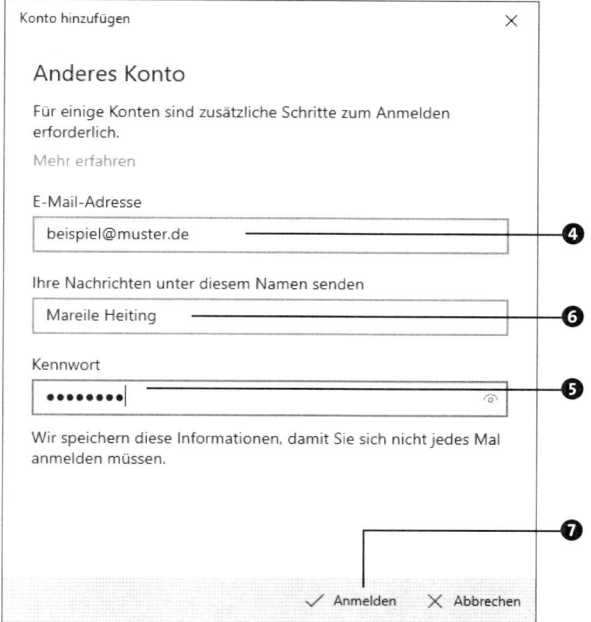

4 Haben Sie keinen bestimmten Provider gewählt, sondern sich für **Anderes Konto** entschieden, werden Sie zusätzlich aufgefordert, den Namen anzugeben, der beim Empfänger Ihrer Nachrichten angezeigt werden soll ❻. Bestätigen Sie die Eingaben mit **Anmelden** ❼.

5 Für den Fall, dass Sie mit einem lokalen Konto am Computer angemeldet sind und gerade ein E-Mail-Konto von Microsoft (z. B. eine outlook.de-, outlook.com- oder auch hotmail.com-Adresse) einrichten, geben Sie die E-Mail-Adresse und das Passwort des Kontos ein. Wenn Sie sich mit dem Microsoft-Konto bereits bei einer anderen Microsoft-App auf dem Gerät angemeldet haben, wird Ihnen dieses Konto bereits angeboten. Hier reicht ein Mausklick auf die E-Mail-Adresse, um das Konto auszuwählen.

6 Die Erfolgsmeldung **Alles erledigt!** schließen Sie mit einem Klick auf **Fertig**.

7 Wenn Sie möchten, können Sie noch weitere E-Mail-Konten ergänzen, indem Sie die Schritte 1 bis 6 wiederholen.

8 Haben Sie alle E-Mail-Adressen erfasst, schließen Sie den Dialog **Konto hinzufügen** mit einem Klick auf **Zum Posteingang wechseln**. Damit gelangen Sie zum eigentlichen Programmfenster der Mail-App.

Sobald Sie ein Konto oder auch mehrere E-Mail-Konten hinzugefügt haben, stellt die Mail-App automatisch eine Verbindung zum E-Mail-Server Ihres Providers her und prüft regelmäßig, ob neue Nachrichten eingetroffen sind. In den meisten Fällen kennt die App die Verbindungsdaten der bekanntesten E-Mail-Anbieter, sodass die Angabe Ihrer E-Mail-Adresse sowie des Kennwortes tatsächlich ausreicht, um die Verbindung herstellen zu können. Sollte dies für Ihren Anbieter nicht zutreffen und kommt es beim ersten Synchronisationsversuch mit dem E-Mail-Server zu einer Fehlermeldung, müssen Sie die Daten (wie etwa den Posteingangs- und Postausgangsserver des Providers) selbst angeben:

1 Klicken Sie in diesem Fall im Dialog **Konto hinzufügen** auf **Erweitertes Setup** (❽ auf Seite 553).

2 Als Nächstes markieren Sie **Internet-E-Mail**, wenn Sie ein POP- oder IMAP-Konto hinzufügen möchten. (Lesen Sie hierzu auch den Kasten »Die Protokolle des Posteingangs- und Postausgangsservers« auf Seite 556.)

3 Sie werden nun aufgefordert, in den entsprechenden Feldern die Daten Ihres Internet-E-Mail-Kontos einzugeben. Dabei handelt es sich um die E-Mail-Adresse, den

Benutzernamen (dieser ist bei vielen Providern identisch mit der E-Mail-Adresse), das Kennwort, den Kontonamen (unter diesem wird das E-Mail-Konto in der Mail-App angezeigt) sowie den Namen, unter dem Ihre E-Mails versendet werden sollen.

4   Die weiteren Angaben, wie **Posteingangsserver**, **Kontotyp** sowie **Postausgangsserver** ❾, erhalten Sie von Ihrem Provider. Das gilt auch für die weiteren Einstellungen ❿, die Sie am unteren Rand des Dialogs vornehmen müssen. Hier können Sie z. B. angeben, ob für die ein- und ausgehenden E-Mails eine Verschlüsselung (SSL) erforderlich ist. Häufig werden diese Informationen auch auf der Website des E-Mail-Anbieters veröffentlicht.

5   Haben Sie alle Angaben ergänzt, schließen Sie den Dialog mit **Anmelden** ⓫.

Natürlich können Sie auch noch zu einem späteren Zeitpunkt weitere E-Mail-Konten zur Mail-App hinzufügen sowie bereits ergänzte Konten wieder entfernen. Wie Sie hierzu vorgehen, erfahren Sie in Abschnitt 15.1.5, »Wichtige Einstellungen für die Mail-App vornehmen«, ab Seite 565.

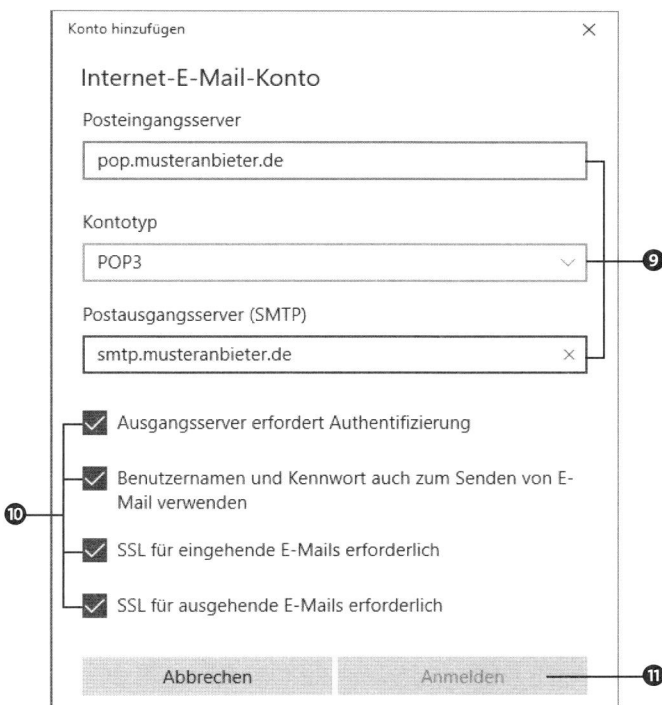

Abbildung 15.2 Die Informationen zum Posteingangs- und Postausgangsserver erhalten Sie von Ihrem Provider.

INFO

Die Protokolle des Posteingangs- und Postausgangsservers

Das Empfangen und Versenden von E-Mails wird durch bestimmte Protokolle gesteuert. Für das Empfangen von E-Mails, also den Posteingangsserver, stehen zwei Protokolle (in der Mail-App werden sie *Kontotyp* genannt) zur Auswahl: POP3 und IMAP4. Beim Protokoll IMAP4 (Abkürzung für *Internet Message Access Protocol Version 4*) wird lediglich eine Kopie einer Nachricht in die Mail-App geladen. Die E-Mail selbst bleibt weiterhin auf dem E-Mail-Server des Providers gespeichert. Wenn Sie von unterschiedlichen Computern aus auf Ihr E-Mail-Konto zugreifen möchten, sollten Sie sich daher für IMAP4 entscheiden. Möchten Sie dagegen, dass die Nachrichten nach dem Übertragen auf Ihren Computer auf dem E-Mail-Server gelöscht werden, wählen Sie das Protokoll POP3 (Abkürzung für *Post Office Protocol Version 3*). Das Versenden von E-Mails, also der Postausgangsserver, wird durch das Protokoll SMTP (*Simple Mail Transfer Protocol*) gesteuert.

15.1.2 Übersicht über das Programmfenster der Mail-App

Das Programmfenster der Mail-App ist dreigeteilt. Am linken Rand befindet sich die Menüleiste. Ob der Inhalt vollständig zu sehen ist oder ob Sie nur die Menü-Symbole vorfinden, hängt von der Größe des Programmfensters ab. Mit einem Klick auf das Menü-Symbol ❶ am oberen Rand der Spalte blenden Sie den Inhalt der Leiste ein oder auch wieder aus. Unterhalb des Menü-Symbols befindet sich die Schaltfläche, über die Sie eine neue E-Mail erstellen ❷. Alle E-Mail-Konten, die Sie in der Mail-App eingerichtet haben, werden in der linken Spalte im Bereich **Konten** ❸ angezeigt. Jedes der Konten erhält einen eigenen Namen. Die Bezeichnung des Microsoft-Kontos lautet beispielsweise **Outlook** ❹. Per Mausklick auf einen Kontonamen wechseln Sie zwischen diesen Konten, um z. B. das Konto auszuwählen, das Sie für das Versenden einer E-Mail nutzen möchten.

Unterhalb der Konten werden verschiedene **Ordner** aufgeführt ❺. Nach dem Start der Mail-App ist hier meist der **Posteingang** markiert. Somit sehen Sie in der mittleren Spalte des Programmfensters alle Mails, die Sie empfangen haben. Um eine Mail zu lesen, markieren Sie diese in der mittleren Spalte, und schon wird ihr Inhalt in der rechten Spalte angezeigt. Wenn Sie noch keine E-Mails erhalten oder in der mittleren Spalte keine E-Mail markiert haben, ist hier lediglich ein Hintergrundbild zu sehen. Alle markierten Elemente sind gut am hellblauen Hintergrund zu erkennen. Neue Nachrichten sind durch einen blauen Balken am linken Rand gekennzeichnet.

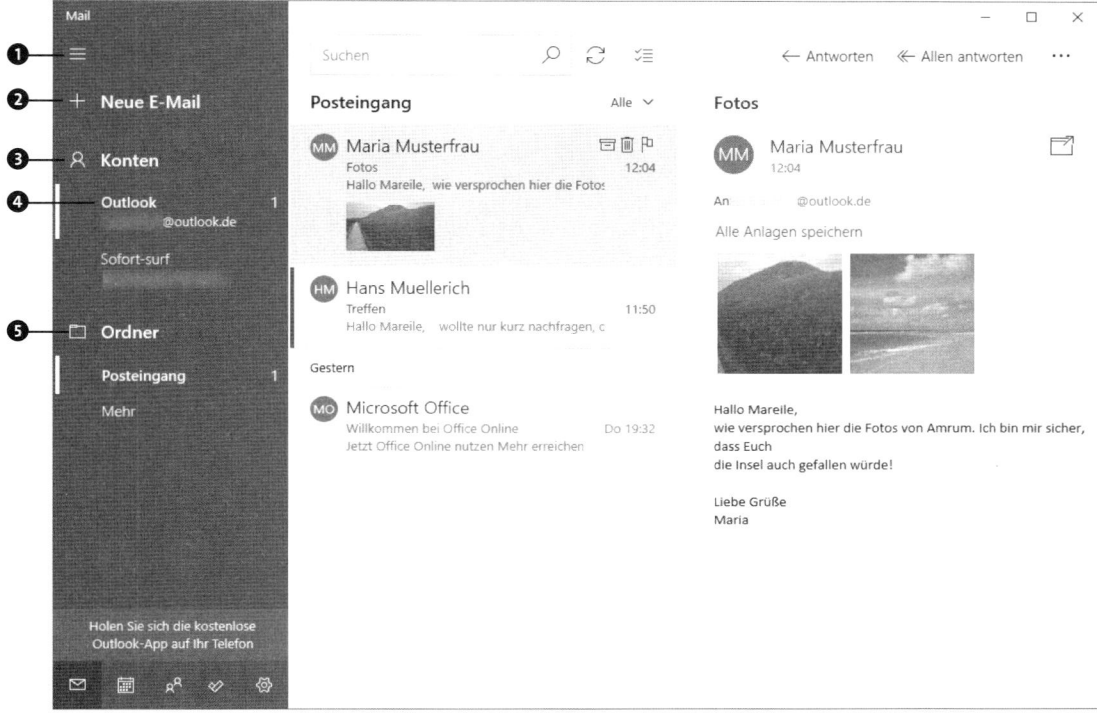

Abbildung 15.3 Übersicht über das Programmfenster der Mail-App

INFO

Relevante und sonstige E-Mails des Outlook-Kontos

Für Ihr Outlook-Konto sieht Microsoft in der Mail-App eine ganz besondere Sortierung vor: So werden E-Mails, die Sie mit großer Wahrscheinlichkeit interessieren werden, im Register **Relevant** (❶ auf Seite 558) abgelegt (dies sind z. B. Nachrichten Ihrer Kontakte), alle anderen Mails finden Sie dagegen im Register **Sonstige** ❷. Wenn Sie diese automatische Priorisierung Ihrer E-Mails nicht wünschen, klicken Sie am unteren Rand der linken Spalte auf das Zahnrad-Symbol ❸ und wählen in der nun rechts sichtbaren Spalte den Eintrag **Posteingang mit Relevanz**. Wählen Sie im Feld **Konto auswählen** das gewünschte Konto aus, also etwa **Outlook** ❹. Ziehen Sie dann den Regler **Nachrichten in "Relevant" und "Sonstige" sortieren** nach links auf **Aus** ❺.

Abbildung 15.4 Die Sortierung nach relevanten und sonstigen Mails lässt sich auch abschalten.

15.1.3 E-Mails mit und ohne Dateianhang versenden

Die Mail-App ist vor allem für Touchscreen-Geräte konzipiert worden, die per Fingergesten bedient werden. Ein wunderbarer Nebeneffekt des schlichten Aufbaus: Das Versenden einer E-Mail ist kein großes Hexenwerk, wie Sie in den folgenden Schritten sehen werden.

1 Haben Sie mehrere E-Mail-Konten eingerichtet, markieren Sie in der linken Spalte zunächst das Konto, das Sie für das Versenden der Nachricht nutzen möchten ❶.

2 Klicken Sie in der Leiste oben links auf **Neue E-Mail** ❷. In der rechten Spalte erscheint nun die Maske zum Erstellen einer neuen Mail.

3 Die E-Mail-Adresse des gerade ausgewählten Kontos wird im Feld **Von** ❸ angezeigt. Im Feld **An** ❹ tragen Sie die E-Mail-Adresse des Empfängers ein. Während der Eingabe wird der Hinweis **Diese Adresse verwenden** eingeblendet. Er verschwindet, sobald Sie die Adresse vollständig eingetragen und durch Drücken der Taste ⏎ bestätigt haben.

Haben Sie in Windows 10 bereits Kontaktdaten erfasst, werden nach Eingabe der ersten Buchstaben einer E-Mail-Adresse bereits Vorschläge mit passenden Adressen eingeblendet. Per Mausklick wählen Sie einfach die gewünschte Adresse aus. Wie Sie mit der Kontakte-App ein eigenes Adressbuch anlegen, erfahren Sie in Abschnitt 15.2, »Adressen verwalten mit der Kontakte-App«, ab Seite 569.

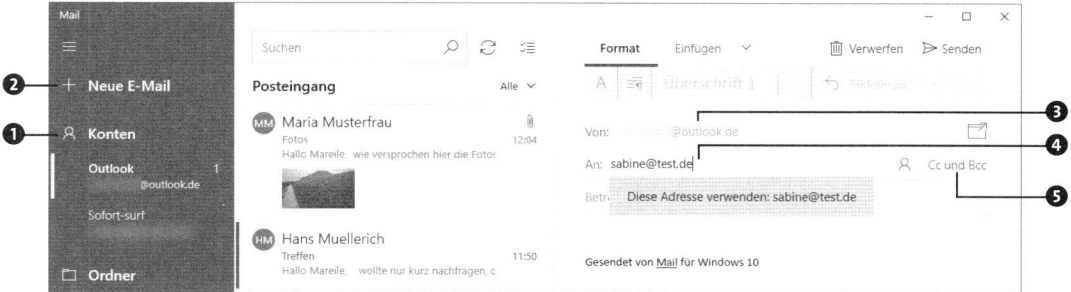

4 Wenn Sie einer Person eine Kopie der Mail zukommen lassen möchten, klicken Sie auf die Schaltfläche **Cc und Bcc** ❺.

5 Tragen Sie die entsprechende E-Mail-Adresse in das Feld **Cc** (❻ auf Seite 560) ein. Möchten Sie in eines der beiden Felder **An** oder **Cc** mehrere Adressen eintragen, trennen Sie diese einfach durch ein Semikolon (;) voneinander. Dieses wird bereits automatisch hinter eine E-Mail-Adresse gesetzt, sobald Sie die Taste ⏎ drücken. Das Feld **Bcc** ❼ sollten Sie nur dann verwenden, wenn Sie jemandem eine Kopie der E-Mail senden möchten, ohne dass die anderen Empfänger dies mitbekommen.

6 In das Feld **Betreff** ❽ geben Sie einen Titel für die E-Mail ein.

7 Den eigentlichen Text Ihrer Mail ❾ ergänzen Sie im Feld unterhalb des **Betreff**-Felds. Windows 10 fügt hier automatisch die Signatur **Gesendet von Mail für Windows 10** ❿ hinzu. Wenn Sie möchten, können Sie diesen Text löschen. Im Kasten »Eine eigene Signatur einrichten« auf Seite 562 erfahren Sie, wie Sie eine eigene Signatur einrichten.

8 Gibt es ein Wort in der Mail, das Sie hervorheben möchten? Die entsprechenden Befehle finden Sie im Register **Format** ⓫. Über die beiden Symbole 🄰 und 🔳 ⓬ lassen sich in den anschließend aufklappenden Listen weitere Formatierungen wie Schriftfarbe oder auch Absatzformatierungen auswählen. Über das Register **Optionen** können Sie außerdem Ihre Nachricht auf korrekte Rechtschreibung überprüfen lassen. Wird das Register so wie hier im Beispiel bei Ihnen nicht angezeigt, klicken Sie auf den nach unten weisenden Pfeil ⓭ und wählen es im aufklappenden Menü aus.

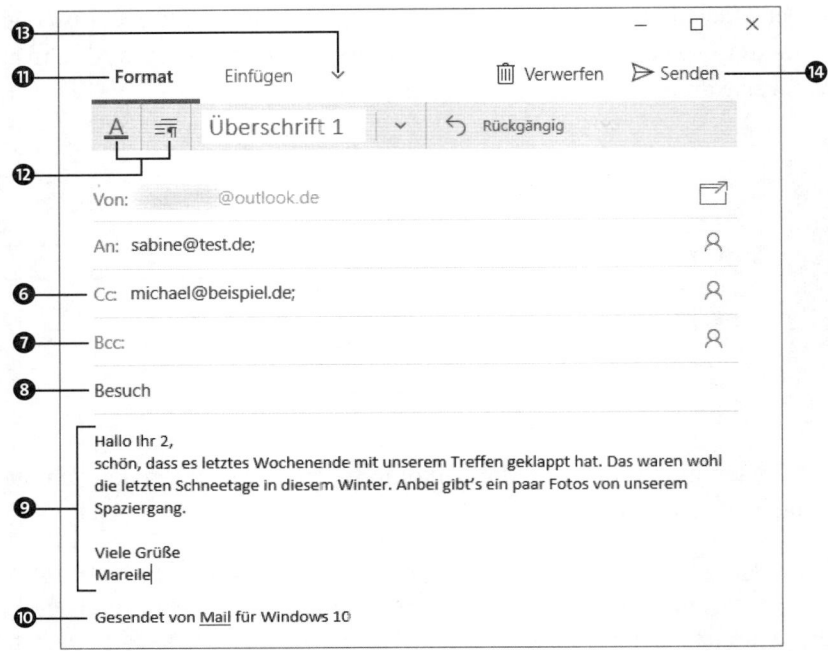

Mit einem Klick auf **Senden** ⑭ verschicken Sie die E-Mail. Wenn Sie noch Fotos oder andere Dokumente an die Nachricht anhängen möchten, sind zuvor noch folgende Schritte nötig:

9 Klicken Sie in der rechten Spalte auf **Einfügen** ⑮ und anschließend auf die nun sichtbare Schaltfläche **Dateien** ⑯.

10 Jetzt öffnet sich das Fenster des Explorers. Wechseln Sie im Navigationsbereich links in den Ordner, in dem sich die zu versendenden Dateien befinden.

11 Markieren Sie im Inhaltsbereich rechts die Dateien. Halten Sie hierzu die Taste Strg gedrückt, während Sie nacheinander alle gewünschten Dateien per Mausklick markieren.

12 Haben Sie alle Dateien ausgewählt (diese sind an der blauen Markierung zu erkennen), übernehmen Sie sie mit einem Klick auf **Öffnen** ⑰ in Ihre Mail.

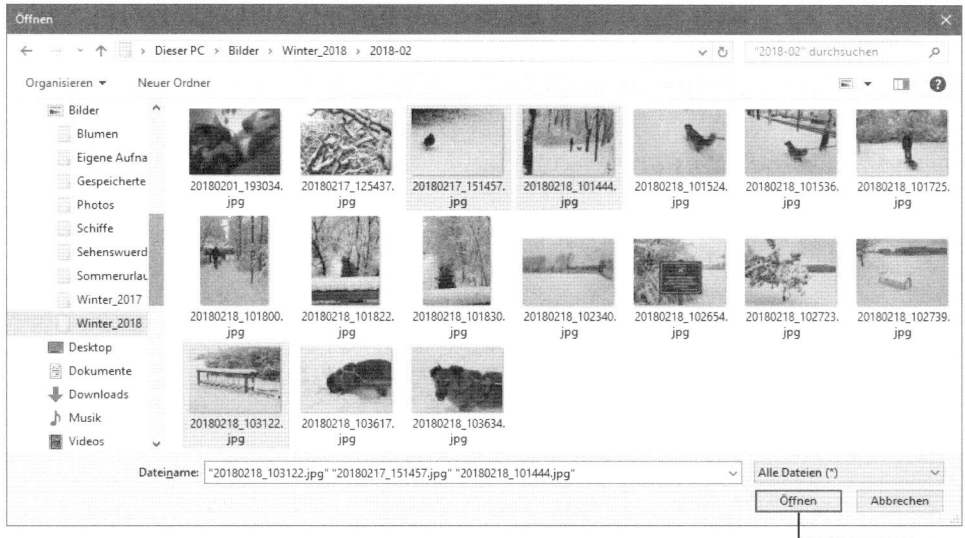

13 Die Dateien werden nun oberhalb Ihres Nachrichtentextes als Anlagen eingeblendet. Möchten Sie eine der Dateien doch wieder entfernen, tippen Sie auf das kleine Kreuz **⑱**, das in der rechten oberen Ecke der Datei angezeigt wird.

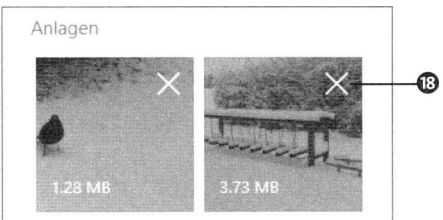

14 Mit einem Klick auf **Senden** (**⑲** auf Seite 560) verschicken Sie die Nachricht.

Wenn Sie später nochmals einen Blick auf eine gesendete E-Mail werfen möchten, markieren Sie in der linken Spalte das Konto, klicken zunächst auf **Mehr** und dann in der aufklappenden Liste auf den Ordner **Gesendete Elemente**. In der mittleren Spalte werden nun alle Nachrichten aufgelistet, die Sie von dem markierten Konto aus verschickt haben. Über den Eintrag **Mehr** gelangen Sie übrigens auch zu den Ordnern **Junk-E-Mail** bzw. **Spam** (die Bezeichnung wird von Ihrem E-Mail-Anbieter vorgegeben). In diesen Ordnern werden die als Spam bzw. Junk-E-Mail (also unerwünschte Mails, meist Werbung) eingestuften E-Mails abgelegt. Häufig landen hier aber auch durchaus wünschenswerte und erwartete Nachrichten. Sie sollten also regelmäßig einen Blick in diesen Ordner werfen.

TIPP

Tabellen, Bilder oder Links versenden

Über das Register **Einfügen** können Sie nicht nur Dateien (Dokumente, Bilder) an Ihre E-Mail anhängen. Sie haben auch die Möglichkeit, eine Tabelle, Bilder, Emojis oder einen Link unmittelbar in Ihrer E-Mail selbst zu ergänzen. Anstatt dem Empfänger Ihrer E-Mail z. B. eine endlos lange Adresse einer interessanten Internetseite zu schicken, können Sie diesen Link auch durch einen Alternativtext ersetzen, der gleich benennt, worum es geht. Klicken Sie hierzu im Register **Einfügen** auf **Link**. Im aufklappenden Dialog geben Sie in das Feld **Anzuzeigender Text** den Alternativtitel ein und in das Feld **Adresse** die eigentliche Internetadresse. Per Klick auf **Einfügen** wird der Link in Ihrer E-Mail ergänzt. Der Empfänger muss nur auf den Alternativtext klicken, und schon öffnet sich automatisch der Browser mit der eigentlichen Internetadresse.

Das Einfügen von Bildern über die Schaltfläche **Bilder** im Register **Einfügen** erfolgt ähnlich wie das zuvor gezeigte Anfügen von Dateien. In diesem Fall werden die Fotos aber nicht als Anlagen an die E-Mail angehängt, sondern direkt im Nachrichtentext selbst eingefügt. Das Betrachten der meist sehr großen Bilder ist für den Empfänger deshalb recht schwer – dieser Weg ist für Fotos also nicht zu empfehlen.

Wählen Sie im Register **Einfügen** die **Tabelle**, wird im Nachrichtentext an der Position der Einfügemarke eine leere Tabelle mit drei Zeilen und drei Spalten eingeblendet.

Über den Eintrag **Emoji** im Register **Einfügen** blenden Sie einen Dialog mit diversen Smileys ein. Dieser Dialog lässt sich aber auch über die Tastenkombination ⊞ + . anzeigen.

TIPP

Eine eigene Signatur einrichten

Windows ergänzt unter jedem Nachrichtentext automatisch **Gesendet von Mail für Windows 10**. Dabei handelt es sich um eine sog. *Signatur*, also um eine digitale Unterschrift für Ihre Mail. Diese Werbung für Windows 10 in jeder E-Mail erneut zu löschen, ist auf Dauer sehr lästig. Stattdessen sollten Sie besser eine persönliche Signatur einrichten, die entweder nur eine Grußformel enthalten kann oder auch Ihre Adressdaten. Diese Signatur wird dann jeweils automatisch unterhalb Ihrer Nachricht eingeblendet. Um eine eigene Signatur einzurichten, klicken Sie in der Mail-App am unteren Ende der linken Spalte auf das Zahnrad-Symbol. In der Spalte **Einstellungen**, die nun am rechten Bildschirmrand eingeblendet wird, markieren

Sie die **Signatur**. Legen Sie im Dialog **E-Mail-Signatur** im Feld **Ein Konto auswählen und Ihre Signatur anpassen** das E-Mail-Konto fest, für das Sie eine Signatur erstellen möchten. Soll die Signatur für alle Ihre in der Mail-App eingerichteten E-Mail-Konten gelten, versehen Sie das Kästchen **Auf alle Konten anwenden** mit einem Häkchen. Überschreiben Sie im Feld unterhalb von **E-Mail-Signatur verwenden** den Text **Gesendet von Mail mit Windows 10** mit dem gewünschten Text für Ihre Signatur. Natürlich können Sie auch ganz auf eine Signatur verzichten. In diesem Fall ziehen Sie den Schieberegler unter **E-Mail-Signatur verwenden** nach links auf **Aus**.

15.1.4 Empfangene E-Mails lesen und beantworten

Alle E-Mails, die Sie erhalten, landen im Normalfall im Ordner **Posteingang**. Um auf die Nachrichten zugreifen zu können, müssen Sie zuvor ggf. in der linken Spalte das entsprechende E-Mail-Konto markieren.

Wenn Sie prüfen möchten, ob seit der letzten Synchronisation mit dem E-Mail-Server neue E-Mails eingetroffen sind, klicken Sie auf das Symbol ⟳ am oberen Rand der mittleren Spalte (❶ auf Seite 564).

Blitzschnell über neu eingetroffene E-Mails informieren lassen

Neu eingetroffene Mails werden in der Mail-App selbst farbig hervorgehoben. Außerdem sehen Sie in der linken Spalte anhand der Ziffer, wie viele neue Nachrichten auf Sie warten. Nicht immer befindet sich das Fenster der Mail-App aber im Vordergrund. Wenn Sie sofort über neue E-Mails informiert werden möchten, klicken Sie am unteren Rand der linken Spalte auf das Zahnrad-Symbol und wählen in der aufklappenden Spalte rechts **Benachrichtigungen**. Wählen Sie das Konto aus, für das Sie die Benachrichtigungseinstellungen vornehmen möchten. Wenn Sie möchten, können Sie die Einstellungen **auf alle Konten anwenden**.

Befindet sich der Schieberegler unter **Benachrichtigungen im Wartungscenter anzeigen** auf **Ein**, wird im Info-Center ein entsprechender Hinweis eingeblendet. Dieser Hinweis ist allerdings leicht zu übersehen. Versehen Sie das Kästchen **Benachrichtigungsbanner anzeigen** mit einem Häkchen, wird zusätzlich ein kurzer Hinweis in der rechten unteren Ecke des Bildschirms eingeblendet. Aktivieren Sie außerdem das Kästchen **Sound wiedergeben**, weist Sie zusätzlich ein akustisches Signal auf eine eingegangene E-Mail hin.

TIPP

Neu eingetroffene Mails werden immer zu Beginn der mittleren Spalte angezeigt. Um eine Mail zu lesen, markieren Sie sie. Der Nachrichtentext wird nun in der rechten Spalte eingeblendet. Hat der Absender ein Bild an die Mail angehängt, wird in der E-Mail oberhalb des eigentlichen Nachrichtentextes jeweils eine Miniaturansicht des Bildes gezeigt ❷. Wenn Sie eine mitgeschickte Datei auf Ihrem Computer speichern möchten, klicken Sie mit der rechten Maustaste auf das Bild (oder auf das Datei-Symbol, falls es sich bei dem Anhang beispielsweise um ein Word-Dokument handelt) und wählen im aufklappenden Kontextmenü den Befehl **Speichern** ❸.

Daraufhin erscheint wieder das Fenster des Explorers, das Sie bereits beim Einfügen von Dateien in eine E-Mail kennengelernt haben. Wählen Sie den Ordner aus, in dem die Datei abgelegt werden soll – z. B. **Bilder** oder auch **Dokumente** –, und bestätigen Sie mit **Speichern**.

Abbildung 15.5 Dateianhänge lassen sich komfortabel speichern.

Um eine empfangene E-Mail auszudrucken, klicken Sie oben rechts auf das Symbol ⋯ ❹. Im aufklappenden Menü wählen Sie den Befehl **Drucken**. Nach Auswahl der Seiten, die gedruckt werden sollen, sowie des Papierformats starten Sie den Druckvorgang mit **Drucken**. Über das Symbol ⋯ erreichen Sie übrigens auch den Befehl **Löschen**. Wenn Sie eine E-Mail nicht mehr benötigen, sollten Sie diese auch entfernen, um für etwas Ordnung in Ihrem Postfach zu sorgen.

Wenn Sie dem Absender einer E-Mail antworten möchten, markieren Sie die gewünschte Mail in der mittleren Spalte. Klicken Sie dann oberhalb der rechten Spalte auf die Schaltfläche **Antworten**. Wurde die Mail an mehrere Personen verschickt, denen Sie Ihre Antwort ebenfalls zukommen lassen möchten, klicken Sie auf **Allen antworten**. Gleich rechts von dieser Schaltfläche finden Sie auch den Befehl **Weiterleiten**, über den Sie die E-Mail an eine weitere Person verschicken können.

In allen drei Fällen erscheint anschließend das Nachrichtenfenster, das Sie bereits vom Versenden einer Mail kennen. Die E-Mail-Adresse (bei mehreren Empfängern dann entsprechend die E-Mail-Adressen) wird im Falle eines Antwortschreibens automatisch ergänzt; bei einer Weiterleitung müssen Sie sie noch selbst in das Feld **An** einfügen.

Der Titel der E-Mail wird ebenfalls automatisch im Feld **Betreff** übernommen, allerdings jeweils um ein Präfix ergänzt: Bei einem Antwortschreiben finden Sie hier ein **AW**, bei einer Weiterleitung wiederum **WG**.

Ihren persönlichen Text der E-Mail ergänzen Sie oberhalb des alten Textes. Mit einem Klick oder Fingertipp auf **Senden** schicken Sie die Mail ab.

15.1.5 Wichtige Einstellungen für die Mail-App vornehmen

Als Nächstes stelle ich Ihnen noch einige Einstellungen vor, die Sie in der Mail-App vornehmen können. Einige davon dienen lediglich dem Komfort, andere wiederum der Sicherheit. Ein großes Übel heutzutage sind z. B. die lästigen Werbemails, mit denen man überflutet wird. Viele dieser Mails enthalten Bilder. Allerdings werden diese oft nicht direkt in die E-Mail eingefügt. Stattdessen enthalten die E-Mails Links (also Verknüpfungen) zu den eigentlich extern gespeicherten Bildern.

Sollten Sie die Bilder per Klick auf den Link laden, erhält der Absender der E-Mail hiermit die Bestätigung, dass Sie die E-Mail gelesen und Ihre E-Mail-Adresse damit gültig ist. Aber nicht nur das: Im schlimmsten Fall können diese Bilder auch infiziert sein. Aus diesem Grund sollten Sie diese Bilder keineswegs laden, außer Sie trauen dem Absender blind. Mit einer kleinen Einstellung können Sie das Laden der externen Inhalte verhindern:

1 Blenden Sie in der Mail-App über das Zahnrad-Symbol ❶ am unteren Rand der linken Spalte die Spalte **Einstellungen** ein. Dort klicken Sie auf **Lesebereich** ❷.

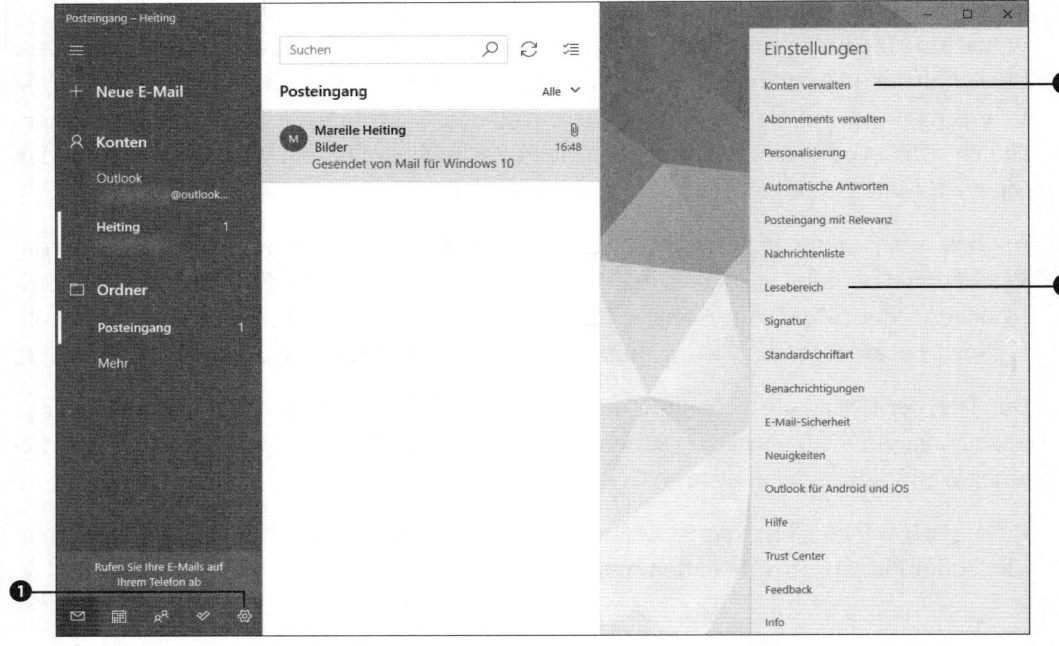

2 Blättern Sie in der rechten Spalte etwas nach unten bis zum Bereich **Externer Inhalt**.

3 Um die Einstellung gleich in einem Rutsch für alle E-Mail-Konten zu übernehmen, aktivieren Sie das Kästchen **Auf alle Konten anwenden** ❸.

4 Deaktivieren Sie die Option, indem Sie den Regler **Externe Bilder und Formatierungen für S/MIME-Mail automatisch herunterladen** nach links auf **Aus** ❹ ziehen.

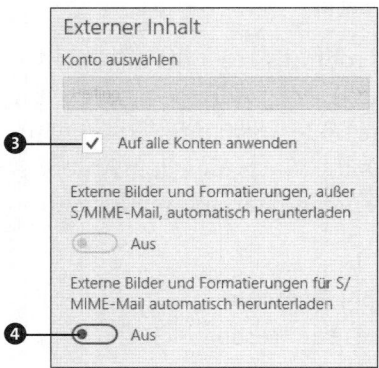

Über das Symbol 🗘 in der mittleren Spalte können Sie die Mail-App veranlassen, den E-Mail-Server auf neue Nachrichten zu überprüfen. Windows 10 beobachtet sehr genau, wie häufig Sie die Mail-App öffnen und Ihre E-Mails abrufen. Sollten Sie Ihre Nachrichten nur alle paar Tage lesen, werden die E-Mails entsprechend selten vom E-Mail-Server heruntergeladen. Wenn Sie diese Voreinstellung ändern möchten, gehen Sie folgendermaßen vor:

1 Blenden Sie die Spalte **Einstellungen** per Klick auf das Zahnrad-Symbol am unteren Rand der linken Spalte ein. Klicken Sie hier auf den Eintrag **Konten verwalten** (**5** auf Seite 566).

2 Im Dialog **Konten verwalten**, der nun in der rechten Spalte angezeigt wird, markieren Sie das Postfach **6**, für das Sie die Synchronisierungseinstellungen anpassen möchten.

Am unteren Rand dieser Spalte finden Sie übrigens auch den Befehl **Konto hinzufügen 7**, über den Sie weitere E-Mail-Konten in der Mail-App ergänzen können. Die nach Auswahl des Befehls folgenden Schritte haben Sie bereits in Abschnitt 15.1.1, »E-Mail-Konten hinzufügen«, ab Seite 551 kennengelernt. Doch zurück zu den Synchronisierungseinstellungen.

3 Haben Sie das Konto ausgewählt, wird der Dialog **Kontoeinstellungen** geöffnet. Im Feld **Kontoname 8** wird der Name angezeigt, den die Mail-App für das Konto festgelegt hat. Wenn Sie einen anderen, aussagekräftigeren Namen vorziehen, überschreiben Sie den Kontonamen hier einfach.

4 Klicken Sie im Dialog **Kontoeinstellungen** auf **Postfachsynchronisierungseinstellungen ändern 9**.

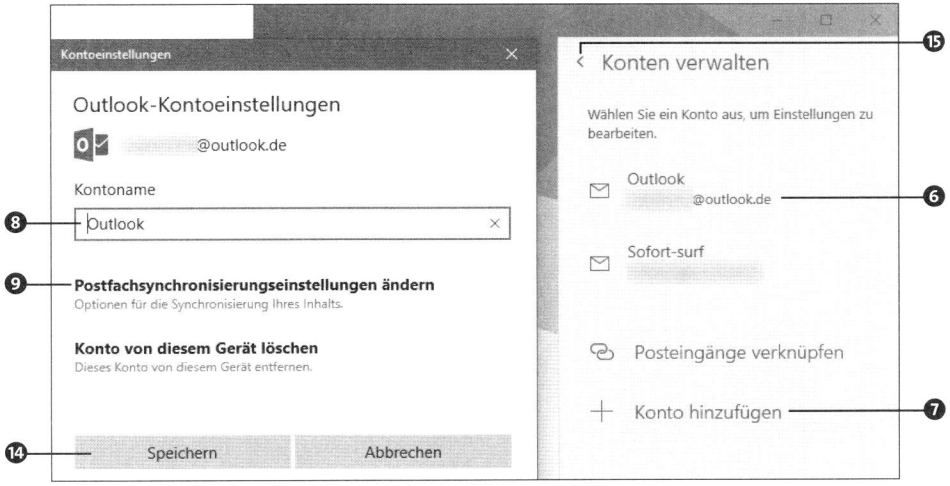

5 Nach einem Klick auf den Pfeil rechts vom Feld **Neuen Inhalt herunterladen** bzw. **E-Mail herunterladen von ❿** wählen Sie aus, wann die Mail-App neue E-Mails herunterladen soll. Die Auswahl reicht hier von **Beim Eintreffen von Elementen** (sprich sofort, wenn eine E-Mail eintrifft) über **Stündlich** bis hin zu **Manuell** (also immer, wenn Sie auf das Symbol 🔄 klicken).

6 Stellen Sie auch hier sicher, dass **Immer die vollständige Nachricht mit Internetbildern herunterladen** nicht aktiviert, also nicht mit einem Häkchen versehen ist **⓫**.

7 Per Standardeinstellung lädt die Mail-App lediglich die E-Mails vom E-Mail-Server, die Sie während der letzten drei Monate erhalten haben. Damit alle erhaltenen E-Mails zu sehen sind, wählen Sie im Feld **E-Mail herunterladen von** den Eintrag **Beliebiger Zeitpunkt ⓬** aus.

8 Handelt es sich beim ausgewählten Konto nicht um ein Microsoft-Konto, lassen sich über die Schaltfläche **Erweiterte Postfacheinstellungen** Angaben für den Posteingangs- und Postausgangsserver einblenden und anschließend ändern.

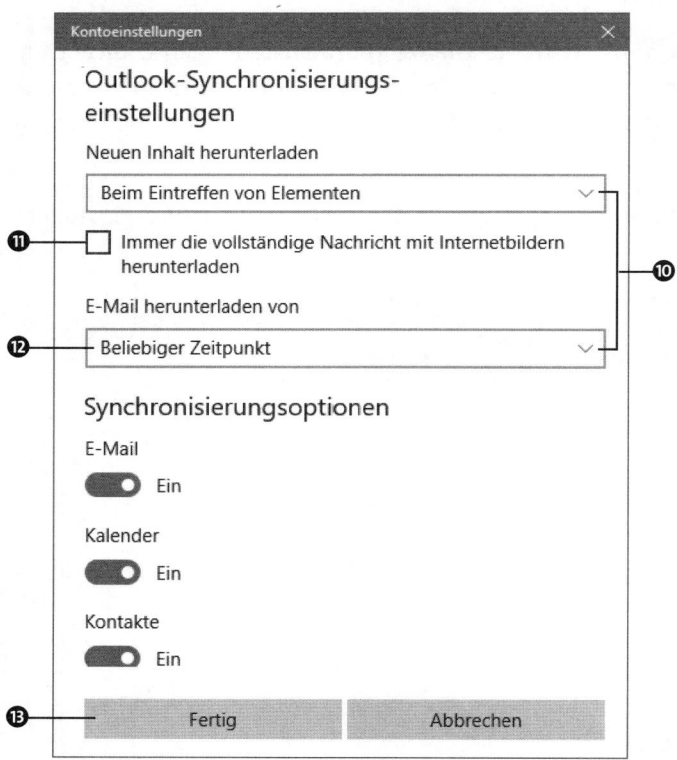

9 Wenn Sie die gewünschten Einstellungen vorgenommen haben, schließen Sie den Dialog **Synchronisierungseinstellungen** mit **Fertig** ❸ und den Dialog **Kontoeinstellungen** mit **Speichern** (❹ auf Seite 567).

Klicken Sie in der rechten Spalte auf den kleinen Pfeil links von **Konten verwalten** (❺ auf Seite 567), gelangen Sie wieder zu den **Einstellungen** zurück. Falls Sie Ihren Programmen gern einen individuellen Touch verleihen, sollten Sie noch einen Blick in die **Personalisierung** werfen. Hier können Sie die Farben sowie den Hintergrund für die Mail-App auswählen. Probieren Sie in der Spalte **Personalisierung** auch die Optionen **Heller Modus** sowie **Dunkler Modus** aus, und prüfen Sie, welche Darstellung – dunkler Text auf hellem Grund oder umgekehrt – für Ihre Augen angenehmer ist.

E-Mail-Konto in der Mail-App löschen

Sie haben ein E-Mail-Konto gekündigt oder möchten es zumindest nicht mehr mit der Mail-App abrufen? Den entsprechenden Befehl **Konto löschen** finden Sie im Dialog **Kontoeinstellungen**. Das Konto wird anschließend nicht mehr in der Mail-App aufgeführt.

15.2 Adressen verwalten mit der Kontakte-App

Früher musste man sich gerade mal die Postanschrift und eine Festnetznummer merken, heutzutage kommen Handynummern, E-Mail-Adressen und mehr hinzu. Mit der bereits in Windows 10 integrierten *Kontakte*-App behalten Sie all diese Daten von wichtigen Personen im Blick. Der große Vorteil der App: Einmal erfasste Daten lassen sich anschließend mit wenig Aufwand in anderen Apps wie etwa der *Mail*-App verwenden.

Der Aufruf der Kontakte-App erfolgt über die entsprechende Kachel im Startmenü oder über den Eintrag **Kontakte** in der App-Liste, die Sie ebenfalls über das Startmenü erreichen. Starten Sie die App zum ersten Mal, erhalten Sie nach einem Klick auf **Erste Schritte** ein paar Informationen rund um die Kontakte-App. Wenn Sie mit Ihrem Microsoft-Konto am Computer angemeldet sind oder bereits in der Mail-App ein Microsoft-Konto hinzugefügt haben, lassen sich Ihre Kontaktdaten automatisch auf allen Geräten synchronisieren, die Sie mit diesem Konto nutzen (siehe auch den Kasten »Per Microsoft-Konto E-Mails, Termine und Kontaktdaten synchronisieren« auf Seite 578). Wie auch bei der Mail-App wird dieses Konto automatisch beim Start der Kontakte-App hinzugefügt. Sind Sie dagegen aktuell mit einem lokalen Benutzerkonto angemeldet, können Sie nach dem Start der Kontakte-App – sofern Sie möchten – ein Konto nach einem Klick auf **Kontakte importieren** ❶ ergänzen. Die folgenden Schritte sind identisch mit denen, die ich Ihnen für die Mail-App in Abschnitt 15.1.1, »E-Mail-Konten hinzufügen«, ab Seite 551 gezeigt habe.

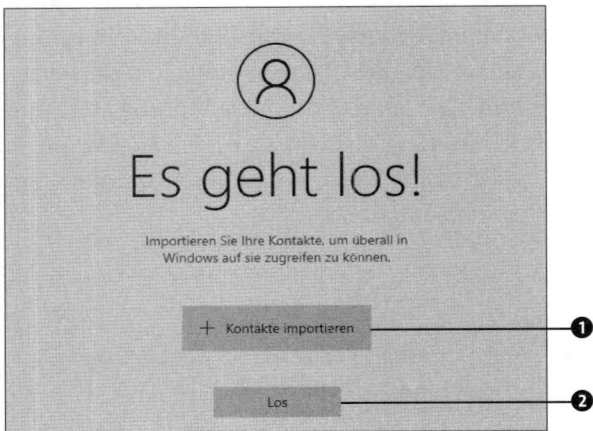

Abbildung 15.6 Nach dem ersten Start der Kontakte-App können Sie Konten hinzufügen. Dies ist aber nicht Pflicht.

Das Hinzufügen eines Kontos ist kein Muss; Sie können nach einem Klick auf **Los** ❷ auch sofort mit dem Erfassen der Kontaktdaten der ersten Person beginnen. Um die Daten in der Kontakte-App einzutragen, gehen Sie folgendermaßen vor:

1 Klicken bzw. tippen Sie in der linken Spalte auf das Plus-Symbol ❸.

2 Im Dialog **Neuer Kontakt**, der jetzt in der rechten Spalte eingeblendet wird, klicken Sie auf das Stift-Symbol rechts vom Feld **Name** ❹.

3 Nun klappt der Dialog **Namen bearbeiten** auf, in dem Sie in den entsprechenden Feldern den Vornamen, Nachnamen oder auch den Spitznamen des ersten Kontakts eintragen. Bestätigen Sie Ihre Eingaben mit **Fertig**. Sie kehren damit automatisch zum Dialog **Neuer Kontakt** zurück.

4 Geben Sie in die übrigen Felder die weiteren Kontaktdaten ein, wie Handynummer und E-Mail-Adresse. Über die Plus-Symbole ❺ blenden Sie in den angegebenen Kategorien – etwa Telefon, E-Mail oder Adresse – weitere Felder ein. In der anschließend aufklappenden Liste wählen Sie das gewünschte Element aus ❻.

5 Wenn Sie alle Adressdaten ergänzt haben, sichern Sie die Daten mit einem Klick auf **Speichern** ❼.

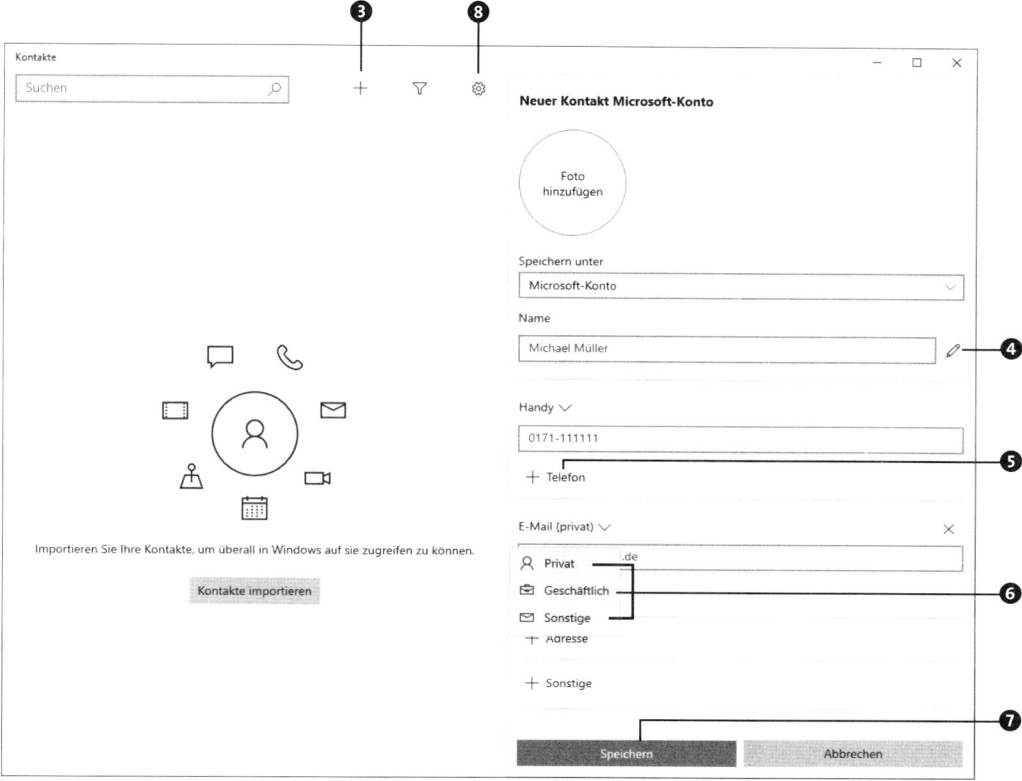

6 Wiederholen Sie die Schritte 1 bis 5 für alle weiteren Kontakte, die Sie in der Kontakte-App speichern möchten.

TIPP

Ein starkes Team: die Apps Mail, Kontakte und Kalender

Die drei Apps *Mail*, *Kontakte* sowie *Kalender* arbeiten eng zusammen. So finden Sie in einem Programmfenster einer dieser Apps jeweils eine Verknüpfung zu den beiden anderen. In der Mail-App befinden sich die entsprechenden Symbole z. B. in der linken unteren Fensterecke. Ein Klick auf das gewünschte Symbol reicht, und schon wird die gewünschte App geöffnet. Die Zusammenarbeit zwischen den Apps reicht aber noch weiter: Angenommen, Sie befinden sich gerade in der Kontakte-App und möchten einem Ihrer Freunde eine E-Mail schicken. Markieren Sie in der Kontaktübersicht links einfach den gewünschten Namen, und klicken Sie dann in der rechten Fensterhälfte rechts von der E-Mail-Adresse auf **E-Mail**. Falls der Dialog **Wie soll dieses Element geöffnet werden?** erscheint, markieren Sie hier die App **Mail**, wenn Sie diese für das Versenden Ihrer E-Mails nutzen. Falls Sie mehrere E-Mail-Konten in der Mail-App erfasst haben, werden Sie aufgefordert, die gewünschte Adresse zu wählen, die Sie zum Versenden der Nachricht verwenden möchten. Nun öffnet sich das Fenster der Mail-App, in dem Sie nur noch den Nachrichtentext ergänzen müssen, bevor Sie die Mail versenden.

Die Kontakte werden in der App alphabetisch nach Vornamen sortiert angezeigt. Wenn Sie eine Sortierung nach dem Nachnamen vorziehen, klicken Sie am oberen Fensterrand auf das Zahnrad-Symbol (❽ auf Seite 571). Im Dialog **Einstellungen** aktivieren Sie unter **Kontaktliste sortieren nach** die Option **Nachname** ❾. In diesem Dialog finden Sie auch die Schaltfläche, über die Sie noch im Nachhinein ein Konto (z. B. Ihr Microsoft- oder auch Google-Konto) hinzufügen können ❿. Mit einem Klick auf den Pfeil oben links ⓫ gelangen Sie wieder zur Kontaktliste zurück.

Abbildung 15.7 Die Sortierung der Kontakte legen Sie in den »Einstellungen« fest.

In der Kontakte-App werden die Initialen ⓬ der Kontakte angezeigt sowie rechts davon die Namen. Wenn Sie sich die vollständigen Kontaktdaten einer Person anzeigen lassen möchten, markieren Sie den Kontakt links. In der rechten Spalte werden nun die persönlichen Daten aufgelistet. Darunter erfahren Sie, welche gemeinsamen **Termine** ⓭ anstehen, wann Sie zum letzten Mal Nachrichten mit der Person ausgetauscht ⓮ oder Anrufe erhalten haben. Um alle Informationen einzusehen, müssen Sie in der rechten Spalte ggf. etwas nach unten blättern.

Ein Freund ist umgezogen, oder ein Kollege hat sich ein neues Smartphone inklusive neuer Rufnummer zugelegt? Um die Kontaktdaten einer Person zu ändern, markieren Sie den entsprechenden Kontakt in der App und klicken dann auf **Bearbeiten** ⓯. Nun können Sie die entsprechenden Korrekturen vornehmen und mit einem Klick auf **Speichern** sichern.

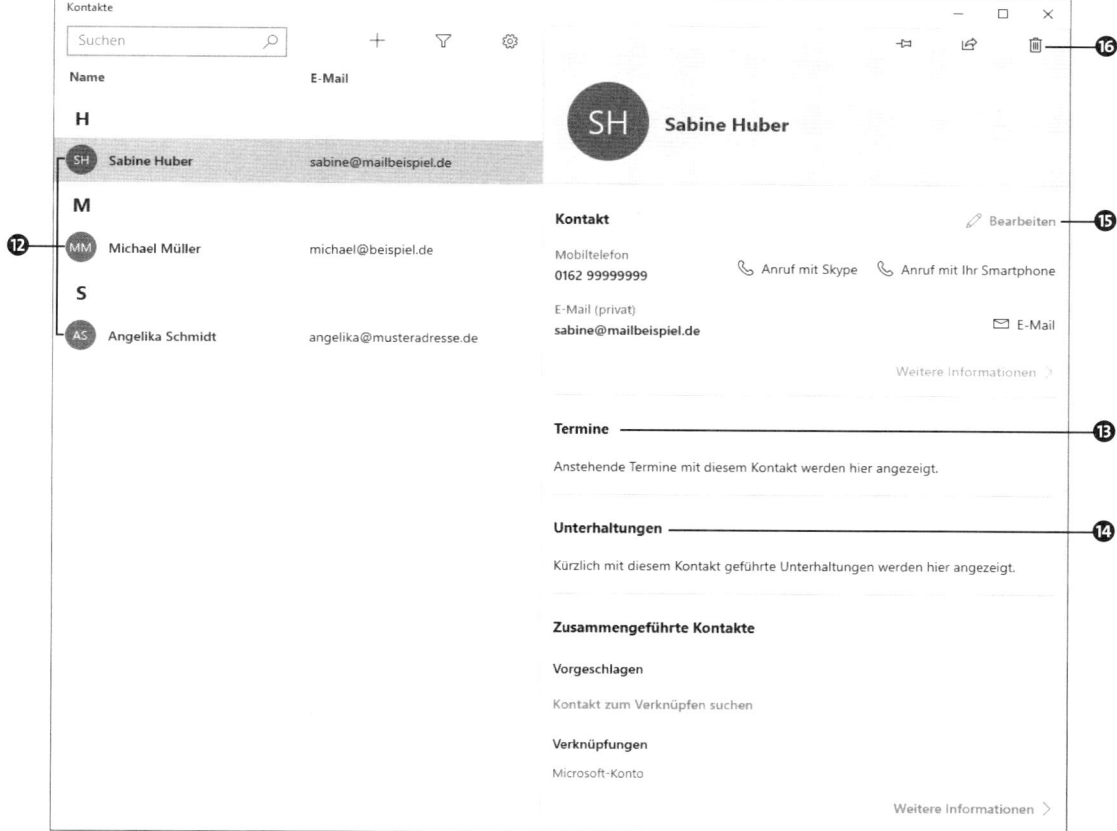

Abbildung 15.8 In der rechten Spalte werden alle wichtigen Daten des links markierten Kontakts angezeigt.

573

TIPP

Kontakte in der Kontakte-App löschen

Selbstverständlich können Sie auch jederzeit einen Kontakt wieder aus der Kontakte-App entfernen. Markieren Sie hierzu den entsprechenden Eintrag in der linken Spalte. Am oberen Rand der rechten Spalte wird nun das Papierkorbsymbol (⑯ auf Seite 573) eingeblendet. Klicken Sie hierauf, und bestätigen Sie den Hinweis mit **Löschen.**

Müssen Sie häufiger auf die Kontaktdaten einer Person zugreifen, bietet es sich an, eine entsprechende Verknüpfung in der Taskleiste anzulegen. Windows 10 bietet hierfür bereits ein eigenes Symbol im Infobereich in der Taskleiste rechts an. Der einfachste Weg, einen Kontakt an die Taskleiste anzuheften, führt aber über die Kontakte-App. Hierzu gehen Sie folgendermaßen vor.

1 Markieren Sie den gewünschten Kontakt in der linken Spalte der Kontakte-App.

2 Klicken Sie am oberen Rand der rechten Spalte auf das Pinnnadel-Symbol ❶. In der aufklappenden Liste wählen Sie den Befehl **An Taskleiste anheften** ❷.

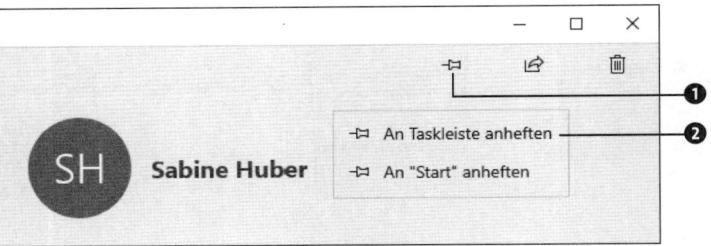

3 Bestätigen Sie die folgende Frage, ob der Kontakt an die Taskleiste angeheftet werden soll, mit **Anheften.**

4 In der Taskleiste wird nun ein Symbol mit den Initialen der Person hinzugefügt ❸. Zusätzlich erscheint – falls noch nicht vorhanden – das Kontakte-Symbol ❹. Windows 10 sieht zunächst vor, dass Sie auf diese Weise bis zu drei Kontakte anheften können. Möchten Sie mehr Kontakte ergänzen (bis zu zehn sind insgesamt möglich), klicken Sie auf das Kontakte-Symbol ❹. Beim ersten Aufruf ist nun noch ein Klick auf **Erste Schritte** nötig. Im Dialog, der anschließend aufklappt, klicken Sie auf das Symbol ▦ ❺ und dann auf **Einstellungen** ❻.

5 In der Einstellungen-App, die nun automatisch mit der Kategorie **Personalisierung ▸ Taskleiste** geöffnet wird, blättern Sie in der rechten Spalte ganz nach unten bis zum

Bereich **Kontakte**. Klicken Sie in das Feld **Wählen Sie aus, wie viele Kontakte ange-zeigt werden sollen ❼**, und markieren Sie die gewünschte Kontaktanzahl.

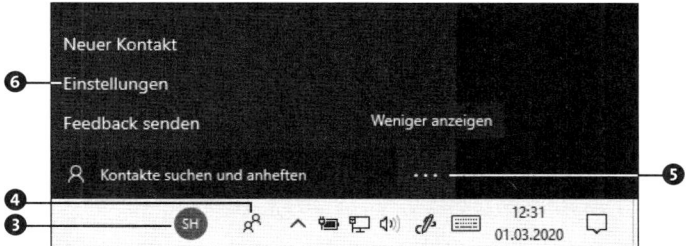

6 Über die Regler können Sie jeweils noch festlegen, ob Benachrichtigungen Ihrer Kontakte angezeigt werden ❽ und ob dies zusätzlich akustisch geschehen soll ❾.

7 Über das Schließen-Symbol ❿ oben rechts können Sie die Einstellungen-App an-schließend wieder schließen.

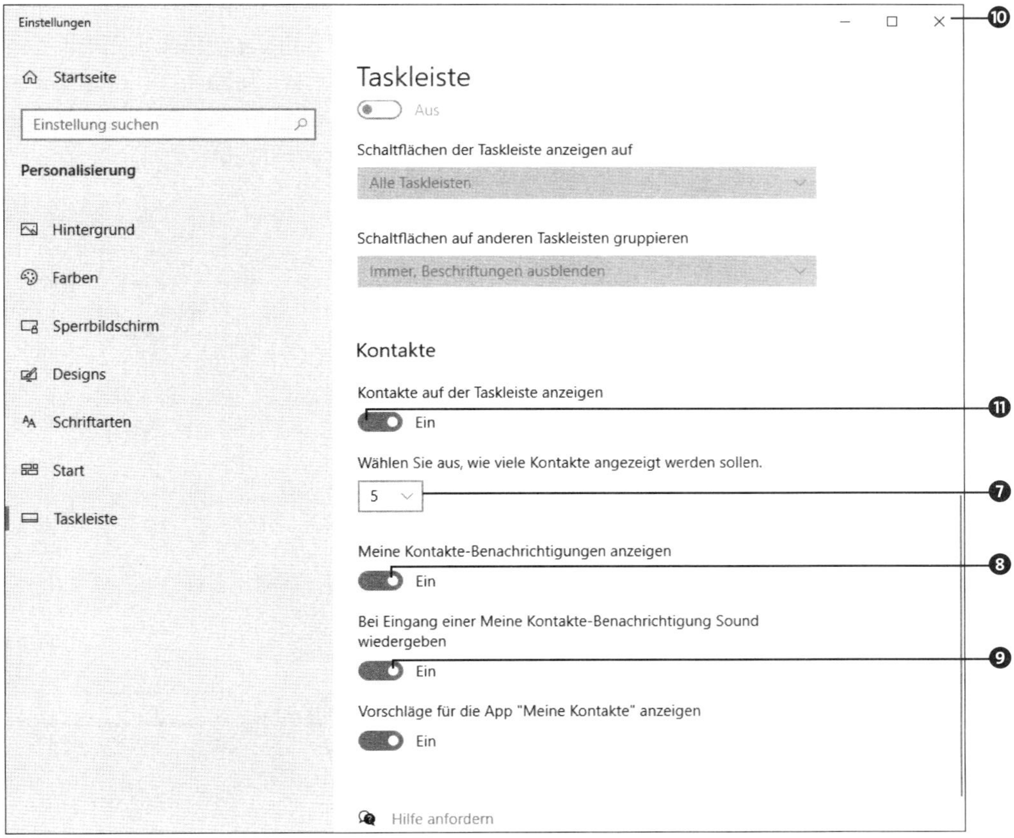

Kontakte in der Taskleiste ausblenden

Sie nutzen die Möglichkeit, Kontakte in der Taskleiste anzuheften, nicht? In diesem Fall können Sie das Symbol natürlich auch ganz entfernen. Klicken Sie hierzu mit der rechten Maustaste auf einen freien Bereich innerhalb der Taskleiste. Entfernen Sie dann im Kontextmenü das Häkchen vor **Kontakte auf der Taskleiste anzeigen**. Das Kontakte-Symbol, aber auch bereits angeheftete Kontakte werden hierdurch ausgeblendet. Alternativ können Sie hierzu auch in der Einstellungen-App den Regler **Kontakte auf der Taskleiste anzeigen** (⑪ auf Seite 575) auf **Aus** setzen. Um lediglich einen einzelnen Kontakt wieder aus der Taskleiste zu entfernen, klicken Sie dessen Symbol in der Taskleiste mit der rechten Maustaste an und wählen **Von Taskleiste lösen**.

Haben Sie in der Taskleiste das Symbol eines Kontakts erfolgreich hinzugefügt, steht einer blitzschnellen Kommunikation mit der Person nichts mehr im Wege. Ein Mausklick auf das Symbol reicht, und schon können Sie im aufklappenden Menü die gewünschte App auswählen, über die Sie kommunizieren möchten. Auch das Versenden von Dateien per E-Mail lässt sich über das Kontakte-Symbol besonders einfach realisieren. Markieren Sie hierzu die Datei z. B. im Explorer ❶, und ziehen Sie sie dann mit gedrückter linker Maustaste auf das Symbol des gewünschten Kontakts in der Taskleiste ❷.

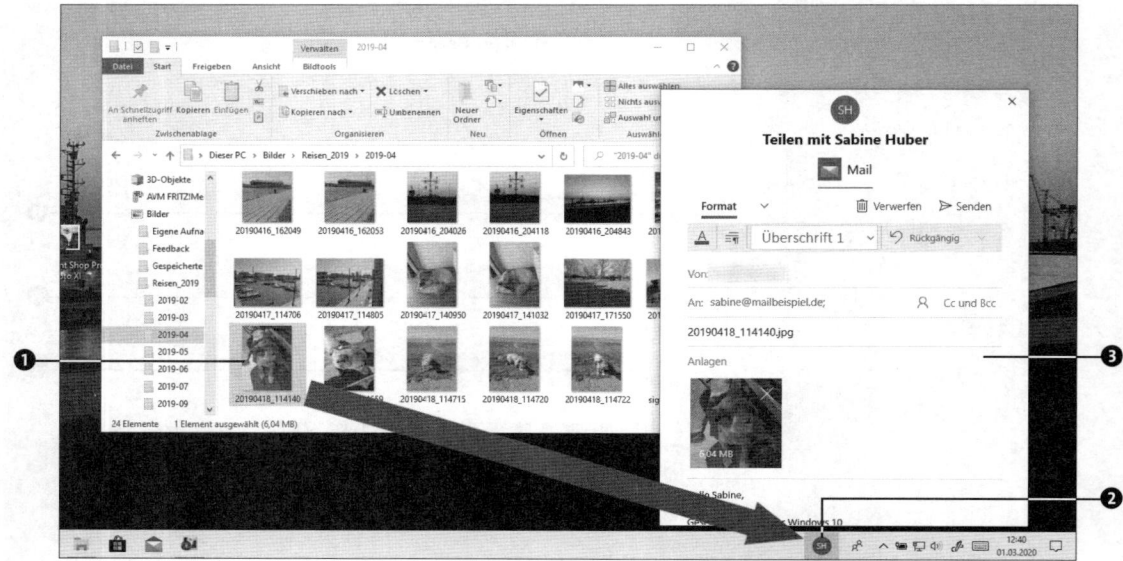

Abbildung 15.9 Das Versenden von Dateien ist über das Kontakte-Symbol in der Taskleiste schnell erledigt.

Befindet sich der Mauszeiger exakt auf den Initialen der Person, wird die QuickInfo **Teilen mit ...** eingeblendet. Lassen Sie nun die Maustaste los, wird automatisch das Nachrichtenfenster des Mailprogramms ❸ (z. B. der Mail-App) geöffnet. Wenn Sie mehrere E-Mail-Konten besitzen, müssen Sie ggf. zuvor noch das Konto auswählen, über das Sie die Nachricht verschicken möchten. Sie können jetzt direkt den Nachrichtentext ergänzen und die E-Mail versenden.

15.3 Termine im Blick mit der Kalender-App

Ein Termin reiht sich an den anderen, und manchmal ist es gar nicht so einfach, hier nicht die Übersicht zu verlieren. Die *Kalender*-App hilft Ihnen, keine Verabredung zu vergessen. Um die App aufzurufen, klicken Sie auf die entsprechende Kachel im Startmenü. Falls die Kachel bei Ihnen nicht angezeigt wird, erreichen Sie die Kalender-App über die App-Liste im Startmenü.

Nach dem Start der App haben Sie die Möglichkeit, ein Konto hinzuzufügen. Dabei kann es sich um ein Google-, iCloud- oder natürlich auch um ein Microsoft-Konto handeln. Lesen Sie hierzu auch den Kasten »Per Microsoft-Konto E-Mails, Termine und Kontaktdaten synchronisieren« auf Seite 578.

Wenn Sie mit einem Benutzerkonto am PC angemeldet sind, das mit einem Microsoft-Konto verknüpft ist, wurde dieses Konto bereits automatisch hinzugefügt, und es wird in der linken Fensterhälfte angezeigt ❶. Dies ist auch der Fall, wenn Sie sich bereits bei einer anderen Microsoft-App (z. B. der Mail-App) mit einem Microsoft-Konto angemeldet haben.

Möchten Sie noch weitere Konten hinzufügen, klicken Sie am unteren Rand der linken Spalte auf das Zahnrad-Symbol ❷ und dann rechts in der Spalte **Einstellungen** auf **Konten verwalten** ❸ ▸ **Konto hinzufügen**. Die weiteren Schritte erfolgen so, wie ich sie am Beispiel der *Mail*-App in Abschnitt 15.1.1, »E-Mail-Konten hinzufügen«, ab Seite 551 beschrieben habe.

Haben Sie für die Anmeldung am Computer ein lokales Konto gewählt und möchten Sie die in der Kalender-App erfassten Termine auf keinem anderen Gerät angezeigt bekommen, dann können Sie den Kalender auch direkt nutzen, ohne vorher ein Konto hinzuzufügen.

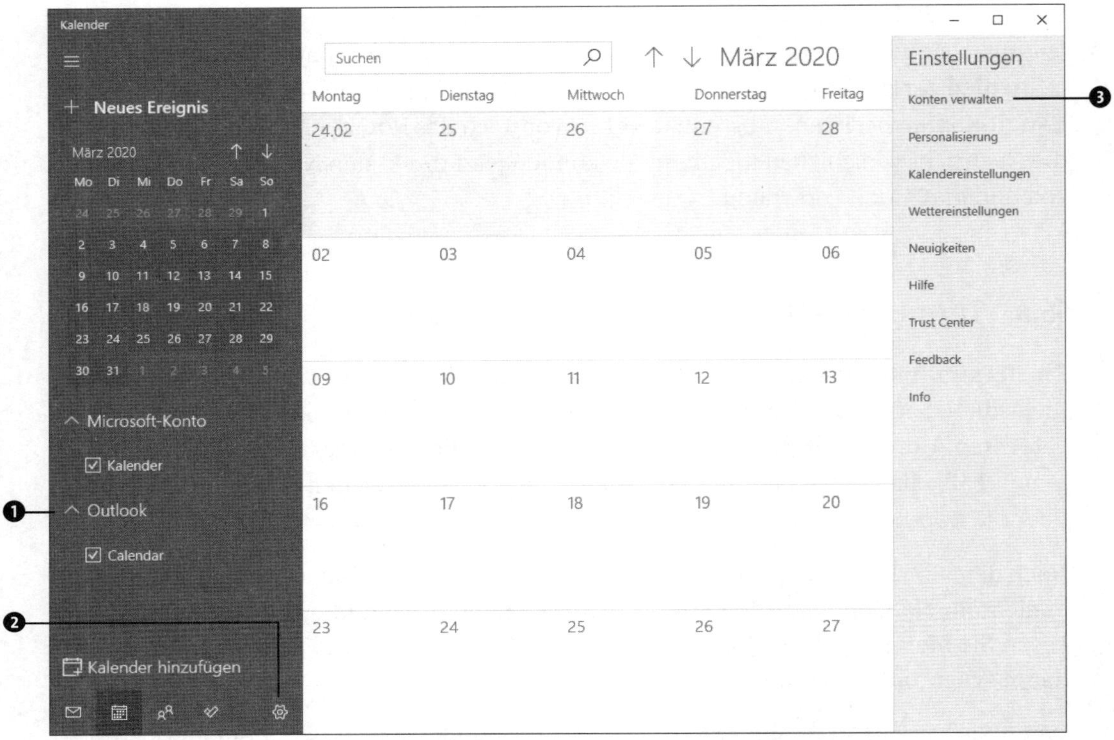

Abbildung 15.10 Bereits hinzufügte Konten werden in der linken Spalte aufgelistet.

TIPP

Per Microsoft-Konto E-Mails, Termine und Kontaktdaten synchronisieren

Sie möchten auf allen Windows-10-Geräten, auf denen Sie sich mit Ihrem Microsoft-Konto anmelden, auf die anstehenden Termine zugreifen können? Normalerweise werden diese Geräte automatisch synchronisiert. Zur Sicherheit können Sie die entsprechende Einstellung aber auch prüfen. Klicken Sie hierzu in der linken unteren Fensterecke der Kalender-App auf das Zahnrad-Symbol ❷. In der Spalte **Einstellungen** wählen Sie den Eintrag **Konten verwalten** ❸ aus. Markieren Sie rechts das Microsoft-Konto, für das Sie die Synchronisierungseinstellungen vornehmen möchten. Wenn Sie bereits Abschnitt 15.1.5, »Wichtige Einstellungen für die Mail-App vornehmen«, ab Seite 565 gelesen haben, werden Ihnen die folgenden Schritte bekannt vorkommen. Im Dialog **Kontoeinstellungen** klicken Sie auf **Postfachsynchronisierungseinstellungen ändern**. Blättern Sie im Dialog **Synchronisierungseinstellungen** ganz nach unten. Dort finden Sie für die drei Apps (E-Mail, Kalender und Kontakte) jeweils einen Schieberegler. Nur wenn der Regler eingeschaltet ist, werden die Inhalte der entsprechenden App auch auf allen Windows-10-Geräten synchronisiert. Wünschen Sie die Synchronisation für eine App nicht, setzen Sie den Regler entsprechend auf **Aus**. Diese Einstellung können Sie sowohl aus der Kontakte-App als auch aus der Mail-App heraus vornehmen. Mit **Fertig** und **Speichern** übernehmen Sie die Einstellungen.

Die Kalender-App präsentiert Ihnen nach dem Start zunächst die Übersicht über den aktuellen Monat. Ist Ihnen eine tagesaktuelle oder wöchentliche Darstellung lieber, markieren Sie in der Symbolleiste am oberen Fensterrand die gewünschte Ansicht. Zur Auswahl stehen die **Tagesansicht**, die **Woche**, der **Monat** oder das **Jahr** ❶.

Abbildung 15.11 Übersicht über die Kalender-App

Wenn Sie einen neuen Termin im Kalender eintragen möchten, haben Sie zwei Möglichkeiten: Entweder klicken Sie in der linken Spalte auf **Neues Ereignis** ❷ oder rechts im Kalender auf das Datum ❸, an dem die Verabredung ansteht. Entscheiden Sie sich für Letzteres, also für den Mausklick auf das Datum, öffnet sich eine Art Maske, in der Sie bereits ein paar Angaben zum Termin eintragen können. Bequemer geht es allerdings, wenn Sie hier auf **Weitere Details** ❹ klicken. Hierdurch gelangen Sie zu dem Dialog, der auch nach einem Klick auf **Neues Ereignis** angezeigt wird. Hier können Sie nun folgende Eintragungen vornehmen:

1 Geben Sie in das Feld **Name des Termins** einen Titel für die Verabredung ein ❺.

2 Im Feld **Ort** können Sie den Ort des Geschehens angeben ❻.

3 Prüfen Sie, ob in den Feldern **Start** und **Ende** bereits das richtige Datum eingetragen ist. Ist dies nicht der Fall, klicken oder tippen Sie auf das Kalender-Symbol, das jeweils rechts in den beiden Feldern angezeigt wird ❼. Über die beiden Pfeiltasten rechts vom Monatsnamen, der dann eingeblendet wird, können Sie zum gewünschten Monat blättern. Den Tag markieren Sie einfach durch Anklicken oder Antippen.

4 Nimmt der Termin nicht den ganzen Tag in Anspruch, entfernen Sie das Häkchen vor **Ganztägig** ❽.

5 Rechts vom Feld **Start** können Sie nun die Uhrzeit festlegen, zu der der Termin beginnt ❾. Im Feld rechts von **Ende** geben Sie an, wann der Termin voraussichtlich beendet sein wird ❿.

6 Damit Sie die Verabredung nicht vergessen, sollten Sie sich rechtzeitig daran erinnern lassen. Wann ein entsprechender Hinweis eingeblendet werden soll, legen Sie im Feld **Erinnerung** ⓫ fest.

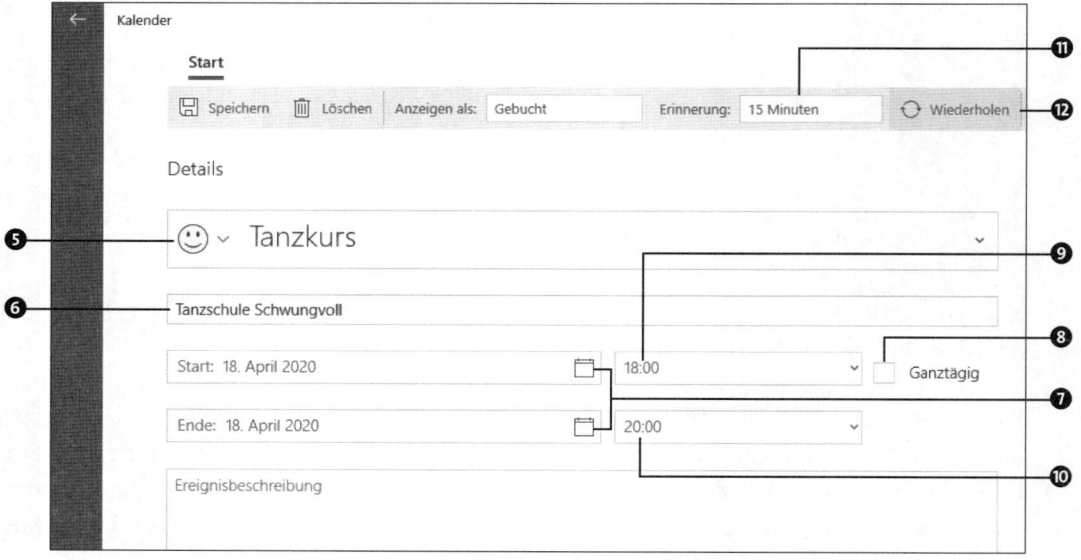

7 Mit einem Klick auf die Schaltfläche **Wiederholen** ⓬ werden weitere Felder ⓭ einge-blendet. Hier können Sie beispielsweise festlegen, ob der Termin täglich oder immer an einem bestimmten Wochentag, etwa jeden Samstag, stattfindet.

8 Vor allem für Berufstätige dürfte das Feld **Anzeigen als** ⓮ von Interesse sein, denn hier legen Sie fest, ob Sie zum Zeitpunkt des Termins beschäftigt (also **Gebucht**) oder abwesend sind oder einen anderen Status haben. Da Sie Ihre Termine mit Ihren Kontakten austauschen können, ist diese Angabe durchaus interessant.

9 Haben Sie alle wichtigen Angaben ergänzt, übernehmen Sie den Termin mit **Speichern** ⓯ in Ihren Kalender. Sie kehren damit automatisch zur Kalenderübersicht zurück.

Hat sich eine Verabredung verschoben, klicken oder tippen Sie im Kalender einfach auf den entsprechenden Eintrag und nehmen die Korrekturen vor. Vergessen Sie nicht, die Änderungen mit der gleichnamigen Schaltfläche zu speichern. Mit einem Klick auf **Löschen** ⓰ können Sie einen Termin auch ganz entfernen.

Alle in der Kalender-App erfassten Termine können Sie sich auch nach einem Klick auf die Uhrzeit (❶ auf Seite 582) im Infobereich der Taskleiste anzeigen lassen.

1 Existiert für das zuvor im Kalender markierte Datum ❷ ein Termin, wird dieser unterhalb des Kalenders eingeblendet ❸.

2 Wenn Sie einen neuen Termin eintragen möchten, markieren Sie zunächst das Datum im Kalender und klicken dann in das Feld **Ereignis oder Erinnerung hinzufügen** ❹.

3 Geben Sie im Feld einen kurzen Beschreibungstext ein ❺. Nach einem Klick auf die beiden Zeitangaben können Sie den Beginn und das Ende des Termins festlegen ❻. Vergessen Sie nicht, die Uhrzeit jeweils mit einem Klick auf das Häkchen zu bestätigen.

4 Reichen Ihnen der Titel sowie die Uhrzeit als Angaben für den Termin, bestätigen Sie mit einem Klick auf **Speichern** ❼. Wenn Sie noch weitere Eckdaten hinzufügen möchten, klicken Sie auf **Weitere Details** ❽. Den folgenden Dialog kennen Sie bereits: Ergänzen Sie dort die gewünschten Angaben, und speichern Sie den Termin.

15.4 Mit Skype telefonieren und chatten

Mit der App *Skype* telefonieren Sie über das Internet oder tauschen mit Freunden Textnachrichten aus. Damit Sie Ihren Gesprächspartner hören können, benötigen Sie einen Lautsprecher; ein Mikrofon ist wiederum Voraussetzung dafür, dass auch die Gegenseite Sie hören kann. Zusätzlich ist der Einsatz einer Webcam, also einer kleinen Kamera, nützlich, denn so können Sie Ihren Gesprächspartner sogar sehen. In den meisten Notebooks und Tablets sind diese Elemente bereits integriert.

Wenn Sie und Ihr Gesprächsteilnehmer Skype nutzen, sind die Gespräche kostenlos. Das ist vor allem bei sonst doch recht teuren Auslandsgesprächen interessant. Bei Ge-

583

sprächen ins Fest- oder Mobilfunknetz fallen Gebühren an. Die Preise erfahren Sie auf der Website *www.skype.de.*

Die Skype-App ist unter Windows 10 bereits installiert. Sie starten sie über die gleichnamige Kachel im Startmenü. Finden Sie dort keine Kachel, führt Sie der Weg über die App-Liste im Startmenü. Skype heißt Sie nun willkommen. Wenn Sie Skype bereits früher genutzt und sich damals einen Skype-Namen eingerichtet haben, können Sie diesen auch heute noch für die Anmeldung bei der Skype-App nutzen. Besitzen Sie einen solchen Namen nicht, erfolgt die Anmeldung über das Microsoft-Konto. Nutzen Sie gerade ein bereits mit einem Microsoft-Konto verbundenes Benutzerkonto, sind Sie damit automatisch bei Skype angemeldet. Sind Sie dagegen an Ihrem lokalen Benutzerkonto angemeldet, erhalten Sie nach dem ersten Start der App die Aufforderung, sich mit Ihrem Microsoft-Konto anzumelden. Geben Sie im Feld **Skype, Telefon oder E-Mail** die E-Mail-Adresse Ihres Microsoft-Kontos an. Nach einem Klick auf **Weiter** ergänzen Sie das Kennwort des Microsoft-Kontos. Bestätigen Sie die Angaben mit **Anmelden**.

Abbildung 15.12 Falls Sie mit einem lokalen Benutzerkonto am PC angemeldet sind, ist nach dem Start von Skype die Anmeldung per Skype-Name oder Microsoft-Konto erforderlich.

Eventuell bietet Skype Ihnen nun an, Ihr Adressbuch nach Skype-Kontakten zu durchsuchen. Wenn Sie dies nicht möchten, lehnen Sie das Angebot ab. Wie Sie selbst nach Kontakten suchen, erfahren Sie gleich. Sollte Skype sich für Ihre Telefonnummer interessieren, damit Kontakte Sie leichter finden können, müssen Sie diese nicht angeben. Auch diese Anfrage lehnen Sie also ab bzw. überspringen die entsprechenden Hinweise.

Bevor Sie mit einem Freund oder Familienmitglied über Skype telefonieren können, müssen Sie die Person in Ihre Kontaktliste aufnehmen. Um die Person im Skype-Nutzerverzeichnis ausfindig zu machen, gehen Sie folgendermaßen vor:

1 Klicken Sie im Anwendungsfenster am oberen Rand der linken Spalte in das Feld **Personen, Gruppen & Nachrichten ❶**.

2 Geben Sie den Namen, den Skype-Namen oder auch die E-Mail-Adresse der gesuchten Person an ❷. Durch Drücken der Taste ⏎ starten Sie die Suche.

3 Wird die Person in der nächsten Übersicht aufgeführt, markieren Sie den Eintrag per Mausklick ❸. Der Name wird nun in der rechten Spalte eingeblendet ❹.

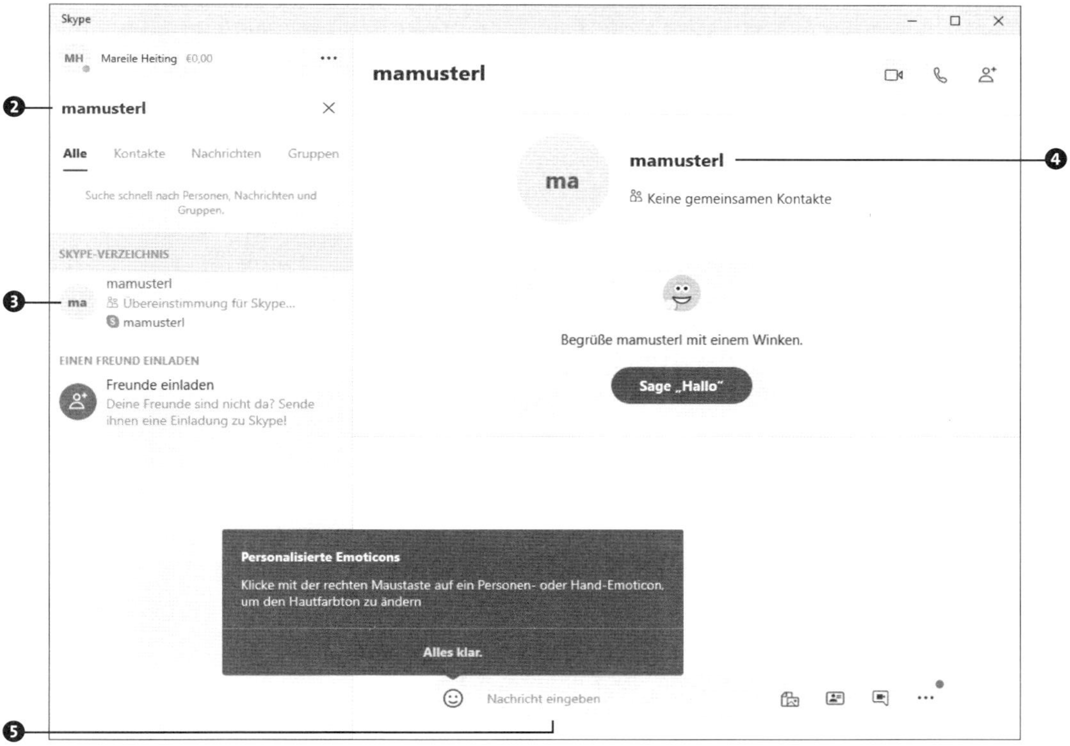

4 Um die Person in Ihre Kontaktliste aufzunehmen, müssen Sie ihr eine Kontaktanfrage schicken. Klicken Sie hierzu am unteren Fensterrand in das Feld **Nachricht**

eingeben ❺, und geben Sie eine kurze Nachricht für die Person ein, z. B. »Hallo …, ich möchte Dich als Kontakt hinzufügen«. Mit einem Klick auf das Symbol ◉ ❻ verschicken Sie die Nachricht. Meldet sich die Person das nächste Mal bei Skype an, wird Ihre Kontaktanfrage eingeblendet. Es steht ihr nun allerdings frei, Ihre Kontaktanfrage anzunehmen oder ggf. auch zu blockieren, also abzulehnen.

5 Eine Übersicht über all Ihre Kontakte erhalten Sie nach einem Klick auf das Symbol 🖻 ❼. Hat der gerade neu hinzugefügte Kontakt der Kontaktanfrage zugestimmt, wird er hier ebenfalls aufgeführt.

Damit Sie mit dem Freund oder Familienmitglied über Skype telefonieren können, muss die Person natürlich ebenso wie Sie am Computer sitzen und bei Skype angemeldet sein. Ob der gewünschte Kontakt angemeldet ist, erkennen Sie am kleinen grünen Punkt im Profilbild ❽. Sobald Sie den Kontakt markieren, wird in der rechten Fensterhälfte unterhalb des Namens der Vermerk **Jetzt aktiv** ❾ eingeblendet.

Um nun ein Telefonat zu beginnen, klicken oder tippen Sie auf den Personennamen in der Kontaktliste. Am oberen rechten Rand des Anwendungsfensters finden Sie zwei Schaltflächen. Klicken oder tippen Sie auf **Videoanruf** ❿, startet Skype einen Videoanruf, bei dem Sie den Gesprächspartner über die Webcam sehen können und bei dem auch Sie selbst gesehen werden. Möchten Sie einen Anruf ohne Kamera tätigen, wählen Sie die Schaltfläche **Audioanruf** ⓫.

In beiden Fällen ertönt bei Ihrem Gesprächspartner ein Klingelton. Er hat nun mehrere Möglichkeiten, auf Ihren Anruf zu reagieren. Möchte er ein Videotelefonat mit Ihnen führen, reicht ein Klick auf das Videokamerasymbol. Wenn er ein Gespräch ohne Kamera vorzieht, ist ein Klick auf das grüne Telefonhörersymbol nötig. Natürlich kann er Ihren Anruf auch ignorieren, indem er den roten Telefonhörer anklickt. Findet das Telefonat statt, beenden Sie das Gespräch mit einem Klick auf den roten Telefonhörer. Sollte dieser während des Gesprächs ausgeblendet worden sein, bewegen Sie den Mauszeiger etwas über dem Anwendungsfenster von Skype, und schon erscheint wieder die Symbolleiste am unteren Fensterrand. Nach dem Telefonat werden Sie eventuell aufgefordert, die Skype-App zu bewerten. Diesen Dialog können Sie schließen. Anschließend sehen Sie wieder die Startseite von Skype.

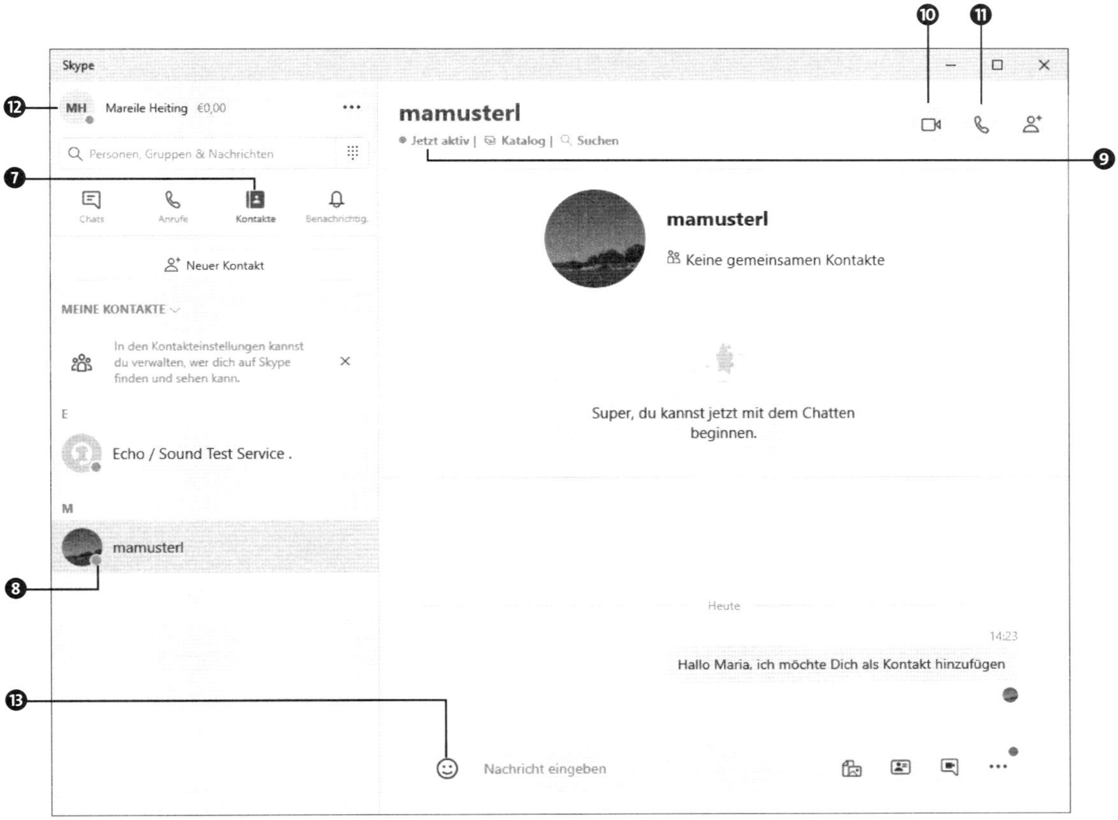

Abbildung 15.13 Ist der gewünschte Kontakt online, können Sie mit ihm telefonieren.

Wenn Sie die Skype-App beenden möchten, klicken Sie in der linken oberen Fensterecke auf das Symbol Ihres Microsoft-Kontos bzw. auf Ihre Initialen **⑫** und im folgenden Dialog auf **Abmelden**.

Mit Skype chatten

Falls Sie keine Zeit zum Telefonieren haben oder wenn die Umgebung kein Gespräch zulässt, können Sie über die Skype-App auch kurze schriftliche Nachrichten mit Ihren Kontakten austauschen (was auch *chatten* genannt wird). Sobald Sie die gewünschte Kontaktperson in Ihrer Kontaktliste markiert haben, tippen Sie in das Feld **Nachricht eingeben** (**❺** auf Seite 585) am unteren Fensterrand Ihren Text ein und verschicken Ihre Nachricht mit einem Klick auf das Symbol **Senden** (**❻** auf Seite 586). Über das Smiley-Symbol (**⑬** auf dieser Seite) können Sie Emoticons in Ihre Nachrichten einfügen. Von fröhlichen oder traurigen Gesichtern über Handgesten bis hin zu Tieren oder auch Gegenständen ist alles dabei.

TIPP

TEIL V
Geräte, Wartung und Sicherheit

16 Geräte anschließen und konfigurieren

In diesem Kapitel erfahren Sie, wie Sie Ihren PC hardwaretechnisch erweitern und konfigurieren können. Eines der wichtigsten Geräte ist hierbei natürlich ein Drucker, den Sie z. B. per USB-Kabel an den Computer anschließen. Aber auch Lautsprecher sowie ein Smartphone, die per Bluetooth mit dem Computer verbunden werden, kommen auf den nächsten Seiten nicht zu kurz. In allen Fällen benötigt Windows 10 zur Kommunikation mit der angeschlossenen Hardware sog. *Treiber*. Was es mit diesen auf sich hat und woher man sie bekommt, erfahren Sie anhand einiger Beispiele.

16.1 Einen Drucker oder Scanner anschließen

Das erste Beispiel ist ein Klassiker: Wie schließt man einen Drucker oder Scanner an den Computer an? Derartige Hardware kommt mittlerweile fast ausschließlich in Form von Multifunktionsgeräten daher, die nicht nur drucken, sondern zugleich auch scannen, kopieren und faxen können. Die meisten Drucker bzw. Multifunktionsgeräte werden per USB-Kabel mit dem Computer verbunden. Einige Geräte können aber auch per WLAN oder drahtgebunden an einen Router angeschlossen werden. Damit stehen sie allen mit diesem Router verbundenen PCs zur Verfügung. Ich bleibe aber bei der klassischen Variante, der direkten USB-Verbindung.

Für die Installation der Treiber stehen Ihnen zwei Varianten zur Verfügung: Sie können entweder die bereits in Windows integrierten Treiber verwenden oder diejenigen, die der Hersteller des Druckers zur Verfügung stellt. Letztere sind meist den in Windows integrierten Treibern vorzuziehen. Es kann aber durchaus sein, dass Sie ein altes Gerät anschließen möchten, für das der Hersteller keine Software mehr anbietet. In diesem Fall müssen Sie mit den Windows-eigenen Treibern vorliebnehmen.

16.1.1 Bereits in Windows integrierte Treiber verwenden

Windows 10 bringt bereits für viele Drucker die passenden Treiber mit. Der Anschluss der Geräte ist damit in wenigen Schritten erledigt, wie Sie gleich sehen werden. Sollte der Hersteller des Druckers bzw. Multifunktionsgeräts allerdings eine eigene Software anbieten, sollten Sie diese auch nutzen. Wie Sie in diesem Fall vorgehen, erfahren Sie in Abschnitt 16.1.2, »Treiber des Geräteherstellers nutzen«, ab Seite 594.

1 Melden Sie sich mit einem Administratorkonto am Computer an.

2 Schließen Sie den Drucker bzw. das Multifunktionsgerät per USB-Kabel an den PC an, und schalten Sie den Drucker anschließend ein. Im Normalfall wird das Gerät automatisch erkannt und in das System eingebunden. Für einen kurzen Moment erscheint hierzu auch eine entsprechende Meldung oberhalb des Infobereichs der Taskleiste.

3 Haben Sie die Meldung verpasst, lässt sich in der Einstellungen-App schnell überprüfen, ob der Drucker erfolgreich erkannt wurde. Rufen Sie hierzu über das Startmenü **Einstellungen** ▸ **Geräte** ▸ **Drucker & Scanner** auf. In der rechten Spalte sollte der Drucker nun unterhalb von **Drucker & Scanner** zu finden sein ❶.

Ist dies nicht der Fall, gehen Sie folgendermaßen vor:

4 Klicken Sie auf die Schaltfläche **Drucker oder Scanner hinzufügen** ❷. Daraufhin wird der Assistent zum Einbinden Ihres neuen Geräts gestartet.

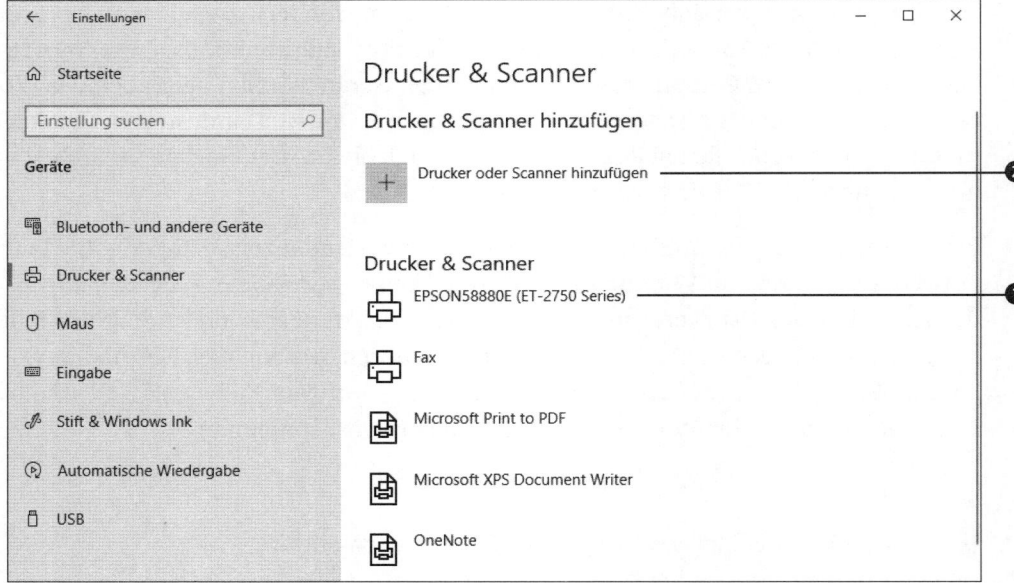

5 Windows versucht, das neue Gerät zu erkennen. Nach kurzer Zeit erscheint der Drucker in aller Regel in der Liste der Drucker und Scanner.

Sollte das Gerät immer noch nicht identifiziert worden sein, hilft es manchmal, die Schaltfläche **Aktualisieren ❸** zu betätigen. In ganz hartnäckigen Fällen klicken Sie einfach auf den Link **Der gewünschte Drucker ist nicht aufgelistet ❹**. Dadurch werden Sie an einen weiteren Assistenten verwiesen, der es ermöglicht, auch ältere Hardware an den PC anzuschließen. In den meisten Fällen sollte dies aber nicht erforderlich sein.

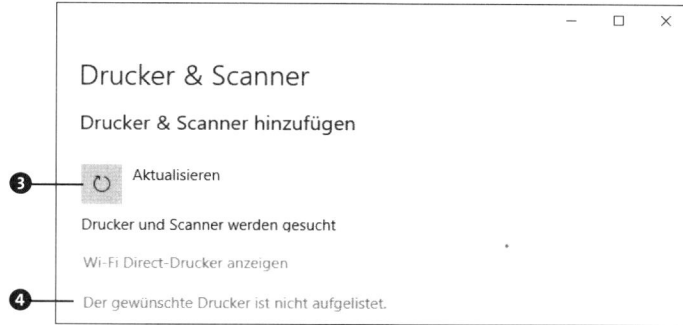

6 Schließlich sollten Sie noch testen, ob das Gerät korrekt funktioniert. Markieren Sie den Drucker in der Liste, und klicken Sie auf die nun sichtbare Schaltfläche **Verwalten ❺**. Im folgenden Dialog starten Sie per Klick auf **Testseite drucken** den Druckvorgang. Die Testseite sollte korrekt ausgedruckt werden. Die Kommunikation mit Ihrem Gerät während des Druckvorgangs erkennen Sie an dem Drucker-Symbol im Infobereich der Taskleiste.

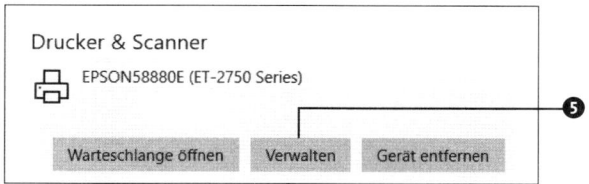

Einen Druckauftrag abbrechen

Eventuell kennen Sie das Problem: Sie haben ein sehr großes Dokument geöffnet und möchten daraus nur eine Seite ausdrucken. Leider haben Sie das beim Starten des Druckvorgangs nicht bedacht, und schon schickt sich der Drucker an, sämtliche Seiten auszudrucken. Sie brechen einen derartigen Ausdruck ab, indem Sie einen Doppelklick auf das Drucker-Symbol im Infobereich der Taskleiste durchführen. Sollte dieses nicht zu sehen sein, klicken Sie auf den kleinen Pfeil am linken Rand des Infobereichs, welcher den Blick auf weitere Symbole freigibt. Nach dem Dop-

TIPP

pelklick auf das Drucker-Symbol öffnet sich der Druckmanager. Alternativ rufen Sie **Start ▸ Einstellungen ▸ Geräte ▸ Drucker & Scanner** auf, klicken auf das gewünschte Gerät und anschließend auf die Schaltfläche **Warteschlange öffnen**. Nun wählen Sie aus dem Menü **Dokument** den Befehl **Abbrechen** und bestätigen die Nachfrage. Daraufhin wird der Druckauftrag aus der Warteschlange gelöscht.

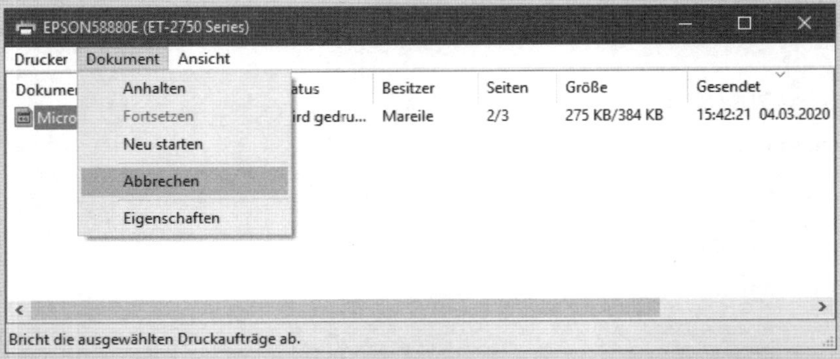

Abbildung 16.1 Versehentlich gestartete Druckaufträge lassen sich schnell abbrechen.

16.1.2   Treiber des Geräteherstellers nutzen

Wenn Sie einen neuen Drucker oder auch ein Multifunktionsgerät unter Windows 10 installieren möchten, sollten Sie am besten den herstellereigenen Treiber verwenden. Früher wurden diese Treiber vom Hersteller auf CDs bzw. DVDs gebrannt und lagen der Hardware bei. Heute lädt man die Treiber direkt von der Website des Herstellers. Auf diese Weise kann man davon ausgehen, stets die aktuellste Software zu bekommen. Diese Software sorgt außerdem dafür, dass im Falle eines Multifunktionsgeräts alle Einheiten problemlos in Windows 10 eingebunden werden.

In der Regel bekommt man beim Download nicht nur die Treiber, sondern auch praktische Tools mitgeliefert. Manche Hersteller überfrachten ihre eigenen Installationspakete allerdings auch mit überflüssiger Software, z. B. Bildbearbeitungsprogrammen. Achten Sie deshalb darauf, nur die wirklich notwendigen Softwarebausteine vom Hersteller zu laden, falls dies möglich ist. Zur Installation der herstellereigenen Treiber gehen Sie folgendermaßen vor:

1   Begeben Sie sich auf die Website des Herstellers Ihres Geräts. Suchen Sie dort mithilfe der auf der Site vorhandenen Suchfunktion nach Ihrem Gerätemodell. Die Treiber bzw. die angebotenen Tools finden Sie meist in einem Bereich namens *Support*.

2 Laden Sie die angebotenen Treiber und Tools aus dem Internet herunter. Einige Hersteller erkennen automatisch, welches Betriebssystem in welcher Variante Sie aktuell verwenden. Bei anderen müssen Sie explizit die gewünschte Betriebssystemvariante angeben. Achten Sie hierbei auch darauf, ob Sie die 32-Bit- oder die 64-Bit-Version von Windows 10 verwenden.

3 Nach dem Herunterladen finden Sie die Software im Normalfall im Verzeichnis *Downloads*. Rufen Sie dieses über den Explorer auf, und doppelklicken Sie auf das heruntergeladene Programmpaket ❶. Nun erscheint eine Nachfrage der Benutzerkontensteuerung, die Sie bestätigen müssen. Anschließend wird ein Assistent zur Installation der Software gestartet.

4 Folgen Sie der Installationsroutine der herstellereigenen Software. Dabei werden Sie an einer bestimmten Stelle vom Assistenten aufgefordert, Ihren Drucker an den PC anzuschließen und diesen einzuschalten. Der Anschluss erfolgt in der Regel per USB-Kabel ❷. Wenn Sie den Drucker allerdings später mit weiteren Personen bzw. PCs in Ihrem Haushalt teilen möchten, bietet sich alternativ der Anschluss an Ihr Netzwerk ❸ an.

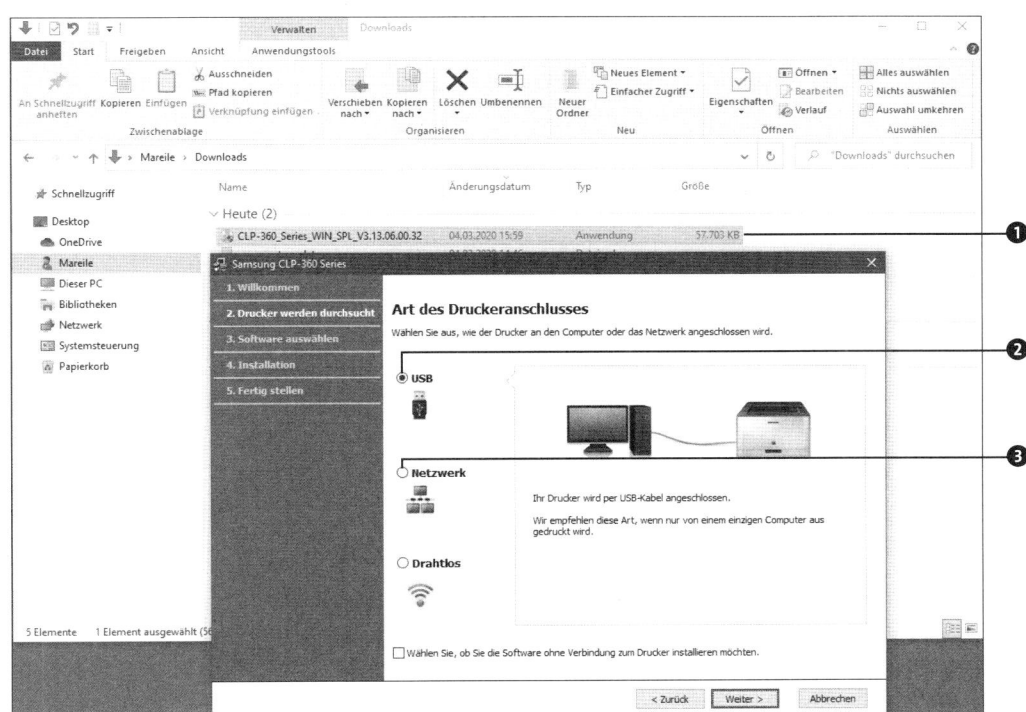

Drucken Sie, nachdem Sie den Assistenten abgeschlossen haben, am besten probeweise eine Seite aus einer Textverarbeitung aus, um zu prüfen, ob der Drucker wie gewünscht funktioniert.

INFO

Einen Standarddrucker festlegen

Sollten Sie mehrere Drucker an Ihren PC angeschlossen haben, empfiehlt es sich, einen dieser Drucker als Standarddrucker festzulegen. Das bedeutet, dass immer dann, wenn Sie ein Dokument aus einer Textverarbeitung oder einem Grafikprogramm heraus drucken, dieser Drucker die Priorität für den Druckauftrag bekommt. Um einen Standarddrucker permanent festzulegen, öffnen Sie über das Startmenü die **Einstellungen**-App. Wechseln Sie hier in den Bereich **Geräte ▶ Drucker und Scanner**, und entfernen Sie das Häkchen vor **Windows verwaltet Standarddrucker**. Markieren Sie anschließend das Gerät in der Übersicht, und klicken Sie auf **Verwalten**. Im folgenden Dialog legen Sie per Klick auf **Als Standard** den Drucker als Standarddrucker fest.

16.2   Einen Monitor anschließen

Wenn Sie Besitzer eines Desktopcomputers sind, haben Sie schon während der ersten Inbetriebnahme Ihres PCs einen Monitor angeschlossen. Die Konfiguration der Hardware nimmt Windows 10 automatisch vor. Dabei kann es allerdings passieren, dass eine unpassende Auflösung gewählt wird. Wie Sie diese korrigieren können, erfahren Sie auf den folgenden Seiten. Außerdem zeige ich Ihnen, wie Sie einen zweiten Monitor an den Computer anschließen und so den Bildschirminhalt Ihrer Windows-10-Desktopoberfläche auf mehrere Monitore verteilen. Das ist insbesondere bei Notebooks praktisch, die über kleine Bildschirme verfügen oder die in Verbindung mit einem Beamer für Präsentationen verwendet werden sollen.

16.2.1   Die Bildschirmeinstellungen anpassen

Der zentrale Anlaufpunkt für alle Arbeiten rund um die Konfiguration Ihres Monitors befindet sich in der Einstellungen-App. Rufen Sie diese per Klick auf das Zahnrad-Symbol im Startmenü auf, und wählen Sie dann nacheinander **System ▶ Anzeigen**. Einige Funktionen, die Sie nun in der rechten Spalte vorfinden, haben Sie bereits in Abschnitt 5.3.4,

»Größe von Text, Apps und anderen Elementen ändern«, ab Seite 163 kennengelernt, sodass ich hier nicht näher darauf eingehe.

❶ Über den Regler **Helligkeit für die integrierte Anzeige ändern** passen Sie die Helligkeit des Bildschirms an. Gleiches erreichen Sie übrigens auch über den Schieberegler **Helligkeit**, der im Info-Center nach einem Klick auf das Benachrichtigungssymbol in der Taskleiste eingeblendet wird.

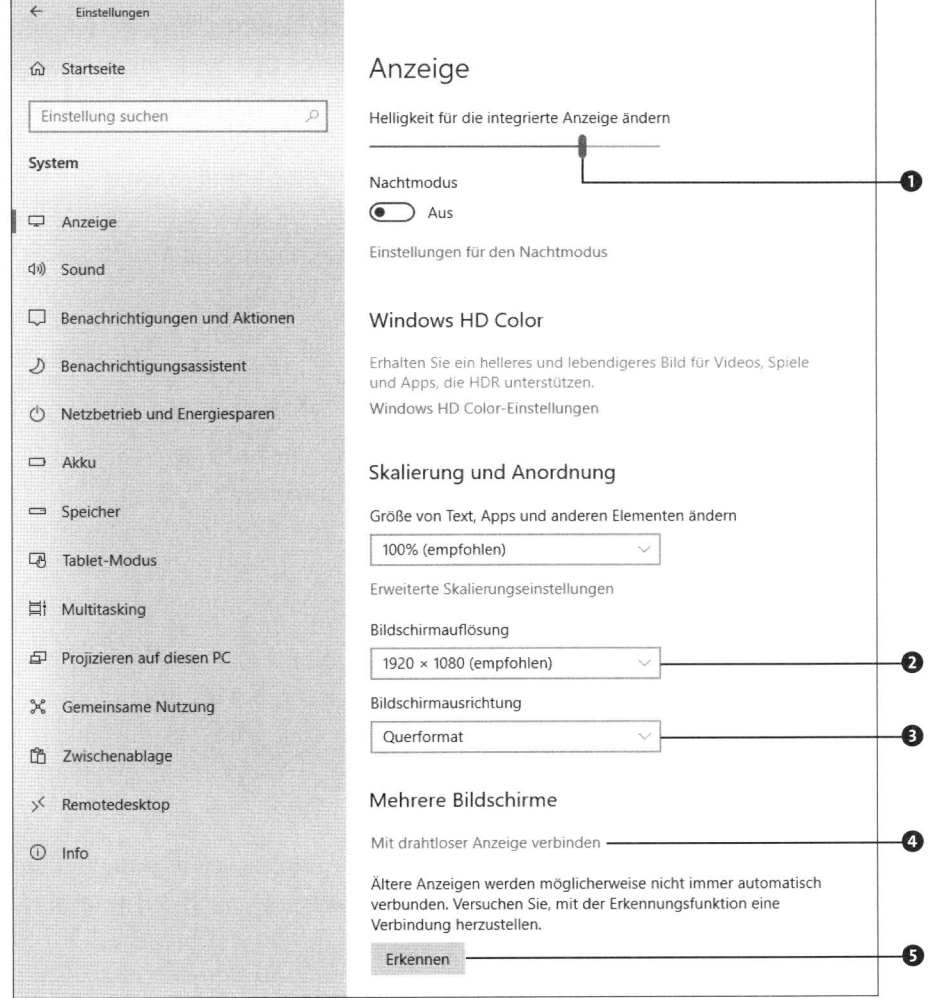

❷ Im Feld **Bildschirmauflösung** passen Sie die Bildschirmauflösung an. Sobald Sie eine neue Auflösung ausgewählt haben, wird diese als Vorschau angezeigt. Sagt sie

597

Ihnen zu, klicken Sie auf **Beibehalten**. Entspricht sie nicht Ihren Vorstellungen, kehren Sie über die Schaltfläche **Zurücksetzen** zur vorherigen Einstellung zurück. Diese wird aber auch automatisch nach zehn Sekunden eingestellt, sollten Sie keine der beiden Schaltflächen auswählen.

❸ Im Feld **Bildschirmausrichtung** können Sie die Orientierung Ihres Monitors bzw. Touchscreens einstellen. Das ist insbesondere dann nützlich, wenn man mit einem Tablet arbeitet und ein bestimmtes Format (Querformat oder Hochformat) vorzieht.

❹ Ebenfalls nur auf mobilen Geräten gibt es die Möglichkeit **Mit drahtloser Anzeige verbinden**. In diesem Fall wird der aktuelle Inhalt Ihres Desktops an ein Gerät weitergeleitet, welches das sog. *Miracast*-Verfahren zur drahtlosen Übermittlung von Bildschirminhalten beherrscht. Auf diese Weise können Sie beispielsweise auch einen Spielfilm, den Sie auf Ihrem Windows-Tablet abgelegt haben, auf Ihrem TV-Gerät wiedergeben, sofern dieses auch per Miracast ansprechbar ist.

❺ Die Schaltfläche **Erkennen** ist nützlich, wenn Sie einen weiteren Monitor anschließen und dieser an das System angebunden werden soll.

16.2.2 Einen weiteren Monitor oder Beamer anschließen

Sie möchten einen Vortrag halten und den Bildschirminhalt Ihres Notebooks, z. B. für eine PowerPoint-Präsentation, mithilfe eines Beamers projizieren? Oder würden Sie gerne einen größeren Monitor an Ihr Windows-Tablet anschließen? Beides lässt sich gleichermaßen realisieren:

1 Schließen Sie den Beamer bzw. den zweiten Monitor an den entsprechenden Anschluss Ihres Notebooks oder Tablets an. Professionelle Computer besitzen meist einen Micro-HDMI-Anschluss und können per Adapterkabel leicht an große Monitore oder Beamer angeschlossen werden. Im Normalfall wird nur das angeschlossene zweite Ausgabegerät automatisch vom System erkannt und der Inhalt Ihres Bildschirms darauf dupliziert.

2 Klicken Sie nun im Infobereich der Taskleiste auf das Benachrichtigungssymbol ❶. Nun klappt das **Info-Center** auf. Klicken Sie im unteren Bereich auf **Projizieren** ❷. Sollte die Schaltfläche hier nicht angezeigt werden, erfahren Sie in Abschnitt 5.6.2, »Schnelle Aktionsschaltflächen individuell anzeigen«, ab Seite 200, wie Sie die Schaltfläche im Info-Center einblenden.

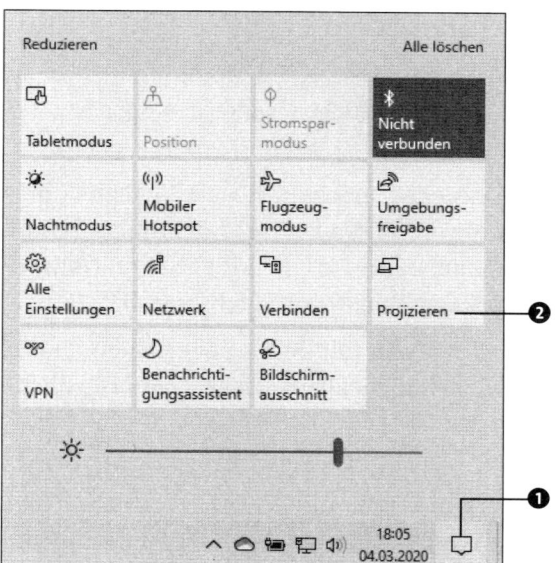

3 Nach dem Klick auf **Projizieren** öffnet sich ein Menü, mit dem Sie steuern können, wie das Bild auf dem zweiten Bildschirm bzw. Beamer dargestellt wird.

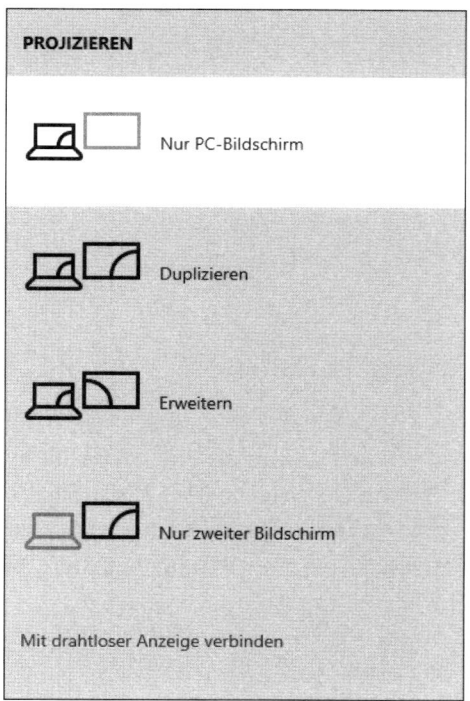

Sie haben die Auswahl zwischen folgenden Optionen:

- **Nur PC-Bildschirm:** Mithilfe dieser Option wird der zweite Monitor zunächst ausgeschaltet, und die Darstellung erfolgt ausschließlich mithilfe des angeschlossenen Primärmonitors.

- **Duplizieren:** Dieser Modus bietet sich bei einer Präsentation an. Ihr Publikum sieht dabei z. B. einen PowerPoint-Vortrag, der simultan auch auf dem Bildschirm Ihres Notebooks abläuft. PowerPoint bietet Ihnen übrigens die Möglichkeit, Notizen einzublenden, die nur für Sie auf Ihrem lokalen Bildschirm sichtbar sind.

- **Erweitern:** Diese Option wird verwendet, wenn die Desktopoberfläche über beide Monitore verteilt werden soll. Von dieser Möglichkeit machen hauptsächlich Programmierer oder Webdesigner Gebrauch.

- **Nur zweiter Bildschirm:** Hier wird die Desktopoberfläche ausschließlich auf dem Sekundärbildschirm wiedergegeben. Das ist z. B. nützlich, wenn Sie ein Notebook oder Tablet zu Hause an einen recht großen Monitor anschließen und nicht vom Bildschirm des kleinen Geräts abgelenkt werden möchten.

16.3 Smartphone oder Wechseldatenträger per USB-Kabel mit dem PC verbinden

Mittlerweile ist fast jeder PC-Besitzer auch mit einem Smartphone ausgerüstet. Spätestens wenn Sie Fotos vom Smartphone auf den PC übertragen möchten, benötigen Sie eine Verbindung zwischen Ihrem Windows-PC und dem mobilen Gerät. Dies geschieht in der Regel über ein USB-Kabel. Gleichermaßen wird auch ein Wechseldatenträger wie etwa eine externe Festplatte mit dem Computer verbunden.

16.3.1 Ein Smartphone anschließen und Daten austauschen

Wenn Sie Ihr Smartphone zum ersten Mal per USB-Kabel an den PC anschließen, installiert Windows 10 zunächst die passenden Gerätetreiber. Sollte die automatische Installation der Treiber nicht funktionieren, sehen Sie auf der Website des Herstellers Ihres Smartphones nach, ob er spezielle Treiber zur Anbindung des Geräts an Windows bereithält. Diese sind meist in Software-Komplettpaketen enthalten. Samsung bietet hierzu z. B. die Universalsoftware *SmartSwitch* an.

Wurde die Treiberinstallation erfolgreich beendet, erhalten Sie einen Hinweis im Info-bereich der Taskleiste. Ihr Smartphone ist damit erfolgreich mit dem PC verbunden, und Sie können mit dem Datenaustausch beginnen:

1 Nachdem die Treiber installiert wurden, erscheint in der rechten unteren Bildschirm-ecke ein kleines Infofenster ❶, über das Sie aufgefordert werden, eine Aktion für das neu angeschlossene Gerät zu wählen. Klicken Sie auf diesen Hinweis.

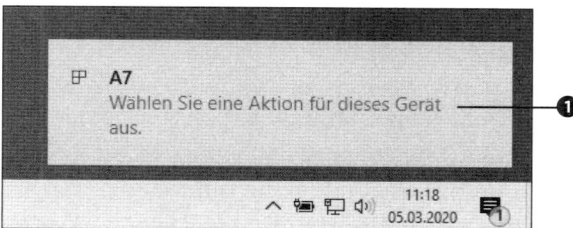

2 Nun klappt ein Dialog auf, in dem Ihnen mehrere Optionen angeboten werden. Haben Sie das Smartphone zum ersten Mal an den PC angeschlossen, sollten Sie die Option **Gerät zum Anzeigen der Dateien öffnen** ❷ auswählen, um den Inhalt des Speichers Ihres Smartphones begutachten zu können. Daraufhin wird der *Explorer* geöffnet. (In Abschnitt 12.1.1, »Fotos importieren mit der Fotos-App«, ab Seite 425 erfahren Sie übrigens, wie Sie die Bilder auch mithilfe der *Fotos*-App auf Ihren PC überspielen können.)

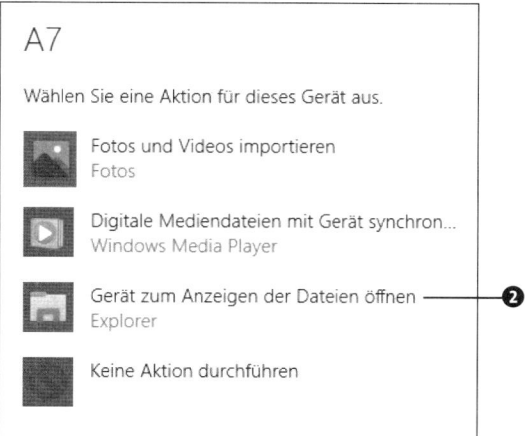

3 Bevor Sie nun Daten zwischen dem Smartphone und dem Computer austauschen können, müssen Sie bei den meisten Mobilgeräten den Zugriff erlauben ❸.

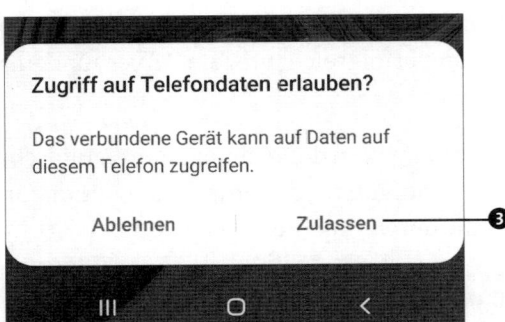

4 Das Smartphone erscheint unter seinem Namen im Navigationsbereich des Explorers. Um jetzt Bilder bzw. Videos aus dem Speicher des Smartphones auf Ihren PC zu überspielen, wechseln Sie in den Unterordner, in dem die Aufnahmen gespeichert wurden. Bei einem Android-Smartphone ist dies standardmäßig z. B. der Ordner **DCIM** ❹.

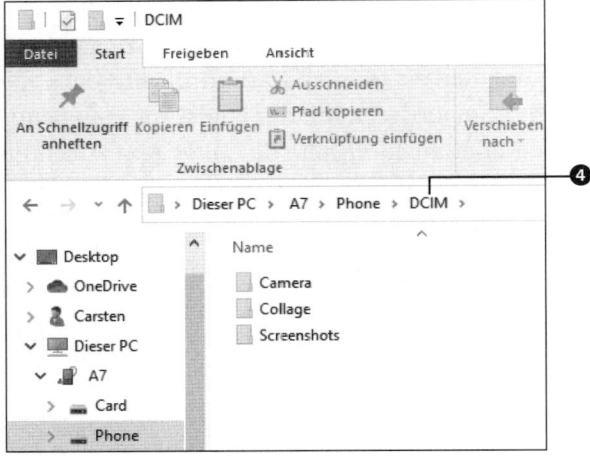

5 Kopieren Sie die gewünschten Dateien aus dem Verzeichnis auf dem Telefon in einen Ordner auf Ihren PC. Auf diese Weise können Sie auch jegliche Dateien (z. B. Word-Dokumente) vom Smartphone auf den PC übertragen und natürlich auch vom PC auf das Smartphone. Wie das Kopieren von Dateien im Detail funktioniert, erfahren Sie in Abschnitt 8.4.2, »Dateien und Ordner kopieren und verschieben«, ab Seite 293.

Wenn Sie keine weiteren Daten zwischen Smartphone und PC austauschen möchten, können Sie die Verbindung zwischen den beiden Geräten trennen. Ziehen Sie hierzu einfach den USB-Stecker sowohl vom PC als auch vom Smartphone ab.

Windows 10 bietet Ihnen seit Herbst 2017 die Möglichkeit, ein Smartphone oder Tablet mit Ihrem PC zu verknüpfen. Wenn Sie dann noch eine spezielle App auf dem Mobilgerät installieren, können Sie z. B. eine Website, die Sie unterwegs auf dem Smartphone zu lesen begonnen haben, zu Hause am PC weiterlesen. Wie Sie Ihren Windows-10-PC mit einem Smartphone oder Tablet verknüpfen, lesen Sie in Abschnitt 13.9, »Nützliche Tastenkürzel zur Bedienung von Microsoft Edge«, ab Seite 529.

16.3.2   Standardaktionen für Wechseldatenträger und Smartphones festlegen

Wenn Sie einen Wechseldatenträger oder ein Smartphone zum ersten Mal mit dem PC verbinden, fragt Windows 10 Sie, welche Aktion Sie ausführen möchten. Das Betriebssystem merkt sich Ihre Auswahl, also z. B. das Öffnen der *Fotos*-App oder auch das Anzeigen der Dateien im *Explorer*. Wenn Sie das Gerät beim nächsten Mal an den PC anschließen, wird die entsprechende Aktion automatisch gestartet, ohne dass Sie zuvor gefragt werden. Haben Sie beim ersten Mal versehentlich eine Aktion ausgewählt, die Sie gar nicht wollten, ist dieses Verhalten von Windows 10 nicht wirklich wünschenswert. Zum Glück können Sie die einmal vorgenommenen Einstellungen aber wieder rückgängig machen. Um die gewünschte Aktion nach Anschluss eines Wechseldatenträgers oder Smartphones zu ändern, gehen Sie so vor:

1 Öffnen Sie das Startmenü, und klicken Sie auf das Zahnrad-Symbol, um die Einstellungen-App aufzurufen. Begeben Sie sich hier in den Bereich **Geräte** ▸ **Automatische Wiedergabe** ❶.

2 In der rechten Spalte finden Sie nun die drei Felder **Wechseldatenträger**, **Speicherkarte** sowie das zuletzt an den PC angeschlossene Gerät, also etwa Ihr Smartphone. Nach einem Klick in die jeweiligen Felder können Sie die gewünschten Aktionen festlegen. Möchten Sie z. B., dass immer automatisch die Fotos-App gestartet wird, sobald Sie die SD-Speicherkarte in das USB-Lesegerät des PCs stecken, wählen Sie im Feld **Speicherkarte** den Eintrag **Fotos und Videos importieren (Fotos)** ❷ aus.

3 Möchten Sie bei jeder erneuten Verbindung der Geräte gefragt werden, welche Aktion auszuführen ist, wählen Sie jeweils den Eintrag **Jedes Mal nachfragen** ❸.

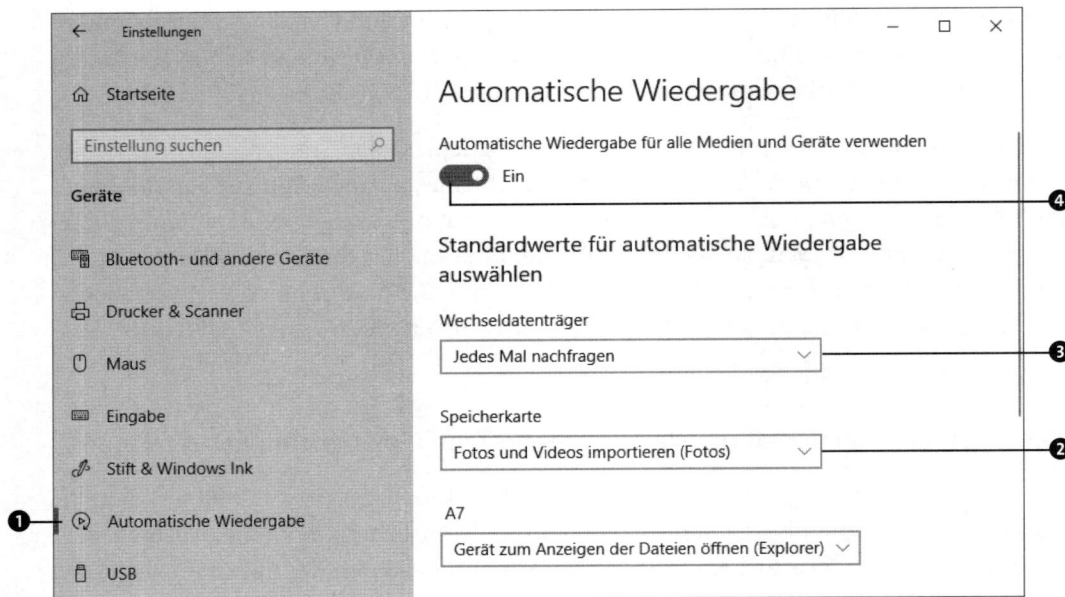

Die folgende Tabelle bietet eine Übersicht über die möglichen Aktionen, die Sie für Wechseldatenträger, Speicherkarten oder auch Smartphones einstellen können. Sollten Sie die automatische Wiedergabe ganz ablehnen, schieben Sie den Regler unterhalb von **Automatische Wiedergabe für alle Medien und Geräte verwenden** nach links auf **Aus** ❹. In diesem Fall ignoriert Windows 10 alle eingestellten Aktionen für die Wechseldatenträger, Speicherkarten und Geräte.

Option	Gerät	Wirkung
Keine Aktion durchführen	Wechseldatenträger bzw. Speicherkarte	Beim Einstecken wird keine Aktion gestartet, ein Zugriff auf das Gerät ist aber z. B. über den Explorer möglich.
Ordner öffnen, um Dateien anzuzeigen	Wechseldatenträger bzw. Speicherkarte	Der Explorer wird geöffnet und erlaubt den Zugriff auf das Medium.
Jedes Mal nachfragen	Wechseldatenträger bzw. Speicherkarte	Ein Dialog erscheint mit der Nachfrage, was zu tun ist.

Tabelle 16.1 Aktionen für Wechseldatenträger, Speicherkarten und Smartphones

Option	Gerät	Wirkung
Laufwerk für Sicherung konfigurieren (Dateiversionsverlauf)	Wechseldatenträger	Das Medium wird für ein Backup konfiguriert.
Speichereinstellungen konfigurieren (Einstellungen)	Wechseldatenträger	Öffnen des entsprechenden Bereichs in den Einstellungen
Fotos und Videos importieren (Fotos)	Speicherkarte bzw. Smartphone	Es wird automatisch die Fotos-App für den Import der Fotos und Videos gestartet.
Fotos und Videos importieren (OneDrive)	Speicherkarte bzw. Smartphone	Übertragen von Fotos und Videos in die Cloud (OneDrive), falls OneDrive eingerichtet wurde
Wiedergabe (Windows Media Player)	Speicherkarte	Bilder und Videos, die sich auf der Speicherkarte befinden, automatisch wiedergeben
Digitale Mediendateien mit Gerät synchronisieren	Smartphone	Synchronisierung von Fotos und Videos mit der lokalen Medienbibliothek durchführen

Tabelle 16.1 Aktionen für Wechseldatenträger, Speicherkarten und Smartphones (Forts.)

Der USB-Anschluss im Überblick

INFO

Der USB-Anschluss ist mittlerweile die wichtigste Schnittstelle an PCs und Notebooks. An ihn schließen Sie Speichersticks, externe Festplatten, aber auch Hardware wie TV-Empfänger, Headsets oder Grafiktablets an. Die folgende Tabelle gibt einen Überblick über alle USB-Varianten im Hinblick auf deren Übertragungsgeschwindigkeit. Auf modernen Geräten findet man in erster Linie die Variante *Typ C*. Der Anschluss einer Vielzahl von USB-Geräten erfolgt unter Windows 10 mittlerweile fast immer nach dem Motto *Plug & Play* – sinngemäß übersetzt: »Einstecken – läuft!« Nur wenige Geräte benötigen noch spezielle Treiber, die man mühsam manuell nachinstallieren muss.

USB-Standard	Jahr der Einführung	Geschwindigkeit
1.0	1996	1,5 MByte/s
1.1	1998	1,5 MByte/s
2.0	2000	60 MByte/s
3.0	2008	0,625 GByte/s
3.1	2013	1,25 GByte/s
3.1/Typ-C-Stecker	2014	1,25 GByte/s

Tabelle 16.2 Übersicht über die Übertragungsleistungen via USB

16.4 Treiber im Griff

In den meisten Fällen funktioniert die Installation von Treibern unter Windows 10 problemlos. Manchmal ist ein Treiber aber auch veraltet. Die Folge ist, dass das entsprechende Gerät von der aktuellen Version des Betriebssystems nicht korrekt erkannt wird. Dreh- und Angelpunkt für die Lösung derartiger Probleme ist der *Geräte-Manager*.

16.4.1 Treiber aktualisieren

Die Treiber, die das Betriebssystem nutzt, sind ständigen Aktualisierungen unterworfen. Wenn Sie mit Windows-eigenen Treibern arbeiten, wird die Aktualisierung der Treiber automatisch über das Windows Update erledigt. Sollten Sie aber Drittanbietertreiber verwenden, müssen Sie hier ab und zu auch einmal selbst Hand anlegen. Gehen Sie zur Aktualisierung eines Treibers folgendermaßen vor:

1 Melden Sie sich mit einem Administratorkonto an, und klicken Sie mit der rechten Maustaste auf das Windows-Logo. Im aufklappenden Schnellstartmenü wählen Sie den **Geräte-Manager** aus.

2 Suchen Sie im Geräte-Manager in der Liste nach dem Gerät, dessen Treiber Sie aktualisieren möchten. Eventuell ist es dazu notwendig, mithilfe des kleinen Pfeils ❶, den Sie vor jeder Gerätegattung finden, ein Untermenü aufzuklappen. In unserem Beispiel soll die Treiberaktualisierung für einen TV-Empfänger namens *EyeTV Sat Free* vorgenommen werden, der per USB-Kabel am PC angeschlossen ist.

3 Führen Sie einen rechten Mausklick über dem entsprechenden Gerät durch ❷, um das Kontextmenü aufzurufen. Prinzipiell könnten Sie nun den Treiber direkt aktualisieren, indem Sie auf **Treiber aktualisieren** ❸ klicken. Wir tauchen an dieser Stelle aber noch einmal etwas tiefer in das System ein und wählen den Menüpunkt **Eigenschaften** ❹.

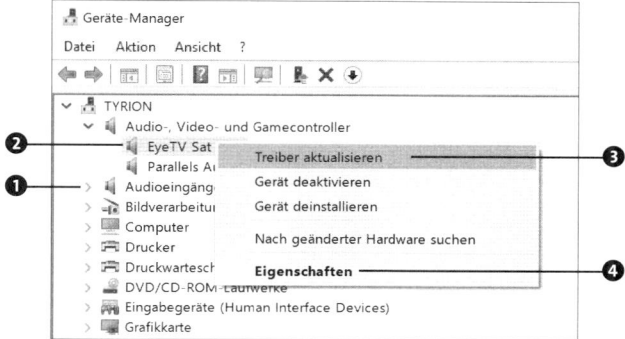

4 Wechseln Sie im Dialog **Eigenschaften** in das Register **Treiber** ❺. In der Übersicht erkennen Sie am Treiberdatum ❻, ob der für das Gerät verwendete Treiber aktuell oder schon relativ alt ist. Letzteres ist im vorliegenden Beispiel der Fall.

5 Zur Installation eines neuen Treibers klicken Sie in der Übersicht auf die Schaltfläche **Treiber aktualisieren** ❼.

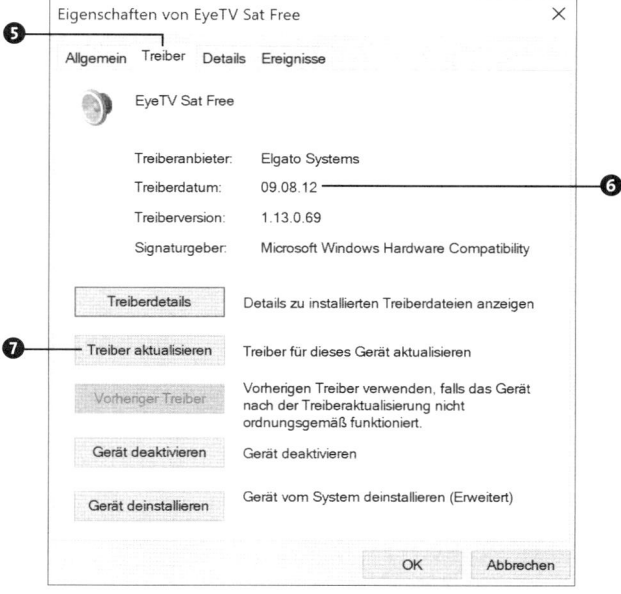

6 Der gleichnamige Dialog wird geöffnet. Wählen Sie die Option **Automatisch nach aktualisierter Treibersoftware suchen** ❽ aus, wird noch einmal gezielt online überprüft, ob aktuelle Treiber für das entsprechende Gerät vorliegen.

7 In der Regel wird man die Option **Auf dem Computer nach Treibersoftware suchen** ❾ verwenden, nachdem man aktuelle Treiber von der Internetseite des Herstellers heruntergeladen hat. Sie werden im Verlauf der Installationsprozedur nach dem Speicherort der entsprechenden Treiber gefragt. Dazu öffnet sich eine Instanz des Explorers, in der Sie dann zum entsprechenden Ordner navigieren, in dem sich die Treiber befinden. Durch Anklicken des Treibers und Bestätigung eines Dialogs wird der neue Treiber schließlich installiert.

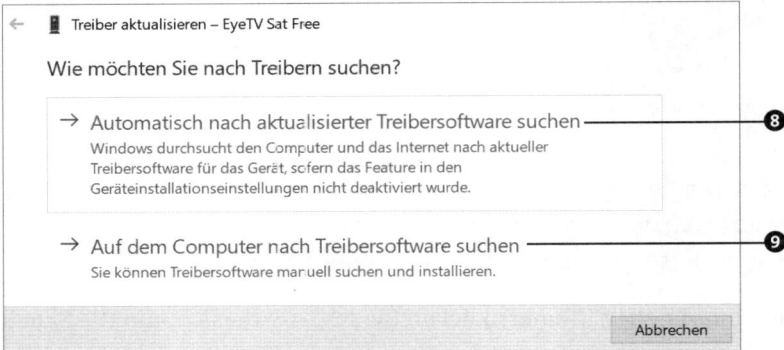

16.4.2 Treiber neu installieren

Manchmal kann es hilfreich sein, den Treiber eines Geräts, das per USB-Kabel an den PC angeschlossen ist, bei Problemen zu deinstallieren und anschließend neu zu installieren. Hierzu gehen Sie folgendermaßen vor:

1 Stellen Sie zunächst sicher, dass das betreffende Gerät am PC angeschlossen ist und im Geräte-Manager erscheint (siehe den vorherigen Abschnitt).

2 Führen Sie wieder einen rechten Mausklick über dem Gerät durch, und wählen Sie im Kontextmenü den Eintrag **Gerät deinstallieren**. Dadurch werden die Treiber des Geräts aus dem System entfernt.

3 Ziehen Sie nun das USB-Kabel des Geräts vom PC ab.

Wenn Sie jetzt das Gerät erneut am PC anschließen, wird die automatische Erkennung der Hardware abermals durchgeführt, und die Treiber werden neu installiert.

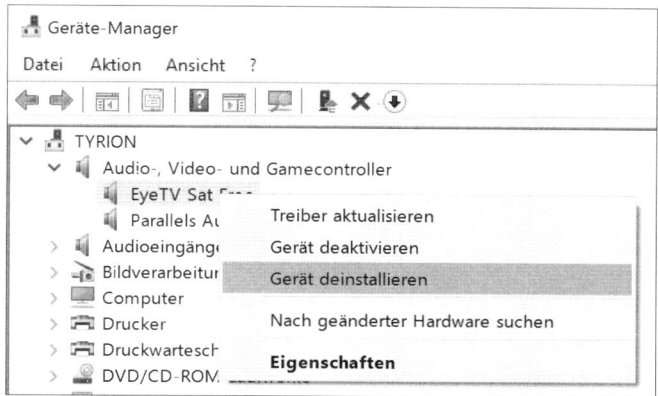

Abbildung 16.2 Im Geräte-Manager können Sie per Kontextmenü einen Treiber deinstallieren.

16.4.3 Ein Gerät deaktivieren

Das im vorherigen Abschnitt beschriebene Verfahren zur Deinstallation von Geräten im Falle von Treiberproblemen funktioniert nur, wenn die entsprechende Hardware per Steckverbindung, also z. B. per USB, extern am PC angeschlossen ist. Was aber kann man tun, wenn eine eingebaute Hardware (z. B. eine TV-Karte) permanent ihren Dienst verweigert? Solch ein Fall kann etwa eintreten, wenn Sie auf eine aktuelle Windows-Version umgestiegen sind (z. B. per Insider Build), für die noch keine passenden Treiber für Ihre Hardware existieren. Oder Sie haben eine externe USB-Soundkarte erworben und möchten die Onboard-Soundhardware deaktivieren. In solchen Fällen sollte man das Gerät per Geräte-Manager deaktivieren:

1 Öffnen Sie wieder den Geräte-Manager, und suchen Sie das Gerät, das Probleme bereitet.

2 Führen Sie einen rechten Mausklick über dem betreffenden Gerät durch, und wählen Sie im Kontextmenü **Gerät deaktivieren** (siehe dazu auch Abbildung 16.2 auf dieser Seite).

3 Bestätigen Sie die anschließende Warnmeldung über die Schaltfläche **OK**. Es empfiehlt sich an dieser Stelle auch, das Häkchen vor **Die Treibersoftware für dieses Gerät löschen** zu setzen, um keine veralteten, überflüssigen Treiber auf dem System zu hinterlassen.

Dadurch wird das entsprechende Gerät dauerhaft entfernt und bleibt auch nach einem Neustart des Computers deaktiviert. Sie können das daran erkennen, dass das Gerät aus dem Geräte-Manager verschwunden ist.

16.5 Bluetooth-Hardware anschließen und nutzen

Ein Großteil der Hardware lässt sich mittlerweile über den Kurzstreckenfunk *Bluetooth* mit dem Desktop-PC, Notebook oder Tablet verbinden. Dabei handelt es sich z. B. um externe Lautsprecher, Headsets, aber auch Smartphones. Auf den folgenden Seiten erfahren Sie, wie Sie ein Bluetooth-Geräts anschließen.

16.5.1 Lautsprecher oder Headset per Bluetooth anschließen

Sie möchten einen externen Lautsprecher oder ein Headset per Bluetooth an Ihren Windows-10-Computer anschließen? Gehen Sie dazu folgendermaßen vor:

1 Rufen Sie mit einem Klick auf das Zahnrad-Symbol im Startmenü die **Einstellungen** und dort die Kategorie **Geräte** auf. Wechseln Sie hier in die Unterkategorie **Bluetooth- und andere Geräte ❶**.

2 Stellen Sie sicher, dass der Regler zur Aktivierung der Bluetooth-Hardware eingeschaltet ist ❷.

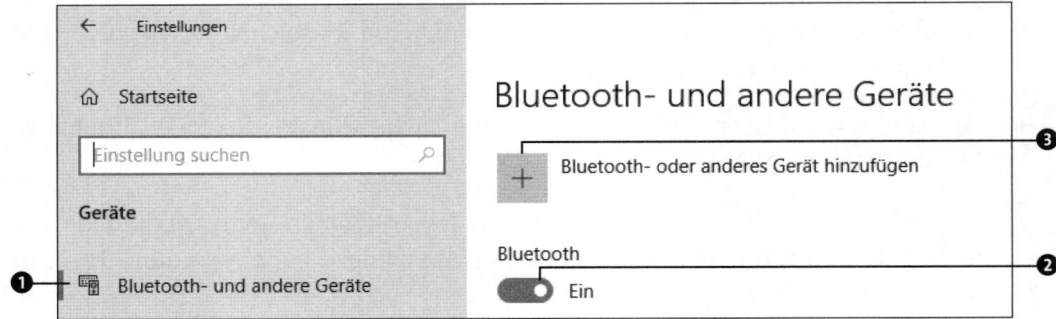

3 Schalten Sie nun das Bluetooth-Gerät, das Sie koppeln möchten, ein, und versetzen Sie es in den Kopplungsmodus. Näheres dazu entnehmen Sie bitte dem Handbuch des Herstellers.

4 Kurze Zeit später sollte das Gerät in der Übersicht erscheinen. Sollte das nicht unmittelbar der Fall sein, so klicken Sie auf die +-Schaltfläche **Bluetooth- oder anderes Gerät hinzufügen** ❸. Wählen Sie anschließend den Punkt **Bluetooth** ❹ aus. Daraufhin wird der Assistent zur Erkennung gestartet. Bei einigen Geräten (z. B. Tastaturen) ist es erforderlich, einen gemeinsamen Zahlencode sowohl für den PC als auch für das externe Gerät zu vereinbaren.

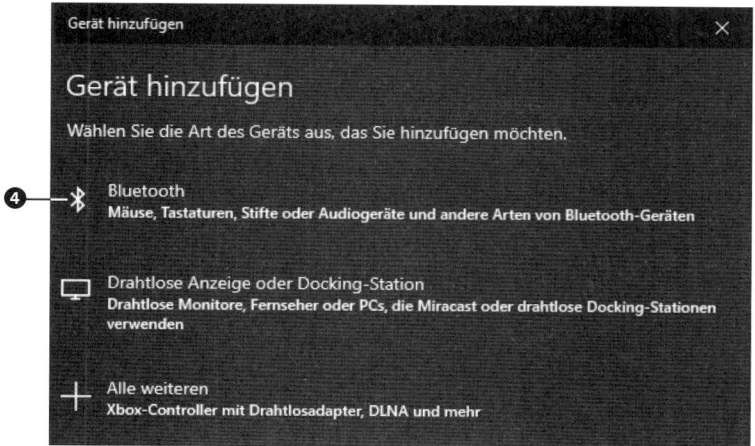

Nach kurzer Zeit ist das Gerät verbunden. Das erkennen Sie u. a. an einem entsprechenden Eintrag ❺ im Info-Center, das Sie per Klick auf das Benachrichtigungssymbol ❻ in der Taskleiste einblenden.

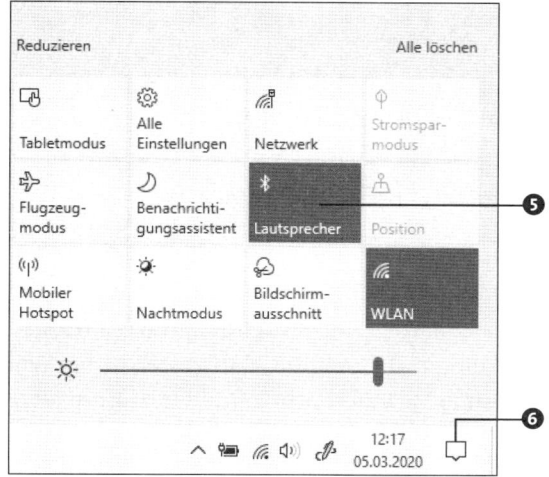

16.5.2 Smartphone per Bluetooth anschließen

Recht praktisch ist der Kurzstreckenfunk Bluetooth auch, wenn Sie Ihr Smartphone mit dem PC koppeln möchten, um z. B. Daten zu übertragen. Grundvoraussetzung dafür ist auch wieder, dass der Bluetooth-Empfang sowohl auf dem PC als auch auf dem Smartphone aktiviert wird und dass die Geräte mithilfe des Bluetooth-Assistenten in den Einstellungen gekoppelt werden:

1 Rufen Sie **Start ▸ Einstellungen ▸ Geräte ▸ Bluetooth** auf, und stellen Sie sicher, dass der Bluetooth-Empfang auf dem Computer aktiviert ist.

2 Aktivieren Sie den Bluetooth-Empfang auch auf Ihrem Smartphone.

3 Wenn das Gerät in der Übersicht der Einstellungen-App auf dem Computer erscheint, klicken Sie es an.

4 Auf beiden Geräten – PC und Smartphone – wird Ihnen nun eine Zahlenkombination angezeigt. Vergleichen Sie die PINs miteinander. Sind sie identisch, bestätigen Sie dies auf dem PC mit einem Klick auf **Verbinden**.

5 Sie können nun Dateien zwischen dem PC und dem Smartphone hin- und herkopieren. Um z. B. eine Datei vom PC auf das Smartphone zu senden, navigieren Sie mit dem Explorer zu dieser Datei und klicken mit der rechten Maustaste auf sie. Wählen Sie im Kontextmenü den Befehl **Senden an ▸ Bluetooth-Gerät**. Hier sollte jetzt das

Smartphone auftauchen. Wählen Sie es durch Anklicken aus, und bestätigen Sie die Auswahl durch einen Klick auf **Weiter**.

6 Auf dem Smartphone werden Sie aufgefordert, die Datei anzunehmen. Bestätigen Sie diese Aufforderung.

Kurze Zeit später landet die Datei im Bereich **Download** Ihres Smartphones und kann dort weiterverarbeitet werden.

Eine weitere Variante, um einen Windows-10-PC mit einem Smartphone zu verknüpfen, lernen Sie in Abschnitt 13.9, »Nützliche Tastenkürzel zur Bedienung von Microsoft Edge«, ab Seite 529 kennen.

16.6 Die richtigen Einstellungen zum Energiesparen

In Abschnitt 3.3, »Die Energieeinstellungen kontrollieren und optimieren«, ab Seite 75 haben Sie schon einige einfache Optionen kennengelernt, um Energie zu sparen. Nun dringen wir ein wenig tiefer in die Möglichkeiten ein, dem PC den Energiehunger abzugewöhnen.

Das ist insbesondere für Tablet- und Notebook-Besitzer interessant, denn ein reduzierter Energieverbrauch bedeutet eine Verlängerung der Akkulaufzeit. Aber auch konventionellen Desktop-PCs steht ein gezügelter Energiehunger gut zu Gesicht: Allein die automatische Aktivierung des Energiesparmodus kann Ihnen übers Jahr gerechnet viel Geld sparen.

Einfache Optionen zur Anpassung der Zeitspanne, nach der sich der Bildschirm abschaltet bzw. das System in den Standby-Modus wechselt, finden Sie in der Einstellungen-App unter **System ▸ Netzbetrieb und Energiesparen ❶**.

Im Falle eines mobilen Endgeräts (Tablet bzw. Notebook) erscheint hier eine erweiterte Aufteilung der Einstellungen in Abhängigkeit davon, ob sich das Gerät im Akkubetrieb befindet oder per Ladegerät am Netz angeschlossen ist. Im letztgenannten Szenario kann man davon ausgehen, dass man nicht unbedingt das letzte Quäntchen an Energie einsparen muss. Vielmehr ist man eher darauf bedacht, dem Computer genügend Leistung auch für aufwendige Rechenaufgaben oder energiehungrige 3D-Spiele zur Verfügung zu stellen.

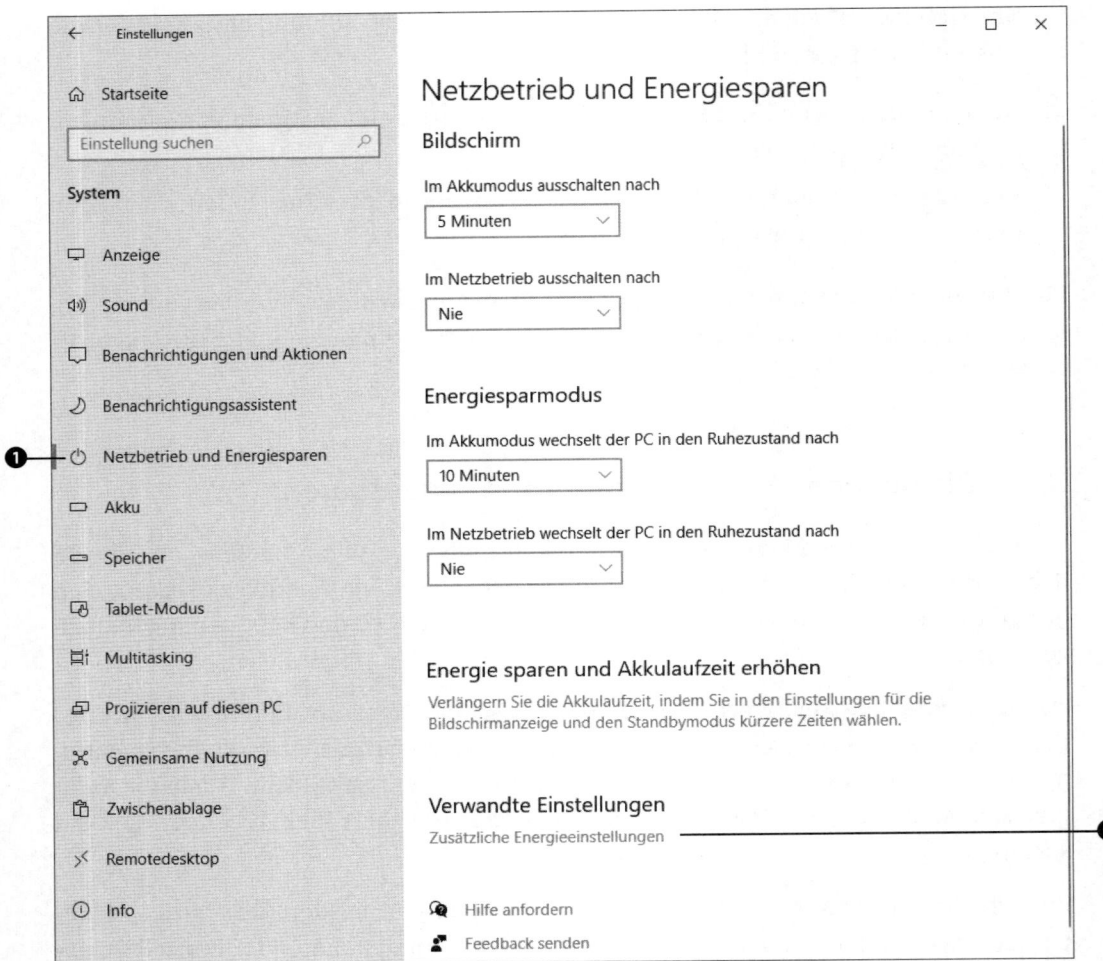

Abbildung 16.3 Grundlegende Einstellungen werden im Bereich »Netzbetrieb und Energiesparen«
vorgenommen.

Möchten Sie die Energiespareinstellungen feintunen, folgen Sie in den Einstellungen im
Bereich **Netzbetrieb und Energiesparen** dem Link **Zusätzliche Energieeinstellungen** ❷.
Nun öffnet sich der Systemsteuerungsdialog **Energieoptionen**.

Meistens findet man an dieser Stelle schon einen oder mehrere vordefinierte Energiesparpläne vor.

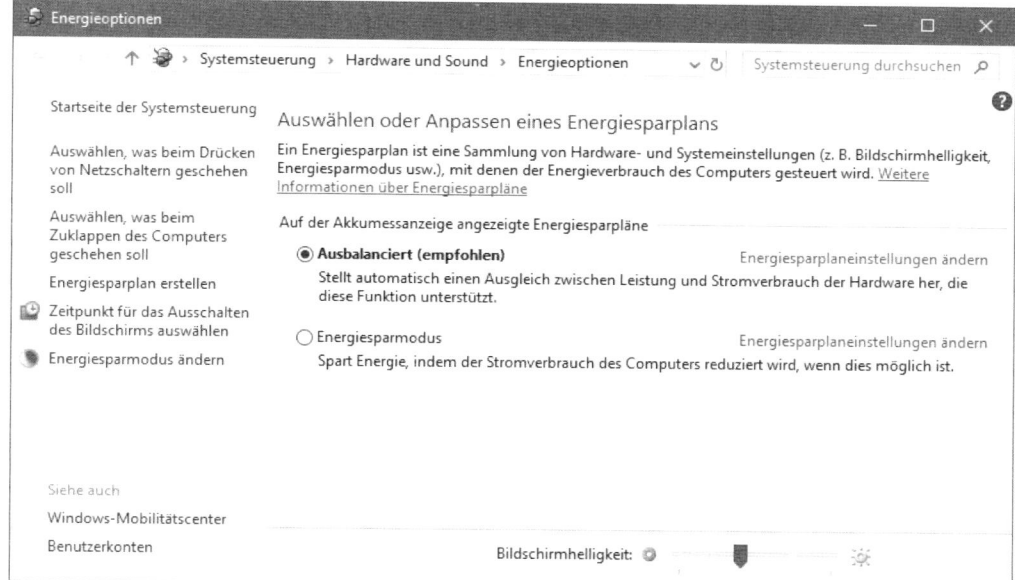

Abbildung 16.4 Zur Feinjustierung von Energiesparplänen werden Sie an die Systemsteuerung weiterverwiesen.

Folgende Energiesparpläne stehen Ihnen standardmäßig zur Verfügung:

- **Ausbalanciert**: Ein guter Kompromiss zwischen Energiesparen und Leistung, geeignet für den alltäglichen Betrieb des PCs. Dieser Modus ist wohl die beste Wahl für eine Vielzahl von Benutzern.

- **Energiesparmodus**: Dieser Modus ist insbesondere für Besitzer von Mobilgeräten interessant, die die Akkulaufzeit verlängern möchten.

Standardmäßig wird der ausbalancierte Energiesparplan aktiviert oder auch ein Plan, der vom Hersteller des PCs konfiguriert und benannt wurde, z. B. **Höchstleistung**.

Den gewünschten Modus aktivieren Sie per Mausklick. Wenn Sie möchten, können Sie einen Energiesparplan auch noch Ihren Bedürfnissen entsprechend anpassen. Klicken Sie hierzu neben dem zuvor ausgewählten Energiesparplan auf den Link **Energiesparplaneinstellungen ändern** und im folgenden Dialog auf **Erweiterte Energieeinstellungen ändern ❸**.

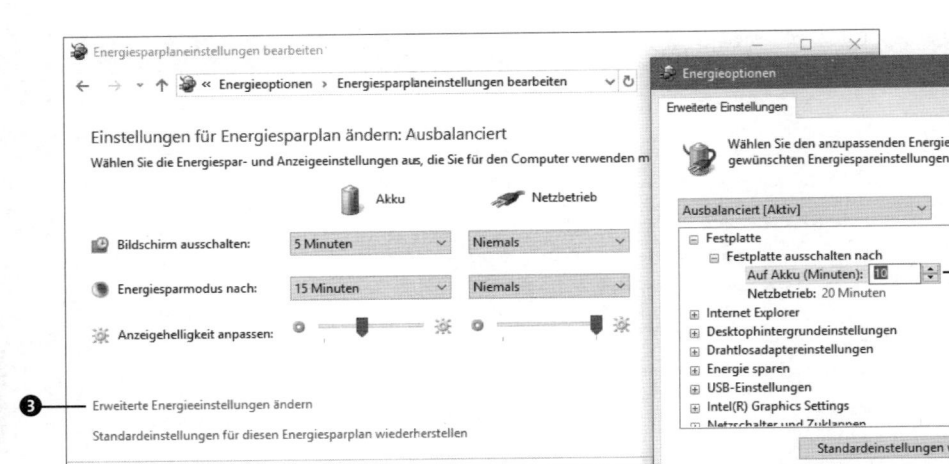

Abbildung 16.5 Jeder Energiesparplan lässt sich noch detaillierter einstellen.

In dem kleinen Fenster, das nun erscheint, können Sie diverse Feineinstellungen vornehmen, beispielsweise den Zeitplan für das automatische Ausschalten der Festplatten anpassen ❹. Wird dieser Zeitrahmen zu knapp gewählt, legt Ihr Computer spürbare »Denkpausen« ein, sobald Sie längere Zeit keine Eingaben per Tastatur oder Maus vornehmen. Außerdem lässt sich in diesem Menü das Verhalten des Computers bzw. Notebooks beim Betätigen des Netzschalters bzw. beim Zuklappen des Bildschirms definieren. Bestätigen Sie Ihre Einstellungen, indem Sie nacheinander die Schaltflächen **Übernehmen** und dann **OK** anklicken.

> **TIPP**
>
> ### Energiefresser bei Mobilgeräten identifizieren
>
> Windows 10 bietet eine Möglichkeit, bei mobilen Computern diejenigen Apps bzw. Programme zu identifizieren, die den Akku über Gebühr beanspruchen. Rufen Sie hierzu über das Startmenü die Einstellungen-App auf, und wählen Sie hier die Kategorie **System**. Markieren Sie links die Unterkategorie **Akku** ❶. Sie ist nur bei mobilen Geräten mit Akku zu finden. Klicken Sie rechts auf den Link **Überprüfen Sie, welche Apps sich auf die Akkulaufzeit auswirken** ❷. Befindet sich Ihr Gerät gerade im Akkubetrieb, erscheint eine Übersicht über die Apps, die Sie während des Zeitraums genutzt haben, der im Feld **Uhrzeit** angegeben ist. Die größten Stromfresser werden gleich zu Beginn der Liste aufgeführt.

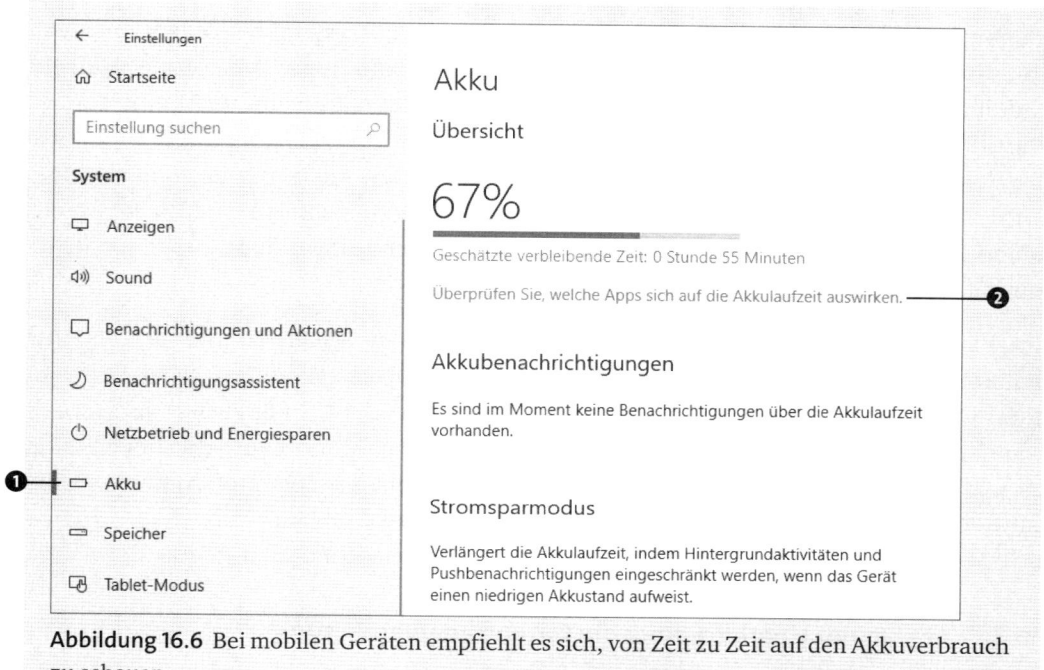

Abbildung 16.6 Bei mobilen Geräten empfiehlt es sich, von Zeit zu Zeit auf den Akkuverbrauch zu schauen.

16.7 Die Datenträgerverwaltung

Die Festplatten von PCs sind in verschiedene Teilbereiche aufgeteilt, sog. *Partitionen*, die mit Dateisystemen versehen sind. Diese ermöglichen das Lesen und Schreiben von Daten. Die meisten Anwender benutzen vorkonfigurierte Computer, bei denen die internen Festplatten tunlichst nicht angerührt werden sollten, um Schäden am System zu vermeiden. Manchmal kann es aber nötig sein, ein externes Speichermedium, also z. B. einen USB-Speicherstick oder eine externe Festplatte, neu zu formatieren. Hierfür benötigt man spezielle Werkzeuge, wie etwa die *Datenträgerverwaltung*, die ich Ihnen im Folgenden vorstellen werde.

16.7.1 Was sind Partitionen?

Eine *Partition* ist ein logischer Teilbereich einer Festplatte. Stellen Sie sich vor, Sie möchten ein Haus konzipieren und dem Architekten erläutern, welche Räumlichkeiten Sie im Einzelnen darin benötigen. Diese Aufteilungen (im Computerjargon eben »Partitionen« genannt) werden bei der Installation eines Betriebssystems festgelegt. Entgegen dem früher üblichen Vorgehen, persönliche Daten (Texte, Bilder, Musik oder Videos) auf einer gesonderten Partition zu speichern, verwendet man heute meist eine einzige Partition für die komplette Festplatte. Die Hersteller von PCs legen außerdem versteckte Partitionen an, auf denen ein Systemabbild vom PC im Auslieferungszustand angelegt wird. Dieses können Sie jederzeit bei Problemen wieder einspielen, sodass Sie erneut einen Rechner in Werkseinstellung vor sich haben. Sicherungen des Komplettsystems nimmt man auf externen Festplatten vor.

Im Explorer können Sie die verschiedenen Partitionen (auch *Laufwerke* genannt) anhand von Buchstaben erkennen. So steht z. B. *C:* für das Hauptfestplattenlaufwerk Ihres Computers. Externe Medien, also z. B. Festplatten oder USB-Speichersticks, erhalten den nächsten verfügbaren Buchstaben, z. B. *D:*, *E:* usw. Die Laufwerksbuchstaben *A:* und *B:* werden in der Regel nicht verwendet; in früheren Zeiten wurden damit die mittlerweile ausgestorbenen Floppydisk-Laufwerke angesprochen.

16.7.2 Ein kleiner Überblick über die Datenträgerverwaltung

Das zentrale Werkzeug für den Umgang mit Partitionen unter Windows 10 ist die *Datenträgerverwaltung*. Damit können Sie sich zunächst einen Überblick verschaffen, wie die Festplatte Ihres Computers aufgeteilt ist. Mit ihrer Hilfe lassen sich aber auch Partitionen neu erstellen, löschen oder formatieren. Beim Formatieren geht es darum, der entsprechenden Partition ein sog. *Dateisystem* zuzuweisen, sodass Windows dort Dateien ablegen oder auch löschen kann. Sie gelangen folgendermaßen zur Datenträgerverwaltung:

1 Klicken Sie mit der rechten Maustaste auf das Windows-Logo, und wählen Sie im aufklappenden Schnellstartmenü die **Datenträgerverwaltung**. Achtung: Das funktioniert nur, wenn Sie als Administrator am System angemeldet sind.

2 In der Datenträgerverwaltung können Sie z. B. den Eintrag der Systempartition *C:* anklicken. Nun erscheinen Informationen zur Partition und zum verwendeten Dateisystem. Das ist das Windows-eigene System NTFS (= *New Technology File System*). Mit ziemlicher Sicherheit finden Sie in der Übersicht auch einige versteckte Partitionen, die daran zu erkennen sind, dass ihnen kein Dateisystem zugeordnet wurde. Dabei handelt es sich in der Regel um eine Startpartition, mit deren Hilfe das System gestartet wird, sowie um eine Sicherungspartition, auf der sich ein Abbild des Originalsystems im Auslieferungszustand befindet. Eventuell sind auch noch weitere Wiederherstellungspartitionen zu sehen.

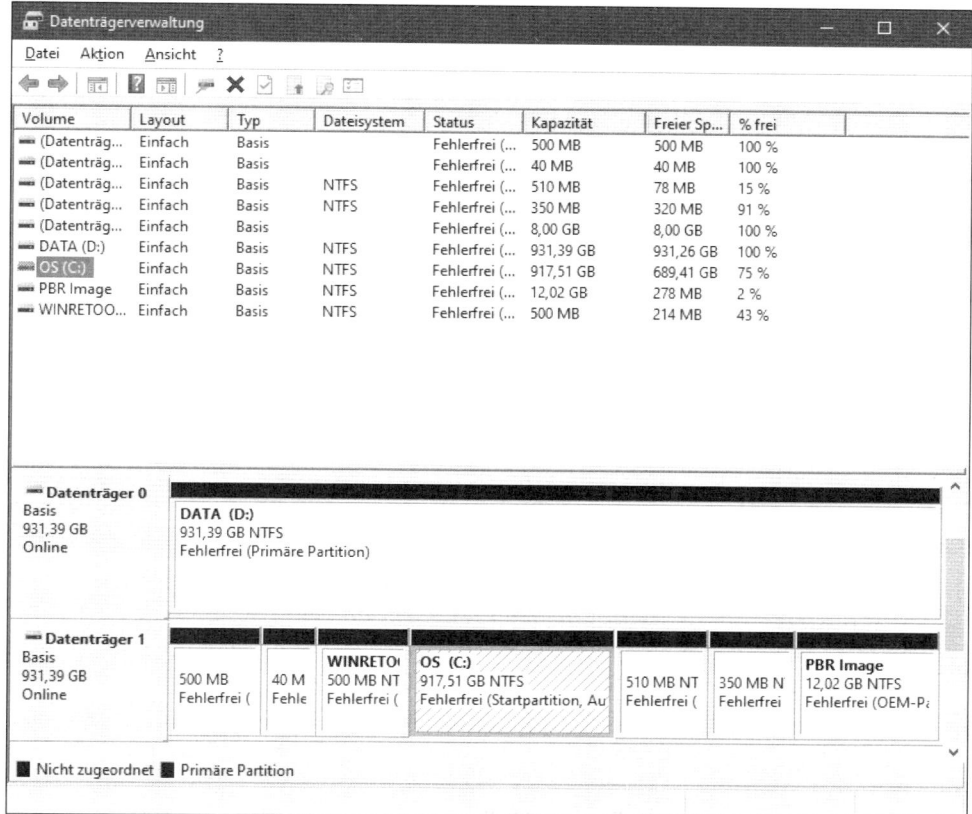

16.7.3 Erstellen und Formatieren von Partitionen

Nachfolgend zeige ich Ihnen am Beispiel eines USB-Sticks, wie Sie einen Wechseldatenträger formatieren und ggf. auch partitionieren. Das Verfahren lässt sich auch auf externe Festplatten anwenden. Im vorliegenden Fall wird die bestehende Partition auf dem Stick gelöscht, eine neue Partition erstellt und diese schließlich auch noch formatiert. Sollten Sie beabsichtigen, das Verfahren bei fest verbauten Festplatten in Ihrem PC durchzuführen, dann bedenken Sie in diesem Fall, dass Sie sämtliche Daten, die sich noch auf der Festplatte befinden und die Sie beibehalten möchten, anderweitig sichern sollten (z. B. auf einer externen Festplatte). Denn durch den Vorgang der Formatierung gehen sämtliche auf dem Medium gespeicherten Dateien und Verzeichnisse unwiederbringlich verloren.

Formatierung von großen USB-Speichersticks mit FAT32

USB-Speichersticks mit einer Speicherkapazität von bis zu 512 GB sind mittlerweile keine Seltenheit mehr. Das Problem hierbei ist allerdings, dass sich derartige Sticks mit den Bordmitteln von Windows 10 nicht so ohne Weiteres mit dem FAT32-System formatieren lassen. Das FAT32-Dateisystem zeichnet sich dadurch aus, dass es maximale Kompatibilität mit vielen Nicht-Windows-Geräten (Spielkonsolen, Linux- bzw. macOS-PCs) bietet. Für Abhilfe sorgt ein Tool von Hewlett-Packard namens *H2format*, das Sie von *https://www.heise.de/download/product/h2format-40825* herunterladen können. Eine Anleitung zu diesem Tool finden Sie ebenfalls auf der genannten Webseite. Damit lassen sich dann auch größere Wechseldatenmedien mit dem FAT32-System versehen.

Für die nachfolgend beschriebene Formatierung bzw. Partitionierung eines USB-Sticks wähle ich folgendes Szenario: Ein USB-Stick soll mit zwei Partitionen versehen werden. Die erste Partition wird mit dem Windows-Dateisystem NTFS versehen und kann auf allen Windows-PCs lesend und schreibend genutzt werden. Die zweite Partition enthält ein FAT-Dateisystem und kann somit auch auf Apples Mac- bzw. auf Linux-Rechnern gelesen und beschrieben werden. NTFS, das in der maximal zu nutzenden Dateigröße nicht so stark beschränkt ist wie FAT, funktioniert bei diesen Rechnern nämlich leider nicht.

1   Melden Sie sich mit einem Administratorkonto an, und schließen Sie einen USB-Stick am PC an.

2   Kontrollieren Sie, ob dieser vom System erkannt wurde, indem Sie den Explorer aufrufen und dort prüfen, ob der Stick im Navigationsbereich links auftaucht. In der Regel erscheint beim Anstecken des Sticks auch eine Systemmeldung. Merken Sie sich den Laufwerksbuchstaben, unter dem der Stick im System eingebunden wird. Anhand des Buchstabens können Sie die Festplatte später im Explorer identifizieren.

3   Klicken Sie mit der rechten Maustaste auf das Windows-Logo, und rufen Sie die **Datenträgerverwaltung** auf. Hier taucht der Stick unter dem gleichen Buchstaben wie im letzten Schritt beschrieben auf.

4   Klicken Sie in der Übersicht auf der linken Seite auf den Eintrag des USB-Sticks ❶. Achtung: Wählen Sie dabei auf gar keinen Fall die Systemfestplatte mit dem Laufwerksbuchstaben *C:*. Wenn Sie damit die nachfolgenden Schritte durchführen, zerstören Sie Ihr System!

5 Nachdem Sie Ihren Stick in der Übersicht ausgewählt haben, können Sie das darauf befindliche Dateisystem bzw. die Partition durch Anklicken des Symbols mit dem roten Kreuz ❷ zunächst löschen. Bestätigen Sie die Sicherheitsnachfrage.

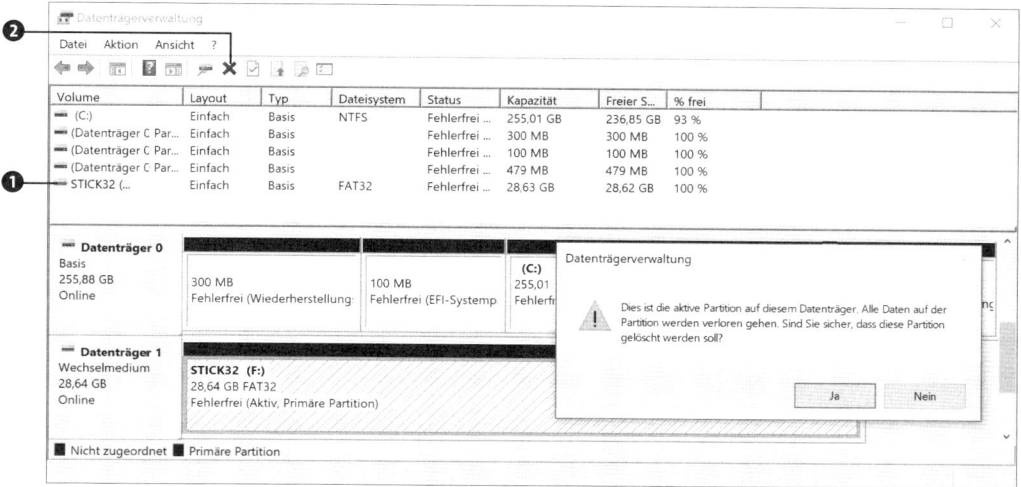

Nach dem Löschvorgang erscheint der Stick in der Übersicht als nicht zugeordneter Speicherbereich. Um diesen neu zu partitionieren, gehen Sie folgendermaßen vor:

6 Führen Sie einen rechten Mausklick über dem nicht zugeordneten Bereich des Datenträgers ❸ durch, auf dem Sie eine neue Partition erstellen wollen.

7 Wählen Sie im Kontextmenü den Befehl **Neues einfaches Volume** ❹. Daraufhin startet der Assistent zur Partitionierung von Festplatten. Eine Partition wird unter Windows auch als *Volume* bezeichnet. Bestätigen Sie die erste Nachfrage des Assistenten mit **Weiter**.

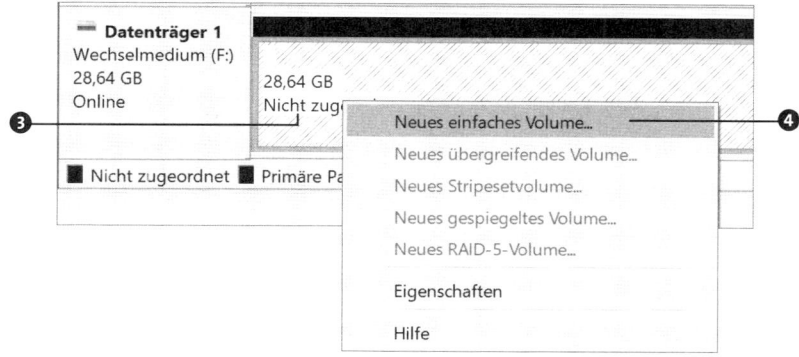

8   Im nächsten Dialog werden Sie gefragt, wie groß die neu erstellte Partition sein soll ❺. Im Normalfall verwendet man hier den gesamten zur Verfügung stehenden Speicherbereich. Wir beginnen mit einer FAT32-Partition, die halb so groß ist wie der gesamte zur Verfügung stehende Platz. Begeben Sie sich, nachdem Sie die Größe festgelegt haben, mit der Schaltfläche **Weiter** zum nächsten Dialog.

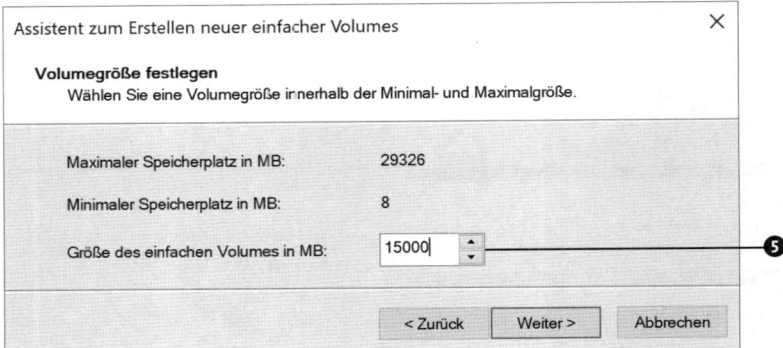

9   Nun müssen Sie dem neu erstellten *Laufwerk* (dies ist eine ebenfalls geläufige Bezeichnung für *Partition*) noch einen *Laufwerksbuchstaben* zuordnen ❻. Diesen können Sie später jederzeit ändern, wie ich Ihnen in Abschnitt 16.7.4, »Den Laufwerksbuchstaben ändern«, noch zeige. Bestätigen Sie Ihre Eingabe erneut mit einem Klick auf **Weiter**.

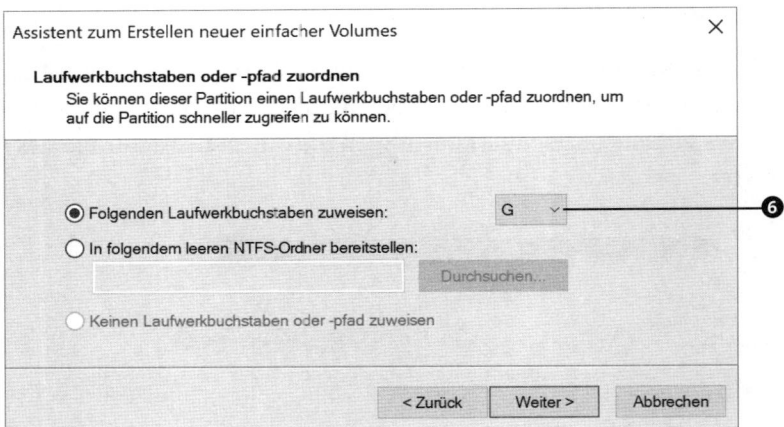

10   Schließlich definieren Sie noch das Dateisystem, mit dem die neu erstellte Partition versehen werden soll. Das ist bei regulären Festplatten das NTFS-Dateisystem. Weil wir aber einen USB-Speicherstick partitionieren, klicken Sie im Feld neben **Zu verwendendes Dateisystem** auf den kleinen Pfeil und wählen dann das **FAT32**-Dateisystem ❼ aus. Optional können Sie Ihrem Datenträger über das Eingabefeld **Volumebezeichnung** ❽ auch einen Namen zuweisen. Bestätigen Sie Ihre Angaben mit **Weiter**.

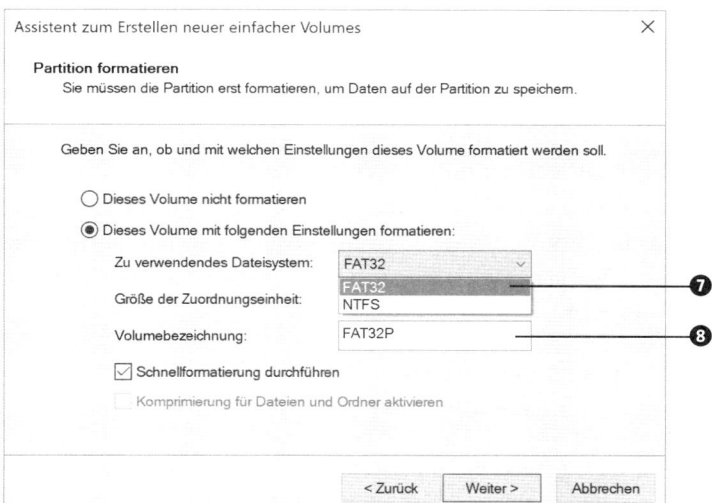

11 Der Assistent zeigt Ihnen abschließend noch einmal, welche Arbeiten an Ihrem Dateisystem vorgenommen werden sollen. An dieser Stelle sollten Sie innehalten und zweimal nachdenken: Möchten Sie wirklich, dass durch die Partitionierung der Inhalt Ihres Sticks gelöscht wird? Wenn Sie nun auf **Fertig stellen** ❾ klicken, wird die Partitionierung vorgenommen. Im Anschluss daran erscheint die frisch formatierte Partition im Navigationsbereich des Explorers.

Um nun auch die zweite Partition (die NTFS-Partition) auf dem restlichen freien Speicherbereich des Sticks zu erstellen, verfahren Sie analog, wie ab Schritt 7 auf Seite 621 beschrieben.

16.7.4 Den Laufwerksbuchstaben ändern

Windows 10 weist externen Laufwerken automatisch einen Laufwerksbuchstaben zu. Sollten Sie für einen Datenträger einen anderen Buchstaben vorziehen, der z. B. im Zusammenhang mit einem bestimmten Begriff steht (etwa S wie »Sicherung«), dann können Sie ihn recht einfach ändern. Dabei müssen Sie allerdings darauf achten, dass der entsprechende Buchstabe nicht schon anderweitig vergeben wurde.

1 Klicken Sie als Administrator mit der rechten Maustaste auf das Windows-Logo, und wählen Sie im Schnellstartmenü die **Datenträgerverwaltung** aus.

2 In der Übersicht der Datenträgerverwaltung klicken Sie mit der rechten Maustaste auf das Laufwerk, dessen Buchstabe geändert werden soll. Wählen Sie aus dem Kontextmenü den Befehl **Laufwerkbuchstaben und -pfade ändern**.

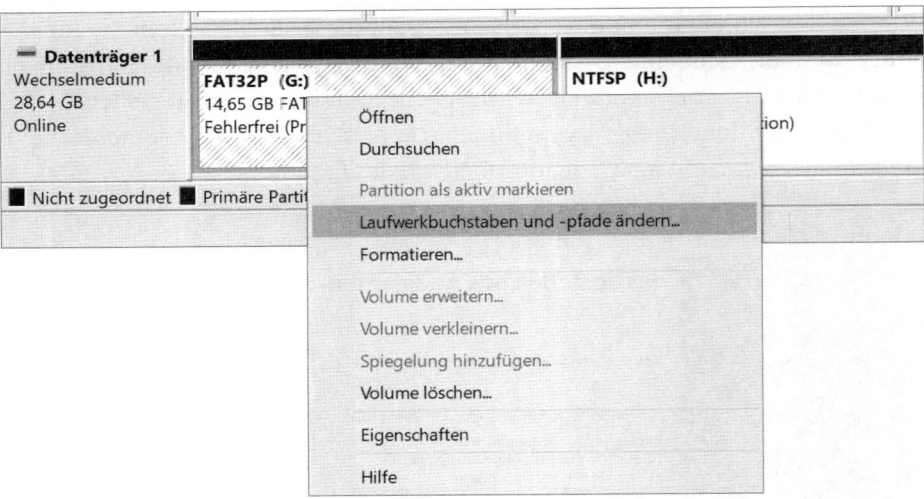

3 Im Dialog **Laufwerkbuchstabe oder -pfade für … ändern** klicken Sie auf die Schaltfläche **Ändern**. Wählen Sie in dem Dialog, der nun erscheint, einen neuen Buchstaben für das betreffende Laufwerk aus. Die Buchstaben A und B sollten Sie hierbei nicht wählen: Diese wurden zu Zeiten des DOS-Betriebssystems für Floppydisk-Laufwerke verwendet. Bestätigen Sie Ihre Änderungen sowie die Sicherheitsnachfrage. Das Laufwerk sollte danach unter dem neuen Buchstaben im Explorer erscheinen.

16.7.5 Wie sinnvoll ist Defragmentierung?

Wenn Sie ständig Dateien auf Ihrer Festplatte löschen und diese wieder mit neuen Daten beschreiben, entsteht mit der Zeit ein ziemlich zerfranstes System von Datenbruchstücken (*Fragmenten*). Wenn Sie dann ein Programm starten oder eine Datei öffnen wollen, benötigt das System länger dazu. Bei der *Defragmentierung* versucht man, diese brüchige Struktur wieder zu glätten. Bei einem modernen Betriebssystem wie Windows 10 müssen Sie sich diesbezüglich meist keine Gedanken machen: Die Defragmentierung des Dateisystems wird normalerweise diskret im Hintergrund erledigt. Bei modernen SSD-Festplatten (SSD = *Solid State Device*) ist eine derartige Fragmentierung darüber hinaus nicht sinnvoll bzw. sogar kontraproduktiv, denn diese Festplatten fragmentieren den Datenbestand nicht.

Wenn Sie dennoch eine Defragmentierung an Ihrer Systemfestplatte vornehmen möchten (die wie gesagt keine SSD-Platte sein darf), tun Sie dies folgendermaßen:

1 Starten Sie den Explorer, und markieren Sie im Navigationsbereich **Dieser PC**. Im Inhaltsbereich des Explorers werden nun sämtliche am PC angeschlossenen Festplatten aufgelistet.

2 Klicken Sie mit der rechten Maustaste auf die Festplatte bzw. Partition, die defragmentiert werden soll, z. B. die Systempartition *C:*. Wählen Sie im Kontextmenü den Befehl **Eigenschaften**.

3 Wechseln Sie zur Registerkarte **Tools** ❶, und klicken Sie dort auf die Schaltfläche **Optimieren** ❷.

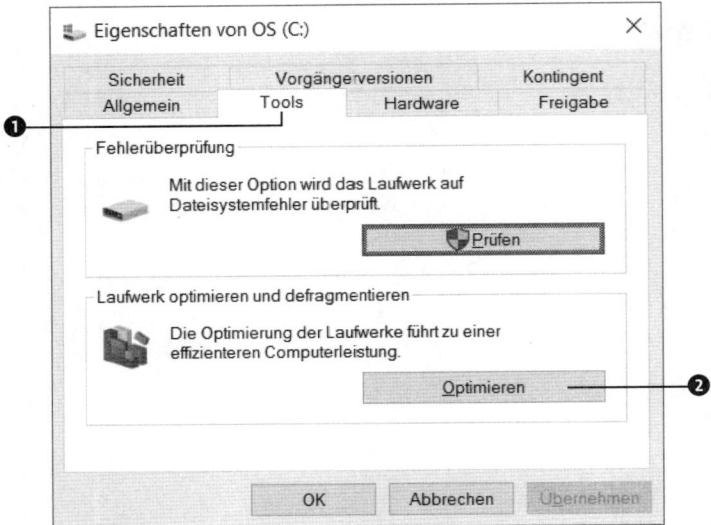

4 Im Dialog **Laufwerke optimieren** erscheinen nun alle verfügbaren Partitionen und Festplatten. Im rechten Bereich wird Ihnen der Status der Fragmentierung in Prozent angezeigt.

5 Wählen Sie die gewünschte Partition durch Anklicken aus, und klicken Sie anschließend auf die Schaltfläche **Optimieren**. Dadurch wird die Defragmentierung gestartet.

Nun heißt es, Geduld aufzubringen: Je nach Größe der Partition kann der Vorgang wenige Minuten bis Stunden dauern.

TIPP

Automatische Defragmentierung für SSD-Festplatten abschalten

Eine Defragmentierung ist bei sog. SSD-Festplatten, wie eingangs erwähnt, eher schädlich, da aufgrund ständiger Schreibzugriffe die Lebensdauer derartiger Medien deutlich verringert wird. Um die automatische Defragmentierung abzuschalten, begeben Sie sich, wie in den Schritten 1 bis 3 beschrieben, in den Dialog **Laufwerke optimieren**. Markieren Sie hier das entsprechende Laufwerk, das der SSD-Festplatte zugeordnet ist, und klicken Sie dann im Bereich **Geplante Optimierung** auf die Schaltfläche **Einstellungen ändern** ❶. Entfernen Sie hier das Häkchen vor

Ausführung nach Zeitplan (empfohlen) ❷, um die automatische Defragmentierung bzw. Optimierung abzustellen. Bestätigen Sie mit **OK**.

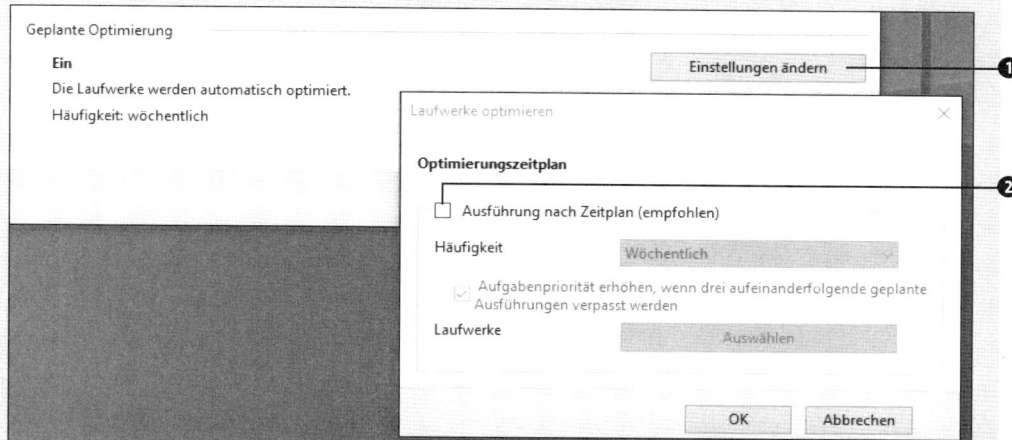

Abbildung 16.7 Um die automatische Defragmentierung abzuschalten, entfernen Sie das entsprechende Häkchen beim Eintrag »Ausführung nach Zeitplan«.

17 Wartung: Das System aktuell halten und sichern

Wenn Sie meinen, ein Virenscanner und eine aktive Firewall würden bereits genügen, um den eigenen Computer vor äußeren Angriffen zu schützen, liegen Sie nicht ganz richtig. Eine mindestens ebenso wichtige Grundlage ist das Schließen von Sicherheitslücken, die das System selbst regelmäßig offenbart. Dieses Kapitel zeigt Ihnen, welche Maßnahmen Microsoft ergriffen hat, um Windows 10 stets aktuell zu halten und dadurch entdeckte Sicherheitslücken zu stopfen. Sollte ein Angreifer durch Ausnutzen einer unbekannten Sicherheitslücke doch Kontrolle über Ihren Computer erlangt haben, haben Sie immer noch die Möglichkeit, den Computer von Grund auf neu aufzusetzen. Bis Sie in einem solchen Fall wieder alle Apps installiert und persönliche Einstellungen vorgenommen haben, können allerdings durchaus ein paar Tage vergehen. Hier ist derjenige gut dran, der auf eine Datensicherung (engl. *Backup*) zurückgreifen und so schnell den gewünschten Zustand seines Computers wiederherstellen kann. All die aufgeführten Aspekte werden in diesem Kapitel unter die Lupe genommen.

17.1 Windows Updates im Griff

Windows verfügt über ein ausgeklügeltes Updatesystem, das systemkritische Sicherheitslücken binnen kürzester Zeit nach deren Erkennung schließt. Auf den folgenden Seiten werfe ich mit Ihnen einen Blick hinter die Kulissen und zeige Ihnen, wie Sie Ihren Computer sicher halten.

17.1.1 Warum sind Updates notwendig?

Mittlerweile ist die sog. *Cyberkriminalität* ein wesentliches Standbein der organisierten Kriminalität. Dabei versuchen die Kriminellen, Schwachstellen in Ihrem Computersystem ausfindig zu machen, durch diese in Ihr System einzudringen und Schadsoftware wie beispielsweise Spionageprogramme zu installieren. Dadurch sind sie etwa in der Lage, Kreditkartendaten abzugreifen, oder sie binden Ihren Rechner in ein sog. *Botnetz* ein, um damit Angriffe mit der Rechenleistung von Tausenden, wenn nicht gar Millionen von Rechnern gegen wichtige IT-Systeme zu fahren. Spektakulär war in diesem Zusammenhang der Telekom-Hack Ende des Jahres 2016, bei dem gezielt die Router der Kunden angegriffen und lahmgelegt wurden. Ein anderes, leider weitverbreitetes Vorgehen ist die unbemerkte Installation sog. *Ransomware*: In diesem Fall werden alle auf Ihrem PC befindlichen Daten verschlüsselt, und Sie erhalten – wenn überhaupt – erst nach Zahlung eines Lösegeldes in Höhe von mehreren Hundert Euro wieder Zugriff darauf.

Angreifer suchen zur Installation von Schadprogrammen nach Schwachstellen im Computer. Diese sind im Prinzip reichlich vorhanden, denn die Programmierer von Betriebssystemen und Software sind auch nur Menschen und machen Fehler. Microsoft ist allerdings auch mit einem Spitzenstab von Programmierern ausgestattet, die permanent damit beschäftigt sind, derartige Lücken zu erkennen und zu stopfen. Der Fachmann spricht hier von *patchen*. Es ist mittlerweile schon Tradition, dass es für die Windows-Betriebssysteme mindestens einmal im Monat einen sog. *Patchday* gibt. Das ist in der Regel der zweite Dienstag im Monat. An diesem Tag werden Updatepakete für Endanwender zur Verfügung gestellt und automatisch auf dem Computer eingespielt.

INFO

Die neue Unified Update Platform (UUP)

Mit dem Windows 10 *Creators Update* haben die sog. differenziellen Updates Einzug in das System gehalten. Dabei werden bei anstehenden Updates nur diejenigen Softwareteile im Betriebssystem aktualisiert, die sich auch wirklich geändert haben. In früheren Zeiten wurde oft der komplette sog. *Build* des Betriebssystems getauscht, wodurch die Updates sehr umfangreich wurden und ihr Download viel Bandbreite in Anspruch genommen hat. Experten gehen davon aus, dass auf diese Weise eine Ersparnis bei der Datenübertragung von bis zu 35 % erzielt werden kann. Der Normalanwender spürt dies dadurch, dass der Download sowie das eigentliche Update deutlich schneller erfolgen.

17.1.2 Updates selbst anstoßen und kontrollieren

In älteren Windows-Versionen konnte der Anwender noch selbst bestimmen, ob er überhaupt Updates installieren wollte. Auch der Zeitpunkt hierfür ließ sich festlegen. In gewissem Sinne hat Microsoft die Nutzer von Windows 10 entmündigt, denn sie haben kaum noch Möglichkeiten, aktiv in den Updatevorgang einzugreifen. Die Updates werden, ohne dass der Benutzer etwas davon mitbekommt, im Hintergrund heruntergeladen. Die Installation erfolgt zu Zeiten, in denen die Arbeit am Computer nicht gestört wird.

Windows 10 kontrolliert in regelmäßigen Abständen, ob neue Updates vorliegen. Wenn Sie nicht darauf warten möchten, können Sie die Suche nach Updates auch selbst anstoßen. Das ist z. B. sinnvoll, wenn Sie in den Medien von einer gefährlichen Sicherheitslücke gelesen haben, die nun aber behoben wurde.

1 Rufen Sie über das Startmenü die **Einstellungen** und anschließend die Kategorie **Update und Sicherheit** auf. In der linken Spalte ist bereits **Windows Update** markiert. Klicken Sie rechts auf **Nach Updates suchen ❶**.

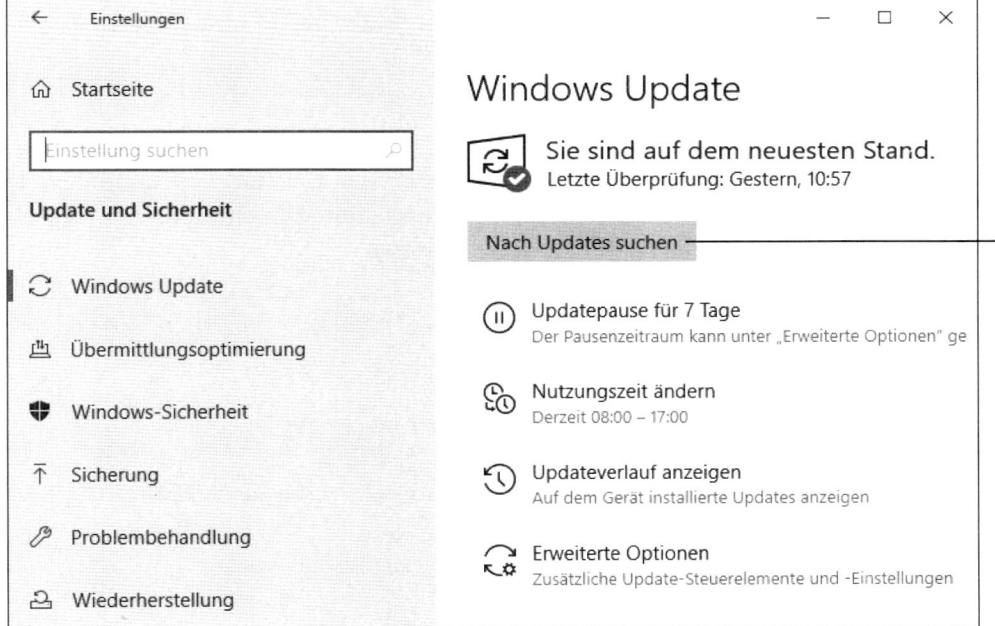

2 Sollten Updates vorliegen, so werden diese nach kurzer Zeit angezeigt. In den meisten Fällen lädt Windows 10 sie im Hintergrund herunter und installiert sie anschließend direkt. Bei manchen Updates müssen Sie den Download selbst per Klick auf **Herunterladen ❷** veranlassen.

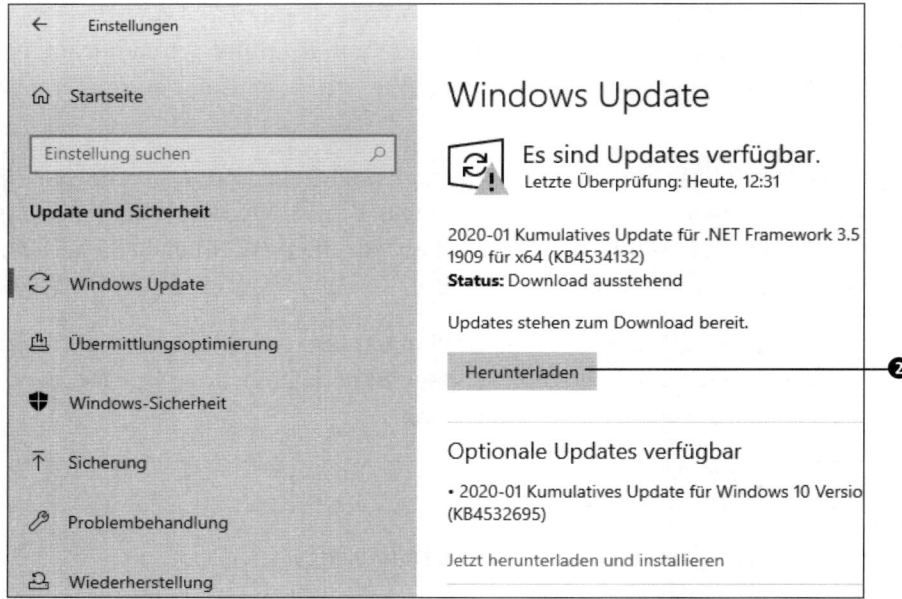

3   Einige Updates erfordern nach der Installation den Neustart des Computers. Dann wird entsprechend die Schaltfläche **Jetzt neu starten** ❸ eingeblendet. Mit einem Klick auf sie starten Sie den Computer sofort neu.

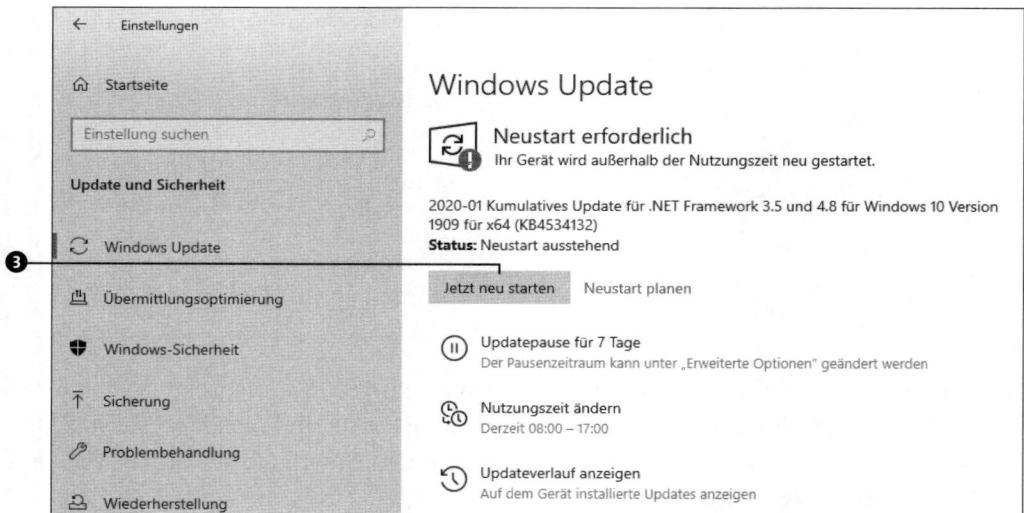

4   Wenn Sie momentan mit einer wichtigen Aufgabe am PC beschäftigt sind, können Sie den Neustart auch noch verschieben. Spätestens dann, wenn Sie den Rechner herunterfahren möchten, werden Sie durch eine entsprechende Meldung im Menü ❹ informiert, dass die Konfiguration von Updates beim Herunterfahren abgeschlossen wird.

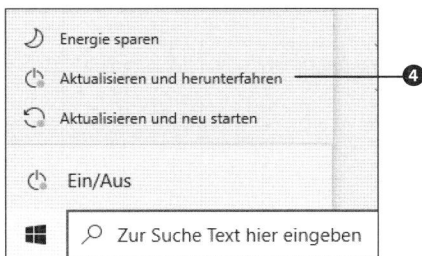

Sowohl das Herunterfahren des Computers als auch der nächste Start nehmen nun etwas Zeit in Anspruch, da die Updates konfiguriert werden. Entsprechende Meldungen informieren Sie darüber, wie weit der Vorgang gediehen ist. Die Warnung, den Computer in dieser Phase nicht auszuschalten, sollten Sie überaus ernst nehmen. Nicht selten hängt sich ein mit Gewalt ausgeschalteter PC beim nächsten Start auf, wenn der Updatevorgang nicht bis zum Ende durchgelaufen ist. Microsoft empfiehlt deshalb, die Durchführung von Updates auf einen Zeitraum zu legen, in dem Sie den Computer nicht nutzen, also etwa nachts.

5 Nachdem der Computer neu gestartet wurde, melden Sie sich wie gewohnt mit Ihrem Benutzernamen und Kennwort an. Bei umfangreicheren Updates zeigt das Benachrichtigungssymbol im Infobereich der Taskleiste nun an, dass eine neue Meldung für Sie vorliegt. Nach einem Klick hierauf werden Sie im Info-Center informiert, dass die entsprechenden Updates installiert wurden. Klicken Sie auf die Nachricht selbst, erhalten Sie weitergehende Informationen zu den installierten Updates.

Hartnäckige Updates manuell herunterladen und installieren

In einigen seltenen Fällen kann es vorkommen, dass die Installation von Updates auch bei mehrfachen Versuchen fehlschlägt. Notieren Sie sich in diesem Fall den Namen des fehlgeschlagenen Updates, der mit den Buchstaben »KB« beginnt. Denn in diesem Fall kann es hilfreich sein, die betreffenden Updates von der Seite *http://www.catalog.update.microsoft.com* selbst herunterzuladen. Zur Suche eines speziellen Updates geben Sie den Namen einfach in die Suchmaske ❺ ein. Klicken Sie in der Ergebnisliste auf einen Titel ❻, erhalten Sie nähere Informationen zum Update; den Download starten Sie über **Herunterladen** ❼. Nach erfolgreichem Download

TIPP

rufen Sie im Explorer den Ordner *Downloads* auf und doppelklicken auf die Installationsdatei, um das Update manuell zu installieren. Danach ist es dann in der Regel wieder problemlos möglich, den integrierten Updatemechanismus von Windows 10 zu nutzen.

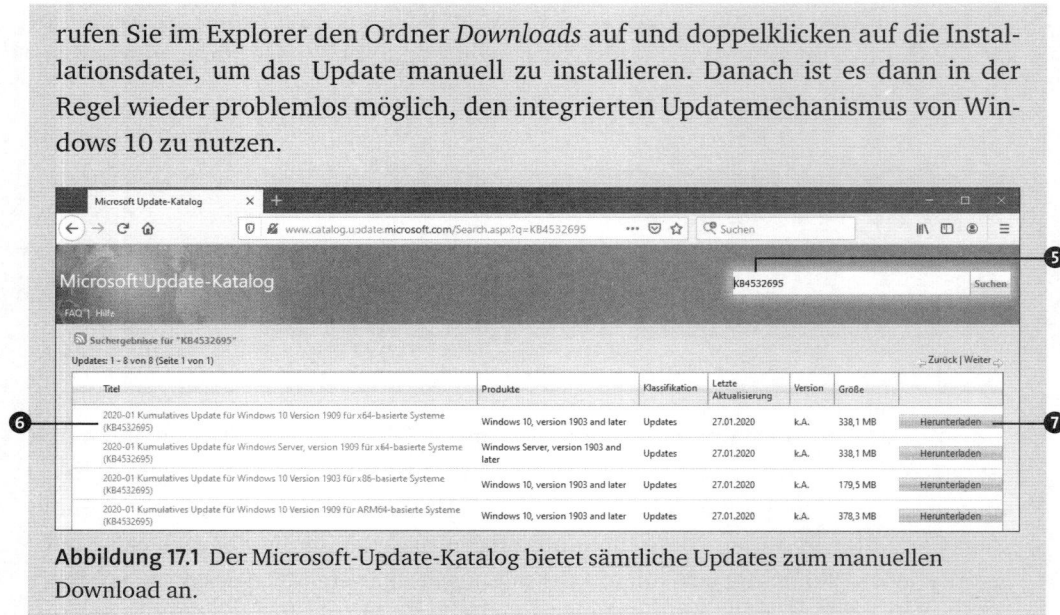

Abbildung 17.1 Der Microsoft-Update-Katalog bietet sämtliche Updates zum manuellen Download an.

17.1.3 Bereits installierte Updates verwalten

Um sich einen Überblick darüber zu verschaffen, welche Updates in letzter Zeit installiert worden sind, rufen Sie **Start ▸ Einstellungen ▸ Update und Sicherheit** auf. Ist links **Windows Update** markiert, klicken Sie rechts auf **Updateverlauf anzeigen**. Hier können Sie alle Updates einsehen, die bislang auf Ihrem Computer installiert wurden. Nähere Informationen zu einem speziellen Update erhalten Sie, wenn Sie den entsprechenden Link unter dem betreffenden Update ❶ anklicken. Dann wird der Browser mit einer Informationsseite von Microsoft gestartet, auf der die Eigenschaften des jeweiligen Updates ausführlicher beschrieben werden.

Auf der Seite **Updateverlauf anzeigen** des Einstellungen-Dialogs haben Sie auch die Möglichkeit, Updates zu deinstallieren, falls es mit ihnen Probleme gibt. Klicken Sie dazu auf den entsprechenden Link ❷. Daraufhin öffnet sich das Programmfenster der Systemsteuerung, in der alle durchgeführten Updates aufgelistet werden.

Zur Deinstallation eines Updates klicken Sie dieses in der Übersicht an und klicken anschließend oberhalb der Übersicht auf **Deinstallieren** ❸. Der Befehl taucht allerdings nur bei den Updates auf, die sich deinstallieren lassen (siehe auch den Kasten »Updates über die Eingabeaufforderung deinstallieren« auf Seite 635).

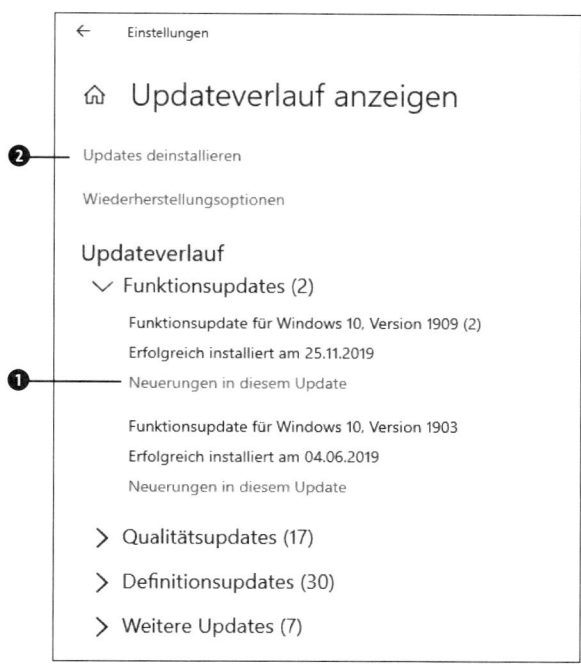

Abbildung 17.2 Der »Updateverlauf« informiert Sie über installierte Updates.

Abbildung 17.3 Updates lassen sich auch wieder deinstallieren.

Updates über die Eingabeaufforderung deinstallieren

Es gibt einige Updates, bei denen der beschriebene Mechanismus nicht greift. Um diese dennoch zu deinstallieren, ist es erforderlich, eine Eingabeaufforderung

635

mit Administratorrechten zu öffnen. Geben Sie dazu in das Suchfeld der Taskleiste »Eingabeaufforderung« ein, klicken Sie in der Trefferliste mit der rechten Maustaste auf **Eingabeaufforderung App**, und wählen Sie im Kontextmenü **Als Administrator ausführen**. In der Eingabeaufforderung tragen Sie dann den Befehl `WUSA /UNINSTALL /KB:<Nummer des Updates>` ein, wobei Sie die Updatenummer entsprechend anpassen müssen.

17.1.4   Einen Zeitpunkt für den Computerneustart nach Updates planen

Es ist relativ lästig, wenn man mit dem PC arbeiten möchte, dieser aber aufgrund eines Updatevorgangs plötzlich neu gestartet werden muss. Um das zu verhindern, können Sie in Windows 10 den Zeitraum für den oft geforderten Neustart nach einem Update selbst bestimmen:

1   Rufen Sie **Start ▸ Einstellungen ▸ Update und Sicherheit ▸ Windows Update** auf, und klicken Sie rechts auf **Nutzungszeit ändern**.

2   Stellen Sie sicher, dass der Schalter **Nutzungszeit für dieses Gerät automatisch auf Grundlage der Aktivitäten anpassen** deaktiviert ist ❶. Klicken Sie dann auf **Ändern** ❷.

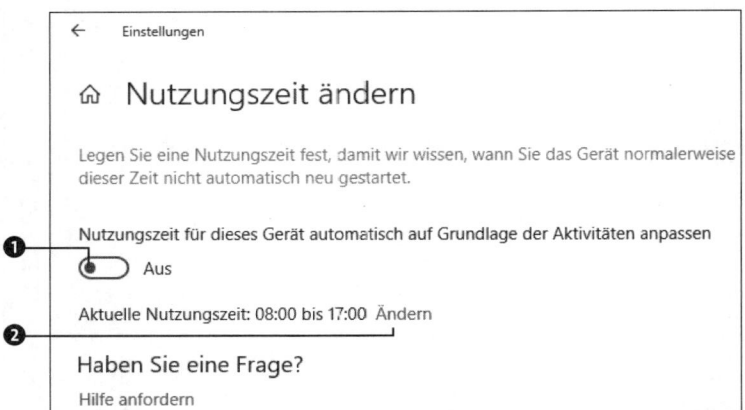

3   Im Dialog **Nutzungszeit** klicken Sie in die Felder unter **Startzeit** ❸ und stellen in den aufklappenden Listen die Uhrzeit ein, zu der Sie meist mit der Arbeit am Computer beginnen. Mit einem Klick auf das nun erscheinende Häkchen übernehmen Sie die Zeitangabe. Legen Sie analog in den Feldern unter **Endzeit** ❹ fest, wann Sie die Computerarbeit beenden. Beenden Sie den Dialog mit **Speichern** ❺.

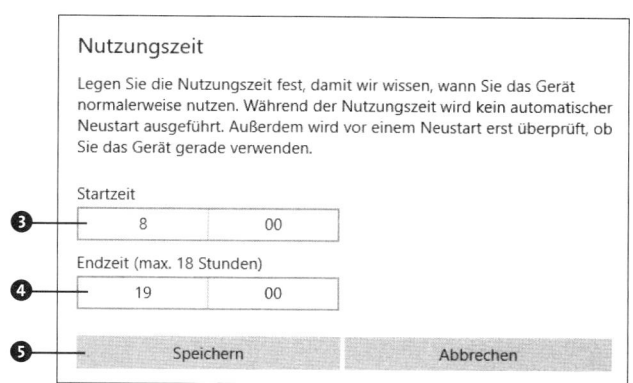

Wann gelangt ein Update auf Ihren PC?

Funktionsupdates (auch *Feature Updates* genannt), die viele neue Funktionen mit sich bringen und entsprechend umfangreich sind, erscheinen zweimal jährlich, jeweils im Frühjahr und im Herbst. Meist gibt es einen Stichtag, an dem Microsoft die Freigabe für die Installation dieser großen Aktualisierungen erteilt. Bis das Update allerdings auch auf Ihrem PC zur Verfügung steht, können durchaus Wochen bis Monate vergehen, denn die Verteilung erfolgt in Etappen. Die weniger umfangreichen *Qualitätsupdates*, über die Sicherheitslücken geschlossen oder Fehler (sog. *Bugs*) in Windows 10 behoben werden, werden mindestens einmal im Monat veröffentlicht und stehen dann auch direkt zum Download und zur Installation auf Ihrem PC bereit. Qualitätsupdates werden häufig auch *kumulative Updates* genannt.

17.1.5 Updates für mehrere Computer organisieren

Wenn Sie mehrere Windows-10-Computer in einem Haushalt oder sogar in einem kleinen Firmennetzwerk betreuen müssen, ist es lästig, wenn die Updates für jeden einzelnen Rechner stets neu aus dem Internet geladen werden müssen. Das kostet unnötig Bandbreite. Abhilfe schafft hier eine Option, mit der ein oder mehrere einzelne Computer als Updatequelle für die übrigen Rechner definiert werden. Die einzige Voraussetzung ist, dass sich alle Computer im gleichen Netzwerk befinden und sich auch gegenseitig erkennen können (siehe auch Abschnitt 14.2, »Dateien, Ordner und Geräte im Netzwerk freigeben«, ab Seite 542).

1 Rufen Sie **Start ▸ Einstellungen ▸ Update und Sicherheit ▸ Windows Update ▸ Übermittlungsoptimierung ❶** auf.

2 Ziehen Sie in der rechten Fensterhälfte den Regler unterhalb von **Downloads von anderen PCs zulassen** nach rechts auf **Ein ❷**.

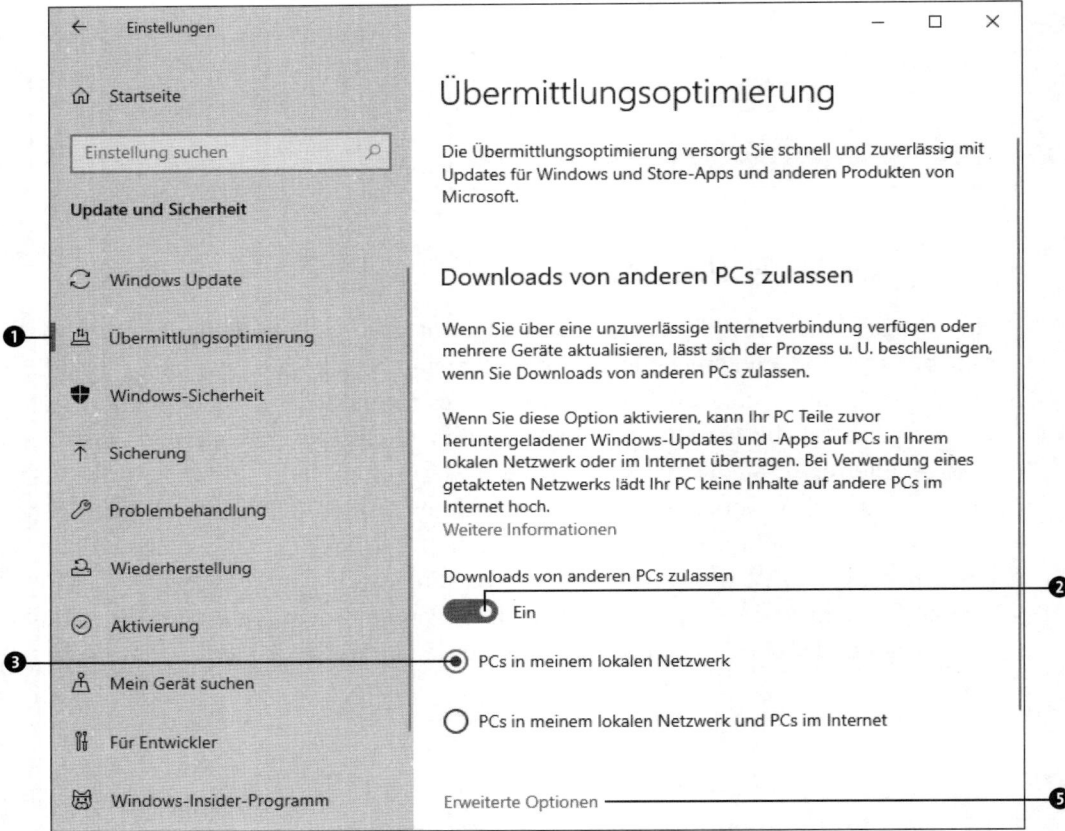

3 Wählen Sie nun die Option **PCs in meinem lokalen Netzwerk ❸** aus. Dadurch wird der Updateassistent Ihres Computers angewiesen, innerhalb des bestehenden Netzwerks nach PCs Ausschau zu halten, die ein zur Verfügung stehendes Update bereits vollständig heruntergeladen haben. Dieses Update wird dann statt aus dem Internet direkt vom lokal angebundenen Computer auf den vorliegenden PC geladen, was erheblich Bandbreite spart. Von der zweiten möglichen Option (**PCs in meinem lokalen Netzwerk und PCs im Internet**) ist abzuraten, da es sicherlich nur eine Frage der Zeit ist, bis sich kriminelle Naturen dieser Variante bedienen und Ihnen dadurch schadhafte Updates unterschieben.

TIPP

Netzwerkbandbreite für das Laden von Updates beschränken

Im Normalfall sollte Windows 10 für die Installation der Updates dynamisch einen Zeitpunkt auswählen, zu dem Sie das Gerät nicht nutzen und somit auch nicht während der Arbeit behindert werden. In der Praxis klappt dies leider nicht immer. So kann es durchaus passieren, dass während des Streamens von Videos die Netzwerkbandbreite mit dem Download von Updates geteilt werden muss. Damit Sie bei derartigen Tätigkeiten nicht mehr ausgebremst werden, haben Sie die Möglichkeit, die Bandbreite für das Herunterladen von Updates sowie für das Hochladen von Updates auf andere PCs jeweils zu limitieren ❹. Die entsprechenden Einstellungen nehmen Sie in den **Erweiterten Optionen** vor, die Sie auf der Seite **Übermittlungsoptimierung** per Klick auf den gleichnamigen Link (❺ auf Seite 638) aufrufen.

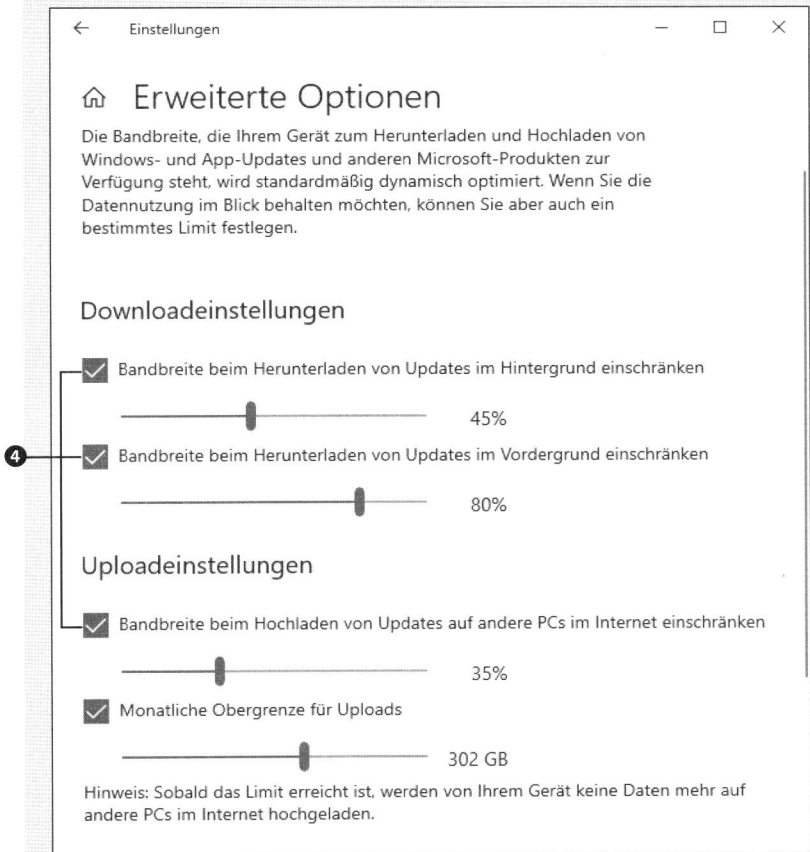

Abbildung 17.4 Durch eine Einschränkung der Bandbreite verhindern Sie, dass der Download und Upload von Updates andere Internetaktivitäten negativ beeinflusst.

17.1.6 Updates mehrere Tage zurückstellen

Die Installation eines Updates kommt Ihnen gerade sehr ungelegen? Oder möchten Sie sichergehen, dass ein Update wirklich fehlerfrei ist, bevor es auf Ihren Computer aufgespielt wird? Microsoft bietet mittlerweile die Möglichkeit, Updates bis zu maximal 35 Tage zurückzustellen. Die entsprechenden Einstellungen nehmen Sie folgendermaßen vor:

1 Rufen Sie **Start ▸ Einstellungen ▸ Update und Sicherheit ▸ Windows Update** auf, und klicken Sie rechts auf **Erweiterte Optionen ❶**.

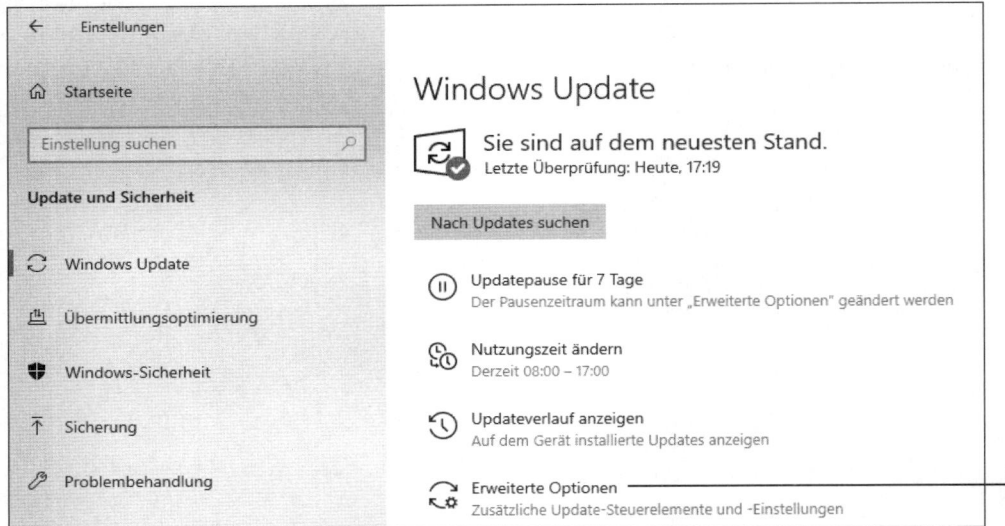

2 Blättern Sie auf der Seite **Erweiterte Optionen** nach unten bis zum Bereich **Updates aussetzen**. Im Feld unterhalb von **Anhalten bis ❷** wählen Sie das Datum aus, bis zu dem alle in der Zwischenzeit eintreffenden Updates ausgesetzt werden sollen.

TIPP

Erweiterte Optionen für Windows 10 Pro

Wer Windows 10 Pro im Einsatz hat, kann sich über zusätzliche Optionen für das Zurückstellen von Updates freuen. Funktionsupdates **❸**, die umfangreiche neue Features mit sich bringen, lassen sich bis zu einem Jahr aussetzen; für Qualitätsupdates **❹**, die vor allem Sicherheitslücken schließen, sind bis zu 30 Tage möglich. Die entsprechenden Einstellungen nehmen Sie unter **Start ▸ Einstellungen ▸ Update und Sicherheit ▸ Windows Update ▸ Erweiterte Optionen** im Bereich **Installationszeitpunkt für Updates auswählen** vor.

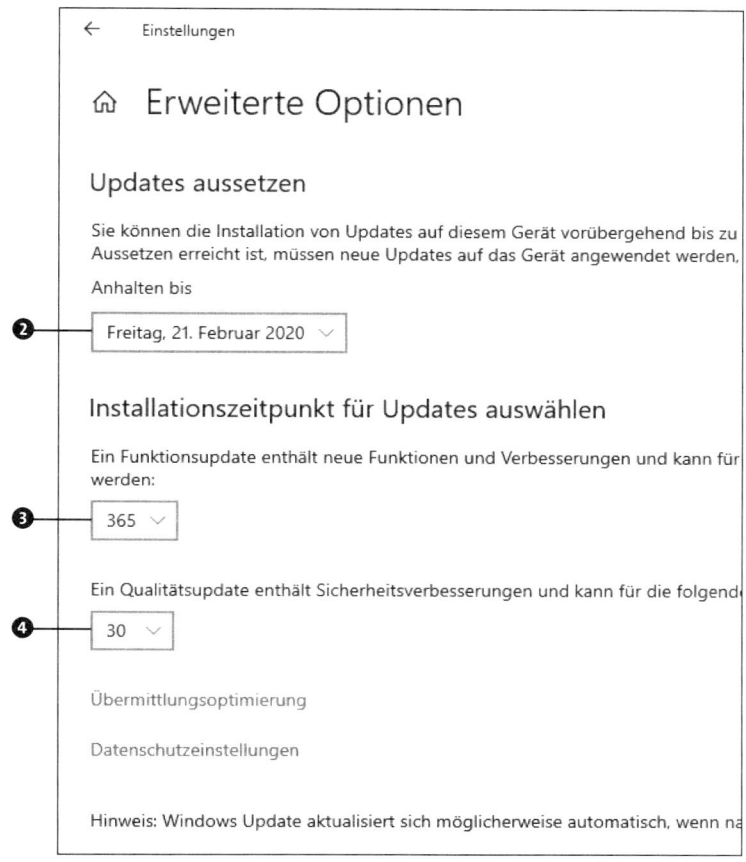

Ist der gewählte Zeitraum abgelaufen, müssen die Updates installiert werden. Anschlie-ßend können Sie die Updates erneut wie beschrieben zurückstellen.

17.1.7   Neuinstallation eines Treiberupdates verhindern

Leider kommt es immer mal wieder vor, dass mit einem Windows Update Treiber einge-spielt werden, die ein älteres Gerät plötzlich unbrauchbar machen. Die Deinstallation des Updates, wie in Abschnitt 17.1.3, »Bereits installierte Updates verwalten«, ab Seite 634 beschrieben, nützt in einem solchen Fall nichts, denn beim nächsten Abgleich mit dem Microsoft Updateserver wird es erneut eingespielt. Das Problem lässt sich aber folgen-dermaßen lösen:

1 Starten Sie einen Browser, und rufen Sie die Internetseite *https://support.micro-soft.com/de-de/kb/3073930* auf. Dort laden Sie das Tool *wushowhide.diagcab* für Ihre spezielle Betriebssystemversion herunter. Dies ist das sog. Problembehand-lungspaket zum Aus- und Einblenden von Updates. Wenn Sie sich nicht sicher sind, welche Version von Windows 10 Sie nutzen, können Sie dies über **Start ▸ Einstellun-gen ▸ System ▸ Info** in Erfahrung bringen. Alternativ rufen Sie diese Information durch Eingabe von »winver« in das Cortana-Suchfeld und das Betätigen der Taste ⏎ auf.

2 Drücken Sie die Tastenkombination ⊞ + ⌧, und wählen Sie im Schnellzugriffs-menü den **Geräte-Manager** aus.

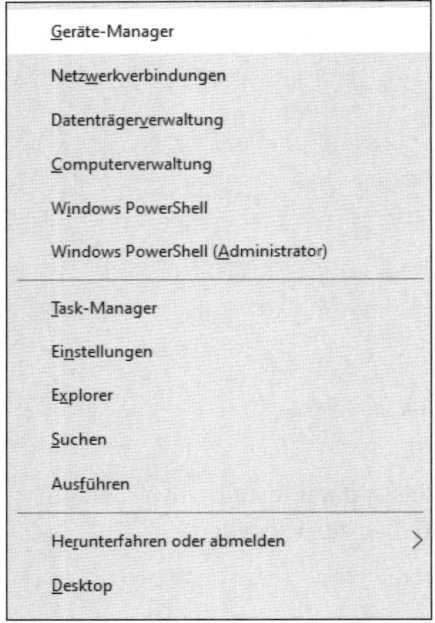

3 Deinstallieren Sie das Gerät, das mit dem neuen Treiber Probleme bereitet. Achten Sie darauf, dass dabei auch der Treiber des Geräts deinstalliert wird. Wie Sie hierzu im Detail vorgehen, erfahren Sie in Abschnitt 16.4.2, »Treiber neu installieren«, ab Seite 608. Sollten Sie hingegen Probleme mit einem Windows Update haben, dein-stallieren Sie dieses nach der Anleitung in Abschnitt 17.1.3, »Bereits installierte Updates verwalten«, ab Seite 634.

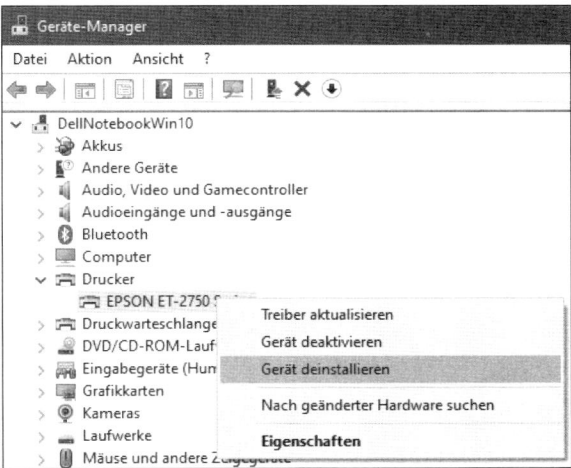

4 Öffnen Sie nun den Explorer, und wechseln Sie in das Verzeichnis *Downloads*. Starten Sie das zuvor heruntergeladene Tool **wushowhide.diagcab** per Doppelklick. Den Begrüßungsdialog bestätigen Sie mit **Weiter**. Daraufhin wird ein Scan durchgeführt, der ermittelt, welche neuen Treiber und Updates zur Verfügung stehen.

5 Nach Abschluss der Scans können Sie mithilfe der Schaltfläche **Hide updates** ❶ den entsprechenden Treiber bzw. das Update per Häkchen ausblenden bzw. blockieren. Bestätigen Sie die Änderungen mit **Weiter**. Nachdem der Vorgang beendet wurde, klicken Sie auf **Schließen**.

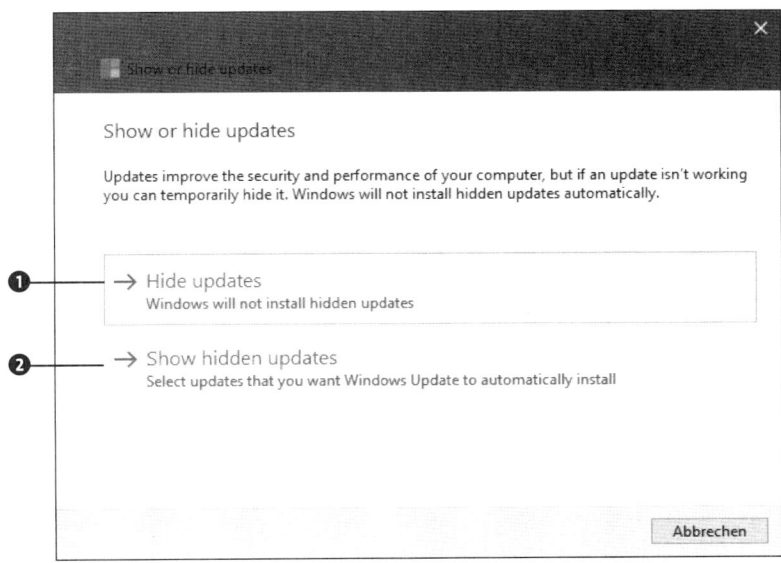

6 Sie können den Vorgang auch jederzeit wieder rückgängig machen, indem Sie das Tool erneut starten, nochmals einen Scan durchführen und danach die Schaltfläche **Show hidden updates** ❷ anklicken. Hier lässt sich das zurückgehaltene Update erneut aktivieren.

17.2   Vorabversionen von Windows 10 testen

Sind Sie neugierig, welche neuen Funktionen für Windows 10 geplant sind? Mit den sog. *Insider Preview Builds* bietet Microsoft eine Möglichkeit, die aktuellsten Funktionen kommender Windows-Generationen vorab zu testen. Für Softwareentwickler, die neue Programme für Windows entwickeln möchten, ist dies die perfekte Gelegenheit, eine Anwendung auf eine neue Version von Windows vorzubereiten. Auch Microsoft selbst profitiert von den Erfahrungen der Anwender, da diese auftauchende Probleme melden, aber auch Vorschläge einreichen können. Die Insider Preview Builds laufen meist nicht fehlerfrei und führen zu Programmabstürzen und Datenverlust. Entscheiden Sie selbst, ob Sie das Risiko eingehen möchten, ein zum Teil instabiles System zu installieren. Wenn Sie auf Nummer sicher gehen möchten, testen Sie die Insider Preview Builds auf einem alten Windows-10-Computer, den Sie nicht für Ihre tägliche Arbeit benötigen.

17.2.1   Die Insider Preview Builds aktivieren

Sie sind sich des Risikos bewusst und möchten trotzdem gerne vorab einen Blick auf kommende Windows-Versionen werfen? Für die Installation der Insider Preview Builds stellt Microsoft drei verschiedene Stufen zur Auswahl. Je nachdem, für welche Sie sich entscheiden, kommen Sie recht schnell in den Genuss von neuen Features, die aber womöglich übersät sind von Fehlern, oder Sie warten, bis eine einigermaßen stabile Version verfügbar ist.

- **Schnellanzeige** (engl. *Fast Ring*): Wenn Sie diese Stufe auswählen, sind Sie am Puls der Zeit und erhalten brandaktuelle Updates, sobald diese von Microsoft freigegeben werden. Diese Version ist jedoch noch ungenügend getestet, sodass Sie mit einigen Problemen rechnen müssen.

- **Verzögerte Anzeige** (engl. *Slow Ring*): Die Softwareversion, die im sog. Slow Ring veröffentlicht wird, ist schon deutlich stabiler und kann mit Abstrichen auch auf Produktivsystemen eingesetzt werden.

- **Release Preview**: Diese Option erscheint kurz vor der Veröffentlichung einer stabilen Windows-Version. Sie können davon ausgehen, dass die entsprechende Software schon ausreichend getestet wurde.

Um in den Genuss von Insider Preview Builds zu kommen, müssen Sie mit einem Administratorkonto am Computer angemeldet sein, das darüber hinaus mit einem Microsoft-Konto verknüpft wurde. Mehr zum Thema Microsoft-Konto erfahren Sie u. a. in Abschnitt 4.2.2, »Ein Microsoft-Konto einrichten«, ab Seite 111. Des Weiteren müssen Sie der Übermittlung von Diagnosedaten und Feedback an Microsoft vollständig zustimmen. Die entsprechende Einstellung können Sie unter **Start ▸ Einstellungen ▸ Datenschutz ▸ Diagnose und Feedback** überprüfen.

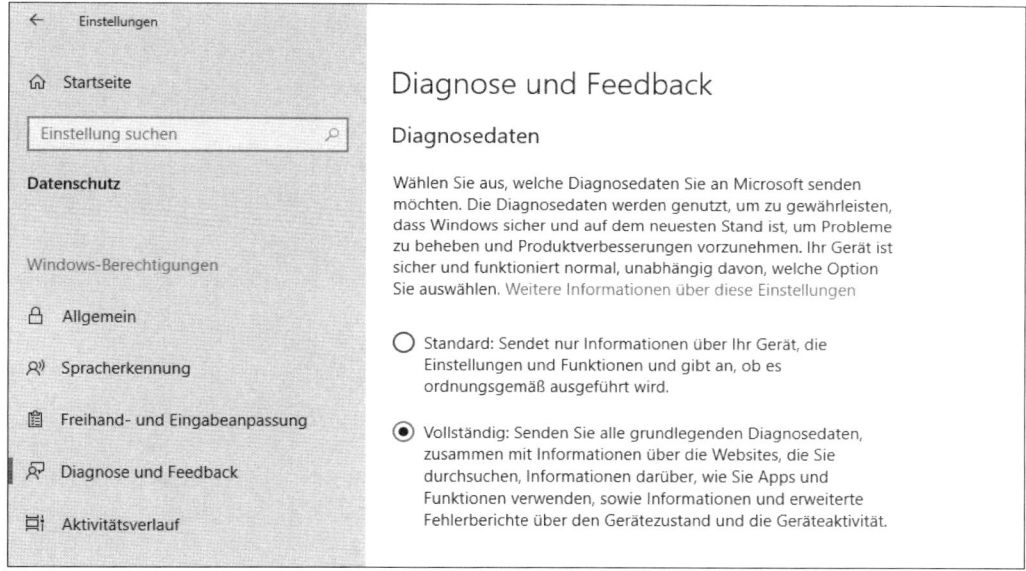

Abbildung 17.5 Nur wenn die Diagnosedaten vollständig übermittelt werden, ist die Teilnahme am Windows-Insider-Programm möglich.

Die Anmeldung am Windows-Insider-Programm erfolgt dann folgendermaßen:

1 Rufen Sie über das Startmenü die **Einstellungen** auf, und begeben Sie sich in den Bereich **Update und Sicherheit ▸ Windows-Insider-Programm ❶**.

2 Klicken Sie auf die Schaltfläche **Erste Schritte ❷**, um das Insider-Preview-Programm auf Ihrem System zu aktivieren.

3 Windows weist Sie nun daraufhin, dass das Microsoft-Konto, mit dem Sie aktuell am Computer angemeldet sind, für die Registrierung beim Windows-Insider-Programm genutzt wird. Wenn Sie sich sicher sind, dass Sie dieses Konto für die Insider Preview Builds nutzen möchten, bestätigen Sie den Hinweis mit **Registrieren ❸**. Falls das Konto nicht das gewünschte ist, haben Sie über den Link **Konto wechseln ❹** die Möglichkeit, sich mit einem anderen Microsoft-Konto am Computer anzumelden.

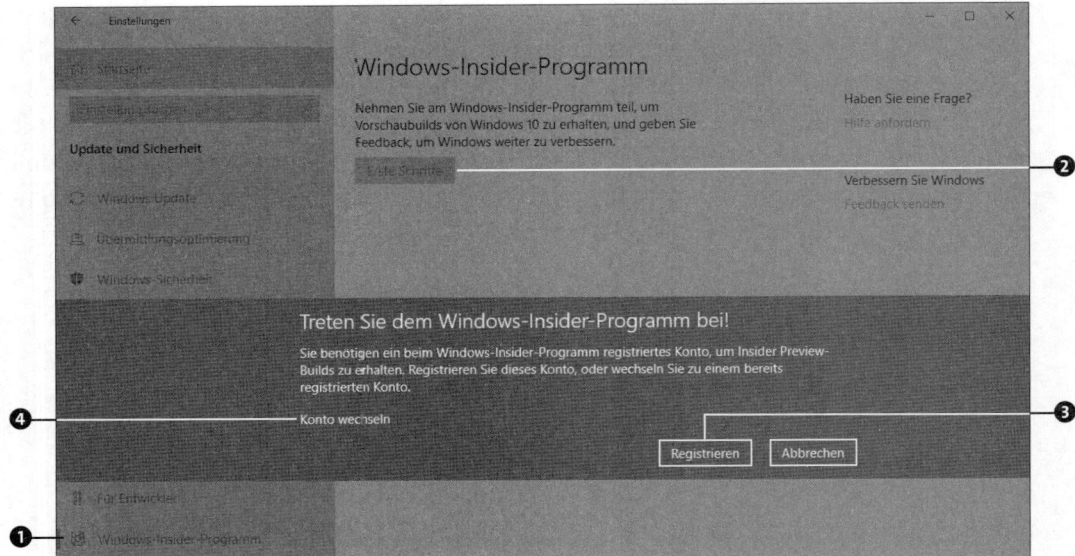

4 Haben Sie sich für die Registrierung ❸ entscheiden, bestätigen Sie den folgenden Hinweis erneut mit **Registrieren**. Um in Erfahrung zu bringen, auf was Sie sich als sog. Insider einlassen, sollten Sie im nächsten Dialog über den Link **Windows-Insider-Programmvereinbarung lesen** ❺ die entsprechenden Webseiten genau studieren. Bleiben Sie weiterhin bei Ihrem Entschluss, setzen Sie ein Häkchen vor **Ich habe die Bedingungen dieser Vereinbarung gelesen und stimme diesen zu** ❻. Beenden Sie die Registrierung mit **Absenden** ❼ und **Schließen**.

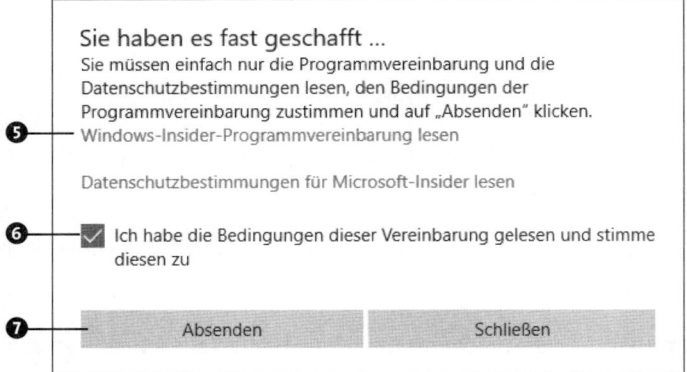

5 Als Nächstes wählen Sie nach einem Klick auf **Konto verknüpfen** ❽ das Microsoft-Konto aus, das Sie für das Windows-Insider-Programm nutzen möchten ❾, und bestätigen Ihre Auswahl mit **Weiter**.

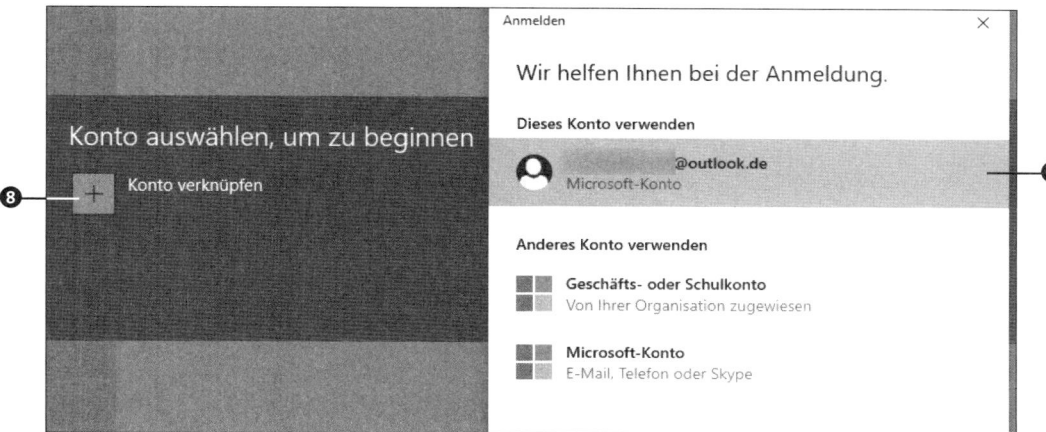

6 Markieren Sie nun eine der drei Insider-Einstellungen **Slow**, **Fast** oder **Release Preview ❿**, und bestätigen Sie den entsprechenden sowie den nächsten Hinweis mit **Bestätigen**.

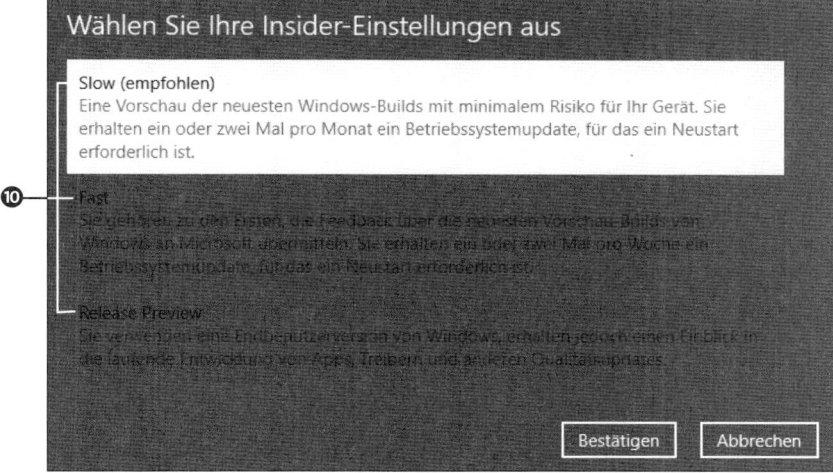

7 Damit die Teilnahme am Windows-Insider-Programm wirksam wird, ist ein Neustart des Computers mit **Jetzt neu starten** nötig.

8 Nun müssen Sie Geduld aufbringen, denn es dauert einige Zeit (Stunden bis Tage), bis das Windows-Updatesystem erkennt, dass Sie dieses mit dem Insider-Programm verknüpft haben. Rufen Sie von Zeit zu Zeit **Start ▸ Einstellungen ▸ Update und Sicherheit ▸ Windows Update ⓫** auf, und betätigen Sie in der rechten Fensterhälfte die Schaltfläche **Nach Updates suchen**. Das Update eines Insider Preview Builds

647

wird dann im Updatebereich als gewöhnliches Update behandelt und installiert. In den meisten Fällen ist auch hier nach dem Installationsvorgang ein Neustart erforderlich.

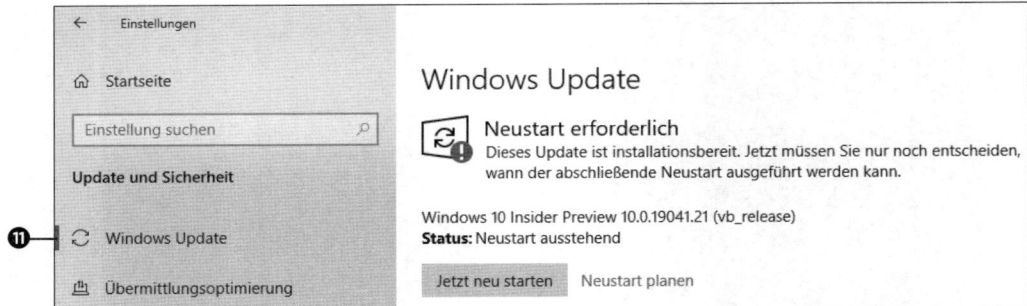

9 Sollten Sie eine andere Insider-Einstellung des Windows-Insider-Programms testen wollen, können Sie die entsprechende Einstellung über **Start ▶ Einstellungen ▶ Update und Sicherheit ▶ Windows-Insider-Programm ⑫** vornehmen.

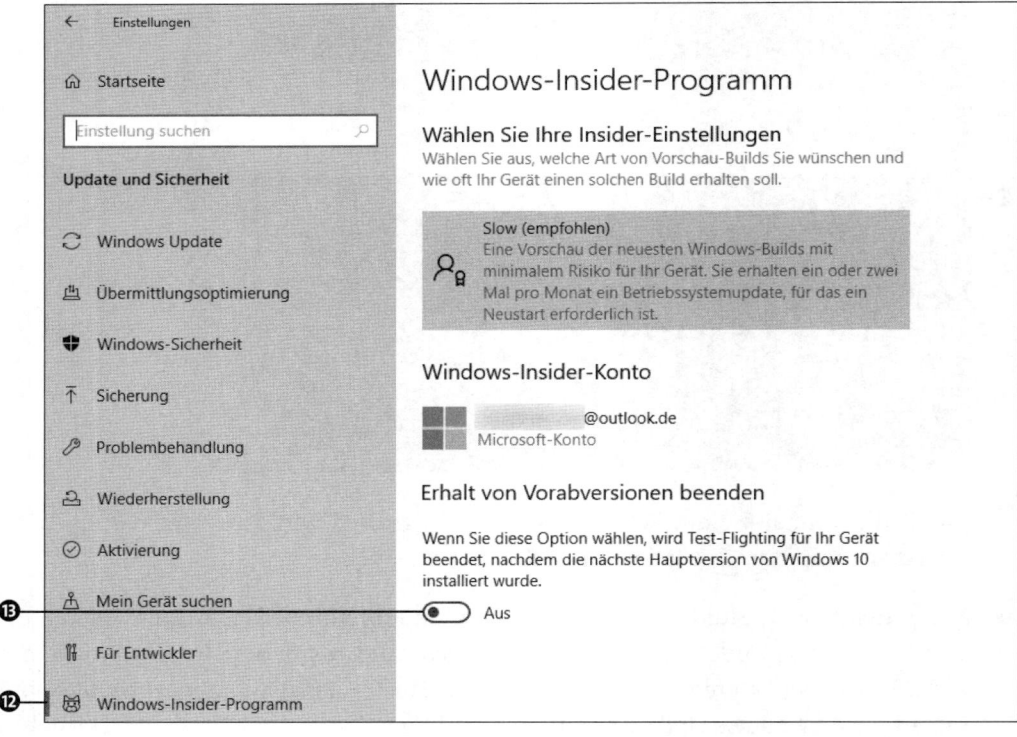

Was ist neu hinzugekommen, welche Fehler wurden korrigiert?

Die neueste Insider Preview Build wurde auf Ihrem Computer installiert? Doch was ist nun neu hinzugekommen? Auf den beiden Webseiten *https://insider.windows.com/en-us/previews-highlights* sowie *https://blogs.windows.com/windowsexperience/tag/windows-insider-program* können Sie sich ausführlich über die Entwicklung der kommenden Windows-Version informieren. Die Beiträge sind chronologisch sortiert und enthalten die jeweilige Build-Nummer, für die sie gelten. Die Nummer der zuletzt auf Ihrem Computer installierten Insider Preview Build wird übrigens meist oberhalb des Infobereichs der Taskleiste eingeblendet. Alternativ lässt sich die Buildnummer über **Start ▶ Einstellungen ▶ System ▶ Info** in Erfahrung bringen. Über die App *Feedback-Hub*, die Sie über das Startmenü aufrufen, können Sie selbst Hinweise auf Fehler oder auch Wünsche an Microsoft schicken.

17.2.2 Deaktivierung von Insider Preview Builds

Sie stellen fest, dass Ihr Computer infolge der Verwendung von Insider Preview Builds zu instabil geworden ist, und möchten deshalb lieber das Windows-Insider-Programm beenden? Oder haben Sie schlichtweg kein Interesse mehr, bereits vorab einen Blick auf neue Funktionen zu werfen? Selbstverständlich können Sie jederzeit das Programm beenden.

1 Begeben Sie sich erneut als Administrator im Einstellungen-Dialog in die Unterkategorie **Windows-Insider-Programm** (**⓬** auf Seite 648).

2 Setzen Sie hier im rechten Fensterbereich den Regler **Erhalt von Vorabversionen beenden ⓭** auf **Ein**. Mit der nächsten Hauptversion von Windows 10 erhalten Sie damit keine Insider Preview Builds mehr.

17.3 Mit der Systemwiederherstellung zurück zu einem stabilen System

Windows 10 bietet mit der Systemwiederherstellung eine Art Airbag, falls der Computer nicht in gewünschter Weise funktioniert. Sollte z. B. die Installation eines Treibers das System aus dem Gleichgewicht gebracht haben, wird es mithilfe der Systemwiederherstellung wieder in einen stabilen Ausgangszustand zurückversetzt. Es ist dabei wichtig zu wissen, dass im Rahmen der Systemwiederherstellung der Computer auf genau den

Zustand gesetzt wird, für den Sie selbst oder auch Windows 10 einen Wiederherstellungspunkt definiert haben. Solch einen Wiederherstellungspunkt können Sie sich wie eine Art Protokoll vorstellen, in dem zu jedem Zeitpunkt notiert wird, was am System geändert wurde. Sollte es zu Problemen kommen, gelangt man mit einem Wiederherstellungspunkt wie mit einer Zeitmaschine zurück zu einem Status, in dem das System noch problemlos funktionierte. Auch wenn es eher selten der Fall ist, könnte es dabei durchaus vorkommen, dass persönliche Daten, also z. B. Bilder, Videos oder Textdokumente, verschwinden, falls diese erst nach dem entsprechenden Wiederherstellungspunkt erstellt wurden. Vor Experimenten mit der Systemwiederherstellung ist es daher unabdingbar, dass Sie Ihre persönlichen Dokumente auf einem externen Datenträger sichern. So können Sie diese im Notfall wieder auf Ihren Computer aufspielen. Weitere Informationen zum Thema Datensicherung erhalten Sie in Abschnitt 17.4, »Datensicherung mithilfe des Dateiversionsverlaufs«, ab Seite 654.

17.3.1 Die Systemwiederherstellung kontrollieren

Die Systemwiederherstellung ist normalerweise bereits aktiviert. Um zu prüfen, ob dies auch für Ihren Computer gilt, müssen Sie einen Blick in die Tiefen der Systemsteuerung werfen.

1 Geben Sie in das Suchfeld in der Taskleiste den Begriff »Systemwiederherstellung« ❶ ein, und wählen Sie den Treffer **Wiederherstellungspunkt erstellen – Systemsteuerung** ❷ durch Anklicken aus.

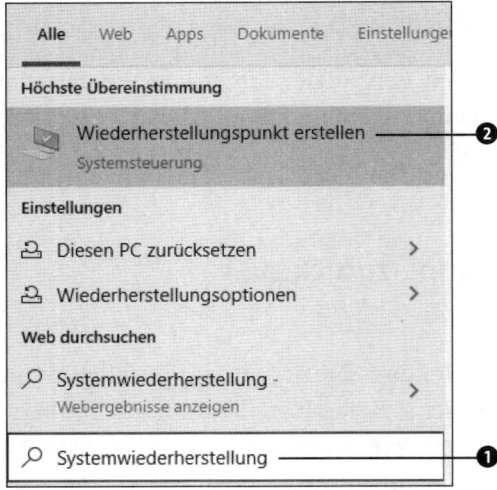

2 Der Dialog **Systemeigenschaften** wird mit dem Register **Computerschutz** geöffnet. Im Bereich **Schutzeinstellungen** sehen Sie, ob die Systemwiederherstellung für Ihr Systemlaufwerk bzw. andere am Computer angeschlossene Laufwerke aktiviert ist. Sollte das nicht der Fall sein, dann wählen Sie das entsprechende Laufwerk (das ist in der Regel das Laufwerk *C:*) durch Anklicken aus und klicken anschließend auf **Konfigurieren ❸**.

3 Im Dialog **Systemschutz ...** markieren Sie die Option **Computerschutz aktivieren ❹**. Zusätzlich definieren Sie mithilfe des Schiebereglers **❺**, wie viel Speicherplatz auf Ihrem Computer für Wiederherstellungspunkte reserviert werden soll. Ein guter Wert in diesem Zusammenhang sind etwa 10 %.

4 Bestätigen Sie schließlich die durchgeführten Änderungen mithilfe der Schaltfläche **Übernehmen ❻**, und verlassen Sie die geöffneten Dialoge per **OK**.

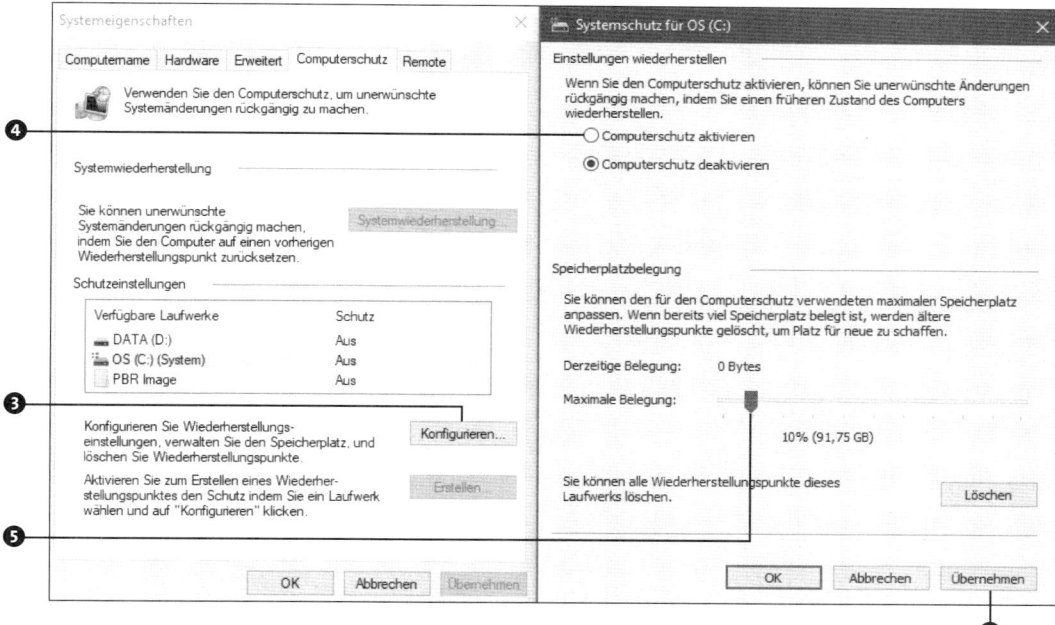

Der Computerschutz ist damit aktiviert. Jedes Mal, wenn größere Änderungen am System vorgenommen werden, also wenn z. B. ein Treiber installiert oder ein größeres Systemupdate eingespielt wird, setzt Windows 10 automatisch einen Wiederherstellungspunkt.

17.3.2 Einen Wiederherstellungspunkt manuell setzen

Oftmals ist es keine schlechte Idee, einen Wiederherstellungspunkt selbst zu setzen, beispielsweise bevor man einen unbekannten Treiber installieren möchte, der von Windows 10 nicht als solcher erkannt wird. Gehen Sie folgendermaßen vor, um manuelle Wiederherstellungspunkte zu definieren:

1 Rufen Sie erneut, wie im letzten Abschnitt beschrieben, den Dialog **Systemeigenschaften** mit dem Register **Computerschutz ❶** auf.

2 Klicken Sie auf die Schaltfläche **Erstellen ❷**. Im folgenden Dialog geben Sie eine Bezeichnung für den Wiederherstellungspunkt ein **❸**. Verwenden Sie hier einen prägnanten Namen. Bestätigen Sie die Eingabe durch Anklicken der Schaltfläche **Erstellen ❹**.

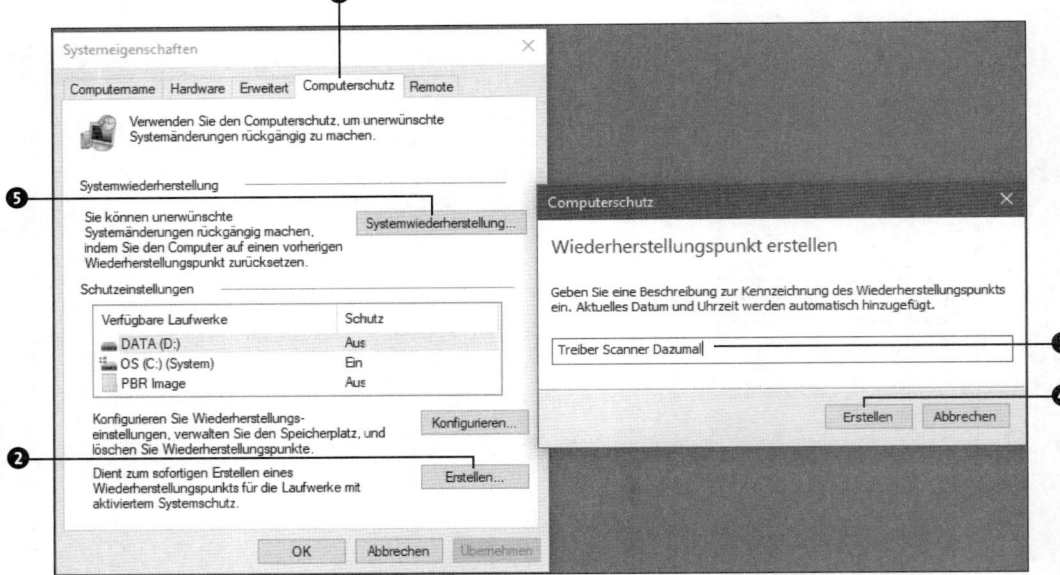

3 Den Hinweis, dass der Wiederherstellungspunkt korrekt erstellt wurde, bestätigen Sie mit **Schließen**.

Zur Sicherheit sollten Sie noch kontrollieren, ob der Wiederherstellungspunkt auch wirklich registriert wurde.

4 Klicken Sie im Dialog **Systemeigenschaften** auf **Systemwiederherstellung ❺**, und bestätigen Sie den nächsten Dialog mit **Weiter**. Im Dialog **Systemwiederherstellung** sollte dann der von Ihnen erstellte Wiederherstellungspunkt in der Liste auftauchen. Mit einem Klick auf **Abbrechen** schließen Sie die geöffneten Dialoge.

17.3.3 Den Computer mit einem Wiederherstellungspunkt zurücksetzen

Nachdem Sie nun wissen, wie man einen Wiederherstellungspunkt setzt, zeige ich Ihnen, wie Sie das System in einen früheren Zustand zurückversetzen:

1 Rufen Sie wieder den Dialog **Systemeigenschaften** mit dem Register **Computerschutz** auf. Klicken Sie auf **Systemwiederherstellung**. Bestätigen Sie die Nachfrage des Assistenten mit **Weiter**.

2 Markieren Sie in der Liste den gewünschten Wiederherstellungspunkt ❶. Wenn Sie auf **Nach betroffenen Programmen suchen** ❷ klicken, erhalten Sie eine Übersicht, welche Programme, Updates oder Treiber seit dem Setzen des Wiederherstellungspunkts installiert wurden. Diesen Dialog können Sie anschließend schließen. Mit einem Klick auf **Weiter** und im folgenden Dialog einem Klick auf **Fertig stellen** stoßen Sie den Wiederherstellungsprozess an. Anschließend wird der Rechner neu gestartet.

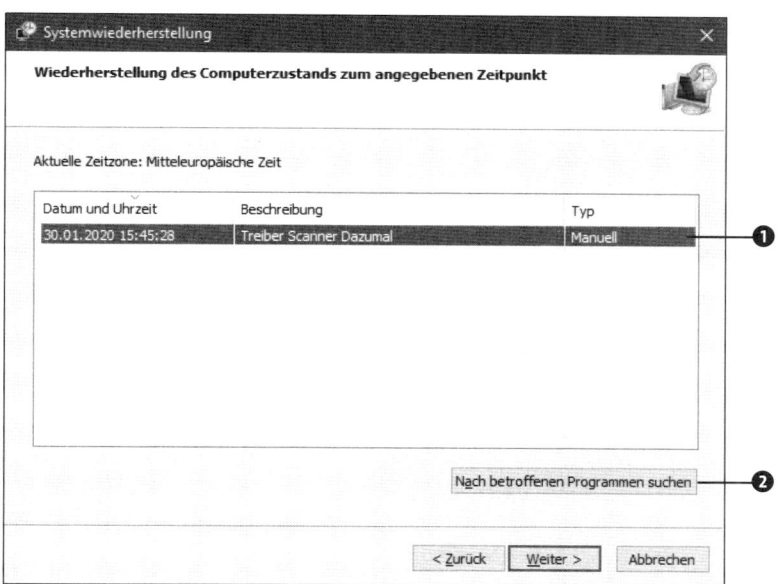

Den Computer per Cloud-Download zurücksetzen

Mit der Version 2004 von Windows 10 bietet Microsoft für das Zurücksetzen des Computers eine weitere Variante an: den *Cloud-Download*. Während bei den bisher zur Verfügung stehenden Möglichkeiten die lokal gespeicherten Dateien genutzt werden, sollen beim Cloud-Download die Windows-Installationsdateien direkt von den Servern von Microsoft heruntergeladen werden. Wie das bisher gewohnte Zurücksetzen wird auch der Cloud-Download über **Start ▶ Einstellungen ▶ Update und Sicherheit ▶ Wiederherstellung** aufgerufen. Klicken Sie rechts unter **Diesen PC zurücksetzen** auf **Los geht's**, und wählen Sie dann aus, ob Sie **Eigene Dateien beibehalten** oder **Alles entfernen** möchten. Anschließend steht Ihnen neben der **Lokalen Neuinstallation** der **Cloud-Download** zur Auswahl. Wählen Sie die gewünschte Variante aus, und starten Sie das Zurücksetzen des Computers mit einem Klick auf **Zurücksetzen**. Zum Zeitpunkt der Drucklegung dieses Buchs funktionierte diese Funktion allerdings leider noch nicht reibungslos.

17.4 Datensicherung mithilfe des Dateiversionsverlaufs

Sie haben versehentlich eine Datei endgültig gelöscht, die Sie eigentlich noch benötigen? Hier sind diejenigen im Vorteil, die die integrierte Sicherung von Windows 10 namens *Dateiversionsverlauf* aktiviert haben. Sie stellt seit Windows 10 die einzige Möglichkeit dar, eine automatische Datensicherung (engl. *Backup*) Ihrer persönlichen Dateien und Verzeichnisse im Hintergrund laufen zu lassen. Zur Einrichtung des Dateiversionsverlaufs benötigen Sie entweder ein zusätzliches externes Laufwerk oder ein Netzlaufwerk. In diesem Zusammenhang können Sie die Sicherung auch auf Ihrem OneDrive-Laufwerk in der Microsoft Cloud vornehmen.

17.4.1 Aktivierung der Sicherung per Dateiversionsverlauf

Um den Dateiversionsverlauf nutzen zu können, muss dieser zunächst konfiguriert werden. Ich zeige Ihnen nachfolgend die Variante, bei der eine externe Festplatte verwendet wird.

1 Schließen Sie die externe Festplatte per USB-Kabel an Ihren PC an. Kontrollieren Sie, ob die Festplatte im Explorer aufgeführt wird.

2 Rufen Sie **Start ▶ Einstellungen ▶ Update und Sicherheit ▶ Sicherung** auf. Klicken Sie auf die Schaltfläche **Laufwerk hinzufügen ❶**.

3 Wählen Sie das entsprechende Laufwerk, auf dem Sie die Sicherung erstellen wollen, durch Anklicken in der aufklappenden Liste aus ❷.

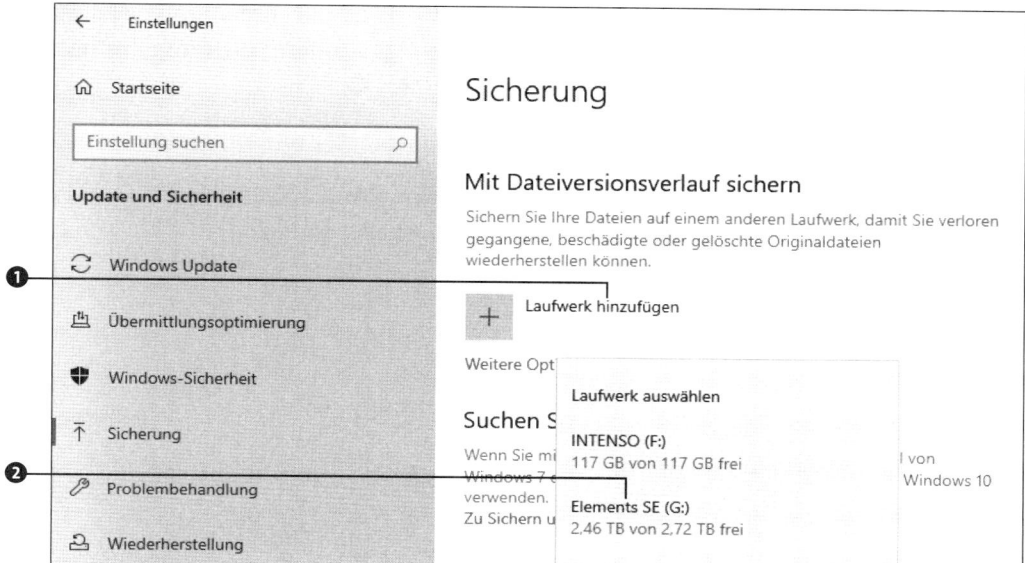

4 Nach einem kurzen Moment erscheint ein Regler, der die erfolgreiche Aktivierung der Sicherung per Dateiversionsverlauf anzeigt ❸. Mit einem Klick auf **Weitere Optionen** ❹ gelangen Sie in den Konfigurationsbereich der Sicherung.

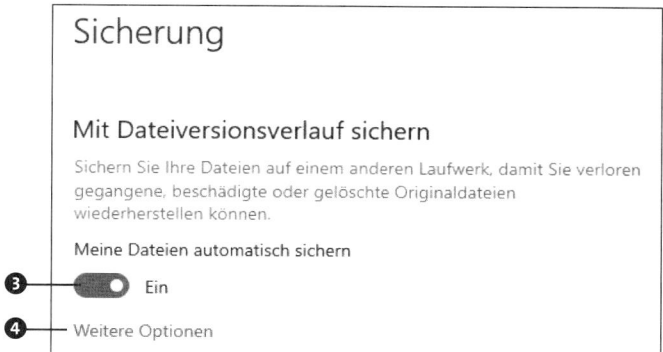

5 In der unteren Hälfte des Dialogs finden Sie im Bereich **Diese Ordner sichern** ❺ eine Übersicht über alle vom Dateiversionsverlauf erfassten Ordner. Soll einer dieser Ordner nicht bei der Datensicherung berücksichtigt werden, markieren Sie ihn und klicken anschließend auf **Entfernen**.

6 Über die Schaltfläche **+ Ordner hinzufügen** ❻ können Sie wiederum auch noch weitere Ordner zur Sicherung ergänzen.

7 Per Standardeinstellung wird die Datensicherung stündlich vorgenommen. Ist Ihnen das zu selten oder auch zu häufig, wählen Sie in der oberen Seitenhälfte im Feld **Meine Dateien sichern** den gewünschten Turnus aus **❼**.

8 Haben Sie alle Einstellungen vorgenommen, starten Sie mit einem Klick auf **Jetzt sichern ❽** die erste Datensicherung. Je nach Datenvolumen kann dieser Vorgang einige Zeit in Anspruch nehmen.

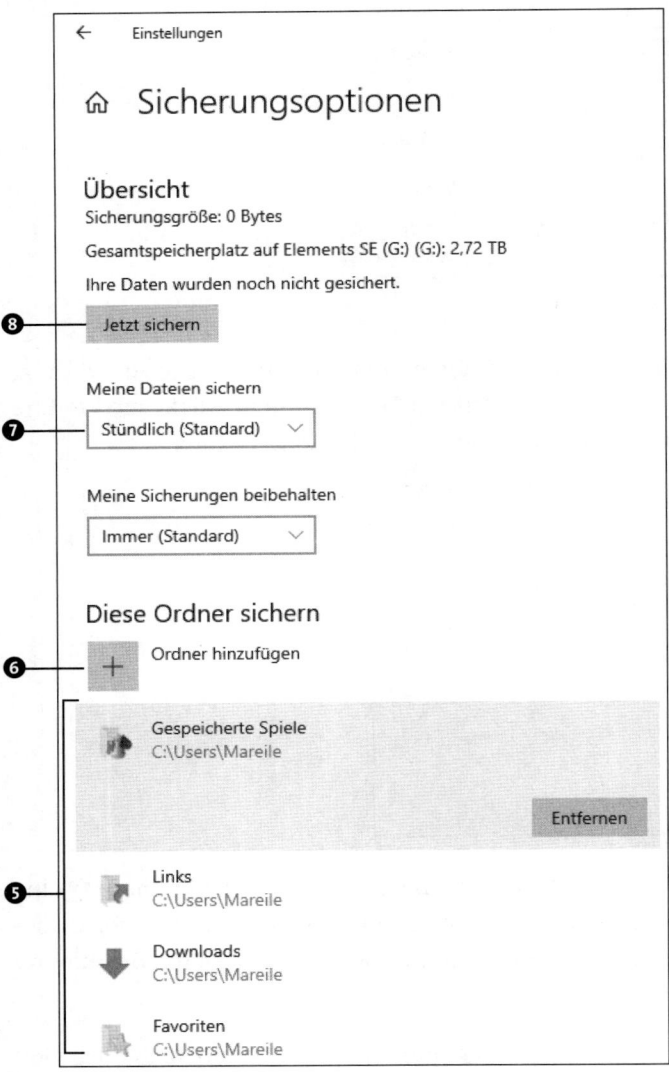

TIPP

Daten auf einem anderen Laufwerk sichern

Je nach den Datenmengen, die Sie auf der externen Festplatte sichern, kommt früher oder später der Zeitpunkt, zu dem kein freier Speicherplatz mehr verfügbar ist. Bevor Sie nun einfach das Speichermedium gegen ein neues austauschen, müssen Sie zunächst das bisherige entfernen. Rufen Sie hierzu **Start ▸ Einstellungen ▸ Update und Sicherheit ▸ Sicherung** auf, und klicken Sie rechts auf **Weitere Optionen**. Auf der Seite **Sicherungsoptionen** blättern Sie ganz nach unten bis zum Bereich **Auf einem anderen Laufwerk sichern**. Klicken Sie hier auf **Laufwerk nicht mehr verwenden**. Anschließend können Sie, wie in diesem Abschnitt beschrieben, ein neues Laufwerk für die Datensicherung anschließen.

17.4.2   Eine gelöschte oder geänderte Datei wiederherstellen

Haben Sie einmal den Dateiversionsverlauf aktiviert, können Sie jederzeit versehentlich gelöschte Dateien oder auch eine ältere Version einer Datei wiederherstellen. Ebenso lassen sich die gesicherten Daten auf einen anderen Computer übertragen. Hierzu benötigen Sie lediglich das Speichermedium, also etwa die externe Festplatte, auf der die Datensicherung vorgenommen wurde. Schließen Sie diese an einen beliebigen Windows-Computer an. Um auf eine gesicherte Datei oder einen gesicherten Ordner auf dem Speichermedium zuzugreifen, gehen Sie folgendermaßen vor:

1 Rufen Sie den Explorer z. B. über die Tastenkombination ⊞ + E auf. Markieren Sie links in der Navigationsspalte die externe Festplatte.

2 Doppelklicken Sie rechts auf den Ordner **FileHistory**, dann auf den Ordner mit dem Namen Ihres Benutzerkontos und anschließend auf das Verzeichnis, das den Namen des PCs trägt, auf dem die Datensicherung vorgenommen wurde. Öffnen Sie in diesem Ordner das Verzeichnis **Data**.

3 In diesem Ordner finden Sie die Verzeichnisstruktur des PCs wieder, dessen Daten gesichert wurden. Navigieren Sie bis zu dem Ordner, in dem sich die Dateien befinden, die Sie wiederherstellen möchten.

4 Der Dateiname einer jeden gesicherten Datei enthält auch das Datum sowie die Uhrzeit, zu der sie gesichert wurde. Wenn Sie eine Datei z. B. mehrfach bearbeitet haben und diese unterschiedlichen Versionen vom Dateiversionsverlauf gesichert wurden, können Sie die gewünschte Version somit anhand der Zeitangaben ausfindig machen. Um eine Datei (oder natürlich auch einen Ordner) wiederherzustellen, markieren Sie die gewünschte Version und kopieren sie dann z. B. über die Tastenkombination Strg + C .

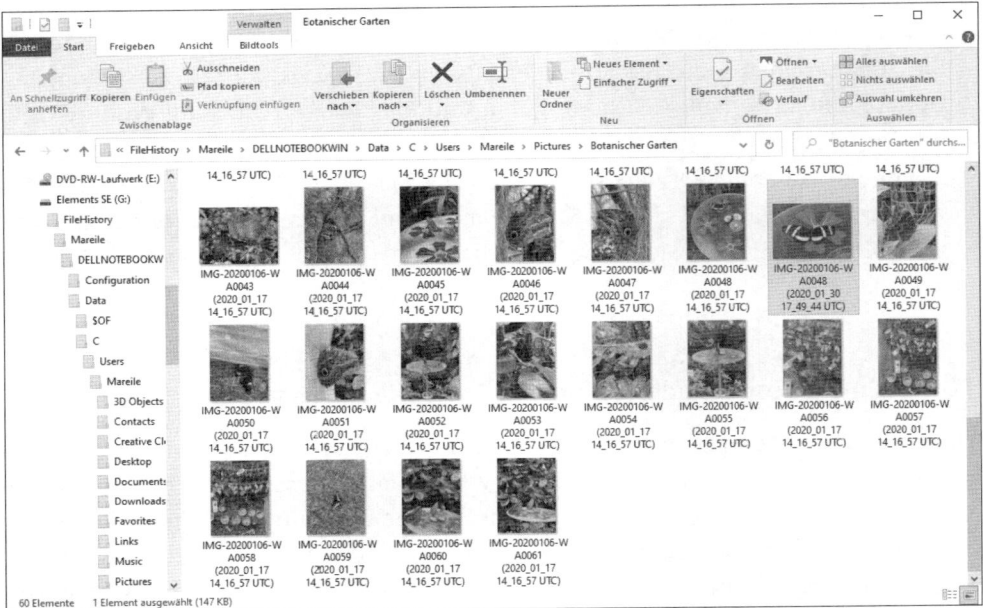

5 Wechseln Sie in den Ordner, in den die kopierte Datei bzw. der Ordner eingefügt werden soll, und drücken Sie die Tastenkombination Strg + V .

TIPP

Ältere Dateiversionen auf dem Computer wiederherstellen

Der in diesem Abschnitt beschriebene Weg zum Wiederherstellen von Daten funktioniert auf jedem beliebigen PC, an den Sie die externe Festplatte anschließen. Handelt es sich bei dem PC um das Gerät, auf dem die Datensicherung erstellt wurde, haben Sie noch eine weitere Möglichkeit zur Wiederherstellung. Rufen Sie **Start ▸ Einstellungen ▸ Update und Sicherheit ▸ Sicherung** auf, und klicken Sie rechts auf **Weitere Optionen**. Blättern Sie auf der Seite **Sicherungsoptionen** nach unten, und klicken Sie auf **Dateien von einer aktuellen Sicherung wiederherstellen**. Sie sehen nun eine Übersicht über die letzte Datensicherung. Oberhalb der Übersicht wird das Datum angezeigt, an dem die Sicherung vorgenommen wurde ❶ sowie die Anzahl der zur Verfügung stehenden Versionen ❷. Über die Pfeile unterhalb der Übersicht ❸ gelangen Sie zu älteren Sicherungen. Per Doppelklick auf einen Ordner lässt sich sein Inhalt anzeigen. Auf diese Weise können Sie bis zu den

Dateien oder auch Verzeichnissen navigieren, die Sie wiederherstellen möchten. Markieren Sie diese dann ❹, und klicken Sie auf den grünen Pfeil unterhalb der Übersicht ❺. Bestätigen Sie mit **Datei im Ziel ersetzen** ❻, wenn Sie sicher sind, dass die aktuelle Dateiversion durch die gerade angezeigte ersetzt werden soll.

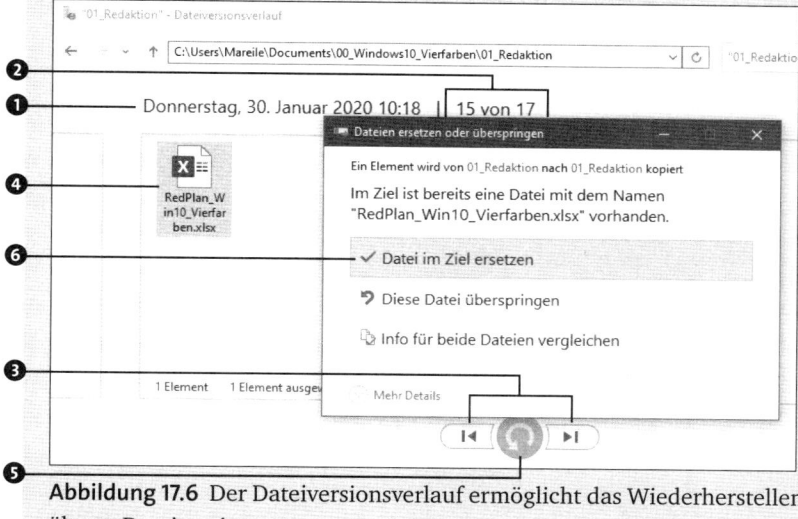

Abbildung 17.6 Der Dateiversionsverlauf ermöglicht das Wiederherstellen älterer Dateiversionen.

17.5   Ein Systemabbild erstellen und zurückspielen

Eine weitere Möglichkeit, ein Backup zu erzeugen, ist das Erstellen eines *Systemabbilds*. Unter einem Systemabbild (engl. *image*) versteht man eine 1:1-Kopie einer Partition bzw. eines Festplattenbereichs. Dabei werden nicht nur Ihre persönlichen Dateien gesichert, sondern auch alle installierten Apps, Systemeinstellungen und mehr. Der Zweck eines Systemabbilds ist es nicht, später eine einzelne Datei wiederherstellen zu können, sondern in einem Notfall möglichst schnell wieder ein lauffähiges System zu erhalten.

17.5.1   Ein Systemabbild erstellen

Das Werkzeug zur Erstellung eines Systemabbilds ist auch unter Windows 10 noch verfügbar, wenngleich Microsoft es recht gut versteckt hat. Der Zusatz »(Windows 7)« im Funktionsnamen macht deutlich, dass das Tool bereits eine längere Vergangenheit hinter sich hat.

1 Zur Erstellung eines Systemabbilds rufen Sie **Start ▸ Einstellungen ▸ Update und Sicherheit ▸ Sicherung** auf und klicken rechts auf den Link **Zu Sichern und Wiederherstellen (Windows 7) wechseln**. Dadurch gelangen Sie in den entsprechenden Bereich der Systemsteuerung.

2 Klicken Sie hier auf **Sicherung einrichten ❶**. Ihr Computer versucht nun, die angeschlossenen möglichen Speichermedien, also z. B. eine externe Festplatte, zu identifizieren.

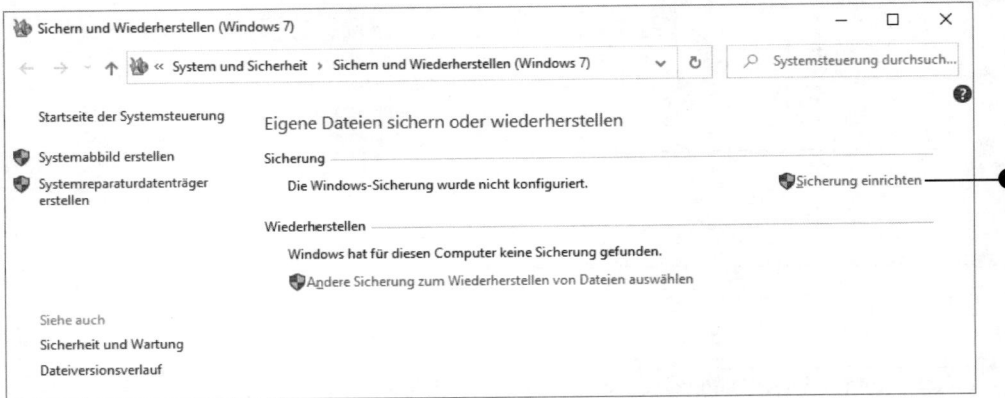

3 Wählen Sie aus der Übersicht ein **Sicherungsziel** aus **❷**, und bestätigen Sie Ihre Auswahl mit **Weiter ❸**.

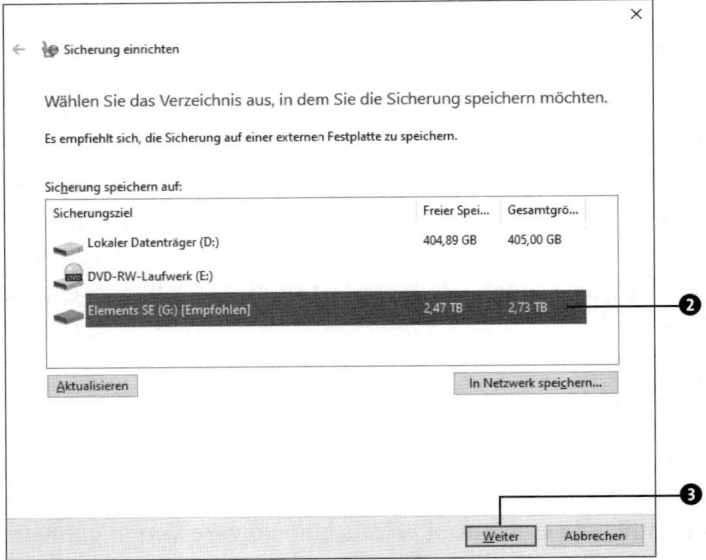

4 Wählen Sie im nächsten Schritt die Option **Auswahl durch Windows (empfohlen)** ❹. Dadurch entscheidet Windows selbst, welche Daten mit dem Image gesichert werden sollen. An den Menüpunkt **Auswahl durch Benutzer** sollten sich nur fortgeschrittene Anwender heranwagen. Bestätigen Sie Ihre Auswahl erneut mit **Weiter** ❺.

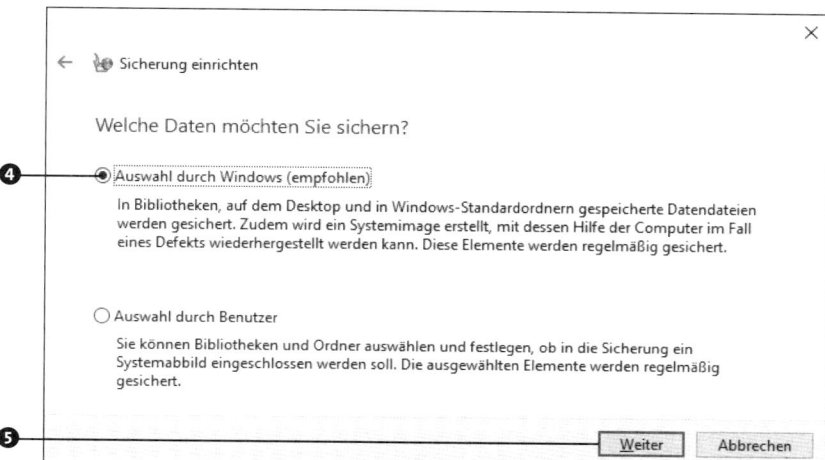

5 In der folgenden Übersicht erfahren Sie, was in die zu erstellende Sicherung integriert wird. Mit einem Klick auf **Einstellungen speichern und Sicherung ausführen** ❻ wird ein Systemabbild auf der externen Festplatte gespeichert.

17.5.2 Ein Systemabbild zurückspielen

Das Zurückspielen eines Systemabbilds gestaltet sich ähnlich einfach wie das Erstellen. Dazu ist es allerdings erforderlich, den Computer im sog. *erweiterten Modus* zu starten.

1 Stellen Sie sicher, dass das Speichermedium, auf dem sich das gewünschte Systemabbild befindet, an Ihren PC angeschlossen ist.

2 Rufen Sie über das Startmenü die **Einstellungen** auf. Wechseln Sie in die Kategorie **Update und Sicherheit** und dort in das Untermenü **Wiederherstellung ❶**.

3 Klicken Sie hier im Bereich **Erweiterter Start** auf die Schaltfläche **Jetzt neu starten ❷**. Daraufhin wird der PC im erweiterten Modus gestartet.

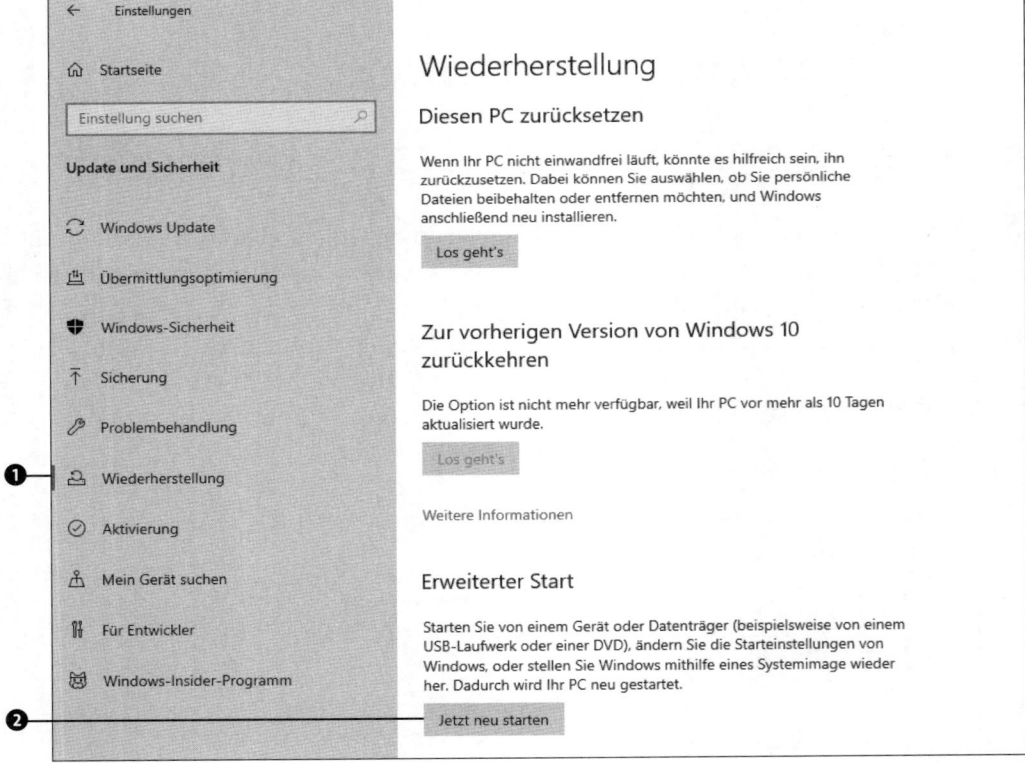

4 Wählen Sie in dem nun erscheinenden Menü den Punkt **Problembehandlung ❸** und anschließend den Punkt **Erweiterte Optionen** durch Anklicken aus.

5 Klicken Sie auf den Menüpunkt **Systemimage-Wiederherstellung** ❹. Der Rechner wird neu gestartet, und Sie können in einer Liste ein Administratorkonto markieren. Geben Sie anschließend das Passwort des betreffenden Kontos ein.

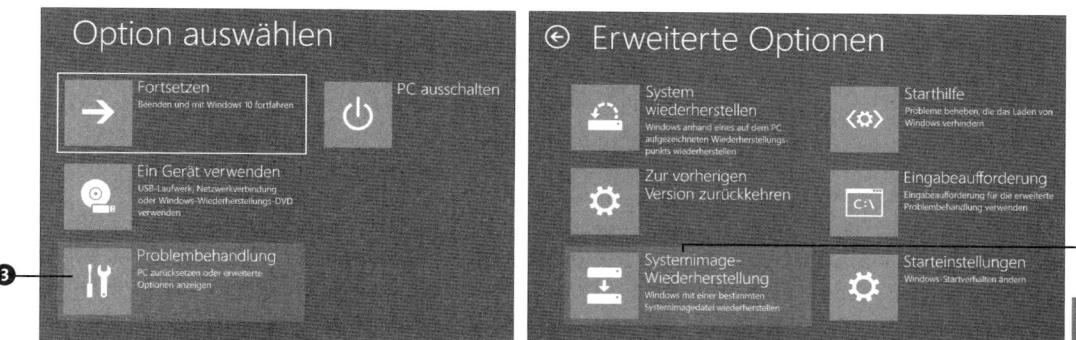

6 Das System durchsucht nun die angeschlossenen Datenträger auf vorhandene Images. Bestätigen Sie den Dialog mit der Schaltfläche **Weiter**, nachdem das Image gefunden wurde.

7 Jetzt können Sie weitere Wiederherstellungsoptionen definieren, z. B. ob die Festplatte vor dem Einspielen des Images neu formatiert bzw. partitioniert werden soll. Dies ist im Allgemeinen nicht notwendig. Klicken Sie daher auch hier wieder auf **Weiter**.

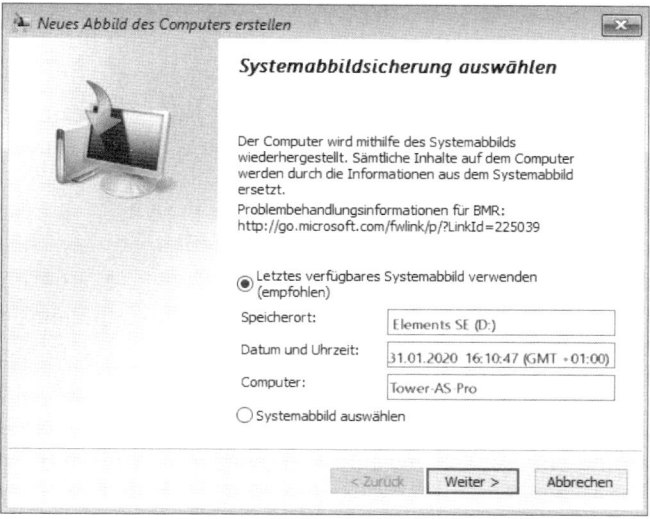

8 Zu guter Letzt erhalten Sie noch eine Übersicht, welche Laufwerke beim nächsten Schritt wiederhergestellt werden. Sollten Sie es sich anders überlegt haben, können Sie an dieser Stelle auch auf die Schaltfläche **Abbrechen** klicken. Der Rechner würde sich dann wieder im gleichen Zustand wie zuvor befinden. Möchten Sie hingegen das Image einspielen, bestätigen Sie diesen Dialog über die Schaltfläche **Fertig stellen**.

17.6 Den Computer zurücksetzen

Ihr Computer läuft nicht mehr flüssig, nachdem Sie einige neue Programme installiert haben. Welches Programm genau die Probleme verursacht hat, können Sie sich leider nicht erklären. Windows 10 bietet Ihnen für solch eine Situation die Möglichkeit an, den PC zurückzusetzen. Dabei können Sie wählen, ob Sie Ihre persönlichen Daten behalten möchten oder ob der Computer einer kompletten Frischzellenkur unterzogen werden soll. Entscheiden Sie sich für Letzteres, wird Windows 10 neu installiert. Beachten Sie, dass in beiden Fällen sämtliche Programme bzw. Apps, die Sie bislang installiert haben, entfernt werden und anschließend neu installiert werden müssen. Gehen Sie zum Zurücksetzen des Computers folgendermaßen vor:

1 Rufen Sie z. B. durch Drücken der Tastenkombination ⊞ + Ⅰ den Einstellungen-Dialog auf, und wechseln Sie zu **Update und Sicherheit ▶ Wiederherstellung**. Klicken Sie hier im Bereich **Diesen PC zurücksetzen** auf die Schaltfläche **Los geht's ❶**.

2 Wählen Sie zwischen der Option **Eigene Dateien beibehalten ❷**, bei der Ihre persönlichen Daten (z. B. Dokumente und Bilder) noch erhalten bleiben, und der Option **Alles entfernen ❸**, bei der das Betriebssystem komplett neu installiert wird.

3 Windows 10 überprüft nun, welche Auswirkungen Ihre Wahl auf den Computer hat, und fasst die Aktionen in einer Übersicht zusammen. Haben Sie sich für das Auffrischen und somit Beibehalten der persönlichen Daten entschieden, können Sie sich über **Liste der zu entfernenden Apps ❹** noch anzeigen lassen, welche Programme beim Zurücksetzen des PCs entfernt werden. Wenn auch die persönlichen Daten entfernt werden sollen, wird der PC komplett zurücksetzt, d. h., auch die Benutzerkonten werden entfernt ❺. Mit einem Klick auf **Zurücksetzen** starten Sie sowohl beim Auffrischen als auch beim kompletten Zurücksetzen den entsprechenden Vorgang. Sollten Sie es sich doch anders überlegt haben, können Sie den Vorgang mit **Abbrechen ❻** beenden.

Einstellungen
Startseite
Einstellung suchen
Update und Sicherheit
Windows Update
Übermittlungsoptimierung
Windows-Sicherheit
Sicherung
Problembehandlung
Wiederherstellung
Aktivierung
Mein Gerät suchen
Wiederherstellung
Diesen PC zurücksetzen
Wenn Ihr PC nicht einwandfrei läuft, könnte es hilfreich sein, ihn zurückzusetzen. Dabei können Sie auswählen, ob Sie persönliche Dateien beibehalten oder entfernen möchten, und Windows anschließend neu installieren.
Los geht's
1
Diesen PC zurücksetzen
Option auswählen
Eigene Dateien beibehalten
Entfernt Apps und Einstellungen, behält persönliche Dateien jedoch bei.
2
Alles entfernen
Entfernt alle persönlichen Dateien, Apps und Einstellungen.
3
Abbrechen
Diesen PC zurücksetzen
Bereit zum Zurücksetzen dieses PCs
Aktionen beim Zurücksetzen:
• Einstellungen auf die Standardwerte zurücksetzen
• Persönliche Dateien beibehalten
• Alle Apps und Programme entfernen
4
Liste der zu entfernenden Apps
Der Vorgang dauert einen Moment, und Ihr PC wird anschließend neu gestartet.
Zurücksetzen
Abbrechen
Diesen PC zurücksetzen
Bereit zum Zurücksetzen dieses PCs
Aktionen beim Zurücksetzen:
• Alle persönlichen Dateien und Benutzerkonten auf diesem PC entfernen
• Alle Änderungen an den Einstellungen entfernen
• Alle Apps und Programme entfernen
Der Vorgang dauert einen Moment, und Ihr PC wird anschließend neu gestartet.
Zurücksetzen
Abbrechen
6
5

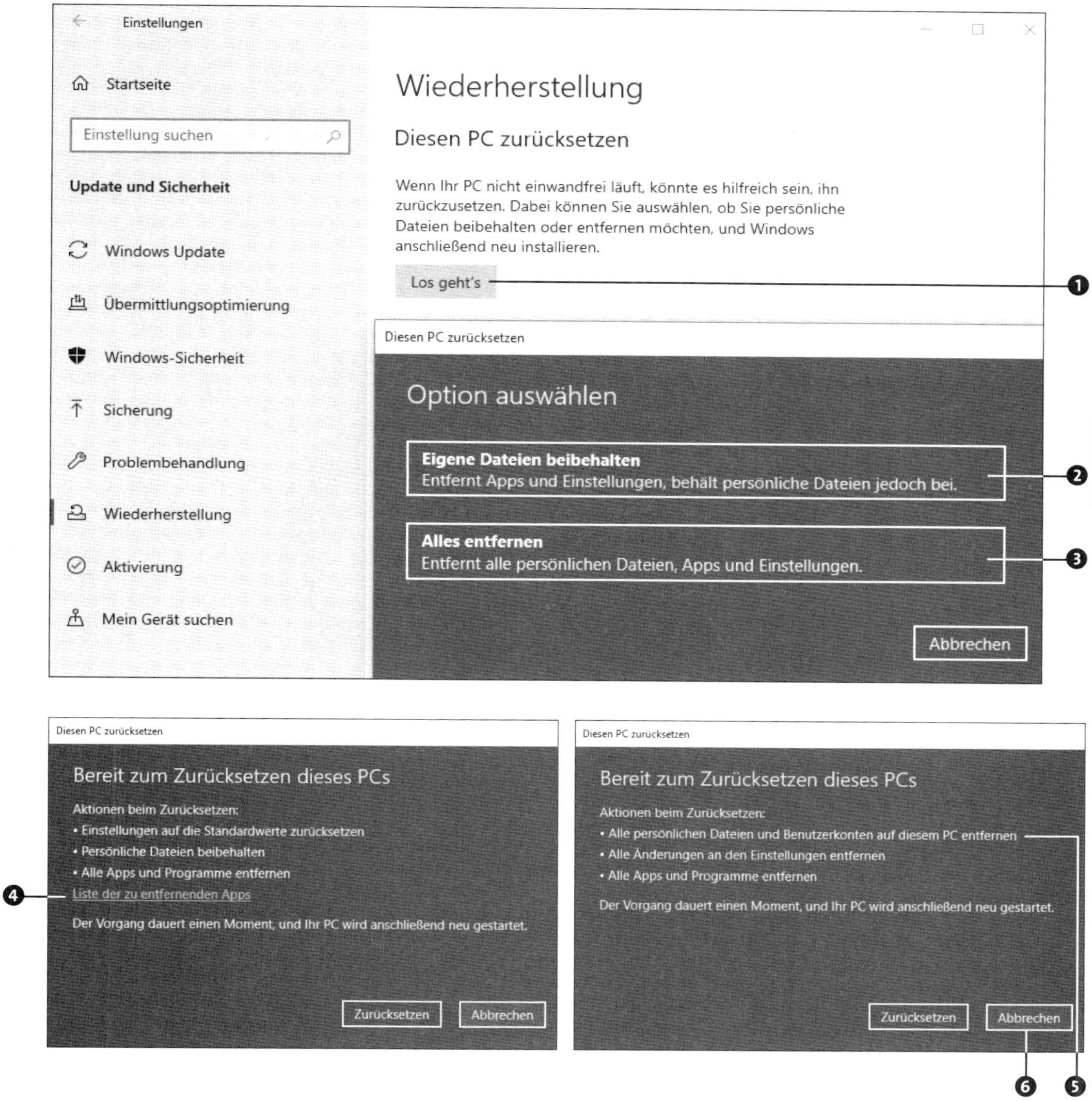

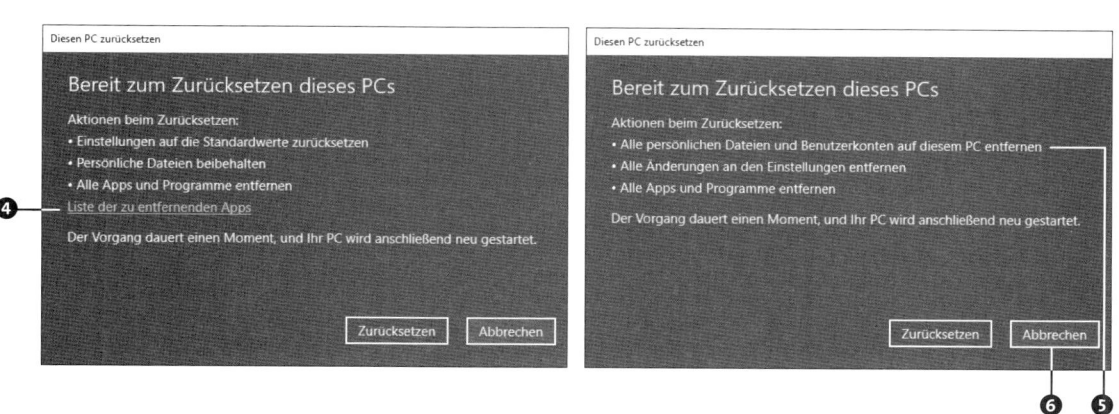

18   Schutz vor Schadsoftware

Das Internet ist ein Haifischbecken. Unzählige Kriminelle versuchen rund um die Uhr, Ihren Computer mit Schadsoftware zu verseuchen, um an wertvolle persönliche Daten zu gelangen. Manche versuchen auch, Ihren Rechner zu verschlüsseln, um danach für die Freigabe Lösegeld zu erpressen. Microsoft hat sehr viel in Bezug auf die Sicherheit des Betriebssystems Windows 10 getan: Mit regelmäßigen Sicherheitsupdates wird der Computer gegen Angriffe immunisiert. Mit dem *Windows-Sicherheit-Center* sowie dem integrierten *Windows Defender Antivirus*, jetzt *Viren- & Bedrohungsschutz* genannt, steht Ihnen eine brauchbare Sicherheitslösung zur Verfügung, die Schadsoftware noch vor deren Installation erkennt. Selbstverständlich ist es aber auch möglich, unter Windows 10 Produkte von Drittanbietern zu installieren, die Ihren PC ebenfalls gegen Angriffe von außen absichern. Dieses Kapitel behandelt Maßnahmen, die Sie ergreifen können, um Ihren Rechner »wasserdicht« zu machen.

18.1   Aktuelle Bedrohungen

Damit Sie die Wirkungsweise aktueller Schutzmaßnahmen vor Schadsoftware besser verstehen, schauen wir uns zunächst einmal an, welche Bedrohungen derzeit im Computerbereich existieren:

- **Viren**: Ein Computervirus ist ein Schadprogramm, das unbemerkt auf Ihrem Computer installiert wird und dort Dateien manipulieren oder auch vollständig zerstören kann. Das kann im Extremfall dazu führen, dass sich Ihr Rechner nicht mehr starten lässt. Der Name *Virus* ist der Tatsache zuzuschreiben, dass sich derartige virtuelle Schädlinge im System reproduzieren und über verschiedene Kanäle (z. B. das Netzwerk oder einen USB-Stick) weitere Computer infizieren können.

- **Trojaner**: Der Begriff *Trojaner* wurde von dem historisch bekannten Trojanischen Pferd abgeleitet. Es handelt sich hier um Software, die einem potenziellen Angreifer unbemerkt Hintertüren im Betriebssystem öffnen kann.

- **Phishing-Attacken**: Sicher haben Sie es auch schon einmal erlebt, dass Sie eine E-Mail erhielten, in der Sie z. B. nach den Zugangsdaten für Ihr Bankkonto gefragt wurden, weil angeblich ein größerer Betrag vom Konto abgebucht wurde. Gibt man in solch einem Fall dem ersten Panikreflex nach, dann sitzt man schon in der Falle, denn die Verbrecher greifen auf diese Weise Ihre Bankzugangsdaten ab und können anschließend ganz bequem auf Ihr Konto zugreifen.

- **Ransomware**: Dahinter verbirgt sich ein relativ junger Vertreter aus dem Bereich der Schadsoftware. Mittels *Ransomware* (auch *Erpressungstrojaner* oder *Verschlüsselungstrojaner* genannt) werden die Daten, die Sie auf der Festplatte gespeichert haben, verschlüsselt. Der dabei eingesetzte Verschlüsselungsmechanismus ist so gut, dass er auf konventionelle Art und Weise nicht geknackt werden kann. Sollten sich unwiederbringliche Daten auf der Festplatte befinden, für die Sie keinerlei Datensicherung erstellt haben, müssen Sie womöglich den Kriminellen ein Lösegeld zahlen, damit diese Ihnen den Schlüssel preisgeben und Sie so wieder Zugriff auf Ihre Daten erlangen. Im Dezember 2016 machte beispielsweise der Erpressungstrojaner *Golden Eye* die Runde, dessen Entwickler eine Zahlung von ca. 960 € verlangten, bevor sie den Schlüssel den Betroffenen preisgeben wollten. Ein Nachgeben ist hier aber meist vergeblich, da es die Kriminellen ähnlich wie klassische Erpresser selten bei einer einmaligen Zahlung bewenden lassen.

Alle oben genannten Typen von Schadsoftware werden mit dem Oberbegriff *Malware* (sinngemäß etwa »schlechte Software«) zusammengefasst. Oberste Prämisse beim Schutz vor Malware ist es, diese bereits im Ansatz zu erkennen (d. h., noch bevor sie installiert wird). Im Folgenden stelle ich Ihnen einige Funktionen vor, die Windows 10 bereits an Bord hat, um gegen die beschriebenen Angriffe gewappnet zu sein.

18.2 Das Windows-Sicherheit-Center

Das Windows-Sicherheit-Center (in früheren Versionen von Windows 10 *Windows Defender Security Center* genannt) gibt in ansprechender grafischer Form Auskunft über den Sicherheitsstatus Ihres Computers und umfasst die sicherheitsrelevanten Bereiche *Viren- und Bedrohungsschutz, Kontoschutz, Firewall- & Netzwerkschutz, App- & Browsersteuerung, Gerätesicherheit, Geräteleistung & -integrität* sowie *Familienoptionen*. Sie gelangen auf verschiedenen Wegen zum Sicherheit-Center:

- Öffnen Sie z. B. das Startmenü, und klicken Sie dort in der App-Liste auf den Eintrag **Windows-Sicherheit**.

- Alternativ können Sie auch den Weg über die **Einstellungen**-App gehen. Rufen Sie dort nacheinander **Update und Sicherheit ▸ Windows-Sicherheit** auf. Klicken Sie dann in der rechten Fensterhälfte auf die Schaltfläche **Windows-Sicherheit öffnen**.

- Eine weitere Alternative führt Sie zum Suchfeld der Taskleiste. Geben Sie dort den Suchbegriff »Defender« ein, und wählen Sie in der Trefferliste **Windows-Sicherheit** aus.

In allen drei Fällen gelangen Sie zur Startseite des Sicherheit-Centers. Die einzelnen Bereiche, die auf dieser Startseite aufgeführt werden, haben folgende Funktion:

❶ **Viren- & Bedrohungsschutz**: Gibt einen Überblick, ob bereits bei einem vergangenen Virenscan gefährliche Objekte identifiziert wurden. Außerdem können Sie in diesem Bereich die Aktualisierung der Virensignaturdateien veranlassen, mit deren Hilfe dann auch neue Schädlinge identifiziert werden können.

❷ **Kontoschutz**: Hier konfigurieren Sie die Sicherheitseinstellungen für Ihr Benutzerkonto. Sind Sie z. B. mit einem Microsoft-Konto am PC angemeldet, lassen sich hier erweiterte Anmeldeoptionen einrichten, wie etwa eine dynamische Sperre: Befindet sich Ihr Smartphone nicht in Reichweite des PCs, so wird dieser automatisch gesperrt. Darüber hinaus können Sie auch das Speichern und die damit mögliche Wiederherstellung Ihres Kennworts über Ihr Microsoft-Konto veranlassen.

❸ **Firewall- & Netzwerkschutz**: Bietet Zugriff auf verschiedene Konfigurationsoptionen der integrierten Firewall.

❹ **App- & Browsersteuerung**: Ermöglicht die Anpassung von Sicherheitsmerkmalen des Browsers sowie ausgewählter Apps.

❺ **Gerätesicherheit**: Hier erhalten Sie Informationen über den Sicherheitszustand der unteren Ebenen des Betriebssystems, sprich: des Betriebssystemkerns (also des sog. *Kernels*).

❻ **Geräteleistung & -integrität**: Zeigt an, ob alle aktuellen Systemupdates installiert wurden, ob die Speicherkapazität ausreichend ist und ob es Probleme mit Treibern gibt.

❼ **Familienoptionen**: Führt Sie zur Konfiguration der Familienkonten und gestattet die Einrichtung von Jugendschutzoptionen. Außerdem können Sie sich alle Geräte anzeigen lassen, die mit dem aktuell verwendeten Microsoft-Konto verbunden sind.

Sobald Sie einen der Bereiche aufgerufen haben, erhalten Sie die entsprechenden detaillierten Informationen. Sie können nun entweder über die Menüpunkte am linken Rand des Programmfensters ❽ zu den anderen Bereichen wechseln oder auch zur Startseite zurückkehren ❾.

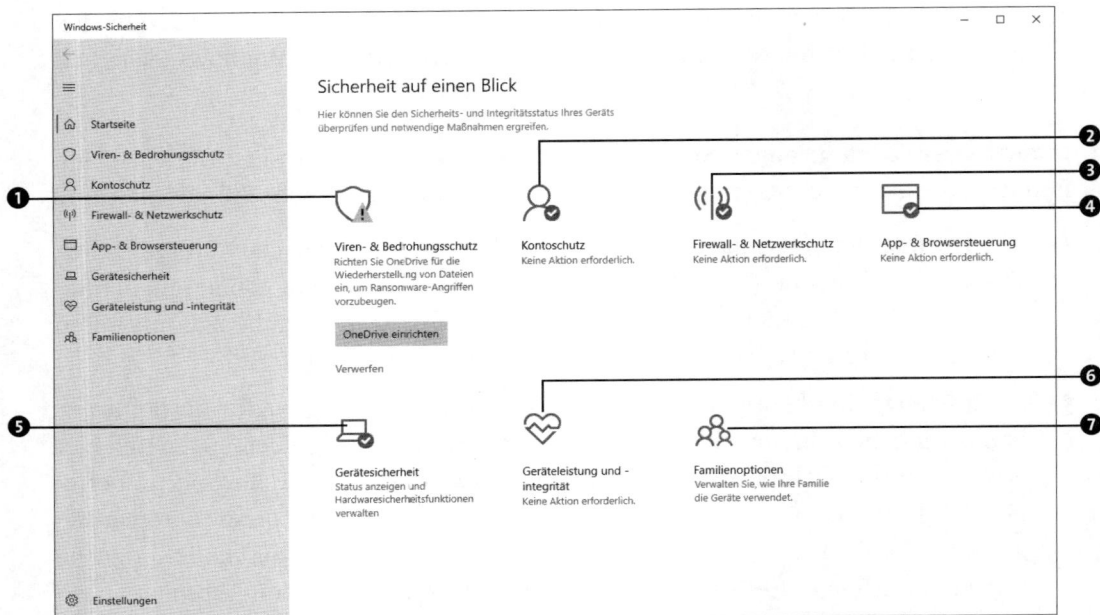

Abbildung 18.1 Im Windows-Sicherheit-Center erreichen Sie sämtliche sicherheitsrelevanten Optionen.

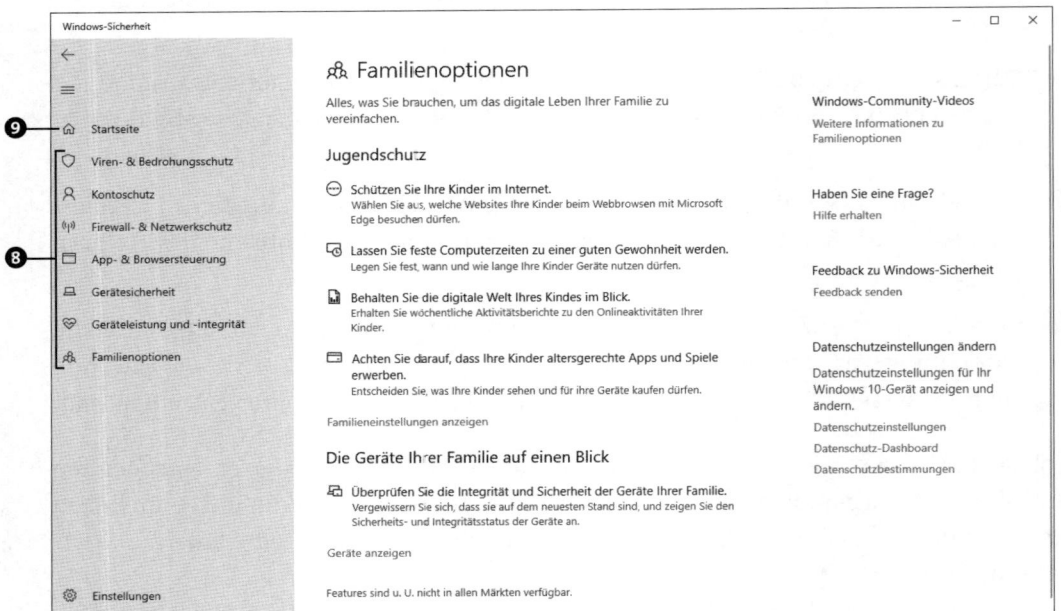

Abbildung 18.2 Im Bereich »Familienoptionen« können Sie die Jugendschutzeinstellungen konfigurieren.

Arbeiten die Funktionen des Windows-Sicherheit-Centers ordnungsgemäß, erscheint beim jeweiligen Bereich ein grünes Häkchen. Auf sicherheitskritische Zustände weist Windows 10 Sie mit einem gelben Ausrufezeichen hin, wie es in Abbildung 18.1 etwa im Bereich **Viren- & Bedrohungsschutz** zu sehen ist. Was es mit dieser Meldung auf sich hat, erfahren Sie im Kasten »Dateien vor Ransomware-Angriff auf OneDrive sichern« auf Seite 677.

18.3 Der Viren- & Bedrohungsschutz

Das Herzstück der Viren- bzw. Trojanerabwehr unter Windows 10 ist der *Viren- & Bedrohungsschutz*, in früheren Versionen von Windows 10 auch *Windows Defender Antivirus* genannt.

Auch wenn der Viren- & Bedrohungsschutz immer im Hintergrund aktiv ist und von dort aus den Schutz Ihres Computers im Blick behält, empfiehlt es sich, regelmäßig einen manuellen Scan des Systems vorzunehmen.

In diesem Zusammenhang ist es ebenfalls sehr empfehlenswert, die Signaturdatei des Programms auf ihre Aktualität hin zu überprüfen. Neue Signaturen werden zwar in der Regel über die Update-Funktion von Windows 10 eingespielt, vor einem manuellen Scan sollten Sie allerdings den Status prüfen:

1 Öffnen Sie z. B. den Eintrag **Windows-Sicherheit** im Startmenü und im **Windows-Sicherheit-Center** dann den **Viren- & Bedrohungsschutz**.

2 Klicken Sie unterhalb von **Updates für Viren- & Bedrohungsschutz** auf **Nach Updates suchen** ❶ und auf der folgenden Seite ebenfalls auf **Nach Updates suchen**.

Daraufhin werden die aktuellen Virensignaturen geladen, die den Computer mit neu erkannten Bedrohungen bekannt machen. Mit einem Klick auf **Viren- & Bedrohungsschutz** ❷ in der linken Spalte gelangen Sie wieder zur gleichnamigen Seite zurück.

3 Wenn Sie lediglich eine schnelle Überprüfung des Computers vornehmen möchten, reicht ein Klick auf **Schnellüberprüfung** ❸.

4 Haben Sie etwas mehr Zeit (z. B. wenn Sie den PC über Nacht laufen lassen können), sollten Sie den Computer regelmäßig einer genaueren Untersuchung unterziehen. Hierzu klicken Sie auf **Scanoptionen** ❹.

Windows-Sicherheit

←

≡

⌂ Startseite

❷ ─┤ ○ Viren- & Bedrohungsschutz

人 Kontoschutz

(ᴵᴵ) Firewall- & Netzwerkschutz

▭ App- & Browsersteuerung

⊟ Gerätesicherheit

♡ Geräteleistung und -integrität

⋔ Familienoptionen

○ **Viren- & Bedrohungsschutz**

Schützt Ihr Gerät vor Bedrohungen.

⟳ **Aktuelle Bedrohungen**

Keine aktuellen Bedrohungen
Letzte Überprüfung: 11.03.2020 14:09 (Schnellüberprüfung)
0 Bedrohungen gefunden.
Dauer der Überprüfung: 2 Minuten 39 Sekunden
12161 Dateien überprüft.

Schnellüberprüfung ──────────────── ❸

Scanoptionen ──────────────── ❹

Zulässige Bedrohungen

Schutzverlauf ──────────────── ❾

⚙ **Einstellungen für Viren- & Bedrohungsschutz**

Keine Aktion erforderlich.

❿ ──────────────── Einstellungen verwalten

⟲ **Updates für Viren- & Bedrohungsschutz**

Die Sicherheitsinformationen sind auf dem neuesten Stand.
Letztes Update: 11.03.2020 09:43

Nach Updates suchen ──────────────── ❶

⚙ Einstellungen

5 Sollen bestimmte Verzeichnisse vom Scan ausgeschlossen werden, aktivieren Sie die Option **Benutzerdefinierte Überprüfung** ❺. Nach einem Klick auf **Jetzt überprüfen** ❻ wählen Sie die Ordner aus, die bei der Untersuchung nicht berücksichtigt werden sollen.

6 Wenn alle Elemente auf der lokalen Festplatte überprüft werden sollen, aktivieren Sie die Option **Vollständige Überprüfung** ❼ und starten den Scan mit **Jetzt überprüfen** ❻.

7 Haben Sie den Verdacht, dass der Computer bereits mit einem Trojaner infiziert wurde, sollten Sie die Option **Überprüfung mit Microsoft Defender Offline** ❽ wählen. Nach einem Klick auf **Jetzt überprüfen** startet das System automatisch neu und scannt den PC in einem reduzierten Modus offline, d. h. ohne bestehende Netzverbindung. Das ist das beste Vorgehen bei einer ganzen Reihe von Viren, die sich bei bestehender Internetverbindung nicht ohne Weiteres vom System entfernen lassen.

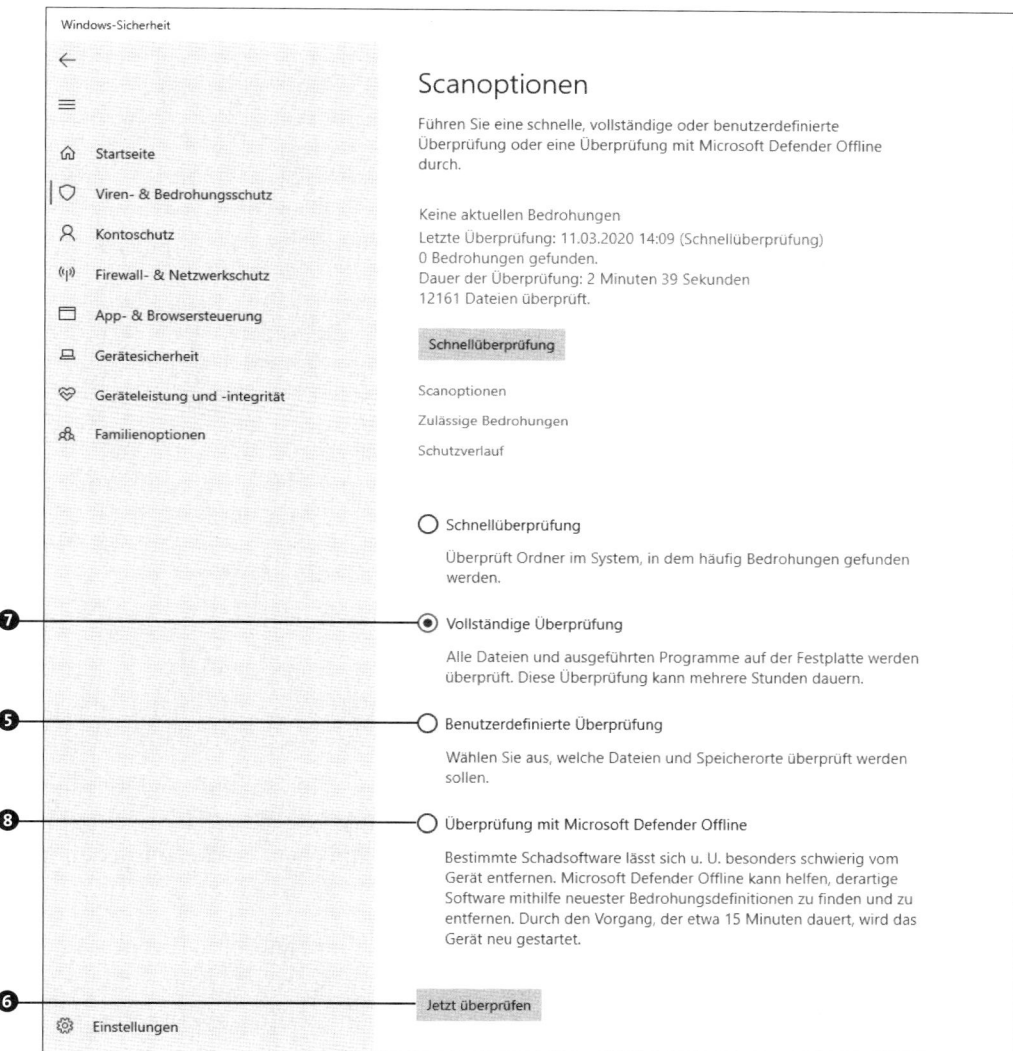

8 Jede der drei erwähnten Optionen nimmt einige Zeit in Anspruch. Sollten bei einer dieser Überprüfungen Viren entdeckt werden, werden diese automatisch unter Quarantäne gesetzt. Um sich über das Ergebnis der letzten Überprüfungen zu informieren, klicken Sie auf der Seite **Viren- & Bedrohungsschutz** auf **Schutzverlauf** (❾ auf Seite 672). Wählen Sie auf der Seite **Schutzverlauf** nach einem Klick in das

Feld **Filter** den Eintrag **Elemente unter Quarantäne** ❿ aus, erfahren Sie, ob eine entsprechende Schutzaktion ausgeführt wurde.

9 Über den Pfeil oben links kehren Sie wieder zur Seite **Viren- & Bedrohungsschutz** zurück ⓫.

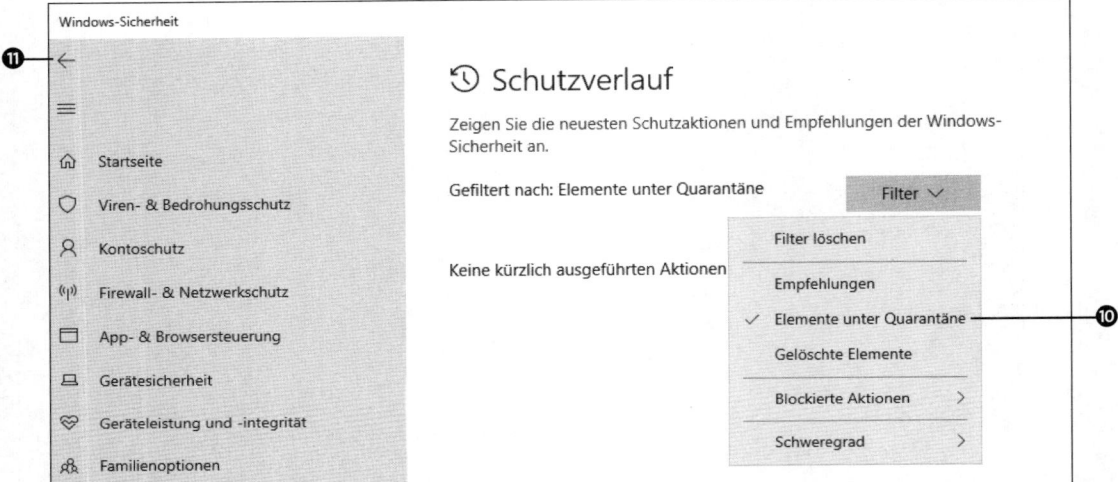

Das Windows-eigene Antivirenprogramm erkennt mögliche Schadsoftware und verhindert deren Installation oder Ausführung auf dem Computer. Wenn Sie an detaillierteren Informationen zum Viren- & Bedrohungsschutz interessiert sind, sollten Sie einen Blick auf seine Einstellungen werfen. Klicken Sie hierzu auf der Seite **Viren- & Bedrohungsschutz** unterhalb von **Einstellungen für Viren- & Bedrohungsschutz** auf **Einstellungen verwalten** (⓬ auf Seite 672). Auf der folgenden Seite finden Sie nun diese Einstellungsmöglichkeiten:

- **Echtzeitschutz**: Wenn Sie den Viren- & Bedrohungsschutz als Schutzprogramm nutzen, sollte der Regler **Echtzeitschutz** ⓭ unbedingt aktiviert sein, denn dadurch ist sichergestellt, dass das Programm im Hintergrund seinen Dienst verrichtet.

- **Cloudbasierter Schutz**: Nach Aktivierung dieses Reglers ⓮ werden potenzielle neue Virenfunde direkt an Microsoft übermittelt. Dort werden die Schädlinge anhand ihrer Verhaltensmuster analysiert. Welche Daten an Microsoft übertragen werden, weiß leider niemand so genau. Falls Ihnen diese Funktion nicht geheuer ist, sollten Sie die Option deaktivieren.

- **Automatische Übermittlung von Beispielen:** Ist dieser Regler eingeschaltet ⓯, werden ebenfalls Beispiele für verdächtige Dateien an Microsoft übermittelt.

- **Manipulationsschutz:** Dieser Mechanismus soll dafür sorgen, dass schädliche Apps keine Änderungen an den Einstellungen für den Viren- & Bedrohungsschutz vornehmen können, wie etwa die Deaktivierung des Echtzeitschutzes. Der Regler sollte deshalb eingeschaltet sein ⓰.

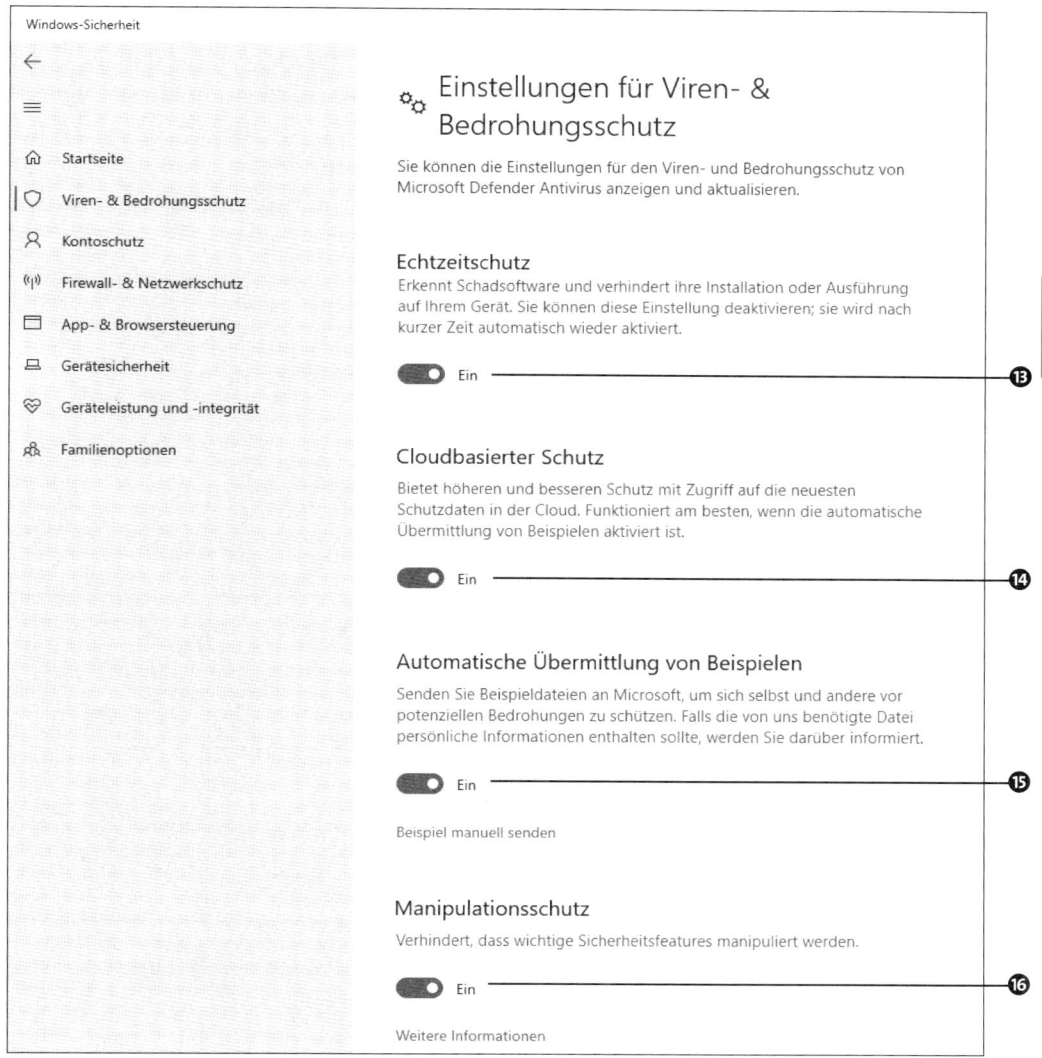

Abbildung 18.3 Sie bestimmen selbst, welche Schutzmechanismen des Viren- & Bedrohungsschutzes aktiviert sind.

675

- **Überwachter Ordnerzugriff:** Eine große Gefahr stellt die sog. Ransomware dar, die persönliche Daten auf dem Computer verschlüsselt. Auch hierfür bietet Windows 10 einen Schutzmechanismus an. Blättern Sie auf der Seite **Einstellungen für Viren- & Bedrohungsschutz** etwas weiter nach unten, finden Sie den Link **Überwachten Ordnerzugriff verwalten ⑰**. Nach einem Klick hierauf lassen sich Ordner mit wichtigen persönlichen Dateien zur gezielten Überwachung festlegen. Um den Schutz zu aktivieren, setzen Sie auf der Seite **Ransomware-Schutz** den Regler unterhalb von **Überwachter Ordnerzugriff** auf **Ein**. Über den nun sichtbaren Link **Geschützte Ordner** erfahren Sie, welche Verzeichnisse standardmäßig vorausgewählt sind. Nach einem Klick auf die Schaltfläche **Geschützten Ordner hinzufügen** können Sie eigene Verzeichnisse ergänzen. Mit dem Pfeil oben links kehren Sie wieder zur Seite **Ransomware-Schutz zurück**. Zu dieser Seite gelangen Sie übrigens auch, wenn Sie auf der Hauptseite **Viren- & Bedrohungsschutz** den Link **Ransomware-Schutz verwalten** anklicken.

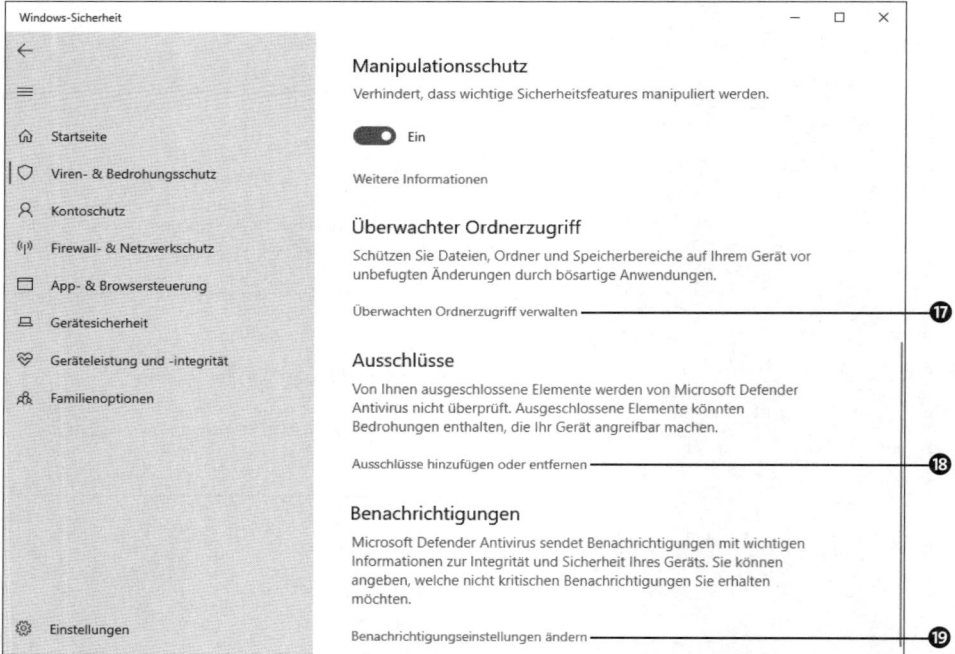

Abbildung 18.4 Manch wichtige Funktionen wie etwa der Ransomware-Schutz verstecken sich in den Tiefen der Einstellungen des Viren- & Bedrohungsschutzes.

- **Ausschlüsse:** Klicken Sie auf der Seite **Einstellungen für Viren- & Bedrohungsschutz** auf **Ausschlüsse hinzufügen oder entfernen ⑱**, können Sie gezielt Dateien, Dateitypen oder Ordner von einer Überprüfung durch den Viren- & Bedrohungsschutz ausschließen. Das ist z. B. dann sinnvoll, wenn es bei bestimmten durchaus seriösen Programmen zu sog. *false positives* (also Fehlalarmen) kommt. Diese Fehlalarme werden in der Regel von Microsoft durch die Veröffentlichung neuer Signatur-dateien eliminiert. Wer sich bis dahin nicht gedulden kann, hat über die Ausschlüsse eine Möglichkeit, die Meldungen bezüglich eines Objekts zu deaktivieren.

- **Benachrichtigungen**: Wann wurde der letzte Scan durchgeführt und wurden dabei Viren entdeckt? Wenn Sie auf der Seite **Einstellungen für Viren- & Bedrohungsschutz** auf **Benachrichtigungseinstellungen ändern** ⑲ klicken, können Sie selbst bestim-men, über welche Aktionen das Windows-Sicherheit-Center Sie informieren soll.

TIPP

Dateien vor Ransomware-Angriff auf OneDrive sichern

Sollte der Computer tatsächlich Opfer eines Erpressungstrojaners werden, sind die-jenigen gut dran, die ihre Daten zusätzlich auf einem externen Medium gesichert haben. Microsoft empfiehlt hierfür vor allem die Cloud OneDrive. Sollten Sie One-Drive nicht eingerichtet haben (siehe hierzu auch Abschnitt 8.6, »Den Onlinespei-cher OneDrive nutzen«, ab Seite 307), erscheint im Windows-Sicherheit-Center beim Bereich **Viren- & Bedrohungsschutz** eine entsprechende Warnung. Wenn Sie eine Datensicherung über OneDrive vornehmen möchten, reicht hier ein Klick auf **OneDrive einrichten** ❶. Folgen Sie dann den weiteren Anweisungen des Assistenten.

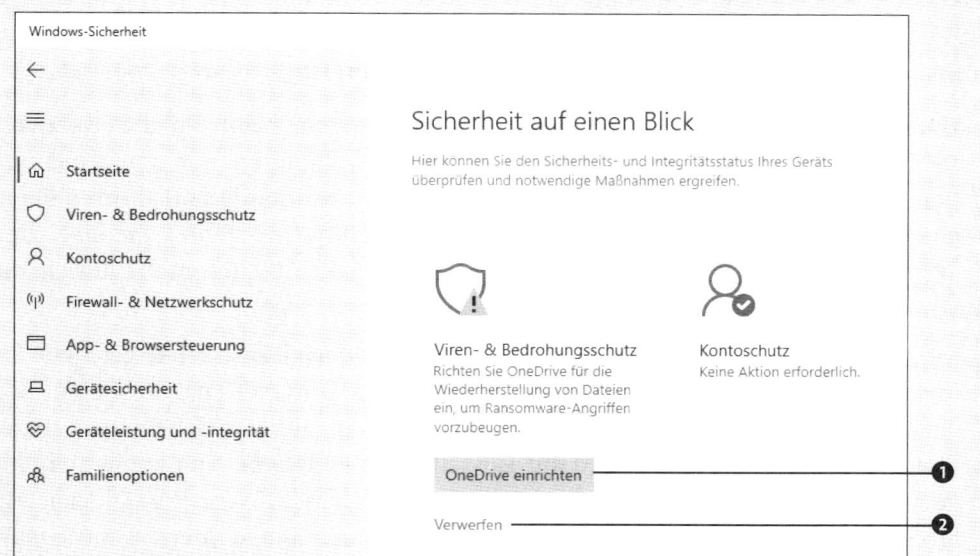

Abbildung 18.5 Sie können der Aufforderung, OneDrive zur Datensicherung zu nutzen, nachkommen, müssen es aber nicht.

Andere Nutzer sichern ihre Daten allerdings lieber auf einem anderen Medium wie etwa einer externen Festplatte (Informationen hierzu erhalten Sie in Abschnitt 17.4, »Datensicherung mithilfe des Dateiversionsverlaufs«, ab Seite 654). Wenn Sie zu diesem Personenkreis zählen und im Windows-Sicherheit-Center nicht weiter mit dem Warnhinweis konfrontiert werden möchten, klicken Sie dort einfach auf den Link **Verwerfen** (❷ auf Seite 677). Statt des gelben Ausrufungszeichens erscheint nun auch beim Viren- & Bedrohungsschutz das grüne Häkchen.

18.4 Die Windows-Firewall

Neben dem *Viren- & Bedrohungsschutz* ist die integrierte Firewall das zweite wichtige Sicherheitsmerkmal von Windows 10. Die Firewall sorgt dafür, dass keine fremdbestimmte Kommunikation aus Ihrem Computer heraus stattfindet. Das bedeutet, Trojanern, die versuchen, mit einem Partnerrechner zu kommunizieren, wird dies bei einer aktivierten Firewall nicht gelingen.

18.4.1 Zugang zur Windows-Firewall

Eine erste Übersicht über den Status der *Windows-Firewall* bietet das Windows-Sicherheit-Center. Wenn Sie auf der Startseite des Sicherheit-Centers auf **Firewall- & Netzwerkschutz** klicken, erfahren Sie, ob die Firewall aktiviert ist.

- Durch Anklicken der aufgeführten Bereiche **Domänennetzwerk**, **Privates Netzwerk** sowie **Öffentliches Netzwerk** ❶ können Sie die Firewall-Funktion in den genannten Bereichen separat aktivieren bzw. deaktivieren. Standardmäßig sind alle drei Bereiche geschützt. Mehr zu den verschiedenen Netzwerktypen erfahren Sie im Kasten »Private, öffentliche und Domänennetzwerke« auf Seite 680. Es empfiehlt sich, die Voreinstellungen beizubehalten.

- Mit einem Klick auf den Link **Zugriff von App durch Firewall zulassen** ❷ gelangen Sie in den entsprechenden Dialog der Systemsteuerung. Dort ist es möglich, einer App gezielt den Zugriff auf das Internet zu gestatten, falls dies von der Firewall unterbunden wurde. Klicken Sie dazu auf **Einstellungen ändern** ❸. Nun können Sie die gewünschte App durch Setzen eines Häkchens freischalten. Wenn Sie Häkchen entfernen, verhindern Sie wiederum die Kommunikation mit dem Internet. Im abgebildeten Beispiel dürfen u. a. **E-Mail und Konten** sowohl in privaten als auch öffentlichen Netzen eine Verbindung zum Internet herstellen ❹, während diese Rechte dem Spiel **Farm Hereos Saga** entzogen wurden ❺.

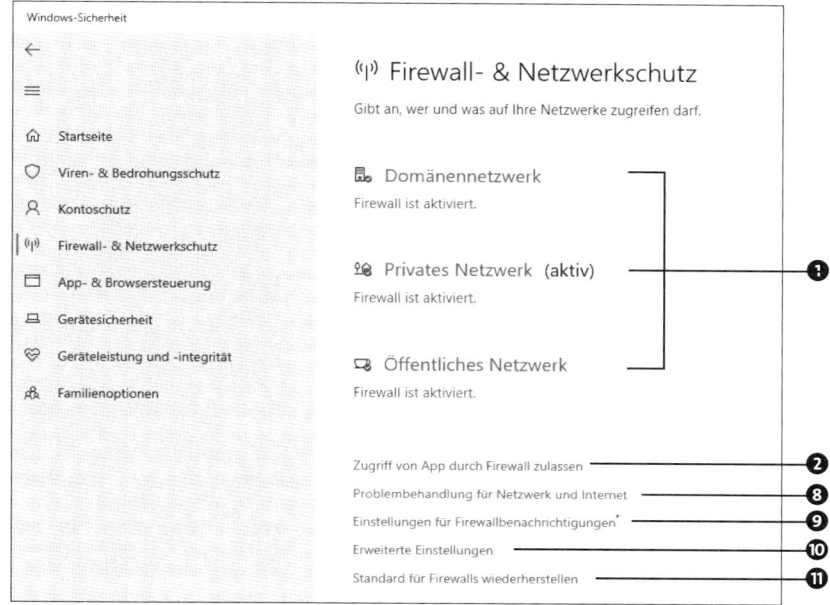

Abbildung 18.6 Der Bereich »Firewall- & Netzwerkschutz« im Windows-Sicherheit-Center

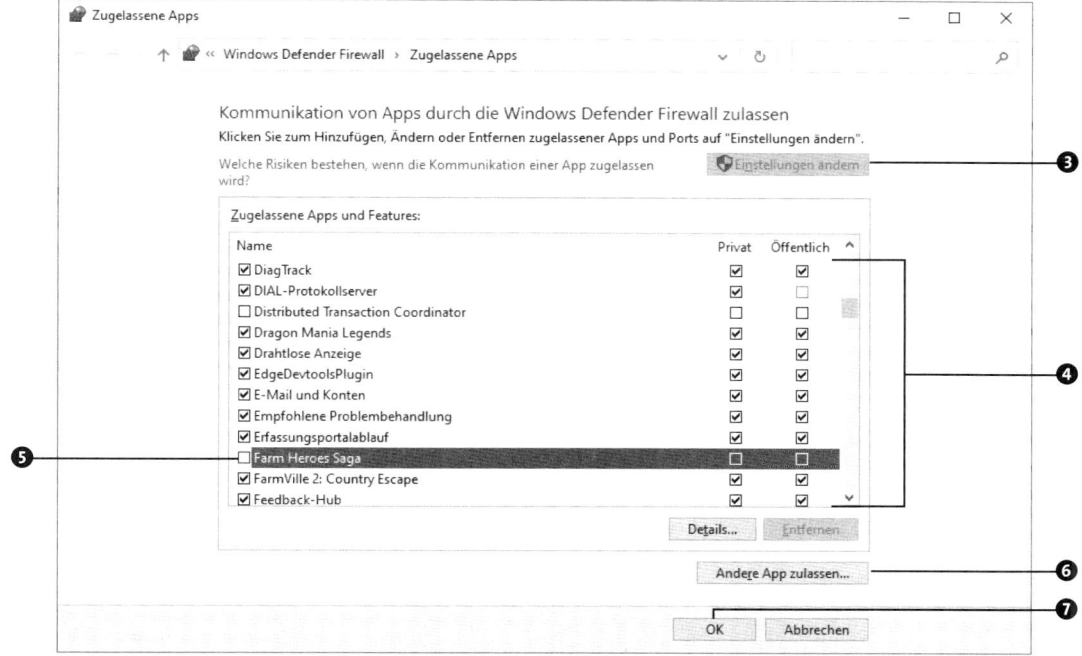

Abbildung 18.7 Im Dialog »Zugelassene Apps« der Systemsteuerung können Sie Programmen und Apps den Zugriff auf das Internet gestatten oder auch verbieten.

- Wird die gewünschte App im Dialog **Zugelassene Apps** nicht aufgelistet, klicken Sie auf **Andere App zulassen** (❻ auf Seite 679). Markieren Sie die App im Dialog **App hinzufügen**, und bestätigen Sie Ihre Wahl mit **Hinzufügen**. Den Dialog **Zugelassene Apps** schließen Sie mit **OK** ❼.

- **Problembehandlung für Netzwerk und Internet** ❽: Wenn Sie trotz korrekt konfigurierter Firewall nicht ins Internet gelangen können, werden Sie über diesen Link an die entsprechende Stelle in den Einstellungen weiterverwiesen.

- **Einstellungen für Firewallbenachrichtigungen** ❾: Hier können Sie einstellen, ob die Windows-Firewall bei unerlaubten Zugriffen entsprechende Meldungen einblenden soll.

- **Erweiterte Einstellungen** ❿: Dadurch gelangen Sie zu einem Konfigurationsdialog für die Windows-Firewall, in dem Sie gezielt Verbindungen zulassen bzw. ablehnen können. Diesen Dialog werde ich im folgenden Abschnitt detaillierter vorstellen.

- **Standard für Firewalls wiederherstellen** ⓫: Sollten Sie sich nicht sicher sein, ob Sie die geeigneten Einstellungen für die Windows-Firewall vorgenommen haben – über diesen Link stellen Sie die Standardeinstellungen wieder her.

INFO

Private, öffentliche und Domänennetzwerke

Unter einem privaten Netz versteht man in der Regel das lokale, per LAN-Kabel oder auch WLAN realisierte Netzwerk im häuslichen Bereich. In einem öffentlichen Netz bewegen Sie sich, wenn Sie sich z. B. mithilfe eines freien WLANs in einem Café oder an einem Flughafen verbunden haben. Für diesen Fall gelten strengere Sicherheitsanforderungen, da Sie sich dort das Netzwerk mit vielen fremden Menschen teilen.

Wird ein Netzwerk unter Windows 10 als öffentliches Netzwerk deklariert, gelten somit auch für die Windows-Firewall wesentlich strengere Maßstäbe, und das Teilen von Dateien wird deutlich eingeschränkt bzw. ganz unterbunden. Im Gegensatz dazu erhalten Sie bei der Wahl eines privaten Netzwerks automatisch die Windows-typischen Netzwerkfreigaben, z. B. die Datei- oder Druckerfreigabe.

Jedes Mal, wenn Sie sich mit einem Netzwerk verbinden möchten, werden Sie gefragt, ob es sich bei dem Netz um ein privates oder öffentliches Netzwerk handelt. Wählen Sie dann die entsprechende Option aus. Bei dem dritten Bereich, dem **Domänennetzwerk**, handelt es sich um ein Firmennetzwerk, das über einen Windows-Server realisiert wird. Falls der Firmenserver eine eigene Firewall zur Verfügung stellt, ist es ggf. sinnvoll, die Windows-Firewall abzuschalten.

18.4.2 Erweiterte Konfiguration der Windows-Firewall

Zur detaillierten Konfiguration der Windows-Firewall ist Expertenwissen nötig. Die Einstellungen erreichen Sie über den Link **Erweiterte Einstellungen** im Dialog **Firewall- & Netzwerkschutz**. Alternativ öffnen Sie die Eingabeaufforderung mit der Tastenkombination ⊞ + R und geben hier den Befehl wf.msc ein. In beiden Fällen wird nun der Dialog **Windows-Firewall mit erweiterter Sicherheit** geöffnet.

In der linken Spalte finden Sie die beiden Bereiche **Eingehende Regeln** ❶ bzw. **Ausgehende Regeln** ❷, die den ein- bzw. ausgehenden Datenverkehr regeln. Sehen Sie sich die Regeln einmal an, indem Sie die entsprechenden Bereiche in der linken Spalte markieren. In der mittleren Spalte erfahren Sie nun, welche Regeln bereits für Programme eingerichtet wurden. Per Doppelklick auf eine Regel können Sie sich Details hierzu anzeigen lassen sowie die Einstellungen ändern. Hier ist allerdings wirklich Vorsicht geboten: Haben Sie eine falsche Einstellung vorgenommen, kann es Ihnen passieren, dass Sie das mit der Regel verbundene Programm nicht mehr korrekt nutzen können.

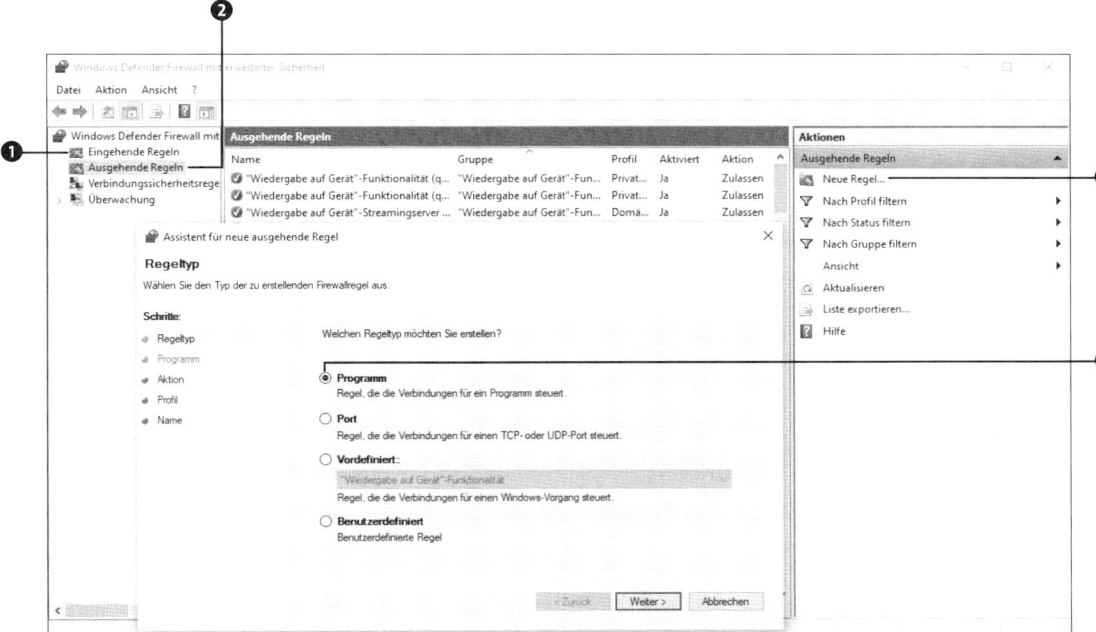

Angenommen, Sie haben eine neue Software installiert. Der Versuch, sie zu nutzen, wird aber wiederholt von der Firewall blockiert. Wenn Sie das Programm für wirklich vertrauensvoll erachten, können Sie in einem solchen Fall eine Ausnahmeregel erstellen, die dem Programm die Verbindung ins Internet gestattet. Um eine solche Regel z. B. für ausgehende Datenverbindungen zu erstellen, gehen Sie wie folgt vor:

1 Markieren Sie zunächst in der linken Spalte den Eintrag **Ausgehende Regeln**. Klicken Sie nun in der rechten Spalte **Aktionen** auf die Schaltfläche **Neue Regel** (❸ auf Seite 681).

2 Der **Assistent für neue ausgehende Regel** wird gestartet. Mit seiner Hilfe können Sie eine Regel für ein Programm, einen bestimmten Port oder auch eine benutzerdefinierte Regel anlegen. Für unser Programmbeispiel wählen Sie die Option **Programm** ❹. Bestätigen Sie mit **Weiter**.

3 Als Nächstes geben Sie den Pfad zu dem Programm an, für das Sie gerade die Firewall-Regel erstellen möchten. Wie Sie den Speicherort eines Programms in Erfahrung bringen, lesen Sie im Abschnitt 6.1, »Verknüpfungen auf dem Desktop anlegen«, in den Schritten 1 und 2 auf Seite 217. Im Kasten »Pfade unter Windows« auf Seite 280 erfahren Sie, wie Sie einen Dateipfad im Explorer kopieren. Die Angabe des Dateipfads bestätigen Sie mit **Weiter**.

4 Markieren Sie als Nächstes die Option **Verbindung zulassen**. Dadurch erreichen Sie, dass das betreffende Programm durch beliebige Ports durch die Firewall gelangen kann. Klicken Sie erneut auf **Weiter**.

5 Im nächsten Dialogfeld wird noch festgelegt, für welche Bereiche (**Domäne**, **Privat**, **Öffentlich**) die neu angelegte Regel gelten soll. Schließlich muss die Regel noch benannt werden. Mit **Fertig stellen** beenden Sie den Assistenten.

6 Eine derart erstellte Regel kann man natürlich auch wieder löschen. Markieren Sie hierzu wieder in der linken Spalte **Ausgehende Regeln** und dann die Regel selbst in der mittleren Spalte. Mit einem Klick auf **Löschen** ❺ in der rechten Spalte entfernen Sie die Regel wieder.

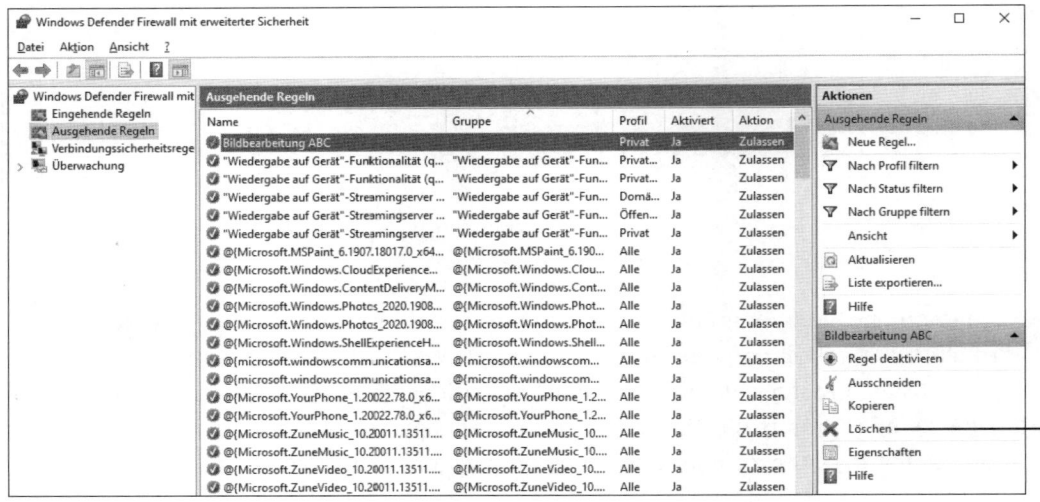

ACHTUNG

Firewall-Regeln nie für Ports erstellen

Beschränken Sie sich bei eigenen Experimenten stets darauf, Ausnahmeregeln nur für Programme zu erstellen, die Probleme mit der Kommunikation durch die Firewall haben. Das Öffnen von Ports (das sind Teile einer Netzwerkadresse, die den Datenverkehr auf bestimmte »Kanäle« leiten) sollten Sie tunlichst unterlassen, da dies zu einer Sicherheitslücke im System führt – denn Sie wissen nie, ob nicht Schadsoftware Gebrauch von diesen Ports macht. Durch Freigabe eines Ports würden Sie auch dieser Malware die Tür zu Ihrem Computer öffnen.

18.5   Sicherheitslösungen von Drittanbietern verwenden

Microsoft hat im Laufe der Entwicklung seiner Betriebssysteme erst relativ spät die Notwendigkeit eingesehen, einen eigenen Virenscanner zu entwickeln. So war das Feld frei für Entwickler, die eigene Lösungen auf den Markt gebracht haben.

Tabelle 18.1 zeigt einige der bekanntesten Vertreter. Die Basisfunktionen von bestimmten Sicherheitslösungen sind dabei häufig kostenlos. Wer Wert auf Komfortfunktionen wie etwa spezielle Schutzfunktionen für das Onlinebanking oder auch Onlineshopping legt, erwirbt diese meist in Form eines Jahresabonnements für das entsprechende Produkt.

Anbieter	Paketname	Preis pro Jahr (Stand: April 2020)
Avast	Free Antivirus	kostenlos
Avira	Internet Security	ab 35 €
Avira	Free Antivirus	kostenlos
AVG	Internet Security	55 €
AVG	Anti-Virus Free	kostenlos
Bitdefender	Internet Security	60 €
ESET	NOD32 Antivirus	35 €
F-Secure	SAFE	60 €
G Data	Internet Security	40 €
Kaspersky	Internet Security	40 €
McAffee	Internet Security	60 €

Tabelle 18.1 Übersicht über einige Antivirenprogramme

Anbieter	Paketname	Preis pro Jahr (Stand: April 2020)
Microsoft	Windows Defender	kostenlos
Norton	Security Deluxe	35 €

Tabelle 18.1 Übersicht über einige Antivirenprogramme (Forts.)

Die Frage, ob es sich lohnt, jedes Jahr erneut Geld für eine umfangreiche Sicherheitslösung auszugeben, muss jeder für sich selbst beantworten. Wie Sie bereits in Kapitel 17, »Wartung: Das System aktuell halten und sichern«, ab Seite 629 erfahren haben, ist das wichtigste Standbein für ein sicheres Betriebssystem das zeitnahe Einspielen von sicherheitsrelevanten Updates. Brandaktuelle Viren werden von Virenscannern nicht anhand einer vorgegebenen Signatur identifiziert, sondern durch eine sog. *Heuristik*. Dabei versucht man, gewisse bekannte Verhaltensweisen von Schädlingen anhand ihrer Aktionen im System zu erkennen, diese dadurch zu identifizieren und dann ggf. unter Quarantäne zu stellen oder auch zu entfernen. Tests haben gezeigt, dass diese Heuristiken immer noch denkbar schlecht arbeiten. Generell kann man aber sagen, dass die kostenpflichtigen Lösungen das bessere »Rundum-sorglos-Paket« bieten. So entlarven sie kritische virenträchtige Internetseiten bereits während des Aufrufs mit einem Browser. Was bei der Installation des Antivirenprogramms eines Drittanbieters zu beachten ist, erfahren Sie im folgenden Abschnitt.

TIPP

Welcher Virenscanner darf es sein?

Die unabhängige Institution AV-Test (*https://www.av-test.org/de/*) nimmt regelmäßig die Produkte der bekanntesten Hersteller unter die Lupe und gibt auch diesbezüglich Empfehlungen.

18.5.1 Ein Antivirenprogramm eines Drittanbieters installieren

Um die Sicherheitslösung eines Drittanbieters zu verwenden, ist es zunächst erforderlich, den *Viren- & Bedrohungsschutz* zu deaktivieren. Denn hier gilt generell die goldene Regel, dass Sie niemals zwei Antivirenprogramme parallel laufen lassen sollten.

1 Rufen Sie die Internetseite desjenigen Anbieters auf, dessen Sicherheitslösung Sie installieren möchten. Laden Sie das entsprechende Programm herunter, nachdem Sie es im Onlineshop erworben haben. Einige Anbieter wie *Avira*, *AVG* oder *Avast* bieten auch kostenlose Lösungen an.

2 Starten Sie das *Windows-Sicherheit-Center* über den gleichnamigen Eintrag in der App-Liste des Startmenüs.

3 Klicken Sie nacheinander auf **Viren- & Bedrohungsschutz** ❶ und dann unterhalb von **Einstellungen für Viren- & Bedrohungsschutz** auf **Einstellungen verwalten**.

4 Auf der Seite **Einstellungen für Viren- & Bedrohungsschutz** deaktivieren Sie in der rechten Spalte sämtliche Regler. Ziehen Sie insbesondere den Regler **Echtzeitschutz** nach links auf **Aus** ❷. Durch diesen wird der Virenscanner deaktiviert und bildet somit keine Störquelle mehr für das nun zu installierende Antivirenprogramm des Drittanbieters.

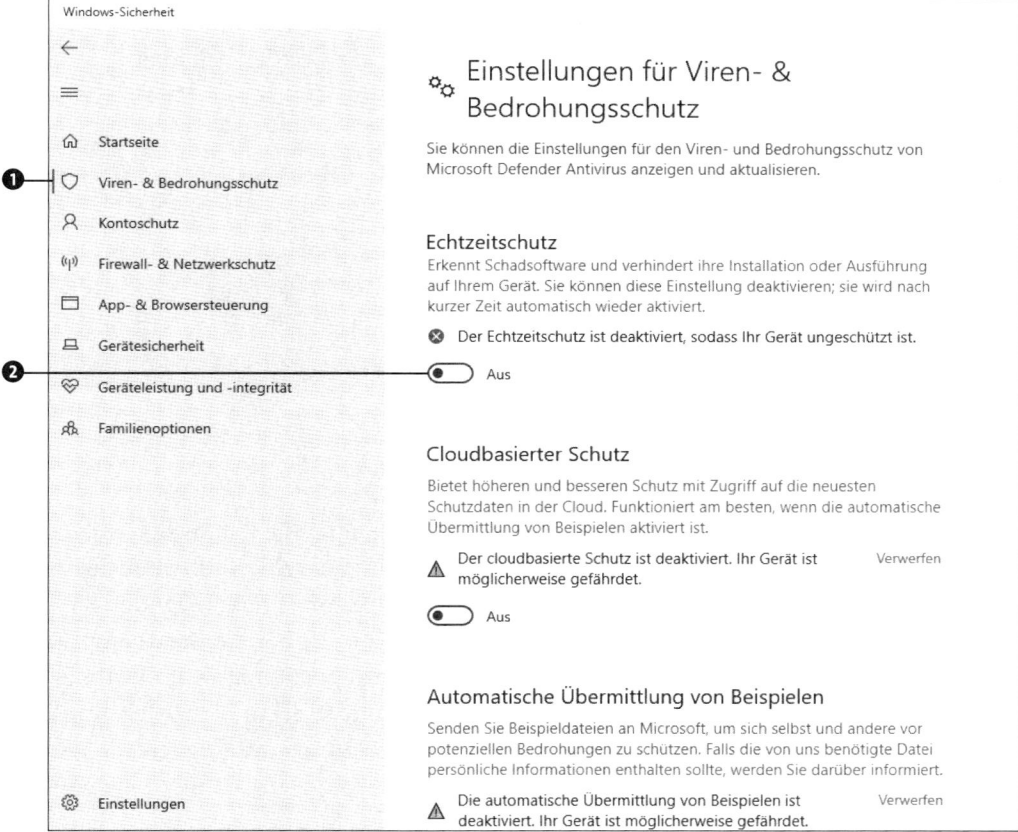

Bestätigen Sie den Hinweis der Benutzerkontensteuerung. Unmittelbar nach der Deaktivierung des Echtzeitschutzes erhalten Sie eine Warnmeldung ❸ im Info-Center, dass der Virenschutz nicht mehr aktiv ist. Diese Meldung klicken Sie bitte *nicht* an, da Sie den Virenschutz sonst wieder aktivieren.

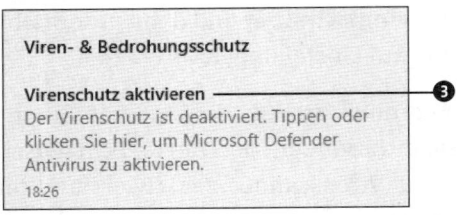

5 Installieren Sie das neue Virenschutzprogramm nach den Anweisungen des Herstellers. Nun sollte die Warnmeldung im Info-Center verschwinden. Halten Sie im Infobereich der Taskleiste Ausschau nach dem entsprechenden Symbol des Programms ❹, das von nun an für die Virenabwehr verantwortlich zeichnet.

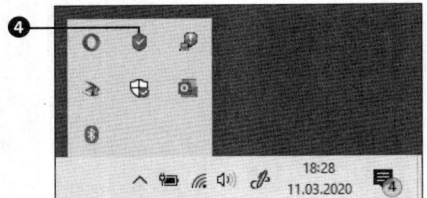

Abbildung 18.8 Ein Symbol des Antivirenprogramms im Infobereich der Taskleiste zeigt, dass der Virenwächter installiert wurde.

18.5.2 Einen gekaperten Browser reparieren

Ein bekanntes Malware-Szenario sieht folgendermaßen aus: Sie haben sich im wahrsten Sinne des Wortes im Browser »verklickt« und sind auf einer dubiosen Seite gelandet. Nachdem Sie den Browser geschlossen und wieder neu gestartet haben, landen Sie stets auf einer unerwünschten Startseite. Auch der Versuch, diese über die Browseroptionen zu entfernen, schlägt fehl. Kurz: Ihr Browser wurde gekapert – man spricht im Englischen auch von *Hijacking*. Das Problem ist, dass der Angriff bis in die Tiefen Ihres Benutzerkontos geht und nur mit spezieller Software erfolgreich beseitigt werden kann. Leider kann ich Ihnen an dieser Stelle kein Universalrezept geben, da es zu viele unterschiedliche Szenarien in puncto Browser-Hijacking gibt. Mit den folgenden Schritten gebe ich Ihnen aber zumindest eine kleine Anleitung zur Selbsthilfe an die Hand:

1 Merken Sie sich die Adresse oder einige Stichworte auf der Startseite, die im gekaperten Browser erscheinen.

2 Googeln Sie nach der Adresse bzw. den Stichworten in Verbindung mit dem Schlüsselwort »hijack«. Achtung: Hier kann es passieren, dass Sie durch dubiose Links von den Anbietern eben dieser Schadsoftware in die Irre geführt werden. Seriös sind hier in jedem Fall Lösungsvorschläge aus den gängigen Windows-Computerforen oder auch Webseiten von Computerfachzeitschriften. Seriöse Foren finden Sie beispielsweise unter den Adressen, die in Abschnitt 19.5, »Wichtige Hilfsforen im Internet«, ab Seite 734 genannt sind. Im Fachzeitschriftenbereich haben sich insbesondere die *c't* (*www.heise.de/ct*) sowie die *CHIP* (*www.chip.de*), aber auch die Website *www.golem.de* einen guten Namen gemacht.

3 In der Regel werden Sie eine Lösung finden, die in Verbindung mit einer Anti-Hijack-Software funktioniert. Das sind meist die Programme *HiJackThis*, *AdwCleaner* oder *Ad-Aware*. Folgen Sie der Anleitung, die in den entsprechenden Foren oder auf der Internetseite zu Ihrem speziellen Problem gegeben wird.

18.5.3 Helfer in der Not

Haben Sie auch schon einen Anruf eines angeblichen Mitarbeiters von Microsoft erhalten? Meistens behauptet der Anrufer, dass auf Ihrem Computer eine von Ihnen unbemerkte gefährliche Software läuft, mit der Straftaten verübt werden. Der Anrufer bietet nun an, per Remotezugriff auf Ihren Computer zuzugreifen und Ihnen zu zeigen, wo sich die Schadsoftware befindet. Wenn Sie einwilligen und den Zugriff aktiv gestatten, installiert Ihr Gegenüber in Wirklichkeit ein Schadprogramm, mit dessen Hilfe ihm dann Tür und Tor geöffnet sind. Wer erst jetzt endlich wach wird, hat das Problem, dass er nicht mehr online gehen kann, da sonst das frisch installierte Schadprogramm seinen Dienst im Hintergrund verrichten kann. Sie haben nun die Möglichkeit, den *Windows Defender Offline* zu nutzen und Ihren Rechner nach Schadsoftware zu durchsuchen (siehe Abschnitt 18.3, »Der Viren- & Bedrohungsschutz«, ab Seite 671). Die Microsoft-eigene Lösung hat allerdings ihre Schwächen, was brandaktuelle Schadsoftware betrifft.

Besser geeignet für derartige Fälle ist das Tool *Desinfec't* des Heise Verlags, das bei Bedarf mehrere bekannte und effektive Virenscanner nacheinander auf Ihren Rechner loslässt. Das Werkzeug finden Sie auf der DVD, die der Computerzeitschrift *c't* beiliegt. Näheres dazu erfahren Sie auf *www.heise.de/ct*, indem Sie auf dieser Seite über das Suchfeld eine Suche nach »Desinfec't« starten. Aus rechtlichen Gründen wird Desinfec't nicht als Download angeboten. Die Software starten Sie entweder direkt von der DVD, oder Sie statten mithilfe des auf der DVD befindlichen Programms *Desinfect2USB* einen USB-Stick mit der Software aus. Wie dies sowie ein Scan mit der Software im Detail funktionieren, erfahren Sie in der Zeitschrift *c't*, der die DVD beilag. Dort wird auch erklärt, wie Sie zum Beseitigen von Viren vorgehen müssen.

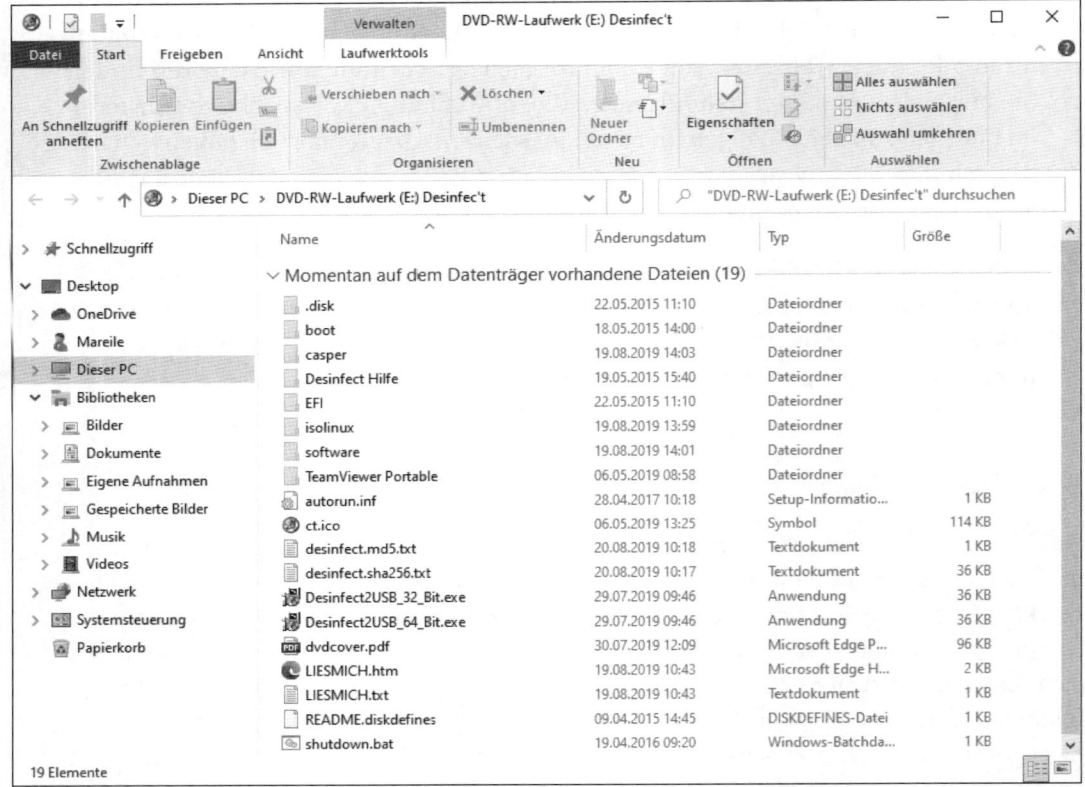

Abbildung 18.9 Die »Desinfec't«-DVD des Heise Verlags ist ein hervorragender Offline-Virenjäger. Hier können Sie mit bis zu vier unterschiedlichen Virenscannern Ihren Computer prüfen. Mithilfe des Programms »Desinfect2USB« richten Sie das Sicherheitstool auf einem USB-Stick ein.

18.6 Sichere Zugänge zu Konten und Websites

Neben dem passiven Schutz Ihres Computers sollten Sie stets auch den größten Unsicherheitsfaktor am PC im Auge behalten: den Anwender, der davorsitzt. Die Schwachstelle Mensch offenbart sich besonders dann, wenn es darum geht, Passwortkombinationen für Konten und Internetseiten festzulegen und sich diese zu merken. Nur allzu schnell erliegt man der eigenen Bequemlichkeit, und dann kommen Passwörter wie »123456«, »passwort« oder auch »schalke04« zustande. Als Nächstes gebe ich Ihnen deshalb einige Tipps zum richtigen Umgang mit Passwörtern.

18.6.1 Sichere Safes für Ihre Passwörter

Windows 10 bietet Ihnen zwar die Möglichkeit, die Passwörter für Webseitenzugänge im Passwortmanager des Browsers Edge zu speichern. Es empfiehlt sich aber, eine separate Lösung zu verwenden, die den Passwortabgleich auch über Betriebssystemgrenzen hinweg anbietet. Dadurch wird das Speichern von Passwörtern dezentralisiert. Ihre Zugangsdaten stehen Ihnen auch dann noch zur Verfügung, wenn Sie Ihren Windows-Computer aus irgendwelchen Gründen einmal nicht mehr starten können. Prinzipiell arbeitet ein Passwortmanager bzw. ein Passwortsafe nach dem folgenden Prinzip:

1 Sie legen ein Masterpasswort für die Passwortsafe-Anwendung fest, das Sie sich leicht merken können.

2 Innerhalb dieser Anwendung können Sie dann Passwörter beliebiger Struktur und Komplexität speichern.

3 Durch Abgleich der Anwendung mit einem Server lassen sich die gespeicherten Passwörter bzw. Zugangsdaten auch leicht per Smartphone mit einer entsprechenden App abrufen. Diese besitzt in der Regel das gleiche Masterpasswort wie die App auf Ihrem PC.

Die gängigen Passwortsafes besitzen meist auch eine Funktion zur Erzeugung komplexer Passwörter. Diese brauchen Sie bei der Anmeldung auf einer entsprechenden Internetseite nicht mühsam abzutippen – die Passwortsafes bieten die Option *Copy & Paste* für darin gespeicherte Passwörter an.

Passwörter regelmäßig ändern

Bei Onlinedienstleistern ist es meist eine Frage der Zeit, wann deren Server gehackt werden und die in ihren Datenbanken gespeicherten Zugangsdaten an die Öffentlichkeit dringen. Dies ist z. B. beim spektakulären Yahoo!-Hack im Dezember 2016 geschehen, bei dem knapp eine Milliarde Konten kompromittiert wurden. Spätestens in solch einem Fall ist es notwendig, sein Zugangspasswort so schnell wie möglich zu ändern. Ein Passwortwechsel wird durch die Verwendung eines Passwortsafes deutlich vereinfacht.

TIPP

Ein Beispiel für eine App, die systemübergreifend arbeitet, ist der Passwortmanager *SafeInCloud (pro)*. Dieser wurde primär für Smartphones (Android, iPhone) entwickelt, bietet aber nach dem Kauf (der Preis beträgt ca. 6 € für die Android- und 7 € für die iOS-

Version) eine kostenlose Anwendung für Windows an, mit deren Hilfe man dann auf die gleichen Datensätze wie auf dem Smartphone zugreifen kann. Die Datenbank wird in der Cloud bei einem beliebigen Anbieter gespeichert, z. B. in *OneDrive*, *Google Drive* oder *Dropbox*. Der Passwortmanager SafeInCloud arbeitet mit der äußerst starken 256-Bit-Verschlüsselung. Selbst wenn es einem Angreifer gelingen würde, Zugriff auf Ihren Onlinespeicher zu erhalten, würde es Jahrzehnte dauern, die verschlüsselten Daten zu knacken. Die Einrichtung der Anwendung auf dem PC geschieht folgendermaßen:

1 Laden Sie das Windows-Programm von *www.safe-in-cloud.com* herunter, und installieren Sie es auf Ihrem PC. Die Internetseite sowie die Installation des Programms sind zwar in englischer Sprache, die Programmoberfläche selbst präsentiert sich aber auf Deutsch.

2 Ein Assistent führt Sie durch die Ersteinrichtung. Wählen Sie im ersten Schritt die Option **Erstellen Sie eine neue Datenbank und legen Sie ein Passwort dafür fest** ❶, und bestätigen Sie mit **Weiter**. Legen Sie als Nächstes das Passwort fest ❷. Beachten Sie, dass unmittelbar während der Eingabe die veranschlagte Zeit für das Knacken Ihres äußerst wertvollen Masterschlüssels angezeigt wird. Die Eingabe bestätigen Sie mit **OK**.

3 Danach startet das Hauptprogramm. Die Datenbank ist schon mit einigen fiktiven Beispielkonten nebst Passwörtern ausgestattet ❸. Im nächsten Schritt werden Sie aufgefordert, die Cloud-Synchronisation einzurichten. Bestätigen Sie die entsprechende Meldung.

4 Als Nächstes wählen Sie den Cloud-Dienst aus, den Sie nutzen, z. B. Microsofts OneDrive ❹. Sobald Sie nach Ihren Anmeldedaten für den ausgewählten Dienst gefragt werden, geben Sie diese ein ❺.

5 Bestätigen Sie, dass die SafeInCloud-App auf Ihren Online-Speicher zugreifen darf. Dies wird anschließend in der Übersicht vermerkt.

Nun können Sie die Datenbank Ihres Passwortsafes mit Daten füllen, d. h. Anmeldeinformationen für beliebige Konten, PINs oder Notizen eingeben. Um auf die gleiche Datenbank auch von Ihrem Smartphone aus zugreifen zu können, benötigen Sie die für Ihr Smartphone-Betriebssystem geeignete Mobil-App.

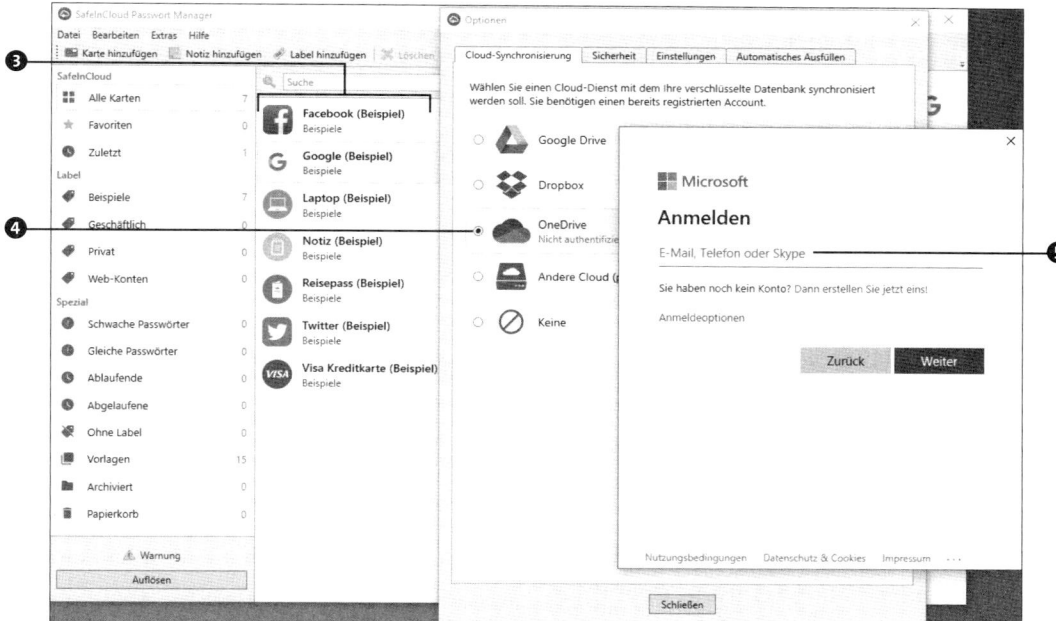

6 Suchen Sie nach der Smartphone-App in dem entsprechenden Store, und installieren Sie diese nach den Vorgaben Ihres Betriebssystems.

7 Die Einrichtung des Smartphones umfasst die gleichen Schritte, die oben für die Windows-Anwendung durchlaufen wurden. Wählen Sie aber nun die Option **Wie-**

derherstellen einer Datenbank aus der Cloud (❻ auf Seite 690) und anschließend denjenigen Cloud-Dienst, mit dem Sie die App verbunden haben.

8 Geben Sie schließlich das Passwort ein, das Sie in Schritt 2 festgelegt haben. Dadurch wird die App mit der in der Cloud befindlichen Datenbank verbunden.

Sie können nun beliebige Zugangsdaten sowohl vom PC aus als auch per Smartphone-App in die Datenbank des Passwortmanagers eintragen. Diese werden in beiden Richtungen synchronisiert.

18.6.2 Zwei-Faktor-Authentifizierung für Fortgeschrittene

Die alleinige Absicherung eines Kontos mit einem Passwort ist relativ unsicher, denn immer noch können Dritte unbemerkt an das Passwort gelangen (z. B. wenn Sie es irgendwo notiert haben) und es dann für kriminelle Zwecke missbrauchen. Eine sog. *Zwei-Faktor-Authentifizierung* ist hier wesentlich sicherer. Bei dieser Methode kommen, wie der Name schon impliziert, zwei unabhängige Authentifizierungen zum Einsatz. Sie geben zunächst eine Sicherheitsinformation, etwa eine E-Mail-Adresse oder eine Telefonnummer, am Computer in das entsprechende Eingabefeld ein. Daraufhin wird ein spezieller Code an diese Adresse, z. B. per Mail oder SMS, geschickt. Den Code müssen Sie anschließend in einem weiteren Eingabefeld auf dem PC eintragen. Sie müssen also über zwei unabhängige Faktoren verfügen: den Zugang zum Computer einerseits und zum E-Mail-Postfach bzw. Smartphone, auf dem Sie die SMS empfangen, andererseits.

Mittlerweile gibt es von Microsoft für die gängigen Mobilbetriebssysteme (Windows 10 mobile, Android und iOS) auch eine spezielle App, den *Microsoft Authenticator*, die diesen Vorgang automatisiert. Um sie zu nutzen, gehen Sie folgendermaßen vor:

1 Laden Sie aus dem App-Store Ihres Smartphones die App *Microsoft Authenticator* auf Ihr Smartphone, und installieren Sie diese.

2 Starten Sie die App. Nach einigen Erläuterungen haben Sie nun die Möglichkeit, ein bestimmtes Konto für die Zwei-Faktor-Authentifizierung mithilfe der App hinzuzufügen. An dieser Stelle können Sie nicht nur Microsoft-Konten, sondern auch andere Konten, beispielsweise das von Google oder Facebook, mit dem Authenticator verknüpfen.

3 Um die App mit Ihrem Microsoft-Konto zu verknüpfen, klicken Sie auf **Persönliches Konto**. Geben Sie anschließend die Anmeldedaten für Ihr Microsoft-Konto ein.

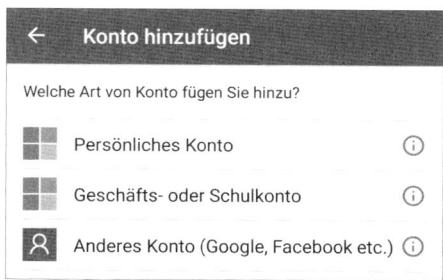

Das verknüpfte Konto erscheint in der Übersicht der Authenticator-App. Die Ziffernfolge, die Sie darunter sehen, benötigen Sie in Zukunft zusätzlich zu Ihrem Passwort, wenn Sie sich an Ihrem Microsoft-Konto anmelden möchten. Die vom Authenticator erzeugte Zahlenfolge ist nur für einen begrenzten Zeitraum gültig. Die Zahl im Kreis gibt die Restlaufzeit des Codes in Sekunden an.

18.7   Dateien, Ordner und Laufwerke verschlüsseln

Sollten Sie auf Ihrem Desktop-PC oder Notebook kritische Daten (z. B. Geschäftsgeheimnisse oder Ihre Steuererklärung) gespeichert haben, lohnt es sich, darüber nachzudenken, die Datenträger der entsprechenden Geräte zu verschlüsseln. Das einfache Passwort oder die PIN, die bei der Anmeldung angefordert wird, ist für einen Dieb bzw. Einbrecher kein großes Hindernis. Auf den folgenden Seiten zeige ich Ihnen, wie Sie den Zugriff auf kritische Daten bereits im Vorfeld verhindern können, indem Sie diese verschlüsseln. Um die Schritte nachvollziehen zu können, benötigen Sie die Windows-10-Pro-Edition – unter Windows 10 Home stehen Ihnen die Verschlüsselungsfunktionen leider nicht zur Verfügung.

18.7.1   Laufwerke mit BitLocker verschlüsseln

Wenn Sie Windows 10 Professional nutzen, haben Sie die Möglichkeit, ganze Laufwerke zu verschlüsseln. Dies ist zum einen für Besitzer eines Notebooks interessant (man denke an die unzähligen Geräte, die jährlich auf Bahnhöfen, Flughäfen oder in Zügen verloren gehen), aber auch für den Fall, dass Sie kritische Daten auf einem USB-Stick speichern möchten. Sollte dieser verloren gehen, dann können unehrliche Finder nicht einfach auf die darauf gespeicherten Daten zugreifen, denn sie müssten dazu im Besitz des entsprechenden Passworts sein. Nachfolgend zeige ich Ihnen exemplarisch, wie man einen USB-Stick verschlüsselt. Das Verfahren lässt sich aber auch auf Festplattenlaufwerke übertragen, die fest im jeweiligen Gerät verbaut sind. Dabei kommt das sog. *BitLocker*-Verfahren zum Einsatz.

1 Stecken Sie den USB-Stick, den Sie verschlüsseln möchten, an einen freien USB-Anschluss Ihres PCs.

2 Geben Sie im Suchfeld der Taskleiste den Suchbegriff »BitLocker« ❶ ein, und wählen Sie in den Suchergebnissen **BitLocker verwalten – Systemsteuerung** ❷ aus.

3 Im Dialog **BitLocker-Laufwerkverschlüsselung** blättern Sie nach unten bis zum Bereich **Wechseldatenträger – BitLocker To Go**, in dem der zuvor angeschlossene USB-Stick aufgeführt wird ❸. Klicken Sie rechts davon auf den nach unten weisenden Pfeil.

4 Wählen Sie den nun sichtbaren Befehl **BitLocker aktivieren** ❹ aus.

5 Wählen Sie dann die Methode zum Entsperren des Laufwerks aus, indem Sie ein Häkchen setzen. Im einfachsten Fall ist das ein Kennwort ❺. Alternativ können Sie aber auch eine sog. *Smartcard* verwenden ❻, die allerdings ein spezielles Lesegerät benötigt, das mit dem PC verbunden wird. Falls Sie sich für die Verschlüsselung per Kennwort entschieden haben, geben Sie in das entsprechende Eingabefeld ein mindestens acht Zeichen langes Passwort ein, das Sie im nächsten Feld wiederholen. Bestätigen Sie mit **Weiter**.

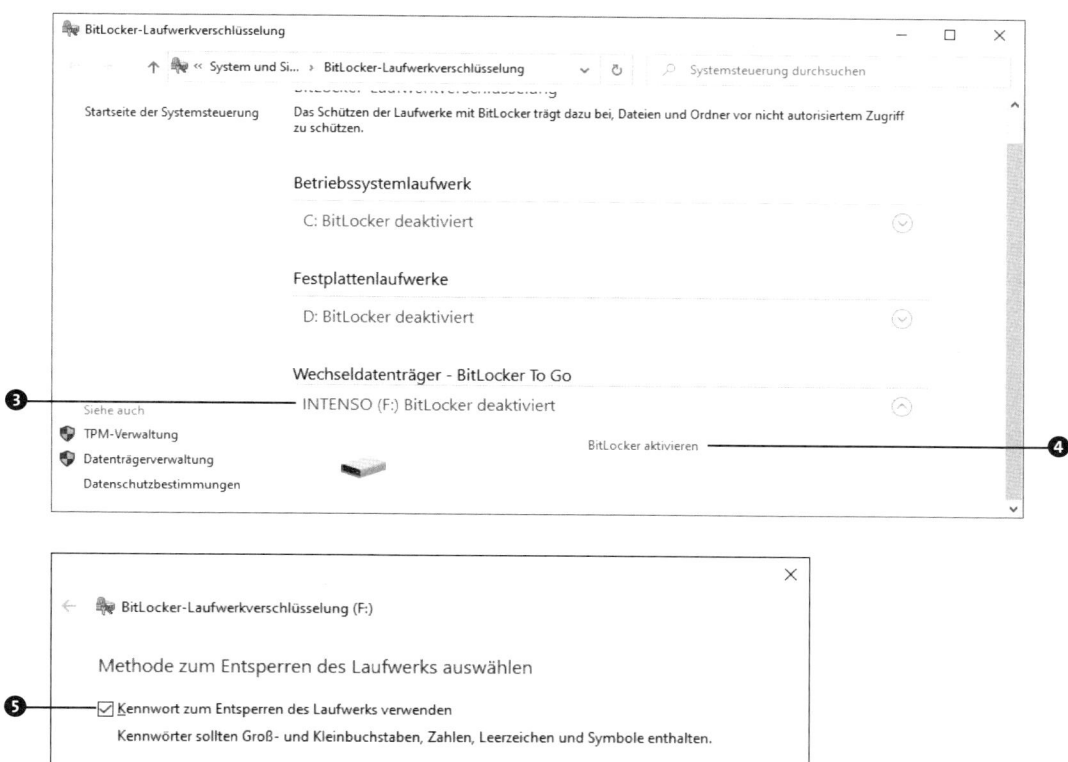

6 Nun werden Sie dazu aufgefordert, den Speicherort für den sog. *Wiederherstellungs-schlüssel* anzugeben. Dieser ist erforderlich, wenn Sie Ihr Kennwort vergessen bzw. Ihre Smartcard verloren haben. Es besteht an dieser Stelle die Möglichkeit, den Wiederherstellungsschlüssel in Ihrem Microsoft-Konto oder in einer Datei zu speichern. Auch das Ausdrucken des Schlüssels ist möglich. Bestätigen Sie mit **Weiter**.

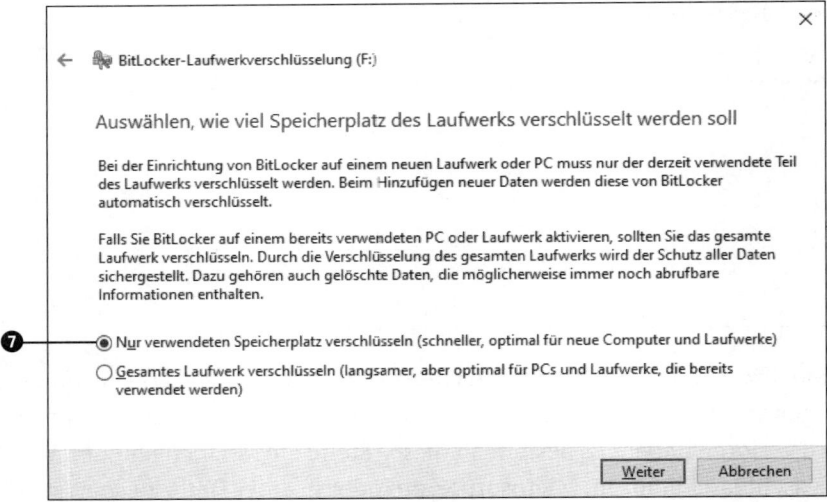

7 Schließlich müssen Sie noch auswählen, welcher Anteil des Laufwerks verschlüsselt werden soll. Hier genügt es im Normalfall, sich auf die Verschlüsselung des verwendeten Speicherplatzes ❼ zu beschränken. Beachten Sie, dass die Verschlüsselung des gesamten Laufwerks mitunter sehr lange dauert.

8 Als Nächstes wählen Sie explizit den Verschlüsselungsmodus aus. Bei externen Datenträgern empfiehlt sich an dieser Stelle die Option **Kompatibler Modus** ❽.

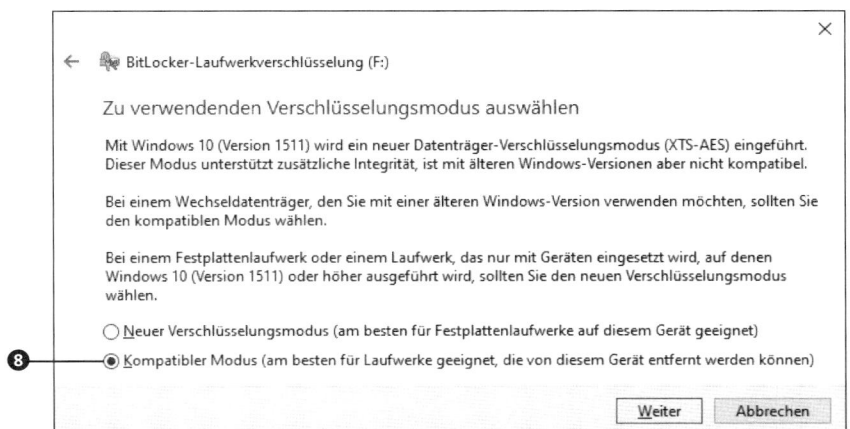

9 Es erscheint eine letzte Nachfrage, ob Sie die Verschlüsselung wirklich starten möchten. Bestätigen Sie dies, indem Sie auf die Schaltfläche **Verschlüsselung starten** klicken.

Der verschlüsselte Datenträger wird im Explorer nun mit einem geöffneten Schloss-Symbol versehen. Wenn Sie den USB-Stick vom Computer entfernen und erneut einstecken, erscheint eine Meldung oberhalb des Infobereichs. Klicken Sie auf **Laufwerk...entsperren ❶**, wird der Dialog **BitLocker** geöffnet, in dem Sie nun das Kennwort eingeben ❷ und mit **Entsperren ❸** bestätigen.

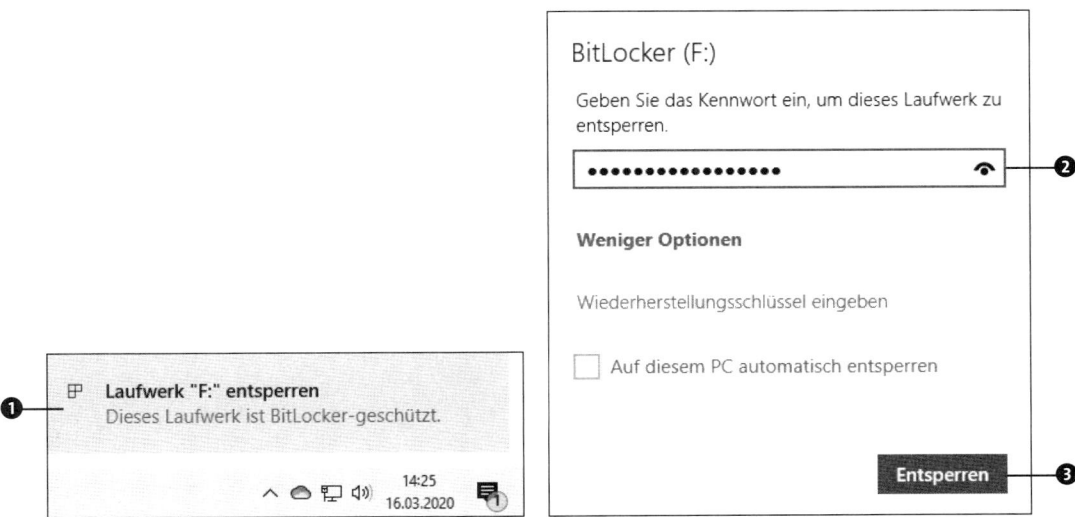

Abbildung 18.10 Das verschlüsselte Laufwerk muss mit dem zuvor definierten Passwort entsperrt werden.

INFO

Passwort vergessen oder Wiederherstellungsschlüssel verlegt – was nun?

Sollten Sie das Kennwort für den verschlüsselten USB-Stick vergessen haben, benötigen Sie den Wiederherstellungsschlüssel, um wieder Zugriff auf die Daten zu erlangen. Klicken Sie hierzu im Dialog **BitLocker** auf **Weitere Optionen** und dann auf den nun sichtbaren Link **Wiederherstellungsschlüssel eingeben**. Tragen Sie im folgenden Dialog den Wiederherstellungsschlüssel ein, den Sie in einer Datei bzw. im Microsoft-Konto gespeichert oder ausgedruckt haben.

Sollten Sie den Wiederherstellungsschlüssel unter Ihrem Microsoft-Konto gespeichert haben, finden Sie ihn dort im Bereich **Sicherheit und Datenschutz**. Falls Sie die Datei bzw. den Ausdruck nicht mehr finden oder keinen Zugriff mehr auf das Microsoft-Konto haben, bleibt Ihnen der Zugriff auf die verschlüsselten Daten verwehrt. Die einzige Möglichkeit, einen USB-Stick bzw. eine Festplatte zumindest wieder verwenden zu können, besteht darin, diese(n) zu formatieren (siehe Abschnitt 16.7.3, »Erstellen und Formatieren von Partitionen«, ab Seite 619). Dadurch sind natürlich auch alle darauf gespeicherten Daten unwiederbringlich verloren.

Wenn Sie die Verschlüsselung des USB-Sticks wieder aufheben möchten, gehen Sie folgendermaßen vor:

1 Schließen Sie den USB-Stick am Computer an, und entsperren Sie ihn wie zuvor beschrieben.

2 Geben Sie im Suchfeld der Taskleiste wieder »BitLocker« ein, und markieren Sie **BitLocker verwalten**.

3 Im Dialog **BitLocker-Laufwerkverschlüsselung** klicken Sie unterhalb von **Wechseldatenträger – BitLocker To Go** auf den USB-Stick ❶ und dann auf **BitLocker deaktivieren** ❷.

4 Bestätigen Sie den folgenden Dialog ebenfalls mit **BitLocker deaktivieren** ❸. Die Verschlüsselung des Wechseldatenträgers wird nun aufgehoben. Dieser Vorgang kann etwas Zeit in Anspruch nehmen.

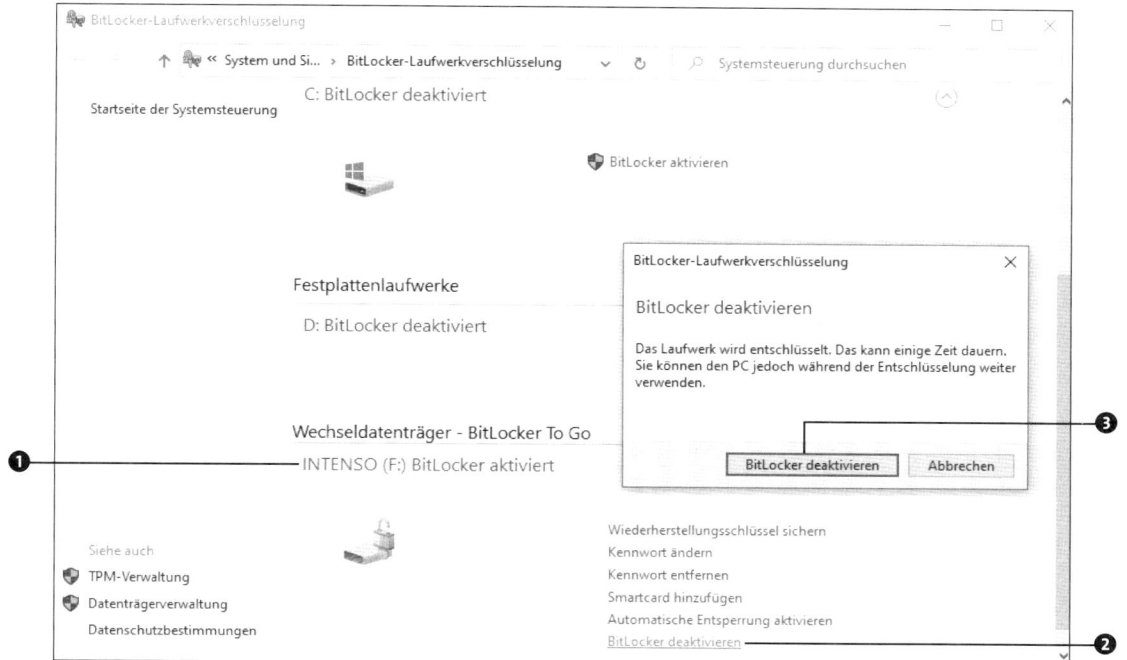

18.7.2   Einzelne Dateien und Ordner verschlüsseln

Falls Sie lediglich einzelne Dateien oder Ordner verschlüsseln möchten, können Sie dies mit den Bordmitteln von Windows 10 problemlos erledigen. Auch diese stehen allerdings nur Nutzern der Version Windows 10 Pro zur Verfügung.

1 Klicken Sie im Explorer mit der rechten Maustaste auf die Datei bzw. den Ordner, die bzw. den Sie verschlüsseln möchten. Im Kontextmenü wählen Sie den Befehl **Eigenschaften**.

2 Klicken Sie im Reiter **Allgemein** auf die Schaltfläche **Erweitert** (❶ auf Seite 700).

3 Im Dialog **Erweiterte Attribute** setzen Sie ein Häkchen vor **Inhalt verschlüsseln, um Daten zu schützen** ❷. Bestätigen Sie die Änderung mit **OK**.

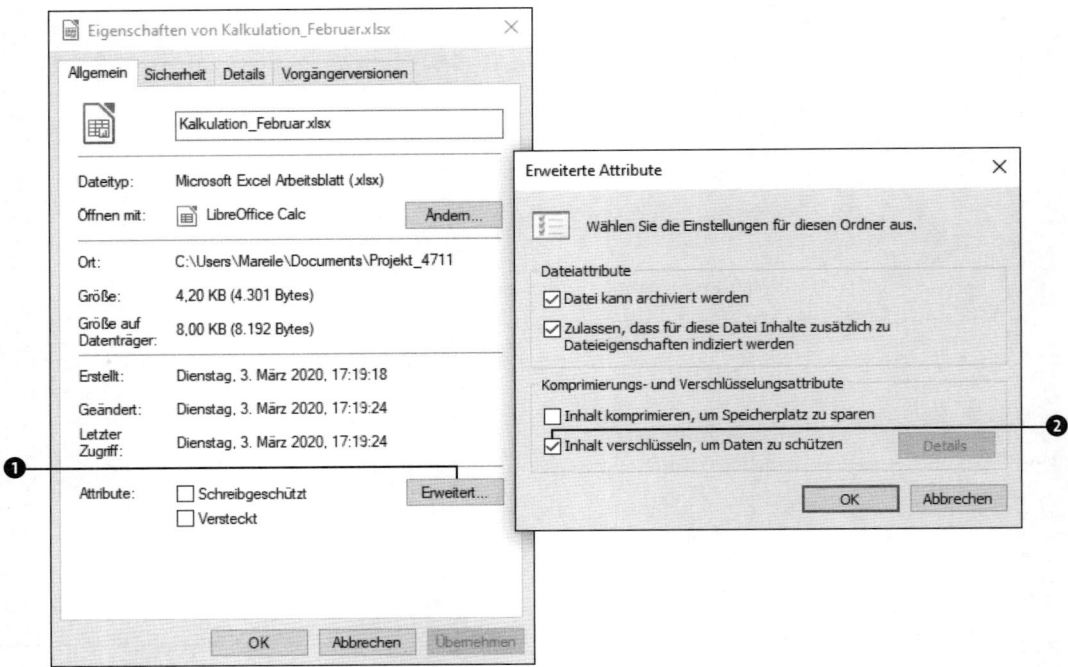

4 Bestätigen Sie den Eigenschaften-Dialog zunächst mit **Übernehmen**. Daraufhin erscheint ein neues Fenster, in dem Sie auswählen müssen, ob die Änderungen nur für den ausgewählten Ordner oder auch für dessen Unterordner gelten sollen ❸. Hier ist in der Regel die letztere Option zu wählen. Bestätigen Sie Ihre Auswahl mit **OK**. Den Eigenschaften-Dialog schließen Sie ebenfalls mit **OK**.

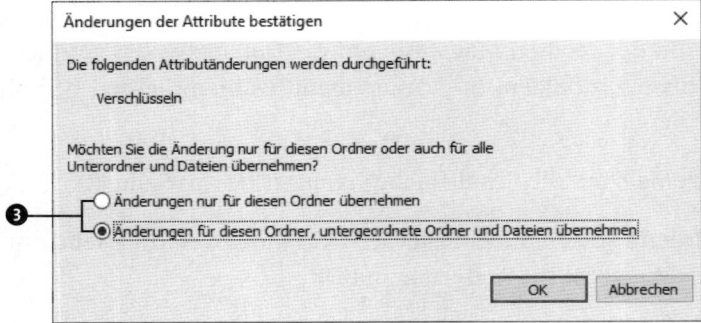

5 Im Infobereich der Taskleiste erscheint nun eine Nachricht für Sie. In dieser wird Ihnen empfohlen, den entsprechenden Schlüssel auf einem Wechselmedium zu sichern. Dieser Schlüssel stellt sicher, dass Sie auch dann auf die verschlüsselte Datei zugreifen können, falls Sie z. B. Ihren Windows-Computer einmal zurücksetzen und gesicherte Daten wiederherstellen müssen. Diesem Hinweis sollten Sie daher nachkommen. Klicken Sie hierzu auf die Nachricht, um den Zertifikatexport-Assistenten zu starten. Anschließend können Sie mit Schritt 7 fortfahren.

6 Ist die Nachricht bei Ihnen bereits wieder verschwunden, rufen Sie, wie zuvor in Schritt 1 gezeigt, den Dialog **Eigenschaften** auf und klicken auf **Erweitert**. Markieren Sie im Dialog **Benutzerzugriff auf...** Ihr Benutzerkonto, und klicken Sie dann auf **Schlüssel sichern** ❹. Nun wird ebenfalls der Zertifikatexport-Assistent gestartet.

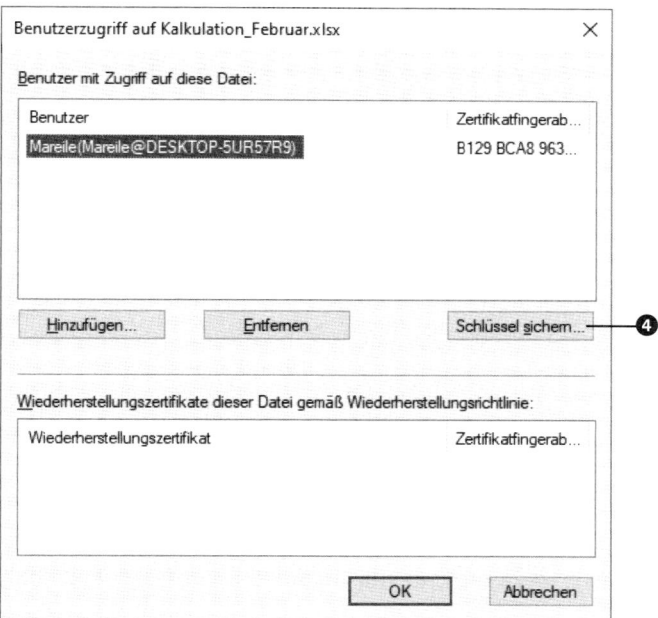

7 Schließen Sie einen USB-Stick an den PC an. Im Dialog **Zertifikatexport-Assistent** klicken Sie zunächst zweimal auf **Weiter**. Auf der Seite **Sicherheit** versehen Sie das Kästchen **Kennwort** ❺ mit einem Häkchen. Geben Sie nun ein Kennwort ein, und bestätigen Sie dieses im Feld darunter ❻.

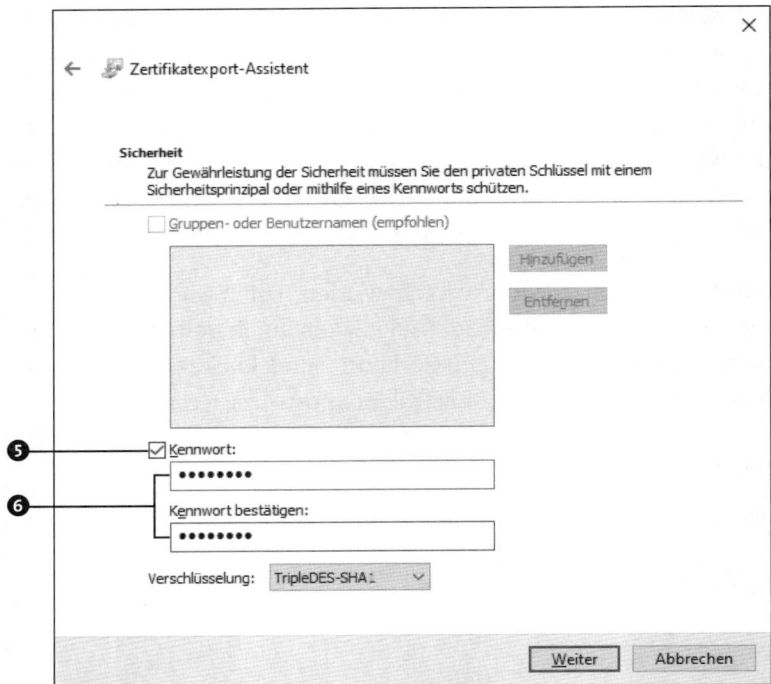

8 Nach einem Klick auf **Weiter** und einem weiteren Klick auf **Durchsuchen** wählen Sie als Speicherort den USB-Stick aus. Geben Sie einen Dateinamen ein, und bestätigen Sie mit **Speichern** und **Weiter**.

9 Mit einem Klick auf **Fertig stellen** beenden Sie den Zertifikatexport-Assistenten.

Sie selbst können auf eine verschlüsselte Datei wie gewohnt zugreifen; anderen Benutzern ist dies verwehrt. Möchten Sie die Verschlüsselung wieder rückgängig machen, wiederholen Sie die Schritte 1 bis 4 und entfernen das in Schritt 3 gesetzte Häkchen zur Verschlüsselung.

Sollte tatsächlich der Fall eintreten, dass Sie das zuvor auf einem USB-Stick gesicherte Zertifikat zum Öffnen einer verschlüsselten Datei benötigen, gehen Sie folgendermaßen vor:

1 Schließen Sie den USB-Stick am Computer an. Öffnen Sie die Datei mit dem Zertifikat. Nun wird der Zertifikatimport-Assistent geöffnet. Auf der Seite **Willkommen** aktivieren Sie die Option **Aktueller Benutzer** und bestätigen mit **Weiter**.

2 Auf der folgenden Seite wird bereits die zuvor geöffnete Datei angezeigt, die das nötige Zertifikat enthält. Bestätigen Sie mit **Weiter**.

3 Geben Sie nun das Kennwort ein, das Sie für diese Datei festgelegt haben, und bestätigen Sie mit **Weiter**.

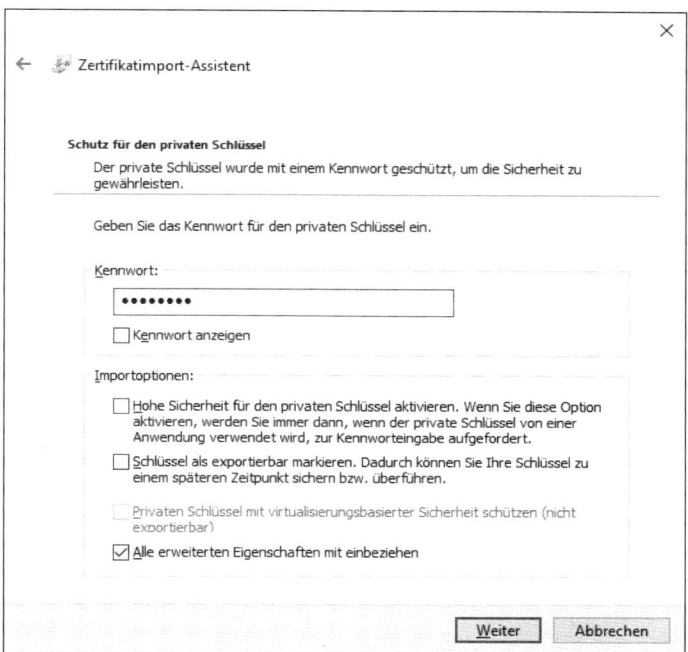

4 Auf der nächsten Seite (**Zertifikatspeicher**) ist bereits die Option **Zertifikatspeicher automatisch auswählen** markiert, die Sie auch beibehalten. Bestätigen Sie mit **Weiter** und **Fertig stellen**. Damit können Sie wieder wie gewohnt auf die verschlüsselte Datei zugreifen.

TIPP

Verschlüsselung mit Drittanbieter-Tools

Die Verschlüsselung von Objekten über das Kontextmenü des Explorers ist keine optimale Lösung, wenn es darum geht, verschlüsselte Objekte über Systemgrenzen hinweg zu transferieren. In diesem Fall sollten Sie auf Profiwerkzeuge zurückgreifen, beispielsweise auf *VeraCrypt*. Mehr Informationen zu diesem Programm finden Sie (leider nur in englischer Sprache) auf *https://veracrypt.codeplex.com*.

19 Probleme aufspüren und lösen

Windows 10 ist ein äußerst stabiles Betriebssystem, das sich nur sehr schwer aus dem Tritt bringen lässt. Dennoch ist auch Windows nicht davor gefeit, durch Bedienungsfehler, schlecht geschriebene Treiber oder auch defekte Hard- oder Software destabilisiert zu werden. In diesen Fällen gilt es, zunächst den Urheber der Probleme ausfindig zu machen und sie anschließend zu lösen. In diesem Kapitel habe ich einige Tipps für Sie zusammengestellt, wie Sie hierzu vorgehen können.

19.1 Softwareprobleme beheben

Los geht es mit dem einfachsten Szenario: Der Computer läuft stabil, nur ein bestimmtes Programm möchte nicht so recht funktionieren. Welche Möglichkeiten haben Sie hier, um das entsprechende Programm wieder zur Mitarbeit zu überreden?

19.1.1 Apps in den Originalzustand zurücksetzen

Gehen wir zunächst davon aus, dass Sie das Programm bzw. die App, die Probleme bereitet, bereits ausfindig gemacht haben. Um die Software zu reparieren, gehen Sie folgendermaßen vor:

1 Rufen Sie über das Startmenü die **Einstellungen** auf. Wechseln Sie in die Kategorie **Apps**. In der linken Spalte ist bereits **Apps & Features ❶** markiert. Rechts werden alle auf Ihrem Computer installierten Programme und Apps aufgeführt. Suchen Sie in der Liste nach der Anwendung, die Probleme bereitet, und klicken Sie diese an. Im folgenden Beispiel wähle ich die *Skype*-App aus. Je nachdem, ob es sich um eine App von Microsoft oder um das Programm eines anderen Herstellers handelt, werden unterschiedliche Optionen angeboten.

2 Sollte unterhalb des App-Namens der Link **Erweiterte Optionen ❷** eingeblendet werden, klicken Sie darauf. Beachten Sie: Bei einigen Drittanbieterprogrammen kann es vorkommen, dass dieser Link nicht erscheint. Hier haben Sie dann lediglich die Möglichkeit, die ausgewählte Software zu deinstallieren.

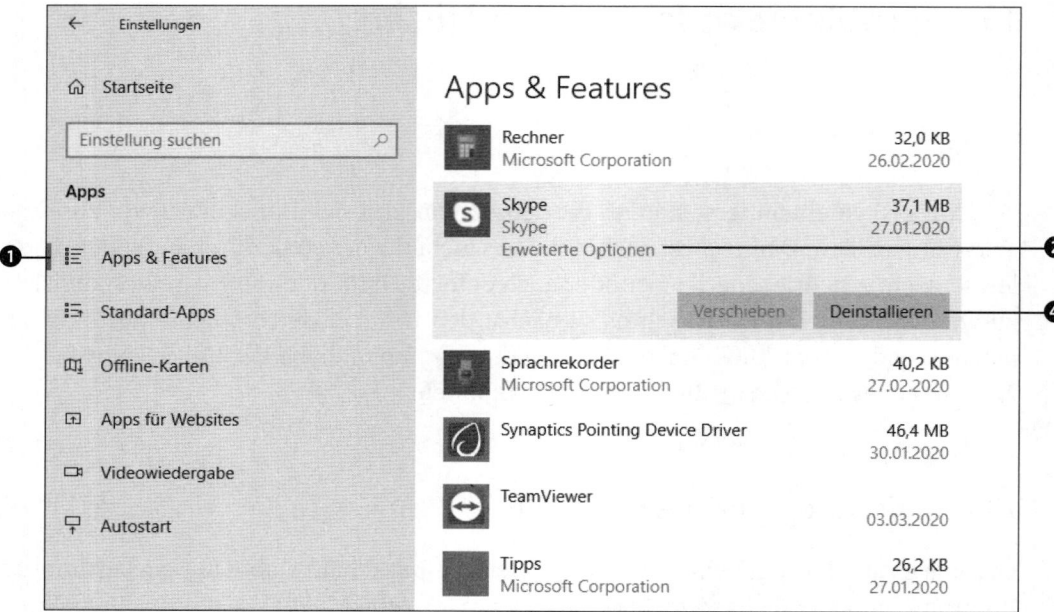

3   Klicken Sie auf der folgenden Seite auf die Schaltfläche **Zurücksetzen** ❸. Dadurch werden temporäre Dateien gelöscht, und die App wird wieder in den Originalzustand zurückgesetzt. Gegebenenfalls müssen Sie auf der Seite etwas nach unten blättern, bis die Schaltfläche zu sehen ist.

4 Sollte das Problem dadurch immer noch nicht behoben sein, dann bleibt Ihnen nichts weiter übrig, als die Software zu deinstallieren und anschließend z. B. über den Microsoft Store neu zu installieren. Die Deinstallation erfolgt über die entsprechende Schaltfläche ❹ in der App-Liste. Weitere Informationen hierzu erhalten Sie auch in Abschnitt 9.4, »Apps und Programme deinstallieren«, ab Seite 367.

19.1.2 Fehlgeschlagene Installationen reparieren

Einige Apps und Programme bieten die Möglichkeit, bestimmte Installationsoptionen noch nach der Erstinstallation zu ändern bzw. eine defekte Installation automatisch zu reparieren. Eine derartige Funktion bietet z. B. das Microsoft-Office-Paket. Gehen Sie folgendermaßen vor:

1 Rufen Sie **Start ▸ Einstellungen ▸ Apps ▸ Apps & Features** auf. Markieren Sie in der Liste das Programmpaket, das Sie verändern wollen. Klicken Sie anschließend auf die Schaltfläche **Ändern ❶**, und bestätigen Sie die Nachfrage der Benutzerkontensteuerung.

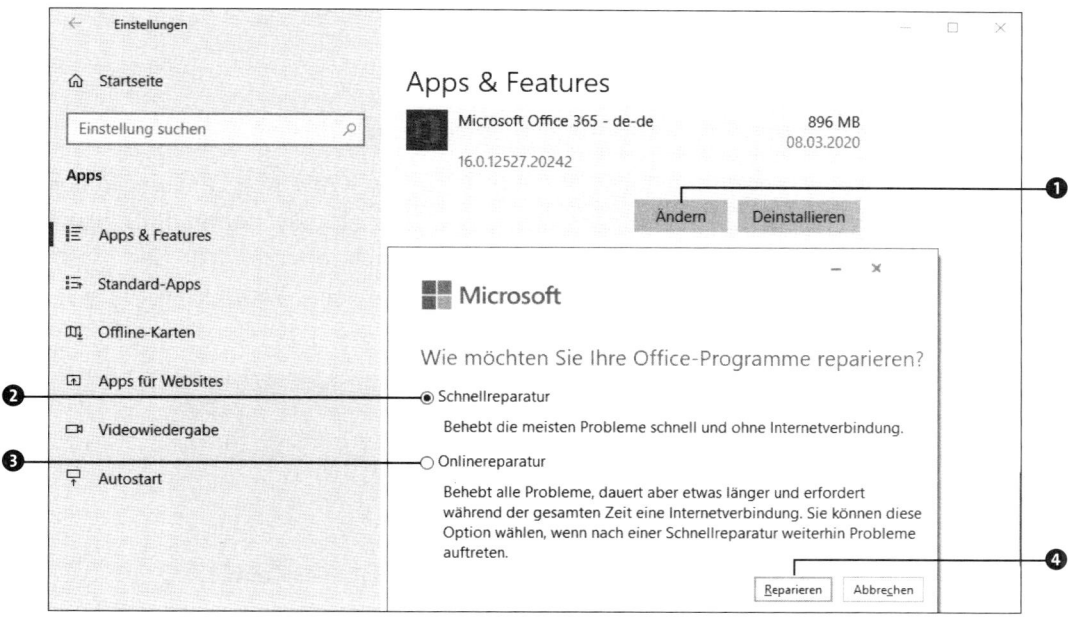

2 Der folgende Dialog bietet im Falle des Microsoft-Office-Pakets zwei Optionen: Bei der **Schnellreparatur ❷** wird versucht, die Installation mit lokalen Mitteln vorzunehmen. Sollte dies scheitern, dann können Sie in einem zweiten Durchgang die **Online-**

reparatur ❸ auswählen. Diese dauert zwar etwas länger, ist dafür aber gründlicher. Sie erfordert eine bestehende Internetverbindung. Bestätigen Sie Ihre Auswahl durch Anklicken der Schaltfläche **Reparieren** ❹.

Einige Programme bieten an dieser Stelle auch die Möglichkeit, neue Funktionen zu ergänzen. Sie werden dann beim Anklicken des Links direkt an eine entsprechende Installationsroutine des Herstellers weitergeleitet.

ACHTUNG

Vor einer Neuinstallation unbedingt Einstellungen und Daten sichern

Bevor Sie ein defektes Programm deinstallieren und wieder neu installieren, sollten Sie überlegen, ob dieses Programm bestimmte wichtige Einstellungen oder Daten besitzt, die Sie unbedingt notieren bzw. speichern sollten. Insbesondere bei der Neuinstallation von E-Mail-Programmen ist es wichtig, den Datenbestand der bisher eingegangenen elektronischen Post entsprechend zu sichern. Dies ist jedoch nicht nötig, wenn Sie Ihr Postfach per IMAP angebunden haben. (Lesen Sie hierzu auch den Kasten »Die Protokolle des Posteingangs- und Postausgangsservers« auf Seite 556.)

19.1.3 Ältere Software im Kompatibilitätsmodus ausführen

Besitzen Sie ältere Programme, die z. B. unter Windows XP wunderbar funktionierten, unter Windows 10 nun aber den Start verweigern? Hier hilft der Kompatibilitätsmodus weiter. Alternativ hierzu können Sie das Programm auch in einer virtuellen Maschine ausführen (siehe den Kasten »Bei Kompatibilitätsproblemen: Virtualisierung verwenden« auf Seite 709).

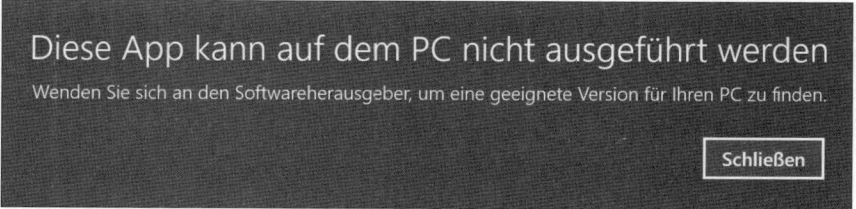

Abbildung 19.1 Ein mit Windows 10 inkompatibles Programm kann nicht ausgeführt werden.

1 Um den Kompatibilitätsmodus zu aktivieren, öffnen Sie zunächst den Explorer und wechseln in das Verzeichnis, in dem sich die Installationsdatei des Programms befindet. Wie Sie diesen Ordner identifizieren, erfahren Sie im Kasten »Den Speicherort einer Programmdatei ausfindig machen« auf Seite 711. Klicken Sie mit der rechten Maustaste auf die Datei, und wählen Sie im Kontextmenü den Befehl **Eigenschaften**.

2 Wechseln Sie in das Register **Kompatibilität** 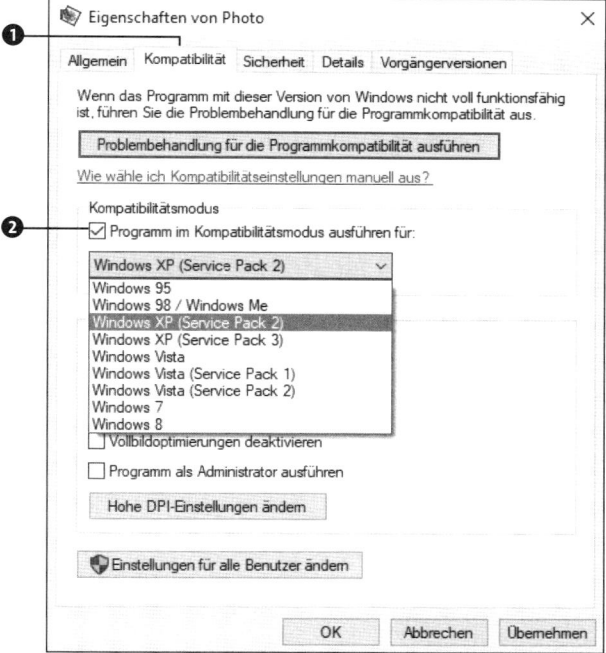, und setzen Sie per Mausklick ein Häkchen vor **Programm im Kompatibilitätsmodus ausführen für** ❷. Wählen Sie in der Auswahlliste darunter diejenige Windows-Version, unter der das Programm seinerzeit problemlos funktioniert hat.

3 Testen Sie schließlich, ob die Installation mit der nun geänderten Kompatibilität läuft.

TIPP

Bei Kompatibilitätsproblemen: Virtualisierung verwenden

Das in Abschnitt 19.1.3 beschriebene Verfahren funktioniert in der Regel nur bei Software, die für die gleiche Prozessorarchitektur programmiert wurde, die auch auf dem aktuellen System zu finden ist. Das bedeutet, dass Sie 32-Bit-Software nicht auf einem aktuellen Windows-10/64-Bit-System zum Laufen bekommen. Ein

Ausweg für solche Fälle stellt die Virtualisierung eines 32-Bit-Systems dar. Mehr zu diesem Thema erfahren Sie in Kapitel 22, »Hyper-V und Virtualisierung«, ab Seite 793.

19.1.4 Programme als Administrator ausführen

Einige Programme weigern sich hartnäckig, mit Standardbenutzerrechten zu laufen, sondern verlangen Administratorrechte. In der Regel handelt es sich dabei um alte Programme. Wenn Sie keine Chance haben, eine aktuelle Version der Software zu installieren, die für Windows 10 freigegeben wurde, kann der folgende Trick helfen. Sie sollten ihn aber wirklich nur als Notlösung einsetzen:

1 Rufen Sie den Explorer auf, und begeben Sie sich zu der Programmdatei, der Sie Administratorrechte verleihen möchten (siehe auch den Kasten »Den Speicherort einer Programmdatei ausfindig machen« auf Seite 711). Klicken Sie mit der rechten Maustaste auf die entsprechende ausführbare Datei.

2 Möchten Sie der Programmdatei einmalig Administratorrechte verleihen, dann wählen Sie aus dem Kontextmenü den Punkt **Als Administrator ausführen ❶**.

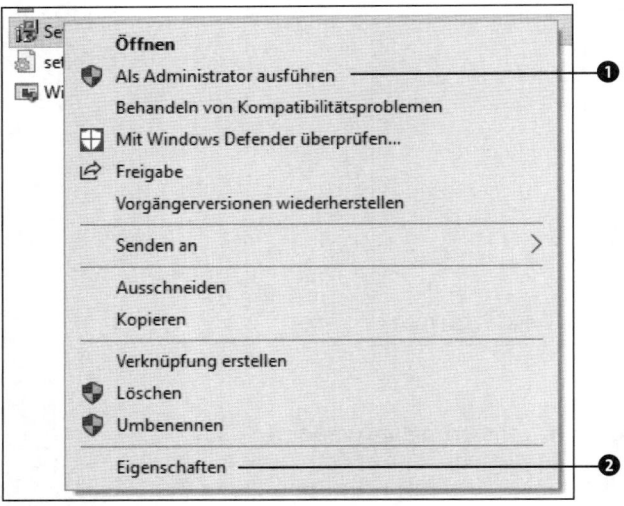

Haben Sie dabei festgestellt, dass das Programm nun problemlos startet, können Sie diesem folgendermaßen permanent Administratorrechte gewähren:

3 Klicken Sie mit der rechten Maustaste auf die Programmdatei, und wählen Sie im Kontextmenü den Befehl **Eigenschaften** ➋.

4 Wechseln Sie im **Eigenschaften**-Dialog in das Register **Kompatibilität** ➌. Versehen Sie das Kontrollkästchen **Programm als Administrator ausführen** ➍ per Mausklick mit einem Häkchen. Bestätigen Sie Ihre Änderungen mit **Übernehmen**, und schließen Sie den Dialog mit **OK**.

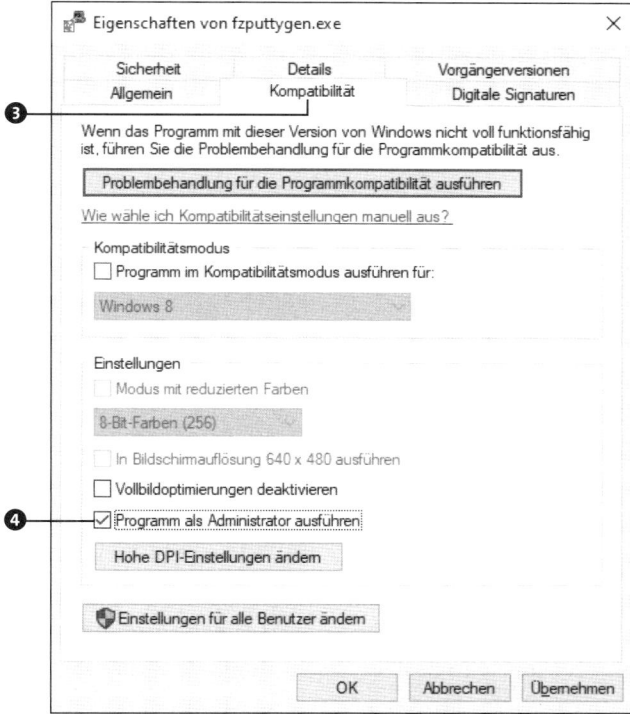

Den Speicherort einer Programmdatei ausfindig machen

Um den Eigenschaften-Dialog einer Installationsdatei aufrufen zu können, müssen Sie wissen, in welchem Ordner sich die ausführbare Datei zu dem betreffenden Programm überhaupt befindet. Das lässt sich relativ leicht herausfinden: Geben Sie dazu den Namen des Programms in das Suchfeld in der Taskleiste ein. In der Trefferliste klicken Sie mit der rechten Maustaste auf das Programm und wählen im Kontextmenü den Befehl **Speicherort öffnen**. Daraufhin wird der Explorer gestartet, der Sie direkt zur ausführbaren Datei führt.

INFO

19.1.5 Systemmeldungen analysieren

Während Computer früher beim Start eine Vielzahl von Meldungen von sich gaben, die Rückschlüsse auf etwaige Probleme zuließen, startet ein Windows-10-PC vergleichsweise ruhig. Selbstverständlich werden diverse Meldungen beim Start protokolliert, diese erscheinen allerdings nicht während des Startvorgangs auf dem Bildschirm. Die Meldungen geben Aufschluss darüber, ob bestimmte Hardware- oder Softwarekomponenten Probleme bereiten. Wenn Sie sich einen Eindruck darüber verschaffen möchten, welche Meldungen das Betriebssystem protokolliert hat, rufen Sie mit einem Rechtsklick auf das Windows-Logo das Schnellstartmenü auf. Wählen Sie hier die **Computerverwaltung** aus. Öffnen Sie in der linken Spalte nun durch Anklicken der entsprechenden Pfeil-Symbole den Menüpfad **System ▸ Ereignisanzeige ▸ Windows-Protokolle**. Hier finden Sie verschiedene Bereiche:

❶ Der Protokollbereich **Anwendung** umfasst Fehlermeldungen, die von Anwenderprogrammen verursacht wurden. Hier können Sie schnell Übeltäter identifizieren, die das System nachhaltig stören.

❷ Im Bereich **Sicherheit** finden Sie Meldungen, die die Sicherheit des Computers betreffen. Sollte es hier Auffälligkeiten geben, dann ist Ihr Rechner höchstwahrscheinlich angegriffen worden.

❸ Der Bereich **Installation** sammelt Fehlermeldungen, die während der Installation des Betriebssystems entstanden sind. Anhand der Daten dieser Meldungen erkennen Sie, dass diese lediglich während der Erstinstallation erstellt wurden. Die Protokolldateien sind also für den laufenden Systembetrieb eher uninteressant.

❹ Schließlich finden Sie im Bereich **System** wichtige Meldungen, die die Stabilität des gesamten Systems widerspiegeln. Sollten hier allzu viele Fehlermeldungen erscheinen, dann haben Sie ein Systemproblem. Ein beliebter Kandidat in diesem Zusammenhang ist ein defektes Speichermodul oder ein schlecht arbeitender Virenscanner, der das System aus dem Tritt bringt.

Klicken Sie einmal in die einzelnen Bereiche, und schauen Sie sich die entsprechenden Meldungen an. Es kann hier durchaus eine Weile dauern, bis spezifische Meldungen erscheinen. Haben Sie keine Angst, wenn an der einen oder anderen Stelle Warnungen oder sogar Fehlermeldungen auftreten. (Warnungen sind mit einem gelben Warnschild gekennzeichnet, Fehlermeldungen erkennen Sie an einem roten Warnschild.) Über den Informationsbereich erhalten Sie wichtige Anhaltspunkte, die Sie z. B. für eine Google-Suche im Internet nutzen können. Meist handelt es sich hierbei nicht unbedingt um systemkritische Probleme. Andererseits können die Daten der jeweiligen Protokolleinträge verraten, wodurch es ggf. in jüngster Zeit zu Problemen gekommen ist. Die entsprechenden Programme sollten Sie daraufhin gründlicher in Augenschein nehmen.

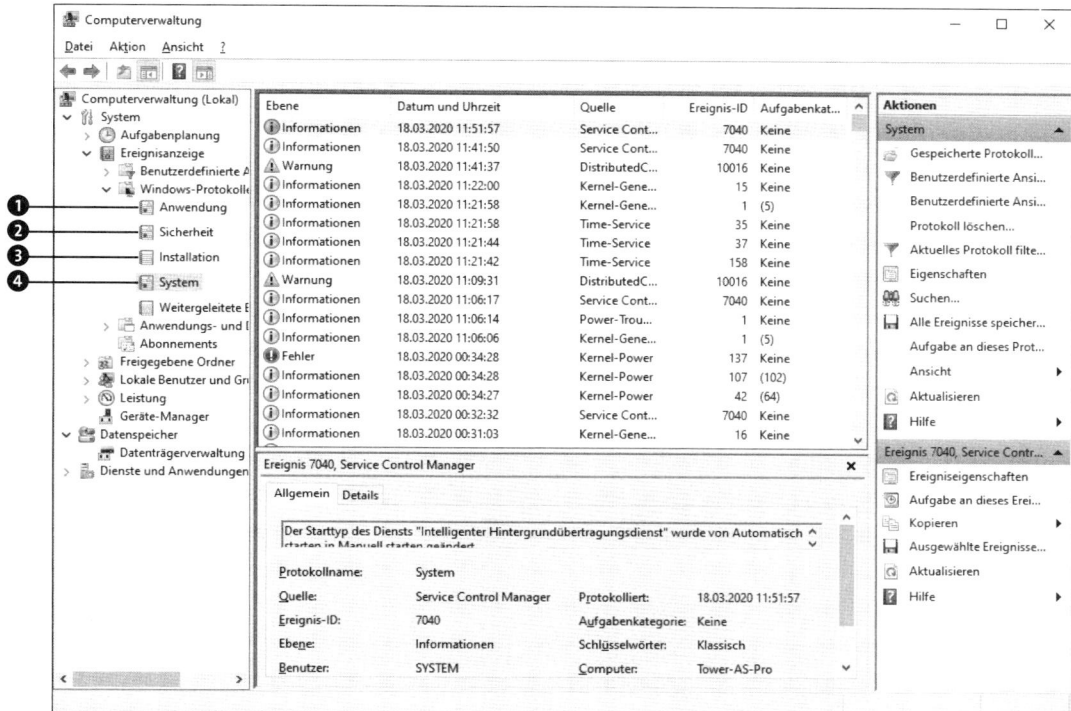

Abbildung 19.2 Fehlermeldungen und Warnungen geben darüber Aufschluss, bei welchen Komponenten es »hakt«.

19.1.6 Einen Systemintegritätsbericht erstellen

Ein Systemintegritätsbericht kann hilfreich sein, wenn Ihr Computer instabil arbeitet und Sie einen externen Experten zurate ziehen möchten. Gehen Sie folgendermaßen vor, um einen derartigen Bericht zu erstellen, der den Computer innerhalb von 60 Sekunden auf Herz und Nieren überprüft:

1 Klicken Sie mit der rechten Maustaste auf das Windows-Logo in der Taskleiste, und wählen Sie im aufklappenden Schnellzugriffsmenü den Eintrag **Ausführen**. Im Dialog **Ausführen** geben Sie folgenden Befehl ein: `perfmon /report`.

2 Lassen Sie den Computer ca. 60 Sekunden in Ruhe arbeiten, während er die Ressourcen- und Leistungsüberwachung durchführt.

3 Sehen Sie sich anschließend den erstellten Bericht an, und prüfen Sie, ob ggf. Fehlermeldungen auftauchen. Den Bericht können Sie an Experten in entsprechenden

Internetforen (siehe Abschnitt 19.5, »Wichtige Hilfsforen im Internet«, ab Seite 734) oder an den PC-Händler Ihres Vertrauens zwecks Analyse weiterleiten. Rufen Sie hierzu das Menü **Datei** auf, und wählen Sie entweder den Befehl **Speichern unter** oder **Senden an**. Im ersten Fall wird eine Datei im HTML-Format gespeichert, die Sie ausdrucken oder auch anderweitig weiterleiten können. Im zweiten Fall wird direkt das Standard-Mailprogramm aufgerufen, und Sie können den Bericht per E-Mail an einen ausgewählten Empfänger weiterleiten.

19.2 Hardwareprobleme lösen

Ein Großteil der Hardwareprobleme wird durch unpassende Treiber verursacht. Wie Sie bei der Installation von Treibern vorgehen müssen bzw. diese erneuern können, erfahren Sie in Kapitel 16, »Geräte anschließen und konfigurieren«, ab Seite 591. Auf den folgenden Seiten zeige ich Ihnen, wie Sie problematische Geräte leicht identifizieren und diese im Notfall auch im laufenden Betrieb deaktivieren können, damit das restliche System rundlaufen kann. Außerdem erfahren Sie, wie Sie die Hardware Ihres PCs auf Herz und Nieren prüfen können.

19.2.1 Problematische Hardware identifizieren

Die erste Anlaufstelle, um sich einen Überblick über die Funktionsweise der verbauten Hardware zu verschaffen, ist der *Geräte-Manager*:

1 Rufen Sie mit einem Rechtsklick auf das Windows-Logo das Schnellstartmenü auf, und wählen Sie hier den **Geräte-Manager** aus.

2 Halten Sie im Geräte-Manager Ausschau nach Komponenten, die mit einem gelben Warnzeichen mit eingeschlossenem Ausrufezeichen versehen sind ❶. Das Symbol ist ein Indiz dafür, dass die entsprechende Komponente nicht ordnungsgemäß funktioniert. Geräte, die nicht korrekt in das System eingebunden wurden, werden unter **Andere Geräte** ❷ aufgeführt.

3 Um weitere Informationen über das Problem zu erhalten, doppelklicken Sie auf den entsprechenden Eintrag in der linken Spalte des Geräte-Managers.

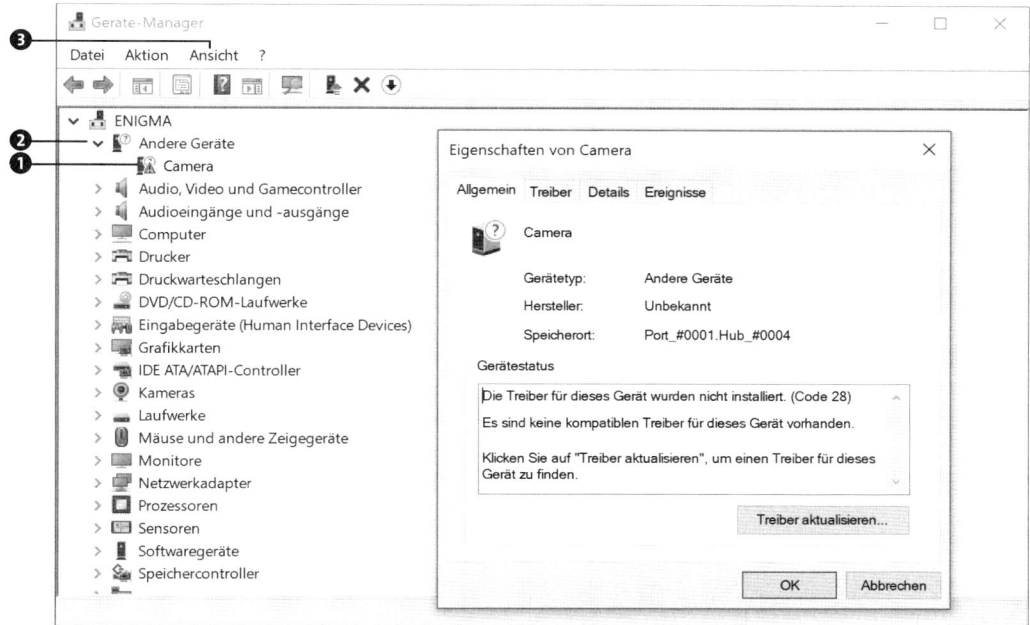

Das Gerät wird nicht angezeigt?

Sollte ein neu angeschlossenes Gerät nicht im Geräte-Manager erscheinen, rufen Sie das Menü **Ansicht** (❸ auf Seite 715) auf und aktivieren den Eintrag **Ausgeblendete Geräte anzeigen**. Es ist möglich, dass das betreffende Gerät versehentlich vom System ausgeblendet wurde.

Auch die Ereignisanzeige kann Aufschluss über Probleme geben, die beim Anschluss neuer Geräte entstanden sind. Um den Überblick zu bewahren, empfiehlt es sich, die Protokolle vor dem Anschluss einer neuen Komponente zu löschen:

1 Klicken Sie mit der rechten Maustaste auf das Windows-Logo, und wählen Sie anschließend die **Ereignisanzeige** aus. Klicken Sie auf das Pfeil-Symbol vor **Windows-Protokolle ❶**, um die Unterpunkte einzublenden. Markieren Sie hier das Protokoll, das Sie löschen möchten. Zur Auswahl stehen **Anwendung**, **Sicherheit**, **Installation**, **System** und **Weitergeleitete Ereignisse ❷**.

2 Nach einem rechten Mausklick auf das gewählte Protokoll wählen Sie den Kontextmenüpunkt **Protokoll löschen**. Alternativ wählen Sie den gleichnamigen Menüpunkt auf der rechten Seite des Fensters im Bereich **Aktionen ❸**.

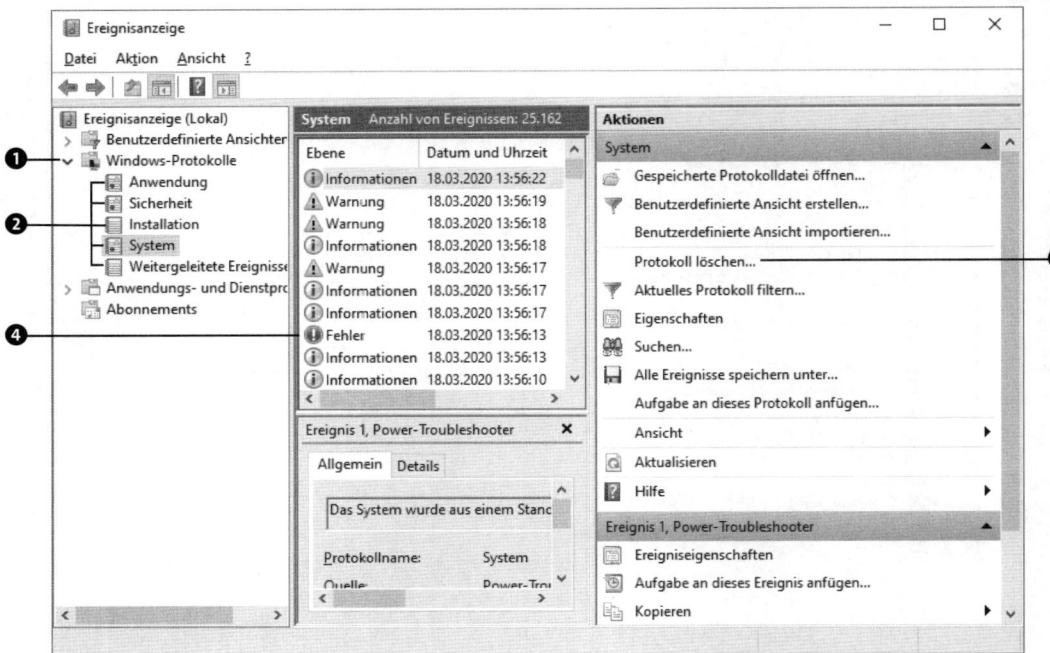

3 Bestätigen Sie den Löschvorgang über die Schaltfläche **Leeren**.

4 Schließen Sie nun Ihr neues Gerät an den Computer an, und beobachten Sie den entsprechenden Bereich in der Ereignisanzeige. Tauchen hier Fehlermeldungen ❹ auf, dann haben Sie einen Anhaltspunkt dafür, dass das entsprechende Gerät Probleme bereitet.

Problematische Hardware deaktivieren

Wenn Sie Windows 10 auf einem Computer mit relativ alter Hardware installiert haben, kann es vorkommen, dass es für einige Hardwarekomponenten keine geeigneten Treiber mehr gibt. In diesem Fall sollten Sie die entsprechenden Bauteile über den Geräte-Manager deaktivieren. Das erreichen Sie, indem Sie den Geräte-Manager aufrufen und mit der rechten Maustaste auf den Eintrag klicken, der mit einem Warnsymbol versehen ist. Wählen Sie dann im Kontextmenü den Eintrag **Gerät deaktivieren** aus. Dadurch bleibt die entsprechende Hardware selbst nach einem neuen Systemstart deaktiviert, und Windows 10 versucht auch nicht mehr, einen geeigneten Treiber zu finden.

TIPP

19.2.2 Informationen zur Hardware mit Drittanbietersoftware einholen

Wenn Sie etwas tiefer in das Betriebssystem blicken möchten, dann empfiehlt es sich, Software von Drittanbietern zu verwenden, die die Funktionalität der Hardware wesentlich besser diagnostizieren kann, als dies mit den Bordmitteln von Windows 10 der Fall ist. Hier hat sich die beliebte Software *SiSoft Sandra* (= **S**ystem**a**nalyse-, **D**iagnose- und **R**eport-**A**ssistent) bewährt. Sie können eine kostenlose Lite-Version von Sandra unter *www.chip.de/downloads/SiSoft-Sandra-Lite_12998086.html* herunterladen.

Nach dem Download des Programms starten Sie die Installation durch Anklicken der ausführbaren Datei. Ein Assistent führt Sie dabei durch die Einrichtung der Software. Starten Sie anschließend das Programm, und begeben Sie sich per Doppelklick in den Bereich **Hardware-Informationen** ❶. Dort erhalten Sie eine Vielzahl von Informationen über die in Ihrem Computer verbauten Komponenten. Ein guter Startpunkt ist z. B. die **Computer-Gesamtübersicht** ❷. Seien Sie dabei nicht ungeduldig: Der erste Scan des Systems kann einige Minuten in Anspruch nehmen.

Ein weiterer beliebter Vertreter der Kategorie Diagnosetools ist *Dr. Hardware* von Peter Gebhard (*www.drhardware.de*). Damit lässt sich u. a. das Leistungsvermögen Ihres PCs mit sog. Benchmarks testen. Sollten diese wider Erwarten für Ihren Computer schlecht ausfallen, kann dies auch auf ein schlecht konfiguriertes System hindeuten.

Abbildung 19.3 Mit SiSoft Sandra können Sie den Hardwarekomponenten Ihres Systems auf den Zahn fühlen.

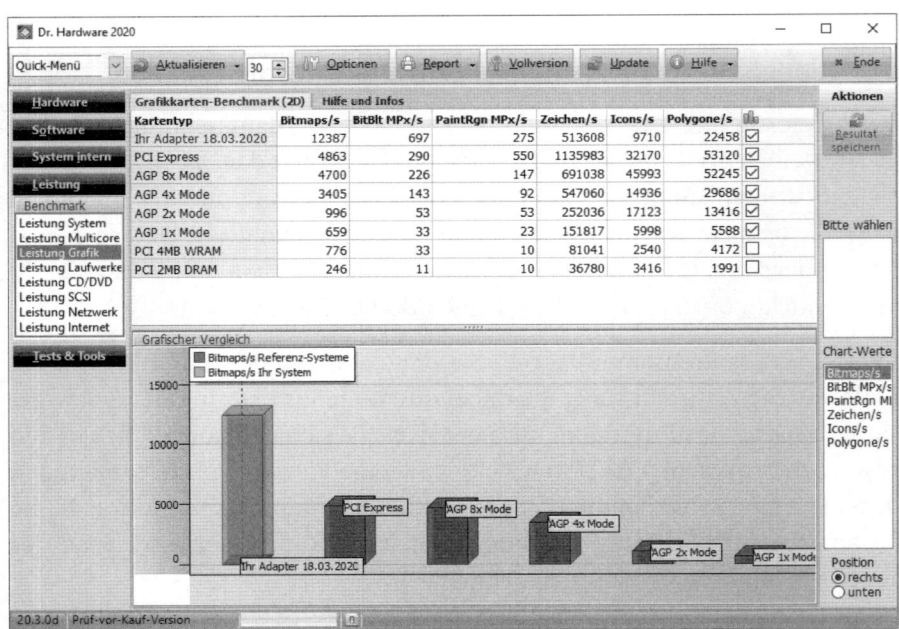

Abbildung 19.4 Benchmarktests sind hilfreich, um zu prüfen, ob das System rundläuft. Der grüne Balken (im Bild ganz links) gibt dabei Ihren PC im Vergleich zu anderen Systemen wieder, die jeweils mit einem roten Balken dargestellt werden.

19.2.3 Die Problembehandlung von Windows 10

Windows 10 bringt eine besondere Funktion mit, die sog. *Problembehandlung*. Sie hilft zwar nicht immer perfekt weiter, doch zumindest liefert sie einige grobe Anhaltspunkte, sollte etwas im System schieflaufen, wie das folgende Beispiel zeigt. Sollten Sie Ihren Computer per Netzwerkkabel mit dem Router verbunden haben, können Sie die nächsten Schritte gleich selbst ausprobieren. Ziehen Sie hierzu einfach das Netzwerkkabel vom PC ab. Kurze Zeit später erscheint ein rotes Warnsymbol am Netzwerk-Symbol im Infobereich der Taskleiste. Die Ursache des Problems ist zwar bekannt, die Diagnose wollen wir in diesem Fall aber der Problembehandlung von Windows 10 überlassen.

1 Klicken Sie mit der rechten Maustaste auf das Netzwerk-Symbol in der Taskleiste, und wählen Sie den Kontextmenüpunkt **Problembehandlung ❶**.

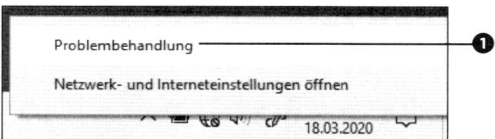

2 Sie werden nun an die richtige Stelle zur Lösung des Problems weitergeleitet. Dabei führt ein Assistent verschiedene Tests durch und versucht, das Problem zu analysieren.

3 Die Problembehandlung zeigt am Ende eine mögliche Fehlerquelle. In unserem Beispiel weist sie darauf hin, dass der Nutzer ein Ethernetkabel an den Computer anschließen muss **❷**. Diesem Hinweis sollten Sie natürlich nachkommen und das Netzwerkkabel wieder an den PC anschließen.

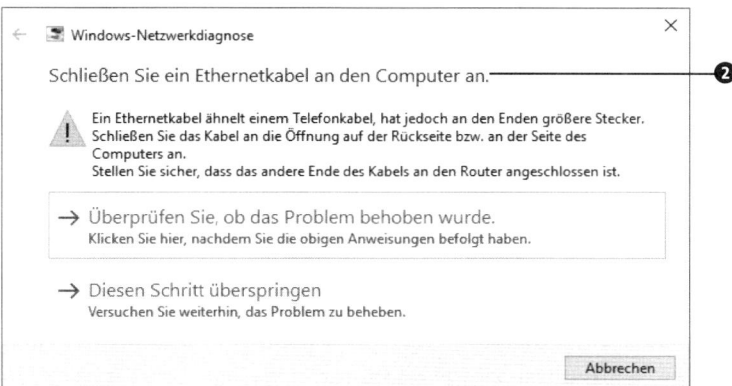

Sie können die Problembehandlung übrigens auch über den Einstellungen-Dialog erreichen. Rufen Sie hierzu das Startmenü auf, und wählen Sie nacheinander **Einstellungen**

▶ **Update und Sicherheit** ▶ **Problembehandlung.** Windows listet nun einige typische Problemfälle auf, die von **Drucker** über **Bluetooth** bis hin zur **Stromversorgung** reichen. Sobald Sie ein Thema markiert haben, wird die Schaltfläche **Problembehandlung ausführen** ❸ eingeblendet. Ein Klick hierauf, und ein Assistent zeigt Ihnen schrittweise verschiedene Lösungsstrategien auf.

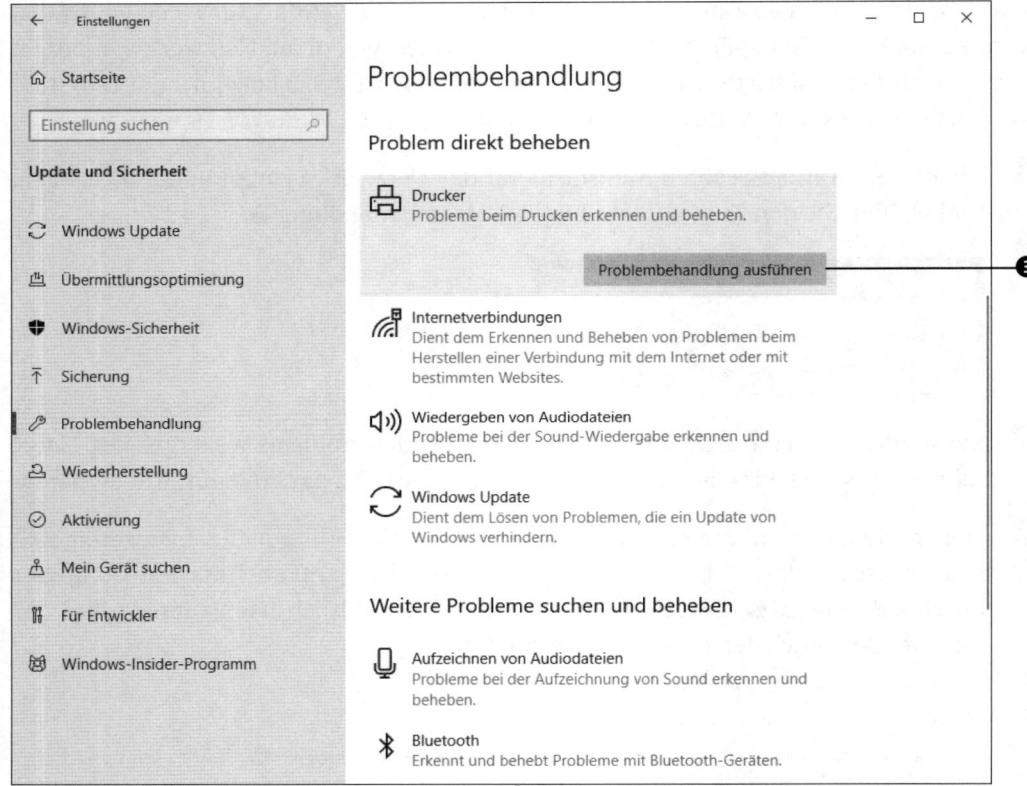

Abbildung 19.5 Die Problembehandlung bietet eine Vielzahl von Assistenten zur Lösung gängiger Probleme.

19.3 Startprobleme beheben

Anwender, die mit Windows 7 oder einer noch älteren Version gearbeitet haben, kennen das Problem: Im Laufe der Zeit dauerte das Hochfahren des Computers immer länger. Demgegenüber besitzt Windows 10 nahezu Selbstheilungskräfte. Es gibt kaum noch Beschwerden, dass das System mit zunehmender Nutzungsdauer langsamer wird. Dennoch kann es nicht schaden, einmal einen Blick hinter die Kulissen zu werfen und zu prüfen, welche Faktoren den Start behindern können. Sollte der Computer zu langsam starten, kann es folgende Gründe dafür geben:

- Beim Start des Betriebssystems werden zu viele Hintergrundprogramme bzw. -dienste geladen.

- Die Festplatte ist randvoll, und das Betriebssystem hat Mühe, die beim Start notwendigen Temporärdateien darauf unterzubringen.

- Die Festplatte, von der Windows 10 startet, ist veraltet und dadurch sehr langsam.

Den letzten Punkt können Sie nur beeinflussen, indem Sie die aktuelle Festplatte durch eine neue austauschen. Idealerweise bieten sich als Systemfestplatten sog. SSD-Platten (*Solid State Drive*) an, von denen die Daten während des Starts sehr schnell gelesen werden können. Damit ist es problemlos möglich, ein normales Windows-System in weniger als zehn Sekunden zu starten. Die speicherintensiven persönlichen Daten wie Bilder, Filme und Dokumente lagern Sie dann am besten auf eine konventionelle magnetische Festplatte aus, die parallel zur SSD in den Computer eingebaut oder auch als externe Festplatte an den Computer angeschlossen wird.

Falls Sie nicht in neue Hardware investieren möchten, sollten Sie sich zunächst einmal um die Dateien kümmern, die beim Systemstart geladen werden. Anschließend empfiehlt es sich, die Festplatte zu entrümpeln. Wie Sie in beiden Fällen vorgehen, erfahren Sie in den folgenden Abschnitten.

19.3.1 Den Startvorgang optimieren

Um zu erfahren, welche Programme bzw. Dienste während des Systemstarts geladen werden, gehen Sie folgendermaßen vor:

1 Klicken Sie mit der rechten Maustaste auf das Windows-Logo, und rufen Sie im Schnellstartmenü den **Task-Manager** auf.

2 Wechseln Sie in das Register **Autostart ❶**. Sollten die Register noch nicht eingeblendet sein, klicken Sie am unteren Fensterrand des Dialogs **Task-Manager** auf den Pfeil **Mehr Details**. Im Register **Autostart** werden alle Dienste bzw. Hintergrundprogramme aufgelistet, die während des Starts geladen werden. Interessant ist dabei die Spalte **Startauswirkungen ❷**. Diese zeigt, in welchem Maß der entsprechende Autostartdienst das System ausbremst.

Die hier aufgeführten Dienste haben die Aufgabe, bestimmte Programme schneller starten zu lassen. Ein Beispiel: Wenn Sie das *Libre Office*-Paket installiert haben (eine kostenlose Alternative zum Microsoft-Office-Paket), dann sorgt ein entsprechender Dienst, der bereits beim Start des Systems geladen wird, dafür, dass Libre Office beim ersten Aufruf deutlich flotter startet. Wenn Sie damit leben können, dass der erste Start eines bestimmten Programms etwas länger dauert, dann sollten Sie den entsprechenden Dienst im Autostartbereich deaktivieren.

3 Haben Sie den Dienst eines Programms entdeckt, auf den Sie eventuell verzichten können, klicken Sie mit der rechten Maustaste auf ihn und wählen im Kontextmenü den Befehl **Deaktivieren** ❸. Alternativ können Sie auch die gleichnamige Schaltfläche ❹ am unteren rechten Rand des Fensters betätigen, nachdem Sie das Programm zuvor per Mausklick markiert haben.

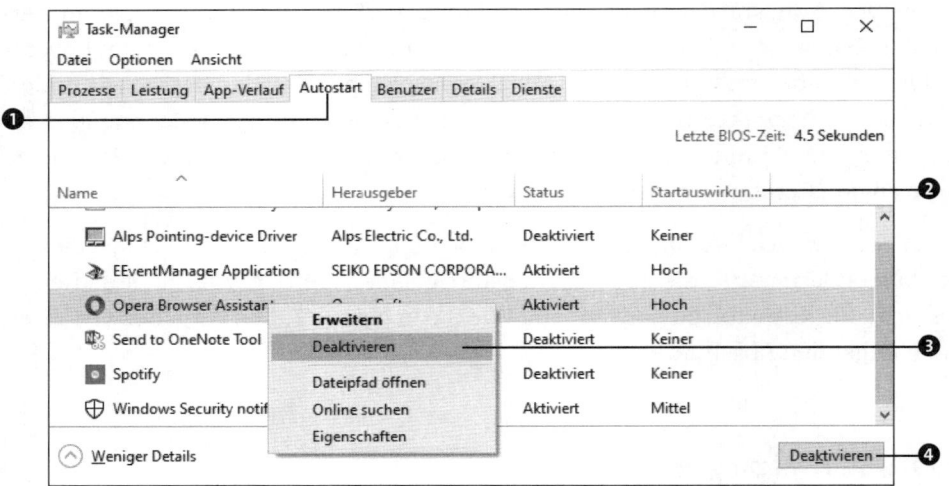

Mit dem Task-Manager laufende Dienste und Programme im Blick behalten

Der Task-Manager gibt nicht nur Aufschluss über automatisch gestartete Programme und Dienste. Nach seinem Start werden z. B. zunächst die Programme aufgelistet, die der aktuell angemeldete Benutzer – also Sie – gestartet hat.

Friert ein Programm mitten im Betrieb ein und lässt es sich auf klassische Weise nicht mehr schließen, können Sie es über den Task-Manager beenden. Markieren Sie es einfach, und klicken Sie dann auf **Task beenden**.

Möchten Sie sich zusätzlich zu den laufenden Programmen einen Überblick über sämtliche aktuellen Systemprozesse verschaffen, klicken Sie am unteren linken Rand des Fensters auf die Schaltfläche **Mehr Details**.

Im Register **Prozesse** erhalten Sie einen Überblick über alle gestarteten Programme, Apps und Hintergrundprozesse. Die Prozesse werden in Prozent angegeben.

Das Register **Leistung** zeigt die gesamte beanspruchte Leistung im aktuellen System in grafischer Form an. Ersichtlich sind hier CPU-Auslastung, Arbeitsspeicherbedarf, Festplattenschreib-/Lesezugriffe und Netzwerkauslastung. Wenn Sie wissen möchten, welche App seit dem Start des Computers welche Prozessorlast wie lange beansprucht hat, sollten Sie einen Blick in das Register **App-Verlauf** werfen. Das Register **Benutzer** zeigt, welche Benutzer aktuell am Computer angemeldet sind und wie viele Ressourcen sie verbrauchen. Im Register **Details** finden Sie eine Auflistung aller auf dem System gestarteten Programme und im Register **Dienste** eine Auflistung aller auf dem System gestarteten Dienste.

19.3.2 Verschiedene Startmodi nutzen

Die Windows-Systemkonfiguration bietet Möglichkeiten, unterschiedliche Startmodi auszuwählen. Das ist insbesondere dann interessant, wenn Sie den Computer ohne viele Hintergrunddienste starten möchten, um so zu erfahren, ob das System dadurch schneller hochfährt. Sie können das Startverhalten des PCs folgendermaßen beeinflussen:

1 Drücken Sie die Tastenkombination ⊞ + R, um den *Ausführen*-Dialog zu öffnen. In diesem geben Sie den Befehl `msconfig` ein und bestätigen mit **OK**.

2 Im Dialog **Systemkonfiguration** stehen Ihnen die Startoptionen **Normaler Systemstart**, **Diagnosesystemstart** und **Benutzerdefinierter Systemstart** zur Auswahl. Probieren Sie einmal den **Diagnosesystemstart** aus. In diesem Fall werden nur ganz dringend benötigte Dienste im Hintergrund beim Start geladen.

3 Bestätigen Sie die Auswahl, indem Sie nacheinander die Schaltflächen **Übernehmen** und **OK** anklicken. Starten Sie den Computer neu.

Sollte der Start jetzt entsprechend zügiger vonstattengehen, so ist nun zu prüfen, welcher Dienst beim normalen Systemstart für die Verzögerung sorgt. Dazu können Sie sich wieder den Task-Managers verwenden, wie in Abschnitt 19.3.1, »Den Startvorgang optimieren«, ab Seite 721 beschrieben. Anschließend sollten Sie im **Systemkonfiguration**-Dialog im Register **Allgemein** wieder den **Normalen Systemstart** auswählen und den PC neu starten.

Über die Systemkonfiguration lässt sich auch der abgesicherte Start aktivieren. Dieser ist insbesondere dann nützlich, wenn es im normalen Modus Probleme beim Start des Betriebssystems gibt.

1 Sie aktivieren den abgesicherten Modus, indem Sie im Systemkonfigurationsdialog in das Register **Start** ❶ wechseln und dort per Mausklick ein Häkchen vor **Abgesicherter Start** setzen ❷.

2 Bestätigen Sie mit **Übernehmen** und **OK**.

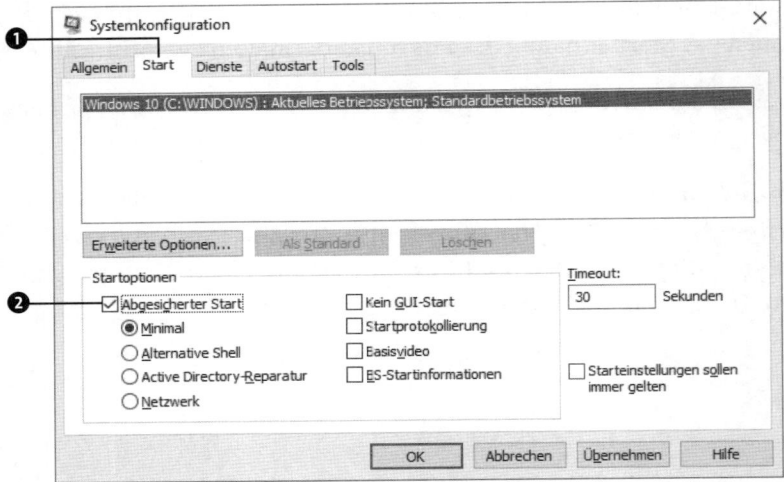

3 Sie werden nun wieder aufgefordert, den Computer neu zu starten. Sie landen anschließend in einer spärlichen Oberfläche von Windows 10. Hier können Sie sich nun in Ruhe auf die Suche nach den Ursachen für die Startprobleme begeben.

4 Vergessen Sie auch hier nicht, den abgesicherten Modus vor dem nächsten Systemstart wieder zu deaktivieren. Hierzu rufen Sie den Systemkonfiguration-Dialog auf, wechseln in das Register **Start**, und entfernen das Häkchen vor **Abgesicherter Start**. Bestätigen Sie mit **Übernehmen** und **OK**.

Starten Sie den Computer anschließend neu, erscheint wieder die ganz normale Desktopoberfläche.

19.3.3 Die eingebaute Startproblembehandlung

Es treten immer wieder Systemprobleme auf? In diesem Fall ist es ratsam, über das erweiterte Startmenü eine besondere Form der Problembehandlung aufzurufen. Klicken Sie hierzu auf das Windows-Logo und dann in der Schnellstartleiste auf **Ein/Aus**. Halten Sie nun die ⇧-Taste gedrückt, während Sie auf den Eintrag **Neu starten** klicken. Nach dem Neustart des Computers werden Sie aufgefordert, eine Option auszuwählen.

Möchten Sie z. B. Startprobleme von Windows 10 beheben, dann klicken Sie im erweiterten Startmenü zunächst auf die **Problembehandlung** und auf der nächsten Seite auf **Erweiterte Optionen**. Um nun das Startverhalten des Windows-10-PCs zu testen, klicken Sie auf **Starthilfe**. Nach einem kurzen Moment erscheint eine Übersicht über alle Administratorkonten, die auf Ihrem Computer eingerichtet wurden. Klicken Sie auf Ihr eigenes Administratorkonto, und geben Sie anschließend das zugehörige Passwort ein. Achten Sie dabei darauf, das korrekte Tastaturlayout auszuwählen (voreingestellt ist Englisch!).

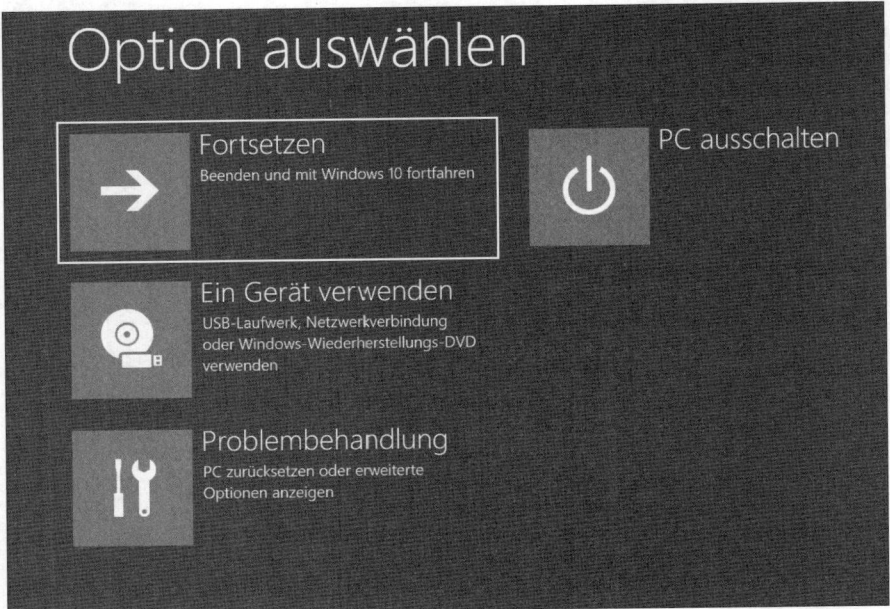

Abbildung 19.6 Das erweiterte Startmenü von Windows 10

Während des folgenden Systemstarts untersucht ein Hilfsprogramm die Startdateien in Bezug auf ihre Konsistenz. Sollte ein Fehler gefunden werden, so wird dieser unmittelbar repariert. Anderenfalls erscheint eine Meldung, dass die Starthilfe Ihren PC nicht reparieren konnte – ein Zeichen dafür, dass alles in Ordnung ist. Anschließend können Sie den Rechner entweder **Herunterfahren** oder über die Schaltfläche **Erweiterte Optionen** zurück in den gleichnamigen Dialog gelangen.

TIPP

Was tun, wenn der Rechner gar nicht mehr starten will?

Es kann vorkommen, dass Ihr Rechner sich hartnäckig weigert, hochzufahren. In diesem Fall brauchen Sie ein externes Medium, z. B. eine Windows-10-Boot-DVD oder einen zuvor präparierten USB-Bootstick. Diese lassen sich bequem mit dem *Windows 10 Media Creation Tool* erstellen (siehe Abschnitt 1.3, »Ein Installationsmedium mit dem Medienerstellungstool erstellen«, ab Seite 25). Mit diesem Werkzeug können Sie dann quasi von außen auf Ihr System zugreifen und dort auch die Starthilfe-Reparaturoption in Anspruch nehmen. Das Bootmedium identifiziert automatisch das Betriebssystem auf der Festplatte Ihres Rechners und bindet dieses zu Reparatur- und Analysezwecken ein. In jedem Fall sollten Sie auch kontrollieren, ob im UEFI bzw. BIOS Ihres Rechners das Startmedium (also im Normalfall die Festplatte des Rechners) korrekt ausgewählt wurde, siehe dazu Abschnitt 1.4, »Von null auf Windows 10«, ab Seite 30.

Mit einem Trick ist es aber auch möglich, ohne externes Bootmedium in die Reparaturoptionen des installierten Windows-Betriebssystems zu gelangen. Starten Sie dazu den Rechner mindestens dreimal hintereinander, und brechen Sie dabei jeweils den Bootvorgang beim Erscheinen des Windows-Logos ab, indem Sie länger die Ein-/Aus-Taste des Rechners gedrückt halten. Auf diese Weise gelangen Sie beim letzten Start automatisch in den Problembehandlungsbereich.

19.4 Systemproblemen von Windows 10 auf der Spur

Was ist zu tun, wenn die Aktivierung von Windows 10 nicht funktioniert? Oder wenn man das so wichtige Kennwort für die Anmeldung am Microsoft-Konto vergessen hat? Diesen Fragen und noch weiteren, in denen es um Probleme mit dem Windows-10-PC geht, werden wir auf den folgenden Seiten nachgehen. Zuvor lege ich Ihnen aber einen ganz simplen Tipp ans Herz: Sobald es mit Ihrem Computer Probleme gibt, sollten Sie nicht lange tüfteln, sondern den ältesten PC-Trick der Welt ausprobieren: Fahren Sie den Rechner einfach einmal herunter, und schalten Sie ihn anschließend wieder ein. Viele Probleme lösen sich auf diese Weise in Luft auf.

Bevor Sie größere Experimente am Computer starten, ist es außerdem sinnvoll, einen Systemwiederherstellungspunkt zu setzen. Wie das funktioniert, erfahren Sie in Abschnitt 17.3, »Mit der Systemwiederherstellung zurück zu einem stabilen System«, ab Seite 649. Außerdem sollten Sie einmal pro Monat ein komplettes Systemabbild erstellen, das bei größeren Problemen mit geringem Zeitaufwand eingespielt werden kann (siehe hierzu Abschnitt 17.5, »Ein Systemabbild erstellen und zurückspielen«, ab Seite 659). Sollte Ihr Computer Ihnen Probleme bereiten, können Sie sich ganz gelassen an die Lösung machen, denn Sie haben ja den Datenairbag in der Hinterhand.

19.4.1 Windows 10 auffrischen

Keine der Problemlösungen, die Sie bisher ausprobiert haben, hat zum Erfolg geführt? Sie haben jederzeit die Möglichkeit, Ihren Windows-Computer auf einen definierten

Zustand zurückzusetzen. Dieser Zustand ist derjenige, in dem sich der PC nach einer frischen Installation von Windows 10 befand. Der Begriff »Windows auffrischen« ist also mehr oder weniger irreführend, da auf diese Weise im Extremfall Ihr Computer derart zurückgesetzt wird, dass sämtliche persönlichen Einstellungen, installierten Programme und Daten verloren gehen. Wenden Sie diese Option daher bitte mit Bedacht an und auch nur dann, wenn es für Ihr Problem keine andere Lösung gibt.

1 Führen Sie einen Start in das erweiterte Startmenü von Windows 10 durch. Klicken Sie hierzu im Startmenü auf das Symbol **Ein/Aus**, und halten Sie dann die Taste ⇧ gedrückt, während Sie auf **Neu starten** klicken. Der Computer wird dadurch neu gebootet.

2 In dem Dialog, den Sie nach dem Neustart zu sehen bekommen, klicken Sie auf **Problembehandlung** und wählen dann den Punkt **Diesen PC zurücksetzen**.

3 In dem nun folgenden Menü haben Sie zwei Möglichkeiten: Sie können entweder Ihre eigenen Dateien behalten oder aber den Rechner komplett neu aufsetzen, wodurch sämtliche persönlichen Daten (eigene Bilder, eigene Videos, eigene Textdokumente etc.) vollständig gelöscht werden. In beiden Fällen werden sämtliche Programme entfernt, die Sie selbst installiert haben.

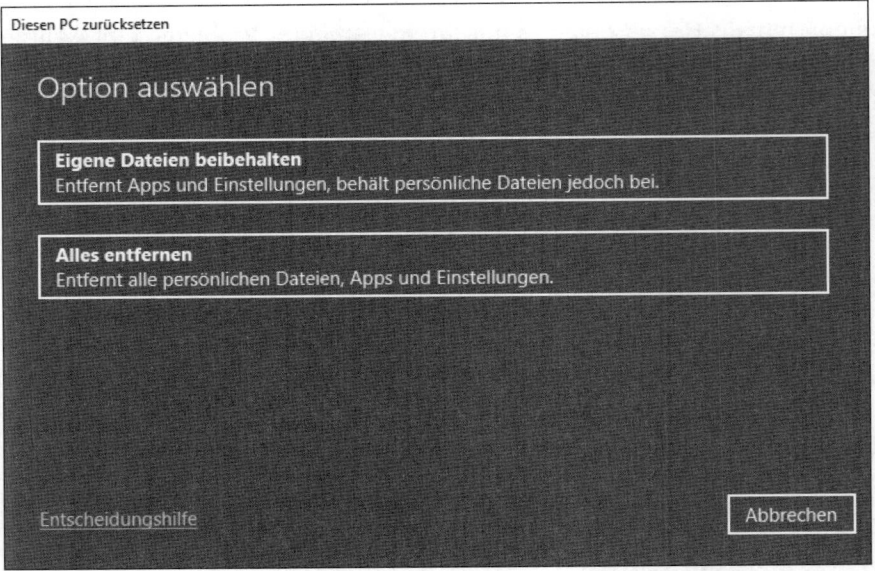

4 Wählen Sie die entsprechende Option aus, und der PC wird entsprechend Ihrer Vorgaben zurückgesetzt.

19.4.2 Probleme mit der Aktivierung und Echtheitsprüfung beheben

Das Betriebssystem Windows 10 wird beim ersten Start über einen Microsoft-Server per Internet aktiviert. Voraussetzung hierfür ist die Eingabe eines gültigen Installationsschlüssels. Dieser wird während der Installation des Betriebssystems abgefragt. Wenn Sie vorkonfigurierte Hardware erworben haben, dann wurde dieser Schlüssel bereits eingegeben. Sie können kontrollieren, ob Ihr System aktiviert wurde, indem Sie über das Startmenü die **Einstellungen** aufrufen und hier nacheinander **Update und Sicherheit** ▸ **Aktivierung** ❶ wählen. In der rechten Spalte des Dialogs erfahren Sie nun, ob die Aktivierung des Betriebssystems erfolgreich war ❷.

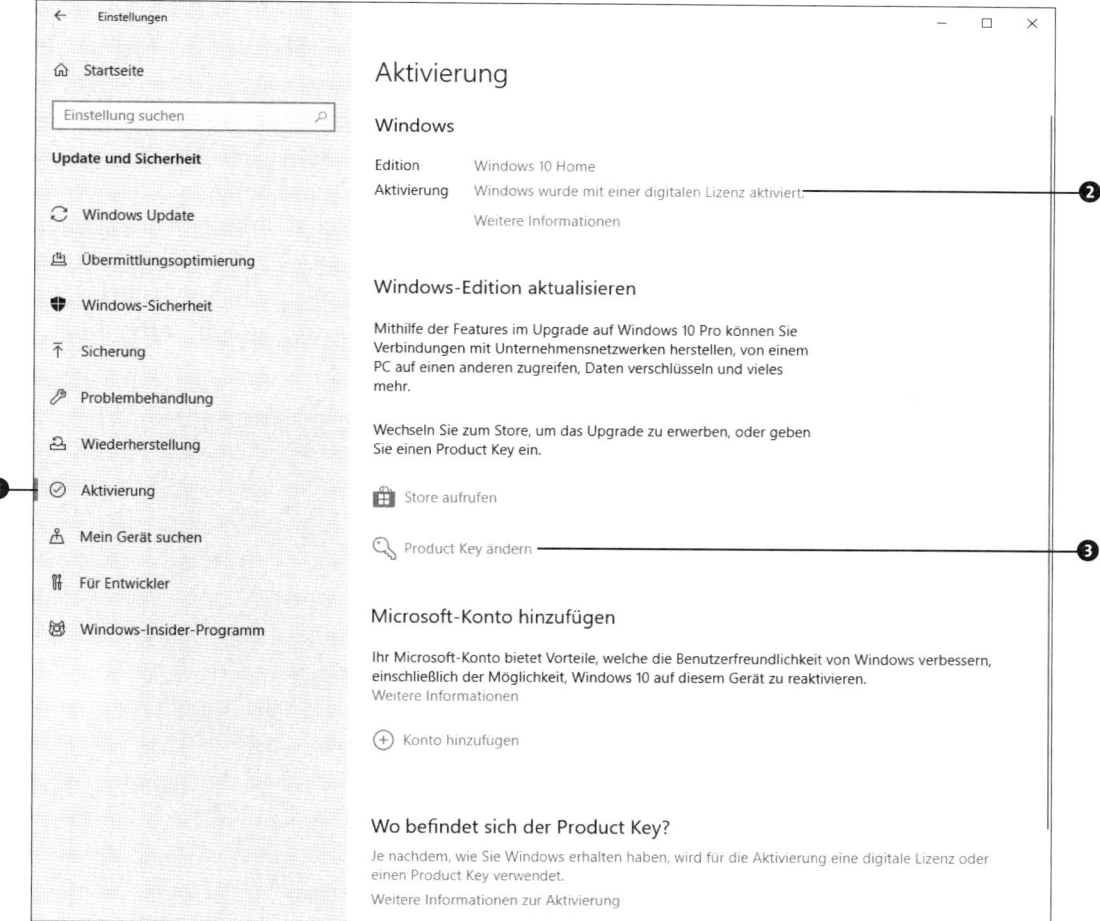

Abbildung 19.7 Windows 10 wurde ordnungsgemäß aktiviert.

Es kann durchaus vorkommen, dass sich Ihr Betriebssystem hartnäckig weigert, aktiviert zu werden. Diesbezüglich sind folgende Situationen bekannt:

- Es kann immer mal vorkommen, dass die Aktivierungsserver von Microsoft überlastet sind. Warten Sie in diesem Fall einige Stunden, und versuchen Sie danach erneut, Ihren Rechner zu aktivieren. Das erfolgt ebenfalls wieder über **Start** ▸ **Einstellungen** ▸ **Update und Sicherheit** ▸ **Aktivierung**.

- Der Produktschlüssel wird bereits auf einem weiteren Rechner verwendet. In diesem Fall bleibt Ihnen nichts anderes übrig, als für den aktuellen Rechner einen neuen Schlüssel zu erwerben. Wenn Sie im Besitz eines neuen, gültigen Schlüssels sind, dann wählen Sie im Dialog **Aktivierung** den Punkt **Product Key ändern** (❸ auf Seite 729) und geben anschließend den neuen Schlüssel ein. Anschließend wird Ihre Windows-Kopie via Internet aktiviert.

- Der Produktschlüssel, den Sie während der Installation eingegeben haben, ist ungültig. Hier empfiehlt es sich, telefonischen Kontakt zu Microsoft aufzunehmen.

Wenn Sie Ihre Windows-10-Kopie telefonisch aktivieren möchten, öffnen Sie dazu mittels ⊞ + Ⓡ den Dialog **Ausführen** und geben dort slui 4 ein. Daraufhin öffnet sich ein Assistent, der Sie durch die telefonische Aktivierung des Betriebssystems führt. Hier finden Sie u. a. eine Telefonnummer, unter der Sie die Aktivierung gebührenfrei durchführen können.

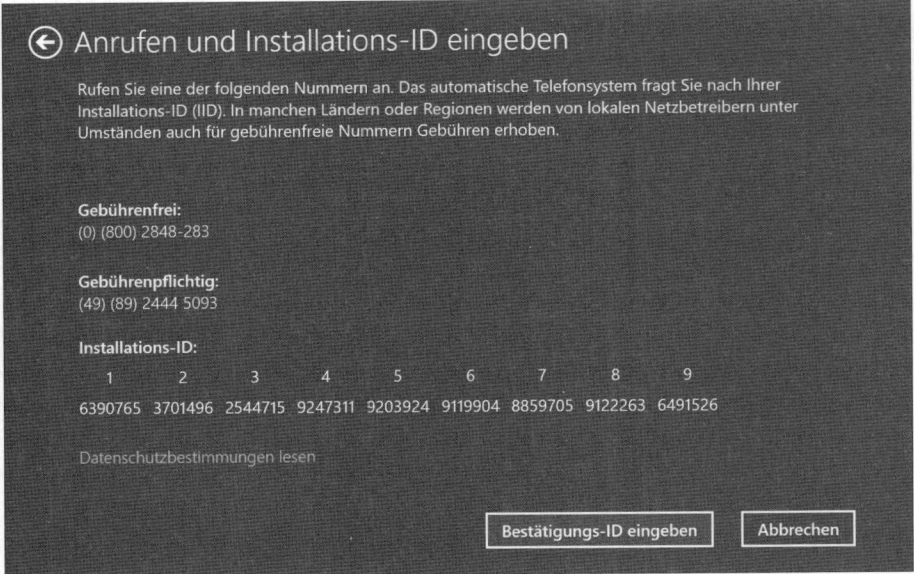

Abbildung 19.8 Der Assistent zur telefonischen Aktivierung von Windows 10

19.4.3 Aktivierungsdaten sichern

Nach einer erfolgreichen Aktivierung Ihres Betriebssystems empfiehlt es sich, die Aktivierungsdaten zu sichern, um diese im Fall einer Neuinstallation für die erneute Aktivierung von Windows 10 parat zu haben. Dafür benötigen Sie wieder ein Windows-10-Installationsmedium, und zwar in diesem Fall am besten einen USB-Stick, den Sie wieder mit dem *Windows Media Creation Tool* erstellen (siehe Abschnitt 1.3, »Ein Installationsmedium mit dem Medienerstellungstool erstellen«, ab Seite 25).

1 Auf dem USB-Stick befindet sich dann im Ordner *sources* die Datei *gatherosstate.exe*. Kopieren Sie diese Datei zunächst auf die Festplatte Ihres PCs.

2 Starten Sie das Programm per Doppelklick auf die gerade kopierte Datei. In dem aktuellen Verzeichnis wird nun die Datei *GenuineTicket.xml* erzeugt, die die Aktivierungsdaten enthält.

3 Sichern Sie diese Datei z. B. auf einem USB-Stick oder in der OneDrive-Cloud, damit sie Ihnen bei späteren Installationen zur Verfügung steht.

Zur Aktivierung eines frisch installierten Betriebssystems gehen Sie nun folgendermaßen vor:

1 Kopieren Sie die Datei *GenuineTicket.xml* in das Verzeichnis *C:\ProgramData\Microsoft\Windows\ClipSVC\GenuineTicket*.

Achtung: Dieses Verzeichnis ist standardmäßig ausgeblendet. Um es sichtbar zu machen, öffnen Sie im Explorer das Register **Ansicht** und setzen hier im Bereich **Ein-/ausblenden** ein Häkchen bei **Ausgeblendete Elemente**.

2 Führen Sie nach dem Kopiervorgang einen Neustart durch. Öffnen Sie anschließend die Eingabeaufforderung mit ⊞ + R, und geben Sie den Befehl net start clipsvc ein. Dadurch wird das soeben installierte Betriebssystem aktiviert.

3 Kontrollieren Sie schließlich in den Einstellungen im Bereich **Update und Sicherheit** ▸ **Aktivierung**, ob die Aktivierung erfolgreich war.

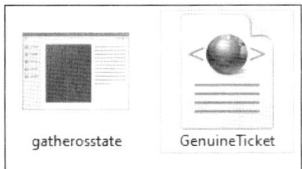

Abbildung 19.9 Mit dem Tool »gatherosstate« sichern Sie die Aktivierung Ihres Betriebssystems.

19.4.4 Systemdateien überprüfen und reparieren

Oft lohnt es sich, bei Problemen mit dem Computer einmal die Systemdateien zu überprüfen. Windows 10 bietet hierfür eine automatische Prozedur an, die Sie folgendermaßen starten:

1 Klicken Sie mit der rechten Maustaste auf das Windows-Logo, und wählen Sie im Schnellstartmenü den Eintrag **Windows PowerShell (Administrator)** aus.

2 Geben Sie hier den Befehl `sfc /scannow` ein.

Dieses Programm testet nun sämtliche wichtige Systemdateien auf deren korrekte Funktionsweise. Dieser Vorgang kann durchaus einige Minuten in Anspruch nehmen – eine Prozentanzeige gibt Aufschluss über den Scanfortschritt. Wenn Fehler gefunden werden, werden diese durch das Programm in der Regel unverzüglich repariert. Nur bei komplexeren Problemen ist eine manuelle Nachbearbeitung erforderlich. Das wird dann durch entsprechende Meldungen in der PowerShell angezeigt.

```
Administrator: Windows PowerShell
Windows PowerShell
Copyright (C) Microsoft Corporation. Alle Rechte vorbehalten.

Lernen Sie das neue plattformübergreifende PowerShell kennen - https://aka.ms/pscore6

PS C:\WINDOWS\system32> sfc /scannow

Systemsuche wird gestartet. Dieser Vorgang kann einige Zeit dauern.

Überprüfungsphase der Systemsuche wird gestartet.
Überprüfung 100 % abgeschlossen.

Der Windows-Ressourcenschutz hat keine Integritätsverletzungen gefunden.
PS C:\WINDOWS\system32>
```

Abbildung 19.10 Die Integrität des Systems lässt sich leicht mit dem Befehl »sfc« überprüfen.

19.4.5 Das Kennwort für Ihr Microsoft-Konto zurücksetzen

Haben Sie das Passwort für Ihr Microsoft-Konto vergessen? Das ist zum Glück kein Grund zur Sorge, denn Microsoft bietet einen Assistenten an, mit dessen Hilfe Sie Ihr Passwort zurücksetzen können. Gehen Sie dazu folgendermaßen vor:

1 Rufen Sie die Webseite *https://account.live.com/password/reset* auf, und geben Sie im Dialog **Konto wiederherstellen** die E-Mail-Adresse Ihres Microsoft-Kontos ein ❶. Klicken Sie auf **Weiter**.

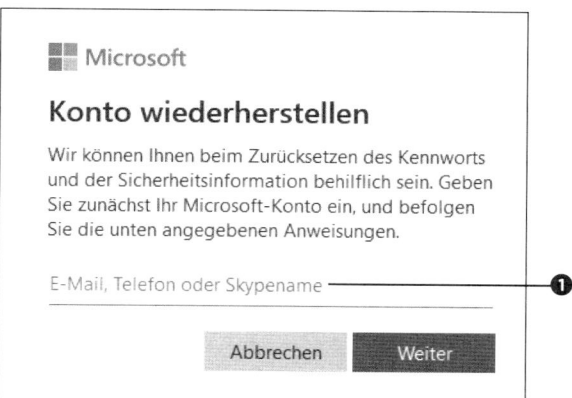

2 Sie werden nun aufgefordert, Ihre Identität zu bestätigen. Dazu wird Ihnen ein Code an die von Ihnen hinterlegte Sicherheitsinformation geschickt. Diese Sicherheitsinformation ist z. B eine E-Mail-Adresse oder Mobiltelefonnummer. Nachdem Sie entsprechend **E-Mail...** oder auch **Textnachricht an...** markiert haben ❷, klicken Sie auf **Weiter**. Sollte Ihnen die Sicherheitsinformation nicht mehr bekannt sein, klicken Sie auf **Ich habe diese Infos nicht** ❸. Sie haben dann anschließend die Möglichkeit, eine alternative E-Mail-Adresse oder auch Mobiltelefonnummer anzugeben.

3 Im folgenden Dialog werden Sie aufgefordert, die fehlenden Informationen zu ergänzen. Im Falle der E-Mail-Adresse müssen Sie entsprechend die vollständige Adresse eingeben; bei einer Telefonnummer sollen die letzten vier Ziffern der Nummer angegeben werden ❹. Klicken Sie dann auf **Code abrufen** ❺.

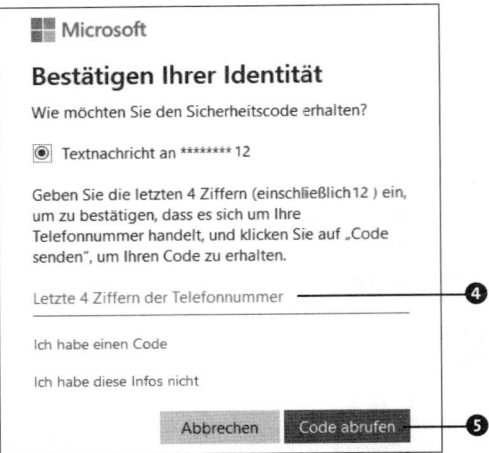

4 Geben Sie als Nächstes den Code ein, den Sie per Mail oder Textnachricht erhalten haben. Daraufhin erscheint ein Dialog, in dem Sie nun ein neues Passwort eintippen und bestätigen müssen. Mit einem Klick auf **Weiter** wird das neue Passwort übernommen. Achtung: Das Sicherheitssystem verlangt an dieser Stelle, dass Sie ein anderes Passwort als das zuvor genutzte eingeben. Sollten Sie hier doch noch quasi aus Versehen das alte Passwort eingeben, wird Ihnen das mitgeteilt. Sie können den Vorgang dann immer noch abbrechen.

INFO

Das Kennwort des Administratorkontos vergessen?

Unter Windows 7 und älteren Versionen war es noch möglich, das Kennwort des Administratorkontos mit einem Linux-Livesystem »von außen« zurückzusetzen. Das ist mit Windows 10 nicht mehr machbar. In diesem Fall zahlt es sich aus, wenn Sie ein (Administrator-)Konto auf Ihrem PC mit einem Microsoft-Konto verknüpft haben. Dessen Passwort können Sie stets über die Prozedur wiederherstellen, die ab Seite 732 in Abschnitt 19.4.5 beschrieben ist. Wie Sie das Passwort eines lokalen Benutzerkontos zurücksetzen, lesen Sie im Kasten »Das Kennwort mithilfe der Sicherheitsfragen zurücksetzen« auf Seite 110.

19.5 Wichtige Hilfsforen im Internet

Bei den meisten Problemen mit Ihrem Windows-10-Computer ist kompetente Hilfe nur einen Mausklick entfernt. So finden Sie im Internet viele Hilfsforen, in denen Sie mit

Experten in Kontakt treten können, die Ihnen bei Ihren Problemen weiterhelfen. In Tabelle 19.1 habe ich einige interessante Websites für Sie zusammengestellt:

Name	URL	Inhalte
Win-10-Forum	*www.win-10-forum.de*	allgemeine Themen rund um Windows 10
Dr. Windows	*www.drwindows.de*	Informationsseite mit News zu Windows und großem Forum zu allen Windows-Versionen
Deskmodder	*www.deskmodder.de*	News und Anleitungen rund um Windows, großes Forum
WinTotal	*www.wintotal.de*	Infos zu allen Windows-Versionen mit angeschlossenem Forum
Paules PC-Forum	*www.paules-pc-forum.de*	Anleitungen zu Windows 10 nebst Forum

Tabelle 19.1 Einige hilfreiche Windows-Foren

Eine eigene Anfrage in den Foren zu stellen ist meist nur dann nötig, wenn Sie ein Problem mit Ihrem Windows-10-PC haben, das relativ ungewöhnlich ist und in dieser Form noch nirgends besprochen wurde. Diese Situation tritt allerdings ausgesprochen selten ein. Denn viele Themen wurden bereits in einem der oben aufgeführten Foren behandelt. Bevor Sie selbst eine Frage im Forum veröffentlichen, sollten Sie deshalb über die Suchfunktion des Forums prüfen, ob die Frage nicht bereits in einem anderen Diskussionsfaden (auch *Thread* genannt) beantwortet wurde. Falls nicht, können Sie in dem entsprechenden Forum ein Benutzerkonto anlegen und Ihre Frage stellen. Hierbei sollten Sie unbedingt drei wichtige Regeln beachten:

- Bleiben Sie stets höflich, auch wenn Ihre Gegenüber den Eindruck vermitteln, Ihr Problem sei einfach zu lösen und Sie hätten keine Ahnung. Manche selbst ernannten Experten wirken oft herablassend.

- Bemühen Sie stets die Forensuche, bevor Sie eine Frage stellen. Prüfen Sie auf diese Weise, dass das Thema nicht bereits an anderer Stelle behandelt wurde.

- Geben Sie mit der Frage immer Ihre System- und Hardwarekonfiguration an (siehe Abschnitt 19.2.2, »Informationen zur Hardware mit Drittanbietersoftware einholen«, ab Seite 717), damit sich die Experten ein Bild von den Begleitumständen des Problems machen können.

TIPP

Fehlermeldungen googeln

Um bei einer Frage zu einem auftretenden Problem auf die richtige Internetseite bzw. zum richtigen Forum weitergeleitet zu werden, bietet es sich an, nach Lösungsvorschlägen zu googeln. Meist führen hier schon umgangssprachlich formulierte Problembeschreibungen zum Ziel, z. B.: »Wie richte ich unter windows 10 ein gmx imap mailkonto ein?« Wie Sie hier sehen, müssen Sie dabei keine Rücksicht auf Groß- bzw. Kleinschreibung nehmen.

Haben Sie hingegen eine bestimmte Fehlermeldung erhalten, die das Problem erzeugt, dann sollten Sie als Suchbegriff den genauen Wortlaut der Fehlermeldung in Anführungszeichen eingeben, z. B. »Fehler beim Laden des Treibers \Driver\ WUDFRd«. Sie werden überrascht sein, wie schnell Sie auf diese Weise auf Webseiten gelangen, die Ihnen bei der Lösung Ihres Problems helfen.

TEIL VI

Windows 10 für geübte Anwender

20 Die Registrierungsdatenbank von Windows 10

Sämtliche Fäden des Windows-10-Betriebssystems laufen in der sog. *Registrierungsdatenbank* (engl. *Registry*) zusammen. In dieser Datenbank sind alle Einstellungen bezüglich des Betriebssystems gespeichert. Als Normalanwender müssen Sie nicht unbedingt in die Registry eintauchen und diese ändern: Fast alle Einstellungen lassen sich auch über die Betriebssystemoberfläche vornehmen. Sie verwenden dazu die App *Einstellungen* bzw. die Systemsteuerung. Dennoch gibt es einige Feinheiten, die sich nicht ohne Weiteres mit den angesprochenen Werkzeugen konfigurieren lassen. In solchen Fällen greift man zum sog. *Registrierungs-Editor* und ändert bzw. erstellt damit sog. Schlüssel, die das Verhalten des Betriebssystems beeinflussen. Man spricht in diesem Fall auch von *Registry-Hacks*. Auf den folgenden Seiten stelle ich Ihnen die Registrierungsdatenbank ausführlich vor.

20.1 Das sollten Sie über die Registry wissen

Bevor ich Ihnen an einigen konkreten Beispielen zeige, wie Sie selbst Registry-Hacks vornehmen, werden wir zunächst einen Blick auf die Registrierungsdatenbank werfen. Der Zugriff auf die Registry erfolgt über den Registrierungs-Editor.

20.1.1 Den Registrierungs-Editor öffnen

Um die Registry bearbeiten zu können, benötigen Sie Administratorrechte. Damit die Benutzerkontensteuerung nicht zu häufig mit Nachfragen stört, melden Sie sich am besten mit einem Benutzerkonto am Computer an, das über die entsprechenden Administratorrechte verfügt (siehe auch Abschnitt 4.1, »Sicherheitsaspekte: Administrator versus Standardbenutzer«, ab Seite 103). Für den Registrierungs-Editor gibt es im Startmenü keinen eigenen Eintrag. Zum Öffnen müssen Sie daher einen etwas anderen Weg gehen: Drücken Sie die Tastenkombination ⊞ + R. Im Dialog **Ausführen**, der hierdurch geöffnet wird, geben Sie den Befehl regedit ein. Bestätigen Sie Ihre Eingabe mit **OK** und die anschließende Nachfrage der Benutzerkontensteuerung mit **Ja**.

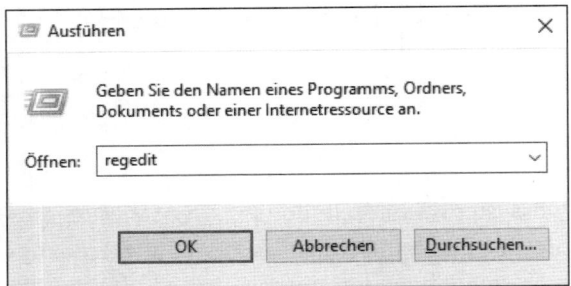

Abbildung 20.1 Der Registrierungs-Editor lässt sich
schnell über den Ausführen-Dialog aufrufen.

Alternativ können Sie den Befehl `regedit` auch in das Suchfeld in der Taskleiste eingeben. In der Trefferliste wählen Sie dann den Eintrag **regedit Befehl ausführen** und bestätigen die Frage der Benutzerkontensteuerung mit **Ja**. Nun wird der **Registrierungs-Editor** geöffnet.

Im Navigationsbereich auf der linken Seite des Fensters erscheint die Struktur der Registrierungsdatenbank in Form eines Baums. Sollte die linke Spalte sehr schmal erscheinen, passen Sie die Breite einfach an, indem Sie die Trennlinie ❶ zwischen linker und rechter Spalte mit gedrückter linker Maustaste verschieben. Wenn Sie in die einzelnen Zweige (manchmal auch *Äste* genannt) abtauchen möchten, klicken Sie einfach auf den Pfeil ❷ links neben dem entsprechenden Schlüsselwort. Dadurch klappt der entsprechende Zweig auf.

Wenn Sie so weit in einen Zweig abgetaucht sind, dass nur noch einzelne Schlüssel ohne Unterverzeichnisse auftauchen, erscheint nach Auswahl eines Schlüssels ❸ in der rechten Spalte des Editors seine Belegung mit Werten. In der folgenden Abbildung wurde beispielsweise in der linken Spalte der Pfad *Computer\HKEY_LOCAL_MACHINE\SOFTWARE\Microsoft\Windows\CurrentVersion\DateTime\Servers* ausgewählt. In diesem Bereich werden Zeitserver definiert, die die Systemzeit des Computers mit der offiziellen Standardzeit abgleichen.

Möchten Sie einen derartigen Wert verändern, führen Sie einen Doppelklick über dem entsprechenden Eintrag in der rechten Spalte durch. In unserem Beispiel lässt sich nach einem Doppelklick über dem Eintrag 1 ❹ im Bereich *DateTime\Servers* im folgenden Fenster z. B. ein neuer Zeitserver definieren. Im Beispiel wurde der Zeitserver der Physikalisch-Technischen Bundesanstalt Braunschweig (kurz PTB) gewählt.

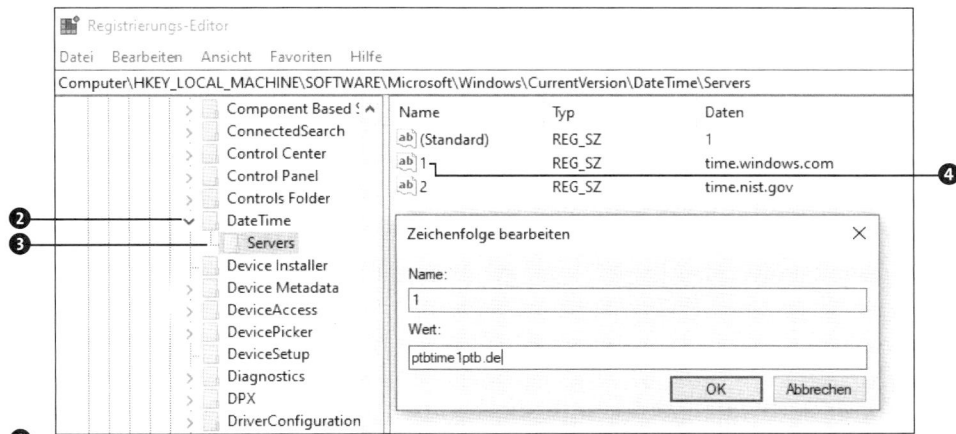

Abbildung 20.2 Im rechten Bereich des Registrierungs-Editor-Fensters können Sie die Schlüssel des Unterverzeichnisses doppelt anklicken und anschließend bearbeiten.

Der neu eingetragene Zeitserver erscheint auch in der Systemsteuerung, die Sie über das Suchfeld in der Taskleiste aufrufen. Rufen Sie dort den Bereich **Zeit und Region** ▶ **Datum und Uhrzeit festlegen** ▶ **Internetzeit** auf.

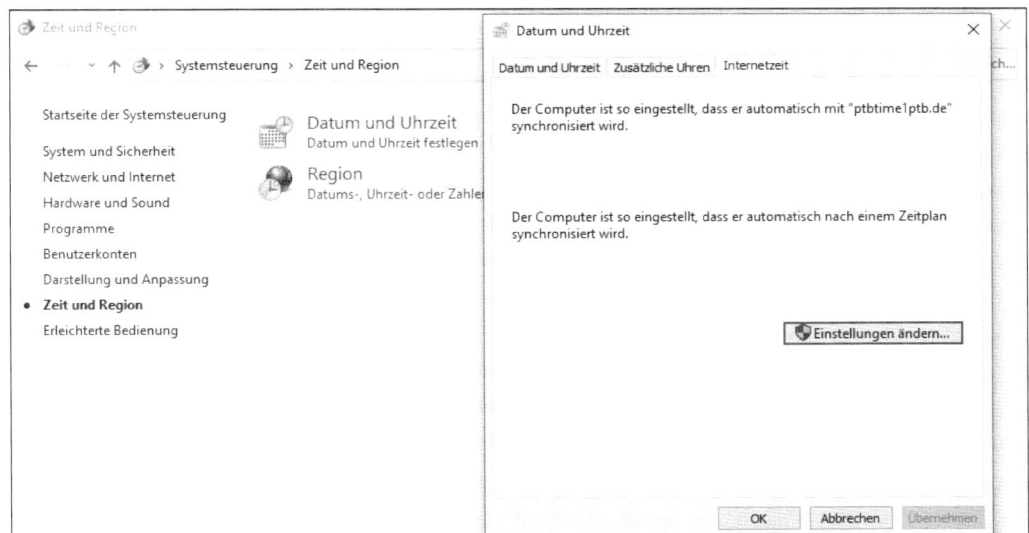

Abbildung 20.3 Die Änderungen in der Registry werden unmittelbar auf die Systemsteuerung übertragen. Umgekehrt geht eine Änderung in den Systemeinstellungen per Systemsteuerung oder Einstellungen-App stets mit einer Änderung des entsprechenden Schlüssels in der Registry einher.

INFO

Verknüpfung zum Registrierungs-Editor

Wenn Sie den Registrierungs-Editor häufig aufrufen, empfiehlt es sich, eine entsprechende Verknüpfung in der Taskleiste abzulegen. Starten Sie dazu den Registrierungs-Editor, und führen Sie über dem Symbol in der Taskleiste einen rechten Mausklick durch. Wählen Sie aus dem Kontextmenü jetzt die Option **An Taskleiste anheften**. Nun können Sie den Editor rasch durch Anklicken des Symbols starten, ohne den Umweg über den *Ausführen*-Dialog gehen zu müssen.

20.1.2 Die Struktur der Registry im Überblick

Die Registrierungsdatenbank besteht aus fünf Hauptbereichen (*HiveKeys* genannt, wobei das englische Wort *Hive* für »Bienenstock« steht), auf die sämtliche Eigenschaften bzw. Parameter des Betriebssystems verteilt werden:

- *HKEY_CLASSES_ROOT*: Dieser Bereich ist streng genommen nur eine Verknüpfung zu dem Unterschlüssel *HKEY_LOCAL_MACHINE\SOFTWARE\Classes*. Im Wesentlichen werden hier die Dateiendungen definiert, welche den Programmen, die auf dem System installiert wurden, zugeordnet sind. Beispiel: Die Endung *.doc* wird in der Regel den Programmen Microsoft Word bzw. WordPad zugeordnet. Normalerweise lassen sich alle Einstellungen, die Sie in diesem Unterbereich ändern können, auch über den Einstellungen-Dialog vornehmen, wie in Abschnitt 9.5, »Standardprogramme festlegen«, ab Seite 370 beschrieben ist.

- *HKEY_CURRENT_USER*: Hier finden Sie die Benutzereinstellungen des aktuell angemeldeten Benutzers wieder. Dabei handelt es sich wiederum um den Unterbereich eines anderen Schlüssels, und zwar *HKEY_USERS*.

- *HKEY_LOCAL_MACHINE*: Dieser HiveKey umfasst sämtliche Konfigurationsdateien Ihres PCs, also Informationen zur installierten Hard- und Software.

- *HKEY_USERS*: Dieser Bereich beinhaltet Einstellungen, die sämtliche Benutzer betreffen. Die einzelnen Benutzerkonten werden hier anhand eines sog. SIDs (*Secure Identifier*) identifiziert.

- *HKEY_CURRENT_CONFIG*: Dabei handelt es sich wieder um eine Verknüpfung, diesmal zum Zweig *HKEY_LOCAL_MACHINE\SYSTEM\CurrentControlSet\Hardware Profiles\Current*. In diesem Bereich werden aktuelle Informationen über die im Computer eingebaute Hardware angezeigt.

INFO

Kurzschreibweise der Schlüssel

Es ist üblich, die Hauptschlüssel in Kurzform zu schreiben. Der Schlüssel HKEY_CLASSES_ROOT wird mit HKCR abgekürzt, HKCU bedeutet HKEY_CURRENT_USER, HKLM steht für HKEY_LOCAL_MACHINE, HKU für HKEY_USERS, und HKEY_CURRENT_CONFIG trägt das Kürzel HKCC. Das H am Anfang der Schlüsselnamen steht für das englische Wort *handle*.

20.2   Sichern und Wiederherstellen der Registry

Bei sämtlichen Änderungen, die Sie an der Registrierungsdatenbank vornehmen, sollten Sie sich darüber im Klaren sein, dass Sie dadurch im Extremfall Ihren Computer komplett unbrauchbar machen können. Daher empfiehlt es sich, vorher ein Backup, sprich eine Sicherung, der gesamten Registry anzulegen – oder zumindest des Zweiges, den Sie bearbeiten möchten. Die Sicherung können Sie im Notfall wieder zurückspielen. Wie das geht, zeigt der folgende Abschnitt.

20.2.1   Vor Experimenten: Die Registry sichern

Die einfachste und unkomplizierteste Variante, um den Ist-Zustand Ihres Computers zu sichern, besteht darin, einen Wiederherstellungspunkt anzulegen. Wie das funktioniert, erfahren Sie in Abschnitt 17.3.2, »Einen Wiederherstellungspunkt manuell setzen«, ab Seite 652. Im daran anschließenden Abschnitt ab Seite 653 wird auch beschrieben, wie Sie Ihr System auf einen bestimmten Wiederherstellungspunkt zurücksetzen.

Mithilfe eines Wiederherstellungspunkts wird die komplette Registry gesichert. Alternativ hierzu können Sie auch nur Teile der Registrierungsdatenbank abspeichern, indem Sie den Teilzweig in einer Registrierungsdatei sichern, den Sie verändern. Sollte sich später herausstellen, dass die Änderungen Probleme verursachen, dann können Sie diese blitzschnell wieder rückgängig machen, indem Sie die Sicherung des Pfades in die Registrierungsdatenbank zurückspielen. Bei dieser Vorgehensweise ist allerdings Vorsicht geboten: Achten Sie darauf, wirklich nur kleine Teile der Registry zu sichern, sprich wirklich nur den Unterschlüssel, den Sie ändern wollen, und auf keinen Fall einen der Hauptschlüssel. Bei Letzteren – aber auch bei einigen Unterschlüsseln – besteht die Gefahr, dass diese bereits beim Start des Computers vom Betriebssystem selbst oder anderen Prozessen geöffnet werden. Geöffnete Elemente lassen sich aber nicht ändern, in unserem Fall also nicht wiederherstellen.

Wir werden später einen neuen Kontextmenüpunkt per Registry-Hack im Explorer ergänzen, mit dessen Hilfe Sie beliebige Dateien im Editor bearbeiten können (siehe Abschnitt 20.3.4, »Einen neuen Registry-Eintrag anlegen«, ab Seite 751). An dieser Stelle zeige ich Ihnen, wie man den entsprechenden Registry-Pfad zunächst sichert, bevor man die Änderungen vornimmt:

1 Starten Sie den Registrierungs-Editor, indem Sie den Befehl »regedit« in das Suchfeld in der Taskleiste eingeben, den entsprechenden Eintrag aus der Liste per Anklicken auswählen und anschließend die Nachfrage der Benutzerkontensteuerung bestätigen.

2 Begeben Sie sich nun in den Pfad *HKEY_CLASSES_ROOT** ❶, und markieren Sie dort den Schlüssel **shell** ❷.

3 Führen Sie einen rechten Mausklick über dem markierten Schlüssel **shell** durch, und wählen Sie den Kontextmenüeintrag **Exportieren** ❸. Alternativ hierzu können Sie auch im Menü **Datei** ❹ den Befehl **Exportieren** auswählen.

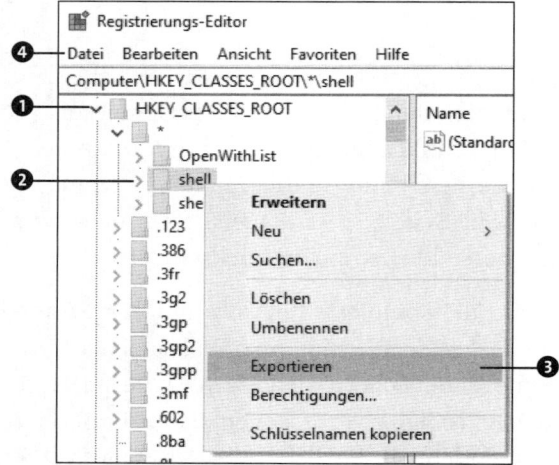

4 Im Dialog **Registrierungsdatei exportieren** wählen Sie den Ordner aus, in dem die betreffende Registrierungsdatei gespeichert werden soll. Sie haben an dieser Stelle natürlich auch die Möglichkeit, die Datei auf einem externen Speichermedium (z. B. einem USB-Stick) abzulegen.

5 Geben Sie der Datei einen selbsterklärenden Namen ❺, und achten Sie darauf, dass im unteren Teil des Fensters die Option **Ausgewählte Teilstruktur** ❻ markiert wurde. Hier taucht dann auch die Bezeichnung des zu exportierenden Pfades auf.

6 Mit einem Klick auf **Speichern** sichern Sie die Registrierungsdatei.

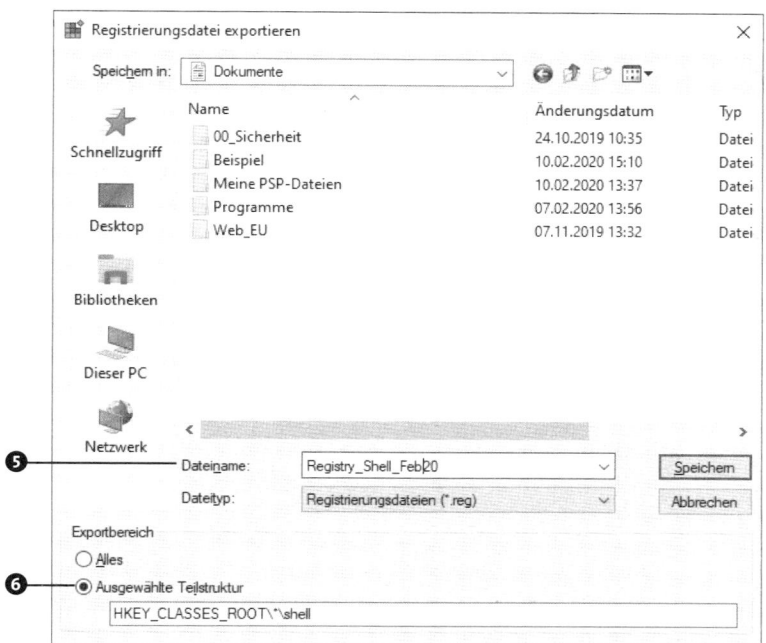

Rufen Sie nun zur Sicherheit den Explorer auf, und überprüfen Sie, ob die Datei auch wirklich im ausgewählten Ordner gespeichert wurde. Ist dies der Fall, war die Sicherung des gewählten Zweiges erfolgreich.

Inhalt der Registrierungsdatei ansehen

Wenn Sie möchten, können Sie sich den Inhalt einer exportierten Registrierungsdatei im Editor ansehen. Wechseln Sie hierzu im Explorer in den Ordner, in dem Sie die Registrierungsdatei gespeichert haben. Klicken Sie mit der rechten Maustaste auf die Datei, und wählen Sie im Kontextmenü den Befehl **Öffnen mit**. Im aufklappenden Dialog wählen Sie den Eintrag **Weitere Apps**. In der Auswahlliste erscheint der **Editor**. Wählen Sie diesen durch Anklicken aus, und bestätigen Sie Ihre Auswahl mit **OK**. Der Inhalt der Registrierungsdatei wird nun im Editor angezeigt. Die Datei

INFO

lässt sich hier zwar auch bearbeiten, in diesem Fall sollten Sie sich allerdings sehr gut auskennen.

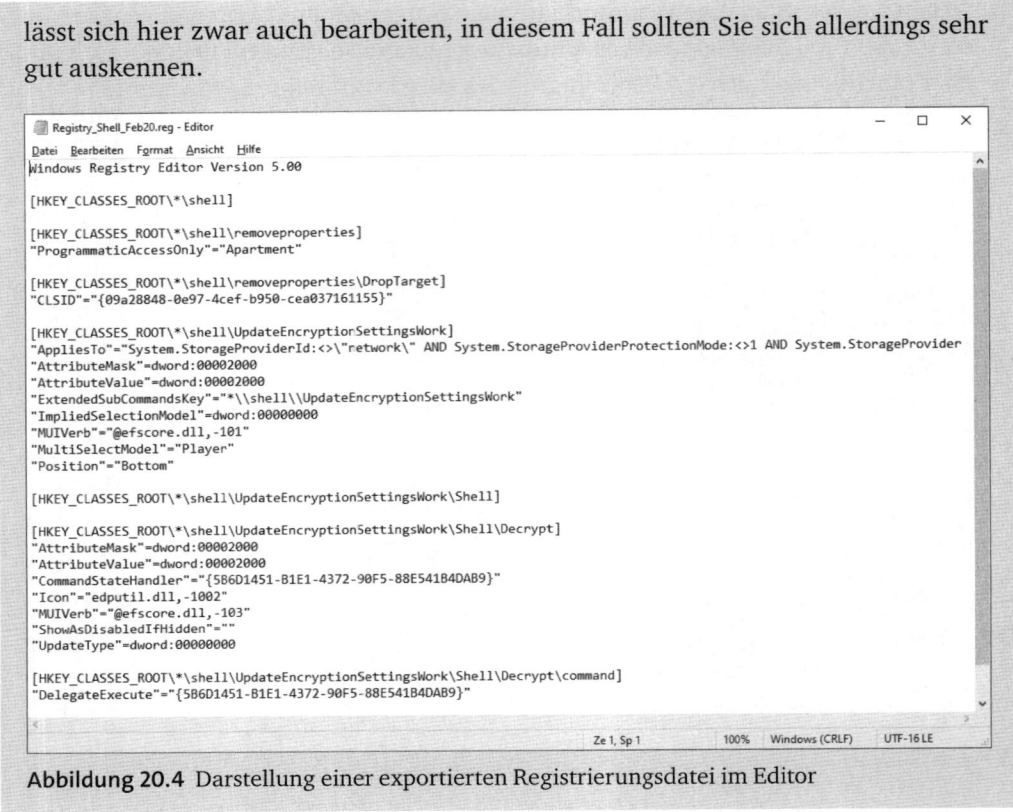

Abbildung 20.4 Darstellung einer exportierten Registrierungsdatei im Editor

20.2.2   Einstellungen der Registry wiederherstellen

Die vorgenommenen Änderungen an der Registry haben nicht den gewünschten Erfolg gezeigt, und Sie möchten die Sicherung der Registrierungsdatei wieder zurückspielen? Hierzu gehen Sie folgendermaßen vor:

1 Starten Sie erneut den Registrierungs-Editor, und rufen Sie im Menü **Datei** den Befehl **Importieren** auf.

2 Im Dialog **Registrierungsdatei importieren** wechseln Sie in den Ordner, in dem Sie die zuvor gesicherte Registrierungsdatei gespeichert haben.

3 Markieren Sie die Datei, und klicken Sie auf **Öffnen**. Dadurch wird der Schlüssel wieder in seiner ursprünglichen Form hergestellt. Den folgenden Hinweis bestätigen Sie mit **OK**.

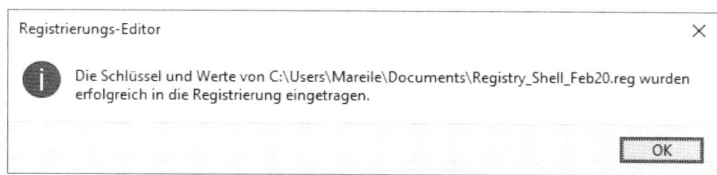

TIPP

Registrierungsschlüssel schnell per Doppelklick importieren

Noch schneller geht der Import eines gesicherten Schlüssels bzw. Zweiges, indem Sie im Explorer in den Ordner wechseln, in dem sich die Datei befindet. Doppelklicken Sie dann auf die entsprechende Datei. Bestätigen Sie die Nachfrage der Benutzerkontensteuerung. Außerdem erscheint eine Warnung, die Sie darüber informiert, dass es sich beim Import eines Registry-Schlüssels um eine kritische Aktion handelt, bei der Schadsoftware in das System eingeschleust werden kann.

20.3 Nützliche Tipps für den Umgang mit der Registry

Falls Sie sich häufiger in der Registry bewegen wollen, werden Sie die folgenden Komfortfunktionen des Registrierungs-Editors sehr bald zu schätzen wissen.

20.3.1 Die Registry durchsuchen

Anstatt sich mühsam durch den Pfad der Registry zu hangeln, um einen bestimmten Eintrag zu finden, können Sie mit der integrierten Suchfunktion auch gezielt nach Schlüsseln, Werten oder auch Zahlenfolgen suchen. Gehen Sie dazu folgendermaßen vor:

1 Starten Sie (falls noch nicht geschehen) den Registrierungs-Editor. Wenn Sie eine grobe Ahnung haben, in welchem Hauptbereich (bzw. Hive) der Registry sich das gesuchte Objekt befindet, dann markieren Sie diesen im Navigationsbereich links. Sind Sie sich nicht sicher, markieren Sie am oberen Rand der linken Spalte den Eintrag **Computer** ❶. Somit wird die Registry komplett durchsucht, was aber natürlich entsprechend länger dauert.

2 Rufen Sie im Menü **Bearbeiten** ❷ den Befehl **Suchen** auf. Alternativ können Sie auch die Tastenkombination $\boxed{\text{Strg}}$ + $\boxed{\text{F}}$ drücken.

3 Im Dialog **Suchen** geben Sie den Suchbegriff in das Feld **Suchen nach** ein. Wenn Sie gezielt nach einem Schlüssel suchen wollen, dessen Namen Sie genau kennen, dann versehen Sie nur die Kästchen **Schlüssel** sowie **Ganze Zeichenfolge vergleichen** ❸ mit einem Häkchen.

4 Starten Sie die Suche über die Schaltfläche **Weitersuchen** ❹. Um zu prüfen, ob der gesuchte Schlüssel bzw. Begriff mehrfach vorkommt, setzen Sie die Suche zum nächsten Element jeweils mit der Taste ⌨F3 fort.

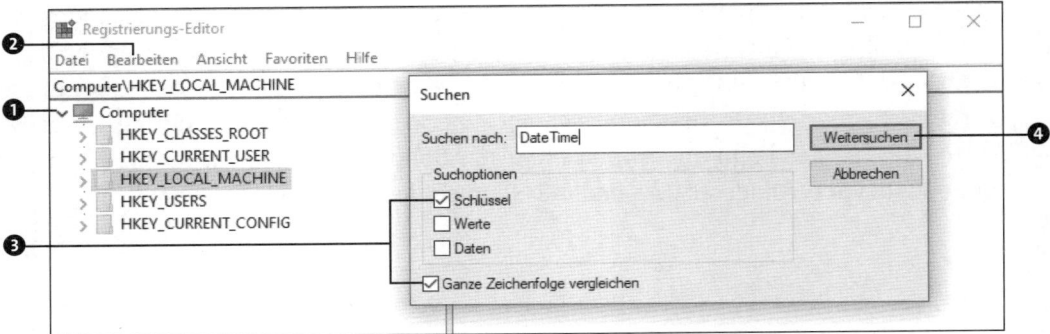

TIPP

Schlüsselpfade über Adressleiste eingeben

Ist Ihnen ein Schlüsselpfad bekannt, müssen Sie sich nicht mühselig von Schlüssel zu Schlüssel hangeln, sondern können ihn stattdessen auch bequem über die Adressleiste der Registry eingeben. Die Leiste befindet sich direkt unterhalb der Menüleiste. Nach einem Klick in die Leiste markieren Sie die aktuelle Adresse und überschreiben diese mit den neuen Angaben. Bereits während der Eingabe eines Schlüssels blendet Ihnen Windows Vorschläge hierzu ein. Ein Mausklick auf den gewünschten Schlüsselnamen reicht, um ihn in die Adressleiste zu übernehmen.

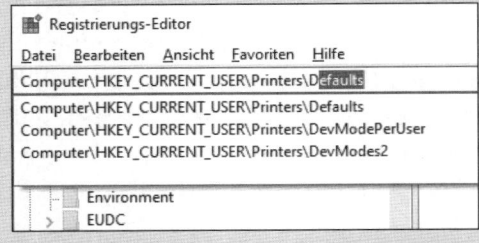

Abbildung 20.5 Komplizierte Schlüsselpfade lassen sich bequem über die Adressleiste eingeben.

20.3.2   Favoriten anlegen

Wenn Sie häufiger auf einen bestimmten Schlüssel zugreifen möchten, können Sie ihn als Favorit ablegen. Hierzu gehen Sie folgendermaßen vor:

1   Suchen Sie den entsprechenden Schlüssel im Registrierungs-Editor, und markieren Sie ihn per Mausklick.

2   Rufen Sie anschließend das Menü **Favoriten** auf, und wählen Sie hier den Befehl **Zu Favoriten hinzufügen**.

3   Benennen Sie den Favoriten im nächsten Dialog. Standardmäßig wird hier schon direkt der Name des Schlüssels vorgegeben. Bestätigen Sie Ihre Eingabe mit **OK**.

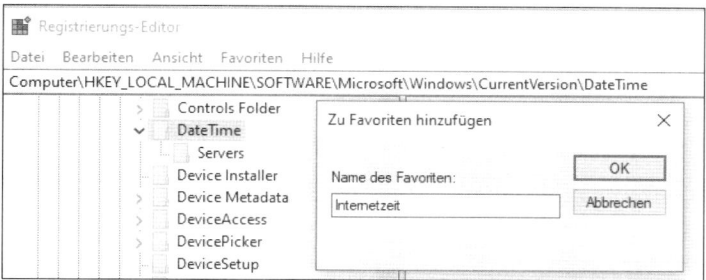

4   Wenn Sie den Schlüssel erneut besuchen möchten, wählen Sie einfach den entsprechenden Eintrag im Menü **Favoriten** aus.

5   Benötigen Sie einen Favoriteneintrag später nicht mehr, rufen Sie im Menü **Favoriten** den Befehl **Favoriten entfernen** auf. Im aufklappenden Dialog markieren Sie in der Liste den zu löschenden Eintrag und bestätigen mit **OK**.

20.3.3   Einen bestehenden Registry-Eintrag verändern

Sehen wir uns nun an, wie Registry-Einträge gezielt geändert werden. Die erste Aufgabe besteht darin, einen bestehenden Schlüssel zu verändern. Als Beispiel zeige ich Ihnen, wie Sie die folgende Eigenschaft verändern: Wenn Sie mit der Maus über das Symbol eines geöffneten Programms in der Taskleiste fahren, erscheint nach kurzer Zeit ein Miniaturvorschaubild des jeweiligen Programminhalts. Manchen Benutzern erscheint die Zeitspanne, nach der das Vorschaubild erscheint, zu lang. Dieses Verhalten werden wir nun gezielt in der Registry beeinflussen:

1 Starten Sie den Registrierungs-Editor, und begeben Sie sich über den Navigations-bereich oder alternativ über die Adressleiste zum Schlüssel *HKEY_CURRENT_USER\ Control Panel\Mouse* ❶.

2 Klicken Sie im rechten Fensterbereich doppelt auf den Eintrag **MouseHoverTime** ❷. Sollten die Einträge in der Spalte **Name** nicht vollständig angezeigt werden, können Sie die Spaltenbreite über die Trennlinie ❸ zwischen den Spalten **Name** und **Typ** ver-größern. Nach dem Doppelklick erscheint ein Eingabefenster, das den aktuellen Wert der Zeitverzögerung enthält, nach der das Vorschaubild erscheint. Normaler-weise ist hier ein Wert von **400** (Millisekunden) eingestellt.

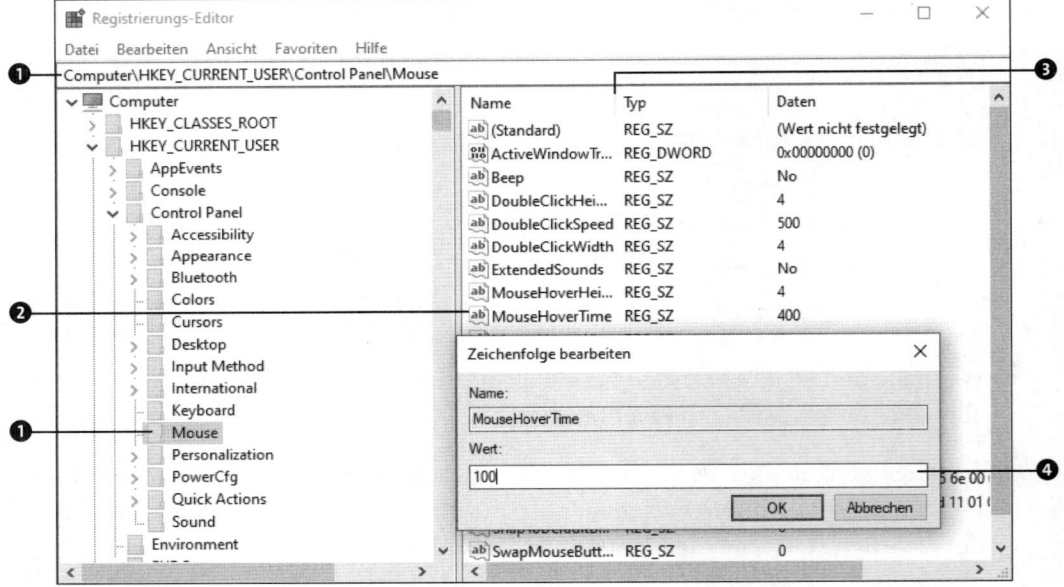

3 Überschreiben Sie die Angabe im Feld **Wert** mit der neuen Zeitangabe »100« ❹. Be-stätigen Sie Ihre Änderungen mit **OK**.

4 Führen Sie einen Neustart des Computers durch, und testen Sie anschließend, ob sich die Reaktionszeit bezüglich des Vorschaubilds geändert hat. Das sollte der Fall sein.

Beachten Sie, dass bei einigen Änderungen in der Registry ein Neustart des Systems er-forderlich ist, damit diese übernommen werden.

Datentypen in der Registry

Die folgende Tabelle gibt einen Überblick darüber, welche Datentypen in der Registrierungsdatenbank Verwendung finden bzw. auch neu erstellt werden können:

Typ	Name in regedit-Menü »Neu«	Bedeutung
REG_SZ	Zeichenfolge	einfache Zeichenfolge
REG_BINARY	Binärwert	eine Abfolge von Binärwerten, die als hexadezimale Zahlenfolge zusammengefasst ist
REG_DWORD	DWORD-Wert (32-Bit)	32-Bit-Zahl, die in dezimaler oder hexadezimaler Form gespeichert wird
REG_QWORD	DWORD-Wert (64-Bit)	64-Bit-Zahl, die in dezimaler oder hexadezimaler Form gespeichert wird (gibt es nur auf 64-Bit-Systemen)
REG_MULTI_SZ	Wert der mehrteiligen Zeichenfolge	mehrteilige Zeichenfolge, die durch sog. Nullbytes getrennt ist
REG_EXPAN_SZ	Wert der erweiterbaren Zeichenfolge	erweiterbare Zeichenfolgen, die in der Regel in Verbindung mit einer Umgebungsvariablen, z. B. *%windir* oder *%SystemRoot%*, auftreten

Tabelle 20.1 Übersicht über in der Registry häufig verwendete Datentypen

20.3.4 Einen neuen Registry-Eintrag anlegen

Oft ist es erforderlich, einen neuen Registry-Eintrag zu erstellen. Im folgenden Beispiel ergänzen wir das Kontextmenü des Explorers um einen Eintrag, der es gestattet, beliebige Dateien (z. B. auch Registrierungsdateien) im Systemeditor zu öffnen.

1 Rufen Sie den *Ausführen*-Dialog mit der Tastenkombination ⊞ + R auf, und geben Sie hier `regedit` ein. Klicken Sie auf **OK,** und bestätigen Sie die anschließende Nachfrage der Benutzerkontensteuerung.

2 Navigieren Sie durch Anklicken der entsprechenden Zweige im linken Bereich des Registrierungs-Editors oder durch eine Eingabe direkt in die Adressleiste ❶ zum Schlüssel *HKEY_CLASSES_ROOT*\shell.*

3 Klicken Sie den Schlüssel **shell** ❷ im Navigationsbereich mit der rechten Maustaste an. Im aufklappenden Kontextmenü wählen Sie den Eintrag **Neu ▸ Schlüssel** aus ❸. Dadurch legen Sie in dem entsprechenden Pfad einen neuen Unterschlüssel an.

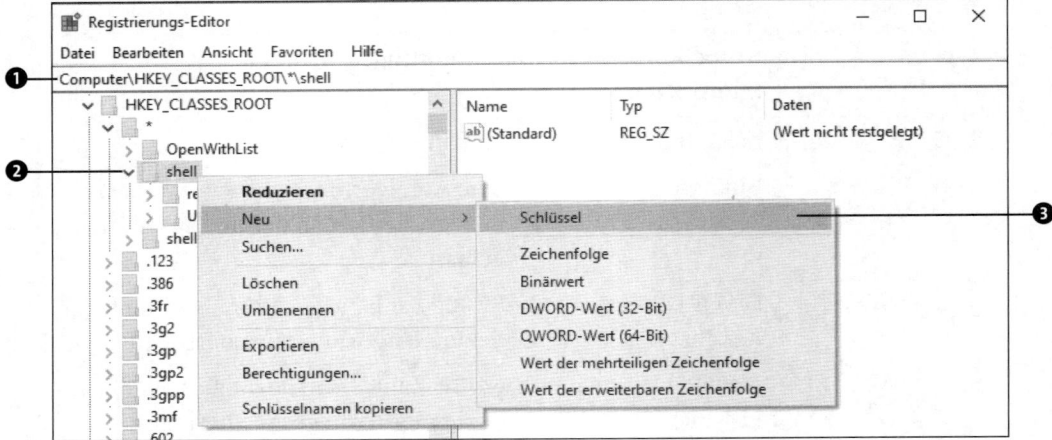

4 Geben Sie als Namen für den Schlüssel »Mit Editor öffnen« an, und bestätigen Sie dies mit der Taste ⏎ . Der neue Schlüssel erscheint unmittelbar nach dem Erstellen im Navigationsbereich auf der linken Seite als Unterschlüssel von **shell**. Der von Ihnen definierte Name wird auch später in genau dieser Form im Kontextmenü erscheinen.

5 Führen Sie einen rechten Mausklick auf dem soeben erstellten Schlüssel **Mit Editor öffnen** ❹ durch, und wählen Sie erneut den Kontextmenüeintrag **Neu ▸ Schlüssel**. Erstellen Sie einen neuen Unterschlüssel mit dem Namen »command«. Nachdem Sie dies durchgeführt und bestätigt haben, sollten Sie folgende Struktur im Registrierungs-Editor sehen:

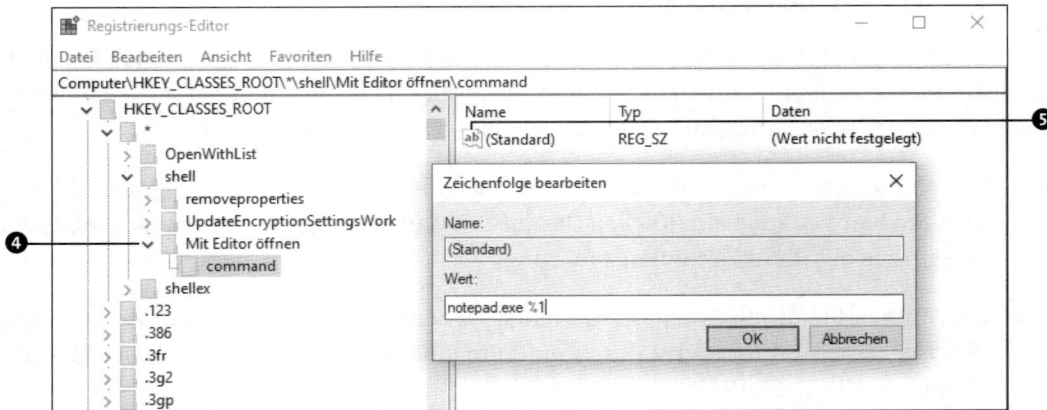

6 Führen Sie einen Doppelklick über der Zeichenfolge **(Standard)** ❺ im rechten Fensterbereich durch, und geben Sie im Dialog folgenden Befehl ein: `notepad.exe %1`. Beachten Sie hier das Leerzeichen zwischen »notepad.exe« und »%1«.

7 Bestätigen Sie Ihre Eingaben mit **OK**, und schließen Sie den Registrierungs-Editor mit einem Klick auf das Schließen-Symbol oben rechts.

8 Rufen Sie den Explorer auf (z. B. per Klick auf das entsprechende Symbol in der Taskleiste), und suchen Sie sich eine beliebige Datei aus. In unserem Beispiel wählen wir die Registrierungsdatei, die wir in Abschnitt 20.2.1, »Vor Experimenten: Die Registry sichern«, ab Seite 743 exportiert haben. Führen Sie einen rechten Mausklick über der Datei durch. Jetzt erscheint ein neuer Menüpunkt **Mit Editor öffnen** ❻. Wenn Sie ihn anklicken, wird die entsprechende Datei im *Editor* geöffnet.

TIPP

Einen Registry-Eintrag automatisch setzen

Nachdem Sie bestimmte Registry-Schlüssel selbst erstellt haben, können Sie diese auch an Freunde oder Bekannte weitergeben. Exportieren Sie dazu den entsprechenden Schlüssel wie in Abschnitt 20.2.1, »Vor Experimenten: Die Registry sichern«, ab Seite 743 beschrieben. Die so erzeugte Registrierungsdatei können Sie nun an andere weiterreichen. Der Anwender, der den Schlüssel selbst anwenden möchte, führt einfach einen Doppelklick über der entsprechenden Datei durch.

20.3.5 Löschen eines Schlüssels

So schnell ein Schlüssel erzeugt ist, so rasch lässt er sich auch wieder löschen. Hierzu nehmen Sie einfach folgende Schritte vor:

1 Navigieren Sie im Registrierungs-Editor zu dem Schlüssel bzw. zu dem Zweig, den Sie löschen möchten.

2 Führen Sie einen rechten Mausklick über dem Schlüssel durch, und wählen Sie im Kontextmenü den Befehl **Löschen**.

3 Bestätigen Sie das Löschen des Schlüssels inklusive seiner Unterverzeichnisse.

20.4 Ausgewählte Registry-Hacks

Als Nächstes stelle ich Ihnen einige interessante Registry-Hacks im Detail vor. Wie Sie den Registrierungs-Editor starten und zu den jeweils genannten Schlüsseln navigieren, haben Sie zu Beginn dieses Kapitels erfahren, es wird an dieser Stelle daher nicht nochmals erwähnt.

20.4.1 Einen Begrüßungstext auf dem Anmeldebildschirm anzeigen

Beginnen wir mit einem relativ harmlosen Hack: Auf dem Login-Bildschirm soll ein beliebiger Text angezeigt werden. Das ist beispielsweise dann nützlich, wenn Sie sämtlichen Anwendern des PCs vor der Anmeldung eine Nachricht zukommen lassen wollen, z. B.: *Heute werden auf dem zentralen Server Systemupdates eingespielt – es kann daher zu Behinderungen kommen.*

1 Starten Sie den Registrierungs-Editor, und navigieren Sie zum Pfad *HKEY_LOCAL_MACHINE\SOFTWARE\Microsoft\Windows\CurrentVersion\Policies\System*.

Im rechten Teilfenster finden Sie zwei Schlüssel, mit deren Hilfe Sie Meldungen auf dem Startbildschirm hinterlassen können. Mithilfe des Schlüssels **legalnoticecaption** setzen Sie eine Überschrift, und **legalnoticetext** enthält die eigentliche Botschaft.

2 Führen Sie einen Doppelklick über dem Schlüssel **legalnoticecaption** ❶ durch, und geben Sie im Dialog **Zeichenfolge bearbeiten** in das Feld **Wert** die Überschrift ein, die Ihre Botschaft enthalten soll ❷. Bestätigen Sie Ihre Eingabe mit OK.

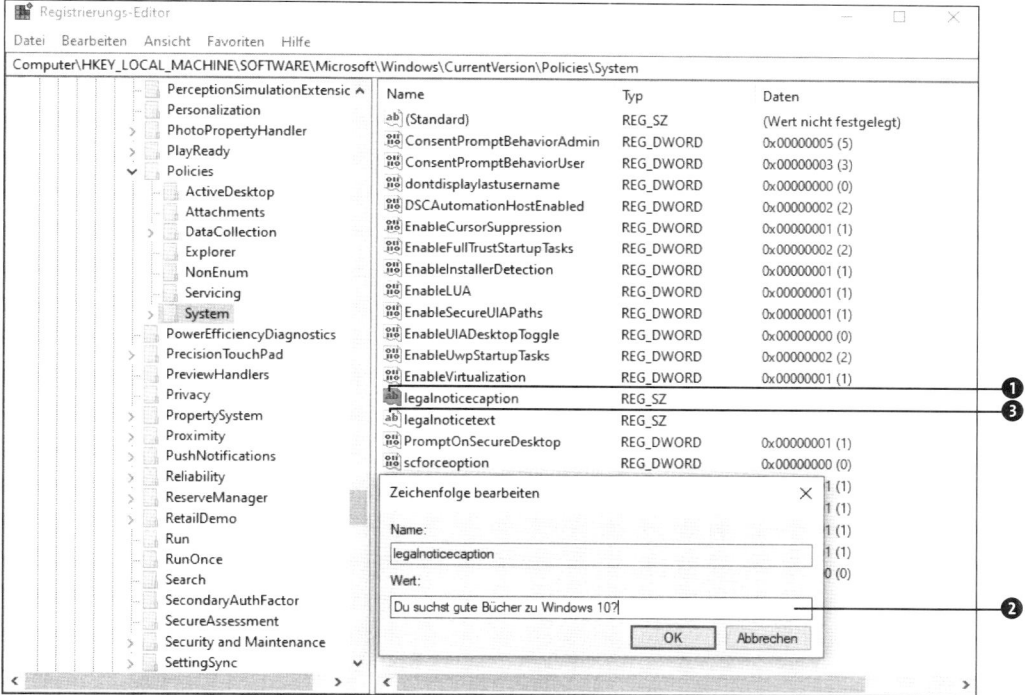

3 Führen Sie nun einen Doppelklick über dem Schlüssel **legalnoticetext** ❸ durch, und geben Sie im folgenden Dialog in das Feld **Wert** den gewünschten Text ein, den Ihre Botschaft enthalten soll. Bestätigen Sie Ihre Eingabe erneut mit OK.

4 Schließen Sie den Registrierungs-Editor, starten Sie den Computer neu, und erfreuen Sie sich an Ihrem soeben erstellten Begrüßungstext.

5 Möchten Sie die Meldung wieder löschen, dann begeben Sie sich erneut in den Registrierungs-Editor. Wiederholen Sie die Schritte 1 bis 3. Dieses Mal löschen Sie allerdings die entsprechenden Texte, die Sie in die Schlüssel **legalnoticecaption** und **legalnoticetext** eingetragen haben, einfach wieder.

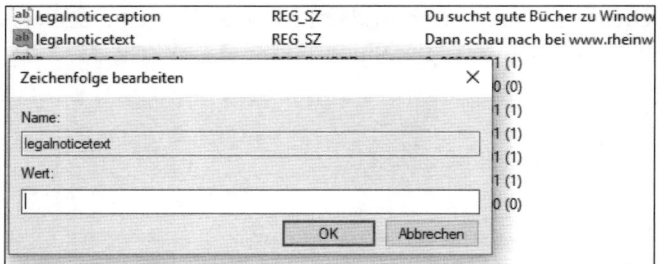

20.4.2 Das Kontextmenü des Explorers verschlanken

Manchmal ist es relativ nervig, wenn man Programme installiert hat, die im Kontextmenü des Explorers eigene Einträge hinterlassen – diese nennt man auch *Shell Extensions*. Als Beispiel sei hier das Pack- bzw. Entpackprogramm *7-Zip* genannt.

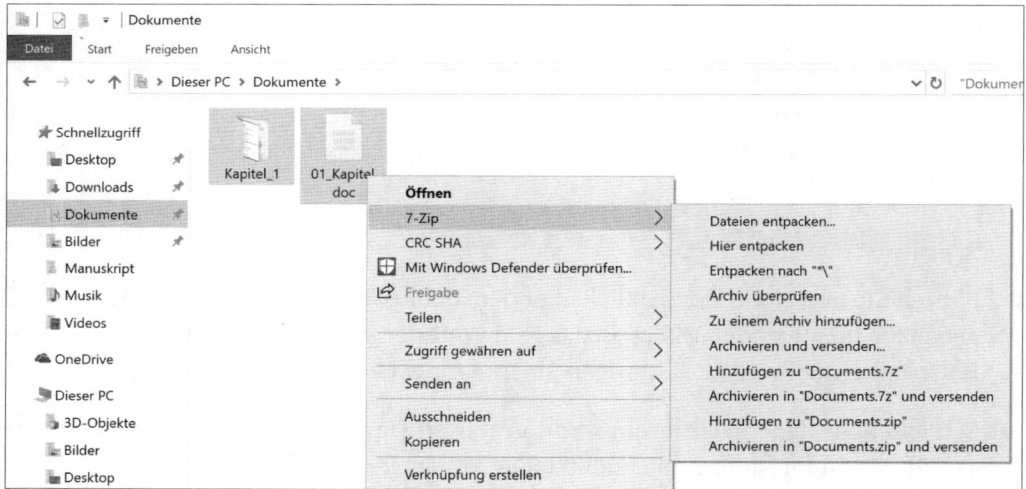

Abbildung 20.6 Die Kontextmenüeinträge, die von Drittanbieterprogrammen erstellt wurden, sind nicht jedermanns Sache.

Möchten Sie zwar nicht auf das betreffende Programm verzichten, andererseits aber die entsprechenden Kontextmenüeinträge im Explorer entfernen, gehen Sie dazu folgendermaßen vor:

1 Starten Sie den Registrierungs-Editor, und rufen Sie im Menü **Bearbeiten** ❶ den Befehl **Suchen** auf. Geben Sie in das Feld **Suchen nach** den Programmnamen ein ❷, dessen Kontextmenüeintrag Sie entfernen möchten. In unserem Beispiel handelt es sich um das Programm *7-Zip*.

2 Der erste Treffer der Suche führt Sie in den Pfad *HKEY_LOCAL_MACHINE*\shellex\ ContextMenuHandlers* ❸. Auf der rechten Seite des Fensters erscheint hinter dem Namen **(Standard)** in der Unterrubrik **Daten** ein relativ komplexer Schlüssel, der im vorliegenden Beispiel mit der Zeichenfolge **23170F69** beginnt ❹. Dabei handelt es sich um einen Verweis auf den Kontextmenüeintrag des gesuchten Programms. Schließen Sie das Suchfenster über die Schaltfläche **Abbrechen** ❺.

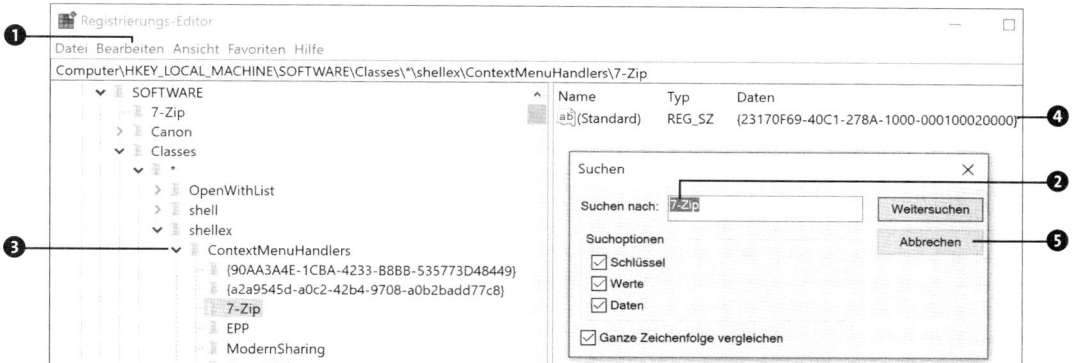

3 Führen Sie einen Doppelklick über dem Schlüsselnamen **(Standard)** ❻ durch. Dadurch erscheint die Zeichenfolge im Dialog **Zeichenfolge bearbeiten** ❼.

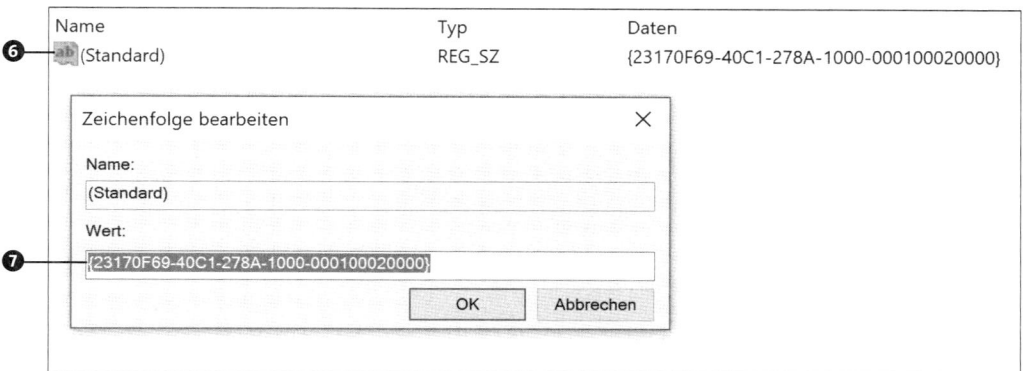

4 Markieren Sie die Zeichenfolge mit der Maus, kopieren Sie die Auswahl mit ⌈Strg⌋ + ⌈C⌋. Rufen Sie erneut über **Bearbeiten ▸ Suchen** die Suchfunktion auf. Durch Drücken der Tastenkombination ⌈Strg⌋ + ⌈V⌋ ergänzen Sie im Feld **Suchen nach** nun den soeben kopierten Schlüssel. Starten Sie die Suche mit einem Klick auf **Weitersuchen**.

5 Sie landen im Bereich *HKEY_LOCAL_MACHINE\SOFTWARE\Classes\CLSID*, in dem die Suche den betreffenden Schlüssel markiert hat. Führen Sie auf dem markierten Schlüssel auf der linken Seite einen rechten Mausklick durch, und wählen Sie im Kontextmenü **Umbenennen**. Setzen Sie zwei Minuszeichen vor den Schlüsselnamen, und bestätigen Sie die Änderung durch die Taste ⌈↵⌋.

6 Sollte der Explorer bei Ihnen bereits geöffnet sein, so schließen Sie ihn und starten ihn anschließend neu. Der Kontextmenüeintrag sollte nun nicht mehr erscheinen, wenn Sie mit der rechten Maustaste auf eine Datei klicken.

Sollten Sie den Kontextmenüeintrag später doch wieder benötigen, markieren Sie den Schlüssel wie zuvor beschrieben ❽ und rufen über das Kontextmenü den Befehl **Umbenennen** ❾ auf. Löschen Sie die beiden zuvor ergänzten Minuszeichen, und bestätigen Sie Ihre Änderung wieder, indem Sie die Taste ⌈↵⌋ drücken.

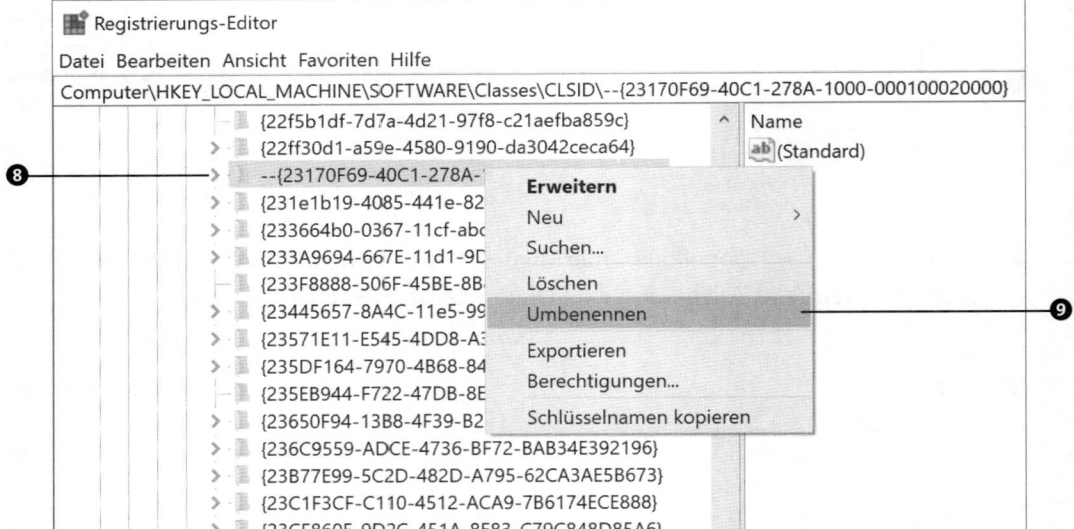

20.4.3 Deaktivierung von Cortana

Was für den einen ein Segen ist, mag für den anderen ein Fluch sein – etwa die omnipräsente Sprachassistentin *Cortana*. Haben Sie sich schon einmal gewünscht, Cortana zu deaktivieren? Das geht relativ einfach mit dem folgenden Registry-Hack, vorausgesetzt, Sie sind im Besitz einer Windows-10-Home-Edition:

1 Starten Sie den Registrierungs-Editor, und begeben Sie sich zum Pfad *HKEY_LOCAL_MACHINE\SOFTWARE\Policies\Microsoft\Windows\Windows Search*. Sollte der Schlüssel **Windows Search** nicht vorhanden sein, so müssen Sie ihn neu anlegen. Klicken Sie hierzu mit der rechten Maustaste auf **Windows ❶**, und wählen Sie im Kontextmenü **Neu ▶ Schlüssel**. Nennen Sie den nun neu im linken Fensterbereich erscheinenden Schlüssel »Windows Search« (beachten Sie bitte das Leerzeichen zwischen »Windows« und »Search«).

2 Klicken Sie nun den Schlüssel **Windows Search ❷** mit der rechten Maustaste an. Wählen Sie den Kontextmenüeintrag **Neu ▶ DWORD-Wert (32-Bit)**, und nennen Sie den Wert »AllowCortana«.

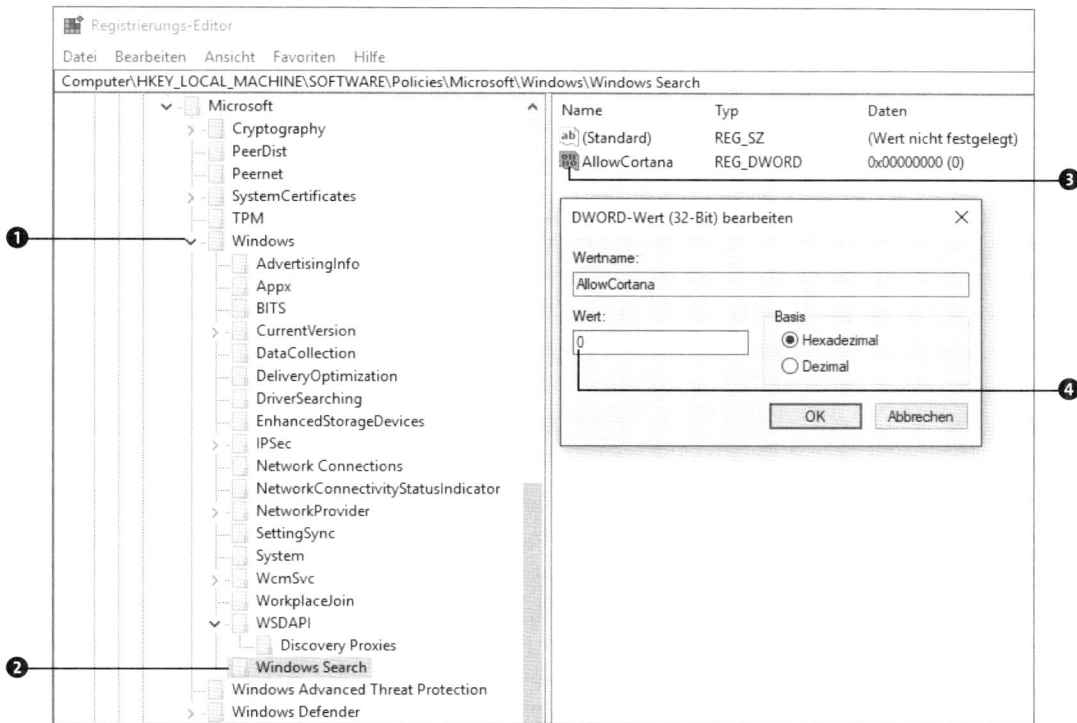

3 Doppelklicken Sie auf den soeben erstellten Wert ❸, und bestätigen Sie den Wert »0« ❹ mit **OK**. Dadurch wird Cortana deaktiviert.

4 Möchten Sie Cortana später wieder aktivieren, weisen Sie dem Wert **AllowCortana** den Wert »1« zu oder löschen diesen über das Kontextmenü.

5 Melden Sie sich am Computer ab und dann wieder an. Nun verschwindet das Cortana-Symbol aus der Taskleiste und lässt sich auch über das Kontextmenü der Taskleiste nicht mehr einblenden.

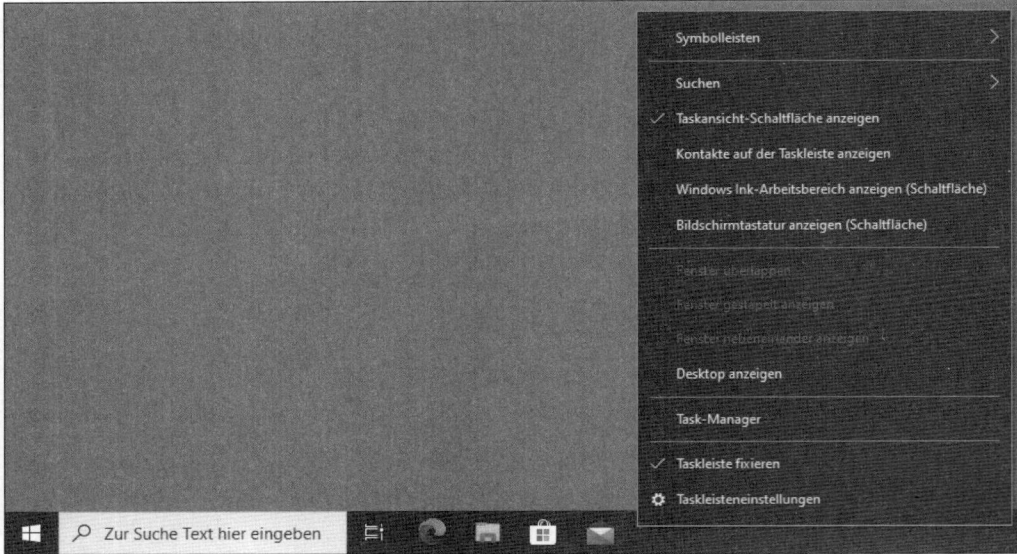

Besitzer von Windows 10 Pro müssen zum Deaktivieren von Cortana den Gruppenricht-linien-Editor verwenden, was folgendermaßen funktioniert:

1 Öffnen Sie den *Ausführen*-Dialog über ⊞ + ⬚R⬚, und geben Sie dort `gpedit.msc` ein. Bestätigen Sie Ihre Eingabe mit der Taste ⬚↵⬚.

2 Navigieren Sie zum Pfad *Computerkonfiguration\Administrative Vorlagen\Windows Komponenten\Suche*. Doppelklicken Sie auf der rechten Seite des Fensters auf den Eintrag **Cortana zulassen** ❶, und wählen Sie in dem Fenster, das nun erscheint, die Option **Deaktiviert** ❷. Bestätigen Sie die Änderung mit **Übernehmen** und **OK**.

3 Melden Sie sich ab und erneut wieder an. Daraufhin sollte das Cortana-Symbol ebenfalls aus der Taskleiste verschwunden sein.

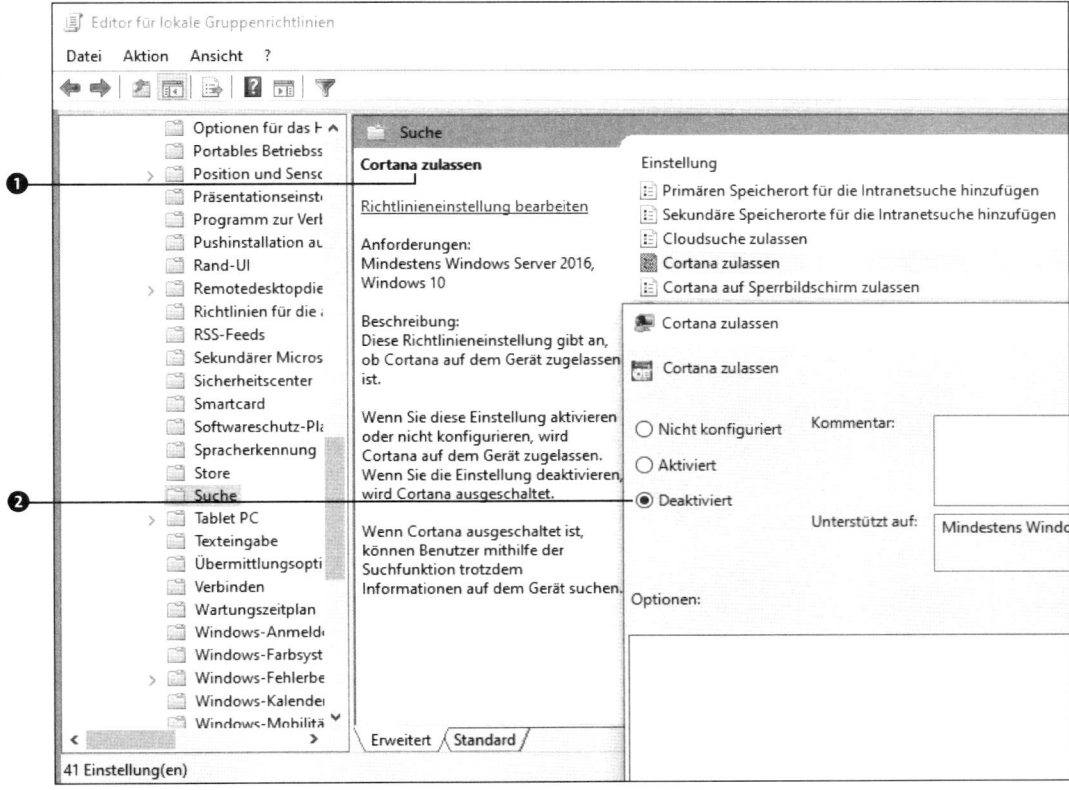

Was sind Gruppenrichtlinien?

Mithilfe von Gruppenrichtlinien haben Sie unter Windows die Möglichkeit, bestimmte Aktionen des Benutzers einzuschränken oder sogar zu verbieten. Umgekehrt können Sie anhand von Gruppenrichtlinien Standardbenutzern administrative Arbeiten wie z. B. das Verändern der Systemzeit auch explizit gestatten. Der Editor zum Erstellen von Gruppenrichtlinien ist unter Windows 10 Home leider nicht verfügbar.

20.4.4 Die Sekunden der Systemzeit in der Taskleiste anzeigen

Wie schön wäre es, wenn die Uhr im Infobereich der Taskleiste auch die Sekunden anzeigen könnte! Kein Problem mit dem folgenden Registry-Hack:

1   Starten Sie den Registrierungs-Editor, und begeben Sie sich im Navigationsbereich bzw. in der Adressleiste in den Pfad *HKEY_CURRENT_USER\SOFTWARE\Microsoft\ Windows\CurrentVersion\Explorer\Advanced* ❶.

2   Klicken Sie mit der rechten Maustaste in den rechten Teil des Fensters. Erstellen Sie mit **Neu ▶ DWORD-Wert (32-Bit)** eine neue Variable. Nennen Sie die Variable »Show-SecondsInSystemClock«.

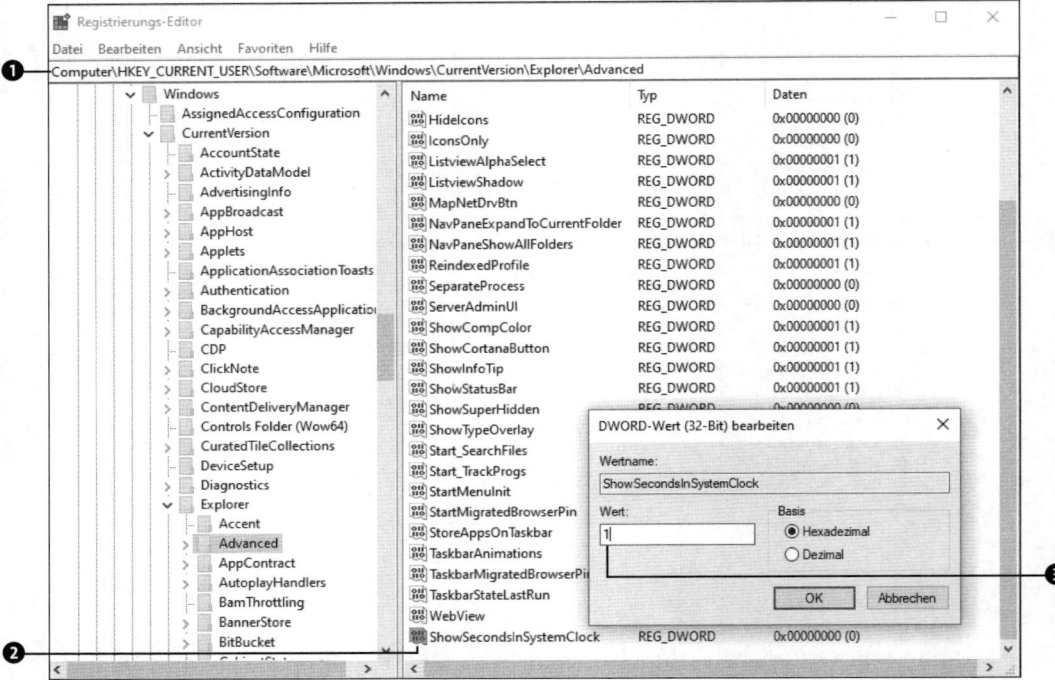

3   Doppelklicken Sie auf die soeben erstellte Variable ❷, setzen Sie ihren Wert auf »1« ❸, und bestätigen Sie mit **OK**.

4   Melden Sie sich einmal vom Computer ab und anschließend wieder an. Nun erscheinen die Sekunden in der Systemzeit.

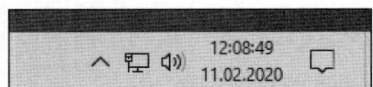

20.4.5 Systemmeldungen beim Start und Herunterfahren des PCs anzeigen

Windows zeigt beim Starten bzw. Herunterfahren des Computers nur einen schlichten blauen Bildschirm. Für die Suche nach Fehlern kann es hilfreich sein, wenn in diesem Fall das ausführliche Anzeigen von Systemmeldungen aktiviert wird. Das erreichen Sie mit folgendem Registry-Hack:

1 Starten Sie den Registrierungs-Editor, und begeben Sie sich im Navigationsbereich zum Pfad *HKEY_LOCAL_MACHINE\SOFTWARE\Microsoft\Windows\CurrentVersion\Policies\System*.

2 Klicken Sie in der linken Spalte des Registrierungs-Editors mit der rechten Maustaste auf **System** ❶, und legen Sie mit dem Kontextmenübefehl **Neu ▸ DWORD-Wert (32-Bit)** eine neue Variable mit dem Namen »VerboseStatus« an.

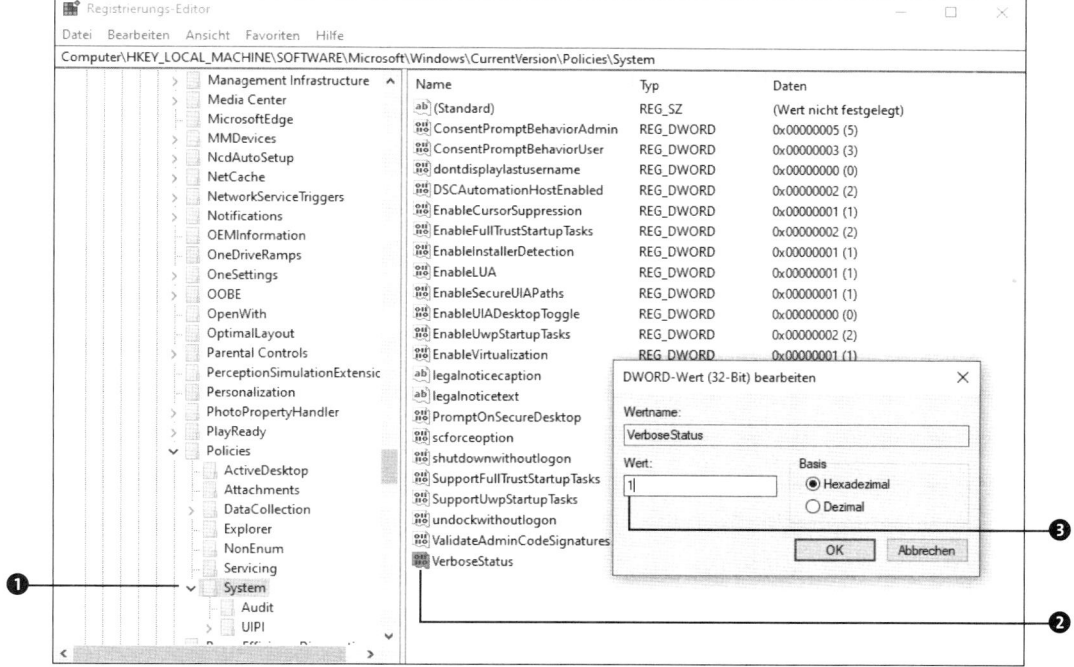

3 Führen Sie nun im rechten Fensterbereich einen Doppelklick auf der Variablen **VerboseStatus** ❷ durch. Setzen Sie im Dialog **DWORD-Wert (32-Bit) bearbeiten** den **Wert** auf »1« ❸, und bestätigen Sie die Änderung mit **OK**.

4 Starten Sie anschließend den Computer neu, und beobachten Sie die Meldungen des Systems.

Der Dienst wird beendet: "Microsoft Passport-Container"...

5 Möchten Sie die Meldungen später loswerden, löschen Sie einfach den Schlüssel **VerboseStatus** in dem entsprechenden Pfad.

20.4.6 Adware-Schutz im Windows Defender aktivieren

Die in Windows 10 integrierte universelle Malware-Schutzlösung *Windows Defender* besitzt eine versteckte Option, mit deren Hilfe man sog. *Adware* blocken kann. Bei Adware handelt es sich um lästige Programme, die im Hintergrund bei vielen kostenlosen Downloads installiert werden und den Benutzer später durch Werbeinblendungen o. Ä. belästigen. Auch die Startseite des Browsers kann durch Adware manipuliert werden. Gehen Sie folgendermaßen vor, um den Windows Defender zu veranlassen, Adware auf dem Computer zu blocken:

1 Starten Sie den Registrierungs-Editor, und begeben Sie sich zum Pfad *HKEY_LOCAL_ MACHINE\Software\Policies\Microsoft\Windows Defender*.

2 Klicken Sie auf der linken Seite des Editors mit der rechten Maustaste auf **Windows Defender**, und legen Sie mit **Neu ▸ Schlüssel** einen neuen Schlüssel mit dem Namen »MpEngine« an.

3 Klicken Sie anschließend mit der rechten Maustaste auf den soeben erstellten Schlüssel **MpEngine ❶**, und wählen Sie aus dem Kontextmenü den Eintrag **Neu ▸ DWORD-Wert (32-Bit)**. Geben Sie der Variablen die Bezeichnung »MpEnablePus«.

4 Doppelklicken Sie im rechten Fensterbereich auf den soeben erstellten Eintrag **MpEnablePus ❷**. Setzen Sie den Wert der Variablen in dem Dialog, der jetzt erscheint, auf »1« ❸. Starten Sie dann den Computer neu.

Sollten Sie zukünftig versuchen, eine Software herunterzuladen, die Adware enthält, schreitet der Windows Defender ein: Unmittelbar dann, wenn Sie den Download speichern möchten, blockiert er die erkannte Adware.

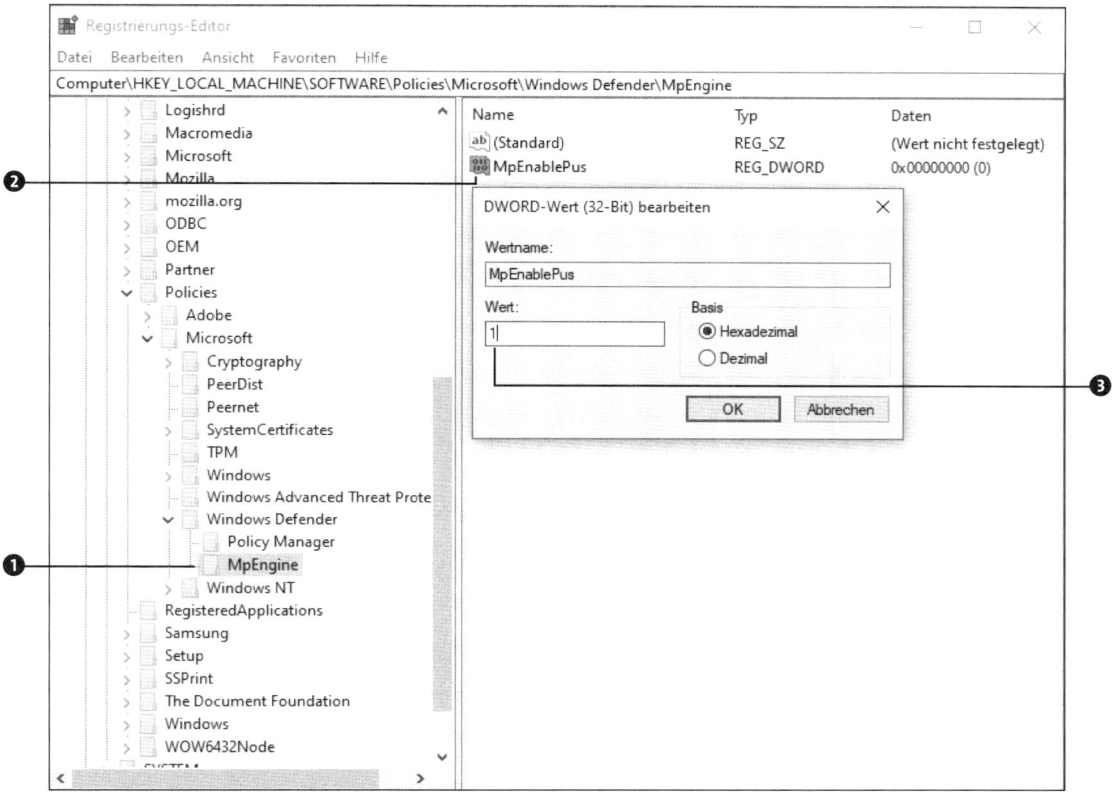

Registry-Hacks im Internet suchen und finden

Das Internet ist voll von Tipps und Tricks, welche die Bearbeitung der Registry bzw. der Registry-Hacks betreffen. Es empfiehlt sich, äußerst behutsam bei deren Anwendung vorzugehen. Nicht jeder Hack ist für die jeweils vorliegende Version von Windows 10 geeignet, da sich die Struktur der Registry oft ändert. Sollten Sie auf der Suche nach einem speziellen Registry-Hack sein, empfiehlt es sich, bei einer entsprechenden Internetsuche die Ergebnisse auf Treffer des letzten Jahres zu beschränken. Nutzen Sie für die Suche z. B. Google, klicken Sie nach Eingabe des Suchbegriffs und Start der Suche auf die Schaltfläche **Suchfilter** (❶ auf Seite 766). Nach einem Klick auf **Beliebige Zeit** begrenzen Sie den Suchzeitraum auf **Letztes Jahr** ❷. Vergessen Sie auf jeden Fall nicht, vor der Durchführung eines Registry-

TIPP

Hacks den entsprechenden Pfad der Registry zu sichern oder, besser noch, einen Systemwiederherstellungspunkt zu setzen. So können Sie Ihre Änderungen im Fall von Problemen immer wieder rückgängig machen.

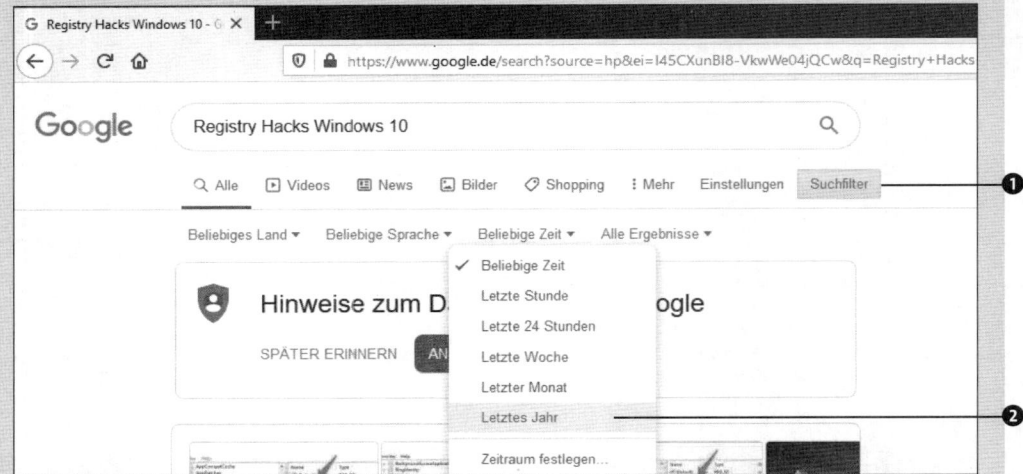

Abbildung 20.7 Begrenzen Sie Ihre Suchergebnisse auf einen Zeitraum, der möglichst nicht allzu weit zurückliegt.

Und abschließend noch ein wichtiger Tipp: Lassen Sie die Finger von sog. Registry-Optimierungswerkzeugen, die auf einschlägigen Internetseiten angeboten werden! Die Wahrscheinlichkeit, dass Sie sich mit derartigen Tools Ihre Registry komplett zerschießen und das System in einem nicht startfähigen Zustand hinterlassen, ist leider recht groß.

21   Spracherkennung und Cortana

Spracherkennungssysteme sind mittlerweile zum Trend geworden – sei es *Siri* im Apple-Universum, *Alexa* in Amazons Lautsprecher *Echo* oder *Cortana*, die vielseitige Sprach-assistentin unter Windows 10. Mit all diesen Systemen können Sie den Computer per Sprachbefehl steuern, Suchabfragen starten und sogar kleine Diktate aufnehmen. Auf den folgenden Seiten zeige ich Ihnen, wie Sie die entsprechenden Möglichkeiten der Spracheingabe sowie Spracherkennung unter Windows 10 für sich nutzen.

Die klassische Spracherkennung und Cortana im Vergleich

Windows 10 bietet Ihnen zwei Möglichkeiten der Spracherkennung: Die in Windows 10 allgegenwärtige Sprachassistentin Cortana unterstützt Sie bei Aufgaben des täglichen Lebens. So können Sie sich z. B. mit dem Befehl »Wecke mich um 6 Uhr« wecken lassen. Die klassische Spracherkennung (auch *Windows-Spracher-kennung* genannt), die bereits Bestandteil von Windows 7 war, ermöglicht Ihnen die Steuerung der Grundaufgaben des Systems. So können Sie z. B. den Explorer über den Befehl »Starte den Explorer« öffnen. Auch die Durchführung von Diktaten ist mit der klassischen Spracherkennung möglich.

INFO

21.1   Erste Schritte bei der Einrichtung der Spracherkennung

Die qualitative Umsetzung Ihrer Sprache durch das Spracherkennungssystem von Windows 10 steht und fällt mit der verwendeten Hardware. Während Smartphones, Tablets und Notebooks im Normalfall eingebaute Mikrofone besitzen, muss diese Funktionalität bei Desktop-PCs oft noch nachgerüstet werden.

21.1.1   Welches Headset sollte man verwenden?

Im Falle eines Tablets sind Sie auf die eingebaute Hardware angewiesen. Diese ist in der Regel schon so ausgewählt worden, dass sie optimal mit der Windows-10-Spracherken-nung harmoniert. Anders sieht die Situation bei Notebooks und Desktop-PCs aus. Ob-wohl ein Notebook heute in der Regel bereits über ein Eingabemikrofon verfügt, ist dessen Aufnahmequalität oftmals indiskutabel. Hier bietet es sich an, ein zusätzliches Headset (also eine Kombination aus Kopfhörer und Mikrofon) zu erwerben. Das Mikrofon können Sie direkt vor dem Mund positionieren. Sollten Sie ein Headset neu erwerben, dann achten Sie darauf, dass dieses per USB-Stecker an Ihren Computer angeschlossen werden kann, da diese Variante einen optimalen Frequenzgang während der Spracheingabe garantiert. Das heißt: Diese Methode ist qualitativ dem alternativ verwendeten Klinkensteckeranschluss deutlich überlegen. Günstige USB-Headsets gibt es bereits ab 20 €.

21.1.2 Ein Headset einrichten und testen

Das Anschließen und Einrichten eines Headsets ist unter Windows 10 kinderleicht. In der Regel sollte es direkt nach dem Anschließen automatisch erkannt werden.

1 Stecken Sie das Headset in die vorgesehene Buchse am PC. Sollte es sich um ein Analog-Headset mit Klinkenstecker handeln, dann wäre dies im Normalfall die rosarot markierte Steckbuchse an der Vorder- bzw. Rückseite des PCs. Im Falle eines USB-Headsets verwenden Sie einfach einen beliebigen freien USB-Port. Nach kurzer Zeit erscheint oberhalb des Infobereichs der Taskleiste eine Meldung, dass das Gerät nun funktionsbereit ist. Achtung: Falls Sie eine eher seltene Hardware verwenden, müssen Sie zuvor ggf. Treiber des Herstellers installieren.

2 Um sich von der Funktionsfähigkeit des Geräts zu überzeugen, klicken Sie mit der rechten Maustaste auf das Lautsprecher-Symbol im Infobereich der Taskleiste und wählen dort den Kontextmenüpunkt **Sound-Einstellungen öffnen ❶**.

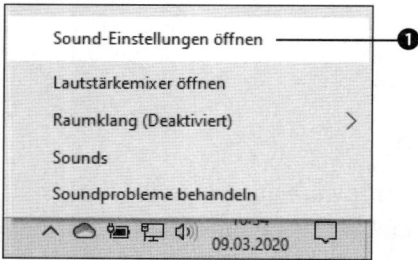

3 Sie gelangen in den Bereich **Sound** innerhalb der Einstellungen-App. Dort sollte nun das soeben angeschlossene Gerät erscheinen. Platzieren Sie das Mikrofon dicht vor Ihrem Mund. Sprechen Sie anschließend laut und deutlich in das Mikrofon hinein. Darauf sollte der Pegel einen entsprechenden Ausschlag ❷ aufweisen. An dieser Stelle steht Ihnen auch eine **Problembehandlung** ❸ zur Verfügung, falls das Mikrofon bzw. die Audioausgabe Ihres Headsets nicht wie gewünscht erkannt wurde.

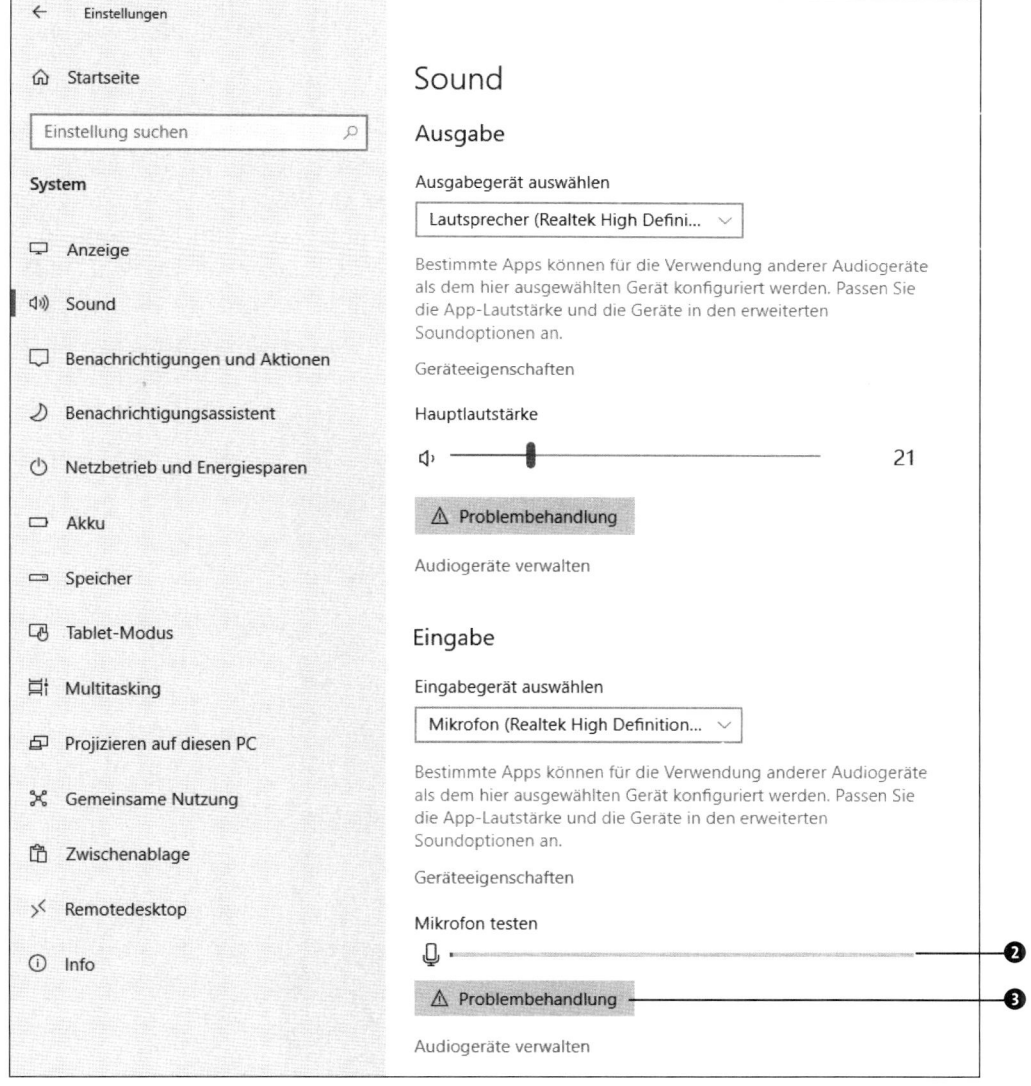

Selbstverständlich funktioniert dieser Soundcheck auch mit fest eingebauten Mikrofonen. Außerdem gibt es einige Headsets, die per Bluetooth an den PC angebunden werden können. Dadurch sind Sie frei von jeglichen Kabeln.

Sollte Ihr neu angeschlossenes Mikrofon nicht von Windows 10 erkannt worden sein, haben Sie die Möglichkeit, es manuell einzurichten. Prüfen Sie dazu zunächst auf der Webseite des Herstellers, ob Ihr Gerät die Installation spezieller Treiber erfordert. Ist dies der Fall, so laden Sie diese Treiber herunter und installieren sie nach den Vorgaben des Herstellers. Ihr Gerät sollte nach der Installation wie oben beschrieben im Bereich **Sound** zu erkennen sein.

4 Um nun zu testen, ob Ihr Mikrofon für die Spracherkennung in Verbindung mit Cortana geeignet ist, klicken Sie auf das Cortana-Symbol ⊙ in der Taskleiste und im aufklappenden Dialog auf das Mikrofon-Symbol ❹. Sollten Sie Cortana während der Installation von Windows noch nicht eingerichtet haben, führt Sie nun ein Assistent durch die einzelnen Schritte. Klicken Sie dazu zunächst auf das Feld **OK** ❺. Daraufhin gibt Ihnen Cortana eine Frage vor. Hören Sie Cortanas Antwort, nachdem Sie ihr diese Frage gestellt haben, steht einer Kommunikation mit Cortana nichts mehr im Wege.

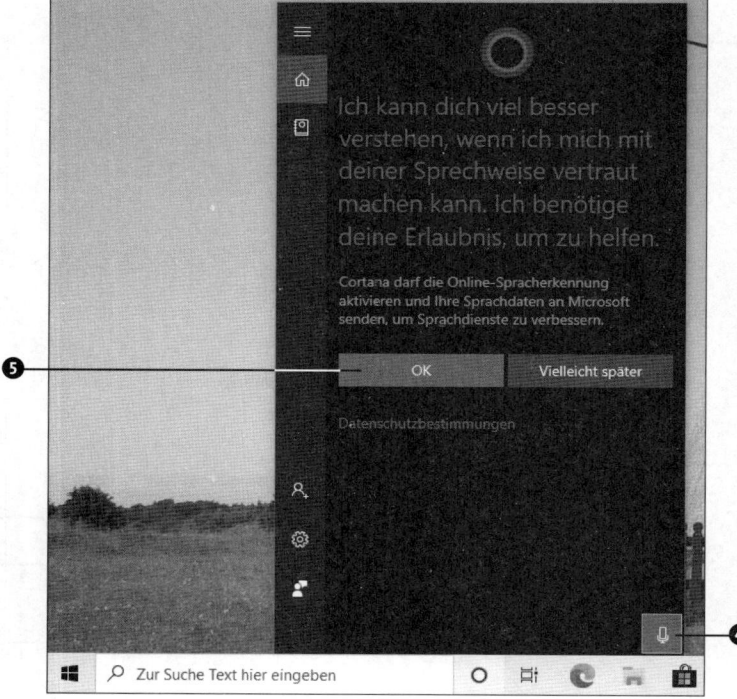

Sollte es Probleme mit der Spracherkennung bzw. Cortana geben, dann gehen Sie folgendermaßen vor:

1 Rufen Sie **Start ▶ Einstellungen ▶ Cortana ▶ Mit Cortana sprechen** auf. Klicken Sie in der rechten Spalte im Bereich **Mikrofon** auf **Mikrofon überprüfen ❶**.

2 Klicken Sie im nächsten Dialog auf **Cortana kann mich nicht hören ❷**.

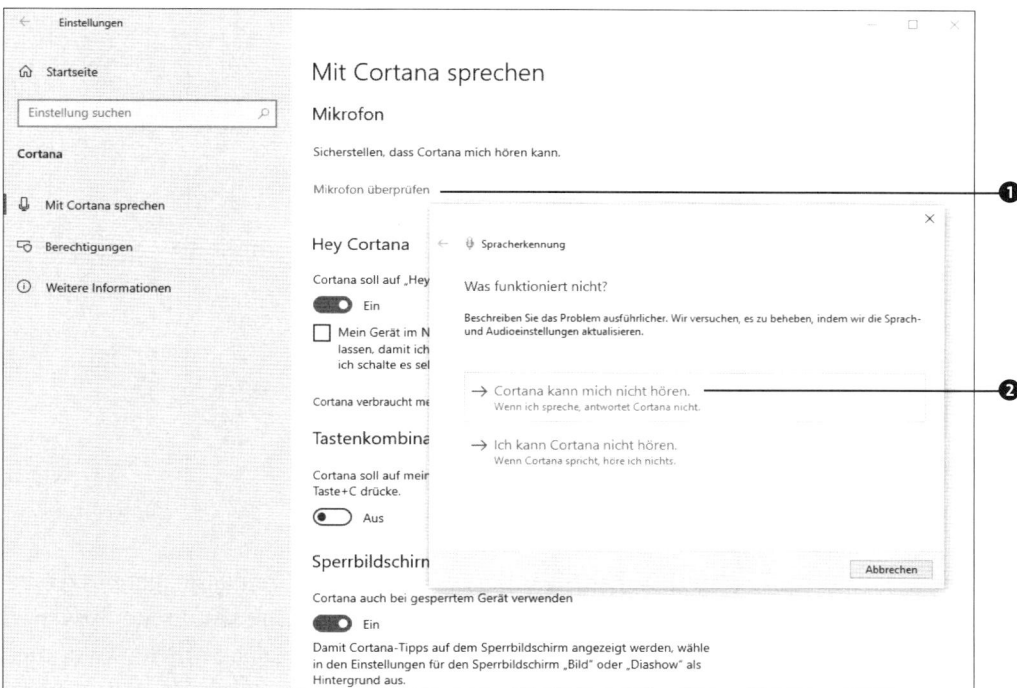

3 Daraufhin wird die Problembehandlung gestartet, und es werden Ihnen entsprechende Lösungsvorschläge aufgezeigt. Im Rahmen der Diagnose wird eventuell auch der Pegel des Mikrofons an die Lautstärke Ihrer Stimme angepasst. In diesem Fall erscheint ein Dialog zur **Mikrofonkalibrierung**. Sie werden aufgefordert, einen Satz klar und deutlich vorzulesen. Dabei ist es, wie bereits oben beschrieben, wichtig, das Mikrofon des Headsets möglichst nahe am Mund zu positionieren.

Verwenden Sie hingegen ein Notebook mit integriertem Mikrofon, dann versuchen Sie, sich diesem beim Sprechen so gut wie möglich zu nähern – selbstverständlich ohne sich dabei zu verrenken, denn schließlich wollen Sie später ja bequem diktieren.

4 Nach Abschluss der Einrichtungsprozedur klicken Sie auf **Fertig stellen** und im Dialog **Spracherkennung** auf **Schließen ❸**. Das Mikrofon ist nun eingerichtet.

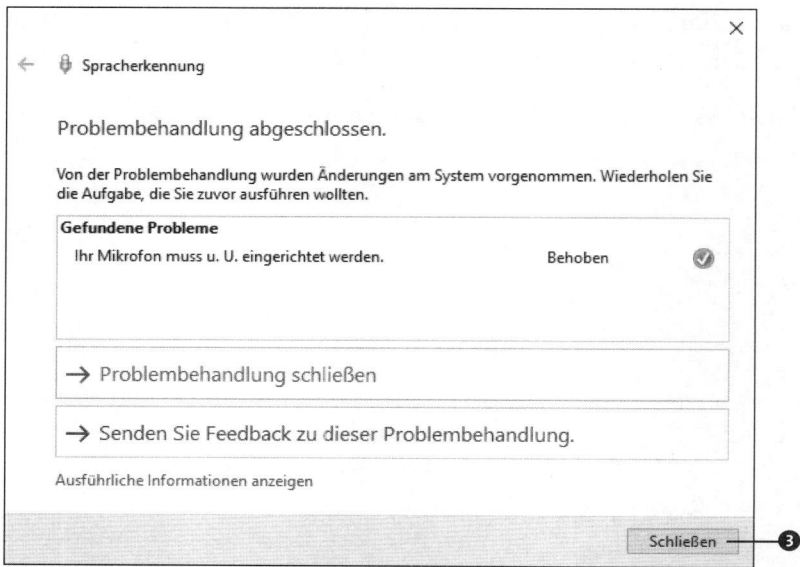

21.1.3 Die Windows-Spracherkennung einrichten

Nachdem Sie sichergestellt haben, dass Ihr Computer Sie hören kann, geht es daran, die Windows-Spracherkennung einzurichten. Wie im Kasten »Die klassische Spracherkennung und Cortana im Vergleich« auf Seite 767 erwähnt, ist das Spracherkennungsmodul von Windows 10 nicht mit Cortana gleichzusetzen. Es ist noch ein Relikt aus früheren Windows-Zeiten.

Um die Windows-Spracherkennung einzurichten, gehen Sie folgendermaßen vor:

1 Rufen Sie **Start ▸ Einstellungen ▸ Zeit und Sprache ▸ Spracherkennung** auf.

2 Stellen Sie sicher, dass hier als Sprache **Deutsch (Deutschland) ❶** ausgewählt wurde. Sollten Sie kein Muttersprachler sein, können Sie an dieser Stelle noch zusätzlich die Option **Nicht muttersprachliche Akzente für diese Sprache erkennen ❷** aktivieren. Dadurch wird die Spracherkennung auch tolerant gegenüber Akzenten.

Der Einstellungen-Dialog bietet lediglich die oben beschriebenen groben Einrichtungs-möglichkeiten. Die eigentliche, wesentlich feinere Konfiguration der Spracherkennung verbirgt sich in den Tiefen der Systemsteuerung.

1 Geben Sie das Suchwort »Spracherkennung« in das Suchfeld in der Taskleiste ein, und wählen Sie den Treffer **Spracherkennung – Systemsteuerung** aus der Ergebnis-liste aus.

2 Im Dialog **Spracherkennung** klicken Sie auf **Spracherkennung starten** ❶.

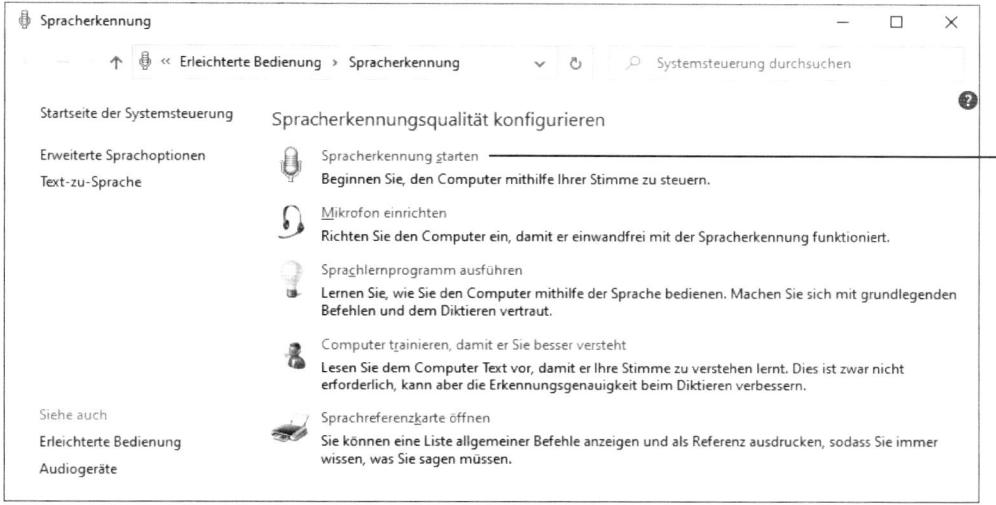

3 Der Assistent sorgt beim ersten Start dafür, dass zunächst der Pegel für die Spracheingabe optimiert wird. Bestätigen Sie den Willkommensdialog mit **Weiter**. Anschließend werden Sie gefragt, welchen Mikrofontyp Sie verwenden möchten. Wählen Sie einen geeigneten Typ aus. Bestätigen Sie diesen und den nächsten Dialog mit
Weiter. Lesen Sie dann den Satz laut vor, den der Mikrofoneinrichtungsassistent Ihnen anzeigt. Auch diesen Dialog bestätigen Sie mit **Weiter**.

4 Im nächsten Dialog haben Sie die Möglichkeit, die Dokumentprüfung zu aktivieren.
Dabei wird der Computer nach gängigen Dokumenten (z. B. E-Mails oder Word-
Dokumenten) durchsucht, die Ihren persönlichen Wortschatz enthalten. Falls Ihnen
dies aus Gründen des Datenschutzes unangenehm ist, wählen Sie die Option **Doku-
mentüberprüfung deaktivieren** ❷, bevor es **Weiter** geht.

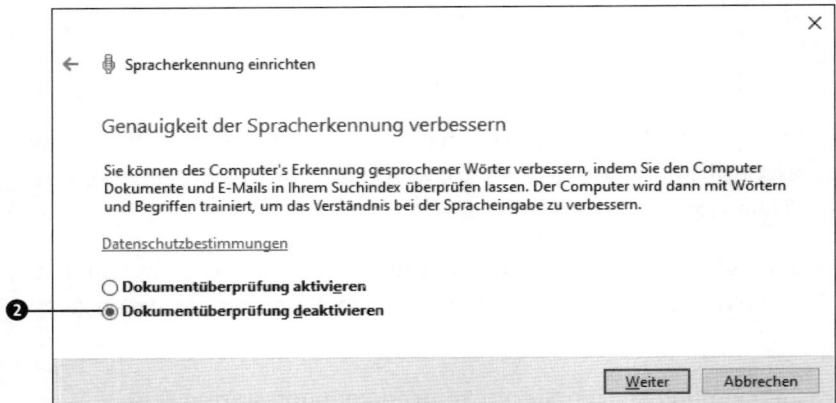

5 Als Nächstes können Sie zwischen dem manuellen Aktivierungsmodus und dem
Stimmaktivierungsmodus wählen. Bei Letzterem hört das System dann zu, wenn Sie
einen bestimmten Schlüsselbefehl (»Zuhören aktivieren«) per Sprache erteilen. Im
manuellen Modus verwenden Sie zur Aktivierung der Spracherkennung die Tastenkombination ⊞ + `Strg` + `S`. Diese Variante empfiehlt sich für den Einstieg in
die Spracherkennung, da sie zuverlässiger arbeitet als der gesprochene Befehl. Bestätigen Sie die Auswahl wieder mit **Weiter**.

6 Wenn Sie einen Blick auf die wichtigsten Befehle zur Steuerung des Computers sowie auf einige Diktierfunktionen werfen möchten, klicken Sie als Nächstes auf **Refe-
renzblatt anzeigen**. Nun wird der Browser mit einer Übersicht über die **Befehle der
Windows-Spracherkennung** gestartet. Über die Schaltfläche **Drucken** ❸ können Sie
die Internetseite auch ausdrucken. Den Browser können Sie anschließend wieder
beenden. Den Dialog **Spracherkennung einrichten** setzen Sie mit **Weiter** fort.

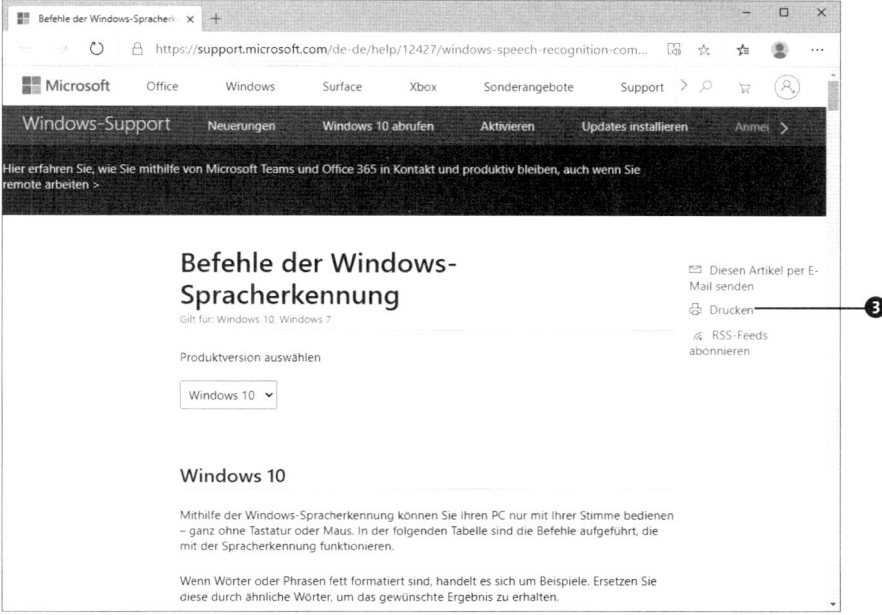

7 Im nächsten Schritt des Assistenten entscheiden Sie, ob das Spracherkennungssystem bereits geladen werden soll, während der Computer startet. Wünschen Sie dies nicht, entfernen Sie das entsprechende Häkchen und bestätigen den Dialog mit **Weiter**.

8 Anschließend haben Sie Gelegenheit, ein Lernprogramm zu starten, um sich mit den wichtigsten Möglichkeiten Ihres neuen Sprachassistenten vertraut zu machen. Die Bezeichnung »Lernprogramm« ist hier allerdings etwas hoch gegriffen: Sie werden zu einem kleinen Video auf der Microsoft-Homepage geleitet, das Ihnen die wichtigsten Möglichkeiten zeigt. Wenn Sie den Einrichtungsvorgang an dieser Stelle beenden möchten, wählen Sie den Befehl **Lernprogramm überspringen**.

Nun erscheint am oberen Bildschirmrand eine kleine schwebende Steuerschaltfläche, ein sog. *Widget*, zur Steuerung der Spracherkennung (siehe Abbildung 21.1 auf Seite 776). Im nächsten Abschnitt zeige ich Ihnen, wie Sie die Spracherkennung konkret nutzen.

21.2   Die Windows-Spracherkennung nutzen

Sobald Sie alle wichtigen Einstellungen zur Nutzung der Windows-Spracherkennung so vorgenommen haben wie im vorherigen Abschnitt beschrieben, können Sie Ihren Computer per Sprache steuern.

21.2.1 Die Spracherkennung starten

Sollten Sie das Widget zur Sprachsteuerung nach der im vorigen Abschnitt gezeigten Einrichtung ausgeblendet haben, rufen Sie im Startmenü nacheinander die Einträge **Erleichterte Bedienung** und dann **Windows-Spracherkennung** auf. Auf dem Bildschirm erscheint nun am oberen Rand die schwebende Steuerschaltfläche der Spracherkennung. Die Spracherkennung besitzt drei Modi:

- **Ein:** Die Spracherkennung nimmt Befehle entgegen.

- **Ruhezustand:** Hier wartet das System auf den gesprochenen Befehl »Zuhören starten«. Danach ist die Spracherkennung aktiv.

- **Aus:** Die Spracherkennung ist deaktiviert.

Nach dem Aufruf der Windows-Spracherkennung ist diese zunächst ausgeschaltet. Zum Einschalten drücken Sie die Tastenkombination ⊞ + Strg + S. Es empfiehlt sich, stets zwischen Ruhezustand und aktivem Modus zu wechseln. Das können Sie entweder per Sprachbefehl erreichen oder indem Sie auf den Mikrofonknopf in der Steuerschaltfläche klicken.

Den Modus **Aus** aktivieren Sie entweder durch erneutes Drücken der Tastenkombination ⊞ + Strg + S oder über das Kontextmenü der Steuerschaltfläche, das Sie mit einem rechten Mausklick auf die Schaltfläche aufrufen.

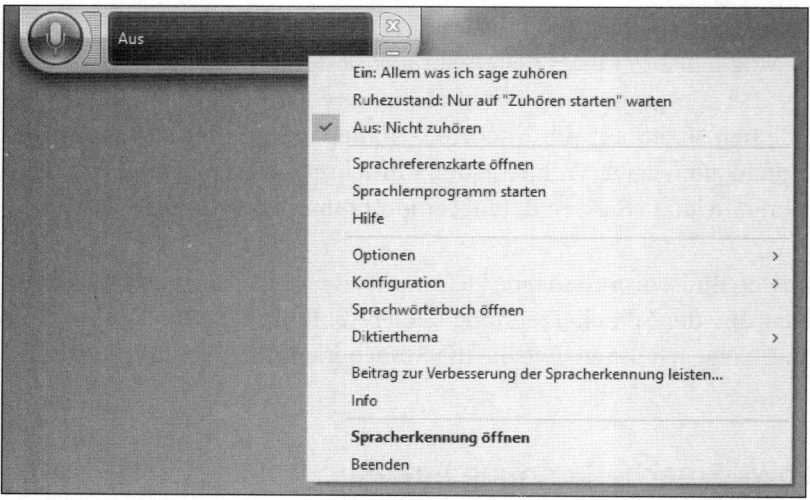

Abbildung 21.1 Über das Kontextmenü der Spracherkennungsschaltfläche erreichen Sie alle wichtigen Befehle zum Konfigurieren oder zum Ausschalten der Windows-Spracherkennung.

21.2.2 Ein Diktat durchführen

Die Windows-Spracherkennung lässt sich gut zum Diktieren längerer Texte nutzen. Um ein erstes Diktat auszuprobieren, gehen Sie folgendermaßen vor:

1 Öffnen Sie ein Textverarbeitungsprogramm, z. B. *WordPad*. Dieses erreichen Sie in der App-Liste des Startmenüs über **Windows-Zubehör ▸ WordPad**.

2 Platzieren Sie den Mauszeiger im Dokument an der Stelle, an der der diktierte Text erscheinen soll.

3 Klicken Sie auf den Mikrofonknopf in der Steuerschaltfläche der Spracherkennung ❶. Haben Sie die Sprachsteuerung aktiviert und befindet sich diese im Ruhezustand, sagen Sie einfach »Zuhören starten«.

4 Sprechen Sie nun langsam und deutlich den Text, den Sie diktieren möchten, in das Mikrofon. Haben Sie sich für das Textverarbeitungsprogramm WordPad entschieden, wird der Text sofort in das Dokument eingefügt ❷. Das funktioniert genauso auch in anderen Programmen, z. B. in Microsoft Word.

5 Mit »Nicht mehr zuhören« schalten Sie die Spracherkennung wieder aus.

Nicht immer ist der Text, den die Spracherkennung zu hören meint, auch richtig. Die eine oder andere Korrektur ist sicherlich immer notwendig. In Abschnitt 21.2.4, »Die Spracherkennung trainieren« ab Seite 779 zeige ich Ihnen, wie Sie die Qualität der Spracherkennung noch verbessern können.

21.2.3 Den Computer per Sprache steuern

Mit der in Windows 10 integrierten Spracherkennung lässt sich Ihr Computer auch steuern. Hier einige Beispiele zum Ausprobieren:

- »Start«: Öffnet das Startmenü von Windows.

- »Windows S drücken«: Dieser Sprachbefehl entspricht der Tastenkombination [⊞] + [S], mit der Sie das Suchfeld in der Taskleiste aktivieren, um anschließend eine Suchanfrage zu stellen.

- »Doppelklick auf Papierkorb«: Öffnet den Inhalt des Papierkorbs.

- »Nach oben scrollen«: Scrollt in einem aktiven Fenster nach oben.

- »WordPad starten«: Startet das Programm WordPad. Dieser Befehl funktioniert mit den meisten Programmen bzw. Apps des Computers.

- »Zu WordPad wechseln«: Wechselt zur genannten (geöffneten) App, wenn mehrere Fenster geöffnet sind.

- »Spracherkennung minimieren/maximieren«: Minimiert bzw. maximiert die frei schwebende Schaltfläche der Spracherkennung.

- »Öffnen«: Startet den **Öffnen**-Befehl aus einem aufgeklappten Menü.

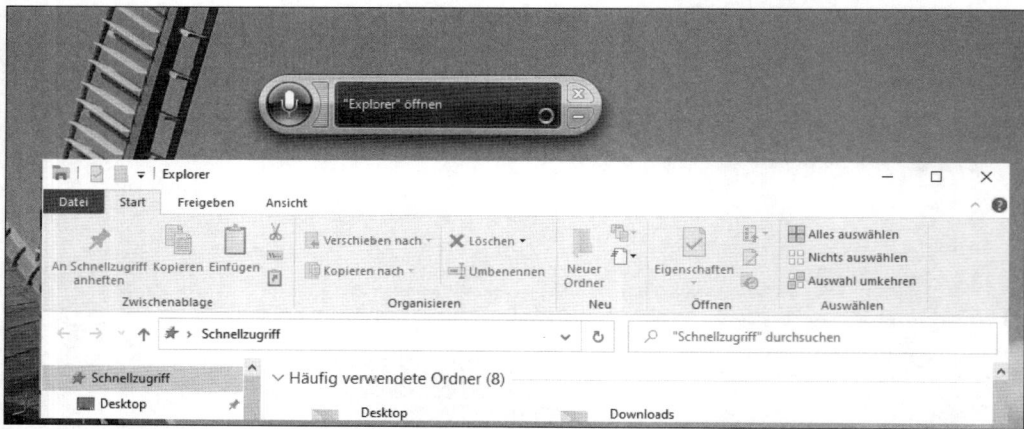

Abbildung 21.2 Steuern Sie Windows 10 mit Ihrer Stimme.

Das Praktische: Sie können eine beliebige Anwendung auch nach dem Start per Sprache steuern, indem Sie einfach die entsprechenden Menüpunkte aussprechen. Testen Sie einmal bei aktivierter Spracherkennung die folgenden Kommandos am Beispiel des Zeichenprogramms *Paint*:

1. »Paint öffnen«

2. Zeichnen Sie etwas in Paint.

3. »Auswählen«

4. »2«

5. »Okay«

6. »Rechteckige Auswahl«

Dadurch haben Sie das Rechteck-Auswahlwerkzeug per Stimme selektiert und können dieses nun verwenden. Beachten Sie: Wenn das Spracherkennungssystem mehrere Möglichkeiten zur Umsetzung Ihres soeben gesprochenen Kommandos auf dem aktuellen Bildschirm entdeckt, dann erscheinen die unterschiedlichen Optionen nummeriert auf dem Bildschirm, und Sie werden aufgefordert, eine entsprechende Zahl, gefolgt, von »Okay« in das Mikrofon zu sprechen. Dadurch wird der entsprechende Menüpunkt ausgeführt.

Abbildung 21.3 Existieren mehrere Optionen, so werden diese mit Overlay-Zahlen nummeriert. Nennen Sie die gewünschte Ziffer, gefolgt von »Okay«, und der entsprechende Menüpunkt wird ausgewählt.

> **Die Befehle der Windows-Spracherkennung im Blick**
>
> Auf der Internetseite *https://support.microsoft.com/de-de/help/12427/windows-speech-recognition-commands* erhalten Sie einen Überblick über die Sprachbefehle, die von Windows 10 unterstützt werden. Die Internetseite erreichen Sie auch mit einem Rechtsklick auf die schwebende Schaltfläche der Spracherkennung und Auswahl des Befehls **Sprachreferenzkarte öffnen**.

INFO

21.2.4 Die Spracherkennung trainieren

Gerade bei der Aufnahme von Diktaten ist es wichtig, dass sich das System optimal auf die Sprache des Diktierenden einstellen kann. Zu diesem Zweck gibt es mehrere Möglichkeiten, die Spracherkennung zu optimieren.

Klicken Sie mit der rechten Maustaste auf die Schaltfläche der Spracherkennung, und wählen Sie den Eintrag **Konfiguration ▸ Spracherkennung verbessern**. Anschließend startet der Assistent zum **Stimmtraining für die Spracherkennung**. Folgen Sie hier einfach den Anweisungen, und lesen Sie die angezeigten Texte vor, die Sie zugleich über wesentliche Elemente der Spracherkennung informieren.

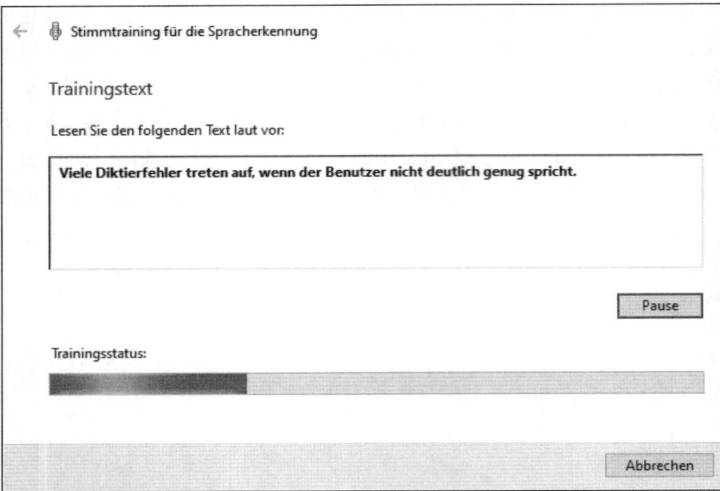

Abbildung 21.4 Die Spracherkennung wird trainiert und an die eigene Stimme angepasst.

Eine weitere Möglichkeit, die Spracherkennung zu optimieren, besteht darin, falsch geschriebene Wörter zu korrigieren, indem Sie das Kommando »<Wort> korrigieren« sprechen. Dadurch erhalten Sie eine Liste mit verschiedenen Schreibweisen des ausgewählten Ausdrucks.

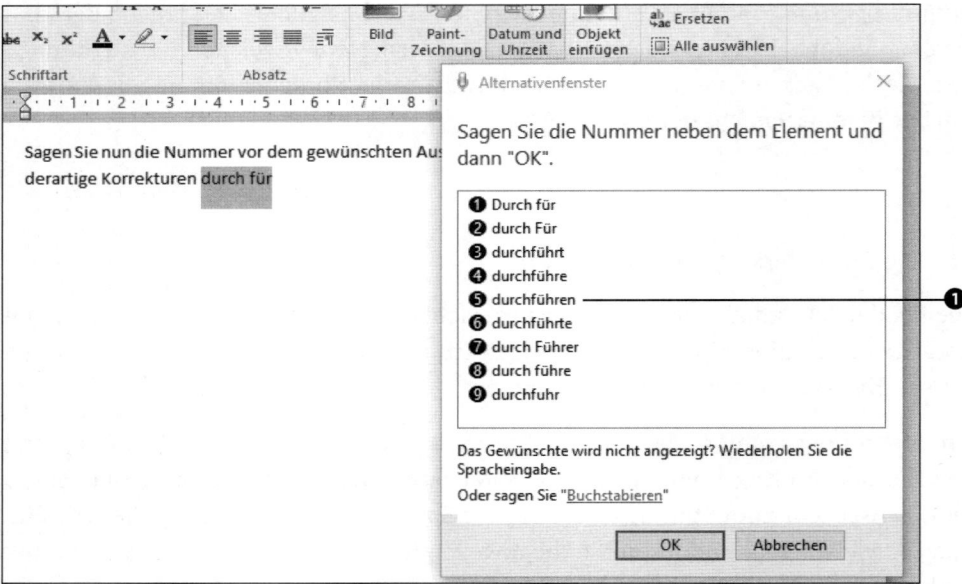

Abbildung 21.5 Regelmäßiges Korrigieren verbessert die Erkennungsrate. Im vorliegenden Fall wird durch Sprechen der Nummer »5« das Wort »durchführen« ❶ ausgewählt.

Sagen Sie nun die Nummer vor dem gewünschten Ausdruck, gefolgt von »Okay«. Je häufiger Sie derartige Korrekturen durchführen, umso zuverlässiger arbeitet die Spracherkennung.

Schließlich haben Sie bei komplizierten Ausdrücken und Wörtern noch die Möglichkeit, diese dem Spracherkennungssystem zu buchstabieren. Sagen Sie dazu einfach »Buchstabieren«, und diktieren Sie das gewünschte Wort buchstabenweise (im Beispiel »Groß L i n u x«). Übernehmen Sie das buchstabierte Wort danach mit dem Kommando »Okay« ins Vokabular. Es wird in Zukunft beim Diktieren problemlos erkannt.

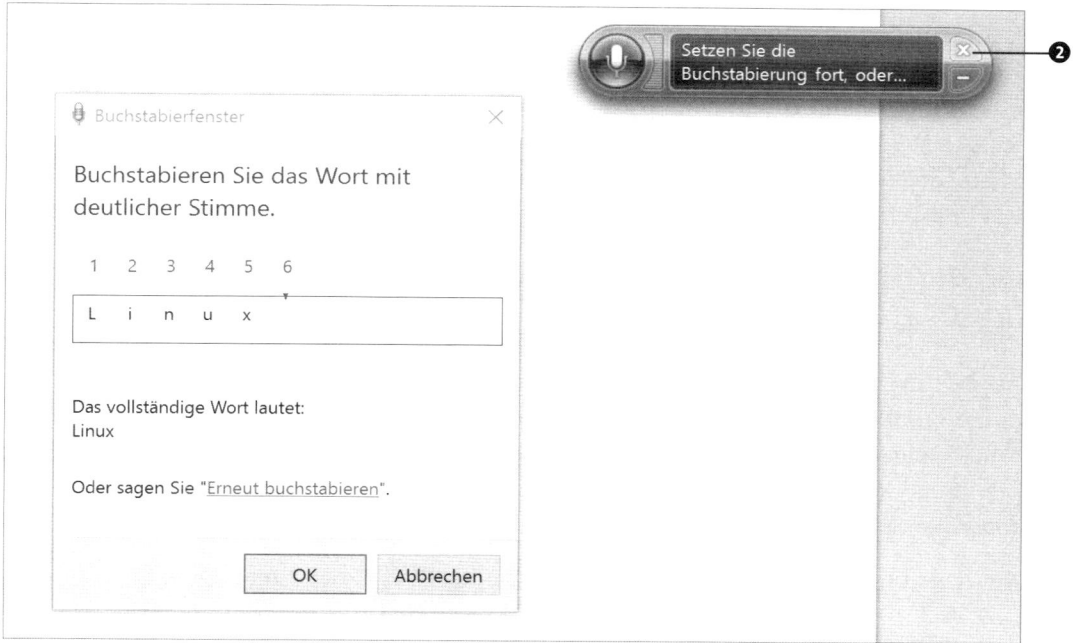

Abbildung 21.6 Indem Sie sie buchstabieren, bringen Sie dem System auch exotische Wörter bei.

Benötigen Sie die Spracherkennung nicht mehr, reicht ein Klick auf das Schließen-Symbol ❷ in der rechten oberen Ecke der Schaltfläche der Spracherkennung.

Alternative Spracherkennungen

Die Windows-Spracherkennung ist noch recht weit vom Optimum entfernt. Wenn Sie dringend eine sehr gute Spracherkennungssoftware benötigen, empfehle ich Ihnen die Lösung *Dragon* aus dem Hause Nuance (*https://www.nuance.com/de-de/dragon/dragon-for-pc.html*). Mit einem Preis von ca. 100 € für die einfache Version ist die Software zwar keineswegs günstig, sie stellt aber momentan das Nonplus-ultra in Sachen Spracherkennung im Computerbereich dar.

21.3 Cortana – die sprachgesteuerte Assistentin

Die klassische Spracherkennung, die Sie im vorherigen Abschnitt kennengelernt haben, wird immer mehr durch die digitale Assistentin Cortana ersetzt. Einige Dinge (z. B. das Diktieren längerer Texte) sind momentan mit Cortana noch nicht realisierbar. Dafür können Sie umgangssprachlich formulierte Kommandos direkt an Microsofts Sprach-assistentin richten. Auch bei alltäglichen Fragen des Lebens steht Ihnen Cortana zur Seite. Der Name *Cortana* entstammt übrigens dem beliebten Spiel *Halo* aus dem Hause Microsoft. In diesem Spiel ist Cortana eine künstliche Intelligenz, die dem Spieler mit Rat und Tat zur Seite steht.

21.3.1 Die Sprachassistentin Cortana aktivieren

Als Nächstes nehmen wir Cortanas Aufgaben als Sprachassistentin näher unter die Lu-pe. Während sie in den Anfängen von Windows 10 noch über das kombinierte Cor-tana-Suchfeld in der Taskleiste aufgerufen wurde, ist Cortana nun eine eigene App, die in der App-Liste im Startmenü aufgerufen werden kann und für die nun auch ein separates Symbol in der Taskleiste zur Verfügung steht.

Ihren ersten Kontakt zur Sprachassistentin stellen Sie folgendermaßen her:

1 Klicken Sie auf das Cortana-Symbol ⃝ in der Taskleiste ❶. Dadurch wird Cortana aufgerufen.

2 Klicken Sie nun auf das Mikrofon-Symbol ❷ am unteren Rand des Cortana-Dialogs. Bei der allerersten Verwendung wird zunächst ein Assistent geöffnet, der Cortana an Ihre Stimme anpasst. Das kennen Sie bereits aus Abschnitt 21.1.3, »Die Windows-Spracherkennung einrichten«, ab Seite 772. Sollten Sie die dort beschriebenen Schritte noch nicht nachvollzogen haben, müssen Sie die Nachfrage des Assistenten jetzt mit einem Klick auf **OK** ❸ annehmen.

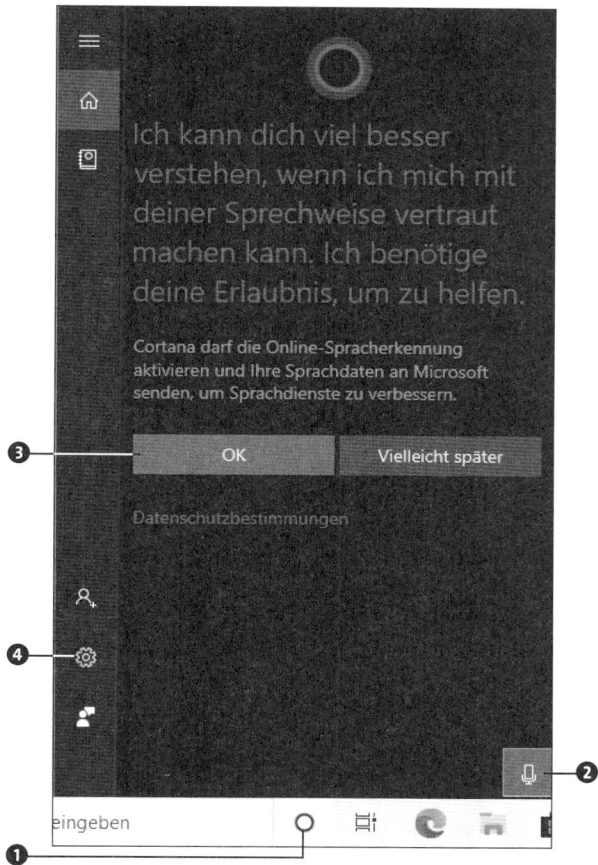

Danach ist Cortana einsatzbereit, und Sie können ihr erste Fragen stellen. Probieren Sie es einmal mit: »Wie macht die Katze?« Sie werden überrascht sein, wie schnell und bereitwillig Cortana Ihnen Rede und Antwort steht.

21.3.2 Cortana konfigurieren

Bevor wir uns näher mit den Möglichkeiten von Cortana beschäftigen, sehen wir uns zunächst einmal an, wie die Sprachassistentin konfiguriert werden kann. Klicken Sie dazu auf das Cortana-Symbol [O] in der Taskleiste (❶ in der Abbildung oben) und anschließend auf das Zahnrad-Symbol ❹ an der linken Seite. Sie gelangen zur Kategorie

Cortana in der Einstellungen-App. Hier ist links bereits die Unterkategorie **Mit Cortana sprechen** ❺ ausgewählt:

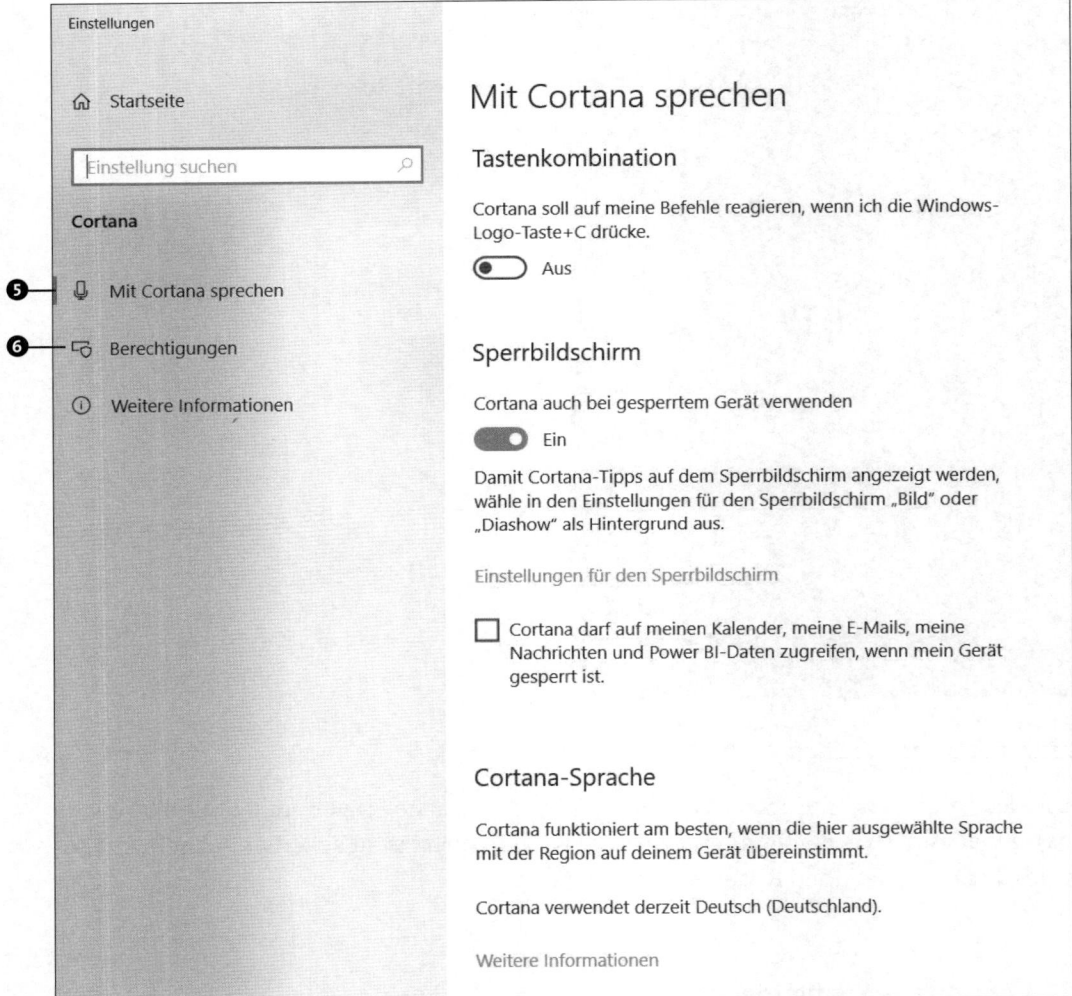

Abbildung 21.7 Die Konfiguration von Cortana nehmen Sie über die Einstellungen-App vor.

In der rechten Spalte des Dialogs finden Sie nun folgende Menüpunkte:

Bereich	Möglichkeit
Mikrofon	Mikrofon überprüfen: Führt zum Einrichtungsdialog für die verwendete Hardware, siehe Abschnitt 21.1.2, »Ein Headset einrichten und testen«, ab Seite 768.
Hey Cortana	Befindet sich der Regler auf **Ein**, lässt sich Cortana über die Schlüsselworte »Hey Cortana« aktivieren. Nach der Aktivierung haben Sie hier die Möglichkeit, das Kommando an Ihre eigene Stimme zu binden.
Tastenkombination	Ist dieser Regler aktiviert, startet Cortana bei Eingabe der Tastenkombination ⊞ + C.
Sperrbildschirm	Ermöglicht die Verwendung von Cortana von einem Sperrbildschirm aus. Diese Option ist nur bei Mobilgeräten (Smartphones bzw. Tablets) relevant.
Cortana Sprache	Zeigt die für Cortana verwendete Sprache an.

Tabelle 21.1 Konfigurationsoptionen der Sprachassistentin Cortana im Bereich »Mit Cortana sprechen«

Falls Ihnen Cortana aufgrund ihrer umfassenden Möglichkeiten ein wenig suspekt erscheint, können Sie ihr ein wenig auf die Finger klopfen. Wechseln Sie hierzu in der Einstellungen-App in der Kategorie **Cortana** zur Unterkategorie **Berechtigungen** (❻ auf Seite 784). Nach einem Klick auf **Informationen verwalten, auf die Cortana von diesem Gerät zugreifen darf**, bestimmen Sie, ob die Sprachassistentin auf Ihre **Position** (❼ auf Seite 786), **Kontakte, E-Mail, Kalender & Kommunikationsverlauf** ❽ sowie den **Browserverlauf** ❾ zugreifen darf. Nur wenn Sie die Genehmigung erteilen möchten, setzen Sie den jeweiligen Regler auf **Ein**.

Sollten Sie den Positionsdienst in der Kategorie **Datenschutz** der Einstellungen-App deaktiviert haben, weist Cortana Sie entsprechend darauf hin. Über die Schaltfläche **Einstellungen** ❿ gelangen Sie direkt zur Seite **Position**, auf der Sie nun den Positionsdienst einschalten können (siehe auch den Kasten »Den Positionsdienst von Windows 10 aktivieren« auf Seite 459). Über das Pfeil-Symbol ⓫ oben links gelangen Sie in der Einstellungen-App übrigens immer wieder zur zuvor besuchten Seite zurück.

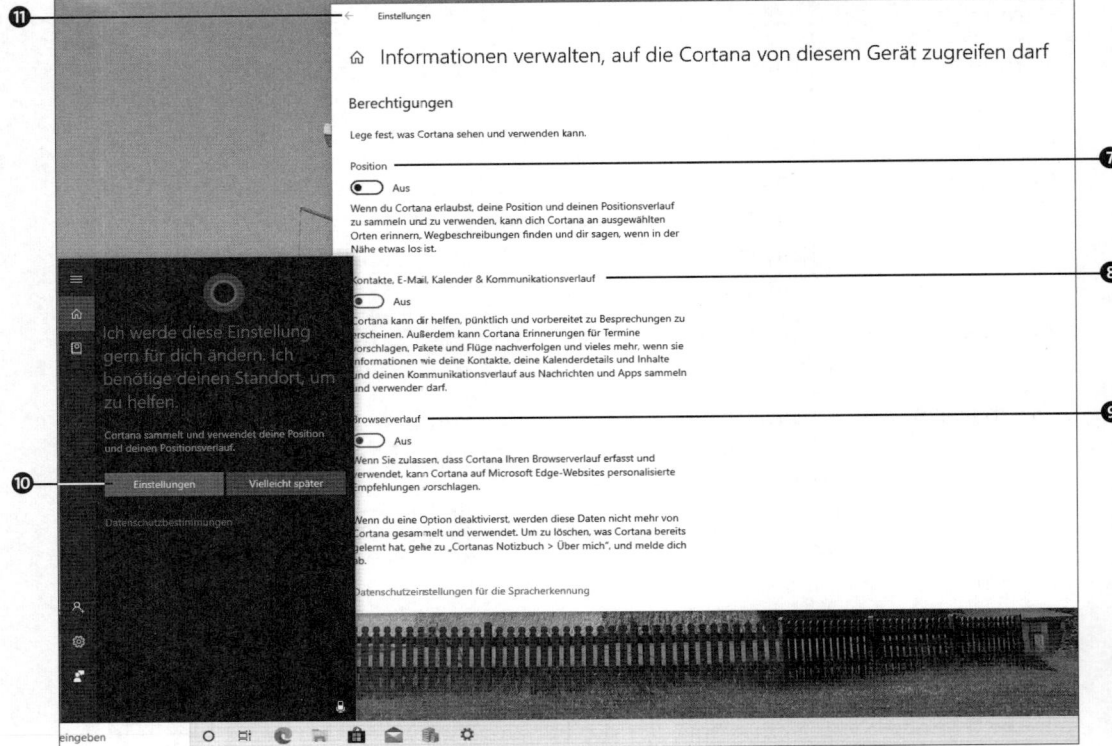

Abbildung 21.8 Es liegt in Ihrer Hand, welche Berechtigungen Sie Cortana erteilen.

21.3.3 Cortana in Aktion

Die bisher vorgestellten Einstellungen und Fragen, die Sie Cortana stellen können, lassen sich unabhängig von der Art des Benutzerkontos durchführen, mit dem Sie bei Windows 10 angemeldet sind. Einfache Fragen, wie etwa »Wie wird das Wetter morgen in München?«, beantwortet Cortana also sowohl dann, wenn Sie mit einem lokalen Konto angemeldet sind, als auch bei der Anmeldung mit einem Microsoft-Konto. Soll Cortana Sie z. B. auch bei Ihrer Terminplanung unterstützen, sollten Sie mit einem Benutzerkonto am PC angemeldet sein, das mit einem Microsoft-Konto verknüpft ist. Wie die Einrichtung eines Microsoft-Kontos funktioniert, können Sie in Abschnitt 4.2.2, »Ein Microsoft-Konto einrichten«, ab Seite 111 nachlesen.

Sehen wir uns einmal die Fähigkeiten von Cortana etwas genauer an. Starten Sie hierfür Cortana zunächst. Dies geschieht entweder über den Sprachbefehl »Hey Cortana« (siehe auch Tabelle 21.1 auf Seite 785) oder über die Tastenkombination ⊞ + C .

Die Funktionsvielfalt von Cortana ist so groß, dass es schier unmöglich ist, hier alle Möglichkeiten aufzuführen. Die folgenden Befehle zeigen nur einen kleinen Ausschnitt, um Ihnen zu zeigen, in welchen Bereichen Sie von Cortana Unterstützung erwarten können.

Mit diesen Befehlen können Sie den Computer steuern:

- »Starte <Programm/App>«: Startet das genannte Programm bzw. die genannte App. Beispiel: »Starte WordPad.« Findet Cortana zu Ihrer Eingabe mehrere mögliche Programme, werden diese entsprechend aufgelistet (so wie in Abbildung 21.9 auf dieser Seite). Wählen Sie in diesem Fall einfach das gewünschte Programm aus der Liste aus.

- »Aktiviere/Deaktiviere <Modus bzw. Eigenschaft>«: Schaltet eine bestimmte Eigenschaft ein bzw. aus. Beispiel: »Aktiviere WLAN.«

- »<Song> jetzt abspielen«: Spielt ein bestimmtes Musikstück ab, sofern es sich in der **Musik**-Bibliothek befindet. Beispiel: »Gimme Shelter jetzt abspielen.«

- »Setze den Song auf <Wiedergabeliste>«: Setzt das aktuell abgespielte Musikstück auf die genannte Wiedergabeliste. Beispiel: »Setze den Song auf 80er-Hits.«

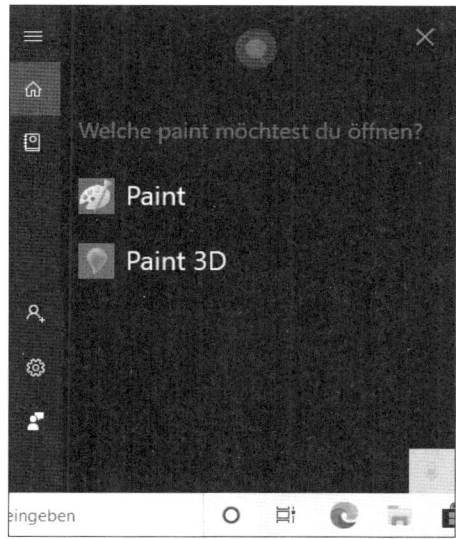

Abbildung 21.9 Bei mehrdeutigen Befehlen (z. B. »Starte Paint«) bietet Cortana die bestehenden Möglichkeiten zur Auswahl an.

Wenn Sie möchten, stellt Ihnen Cortana wichtige Informationen zu Terminen, Kontakten und mehr bereit. Zuvor müssen Sie Cortana allerdings gestatten, auf Ihren Kalender bzw. Ihre Kontakte zuzugreifen, wie im vorigen Abschnitt beschrieben. Zusätzlich müssen Sie sich bei Cortana anmelden. Hierzu gehen Sie folgendermaßen vor:

1 Klicken Sie auf das Cortana-Symbol ❶ in der Taskleiste und dann auf das Zahnrad-Symbol ❷ im Cortana-Dialog.

2 Markieren Sie in der Einstellungen-App, die nun geöffnet wird, links die Unterkategorie **Berechtigungen** ❸.

3 Klicken Sie rechts auf **Anmelden** ❹. Im Cortana-Dialog wird nun ebenfalls **Anmelden** ❺ eingeblendet. Klicken Sie auf diese Schaltfläche.

4 Wenn Sie sich bereits bei einer Microsoft-App mit einem Microsoft-Konto angemeldet haben, wird dieses Konto jetzt im Dialog **Wir helfen Ihnen bei der Anmeldung** angeboten. In diesem Fall reicht ein Klick auf das Konto ❻ und dann auf **Weiter**. Wird das gewünschte Konto nicht aufgeführt oder müssen Sie die Anmeldung erst noch vornehmen, klicken Sie auf **Microsoft-Konto** ❼ und folgen dann den weiteren Anweisungen.

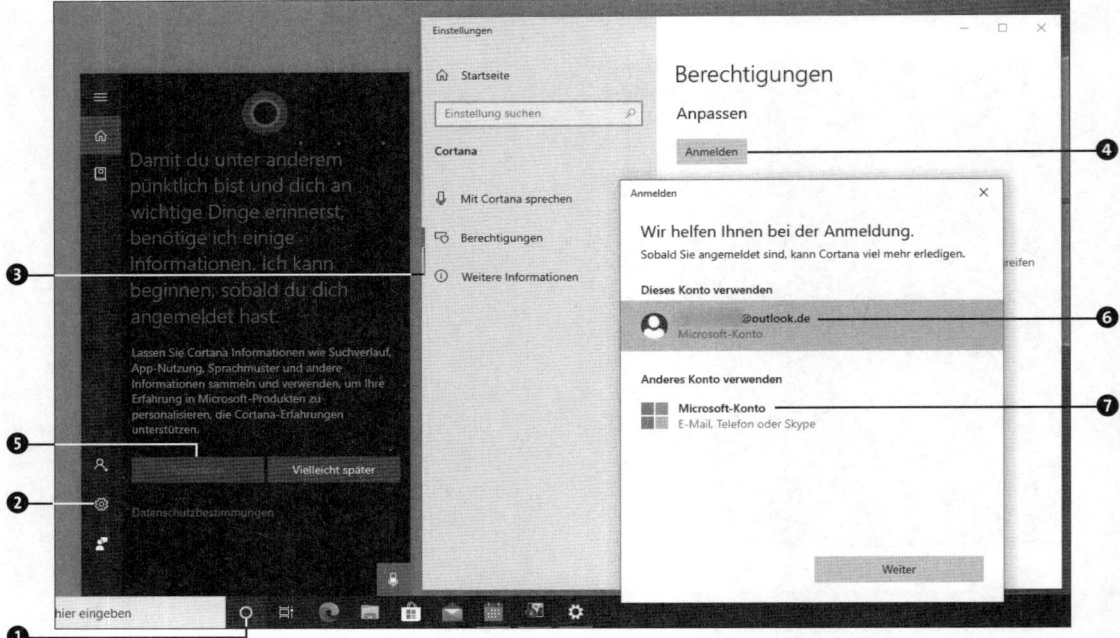

Nach der erfolgreichen Anmeldung hilft Ihnen Cortana bei Ihrer Terminplanung und vielem mehr. Hier sehen Sie eine kleine Auswahl an Befehlen:

- »Was steht als Nächstes an?«: Zeigt die nächsten Termine an, die Sie in der *Kalender*-App eingetragen haben. Einen ähnlichen Effekt hat die Nachfrage: »Was habe ich morgen vor?«

- »Erstelle Termin <Betreff> für <Datum> um <Uhrzeit>!«: Erstellt einen entsprechenden Termin. Beispiel: »Erstelle Termin Friseur für den 23.07. um 16 Uhr.«

- »Wie spät ist es?«: Gibt die aktuelle Ortszeit sowie den aktuellen Ort an.

- »Wecke mich um <Uhrzeit>«: Richtet zur angegebenen Uhrzeit einen Weckruf ein.

- »Notiere ...«: Erstellt eine Notiz mit dem diktierten Inhalt in *OneNote*.

- »Öffne Kontakt <Name>«: Öffnet in der *Kontakte*-App das Kontaktverzeichnis und gibt Informationen zum betreffenden Kontakt preis.

Mit den bisherigen Befehlen ist Cortanas Leistungsfähigkeit noch lange nicht ausgeschöpft. Die Sprachassistentin führt für Sie auch Rechenaufgaben durch und holt interessante Informationen wie Wetter- oder Börsennachrichten für Sie ein:

- »Was ist <Zahl 1> <mal/durch/plus/minus> <Zahl 2>?«: Berechnet die vorgegebene Rechenaufgabe. Beispiel: »Was ist 36 mal 78?«

- »Brauche ich morgen einen Regenschirm?«: Liefert die Wettervorhersage für den aktuellen Ort. Voraussetzung dafür ist, dass der Positionsdienst aktiviert wurde (siehe dazu auch den Kasten »Den Positionsdienst von Windows 10 aktivieren« auf Seite 459).

- »Wie stehen die <Name des Unternehmens>-Aktien?«: Liefert den aktuellen Aktienkurs des genannten Unternehmens. Beispiel: »Wie stehen die Microsoft-Aktien?«

- »Ein <Währung 1> in <Währung 2>«: Rechnet die entsprechenden Währungen zum tagesaktuellen Kurs um.

- »Definiere das Wort <Begriff>!«: Gibt eine Definition des genannten Begriffs. Beispiel: »Definiere das Wort Bruttosozialprodukt!«

Diese Befehle sorgen für Spaß und Abwechslung:

- »Kopf oder Zahl?«: Cortana führt einen Münzwurf durch.

- »Erzähl mir ein Märchen!«: Cortana übt sich als Märchentante.

- »Sing mir ein Lied!«: Cortana singt.

- »Mal mir ein Bild!«: Cortana malt.

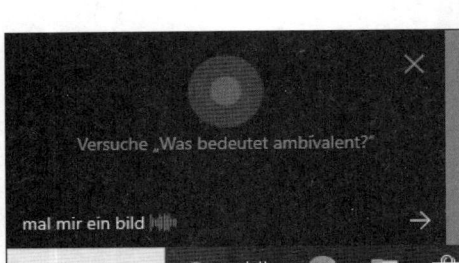

Eine recht ausführliche Übersicht über eine Vielzahl bislang bekannter Cortana-Befehle finden Sie auf *http://anleitung.trojaner-board.de/cortana-alle-befehle_712*. Freilich ist Cortana nicht allwissend, sprich, es sind längst nicht alle denkbaren Kommunikations-situationen implementiert. Sollte Cortana einmal nichts mit Ihrer Frage anzufangen wissen, wird Ihre Anfrage direkt an Microsofts Suchmaschine *Bing* weitergeleitet. Auch dadurch erhalten Sie in der Regel wertvolle weiterführende Informationen.

21.3.4 Persönliche Daten sowie den Suchverlauf wieder löschen

Datenschützer beanstanden immer wieder die Tatsache, dass Cortana all Ihre Anfragen brav speichert. Das gilt vor allem dann, wenn Sie mit einem Microsoft-Konto am Computer angemeldet sind. Sollte ein Unbefugter Zugriff auf Ihren Computer erhalten, so kann er den Verlauf leicht einsehen und erhält so quasi ein Psychogramm Ihrer Aktivitäten. Gehen Sie folgendermaßen vor, um Cortanas »Gedächtnis« zu löschen:

1 Klicken Sie auf das Cortana-Symbol in der Taskleiste ❶ und anschließend auf das Zahnrad-Symbol ❷. Sie gelangen zu den Cortana-Einstellungen.

2 Wechseln Sie in die Unterkategorie **Berechtigungen** ❸. Wenn Sie mit einem Microsoft-Konto am Computer angemeldet sind, finden Sie in der rechten Fensterhälfte den Link **In der Cloud ändern, was Cortana über mich weiß** ❹. Im Cortana-Dialog werden daraufhin **Persönliche Informationen** eingeblendet. Klicken Sie hier auf **Suchverlauf** ❺.

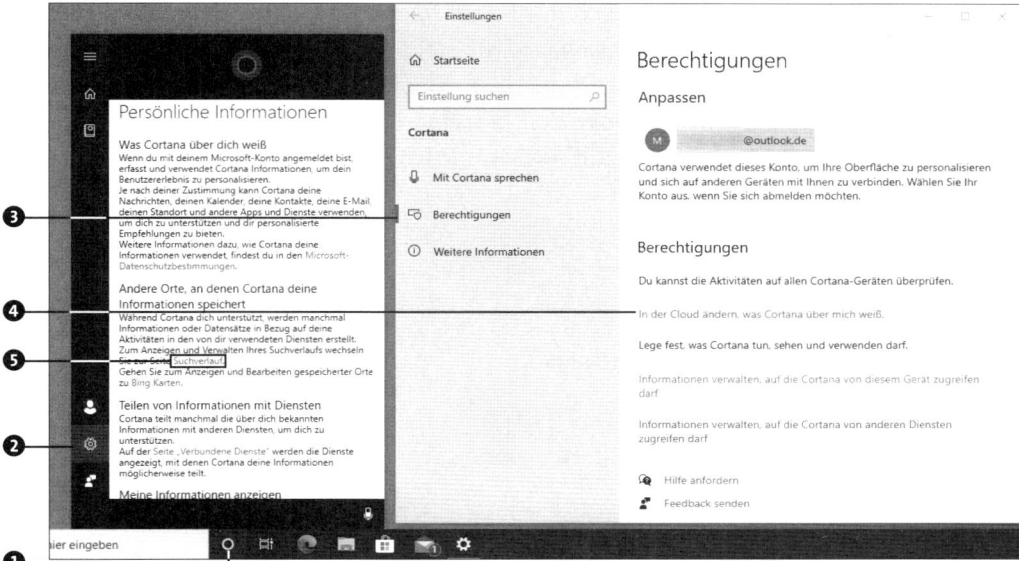

3 Nun öffnet sich eine Seite im Browser, die Sie zu der entsprechenden Konfigurationsoption der Suchmaschine *Bing* führt. Diese ist quasi das Rückgrat von Cortana. Hier erscheinen im Hauptteil des Fensters Ihre bisherigen Suchanfragen ➏. Klicken Sie auf den Link **Zum Dashboard gehen** ➐.

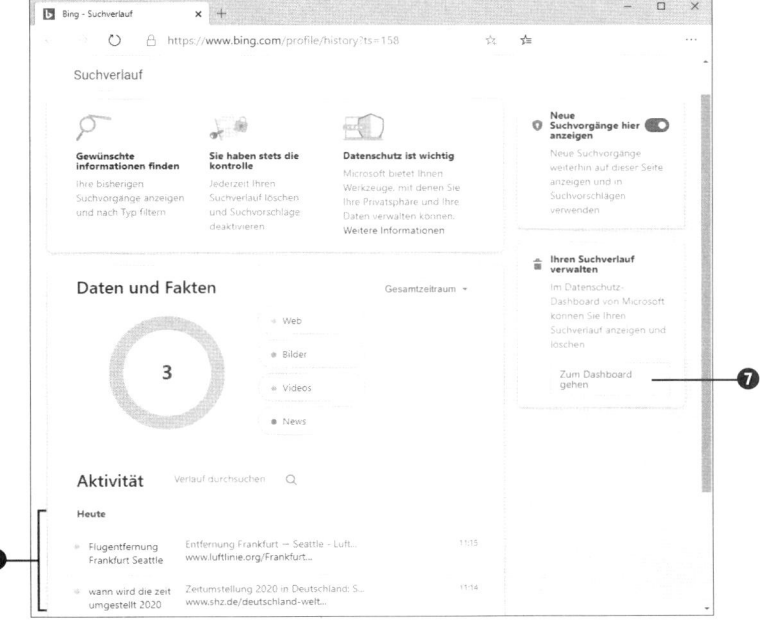

4 Nun werden Sie aufgefordert, sich mit Ihrem Microsoft-Konto anzumelden. Sie gelangen zum sog. *Datenschutz-Dashboard*. Blättern Sie etwas nach unten bis zum Bereich **Suchverlauf**. Hier klicken Sie auf **Suchverlauf anzeigen und löschen**. Entfernen Sie nun entweder über **Löschen** gezielt einzelne Einträge ❽ oder Ihren kompletten Suchverlauf durch einen Klick auf **Aktivität löschen** ❾. Bestätigen Sie die folgende Nachfrage mit **Löschen**.

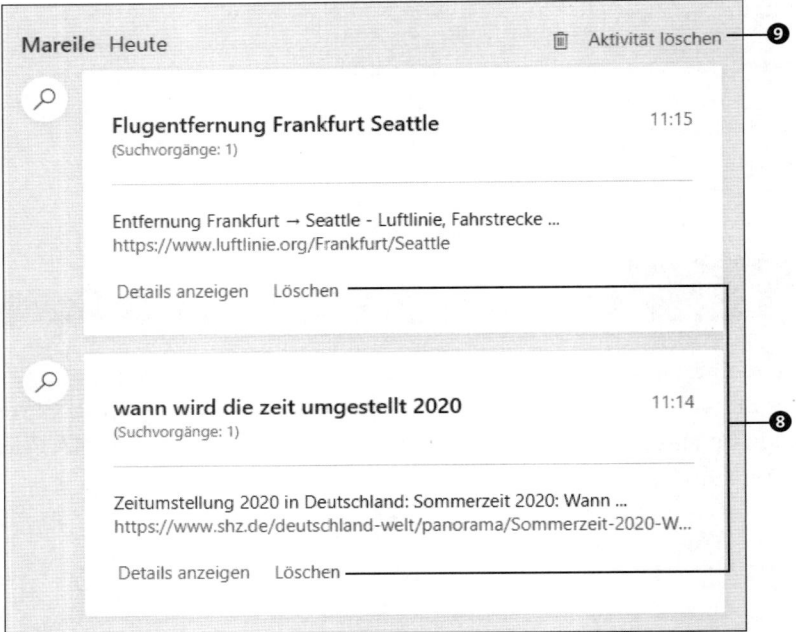

5 Klicken Sie auf der Seite Datenschutz anschließend auf **Übersicht**. Hier können Sie nun weitere Informationen wie etwa Browserverlauf, Standort-Aktivität sowie weitere Datenschutzeinstellungen prüfen.

6 Wenn Sie sich auf der Webseite von Ihrem Microsoft-Konto abmelden möchten, blättern Sie zum Beginn der Seite zurück. Klicken Sie dort oben rechts auf das Symbol Ihres Benutzerkontos und im aufklappenden Dialog auf **Abmelden**.

TIPP

Cortana komplett deaktivieren

Wenn Sie Cortana gar nicht nutzen möchten, dann lässt sich die Assistentin mit einem Registry-Hack deaktivieren. Weitere Informationen hierzu erhalten Sie in Abschnitt 20.4.3, »Deaktivierung von Cortana«, ab Seite 759.

22   Hyper-V und Virtualisierung

Einen Rechner im Rechner betreiben – so ungefähr stellt sich der Laie die Virtualisierung vor. Unter Windows 7 hatte Microsoft zu diesem Zweck noch den *Windows Virtual PC* bereitgestellt, mit dessen Hilfe sich z. B. Windows-XP-Programme nutzen ließen, die unter Windows 7 ihren Dienst verweigerten. Seit Windows 8 setzt Microsoft nun auf die *Hyper-V-Technik* zur Virtualisierung von Betriebssystemen. Diese steht allerdings nicht unter allen Windows-Versionen zur Verfügung. Lediglich Anwender, die über die Windows-10-Pro- oder -Enterprise-64-Bit-Edition verfügen, können ein virtuelles System per Hyper-V einrichten.

Am Ende des Kapitels stelle ich Ihnen die *Windows-Sandbox* vor. In diesem vom restlichen System isolierten Bereich können Sie ebenfalls problemlos Software ausprobieren, bei der Sie sich nicht sicher sind, ob sie evtl. Schadprogramme enthält oder Funktionen, die Sie nicht wünschen. Auch diese Funktion steht nur Nutzern der Version Windows 10 Pro zur Verfügung. Aber auch für diejenigen, die Windows 10 Home nutzen, gibt es eine kostenlose Möglichkeit zur Virtualisierung von Betriebssystemen: Die *VirtualBox* werden Sie im Verlauf dieses Kapitels ebenfalls kennenlernen.

22.1   Was ist Virtualisierung?

Das Wort *virtuell* ist heute in aller Munde. Damit bezeichnet man in erster Linie Dinge, die in der Realität nicht existieren bzw. die man nicht anfassen kann. Ein virtueller Computer ist daher eine Plattform, die von der Software eines real existierenden Rechners (*Host* bzw. *Wirt* genannt) simuliert wird, sodass das darauf installierte Betriebssystem den Eindruck erweckt, als würde es auf einem real existierenden Computer laufen. Das virtualisierte Betriebssystem wird *Client* oder *Guest* (Gast) genannt. Die für den Betrieb des virtuellen Betriebssystems notwendige Hardware wird vom »echten« Computer in das virtuelle System »weitergereicht«. Ein Anwender bekommt davon nichts mit. Für ihn scheint es so, als würde er auf einem normalen Computer arbeiten.

Mithilfe der Virtualisierung bieten sich dem Anwender interessante Möglichkeiten:

- Im Rahmen von Systemaktualisierungen kommt es oft vor, dass ältere Software ihren Dienst verweigert. Zu diesem Zweck können Sie mithilfe der Virtualisierung ein System mit der alten Version des Betriebssystems einrichten, auf dem die älteren Programme noch problemlos laufen.

- Falls Sie einmal ein anderes Betriebssystem testen möchten, können Sie zu diesem Zweck ebenfalls einen virtuellen Computer einrichten. So lässt sich beispielsweise Linux in einer virtuellen Maschine auch unter Windows betreiben. Das geht mittlerweile recht einfach, indem man eine App aus dem Microsoft Store installiert. Viele Computerkundige nutzten früher die Möglichkeit der Virtualisierung, um in den Zeiten des relativ unsicheren Windows XP eine virtuelle Linux-Maschine zu betreiben, mit deren Hilfe dann sicherheitskritische Dinge wie elektronisches Banking oder Bestellungen erledigt wurden, ohne Gefahr zu laufen, durch Malware angegriffen zu werden. Das ist heute dank der verbesserten Sicherheitsstruktur von Windows 10 nicht mehr erforderlich. Von der Virtualisierung ausgeschlossen ist Apples Betriebssystem macOS, das von Apple an seine spezielle Hardware angepasst wurde. (Lesen Sie hierzu auch den Kasten »Ubuntu und Windows-Subsystem für Linux unter Windows 10 einrichten« auf Seite 814.)

- Zu guter Letzt können Sie mithilfe der Virtualisierung die üblicherweise instabilen *Insider Preview Builds* von Windows mit all ihren topaktuellen Features testen, ohne Gefahr zu laufen, das aktuelle System zu destabilisieren.

22.2 Hyper-V einrichten

Die Virtualisierungsplattform *Hyper-V* steht nicht in jeder Edition von Windows 10 zur Verfügung. Ich zeige Ihnen, welche Voraussetzungen auf Ihrem Computer erfüllt sein müssen und wie Sie Hyper-V aktivieren.

22.2.1 Die Systemanforderungen prüfen

Hyper-V ist eine Virtualisierungslösung, die im professionellen Bereich eingesetzt wird. So verwundert es auch nicht, dass zur Umsetzung eine Vielzahl von Bedingungen erfüllt sein müssen:

- Wie bereits erwähnt, ist Hyper-V auf die Editionen *Windows 10 Pro* bzw. *Enterprise* beschränkt.

- Sie müssen darüber hinaus die 64-Bit-Version des Betriebssystems als Wirt verwenden.

- Außerdem muss Ihr Computer über mindestens 4 GByte Hauptspeicher verfügen. Für flüssiges Arbeiten empfiehlt es sich sogar, den Speicher auf 8 GByte aufzustocken. Insbesondere dann, wenn Sie planen sollten, mehrere virtuelle Computer parallel laufen zu lassen, ist genügend RAM zwingend notwendig.

- Weiterhin benötigen Sie einen 64-Bit-Prozessor, der die Merkmale DEP (*Data Execution Prevention*) und SLAP (*Second Level Address Translation*) unterstützt. Das ist in der Regel dann der Fall, wenn es sich bei Ihrem PC um ein relativ aktuelles System handelt (nicht älter als zwei Jahre).

22.2.2 Hyper-V aktivieren

Bevor Sie loslegen und einen virtuellen Computer mit Hyper-V anlegen können, müssen Sie diese Funktion zunächst aktivieren. Gehen Sie dazu folgendermaßen vor:

1 Tippen Sie in das Suchfeld der Taskleiste den Begriff »Feature« ein, und klicken Sie anschließend auf den Treffer **Windows-Features aktivieren oder deaktivieren – Systemsteuerung ❶**.

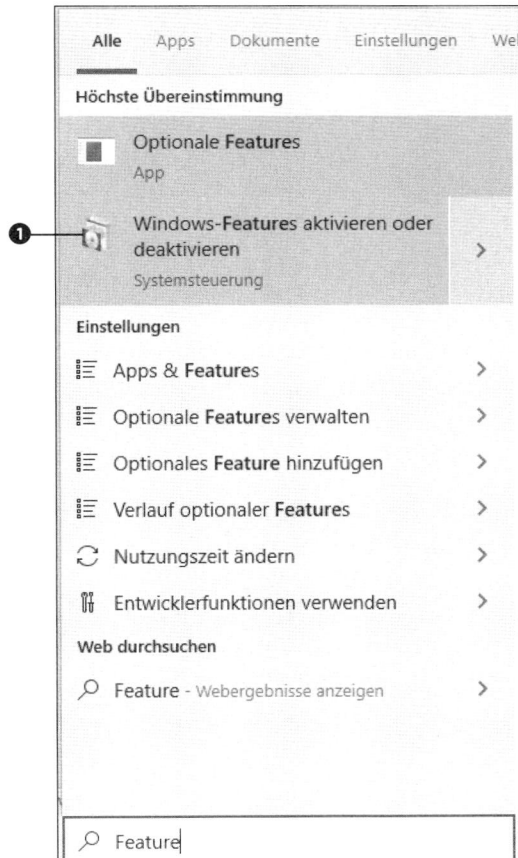

2 Im Dialog **Windows-Features** setzen Sie ein Häkchen vor **Hyper-V ❷**. Klicken Sie auf das Plus-Symbol vor **Hyper-V ❸**, und stellen Sie sicher, dass die beiden Untereinträge **Hyper-V-Plattform** sowie **Hyper-V-Verwaltungstools** ebenfalls aktiviert sind.

Sollte Ihr Computersystem aus den oben genannten Gründen nicht Hyper-V-fähig sein, erscheint der Eintrag **Hyper-V-Plattform** ausgegraut.

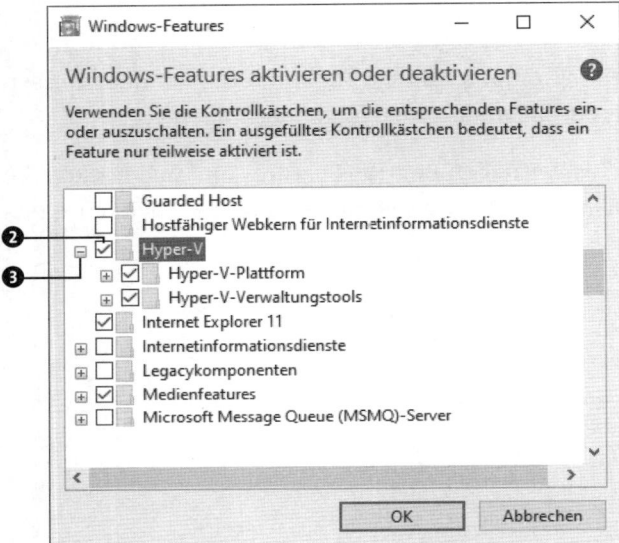

3 Bestätigen Sie mit **OK**. Der PC wird jetzt auf die Virtualisierung vorbereitet, und Sie müssen den Computer neu starten. Hier sollten Sie etwas Geduld haben, da nun die benötigten Dienste und Softwaremodule eingerichtet werden. Danach ist der PC bereit zur Einrichtung einer virtuellen Maschine.

22.3   Ein Betriebssystem auf einem virtuellen Computer per Hyper-V installieren

Bevor Sie ein Betriebssystem im virtuellen System installieren können, müssen Sie mithilfe des *Hyper-V-Managers* noch ein paar Vorbereitungen treffen.

22.3.1 Die Netzwerkfunktionen für den virtuellen Computer vorbereiten

Bevor Sie ein Betriebssystem unter Hyper-V anlegen, benötigen Sie eine »leere« virtuelle Maschine sowie einen funktionsfähigen Netzwerkanschluss. Beides erstellen Sie mit dem Hyper-V-Manager:

1 Suchen Sie über das Suchfeld in der Taskleiste nach dem Hyper-V-Manager, indem Sie dort den Begriff »hyper« eingeben. Klicken Sie den **Hyper-V-Manager ❶** in der Ergebnisliste an. Dieser wird daraufhin gestartet.

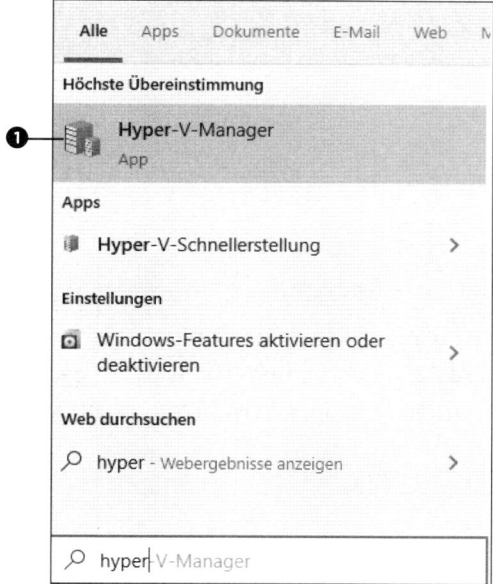

Es empfiehlt sich, für den späteren schnelleren Zugriff das Programm an der Taskleiste festzupinnen (dafür reichen ein rechter Mausklick auf das Programmsymbol in der Taskleiste und die Auswahl des Befehls **An Taskleiste anheften**).

Im nächsten Schritt sorgen Sie dafür, dass sich der virtuelle PC später per Standardnetzadapter mit dem Internet verbinden kann. Zu diesem Zweck legen Sie einen sog. *virtuellen Switch* an:

2 Markieren Sie im Hyper-V-Manager in der linken Spalte den Namen Ihres Computers ❷. Klicken Sie dann in der rechten Spalte auf **Manager für virtuelle Switches ❸**.

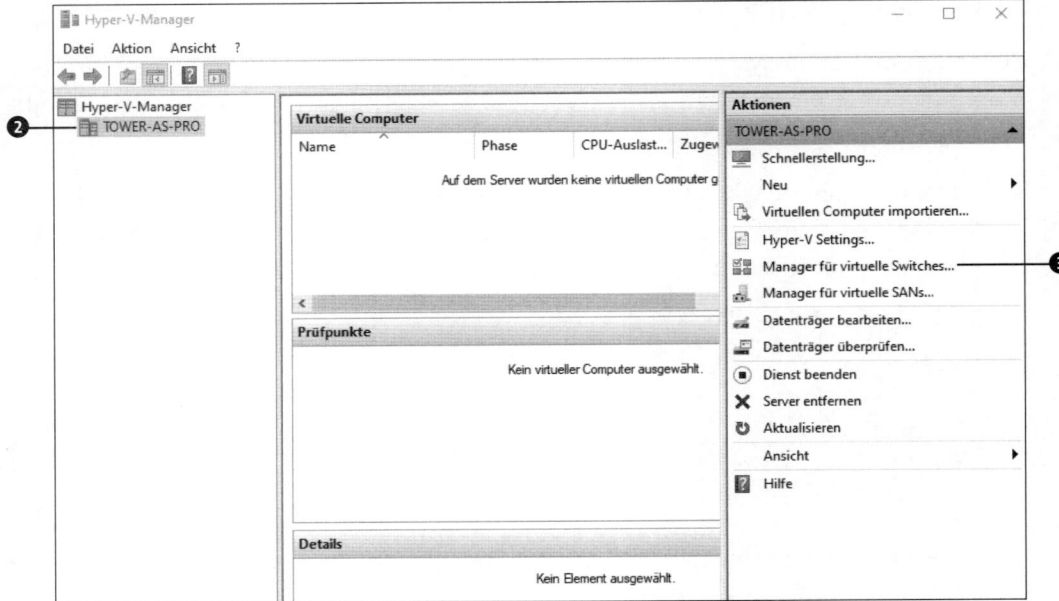

3 Im Dialog **Manager für virtuelle Switches ...** wählen Sie in der linken Spalte den Punkt **Neuer virtueller Netzwerkswitch ❹**. Als Art des Switches markieren Sie im rechten Teilfenster die Option **Extern ❺**. Bestätigen Sie die Auswahl mit einem Klick auf **Virtuellen Switch erstellen ❻**.

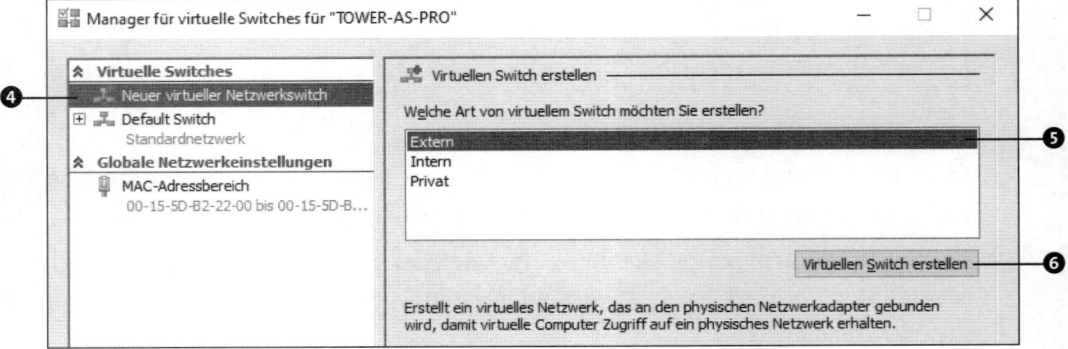

4 Nun können Sie den neu erstellten Switch über das Namensfeld entweder umbenennen oder es bei dem voreingestellten Namen **Neuer virtueller Switch ❼** belassen. Achten Sie darauf, dass als Verbindungstyp **Externes Netzwerk ❽** sowie der physikalische (d. h. real existierende) Netzwerkcontroller ❾ ausgewählt wurden. Bestätigen Sie Ihre Einstellungen über die Schaltfläche **Anwenden ❿**.

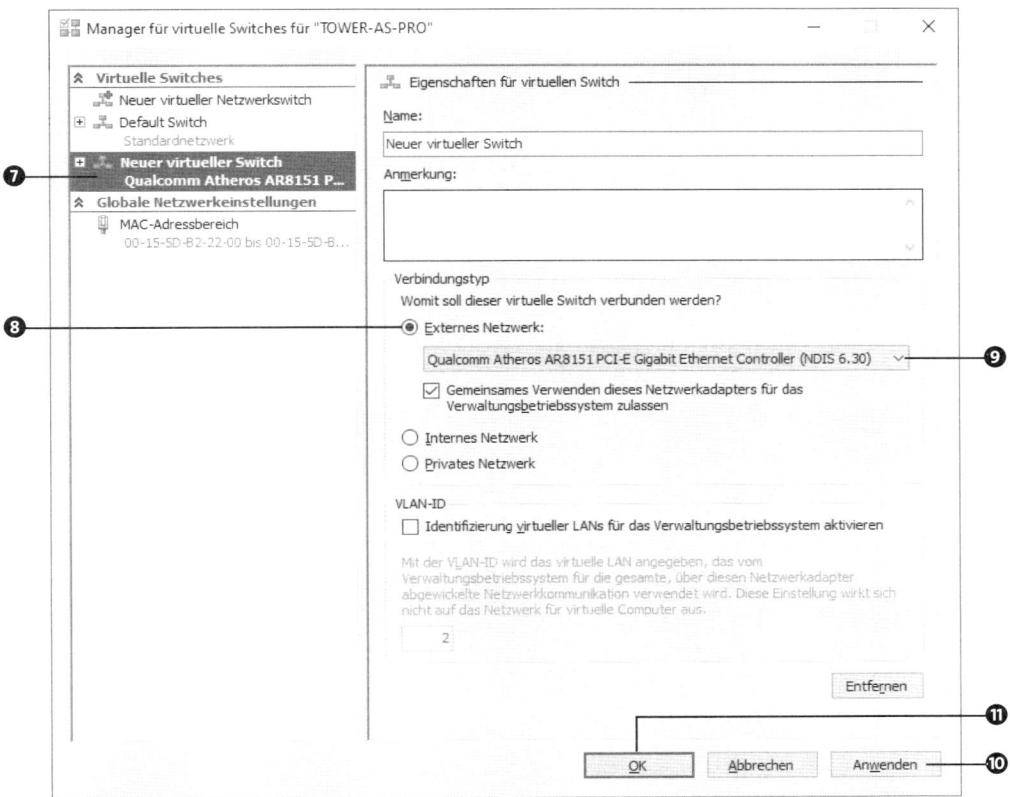

5 Nun erscheint eine Warnmeldung, die besagt, dass durch die Änderungen kurzzeitig die Netzwerkverbindungen unterbrochen werden. Bestätigen Sie die Meldung mit **Ja**. Verlassen Sie dann den Dialog **Manager für virtuelle Switches …** mit **OK** ⓫.

22.3.2 Einen leeren virtuellen Computer erzeugen

Nun legen Sie mithilfe des Hyper-V-Managers einen leeren virtuellen Computer an. Auf diesem installieren Sie dann das gewünschte Betriebssystem, z. B. Windows 7.

1 Öffnen Sie den **Hyper-V-Manager** z. B. über das zuvor an die Taskleiste angeheftete Symbol, und markieren Sie in der linken Spalte wieder den Namen Ihres Computers ❶. Wählen Sie in der rechten Spalte des Dialogs die Aktion **Neu ▸ Virtueller Computer** ❷ aus. Daraufhin startet der **Assistent für neue virtuelle Computer**.

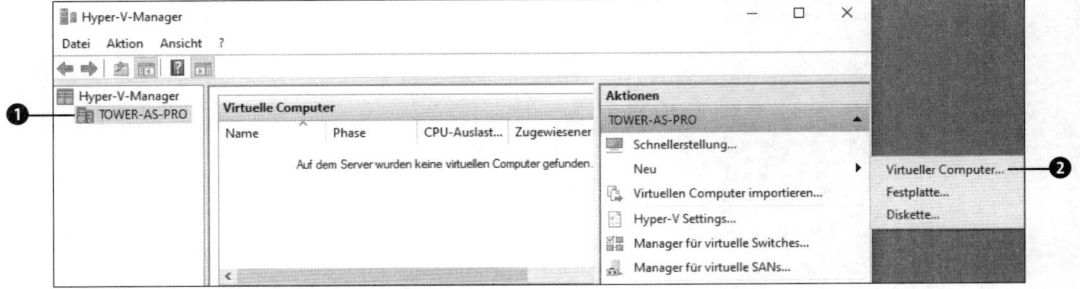

Wenn Sie sich das Leben leicht machen wollen, können Sie an dieser Stelle einfach die Schaltfläche **Fertig stellen** betätigen, und der virtuelle Computer wird mit sinnvollen Vorgabewerten eingerichtet. Ich werde Ihnen stattdessen im Folgenden zeigen, welche Einflussmöglichkeiten Sie auf den virtuellen Computer haben, wenn Sie ihn mithilfe des Assistenten einrichten.

2 Klicken Sie auf **Weiter**, um zum nächsten Schritt zu gelangen. Geben Sie hier den Namen des zu installierenden Systems ein ❸. Außerdem haben Sie an dieser Stelle die Möglichkeit, den Speicherort des virtuellen PCs selbst zu definieren, indem Sie das entsprechende Kontrollkästchen aktivieren ❹ und anschließend auf die dann aktive Schaltfläche **Durchsuchen** klicken. Belassen Sie es aber am besten beim vorgegebenen Pfad ❺, und bestätigen Sie erneut mit **Weiter**.

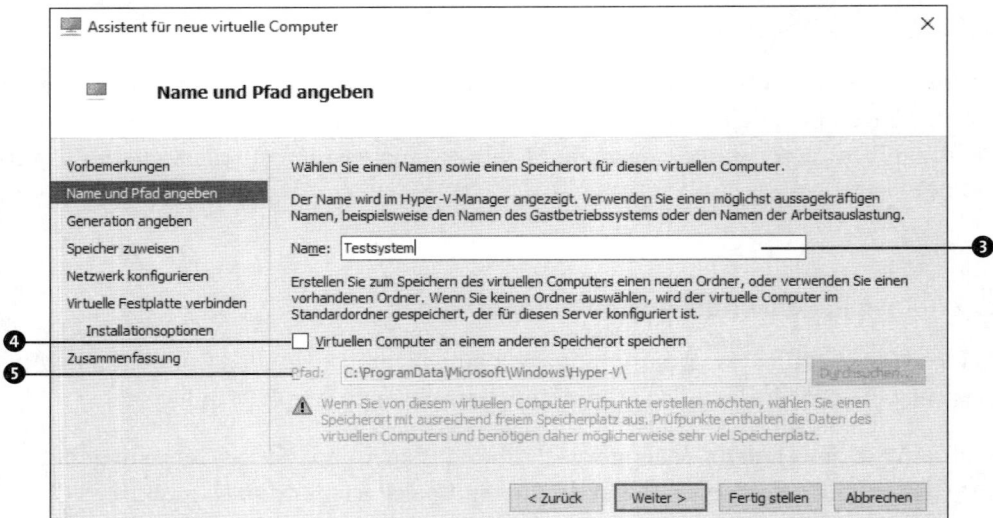

3 Als Nächstes wählen Sie die Generation des zu erstellenden virtuellen Computers aus. Wenn Sie planen, ein älteres Betriebssystem (z. B. Windows 7 oder XP) zu installieren, genügt an dieser Stelle der Standardwert (**Generation 1**). Neuere Systeme (z. B. Windows 8.1 oder 10, insbesondere als 64-Bit-Varianten) erfordern hier die Auswahl der zweiten Generation.

Für diese neuen Systeme sollte die Installation mithilfe einer ISO-Datei erfolgen (lesen Sie hierzu auch den Kasten »Installationsmedium beschaffen« auf Seite 805). Nach Auswahl der gewünschten Generation klicken Sie auf **Weiter**.

4 Im nächsten Schritt legen Sie die Größe des Arbeitsspeichers fest. Sollte Ihr PC gut mit RAM bestückt sein, empfiehlt es sich, hier nicht gar zu knauserig vorzugehen. Für ältere Betriebssysteme wie Windows 7 genügt aber durchaus der vorgegebene Wert von **1024 MB** ❻. Bestätigen Sie mit **Weiter**.

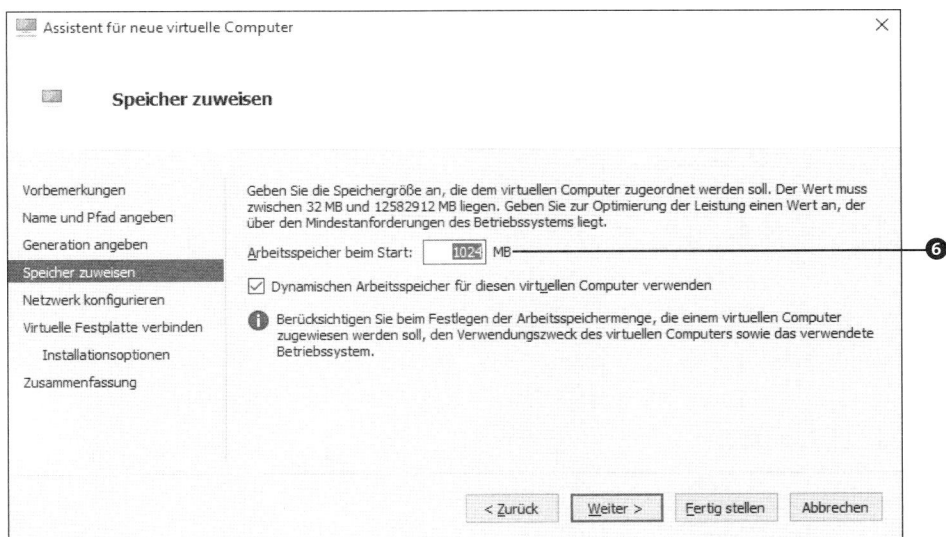

5 Nun wird die Verbindung mit dem Netzwerk hergestellt. Hier wählen Sie aus dem Dropdown-Menü den neu erstellten virtuellen Switch aus ❼, bevor Sie auf **Weiter** klicken.

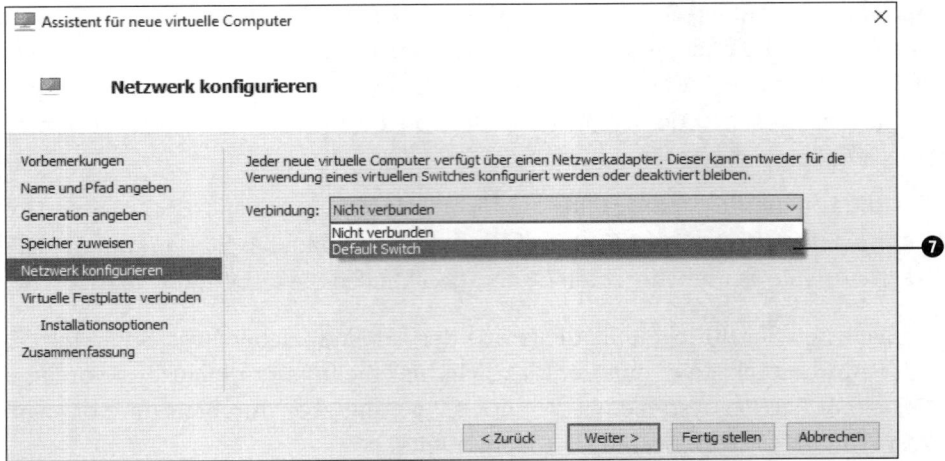

6 Im nächsten Schritt konfigurieren Sie die virtuelle Festplatte, auf der schließlich das Betriebssystem installiert werden soll. Einsteiger in die Thematik sollten es auch hier bei den voreingestellten Werten belassen. Bestätigen Sie die Vorgaben mit **Weiter**.

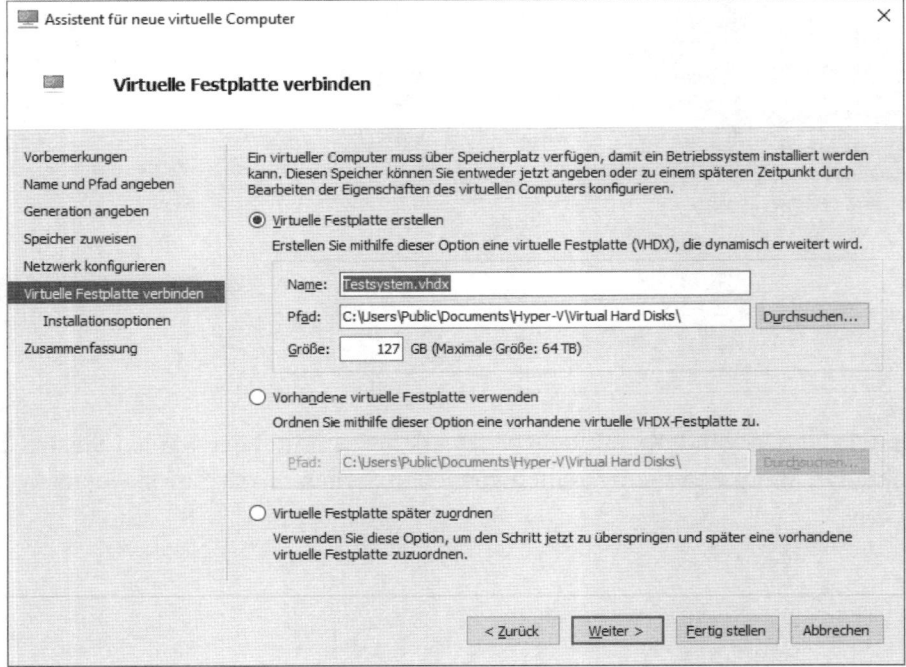

7 Nun könnten Sie bereits das Betriebssystem von einer DVD oder einem anderen Installationsmedium installieren. Wie dies funktioniert, erfahren Sie im nächsten Abschnitt. Aktivieren Sie an dieser Stelle daher zunächst die Option **Betriebssystem zu einem späteren Zeitpunkt installieren** ❽. Klicken Sie auf **Weiter**.

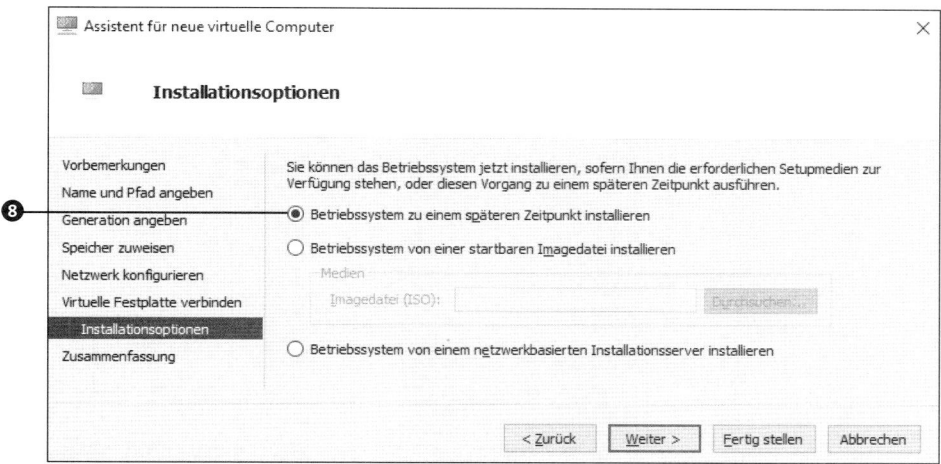

8 Im letzten Schritt erhalten Sie noch einmal eine Zusammenfassung aller anstehenden Arbeiten zur Erstellung des neuen virtuellen Computers. Diesen erzeugen Sie nun, indem Sie auf **Fertig stellen** klicken. Der neu erstellte virtuelle Computer erscheint dann im mittleren Bereich des Hyper-V-Managers ❾.

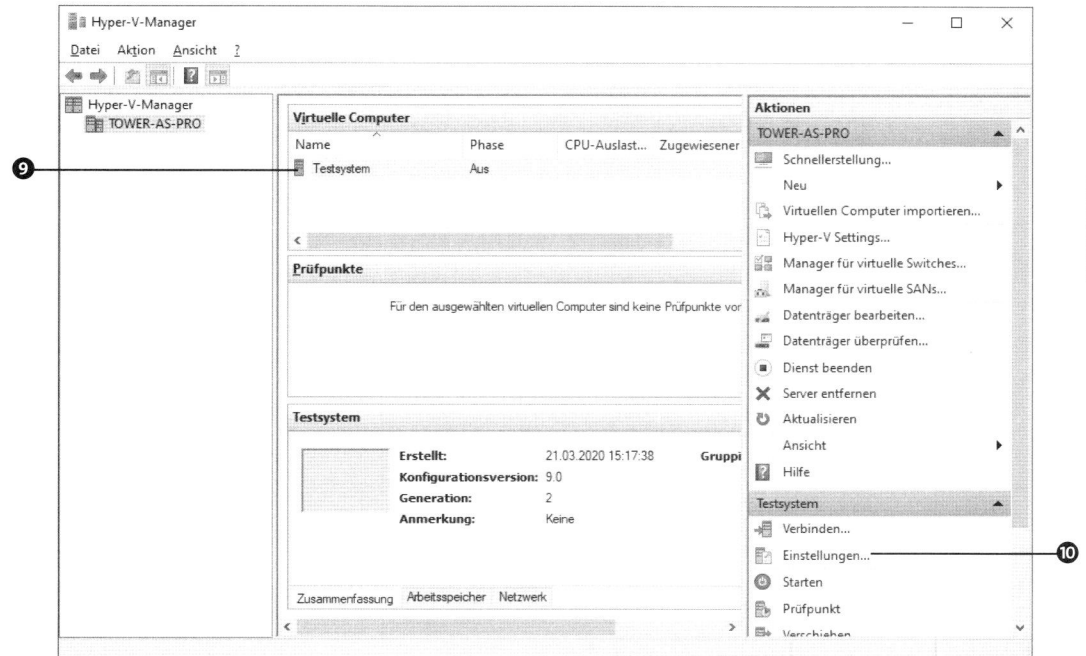

9 Sollten Sie sich in Schritt 3 für die **Generation 2** entschieden haben, müssen Sie nun noch ein virtuelles DVD-Laufwerk hinzufügen. Markieren Sie hierzu in der mittleren Spalte des Dialogs **Hyper-V-Manger** den zuvor erzeugten virtuellen Computer. Klicken Sie dann in der rechten Spalte unten auf **Einstellungen** ❿, um den gleichnamigen Dialog zu öffnen.

10 Markieren Sie in diesem in der linken Spalte den Eintrag **SCSI-Controller** ⓫. Klicken Sie jetzt rechts auf **DVD-Laufwerk** ⓬ und dann auf **Hinzufügen**.

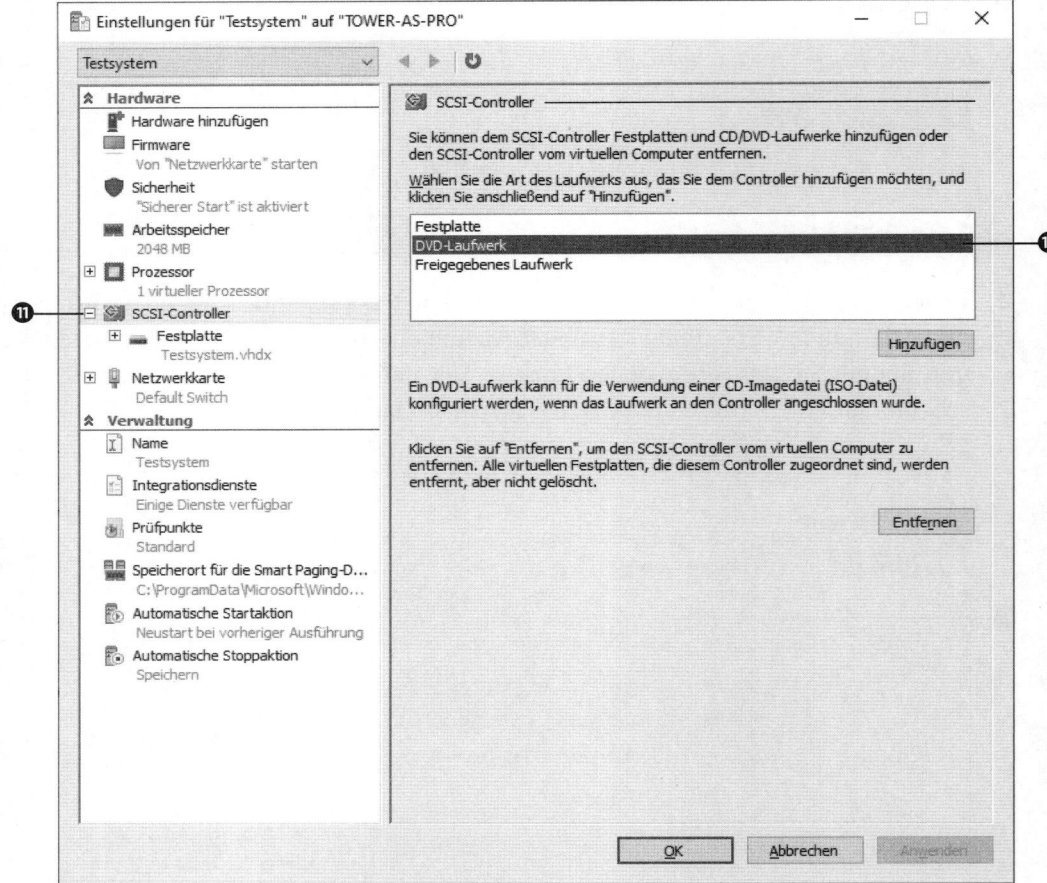

11 Klicken Sie auf **Anwenden**, um Ihre Auswahl zu bestätigen, und schließen Sie den **Einstellungen**-Dialog dann mit **OK**.

22.3.3 Das Betriebssystem im virtuellen Computer aufspielen

Als Nächstes geht es daran, ein Betriebssystem im virtuellen Computer zu installieren. Denken Sie daran, dass Sie auch für dieses Gastsystem eine gültige Lizenz benötigen. Das ist z. B. der Fall, wenn Sie beabsichtigen, ein Windows-System (XP, 7, 8 oder 10) in der virtuellen Maschine einzurichten. Sollten Sie hingegen einen Blick auf Linux werfen wollen, so ist dafür keine Lizenz erforderlich, da dieses Betriebssystem unter die freie GNU-Lizenz fällt.

Installationsmedium beschaffen

Gerade bei älteren Betriebssystemen kann es vorkommen, dass man die Installations-DVD nicht mehr wiederfindet. Microsoft bietet in diesem Fall eine Serviceseite an, auf der Sie die sog. *ISO-Images* der letzten Betriebssystemgenerationen bequem herunterladen können. Diese Images können entweder direkt für die Erstellung eines virtuellen Computers verwendet oder aber auf DVD gebrannt werden. Eine Google-Suche mit den Schlüsselwörtern »Windows <Version> iso download« führt zur entsprechenden Seite. Ein Windows-7-Image finden Sie beispielsweise auf *https://www.microsoft.com/de-de/software-download/windows7*.

In jedem Fall benötigen Sie zur Installation und Aktivierung einen gültigen Schlüssel für das Betriebssystem. Wenn Sie auf Support verzichten können, dann können Sie derartige Schlüssel auch ab ca. 20 € im Internet bei vielen Onlinehändlern völlig legal erwerben. Eventuell haben Sie aber auch einen alten, ausgemusterten Computer, der über eine gültige Windows-Lizenz verfügt.

1 Stellen Sie zunächst das Installationsmedium bereit. Im Falle einer DVD bedeutet das, dass Sie diese in das DVD-Laufwerk Ihres PCs einlegen. Sollten Sie hingegen, wie im Kasten »Installationsmedium beschaffen« oben beschrieben, eine ISO-Datei aus dem Internet geladen haben, dann merken Sie sich den Pfad, der auf Ihrem Computer zu der betreffenden Datei führt.

2 Starten Sie (falls noch nicht geschehen) den Hyper-V-Manager, und markieren Sie in der mittleren Spalte den im letzten Abschnitt erstellten virtuellen Computer ❶. Rufen Sie nun entweder im Menü **Aktion** den Befehl **Starten** ❷ auf, oder klicken Sie mit der rechten Maustaste auf den virtuellen Computer, und wählen Sie den entsprechenden Befehl im Kontextmenü aus. Alternativ steht Ihnen der Startbefehl auch im rechten Fensterbereich weiter unten zur Verfügung ❸.

3 Doppelklicken Sie auf das Symbol des virtuellen Computers im Hyper-V-Manager, der unten im mittleren Bereich des Fensters erscheint ❹. Dadurch öffnet sich das Dialogfenster des virtuellen Computers. Dieser weigert sich an dieser Stelle noch zu starten, da das entsprechende Medium noch nicht verbunden wurde.

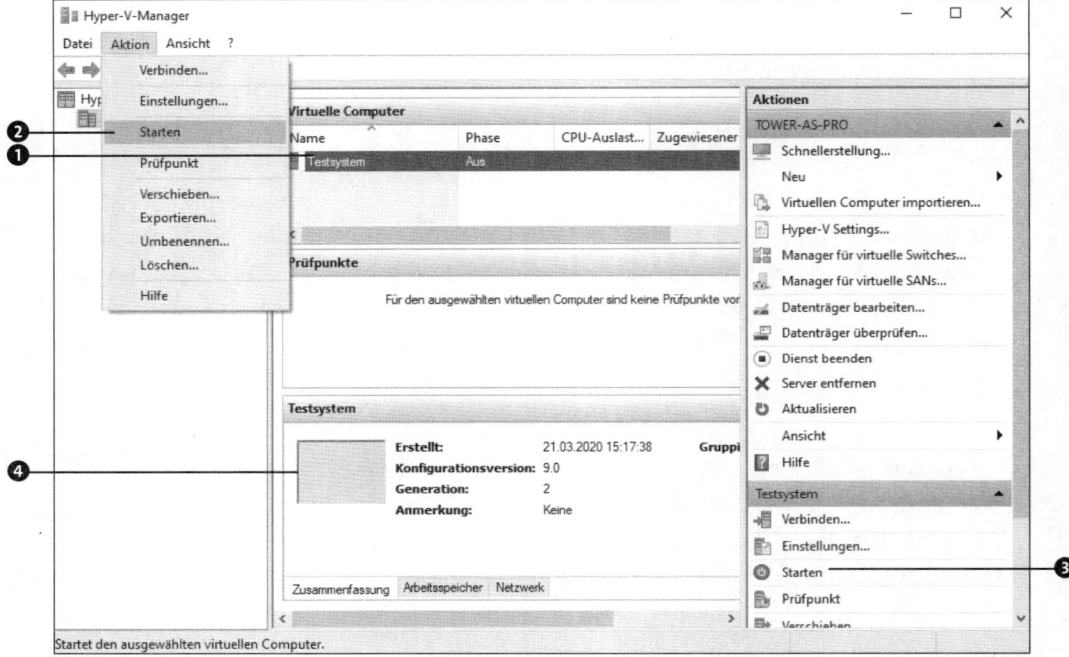

4 Wählen Sie aus dem Menü **Medien ▶ DVD-Laufwerk** entweder den Punkt **Datenträger** (falls Sie über eine ISO-Datei verfügen) oder den Punkt **<Laufwerksbuchstabe> aufzeichnen**, falls Sie die Installation per DVD vornehmen möchten.

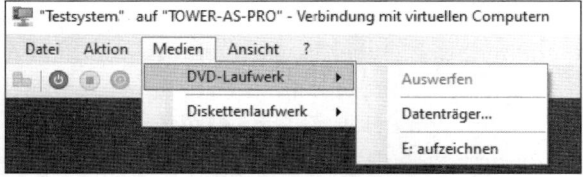

5 Im ersten Fall öffnet sich nun ein Fenster des Explorers. Wählen Sie mit dessen Hilfe die ISO-Datei aus, und klicken Sie anschließend auf die Schaltfläche **Öffnen**.

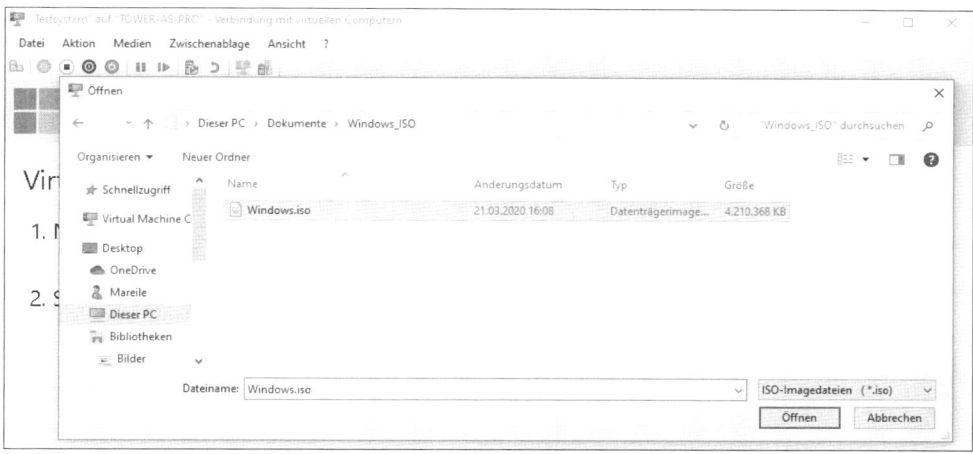

6 Starten Sie nun den virtuellen Computer neu. Dazu klicken Sie entweder das entsprechende Symbol **❺** in der Symbolleiste der virtuellen Maschine an oder gehen über **Aktion ▸ Neu starten**. Bestätigen Sie die anschließende Nachfrage ebenfalls mit **Neu starten**.

7 Der virtuelle Computer wird nun von der ISO-Datei oder dem DVD-Laufwerk neu gestartet, und Sie können das Betriebssystem wie gewohnt installieren. Anschließend können Sie im virtuellen Computer wie auf einem »richtigen« PC arbeiten.

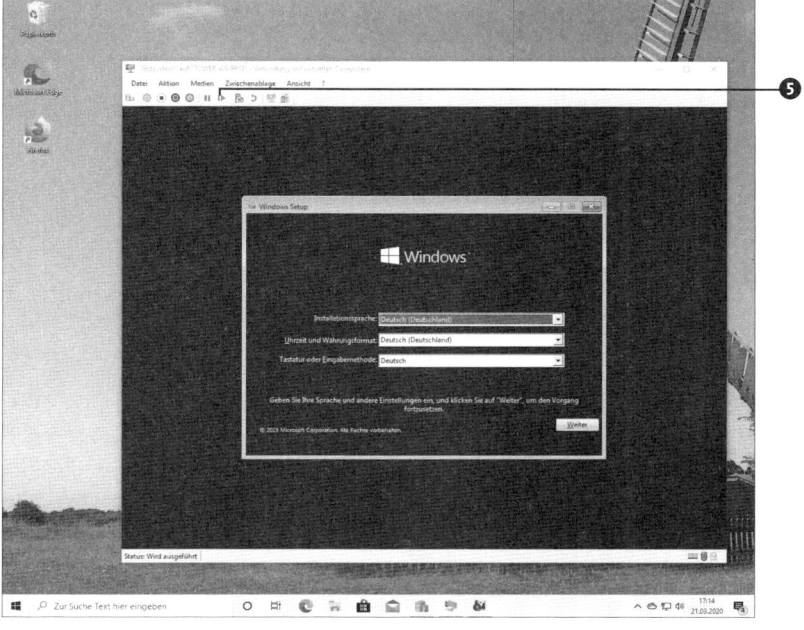

22.3.4 Das virtuelle System beenden oder einen Prüfpunkt erstellen

Wenn Sie das virtuelle System wieder beenden möchten, haben Sie folgende Möglichkeiten:

- Die klassische Methode: Fahren Sie das Gastsystem so herunter, wie Sie dies auf einem realen Computer tun würden. Im Falle von Windows klicken Sie dabei auf das Windows-Logo und wählen im Startmenü den Befehl zum Herunterfahren aus.

- Sie können das System aber ebenso gut aus der Wirtsanwendung heraus herunterfahren. Dazu wählen Sie im Dialog des Hyper-V-Managers im Menü **Aktion** den Befehl **Herunterfahren**. Alternativ können Sie auch die Tastenkombination $\boxed{\text{Strg}}$ + $\boxed{\text{D}}$ drücken.

- Möchten Sie beim Hochfahren an exakt der Stelle weitermachen, an der Sie aufgehört haben, wählen Sie im Dialog des Hyper-V-Managers **Aktion ▸ Speichern**. Dadurch wird der Ist-Zustand des Gastsystems konserviert; es werden also eventuell auch geöffnete Fenster abgespeichert. Beim nächsten Start des virtuellen Computers erscheinen alle zuletzt geöffneten Programme bzw. Fenster an ihrem Platz.

Eine andere Möglichkeit, die insbesondere experimentierfreudigen Anwendern zugutekommt, besteht darin, den aktuellen Zustand des virtuellen Computers in Form eines sog. *Prüfpunkts* zu konservieren. Dies ist z. B. sinnvoll, wenn Sie neue Treiber oder Programme bzw. Windows-10-Insider-Preview-Builds testen möchten, die das System ggf. gehörig durcheinanderbringen können. Gehen Sie folgendermaßen vor, um einen Prüfpunkt zu erstellen:

1 Rufen Sie, während der virtuelle Computer läuft, im Hyper-V-Manager das Menü **Aktion** auf, und wählen Sie dort den Befehl **Prüfpunkt**.

2 Geben Sie im folgenden Dialogfenster dem Prüfpunkt einen Namen, beispielsweise »Vor Installation des Treibers XY«. Bestätigen Sie die Eingabe mit **Ja**. Daraufhin wird der Prüfpunkt erstellt.

3 Möchten Sie den virtuellen PC in den Zustand zurückversetzen, den er während der Prüfpunkterstellung hatte, so starten Sie ihn zunächst mithilfe des Hyper-V-Managers. Begeben Sie sich anschließend in das Menü **Aktion**, und wählen Sie nun den Befehl **Zurücksetzen**. Es erscheint eine Übersicht über die bereits gesetzten Prüfpunkte. Nachdem Sie den gewünschten Prüfpunkt aus der Liste per Doppelklick ausgewählt haben, wird der Zustand wiederhergestellt, den Ihr virtueller PC zu dem entsprechenden Zeitpunkt hatte.

22.4   VirtualBox als Alternative

Drittanbieter haben die Virtualisierung ebenfalls als lukratives Betätigungsfeld entdeckt und bieten einige interessante, zum Teil kostenlose Lösungen an, um beispielsweise auch den Anwendern von Windows 10 Home eine Möglichkeit zu bieten, einen virtuellen Computer zu betreiben. Einer dieser Anbieter ist *Oracle*, und die entsprechende Software heißt *VirtualBox*. Diese Software überzeugt in erster Linie durch die perfekt angepassten Virtualisierungswerkzeuge, die es u. a., den virtuellen Computer nahtlos in das bestehende Betriebssystem einzubinden. Die Fähigkeiten zur grafischen Darstellung sind mithilfe der *VirtualBox Toolbox* um einiges besser als in der Hyper-V-Lösung von Microsoft.

22.4.1   VirtualBox installieren

Falls Sie Windows 10 Pro einsetzen und bereits Hyper-V ausprobiert haben, sollten Sie Hyper-V vor der Installation von VirtualBox deaktivieren, damit sich beide Lösungen nicht gegenseitig stören. Gehen Sie dabei so vor, wie in Abschnitt 22.2.2, »Hyper-V aktivieren«, ab Seite 795 beschrieben, und entfernen Sie das entsprechende Häkchen vor dem Eintrag **Hyper-V**. Danach muss der Computer neu gestartet werden. Anschließend können Sie VirtualBox wie folgt installieren:

1   Laden Sie VirtualBox von *https://www.virtualbox.org* herunter. Die Seite ist auf Englisch. Es genügt aber, hier die nicht zu übersehende Schaltfläche **Download Virtual-Box** anzuklicken. Klicken Sie anschließend auf den Link **Windows hosts ❶**.

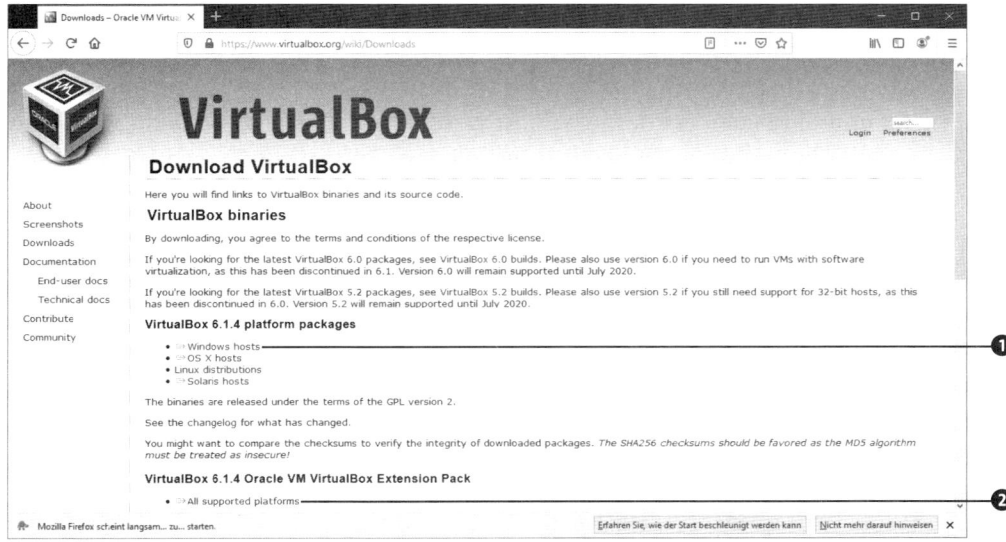

Daraufhin startet der Download des Basisprogramms. Außerdem empfiehlt es sich, an dieser Stelle auch noch das *Extension Pack* herunterzuladen. Dies erreichen Sie über den Link **All supported platforms** ❷.

2 Starten Sie nach dem Download das Installationsprogramm durch Doppelklick. Dieses sollte sich im Ordner *Downloads* befinden. Sollte nun ein Hinweis erscheinen, dass es sich bei der App, die Sie installieren möchten, nicht um eine von Microsoft geprüfte App handelt, bestätigen Sie ihn mit **Trotzdem installieren**. Anschließend begrüßt Sie ein Assistent zur Einrichtung des Programms.

3 Folgen Sie dem Assistenten zur Installation des Programms. Klicken Sie nach jedem Schritt auf die Schaltfläche **Weiter**. Es genügt dabei, die vorgegebenen Schritte zu bestätigen. Im letzten Schritt werden Sie gefragt, ob der Netzwerkadapter zurückgesetzt und ein neuer Treiber installiert werden soll. Bestätigen Sie diese Nachfrage, und klicken Sie anschließend auf **Installieren**. Bestätigen Sie schließlich noch die Nachfrage der Benutzerkontensteuerung. VirtualBox wird nun auf Ihrem PC installiert.

4 Während der Installation wird ein weiterer Treiber für die (virtuelle) USB-Schnittstelle installiert. Bestätigen Sie hier die entsprechende Nachfrage ❸.

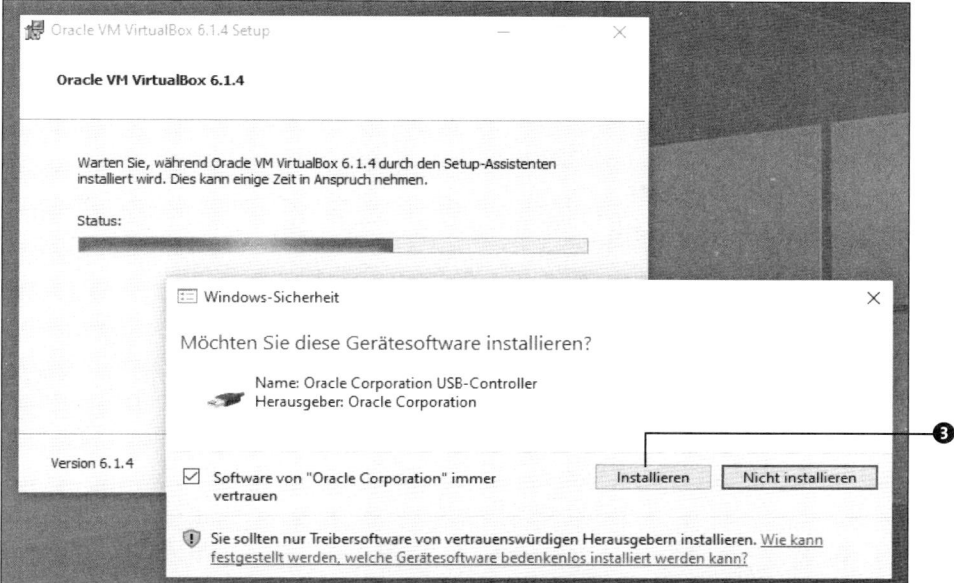

5 Schließen Sie die Installation von VirtualBox mit **Fertig stellen** ab, und starten Sie das Programm anschließend, um sich einen ersten Eindruck von der Oberfläche zu verschaffen.

6 Optional: Beenden Sie VirtualBox, und installieren Sie nun zusätzlich das *Virtual-Box Extension Pack*, das Sie, wie in Schritt 1 beschrieben, von der VirtualBox-Seite heruntergeladen haben. Weitere Informationen zu den Erweiterungen erhalten Sie in Abschnitt 22.4.3, »Die Gasterweiterungen installieren«, ab Seite 814.

22.4.2   Ein Betriebssystem in VirtualBox installieren

1 Starten Sie VirtualBox, und klicken Sie auf die Schaltfläche **Neu** ❶. Geben Sie einen aussagekräftigen Namen für das zu installierende Betriebssystem ein ❷, und wählen Sie aus den zwei Dropdown-Listen sowohl den **Typ** ❸ als auch die **Version** des zu installierenden Systems ❹. In der Regel erfolgt die Auswahl unter **Typ** und **Version** automatisch, wenn Sie einen entsprechenden Namen in das Namensfeld eingegeben haben. Klicken Sie auf die Schaltfläche **Weiter**.

2 Passen Sie im nächsten Schritt mithilfe des dort befindlichen Schiebereglers die Speichergröße für Ihren virtuellen Computer an. Für 32-Bit-Versionen von Windows genügt meist eine Kapazität von 1.024 MByte, 64-Bit-Versionen benötigen mindestens 2.048 MByte.

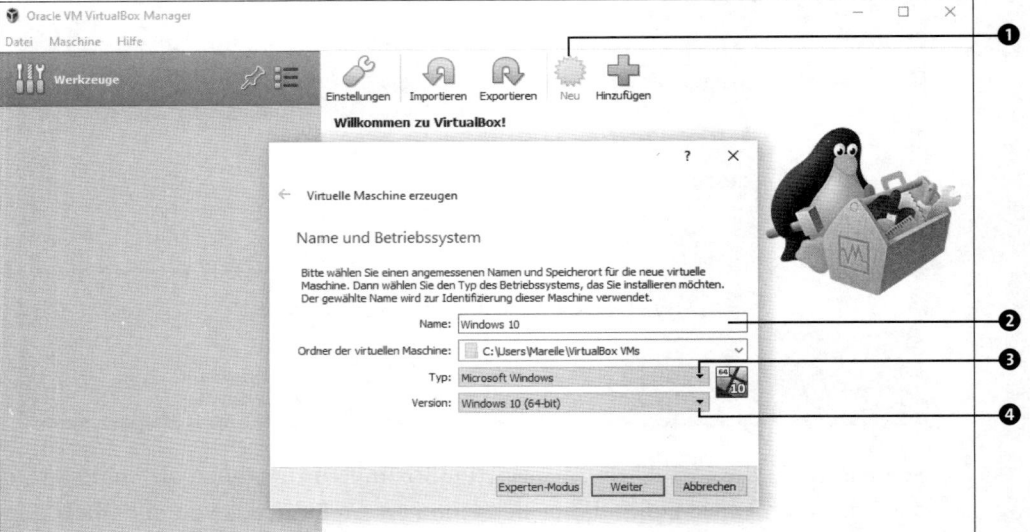

3 Im nächsten Schritt erzeugt der Assistent eine leere virtuelle Festplatte. Bestätigen Sie diesen Schritt über die Schaltfläche **Erzeugen**. Wählen Sie als Dateityp der Festplatte **VDI (VirtualBox Disk Image)**.

4 Nun müssen Sie angeben, wie die Festplatte vom Wirtssystem verwaltet wird. Wenn Sie auf ein performantes System Wert legen, sollten Sie hier eine feste Größe vorgeben. Im Normalfall genügt aber die Standardauswahl (**dynamisch alloziert**).

5 Schließlich erscheint eine Übersicht, welche Aktionen nun vorgenommen werden. An dieser Stelle haben Sie noch einmal die Möglichkeit, die Größe der virtuellen Festplatte anzupassen. Bestätigen Sie Ihre Einstellungen, indem Sie die Schaltfläche **Erzeugen** anklicken. Nun wird der virtuelle Computer erstellt.

6 Markieren Sie nun innerhalb des VirtualBox-Programms den soeben erstellten virtuellen Computer per Mausklick, und klicken Sie dann auf **Starten** ❺.

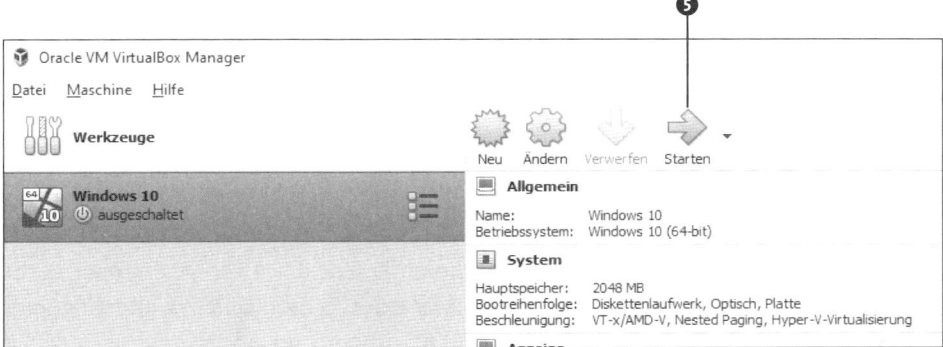

7   Sie werden nach einem Installationsmedium gefragt. Dieses können Sie entweder in Form einer DVD in das entsprechende Laufwerk einlegen, oder Sie klicken das gelbe Ordner-Symbol ❻ an und begeben sich im Explorer zu der entsprechenden ISO-Datei. Markieren Sie die Datei, und bestätigen Sie mit **Öffnen**.

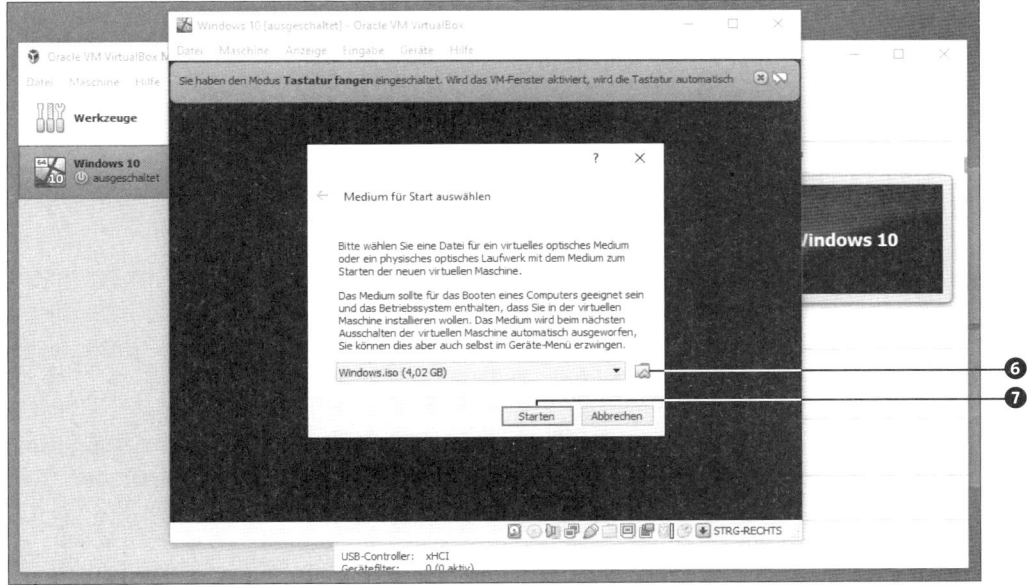

8   Klicken Sie nun auf die Schaltfläche **Starten** ❼, und Ihre virtuelle Maschine bootet das Installationsmedium. Die restlichen Schritte erfolgen analog zu der Vorgehensweise, die in Abschnitt 22.3.3, »Das Betriebssystem im virtuellen Computer aufspielen«, ab Seite 805 vorgestellt wurde.

22.4.3 Die Gasterweiterungen installieren

Einen deutlichen Mehrwert erhält der frisch eingerichtete virtuelle Computer, wenn Sie die sog. *Gasterweiterungen* installieren. Diese bringen u. a. eine verbesserte grafische Darstellung mit sich und bieten ein problemloses Kopieren von Objekten zwischen Wirt und Gast. Gehen Sie dazu folgendermaßen vor:

1 Starten Sie den virtuellen Computer, in dem die Gasterweiterungen installiert werden sollen. Wählen Sie aus dem Menü **Geräte** den Befehl **Gasterweiterungen einlegen** aus. Dadurch wird ein virtuelles DVD-Laufwerk im Gastsystem eingebunden, das Sie per Explorer aufrufen können.

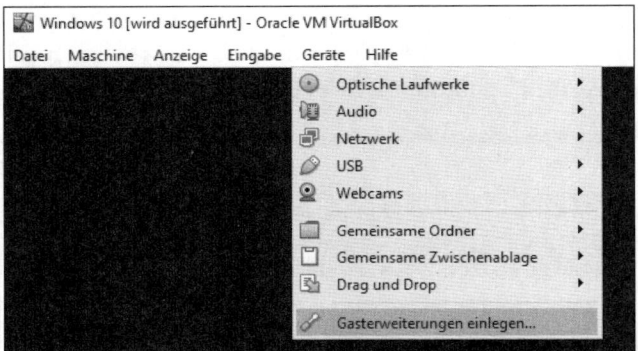

2 Auf dem virtuellen Laufwerk finden Sie eine ausführbare Datei namens *VBox-WindowsAdditions.exe*. Starten Sie diese per Doppelklick, bestätigen Sie die Nachfrage der Benutzerkontensteuerung, und folgen Sie dem Assistenten. Dieser installiert u. a. neue optimierte Grafiktreiber für den virtuellen Computer.

3 Starten Sie anschließend das System neu. Nun ändert sich z. B. die Auflösung des Gastsystems dynamisch, wenn Sie die Größe des Fensters Ihres virtuellen Computers ändern, und Sie können Dateien per Copy & Paste zwischen Wirt und Gast hin- und herkopieren.

Ubuntu und Windows-Subsystem für Linux unter Windows 10 einrichten

Natürlich müssen Sie es nicht bei der Installation von Windows-Versionen in der virtuellen Umgebung belassen. Wenn Sie möchten, testen Sie doch einmal eine Linux-Version wie z. B. *Ubuntu*. Eine entsprechende ISO-Datei finden Sie unter:

https://www.ubuntu.com/download/desktop

Wenn Sie bereits etwas Erfahrung mit Computern haben, werden Sie sich hier recht schnell heimisch fühlen. Sicherheitstechnisch ist Linux Windows immer noch überlegen. So gibt es kaum gefährliche Viren für das freie Betriebssystem. Außerdem lauscht hier niemand mit – ein Vorwurf, den man den Betriebssystemen aus dem Hause Microsoft gern macht. Eine mögliche Anwendung einer virtuellen Linux-Umgebung wäre daher z. B. das Durchführen von Bankgeschäften oder Bestellungen jeglicher Art.

In Windows 10 ist es auch möglich, ein eigenes Linux-Subsystem unter Windows 10 einzurichten, ohne dafür eine Virtualisierungslösung zu benutzen. Um das Linux-Subsystem zu aktivieren, öffnen Sie zunächst in den **Einstellungen** die Kategorie **Update und Sicherheit**. Wählen Sie links **Für Entwickler**, und aktivieren Sie in der rechten Spalte die Option **Entwicklermodus**. Bestätigen Sie mit **Ja**. Sobald das *Paket für den Entwicklermodus* erfolgreich installiert wurde, öffnen Sie über das Suchfeld in der Taskleiste den Dialog **Windows-Features aktivieren oder deaktivieren**. Blättern Sie in der Liste nach unten, versehen Sie das Kästchen **Windows-Subsystem für Linux** mit einem Häkchen, und bestätigen Sie mit **OK**. Anschließend ist ein Neustart des PCs erforderlich. Installieren Sie nun über den Microsoft Store z. B. die App *Ubuntu*. Zum Einrichten der App geben Sie in das Suchfeld der Taskleiste »bash« ein und klicken in der Ergebnisliste auf **bash Befehl ausführen**. Nachdem Sie im folgenden Dialog einen Benutzernamen und ein Passwort vergeben haben, lässt sich die Ubuntu-App zukünftig über den entsprechenden Eintrag im Startmenü öffnen.

22.5 Programme testen in der Windows-Sandbox

Bereits mit Version 1903 hielt eine interessante Funktion Einzug in Windows 10: Mit der *Windows-Sandbox* ist es möglich, in einem vom eigentlichen Betriebssystem isolierten Windows-Betriebssystem Programme zu testen. Im Gegensatz zu den zuvor in diesem Kapitel vorgestellten virtuellen Maschinen Hyper-V und VirtualBox, bei denen das darin installierte Betriebssystem wie ein normaler Computer genutzt wird, bietet das Windows-System innerhalb der Sandbox exakt immer die gleiche Funktionsvielfalt der aktuell installierten Windows-Version. Ein weiterer Unterschied zu den beiden anderen virtuellen Maschinen: Mit dem Beenden der Windows-Sandbox werden automatisch alle in der Zwischenzeit vorgenommenen Änderungen gelöscht. Somit finden Sie beim Start der Windows-Sandbox immer wieder ein Windows-System in der Grundkonfiguration vor.

Um die Windows-Sandbox nutzen zu können, benötigen Sie die 64-Bit-Version von *Windows 10 Pro*. Der Computer sollte außerdem über mindestens 4 GB Arbeitsspeicher verfügen – mehr sind aber durchaus von Vorteil. Bevor die Sandbox zum Einsatz kommen kann, müssen Sie die Funktion aktivieren:

1 Geben Sie im Suchfeld der Taskleiste den Begriff »Feature« ein, und klicken Sie in den Suchergebnissen **Windows-Features aktivieren oder deaktivieren – Systemsteuerung** an.

2 Blättern Sie im Dialog **Windows-Features** nach unten. Versehen Sie das Kästchen **Windows-Sandbox** ❶ mit einem Häkchen, und bestätigen Sie mit **OK**.

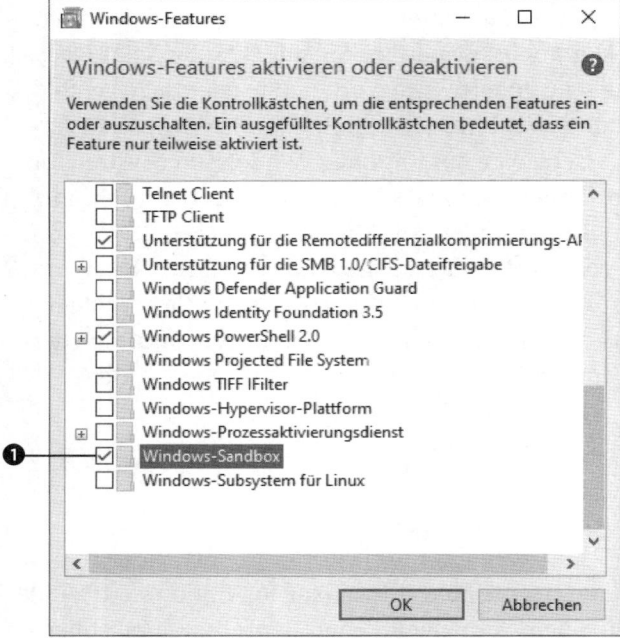

3 Die Funktion wird nun eingerichtet. Nach einem Neustart des PCs über die Schaltfläche **Jetzt neu starten** rufen Sie die Windows-Sandbox über den gleichnamigen Eintrag in der App-Liste des Startmenüs auf ❷.

4 Im Programmfenster der Windows-Sandbox finden Sie jetzt ein virtuelles *Windows 10 Pro*-System vor. Über den Browser Edge ❸ können Sie hier nun z. B. Programme aus dem Internet herunterladen, installieren und ausprobieren. Wenn Sie Daten zwischen dem realen System und der Sandbox austauschen möchten, müssen Sie die Zwischenablage nutzen. Dateien, die Sie also auf der realen Festplatte des Computers gespeichert haben, kopieren Sie einfach über die Tastenkombination [Strg] + [C] in die Zwischenablage. Mit der Tastenkombination [Strg] + [V] fügen Sie sie dann im virtuellen System, also im Programmfenster der Windows-Sandbox ein.

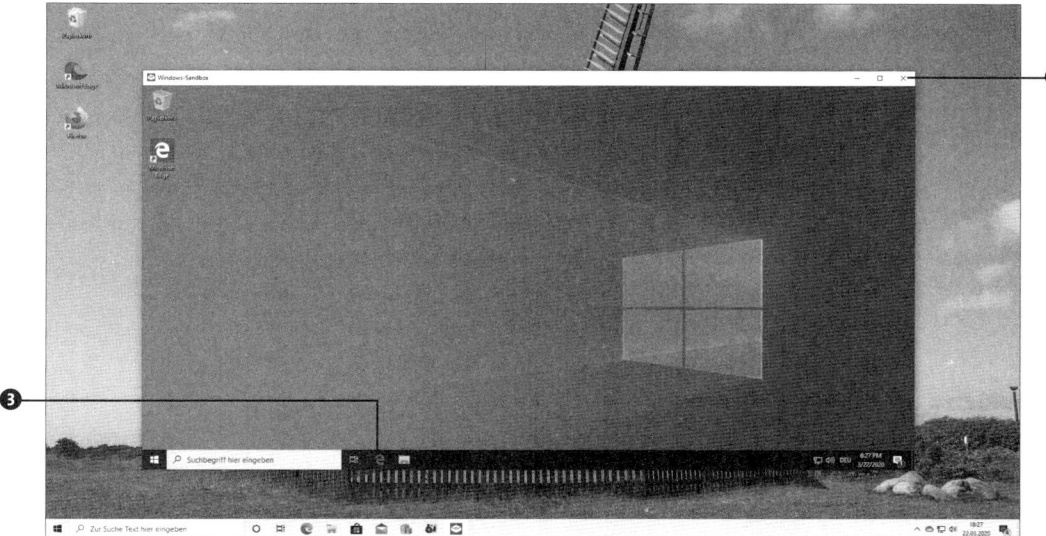

5 Sobald Sie das Programmfenster der Windows-Sandbox über das Schließen-Symbol ❹ oben rechts beenden, werden alle vorgenommenen Änderungen gelöscht.

817

23   Hilfe aus der Ferne per Remotezugriff

Sie haben mit Ihrem Windows-10-PC ein Problem, das Sie selbst nicht lösen können? Diejenigen in Ihrer Familie oder in Ihrem Freundeskreis, die sich in Computerdingen gut auskennen, sind aber zu weit weg, als dass sie vorbeikommen könnten, um Ihnen zu helfen? Für solch eine Situation bietet Windows 10 eine wunderbare Funktion an, die sog. *Remoteverbindung*. Sie erlaubt es, den Bildschirminhalt eines PCs über ein Computernetzwerk auf einen anderen Computer zu übertragen. Auf diese Weise können Sie eine Person um Hilfe bitten, die über das Internet auf Ihren PC zugreift und Ihnen auf diese Weise unkompliziert bei der Lösung des Problems helfen kann. Natürlich können Sie auch umgekehrt als Experte aktiv werden und anderen Personen hilfreich zur Seite stehen.

Technische Voraussetzungen für die Fernsteuerung

Beim Herstellen einer Remoteverbindung wird das sog. *Remote Desktop Protocol* (RDP) verwendet. RDP benutzt für die Kommunikation den *Port* (das ist ein Datenübertragungskanal) 3389. Wenn Sie die Remoteverbindung mithilfe des nachfolgend beschriebenen Verfahrens einrichten, wird Ihr Windows-System automatisch so konfiguriert, dass die Kommunikation über den genannten Port problemlos funktioniert bzw. dass dieser systemseitig geöffnet ist. Es kann jedoch sein, dass Ihr Router den betreffenden Port sperrt. In diesem Fall sollten Sie das Handbuch des Routers konsultieren, um den genannten Port für die Fernsteuerung zu öffnen.

INFO

23.1   Die Remoteunterstützung in der Praxis

Die Remoteunterstützung ist kein Hexenwerk und kann von jedermann schnell umgesetzt werden. Nach ein paar kleinen Vorbereitungen auf dem eigenen PC verschickt die Person, die Hilfe benötigt, z. B. per E-Mail eine Einladung an einen Experten. Sobald dieser die Einladung erhalten und geöffnet hat, kann die Hilfestellung aus der Ferne auch schon beginnen. Lesen Sie hierzu bitte unbedingt auch den Kasten »Vorsicht vor Anrufen vermeintlicher Microsoft-Mitarbeiter!« auf Seite 820.

Vorsicht vor Anrufen vermeintlicher Microsoft-Mitarbeiter!

In den letzten Jahren mehren sich die Fälle, in denen ahnungslose Windows-Benutzer von angeblichen Microsoft-Mitarbeitern einen Anruf erhalten. Sollten auch Sie solch einen Anruf erhalten, seien Sie bitte ausgesprochen vorsichtig! Meist behauptet der Anrufer, dass Ihr Windows-Computer aufgrund von Schadsoftware Teil eines illegalen Netzwerks geworden sei. Sie werden aufgefordert, den Remotezugriff auf Ihren Computer zuzulassen, damit der Anrufer Ihnen die vermeintliche Schwachstelle zeigen und bei der Behebung helfen kann. Solchen Aufforderungen sollten Sie keinesfalls nachkommen! Denn auf diesem Weg erhält der Anrufer freien Zugriff auf Ihren Computer und ist somit in der Lage, tatsächlich gefährliche Schadsoftware zu installieren. Von all Ihren privaten Daten, die dem Anrufer hierdurch zugänglich sind, ganz zu schweigen. Geben Sie den Remotezugriff also nur für wirklich vertrauenswürdige Mitmenschen frei.

23.1.1 Remoteunterstützung anfordern

Bei einer Remoteverbindung dient ein Computer als sog. *Server* bzw. *Wirt*. Auf diesen wird später zugegriffen. Der andere Rechner, der auf den Server zugreift, wird *Client* oder *Gast* genannt. Wenn Sie Ihren Computer als Server für die Remoteunterstützung freigeben, also selbst Hilfe erhalten möchten, gehen Sie folgendermaßen vor:

1 Geben Sie im Suchfeld der Taskleiste den Begriff »Remoteunterstützung« ein, und wählen Sie aus der Trefferliste den Eintrag **Ermöglicht das Senden von Remoteunterstützungsangeboten ❶** aus.

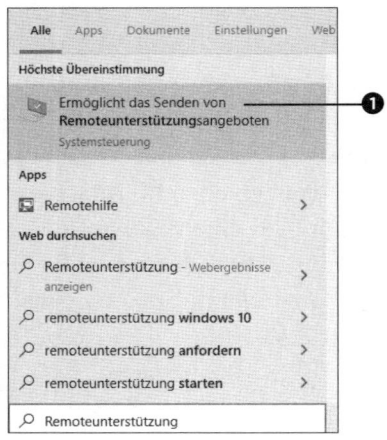

2 Nun wird der Dialog **Systemeigenschaften** mit der Registerkarte **Remote** geöffnet. Stellen Sie sicher, dass das Häkchen vor **Remoteunterstützungsverbindungen mit diesem Computer zulassen** ❷ gesetzt ist. Beenden Sie den Dialog **Systemeigenschaften** mit **OK**.

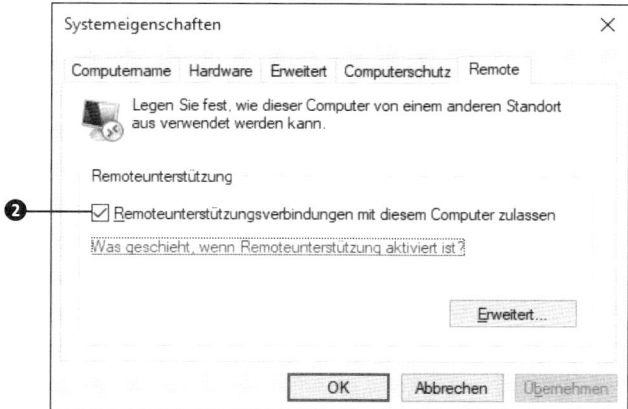

Damit nun ein Experte Ihres Vertrauens auf Ihren Computer zugreifen kann, müssen Sie ihm eine entsprechende Einladung zukommen lassen. Dazu gehen Sie folgendermaßen vor:

3 Starten Sie zunächst den *Ausführen*-Dialog mit ⊞ + Ⓡ, und geben Sie dort den Befehl `msra.exe` ein. Wenn Sie dann auf **OK** klicken, wird die **Windows-Remoteunterstützung** gestartet.

4 Klicken Sie in diesem Dialog auf **Eine vertrauenswürdige Person zur Unterstützung einladen** ❸.

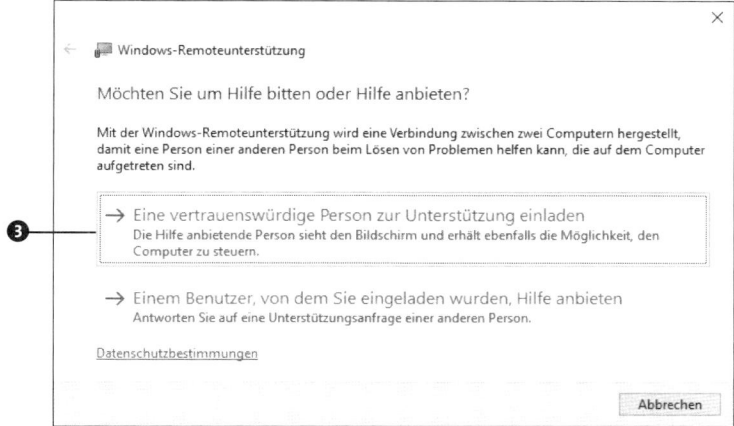

5 Als Nächstes legen Sie fest, wie Sie die gewünschte Person einladen. Sie können eine bestimmte Datei erzeugen ➍, die Einladung inklusive der Datei als Mail verschicken ➎ oder *Easy Connect* (eine einfache Möglichkeit der Verbindung, die aber nicht von allen Windows-Versionen unterstützt wird) ➏ verwenden. Ich stelle Ihnen die erste Variante vor, also die Erstellung einer Datei, da diese dann auf vielfältige Weise weitergegeben werden kann. Nachdem Sie auf **Einladung als Datei speichern** geklickt haben, wird der Dialog **Speichern unter** geöffnet. Wählen Sie den Ordner aus, in dem die Datei gespeichert werden soll, und geben Sie einen Dateinamen an ➐. Windows 10 schlägt hierfür **Einladung** vor. Bestätigen Sie mit **Speichern** ➑. Die gespeicherte Datei kann nun entweder per Mail verschickt oder auch anderweitig (z. B. über einen Cloudspeicher wie *OneDrive*) getauscht werden.

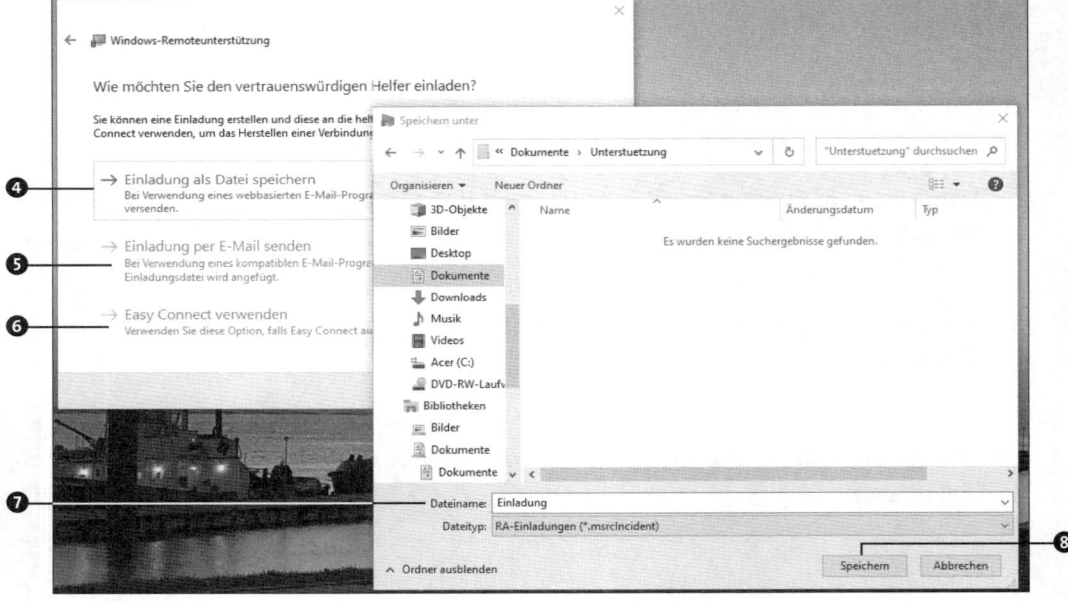

6 Nach dem Speichern der Datei wird Ihnen zudem ein Kennwort angezeigt. Dieses müssen Sie dem Helfer ebenfalls mitteilen. Wählen Sie hierfür aus Gründen der Sicherheit bitte einen anderen Weg der Übermittlung als für die Datei selbst (z. B. das Telefon).

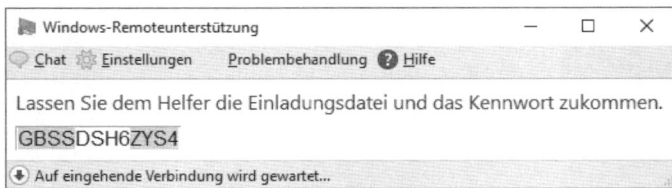

Damit sind die Vorbereitungen von Ihrer Seite aus – also vonseiten des Hilfesuchenden – zunächst abgeschlossen. Lassen Sie den Dialog **Windows-Remoteunterstützung** weiterhin geöffnet.

Ihr Helfer nimmt nun folgendermaßen Kontakt mit Ihnen auf:

1 Stellen Sie zunächst sicher, dass auf Ihrem PC das Programm für die Windows-Remoteunterstützung läuft. Sollten Sie den Dialog in der Zwischenzeit doch beendet haben, so müssen Sie ihn neu starten. Damit ist aber auch ein erneutes Zuschicken der Einladung sowie des Kennworts nötig.

2 Bitten Sie Ihren Helfer, die ihm zugeschickte Datei auf seinem Computer zu speichern und sie dann per Doppelklick zu starten. Haben Sie den Vorschlag von Windows 10 übernommen, heißt die Datei *Einladung*. Die Datei ist an einem Bildschirm-Symbol mit aufliegender Maus ❶ zu erkennen.

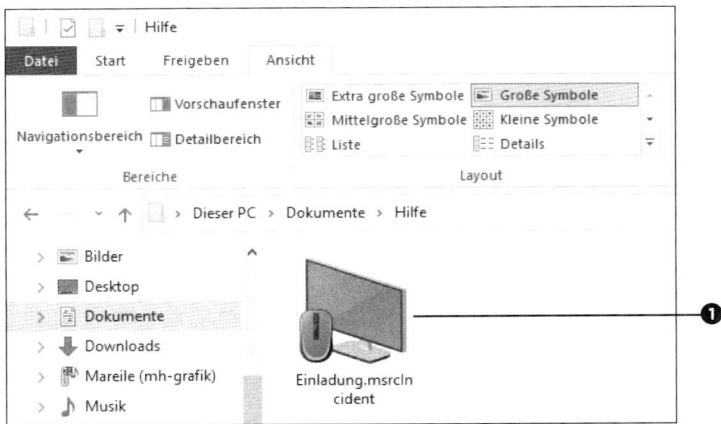

3 Nach dem Start der Datei wird der Helfer aufgefordert, das auf Ihrem Bildschirm sichtbare Passwort einzugeben ❷. Teilen Sie ihm dieses mit.

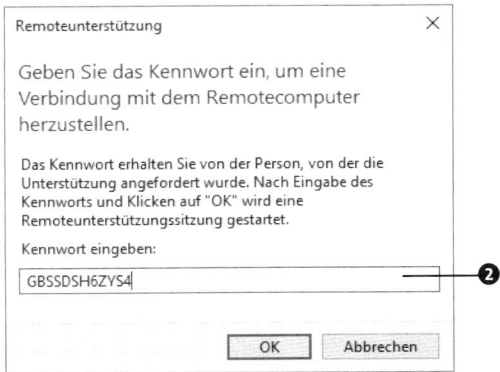

4 Sie müssen nun Ihrerseits den Zugriff auf Ihren PC genehmigen. Klicken Sie zu diesem Zweck im entsprechenden Dialog auf Ja ❸. Bis dieser Dialog bei Ihnen auf dem Bildschirm erscheint, kann ein kurzer Moment vergehen.

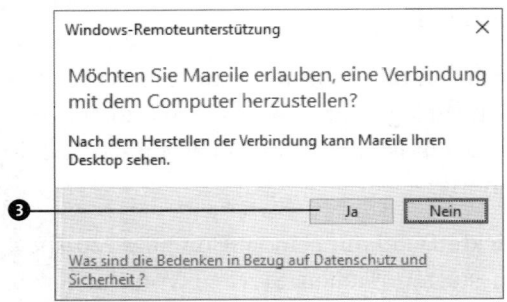

Nach der Bestätigung wird die Verbindung zwischen den Computern hergestellt. Auf Ihrem PC, also dem Gerät des Hilfesuchenden, wird der Bildschirmhintergrund schwarz gefärbt. Wie nun die Hilfestellung des Experten erfolgt, erfahren Sie im nächsten Abschnitt.

23.1.2 Die Remoteunterstützung in Aktion

Sobald die Verbindung zwischen den Computern besteht, erscheint auf dem Bildschirm der helfenden Person die Desktopoberfläche des Hilfesuchenden. Der Experte ist nun in der Lage, jegliche Aktion auf dem Wirts-PC zu verfolgen. Er kann z. B. per Telefon oder auch über die Chatfunktion der Remoteunterstützung Ratschläge erteilen. Ein Einschreiten, sprich selbst aktiv zu werden, ist ihm allerdings noch nicht möglich. Hierfür muss derjenige, der Hilfe benötigt, erst die Zustimmung erteilen. Und das funktioniert folgendermaßen:

1 Möchte der Experte selbst auf dem PC des Hilfesuchenden aktiv werden, muss er zunächst die Freigabe mit einem Klick auf **Steuerung anfordern** ❶ beantragen. Der Befehl wird in der linken oberen Bildschirmecke angezeigt. Beim Experten ist der Dialog **Windows-Remoteunterstützung** übrigens doppelt zu sehen: Bei dem einen handelt es sich um den Dialog, der beim Hilfesuchenden auf dem Bildschirm zu sehen ist ❷. Er ist mit dem Zusatz **Hilfe von** ... versehen. Der andere Dialog ist das eigene Fenster der Remoteunterstützung ❸ und gut am Zusatz **... wird geholfen** zu erkennen. Der Experte muss also etwas Vorsicht walten lassen, um im richtigen Dialog die gewünschte Aktion vorzunehmen.

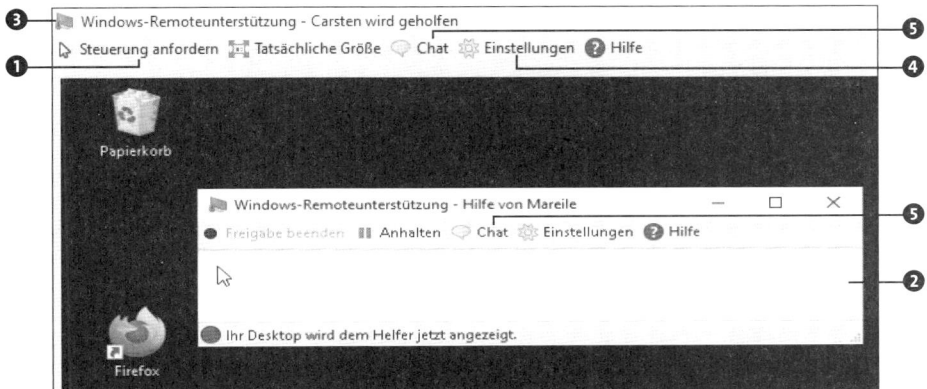

2 Auf dem Bildschirm des Hilfesuchenden wird die Nachfrage **Möchten Sie die Steuerung des Computers für ... freigeben?** eingeblendet. Mit einem Klick auf **Ja** erteilen Sie die Freigabe.

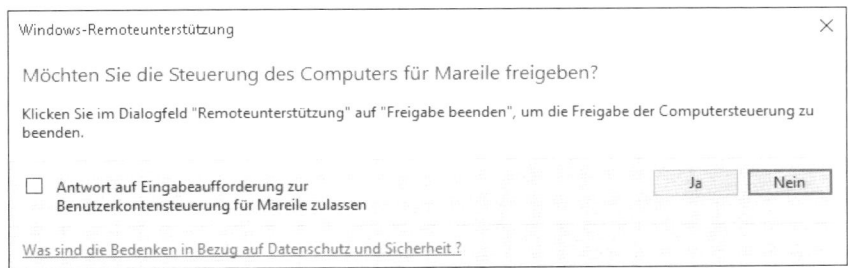

3 Der Experte kann jetzt selbst auf dem Computer des Hilfesuchenden aktiv werden und so z. B. Einstellungen ändern ❹ oder auch Apps installieren bzw. deinstallieren.

4 Wenn sich beide Seiten austauschen möchten, kann dies per Telefon geschehen oder aber auch über die Chatfunktion der Remoteunterstützung. Um die Funktion zu aktivieren, reicht ein Klick auf **Chat** ❺ im Dialog **Windows-Remoteunterstützung**.

5 Beim Experten erscheint nun am linken Bildschirmrand eine Spalte, in deren oberem Bereich der bisherige Chatverlauf angezeigt wird ❻. Im unteren Feld wird die Nachricht an den Hilfesuchenden eingegeben ❼ und mit **Senden** ❽ auf dessen Computer übertragen.

6 Die gesendete Nachricht wird auf dem Computer des Hilfesuchenden im Dialog **Windows-Remoteunterstützung** eingeblendet ❾. Für die Antwort dient auch hier das untere Feld ❿.

7 Wenn Sie als Hilfesuchender nicht mehr möchten, dass Ihr Freund oder Familienmitglied aktiv auf das Geschehen auf Ihrem Computer eingreift, können Sie ihm mit einem Klick auf **Freigabe beenden** ⓫ die Computersteuerung wieder entziehen. Die Schaltfläche steht auch dem Experten zur Verfügung, falls sich dieser nur noch auf die Beobachtung beschränken möchte ⓬.

8 Soll der Fernzugriff ganz beendet werden, reicht ein Klick auf das Schließen-Symbol in der rechten oberen Ecke des Dialogs **Windows-Remoteunterstützung** ⓭. Auf dem Bildschirm des Hilfesuchenden erscheint nun wieder das gewohnte Hintergrundbild.

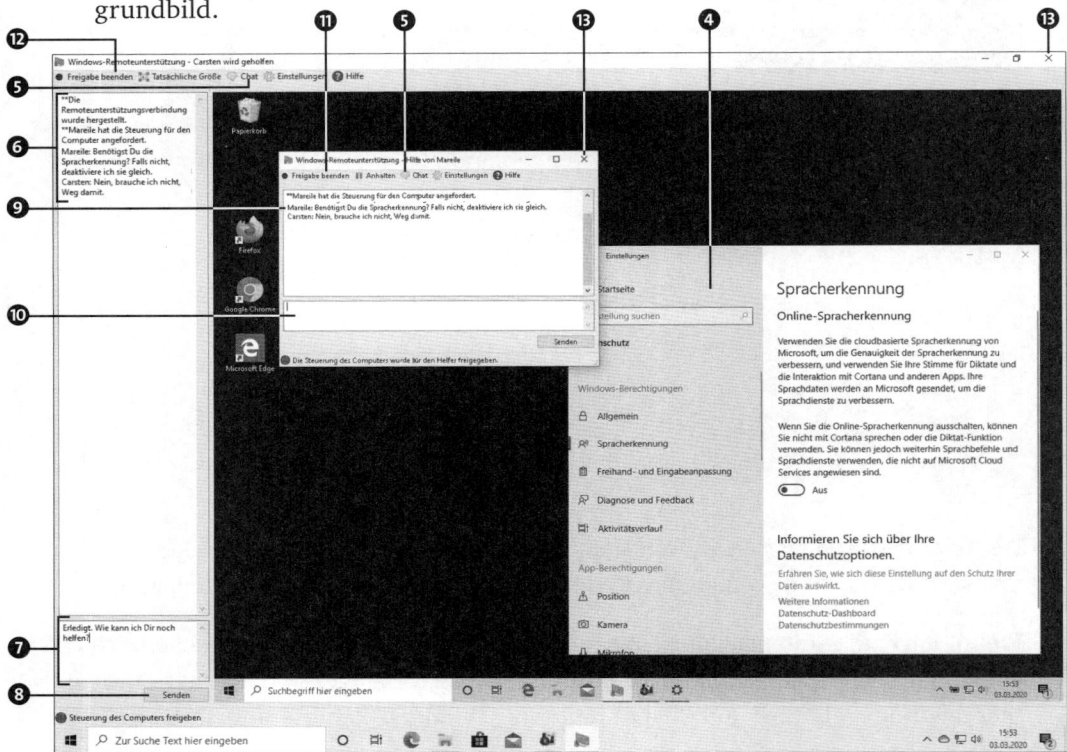

23.2   Der TeamViewer als Alternative

Eine interessante Alternative zur Windows-eigenen Remotefunktion ist die Lösung eines Drittanbieters: Der *TeamViewer*. Die Software steht nicht nur für das Betriebssystem Windows zur Verfügung, sondern kann auch z. B. auf einem Apple iMac oder einem Android-Smartphone installiert werden. Zudem bietet sich das Programm zum gemeinsamen Arbeiten an Dokumenten an. Dateien können dabei in der TeamViewer-Umgebung problemlos vom Gast zum Wirt und umgekehrt kopiert werden.

23.2.1 TeamViewer herunterladen und installieren

Die gute Nachricht: Solange Sie den TeamViewer privat und nicht gewerbsmäßig verwenden, ist die Software für Sie kostenlos.

1 Laden Sie das Softwarepaket von *https://www.teamviewer.com/de/* herunter, indem Sie dort auf die Schaltfläche **Gratis Download** klicken.

2 Nach dem Download finden Sie die Installationsdatei im Verzeichnis *Downloads*. Starten Sie die Installation, indem Sie im Explorer auf die Datei doppelklicken. Markieren Sie im ersten Dialog die Optionen **Standardinstallation ❶** sowie **privat / nicht-kommerziell ❷**, wenn Sie das Programm nicht gewerbsmäßig nutzen möchten. Betätigen Sie anschließend mit **Stimme zu – fertigstellen ❸**.

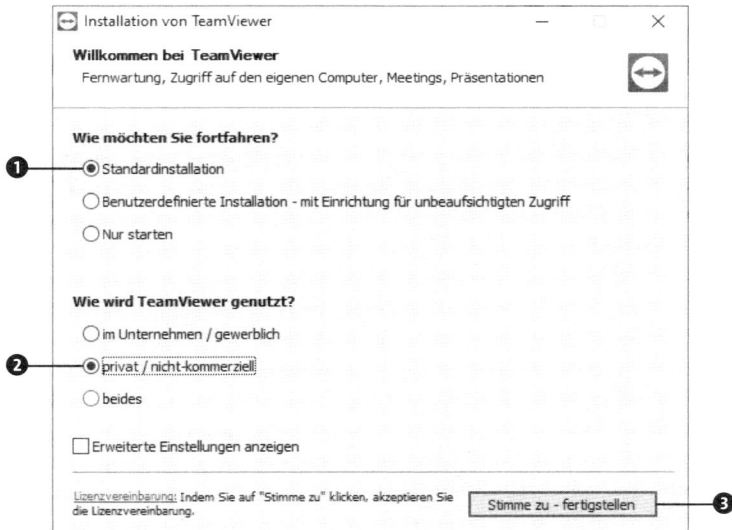

3 Bestätigen Sie nun die Installationsnachfrage der Benutzerkontensteuerung. Daraufhin wird das Programm installiert. Nach der Installation erklärt Ihnen ein Einführungsdialog die wichtigsten Funktionen, um eine Verbindung zwischen zwei PCs per TeamViewer herzustellen. Bestätigen Sie den Dialog, indem Sie auf **Schließen** klicken.

23.2.2 Einen PC per TeamViewer fernsteuern

Bitten Sie nun Ihr Gegenüber, ebenfalls die Software TeamViewer wie im letzten Abschnitt beschrieben zu installieren. Für die nächsten Schritte müssen beide Partner den TeamViewer gestartet haben. Gehen Sie für einen Fernzugriff folgendermaßen vor:

1 Derjenige Anwender, auf dessen PC zugegriffen werden soll, übermittelt demjenigen, der darauf zugreifen soll, die ID (Identifikationsnummer). Das ist die Zahl, die im Feld **Ihre ID** steht ❶.

2 Der Partner gibt die übermittelte ID nun in das Feld **Partner-ID** ❷ unter **Computer fernsteuern** ein und klickt anschließend auf die Schaltfläche **Verbinden**. Er muss darauf achten, dass die Option **Fernsteuerung** ❸ ausgewählt ist.

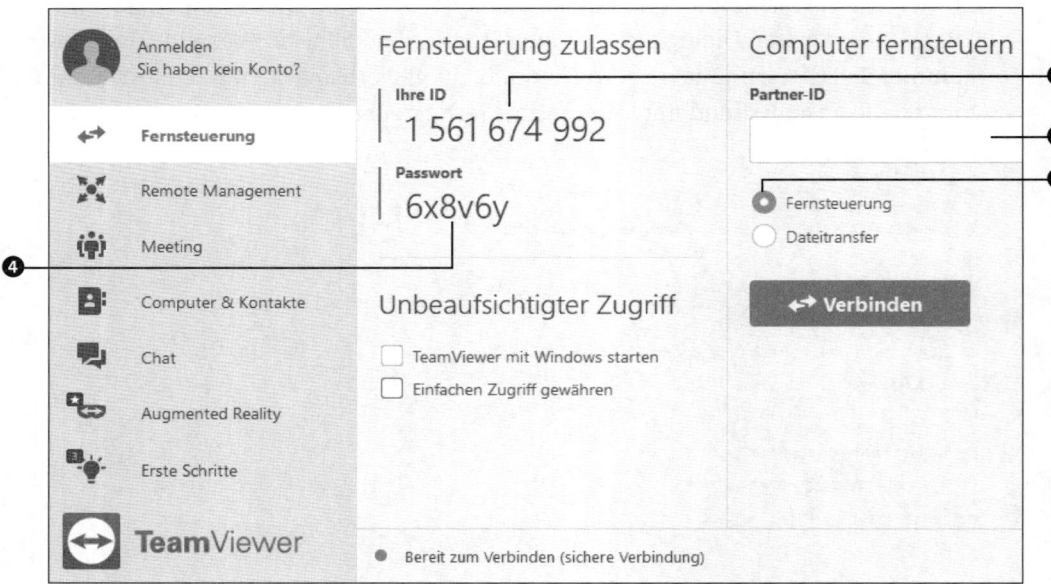

3 Schließlich muss dem Hilfeleistenden noch das Kennwort mitgeteilt werden. Dieses findet der Hilfesuchende unterhalb von **Passwort** ❹. Dieses Kennwort gibt der Hilfeleistende auf Nachfrage ein ❺.

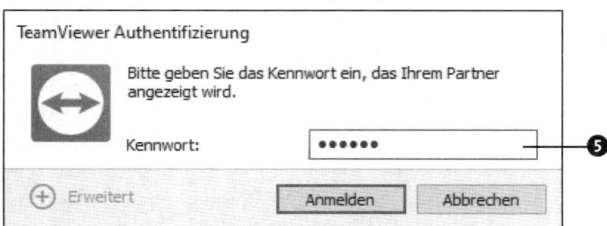

Der Desktop des Hilfesuchenden wird nun in einem Fenster auf dem PC des Hilfeleistenden eingeblendet, und dieser kann den Remote-PC aus der Ferne bedienen, als würde er direkt davorsitzen.

Der TeamViewer bietet außerdem die Möglichkeit, Dateien zwischen Gast und Wirt auszutauschen:

1 Dazu klicken Sie einfach auf die Schaltfläche **Dateien & Extras ❻** am oberen Rand des TeamViewer-Fensters des Gastes und im aufklappenden Menü auf **Dateiübertragung öffnen ❼**.

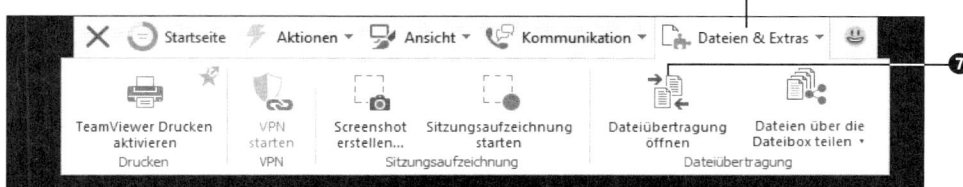

2 Hierauf öffnet sich ein Dateimanager, mit dessen Hilfe zuvor markierte Dateien ❽ vom eigenen Computer auf den Partnercomputer gesendet ❾ bzw. dort markierte Dateien umgekehrt auf dem eigenen PC empfangen ❿ werden können.

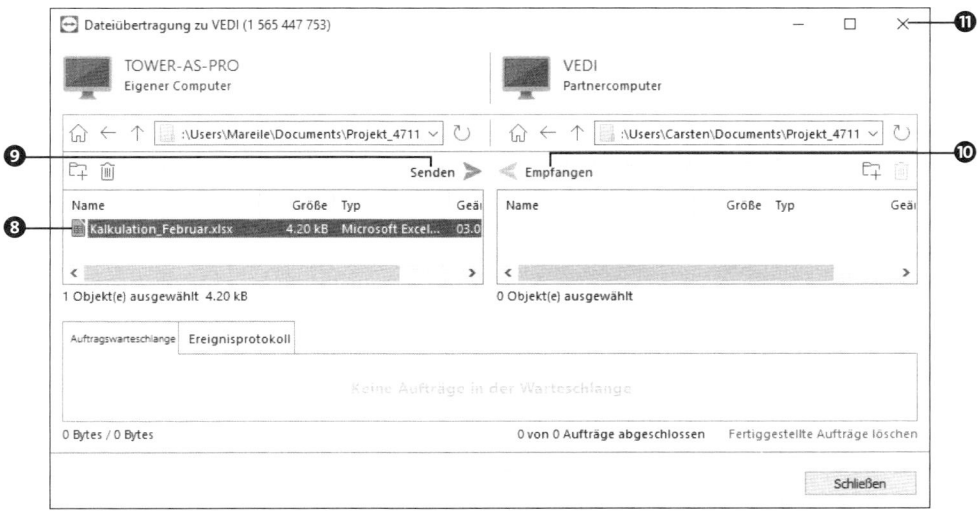

Soll die Verbindung zwischen beiden PCs wieder beendet werden, reicht ein Klick auf das Kreuzsymbol ⓫ in der Symbolleiste auf dem Gast-PC. Schließen Sie dann alle weiteren noch geöffneten Dialoge von TeamViewer jeweils mit einem Klick auf das Schließen-Symbol in der rechten oberen Fensterecke.

24 Eingabeaufforderung und Windows PowerShell

Sie sind die Werkzeuge der Experten: Mithilfe der *Windows PowerShell* und der *Eingabeaufforderung* lässt sich Windows 10 durch Kommandos steuern, die per Tastatur eingegeben werden. Das ist sehr effektiv und bietet darüber hinaus Konfigurationsmöglichkeiten, die Sie in den Einstellungen und der Systemsteuerung zum Teil vergeblich suchen.

24.1 Ein paar Grundlagen vorweg

Die Steuerung des Betriebssystems mit selbst geschriebenen Befehlen, einem sog. *Skript*, ist für viele Anwender ungewohnt. Gerade für diejenigen, die die fensterbasierte Oberfläche gewohnt sind, die sich bequem per Mausklick steuern lässt, ist zunächst ein gewisses Umdenken erforderlich. Unter Windows gibt es, wie eingangs gesagt, zwei Möglichkeiten, den PC per Tastaturkommandos zu steuern bzw. zu konfigurieren: die Eingabeaufforderung und die Windows PowerShell. Die PowerShell soll in naher Zukunft die Eingabeaufforderung mehr oder weniger komplett ablösen, mit der Eingabeaufforderung sind die Windows-Veteranen der ersten Stunde aufgewachsen. Die Eingabeaufforderung war schon Bestandteil des Windows-Vorgängers DOS, als an eine grafische Oberfläche noch gar nicht zu denken war.

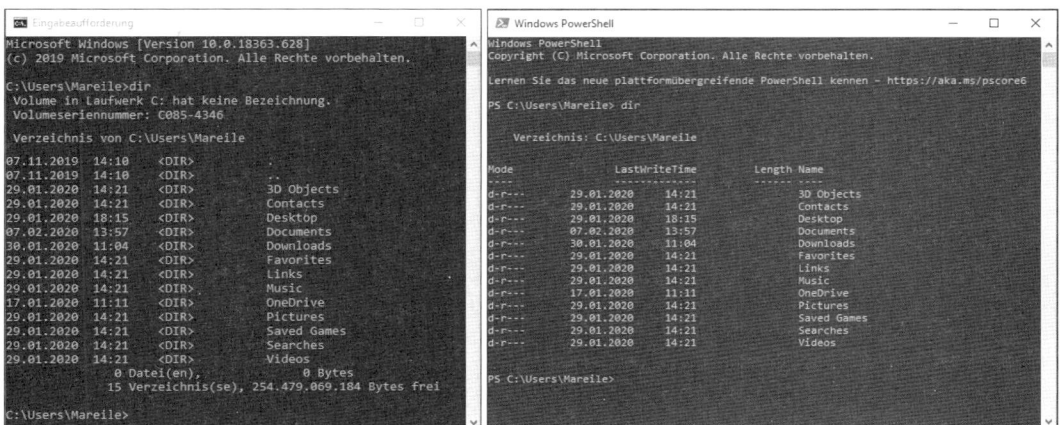

Abbildung 24.1 Die Eingabeaufforderung (links) und die Windows PowerShell (rechts) im direkten Vergleich

Wozu genau benötigt man die Eingabeaufforderung und die Windows PowerShell? Dazu eine kleine Auswahl an Beispielen:

- Sie möchten testen, ob Ihr Router über das Netzwerk erreichbar ist, und dabei auch Rückmeldungen erhalten.

- Sie möchten WLAN-Passwörter von gespeicherten Netzwerken in Erfahrung bringen.

- Sie möchten mehrere Befehle auf einmal an das Betriebssystem schicken. Das erledigt man mit einer sog. *Batch-Datei*, die als Skript von der Eingabeaufforderung ausgewertet wird.

- Sie möchten Fotodateien nach dem Aufnahmemonat sortieren und in entsprechend benannte Ordner verschieben oder MP3-Dateien automatisch mit anderen *Tags* (das sind Informationen zum Musikstück) versehen.

All das und einiges mehr lässt sich mithilfe der Eingabeaufforderung sowie der Windows PowerShell umsetzen.

24.1.1   Die Eingabeaufforderung starten und anpassen

Die Eingabeaufforderung stellt einen guten Einstieg in die Welt der Kommandozeilenwerkzeuge (auch *Shells* genannt) dar. Bis zur Version 1607, dem sog. *Anniversary Update* von Windows 10, konnte man die Eingabeaufforderung noch über das Schnellzugriffsmenü aufrufen, das mit einem rechten Mausklick auf das Windows-Logo geöffnet wird. Anstelle der Eingabeaufforderung wird mittlerweile die Windows PowerShell im Schnellzugriffsmenü aufgeführt. Wie Sie die Eingabeaufforderung wieder in das Menü zurückholen, lesen Sie im Kasten »Die Eingabeaufforderung über das Schnellzugriffsmenü öffnen« auf Seite 834. Zum Starten der Eingabeaufforderung haben Sie jetzt zwei Möglichkeiten:

- Geben Sie das Suchwort »eingabe« oder »cmd« (das ist die Abkürzung des englischen *command*) in das Suchfeld der Taskleiste ein, und klicken Sie in der Ergebnisliste auf den Treffer **Eingabeaufforderung**.

- Alternativ drücken Sie die Tastenkombination ⊞ + R und geben dann im Dialog **Ausführen** den Befehl cmd.exe ein. Bestätigen Sie die Eingabe, indem Sie die Taste ↵ drücken.

Bei beiden Varianten öffnet sich nun das typische Programmfenster der Eingabeaufforderung. Sie erkennen dort folgende Elemente:

❶ Titel des Programmfensters

❷ Nummer der aktuell verwendeten Windows-Version

❸ Aktueller Pfad in englischer Bezeichnung; der dargestellte Pfad entspricht dem Pfad *C:\Benutzer\<Name des Benutzers>*.

❹ Einfügemarke (auch *Cursor* genannt); Sie können in der Eingabeaufforderung nicht per Maus auf eine bestimmte Stelle klicken, um dorthin zu navigieren; die aktuelle Position bestimmt stets der blinkende Cursor.

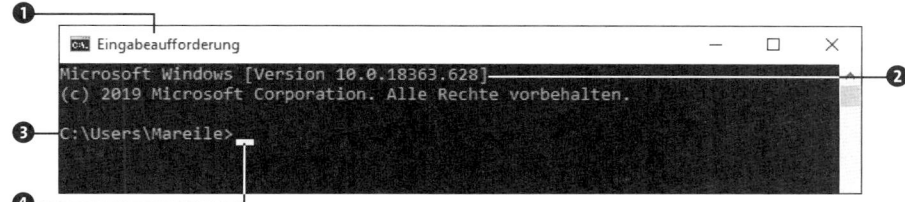

Möchten Sie die Eingabeaufforderung anpassen, also z. B. die Schriftart ändern, so führen Sie einen rechten Mausklick über dem Titel des Programmfensters durch. Im aufklappenden Kontextmenü wählen Sie den Befehl **Eigenschaften**. Hier finden Sie nun verschiedene Register vor. Im Register **Schriftart** ❺ können Sie die Schrift nach Ihren Wünschen anpassen, im Register **Optionen** ❻ lässt sich u. a. die Cursorgröße steuern. Im Register **Farben** ❼ können Sie über den Schieberegler **Deckkraft** ❽ dem Programmfenster einen Transparenzeffekt verschaffen.

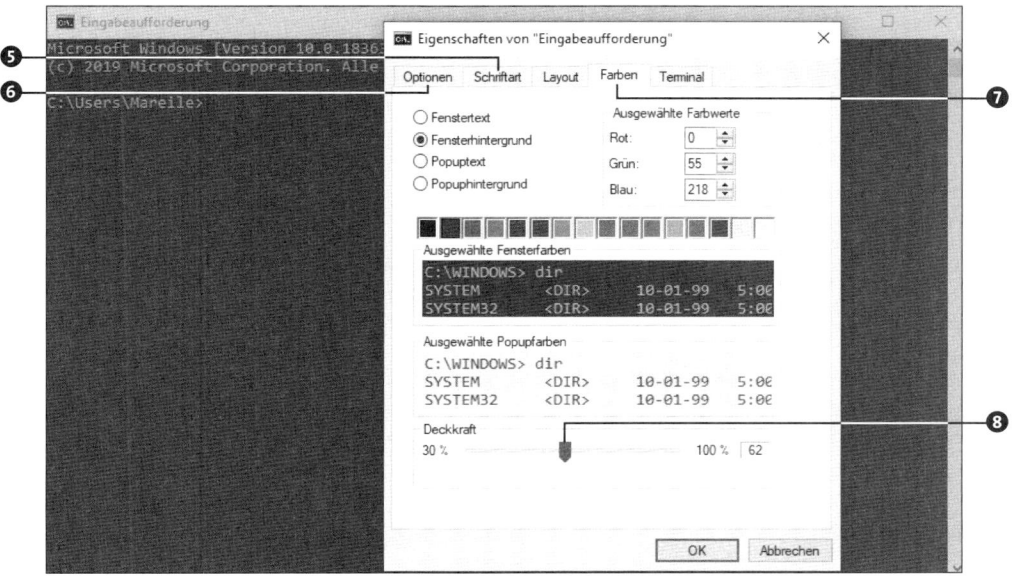

Abbildung 24.2 Passen Sie die Eingabeaufforderung Ihren Vorstellungen gemäß an.

TIPP

Die Eingabeaufforderung über das Schnellzugriffsmenü öffnen

Microsoft verfolgt mittlerweile die Strategie, dass der versierte Anwender primär die Windows PowerShell nutzen soll. Entsprechend steht im Schnellzugriffsmenü nur noch die Windows PowerShell zur Auswahl. Wenn Sie hingegen lieber die Eingabeaufforderung über das Schnellzugriffsmenü öffnen möchten, klicken Sie mit der rechten Maustaste auf einen freien Bereich der Taskleiste und wählen im Kontextmenü den Befehl **Taskleisteneinstellungen**. Im Einstellungen-Dialog ziehen Sie den Regler **Beim Rechtsklick auf die Schaltfläche »Start« ...** nach links auf **Aus**. Nun erscheint wieder wie früher die Eingabeaufforderung im Schnellzugriffsmenü.

24.1.2 Die Windows PowerShell starten

Zum Aufruf der Windows PowerShell stehen Ihnen so wie bei der Eingabeaufforderung ebenfalls mehrere Möglichkeiten zur Auswahl:

- Geben Sie den Suchbegriff »pow« in das Suchfeld der Taskleiste ein, und wählen Sie in der Ergebnisliste unter **Apps** den Eintrag **Windows PowerShell** per Mausklick aus.

- Klicken Sie mit der rechten Maustaste auf das Windows-Logo am linken Rand der Taskleiste ➊, um das Schnellzugriffsmenü zu öffnen. Alternativ können Sie das Schnellzugriffsmenü auch über die Tastenkombination ⊞ + X öffnen. Klicken Sie hier auf den Eintrag **Windows PowerShell** ➋.

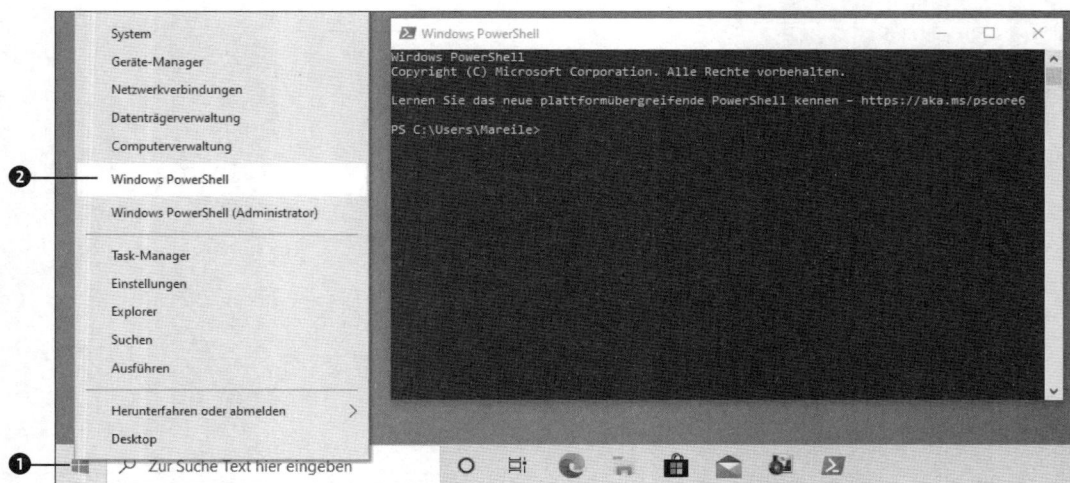

Abbildung 24.3 Die Windows PowerShell lässt sich direkt über das Schnellzugriffsmenü öffnen.

Auch die Windows PowerShell können Sie ganz nach Ihren Wünschen anpassen. Wählen Sie hierzu nach einem rechten Mausklick auf den Titel des Programmfensters den Befehl **Eigenschaften** aus. Die Windows PowerShell ist nicht etwa die Eingabeaufforderung in einem neuen Gewand – Sie ist wesentlich mächtiger und zeichnet sich insbesondere durch folgende Eigenschaften aus:

- Die Windows PowerShell bietet verbesserte Eingabehilfen. Beispielsweise werden Bestandteile von Befehlen farbig hervorgehoben.

- Die Anzahl der möglichen Befehle übersteigt den Befehlssatz der Eingabeaufforderung bei Weitem.

- Die Windows PowerShell verfügt im Gegensatz zur Eingabeaufforderung über eine Vielzahl von Befehlen, die einen Zugriff auf die Netzwerkkonfiguration gestatten.

- Die Windows PowerShell arbeitet mit einem modernen objektorientierten Ansatz, wie man ihn auch von vielen aktuellen Computersprachen her kennt.

- Es existiert eine integrierte Entwicklungsumgebung, die *PowerShell ISE* (ISE ist die Abkürzung für *Integrated Scripting Environment*), mit der Sie PowerShell-Skripten erstellen können. Das sind im Wesentlichen Befehlsfolgen, mit deren Hilfe man bestimmte Aufgaben erledigen kann.

TIPP

Die Eingabeaufforderung sowie die Windows PowerShell als Administrator starten

Für Aufgaben im Bereich der Systemkonfiguration ist es oft erforderlich, Kommandos als Administrator auszuführen. Dazu startet man die Eingabeaufforderung bzw. die Windows PowerShell mit Administratorrechten. Bei der Windows PowerShell gibt es einen entsprechenden Menüpunkt im Schnellzugriffsmenü, das z. B. über die Tastenkombination ⊞ + X aufgerufen werden kann. Um die Eingabeaufforderung mit Administratorrechten zu starten, geben Sie den Suchbegriff »cmd« in das Suchfeld der Taskleiste ein und führen anschließend über dem Suchtreffer **Eingabeaufforderung** einen rechten Mausklick aus. Klicken Sie dann auf **Als Administrator ausführen**, und bestätigen Sie die Nachfrage der Benutzerkontensteuerung.

24.2 Die Eingabeaufforderung in der Praxis

Die folgenden Beispiele sollen Ihnen einen kleinen Eindruck davon vermitteln, wie sich die Eingabeaufforderung in der Praxis einsetzen lässt.

24.2.1 Grundlegende Befehle zur Navigation

Beginnen wir mit ein paar einfachen, grundlegenden Aufgaben, z. B. mit der Navigation durch Ordner bzw. mit dem Erzeugen von Ordnern und Dateien – also mit Aktionen, die Sie normalerweise mit dem Explorer erledigen:

1 Starten Sie die Eingabeaufforderung, indem Sie den Befehl »cmd« in das Suchfeld der Taskleiste eingeben und dann auf **Eingabeaufforderung** klicken.

2 Prüfen Sie als Erstes, in welchem Verzeichnis Sie sich befinden. Das geschieht durch Eingabe des Befehls `dir`, gefolgt von der Taste ⏎. Groß- oder Kleinschreibung spielen bei der Eingabe von Befehlen in der Eingabeaufforderung übrigens keine Rolle.

```
Eingabeaufforderung

Microsoft Windows [Version 10.0.18363.628]
(c) 2019 Microsoft Corporation. Alle Rechte vorbehalten.

C:\Users\Mareile>dir
 Volume in Laufwerk C: hat keine Bezeichnung.
 Volumeseriennummer: C085-4346

 Verzeichnis von C:\Users\Mareile

07.11.2019  14:10    <DIR>          .
07.11.2019  14:10    <DIR>          ..
29.01.2020  14:21    <DIR>          3D Objects
29.01.2020  14:21    <DIR>          Contacts
29.01.2020  18:15    <DIR>          Desktop
07.02.2020  13:57    <DIR>          Documents
30.01.2020  11:04    <DIR>          Downloads
29.01.2020  14:21    <DIR>          Favorites
29.01.2020  14:21    <DIR>          Links
29.01.2020  14:21    <DIR>          Music
09.02.2020  15:09    <DIR>          OneDrive
29.01.2020  14:21    <DIR>          Pictures
29.01.2020  14:21    <DIR>          Saved Games
29.01.2020  14:21    <DIR>          Searches
29.01.2020  14:21    <DIR>          Videos
               0 Datei(en),              0 Bytes
              15 Verzeichnis(se), 254.429.405.184 Bytes frei

C:\Users\Mareile>
```

Sie werden feststellen, dass Sie direkt in Ihrem Benutzerverzeichnis gelandet sind. Im Gegensatz zur Darstellung im Explorer erscheinen die Verzeichnisnamen in englischer Sprache. Dabei bezeichnet etwa *Documents* das Verzeichnis *Dokumente* innerhalb Ihres Benutzerordners, *Pictures* steht für *Bilder* usw.

3 Wechseln Sie als Nächstes in den Ordner *Documents*. Hierzu tippen Sie den Befehl `cd Documents` ein. Wenn Sie möchten, können Sie sich ein wenig Tipparbeit sparen, indem Sie lediglich `cd Doc`, gefolgt von der Taste ⇆, eingeben. Dadurch wird der

Name des Verzeichnisses, das mit der vorgegebenen Buchstabenfolge beginnt, automatisch vervollständigt, sofern der Name eindeutig ist – sofern es also keine weiteren Verzeichnisse gibt, die mit der gleichen Buchstabenfolge beginnen. Wird der gewünschte Ordner angezeigt, drücken Sie zur Bestätigung die Taste ⏎. Geben Sie erneut den Befehl `dir` ein, und bestätigen Sie auch diesen durch Drücken der Taste ⏎. Nun werden alle Dateien und Ordner aufgelistet, die Sie im Ordner *Dokumente* abgelegt haben.

4 Um im aktuellen Verzeichnis einen neuen Ordner mit dem Namen »Beispiel« zu erstellen, geben Sie einfach `mkdir beispiel` ein und drücken die Taste ⏎. Wechseln Sie in den soeben erstellten Ordner über den Befehl `cd beispiel`.

5 Erstellen Sie dort eine neue Textdatei über den Befehl `copy con testdatei.txt`. Drücken Sie die Taste ⏎, und geben Sie einen kleinen Text in die Datei ein, z. B.: `Dies ist ein Beispieltext`. Betätigen Sie erneut die Taste ⏎, um eine weitere Zeile zu erzeugen, und drücken Sie anschließend die Tastenkombination `Strg` + `Z`, gefolgt von ⏎. Dadurch wird der eingegebene Text gespeichert und die Datei geschlossen.

6 Lassen Sie sich abschließend den Inhalt der soeben erstellten Datei über `type testdatei.txt` anzeigen.

```
C:\Users\Mareile\Documents\beispiel>copy con testdatei.txt
Dies ist ein Beispieltext
^Z
        1 Datei(en) kopiert.

C:\Users\Mareile\Documents\beispiel>type testdatei.txt
Dies ist ein Beispieltext

C:\Users\Mareile\Documents\beispiel>_
```

7 Navigieren Sie eine Verzeichnisebene zurück. Dies geschieht über `cd..`. Anders als bei Unix-artigen Kommandozeilen ist ein Leerzeichen zwischen `cd` und `..` nicht zwingend notwendig.

8 Mithilfe des `cd`-Befehls (die Abkürzung steht übrigens für *change directory*, zu Deutsch »Wechsle (das) Verzeichnis«) können Sie auch gezielt zu weiter entfernten Verzeichnissen navigieren. Beispiel: `cd C:\Windows` führt Sie direkt in das Stammverzeichnis Ihrer Windows-Installation.

```
C:\Users\Mareile\Documents\beispiel>cd..

C:\Users\Mareile\Documents>cd C:\Windows

C:\Windows>_
```

Die folgende Tabelle zeigt einige Beispiele mit häufig verwendenten Befehlen für die Eingabeaufforderung:

Befehl	Bedeutung
cd	Verzeichnis anzeigen bzw. wechseln
cls	Löscht die letzten Ein- und Ausgaben.
copy	Kopiert eine Datei.
date	Zeigt das Datum an oder setzt das Systemdatum neu.
dir	Zeigt den Inhalt des aktuellen Verzeichnisses an.
del	Löscht eine Datei.
help	Zeigt die Hilfe zu einem bestimmten Befehl an.
mkdir	Erzeugt ein Verzeichnis.
move	Verschiebt eine Datei in ein anderes Verzeichnis.
rmdir	Löscht ein Verzeichnis.
time	Zeigt die Systemzeit an oder setzt sie neu.
type	Gibt den Inhalt einer Textdatei aus.
vol	Zeigt die Bezeichnung des aktuellen Datenträgers.

Tabelle 24.1 Einige wichtige Befehle der Eingabeaufforderung

TIPP

Kopieren von Pfaden in die Eingabeaufforderung

Um die Eingabe von langen Pfaden in die Eingabeaufforderung zu vereinfachen, navigieren Sie zunächst mit dem Explorer zum übergeordneten Verzeichnis, etwa **Bilder ❶**. Markieren Sie nun im Inhaltsbereich des Explorers den gewünschten Ordner ❷. Klicken Sie dann im Menüband im Register **Start** auf **Pfad kopieren ❸**.

Begeben Sie sich anschließend in die Eingabeaufforderung. Um in das Verzeichnis zu wechseln, dessen Pfad Sie gerade kopiert haben, geben Sie das Kommando cd, gefolgt von einem Leerzeichen ein. Drücken Sie nun die rechte Maustaste, wird der kopierte Pfad in der aktiven Eingabezeile ergänzt ❹. Durch Drücken der Taste ⏎ gelangen Sie direkt in das Verzeichnis.

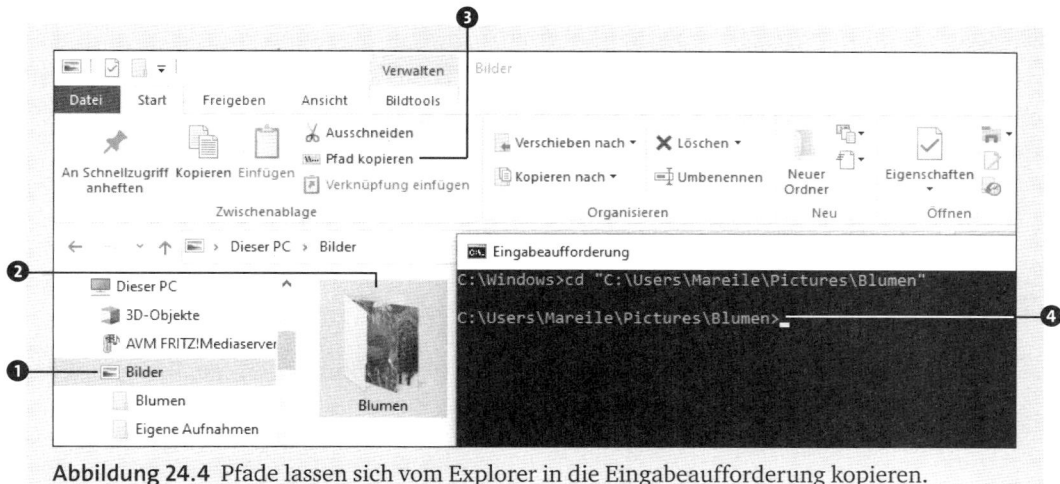

Abbildung 24.4 Pfade lassen sich vom Explorer in die Eingabeaufforderung kopieren.

24.2.2 Weitere Befehle der Eingabeaufforderung

Die im vorangegangenen Abschnitt beschriebenen Basiskommandos der Eingabeaufforderung sind nur die Spitze des Eisbergs. Sie haben Zugriff auf eine Vielzahl von Systembefehlen. Diesen können bei Bedarf bestimmte Parameter in Form von Schaltern übergeben werden. Um z. B. die IP-Adresse Ihres Computers in Erfahrung zu bringen, lassen Sie sich sämtliche am PC angeschlossenen und konfigurierten Netzwerkschnittstellen auflisten. Geben Sie dazu den Befehl `ipconfig /all` ein. Der Befehl `ipconfig` listet dabei die Schnittstellen auf, der Schalter `/all` sorgt dafür, dass alle Informationen bezüglich der Netzwerkschnittstellen ausgegeben werden.

Möchten Sie überprüfen, ob bestimmte Server im lokalen Netzwerk oder auch im Internet erreicht werden können, geben Sie das Kommando `ping` ein, gefolgt von der IP-Adresse oder dem Namen des Servers. Beispiel: `ping www.tagesschau.de`.

```
C:\Users\Mareile>ping www.tagesschau.de

Ping wird ausgeführt für e8178.e6.akamaiedge.net [23.194.9.158] mit 32 Bytes Daten:
Antwort von 23.194.9.158: Bytes=32 Zeit=18ms TTL=56
Antwort von 23.194.9.158: Bytes=32 Zeit=18ms TTL=56
Antwort von 23.194.9.158: Bytes=32 Zeit=18ms TTL=56
Antwort von 23.194.9.158: Bytes=32 Zeit=18ms TTL=56

Ping-Statistik für 23.194.9.158:
    Pakete: Gesendet = 4, Empfangen = 4, Verloren = 0
    (0% Verlust),
Ca. Zeitangaben in Millisek.:
    Minimum = 18ms, Maximum = 18ms, Mittelwert = 18ms

C:\Users\Mareile>_
```

Abbildung 24.5 Per Eingabeaufforderung lassen sich Netzwerkverbindungen perfekt testen.

Ein weiteres Beispiel: Sie haben sich mit Ihrem Windows-10-Notebook schon vor längerer Zeit mit einem WLAN-Netz verbunden und möchten nun ein weiteres Gerät, z. B. Ihr Smartphone, mit demselben Netz verbinden. Unglücklicherweise haben Sie aber dessen Passwort vergessen. Gehen Sie folgendermaßen vor, um das in Windows gespeicherte Passwort in Erfahrung zu bringen:

1 Starten Sie die Eingabeaufforderung, und geben Sie den folgenden Befehl ein, den Sie wieder durch Drücken der Taste ⏎ bestätigen:

```
netsh wlan show profiles
```

Darauf erscheint eine Liste aller drahtlosen Netzwerke, mit denen sich Ihr Computer bislang verbunden hat. Suchen Sie aus der Liste den Namen (bzw. die sog. SSID) des betreffenden Netzwerks heraus.

2 Geben Sie nun den folgenden Befehl ein:

```
netsh wlan show profile name="Name des WLANs" key=clear
```

Den Namen des in Schritt 1 identifizierten Netzwerks müssen Sie bei diesem Befehl in Anführungszeichen setzen. Durch Drücken der Taste ⏎ führen Sie den Befehl aus.

Der Schlüssel bzw. das Passwort des betreffenden WLANs erscheint nun im Klartext im Fenster der Eingabeaufforderung, und zwar in der Rubrik **Sicherheitseinstellungen** und dort hinter dem Wort **Schlüsselinhalt**.

24.2.3 Eine Batch-Datei erstellen

Wenn Sie komplizierte Befehlsfolgen – auch unter Verwendung gängiger Programmierelemente wie Verzweigungen und Schleifen – eingeben möchten, dann bietet es sich an, eine *Batch-Datei* (auch *Stapeldatei* genannt) anzulegen. Wie dies funktioniert, zeige ich Ihnen anhand eines Beispiels. In ihm soll eine Batch-Datei erstellt werden, die den Computer nach zehn Sekunden automatisch herunterfährt. Dazu ist es zunächst erforderlich, sich die Endung von Batch-Dateien (**.bat*) im Explorer anzeigen zu lassen:

1 Starten Sie den Explorer, und begeben Sie sich in ein Verzeichnis, in dem eine Batch-Datei erstellt werden soll, z. B. in *Dokumente*.

2 Wechseln Sie in das Register **Ansicht**, und stellen Sie zunächst sicher, dass das Kontrollkästchen **Dateinamenerweiterungen** in der Gruppe **Ein-/ausblenden** mit einem Häkchen versehen ist ❶. Klicken Sie anschließend direkt auf die Schaltfläche **Optionen** ❷. Im Dialog **Ordneroptionen** wechseln Sie in das Register **Ansicht** ❸ und entfernen das Häkchen vor **Erweiterungen bei bekannten Dateitypen ausblenden** ❹. Bestätigen Sie die Änderungen durch Anklicken von **Übernehmen** und **OK**.

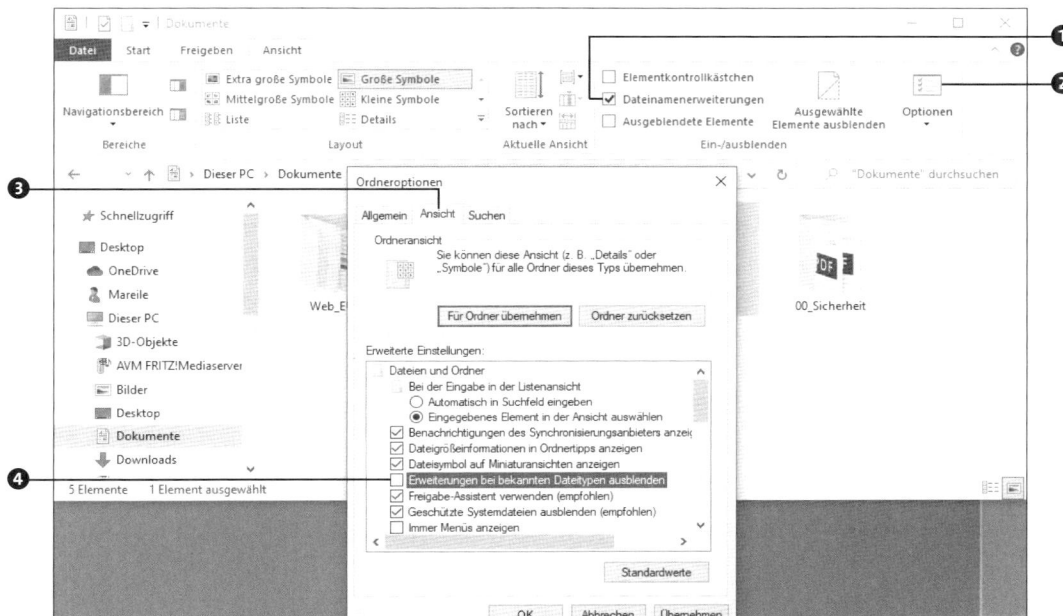

3 Führen Sie nun einen rechten Mausklick in dem Verzeichnis durch, in dem Sie die Batch-Datei erstellen wollen. Im Kontextmenü wählen Sie nacheinander **Neu ▶ Textdokument**. Überschreiben Sie den angezeigten Dokumentnamen **Neues Textdokument.txt** mit der neuen Bezeichnung »Herunterfahren.txt«.

4 Doppelklicken Sie auf die gerade erzeugte Datei *Herunterfahren.txt*. Öffnet sich der Dialog **Wie soll diese Datei geöffnet werden?**, markieren Sie **Editor**. Dadurch wird die Datei im *Editor* geöffnet. Nun können Sie innerhalb der Textdatei die folgenden Befehle eingeben ❺:

```
@echo off
echo Soll der PC wirklich heruntergefahren werden?
pause
shutdown /s /c "Der PC fährt in 10 Sekunden herunter." /t 10
```

Die Befehle haben folgende Bedeutung: Zunächst wird gefragt, ob der Benutzer sicher ist, dass der PC heruntergefahren werden soll. Achten Sie also an dieser Stelle darauf, dass Sie sämtliche Dokumente, an denen Sie gerade arbeiten, abgespeichert haben. Die Meldung muss dann mit der Taste ⏎ bestätigt werden. Anschließend wird der PC nach 10 Sekunden unter Ausgabe einer entsprechenden Meldung heruntergefahren.

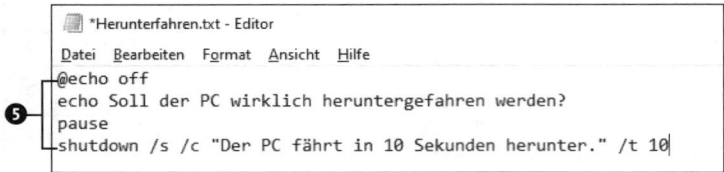

5 Speichern Sie die Änderungen über **Datei ▸ Speichern ❻** ab, und schließen Sie das Editor-Fenster über **Datei ▸ Beenden ❼** oder durch Anklicken des Schließen-Symbols im Programmfenster oben rechts.

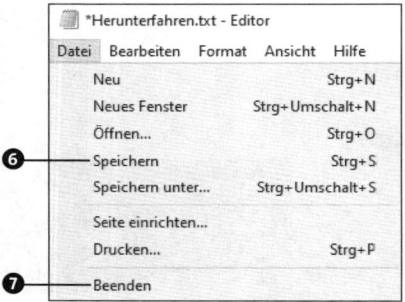

6 Nun kommt der wesentliche Trick: Führen Sie im Explorer erneut einen rechten Mausklick über der betreffenden Datei durch, und wählen Sie den Menüpunkt **Umbenennen**. Ändern Sie die Endung der Datei von **txt** in »bat«. Bestätigen Sie die darauf erscheinende Warnung des Betriebssystems. Die Datei sollte nun durch ein geändertes Symbol dargestellt werden ❽.

7 Testen Sie schließlich die Funktion der Batch-Datei, indem Sie diese per Doppelklick starten. Möchten Sie nicht, dass der PC heruntergefahren wird, so schließen Sie einfach das Fenster. Ansonsten betätigen Sie die Taste ⏎ . Es erscheint ein Fenster mit einer entsprechenden Meldung, und anschließend wird Ihr PC heruntergefahren.

INFO

Weiterführende Informationen zur Eingabeaufforderung

Möchten Sie die Batch-Datei noch weiter verändern bzw. weitere Befehle ergänzen, so führen Sie zu diesem Zweck im Explorer einen rechten Mausklick über dem Symbol der Datei aus und wählen im Kontextmenü den Befehl **Bearbeiten**. Hierdurch öffnet sich erneut der Editor, und Sie können die gewünschten Ergänzungen vornehmen. Vergessen Sie nicht, die Datei abschließend wie in Schritt 5 auf Seite 842 gezeigt zu speichern. Eine Übersicht mit einigen interessanten Beispielen zur Programmierung von Batch-Dateien unter Windows finden Sie unter dem Link *https:// www.script-example.com/themen/Windows_Batch.php*.

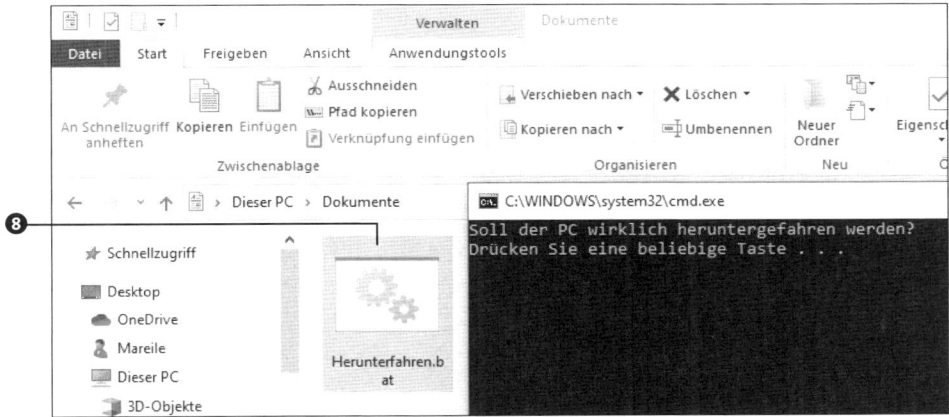

24.3 Die Windows PowerShell in der Praxis

Microsoft richtet sein Augenmerk immer stärker auf die Windows PowerShell. Während die Eingabeaufforderung (auch bekannt als *cmd.exe*) schon seit Windows-Urzeiten mehr oder weniger unverändert geblieben ist, wird die Windows PowerShell fleißig weiterentwickelt. Der folgende Abschnitt gibt einen ersten Einblick zum Umgang mit diesem Werkzeug.

24.3.1 Windows PowerShell-Module und -Cmdlets

Die Befehle, die Sie in der Windows PowerShell ausführen können, werden *Cmdlets* genannt (und *Commandlets* ausgesprochen). Diese sind in sog. *Modulen* enthalten, die bestimmte Oberthemen (z. B. das Druck- oder Netzwerkmanagement) umfassen. Um sich einen Überblick zu verschaffen, wie viele Module zugänglich sind, gehen Sie folgendermaßen vor:

1 Starten Sie die Windows PowerShell, indem Sie einen Rechtsklick über dem Windows-Logo durchführen und im Schnellzugriffsmenü **Windows PowerShell** auswählen.

2 Geben Sie folgenden Befehl in der Windows PowerShell ein:

```
Get-Module -ListAvailable
```

Bestätigen Sie die Eingabe durch Drücken der Taste ⏎ . Nach einem kurzen Moment werden sämtliche Module der Windows PowerShell aufgelistet, die aktuell auf Ihrem Windows-System verfügbar sind.

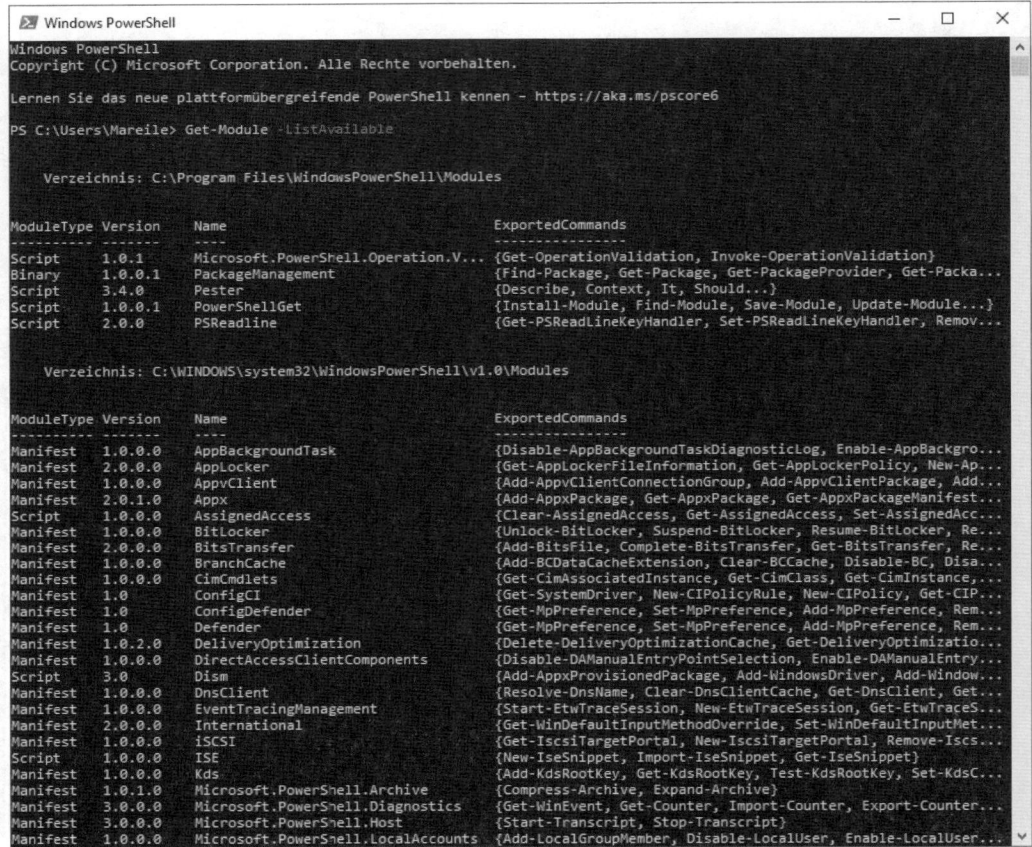

3 Die Cmdlets sind Untermengen der gelisteten Module. Möchten Sie sich einen Eindruck von der Anzahl der zur Verfügung stehenden Cmdlets verschaffen, geben Sie einfach folgenden Befehl ein:

```
Get-Command -CommandType Cmdlet, Function
```

Die Anzahl der nun aufgelisteten Cmdlets und Funktionen ist sehr beachtlich. Bei einfachen Aktionen, die mit ein oder zwei Befehlen ausgeführt werden können, genügt die Eingabe der Befehle innerhalb der Windows PowerShell.

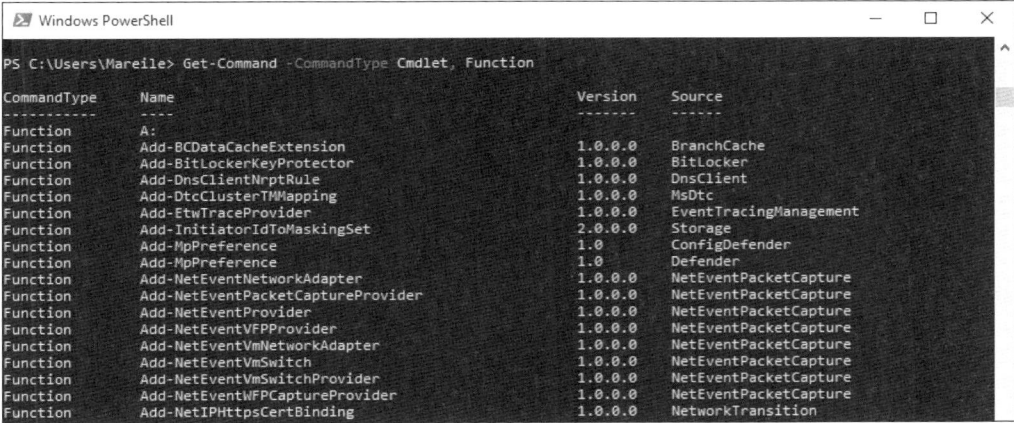

Wenn Sie allerdings anspruchsvolle Skripte erstellen möchten, verwenden Sie besser die *Windows PowerShell ISE*. (Die Abkürzung ISE steht für *Integrated Scripting Environment*.) Sie können selbstverständlich auch mit der Windows PowerShell große Skripte schreiben, das ist aber aufwendiger. Die ISE bietet nämlich äußerst komfortable Funktionen für Programmierer, u. a. eine ausgefeilte Hilfe und die Möglichkeit, Befehle automatisch ergänzen zu lassen. Sehen wir uns die ISE der PowerShell einmal etwas genauer an:

1 Geben Sie in das Suchfeld in der Taskleiste »powershell« ein, und klicken Sie in der Ergebnisliste unter **Apps** auf den Treffer **Windows PowerShell ISE** ❶.

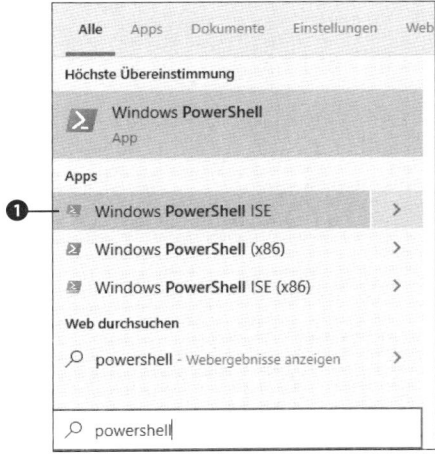

2 Um ein neues Skript zu erstellen, klicken Sie in dem Fenster, das sich nun öffnet, auf **Datei ▸ Neu**. In der integrierten Entwicklungsumgebung wird oberhalb der Power-Shell ❷ jetzt der Bereich zur Erstellung eines Skripts eingeblendet ❸. Am rechten

845

Fensterrand finden Sie eine Liste aller zur Verfügung stehenden Cmdlets und Funktionen ❹. Über das Feld **Module** lässt sich die Darstellung hier auf einzelne Module reduzieren ❺.

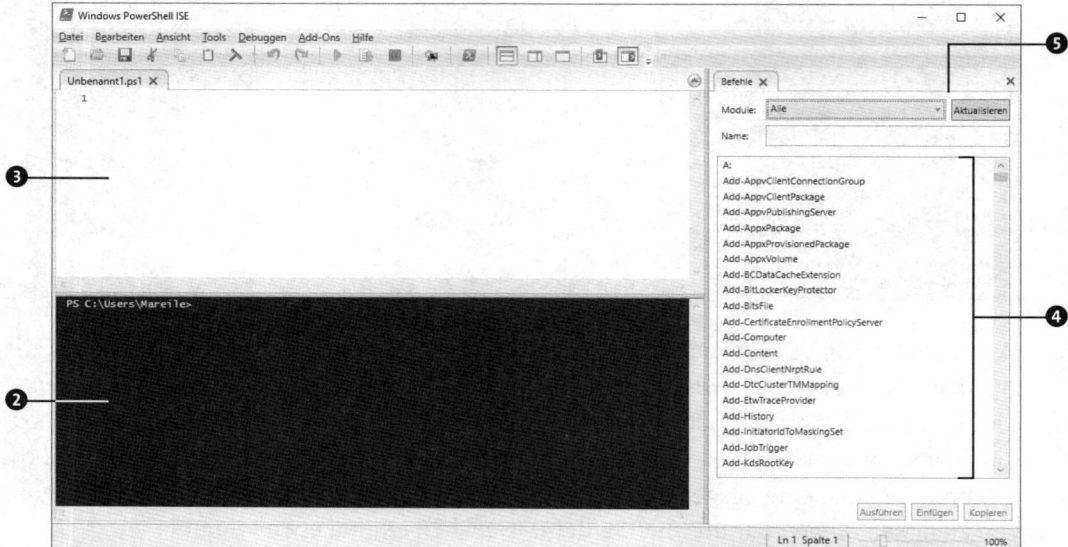

Um das Skript zu erstellen schreiben Sie die Befehle entweder direkt in den Skriptbereich oder wählen sie alternativ im rechten Fensterbereich aus. Dabei lassen sich auch mögliche Parameter in einem Unterfenster auflisten.

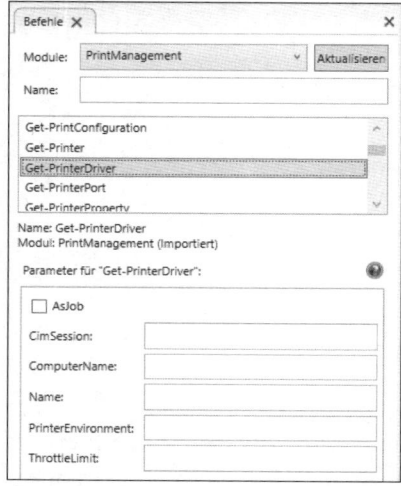

Abbildung 24.6 Die ISE zeigt auch mögliche Parameter zu speziellen Cmdlets.

24.3.2 Beispiele für PowerShell-Befehle und -Skripte

Die folgenden Beispiele dienen als Einstieg in die Welt der Windows-PowerShell-Nutzung und Skriptprogrammierung. Natürlich kann das komplexe Thema im Rahmen dieses Buches nur grob angerissen werden.

Im ersten Beispiel wollen wir uns die Autostartobjekte anzeigen lassen, also die Programme, die beim Systemstart im Hintergrund geladen werden. Starten Sie die Windows PowerShell, und geben Sie folgenden Befehl ein:

```
Get-Wmiobject Win32_StartupCommand
```

Die gleichen Informationen erhalten Sie übrigens auch, wenn Sie das Schnellzugriffsmenü mit einem rechten Mausklick auf das Windows-Logo öffnen und hier auf den **Task-Manager** klicken. Klicken Sie auf **Mehr Details** und wechseln Sie zum Register **Autostart**, werden ebenfalls alle Autostartobjekte aufgeführt.

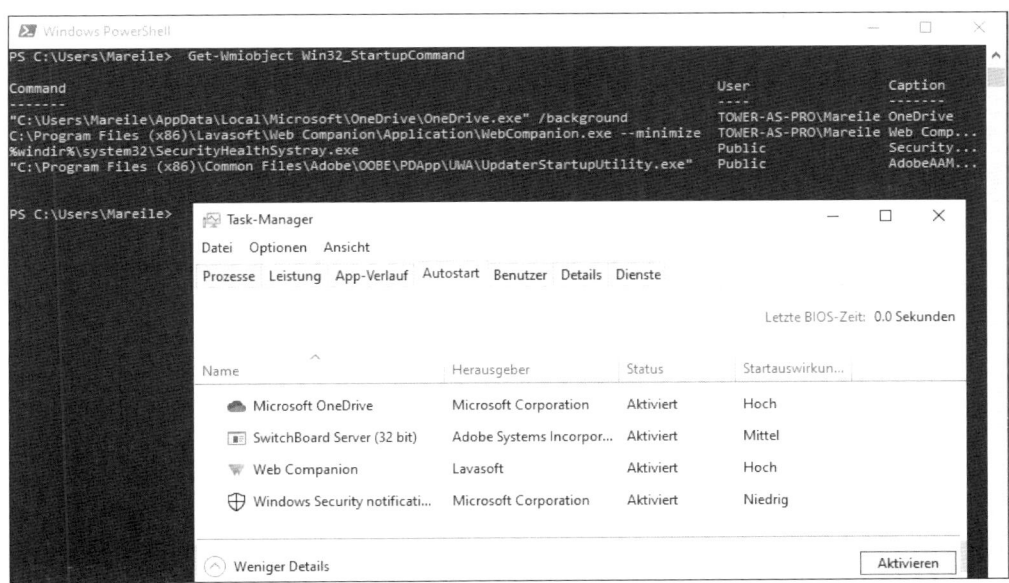

Abbildung 24.7 Darstellung der Startobjekte per Windows PowerShell (oben) und im Task-Manager (unten)

Als Nächstes betrachten wir ein etwas komplizierteres Beispiel mit Parametern: Verwenden Sie den folgenden Befehl, um sich die Netzwerkadresse Ihres aktiven Netzwerkadapters anzeigen zu lassen (beachten Sie, dass der Befehl eigentlich in einer Zeile notiert wird, wie in Abbildung 24.8 zu sehen ist):

```
Get-wmiobject win32_NetworkAdapterconfiguration -Filter
"IPEnabled=true" | select Description,IPAddress
```

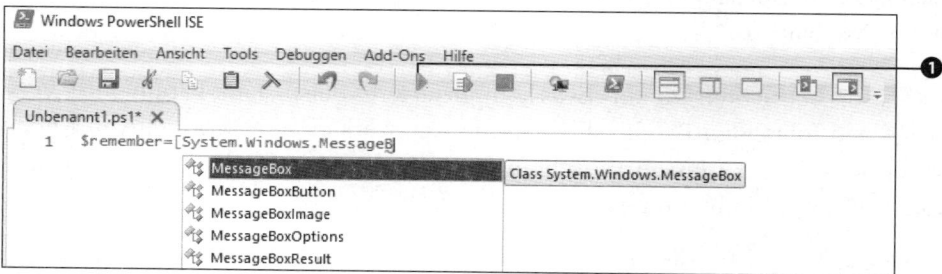

Abbildung 24.8 Es werden sowohl die IPv4- als auch die IPv6-Netzwerkadresse angezeigt.

Das nächste Beispiel macht Gebrauch von der integrierten Entwicklungsumgebung. Wir wollen damit ein PowerShell-Skript erstellen, das ein Fenster (genauer gesagt, eine sog. *MessageBox*) öffnet, das zwei anklickbare Schaltflächen (in unserem Fall **Ja** und **Nein**) zeigt. Nach dem Anklicken einer Schaltfläche soll die entsprechende Antwort wiedergegeben werden.

1 Öffnen Sie die Windows PowerShell ISE, indem Sie »powershell« in das Suchfeld der Taskleiste eingeben und den Suchtreffer **Windows PowerShell ISE** anklicken.

2 Beginnen Sie ein neues Skript, indem Sie auf den Menüpunkt **Datei ▸ Neu** klicken.

3 Geben Sie den folgenden Text in den Skriptbereich (das ist das linke obere Teilfenster) im ISE-Fenster ein. Notieren Sie die hier im Buch als Absätze gezeigten Befehle im Skriptbereich jeweils in einer Zeile. Dabei müssen Sie nach jeder Zeile die Taste ⏎ betätigen.

```
$remember=[System.Windows.Forms.MessageBox]::Show("$(
$selection.Application) Frage mit ja oder nein" , "Fenstertitel" , 4)

if ($remember -eq "Yes") {write-host "Ja"}else {write-host "Nein"}
```

Während Sie bekannte Systembefehle bzw. -variablen eingeben, präsentiert ein Assistent mögliche Ergänzungen als Liste. Um sich Tipparbeit zu sparen, können Sie die gewünschte Vervollständigung aus der Liste durch Anklicken auswählen.

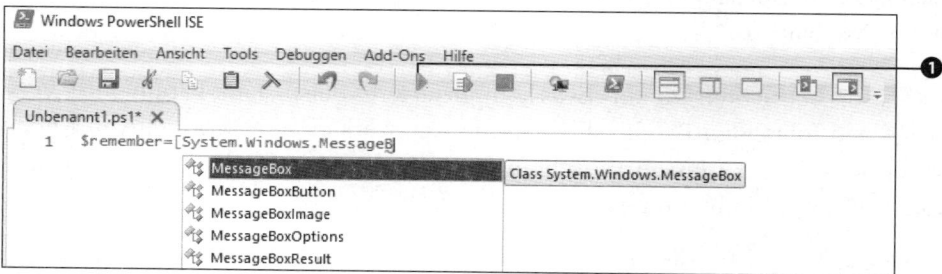

4 Klicken Sie nun die Schaltfläche zum Ausführen des Skripts ❶ an. Dadurch können Sie sich von der Funktionsfähigkeit Ihres ersten kleinen PowerShell-Skripts überzeugen.

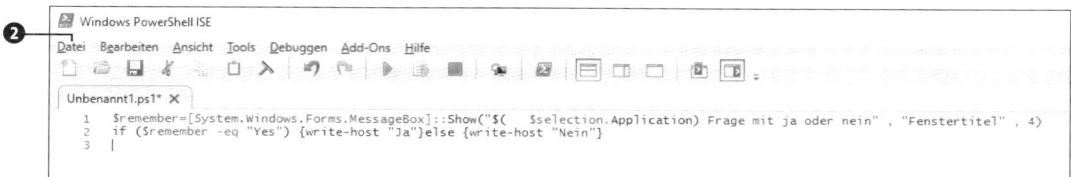

5 Klicken Sie beim Ablauf des Skripts auf eine der beiden Wahlschaltflächen (**Ja** bzw. **Nein**). Die entsprechende Antwort erscheint dann im PowerShell-Fensterbereich und könnte natürlich theoretisch vom Skript für weitere Aufgaben verwendet werden.

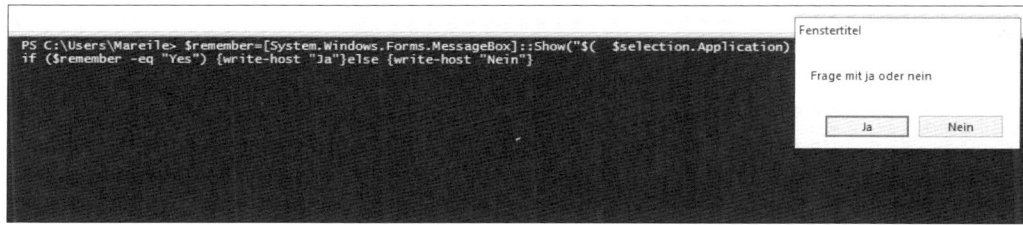

6 Möchten Sie das Skript zur späteren Wiederverwendung speichern, begeben Sie sich in das Menü **Datei** ❷ und wählen dort den Befehl **Speichern unter**. Navigieren Sie im Dialog **Speichern unter** zum gewünschten Speicherort, und vergeben Sie einen sinnvollen Namen. Speichern Sie das Skript schließlich durch Anklicken der Schaltfläche **Speichern** ab.

Aufgrund der restriktiven Sicherheitseinstellungen von Windows 10 muss dem Skript nach dem Abspeichern die zukünftige Ausführung explizit gestattet werden:

7 Öffnen Sie eine Administrator-PowerShell, indem Sie mit der rechten Maustaste auf das Windows-Logo klicken und anschließend den Menüpunkt **Windows PowerShell (Administrator)** auswählen. Bestätigen Sie die Nachfrage der Benutzerkontensteuerung.

8 Geben Sie hier folgenden Befehl ein, um die Ausführung des lokalen PowerShell-Skripts zu gestatten:

```
Set-ExecutionPolicy RemoteSigned
```

9 Drücken Sie die Taste ⏎ , und bestätigen Sie die folgende Nachfrage mit **J**. Drücken Sie erneut die ⏎ -Taste.

```
Administrator: Windows PowerShell                                          —   □   ×
Windows PowerShell
Copyright (C) Microsoft Corporation. Alle Rechte vorbehalten.

Lernen Sie das neue plattformübergreifende PowerShell kennen - https://aka.ms/pscore6

PS C:\WINDOWS\system32> Set-ExecutionPolicy RemoteSigned

Ausführungsrichtlinie ändern
Die Ausführungsrichtlinie trägt zum Schutz vor nicht vertrauenswürdigen Skripts bei. Wenn Sie die Ausführungsrichtlinie
 ändern, sind Sie möglicherweise den im Hilfethema "about_Execution_Policies" unter
"https://go.microsoft.com/fwlink/?LinkID=135170" beschriebenen Sicherheitsrisiken ausgesetzt. Möchten Sie die
Ausführungsrichtlinie ändern?
[J] Ja  [A] Ja, alle  [N] Nein  [K] Nein, «eine  [H] Anhalten  [?] Hilfe (Standard ist "N"): _
```

10 Nun kann das Skript, nachdem Sie die Windows PowerShell ISE verlassen, zu späteren Zeitpunkten erneut in die ISE geladen werden. Dazu verwenden Sie den Menüpunkt **Datei ▸ Öffnen**. Die so gespeicherten Skripte können auch direkt aus einer PowerShell heraus gestartet werden. Dazu ist aber eine Administrator-PowerShell erforderlich. In der einfachen PowerShell scheitert die Ausführung an den fehlenden Rechten.

11 Es empfiehlt sich in jedem Fall, die geänderte Sicherheitsrichtlinie der PowerShell nach den obigen Experimenten wieder zurückzusetzen, da diese ein ernsthaftes Sicherheitsrisiko für den alltäglichen Betrieb darstellt. Dies geschieht durch das folgende Kommando, das Sie erneut in einer Administrator-PowerShell ausführen und mit der Taste ⏎ bestätigen:

```
Set-ExecutionPolicy Restricted
```

12 Bestätigen Sie die Sicherheitsnachfrage wieder mit **J**.

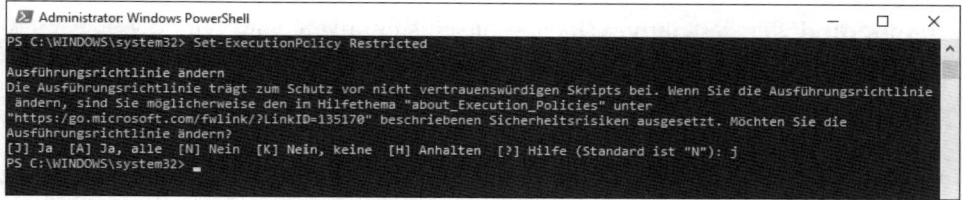

```
Administrator: Windows PowerShell                                          —   □   ×
PS C:\WINDOWS\system32> Set-ExecutionPolicy Restricted

Ausführungsrichtlinie ändern
Die Ausführungsrichtlinie trägt zum Schutz vor nicht vertrauenswürdigen Skripts bei. Wenn Sie die Ausführungsrichtlinie
 ändern, sind Sie möglicherweise den in Hilfethema "about_Execution_Policies" unter
"https://go.microsoft.com/fwlink/?LinkID=135170" beschriebenen Sicherheitsrisiken ausgesetzt. Möchten Sie die
Ausführungsrichtlinie ändern?
[J] Ja  [A] Ja, alle  [N] Nein  [K] Nein, keine  [H] Anhalten  [?] Hilfe (Standard ist "N"): j
PS C:\WINDOWS\system32> _
```

TIPP

Weiterführende Informationen zur PowerShell

Interessante PowerShell-Skript-Beispiele für Einsteiger finden Sie unter *https://www.script-example.com/Powershell-GUI*.

Stichwortverzeichnis

E

W

Mehr Sicherheit am PC und im Internet

Sorgen Sie für Sicherheit und Privatsphäre bei allem, was Sie in der digitalen Welt tun. Mareile Heiting, Expertin für Internetsicherheit, hat für Sie die wirksamsten Tipps zusammengestellt – von der Absicherung Ihres Routers über den Schutz vor Malware, Spam und Phishing bis zur Datenverschlüsselung und einem sicheren Online-Zahlungsverkehr. Sie zeigt Ihnen auch Schritt für Schritt, was zu tun ist, wenn Ihr Computer von Viren befallen ist, und wie Sie Ihre Daten retten. Ideal für Einsteiger, klipp und klar erklärt!

272 Seiten, gebunden, in Farbe, 19,90 Euro, ISBN 978-3-8421-0720-5

www.rheinwerk-verlag.de/5012

Die ideale Anleitung für Android-Smartphones

Dieses Buch ist die perfekte Bedienungsanleitung für Ihr Android-Smartphone. Lassen Sie sich Schritt für Schritt und ganz genau am Bild zeigen, wie Ihr Smartphone funktioniert – ob Samsung Galaxy oder Smartphones aus dem Hause Huawei, HP oder LG. Rainer Hattenhauer zeigt Ihnen routiniert und auch für Ungeübte verständlich, wie Sie Android bedienen und alle Funktionen nutzen, Fotos machen, Ihre Daten sichern und mit anderen Geräten synchronisieren. So übersichtlich ist keine zweite Anleitung!

384 Seiten, broschiert, in Farbe, 19,90 Euro, ISBN 978-3-8421-0685-7
www.rheinwerk-verlag.de/4923